Lexikon
der Philosophie

Karl Vorländer

Lexikon der Philosophie

vom Altertum bis zur Neuzeit

Voltmedia

ISBN 3-937229-91-4

Überarbeitete Neuausgabe der „Geschichte der Philosophie" nach der 5. Auflage 1919

Gesamtherstellung: GGP Media GmbH, Pößneck
Einbandgestaltung: Oliver Wirth, Bonn
Satz und Layout: Andreas Paqué, Gleichen

Inhalt

Zweiter Abschnitt. Die Scholastik.

Buch II.

Die Philosophie der Neuzeit.

Übergangsperiode.

Dritte Periode. Die Neubegründung der Philosophie durch Immanuel Kant.

Vierte Periode. Die Systeme der nachkantischen Philosophie von Fichte bis Schopenhauer. (1. Hälfte des 19. Jahrhunderts.)

Einleitung.

1. Philosophie. Ihr Name und Begriff.

Was Philosophie ist, kann man nur durch eigenes Philosophieren und im Laufe desselben lernen. Wir vermeiden es daher absichtlich, uns gleich zu Anfang dieser Philosophiegeschichte in tiefergehende Auseinandersetzungen über Begriff und Wesen der Philosophie einzulassen, sondern beschränken uns darauf, eine gedrängte Skizze ihrer Namensgeschichte zu geben, um daran einige Bemerkungen über unsere eigene Auffassung zu schließen.

Der Ausdruck φιλοσοφεῖν wird zuerst von Herodot (I, 30) gebraucht, und zwar in seinem ursprünglichen Wortsinne der Liebe zur Weisheit, des Bildungsstrebens; ähnlich in der Grabrede des Perikles (Thukyd. II, 40). Neben dieser allgemeineren erhält das Wort seine engere Bedeutung als Fachausdruck für die Wissenschaft „vom Seienden" erst bei Plato und Aristoteles.[1] Es bezeichnet bei diesen Klassikern der antiken Philosophie fast genau das, was wir heute unter „Wissenschaft" verstehen, und wird deshalb auch in der Mehrzahl (φιλοσοφίαι) gebraucht. Aristoteles insbesondere unterscheidet bestimmter seine „erste" Philosophie, welche die ersten Gründe und Prinzipien alles Seienden erforscht, von den übrigen Philosophien oder Wissenschaftszweigen, desgleichen von den vorhergegangenen Denkrichtungen, die ebenfalls φιλοσοφίαι heißen. Entsprechend der weiteren Entwicklung der Philosophie selbst, fällt dann ihr Begriff bei den nacharistotelischen Schulen der Stoiker und Epikureer wesentlich mit dem Streben nach vernunftgemäßer Glückseligkeit zusammen: die „Weisheitsliebe" wird zur Lebenskunst, während die Einzelwissenschaften, allmählich erstarkt, unter besonderen Namen sich von der gemeinsamen Stammmutter loszulösen beginnen. In ihrer letzten Periode endlich tritt die antike Philosophie in enge Verbindung mit der religiösen Spekulation.

Die Begriffsbestimmungen des späteren Altertums erleiden zwar im christlichen Mittelalter keine wesentliche Veränderung, aber die Philosophie ist zur dienenden Magd der Theologie geworden, deren von vornherein feststehende Dogmen sie mit den Mitteln der menschlichen Vernunft rechtfertigen, begründen, im besten Falle weiter ausgestalten soll. Mit dem Wiedererwachen der Wissenschaften im Zeitalter der Renaissance wirft die Philosophie das kirchliche Joch ab, betrachtet als ihre einzige Quelle das „natürliche Licht" der Vernunft und wird wieder zu dem, was sie im klassischen Altertum gewesen war: einer auf vernunftmäßiger Begründung ruhenden Welterkenntnis und Lebensanschauung. Im Gegensatz zum kirchlichen Dogma wird sie so zur „Weltweisheit", wie man im 18. Jahrhundert zu sagen pflegte. Ihr Wissenschaftscharakter tritt natürlich bei den verschiedenen Systemen in verschieden starkem Grade hervor, am entschiedensten bei Kant.

Wie aus der vorangegangenen Skizze klar geworden sein wird, ist „Philosophie" schon im Altertum in einem engeren und in einem weiteren Sinne – Kant würde sagen: nach ihrem Schulbegriff und nach ihrem Weltbegriff[2] – gebraucht worden. Dem schließt auch die folgende Begriffsbestimmung sich an. Philosophie im engeren Sinne, genauer Philosophie als Wissenschaft, sucht die Vereinheitlichung der Erkenntnis, welche die Einzelwissenschaften auf ihren Teilgebieten erstreben, auf dem Gesamtgebiet menschlichen Erkennens überhaupt zu erreichen, indem sie dessen Grundsätze und Grundbegriffe festzustellen und in systematischen Zusammenhang miteinander zu bringen sucht. Am kürzesten könnte man deshalb Philosophie in diesem Sinne vielleicht als Prinzipienlehre der Wissenschaften bezeichnen. Alle Wissenschaften haben das Bestreben, ihre letzten Grundlagen philosophisch nachzuweisen. Wir unterscheiden heute nicht mehr bloß die älteren philosophischen Lehrfächer der Logik (Erkenntnistheorie), Psychologie, Ethik und Ästhetik, sondern reden auch von einer Rechts-, Geschichts-, Natur-, Sprach-, Religions-, Sozialphilosophie, ja sogar von einer Philosophie der Mathematik und der Technik.

Neben dieser Philosophie im engeren, erkenntniskritischen Sinne, welche die Einzelwissenschaften oder Kulturgüter (wie Moral, Religion, Kunst, soziales Leben) zum Gegenstande ihres erkenntniskritischen Verfahrens macht, steht nun aber noch die Philosophie „nach ihrem Weltbegriffe", die auf Grund der gewonnenen wissenschaftlichen Erkenntnis ein geschlossenes Weltbild zu entwerfen sucht, sonach mit dem Anspruch einer Weltanschauung auftritt. Sie unterscheidet sich von der den gleichen Anspruch erhebenden künstlerischen oder religiösen Weltanschauung durch ihre Gebundenheit an das vernunftmäßige Denken. In diesem allgemeineren Sinne, den eine Geschichte der Philosophie nicht übersehen darf, weil das philosophische Denken tatsächlich in zahlreichen Fällen diesen Weg eingeschlagen hat, würde Philosophie etwa gleichzusetzen sein mit: vernunftgemäßer Weltbetrachtung.

2. Die Geschichte der Philosophie. Ihre Methode, Quellen und Hilfsmittel. Einteilung des Stoffes.

Erstes Erfordernis aller Geschichtsschreibung ist gewissenhafte Erforschung der Tatsachen nach den Grundsätzen kritisch-historischer Methode, die hier als bekannt vorausgesetzt werden darf. Sind die Tatsachen auf solche Weise sorgfältig ermittelt, so handelt es sich um ihre Verbindung zu einem Ganzen geschichtlicher Darstellung. Eine gewisse Subjektivität ist hierbei unvermeidlich; ohne sie würde ein farb- und blutloses Machwerk entstehen. Insbesondere muß der Verfasser einer Philosophiegeschichte, gerade so wie der Autor einer Geschichte der Mathematik oder der Naturwissenschaften Mathematiker oder Naturforscher sein muß, selbst bis zu einem gewissen Grade Philosoph sein, d. i. zu philosophieren verstehen, denn er hat nicht, wie man es noch vor 100 Jahren verstand, eine philologische Literargeschichte oder eine anekdotenhafte Sammlung merkwürdiger Meinungen zu geben. Wie die Behandlung, so ist auch die Abgrenzung des Stoffes nicht leicht. Das Verhältnis zur Kulturgeschichte, die Entwicklung und die Probleme der positiven Wissenschaften erfordern Berücksichtigung, ferner neben dem systematischen der persönliche (biographische) Faktor.

Die zuverlässigsten Quellen für die Feststellung des Tatsächlichen sind natürlich in erster Linie die Werke der Philosophen selbst. Für die Neuzeit, seit der Erfindung der Buchdruckerkunst, fließen diese Quellen reichlich genug. Neuere und neueste Entdeckungen und Veröffentlichungen einzelner Schriften und namentlich brieflicher Äußerungen haben zwar manche wertvolle Ergänzungen und Berichtigungen im einzelnen, aber im Verhältnis zur Gesamtmasse des bereits Bekannten doch nicht allzuviel Neues von grundstürzender Bedeutung gebracht. Auch über die christliche Scholastik des Mittelalters sind wir durch die zum größten Teile noch erhaltenen Originalwerke ziemlich zuverlässig unterrichtet. Am ungünstigsten steht es in dieser Beziehung mit der Philosophie des Altertums. Aus ihrer ältesten, der vorsokratischen Periode sind uns leider nur zufällig erhaltene Bruchstücke aufbewahrt, aus der nacharistotelischen Philosophie der Griechen nicht viel mehr. Um so erfreulicher ist die Tatsache, daß wenigstens die Werke ihrer Klassiker, Plato und Aristoteles, fast vollständig erhalten sind, aus der späteren Zeit die Schriften des Lukrez, Cicero, Seneca, Plutarch, Epiktet, der wichtigsten Neuplatoniker und Kirchenväter. Für die fehlenden Teile besitzen wir immerhin eine Art sekundärer Quellen in den, freilich meist erst aus nachchristlicher Zeit stammenden, literarhistorischen Berichten (s. unten S. 19f.).

Die einzige Sammlung von Hauptwerken der Philosophie, die wir bisher in Deutschland besitzen, bildet die von v. Kirchmann begründete, später in den Verlag von Dürr (jetzt F. Meiner) in Leipzig übergegangene *Philosophische Bibliothek.* Sie enthält die sämtlichen philosophischen Schriften von Descartes, Plato, Spinoza und Kant; die Hauptwerke von Aristoteles, Bacon, Berkeley, Bruno, Cicero, Comte, Condillac, Eriugena, Fichte, Grotius, Hegel, Hume, Julian, La Mettrie, Leibniz, Lessing, Locke, Macchiavelli, Schelling, Schiller, Schleiermacher, Sextus Empiricus, Shaftesbury, einzelnes von d'Alembert, Fries, Herbart, Lotze, Wolff, – die fremdsprachlichen in deutscher Übersetzung – und wird noch weiter vervollständigt werden, bezw. in zeitgemäßer Neuauflage erscheinen (vgl. unter der Literatur zu den einzelnen Philosophen).

Die Geschichtsschreibung der Philosophie ist eine verhältnismäßig junge Wissenschaft. Die ältesten historischen Darstellungen, wie die des Engländers Stanley (London 1655) oder des Deutschen Brucker (1731-1737 und 1742-1744), sind heute für uns völlig wertlos. Ein systematisches Interesse für sie erwacht erst nach der großen Erneuerung der Philosophie durch Kant. Indessen sind die Darstellungen aus dem Ende des 18. und dem Anfang des 19. Jahrhunderts (von Tiedemann, Buhle, Tennemann, Fries u. a.) jetzt teils veraltet, teils leiden sie, wie namentlich die geistvollen Vorlesungen von Hegel (Bd. XIII–XV der S. W., Berlin 1833-36), unter der Konstruktionssucht ihrer Verfasser. In Frankreich machte sich in den 40er Jahren namentlich Victor Cousin und seine Schule um die Durchforschung der Geschichte der Philosophie verdient. In der zweiten Hälfte des 19. Jahrhunderts werden die Gesamtdarstellungen derselben immer häufiger; die Bibliographie in Bd. I, § 4 des gleich zu erwähnenden Werkes von Ueberweg zählt in ihrer neuesten Auflage nicht weniger als 59 seit diesem Zeitraum auf. Wir heben an dieser Stelle nur die wichtigsten hervor:

A) *F. Ueberweg, Grundriß der Geschichte der Philosophie* (4 Bände), seit Ueberwegs Tod (1871) fortgeführt und bedeutend erweitert von *Prof. M. Heinze-Leipzig*, nach dessen Tode (1909) von *Praechter, Baumgartner, Frischeisen-Köhler* und *Oesterreich,* jetzt in 10. bezw. 11. Auflage vorliegend; zwar trocken, aber als reichhaltige Stoffsammlung und Nachschlagebuch (mit ausführlicher Bibliographie) für den Fachmann unentbehrlich.

W. Windelband, Lehrbuch der Geschichte der Philosophie, 7. Aufl. 1916; mehr eine Geschichte der Probleme, scharf, geistvoll, eigenartig, dem Fortgeschritteneren sehr zu empfehlen.

J. E. Erdmann, Grundriß der Geschichte der Philosophie, 2 Bände, 1866 (in 4. Aufl. von *Benno Erdmann,* 1896), namentlich für das Mittelalter und die Zeit von 1830-1860.

Stöckl, Lehrbuch der Geschichte der Philosophie (3. Aufl. 1889) einseitig konfessionell (katholisch), ein kürzerer *Grundriß* desselben, 2. Aufl. hrsg. von *Kirstein,* Mainz 1911.

Allgemeine Geschichte der Philosophie von *Wundt, Oldenberg, Goldziher, H. v. Arnim, Bäumker, Windelband*, 1909 (Bd. I, 5 der Teubnerschen *Kultur der Gegenwart*).

P. Deussen, Allgemeine Geschichte der Philosophie mit besonderer Berücksichtigung der Religionen, 6 Bde., Lpz. 1894-1918. Schopenhauerscher Standpunkt. Besondere Berücksichtigung der indischen Philosophie.

B) Neben diesen Gesamtdarstellungen seien noch einige hervorragende Werke über einzelne philosophische Richtungen oder Disziplinen erwähnt:

F. A. Lange, Geschichte des Materialismus und Kritik seiner Bedeutung in der Gegenwart, 1. Aufl. 1866, 8. Aufl. (mit Einleitung und kritischem Nachtrag von *H. Cohen*) 1908; seit 1905 auch bei Reclam, hrg. von *O. A. Ellissen.*

Theob. Ziegler, Geschichte der Ethik, 2 Bände, 1881, 1886 (nur bis zum 17. Jh.).

H. Siebeck, Geschichte der Psychologie, 2 Bände, 1880, 1884 (bis Thomas von Aquino).

K. Prantl, Geschichte der Logik im Abendlande, 4 Bde., 1855-70 (bis zur Renaissance).

K. Lasswitz, Geschichte der Atomistik vom Mittelalter bis zu Newton, 2 Bände, 1889-90.

R. Richter, Der Skeptizismus in der Philosophie, 2 Bde., 1904, 1908.

Ed. v. Hartmann, Geschichte der Metaphysik, 2 Bde., 1899f.

Ludw. Stein, Die soziale Frage im Lichte der Philosophie, Stuttgart 1897, 2. Aufl. 1903.

C) Darstellungen in Einzelbildern bieten:

Große Denker, unter Mitwirkung einer Reihe Gelehrter (darunter Hönigswald, Kinkel, R. Lehmann, Medicus, Menzer, Natorp, R. Richter, Windelband) herausg. von *E. von Aster,* Leipzig 1912.

R. Eucken, Die Lebensanschauungen der großen Denker, 12. Aufl. Leipzig 1918.

Frommanns Klassiker der Philosophie (hrsg. von *R. Falckenberg*); darin erschienen: Fechner, Hobbes, Kierkegaard, Rousseau, Spencer, Nietzsche, Kant, Aristoteles, Platon, Schopenhauer, Carlyle, Lotze, Wundt, Mill, Goethe, die Stoa, Feuerbach, Lessing, Descartes, Hartmann.

Ganz der philosophiegeschichtlichen Forschung widmet sich das seit 1888 in Berlin erscheinende *Archiv für Geschichte der Philosophie* (herausg. von *L. Stein* u. a.); außerdem finden sich zahlreiche Beiträge in den übrigen deutschen und ausländischen Fachzeitschriften. Reichhaltiges Material enthält auch *R. Eisler, Wörterbuch der philosophischen Begriffe,* 3 Bde. (über 2000 Seiten), 1910; vgl. auch dessen *Philosophen-Lexikon,* 1912. Seit 1910 gab *Arnold Ruge* einige Jahre unter dem Titel *Die Philosophie der Gegenwart* ein Jahrbuch heraus, das die gesamte jährlich erscheinende wissenschaftlich-philosophische Literatur systematisch zusammenstellte.

Was die Einteilung des Stoffes betrifft, folgen wir der Einfachheit halber der alten Einteilung der Weltgeschichte in Altertum, Mittelalter und Neuzeit. Die Philosophie des Altertums teilen wir in vier größere Perioden: I. eine vorzugsweise kosmologische: die vorsokratische Philosophie; II. eine vorherrschend anthropologische: Sophisten, Sokrates, Sokratiker; III. die systematische Periode oder die klassische Philosophie der Griechen: Plato, Aristoteles; IV. die in erster Linie auf das Praktische gerichtete hellenistisch-römische Philosophie, und als deren Anhang: die neuplatonische Theosophie.

Die Hauptabschnitte der christlichen Philosophie des Mittelalters bilden: I. die Patristik oder Philosophie der Kirchenväter; II. die Scholastik und Mystik.

Die Philosophie der Neuzeit endlich zerfällt in: I. die Philosophie der Übergangszeit (15. und 16. Jahrhundert); II. die Zeit der großen metaphysischen Systeme (17. Jahrhundert); III. die Philosophie der Aufklärung (18. Jahrhundert); IV. die Neubegründung der Philosophie durch Kant; V. die großen nachkantischen Systeme (1. Hälfte des 19. Jahrhunderts); VI. die Philosophie der Gegenwart (seit etwa 1840).

Ehe wir uns der Geschichte der griechischen Philosophie zuwenden, werfen wir einen kurzen Blick auf die sogenannte „orientalische Philosophie“.

3. Verhältnis der orientalischen Völker zur Philosophie.

Der beste deutsche Kenner der indischen Philosophie, *Paul Deussen*, schildert in den drei ersten Bänden seiner *Allgemeinen Geschichte der*

Philosophie (S. 14) die Philosophie der Inder mit eindringender Sachkenntnis; der 3. Band (1908) gibt auch einen knappen Überblick über die buddhistische und chinesisch-japanische Philosophie. Vgl. ferner in dem § 2 erwähnten Sammelwerk *Allgemeine Geschichte der Philosophie* die Abschnitte von *H. Oldenberg* (Indien), *W. Grube* (China), *Inouye* (Japan). Ferner *H. Oldenberg, Buddha, sein Leben, seine Lehre und seine Gemeinde,* 5. Aufl. 1906. Ein großes Quellen-Sammelwerk sind die von *M. Müller* herausgegebenen „Heiligen Bücher des Ostens" (Sacred Books of the East, Oxford, 1879-1904 in 50 Lexikonbänden). – Der Einführung in die chinesische Philosophie dient die Sammlung: „Die Religion und Philosophie Chinas", übersetzt und eingeleitet von *Richard Wilhelm* (bis 1914 deutscher Pfarrer in Tsingtau), von denen bis jetzt *Kungfutses* „Gespräche" und drei taoistische (s. S. 17), bei Diederichs (Jena) erschienen sind.

Die Geschichte der Philosophie ist weder Religions- noch Sittengeschichte, die Philosophie selbst besteht weder in theologischer Spekulation noch in praktischer Sittenlehre. Von einer orientalischen „Philosophie" kann man unter solchen Voraussetzungen nur in bedingtem Sinne reden. Der Hauptgrund aber, weshalb wir mit fast sämtlichen Darstellungen der allgemeinen Geschichte der Philosophie von einem näheren Eingehen Abstand nehmen, ist der, daß sie zu dem gesamten europäischen Denken in zu entfernter Beziehung steht. Die einzige unter ihnen aber, die einen wirklich philosophischen Charakter trägt, die tiefsinnige Spekulation der Inder, ist viel zu umfangreich, um Nichtspezialisten eine auf selbständigem Quellenstudium beruhende Darstellung zu gestatten.

1. Die allerdings zum Teil spekulative Götterlehre der Ägypter kann unmöglich als Philosophie in unserem Sinne gelten, ebensowenig die religiösen Vorstellungen der alten Assyrer und Babylonier. Auch die von Zarathustra (Zoroaster) reformierte altpersische Religion enthält, außer ihrem allgemeinen dualistischen Prinzip eines Reiches des Lichts (des Guten) und der Finsternis (des Bösen), das uns bei den Manichäern (§ 52) wieder begegnen wird, keine Bestandteile philosophischer Art. Ebenso zeigt das Volk der Hebräer wenig philosophische Anlagen.
2. Die sogenannte chinesische Philosophie ist in ihrem Hauptvertreter Kung-tse d.h. Meister Kung (von den Jesuiten latinisiert in Konfuzius, um 500 v. Chr.) wesentlich praktische Sitten- und Staatslehre, die auf bemerkenswerter sittlicher Höhe steht („Liebet euch untereinander", „Vergeltet Gutes mit Gutem und Übles mit – Gerechtigkeit", „Was du nicht willst, daß dir geschehe, das tue anderen nicht"), dagegen einer theoretischen Grundlage fast völlig entbehrt zu haben scheint. Nur einmal wird folgende Stufenleiter aufgestellt: Das Wissen vervollkommnen besteht darin, die Dinge zu untersuchen; ist das Wissen vollkommen, dann erst ist das Denken wahrhaftig; ist das Denken wahrhaftig, dann erst ist das Herz lauter, die Persönlichkeit ausgebildet, das

Hauswesen geregelt, das Staatswesen geordnet. Die Kardinaltugenden sind: Menschlichkeit, Rechtlichkeit, Schicklichkeit, Weisheit und Treue, das Grundprinzip das der richtigen Mitte. Besonders stark betont wird das Gebot der Kindespflicht. Für metaphysische Fragen zeigt Kung kein Verständnis; Religion ist ihm gleichbedeutend mit den altüberlieferten Satzungen und Gebräuchen, wie er denn einmal offenherzig von sich selber bekennt: „Ich bin ein Überlieferer, kein Schöpfer." In alledem ist er der Typus des Chinesen. Daher auch sein bis heute dauernder ungeheurer Einfluß; nicht weniger als 1500 Tempel sind ihm geweiht. (Weiteres s. bei *von der Gabelentz, Confucius und seine Lehre,* Leipzig 1888.) Die Lehre des „Meister Kung" wurde zwei Jahrhunderte später von Meng-tse (Mencius) weiter gebildet und philosophisch vertieft. Über ihn, dessen Sittensprüche einen edeln Sinn und aufmerksame Menschenbeobachtung verraten, vgl. die Monographie von *F. Faber* (Elberfeld 1877).

Eine weit tiefsinnigere Natur als Konfuzius war sein älterer Zeitgenosse Laotse, d. i. der Alte, der an den Anfang der Dinge einen namenlosen Urgrund (Tao) setzt, aus dem der Vater des Alls und aller Kräfte und Tugenden hervorgeht. Selbst unerforschlich, unkörperlich und Maß aller Maße, schreibt es, als die vernünftige Ordnung der Dinge, dem Handeln des Menschen den Weg vor. Zu ihm soll der Weise emporstreben, durch Loslösung von allem Sinnlichen und mystisches Sich-Insichselbst-Zurückziehen. (Vgl. *Laotse, Vom Sinn des Lebens* sowie *Das wahre Buch vom quellenden Urgrund* und *Vom südlichen Blütenland* in der *Wilhelm*schen Sammlung.)

Wohl hatte der hochsinnige Weise einzelne begeisterte Nachfolger und Fortbildner, indes scheint der weltfremde „Taoismus" im Volke doch nie tiefere Wurzeln geschlagen zu haben, im Gegensatz zu dem recht auf das praktische Wesen des Chinesen berechneten Konfuzianismus. Eine neue Blüte erlebte die chinesische Philosophie im 11. und 12. nachchristlichen Jahrhundert, indem Tschou-tse und Tschu-hi der Lehre des Konfuzius eine metaphysisch-naturphilosophische Grundlage zu geben suchten. Dieser Neukonfuzianismus besitzt noch heute in den höheren Kreisen Chinas das Übergewicht über den Taoismus und den im ersten nachchristlichen Jahrhundert aus Indien eingeführten Buddhismus und hat sich auch nach Japan verbreitet, wo er sowohl die alte, nationale Schinto-Religion als auch den seit dem 6. Jahrhundert n. Chr. von China her eingedrungenen, aber altersschwach gewordenen Buddhismus zurückdrängte. Seitdem befindet sich die „Philosophie" der Chinesen anscheinend im Zustande dauernder Stagnation: anstatt neuen Schaffens Auswendiglernen der „klassischen" Schriften und zahllose Kommentare zu den letzteren.

3. Weit mehr spekulativen Gehalt als das chinesische weist das indische Denken auf, dem man in Europa seit den letzten sechs Jahrzehnten ein immer tiefer eindringendes Studium gewidmet hat, und das von einzelnen dieser Forscher, wie den Deutschen Max Müller (in Oxford †) und Paul Deussen (in Kiel), den höchsten Erzeugnissen abendländischer Philosophie an die Seite gestellt wird. Wir müssen uns begnügen, die Hauptsache hervorzuheben. Den

Mittelpunkt des gesamten indischen Philosophierens, in seinen verschiedenen Systemen, bildet die Lehre vom Brahman, dem alle Welten hervorbringenden, tragenden und in sich zurückschlingenden, über alle Endlichkeit erhabenen All-Einen, und die vom Atman, dem eigenen Selbst oder der menschlichen Seele. Die Einheit beider, dadurch daß die Seele erkennt: *Tat twam asi* (= das bist du), verkünden in schwungvoller Dichtersprache die altindischen Upanishads (d. i. Geheimlehre des Veda oder „heiligen Wissens").[3] Indem unsere Seele in diesem Gedanken Ruhe findet, stößt sie die ganze Sinnenwelt als wertlos und leidvoll von sich. Aber da der Mensch sich doch nun einmal seiner eigenen Beschränktheit wie auch der Vielheit der Sinnendinge beständig bewußt bleibt, so mußte in der Fortentwicklung des indischen Denkens ein innerer Widerspruch entstehen. Ihn suchte die *Sankhya*-Philosophie zu lösen, indem sie die Wirklichkeit der Welt und der Einzelseele bejahte, sowie den Gegensatz von Natur und Geist zugab. Dem *Vedanta*-System dagegen ist, ähnlich wie später den griechischen Eleaten (s. § 6), Welt und Einzelseele bloßer Schein und Zaubertrug (der „Schleier der Maya"). Wahrheit liegt nur im Brahman. Denn „nur durch die Offenbarung kann man dies übertiefe höchste Brahman erkennen, nicht durch eigenes Nachdenken": also theologische Spekulation, nicht Philosophie! Nur für das niedere Wissen existiert eine Vielheit von Seelen, die, durch ihre eigene Schuld in die Welt der Körperlichkeit getreten, in dieser mancherlei Formen durchwandeln. Für das höhere Wissen gibt es nur das eine, ungeteilte Brahman, das zugleich Sein und Denken und mit meinem eigenen Selbst identisch ist. Andere Systeme betonen mehr logische oder naturphilosophische Gesichtspunkte. Das von Carvaka predigt sogar krassen Materialismus, Verachtung aller Religion als Priestertrugs und, als höchstes Ziel des Menschen, den sinnlichen Genuß; freilich ist die Carvakalehre nicht spezifisch indisch mehr zu nennen. – Für eingehendere Studien verweisen wir auf das zu Anfang des § genannte dreibändige Werk Deussens, ferner auf *Deussen, Das System des Vedanta,* 2. Aufl., 1906, außerdem auf die Werke von: *v. Schröder, Indiens Literatur und Kultur in historischer Entwicklung,* 1887 sowie *Max Müller* (in deutscher Übersetzung): *Physische Religion,* Leipzig 1892; *Anthropologische Religion,* 1894, und besonders: *Theosophie oder psychologische Religion,* 1895.

Der gleichfalls auf indischem Boden erwachsene, aber später durch Verfolgungen von dort (nach Hinterindien, China, Japan, Tibet, Ceylon) verdrängte Buddhismus teilt mit der Spekulation der Brahminen den pessimistisch-mystischen Grundzug, ist aber wesentlich religiös, praktische Heilslehre. Die von hohem sittlichem Idealismus erfüllte, aber auch zu passivem Quietismus, Unterdrückung auch der gesunden Sinnlichkeit und mönchischer Weltflucht neigende Lehre des indischen Königssohnes dringt neuerdings sogar in Europa vor. Es wurde sogar eine deutsche „Monatsschrift für den Buddhismus", *Der Buddhist,* „Publikationsorgan des buddhistischen Missionsvereins" gegründet und 1918 eine *Neubuddhistische Zeitschrift* (Berlin-Wilmersdorf). Übrigens scheint sich in neuester Zeit bis zu einem gewissen Grade eine Versöhnung des altindischen mit dem europäischen Geiste anzubahnen in der Gestalt des bengalischen Denkers und Dichters Rabindranath Tagore, der neben dem Einssein der Einzelseele mit der Gottheit oder dem All doch auch das Eigenrecht der Persönlichkeit stark hervorhebt, die von dem Quietismus der Beschauung zur Selbstverwirklichung im Handeln führt (vgl. *P. Natorp, Die Weltalter des Geistes,* 1918, S. 39-51).

4. Selbständigkeit der griechischen Philosophie. Quellen und Hilfsmittel zu ihrer Geschichte.

Gerade diejenigen Völker also, die den Griechen am nächsten wohnten und mit ihnen in Handelsbeziehungen standen, die Ägypter, Phönizier, Babylonier haben sich nicht zu einer Philosophie erhoben, die von ihren religiösen, d. i. mythologischen Vorstellungen unabhängig gewesen wäre. Es ist daher Torheit, den Ursprung der griechischen Philosophie im Orient zu suchen. Ein solches Bestreben ist auch bei den Griechen selbst während ihrer Blütezeit nie hervorgetreten; erst in den Zeiten des Verfalls, insbesondere des Neuplatonismus (s. Kap. 14 u. 15), suchte man den eigenen, mit morgenländischen Lehren vermischten Philosophemen größeres Ansehen zu geben, indem man sie als Erzeugnisse uralter Weisheit des Morgenlandes darstellte. Auch den Versuchen von *Gladisch* und *Röth,* um die Mitte des 19. Jahrhunderts, ist ein solcher Nachweis nicht gelungen.

Im Gegensatz dazu wird die folgende Darstellung erweisen, daß die griechische Philosophie in ganz natürlicher Weise aus den Daseinsformen des griechischen Volkstums hervorgewachsen ist, womit natürlich nicht geleugnet werden soll, daß die Griechen in Mathematik und Astronomie, Mythos und Kunst ihren orientalischen Nachbarn manches verdanken.

Ehe wir zu dieser Darstellung übergehen, seien die wichtigsten Quellen und Hilfsmittel zur Geschichte der griechischen Philosophie erwähnt. Von den unmittelbaren Quellen und ihrer großen Lückenhaftigkeit ist schon die Rede gewesen. Hier nur das Hauptsächlichste von den Quellen zweiten Ranges, den Berichterstattern. Selbstverständlich ist, trotz ihrer naturgemäßen Subjektivität, schon die Charakterisierung philosophischer Richtungen durch Plato von großem Wert, weniger (vgl. § 19) die durch Xenophon. Die erste planmäßige, wenn auch durch seinen eigenen philosophischen Standpunkt stark beeinflußte Darstellung der Prinzipien seiner Vorgänger gab jedoch erst Aristoteles im ersten Buche seiner Metaphysik (c. 3-30). Seine Schule, die peripatetische, zeichnete sich durch zahlreiche Arbeiten ähnlicher Art aus, von denen jedoch nur eine (über Xenophanes, Zeno und Gorgias) und ein Abschnitt von Theophrasts Geschichte der naturphilosophischen Ansichten erhalten sind. Auch von der reichen doxographischen d.h. die Meinungen der Philosophen beschreibenden und erklärenden, übrigens vielfach mit Vorsicht aufzunehmenden Literatur der

Alexandriner besitzen wir nur noch Auszüge Späterer. Aus nachchristlicher Zeit stammen die fälschlich unter Plutarchs Namen gehenden sogenannten *Placita philosophorum* (150 n. Chr.) sowie die Auszüge des Stobäus (um 500 n. Chr., gute Ausgabe von Wachsmuth, 1884). Das ausführlichste, aber auch unkritischste Werk sind des Laertius Diogenes (um 240 n. Chr.) 10 Bücher *Über Leben und Lehren berühmter Philosophen* (neue Ausgabe von *Martini* vorbereitet). Vieles findet sich außerdem bei den Römern Varro, Cicero, Lukrez, Seneca, bei den Griechen Plutarch, Galen und namentlich Sextus Empirikus, bei mehreren Neuplatonikern und Kirchenvätern und bei den Kommentatoren des Aristoteles, besonders Simplicius.

Die vollständigste bisherige Sammlung, die freilich kritische Genauigkeit vermissen läßt, bietet *Mullach, Fragmenta philosophorum Graecorum.* 3 Bde. 1860, 1867, 1881. Die griechischen Doxographen hat *H. Diels (Doxographi Graeci,* 1879) herausgegeben, ebenso die vorzügliche Sammlung: *Die Vorsokratiker,* griechisch und deutsch 1903, 2. Aufl. 1. Bd. 1906, 2. Bd. 1907 und 1910. Brauchbare Auszüge aus den Quellen gibt die *Historia philosophiae Graeco-Romanae* von *Ritter* und *Preller,* 8. Aufl. ed. *Wellmann,* Gotha 1898.

Von philosophiegeschichtlichen Werken außer den S. 14 f. genannten, von denen die 10. Auflage (1909) des I. Bandes von *Ueberweg-Heinze* durch den neuen Herausgeber *Karl Praechter* wesentlich gewonnen hat, heben wir als die bedeutendsten hervor:

Chr. A. Brandis, Handbuch der griechisch-römischen Philosophie, 3 Teile, 1835 ff., daneben die kürzere *Geschichte der Entwickelungen der griechischen Philosophie etc.,* 1862 ff.

Ed. Zeller, Die Philosophie der Griechen, 1. Aufl., 1844-1852, jetzt in 3., 4. und zum Teil in 5. Aufl.; daneben der kurze *Grundriß der Geschichte der griechischen Philosophie* (317 S.), 10. Aufl. bearb. von *F. Lortzing* 1911.

W. *Windelband, Geschichte der alten Philosophie,* 3. Aufl. sorgfältig neubearbeitet von *A. Bonhöffer*, 1912.

P. Deussen, Die Philosophie der Griechen, 1911.

Ein Gesamtgemälde der griechischen Philosophie gibt das geistvolle, freilich stark persönlich gefärbte Werk von *Th. Gomperz, Griechische Denker.* Bd. I (Vorsokratik) 1896, 3. Aufl. 1911, Bd. II (Sokrates, Sokratiker, Plato) 1903, 3. Aufl. 1912, Bd. III (Aristoteles und seine Nachfolger) 1909.

Anregend durch Mitphilosophieren der Verfasser: *E. Kühnemann, Grundlehren der Philosophie,* Studien über Vorsokratiker, Sokrates und Platon, 1899. *Kinkel, Geschichte der Philosophie,* Bd. I und II (bis Plato inkl.) 1906, 1908. Eine kurze zusammenfassende Übersicht gibt *H. v. Arnim* in der S. 14 zitierten *Kultur der Gegenwart.*

Auch auf *Th. Ziegler, Ethik der Griechen und Römer,* (1881), *Leop. Schmidt, Ethik der alten Griechen* (Berlin 1881), *Max Wundt, Geschichte der griechischen Ethik,* Leipzig 1908, *R. Pöhlmann, Geschichte des antiken Kommunismus und Sozialismus,* 2 Bde. 2. Aufl. 1912, und *Krische, Die theologischen Lehren der griechischen Denker* (Göttingen 1840) sei hingewiesen. Eigenartig, jedoch nicht ausgereift das Werk eines geborenen Griechen: *Abr. Eleutheropulos, Die Philosophie und die Lebensauffassung des Griechentums auf Grund der gesellschaftlichen Zustände,* 2 Bde. 1900.

Die zuverlässigste und reichhaltigste Bibliographie gibt Praechter in der neuesten Auflage von Ueberweg, Bd. I, in einem besonderen Anhang von 130 Seiten.

Buch I.

Die Philosophie des Altertums.

§ 1. Ursprung der griechischen Philosophie.

Mit der Vorstellung griechischer Kunst und Wissenschaft pflegt sich der Gedanke an den allen Musen geweihten Boden Attikas zu verbinden. Zu der Zeit indes, wo wissenschaftliches Streben, d.h. Streben nach dem Wissen um seiner selbst willen, unter dem Hellenenvolke zuerst erwacht, um 600 vor Christi Geburt, waren die Kolonien dem Mutterlande an geistiger und wirtschaftlicher Kultur noch durchaus überlegen. Die Wiege der Philosophie, die, wie wir sahen, zunächst einerlei ist mit Wissenschaft überhaupt, hat nicht auf alt-, sondern auf neuhellenischem Boden, in Kleinasien, Unteritalien und Thrakien gestanden. Innerhalb der genannten drei Kolonialgebiete aber war die Westküste Kleinasiens und hier wieder die von dem regsamen ionischen Stamme besiedelte Mitte den anderen in der Entwicklung weit voraus. Hier war ein weitblickender Kaufmannssinn zu Hause, der mit kühnem Unternehmungsgeist, hinwegschreitend über den engen Gesichtskreis des Kleinstädters, in die Fremde zog und alle Küsten des Mittelmeeres mit neuen Pflanzstädten oder doch Handelsniederlassungen bedeckte, nachdem schon längst das Ägeische Inselmeer zu einem griechischen Binnensee geworden war. In den Städten Ioniens häuften sich die Erzeugnisse dreier Erdteile; mit dem wachsenden Wohlstande wich auch die im Mutterlande noch fortdauernde altväterische Rauheit der Sitten, was freilich manche sittliche Schäden zur Folge hatte, aber durch künstlerische und wissenschaftliche Bestrebungen dem Leben einen höheren Inhalt zu verleihen geeignet war.

Es ist kein Zufall, daß neben äußerer Behaglichkeit des Lebens und teilweise üppigem Reichtum auch die griechische Kunst hier ihre Geburtsstätte und erste Heimat fand. Bereits um 590 wird der Bau des großartigen Artemistempels zu

Ephesus begonnen. Und auf dem Boden, wo schon Homers Gesänge entstanden und zuerst erklungen waren, in den Insel- und Küstenstädten der kleinasiatischen Griechen, findet nun auch die individuellere Lyrik ihre ersten Vertreter: Kallinos von Ephesos, Archilochos von Paros, Mimnermos von Kolophon, Sappho und Anakreon. Uns interessiert hier nur deren „gnomischer" Zweig, die Spruchweisheit. In diesen Sittensprüchen oder kurzen Gedichten elegischen Versmaßes kommt nicht nur das persönliche Gefühl, sondern auch das ethische Denken zum erstenmal zu offenem Ausdruck. Als Meister der letzteren gelten der Überlieferung die „sieben Weisen", von denen jedoch bloß vier (Thales, Bias, Pittakos und Solon) überall gleichmäßig erwähnt werden; nur von Solon ist noch manches erhalten. Ihr Erkenntnisstreben ist durch das bekannte: „Erkenne dich selbst!" gekennzeichnet; der hauptsächlichste Inhalt ihrer Moral liegt in der echtgriechischen Betonung des Maßhaltens („Nichts zuviel!").

Auch in politischer und sozialer Beziehung erfuhren die alten Verhältnisse starke Veränderungen. Die alten vornehmen Geschlechter erscheinen zurückgedrängt, durch Demokratie oder Tyrannis auch hier die Kraft des Einzelnen zu freierer Entfaltung gekommen. In der eben erwähnten Spruchdichtung spielen die politischen Parteikämpfe eine wichtige Rolle. Die ersten Philosophen, die genannt werden, sind zum Teil die Gesetzgeber ihrer Staaten gewesen.

Ferner war in den Kolonien am frühesten der für den Anfang des griechischen Philosophierens geradezu entscheidende Zusammenhang mit den positiven Wissenschaften ermöglicht. Durch ihre Handelsbeziehungen zu den alten Kulturvölkern des Morgenlandes war den Koloniegriechen um das Jahr 600 bereits ein reicher Schatz des Wissens zugeflossen. Wir dürfen annehmen, daß sie in Astronomie, Arithmetik und Geometrie den Chaldäern, Phöniziern und Ägyptern vieles verdankten. Ihre geographischen Kenntnisse hatten infolge ihrer weit ausgedehnten Seefahrten und Landreisen schon einen verhältnismäßig hohen Grad erreicht; und in der Geschichtsschreibung begann an Stelle der früheren Fabeleien die nüchternere Arbeit der Logographen zu treten. Wie es mit der Entlehnung einzelner Kenntnisse aus dem Orient beschaffen gewesen, ist eine Frage, die den Philosophiehistoriker weniger interessiert. Wichtig dagegen ist es, festzuhalten, daß die ersten Philosophen, wie wir sehen werden, zugleich Männer der positiven Wissenschaft gewesen sind.

Für die Richtung endlich, in der sich die erste Problemstellung der griechischen Philosophie bewegt, wie für den Gegenstand ihrer Forschung, ist eine Veränderung des religiösen Denkens zu beachten, die sich um diese Zeit vollzieht und schon in der „Theogonie" des böotischen Lehrdichters Hesiod im Keime verborgen liegt: von der Götterentstehungslehre des Mythos beginnt sich eine, freilich ebenfalls noch mythische, Weltentstehungslehre loszuringen. Statt mit der heiteren Welt der olympischen Götter beschäftigen sich die sogenannten „Orphiker" – deren Ahnherr der sagenhafte thrakische Sänger Orpheus gewesen sein soll, und deren religiöse Richtung sich durch eine Mischung von Mystik und Ekstase kennzeichnet – mit der Herleitung alles Gewordenen aus seinem Urgrund, als welchen sie irgendein Unentwickeltes: die Nacht, das Chaos, den Himmel oder den Ozean betrachten, während eine andere, etwas jüngere Richtung, als deren Haupt Pherekydes von Syros (um 550), einer der ersten griechischen Prosaisten, genannt wird, den ordnenden Zeus, wenn auch ihn zusammen mit Erde und Zeit, an den Anfang alles Gewordenen setzt.

Mit dieser kosmogonischen Richtung der altgriechischen „Theologen" (so nennt sie Aristoteles) hat die beginnende Wissenschaft den Gegenstand ihrer Forschung gemein. Auch sie fragt nach der Entstehung, nach dem Uranfang alles Gewordenen. Aber sie fragt und antwortet nicht mehr in der Form des Mythos, sondern in derjenigen des begrifflichen Denkens. Sie forscht nicht mehr nach dem zeitlichen Uranfang und nach göttlichen Urwesen als seinen Trägern, sondern nach dem Stoff, der bei allem Wechsel der Dinge verharrt. Die erste Philosophie der Griechen ist Naturphilosophie[4], ihr erster Begriff, die ἀρχή (der Uranfang), im Grunde ein chemischer: der Urstoff.

Erste Periode.
Vorsokratische Philosophie.

Außer den betr. Abschnitten der S. 20 f. angeführten Werke vgl.: *Byk, Die vorsokratische Philosophie der Griechen*. Lpz. 1875 f. *K. Goebel, Die vorsokratische Philosophie*. Bonn 1910. *Joël, Der Ursprung der Naturphiolosophie aus dem Geiste der Mystik*. Jena 1906. *J. Burnet, Early greek philosophy*, London 1892.

Kapitel I.
Anfänge der Reflexion über den Kosmos.

§ 2. Die milesische Naturphilosophie. Der Urstoff.

H. Ritter, Geschichte der ionischen Philosophie. Berlin 1821. – *R. Seydel, Der Fortschritt der Metaphysik innerhalb der Schule des ionischen Hylozoismus.* Leipzig 1860. – *P. Tannery, Pour l'histoire de la science hellène. De Thalès à Empédocle.* Paris 1887. – *Wolfg. Schultz, Altionische Mystik.* Wien 1907.

Die älteste und mächtigste der ionischen Städte war das infolge seiner bevorzugten Lage zu außerordentlichem Reichtum gediehene Milet, die Mutterstadt von nicht weniger als 80 Kolonien. Hier blühte, neben Seehandel und Industrie und durch sie angeregt, auch die wissenschaftliche Forschung, bis die Besiegung und Zerstörung der Stadt durch die Perser ihr ein Ende machte. Von diesen ältesten Naturphilosophen hat die Überlieferung nur drei Namen aufbewahrt: Thales, Anaximandros und Anaximenes.

1. Thales.

Noch halb im Dunkel der Sage schwebt die Gestalt dieses „Ahnherrn" der Philosophie, wie ihn Aristoteles nennt. Nur weniges Sichere ist uns über Leben und Lehre des außerordentlichen Mannes überliefert. Ein Zeitgenosse von Krösus und Solon, lebte er zwischen 624 und 545. Aus einer vornehmen, ihren Ursprung auf Kadmus zurückleitenden milesischen Familie stammend, erwarb er sich auch politische Verdienste um seine Vaterstadt. Seine Kenntnisse in der Geometrie, Astronomie und Naturwissenschaft überhaupt, die er auf Handelsreisen nach Phönizien und Ägypten erwarb oder doch vermehrte, werden von den Alten gerühmt. So soll er den ägyptischen Priestern ein Mittel zur Messung ihrer Pyramiden angegeben, einen Distanzmesser konstruiert, den Himmel als Hohlkugel erkannt, vor allem aber die Sonnenfinsternis vom Mai 585 vorausgesagt haben; wahrscheinlich war er auch in der Wasserbautechnik erfahren (Diels). Jedenfalls liegt der Zusammenhang der Philosophie mit den positiven Wissenschaften bei ihm klar zutage.

Was ihn aber zum ersten Philosophen stempelt, ist seine nicht mehr mythologische, sondern wissenschaftliche Erklärung der Weltentstehung. Aristoteles (*Metaphysik I, 3*) bezeichnet ihn ausdrücklich als den Begründer derjenigen Philosophie, welche allein die Materie als den Urgrund (ἀρχή) der Dinge aufstellte. Eine solche Ur-Sache fand Thales im Wasser: sei es, daß die alte Theogonie mit ihrem Urvater Okeanos oder (was wahrscheinlicher) das Lebenselement seiner Heimat ihm diese Wahl nahe legte; wir kennen seine Begründung nicht mehr. Selbst Aristoteles stellt, da schon zu seiner Zeit nicht mehr und vielleicht überhaupt nie etwas Schriftliches von Thales vorhanden war, nur Vermutungen darüber auf: weil die Nahrung und der Same von Pflanzen und Tieren feucht seien, die Lebenswärme sich somit aus dem Feuchten entwickle; wozu wir wohl auch die unendliche Wandelbarkeit des flüssigen Elementes fügen dürfen.

Wenn Thales erklärte: der Kosmos sei „voll Dämonen", so wollte er mit diesem der polytheistischen Anschauungsweise seines Volkes entnommenen Ausdruck wohl keine außerhalb des Stoffes stehende, ihn bewegende göttliche Ursache, sondern nur die Belebung oder Beseelung des Stoffes selbst bezeichnen, des Magnets z. B., wenn er das Eisen anziehe. Die Kraft liegt im Stoff.

Dieser Hylozoismus (Stoffbelebung) – oder Hylopsychismus (Stoffbeseelung), wie man ihn neuerdings genannt hat – scheint allerdings noch ziemlich roh, stellt aber trotzdem den gewaltigen, weil grundsätzlichen, Fortschritt von der Mythologie zur Naturwissenschaft dar. Einen weiteren Fortschritt vollzog dann sein Landsmann Anaximander.

2. Anaximander.

Schleiermacher, Über Anaximandros. Berlin 1815 [S. W. III, 2, 171-296]. – *Neuhäuser, Anaximander Milesius.* Bonnae 1883. – *P. Natorp, Über das Prinzip und die Kosmologie Anaximanders*, Philos. Monatsh. XX, 367-398. *Diels, Anaximanders Kosmos. Archiv f. Gesch. der Philos.* 1897, S. 278 ff.

Auch dieser außerordentliche Mann ist in der freien Seeluft Milets groß geworden. Etwas jünger (610-547) als Thales, ragte er gleich diesem durch mathematische und astronomische, außerdem auch geographische Kenntnisse hervor. Er verfertigte aus Erz die erste Weltkarte, entwarf eine Himmelskarte zur Orientierung der Schiffer bei Nacht und soll auch den Gebrauch der Sonnenuhr in Griechenland eingeführt haben. Auch leitete er die Anlage der Kolonie Apollonia am Pontus, so daß es wohl begreiflich ist, wenn die Milesier ihrem Mitbürger eine Ehrenbildsäule setzten, deren Überreste heute im Berliner Museum für Völkerkunde stehen. Leider sind von seiner Schrift – der, wie allen Schriften der ersten Naturphilosophen, später der Titel „Über die Natur" (περὶ φύσεως) beigelegt wurde – nur wenige Zeilen und kein einziger vollständiger Satz auf uns gekommen.

Dennoch vermögen wir uns aus dem Überlieferten von Anaximanders Weltentstehungslehre schon ein etwas deutlicheres Bild zu machen. Der bedeutsame Fortschritt gegen Thales besteht darin, daß er nicht, wie dieser, ein bestimmtes sinnliches Element, sondern einen unbestimmten, gedachten Stoff als ἀρχή setzt. Der Urgrund aller Dinge ist für ihn das Ἄπειρον, d. i. das Unendliche (oder Unbestimmte?), das dann weiter als unsterblich und unvergänglich, ungeworden und unerschöpflich beschrieben wird. Ob er es als eine Mischung verschiedener bekannter Elemente betrachtet oder wahrscheinlicher qualitativ ganz unbestimmt gelassen hat, ist eine auch heute noch umstrittene Frage. Aus diesem unbestimmten Urstoffe ließ Anaximander durch „Aussonderung" zuerst das Kalte und das Warme hervorgehen; aus ihnen bildete sich das Flüssige, aus dem letzteren durch Austrocknung die Erde, weiter die Luft und eine beide, wie der Baum die Borke, umgebende Feuerkugel. Aus dieser hätten sich durch Bersten und Ringbildung Sonne, Mond und Sterne losgelöst, die sie in symmetrischen Abständen umkreisen; seine Theorie ist eine Vorläuferin der pythagoreischen Sphären-Harmonie (§ 3), wobei die uralt heilige Dreizahl eine geheimnisvolle Rolle spielte. Aus dem Urschlamm der walzenförmig gestalteten, von allen Punkten jenes Feuermeeres gleich weit entfernten Erde ließ unser Philosoph, wenn wir dem späten Berichte Plutarchs Glauben schenken dürfen, die ersten lebenden Wesen entstehen und sich in stufenartiger Folge allmählich weiter entwickeln. Zuerst entstanden fischartige, dann, bei zunehmender Austrocknung der Erde, aus diesen Landtiere; die Entwicklung des Menschen dauerte am längsten. Mit den einzelnen Stufen war zugleich eine Umwandlung der Lebensweise verbunden: wie man sieht, eine höchst interessante, wenn auch noch rohe Vorausnahme der modernen Deszendenztheorie.

Und die Zukunft des Weltalls? Darüber belehrt uns das einzige wörtlich erhaltene Fragment: „Woraus die Dinge entstanden sind, darein müssen sie auch wieder vergehen nach dem Schicksal; denn sie müssen Buße und Strafe zahlen für die Schuld (sc. ihres Daseins) nach der Ordnung der Zeit." Eine düstere, an uralte orientalische Vorstellungen gemahnende, religiös gefärbte Weltanschauung tritt uns hier entgegen. In ewigem Wechsel folgt sich eine unendliche Reihe entstehender und vergehender Welten, von der die unsrige nur einen vorübergehenden Spezialfall darstellt.

So bietet Anaximander den ersten bestimmter überlieferten Versuch einer rein natürlichen, aus einem mechanischen Prinzip hergeleiteten Welterklärung. Denn, wenn er einmal von seinem Unendlichen den Ausdruck gebraucht, es „umfasse" und „lenke" alles, und es deshalb „göttlich" nennt, so haben wir nach dem sonst über ihn Überlieferten keinen Grund, daraus auf die Annahme eines von dem Weltstoff unterschiedenen göttlichen Geistes bei ihm zu schließen. Das war erst einer späteren Periode der griechischen Philosophie vorbehalten.

3. Anaximenes.

Auch er stammt aus Milet und ist etwa ein Menschenalter jünger als seine beiden Vorgänger; seine Lebenszeit fällt zwischen 588 und 524. Wenn Anaximenes wieder ein bestimmtes Element, die Luft, als Urstoff setzt, so bedeutet dies in gewisser Hinsicht allerdings einen Rückschritt hinter Anaximander. Indessen wurden doch mit der Wahl gerade dieses Stoffes die wesentlichsten Eigenschaften des anaximandrischen Apeiron, seine Unbegrenztheit und Beweglichkeit, berücksichtigt. Vielleicht ist Anaximenes durch die Beobachtung des Atems als Lebensursprungs zur Annahme seines Prinzips geführt worden. Wenigstens läßt der einzige aus seiner Schrift sicher erhaltene Satz das als möglich erscheinen: „Wie unsere Seele" – hier offenbar in ihrer Grundbedeutung (ψυχή) als animalisches Lebensprinzip gedacht – „Luft ist und uns dadurch zusammenhält, so umfaßt auch den ganzen Kosmos wehender Hauch und Luft". Daß sein Urstoff, wiewohl beseelt (vgl. oben Thales), im Grunde doch nur materiell zu denken ist, ergibt sich aus dem weiteren Entwicklungsprozeß, den der Philosoph ihn nehmen läßt. Durch Verdünnung geht aus ihm das Feuer, durch Verdichtung oder Zusammenziehung Wind, Wolken, Wasser und Erde hervor. Auch seine astronomischen Kenntnisse zeigen große Fortschritte. Er erkannte die Beleuchtung des Mondes durch die Sonne und unterschied die Planeten von den Fixsternen. Mit Anaximander nahm auch er einen ewigen Wechsel von Weltentstehung und Weltzerstörung an.

4.

Als Nachzügler der milesischen Naturphilosophie, der „ionischen Physiologen“, sind die im 5. Jahrhundert lebenden Denker Hippon und Idaios (von Himera) zu betrachten. Ersterer erklärte gleich Thales das Feuchte für den Urstoff alles Gewordenen, während der sonst ganz unbekannte Idaios sich dem Anaximenes angeschlossen haben soll. Über den gleichfalls durch die Milesier angeregten Diogenes von Apollonia s. Anhang zu § 8. Die weitere Ausbildung der griechischen Philosophie sollte zunächst auf einem anderen Schauplatz vor sich gehen und in einer anderen Richtung sich vollziehen.

§ 3. Die pythagoreische Zahlenlehre.

Die ausführlichste Monographie: Chaignet, *Pythagore et la philosophie Pythagoricienne*, 2 Bände, Paris 1873. Eine kurze populäre Darstellung des „Pythagoras und der Pythagorassage“ gibt Ed. Zeller, *Vortr. u. Abhandl. I*, 30-50. Vgl. auch Hankel, *Zur Geschichte der Mathematik im Altertum und Mittelalter*, Leipzig 1874.

Während in der zweiten Hälfte des 6. Jahrhunderts die Ionier Kleinasiens bereits um ihr nationales Sonderdasein mit den Persern zu ringen hatten, standen noch in der Vollkraft ihrer Macht und Kultur die hellenischen Pflanzstädte des Westens, die in blühendem Kranze die Gestade Unteritaliens und Siziliens umsäumten. Ein „Großgriechenland“ im wahren Sinne des Wortes, mit reicherem Dasein als das Mutterland, war dort entstanden: gleichfalls in buntem Wetteifer der griechischen Stämme, nur daß die Dorier hier das Übergewicht besaßen. In eine dieser dorischen Städte wanderte zwischen 540 und 530 der Samier Pythagoras ein.

1. Pythagoras und seine Jünger.

Über Pythagoras und seine Schule mangelt es zwar keineswegs an Nachrichten, aber der echte Kern derselben ist dermaßen von späteren Entstellungen und Fabeleien überwuchert, daß es schwer hält, zumal da wir keine einzige Zeile von seiner Hand besitzen, die Wahrheit herauszuschälen. Bei den Neupythagoreern des 3. und 4. Jahrhunderts nach Chr. ist aus dem religiösen Weisen schließlich ein Sohn Apollons, ein allmächtiger Wundertäter, ein allwissender Seher geworden. Die über ihn erzählten Geschichten erinnern lebhaft an die Heiligenlegenden des Mittelalters. Als geschichtlich gesichert ist etwa folgendes anzusehen:

Pythagoras ward um 580 auf der Insel Samos geboren, die damals bereits einen hohen Grad von Kultur, namentlich auch in der Technik (Heratempel, Tunnelbohrungen) erreicht hatte, und bereicherte überdies sein Wissen auf den mannigfachsten Gebieten durch Studien und Reisen. Sein Gegner Heraklit wirft ihm „Vielwisserei" vor. In der Kraft seiner Mannesjahre wanderte er, vielleicht um sich der Tyrannis des Polykrates zu entziehen, nach dem unteritalienischen Kroton aus und gründete dort einen Verein oder Orden, der sich mit den Formen des damaligen Mysterienwesens umgab. Die religiöse Bewegung, die um diese Zeit durch die gesamte griechische Welt ging und die auf eine Wiedergeburt der Volksreligion abzielte, suchte er, indem er sie mit wissenschaftlichen Bestrebungen verquickte, auch in die höheren Gesellschaftsschichten einzuführen. Die Geweihten verpflichteten sich zu einer ernsten sittlichreligiösen Lebensführung. Offenbar im Anschluß an dorische Stammesart, galten Mäßigkeit, Einfachheit, Abhärtung, Gesundheit des Leibes und der Seele, unbedingte Treue gegen Götter, Eltern, Freunde und Gesetz sowie eine weitgehende Selbstbeherrschung und Unterordnung als die Haupttugenden des „pythagoreischen Lebens". Tägliche Selbstprüfung war jedem Mitgliede auferlegt: Was tat ich? Worin fehlte ich? In theoretischer Beziehung war besonders Beschäftigung mit Musik und Mathematik vorgeschrieben. Vielleicht war die Entdeckung der Tonintervalle auf der gespannten Saite, die Pythagoras zugeschrieben wird, der erste Anlaß zu der mathematischen Spekulation, die dann alle Schranken der Besonnenheit durchbrach. Das religiöse Hauptdogma war die Lehre von der Seelenwanderung und der Vergeltung nach dem Tode.

Der Bund der Pythagoreer – ihr enger Freundeszusammenhang ist bekannt – gewann bald politische Bedeutung in ganz Unteritalien: er wurde der Mittelpunkt der aristokratischen Partei, die den volkstümlichen Bestrebungen mit rücksichtsloser Schroffheit entgegentrat. Es kam vielfach zu Reibereien mit den von dem Bunde Ausgeschlossenen, insbesondere der demokratischen Partei. Parteikämpfe dieser Art veranlaßten den greisen Pythagoras, noch in hohem Alter nach dem benachbarten Metapont auszuwandern, wo er um 500 gestorben sein soll. Noch längere Zeit behielten die Pythagoreer einen bedeutenden Einfluß in den Städten Großgriechenlands, bis um 440 (?) die Verbrennung des pythagoreischen Vereinshauses zu Kroton das Signal zu einer allgemeinen Verfolgung desselben gab, infolge deren viele umkamen, andere nach Griechenland hinüberflüchteten, um dort nunmehr in rein theoretischer Weise des Meisters Lehren zu verbreiten. Als der bedeutendste dieser jüngeren, selbständigeren Pythagoreer, die nicht mehr so ängstlich auf des Meisters Worte schwuren (αὐτός ἔφα!), erscheint Philolaos, der ähnlich Archimedes Theorie und Praxis verband und sich mit Lysis in Theben niederließ. Seine Schüler waren die in Platos *Phädo* erwähnten Simmias und Kebes; Lysis wurde der Lehrer des jungen Epaminondas. Zu Platos Zeit erscheint übrigens wieder ein Pythagoreer (Archytas) an der Spitze des mächtigen Gemeinwesens von Tarent. Bald nach ihm scheint die pythagoreische Lehre ausgestorben zu sein, um erst ein halbes Jahrtausend später in neuem Gewande wieder zu erstehen (s. unten § 47).

2. Die pythagoreische Lehre.

Das Wenige, was wir von der pythagoreischen Lehre mit einiger Sicherheit wissen, ist uns nicht als Lehre des Meisters selbst, sondern erst durch die Fragmente des eben genannten Philolaos (herausgegeben und bearbeitet von Boeckh, Berlin 1819, ein Teil derselben ist unecht) überliefert. Einige Gelehrte (Brandis, Windelband) haben daher den Pythagoras selbst von der pythagoreischen Philosophie unterschieden und letztere erst an späterer Stelle, unmittelbar vor den Sophisten, abgehandelt; sie berufen sich dabei auch auf Aristoteles (*Metaphysik, I, 5*), der in der Tat nur von den „sogenannten Pythagoreern" spricht. Da indessen über diese Verschiedenheit nichts Sicheres auszumachen ist, so behandeln wir die nach Pythagoras benannte Philosophie schon an dieser Stelle, zumal da keine der folgenden Lehren mit voller Sicherheit von ihr berücksichtigt erscheint.

a) *Grundprinzip.* Die ἀρχή, das Grundprinzip der Pythagoreer, ist die Zahl: also nicht mehr ein sinnlicher Stoff, sondern ein Gedankending. Als Ausgangspunkt ihrer Zahlenspekulation haben wir uns mit Aristoteles ihre eifrige und ernste Beschäftigung mit Mathematik zu denken. „Sie beschäftigten sich zuerst mit der Mathematik, förderten sie, und, in ihr auferzogen, hielten sie die mathematischen Prinzipien (ἀρχάς) für die Prinzipien alles Seienden... Und in den Zahlen die Eigenschaften und Gründe der Harmonie erblickend, da ihnen das andere seiner ganzen Natur nach den Zahlen nachgebildet erschien, die Zahlen aber als das Erste in der ganzen Natur, so faßten sie die Elemente der Zahlen als die Elemente aller Dinge auf und das ganze Weltall als Harmonie und Zahl" (Aristot. a. a. O.). In dem Studium der Mathematik, vor allem des arithmetischen Teiles derselben, waren sie der unbedingten Gewißheit inne geworden, die dieser Wissenschaft eigen ist. „Nichts von Lug nimmt die Natur der Zahl, die Harmonie besitzt, in sich auf", sagt Philolaos, denn „Lug ist der Natur unversöhnlicher Feind, die Wahrheit aber eigen und angeboren dem Geschlechte der Zahl". „Ohne sie läßt sich nichts erfassen noch erkennen." Eine glänzende Bestätigung dieser mathematischen Gesetzlichkeit ergab sich ihnen bei ihren musikalischen und astronomischen Studien. So meinten sie denn, erfüllt von der neuen Entdeckung, die ganze Natur, ja das geistige Leben müsse sich, wie ein Rechenexempel, in Zahlen begreifen lassen.

b) *Durchführung des Prinzips.* So leiteten sie aus dem Gegensatz der geraden und ungeraden Zahl einen solchen des Unbegrenzten und Begrenzenden ab. Letzteres Prinzip stellen die Ungeraden dar, da sie der Zweiteilung eine Grenze setzen. Dieser Gegensatz des Begrenzenden und Unbegrenzten nun gehe, so spannen sie allmählich ihre Lehre weiter aus, durch die ganze Natur hindurch. Denn „kenntnisspendend ist die Natur der Zahl und führend und belehrend über jegliches Zweifelhafte und Unbekannte. Denn niemandem wäre das Geringste von den Dingen weder an sich noch in ihren Verhältnissen zueinander offenbar, wenn nicht Zahl wäre und ihre Wesenheit. So aber macht sie, der Seele es anpassend, alles der Wahrnehmung erkennbar... scheidend jegliche Verhältnisse der Dinge, der unbegrenzten wie der begrenzenden[5]." Als Mittelglied zwischen der Zahl und der Natur galt ihnen das Symbol der Geometrie, das Winkelmaß (der Gnomon). – Aber nicht bloß in der Natur, auch auf allen menschlichen Gebieten, namentlich dem künstlerischen, waltet die Zahl. „So kannst du denn nicht bloß in den dämonischen und göttlichen Dingen, sondern auch in allen menschlichen Werken und Worten die Natur der Zahl und ihre Kraft überall walten sehen, sowie auch in allen technischen Künsten und in der Musik." Eine Tafel von 10 Gegensätzen, die von einigen (wahrscheinlich jüngeren) Pythagoreern aufgestellt wurde, gibt einen Begriff davon, wie man sich die Parallelen zu jenem Urgegensatz dachte, wobei das Erstgenannte jedesmal als das Begrenzende, Bestimmende, mithin Vollkommenere galt.

1. Grenze – Unbegrenztes.
2. Ungerades – Gerades (von Zahlen).
3. Eines – Vielheit.
4. Rechtes – Linkes.
5. Männliches – Weibliches.
6. Ruhendes – Bewegtes.
7. Geradliniges – Krummes.
8. Licht – Finsternis.
9. Gutes – Böses.
10. Quadrat – Rechteck.[6]

Aus solchen Gegensätzen besteht die Welt. Aber wie in der erzeugenden Eins, der ungerad-geraden Urzahl, die Gegensätze zusammenfließen, so sind auch die Gegensätze des Weltalls verbunden zu einer „Ordnung"; die Bezeichnung Kosmos haben anscheinend die Pythagoreer zuerst dem All verliehen. Ihr Band bildet die Harmonie, zugleich der physikalische Ausdruck der Gesetzmäßigkeit.

c) Bei aller Phantastik haben sich die Pythagoreer doch, soweit sich aus den vielfach unsicheren und unvollständigen Nachrichten entnehmen läßt, manches wissenschaftliche Verdienst erworben. Sie haben u. a. die Quadratverhältnisse der Zahlen, wie $3^2 + 4^2 = 5^2$ aufgestellt und sind wahrscheinlich auch von solchen arithmetischen Gesichtspunkten aus zu geometrischen Lehrsätzen wie dem bekannten, der den Namen ihres Meisters trägt, gekommen. Auch auf den Begriff des Leeren, der erst in der Atomistik (§ 9) zu rechter Entfaltung kommt, haben sie bereits aufmerksam gemacht und ihn auf die Intervalle zwischen den Tönen und die Zwischenzahlen zwischen den Quadratzahlen angewandt. Ferner haben sie die mathematische Grundlegung der musikalischen Harmonie geschaffen, indem sie die Zahlenverhältnisse der Saitenlänge, aus denen Tonhöhe und Wohlklang hervorgehen, genau bestimmten und bereits Klanggeschlechter und Tonarten unterschieden. Und drittens waren sie in der Astronomie ihrer Zeit voraus. Sie haben bereits gelehrt, daß die Erde und die anderen Gestirne leuchtende Kugeln seien, die in zahlenmäßig bestimmten Abständen ihren kreisförmigen Reigen um das heilige Zentralfeuer, die „Burg des Zeus", den „Herd des Alls", aufführten. Ja, spätere Pythagoreer, wie die Syrakusaner Hiketas und Ekphantos (im 4. Jahrhundert v. Chr.), haben schon die Drehung der Erde um ihre eigene Achse gelehrt.

d) Freilich lief manches Naive und Gekünstelte bei diesen wissenschaftlichen Entdeckungen mit unter, da sie dabei, um Aristoteles' Worte zu gebrauchen, „nicht im Hinblick auf die Tatsachen nach Erklärungen und Theorien suchten, sondern im Hinblick auf gewisse Theorien und Lieblingsmeinungen an den Tatsachen zerrten und sich (man möchte sagen) als Mitordner des Weltalls aufspielten". Zur Vervollständigung der heiligen Zehnzahl z.B. wurde zu Erde, Mond, Sonne, den fünf Planeten und dem Fixsternhimmel als zehnte Kugel (Sphäre) eine „Gegenerde" erdichtet. Die Abstände der Gestirne wurden nach den Tonintervallen der Musik berechnet und so, da alles in rascher Umdrehung Befindliche tönt, eine himmlische Sphärenharmonie zustande gebracht: kindliche mit geistvollen und hochpoetischen Vorstellungen gemischt. Wie öfters mit nüchternstem Scharfsinn phantastische Mystik sich verbindet (Beispiele aus älterer und neuerer Zeit: die Araber, Keppler, Fechner, Zöllner, von Bruno und A. Comte zu schweigen), so begegnen wir auch bei den Pythagoreern den sonderbarsten Phantasmen. Aus der Zahlenspekulation wird häufig die unfruchtbarste Zahlensymbolik, die willkürlichste Zahlenspielerei. Die Sieben, noch mehr die Zehn (als Summe der Grundzahlen 1 + 2 + 3 + 4) galten als heilige Zahlen, bei denen geschworen wurde. Noch hören läßt es sich, wenn 1 den Punkt, 2 die Linie, 3 das Dreieck, 4 die Pyramide bedeuten soll. Sehr gekünstelt aber klingt es, wenn 4 zugleich (als Gleiches und Gleiches) die Gerechtigkeit, 5 die Hochzeit (weil = 3 + 2, Verbindung der ersten männlichen mit der ersten weiblichen Zahl), 6 die Seele, 7 den Verstand, die Gesundheit oder das Licht, 8 Liebe und Klugheit symbolisieren soll u.a.m.

e) In der Psychologie haben Pythagoras' Anhänger wenig geleistet. Ihre Lokalisierung der seelischen Funktionen – des Verstandes im Kopf, der Seele im Herzen, des Wachstums im Nabel, der Fortpflanzung in den Geschlechtsteilen – ist doch ziemlich primitiv.[7] Nach Aristoteles hätten sie die Sonnenstäubchen oder auch, was diese bewegt, für Seelen gehalten. Ihr Seelenwanderungsglaube hängt mit ihren philosophischen Grundsätzen nicht zusammen. Er hat sich, wie ihre Lehre von der einstigen Wiederkehr aller Wesen und Vorgänge überhaupt (Nietzsche!), schon früh mit dem orphischen Dionysoskult zu einer tiefsinnig-mystischen Geheimlehre verflochten, die weiter zu verfolgen nicht Absicht einer Geschichte der philosophischen Wissenschaft sein kann (vgl. darüber das schöne Kapitel „Der orphisch-pythagoreische Seelenglaube" in *Th. Gomperz, Griechische Denker* I, 100-123). Ebenso hat ihre religiös-ethische Lehre, deren sittlich-idealen und politisch-sozialen Charakter wir oben kennen gelernt haben, und die sich in mannigfachen praktischen

Lebensregeln und symbolischen Sinnsprüchen fortpflanzte (eine Sammlung solcher sittlichen Vorschriften enthält u. a. das frühestens aus dem 1. Jahrhundert v. Chr. stammende „goldene Gedicht"), bei ihnen selbst noch keine wissenschaftliche Begründung gefunden.

Auch von der Frage nach der Gewißheit der menschlichen Erkenntnis zeigen sich in der Gedankenwelt der Pythagoreer keine oder doch nur sehr schwache Spuren. Ihr Hauptverdienst besteht in ihrer mathematischen Forschung.

Kapitel II.
Anfänge der Reflexion über das Denken vom Kosmos. Sein und Werden (die Eleaten und Heraklit).

Bei der nun folgenden Philosophengeneration beginnen sich neben dem immer noch vorherrschenden Denken vom Kosmos bereits Spuren der Reflexion über dies Denken bemerkbar zu machen. Ein metaphysischer Grundgegensatz spaltet sie in zwei getrennte Lager: die einen (die Eleaten) stellen den Gedanken des einen, unwandelbaren Seins, die anderen (Heraklit) den entgegengesetzten des in ewigem Flusse begriffenen Werdens an die Spitze ihrer Philosophie. Brandis, Ueberweg, Gomperz und Kinkel stellen Heraklit voran, Zeller, Schwegler und Baumann die Eleaten. Wir behandeln aus zeitlichen wie aus sachlichen Gründen zunächst:

1. Xenophanes, der, um 570 geboren, von Heraklit schon berücksichtigt wird, dagegen von der eleatischen Schule eigentlich nur ein Vorläufer, überhaupt kein Philosoph im strengeren Sinne ist (§ 4); sodann
2. Heraklit, geb. um 535 (§ 5), zuletzt
3. den eigentlichen Begründer der eleatischen Philosophie, Parmenides, geb. 540 oder 515, der den Heraklit bereits bekämpft, mit seinen Nachfolgern Zeno und Melissos, deren Wirksamkeit schon in das 5. Jahrhundert fällt (§ 6).

§ 4. Xenophanes.

Mehrere Gymnasialprogramme über ihn von *Franz Kern*, 1864-77. – *J. Freudenthal, Über die Theologie des Xenophanes*, Breslau 1886.

Zu den Ionier, welche durch den Einbruch der Perser aus ihrer Heimat fortgetrieben wurden, gehörte auch der um 570 zu Kolophon geborene Xenophanes. Nach einem überaus langen Wanderleben – er selbst gibt es auf 67 Jahre an! – ließ er sich in seinem Alter zu Elea, einer Kolonie der Phokäer in Unteritalien, nieder, wo er hochbetagt nach 480 gestorben ist.

Xenophanes ist nicht von der Naturwissenschaft, sondern von der Poesie und Reflexion her zur Philosophie gekommen; er war und blieb in erster Linie Dichter. Seine in verschiedenen Maßen verfaßten Gedichte soll er als wandernder Rhapsode, um seinen Lebensunterhalt zu gewinnen, in vielen Städten von Hellas und Großgriechenland vorgetragen haben. Von seinem Lehrgedicht *Über die Natur* sind nur eine Anzahl zerstreuter Verse erhalten; außerdem ein längeres Bruchstück eines heiteren Festgedichts. Sonst besitzen wir nur wenig sichere Mitteilungen über ihn. Die Zuverlässigkeit der pseudoaristotelischen Schrift *De Xenophane Zenone Gorgia* wird vielfach bestritten.

Die erhaltenen Verse des Xenophanes treten zum Teil Lieblingsanschauungen des griechischen Volkes schroff entgegen. Sie warnen vor Überschätzung der Körperkraft; selbst der Ruhm der Olympiasieger gilt ihm nichts. Besser als der Männer und Rosse Kraft dünkt ihm „unsere Weisheit". Er verwirft die ganze antike Mythologie und bekämpft Homer und Hesiod, weil sie den Göttern menschliche Laster wie Diebstahl, Ehebruch und Betrug angedichtet haben. Ja, er zeigt sogar Abneigung gegen deren plastische Darstellung. Wenn Rinder oder Löwen Hände zum Bilden von Gestalten hätten, würden sie die Götter wie Rinder und Löwen bilden. Begreiflich genug, daß solche Verse von Clemens von Alexandrien (§ 54) und anderen Kirchenvätern mit Vorliebe zitiert werden. Diese kühne Kritik des Volksglaubens, die wohl mit der religiösen Reformbewegung des 6. Jahrhunderts (§ 3) in Zusammenhang stand, scheint der Ausgangspunkt seiner religiös-philosophischen Lehre vom All gewesen zu sein.

Den vielen Göttern des Volksglaubens stellt Xenophanes den einen höchsten Gott gegenüber, „bei Göttern und Menschen den größten, weder an Gestalt den Sterblichen ähnlich noch an Gedanken". Er ist „ganz Auge, ganz Geist, ganz Ohr, bewältigt sonder Mühe alles mit seines Geistes Kraft". Nun aber wird der bis hierher religiöse Gedanke theoretisch gewendet. Diese Gottheit ist völlig unbeweglich und unwandelbar, „im selbigen bleibend", ist „eines und alles" (ἕν καὶ πᾶν). Sein Monotheismus ist also pantheistischen Charakters. „Auf das All hinblickend, nannte er das Eine Gott", sagt Aristoteles und nennt ihn den ersten Einheitslehrer unter den Eleaten. Wenn er sich auch, wie Aristoteles an derselben Stelle (*Metaph.* I, 5) bezeugt, über das Wesen dieses Einen noch nicht deutlich aussprach, insbesondere ob die Einheit mehr als eine begriffliche (vgl. Parmenides) oder stoffliche (vgl. unten Melissos) zu fassen sei, so war doch sein Grundgedanke, den Kosmos überhaupt als Einheit aufzufassen, ein großer Fortschritt in der Geschichte des griechischen Philosophierens.

Die spezielle Naturforschung scheint bei unserem Dichter-Philosophen in den Hintergrund getreten zu sein; freilich ist nur wenig und Lückenhaftes erhalten.

Von den physikalischen Sätzen, die ihm zugeschrieben werden, klingt derjenige, daß die Gottheit kugelförmig sei, nicht mehr so seltsam, wenn man für Gottheit Weltall einsetzt; andere wie die, daß die Gestirne feurige Wolken seien, beruhen auf dem unentwickelten Zustand der Wissenschaft seiner Zeit. Merkwürdig sind einige Fragmente durch die in ihnen sich aussprechende kritische oder gar skeptische Stimmung: Volle Gewißheit über die Götter und das All hat noch keiner erlangt und wird keiner jemals erlangen; denn „Schein ist über alles gebreitet"; und „nicht von Anfang offenbarten die Götter den Sterblichen alles, sondern durch ihr Suchen finden diese im Laufe der Zeit Besseres".

§ 5. Heraklit.

Schleiermacher, Herakleitos der Dunkle von Ephesos, 1807 (S. W. III. 2, 1-146). *J. Bernays, Gesammelte Abhandlungen I*, ed. Usener, 1885. *Ferd. Lassalle, Die Philosophie Herakleitos des Dunklen von Ephesos*, 2 Bände, Berlin 1858. *P. Schuster, Heraklit von Ephesus*, Leipzig 1873. *Teichmüller, Neue Studien zur Gesch. der Begriffe I. II*, Gotha 1876, 78. *E. Pfleiderer, Die Philosophie d. Her. v. Eph. im Lichte der Mysterienidee*, Tübingen 1886.
Die meisten Schriften über Heraklit, insbesondere die Lassales (des bekannten Sozialisten), leiden an dem Fehler, Heraklit in zu starkem Maße zum Vater aller möglichen modernen Ideen machen zu wollen. Die beste Sammlung seiner Fragmente jetzt bei *Diels*, a. a. O. S. 66-84.

Nicht ohne Grund hat Hegel den Heraklit für den ersten spekulativen Philosophen erklärt. Die Milesier (§ 2) waren vor allem doch Naturforscher; Ausgangspunkt und Gegenstand ihres Forschens blieb der Kosmos. Dieser Sachverhalt blieb im wesentlichen auch bei den Pythagoreern, wenn sie auch zu mathematischem Denken über das Weltall sich erhoben. Heraklit beginnt, falls wir von den soeben erwähnten kritischen Äußerungen des Xenophanes absehen, zum erstenmal über das Denken selbst zu philosophieren, obgleich auch sein Hauptobjekt das Weltall bleibt.

1. *Leben.* Mit Heraklit kehren wir wieder nach der Urheimat der griechischen Philosophie, dem ionischen Kleinasien, zurück. Er stammte aus Ephesus und zwar, wie das für fast alle diese älteren Philosophen kennzeichnend ist, aus vornehmem Geschlechte. Dieser Abstammung entsprach auch seine schroff-aristokratische Gesinnung, die ihn nach dem Siege der Volkspartei von dem öffentlichen Leben sich völlig – wie es heißt, in die Waldeinsamkeit – zurückziehen ließ. Sein Leben fällt wahrscheinlich in die Zeit zwischen 535-475. Im Leben wie in der Philosophie ging er als stolzer, einsamer und verbitterter Denker seinen eigenen Weg. Die tiefsinnige, feierliche, bilder- und gleichnisreiche, ja öfters gewollt orakelhafte Sprache seines Buches brachte ihm schon im Al-

tertum den Beinamen des „Dunklen“ ein. Nach Sokrates bedurfte es eines delischen, d.h. vorzüglichen Tauchers, um bei Heraklit auf den Grund zu kommen. 137 Fragmente (darunter 11 unecht) sind erhalten.

2. *Prinzip.* Heraklit stellt sich in bewußten Gegensatz nicht nur zur Menge, sondern auch zu seinen nächsten philosophischen Vorgängern und Zeitgenossen; nur die milesischen Naturphilosophen tadelt er nicht, an deren zweiten (Anaximander) er in der Tat auch in manchem erinnert. Die Menge sei taub für die Wahrheit, auch wenn diese ihr nahe trete, und halte sich in ihrem Unverstande lieber an die Gesänge der Dichter, von denen er besonders Homer, Hesiod und Archilochos bekämpft, und den Troß vorgeblicher Lehrer. Vielwisserei sei eine schlechte Kunst und belehre den Geist nicht; das sehe man an Hesiod und Pythagoras, Xenophanes und Hekataios. Er selbst ist sich offenbar bewußt, eine völlig neue Bahn zu eröffnen, die er durch eigenes Ringen gefunden hat. „Ich erforschte mich selbst“, sagt er einmal voll stolzen Selbstgefühls. Das menschliche Bewußtsein tritt dem Objekt gegenüber.

Der Grundgedanke der neuen Lehre ist der: In der gewöhnlichen Ansicht vom Sein der Dinge steckt ein Vorurteil, wir müssen sie als werdende betrachten. Es gibt nichts Festes und Beharrliches in der Welt. Πάντα ῥεῖ, d. i. Alles ist im Flusse, in ewigem Wechsel und Werden begriffen. „Nicht zweimal können wir in denselben Fluß hineinsteigen“, lautet sein Lieblingsgleichnis, „denn neue und immer neue Gewässerströmen ihm zu“. Aus Einem wird Alles, aus Allem Eines. Zu dem verschiedenen Nacheinander tritt dann das entgegengesetzte Nebeneinander: „Das Meerwasser ist das reinste und abscheulichste, für die Fische trinkbar und heilsam, für die Menschen untrinkbar und verderblich.“ Und zu dem Nebeneinander das schon bei Anaximander im Keime vorhandene Zugleichsein der Gegensätze, an deren Ausmalung unser Dichter-Denker geradezu seine Freude hat. Leben und Tod, Wachen und Schlafen, Mischung und Trennung, Entstehen und Vergehen, Alt und Jung, Sterblich und Unsterblich, Gerade und Krumm, Männliches und Weibliches, Hohes und Tiefes, ja auch Gutes und Böses: – es ist dasselbe. Sie alle sind nur verschiedene Formen des nämlichen Prozesses. Der Kosmos gleicht einem beständig umgerührten Mischtrank.

Wie entsteht nun trotz dieser ewigen Bewegung der Schein des Beharrens, inmitten des steten Werdens der Schein des Seins? „Durch den Gegenlauf“, antwortet Heraklit. Der „Streit“ ist nicht bloß der Herr und „König“, sondern auch der „Vater“ aller Dinge; Gegensatz erzeugt Einheit. Entgegengesetztes vereinigt sich zum Heilsamen. Krankheit macht die Gesundheit süß, Hunger die Sättigung, Arbeit die Ruhe. So wird die Welt der Gegensätze zu einer großen Harmonie, „in sich zurückkehrend, gleich der des Bogens und der Leier“, wie das von Heraklit gern gebrauchte, etwas dunkle Bild für das Auseinanderstrebende, das wieder zusammengeht, lautet.

3. *Das Urfeuer.* Diese eine Ordnung der Dinge nun, die kein Gott und kein Mensch geschaffen hat, wird von ihm öfters bezeichnet als Feuer. Wie haben

wir uns das zu denken? Offenbar nicht so bequem wie Aristoteles und andere altgriechische Berichterstatter, denen man früher folgte, die das Feuer einfach als Heraklits ἀρχή, in dem Sinne des Urstoffs der milesischen Naturphilosophie (§ 2), erklären. Wir wissen bei dem Mangel an Nachrichten freilich nicht sicher, ob nicht auch schon die Schule von Milet ihren „Urgrund" in geistigerer Weise aufgefaßt hat. Bei Heraklit dem Bilderreichen jedenfalls scheint das „ewig lebendige Feuer", das der Kosmos „immer war, ist und sein wird, nach Maßen sich entzündend und verlöschend nach Maßen" kaum buchstäblich verstanden werden zu können. Freilich ganz vermag er sich der stofflichen Auffassung noch nicht zu entschlagen. Aus dem Feuer, das übrigens nicht sowohl als Flamme, sondern als feuriger Hauch (ψυχή) gefaßt wird, läßt seine Weltentstehungslehre als Umwandlungen (τροπαί) desselben erst Wasser (Flüssiges), dann Erde (Festes) hervorgehen – „der Weg nach unten" –, und umgekehrt wieder aus Erde Wasser, aus Wasser Feuer – „der Weg nach oben" –, in stetem Kreislauf. Aus Feuer ist das Weltall einstmals geworden, in Feuer wird es sich dereinst auflösen, um sich alsdann aufs neue zu bilden. (Eine Lehre, die, wenn wir für „Feuer" den Feuerball des Sonnensystems setzen, der modernen Naturwissenschaft nicht allzufern steht, übrigens von manchen Gelehrten als spätere stoische Umdeutung dargestellt wird.) Daß das Urfeuer von Heraklit gleichwohl nicht rein stofflich gefaßt wurde, zeigt ein Satz wie der: „In Feuer setzt sich alles um und das Feuer in alles, wie Ware in Gold und Gold in Ware", wo es fast nur als Symbol der Veränderung erscheint. Auch wird es anderseits mit dem Göttlichen identifiziert und mit der allwaltenden Dike oder dem Verhängnis (εἱμαρμένη): eine Auffassung, die an das Fragment des Anaximander erinnert. In diesen Zusammenhang gehört wohl auch der Spruch: „Alles lenkt (eigentlich: steuert) der Blitz." Ob und inwieweit Heraklit das allen Gemeinsame schon als Vernunft (λόγος) gedacht hat, ist bei dem Zustand der Fragmente und der gleichnishaften Sprache des „Dunklen" schwer zu entscheiden. Jedenfalls nicht als zweckmäßig handelnde Macht, denn die Ewigkeit heißt einmal ein „brettspielender Knabe", der die Steine aufbaut und wieder zusammenwirft. Auch erwähnt Sokrates, der Heraklit studiert hat, nichts von einer Weltvernunft bei ihm, und Aristoteles bezeichnet ausdrücklich Anaxagoras als den Erfinder des νοῦς (vgl. § 8). Eher könnte er dabei das strenge, ausnahmslose Walten eines Weltgesetzes im Auge gehabt haben, das, wie bei Anaximander und Pythagoras, so auch bei Heraklit nicht nur die Sonnenbahnen, sondern auch das menschliche Leben nach Maß und Zahl bestimmt.

4. *Psychologisches* und *Ethisches.* Auch auf die menschliche Seele wird das Bild des Feuers übertragen. Die „trockene" Seele ist die weiseste und beste, sie ist ein Teil des göttlichen Urfeuers, das sie, wie der Blitz die Wolke, durchzuckt. Aber die meisten Menschen folgen – damit kehren wir zu den bereits anfangs gestreiften erkenntnistheoretischen Spuren in Heraklits Lehre zurück – nicht der Weltvernunft, die sie nicht erkennen, sondern dem eigenen Wähnen (οἴησις). Und doch sind „Augen und Ohren schlechte Zeugen (der Wahrheit),

wenn sie ungebildeten Seelen angehören". Solche „feuchte" Seelen gleichen dem Trunkenen, der von einem bartlosen Knaben geführt wird und strauchelt. Aber „sein Sinn ist des Menschen Dämon", d.h. des Menschen Charakter ist sein Schicksal. Der anthropologische Zug tritt, nach dem Erhaltenen zu urteilen, neben dem allerdings noch immer vorherrschenden kosmologischen bei Heraklit entschieden stärker hervor als bei seinen Vorgängern. Nach Laertius Diogenes zerfiel denn auch seine Schrift neben dem naturphilosophischen in einen politischen und einen – theologischen Teil. Letzteres ist wohl möglich, da die Philosophie des „dunklen" Weisen unleugbar eine religiös-mystische Färbung trägt, weshalb ihn auch E. Pfleiderer mit dem Mysterienwesen in nähere Beziehung bringen will. Wie sein Gegner Xenophanes, eifert auch er gegen die bildliche Darstellung der Götter und blutige Opfer. – Aus dem politischen Teil werden Sätze stammen wie die: „Für das Gesetz muß das Volk kämpfen wie für eine Mauer", „Überhebung muß man löschen gleich einer Feuersbrunst". Deshalb müssen auch Strafen sein, um die Menge im Zaume zu halten. Auch auf diesem Gebiete fordert er dieselbe Unterordnung des Einzelnen unter das Allgemeine, die er auf theoretischem Gebiete verlangt. Freilich beruht das Gesetz oftmals auf dem „Rat eines Einzigen", dem man dann um seiner überlegenen Einsicht willen Gehorsam schuldet. Erst durch solches Sichfügen unter das Allgemeine (Gesetz, Schicksal) werde dem Menschen die wahre Befriedigung (eigentlich das „Wohlgefallen", εὐαρέστησις) zuteil.

5. *Nachwirkung.* Heraklit ist eine Art antiker Faust, der mit den Rätseln des Daseins ringt und bereits manche moderne Elemente in sich trägt. Ein ursprünglicher Denker, dessen starke Seite offenbar in der genialen Intuition, nicht in der wissenschaftlichen Einzelforschung lag, hat er nicht bloß auf seine, sondern auch auf die nachfolgende Zeit bedeutsam eingewirkt. Plato hat in seiner Jugend Heraklits Einfluß erfahren, selbst Aristoteles ist nicht unberührt von ihm geblieben. Am meisten aber hat er auf die Naturphilosophie und Theologie der Stoiker gewirkt, die insbesondere seine Logoslehre weiter ausgebaut haben, und durch sie mittelbar auf die alexandrinische Religionsphilosophie jüdischer (Philo) und christlicher (Clemens) Richtung. Ja, noch bis in die neueste Zeit haben sich so entgegengesetzte Naturen, wie der gemütsinnige Schleiermacher und die verstandesscharfe Kämpfernatur Lassalles sowie dessen dialektischer Meister Hegel, dem Reize der dunklen Weisheit des Philosophen von Ephesus nicht entziehen können.

Hat auch der einsame und eigenartige Mann keine „Schule" begründet, so hat es doch schon früh „Herakliteer" gegeben. Bekannt von ihnen ist jedoch nur Platos Lehrer Kratylos (nach dem auch ein platonischer Dialog benannt ist), der, den Satz des Meisters überbietend, behauptete: auch nicht einmal könne man in denselben Fluß hineinsteigen; Aristoteles spottet, Kratylos habe schließlich gar nichts mehr behaupten zu dürfen geglaubt, sondern nur noch den Finger bewegt. Auch in einer dem Arzte Hippokrates untergeschobenen Schrift *Von der Diät* (um 400 v. Chr.) werden heraklitische Sätze verwandt.

§ 6. Die Eleaten (Parmenides, Zeno, Melissos).

Durch Heraklit war das Sein der Dinge in ein ewiges Werden aufgelöst worden. So notwendig und fruchtbar dieser Gedanke auch war, so forderte er doch seine Ergänzung in dem Gedanken eines einheitlichen Seins, dessen Werden festzustellen ist. Dieser letztere Gedanke war bereits in des Xenophanes Geiste aufgetaucht; seine systematische Begründung findet er indes erst durch das eigentliche Haupt der Philosophenschule von Elea: Parmenides.

1. Parmenides.

Parmenides' Lehrgedicht, griechisch und deutsch mit Kommentar, hrsg. von *Diels*. Berlin 1894.

Leben und Werke. Parmenides' Heimat war eben dies Elea; auch er war ein Sohn angesehener und wohlhabender Eltern. Die Angaben über seine Lebenszeit schwanken bedeutend. Nach Laert. Diog. müßte er um 540, nach der Darstellung in dem platonischen Dialoge, der seinen Namen trägt, etwa 515 geboren sein. Übereinstimmend dagegen war das Altertum in dem Lobe seiner Persönlichkeit. Plato nennt ihn den „Großen", „ehrwürdig und erhaben", „von einer edlen Tiefe". Aristoteles zieht ihn wenigstens den übrigen Eleaten vor.

Von anderer Seite wurde ihm eine „pythagoreische" Lebensführung nachgerühmt. Auch auf Sitten und Gesetzgebung seiner Vaterstadt soll er wohltätig eingewirkt haben. Er war ein Schüler des Xenophanes, ist aber auch mit den Pythagoreern in nähere Berührung gekommen, während ihn die heraklitische Lehre am unmittelbarsten angeregt, d.h. zum Widerspruch aufgefordert hat. – Von seinem Lehrgedicht περὶ φύσεως sind ziemlich ansehnliche Bruchstücke, im ganzen 155 meist zusammenhängende Verse (Hexameter) erhalten. Gleich der Eingang (32 Verszeilen) ist von seltener Schönheit der Sprache und des Gedankens. Der Dichter wird von Rossen, denen die Töchter des Sonnengottes den Weg zeigen, hoch in den Äther emporgetragen zu dem Heiligtum der Wahrheit. Dort begrüßt ihn die Göttin und verspricht, falls ihn allein die Liebe zur Gerechtigkeit und Wahrheit hierher geführt, ihm alles zu verkünden: sowohl die ewige Wahrheit als auch die trüglichen Meinungen der Menschen. Dementsprechend zerfällt das Gedicht in zwei Teile: 1. die Lehre von der Wahrheit, 2. die Lehre vom Schein.

1. *Seinslehre.* Zur Wahrheit führen, wie Parmenides übereinstimmend mit seinem Gegner Heraklit, ja noch schärfer als dieser hervorhebt, nicht die Sinne, die uns Vielheit und Veränderung der Dinge vorspiegeln, sondern nur die Vernunft oder das Denken (ὁ λόγος, τὸ νοεῖν), welches das Sein des Seienden als notwendig, das des Nichtseins als unmöglich erkennt. Denn, so lautet sein Kernsatz, die Wahrheit liegt in der Erkenntnis, daß nur das Seiende ist und

das Nichtseiende nicht ist, der Schein in der trüglichen Meinung, daß auch das Nichtsein sei. Nur die rat- und urteilslose „doppelköpfige" Menge, taub und blind zugleich, kann Sein und Nichtsein (d. i. Werden) für ein und dasselbe erklären, wie mit deutlicher Anspielung auf die Herakliteer gesagt wird. Nur ein Seiendes kann gedacht werden, und kein Denken ohne das Seiende, von dem es ausgesagt ist; ja Parmenides erhebt sich zu der kühnen Abstraktion: dasselbe ist Denken und Sein. Doch, wie rein logisch dies auch klingen mag, vom Stofflichen kann auch der Eleate sich nicht gänzlich freimachen. Auf diesen Begriff des reinen Seins werden alsbald die Eigenschaften übertragen, welche schon die früheren Philosophen von ihren Urgründen ausgesagt hatten. Es ist erhaben ob Raum und Zeit, ungeworden, unzerstörbar und unversehrbar, eingeboren, unbeweglich, ewig. Und noch weitere: es war nie und wird nicht sein, sondern ist, als ein zusammenhängendes (ξυνεχές) Ganzes. Es heißt weiter unteilbar und allgegenwärtig, ohne Ende, überall sich selbst gleich und in sich vollendet und abgeschlossen, „der Masse einer wohlgerundeten, von der Mitte nach allen Seiten gleichstarken Kugel vergleichbar".

2. *Physik.* Parmenides fühlte nun offenbar den Widerspruch zwischen diesem aus dem rein begrifflichen Denken gewonnenen Grundsatz des unteilbaren Seins und der viel gestalteten Wirklichkeit. Auf die Seinslehre seines ersten Teils folgt daher in dem zweiten ein Eingehen auf die, wenn auch „trügerischen, Meinungen der Sterblichen", d.h. ihre sinnlichen Wahrnehmungen, eine Art bedingungsweiser Physik, die auf dem Boden der Erscheinungswelt steht, auf die „Worte der Wahrheit" die „Worte der Meinung". Hier gibt er denn auch, dem Beispiele seiner Vorgänger folgend, eine Weltbildungstheorie. Er geht dabei von zwei Urstoffen aus, die an die erste Ausscheidung des Anaximander, teilweise auch an Heraklit erinnern. Dem ätherischen, lichten, leichten Element des überall sich selbst gleichen Feuers tritt ein zweites gegenüber: die dichte, dunkle, schwere Masse, aus der die Erde entstanden ist. Jenes stellt das wirkende, dieses das leidende Prinzip dar. Die Vermischung beider erfolgt seitens einer alles lenkenden Gottheit durch den ersten Erreger aller Dinge, den Eros (Liebestrieb). Von der dann weiter folgenden Lehre über die Entwicklung der Welt und Entstehung des Menschen sind uns leider nur einzelne Verse erhalten. Von psychologischem Interesse ist die Bemerkung, daß, wie das All, so auch des Menschen Sinnesart aus beiden Elementen gemischt sei, doch so, daß das (übrigens noch ganz naiv materialistisch abgeleitete) Geistige vorwiege. Eine gedankliche Vermittlung zwischen der Lehre vom Sein und der vom Schein ist zwar von einzelnen neueren Forschern angenommen worden, aber aus dem Erhaltenen nicht ersichtlich, ja vielleicht nicht einmal von Parmenides selbst angestrebt worden.

2. Schüler des Parmenides.

Eher als des Eingängers Heraklit konnte des Parmenides Philosophie eine Schule bilden. Ihr Denken in reinen Begriffen forderte geradezu zur dialektischen Durch- und Fortbildung heraus. Diese leistete der eleatischen Lehre vor allem Parmenides' Lieblingsschüler

a) Zenon (etwa 490-430),

25 Jahre jünger als er. Gegenüber den Angriffen und dem Spott, den die wunderbare Einheitslehre seines Meisters vielfach hervorgerufen hatte, verteidigte er dieselbe mit solchem Scharfsinn, daß er noch von Plato der eleatische „Palamedes" (Tausendkünstler) genannt und von Aristoteles als Erfinder der Dialektik bezeichnet wird. Er suchte den Beweis indirekt zu führen, indem er die entgegengesetzte Annahme des Vielen und der Bewegung als widerspruchsvoll nachzuweisen suchte: das in der Geschichte des griechischen Philosophierens so wichtig gewordene hypothetische Verfahren (Hypothesis = Grundannahme) hat hier seinen Ursprung. Seine im ganzen Altertum, ja bis in die Neuzeit berühmten ἀπορίαι (Verlegenheiten) decken in der Tat den Widerspruch auf, in dem unser Denken notwendig mit der sinnlichen Wahrnehmung in bezug auf die Grundbegriffe der reinen Naturwissenschaft: Bewegung, Zeit, Raum und Größe gerät. Wir erwähnen nur das Wichtigste. Zenon geht von der Voraussetzung der unendlichen Teilbarkeit des Raumes aus. Unter dieser Voraussetzung kann 1. die Bewegung nicht anfangen (jeder Raum enthält wieder einen Raum in sich, jeder Ort liegt wieder an einem Ort); sie kann 2. nicht enden, Achilleus die Schildkröte nicht einholen; denn während er an ihren Standort A gelangt ist, ist sie in B angelangt, ist er dort, ist sie in C usw.; 3. der fliegende Pfeil ruht; denn er ist in jedem Augenblicke nur in demselben Raume, ruht also während der ganzen Zeit seiner scheinbaren Bewegung. – Zenons Beweise lösen die Probleme nicht, ja sie wollen sie vielleicht nicht einmal lösen. Sie haben aber das Verdienst, auf die Schwierigkeiten, die in diesen Problemen liegen, hingewiesen und so die Infinitesimalrechnung vorbereitet zu haben. Daher haben sie auch immer wieder, trotz ihres scheinbaren Widersinns, tiefere, namentlich mathematische Denker beschäftigt, von Aristoteles und Plato bis auf Hegel und Herbart, insbesondere auch die Philosophen des mathematischen Zeitalters: Bayle, Spinoza und Leibniz. Sie haben die Begriffe des Unendlich-Großen und des Unendlich-Kleinen, des Zeitmoments, der Ruhe, des Vorsprungs u. a. zur Erörterung gebracht, wenn auch das Ergebnis vorerst nur ein negatives sein konnte.

b) Melissos.

Melissos von Samos, der 441 in der Nähe seiner Vaterstadt die Flotte der Athener besiegte, vertrat den Standpunkt der Eleaten mit der Einschränkung bezw. Ergänzung, daß er die zeitliche wie räumliche Unendlichkeit des einen

Seienden behauptete, und daß er als Konsequenz derselben die Unmöglichkeit eines leeren Raumes folgert. Ob er zu der Rücksichtnahme auf das letztere Problem durch die später (§ 9) zu behandelnden Atomstiker angeregt war (Zeller) oder sie angeregt hat (Natorp), ist zweifelhaft. Das Eine ist ihm nicht bloß unbewegt, sondern auch völlig gleichartig mit sich selbst, es wird weder größer noch kleiner, es – empfindet weder Lust noch Schmerz, ist überhaupt unkörperlich. Die sinnliche Wahrnehmung ist ebendarum trügerisch, weil sie uns statt des einen und dauerhaften Seins eine Vielheit veränderlicher Dinge vorspiegelt.

Beide, Heraklit und die Eleaten, sind großartig in ihrer Einseitigkeit, und die Einseitigkeit beider ist fruchtbar gewesen, von ihrer Zeit an bis zur Gegenwart. In Heraklits Werden keimt nicht nur der sophistische Zweifel an allem Bestehenden, sondern auch alles entwicklungsgeschichtliche Denken, während die Eleaten in ihrem Sein den ruhenden Pol in der Erscheinungen Flucht gesucht haben und so die Urheber des Gedankens der Gesetzlichkeit geworden sind. Beider Denken haftet freilich noch am Kosmos, der sinnlich wahrnehmbaren Welt der Wirklichkeit.

Der weitere Fortgang des philosophischen Denkens ist nun der, daß die jüngeren Naturphilosophen des 5. Jahrhunderts, insbesondere Anaxagoras und Empedokles, eine Vermittlung zwischen dem eleatischen Sein und dem heraklitischen Werden anstreben, wie sie anderseits eine ebensolche zwischen der älteren Naturphilosophie und den Anfängen des Atomismus darstellen.

Kapitel III.
Die jüngeren Naturphilosophen: Empedokles, Anaxagoras u. a. (Vermittlungversuche. Ansätze zu neuen Systembildungen.)

§ 7. Empedokles.

1. *Leben und Schriften.* Mit Empedokles treten wir auf den Boden der Insel Sizilien, und zwar auf dorisches Gebiet. Er war um 490 in der damals in vollster Blüte stehenden reichen Handelsstadt Akragas (Agrigent) geboren. Obwohl aus vornehmer Familie, schloß er sich doch den Freiheitsbestrebungen der Volkspartei an und half ihr zum Siege. Nicht bloß als Philosoph, sondern auch als Redner, Dichter, Ingenieur, Arzt und Weihepriester war er hochberühmt. Ari-

stoteles preist ihn als Begründer der Rhetorik und stellt ihn an Pracht des dichterischen Ausdrucks Homer gleich, ähnlich später Lukrez. Magische Kräfte, wunderbare Heilungen, allerlei Wetterkünste, ja sogar Totenerweckungen schrieb ihm nicht bloß das Volk, sondern auch er sich selbst zu. Über seinen Tod gingen wunderbare Sagen um; nach der verbreitetsten derselben soll er sich freiwillig in den Krater des Ätna gestürzt haben. Wahrscheinlich, aber starb er um 430, nachdem er, der lange Zeit Vergötterte, doch schließlich die Volksgunst verloren, als Verbannter im Peloponnes. Außer dem, sozusagen hergebrachten, Lehrgedicht Περὶ φύσεως verfaßte er noch ein zweites Werk religiös-mystischen Inhalts: Καθαρμοί (Sühnungen). Von beiden zusammen sind etwa 450 schwungvolle und bilderreiche Verse erhalten.

2. *Naturphilosophie.* Die Philosophie des Empedokles kann man als eine Verbindung der eleatischen Seinslehre mit dem heraklitischen Werden auffassen. Mit den Eleaten leugnet er, daß Etwas aus Nichts entstehen oder in Nichts vergehen kann; mit Heraklit hat er das Entwicklungsprinzip gemein. Den ionischen Physiologen gleicht er darin, daß sein Interesse mehr den chemischen, biologischen, anthropologischen Fragen als den mathematischen und dialektischen Problemen zugewandt ist; mit den Pythagoreern endlich hat er gewisse religiös-mystische Stimmungen und Vorstellungen (s. S 44) gemein. Nicht Entstehen und Vergehen lehrt unser Sizilier, wohl aber Mischung und Trennung („Entmischung") des in seiner Gesamtmenge unveränderten Stoffes gibt es, bewirkt von zwei Kräften, die von jeher waren und ewig sein werden: Liebe und Haß (Zwist). Wir stehen bei ihm mitten in chemischen Vorstellungen. Aus den zwei Elementen der parmenideischen Lehre vom Schein sind bei Empedokles vier unveränderliche, aber teilbare „Wurzeln aller Dinge" geworden, indem zu dem Wasser des Thales, der Luft des Anaximenes, dem Feuer Heraklits als viertes die Erde hinzukommt; also die bekannten, durch Aristoteles dem Mittelalter überlieferten „vier Elemente": Feuer, Wasser, Luft und Erde, die bei ihm allerdings zuweilen noch in mythischer Personifizierung (Zeus, Nestis, Aidoneus, Here) erscheinen. Im Anfange aller Dinge ruhten alle diese Stoffe, von dem einigenden Band der „Liebe" zusammengehalten, ungesondert und unvermischt nebeneinander, in der Gestalt einer in sich geschlossenen Kugel (σφαῖρος, wie bei Parmenides). Allmählich aber fand der „Haß" Eingang, und mit ihm kam die Trennung, die zur Bildung der Welt und der Einzelwesen führte und schließlich zur Alleinherrschaft gelangte, damit den Untergang der Lebewesen bewirkend, bis schließlich die Liebe wieder Macht gewann und das Getrennte wieder vereinte, das sie einst zum Anfangszustand der allumfassenden Kugel, des „allerseligsten Gottes", zurückführen wird[8]; worauf dann in gleicher Weise neue Weltperioden, sich stetig ablösend, einander folgen werden.

Die Entwicklung des organischen Lebens, auf die das Hauptinteresse unseres Philosophen gerichtet ist, erfolgt also in der Periode des Kampfes beider Kräfte durch unaufhörliche Mischung und Entmischung der vier Grundstoffe.

Und zwar bewirkt der quantitative Unterschied der Zusammensetzung auch einen qualitativen Unterschied in den Sinneseigenschaften, ein „anderes Antlitz" des Zusammengesetzten. Von den organischen Wesen keimten zuerst die empfindungsbegabten Pflanzen aus der Erde hervor. Von den Tieren entstanden zunächst einzelne Gliedmaßen (Köpfe, Arme, Augen), die durch ihre anfangs zufälligen Vereinigungen Anlaß zu wunderbaren Mißbildungen gaben, bis sie sich schließlich, durch zahlenmäßige Mischungsverhältnisse, zu zweckmäßigen und lebensfähigen Organismen entwickelten. Denn Verwandtes und Gleiches zieht einander an, Feindliches bleibt sich fern. So haben wir hier zum erstenmal eine Analogie unserer chemischen „Wahlverwandtschaften", zugleich mit den Urkeimen einer Selektionstheorie. Den Mischungsvorgang im einzelnen denkt Empedokles sich so, daß kleinste Teile des einen Stoffes bezw. Körpers mit denen des anderen sich mengen, indem sie als Ausflüsse (ἀπόρροαι) des einen in die Spalten oder Poren (πόροι) des anderen eindringen.

3. *Psychologisches* und *Erkenntnistheoretisches.* Von diesem Grundsatze machte nun Empedokles Anwendung auch auf die Sinneswahrnehmungen. Auch zu ihnen sind zwei verschiedene Dinge nötig: 1. die Teilchen der Objekte und 2. die der aufnehmenden Sinneswerkzeuge (was er besonders für die Gesichtswahrnehmung ausführte), sodaß wir hier zum erstenmal – Gomperz I, S. 189 allerdings sieht den Pythagoreer Alkmaion von Kroton (§ 3) als Vorgänger an –, wenn auch in noch so unreifer Form, die Anerkennung eines subjektiven Beitrags zum Zustandekommen der Wahrnehmung finden. Damit dieselbe eintrete, müssen auch hier beide Teile zueinander passen, von gleicher Art sein: „Mit der Erde erkennen wir die Erde, mit dem Wasser das Wasser" usw. Ganz materialistisch klingt der Satz: „Je nach vorhandenem Stoffe wächst dem Menschen die Einsicht", wie ihm denn auch von der Mischung des Blutes das Denken abhängt: „Das Herzblut ist Gedanke" (Anfang der Lehre von den Temperamenten). Und doch ist dieser Materialismus wieder spiritualistisch (wie übrigens auch der moderne „Monismus" Haeckels); denn alle Materie ist in seinen Augen, wie in denen des Thales, Heraklit und Parmenides, beseelt, „alles besitzt Denkkraft". Berührung des Ähnlichen erweckt zugleich die Empfindung der Lust, Berührung des Entgegengesetzten Hemmung des Lebensgefühls, also Unlust. Übrigens sollen wir der Sinnesempfindung nur so weit trauen, als ihr enger Bezirk reicht. Das wahre Wissen ist nur der Denkkraft erreichbar. Die vollkommene Erkenntnis freilich kommt allein der Gottheit zu.

4. *Seelenwanderungslehre.* So tritt zwar das rein philosophische Moment in der Gestalt des Empedokles etwas zurück, dagegen hat er auf den verschiedensten Gebieten der Naturwissenschaft, wozu auch das astronomische, meteorologische und morphologische[9] gehört, hochbedeutsame Gedankenkeime, von reicher wissenschaftlicher Fruchtbarkeit für die Folgezeit, gepflanzt. In keinem erkennbaren Zusammenhange mit dieser seiner Naturphilosophie und Phy-

siopsychologie steht seine offenbar von den Pythagoreern und Orphikern übernommene, mystisch-religiöse Lehre von der Seelenwanderung. Die Seelen, aus ihrer himmlischen Heimat verstoßen, sind dazu verurteilt, in dem irdischen Jammertal (dem „freudlosen Orte") in den mannigfachsten Gestalten zur Buße ihrer Sünden umherzuirren; Empedokles selbst will bereits einmal Mädchen, Vogel, Fisch und – Busch gewesen sein! Nur in stufenweisen, langen Läuterungsperioden (mit der sittlichen Vervollkommnung gehen äußere Zeremonien: Weihungen, Besprengungen, Reinigungen, Vegetariertum u. ä. Hand in Hand) geht es langsam wieder empor, bis die höchste menschliche Stufe (Seher, Hymnendichter, Ärzte, Fürsten!) erreicht ist, von wo die endliche Rückkehr in die Urheimat möglich ist. Übrigens treten bei Empedokles auch Zeichen einer reineren Gottesauffassung, im Sinne des Xenophanes, hervor: nicht menschenähnlich sei die Gottheit zu denken, sondern als „ein heiliger und unaussprechlicher Geist, der mit schnellen Gedanken den ganzen Weltenbau durchfliegt" (Fragm. 134 bei Diels).

Seine chemische Naturauffassung wird noch folgerichtiger entwickelt von dem gleichzeitig lebenden Anaxagoras.

§ 8. Anaxagoras und die Ausläufer der Naturphilosophie.

F. Löwy, Die Philosophie des Anaxagoras. Versuch einer Rekonstruktion, Wien 1917.

1. *Leben.* Anaxagoras, um 500 in dem kleinasiatischen Klazomenai bei Smyrna geboren, wie die meisten seiner Vorgänger aus angesehenem Geschlecht, hat zuerst die Philosophie nach Athen verpflanzt, wohin er etwa 463 auswanderte. Als Freund des Perikles, des Euripides und anderer bedeutender Männer übte er dort drei Jahrzehnte lang in geistigen Dingen einen mächtigen Einfluß. Vom öffentlichen Leben hielt er sich fern und widmete sich ganz der theoretischen Forschung. Dennoch mußte er, durch die Gegner seines großen Freundes der Gottlosigkeit, d.h. der Leugnung der Staatsgötter angeklagt, noch in seinem Alter (434) Athen verlassen und verbrachte seine letzten Lebensjahre hochgeachtet zu Lampsakos in Kleinasien, wo er um 428 starb. Auch Anaxagoras ist zugleich Physiker, Chemiker, Astronom und Mathematiker. Von seiner Prosaschrift περὶ φύσεως haben sich eine Reihe (22) Bruchstücke erhalten (hrsg. und erläutert von *Schaubach,* Leipzig 1827; jetzt bei *Diels, Vorsokratiker,* S. 326-335).
2. *Naturphilosophisches Grundprinzip.* Anaxagoras stimmt mit den Eleaten und Empedokles insoweit überein, als auch er kein Entstehen und Vergehen annimmt. „Das Werden und Vergehen nehmen die Hellenen mit Unrecht an; denn kein Ding wird noch vergeht es, sondern aus vorhandenen Dingen setzt

es sich durch Mischung zusammen und zerfällt wieder in sie durch Scheidung; so würden sie richtiger das Werden Mischung und das Vergehen Scheidung nennen." Nur sind es bei ihm nicht wie bei Empedokles – seinem Vorgänger nicht der Zeit, wohl aber der Sache nach – vier, sondern unbestimmt, ja unendlich viele Samen (σπέρματα) oder Substanzen (χρήματα), die in unendlich kleinen Bestandteilen zu allen Dingen (z.B. Fleisch, Gold, Blumen) von Anfang an vorhanden waren. Durch das gesamte Weltall in unendlich feiner Weise verteilt, unterscheiden sie sich durch Gestalt, Farbe und Geschmack. Auch bei ihm verbinden sich die gleichartigen Teilchen, von späteren im Anschluß an Aristoteles „Homoiomerien" genannt; die ungleichartigen stoßen sich ab. Alles ist aus allem zusammengesetzt, alles hat an allem teil. Bei aller Seltsamkeit dieser Theorie bedeutet doch die Unbestimmtheit der Zahl gegenüber Empedokles' Vierzahl einen ähnlichen Fortschritt, wie Anaximanders Apeiron gegenüber dem bestimmten Urstoff des Thales. Zugleich bildet sie, als eine Art qualitativer Atomismus, einen Übergang zu Demokrit.

3. *Die Nus-Lehre*. Berühmter ist Anaxagoras und zwar schon im Altertum, bei Plato und Aristoteles, durch die Aufstellung eines anderen Prinzips geworden. Er fragt: Welche Kraft bewegt diese Teile? und antwortet darauf: der Nus (νοῦς). Was bedeutet dieser Nus? Schwerlich hat Anaxagoras unter demselben schon ein rein geistiges, persönliches Wesen, eine „von allem Stoffe schlechthin gesonderte, weltenbildende, nach Zwecken handelnde Intelligenz" (*Schwegler* S. 45) verstanden. Er bemüht sich zwar, ihn möglichst zu vergeistigen; aber trotzdem er das „feinste und reinste" von allen Dingen, weil „mit keinem anderen vermischt", „allein bei sich", „unbewegt" genannt wird, haftet ihm doch immer Stoffliches an. Er bleibt Materie, wenn auch, um mit Kantschen Worten zu reden, so „überfein" gedacht, „daß man darüber schwindelig werden möchte", und wird daher von einem neueren Historiker der Philosophie (Windelband) nicht übel als Denk- oder Vernunftstoff bezeichnet. Sein Walten wird allerdings von Anaxagoras als Erkennen (γνωρίζειν) gekennzeichnet, er zeigt Einsicht (γνώμη) und herrscht durch sie über die Dinge, aber ähnliches haben wir auch bereits von der pythagoreischen Zahl und dem heraklitischen Logos gehört; auch sie „steuerten" und „lenkten" ja. Jedenfalls ist er als geistiges Prinzip von Anaxagoras noch nicht genügend durchgeführt. Sonst könnte er nicht als bloßer erster Beweger (s. u.) oder als zwar ungemischt, aber doch teilbar dargestellt werden. Auch die Pflanzen haben Nus! Anaxagoras hat zwar einen starken Anlauf in der Richtung des Idealismus genommen, aber sich von der der älteren griechischen Naturphilosophie anhaftenden materiellen Vorstellungsweise noch nicht völlig loszumachen vermocht.

4. *Weltentstehung*. Dem Chaos des Urzustandes machte der Nus dadurch ein Ende, daß er an einem Punkte der Materie eine Wirbelbewegung hervorbrachte, die eine Scheidung der Stoffe zur Folge hatte. Zunächst entstanden der helle, leichte Äther und die dunkle, dichte Dunstluft, aus der letzteren die Erde und die anderen als glühende Steinmassen (daher die Meteoriten!) gedachten

Himmelskörper. Aus der anfangs in schlammartigem Zustande befindlichen Erde gingen, befruchtet von den aus Luft und Äther niederfallenden Keimen, die lebenden Wesen hervor. Ein weiteres Eingreifen des Nus als eben jenen ersten Anstoß von außen hat Anaxagoras anscheinend nicht angenommen. Wenigstens machte Aristoteles ihm den Vorwurf, daß er ihn nur als Lückenbüßer und *deus ex machina* benutze, und ebenso läßt Plato im *Phädo* (97 C) seinen Sokrates klagen, er habe in dem Buche des Anaxagoras nicht die erhoffte teleologische, sondern nur eine mechanische Welterklärung gefunden.

5. *Psychologisches.* Die Seele ist unserem Philosophen, wie allen älteren Denkern der Griechen und Orientalen, nur Lebensprinzip, eigentlich Atem, Hauch (ψυχή). Doch unterschied er, mit Empedokles, Parmenides und Heraklit, von dem unvollkommneren Wahrnehmen – „wegen der Sinne Schwäche sind wir nicht imstande, die Wahrheit zu erkennen" – ein vollkommeneres Denken. Und zwar wohnt jedem soviel Erkenntnis bei, als in ihm von dem allgemeinen Denkstoff enthalten ist (ähnlich Heraklit). Im Gegensatz zu Empedokles dagegen lehrte er, daß wir nicht durch das Gleichartige, sondern durch das Entgegengesetzte empfinden, z.B. das kalte Wasser durch die warme Hand, das Süße durch das Saure usw. Der Tastsinn ist ihm der Ursinn, der Mensch das vernünftigste der Tiere, weil er Hände hat. Jede Wahrnehmung ist von Unlust, als dem Ausdruck des Entgegengesetzten, begleitet.

Von den Göttern wußte Anaxagoras nichts zu lehren. Auch daß ethische Fragmente von ihm nicht vorhanden sind, spricht gegen die Auffassung des Nus als eines geistig-sittlichen Prinzips.

6. *Nachfolger.* Der bekannteste und interessanteste von Anaxagoras' Jüngern ist der berühmte Tragödiendichter Euripides, der in offenbarem Hinblick auf die ehrwürdige Persönlichkeit des Klazomeniers die Glückseligkeit des reinen Forscherlebens im Hinschauen auf die ewigen Gesetze des Alls preist.

Daß der Nus des Anaxagoras keineswegs in idealistischem Gegensatz zur Materie stand, machen auch die Lehren zweier von ihm beeinflußten etwas späteren Denker wahrscheinlich, von denen der erstere sogar als sein Schüler bezeichnet wird: des Archelaos und des Diogenes von Apollonia (auf Kreta?). Archelaos nannte das anfängliche Chaos, dem Anaximenes folgend, Luft und ließ ihr den Geist beigemischt sein. Bedeutender erscheint sein Zeitgenosse Diogenes, der in den „Wolken" des Aristophanes verspottet wird. Auch er verbindet Anaxagoras mit Anaximenes. Es muß ein gemeinsamer Urstoff aller Dinge angenommen werden, da sonst weder Mischung noch Wechselwirkung derselben möglich wäre. Anderseits weist die Ordnung und Verteilung aller Dinge nach Maß und Schönheit auf die Tätigkeit einer Vernunft (νόησις) hin. Dieses ewige, „gewaltige und zugleich vernünftige und viel wissende Wesen" ist ihm die alles durchdringende und steuernde Luft, aus der er dann, gleich Anaximenes, die Welt des Gewordenen durch Verdichtung und Verdünnung hervorgehen läßt. Auch die Seele ist warme Luft und bringt als solche in den lebenden Wesen Leben, Bewegung und Denken hervor. Auch über das Adersystem, die Entstehung der Sinneswahrnehmungen und andere physiologische Themata hat er bereits sinnreiche Beobachtungen angestellt und gleich Alkmäon den Sitz des Denkens in das Gehirn verlegt. Den Homer suchte er durch rationalisierende Allegorisierung (z.B. Zeus = Luft) zu retten: ein Verfahren, das in Metrodoros von Lampsakos und Theagenes von Megara seinen Gipfelpunkt erreichte und später in der Stoa fortwirkte.

Trotz seines Nus hatte sich selbst Anaxagoras zu dem Gedanken eines anderen als des materiellen, d.h. zu einem rein gedachten Sein noch nicht aufzuschwingen vermocht. Das geschieht erst in dem System des merkwürdigen und bedeutenden Mannes, der am Schlusse dieser ersten, kosmologischen Periode der griechischen Philosophie steht, aber in verschiedener Hinsicht das wissenschaftliche Denken bereits in neue Bahnen weist: des Demokritos von Abdera.

Kapitel IV.

§ 9. Demokrit.

Außer den älteren Darstellungen von *Brandis, Zeller und F. A. Lange* (*Gesch. d. Mater.*, I, 4. Aufl. S. 9 ff.) vgl. bes. *P. Natorp, Forschungen zur Geschichte des Erkenntnisproblems* 1884, S. 164 bis 208, und desselben unten zu 5. erwähnte Ausgabe der Ethika; auch *Windelband, Gesch. d. alten Philos.* S. 120-134 und Lehrbuch (5. Aufl.), S. 81–95, *Kühnemann, Grundlehren*, S. 133-160. *Löwenstein, Die Wissenschaft D.s und ihr Einfluß auf die moderne Naturwissenschaft*, Berlin 1914.

1. *Persönliches.* Als Vorgänger und Freund (ἑταῖρος) Demokrits nennt Aristoteles einen gewissen Leukippos, von dem wir aber sonst nichts Sicheres wissen, sodaß schon von Epikur und neuerdings von Rohde seine Existenz bezweifelt worden ist. Seine Schriften sollen später unter diejenigen Demokrits gekommen sein. Die verschiedenen Angaben über seine Heimat: Abdera, Elea oder Milet scheinen mehr auf die Entstehung seiner Philosophie als auf seine wirkliche Geburtsstätte hinzuweisen. Indem wir die Persönlichkeit Leukipps dahingestellt sein lassen, behandeln wir im folgenden allein Demokrit, ohne uns um dessen vollständige oder nicht vollständige Originalität zu kümmern.

Demokrits Heimat war die damals blühende und reiche, später in den Ruf der griechischen Schildbürgerstadt (*vgl. Wielands Abderiten*) gekommene, von ionischen Kolonisten gegründete Handelsstadt Abdera in Thrakien. Seine

Geburt fällt wahrscheinlich in die Zeit 470-460; er selbst nennt sich „jung, als Anaxagoras schon alt war". Sein bedeutendes Vermögen verwandte er auf große Forschungsreisen, besonders nach dem Morgenlande. Zurückgekehrt führte er in seiner Vaterstadt, fern von dem geräuschvollen Treiben Athens, ein stilles, besonders der mathematisch-naturwissenschaftlichen Forschung gewidmetes Gelehrtenleben. Für eine einzige „Ätiologie", d. i. Angabe eines wissenschaftlichen Grundes, wollte er das ganze Perserreich hingeben. Von der Fülle von Sagen und Anekdoten, die das spätere Altertum an seinen Namen heftete, scheint der Beiname des „lachenden Philosophen" auf den ernsten Gelehrten, und der Ruf der Vielwisserei auf den Mann, der sich mehr als seines Wissens der geometrischen Kunst rühmte und in der Fülle des Verstandes das einzig Erstrebenswerte sah, am wenigsten zu passen. Im hohen Alter von 90 oder 100 Jahren soll er sanft und schmerzlos aus dem Leben geschieden sein.

Mit den Systemen seiner Vorgänger war Demokrit bekannt: er erwähnt Pythagoras, Parmenides, Zeno, Anaxagoras und seinen Landsmann Protagoras, den ersten Sophisten (s. § 11). Dagegen suchte er keine Verbindung mit der attischen Philosophie seiner Zeit. Er soll in Athen gewesen sein, ohne sich Sokrates oder einem anderen der dortigen Philosophen zu erkennen zu geben. Von den Sophisten hielt ihn wohl seine Gesinnung ab: „Wer gern widerspricht und viele Worte macht, ist unfähig, etwas Rechtes zu lernen"; von Sokrates vielleicht dessen Abneigung gegen sein hauptsächlichstes Forschungsgebiet. Auffallend ist, daß Plato niemals Demokrits Namen nennt, obwohl er ihn an einigen Stellen im Auge gehabt zu haben scheint. Aristoteles dagegen erwähnt ihn nicht weniger als 78 mal und, obwohl Gegner, doch stets mit Achtung. Sein Stil wird von Cicero dem platonischen gleichgestellt. Seine schriftstellerische Tätigkeit war außerordentlich fruchtbar. Die 60 Schriften (in 15 Tetralogien), die das Altertum ihm zuschrieb, umspannten den ganzen Kreis des damaligen Wissens: Mathematik, Naturwissenschaft, Ethik, Ästhetik, Grammatik und Technik. Die verhältnismäßig spärlichen, namentlich aus seinen ethischen Schriften erhaltenen Bruchstücke lassen den Verlust des Übrigen um so bedauernswerter erscheinen. Durch Sokrates und Plato wurde die Philosophie auf andere Probleme hingelenkt. Das mag dazu beigetragen haben, daß Demokrit, der in erster Linie doch Naturphilosoph blieb, später in Vergessenheit geriet, aus der ihn erst nach zwei Jahrtausenden Baco und Gassendi wieder ans Licht zogen. Aber erst neuerdings hat man ihn ganz würdigen gelernt.

2. *Die Atomenlehre.* Der bekannteste und hervorstechendste Teil von Demokrits Philosophie ist der physikalische, seine Lehre von den Atomen, die von ihm, wenn nicht begründet, so doch zuerst voll ausgebildet, das Fundament der modernen Physik geworden ist (vgl. *F. A. Lange* a. a. O. und besonders das S. 14 genannte Werk von *Kurd Laßwitz*).

Mit den Eleaten hält Demokrit an einem ewigen, in allem Wechsel beharrenden Seienden fest. Diese Welt des Seienden besteht aber aus unendlich vielen Substanzen. Das All ist in zahllose kleinste, mit den Sinnen nicht mehr wahrnehmbare, Körperchen geteilt, die, weil nicht mehr weiter teilbar, von ihm Atome (ἄτομα) genannt werden. Ihnen legt er die Eigenschaften des anaximandrischen Ἄπειρον und des eleatischen Ὄν bei: ungeworden, unvergänglich, dazu voll (μεστά) und körperlich. Sie sind gleichsam das in unendlich viele Teile zerschlagene ὄν der Eleaten. Ohne sinnliche Qualität, sind sie verschieden nur an Gestalt, Lage und Größe, ihre Unterschiede also rein geometrische; der der Größe übrigens nur ein idealer, da sie ja nicht wahrnehmbar und offenbar nur erdacht sind, um die Mannigfaltigkeit des Seienden erklären zu können. Sie heißen auch σχήματα oder ἰδέαι, d. i. Formen oder Gestalten. Damit nun ihre Bewegung ermöglicht werde, nimmt Demokrit neben dem „Vollen" ein „Leeres", also einen leeren Raum an. Die Bewegung der Atome durch diesen leeren Raum ist eine ewige; ob sie nach Demokrit durch die Schwere bewirkt und ursprünglich, wie Epikur will, senkrecht war, ist zweifelhaft. Durch das An- und Abprallen der Atome entstehen Seiten-, Kreis- und Wirbelbewegungen, wobei sich die leichteren nach außen, die größeren und schwereren im Inneren zusammenschließen. So ist der Anfang der Weltenbildung gegeben. Wir gehören nur einer dieser zahllosen Welten an. Aus den zur Mitte sich niedersinkenden schwereren Atomen entstand in ihr unsere Erde, aus den emporsteigenden leichteren Himmel, Luft und Feuer. Die aus diesen sich ausscheidenden dichteren Massen wurden durch schnelle Bewegung glühend und zu Gestirnen.

Wie weit der Philosoph von Abdera seine atomistische „Hypothese" – so bezeichnet sie schon Aristoteles – auch für die Biologie fruchtbar gemacht hat, läßt sich aus der spärlichen Überlieferung nicht mit Sicherheit erkennen. Daß er es getan, ergibt sich u. a. aus der Erklärung des Pflanzenwachstums, die Aristoteles *Phys. IV 6* von ihm berichtet, und vor allem aus seiner psychologischen Theorie (s. unten S. 51 f.). Jedenfalls ist die von ihm begründete quantitative Naturauffassung von grundlegender Bedeutung für die gesamte moderne Naturwissenschaft geworden. „Aus der Atomistik erklären wir heute die Gesetze des Schalles, des Lichtes, der Wärme, die chemischen und physikalischen Veränderungen im weitesten Umfange" (*Lange* a. a. O. S. 15).

Der Atomismus stellt zugleich eine streng mechanische Weltanschauung dar. Aus der Welt der Atome ist jeder Zufall und jede etwa hinter ihr stehende, nach bewußten Zwecken handelnde Gottheit ausgeschlossen. „Die Menschen haben sich ein Trugbild vom Zufall ersonnen, zur Beschönigung für ihre eigene Unvernunft", sagt Demokrit, und: „Nichts geschieht zufällig, sondern alles aus einem Grunde und unter dem Zwang der Notwendigkeit" (ἐκ λόγου τε καὶ ὑπ' ἀνάγκης). Er verspottete deshalb auch Anaxagoras' teleologische Lehre vom Nus. Ist nun deshalb Demokrits Weltanschauung als ein folgerichtiges System des reinen Materialismus zu betrachten, wie es vielfach geschieht, oder gar als Sensualismus, weil er die Wahrheit „in den Erscheinungen" (*Arist. de gen. et corr.* I, 2) gesucht habe?

3. *Erkenntniskritisches Prinzip Demokrits.*

Mögen sich auch Leukipp oder Demokrit selbst der Tragweite ihrer neuen Hypothese noch nicht bewußt gewesen sein; es erinnert doch schon an die Grundlagen der modernen Naturwissenschaft, insbesondere der Physik und Chemie, wenn der letztere (bei Sextus Empirikus) den Satz ausspricht: „In Wahrheit sind die Atome und das Leere" (ἐτεῇ δὲ ἄτομα καὶ κενόν). Oder, wie ein anderer Satz sich ausdrückt: „Das Nichts existiert ebensogut als das Ichts" (οὐδὲν μᾶλλον τὸ τοῦ μὴ ὄντος εἶναι). Das Sein der Eleaten ist noch die einfache sinnliche Wirklichkeit, das Dasein; insofern sind sie trotz ihrer Bekämpfung der sinnlichen Wahrnehmung noch naive Materialisten. Demokrit dagegen denkt zum erstenmal – soweit wir aus den dürftigen Fragmenten uns ein Bild zu machen vermögen – ein Sein ohne Materie, erhebt den wissenschaftlichen Begriff der nicht wahrnehmbaren Atome und des Leeren zum wahren Sein und nähert sich so der modernen Naturauffassung. Jene leugnen das Leere, da es für ihre rein körperliche Auffassung der Dinge nicht faßbar ist; dieser erklärt es als gedankliche Notwendigkeit, bei der nicht zu leugnenden Vielheit und Bewegung; eine Denkweise, die der mathematischen mindestens sehr nahe steht, und wozu auch die Notiz des Sextus Empirikus (VIII, 6) stimmt: „Die Anhänger des Plato und Demokrit nahmen an, daß allein die Gedankendinge (τὰ νοητά) wahr seien." Daher hat Cohens[10] Vermutung, er sei durch die Pythagoreer beeinflußt worden, die ein „Leeres" als Trennungsprinzip annahmen, etwas für sich. Demokrits „Vernunftgründe" sind, wie die platonischen Ideen, ὑποθέσεις, d.h. Grundannahmen, um die Welt der Erscheinungen „aufrecht zu erhalten"; es sind, modern ausgedrückt, die mathematischen Grundlagen der Naturerklärung.

Zu dem „eigentlich" Seienden (κυρίως ὄν), d. i. den Atomen und dem Leeren, steht im Gegensatz das Sein der „Satzung", d. i. der herrschenden Meinung nach (νόμῳ ὄν). „Der Satzung nach" gibt es Süß und Sauer, Warm und Kalt, Farbe. „An sich" ist nur die reine Form (σχῆμα), d. i. das Atom, „das Süße aber und überhaupt das sinnlich Wahrnehmbare im Verhältnis zu einem anderen und in anderem". Somit wird die Relativität und Subjektivität aller Sinnenerkenntnis ausdrücklich anerkannt, die an anderer Stelle auch als „unebenbürtige" oder „dunkle" bezeichnet wird, und zu der „alles Sehen, Hören, Riechen, Kosten und Tasten gehört". Im Gegensatz dazu steht die „echte" oder „vollbürtige" (γνησίη), von Sextus Empirikus als „Verstand" bezeichnete Erkenntnis, die beginnt, wo jene nicht mehr ausreicht „und auf ein Feineres –"; leider bricht hier der Berichterstatter ab. Auf die Subjektivität der Sinnenerkenntnis gehen wohl auch gelegentliche skeptische Aussprüche, wie, daß wir „in Wahrheit nichts wissen", daß der Mensch von dem „in Wirklichkeit" fern ist, daß die Wahrheit „in der Tiefe" verborgen ruht. Daß Demokrit indes nicht bei bloßer Skepsis stehen geblieben ist, beweist schon seine gut bezeugte Gegnerschaft gegen den Sophisten Protagoras. Dennoch spricht er der Sinnlichkeit eine gewisse beschränkte Gültigkeit zu. Er leugnet die Erscheinungen nicht, aber er will sie mit den Mitteln begrifflichen Denkens erklären. Und in diesem Sinne ist er kein sensualistischer Materialist, sondern eher ein kritischer Idealist zu nennen, freilich ein solcher erst im Keime.

4. *Psychologisches.* Wohl zu unterscheiden von der erkenntniskritischen Frage: In welcher Erkenntnisart ist die Wahrheit zu finden? ist die psychologische: Wie hängen Geist und Körper zusammen oder voneinander ab? Auf diesem Gebiete denkt Demokrit, wie die bisherigen Naturphilosophen, ganz physiologisch-materialistisch. Auch die Seele stellt er sich – darüber war ja auch Anaxagoras nicht hinausgekommen – materiell vor, indes wenigstens aus einem besonderen und zwar mathematisch bestimmten Stoff bestehend. Die Atome, welche die Seele zusammensetzen, sind fein, glatt und rund und gleich denen des Feuers. Sie sind durch den ganzen Körper verteilt und werden durch das Atmen von ihm eingesogen und zurückgehalten. Die Sinneswahrnehmungen läßt er, ähnlich wie Empedokles, durch Ausflüsse der Dinge (oder εἴδωλα: „Bilder") entstehen, die in dazu passende Öffnungen der Sinnesorgane eindringen. Alles Wahrnehmen ist eigentlich ein Tasten. Von einer Unsterblichkeit weiß er nichts; auch den Göttern des Volksglaubens, bei ihm „Dämonen", die sich durch Traumbilder und sonstige Erscheinungen den Menschen kund tun, wird solche nicht zugesprochen.

5. *Ethisches.*

P. Natorp, Die Ethika des Demokritos. Texte u. Untersuchungen. Marburg 1893. *K. Vorländer, Demokrits ethische Fragmente ins Deutsche übertragen.* Ztschr. f. Philos. u. philosoph. Kritik 1896 (Band 107), S. 253-272. Vgl. auch *Diels, Fragm. der Vorsokratiker*, S. 416-459.

In ausgedehnterem Maße als die Naturphilosophen vor ihm hat sich Demokrit mit ethischen Fragen beschäftigt; nicht weniger als 230 Fragmente, die meisten freilich nur kurze Sittensprüche, werden ihm zugeschrieben, und nur ganz wenige davon scheinen unecht. Wenn auch die Ethik sich bei ihm von der theoretischen Philosophie noch nicht losgelöst hat, geht doch durch sie, so scheint uns im Gegensatz zu Zeller und anderen, ein gleichmäßiger Zug, der ebensowenig wie seine Erkenntnislehre rein sensualistischen oder materialistischen Charakter trägt. Demokrit geht zwar von Lust und Unlust als dem nächstgegebenen Regulator aus, aber als Endziel (τέλος) gilt ihm nicht die sinnliche Lust (ἡδονή), sondern die Wohlgemutheit (εὐθυμία), die Wohlbestelltheit (εὐεστώ), die Unerschütterlichkeit (ἀταραξία). Neben der psychophysischen Grundlage tritt ebenso scharf und deutlich, wie in seiner Naturphilosophie, ein rationaler Zug hervor. Er bleibt nicht bei der Unbestimmbarkeit der Triebe stehen, sondern erhebt sich zu dem Gedanken eines gemeinsamen Guten und Wahren für alle Menschen, das ausdrücklich vom Angenehmen unterschieden wird. Die Lust soll sich nicht auf Sterbliches richten, die sinnlichen Triebe sich beugen unter die Herrschaft von Norm und Gesetz, wie das sturmbewegte Meer zur Windstille besänftigt wird. Das Sittliche liegt in der Gesinnung, sein Kriterium ist die Einsicht (φρόνησις). Aus solcher hohen und edlen Denkart fließen seine ethischen Reflexionen, die sich nach ihrer prinzipiellen Seite auf die in der Seele ruhende Einsicht, das Verhältnis von Seele und Körper, die Moral der Gesinnung, die Mäßigung der Leidenschaften und Begierden, die Herrschaft der Vernunft beziehen, um sodann auf alle Gebiete des öffentlichen und privaten Lebens, Reichtum und Armut, Wort und Tat, Bildung und Erziehung, Alter und Geschlecht, Freundschaft, Ehe und Gesellschaft Anwendung zu finden. Wir können es uns nicht versagen, aus der Fülle edler Gedanken wenigstens eine Auswahl charakteristischer Proben hierher zu setzen.

Glückseligkeit und Elend liegen in der Seele (9). Gut ist nicht das Nicht-Unrechttun, sondern das nicht einmal Unrecht-Wollen (38). Auch, wenn du allein bist, sage und tue nichts Niedriges; lerne vielmehr dich weit mehr als vor den anderen vor dir selbst zu schämen (42). Wer Unrecht tut, ist unseliger als wer Unrecht leidet (48). Mannhaft ist nicht nur, wer die Feinde bezwingt, sondern auch, wer seiner Lüste Herr wird (63). Wanderschaft lehrt Genügsamkeit der Lebensweise; denn trocken Brot und Strohsack sind die süßeste Arznei für Hunger und Ermüdung (66). Den herrenlosen Schmerz der im Krampf erstarrten Seele banne durch Vernunft (89). Dem freien Mann ist Freimut eigen, schwierig aber ist die Wahl des richtigen Augenblicks (111). Mannesmut macht das Unheil gering (127). Den frischen Tag beginne mit frischen Gedanken (129). Eine gute Staatsleitung soll man für das Wichtigste von allem halten (134). Dem Weisen steht jedes Land offen, denn die Heimat einer edlen Seele ist die ganze Welt (168). Die Bildung ist für Glückliche eine Zierde, für Unglückliche eine Zufluchtsstätte (183). Auf hohen Verstand, nicht hohe Gelehrsamkeit soll man es absehen (191). Die Freundschaft eines Verständigen ist mehr wert, als die aller Toren (211). Hochsinnig ist es, die Fehler anderer mit Sanftmut zu ertragen (218). Wohltaten annehmen soll man, wenn man Aussicht hat, einst bessere Vergeltung dafür zu üben (228). Unvernunft ist es, sich in das Unvermeidliche nicht zu fügen (91).

Daß diese hohe und reine Ethik von keinen persönlichen Unsterblichkeitshoffnungen oder -befürchtungen begleitet war, beweist fr. 92: „Einige, die von der Auflösung der sterblichen Natur nichts wissen, der Übeltaten aber in ihrem Leben sich bewußt sind, bringen ihre ganze Lebenszeit in Verwirrung und Ängsten zu, indem sie sich lügenhafte Märchen über das Leben nach dem Tode vorspiegeln." Für das Staatsleben fordert er strenge gesetzliche Ordnung, scheint ihm aber im ganzen weniger Interesse geschenkt zu haben.

Bedeutendere Schüler hat Demokrit anscheinend nicht besessen. Metrodor von Chios und Anaxarch, die als „Demokriteer" genannt werden, sind für uns wenig mehr als bloße Namen. In gegnerischem Sinne knüpft Aristoteles, in freundlichem Epikur und die Skeptiker an ihn an. Im ganzen aber zeigte sich für sein Prinzip mechanischer Naturerklärung die Zeit noch nicht reif. Es wurde durch die teleologischen Systeme in den Hintergrund gedrängt und sollte erst nach zwei Jahrtausenden in den Begründern der modernen Naturwissenschaft zu neuem Leben erwachen.

Alles, was an wertvollen und unverlierbaren philosophischen Gedanken in dem gesamten bisher behandelten Zeitraum entstand, ist beinahe ausschließlich in der Betrachtung der Natur gewonnen worden. Um die Mitte etwa des 5. Jahrhunderts aber erfolgt im Zusammenhange mit der historischen Gesamtentwicklung eine deutliche Wendung des philosophischen Interesses, von der Natur zum Menschen. Wir kommen damit zur zweiten Periode der griechischen Philosophie: der vorzugsweise anthropologischen.

Zweite Periode. Sokrates und die Sophisten.

Kapitel V. Die sophistische Aufklärung.

§ 10. Entstehung und Grundzüge der Sophistik.

Hegel, Geschichte der Philosophie, II, 5-42. *Grote, History of Greece*, VIII, 474-544.

Bisher hatte man, wie neuere Untersuchungen (namentlich von H. Diels) wahrscheinlich gemacht haben, die Wissenschaft in engeren, festgeschlossenen Genossenschaften gepflegt. Um die Mitte des 5. Jahrhunderts tritt die Philosophie aus der Stille der Schule hinaus auf den geräuschvollen Markt des öffentlichen Lebens, das sich in vordem ungeahnter Fülle und Lebendigkeit in Hellas zu entfalten begann. Der gewaltige Aufschwung des nationalen und des bürgerlichen Lebens, der sich mit der siegreichen Abwehr der persischen Übermacht verbunden hatte, machte sich auf allen Gebieten bemerkbar. Die Erbin des zerstörten Milet ward Athen, die „Bildungsschule" von Hellas, wie Thukydides den großen Staatsmann dieser Epoche sagen läßt. Hier konzentrierten sich neben den politischen und wirtschaftlichen auch die wissenschaftlichen und künstlerischen Interessen der Zeit und riefen jene Blüte auf allen Zweigen des Geisteslebens hervor, die unter dem Namen des perikleischen Zeitalters noch auf unsere Herzen ihren unvergänglichen Zauber übt. In diesem Athen, wo zugleich die Volksherrschaft sich immer breiter und mächtiger entwickelte, ward der Bildungsdrang auch bei der

Masse ein immer stärkerer. Wer politisches und soziales Ansehen gewinnen wollte, bedurfte jetzt nicht mehr oder doch nicht mehr bloß adeliger Geburt, persönlicher Tapferkeit oder Lauterkeit des Charakters, sondern auch theoretischer Bildung und Redegewandtheit. Das Wort war es, das im Rat, in der Volksversammlung, an den Gerichtsstätten den Sieg erringen half. Diesem Drange kamen die Sophisten entgegen.

„Sophist" (σοφιστής) bedeutet ursprünglich jeden auf irgendeinem Gebiete hervorragenden Mann, den „Meister" einer Sache, besonders aber einen Meister im Wissen, ähnlich etwa wie unser heutiges „Gelehrter". Nicht bloß Solon und Pythagoras heißen Sophisten, sondern bei Xenophon auch noch Sokrates und Antisthenes, ja bei Isokrates selbst Plato. Um die Mitte des 5. Jahrhunderts aber beginnt daneben der Name von denjenigen insbesondere gebraucht zu werden, welche von Stadt zu Stadt wandernd sich nicht mehr an auserlesene Kreise, sondern an alle wandten und (was dem griechischen Vollbürger auffiel) gegen Bezahlung als Lehrer der Redegewandtheit, der praktischen Lebensweisheit und der Staatskunst auftraten, indem sie vor allem die Jugend zum „richtigen Denken, Sprechen und Handeln in öffentlichen und Privatangelegenheiten" erziehen wollten. Der tadelnde Nebensinn, den wir heute unwillkürlich mit den Worten „Sophist", „sophistisch", „Sophismen" verbinden, rührt daher, daß wir die „Sophisten", die übrigens in Wirklichkeit keine besondere Klasse oder Schule bildeten, ausschließlich aus der ungünstigen Beleuchtung ihrer philosophischen Gegner (Sokrates, Plato und Aristoteles) und den Karikaturen der Komödie (Aristophanes) kennen, und kann namentlich nicht für die ältere Generation derselben gelten, die, wie Protagoras, bei der Mehrzahl der Gebildeten sich hohen Ansehens erfreuten. Später allerdings richtete sich das Streben mancher Sophisten mehr auf äußeren Ruhm und Gewinn als auf gediegene Lehre, mehr auf dialektische Kunstgriffe und rhetorische Disputierkunst oder schablonenhaften Drill als auf ernste Erforschung der Dinge. Bis zum Anfang vorigen Jahrhunderts herrschte die einseitig ungünstige Auffassung der Sophistik; seitdem haben namentlich Hegel und Grote (letzterer wohl sie überschätzend) einer gerechteren Würdigung die Bahn gebrochen, vermöge deren man die Sophisten jetzt in ihrer geschichtlichen Notwendigkeit und ihrer Kulturmission begreift: als Aufklärer und als Verbreiter und Popularisierer der wissenschaftlichen Kenntnisse ihrer Zeit.

Sehen wir von Demokrit ab, dessen Wirksamkeit übrigens mit der der wichtigsten Sophisten gleichzeitig, wenn nicht später fällt, so waren die bisherigen Philosophen im wesentlichen Naturphilosophen, Hauptgegenstand ihres Denkens der Kosmos geblieben; erste Anfänge von Erkenntnistheorie, Psychologie und Ethik hatten wir bei ihnen bemerken können. Der Beruf der Sophisten, Kenntnisse im allgemeinen zu verbreiten, insbesondere aber ihre Schüler „zum Handeln und Reden, zur Leitung des Haus- wie des Gemeinwesens geschickt" zu machen, veränderte diese Sachlage durchaus. Sie grübelten nicht mehr in abgezogener Betrachtung den ewigen Rätseln des Seins und Werdens, des Entstehens und des Untergangs der Welten nach, sie unterwarfen nicht mehr den Kosmos, sei es allgemein-philosophischer, sei es mathematisch-naturwissenschaftlicher Erforschung. Ihr Studium war vielmehr der Mensch mit seinem Wahrnehmen und Denken, seinem Wollen und Begehren, seiner privaten und öffentlichen Betätigung. Die Beschäftigung mit sprachlichen, logischen, erkenntnistheoretischen, ethischen Problemen verdrängt fast alles andere, wie schon die erhaltenen Büchertitel – von den Schriften selbst ist fast nichts auf uns gekommen – beweisen. Die mathematisch-naturwissenschaftliche Forschung dagegen beginnt sich um dieselbe Zeit, zunächst der Sache, später auch den Personen nach, von der gemeinsamen Mutter Philosophie abzulösen. Die mathematische Einzelforschung der jüngeren Pythagoreer, die astronomische des Hiketas u. a., vor allem die medizinische des berühmten Hippokrates (460-377) gehört hierher.[11]

Noch ein weiteres Moment kommt hinzu. In den großen metaphysischen Systemen, die wir in rascher Folge hintereinander emporsprießen sahen, hatte sich die schöpferische Kraft des griechischen Philosophierens glänzend bewährt, aber gewissermaßen auch erschöpft. Dabei war in Heraklit und den Eleaten ein schier unlösbarer Widerstreit der Anschauungen zutage getreten, der manchen zum Zweifel an der Möglichkeit begrifflichen Erkennens überhaupt führen mochte und auch durch die Vermittlungsversuche des Empedokles und Anaxagoras nicht endgültig beseitigt werden konnte. Die Zuverlässigkeit der Sinnenerkenntnis insbesondere war durch die ganz verschiedenartige Stellungnahme gerade der hervorragendsten Denker: eines Parmenides, Heraklit, Empedokles, Demokrit gründlich erschüttert worden. „In unergründlicher Tiefe ruht die Wahrheit", schrieb Demokrit, und das, was bisher am festesten schien, hatte Zenon durch seine scharfsinnigen Beweise als leeren Schein erklärt. Kein Wunder, wenn weniger tiefe Geister sich durch solche Erwägungen zum Zweifel oder wohl gar zum Verzicht auf alle objektive Erkenntnis drängen ließen. Die bisherigen Philosophen waren von der Annahme eines Allgemeingültigen ausgegangen. Selbst Heraklits ewiger Fluß der Dinge hatte doch das Bestehen einer Weltvernunft vorausgesetzt. Jetzt erhebt sich – das ist die grundlegende Bedeutung der Sophisten in der Geschichte der Philosophie – zum erstenmal die Frage: Gibt es überhaupt allgemeingültige Wahrheiten? Und zwar dehnten sie die Frage von dem theoretischen auch auf das ethische Gebiet aus. Infolge der reißend schnellen Entwicklung, die das politische und soziale, geistige und materielle Leben Griechenlands, in erster Linie natürlich wieder Athens, im fünften Jahrhundert genommen hatte, war eine Umwandlung aller sittlichen Anschauungen, eine Abwendung von den althergebrachten Sitten und religiösen Gebräuchen, ein Schwanken von Recht und Gesetz eingetreten, das nur noch des 27jährigen Bruderkrieges zwischen dem attischen und dem peloponnesischen Bunde bedurfte, um zu einer Zerrüttung aller Verhältnisse zu führen.

Dieser Lage der Dinge geben die Sophisten auf philosophischem Gebiete Ausdruck. Sie führen den Grundsatz der Subjektivität, der freien Willkür des souveränen Individuums in die Philosophie ein, auf dem Felde des Erkennens wie des Wollens. Mit den Übeln, die eine schrankenlose Anwendung dieses Grundsatzes auf beiden Gebieten zeitigen konnte und zum Teil wirklich zeitigte, war jedoch auch ein ungeheurer Fortschritt verbunden: die Anerkennung des Individuellen. Sollte ihm die rechte Fruchtbarkeit auch erst durch Sokrates' Begründung der Begriffsphilosophie gegeben werden, so kommt doch den Sophisten das Verdienst zu, diesen neuen Gedanken einer neuen Zeit zuerst literarischen Ausdruck verliehen zu haben. Wir beginnen deshalb auch, im Gegensatz zu manchen anderen Darstellern, mit ihnen eine neue Periode und wenden uns nun ihren wichtigsten Vertretern zu.

§ 11. Ältere Sophisten: Protagoras, Gorgias.

1. Der Relativismus des Protagoras.

Laas, Idealismus und Positivismus, Bd. I, 1879. *Natorp, Forschungen* usw. S. 1-62, 147 ff. Die Schriften und Abhandlungen von *Halbfaß, Münz, Sattig* u. a. siehe bei *Ueberweg-Praechter*, Anhang S. 38.

Der ernsteste und bedeutendste der Sophisten steht auch zeitlich an ihrer Spitze. Es ist Demokrits Landsmann Protagoras, um 480 zu Abdera geboren. Um seine Lehren in weiteren Kreisen zu verbreiten, führte er von seinem 30. Jahre ab ein Wanderleben, das ihn besonders oft und auf längere Zeit nach Athen führte. Dort fand er in den gebildeten Kreisen viele begeisterte Anhänger und wurde u. a. von Perikles und Euripides hoch geschätzt. „Wir bewunderten ihn wie einen Gott wegen seiner Weisheit", läßt Plato (*Theätet* 161 C) seinen Sokrates von ihm sagen. 411 unter der Herrschaft der 400 (nach anderen schon 415) wegen Gottlosigkeit angeklagt und verurteilt, ertrank er, wie es heißt, auf der Flucht nach Sizilien; seine Schriften wurden auf dem Markte zu Athen auf Staatsbeschluß verbrannt. Sie erstreckten sich vorzugsweise auf Ethik nebst den verwandten Fächern der Rechtswissenschaft, Politik und Pädagogik, wie die zahlreich erhaltenen Schriftentitel beweisen. Von den Schriften selbst sind kaum 20 Zeilen überliefert, sodaß wir auf andere Quellen mit angewiesen sind. Die wichtigste in betreff der Lehre ist Platos *Theätet*, dessen Zuverlässigkeit von Halbfaß (Straßburger Dissertat. 1882) bestritten, von Natorp, wohl mit Recht, verteidigt worden ist.

Der berühmte Fundamentalsatz des Protagoras lautet: „Der Mensch ist das Maß aller Dinge, der seienden, daß sie sind, der nicht seienden, daß sie nicht sind." Und zwar bedeutet hierbei „der Mensch" nicht etwa, wie der moderne Denker (z.B. *Laas* und *Gomperz*) anzunehmen geneigt ist, den Menschen überhaupt, sondern wenn anders wir Platos *Theätet* wie auch späterer Berichterstattung Glauben schenken dürfen, schlecht und recht das einzelne Individuum mit seinen wechselnden Vorstellungen und Empfindungen. Jede Vorstellung besitzt relative Wahrheit, nämlich für den Wahrnehmenden unter den Bedingungen seines jedesmaligen Wahrnehmens. Es gibt keine allgemeingültigen Wahrheiten; dem

Kranken z.B. erscheinen gewisse Dinge anders als dem Gesunden usw. Wie für Heraklit, so ist auch für Protagoras alles in beständigem Werden begriffen. Man kann von dem nämlichen Dinge zwei einander entgegengesetzte und dennoch gleich berechtigte Ansichten haben. Es ist vollendeter Relativismus und, insofern er sich auf die sinnliche Wahrnehmung als einzige Erkenntnisquelle stützt (eine Auslegung seiner Lehre, welcher Protagoras mindestens nicht vorgebeugt zu haben scheint), Sensualismus.

Dieser Relativismus dient aber unserem Sophisten im wesentlichen nur dazu, um die Menschen von den seines Erachtens unfruchtbaren theoretischen Spekulationen auf die praktischen Aufgaben des Lebens hinzulenken, für die er seinen „guten Rat“ anbietet, um sie kluge Voraussicht, Erwägung der Folgen und damit Beherrschung der Naturkräfte wie der menschlichen, insbesondere der politischen Verhältnisse zu lehren. Hier ist er durchaus kein Umstürzler. Sitte und Recht erscheinen ihm vielmehr – vgl. den Mythos, den der platonische Dialog *Protagoras* ihm zuschreibt – als die unentbehrlichen Stützen des Staates und der Gesellschaft, wie er selbst denn auch 443 im Auftrage des Perikles Gesetze für die neugegründete athenische Kolonie Thurioi entwarf.

Bezüglich der Götter bekannte er, „nicht zu wissen, ob sie existieren oder nicht“; vieles verhindere ein sicheres Wissen über sie, die Dunkelheit der Sache und die Kürze des menschlichen Lebens. Dieser Freimütigkeit hatte er seine Verurteilung wegen „Gottlosigkeit“ zu danken. Verdienstlich waren auch seine grammatischen Untersuchungen: über den rechten Wortgebrauch, die Modi und Tempora der Verba, das Geschlecht des Nomens, desgleichen die rhetorischen Übungen über allgemeine Themata, durch die er die Fähigkeiten seiner Schüler zu entwickeln und ihre geistige Kraft zu stählen strebte. Vielleicht gehört in diesen Zusammenhang der an sich bedenkliche, ihm von Aristoteles zugeschriebene Satz, die Kunst der Rede vermöge „auch die schwächere Sache zur stärkeren zu machen“.

Auf die Schranken und die Subjektivität des menschlichen Denkens mit Nachdruck hingewiesen zu haben, ist das Verdienst dieses ersten Sophisten. An einem Maßstab objektiven Erkennens hat es ihm anscheinend gänzlich gefehlt. So griff er denn auch die exakteste aller Wissenschaften, die Mathematik, an, weil sein auf das Handgreifliche gerichteter Sensualismus die reinen Linien, Kurven usw. in der „Wirklichkeit“ vermißte. Damit war jede allgemeingültige Erkenntnis aufgehoben. Noch weiter in dieser Anzweiflung aller Wissenschaft ging sein Nachfolger

2. Gorgias,

den 427 seine Vaterstadt, das sizilische Leontinoi, an der Spitze einer Gesandtschaft nach Athen sandte, um Hilfe gegen Syrakus zu erbitten. Hier und in vielen anderen Gegenden Griechenlands feierte seine hinreißende Beredsamkeit glänzende Triumphe. Prunkend, wie seine Rede, soll auch sein äußeres Auftreten gewesen sein. Später zog er sich nach Thessalien zurück, wo er um 380 über 100

Jahre alt starb. Die Echtheit zweier unter seinem Namen überlieferten Prunkreden – diese namentlich waren sein Genre – ist zweifelhaft.

In der Physik und Naturphilosophie schloß sich Gorgias seinem Landsmann Empedokles an (vgl. *Diels, Gorgias und Emp.*, Abhandl. d. Berl. Akad. d. Wiss. 1884). Seinen eigentlichen Beruf aber fand er im Lehren und Ausüben der Redekunst, sodaß er gegenüber dem philosophischeren Protagoras in erster Linie als Rhetor zu charakterisieren ist. Vielleicht, war es auch nur ein rhetorisches Kunststück, wenn er in seiner Hauptschrift, die den Titel *Von der Natur oder* (!) *dem Nicht-Seienden* trug, folgende drei berühmten Sätze zum besten gab:

1. Es existiert nichts. 2. Wenn aber auch etwas existierte, so wäre es doch für den Menschen unfaßbar. 3. Wenn es aber auch faßbar wäre, so wäre es doch unaussprechbar und unmittelbar. Die nähere Begründung dieser Sätze, wie sie sich bei dem Skeptiker Sextus Empirikus und in der (schon in § 4 erwähnten) pseudoaristotelischen, von einem Peripatetiker des 3. Jahrhunderts herrührenden Schrift *De Xenophane Gorgia Melisso* findet, war gegen die Eleaten gerichtet, indem, wie bei diesen, das Sein lediglich als körperliches Dasein gefaßt wurde.

Wenn Protagoras jede Meinung für wahr erklärt hatte, so erklärte Gorgias jede für falsch. Ein so vollendeter Skeptizismus ist, um mit Kant zu reden, kein „heilsamer Zuchtmeister des Verstandes" mehr, sondern „gar keine ernstliche Meinung", und macht aller Wissenschaft ein Ende. Man hat deshalb Gorgias wohl auch als wissenschaftlichen „Nihilisten" bezeichnet.

§ 12. Jüngere Sophisten: Prodikos, Hippias; politische Theorien; Eristik.

F. Dümmler, Akademika. Gießen 1889. *Pöhlmann, Gesch. d. antiken Kommunismus und Sozialismus* 1893, S. 150 ff., 264 ff.

Von der jüngeren Sophistengeneration besitzen wir nur sehr spärliche Nachrichten, die meisten aus den (gegnerischen) platonischen Dialogen.

1. In Athen erwarb sich Beliebtheit und Einfluß Prodikos aus Keos, der von manchen (vgl. *Welcker, Kl. Schr. II*, 393-541) sogar als „Vorgänger des Sokrates" bezeichnet wird. Aus seinen naturphilosophischen Schriften ist uns nichts erhalten. Er schrieb und hielt Vorträge über Synonymik und Sprachrichtigkeit. Die Entstehung der Religion wagte er bereits in sehr rationalistischer und zugleich utilitaristischer Weise zu erklären: die Menschen der Vorzeit hätten alles vergöttert, was ihnen Nutzen brachte, wie das Brot als Demeter, den Wein als Dionysos, das Wasser als Poseidon, das Feuer als Hephaistos u. a. Am bekanntesten aber wurde er durch seine moralisierenden Vorträge, vor allem durch die berühmte, von Xenophon (*Memorabilien* II, 1) überlieferte Allegorie „Herakles am Scheidewege", die das ganze Altertum und die frühchristliche Literatur beeinflußt hat.

2. Von noch weit größerer, wahrhaft erstaunlicher Vielseitigkeit war Hippias von Elis, der nicht bloß Astronomie, Mathematik, Mnemonik, Chronologie, Sagen- und Völkerkunde, Theorie der Künste trieb und lehrte und in moralischen Mahnreden, wie Prodikos, glänzte, sondern daneben auch noch Dichter und – Kunsthandwerker war. Philosophisch interessiert uns nur der für diese Zeit der sophistischen Aufklärung, die alles bisher Feststehende in Wissen und Sitte, Recht und Staat in Zweifel zog, charakteristische Gegensatz, der nach Plato bei Hippias zuerst zutage trat, zwischen, dem φύσει und νόμῳ, d.h. zwischen dem, was von Natur ewige und unveränderliche Geltung besitzt, und den vergänglichen und veränderlichen Satzungen der Menschen. Hippias stellt (nach Plato) den fast an heutige anarchistische Theorien erinnernden Satz auf: das Gesetz sei der Tyrann der Menschen und treibe sie durch seinen Zwang zu vielem Naturwidrigen an.
3. Andere verfolgten diese, wie es scheint, bei Hippias noch ziemlich gemäßigt auftretenden naturrechtlichen Theorien bis zu radikaleren Konsequenzen. Berechtigt ist nur, was „die Natur“ bestimmt. Daher haben alle seit Anbeginn der Menschengeschichte von Menschen gemachten Gesetze und Rechte nur einen sehr bedingten Wert und sind im Interesse derer, die sie aufstellten, erlassen: sei es der Gewalthaber, wie Thrasymachos im 1. Buche der platonischen Republik ausführt, oder der Masse der Schwachen, wie Platos *Gorgias* will. Jeder hat das Recht zur Befriedigung seiner Triebe. Maß zu halten ist töricht, ja schimpflich. Kallikles in Platos *Gorgias* führt aus, daß durchaus nicht immer die Gesetzlichkeit glücklich mache, vielmehr weit häufiger eine durch keine Rücksicht auf Maß und Gesetz gehemmte Lebensführung. Der Stärkste ist am glücklichsten, weil er sich am besten auszuleben vermag (vgl. Nietzsche!). Von solchen ganz modern klingenden Anschauungen aus ist man schon damals zu einer tief einschneidenden Kritik der bestehenden Gesellschaftsordnung gekommen, und sind mindestens von einzelnen tiefgreifende revolutionäre Forderungen gestellt worden. Im Namen des gleichen Rechts für alle forderte Lykophron offen die Abschaffung der Adelsvorrechte, Alkidamas und andere (was selbst Plato und Aristoteles nicht wagten) die der Sklaverei – „die Gottheit hat alle frei erschaffen, die Natur niemanden zum Sklaven gemacht“ –, Phaleas von Chalkedon Gleichheit des Besitzes, der Erziehung und Kollektivwirtschaft für die freien Bürger, während „der erste Privatmann, der es unternahm, etwas über den besten Staat zu sagen“, der Architekt Hippodamos von Milet, sich innerhalb der Grenzen der bestehenden individualistischen Gesellschaftsordnung gehalten zu haben scheint. (Quelle für diese Nachrichten: *Aristot. Politik, Buch II.*) Die in den *Ekklesiazusen* des Aristophanes (392) verspottete Idee der Weibergemeinschaft muß ebenfalls schon damals ihre Anhänger gefunden haben, da die Beziehung auf die platonische Republik durch deren viel spätere Abfassung ausgeschlossen ist; und der als der übermütigste der 30 Tyrannen bekannte Kritias behauptete bereits, ein kluger Staatsmann habe den Götterglauben erfunden, um durch Andro-

hung göttlicher Strafen das Volk gefügiger und unterwürfiger zu machen. Über Euemeros siehe § 16.

4. Dieser Umwertung der sittlich-sozialen Vorstellungen folgte allgemach auch ein immer radikalerer Skeptizismus auf theoretischem Gebiete, dem wir ja schon Gorgias huldigen sahen, und der sich zu dem Satze verstieg: alles sei Trug, jede Vorstellung und Meinung falsch. Bei anderen führte das zur leersten Wortstreiterei (Eristik), zu Effekt machen sollenden Fang- oder Trugschlüssen („Sophismen"), wie sie Plato in seinen Dialogen *Euthydem* und *Kratylos*, Aristoteles in seiner Schrift *Über die sophistischen Trugschlüsse* vorführt; oder zu Vexierfragen, auf die weder Ja noch Nein als Antwort paßte, wie die: Hast du deine Hörner abgelaufen? Hast du aufgehört, deinen Vater zu schlagen? Meist waren es wohl, wie man aus diesen Beispielen sieht, recht grobkörnige Wortwitze, die indes bei den Silbenstecherei und Wortspiele liebenden Athenern auf fruchtbaren Boden fielen.

Nach alledem sind die Sophisten, trotz ihrer Schwächen und Entartungen, eine kulturgeschichtlich nach verschiedenen Richtungen hin bedeutsame und anziehende Erscheinung. Philosophisch dagegen haben sie aus Mangel an einem festen Kriterium, außer jenem immerhin wichtigen Subjektivitätsgrundsatz des Protagoras, für die Entwicklung der Philosophie als Wissenschaft nichts Bleibendes geleistet. Mittelbar freilich führte ihr Auftreten zu einer um so bedeutenderen Gegenwirkung. Denn ihre Verneinung jeder Allgemeingültigkeit in Erkenntnis und Sittlichkeit rief als Kämpfer für diese bedrohten höchsten menschlichen Güter eine der großartigsten Gestalten nicht bloß der Philosophie, sondern auch der gesamten Menschheitsgeschichte auf den Plan: den Athener Sokrates.

Kapitel VI. Sokrates.

§ 13. Sokrates' Persönlichkeit. Die Quellen.

Von der sehr reichen neueren Literatur über Sokrates philosophische Stellung heben wir, außer den ausführlichen Darstellungen in den großen Werken von *Brandis* und *Zeller*, hervor:

Schleiermacher, Über den Wert des Sokrates als Philosophen 1815 (S. W. III_2, 287–308), *Ribbing, Sokratische Studien*, Upsala 1870. *Antonio Labriola, La dottrina di Socrate*, Napoli 1871 (zum erstenmal soziale und ökonomische Verhältnisse mit heranziehend). *Fouillée, La philoso-*

phie de Socrate. 2 Bde. Paris 1874. *Joël, Der echte und der xenophontische Sokrates*, 2 Bde., Berlin 1893 und 1901; vgl. dazu den ausführlichen Artikel *Natorps: Über Sokrates, Philos. Monatsh.* XXX, 337–370. *Döring, Die Lehre des Sokrates als soziales Reformsystem.* München 1895. Neuere Darstellungen bei *Th. Gomperz, Griechische Denker*, Band II, und *Kühnemann, Grundlehren*, S. 188–237. Zur Literatur über die Frage, ob Xenophon oder Plato der treuere Berichterstatter (s. unten), s. *Pöhlmann, Sokrates-Studien* (Bayr. Akad. d. W.) 1906. Eine hübsche zusammenfassende Charakteristik der Persönlichkeit in Windelbands *Präludien*, S. 54 ff. Neueres Hauptwerk: *H. Maier, Sokrates. Sein Werk und seine geschichtl. Stellung.* Tüb. 1913.

Das Leben des Sokrates braucht in einer Geschichte der Philosophie nicht im einzelnen geschildert zu werden. Es genüge, kurz an die wichtigsten Daten seines äußeren Lebens zu erinnern: daß er, als Sohn eines Bildhauers und einer Hebamme 471 oder 470 zu Athen geboren, anfangs selbst Bildhauer war, die Schriften der alten Weisen – später auch zusammen mit seinen Schülern – las, sowie die Vorträge der Sophisten hörte; daß er an mehreren Feldzügen seiner Vaterstadt teilnahm, als Prytane mutvoll in der Sache der Arginusen-Feldherrn dem Terrorismus der Masse entgegentrat und 399, wegen „Einführung neuer Götter und Verführung der Jugend“ verurteilt, den Giftbecher trinken mußte.

Über den persönlichen Charakter des athenischen Weisen: seine musterhafte Rechtschaffenheit, Sittenreinheit, Bedürfnislosigkeit, Freimütigkeit, Menschenfreundlichkeit, Religiosität, Liebenswürdigkeit und heitere Ruhe des Gemüts stimmen alle Berichte ebenso überein, wie über seine natürliche Schlagfertigkeit, seinen Witz und seinen Humor. Nicht minder über gewisse unhellenische Züge seines Wesens: seine Gleichgültigkeit gegen die äußere Erscheinung – seine eigene Gestalt entsprach so wenig dem griechischen Schönheitsideal, daß sie selbst seinen Verehrern als silenenhaft erschien – und damit in Zusammenhang eine seinen Volksgenossen fremde Vertiefung in die eigenen Gedanken und inneren Empfindungen; schließlich seine bei aller Meisterschaft der philosophischen Unterredung hervortretende Schlichtheit des Ausdrucks. Anders dagegen steht es mit seiner Lehre, über die wir an fremde Berichterstatter gewiesen sind, da wir keine einzige geschriebene Zeile von Sokrates, ja kaum einen völlig beglaubigten Ausspruch aus seinem Munde besitzen. In der Auffassung seiner philosophischen Bedeutung aber widersprechen sich die beiden Hauptquellen, seine Schüler Xenophon und Plato, neben denen der spätere Aristoteles erst in zweiter Linie in Betracht kommt.

Früher herrschte die Auffassung vor, daß die Darstellung Xenophons (in seinen *Memorabilien* und seinem *Symposion*) bei aller Nüchternheit und Plattheit doch die „objektivere“, weil historisch treuere, und deshalb der künstlerischen, aber „subjektiven“, idealisierenden Platos in fast allen seinen Dialogen vorzuziehen sei. Nachdem zuerst *Dissen* (1812) und *Schleiermacher* (s. oben) an dieser

Auffassung gerüttelt, nachdem dann gezeigt worden war, daß Xenophon, selbst kein Philosoph, gar nicht die Fähigkeit besaß, das philosophische Ziel des Sokrates in seiner vollen Tiefe zu erfassen und darzustellen, haben neuere Untersuchungen (von *Dümmler, Joël, Natorp* u. a.) wahrscheinlich gemacht, daß auch Xenophons Ohrenzeugentum, der damaligen literarischen Mode entsprechend, nur Fiktion, daß seine *Memorabilien* zu der üblichen Gattung rhetorischer Lobschriften gehören und die Erwiderung auf das Pamphlet eines Rhetors sind, daß endlich seine philosophische Auffassung, soweit er überhaupt eine solche besitzt, durch den Zyniker Antisthenes (s. § 17) beeinflußt ist. Nach Xenophons Schilderung des Sokrates fragt man sich unwillkürlich: Wie konnte ein so prosaischer, beinahe pedantischer Mensch wie dieser eine so begeisterte Liebe unter seinen Schülern wecken und vor allem – eine so gewaltige Revolution der Geister hervorrufen? Demgegenüber wäre der berufene Darsteller des philosophischen Reformators derjenige seiner Jünger gewesen, der ihn am besten verstanden, d.h. Plato. Aber dieser war zu sehr Künstler, um objektiver Historiker zu sein, und zu stark von den eigenen genialen Ideen, die er nach seinem Empfinden dem Meister verdankte, durchdrungen, als daß er zwischen seinem und des Sokrates geistigem Eigentum eine scharfe Grenzlinie zu ziehen unternommen hätte. Bei dieser Sachlage betrachten manche den Aristoteles als den einzigen Retter aus der Not. Allein, was für dessen größere Glaubwürdigkeit und Objektivität angeführt wird, die weitere historische Entfernung und demgemäß freiere Stellung zu Sokrates, hat doch auch wieder seine Nachteile im Gefolge; überdies ist nicht außer Acht zu lassen, daß die Berichte des Aristoteles, wie sich besonders an seiner Kritik Platos zeigen läßt, öfters durch seine eigenen dogmatischen Begriffe und philosophiegeschichtlichen Rubriken getrübt sind.

So erscheint des Rätsels Lösung schwer. Als die beste Quelle erscheinen, bei Erwägung aller in Betracht kommenden Verhältnisse, doch immer noch diejenigen Dialoge Platos (auf die sich augenscheinlich auch Aristoteles stützt), die des Meisters Lehre noch am wenigsten vermischt mit eigenen Zusätzen darstellen. Es sind das seine frühesten, die sogenannten „sokratischen“ Dialoge; in erster Linie die des Meisters Andenken gewidmete *Apologie*, dann *Krito*, *Laches* und *Protagoras*. Zu deren Ergänzung und Vergleichung können sodann Xenophon und Aristoteles herangezogen werden.

§ 14. Die sokratische Methode der Begriffsbestimmung.

Als den Inbegriff seiner Weisheit erklärte Sokrates (nach Platons *Apologie*) seine Einsicht, daß er nichts wisse, während andere sich einbildeten, etwas zu wissen. Das Wesentliche für ihn und zugleich das Neue in der Geschichte der Philosophie ist also, daß er nicht zu irgendwelchem Wissensinhalt drängt, sondern sich und andere zur Selbstbesinnung treibt, zur Prüfung alles vermeintlichen Wissens auf sein Begründetsein. Er will nicht, gleich den Sophisten, seinen Schülern fertige Schablonen einhämmern, sondern sie selbst die Wahrheit finden lassen. Noch stärker als die Sophisten wendet er sich von der Naturphilosophie, ja sogar von der Naturbetrachtung ab. Die Gegenden und die Bäume, sagte er, können mich nichts lehren. Wer den Menschen studiert, hat zum Naturerkennen keine Zeit. Seine Forschung gilt dem Menschen mit seinem gesamten Denken und Wollen. Worin aber besteht das Wesen des Menschen? Worin das Wesen eines Dinges überhaupt? Das waren die Fragen, welche Sokrates sich stellte und stellen mußte, weil ihn, im Gegensatze zu den Sophisten, nach einer allgemeingültigen Wahrheit verlangte. In diesem Ringen nach Wahrheit, nach wahrem Wissen besteht seine ganze Philosophie, ein Leben ohne das erscheint ihm nicht lebenswert. Nur eins erscheint ihm als wahrhaft gut: das Wissen (ἡ ἐπιστήμη), die Selbsterkennung. Daher sein Lieblingsspruch das Delphische: „Erkenne dich selbst!"

Indem nun Sokrates untersucht, „was ein jedes Ding sei" (τί ἕκαστον εἴη), findet er das Ziel und die Grundlage aller wissenschaftlichen Arbeit in dem Begriff (dem „Was ist?" oder τί ἐστιν;) des Dinges, seiner Definition. Nicht, als ob er bereits die Logik wissenschaftlich begründet und in ein System gebracht hätte – das tut erst Aristoteles –, aber er handhabt sie mit einer Art natürlicher Genialität. Und wie gewinnt er den sicheren Begriff einer Sache? Auf dem Wege des induktiven Verfahrens. „Vom Gangbarsten und Zweifellosesten ging Sokrates in seinen Untersuchungen jedesmal aus, indem er dies als den sichersten Weg erachtete", so berichtet Xenophon, mit Plato hierin aufs genaueste übereinstimmend. Und Aristoteles bezeichnet als die „zwei Dinge, die man dem Sokrates mit Recht zusprechen, darf": „die induktiven Reden und die Feststellung allgemeiner Begriffe". In dieser Aufsuchung der Begriffe hat er eine ihm eigentümliche, die sogenannte sokratische Methode ausgebildet.

Sokrates war weder ein Bücherschreiber noch ein einsamer Grübler noch ein dozierender Professor. Er geht auf den Markt und die Straßen. Es war ihm Bedürfnis, die Wahrheit im Zwiegespräch mit anderen zu finden. Wo sich ihm nur die geringste Aussicht auf Erfolg bietet, knüpft er es an. Dabei ging er von dem, was dem Betreffenden am nächsten lag, seiner Arbeit oder Beschäftigung, aus und bat ihn um Aufschluß über Wesen und Zweck seiner Tätigkeit. Dann aber zeigte er dem also Befragten durch geschickte Kreuz- und Querfragen, daß er im Grunde nicht wisse, was er zu wissen vorgegeben habe, und deshalb noch weniger wisse als er (Sokrates selbst), der doch wenigstens von sich gewußt habe, daß er das, wonach er gefragt, in der Tat nicht wisse. Das ist die sogenannte Ironie des Sokrates.

Wer sich aber durch die beschämende Einsicht in die eigene Unwissenheit nicht von der weiteren Unterhaltung abschrecken ließ, den führte er in ernsthaftem Gespräche, indem er die in dem Mitunterredner noch schlummernden Gedanken aus ihm herauszulocken suchte, Schritt für Schritt weiter, durch Vergleichung der Tatsachen, bis zum festen Ausdruck des Gesuchten im Begriff. Das nannte er, unter Anspielung auf den Beruf seiner Mutter, seine Maieutik, d. i.

Entbindungskunst. Die Wahrheit soll aus der eigenen Seele des anderen heraus geboren werden.

So ist Sokrates' Philosophieren ein Bestimmen der Begriffe. Das wahre Wissen beruht auf dem sicheren Begriff, und dieser bewährt sich in der allseitigen Prüfung des epagogischen (induktiven, „hinführenden") Verfahrens. Ihr Inhalt, die Dinge interessieren ihn zunächst noch gar nicht, sondern die Problemstellung. Seine Philosophie besteht – das ist das Bedeutsame gegenüber der gesamten Vorsokratik – in seiner Methode. Das Denken hat sich ihm und in ihm als kritisches Denken, als Kritik entdeckt.

Das Anwendungsfeld aber dieser methodischen Begriffsbestimmung ist vor allem die Ethik; seine Untersuchung ist auf die „Tugend" gerichtet.

§ 15. Die sokratische Ethik.

Worin besteht das Wesen und damit der Zweck irgendeines Dinges, z.B. dieses Tisches? In seiner Tüchtigkeit zu etwas, seiner „Güte" (ἀρετή). So besteht auch das Wesen und damit der Zweck des Menschen in seiner Tüchtigkeit oder Tugend. Was aber hat man unter dieser Tugend, die alle, namentlich auch die Sophisten im Munde führen, zu verstehen? Ist sie erlernbar? So fragt Sokrates und macht damit zum erstenmal die Tugend, sonach die Ethik zum Problem. Gerade das Problemstellen ist auch hier wieder seine wichtigste Leistung, nicht etwa die positive Antwort. Worin das Gute seinem Inhalte nach bestehe, scheint Sokrates vielmehr gar nicht bestimmt formuliert zu haben. Er betont nur, daß die Tugend ein Wissen sei, daß sie auf der richtigen Einsicht oder Besinnung (φρόνησις) beruhe. Wird doch auf allen Gebieten des Lebens derjenige als tüchtig anerkannt, der seine Sache versteht; wieviel mehr auf dem des sittlichen Handelns! Wer aus unklaren Gefühlen oder aus überlieferter Gewohnheit handelt, wird immer nur zufällig das Rechte treffen. Also auf das feste Bewußtsein, auf die Erkenntnis allein kommt es an. Diese Überzeugung steigert sich dann zu dem merkwürdigen Satze: Niemand handelt mit Absicht schlecht. Denn sonst würde er ja gegen die eigene Erkenntnis vom Rechten handeln, die, wie die Wahrheit selbst, nur eine sein kann. Handelt er aber wirklich unrecht, so hat er eben die rechte Einsicht nur scheinbar besessen; mindestens ist sie unvollständig oder unklar gewesen, wenn sie sich von der Unkenntnis, die in den Trieben liegt, hat überwinden lassen, anstatt ihrerseits dieselben zu überwinden. Wenn und während die Erkenntnis herrscht, kann nicht zugleich auch etwas anderes wie Lust, Zorn, Schmerz, Furcht, Begierde über den Menschen herrschen.

Neben diesem sozusagen rationalistischen[12] zeigt die sokratische Ethik aber offenbar auch einen eudämonistischen Zug. Das Gute erscheint als das Gesunde, Heilsame, Förderliche. Denn so haben wir es wohl zu verstehen, wenn es bei Xenophon mit dem Nützlichen gleichgesetzt wird. Der Prüfstein der Tugend ist der durch Vernunftüberlegung und Erfahrung zu ermittelnde Einfluß der betreffenden Handlung auf menschliches Wohlergehen. An sich würde das stark verstandesmäßige, um nicht zu sagen hausbackene Element in Sokrates' Persönlichkeit, worin u. a. seine Abneigung gegen Dichter und Rhetoren begründet liegt, auch einer eigentlichen Nützlichkeitsethik nicht widerstreben. Indessen scheint doch dieser Zug von dem selbst prosaischen Xenophon übertrieben worden zu sein. Andere Züge stehen wenigstens dem entgegen: seine Überzeugung, daß Unrecht leiden besser sei als Unrecht tun, die Gesetzestreue, vermöge deren er sich seinem Schicksal nicht durch die Flucht entziehen wollte, seine Neigung zu schönen Jünglingen und zu Freundschaftsbündnissen, deren Zweck es sei, einander in gemeinsamem Leben und gegenseitiger Förderung immer besser zu machen, und nicht am wenigsten – seine tiefe Religiosität.

Die letztere lag allerdings mehr in seiner Persönlichkeit, als daß er sie systematisch zu begründen versucht hätte. Schon die zweckmäßige Einrichtung des Weltalls wies nach seiner Überzeugung auf eine weise, alles lenkende Gottheit hin. Ihr vertraut er überall da, wo menschliches Verstehen nicht mehr ausreicht. Auch unsere Seele ist ein Teil des Göttlichen, das die Welt geordnet hat. Ja, er fühlt die Gottheit auch in der eigenen Brust als innere Stimme zu ihm reden, insbesondere ihn warnen. Denn so ist wahrscheinlich das geheimnisvolle Daimonion zu verstehen, von dem er zuweilen redet, und über das sich bereits eine ganze Sonderliteratur angesammelt hat (vgl. *Ueberweg-Praechter* I Anhang S. 43). Neigt Sokrates sonach auch dem reinen Monotheismus zu, der sich in seiner Zeit vorzubereiten begann, so hängt er ihm doch keineswegs im strengen Sinne an. Jedenfalls ist er in dieser Frage kaum als Reformator aufgetreten, wie er denn häufig die Volksgötter im Munde führte und ihnen zu Hause und öffentlich geopfert hat; wenngleich das, was Xenophon von seinem Glauben an die Mantik und seiner Kultfrömmigkeit erzählt, wohl mehr Eigentum des bis zum Aberglauben „frommen" Xenophon als des geschichtlichen Sokrates ist.

Ähnlich war seine Stellung zu der bestehenden Staatsordnung. Er forderte und übte den unbedingten Gehorsam gegen die Staatsgesetze und appelliert doch von ihnen an die Richter und Gesetze im Hades, d.h. an das ewige, ungeschriebene Sittengesetz. Über die persönliche Unsterblichkeit scheint er sich zweifelnd ausgedrückt zu haben (Plato *Apol.* 40 C f.). Was uns nach dem Tode erwartet, wissen wir nicht; wohl dagegen, daß Rechttun gut, Unrechttun übel für uns ist. Jedenfalls sind ihm die Götter in erster Linie Vertreter des sittlichen Gedankens. Das ergibt sich aus dem Schluß der platonischen Apologie. Hatte er vorher seinen Anklägern zugerufen: „Ich glaube an Götter ebensogut wie ihr, ja noch mehr", so offenbart sich hier der sittliche Grund, auf dem sein Glaube ruht, in den von festem Vertrauen eingegebenen Worten: „Dem Guten kann nichts Übles geschehen, weder im Leben noch nach seinem Tode, und seine Sache wird von den Göttern nicht verlassen."

In solcher Gesinnung ist Sokrates in den Tod gegangen. Wir wollen die Tragödie seiner Verurteilung und Hinrichtung, die jedem von Jugend auf bekannt ist, hier nicht erzählen. Sein Tod war, wie er selbst sagte, für ihn kein Übel, sondern eine Zuträglichkeit. Für seine Sache aber wurde er geradezu zum Triumph, indem er für seine Schüler der begeisternde Sporn zur Verbreitung der Lehre des Meisters ward. Zu ihnen haben wir uns jetzt zu wenden.

Kapitel VII.
Die sokratischen Schulen.

Die anregendsten und scharfsinnigsten Untersuchungen geben *Ferd. Dümmler, Akademika,* Beiträge zur Literaturgeschichte der sokratischen Schulen, Gießen 1889, und *Th. Gomperz, Griech. Denker,* Bd. II; vgl. auch *Th. Ziegler, Gesch. der Ethik,* Bd. I.

Die Wirksamkeit des Sokrates hörte mit seinem Tode nicht auf. Zwar hatte er seiner ganzen Natur nach eine eigentliche „Schule" weder gebildet noch bilden wollen, aber zahlreiche Männer und Jünglinge hingen mit inniger Verehrung an ihm und suchten nach seinem Vorbild zu dem Ideal des „Schönen und Guten" (der καλοκἀγαθία) zu gelangen. Zu ihnen gehören zunächst solche, die ohne philosophische Bedeutung sind, wie Xenophon und Äschines (natürlich nicht der bekannte Rivale des Demosthenes), die beide in sokratischen Gesprächen des Meisters Lehre nach ihrer praktischen und gemeinverständlichen Seite hin darzustellen suchten, ohne ihn doch in seiner ganzen menschlichen und namentlich philosophischen Größe zu erfassen. Die Dialoge des Äschines, die besonders treu nach dem Leben abgefaßt gewesen sein sollen, besitzen wir leider nicht mehr, während die weniger zuverlässigen Ἀπομνημονεύματα Xenophons (s. oben § 13) erhalten geblieben sind. Als Philosophen von Fach und Stifter philosophischer Schulen kennen wir vier von Sokrates' Jüngern: Aristipp, Antisthenes, Euklid von Megara und Plato. Die drei ersteren pflegt man, weil sie nicht den ganzen Sokrates, sondern nur einzelne Seiten desselben in sich aufgenommen hatten, um sie dann selbständig weiterzubilden, die einseitigen oder unvollkommenen Sokratiker zu nennen. Diese herkömmliche Bezeichnung als „Sokratiker" paßt freilich auch nur sehr unvollkommen auf sie; mit mehr Recht könnte man sie wohl als von Sokrates mehr oder weniger stark beeinflußte Abkömmlinge der Sophistik bezeichnen. Der echte Nachfolger des Sokrates ist Plato, den wir aber aus chronologischen wie systematischen Gründen erst später behandeln.

§ 16. Aristipp und die Cyrenaiker.

1. Aristipp von Cyrene.

Aristipp, dessen Lebenszeit zwischen 435 und 355 fällt, stammte aus dem schön gelegenen, reichen und genußliebenden Cyrene an der nordafrikanischen Küste. Er war, ehe er zu Sokrates kam, bereits mit der Lehre des Protagoras bekannt geworden und soll auch schon vor Sokrates' Tod als Lehrer aufgetreten sein. Nach demselben führte er, wie die meisten Sophisten, ein Wanderleben, das ihn unter anderem an den Hof des älteren und des jüngeren Dionys zu Syrakus führte. Die Anekdoten, die von seinem dortigen Zusammentreffen mit Plato berichten, stellen ihn im Gegensatz zu dem strengen Idealisten als geistreichen, aber servilen Lebemann dar. Neben der Beweglichkeit und sinnlichen Reizbarkeit, war seiner Persönlichkeit jedoch zugleich als Hauptzug eine heitere Gelassenheit eigen, die ihn zu einem Virtuosen der Lebenskunst und der Kunst der Menschenbehandlung machte, wie ihn Wieland in seinem gleichnamigen Roman anmutig, wenn auch durchaus romanhaft, geschildert hat. Der Schule, die er später in seiner Vaterstadt gründete, der cyrenaischen, gehörte seine Tochter Arete an, die erste weibliche Erscheinung, die uns in der Geschichte der Philosophie begegnet. Sie führte dann wieder ihren Sohn, den jüngeren Aristipp, in die Lehre des Großvaters ein, die nach einer alten Überlieferung erst durch diesen (den „von der Mutter belehrten", μητροδίδακτος) ihre systematische Ausbildung empfangen und weitere Verbreitung erfahren haben soll.

Wie Sokrates, hielt auch Aristipp mathematische und physikalische Studien für unnütz, weil sie nicht nach dem fragten, was nützlich und schädlich sei. Aber nicht bloß die Physik, auch die Logik tritt bei ihm und seiner Schule durchaus hinter die Ethik zurück. Maßstab und Ausgangspunkt der letzteren bildet für ihn nicht mehr die sokratische Begriffsbestimmung, sondern die Rücksicht auf das eigene Wohlbefinden, nach dem, wie die Erfahrung lehrt, schon die Kinder und die Tiere instinktmäßig streben, die Lust- und Unlustgefühle des Einzelnen. Daher wurden die Cyrenaiker auch Hedoniker (ἡδονή = Lust) genannt. Es ist des Protagoras μέτρον ἄνθρωπος, auf das ethische Gebiet übertragen, daher Aristipp mehr als dessen wie als des Sokrates Fortbildner zu betrachten, wie er denn auch von Aristoteles als „Sophist" bezeichnet wird. Und zwar scheint er noch kein allgemeines höchstes Gut, die Glückseligkeit (εὐδαμονία), wie später Epikur, aufgestellt, sondern in der Tat die Lust des Augenblicks als das Maßgebende betrachtet zu haben. Nur die Gegenwart ist unser; um das Vergangene soll man sich nicht kümmern, noch um die Zukunft sorgen. Auch von den Pflichten und Sorgen des öffentlichen Lebens halte man sich fern; der einzelne und sein Wohlergehen sind vielmehr Zweck und Ziel der Welt. „Tugend ist Genußfähigkeit", so faßt ein moderner Schriftsteller (*Windelband*) des Cyrenaikers Lehre zusammen. Freilich soll man die Lust wählen, die den dauerhaftesten, intensivsten und am wenigsten durch folgende Unlust gestörten Genuß verspricht, und dazu bedarf man – nun zeigt sich doch ein sokratisches Moment – der Einsicht oder Besinnung (φρόνησις). Die letztere ist jedoch nicht Selbstzweck, sondern nur Mittel zum Zweck der Lust.

Bei so energisch ausgesprochenem Grundprinzip ist es wissenschaftlich unerheblich, ob Aristipps persönlicher Charakter mehr oder weniger edel gewesen ist, ob er die Lust etwas feiner oder gröber definiert hat. Unbedingt zuverlässige Nachrichten über seine Lehre sind uns ohnehin nicht erhalten. Daß ein geistreicher Mann wie er, der des Sokrates Umgang genossen und ihn hochgestellt hat, sein höchstes Ziel nicht in grober Sinnenlust sehen konnte, ist selbstverständlich. Skrupelloses, freies Genießen dessen, was das Leben bietet, aber zugleich Herrschaft über den Genuß erschien ihm das Erstrebenswerteste. Als ihm sein Umgang mit der Hetäre Lais vorgeworfen wurde, soll er geantwortet haben: Ἔχω, οὐκ ἔχομαι (Ich besitze sie, nicht sie mich). Und Horaz, eine verwandte Natur, schreibt ihm das Wort zu: *Mihi res, non me rebus subiungere conor.* Die cyrenaische Weltanschauung ist eine heitere Lebensweisheit, die allen Dingen die beste Seite abzugewinnen weiß, nicht das Unmögliche begehrt und sich im frohen Genießen des Daseins nicht stören läßt. Eine gewisse unausgeglichene Differenz zwischen Lust und Einsicht blieb bei alledem bestehen. Sie war es vermutlich, die Aristipps Nachfolger zu gewissen Modifikationen seiner Lehre veranlaßte.

2. Die jüngeren Cyrenaiker.

Nicht Aristipp selbst, sondern erst seine Nachfolger scheinen sich mit der theoretischen bezw. psychologischen Ausbildung seiner Lehre befaßt zu haben. Leider sind uns nur dürftige und einseitige Berichte darüber erhalten. Nach Sextus Empirikus (200 n. Chr.) bezogen sich die Untersuchungen „derer von Cyrene" vorzugsweise auf fünf Probleme: 1. Was zu begehren und zu fliehen sei, 2. die Leidenschaften, 3. die Handlungen, 4. die äußeren Ursachen, 5. die Bürgschaften der Wahrheit (Beweisgründe). 4 und 5 scheinen eine Art Physik und Logik als Ergänzung zu der voraufgegangenen Ethik (1-3) enthalten zu haben. Mit Gewißheit kennen wir nur unsere eigenen Empfindungen (πάθη), aber nicht deren Ursachen, noch auch, was die anderen empfinden. Jede Empfindung ist eine Art Bewegung, die Lust eine sanfte, die Unlust eine stürmische; der Ruhezustand entspricht der vollendeten Lust- und Schmerzlosigkeit.

Wir haben nun noch besondere Wendungen des cyrenaischen Grundgedankens zu verfolgen. Theodoros, ein Schüler des jüngeren Aristipp, verfeinerte die Lustlehre, indem er als das zu erstrebende Ziel (τέλος) nicht den Augenblicksgenuß, sondern eine durch die Einsicht vermittelte dauernde Gemütsstimmung, die Heiterkeit oder Freude (χαρά), aufstellte. Dazu stimmt schlecht der Bericht, daß er in einem rücksichtslosen Naturalismus unter Umständen auch Diebstahl, Ehebruch und Tempelraub für erlaubt erklärt habe. Der ihm beigelegte Beiname „der Atheist" (ἄθεος) bezieht sich wohl auf seine offene Bestreitung der Volksreligion.

Auch Annikeris suchte die cyrenaische Lehre zu veredeln, indem er den Hauptwert auf die feineren Lustempfindungen der Dankbarkeit, Freundschaft und Liebe legte. Zur Einsicht müsse Gewöhnung hinzutreten. Er leitet bereits zum Epikureismus (§ 39) über.

Hegesias dagegen zog aus den Sätzen der hedonischen Schule die umgekehrte Schlußfolgerung. Da die gepriesene Glückseligkeit doch nur sehr selten erreichbar sei, solle man sich mit der Freiheit von Sorgen und Schmerzen begnügen und sich mit möglichster Gleichgültigkeit gegen alle Launen des Schicksals wappnen. Sei auch dieser Zustand nicht zu erreichen, so solle man das alsdann wertlose Leben lieber wegwerfen. So schlägt die Lustlehre hier in ihren Konsequenzen ganz naturgemäß in den Pessimismus um. Hegesias, „der zum Tod Überredende" (πεισιθάνατος), soll durch seine Vorträge in Alexandrien so viele Zuhörer zum Selbstmorde veranlaßt haben, daß sie verboten wurden.

Eine gewisse Verwandtschaft mit diesen gegen Ende des 4. Jahrhunderts wirkenden Cyrenaikern wie anderseits freilich, ja vielleicht noch mehr, mit der Sophistik zeigt der etwas jüngere, um 300 am Hofe des Kassander lebende Euemeros. Er suchte nachzuweisen, daß die Götter und Heroen der Mythologie nur ausgezeichnete Menschen gewesen seien, denen man nach ihrem Tode göttliche Ehren erwiesen habe. In diesen Zeiten der Auflösung des alten Glaubens fand solch aufklärerischer Rationalismus vielen Anklang; er wurde u. a. durch den Dichter Ennius nach Rom verpflanzt (*Mommsen, Röm. Gesch.* I, 878).

So haben bereits die Cyrenaiker des Altertums in verschiedenen, zum Teil an ganz moderne Erscheinungen erinnernden Wendungen des Gedankens so ziemlich alle möglichen hedonistischen Standpunkte erschöpft. Eine ganz entgegengesetzte Richtung vertraten:

§ 17. Antisthenes und die Zyniker.

Außer den zu § 16 genannten Werken und *Joël* (S. 61) vgl. *Göttling, Diogenes, der Kyniker,* Halle 1851. *J. Bernays, Lucian und die Kyniker,* Berlin 1879. *F. Dümmler, Antisthenica,* Halle 1882.

1. Antisthenes.

Antisthenes, um 440 zu Athen, jedoch von einer thrakischen Mutter geboren, hatte schon den Unterricht des Gorgias genossen und wie dieser Unterricht in der Redekunst erteilt, ehe er, in ziemlich vorgeschrittenem Alter, zu Sokrates kam. Selbst – wenigstens später – arm, fühlte er sich als Wortführer der niederen Klassen. Er lehrte im Gymnasium Kynosarges; wahrscheinlich deshalb, weniger ihrer „hündischen" Lebensweise wegen, haben seine Anhänger den Namen „Kyniker" bekommen. Er starb um 370.

Wie Gorgias zeigte er sich in der Erkenntnislehre als Skeptiker. Jedem Dinge soll nur sein eigener Name, kein fremdes Prädikat gegeben werden, beispielsweise: der Mensch ist Mensch, Gut ist gut, nicht aber: der Mensch ist gut. Das Einfache könne höchstens mit anderen Dingen verglichen, das Zusammengesetzte durch Aufzählung seiner Bestandteile erklärt werden. Er befehdete Platos Ideenlehre heftig – „ich sehe ein Pferd, keine Pferdheit" – und wird auch von diesem in seinen Schriften vielfach, wiewohl ohne Namensnennung, bekämpft. Alle Wissenschaft, die nicht auf das Praktische geht, gilt ihm als eitler Tand.

Denn als Philosophie gilt Antisthenes einzig und allein die Ethik. Den Inhalt zu dieser aber gab ihm nicht sowohl die Lehre als die Persönlichkeit des Sokrates. Zur wahren Glückseligkeit, zur „reuelosen Lust" führt den Menschen nicht das Wissen, sondern allein die Tugend; zu dieser aber bedarf es nichts weiter als der sokratischen Kraft, der Selbstbezwingung. Nicht aufs Reden, aufs Handeln kommt es an. Zwar nennt auch Antisthenes die Tugend lehrbar, aber Lehre fällt ihm mit Übung und Gewöhnung, Einsicht und Weisheit mit Willensfestigkeit zusammen. Dem einen Guten steht auch nur ein Übel, die Schlechtigkeit, gegenüber. Alle anderen Dinge: Vermögen, Ehre, Gesundheit, Freiheit, Familie, Staat, Vaterland (man erinnere sich an sein Halbgriechentum!) sind gleichgültig. Die Tugend ist nur eine, für Mann und Weib, Herrn und Knecht; Sklave ist bloß der, welcher sich von seinen Lüsten beherrschen läßt. So erscheint sein Tugendideal wesentlich negativ, als Enthaltsamkeit vom Schlechten wie von den vermeintlichen Gütern des Menschen. Tugend ist ihm Bedürfnislosigkeit. In schroffem Gegensatz zu Aristipp sagte Antisthenes: „Ich möchte lieber verrückt als vergnügt sein!" Eine Art antiker Rousseau, empfahl er Abhärtung des Körpers, Rückkehr von der überfeinerten Kultur zur einfachsten Natur und zur ehrlichen Arbeit. Herakles' mühevolles Leben galt ihm und den Seinen als Vorbild, der Klügler Prometheus dagegen habe mit den Anfängen der Kultur auch den Beginn der Verderbnis unter die Menschen gebracht. Die Volksreligion verwarf Antisthenes zugunsten eines reinen Monotheismus, in dessen Sinne er die Götter- und Heroensagen umdeutete. Er hat einen mächtigen Einfluß ausgeübt, außerhalb seiner eigentlichen Schule auch auf Xenophon. Grundsätzlich steht er trotz alledem mit seinem Gegenfüßler Aristipp auf demselben Boden; auch ihm ist das Ziel des Weisen – die Glückseligkeit.

2. Die jüngeren Zyniker: Diogenes, Krates u. a.

Die soeben geschilderten Züge bildeten sich in der zynischen Schule immer stärker aus. Der Bruch mit allen bestehenden Anschauungen, zu dem Antisthenes' Lehre hinleitete, wurde von seinen Jüngern ins Praktische übersetzt. Die Überspannung des Prinzips der Bedürfnislosigkeit führte die Zyniker bald zu einer Oppositionsstellung gegenüber aller Zivilisation, einer Verherrlichung des die Tiere und den Urmenschen zum Muster nehmenden Naturzustandes, wie sie in der kulturgeschichtlich so bekannten Gestalt des Diogenes von Sinope († 323 zu

Korinth) sich darstellt: jenes Sonderlings mit seinem Bettlerleben, ohne feste Wohnung, mit dürftigster Kleidung und Gerät und diese Bedürfnislosigkeit gern zur Schau tragend, dabei derbwitzig, schlagfertig und willensstark. Übrigens werden nicht bloß von Antisthenes, sondern auch von Diogenes Schriften, von letzterem sogar Dramen erwähnt. Der bedeutendste und gebildetste von Diogenes' Schülern war der freiwillig seines Reichtums sich entäußernde Thebaner Krates, dem zuliebe die ebenso vornehme und geistreiche Hipparchia sein Bettlerleben teilte. Charakteristisch ist, daß Krates das Wahrzeichen dieser griechischen Bettlerphilosophen oder „Philosophen des griechischen Proletariats", wie man sie neuerdings genannt hat, den Ranzen, ebenso dichterisch besingt als die „nimmer vom Joche der Lust gebeugte und nimmer geknechtete unsterbliche Königin Freiheit". Vom Schwarzen Meere stammten auch die späteren Zyniker Bion und Menippos, der ursprünglich Sklave war.

Mit der berechtigten Auflehnung gegen die Übel der Kultur verbindet sich bei den meisten dieser jüngeren Zyniker eine törichte Verwerfung aller ihrer Segnungen, mit dem Dringen auf das Natürliche eine ins Rohe gehende Übertreibung ihres Grundsatzes „Nichts Natürliches bringt Schande", namentlich in Beziehung aufs Geschlechtliche, die es verschuldet hat, daß noch heute die Worte „zynisch" und „Zynismus" zur Bezeichnung des Schamlosen in Worten und Handlungen dienen. Lobenswert dagegen ist ihre Willensstärke, Einfachheit, Selbständigkeit, ihr ganz unhellenisches Eintreten für die Aufhebung aller menschentrennenden Schranken der Stände, des Geschlechts und der Nationalität, endlich ihr geläuterter Gottesglaube, der sie nicht in Kulthandlungen, sondern allein in der Ausübung der Tugend den wahren Gottesdienst finden hieß. Wissenschaftlich dagegen haben die Zyniker so gut wie nichts geleistet. Eine Art Nachblüte erlebte ihre Lehre im ersten und zweiten nachchristlichen Jahrhundert (s. unten § 46). Ihre besseren Seiten pflanzten sich in der Stoa (§ 36-38) fort.

§ 18. Euklid und die Megariker.

1. Euklid und seine Schüler (die „Eristiker").

Einer der ältesten und treuesten Schüler des Sokrates war Euklid (Eukleides) von Megara (nicht zu verwechseln mit dem um 300 zu Alexandria lebenden Mathematiker gleichen Namens). Er besuchte den Meister auch dann, als die dorischen Megarer den Aufenthalt in dem feindlichen Athen bei Todesstrafe untersagt hatten und öffnete nach Sokrates' Tod den flüchtigen Freunden sein Haus in Megara. Dort entstand seine, wie es scheint, durch das ganze 4. Jahrhundert hindurch blühende Schule. Von seiner Lehre wissen wir leider sehr wenig, zumal da es streitig ist, ob die in Platos Dialog *Sophistes* 246 ff. entwickelte Lehre auf ihn zu beziehen ist. Nur das scheint sicher, daß Euklid eine Verbindung des eleatischen Ἕν mit dem sokratischen Ἀγαθόν erstrebte, somit die „eleatische Metaphysik ethisierte, die sokratische Ethik objektivierte“ (Gomperz). Es gibt, lehrte er, nur ein Seiendes, nämlich das Gute, das unveränderlich und sich selbst gleich ist, wenn es auch mit verschiedenen Namen wie Einsicht, Gott, Vernunft u. a. genannt wird.

Gegner dieser Ansicht, welche die Unvereinbarkeit einer solchen Einheit mit der tatsächlichen Vielheit der Einzeldinge betonten, suchte Euklid, mehr noch dann seine Schüler, die Megariker, in Zenos (§ 6) Art durch scharfsinnige Dialektik zu bekämpfen. Diodoros Kronos aus Karien († 307) z.B. suchte die zenonischen Beweise gegen die Bewegung noch zu verstärken und den Begriff der Möglichkeit aufzuheben, indem er behauptete: Nur das Notwendige sei wirklich, möglich aber nur, was wirklich sei oder doch wirklich sein werde.

Wegen ihrer Vorliebe für solche Polemik erhielten die Megariker den Beinamen „Eristiker“ (Streithähne). Von den sogenannten „Fangschlüssen“, deren sie sich dabei gern bedienten, waren besonders berühmt: 1. der Sorites (= Kornhaufen): Ein Körnchen bewirkt keinen Haufen, 2-3 auch nicht; wann fängt der Haufen an? 2. Der „Gehörnte“, dem wir bereits bei der Sophistik (§ 12) begegnet sind. 3. Der „Lügner“: Ist es eine Lüge, wenn man lügt und dabei sagt, daß man lüge? Die Disputation über solche Fangschlüsse gehörte zu den Lieblingsbeschäftigungen der alten Griechen. So soll über die Auflösung des „Lügners“ Theophrast drei, Chrysipp zwölf Bücher geschrieben haben und Philetas von Kos gar an den vergeblichen Anstrengungen zur Lösung gestorben sein.

2. Stilpon aus Megara,

der um 330 v. Chr. zu Athen lehrte, verband die megarische mit der zynischen Lehre. Von ersterem Standpunkte aus bekämpfte er die platonische Ideenlehre. In der Ethik huldigte er einem gemilderten Zynismus und stellte die Leidenschaftslosigkeit (Apathie, ἀπάθεια) als höchstes Ziel des Weisen auf. Um seiner Vorträge und seiner Sittenreinheit willen war er hochgeachtet in ganz Griechenland. Sein und des Krates Schüler Zeno von Kition begründete die stoische Schule (§ 36). Auch die ersten Skeptiker, Pyrrhon und Timon, scheinen Anregungen von ihm empfangen zu haben.

3. Andere Abzweigungen.

Mit der megarischen war die elische Schule verwandt. Sie ward begründet durch Phaidon (Phädo), den bekannten Lieblingsschüler des Sokrates, dessen Namen Plato durch den nach ihm benannten Dialog unsterblich gemacht hat. Doch wissen wir über seine Lehre nichts Bestimmteres.

Der edle und gastfreundliche Philosoph und Staatsmann Menedemos verpflanzte um 300 die elisch-megarische Lehre, mit Stilpos ethischem Zynismus durchsetzt, nach seiner Heimat Eretria auf Euböa. Nach Cicero erblickten diese „Eretriker“ das höchste Gut in der Geistesschärfe; sie scheinen einen gesunden Wissenschaftssinn gepflegt zu haben.

Eine dauernde philosophische Nachwirkung hat die megarisch-eretrische Schule nicht erzielt, während die cyrenaische und zynische in Epikureismus und Stoa ihre bedeutendere Fortsetzung fanden. Unter den „einseitigen Sokratikern“ befinden sich kultur- und sittengeschichtlich höchst interessante Gestalten, die zum Teil bereits ganz moderne Gedanken geäußert haben. Dagegen erscheint ihre Philosophie vom methodischen Standpunkt aus ziemlich wertlos. Eine wissenschaftliche Begründung des Einzigen, was sie mit Eifer treiben, der Ethik, wozu Sokrates schon den Anlauf genommen, geben sie auf, um sich ganz der Moralpredigt, nach der einen oder anderen Seite hin, zu widmen. Wenn auch in ethischer Beziehung den Sophisten zum Teil ganz entgegengesetzt, sind sie theoretisch kaum über dieselben hinausgekommen, wie sich in der protagoreischen Erkenntnislehre des Aristipp, der gorgianischen des Antisthenes, der Eristik der Megariker zeigt. Durch sie lernen wir den einzigen Schüler des Sokrates nur um so höher schätzen, der den Meister nicht bloß voll begriff, sondern an philosophischer Vertiefung übertraf, den ersten Schöpfer eines großen philosophischen Systems, den Begründer des Idealismus: Plato.

Dritte Periode.
Die klassische Philosophie der Griechen: Plato und Aristoteles.

Kapitel VIII.
Plato.

§ 19. Platos Leben.

Angaben über Platos Leben sind schon von seinen nächsten Schülern aufgezeichnet worden, jedoch verloren gegangen. Indessen sind ausführlichere Nachrichten bei *Apulejus*, *Laertius Diogenes*, *Olympiodorus* und in dem siebenten der unter Platos Namen auf uns gekommenen Briefe erhalten. Unter den neueren Darstellungen ist die ausführlichste und zuverlässigste die von *Steinhart* (Leipzig), 1873, die den 9. Band der Übersetzung von Hieronymus Müller bildet.

Plato (Platon) – ursprünglich Aristokles, erst später, wie man sagt, von seinem Lehrer in der Gymnastik wegen seiner breiten Brust Πλάτων genannt – nach der wahrscheinlichsten Rechnung 427 v. Chr. zu Athen (nach anderen auf Ägina) geboren, entstammte, wie dies für die meisten älteren griechischen Philosophen charakteristisch ist, einer vornehmen Familie. Die Mutter leitete ihr Geschlecht von einem Verwandten Solons, der Vater das seine gar von König Kodrus ab; zu seinen Vettern gehörte der bekannte Oligarch Kritias. Der geistig wie körperlich hochbegabte Knabe erhielt eine sorgfältige Ausbildung, u. a. auch in Zeichnen, Malerei und Musik. Seine Lieblingsdichter waren Homer, Epicharm und Sophron; durch den letzteren wurde er vielleicht zu der mimischen Form seiner Dialoge angeregt. Auch er selbst versuchte sich in verschiedenen Gattungen der Poesie, soll aber diese Gedichte verbrannt haben, als er tiefer in die Philosophie einzudringen begann.

Plato dankt einmal den Göttern für vier Dinge: daß er geboren sei als Mensch, als Mann, als Grieche und – als Bürger Athens zu Sokrates' Zeit. Das letztere ward entscheidend für ihn. Zwar soll er schon vorher durch Kratylos (§ 5) mit der Lehre Heraklits und durch andere mit der des Anaxagoras bekannt gemacht worden sein, aber erst durch den vertrauten Umgang mit Sokrates, den er vom 21. bis zum 28. Jahre genoß, geriet sein Geist auf die ihm gemäße Bahn. Innerhalb des sokratischen Kreises wurde er dann durch Kebes und Simmias (§ 3) mit der pythagoreischen, durch Euklid (§ 18) mit der eleatischen Lehre bekannt. Mit dem letzteren siedelte er nach dem Tode des Meisters, den er vergeblich zu retten suchte, nach Megara über, doch ist er dort anscheinend nicht lange geblieben.

Nach den Lehrjahren begannen die Wanderjahre. Da Sokrates nicht mehr war und die politischen Parteikämpfe in seiner Vaterstadt seinem philosophischen Geiste, die wieder emporkommende Demokratie seiner aristokratischen Gesinnung nicht zusagten, begab er sich auf längere Reisen, die ihn u. a. nach Cyrene, wo er sich wahrscheinlich bei dem Mathematiker Theodoros in dessen Wissenschaft ausbildete, und in das Land uralter Priesterweisheit, Ägypten, führten. Darauf scheint er eine Zeitlang, etwa 395-390, in Athen schriftstellerisch tätig gewesen zu sein und zugleich eine Schar begeisterter Anhänger um sich gesammelt zu haben. Um 390 ging er nach Unteritalien, wo er mit dem weisen Pythagoreer und Staatsmann Archytas von Tarent, sodann nach Sizilien, wo er mit dem älteren Dionys in Verbindung trat. An dem Hofe des letzteren gewann er dessen jungen Schwager Dion für seine Anschauungen, reizte aber den Tyrannen selbst durch seinen Freimut, vielleicht auch durch seine entgegengesetzten politischen Ansichten dermaßen, daß derselbe ihn als Kriegsgefangenen behandelte und, wie es heißt, durch den spartanischen Gesandten auf den Sklavenmarkt zu Ägina bringen ließ!

Von Annikeris aus Cyrene losgekauft, gründete er nunmehr, etwa 40jährig (387), die Akademie, eine Art Hochschule, nahe einem dem Heros Akademos geweihten Gymnasium seiner Vaterstadt. Hier lehrte und betrieb er seine Philosophie, teils in dialogischer Form wie Sokrates, aber im Gegensatz zu diesem völlig zurückgezogen vom öffentlichen Leben, teils, namentlich später, auch in fortlaufendem Vortrag. Einmal in jedem Monat fanden gemeinsame Symposien der Philosophen-Genossenschaft statt. Noch zweimal (367 und 361) riß den alternden Denker der Ruf seines Freundes Dion und sein eigener hoffnungsfroher Idealismus aus der Stille dieser Lehrtätigkeit heraus in die politischen Händel von Syrakus, wo beide auf den jüngeren Dionys im Sinne ihres Staatsideals einzuwirken hofften. Beide Male ward er enttäuscht und beschränkte sich fortan ganz auf seine „akademische" Lehrtätigkeit. Achtzigjährig, ist Plato im Jahre 347 gestorben, „schreibend", d.h. doch wohl: noch in der Ausarbeitung seiner Schriften begriffen. Den Untergang der politischen Freiheit Griechenlands hat er nicht mehr erlebt.

Früh schon wurde sein Leben von allerlei Sagen umwoben, von denen eine wegen ihrer Ähnlichkeit mit der Geschichte Jesu merkwürdig ist. Wie bei diesem, so soll auch bei Plato der Vater ein Gott (Apollo) gewesen, die Mutter eine Jungfrau geblieben sein und der irdische Vater (Ariston), wie Joseph, den Vollzug der Ehe aufgeschoben haben, weil ihm von Apollo die Geburt eines Gottessohnes angekündigt wurde. Hohe Verehrung vor Platos Charakter bewahrte das ganze Altertum, auch seine philosophischen Gegner. In jener Mythe von der apollinischen Abstammung dürfen wir wohl eine Wirkung seiner in harmonischem Gleichgewichte leiblicher und seelischer Tugenden das hellenische Ideal darstellenden Gesamtpersönlichkeit erblicken.

§ 20. Die platonischen Schriften.

Aus der nachgerade fast unübersehbar gewordenen Literatur über die platonischen Schriften – in der 10. Auflage von Ueberweg füllen allein die Büchertitel nicht weniger als 15 ½ große, enggedruckte Seiten – heben wir als die wichtigsten hervor:

Tennemann, System der platonischen Philosophie, 4 Bde., 1796. Schleiermachers Einleitungen zu seiner Plato-Übersetzung (s. u.) *K. Fr. Hermann, Geschichte und System der platonischen Philosophie.* Heidelberg 1839. *E. Munk, Die natürliche Ordnung der platonischen Schriften.* Berlin 1856. *Ueberweg, Untersuchungen über die Echtheit und Zeitfolge platonischer Schriften.* Wien 1861. *H. Bonitz, Platonische Studien* 1858-60, 3. Aufl. 1886. *H. v. Stein, Sieben Bücher nur Geschichte des Platonismus.* Göttingen 1864. *G. Grote, Platon and the other companions of Socrates* 1865, 2. Aufl. 1885. *Schaarschmidt, Die Sammlung der platonischen Schriften.* Bonn 1866. Außerdem vgl. besonders die betr. Abschnitte der großen Werke von Brandis, der im allgemeinen Schleiermacher folgt, und Zeller. Neuerdings: *Lutoslawski, The origin and growth of Plato's logic*. London 1897. 2. Aufl. 1905. Die kurze (190 S.) Monographie *Platon* (Frommanns Klassiker IX) von W. Windelband, (4. Aufl. 1910) ist sehr anregend geschrieben, aber auch stark subjektiv gefärbt. Am gründlichsten von allen *Natorp, Platos Ideenlehre in genetischer Darstellung*, Leipzig 1903.

Als Werke Platos sind uns aus dem Altertum 35 Dialoge und eine Sammlung Briefe überliefert, von dem alexandrinischen Grammatiker Aristophanes von Byzanz (um 200 v. Chr.) in Trilogien, von dem Neupythagoreer Thrasyllos (zu Tiberius' Zeit) in 9 Tetralogien geordnet. Indessen ist die Echtheit, namentlich aber die Abfassungszeit vieler von ihnen so zweifelhaft, daß sich in der Altertumswissenschaft neben der „homerischen" allmählich eine platonische „Frage" herausgebildet hat, die einer völlig präzisen und endgültigen Lösung vielleicht für immer entbehren wird.

Wie in manchen anderen philosophiegeschichtlichen Fragen, gab *Fr. Schleiermacher* auch hier den Anstoß zur Erörterung, indem er seine neue Anschauung von der Reihenfolge der platonischen Schriften und damit von der philosophischen Entwicklung ihres Autors aufstellte. Plato, sagte er, habe seine Schriften nach einem einheitlichen schriftstellerischen Plane ausgearbeitet. „Der wahre Philosoph hebt nicht mit etwas Einzelnem an, sondern mit einer Ahnung wenigstens vom Ganzen." Von diesem Gesichtspunkt aus unterschied Schleiermacher: 1. propädeutische oder elementare, 2. anwendende oder vermittelnde, 3. darstellende oder konstruktive Dialoge; außerdem: Hauptwerke, Nebenwerke und Gelegenheitsschriften. Schleiermachers Hypothese ist fruchtbar und anregend, aber doch nur eine geistreiche Konstruktion. Demgegenüber hob *K. Fr. Hermann* mit Recht hervor: Hatte Plato eine solche Absicht, warum verhüllte er sie dann so, daß erst Schleiermacher sie entdecken mußte? Und was sollte ihn bewegen, dem Leser statt ausgereifter Gedanken seine eigene Entwicklungsgeschichte vorzuführen? Hermann legte vielmehr den historischen Gesichtspunkt in erster Linie zugrunde und unterschied: 1. die Zeit des Umgangs mit Sokrates, 2. die Zeit der Auseinandersetzung mit Vorgängern und Zeitgenossen (von der Übersiedlung nach Megara bis zur Gründung der Akademie), 3. die Zeit der Reife. *Munk* wollte, Schleiermachers Hypothese noch überbietend, in Platos Schriften eine idealisierte Entwicklungsgeschichte des Sokrates (!) sehen und ihre Ordnung durch das in den Dialogen allmählich anwachsende Lebensalter des Sokrates bestimmt wissen. Andere, vermittelnde Hypothesen übergehend, erwähnen wir noch die in neuerer Zeit in den Vordergrund getretene stylometrische oder sprachstatistische Methode, wonach aus einer aufgestellten oder vielmehr (im Anschluß an das geplante internationale Unternehmen eines großen Platolexikons an Stelle des längst veralteten von *Ast*, Leipzig 1834 ff.) erst aufzustellenden genauen Statistik des Sprachgebrauchs auf die Abfassungszeit der verschiedenen Dialoge geschlossen werden soll. Nachdem der Schotte *Campbell* (1867) und der Deutsche *Dit-*

tenberger (1881, *Hermes* 16. Bd.) mit ähnlichen Untersuchungen begonnen hatten, wurde diese Methode neuerdings besonders von *Lutoslawski* gefordert und geübt, der in seinem Werke (s. oben S. 76) nicht weniger als 500 platonische Spracheigentümlichkeiten mit etwa 50000 einzelnen Fällen behandelt hat, vgl. den Bericht von *P. Meyer* in *Zeitschr. f. Philos.* 110, 171-217, auch die Untersuchungen *P. Natorps* im *Archiv f. Gesch. d. Philos.* Bd. XI-XIII (1898-1900). Die wichtigsten und zuverlässigsten bisherigen Ergebnisse dieser noch nicht abgeschlossenen „stylometrischen" Untersuchungen werden wir bei unserem eigenen Endergebnis (Ende des §) berücksichtigen.

Wie die Frage der Abfassungszeit, so hat auch diejenige der E c h t h e i t die verschiedensten Beurteilungen gefunden, von dem Konservatismus *Grotes* an, der sämtliche von Thrasyllos bezeugte Schriften für echt, bis zu *Schaarschmidt*, der sie alle mit Ausnahme von neunen für unecht hielt. Von beiden Extremen ist man längst zurückgekommen. Ein maßgebendes Kriterium bildet die Erwähnung bei Platos unmittelbarem Schüler Aristoteles. Dieser bezeichnet ausdrücklich als platonische Werke: den *Staat*, die *Gesetze* und den *Timäus*; mit deutlicher Beziehung auf ihn nennt er *Phädo*, *Symposion*, *Phädrus* und *Gorgias*; mit Namensnennung Platos zitiert er Sätze aus *Theätet* und *Philebus*. Diese neun Dialoge sind demnach als sicher echt anzunehmen; was selbstverständlich auch bei anderen, von Aristoteles zufällig nicht genannten der Fall sein kann. Dahin gehören so gut wie sicher die Jugendschriften: *Apologie*, *Krito*, *Euthyphro*, *Laches*, *Lysis* und *Protagoras*. Unecht oder doch höchst zweifelhaft sind: *Theages*, *Menexenos*, *Alcibiades I* und *II*, *Hippias maior*, einige kleinere (*Ion*) und die meisten Briefe. Andere, wie *Parmenides*, *Sophistes* und *Politikus*, stammen, wenn sie nicht von Plato selbst herrühren, so doch sicher aus dem platonischen Kreise. Der Grundstock des überlieferten ist echt, und wir besitzen in ihm erfreulicherweise a l l e s, was Plato – soviel wir wissen – geschrieben hat.

Ausgaben und Übersetzungen. Die Geschichte der platonischen Schriften ist mit dem Einfluß ihres Verfassers auf die philosophische Entwicklung, den wir noch kennen lernen werden, eng verwachsen. In der Zeit der Renaissance gehörte Plato zu den ersten antiken Autoren, deren Werke gedruckt wurden: zuerst in der lateinischen Übersetzung des *Marsilius Ficinus* 1483 f., dann griechisch 1513 bei *Aldus Manutius* in Venedig. Zitiert wird noch heute nach den Seitenzahlen der Pariser Ausgabe von *Stephanus* (1578). Von den neueren Gesamtausgaben nennen wir die von *Stallbaum* 1821 ff., *K. F. Hermann*, (*Teubner*) 1851 ff. und die neueste, noch nicht abgeschlossene kritische von *M. Schanz* (in 12 Bänden), Leipzig 1875 ff. – Von deutschen Ü b e r s e t z u n g e n die von *Schleiermacher* 1804 ff., 1817 ff. (nicht alle Dialoge umfassend, einzelne davon abgedruckt bei Reclam), von *Hieronymus Müller*, mit Einleitungen von *Steinhart* (Leipzig 1850-66), von *Kaßner* und anderen im Verlage von E. Diederichs (Jena), 1904 ff., und als neueste die Neuausgabe der *Philos. Bibl.* mit guten Einleitungen (die meisten von *O. Apelt*). Auch ins Französische (von *Cousin*), Englische und Italienische sind Platos Werke übersetzt worden.

Wir verzichten unter den oben angegebenen Umständen auf eine Entwicklungsgeschichte der platonischen Philosophie, die überdies, auch wenn sie herstellbar wäre, in den Rahmen unserer Geschichte der Philosophie nicht passen würde. Statt dessen geben wir im folgenden eine selbständig aufgestellte Gruppierung der platonischen Dialoge, die das nach Berücksichtigung aller aufgeführten Momente, insbesondere auch der stylometrischen Untersuchungen mit annähernder Sicherheit Feststehende zusammenfaßt. Zugleich bezeichnen wir kurz das Thema der einzelnen Gespräche. Eine solche kurze Inhaltsbezeichnung wird dem Leser um so willkommener sein, als wir später auf den Inhalt der einzelnen Dialoge nicht mehr zurückkommen, vielmehr eine Darstellung der platonischen Philosophie vom systematischen Gesichtspunkte aus geben. Auf eine genaue Chronologie innerhalb der einzelnen Gruppen macht die folgende Zusammenstellung um so weniger Anspruch, als die Meinungen der bedeutendsten Fachgelehrten über diesen Punkt noch vielfach auseinandergehen

I. Jugendwerke:

a) Zur Charakterisierung des Sokrates: *Apologie* (die von Plato fingierte Verteidigungsrede des Sokrates), *Krito* (Sokrates' Gesetzestreue).

b) Die kleineren ethischen Dialoge: *Euthyphro* (Frömmigkeit), *Laches* (Tapferkeit), *Charmides* (Besonnenheit), *Lysis* (Freundschaft und Liebe).

II. Zur Auseinandersetzung mit den Sophisten.

Euthydem (übermütige Verspottung der sophistischen Trugschlüsse), *Kratylos* (gegen die sprachlichen Untersuchungen der Sophisten), *Gorgias* (gegen falsche Rhetorik), *Protagoras* (Überlegenheit der Philosophie gegenüber der Sophistik überhaupt), *Meno* (Lehrbarkeit der Tugend; „Wiedererinnerung"). Seinem Inhalt nach gehört in diesen Zusammenhang auch das I. Buch der *Politeia* (Dialog über die Gerechtigkeit).

III. Zeit der Reife (Ideenlehre).

Phaidros (Ideenlehre; Dreiteilung der Seele), *Theätet* (Ideenlehre, bes. Erkenntnistheoretisches), *Symposion* (bei Aristoteles „die Liebesrede", schildert den Eros als den philosophischen Grundtrieb), *Phaidon* (von der wahren Unsterblichkeit), *Politeia* II-X (der beste Staat; Buch V bis VII sind wahrscheinlich am spätesten verfaßt), *Parmenides* (die Ideen und das Eine).

IV. Alterswerke.

Sophistes [?] (Wesen des Sophisten), *Politikos* [?] (Begriff des Staatsmanns), *Philebos* (die Idee des Guten, im Gegensatz zu der Lust), *Timaios* (Naturphilosophie), *Kritias* (geschichtsphilosophisches Fragment, vom Urzustand der Menschheit), *Gesetze* (der zweitbeste Staat).

Zum Schluß noch ein Wort über den platonischen Stil. Plato ist nicht bloß Denker, sondern auch Künstler, oder vielmehr beides aufs innigste verschmolzen. Seine Dialoge, wenigstens die seiner Jugend- und Reifezeit, sind daher kleine Kunstwerke, die in plastischer Anschaulichkeit und dramatischer Lebendigkeit Personen und Meinungen darstellen, mit dichterischem Schwung in reicher Bildersprache geschrieben. Kein Wunder daher, wenn eine nüchternere, nur auf das begriffsmäßige Denken gerichtete Natur wie Aristoteles in der Ideenlehre bloß „leeres Gerede" und „dichterische Metaphern" sah. Plato konnte als echt hellenische Künstlernatur gar nicht anders als die vollgestaltig in ihm lebenden Gedanken farbenfrisch und markig ausgestalten. Zu seiner poetischen Anlage kam noch hinzu, daß er die ganze wissenschaftliche und politische, literarische und künstlerische Bildung seiner Zeit in sich aufgenommen hatte, daß sein Genius befruchtet war von Homer und den großen Tragikern, von dem Zeus des Phidias wie von dem hochragenden Tempel der jungfräulichen Göttin seiner Stadt. Mit welchen Schwierigkeiten hatte überdies die für die Höhe und völlige Neuheit seiner Gedanken vielfach noch nicht voll entwickelte Sprache zu ringen! So mußte er Bilder zu Hilfe nehmen, mitunter auch in der Sprache des Mythos reden, um auch geringeren Geistern das sonst Unfaßbare faßbar zu machen. Den höchsten ästhetischen Genuß, weil den eines künstlerischen Ganzen, gewähren wohl *Phaidros, Symposion* und *Phaidon,* am großartigsten und ethisch am tiefsten wirkt seine umfangreichste Schöpfung, die 10 Bücher der *Politeia,* zum Eindringen in seine Erkenntnislehre möchte *Theätet* am geeignetsten sein. Erst in seinen letzten Werken, dem *Timaios* und den *Gesetzen,* macht sich in der Abschwächung der Form wie des Inhalts das Alter bemerkbar.

Wir wenden uns nun sofort zu dem Neuen und Eigensten der platonischen Philosophie, der Ideenlehre. Die sokratische Vorstufe seines Denkens wird, soweit nötig, gelegentlich von selbst zur Erwähnung kommen.

§ 21. Platos Begründung des Idealismus I.

a) Charakter und Bedeutung der Idee im allgemeinen.

Vgl. die mit ebensoviel künstlerischem Schwung wie philosophischer Klarheit und Tiefe geschriebene Jugendarbeit von *H. Cohen, Die platonische Ideenlehre* in: *Ztschr. für Völkerpsychol. u. Sprachwiss.* IV, 403-464,

1866. *Sig. Ribbing, Genetische Entwicklung der platonischen Ideenlehre*, deutsch Lpz. 1863/64. *A. Auffahrt, Die platonische Ideenlehre.* Berlin 1883. *Kühnemann, Grundlehren* S. 238-478. *Th. Gomperz, Griech. Denker*, Bd. II. *P. Natorp, Platos Ideenlehre*, 1903 (s. S. 76). *L. Robin, La théorie platonicienne des idées et des nombres d'après Aristote.* Paris 1908. *N. Hartmann, Platos Logik des Seins*, Gießen 1909.

Platos Ideenlehre ist der erste wissenschaftliche Versuch, die Grundfrage aller Philosophie, das erkenntnistheoretische Problem, zu stellen und zu lösen: Wie ist Erkenntnis, wie ist Wissenschaft möglich?

Die Anfänge einer solchen Fragestellung leuchten bereits bei einzelnen Vorgängern Platos auf. Schon Heraklit, durch dessen Philosophie der junge Plato, wie wir wissen, hindurchging, hatte gefragt: Gibt es etwas Feststehendes oder ist alles im ewigen Flusse begriffen? Ihm gegenüber hatten die Eleaten durch ihr eines, in allem Wechsel beharrendes Sein den Keim zu dem Gedanken der Gesetzlichkeit alles Geschehenden gelegt, aber sie hatten diesen Gedanken noch nicht folgerecht zu Ende gedacht und waren bei der Behauptung eines körperlichen Seins d. i. Daseins stehen geblieben. Am weitesten in der Richtung eines wissenschaftlichen Idealismus hin war anscheinend der auffallenderweise allein unter den vorsokratischen Denkern von Plato nicht genannte große Atomist vorgedrungen, indem er der sinnlichen Welt des Parmenides als das wahrhaft Seiende die Atome und den leeren Raum, also gedankliche Notwendigkeiten und Prinzipien wissenschaftlicher Forschung, entgegenstellte. Gleichzeitig machen die Sophisten, bei aller wertvollen Betonung des denkenden Subjekts, den Rückschritt, daß sie alle allgemeingültige Erkenntnis leugnen. Dem entgegen behauptet dann Sokrates um so energischer eben diese Allgemeingültigkeit, aber er bleibt im wesentlichen bei der bloßen Behauptung als Motiv seiner kritischen Methode stehen. Er weiß, daß man Grundbegriffe und Grundsätze haben muß – und dies war ein gewaltiger Fortschritt gegenüber den vorsokratischen „Märchenerzählern", wie Plato sagt, die nicht nach dem Grund der Erkenntnis fragen –, aber er unternimmt es noch nicht, sie positiv zu entwickeln; während das Interesse der „einseitigen Sokratiker" fast ausschließlich dem besten Wege zur Glückseligkeit gilt. Der wahre Fortbildner des Sokrates ist erst Plato, indem er den sokratischen Begriff vertieft und zur Idee erhebt.

Eine ausdrückliche Einführung und zusammenhängende Begründung der Ideenlehre freilich, wie sie Platos mündliche Vorträge gewiß gaben, ist in keinem der uns überlieferten platonischen Dialoge enthalten. Die erkenntnistheoretischen Vorstufen entwickelt am eingehendsten der *Theätet*. Die unterste ist die der sinnlichen Wahrnehmung (αἴσθησις) nebst der Empfindung. Aber bei dem Zustande des beständigen Fließens und Werdens, in dem sich alle Sinnendinge befinden, können die Sinne keine feste und deutliche Erkenntnis liefern; für sich allein, führen sie nur zu der Annahme einer vollkommenen Relativität, wie sie sich in dem Satze des Protagoras aussprach. Die Wahrnehmung setzt jedoch – denn die Sinne sind nur ihre Werkzeuge – bereits eine zusammenfassende, vergleichende, überlegende Tätigkeit der Seele voraus, die zur Bildung einer Meinung oder Vorstellung (δόξα) führt. Diese mag nun zwar, zumal wenn sie sich zur „richtigen" Vorstellung (δξα ἀληθὴς μετὰ λόγου) erhebt, für das gewöhnliche Denken und Handeln von großer Wichtigkeit sein: das wahrhaft philosophische Streben (der Eros) kann sich bei ihr nicht beruhigen. Es ist auf das Bleibende im Flusse der Erscheinungen gerichtet. Nur die Erkenntnis dieses Bleibenden oder Seienden (ὂν) kann in Wahrheit Wissenschaft (ἐπιστήμη) heißen. Dieses Sein aber kann nicht das körperliche Sein der Eleaten sein, sondern nur das der Begriffe (Sokrates).

Damit stehen wir an der Quelle des Idealismus und zugleich alles wissenschaftlichen Denkens. Plato faßt zum erstenmal in voller grundsätzlicher Klarheit den Gedanken eines anderen als des körperlichen Seins (Daseins), nämlich den eines rein gedanklichen, „idealen" Seins, welches ist, dadurch, daß es gedacht wird. Die Idee wird daher als ein „Sein" (οὐσία) bezeichnet. Die griechische Sprache bot eben Plato kein anderes Wort dar als dieses, welches zugleich das Dasein der Sinnendinge ausdrückt. Keineswegs in dogmatischem Tone wird diese Behauptung aufgestellt. Vielmehr rührt uns gerade an den Stellen, welche die Idenlehre zuerst entwickeln, die Bescheidenheit des Entdeckers, das Staunen über die eigene Weisheit, die Kritik, die an den eigenen Gedanken geübt wird. Den Theätet läßt er einen Schwindel überkommen beim Anhören der neuen Lehre, die dem großen Haufen als etwas Kindisches (*Theätet*, *Phileb*), als ein Geschwätz (*Phädo*, *Parmenides*), ja ihm selbst bisweilen als ein Traum (*Kratylus*) erscheint. Er gerät in Stammeln, in eine Art heiligen Schauers (*Phädrus*), in dem ihm die Worte fehlen für das, was ihn beim Schauen der Ideen bewegt. Denn das „Erfinden" der Idee ist, wie ihr Name (von ἰδεῖν) sagt, mehr ein künstlerisches Schauen, ein „seherisches Ahnen" (*Phileb* 64 A) als verstandesmäßiges Erkennen. An einer ganzen Reihe von Stellen (vgl. *Cohen* a. a. O. S. 433 ff., *Auffarth* S. 85) wird denn auch das Wort ἰδέα in Verbindung mit den Bezeichnungen des Schauens (ὁρᾶν, βλέπειν, ἰδεῖν) gebraucht. „Auf die Idee hinschauend" verfertigt der Tischler seine Bettstelle, der Künstler sein Werk. 'Ιδέα ist daher nicht, wie *Zeller* meint, identisch mit εἶδος (Gattung), sondern mehr als dies. Besonders in der zweiten Schriftstellerperiode Platos bildet sich der Unterschied zwischen beiden heraus: εἶδος geht mehr auf den Umfang, ἰδέα auf die Einheit des Begriffs. Und von diesem bloßen Akte geistiger Tätigkeit geht dann die Bedeutung der Idee über auf das Geschaute selbst, d.h. auf die durch jenes Schauen zustandegekommene einheitliche Grundanschauung oder „Gestalt", in der sich der Gegenstand dem „Blick" darstellt.

Zur Ideenschau wird daher erfordert Abkehr von der Außenwelt, Ruhe und Sammlung der Seele (*Phaedo*) und ein „Nachspüren bei sich selbst", weil wir in ihr doch nur das „Unsrige" wiederfinden. In diesen Zusammenhang gehört der zuerst im *Meno* angewandte Mythos von der „Wiedererinnerung" (ἀνάμνησις), wonach die im Schauen begriffene Seele sich an das wieder erinnert, was sie einst vor ihrem Erdendasein droben geschaut hat, da sie als Reigengenossin eines Gottes durch den Himmel zog. Es ist nur die anderwärts (z.B. im *Theätet*) ohne die mythische Einkleidung auftauchende Frage: Wie kommt's, daß wir Ideen haben? in ihrer Unlösbarkeit dichterisch dargestellt. Das gedankliche Vorher wird als zeitlich Früheres geschildert.

Die Idee ist also das wirkliche Sein (ὄντως ὄν, eigentlich das „seiend" Seiende), das sich Gleichbleibende (κατὰ ταὐτὸ ὄν, ὡσαύτως ὄν), das an sich Seiende (τὸ αὐτὸ καθ' αὑτό, τὸ αὐτὸ ἕκαστον), das dem vielen Gleichnamigen eine Gemeinsame (ἓν ἐπὶ πολλῶν). Sie ist deshalb ein bloßes Gedankending (νοητόν), ein Gedanke (νόημα) oder eine Vorstellung von uns (ἔννοια); die Ideen heißen gelegentlich auch λόγοι, d. i. Vernunftgründe. Weil Plato nun sein neues Sein von der bisherigen Seinsauffassung (im Sinne des räumlich-zeitlichen Daseins) aufs Nachdrücklichste scheiden will, sucht er mit allen sprachlichen Mitteln jede Versinnlichung der Ideen von vornherein auszuschließen. Deshalb stellt er sie dar als thronend an einem „überhimmlischen Orte, dem, was droben ist, dem Gefilde der Wahrheit, als ewige, farblose, gestaltlose, untastbare, seiend seiende" (*Phaedrus*), an anderen Stellen als unkörperliche, unräumliche, unveränderliche, unsinnliche Wesenheiten. Es ist schwer zu begreifen, wie Aristoteles (*Metaphysik* I, 6) eine so offenbar mythische Einkleidung buchstäblich fassen und in leidenschaftlicher Polemik seinem Lehrer die schwärmerische und doch wieder in grob-räumlichem Denken befangene Torheit zutrauen konnte, als habe er die Ideen an einem von der ganzen übrigen Welt abgetrennten Orte ihr Sonderdasein als eine Art Geister führen lassen. Eine übertriebene Wertschätzung des Aristoteles als Berichterstatters hat leider diese mißverständliche Auffassung der platonischen Ideen als für sich bestehender Wesen in die meisten, namentlich älteren Darstellungen der platonischen Philosophie in größerem oder geringerem Maße Aufnahme finden lassen, obwohl schon Kant darauf aufmerksam gemacht hat, daß Platos „hohe Sprache" einer „milderen und der Natur der Dinge angemessenen Auslegung ganz wohl fähig" sei (*Kr. d. r. V.*, herausgegeben von *K. Vorländer,* S. 318 Anm.): so daß es in der Tat „seltsam" erscheint, „wie friedlich die hergebrachte Bewunderung des platonischen Tiefsinns sich damit verträgt, ihm eine so widersinnige Meinung zuzutrauen" (*Lotze, Logik* S. 501). Es ist dasselbe, als ob heute jemand den „ewigen", „unwandelbaren" Naturgesetzen eine räumliche oder gar persönliche Existenz außerhalb der Dinge zuschreiben wollte.

Wäre darüber noch ein Zweifel möglich, so würde er zerstreut durch eine weitere Wendung Platos, wonach das Ideendenken als ein Zeugen, die Idee als von uns selbst Erzeugtes dargestellt wird. Wenn der Philosoph, ja der Mensch überhaupt mit dem Schönen in Berührung kommt, erzeugt und gebiert er nur, womit seine Seele längst schwanger ging. Nicht eine fertige unveränderliche Substanz, die von außen in die Seele hineingebracht wurde, ist die Idee, sondern sie erzeugt sich in derselben, wird von ihr hervorgebracht. Sie ist das Musterbild, das dem Künstler, das Modell, das dem Techniker, der Gedanke, der dem Philosophen innerlich vor Augen steht, worauf „hinschauend" er schafft. Und der Drang zu dieser Hervorbringung ist die Grundstimmung des Philosophen wie des Künstlers: der E r o s d.h. die Liebe, die Begeisterung, das geistige Zeugungsstreben, wie es das Symposion so unübertrefflich schön für alle Zeiten geschildert hat.

Wie kann nun aber das „überhimmlische" Wesen, die Idee, ins Leben treten? Mit anderen Worten: Wie verhält sich die Idee zu den Sinnendingen der Erfahrungswelt? Über diese schwierige Frage soll der nächste Paragraph Auskunft geben.

§ 22. Platos Begründung des Idealismus II.

b) Verhältnis der Ideen zu der Sinnenwelt. Die erkenntnistheoretische Bedeutung der Mathematik.

H. Cohen, Platos Ideenlehre und die Mathematik. 1879. *Kilb, Platos Lehre von der Materie.* Diss. Marb. 1887. *Natorp*, a. a. O.

Sollte wirklich eine so unausfüllbare Kluft bestehen zwischen den Ideen und den Sinnendingen, wie viele Plato-Darsteller meinen?

Vor Erörterung dieser Frage ist zunächst das Vorurteil zu entfernen, als habe Plato die Welt der Erfahrung mißachtet. Das haben erst Spätere, die sich auf seinen Namen beriefen, insbesondere die Neuplatoniker, getan und dadurch den Idealismus in Verruf gebracht. Plato selbst ist, als echter Idealist, so weit von solcher Verachtung entfernt, daß er die gründliche Kenntnis der Erfahrungstatsachen vielmehr als die notwendige Vorbereitung zu der Ideenerkenntnis betrachtet, und von den „Hütern" seines Idealstaats verlangt, sie sollen an „Empirie" hinter niemandem zurückstehen. So ist denn von vornherein zu erwarten, daß er eine Verknüpfung der nur scheinbar in krassem Dualismus auseinanderklaffenden Welten gesucht habe, daß seine „hohe Sprache" auch hier „einer milderen Auslegung fähig" sei. Dem entspricht denn auch der urkundliche Befund.

Unser Philosoph spricht an zahlreichen Stellen von einem Teilhaben (μετέχειν) der Sinnendinge an den Ideen, von einer Gemeinschaft (κοινωνία) beider. An anderen wird das Verhältnis als Nachahmung (μίμησις) oder Ähnlichkeit, eigentlich Verähnlichung (ὁμοίωσις), bezeichnet. Die Idee heißt weiter das Ur- oder Musterbild (παράδειγμα), dessen Abbilder (εἴδωλα, ὁμοιώματα) die Dinge sind, in denen sie gegenwärtig ist. Wie ist ein solches Teilhaben (μέθεξις), ein solches Gemeinschaftbesitzen (κοινωνεῖν), eine solche „Gegenwart" (παρουσία) zu fassen? Von denjenigen freilich nicht, welche mit Aristoteles die Ideen a u ß e r uns als starre Wesenheiten an irgendeinem „überhimmlischen" Orte suchen. Dagegen lösen sich alle vermeintlichen Schwierigkeiten und Widersprüche leicht durch unsere (§ 21) Deutung der Idee als Gedanke. Das Urbild thront eben nicht außerhalb, sondern in der Seele des Schauenden; und das Sinnending „nimmt teil" an den Ideen und erhält „Gemeinschaft" mit ihnen, insofern es in seiner begrifflichen Reinheit gedacht wird. Ein Gegenstand wird z.B. dadurch schön, daß er als teilnehmend an der Idee, d. i. dem Wesen, dem Gesetz des Schönen gedacht wird. Übrigens finden sich neben den überschwenglichen Schilderungen von der Majestät der Ideen auch ganz nüchterne, man möchte fast sagen hausbackene Ableitungen, die mitten in die Erfahrung hinein führen: die Idee des Tisches z.B. ist der gute Tisch, die Idee des Messers das gute Messer, also das Muster oder Modell, das dem Tischler bezw. Messerschläger vor Augen steht. Wie die sinnliche Erscheinung der Idee bedarf, um durch sie zum reinen Gedanken geläutert zu werden, so bedarf die letztere der ersteren, um eben in „Erscheinung" treten zu können; wenn auch nie völlig, was die oben aufgeführten Wendungen bezeichnen. Wo anders sollte auch die Idee zur Geltung und Wirksamkeit gelangen können als eben in der Erfahrung? Sein und Dasein werden nur deshalb erkenntniskritisch scharf geschieden, damit sie sich nachher um so inniger verbinden. Nur am Dasein und Werden läßt sich das Sein aufzeigen; das „An sich" fordert sein Werden in der Erscheinung, das Eine die Vielen. Von der Idee des Gleichen z.B. wird (*Phaedo* 75 A) gesagt, daß sie sich nirgendwo anders vorstellen lasse, als bei dem Sehen oder Berühren oder irgendeiner anderen Wahrnehmung. Freilich nicht durch sie, wohl aber anläßlich derselben, entsteht die Idee (vgl. *Staat* 526 D. 527 B.). Kurz, die Ideen bekommen Sinn und Geltung erst dadurch, daß sie sich in Erfahrung umsetzen lassen, am letzten Ende auf Sinnendinge beziehen. So gibt es denn auch Ideen von allen möglichen Dingen: konkreten (Mensch, Tisch, Bett) wie abstrakten (Größe, Gesundheit, Stärke, Hauptwort, Einheit, Vielheit), Gutem und Schlechtem, Hohem und Niedrigem, Kunst- wie Naturerzeugnissen. In den späteren Dialogen werden neben den ethisch wertvollen die mathematischen Bestimmungen bevorzugt: das Große und Kleine, Gerade und Ungerade, Doppelte und Einfache usw. Damit kommen wir zu einem erst neuerdings nach Verdienst gewürdigten Momente in Platos Begründung des Idealismus: der methodischen Bedeutung der Mathematik.

Platos Verdienste um die Förderung einzelner mathematischer Probleme wie der Mathematik als Wissenschaft überhaupt sind von den Historikern der letzteren (*Cantor, Hankel, S. Günther*) sowie in Einzeluntersuchungen (von *Blass, Friedlein, Görland, Rothlauf* u. a.) anerkannt. Außer der Verschärfung der Definitionen und Verbesserung der Fachausdrücke verdankt man ihm namentlich die wichtige Unterscheidung des analytischen und synthetischen Beweisverfahrens. Und wie eifrig die Mathematik in seiner Schule gepflegt ward, davon zeugte nicht nur das Wort, das über dem Eingang der Akademie gestanden haben soll: Μηδεὶς ἀγεωμέτρητος εἰσίτω, sondern auch die praktischen Leistungen seiner Schüler Theätet, Speusippos und Xenokrates. Uns geht jedoch nur die methodisch-philosophische Bedeutung an, die Plato der Mathematik nach dem Zeugnis des Aristoteles zuwies, indem er das mathematische Denken (die διάνοια) „in die Mitte stellte" zwischen die sinnliche Wahrnehmung und das vernunftgemäße Denken. In der Tat erscheint bei ihm die Mathematik als das Bindeglied zwischen den Sinnendingen und den Ideen, insbesondere im *Meno* und im 7. Buch (Abschnitt 521 bis 535) der *Politeia*.

Welche Wissenschaft, fragt Plato bei Erörterung der Erziehung im Idealstaate, führt vom Werdenden zum Seienden? Zunächst, lautet die Antwort, die Arithmetik. Es gibt (ebd. 523) „in den Wahrnehmungen einiges, was das reine Denken (die νόησις) gar nicht zur Betrachtung herbeiruft, weil eben die Wahrnehmung als Maßstab genügt, anderes aber, was es auf alle Weise dazu auffordert", da die Wahrnehmung allein dabei „nichts Gesundes" ausrichtet. Dieser Wecker zum reinen Denken ist die Zahlenkunst. Deshalb sollen die künftigen Philosophen sie auch genau ergründen, bis sie in ihrem Denken zur „Schau" (θέα, wie bei den Ideen!) und dem Wesen (φύσις) der Zahlen vorgedrungen sind, und zwar nicht um des banausischen und technischen Nutzens, sondern rein um der Erkenntnis willen. Desgleichen die Geometrie, denn diese ist „die Erkenntnis des beständig Seienden" (526) und zieht die Seele zur Wahrheit empor. Die Mathematiker bedienen sich der sichtbaren Gestalten (εἴδη) nur als Beispiele und Schatten, indem sie, von dem Viereck selbst und der Diagonale selbst ihre Beweise führend, „auf jenes Selbst hinschauen (ἰδεῖν), was man nicht wohl anders sehen kann als mit dem Verstande" (510). In bedingtem Maße sind auch die Stereometrie und die Astronomie beteiligt; sie sind jedoch, namentlich die erstere, als Wissenschaften noch nicht genug entwickelt (528). Wenn also gefragt wird, wie ein Zusammenhang zwischen der sinnlichen Wirklichkeit und dem ganz unsinnlichen, nur im Denken bestehenden Sein der Ideen möglich sei, so ist hinzuweisen auf die geometrischen Gebilde und Zahlen, als die Vermittler zwischen Idee und Erscheinung. An anderer Stelle (*Staat* X, 602) werden nicht minder bestimmt Maß, Zahl und Gewicht als die vortrefflichsten wissenschaftlichen Mittel bezeichnet, unsere Wahrnehmungen über den Wandel bloß sinnlicher Empfindungen zu erheben. Auch *Phädo* und *Protagoras* weisen ähnliche Stellen auf, und im *Meno* (87 ff.) wird dem mathematischen Wissen derselbe Ursprung, wie dem dialektischen, in der ἀνάμνησις (s. oben) zuerkannt.

Im *Meno* findet sich auch eine weitere, wichtige Bezeichnung der Idee, die der mathematischen Methode entlehnt ist: als Hypothese (ὑπόθεσις), nicht in der heutigen abgeschwächten Bedeutung als unsicherer Annahme, sondern in dem bestimmten Sinne, den die eben von Plato erst recht an das Licht gestellte analytische Methode der Mathematik damit verbindet: als einer Voraussetzung, die das Gesuchte vorläufig als gefunden annimmt, um es dann durch die aus ihr gezogenen Folgerungen und deren Verknüpfung wiederzufinden. Auf die Idee angewandt, bedeutet also die Hypothesis die sichere Voraussetzung oder Grundannahme, von der aus sich eine befriedigende Erklärung der Erfahrungswelt gewinnen läßt. So bezeichnet sie im *Parmenides* (128 D, 137 B) den Kern und obersten Satz eines philosophischen Systems, der den Schlüssel und die Erklärung zu dessen einzelnen Sätzen gibt. Besonders deutlich bezeichnet Plato im *Phädo*, gerade bei der Einführung in seine Ideenlehre, das hypothetische Verfahren ausdrücklich als seine eigene Methode, als „gar nichts Neues, sondern, was ich sonst immer, so auch in der eben durchgeführten Rede gar nicht aufgehört habe zu sagen", indem ich „jedesmal den Vernunftgrund zugrunde lege (ὑποθέμενος), den ich für den stärksten halte und, was mir mit diesem übereinzustimmen scheint, als wahrhaft seiend setze" (99 ff., ähnlich *Staat* IV, 437 A). So tritt auch in dieser neuen Bezeichnung der undingliche, vielmehr erkenntnistheoretische Charakter der Idee klar hervor. Sie ist die letzte Voraussetzung, Unterlage, selbst unbedingte (ἀνυπόθετον) Bedingung alles wissenschaftlichen Denkens oder der „Grundsatz" im eigentlichsten Sinne des Wortes.

Die Wissenschaft von den reinen Ideen nennt Plato die Dialektik, weil die in der Unterredung mit anderen gemeinsam erfolgende Erzeugung der Begriffe zum Reiche der Ideen führt. Sie ist gleichsam der Sims über den Wissenschaften, die höchste Gabe der Götter, das wahre Feuer des Prometheus; sie hat die Aufgabe, durch Zurückführen des Mannigfaltigen auf einen Gattungsbegriff (συναγωγή) und dann wieder Zerlegung des letzteren in seine Arten (διαίρεσις), die richtige Vorstellung (S. 80) durch Abstreifung alles Schwankenden und Subjektiven zur Objektivität, Realität und Einheitlichkeit der Idee zu läutern. Nur der „zusammenschauen kann" (συνοπτικός), also der Systematiker, ist der wahre Dialektiker (*Staat* 537 C).

Wenn nun Plato so die Welt der Sinne und des ewigen Wechsels zum Sein und Geltungswert der Idee, d.h. mit modernem Ausdruck: des Gesetzes, zu erheben strebt, was bleibt da von der sinnlichen Erscheinung noch als Rest übrig? Man antwortet gewöhnlich mit Aristoteles: die Materie als eine Art regellosen Chaos oder als das Nichtseiende (μὴ ὄν). Nun findet sich aber das Wort für die Aristotelische Materie (ὕλη), wie Zeller selbst nachweist, noch nicht bei Plato, und das μὴ ὄν erscheint im „Sophisten" nur als Idee des Andersseins oder der Verschiedenheit, steht also zur Idee selbst keineswegs im Gegensatz. Vielleicht dürfte auch auf die vielumstrittene platonische Auffassung der Materie von seiten des Mathematischen ein neues Licht fallen. Zuvor aber haben wir zu verfolgen, wie sich eine Steigerung der Wertschätzung der Mathematik als methodischen Faktors in Platos spätesten Dialogen vollzieht. Die vielfach noch nicht geklärten Beziehungen zur pythagoreischen Zahlenspekulation im *Timäus* lassen wir hierbei zur Seite. Uns interessiert nur das für die Begründung des Idealismus wichtige Moment.

Schon der *Politikos* (283-285) macht das Werden und Bestehen der Sinnendinge als zweckmäßiger Daseinsgebilde davon abhängig, daß sie nach festen, „im Hinblick auf die Idee" gesetzten Maßbestimmungen meßbar (μέτρια) sind. Und in dem in dieser Hinsicht noch nicht hinreichend gewürdigten *Philebos* (55 ff.) wird der Wert der technischen Künste in bezug auf Sicherheit, Genauigkeit und Wissenschaftlichkeit nach dem Maße bestimmt, in dem sie sich der Mathematik bedienen; die Musik z.B. wird von der Baukunst bei weitem an Genauigkeit übertroffen, die letztere wieder von der Rechenkunst, Meßkunst und Statik. Die tiefere Begründung dieser grundlegenden Bedeutung der Mathematik ist in einem früheren Abschnitte des *Philebos* (23 ff.) gegeben worden. Plato unterscheidet dort drei Klassen des sinnlichen Seins (der Naturdinge): 1. das Unbestimmte oder Unbegrenzte (ἄπειρον), z.B. das Warme und Kalte, Trockene und Feuchte, Schnelle und Langsame, Hohe und Tiefe u. ä. Dieses Unbestimmte harrt seiner

Bestimmung durch die 2. Gattung des Seienden: die Bestimmung oder die Grenze (πέρας), deren mathematische Natur unverkennbar aus den von Plato gewählten Beispielen hervorgeht. Aus der Vereinigung des mathematisch Bestimmbaren und der Zahl- und Meßbestimmungen selbst entsteht als Resultat 3. das aus beiden Gemischte, d. i. die zweck„mäßig" eingerichtete Natur. Die Bedeutung des rechten Maßes (μέτριον), das ja überhaupt im hellenischen Charakter lag, findet sich also schon bei Plato, nicht erst in der aristotelischen Ethik. Auch hier erscheint die Mathematik als die Brücke zwischen den Ideen und der Sinnenwelt.

Das Ἄπειρον ist zunächst gar nichts weiter als das mathematisch Bestimmbare, aber noch Unbestimmte, keinesfalls Materie im physikalischen Sinne, sondern höchstens der Stoff unserer Gefühls-, Gehörs- und übrigen Sinnesempfindungen, wenn man das Warme, Hohe und Schnelle so nennen will. Anders im *Timäus*, wo Plato nach eigenem Eingeständnis (s. unten) keine streng wissenschaftliche, sondern nur eine „wahrscheinliche" Erklärung des organischen und anorganischen Werdens und Vergehens zu geben beabsichtigt. Die als Grundlage für diese chemischen Veränderungen hypothetisch angenommene Materie steht also außerhalb des eigentlichen Systems. Das „unsichtbare, gestaltlose, alles aufnehmende, auf merkwürdige Weise an dem Geistigen teilnehmende, schwer einzufangende" Ding von Materie wird daher auch als ein „kaum glaubhaftes" bezeichnet. Doch damit stehen wir schon in der platonischen Physik oder Naturphilosophie, von der seine Psychologie nur einen besonderen Teil bildet.

§ 23. Die platonische Naturphilosophie und Psychologie.

1. *Naturphilosophie.* Auch auf physikalischem Gebiete ragte Platos scharfsinniger Geist vor anderen hervor. So hatte er nach neueren Untersuchungen bereits eine deutliche Vorstellung von der Schwere der Luft, faßte den Schall schon als Schwingungsbewegung auf, kannte gewisse Erscheinungen des Magnetismus und der Elektrizität, nahm später eine Achsendrehung der Erde an und huldigte aufgeklärten medizinischen Grundsätzen. Gleichwohl blieb er auf diesem Gebiete im ganzen doch ein Kind seiner Zeit. Während er auf dem Felde der Erkenntnistheorie und Ethik der Begründer einer neuen Weltanschauung geworden ist, steht seine Naturphilosophie, die er übrigens erst in hohem Alter auszubauen suchte, im wesentlichen auf dem Boden der Vorsokratik und zeigt insbesondere Verwandtschaft mit der Zahlenspekulation der Pythagoreer. Er selbst betrachtet seine naturphilosophischen Theorien nur als einen Versuch, als ein geistreiches „Spiel" und scheidet sie im Eingang des diesen Erörterungen gewidmeten *Timäus* scharf und ausdrücklich von der Wissenschaft (ἐπιστήμη). Er beansprucht für sie nicht Wahrheit (ἀλήθεια) sondern nur Wahrscheinlichkeit (πίστις), bezeichnet sie als „wahrscheinliche Mythen" (εἰκότες μῦθοι), mit denen sich der Philosoph zur Erholung von der ernsten Erforschung des Seienden befassen könne, und scheint sie auch in

seinen mündlichen Vorträgen nicht näher ausgeführt zu haben; wenigstens bezieht sich Aristoteles nur auf den *Timäus*. Wir unterlassen deshalb auch ein Eingehen auf Einzelheiten und heben nur den Grundriß dieses Weltbildes hervor. Hervorstechend darin ist der teleologische Zug; der letzte Grund der Welt ist die Abzweckung auf das Gute (s. § 24).

Der göttliche Weltbildner (Demiurg) hat die Welt „im Hinblick" auf die in ihm wohnende einheitliche Idee als die schönste, vollkommenste und einzig mögliche geschaffen. Noch bevor die Elemente entstanden, mischte er – so lautet die mythische Weisheit des Timäus – aus der unteilbaren, nur sich selbst gleichen Wesenheit der Ideen und dem körperlich Teilbaren des Raumes ein Drittes, dem er das Sich selbst Gleiche (ταὐτόν) und das Verschiedenartige (θάτερον) beilegte. Dies Mittelding zwischen dem Einen und den Vielen, Schaffendem und Geschaffenem ist die Weltseele, der Urquell alles Lebens und zugleich die zur Substanz erhobene Kraft zahlengesetzlicher Bewegung. Als mathematisch bestimmt und bestimmend (s. § 22), teilt sie sich auf Grund harmonischer Verhältniszahlen in die Kreise des Fixsternhimmels, der verschiedenen Planeten usw. (vgl. § 3). Auch die Elemente entstehen auf mathematischem Wege: das Feuer aus kleinsten Körperchen von Tetraeder-Form, die Luft aus Oktaedern, das Wasser aus Ikosaedern, die Erde aus Würfeln. Das Weltall im ganzen besitzt die vollkommenste, also die Kugelgestalt, ebenso die in dessen Zentrum befindliche Erde; die als „sichtbare Götter" geschilderten Gestirne bewegen sich ringförmig um die Weltachse. Mit geistvoller Phantastik werden aus den kleinsten (dreieckigen) Flächen – einer Art demokritischer Atome – die physikalischen und chemischen Eigenschaften, wie ihre Bewegung und Verteilung im Raume hergeleitet. Der Schlußteil des *Timäus* beschäftigt sich ziemlich eingehend mit psycho-physiologischen Betrachtungen, läßt z.B. die Begierde durch Spiegelung der Vorstellungen auf der glänzenden Fläche der Leber entstehen.

2. *Psychologie.* Denn die Psychologie Platos ist zunächst auch nur ein Teil der Physik. Die menschliche Seele teilt, wenngleich sie von der Gottheit unmittelbar geschaffen worden ist, die Eigenschaften der Weltseele. Sie ist, gleich dieser, in erster Linie Prinzip des Lebens als das Sich selbst Bewegende (το αὑτὸ κινοῦν). Steine werden bewegt; Pflanzen, Tiere und Menschen bewegen sich selbst, d.h. leben. Aus diesem physikalischen Begriff der Seele als Lebenskraft wird auch der „Beweis" für die Unsterblichkeit der Seele im *Phädrus* gewonnen. Über die persönliche Unsterblichkeit spricht sich die *Apologie* zweifelnd aus, das *Symposion* kennt nur eine solche der Menschheit, der Dialog *Phädo* glaubt sie nicht mit mathematischer Sicherheit (85 C), sondern nur hypothetisch (91 B) beweisen zu können, für den großen Mythos endlich in *Staat* X (608 D bis 611 A) ist sie bloß sittliche Forderung. Außer seiner physikalischen oder physiologischen hat der Begriff der Seele nämlich bei Plato noch eine erkenntnistheoretische und eine ethische Bedeutung, von denen uns zunächst die erstere interessiert. In diesem Sinne ist sie der – nicht

materiell irgendwo im Körper lokalisierte, sondern nur gedanklich erfaßte – Inbegriff der Grundkräfte unseres Erkennens und Wollens. Die Erkenntnisstufen der αἴσθησις, δόξα, und νόησις sind schon S. 80 f. erwähnt; es sind logische Unterabteilungen (εἴδη), nicht körperliche Triebe; erkenntnistheoretische Unterscheidungen, nicht psychologische Schubfächer. Ja, es finden sich ganz moderne Unterscheidungen, wie das Bewußtsein im Begriff der μνήμη sogar das Bewußtsein des Bewußtseins als ἐπιστήμη ἐπιστήμης schon angedeutet. Jener Dreiteilung der Erkenntnis entspricht eine andere für die Welt des Willens und als Unterlage für die Ethik: 1. das ἐπιθυμητικόν, der begehrende Teil der Seele, 2. das θυμοειδές d. i. das „Mutartige", die Willenskraft, 3. das λογιστικόν, das vernunftgemäße Wollen. 1. kommt den Pflanzen, 1. und 2. den Tieren, alle 3 den Menschen zu: nach dem schönen Mythos im *Phaedrus* (246 f.) der Wagenlenker (die Einsicht) mit dem Zweigespann, von denen das edlere Roß (die Willenskraft) das zügellose (die Begierde) bändigen hilft. Damit stehen wir an der Schwelle des letzten Teiles der platonischen Philosophie: der Ethik.

§ 24. Platos Begründung der Ethik.

Platos philosophisches Interesse wird mächtig von ethischen Gesichtspunkten beeinflußt. Das bewirkt, daß in seiner Naturphilosophie der Zweckgedanke den der Naturgesetzlichkeit, der teleologische den mechanischen eines Demokrit zurückdrängt. Aber auch die Ideenlehre findet ihren letzten Grund in dem sittlichen Bedürfnis des Philosophen, das nur in der Erkenntnis des wahren Wesens der Dinge innere Befriedigung findet. Nur das wahre Wissen ist Tugend, wie umgekehrt die wahre Tugend auf dem Wissen beruht, die Ethik also Wissenschaft (ἐπιστήμη) ist.

Erhebt sich die Ethik des jugendlichen Plato auch ihrem Inhalte nach noch nicht wesentlich über die seines Meisters Sokrates, so bereitet sich doch schon in den „sokratischen" Jugenddialogen, und noch mehr natürlich in und mit der Polemik gegen den Sensualismus und Hedonismus der Sophisten, die wissenschaftliche Begründung der Reifezeit vor. Die Einheit der in ihnen (s. § 20) erörterten Tugenden der Freundschaft, Tapferkeit, Frömmigkeit und Besonnenheit besteht in ihrer gemeinsamen Abhängigkeit vom Wissen, das sich über sich selber Rechenschaft zu geben hat, ein „Wissen des Wissens" sein soll (*Charmides*), und dessen Begriff in Höherem zu suchen ist, als in der bloßen Abwägung von Lust und Unlust (*Protagoras*). Der Stärkere kann nur der Bessere oder Einsichtsvollere sein (*Gorgias*). Die sokratische Lehre tritt hier bereits „geläutert von dem schielenden Liebäugeln mit Lust und Nutzen hervor, welches in der xenophontischen Darstellung ihr anklebt" (*Brandis* a. a. O. S. 352). Ebenso in dem ersten Buche der *Politeia* mit Bezug auf den Begriff der Gerechtigkeit, während der *Meno* namentlich nachweist, daß die „richtige Vorstellung" noch nicht Wissenschaft sei, und von der gewöhnlichen, auf der Gunst der Anlagen und Verhältnisse sowie auf der Sitte beruhenden Tugend die philosophische unterscheidet, die in der freien Selbstbestimmung (Kant: Autonomie) auf Grund der deutlichen Erkenntnis des unbedingt Guten und Schönen besteht.

Was ist denn nun Ethik als Wissenschaft? fragen diejenigen Dialoge weiter, in denen die platonische Ethik in ihrer reifsten Gestalt erscheint. Etwa eine Sammlung edler Vorschriften für unser Handeln? Dazu würde allenfalls die δόξα ἀληθής ausreichen. Unser Philosoph faßt die Frage vielmehr an ihrem Kernpunkt: Wie ist Sittlichkeit überhaupt möglich? Daß sie möglich ist, steht ihm unverbrüchlich fest. Aber worauf gründet sie sich? Was gewährleistet ihre Wahrheit und unbedingte Gültigkeit? Die Antwort kann nach dem, was wir bereits von der allgemeinen Begründung der platonischen Philosophie (§ 21) wissen, nicht anders lauten als: in der von dem philosophischen Eros erzeugten Idee. Platos Ethik findet ihre Begründung in seiner Ideenlehre. Wie kann aber eine Idee als bloße Vorstellung Gewißheit beanspruchen? Nicht zum wenigsten um dieser skeptischen Frage zu begegnen, die ihm von seiten der Sophistik und des auflösenden Zeitgeistes überhaupt entgegentreten mußte, stattet der Philosoph die Ideen mit allen jenen Eigenschaften des ewigen, unwandelbaren Seins aus, die wir (§ 21) kennen gelernt haben, und die ihnen in den Augen der bloß an die Vorstellung räumlichen Seins Gewohnten den Anschein abgesonderter starrer Substanzen geben mußten: während in Wahrheit doch eine stärkere „Realität" gar nicht zu ersinnen ist als die, welche das denkende Bewußtsein verleiht.

Von allen Ideen die höchste ist die Idee des Guten. Sie ist die höchste Erkenntnis (μέγιστον μάθημα), die Sonne im Reiche der Ideen. Denn, wie die irdische Sonne alle Körper erst wahrnehmbar macht, so läßt die Idee des Guten alle anderen Ideen erst im rechten Lichte erkennen, indem sie sie mit dem ethischen Endzweck durchleuchtet. Und, wie die sichtbare Sonne durch ihre Wärme die Sinnendinge werden und wachsen läßt, so empfängt alles Seiende seine Realität und Fruchtbarkeit, kurzum sein Sein (Wesen) von der ἰδέα τοῦ ἀγαθοῦ, die deshalb „hoch über allem Sein" (ἐπέκεινα τῆς οὐσίας) gegründet ist. Das stammelnde Entzücken des Entdeckers wie das Überwältigtsein von der Großartigkeit des Gedankens malt sich in der Art, wie der Eingang des siebenten Buchs der *Politeia* das Höchste zu schildern, unternimmt, was Menschenbrust durchbebt, die „Schau" des Guten: das Flimmern der Augen, die sich an den überirdischen Glanz der Idee erst gewöhnen müssen, nachdem sie, gefesselt an die Höhle des Scheins, so lange nur Schattenbilder geschaut; und wieder die zweite „Verwirrung der Augen", wenn sie, noch geblendet von dem Lichte des Göttlichen, das sie geschaut, wiederum herabsteigen zu den Gefangenen der Höhle (d. i. der Welt des Tages, des täglichen Lebens), die, selbst in ewiger Dämmerung lebend, sie nicht begreifen und deshalb verlachen. Das Letzte alles Erkennbaren, „nur mit Mühe zu schauen" (μόγις ὀφθεῖσα), heißt die Idee des Guten. Von der Idee des Schönen gibt es Abbilder hienieden, von der des Guten nicht; nur ihren „Sproß" (ἔκγονος) vermag Plato zu schildern. So einsam und unvergleichlich hoch über allem Sinnlichen thront das Gute, so erhaben über dem Sein ist das Sollen. Die Idee des Guten überragt sogar noch die Erkenntnis der Wahrheit an „Würde und Kraft“ (πρεσβείᾳ καὶ δυνάμει, *Staat* 509 B). Ja, so ergriffen ist der Philosoph von seiner Entdeckung, daß ihm in einer Überspannung des sittlichen Interesses dieser letzte Zweck sogar als die Ursache (αἰτία) alles Richtigen und Schönen (517), das letzte Ziel des Denkens zugleich als der erste Anfang des Seins erscheint. In diesem Sinne findet sich die Idee des Guten bei Plato zuweilen auch mit dem Begriffe gleichgesetzt, mit dem der Mensch das Höchste, was er – nicht mehr ausdenken, aber empfinden kann, in ein Wort zu kleiden sucht: dem Begriffe der Gottheit. Abgesehen von aller mythischen Einkleidung aber, hat die Idee des Guten philosophisch die Bedeutung des Unbedingten (ἀνυπόθετον), von allem anderen Unabhängigen, Freien; nicht im Sinne eines dogmatischen Satzes, sondern einer Tendenz: des Interesses, daß es ein solches, über allen Menschenwitz Erhabenes, Feststehendes, einen Endzweck geben möchte!

Die in Vorstehendem dargelegte erkenntnistheoretische Begründung von Platos Ethik bedarf nur noch weniger weiterer Züge zu ihrer Ergänzung. Die Abtrennung vom Psychologischen, die mit dem erkenntniskritischen Charakter der Idee von selbst gegeben ist, braucht nicht näher ausgeführt zu werden. Damit hängt die an Kant erinnernde schroffe Ablehnung des Lustgefühls (ἡδονή) als sittlichen Bestimmungsgrundes zusammen. Praktisch tritt die scharfe Unterscheidung des Guten vom Angenehmen schon in den ersten Dialogen deutlich hervor. Man braucht nur an das Thema der *Apologie* oder des *Kriton*, die Verherrlichung des freiwillig Unrecht leidenden und sterbenden Sokrates, zu denken. Theoretisch wird die Trennung des Guten von der Lust am eingehendsten im Philebos durchgeführt. Die Lust ist meist mit Unlust gemischt, beruht vielfach auf Täuschung und Irrtum und gehört nicht der Welt des Seins, sondern des Werdens an; ihre Verteidiger betrachten die Tiere als „vollgültige Zeugen“ (κυρίους μάρτυρας). Trotzdem wird damit keine Askese oder stoische Empfindungslosigkeit gelehrt. Nur der *Phädo* redet von einem „Sterben“ des Weisen mitten im Leben, das einigermaßen an das neutestamentliche „den Lüsten und Begierden Absterben“ erinnert; allein auch dies gilt doch nur als Vorbereitung zu der beseligenden Schau der Ideen und bedeutet keinen völligen Bruch mit der Welt des Natürlichen und Schönen. Zum höchsten Gute gehören vielmehr, wie Plato am Schlusse seiner Laufbahn (im *Philebos)* lehrt, außer dem „Maße“, jenem echt hellenischen Begriffe, die Einsicht und die mit der Freude am Schönen und der Erkenntnis verbundenen „reinen“ Lustgefühle (καθαραὶ ἡδοναί), womit das Unhellenische an Sokrates, die Einseitigkeit der Zyniker und das Unsittliche der Cyrenaiker zugleich überwunden ist. Allein als bestimmendes Motiv dürfen auch sie nicht auftreten wollen, sondern nur die Idee (das Gesetz) des Guten, das die Seele zu einer inneren Harmonie stimmt, deren Seligkeit aller vergänglichen Lust weit überlegen ist.

Bei dieser Gelegenheit sei noch ein Wort über das Verhältnis des Guten zum Schönen, der Ethik zur Ästhetik eingeflochten. Von der Künstlernatur unseres

Philosophen sollte man erwarten, daß die Ästhetik, deren eigenstes Feld das Schauen und Erzeugen des Kunstwerkes in der Idee bildet, einen größeren Raum in seiner Philosophie eingenommen hätte. Gewiß: den Charakter des schauenden Zeugens, im Gegensatze zu der bloßen Nachahmung, hat er, wie den anderen Ideen, so nicht zum wenigsten der Idee des Schönen zugesprochen, und der Begriff der von den Begierden und Leidenschaften und der damit verbundenen Unlust geläuterten „reinen" Lustgefühle kommt auch der Kunst zugute. Sie bedeuten die für den wahren Kunstgenuß und das echte Kunstschaffen unentbehrliche Idealisierung des Gemüts. Der Eros, das liebende Verlangen, ist auch die Wurzel aller Kunst. Aber trotz seines feinen Kunstempfindens hat der Dichter-Philosoph die Ästhetik nicht selbständig, wie Wissenschaft und Ethik, hingestellt, sondern der letzteren untergeordnet. Von der Glut seines sittlichen Enthusiasmus getrieben, wohl auch in an sich berechtigter Opposition gegen die sittliche Laxheit der Sophisten und den religiösen Anthropomorphismus der alten Dichter (*Staat* III), hat er das Schöne ins Gute sich „flüchten" lassen. Das Gute ist ihm an und für sich schon schön. Erst durch Kant sollte sich die reinliche Scheidung beider und damit die Begründung einer selbständigen Ästhetik vollziehen. Vgl. übrigens *K.* Justi, *Die ästhetischen Elemente in der platonischen Philosophie*, Marburg 1860 und H. Cohen, *Kants Begründung der Ästhetik* (Berlin 1889), S. 6-12 u. ö.

Indes Plato war auch in der Ethik nicht bloß Systematiker. Er hat seine Idee des Guten nicht bloß als glänzende Lichtgestalt in himmlischen Höhen geschaut, sondern sich auch, wie jeder echte „Idealist", für ihre Verwirklichung, soweit eine solche möglich, auf Erden interessiert. Wohl möchte der aus der dunklen und dumpfen Höhle der Alltäglichkeit zum Sonnenglanze der Idee Emporgestiegene sein Leben am liebsten im ewigen Anschauen dieses Glanzes zubringen, aber er muß hinunter, um auch jenen Armen am Geiste zu verkünden, was er geschaut, ob er auch von ihnen verlacht werde. Damit wird die reine (theoretische) Ethik zur angewandten, der Kernbegriff der ersteren, die Idee des Guten, zum Kernbegriff der letzteren, der δικαιοσύνη (besser als die wörtliche Übersetzung „Gerechtigkeit", gibt den Sinn wohl unser „Sittlichkeit" oder „Rechtschaffenheit" wieder). Auch bei der Feststellung dieses Begriffs zeigt sich die unserem Philosophen von seinem Meister Sokrates her überkommene kritische Selbstbesinnung. Die δικαιοσύνη, deren Wesen zu „erjagen" ist, befindet sich (wie Fausts „Mütter") an einem „dunklen, unzugänglichen und schwer erforschbaren" Orte; „aber dennoch müssen wir uns dahin aufmachen". Sie überragt und faßt als höchste und allgemeinste die übrigen drei Kardinaltugenden zusammen: die Einsicht (φρόνησις) oder Weisheit (σοφία), die Mannhaftigkeit (ἀνδρεία) und die Besonnenheit (geistige Gesundheit, Selbstbeherrschung, σωφροσύνη). Das Eigenartige Platos besteht nicht sowohl in der Aufstellung dieser vier Grundtugenden, als in ihrer Ableitung aus den Seelenkräften (s. § 23, Schluß). Dem begehrlichen Teil des Menschen (ἐπιθυμητικόν) entspricht die ihn regelnde σωφροσύνη, dem mutigen (θυμοειδές) die Mannhaftigkeit oder Willenskraft, dem vernünftigen (λογιστικόν) die Weisheit oder Einsicht. Der sie alle beherrschende Begriff der δικαιοσύνη aber führt hinaus über die Grenzen der Individual-Ethik. Das sittliche Leben kann sich – ein echt griechischer Gedanke – voll verwirklichen nur im Abbild des Menschen im Großen, d. i. im Staate. So vollendet sich die Sittenlehre bei Plato, im Gegensatz zu Sokrates, zur Staatslehre, die Pädagogik wird, wie überall da, wo sie einen großen Zug genommen hat (Pestalozzi, Fichte), zur National- und Sozialpädagogik, die individuale zur sozialen Ethik.

§ 25. Das platonische Staatsideal.

K. F. Hermann, Die historischen Elemente des platonischen Staatsideals, 1849. – *E. Zeller, Vorträge u. Abh.* I, 62-81. – *R. Pöhlmann, Geschichte des antiken Kommunismus und Sozialismus* I, 269 bis 581. – *Natorp, Platos Staat und die Idee der Sozialpädagogik* Berlin 1895 (jetzt auch in desselben: *Ges. Abhandlungen zur Sozialpädagogik*. Bd. I, 1-36).

Platos *Staat* hat seine Bedeutung als eine der großartigsten Schöpfungen des philosophischen Idealismus bis heute bewahrt. Nicht ohne eine gewisse Berechtigung hat man in der Hierarchie des christlichen Mittelalters eine Analogie von ihm gesehen oder den modernen Beamten- und Militärstaat mit ihm verglichen (*Zeller, Pöhlmann*). Freilich, wie alle Vergleiche, hinken auch diese, namentlich der letztere, bedeutend. Mehr innere Berührungspunkte bietet der moderne Sozialismus, wie denn auch der erste große Utopist der neueren Zeit (Thomas Morus) sich auf Plato beruft. Freilich ruht, trotz alles hochgespannten Idealismus, der platonische Staat doch auf hellenischem Grunde. Macht er sich auch einmal – in dem überdies zweifelhaften *Staatsmann* – über den Hochmut seiner Landsleute gegenüber den unter einen Sammelnamen gefaßten „Barbaren" lustig, so wird doch die Aufhebung der Sklaverei nicht gefordert. Nur soll kein Hellene als Sklave verkauft, keine Griechenstadt zerstört werden; der weltbürgerliche Fortschritt besteht also darin, daß man mit den Barbaren so verfahren soll, wie jetzt die Hellenen untereinander. Zu einer ganzen Reihe von Bestimmungen hat Spartas Kriegerstaat, der Platos aristokratischem Standpunkte ohnehin politisch sympathisch war, das Vorbild geliefert. Das platonische Staatsideal ist keine phantastische Träumerei, sondern in der ernsten Absicht erdacht, der tatsächlichen Zerrüttung des griechischen Gemeinwesens aufzuhelfen. Der Philosoph fühlt sich zum politisch-sozialen Reformator berufen.

Realist ist Plato schon gleich in seinen geschichtsphilosophischen Betrachtungen über den Ursprung und die Entwicklung des Staates (*Rep.* II, 369 ff.). Dessen wirtschaftliche Grundlage wird unumwunden anerkannt, sein Entstehen aus den ersten ökonomischen Bedürfnissen heraus geschildert. Die Teilung der Arbeit infolge der fortschreitenden Technik, die Warenerzeugung und der Handel, die Fixierung des Geldes als Tauschwert, die allmähliche Herausbildung einer erwerbenden, kriegerischen und regierenden Klasse wird bereits hier in klarster Weise entwickelt (vgl. dazu auch das *Kritias*-Fragment). Reinstem, deshalb aber doch mit tiefster Einsicht in die Natur des wirklichen Staates gepaartem Idealismus entspringt anderseits das Ziel seines Staatswesens: höchste Glückseligkeit aller durch die höchste Tugend, die nur durch die Philosophie wissenschaftlich erkannt und zur Ausführung gebracht werden kann. Ein ausgeführtes Gemälde des platonischen Zukunftsstaates kann hier nicht gegeben werden, noch weniger eine Kritik; wir müssen uns auf eine kurze Skizze, unter Hervorhebung der philosophischen Zusammenhänge, beschränken.

Wie der Mensch ein Organismus im kleinen, so ist der Staat ein Mensch im großen. Die Grundtätigkeiten des einen kehren im anderen wieder. Daher entsprechen den drei Seelenkräften in Platos Staat drei voneinander abgesonderte Stände:

1. Dem ἐπιθυμητικόν das „Volk", die Menge der Ackerbauer, Handwerker und Kaufleute, mit ihrer dem Begehren entspringenden Sorge für die alltäglichen Bedürfnisse. Sie sind die „Lohngeber und Ernährer" der beiden anderen Stände und bilden die wirtschaftliche Grundlage des Staates, ohne indes Anteil an der Regierung zu erhalten; sie werden jedoch von jenen geschützt und gefördert. Für sie bleibt Privateigentum und Familie bestehen. Die Begabten unter ihnen können zu den oberen Klassen aufsteigen. Auch sie sind „Bürger", „Freunde" und „Brüder" der anderen[13].
2. Dem θυμοειδές entsprechend, haben die „Hüter" (φύλακες) oder „Helfer" (ἐπίκουροι) die Aufgabe, den Bestand des Staates nach außen durch Abwehr der Feinde, nach innen durch Durchführung der Gesetze zu sichern. Um jede Selbstsucht bei ihnen nach Möglichkeit auszurotten, sollen ihnen Erziehung (s. u.), Frauen und Kinder, ja alles gemeinsam sein. Kein persönliches Interesse soll sie an der Hingabe für das Ganze hindern. Alles Zueigenhaben wird als Übel betrachtet; alle bilden eine große Familie. Die Frauen sollen im wesentlichen die gleiche Erziehung wie die Männer erhalten. Die Edelsten und Weisesten der Krieger erheben sich zu der
3. dem λογιστικόν entsprechenden obersten Klasse: der Regierenden (ἄρχοντες) oder Philosophen. Ihr Beruf ist die Gesetzgebung und Überwachung von deren Ausführung, vor allem der Erziehung. Sie bekleiden, sobald sie das Los dazu beruft, die höchsten Ämter und widmen die übrige Zeit philosophischer Betrachtung, d.h. den Wissenschaften und der Idee des Guten, die eben in diesem Zusammenhange als der Gipfel der platonischen Ethik erscheint.

Auch die vier Kardinaltugenden werden mit dieser Dreiteilung in Beziehung gesetzt. Die Haupttugend des dritten oder Nährstandes ist die Zügelung der Triebe durch Besonnenheit und Selbstbeherrschung (σωφροσύνη), die des zweiten oder Wehrstandes Mannhaftigkeit (ἀνδρεία), die des ersten oder Lehrstandes Geistesbildung (σοφία). Die δικαιοσύνη (Gerechtigkeit, Sittlichkeit) endlich in ihrer Vollendung stellt der Idealstaat in seiner Gesamtheit dar; denn nicht das Wohl der einzelnen Klassen, sondern das des Ganzen soll für ihn bestimmend sein.

Seinem wesentlichen Charakter nach ist Platos Staat Erziehungsanstalt der menschlichen Gesellschaft (wenn auch nur mit Beziehung auf das hellenische

Volkstum durchgeführt) zum höchsten sittlichen Ideal. Freilich wird diese Erziehung im höchsten Sinne nur für die beiden oberen bezw. den obersten Stand gefordert; indessen wird auch für den Erwerbsstand die „einfache" musisch-gymnastische Erziehung verlangt. Jene höhere wird bis ins kleinste geregelt. Schon vor ihrer Geburt ist der Staat für die Tüchtigkeit seiner künftigen Hüter und Erhalter besorgt. Die edelsten und kräftigsten Männer sollen sich mit den edelsten und kräftigsten Frauen verbinden; der Philosoph scheut zu diesem Zwecke vor starken Eingriffen in das Geschlechtsleben nicht zurück. Nach den drei ersten Jahren rein leiblicher Pflege soll sich die von nun an gemeinsame Erziehung der Jugend, auf daß sie vollkommen harmonische Menschen heranbilde, gleichmäßig auf die körperliche wie auf die geistige Ausbildung richten. Die letztere erfolgt zunächst durch Mythenerzählungen, aus denen jedoch alle unsittlichen und unwürdigen Züge (von den Göttern, den Heroen und der Unterwelt) streng ausgeschieden sind; später durch Lese- und Schreibunterricht. Dem begeisterungsfähigen Alter von 14-16 Jahren werden Dichtkunst und Musik, dem angehenden Jünglingsalter (16.-18. Jahr) die ernsteren mathematischen Wissenschaften als geistige Kost dargeboten. Alles Üppige und Weichliche, Sittenverderbende und Zweideutige aus Musik und Poesie ist zu verbannen, sogar Homer; nur die veredelnde, auf das wahrhaft Gute und Schöne gerichtete Kunst soll zugelassen werden, damit ein ernster sittlicher Sinn, eine hohe und reine Gottesvorstellung, eine mutige Verachtung des Todes und der vergänglichen Lebensgüter in den jungen Seelen erzeugt werde. Dem musisch-mathematischen Kursus folgt dann vom 18. bis 20. Lebensjahre – ähnlich wie bei uns – die kriegerische Ausbildung. Danach tritt eine erste Auslese ein. Die wissenschaftlich minder Begabten bleiben im Kriegerstande, die übrigen betreiben nun die Wissenschaften intensiver und in mehr systematischer Form. Während dann – zweite Auslese – die minder Vorzüglichen unter ihnen zu praktischen Staatsämtern übergehen, widmen sich die Ausgezeichnetsten nach fünf weiteren Jahren der Erkenntnis des Seienden (Ideenlehre, Dialektik) und übernehmen dann ihrerseits höhere Regierungsämter. Haben sie sich in denselben 15 Jahre lang bewährt, so sind sie im fünfzigsten Lebensjahre reif, unter die Zahl der „Herrscher" oder Philosophen (s. o.) aufgenommen zu werden.

Mit seinem großzügigen Entwurf eines neuen Staatsideals verbindet Plato (bes. in *Staat* VIII) eine äußerst scharfe, von dem heutigen Sozialismus kaum überbotene Kritik der bestehenden Staats- und Gesellschaftsordnung. Schon hier (551 D) findet sich das Wort von den zwei „Staaten", dem der Reichen und Armen. Mit den schärfsten Worten geißelt er den Mammonismus, das „Drohnen"- und Spekulantentum, den schwelgerischen Müßiggang der „goldenen" Jugend, die notwendig zur Katastrophe führen müssen. An anderer Stelle wird der gegenwärtige Zustand bereits als der „Krieg aller gegen alle" bezeichnet (*Gesetze* I, 626 D). Reformen auf dem Boden des Bestehenden würden dürftige Notbehelfe bleiben und die Mißstände nur verlängern. Eine radikale Umwälzung der Gemüter, ein gründlicher Reinigungsprozeß tut not.

In einem besonderen Abschnitte (B. V, 471 ff.) erörtert Plato die Möglichkeit der Verwirklichung seines Ideals. Sein Staat ist ein „Urbild", das, wie jede Idee, von der Erfahrung nie ganz erreicht werden kann, aber doch annähernd; denn seine Forderungen entsprechen der Natur der Dinge. Freilich muß sich, wenn anders er Bestand haben soll, das Volksleben mit einem völlig neuen sittlichen Geiste erfüllen; denn Staatsverfassungen wachsen nicht auf den Bäumen, wie die Eicheln, sondern wurzeln in der Sinnesart der Bürger. Dazu soll eben die neue Erziehung, die er selbst in seiner Akademie zu verwirklichen suchte, helfen. Ein neues Geschlecht muß erst heranwachsen. Übrigens werden sich die jetzigen Erwachsenen durch die segensreichen Wirkungen des neuen Staates, so hofft Platos Optimismus, unschwer für ihn gewinnen lassen. So ist denn sein bekannter Satz: „Nicht eher wird ein Aufhören der Übel in den Staaten, ja beim Menschengeschlecht überhaupt eintreten, ehe die Philosophen zur Regierung kommen oder die jetzigen Könige und Machthaber wahrhaft und gründlich philosophieren" (V, 473 D), durchaus ernst gemeint. Aber seine Hoffnungen auf Dionys schlugen fehl, und sein Vaterland versank in immer größere Zerrüttung, Schmach und Schwäche. So mußte er denn seine Hoffnung, eine ähnliche politische Macht, wie einst der Bund der Pythagoreer in Großgriechenland, zu gewinnen, zu Grabe tragen. Dennoch versiegt sein Idealismus nicht. Gegen Ende seines Lebens entwirft er in den *Gesetzen* (Νόμοι, *Leges*) die Grundzüge eines zweitbesten Staates, der, den bestehenden Verhältnissen angepaßt, mehr Aussicht auf Verwirklichung zu bieten schien.[14]

Plato denkt ihn sich als eine Kolonie im Inneren Kretas, von wesentlich agrarischem Charakter. Statt der Philosophen regiert ein Verein der Einsichtigsten und Bewährtesten nach geschriebenen, aber fortzubildenden Gesetzen. An Stelle der Ideenerkenntnis tritt ein mathematisch-musischer Kurs und eine geläuterte Staatsreligion, an Stelle der Aufhebung von Familie und Privateigentum eine sorgfältige Überwachung der Ehen und des häuslichen Lebens und eine – wohl nach altspartanischem Muster getroffene – Teilung des Staatsgebietes in 5040 gleiche Landlose. Indessen sind mit dieser größeren Demokratisierung des Staatswesens doch – im allgemeinen von den Historikern der Philosophie zu wenig beachtete – Fortschritte verbunden. Die starre Trennung der Stände ist gemildert, die Kluft zwischen Herrschenden und Beherrschten fast geschlossen, die Regierenden sind an strenge Gesetze gebunden, der ideale Wert der wirtschaftlichen Arbeit wird stärker gewürdigt, der Volksbildung aller Klassen, auch der weiblichen Jugend, größere Aufmerksamkeit geschenkt. Ja, was besonders merkwürdig und erst von *Natorp* (a. a. O. Anm. 24) mit voller Deutlichkeit hervorgehoben worden ist, diese Demokratisierung führt dahin, daß der Halbkommunismus der *Republik* hier, wenigstens in der Idee, zur vollen wirtschaftlichen Gemeinschaft aller Bürger (zu denen freilich die unfreien Landarbeiter nicht gehören!) erweitert wird. Jeder soll sein Ackerlos, ja „sich selbst und sein Vermögen" als Gemeingut des ganzen Staates ansehen. Ein gemeinsames Besitzen und Bebauen des öffentlichen Grund und Bodens wäre noch „zu groß für das jetzige Geschlecht und die Art, wie es aufwächst und erzogen wird"; es wäre, zusammen mit der Gemeinschaft der Frauen, Kinder und aller Habe, ein Ideal „vielleicht für Götter und Göttersöhne", von dem er nicht weiß, „ob es irgendwo existiert oder dereinst kommen wird" (*Leg.* V, 739 C f.).

Damit haben wir die Grundzüge von Platos Philosophie zur Darstellung gebracht. Seine „Theologie", d.h. seine mehr oder weniger freie Umbildung der orphisch-dionysischen Geheimlehren von Seele, Erlösung und Jenseits, die von einzelnen neueren Darstellern (z.B. *Windelband* in seiner zu § 20 genannten Monographie) in den Vordergrund gerückt wird, ziehen wir absichtlich nicht in den Kreis dieser Darstellung. Wo die Predigt beginnt, hört die Philosophie auf.

§ 26. Platos Schule oder die ältere Akademie.

Die von Plato gestiftete wissenschaftliche Genossenschaft, die unter dem Namen „Akademie" an der durch den Meister geweihten Stätte blieb, hat sich durch ihre feste Organisation länger als irgendeine andere antike Philosophenschule, fast ein Jahrtausend, erhalten. Freilich nur unter mannigfacher Umbildung der Lehre. Man unterscheidet in dieser Beziehung unter den vorchristlichen Platonikern drei Richtungen: die ältere, mittlere und neuere Akademie. Die beiden letzteren gehören indes erst der nacharistotelischen Periode der griechischen Philosophie an (s. § 43). Als Scholarchen oder Schulhäupter der älteren Akademie werden genannt: Platos Neffe Speusippos (347-339), Xenokrates (339-314), Polemon (314-270) und Krates. Neben ihnen ragten Heraklides der Pontiker, Philipp von Opus, Hermodor und Krantor hervor.

Gemeinsam ist diesen älteren Akademikern einmal, daß sie die mystischen Neigungen und pythagorisierenden Tendenzen von Platos Alter, kurz das weniger Dauerhafte in Platos Lehre pflegen und weiter ausbilden, während die erkenntnistheoretische Grundrichtung der Ideenlehre zurücktritt, und zweitens, daß sie sich, ähnlich den „unvollkommenen Sokratikern", vorzugsweise den praktisch-ethischen Untersuchungen (meist mit religiöser Färbung) zuwenden. Übrigens läßt die hier wieder beginnende Dürftigkeit der Überlieferung keine genauere Charakteristik dieser „unvollkommenen Platoniker", wie ich sie nennen möchte, zu.

Ein von Speusippos erhaltenes Bruchstück klingt ganz pythagoreisch. Die höchste Realität schreibt er nicht den Ideen, sondern den Zahlen zu. Das Gute erscheint ihm nicht als Urgrund und Anfang, sondern als Endzweck und dereinstiger Entwicklungsabschluß des Sinnlichen und Unvollkommenen. Im übrigen scheint er eifrig biologische Studien getrieben zu haben, deren Ergebnisse er in einem größeren Werke über die Ähnlichkeiten (Ὅμοια) zusammenfaßte. Sein Nachfolger Xenokrates (eine Sammlung der Fragmente nebst Darstellung der Lehre gibt *R. Heinze*, Leipzig 1892) wird als eine ernste und strenge, wenn auch im Denken etwas schwerfällige, Persönlichkeit gerühmt. Die Ideen oder (!) Zahlen gehen ihm aus dem Urgrund des Einen und der unbestimmten Zweiheit hervor, aus ihnen die sich selbstbewegende Weltseele, aus dieser wiederum eine unendliche Stufenreihe von Kräften und Wesen, die zum Teil mit den Namen von Göttern und Dämonen bezeichnet werden, bis hinab zu dem Niedersten und Unvollkommensten. Auch die menschliche Seele ist ihm eine sich selbst bewegende Zahl. Er hat die Philosophie zuerst in Physik, Logik und Ethik gegliedert. Ähnliches wie er lehrte Philipp von Opus, der höchstwahrscheinlich die gewöhnlich hinter Platos *Gesetzen* abgedruckte Epinomis verfaßt und ersteres Werk herausgegeben, vielleicht auch überarbeitet hat.

Wichtiger als ihre an Platos *Timäus* sich anlehnende phantastische Metaphysik sind die mathematischen und astronomischen Leistungen dieser Platoniker, von denen der vielseitige Heraklides bereits die tägliche Achsendrehung der Erde und den Stillstand des Fixsternhimmels gelehrt hat. Populäre Ethik trieben außer Xenokrates namentlich der zum Zynismus neigende Polemon und Krantor, letzterer zugleich der früheste Ausleger des *Timäus* und Verfasser einer von Cicero gerühmten Trostschrift „Über die Trauer".

Wie viel wissenschaftliches Streben und sittliche Tüchtigkeit aber auch in diesen wackeren Männern der älteren Akademie gewohnt haben mag, so hat doch keiner von ihnen die Weiterentwicklung der Philosophie nennenswert gefördert. Der bedeutendste von Platos Schülern schied verhältnismäßig früh aus dem Schulverbande und stellte ein eigenes System auf: Aristoteles.

Kapitel IX.
Aristoteles.

§ 27. Aristoteles' Leben und Schriften.

a) Leben.

Die aus dem Altertum stammenden Nachrichten über das Leben des Aristoteles sind verhältnismäßig spärlich und aus abgeleiteten Quellen geschöpft. Von neueren Bearbeitungen sind die ausführlichsten die von *A. Stahr, Aristotelia*, 1. Teil (1830) und *Lewes, Aristotle*, Cap. 1 (deutsch von Carus, Leipzig 1865).

Aristoteles, der „Stagirite", wurde 384 v. Chr. in dem unansehnlichen Stagira auf der thrakischen Chalkidike als Sohn des makedonischen Leibarztes Nikomachos geboren. Seine Abstammung aus einer alten Ärztefamilie war vielleicht nicht ohne Bedeutung für seine Neigung zur Erfahrungswissenschaft. Früh verwaist und von Verwandten erzogen, kam er als 17- bis 18jähriger Jüngling nach Athen und trat dort in die platonische Genossenschaft ein, der er zwei Jahrzehnte bis zum Tode seines Lehrers angehörte. Dieser soll ihn „den Leser" genannt und von ihm behauptet haben, wie Xenokrates des Sporns, so bedürfe er des Zügels. Schon zu Platos Lebzeiten übrigens trat Aristoteles selbständig als Schriftsteller und Lehrer der Redekunst auf. Der Schulklatsch, der auch sonst seinen Charakter zu verdächtigen gesucht hat, wußte später manches von Feindseligkeiten zwischen Lehrer und Schüler zu berichten; in den Schriften des letzteren tritt jedoch, bei aller sachlichen Gegnerschaft, stets die größte persönliche Hochachtung vor dem Meister hervor. Nach Platos Tode ging er mit Xenokrates zu dem gemeinsamen Freunde und Akademiegenossen beider, dem Fürsten Hermias von Atarneus in Mysien, dessen Nichte er später heiratete. 342 folgte er einem Rufe König Philipps von Makedonien an dessen Hof, um die Erziehung des 14jährigen Alexander zu übernehmen. Der königliche Zögling hat ihm auch später Achtung und Neigung bewahrt. Noch ehe Alexander seinen Zug nach Asien antrat (334), siedelte Aristoteles mit seinem Freunde Theophrast nach Athen über und gründete dort seine eigene Schule, das Lyzeum, so genannt nach dem dem Apollon Lykeios geweihten Gymnasium, in dessen schattigen Laubengängen (περίπατοι) umherwandelnd (περιπατοῦντες) seine Schüler mit ihm philosophierten; daher ihr Name: Peripatetiker. Nach Gellius hat er dort morgens „akroamatische" (zusammenhängende) Vorträge für die Reiferen, am Nachmittag „exoterische" (populärrhetorische) für ein größeres Publikum gehalten. Durch eigene Wohlhabenheit sowie durch seine nahen Beziehungen zum makedonischen Königshause mit reichlichen Mitteln versehen, vermochte er zuerst eine größere Bibliothek anzulegen. Nur zwölf Jahre stand er seiner Schule vor. Nach dem Tode Alexanders des Großen (323) formell wegen „Gottlosigkeit", in der Tat wahrscheinlich wegen jener makedonischen Beziehungen angeklagt, floh er von Athen – er wolle den Athenern, soll er gesagt haben, nicht zum zweitenmal Gelegenheit geben, sich an der Philosophie zu versündigen – nach Chalkis auf Euböa, wo er schon im folgenden Jahre an einer Magenkrankheit starb.

b) Schriften.

Aus der zahllosen Literatur seien hervorgehoben: *Stahr, Aristotelia,* 2. Teil. 1832. *Bonitz, Aristotelische Studien.* Wien 1862 ff. *Bernays, Die Dialoge des Aristoteles.* 1863. *Vahlen, Aristotel. Aufsätze.* Wien 1870 ff.

Die auch bezüglich der aristotelischen Schriften vorhandenen Schwierigkeiten betreffen weniger, wie bei Plato, die chronologische Reihenfolge, die zudem bei ihrem keine besondere schriftstellerische Entwicklung verratenden Inhalte ziemlich gleichgültig ist, sondern mehr die Frage nach der Echtheit oder Überarbeitung seitens seiner Schüler. Ihrem literarischen Charakter nach zerfallen sie in drei Gattungen:

1. Von ihm selbst „herausgegebene“ (ἐκδεδομένοι) populäre Abhandlungen (ἐξωτερικοὶ λόγοι). Sie stammen aus seiner akademischen Zeit und schlossen sich auch in ihrer dialogischen Form an Plato an. Ihr glänzender Stil wird als dem platonischen ebenbürtig erwähnt. Jedoch sind von ihnen nur vereinzelte Stellen (bei anderen Schriftstellern) erhalten.
2. Sammelwerke, d.h. von ihm, wohl mit Hilfe seiner Schüler, zusammengestellte Aufzeichnungen (ὑπομνήματα) zum Gebrauche im Lyzeum. Sie enthielten Zusammenstellungen verschiedenster (naturwissenschaftlicher, geschichtlicher, literarhistorischer) Art. Einen guten Einblick in Form und Gehalt derselben gewährt die neuerdings aufgefundene lehrreiche Ἀθηναίων πολιτεία (athenische Staatsverfassung), 1892 herausgegeben von *Kaibel* und *v. Wilamowitz* (vgl. des letzteren zweibändiges Werk: *Aristoteles und die Athener*, Berlin 1893). Sie war nur ein Teil des großen Sammelwerkes der „Politien“, das in einem Anhang auch Rom und Karthago in den Kreis seiner Betrachtung zog. Sonst sind sie leider sämtlich verloren. Zum Glück größtenteils erhalten ist dagegen
3. der für uns wichtigste Teil seiner Werke: die auf gefälligen Reiz der Darstellung verzichtenden, rein wissenschaftlichen Lehrschriften. Die Ungleichmäßigkeit der Ausführung – zahlreiche Wiederholungen einer-, zu große Knappheit anderseits – lassen vermuten, daß dieselben nicht für die Herausgabe bestimmt, sondern von Aristoteles entweder bei seinen Vorträgen als Manuskript benutzt oder für den Kreis seiner Schüler niedergeschrieben wurden, ohne daß er ihnen die letzte Feile gab. Lücken wurden dann unter Umständen auch durch Schüler ergänzt, wie es an mehreren dieser Schriften deutlich nachzuweisen ist. Die Hauptmasse der unter Aristoteles' Namen uns überlieferten Schriften ist sicher echt – das beweist nicht bloß der äußerliche, sondern noch schlagender der festgefügte innere Zusammenhang – und wohl fast durchweg während der zwölf letzten Jahre zu Athen verfaßt. Der weitverzweigten Gelehrsamkeit des Verfassers entsprechend, verbreiten sie sich über einen noch größeren Kreis von Wissensgebieten als die Platos. Wir teilen sie nach ihrem Inhalt in:

   I. *Logische* Schriften, in byzantinischer Zeit unter dem Titel *Organon* (d. i. geistiges Werkzeug) zusammengefaßt. Dazu gehören: Die *Kategorien* (Arten des Seienden), die *Analytica priora* (von den Schlüssen) und *posteriora* (vom Beweis, der Definition und den Einteilungen), Περὶ ἑρμηνείας (de interpretatione, vom Satz und Urteil), und die *Topik* (von den dialektischen oder Wahrscheinlichkeitsschlüssen), eine Art Leitfaden der Disputierkunst, nebst den auch wissenschaftlich wertvollen *Sophistischen Trugschlüssen*.

   II. *Naturwissenschaftliche:* Die *Physik* (in 8 Büchern), *Vom Himmel* (4 Bücher), *Vom Entstehen und Vergehen* (2), *Meteorologie* (4), *Von der Seele*

(3), Die *Große Tiergeschichte* (10) und eine ganze Reihe kleinerer zoologischer Aufsätze (die sogenannten *Parva naturalia*).

III. *Ethische:* Das Hauptwerk ist die sogenannte *Nikomachische Ethik* (in 10 Büchern), genannt nach seinem Sohne aus einer zweiten Ehe mit seiner Haushälterin, Nikomachos, und vielleicht auch erst von diesem veröffentlicht. Eine von seinem Schüler Eudemos verfaßte Überarbeitung derselben bietet die unvollständig – 4 von 7 Büchern – erhaltene *Eudemische;* einen aus beiden, besonders der letzteren, zusammengestellten Auszug eine merkwürdigerweise den Titel *Große Ethik (Magna Moralia)* führende kleinere Schrift (in 2 Büchern). In das Gebiet der angewandten Ethik gehört die *Politik* (8 Bücher), unvollendet und nicht in der richtigen Ordnung erhalten.

IV. *Ästhetische: Rhetorik* (3 Bücher, von denen das dritte zweifelhaft) und *Poetik* (auch diese lückenhaft und mehrfach überarbeitet).

V. *Allgemein-philosophischen* Inhalts: die *Metaphysik* (der Name rührt von dem ganz äußerlichen Umstande her, daß sie von einem späteren Ordner hinter die physikalischen Schriften, μετὰ τὰ φυσικά, gestellt wurde). Von den 14 Büchern bilden nur I–III und V–VIII ein zusammenhängendes Ganze. Nach Zeller besitzen wir in dem Werk eine kurz nach des Philosophen Tode veranstaltete Zusammenstellung dessen, was sich in seinem Nachlasse von auf die sogenannte „erste Philosophie“ Bezüglichem vorfand.

Überlieferung und Ausgaben. Die aristotelischen Schriften haben ihre eigene, beinahe romanhafte Geschichte. Nach Strabo sollen sie im 3. und 2. Jahrhundert v. Chr., um vor der Sammelwut der Fürsten von Pergamon bewahrt zu bleiben, in einem feuchten Keller zu Skepsis (in Troas) aufbewahrt und erst um 100 v. Chr. nach Athen, von da durch Sulla nach Rom gebracht worden sein. Das kann sich aber nur auf die aristotelische Handschrift selbst beziehen, denn fast alle uns überlieferten Schriften sind das ganze 3. und 2. Jahrhundert hindurch als bekannt bezeugt. In Rom erfolgte um 50 v. Chr. (nach Plutarch) eine Neuausgabe, wie es scheint, sämtlicher Schriften durch den Peripatetiker Andronikos von Rhodus. Sie liegt der heutigen Überlieferung zugrunde. Von den Schicksalen der aristotelischen Schriften im Mittelalter wird an seinem Orte die Rede sein. Im Druck sind sie zuerst lateinisch, zusammen mit den Kommentaren des Arabers Averroës (§ 63) in Venedig 1489, darauf griechisch ebd. 1495 ff. herausgegeben worden, sodann bis 1668 öfters. Dann erlahmt das Aristotelesstudium längere Zeit, um erst im 19. Jahrhundert wieder aufzuleben. Von den neueren Gesamtausgaben weitaus die bedeutendste ist die von der *Berliner Akademie der Wissenschaften* in fünf großen Quartbänden (1831-1870) veranstaltete: von *Imm. Becker* (Bd. I, II: Text), *Brandis* (Bd. III, IV: Lateinische Übersetzungen und Scholienauszüge), *V. Rose* und *Bonitz* (Bd. V: Fragmente, Rest der Scholien und Index). Seit kurzem ist auch die große Akademieausgabe der Griechischen Kommentare (*Commentaria in Aristotelem Graeca*) in 23 Bänden (51 Teilen) und drei Supplementbänden (6 Teilen) vollendet. Eine Textausgabe mit kritischem Apparat erscheint neuerdings in der *Bibliotheca Teubneriana.* Eine deutsche Gesamtübersetzung existiert noch nicht, dagegen sind die meisten Einzelschriften in den Sammlungen von *Metzler, Hoffmann, Engelmann* und der *Philosophischen Bibliothek*[15], meistens mit Erläuterungen, verdeutscht worden. Wichtigere Sonderausgaben siehe unten bei den einzelnen Werken.

§ 28. Einleitendes, insbes. Verhältnis zu Plato. Einteilung des Systems.

Den besten Überblick geben noch immer die betr. Partien der großen Werke von *Brandis* und *Zeller*. Außerdem zu erwähnen: *F. Biese, Die Philosophie des Aristoteles*, 2 Bde., 1835-42; *Teichmüller, Studien zur Geschichte der Begriffe*, 1874; *Prantl, Geschichte der Logik im Abendlande*, Bd. I; *Grote, Aristotle* (unvoll.), 2 Bde., London 1872; *Bonitz, Aristotel. Studien*, Wien 1862-67. Stilistisch am reizvollsten und inhaltlich außerordentlich anregend *Th. Gomperz, Griechische Denker*, Bd. III (1909), der fast nur von Aristoteles handelt. Streng systematisch *A. Görland, Aristoteles – Kant*. Eine Untersuchung über die Idee der theoretischen Erkenntnis. Gießen 1909. In der Frommannschen Sammlung eine kurze zusammenfassende Schilderung (136 S.) von *H. Siebeck*, 2. Aufl. 1902.

Auch für Aristoteles ist das letzte Ziel der Philosophie Erkenntnis des Seienden und Allgemeingültigen, und gleich seinen beiden Vorgängern Sokrates und Plato ist auch er davon überzeugt, daß nur auf dem Wege begrifflicher Erkenntnis wahres Wissen (Wissenschaft) möglich sei. Aber stärker als die gemeinsame Grundlage tritt, wenigstens gegenüber Plato, die Verschiedenheit hervor. Plato beginnt als Kritiker der Erkenntnis; Aristoteles geht ganz dogmatisch von der „natürlichen" vulgären Vorstellungsweise der „Dinge" aus, die nur der logischen Bearbeitung bedürfe. Auf die philosophische Grundfrage: „Wie ist das Seiende zu denken? Was heißt Substanz?" antwortet Aristoteles: Das Sein kann weder in der bloßen Materie gesucht werden, die das Geistige nicht zu erklären vermag, noch in dem reinen Gedanken des Allgemeinen (Plato), sondern liegt in dem Einzelding, insofern es durch das Allgemeine bestimmt wird. Platos Interesse war in erster Linie ein erkenntnistheoretisches, auf die Gewißheit des Erkennens, die Geltungsart des „Seins" gerichtetes; dasjenige des Aristoteles ist ein genetisches: er will die in den Sinnendingen wirkenden Ursachen auffinden und erklären. Dazu schienen ihm die platonischen Ideen nicht geeignet, und er unterzieht deshalb (besonders in *Metaphysik* I, VI, XII) die Ideenlehre seines Lehrers einer sehr abfälligen Kritik. Sokrates habe sich mit Recht auf den Satz beschränkt: Soviel Naturdinge, soviel Gattungsbegriffe (εἴδη) von ihnen; Plato aber habe außerdem für jedes Ding noch eine Idee verlangt. Nach ihm gebe es z.B. drei verschiedene Himmel: den sinnlich wahrnehmbaren, den mathematisch verstandenen und die Himmelidee; ebenso drei verschiedene Menschen: den Einzelmenschen dort, die Gattung Mensch (αὐτοάνθρωπος) und einen „dritten Menschen" (τρίτος ἄνθρωπος), dessen Idee die beiden ersteren nachgebildet seien. Es mag sein, daß Aristoteles zu solchen Betrachtungen durch Sätze oder Auslegungen einzelner Platoniker veranlaßt worden ist. Die Lehre des Meisters (s. § 21 ff.) hat er hiernach in ihrem feinsten Kerne nicht verstanden. Übrigens ist ihm auch offenbar unrichtige Darstellung des Tatsächlichen nachzuweisen: so, wenn er sagt, Plato habe inkonsequenterweise keine Ideen von künstlichen Erzeugnissen, Verhältnissen, Attributen usw. angenommen, während jedem Platokenner als Beispiele für Ideen die Weberlade im Kratylos, das Sofa (κλίνη) und das Kunstwerk überhaupt in der Politeia, die Gleichheit im Phädo geläufig sind. Gegenüber dem Begründer des Idealismus glaubt Aristoteles einen mächtigen Fortschritt zu tun, indem er das „Wesen" der Dinge nicht „abgesondert" von den äußeren Gegenständen, sondern in ihnen sucht, das Eine (ἕν) nicht neben den Vielen (παρὰ τὰ πολλά), sondern in den Vielen (κατὰ τῶν πολλῶν) findet. Gewiß ist sein, vielleicht von den ärztlichen Vorfahren ererbter, „realistischer" Tatsachensinn anerkennenswert und hat ihn zu mannigfaltigen und wichtigen Einzelentdeckungen geführt; aber eine haltbare kritische Grundlegung fehlt. Dahin gehört auch seine Unterschätzung des Wertes der Mathematik als wissenschaftlichen Denkmittels, während er einer Überschätzung der formalen, namentlich der klassifizierenden Logik zuneigt.

Da das philosophische System des Aristoteles so ziemlich alle Gebiete des damaligen Wissens mit Ausnahme der Mathematik umfaßt, ist die Behandlung und Einteilung des gewaltigen Stoffes nicht ganz einfach, zumal der Philosoph selbst keine feststehende Gliederung einhält, sondern bald der in der Akademie üblich gewordenen und von ihr auch auf die anderen Philosophenschulen übergegangenen Einteilung der Philosophie in Logik, Physik und Ethik folgt, bald eine theoretische, praktische und poietische, d.h. auf das technische und künstlerische Gestalten (ποιεῖν) des Stoffes gerichtete, Wissenschaft unterscheidet. Wir halten uns im allgemeinen an die in der obigen (S. 100 f.) Übersicht seiner Schriften befolgte Anordnung und behandeln zuerst 1. die Logik, die als allgemeine Theorie des wissenschaftlichen Verfahrens gleichsam die Einleitung zu der 2. dann folgenden „ersten" Philosophie oder Metaphysik enthält, 3. seine Natur- und Seelenlehre, 4. die auf letzterer ruhende „praktische" Philosophie: Ethik und Politik, und endlich 5. deren „poietischen" Anhang: Rhetorik und Kunstlehre.

§ 29. Die Begründung der formalen Logik.

Beste Ausgabe des Organon mit Kommentar die von *Th. Waitz*, 2 Bde. Leipzig 1844-46. Zum eingehenderen Studium s. die betr. Abschnitte der Werke von *Brandis, Zeller* und *Prantl* sowie *H. Maier, Die Syllogistik des Aristoteles.* 3 Bde. 1896-1900. Zur ersten Einführung geeignet auch *A.*

Trendelenburgs einst als Schulbuch viel gebrauchte: *Elementa logices Aristoteleae*, Berlin 1836, 9. Aufl. 1892.

Wenn Aristoteles in der Regel und mit Recht der „Vater" der Logik genannt wird, so ist das natürlich nicht so zu verstehen, als ob er etwa die Logik mit einem Male erfunden hätte. Diese ist vielmehr im engsten Zusammenhange mit dem wissenschaftlichen Denken überhaupt entstanden: so beispielsweise die Grundbegriffe der Substanz, Größe und Bewegung mit den philosophisch-mathematischen Problemen der Pythagoreer (§ 3) und Eleaten (§ 6), der des Begriffes selbst mit Sokrates. In Platos Ideenlehre gar ist nicht bloß das „dialektische" Verfahren überhaupt, sondern sind auch die bestimmten Begriffe der Negation, der Hypothese, der Einheit, der Ursache und des Daseins bereits zu reicher wissenschaftlicher Fruchtbarkeit gediehen. Aristoteles aber faßt zum erstenmal diese und andere Begriffe in systematischer Formulierung zusammen und begründet so die Logik als eigene Disziplin. Freilich entnimmt er sie nicht sowohl dem wissenschaftlichen, als vielmehr dem Sprachgebrauche; seine Logik ist im Grunde genommen nur eine, in ihrer Art allerdings großartige, Zergliederung und Systematisierung der Formen des Satzes.

Da alle Erkenntnis in der Verknüpfung von Begriffen (λόγοι, eigentlich Worten!) miteinander zu Urteilen besteht, Urteile aber sich zu Schlüssen und Beweisen zusammensetzen, so bildet den Mittelpunkt der aristotelischen Logik die Lehre vom Schließen und der Beweisführung, wie sie in seinem logischen Hauptwerke, der Analytik, d.h. Zergliederungskunst (sc. des Denkens) niedergelegt ist. Die Urteile zerfallen in bejahende und verneinende, ferner allgemeine, partikulare und einzelne usw. (Was die Einzelheiten hier und im folgenden betrifft, so verweisen wir auf jedes Handbuch der Logik, z.B. das von *Ueberweg*.) Aus zwei Urteilen mit drei Begriffen (z.B. Sokrates, Mensch, sterblich) baut sich der Schluß (Syllogismus) auf. Die Syllogistik zeigt die Regeln, nach denen aus gegebenen Sätzen oder Voraussetzungen (Prämissen) andere folgen; von den heute geltenden vier Schlußfiguren finden sich die drei ersten bereits bei Aristoteles. Aus Schlüssen setzt sich die Beweisführung (ἀπόδειξις) zusammen. Ihre Aufgabe ist Ableitung des Bedingten aus dem Unbedingten, des Einzelnen aus den allgemeinsten Prinzipien (s. § 30), welche letzteren durch die Vernunft (νοῦς) selbst unmittelbar erkannt werden. Ihr oberstes Prinzip ist der Satz des Widerspruchs ($a = a$ und nicht $=$ *non a*). Umgekehrt wie der Syllogismus oder deduktive (ableitende) Beweis, verfährt die Induktion (ἐπαγωγή), zu deutsch: „Heranbringung", die von dem bekannten Einzelding zu dem erst festzustellenden Allgemeinen hinführt, z.B.: Der Mensch hat wenig Galle und lebt lange, das Pferd ebenfalls, das Maultier usw. desgleichen; also sind alle Tiere mit wenig Galle langlebig. Der solchermaßen gewonnene Induktionsschluß ist, weil er vom Bekannten und Sinnlich-Wahrnehmbaren ausgeht, für uns vielfach überzeugender und deutlicher, der Syllogismus aber an sich zwingender und beweiskräftiger. Daher eignet sich ersterer mehr für den mit dialektischen oder Wahrscheinlichkeitsschlüssen arbeitenden, auf die Menge zu wirken bestrebten Redner; wissenschaftliche Gültigkeit kann er nur bei erreichter „Vollständigkeit" der Induktion beanspruchen [ist dann aber eigentlich bereits deduktiv, Anm. d. Verf.]. Teils auf dem Beweis, teils auf Induktion beruht die Begriffsbestimmung oder Definition (ὁρισμός). Sie will das Wesen (οὐσία, εἶδος, τὸ τί ἐστι, τὸ τί ἦν εἶναι) der Dinge begriffsmäßig bestimmen. Zu einer guten Definition ist die Unterscheidung von Gattungen (γένη), und Arten (εἴδη) erforderlich. Die Gattung trennt das Ding von allen andersartigen Dingen, die Art von den übrigen Dingen derselben Gattung. Was innerhalb der Gattung am weitesten voneinander entfernt ist, steht in konträrem, was schlechthin entgegengesetzt ist (verneint wird), in kontradiktorischem Gegensatze.

Alle unsere Begriffe fallen unter die „Hauptgattungen der Aussagen über das Seiende" oder Kategorien, von denen Aristoteles willkürlich bald 8, bald 10 aufstellt. (Die folgenden Beispiele sind aristotelisch.)

1. Substanz (οὐσία), z.B. Mensch, Pferd
2. Quantität (ποσόν), z.B. zwei oder drei Ellen lang
3. Qualität (ποιόν), z.B. weiß, literarisch gebildet
4. Relation (πρός τι), z.B. doppelt, halb, größer
5. Ort (ποῦ), z.B. auf dem Markte, im Lyzeum
6. Zeit (ποτέ), z.B. gestern, im vorigen Jahre
7. Lage (κεῖσθαι), z.B. liegt, sitzt
8. Zustand (ἔχειν), z.B. ist beschuht, bewaffnet
9. Tätigkeit (ποιεῖν), z.B. schneidet, brennt
10. Leiden (πάσχειν), z.B. wird geschnitten, wird gebrannt.

Eine wissenschaftliche Begründung oder Ableitung dieser zehn Kategorien aus einem Prinzip fehlt durchaus; ja zwei davon (7 und 8) kommen nur in den „Kategorien" und der „Topik" vor, werden dagegen in den späteren Schriften ausgelassen. Sie entsprechen zum Teil den Wortarten und anderen grammatischen Verhältnissen (z.B. 9 und 10 dem Aktivum und Passivum). Die grundlegendsten sind ohne Zweifel die vier ersten, und von ihnen wieder die wichtigste die Substanz, die uns noch in der Metaphysik begegnen wird.

Die Logik ist Aristoteles' beste und dauerndste Schöpfung geblieben. Freilich besitzt Kants Behauptung, daß die Logik seit Aristoteles weder einen Schritt vorwärts noch zurück getan,[16] nicht zum wenigsten dank Kant selbst, heute keinen Anspruch auf buchstäbliche Geltung mehr. Indessen das Gerüst der in unseren Schulen seit dem Mittelalter bis teilweise noch in unsere Zeit herkömmlich gelehrten, sogenannten „formalen" Logik beruht in wesentlichen Teilen, wie namentlich der Syllogistik, immer noch auf Aristoteles; und ein großer Teil der Kunstausdrücke, mit denen die heutige Philosophie zu operieren gewohnt ist, stammt von dem „Vater der Logik" (vgl. *Eucken, Gesch. der philosophischen Terminologie,* S. 21-28). Für die Praxis der Wissenschaft allerdings war mit diesen Formen und Formeln bloß ein Schematismus gegeben, der nur eine autoritätsgläubige Scheinphilosophie, die nicht neue Wahrheiten erforschen, sondern als vorhanden geltende „beweisen" wollte, befriedigen konnte und auf seinen wahren Wert beschränkt wurde, als die Wissenschaft in der Zeit der Renaissance sich auf sich selbst zu besinnen begann.

Nach dem Sinne ihres Urhebers ist die Logik die Vorschule zu seiner „ersten" Philosophie oder Metaphysik.

§ 30. Die Metaphysik oder „erste Philosophie" des Aristoteles.

Die beste Ausgabe der *Metaphysik* (mit Kommentar) von *Bonitz*, Bonn 1848 f.; ins Deutsche übersetzt von *Bonitz*, herausg. von *Wellmann*, Berlin 1890. Eine zweite, ebenfalls mit Übersetzung und Kommentar, von *Schwegler*, Tübingen 1847 f. Eine Übersetzung ohne Urtext gibt *Rolfes* in der Philos. Bibl. (1904), eine freiere Übertragung mit veränderter Anordnung *Adolf Lasson*, Jena 1907.

Wie wir bereits in den einleitenden Bemerkungen (§ 28) sahen, geht Aristoteles' Problemstellung vom sinnlichen Einzeldinge (τὸ ἕκαστον), „diesem hier" (τόδε τι), aus. Aber von ihm ist „weder Begriffsbestimmung noch Beweis" möglich, sondern nur vom Allgemeinen (τοῦ καθ' ὅλου). Wie gelangen wir zu dessen Erkenntnis? Diese Frage nach dem Ursprung und Werden (γένεσις) der Erkenntnis, die für den Erkenntniskritiker Plato nur eine Frage zweiten Ranges gewesen war, nimmt bei Aristoteles und seit ihm einen breiten Raum im philosophischen Denken ein.

1. *Einzelnes und Allgemeines.* Der Erkenntnis des Allgemeinen muß vorangehen die Sinnenwahrnehmung der Einzeldinge. Aus ihr bildet sich, mit Hilfe der Induktion, das der Zeit und Veranlassung nach zuerst von uns Erkannte (πρότερον πρὸς ὑμᾶς), wohl zu unterscheiden von dem „von Natur" oder „an sich" Ersten (πρότερον ἁπλῶς oder πρότερον τῇ φύσει). Wir Menschen, mit unserem beschränkten Erkenntnisvermögen, beginnen mit dem πρότερον πρὸς ημᾶς, um im Laufe unseres Forschens immer tiefer in das πρότερον τῇ φύσει einzudringen. Worin kann dies Wesen (φύσις), dies an sich Erste anders bestehen als in der Idee? fragt der Platoniker mit Recht. Wäre auch Aristoteles, wie Trendelenburg meint, dieser Ansicht, so wäre er in der Tat von Platos καθ' αὐτό, ἰδέα und οὐσία nicht weit entfernt gewesen und hätte gegen den Idealismus nicht Sturm zu laufen brauchen. Aber es verhält sich tatsächlich anders. Nur das bestimmte Einzelding (τόδε τι), der Mensch hier (ὁ τὶς ἄνθρωπος), das Pferd dort (ὁ τὶς ἵππος) ist für ihn wirklich, ist Substanz (οὐσία) im eigentlichen Sinne. Die Gattungsbegriffe (der Mensch schlechthin, das lebende Wesen) bedeuten nur sprachlich etwas Einzelnes, sind in Wahrheit bloß uneigentliche, sekundäre Substanzen (δεύτεραι οὐσίαι). Ihrem wahren Sinne nach bezeichnen sie nur eine Eigenschaft (ποιόν τι) und drücken die Übereinstimmung vieler Einzeldinge in bezug auf dies aus. Anderseits wird die Sub-

stanz freilich auch wieder als das „An sich" (καϑ' αὑτό), das Wesentliche, im Gegensatz zu dem Akzidentiellen (κατὰ τὸ συμβεβηκός), d. i. dem den Dingen zufällig Anhaftenden gebraucht; sodaß selbst ein so konservativer, im ganzen mehr auf Aristoteles' als auf Platos Seite stehender Forscher wie Zeller zugibt, hier sei „ein Widerspruch" vorhanden, „dessen Folgen sich durch das ganze aristotelische System hindurchziehen".

2. *Stoff* und *Form* (Möglichkeit – Wirklichkeit). Trotz seiner Bestreitung der platonischen Ideenlehre, fühlt Aristoteles das Bedürfnis, etwas von deren leitenden Gedanken in seine „erste" Philosophie hinüberzuretten. Zu diesem Zwekke führt er ein seitdem in der Philosophie eingebürgertes Begriffspaar ein: Form (mit dem platonischen εἶδος, aber auch als μορφή = Gestalt bezeichnet) und Stoff oder Materie (ὕλη, von ihm selbst erfundener t. t.). Der Stoff ist die gestaltlose, starre Substanz, das „zugrunde Liegende" (ὑποκείμενον), die Form dessen Gestaltung. Erz und Marmor z.B. sind der Stoff, die fertige Bildsäule die Form; Holz, Steine und Erde der Stoff, das Haus ihre Form; bei dem Menschen sein Leib der Stoff, Leben und Seele die Form. Nie existiert ein Stoff ohne alle Form, wohl dagegen ein selbständiges Formprinzip: der reine Begriff oder das bleibende Wesen der Dinge (τὸ τι ἦν εἶναι). Doch ist ein formloser, gänzlich unbestimmter Stoff, eine „erste" oder „letzte" Materie (πρώτη oder ἐσχάτη ὕλη) wenigstens denkbar; es wird eine „wahrnehmbare" (αἰσϑητή) und eine bloß „denkbare" (νοητή) Materie unterschieden. So schleicht das Immaterielle, welches vermieden werden sollte, zur Hintertür wieder hinein. Dabei bilden nicht etwa feste mathematische oder physikalische Bestimmungen das Formelement, sondern der Gegensatz zwischen Form und Materie ist ein durchaus fließender. Was in der einen Beziehung Stoff ist, kann in einer anderen Form sein; so ist das Bauholz Form im Verhältnis zum unbehauenen Stamme, Stoff im Verhältnis zum fertigen Haus, die Seele Form im Verhältnis zum Körper, Stoff für die Vernunft, welche „die Form der Form" (εἶδος εἴδους) darstellt. Derselbe Widerspruch, wie bei dem Einzelnen und Allgemeinen (Nr. 1), tritt auch hier hervor. Einerseits soll der Stoff als das wahrhaft individualisierende Prinzip die wahre Substanz sein, anderseits wird doch wieder, und zwar viel häufiger, der Form das wahre Sein zugesprochen, indem sie (als εἶδος) mit der Substanz oder Wesenheit (οὐσία) identifiziert wird; dazu heißt endlich noch ein Drittes Substanz, nämlich das aus beiden zusammengesetzte Einzelding (σύνολον ἐξ ἀμϕοῖν).

Ja, noch weiter als bis zu jener Abstraktion eines bestimmungslosen Urstoffes verflüchtigt sich der Begriff der Materie, zur bloßen Möglichkeit (δύναμις) oder dem Möglichen (Potentiellen, δυνάμει ὄν), während die Form zur Verwirklichung (ἐνέργεια oder ἐντελέχεια[17]) oder dem Wirklichen (aktuellen ἐνεργείᾳ ὄν) erhoben wird. Die Materie ist also „ein Etwas bloß der Möglichkeit nach", wie der Baum, der im Keim, der Mann, der im Knaben steckt, und erst durch die Form sich verwirklicht. So ist die Materie zugleich das Unvollkommene (z.B. der Schlafende, der denken Könnende), die Form seine Vollendung (z.B. der Wachende, der wirklich Denkende). Reine Form ist nur der göttliche Geist. Das Einzelding ist weder je reine Anlage noch völlig verwirklichte Form. Die Hauptsache ist eben für Aristoteles die Beleuchtung des dazwischen liegenden Entwicklungsprozesses. Verfolgen wir nun weiter die Frage: Wie wird aus dem bloß Möglichen ein Wirkliches? so lautet die Antwort: durch die bewegende Ursache. So erscheint ein neues Begriffspaar:

3. *Bewegtes* und *bewegende Ursache* (Gott). Der Übergang aus der Möglichkeit in die Wirklichkeit ist notwendigerweise mit Bewegung (κίνησις) verbunden, d.h. nicht räumlicher Bewegung, sondern Veränderung, von der die Ortsbewegung nur einen Einzelfall bildet (vgl. § 31). Bewegung ist noch unvollendete Wirklichkeit, wie z.B. das Gehen, Lernen, Bauen, Abnagen im Gegensatz zum Gegangensein, Wissen usw. Wie alles in der Erfahrung, so muß auch das Bewegte seine Ursache haben. Verfolgen wir nun diese immer weiter zurück, so gelangen wir, da Raum und Zeit ohne Anfang und Ende sind, schließlich zu einem immateriellen „ersten Bewegenden“ (πρῶτον κινοῦν), das, selbst unbewegt und unbeweglich, ein einziges, schlechthin vollkommenes, unkörperliches, also vernünftiges Wesen ist, d. i. die Gottheit oder der göttliche Geist (νοῦς). Für ihn nimmt Aristoteles alle die Eigenschaften in Anspruch, die Plato seiner Idee des Guten beigelegt hatte: ewig, unveränderlich, für sich, getrennt von allem Übrigen und doch die Ursache desselben. Aber es fehlt ganz das Ethische. Diese mit der reinen Form identische Gottheit, diese rein in sich selbst ruhende Tätigkeit (Energie) ist zwar das Höchste und Beste, aber doch nur als mit sich selbst und der Betrachtung seines Wesens beschäftigtes reines Denken, „Denken des Denkens“ (νόησις νοήσεως). Der göttliche Geist bedarf keines Menschen und keines Dinges, die Welt sehnt sich vielmehr nach ihm. Er genügt sich selbst und hat keinen anderen Zweck als sich selbst. Seine Selbstbetrachtung (θεωρία) bildet seine ewige Seligkeit.

So erscheint hier zum erstenmal der Monotheismus begrifflich formuliert, zwar mit einzelnen pantheistischen Zügen, aber im ganzen doch im Unterschiede von Xenophanes (§ 4) in der theistischen Form der Außerweltlichkeit Gottes, und im Gegensatz zu Plato und noch mehr zu Sokrates nicht sittlich, sondern rein verstandesmäßig (intellektualistisch), daher auch recht kalt und nüchtern gedacht.

Alles Unvollkommene strebt zum Vollkommenen hin, alles Werden ist um des Seins (Wesens) willen (τῆς οὐσίας ἕνεκα) vorhanden. So kommen wir zu dem wichtigsten der vier aristotelischen Grundprinzipien, dem

4. *Zweck* (οὗ ἕνεκα). Während sich Aristoteles für die bisher genannten Prinzipien auf Vorgänger wie die Ionier, Empedokles, Anaxagoras, Plato bezieht, stellt er selbst, wie er ausdrücklich hervorhebt, das Zweckprinzip zum erstenmal auf: Das Wesen und die Ursache jedes Dinges ist der in ihm ruhende Zweck. Sahen wir auch schon bei Sokrates und Plato den Zweckgedanken auftauchen, so ist noch erst Aristoteles der Begründer einer besonderen Zwecklehre (Teleologie). Damit tritt seine Philosophie in ausgesprochenen Gegensatz zu der

mechanischen Weltauffassung Demokrits, den er (de gener. animalium V, 8) ausdrücklich tadelt, weil er, „die Zweckursachen (οὗ ἕνεκα) außer acht lassend, alles auf die Notwendigkeit (ἀνάγκη) zurückgeführt“ habe. Das Wasser des Wassersüchtigen fließe nicht aus wegen des Messers, sondern wegen der Gesundheit durch das Messer! Demokrit vertritt in diesem Falle entschieden die moderne naturwissenschaftliche Anschauung. Aristoteles hat selbst ein Gefühl von der Unsicherheit seines eigenen Standpunktes: die Naturforschung soll „auch“ das mechanische Prinzip haben, „mehr aber“ das des Zwecks (μᾶλλον δέ τινος ἕνεκα). Und ähnlich triviale Beispiele, wie das obige, sind ihm öfters gut genug: das Spazierengehen geschieht zum Zweck der Gesundheit; die Wand ist zwar aus Stoff entstanden, aber doch nur, um Gegenstände zu bergen u. dergl. Nach Analogie der menschlichen Kunst verfährt auch die Natur. Sie schafft nach dem ihr vorschwebenden Zweckideale, z.B. der Tiergattung, ihre einzelnen Exemplare. Das ist nichts anderes als die mißverstandene, ins Dasein übersetzte (hypostasierte) platonische Idee, die er doch bekämpft. Nicht bloß die Tiere, wie Spinnen und Ameisen, verfahren offenbar zweckvoll, auch die Blätter der Pflanze sind zu deren Schutz, die Wurzeln zu ihrer Nahrung da, der Zweck des Samenkorns ist der Baum. Mißbildungen und Fehler beweisen nichts gegen diese Zweckmäßigkeit der Natur; auch die Kunst macht ja Fehler, z.B. Schreibfehler, Mischungsfehler bei Arzneien usw.! Und wo ein Zweck nicht offen zutage treten will, hält sich unser Philosoph für berechtigt, ihn hinzu zu erdenken: „Die Natur tut nichts umsonst!“ Wo die Nützlichkeit sich nicht nachweisen läßt, helfen ästhetische Gesichtspunkte (Rücksicht auf Symmetrie u. a.) aus.

Im allgemeinen wird der Zweck mit der Form gleichgesetzt, während die Materie das Zufällige (αὐτόματον), Gesetz- und Zwecklose in der Natur darstellt, welches sich der Zweckverwirklichung hemmend in den Weg stellt. Während daher beim künstlichen und künstlerischen Bilden die vier aristotelischen Prinzipien noch ziemlich zu unterscheiden sind – er selbst bezeichnet z.B. an dem zusammenfassenden Beispiele des Hauses als den Stoff die Bausteine, als Form den Begriff des Hauses, als bewegende Ursache den Baumeister, als Zweck das wirkliche Haus –, so fallen in der schaffenden Natur die drei letzten Prinzipien (Form, bewegende Ursache, Zweck) zusammen, es sind verschiedene Ausdrücke für dieselbe Sache. Es gibt mithin bei unserem Philosophen im Grunde vier verschiedene Arten von Ursachen: eine begriffliche oder formale, eine Bewegungs- oder wirkende, eine Stoff- und eine Zweckursache.

So erscheint uns denn Aristoteles' Grundphilosophie als echte „Metaphysik“. Er fragt nicht zuerst, wie Plato: Unter welchen Bedingungen ist eine Gewißheit des Erkennens, ist Philosophie als Wissenschaft möglich? Wie komme ich dazu, von einem Zwecke zu reden? Sondern er fragt: Auf welche Weise kommt Erfahrung zustande? Wie gelangen wir von dem πρότερον πρὸς ἡμᾶς zu dem πρότερον τῇ φύσει? Wie entwickelt sich aus der rohen sinnlichen Wahrnehmung das reine Erkennen? Worauf er im Grunde doch keine andere Antwort weiß als: alle Veränderung erfolgt durch das „Wesen" des sich Verändernden. Seine Philosophie ist nicht schöpferisch, wie die Platos, sondern in Formeln klemmend, nicht einheitlich, sondern dualistisch und mit unlösbaren Widersprüchen behaftet. Dagegen hat sie das unbestreitbare Verdienst, den Blick auf den Verwirklichungsprozeß gerichtet und damit dem fruchtbaren Prinzip der Entwicklung zuerst vollen Ausdruck verliehen zu haben. Es existiert eine ungeheure Stufenleiter denkbarer Zustände und Wesen von der „ersten", ungeformten Materie bis hinauf zu den höchsten Formen geistiger Tätigkeit.

Dies im einzelnen darzulegen, sind seine naturhistorischen und psychologischen Schriften bemüht.

§ 31. Natur- und Seelenlehre.

A. Naturlehre.

Die meisten naturwissenschaftlichen Schriften sind griechisch und deutsch mit sacherklärenden Anmerkungen in der Engelmannschen Sammlung (Leipzig) herausgegeben. Über sein Verhältnis zur Mathematik vgl. *Görland, Aristoteles und die Mathematik*, Marburg 1899, zur Zoologie: *J. B. Meyer, Aristoteles' Tierkunde*, Berlin 1855.

Das breite Erfahrungswissen des Aristoteles auf dem Gebiete der Natur ist bekannt. Ihm gehört die Mehrzahl seiner Schriften an, und nicht nur für seine Zeit, sondern für achtzehn weitere Jahrhunderte ist er der allein anerkannte Lehrer auf diesem Felde gewesen. Seinem enzyklopädischen Wissen, seiner Freude an Einzelheiten, seiner großartigen Beobachtungslust und -kraft stehen freilich auch merkliche Schwächen wie ein Zurückschrecken vor wahrhaft kühnen und tiefen Ideen, häufige Berufung auf die herkömmliche Volksmeinung und den Durchschnittsverstand, ja zuweilen wahrhaft abergläubische und widersinnige Ansichten gegenüber, wie z.B. die, daß Raben durch die Kälte weiß, Rebhühner durch den vom Menschen herstreichenden Windhauch befruchtet werden könnten u.a.m. Aber im ganzen hat er auf diesem Gebiete mit den ihm zu Gebote stehenden Mitteln geleistet, was geleistet werden konnte, und kann namentlich als Begründer der vergleichenden Zoologie, Anatomie und Physiologie bezeichnet werden. Um so weniger können wir – was bei den älteren Philosophen, von denen so überaus dürftige sonstige Nachrichten vorliegen, eher gestattet war – auf einzelne Lehren eingehen, ja auch nur ein ausführliches Gesamtbild zu geben versuchen. Vielmehr kommt es uns nur darauf an, neben den allgemeinsten Umrissen das Philosophische daran hervorzuheben.

1. *Physik.* Zur Natur gehört alles, was den Grund der Bewegung und Ruhe, also der Veränderlichkeit seines Zustands in sich selbst, m. a. W. was Stoff an sich

hat. Die Naturwissenschaft (Physik) ist die Lehre von der Bewegung (= Veränderung; s. § 30, Nr. 3). Die letztere ist von dreierlei Art: 1. die räumliche oder Ortsveränderung (φορά), 2. die qualitative oder Stoffveränderung (ἀλλοίωσις), 3. die quantitative oder Zu- und Abnahme (αὔξησις καὶ φθίσις). Die erste läßt sich – in moderner Sprache – als die Grundlage der Mechanik, die zweite als die der Chemie, die dritte als die des organischen Geschehens bezeichnen.

An Mechanik und Mathematik ist Aristoteles nicht interessiert, er kämpft gegen Pythagoras' Zahlenlehre und gegen Platos mathematische Konstruktion der Elemente, wie gegen Demokrits Atomismus, den er für unnötig sowohl wie unzulässig erklärt (s. *K. Laßwitz, Gesch. der Atomistik* I, 103-131). Seine Naturlehre fließt aus seinen metaphysischen Voraussetzungen, insbesondere seiner Teleologie. Die gesamte Natur ist eine große, von dem ersten Beweger zweckvoll geordnete Einheit, ihr wahrer Grund nicht mechanische, sondern Zweck- oder Endursachen. So tiefsinnig durchdacht nun auch diese Naturanschauung sein mag – nur deshalb ist sie fast zwei Jahrtausende lang, trotz alles Wechsels der Völker und Religionen, die herrschende geblieben –, die ursächlich erklärende, mathematisch zu begründende Naturwissenschaft war damit unmöglich gemacht. Die Entwicklung der Physik als selbständige Wissenschaft (Galilei, Newton) hat sich daher im Kampfe gegen die Aristoteliker und ihre „substantiellen Formen" vollzogen. Aristoteles' Stärke und Lieblingsfeld ist denn auch nicht die theoretische Physik, worin er vielmehr gegen den von ihm sehr überlegen behandelten Demokrit weit zurücksteht, sondern die Naturbeschreibung, insbesondere die Welt des Organischen.

Die Welt besteht von Ewigkeit her. Nicht ihre Entstehung, sondern nur ihre Beschaffenheit ist zu erklären. Der vollkommenste Teil des Alls ist der vom gegensatzlosen Äther erfüllte Himmelsraum, dessen Kreisbewegung unmittelbar von der ihn raumlos umgebenden (?) Gottheit bewirkt wird; ihm gehört die Welt der von vernünftigen, beseelten Geistern gelenkten Fixsterne an. Niederer ist schon die Sphäre der Planeten, einschließlich Mond und Sonne, deren Einfluß auf die Erde der Keim der mittelalterlichen Astrologie geworden ist. Weit tiefer aber steht die „sublunarische" Welt des Vergänglichen und Unvollkommenen, unsere Erdkugel, gleichwohl das Zentrum des Alls. Ihre Bestandteile, die vier Elemente, werden nicht auf mathematisch-quantitative, sondern auf qualitative, dem Tastsinn sich erschließende Unterschiede zurückgeführt. Das Feuer ist das warm-trockene, die Luft das warm-flüssige, das Wasser das kaltflüssige, die Erde das kalt-trockene Element. Sie gehen beständig ineinander über und vermischen sich miteinander.

2. *Biologie.* Aus den Elementen bilden sich zunächst die gleichartigen Teile des Organischen, z.B. Knochen und Fleisch der Tiere, aus diesen dann das Ungleichartige, z.B. Gesicht, Hände mit ihren Unterteilen, deren jeder seine bestimmte „Aufgabe oder Verrichtung" hat. Die niedersten Tiere entstehen durch Urzeugung aus Schlamm oder tierischen Aussonderungen, die höheren nur

aus gleichartigen. Die blut- und wirbellosen Tiere stehen niedriger als die blutführenden Wirbeltiere. In der Stufenreihe des zu immer höherer Vollkommenheit fortschreitenden Organischen dient das Niedere dem Höheren, wie die Pflanzen den Tieren, die Tiere den Zwecken des Menschen. Das Weibliche ist unvollkommener als das Männliche, verhält sich wie das Stoffliche zu dem Formgebenden. Die Teleologie macht sich überall geltend; doch wirkt sie hier auf biologischem Gebiete unleugbar oft anregend und fruchtbar, so vor allem der bei Aristoteles sich zuerst festsetzende Begriff des Organismus. Daneben erscheinen freilich wieder Beispiele falscher, ästhetischer Teleologie, wie: der Mensch hat zwei Ohren der Symmetrie wegen, oder einseitig spiritualistische: der Leib ist nur der Seele wegen da und ihr angepaßt.

Damit sind wir bereits in der mit seiner Biologie eng verflochtenen, eigentlich nur einen Teil derselben bildenden

B. Psychologie,

der Lehre von den Lebenstätigkeiten. Denn Seele (ψυχή) bedeutet bei Aristoteles, wie fast überall im Altertum, eigentlich nur: Leben, Lebensprinzip. Leib und Seele verhalten sich zueinander wie Stoff und Form, wie Auge und Sehkraft. Die Seele ist als „erste Entelechie des organischen lebendigen Körpers" dessen Form, bewegende Ursache und Zweck. Das Verdienst des Aristoteles besteht darin, daß er unter Benutzung seiner Vorgänger, besonders Demokrits, die psychologischen Tatsachen sorgfältig aufgezeichnet, klassifiziert und erklärt hat, somit der Begründer der empirischen Psychologie geworden ist.

Auch das seelische Prinzip entwickelt sich von einer niedersten bis zu einer höchsten Stufe. Die niedrigste ist 1. die Pflanzen- oder vegetative Seele (ψυχὴ θρεπτική), das Prinzip des Lebens überhaupt, der Ernährung und Fortpflanzung insbesondere, noch ohne Lebenszentrum (μεσότης). Dies tritt in 2. der Tier- oder Sinnenseele (ψ. αἰσθητική) hinzu und damit Tastsinn, Empfindung von Lust und Schmerz, Begierde, Ortsbewegung. Die höchste ist 3. die menschliche oder Vernunftseele (ψ. λογική oder νοητική). Die niedere Tätigkeit ist jedesmal in der höheren enthalten, „wie das Dreieck im Viereck". Auf dem Gebiete der Lehre von den Sinnen, von denen der Tastsinn der allgemeinste, unentbehrlichste und der größten Verfeinerung fähigste ist, hat Aristoteles zahlreiche wertvolle Anregungen gegeben.

Die durch die sinnliche Wahrnehmung der äußeren Gegenstände – beide stehen in genauer Korrespondenz – erweckten Vorstellungsbilder (φαντασίαι) hinterlassen in der Seele Eindrücke oder abgeschwächte Bilder, die das Gedächtnis (μνήμη) aufbewahrt. Diese unwillkürliche Erinnerung und ihre Folgen: Vorstellung, Empfindung und Begierde kommen auch der animalen Seele zu, die bewußte Erinnerung, das Sichbesinnen auf etwas (ἀνάμνησις) nur dem Menschen. Aristoteles streift bereits (*de anima* III 2) das moderne Problem des Bewußtseins. Er redet von „einer Art Einheit der Seele" (ἕν τι ψυχῆς), „wodurch sie alles wahrnimmt". Es ist dies nicht als ein besonderes, neues Seelenzentrum zu verstehen, sondern als die bloß möglich gedachte Einheit der Sinnestätigkeit, die sich tatsächlich in den spezifischen Energien der einzelnen Sinne verwirklicht, eine Art „Gemeinsinn" (κοινὸν αἰσθητήριον), mit dessen kombinierender Tätigkeit, nebenbei bemerkt, die Möglichkeit des Irrtums eintritt. Zu einer erkenntnistheoretischen Bedeutung kommt es auch hier nicht, da Aristoteles ihn auch den meisten Tieren zuspricht und als seinen physiologischen Sitz – damit hinter Demokrit und Plato zurückgehend – nicht das Gehirn, sondern das Herz annimmt. Er unterscheidet nicht physische und psychische, sondern nur niedere und höhere Funktionen des Organismus.

Die dem Menschen eigentümliche Form der Seele, durch die sie „nachdenkt und auffaßt", zu erkennen und zu wollen vermag, ist der Geist (νοῦς). Er kann denken, wann und was er will, auch das Einfache und Unteilbare. Auch auf ihn findet die Unterscheidung von Stoff und Form Anwendung. Es gibt nämlich 1. einen „leidenden" (ν. παθητικός), 2. einen „tätigen" Geist (ν. ποιητικός, bei Aristoteles selbst τὸ ποιοῦν genannt). Jener ist formempfangend, dieser formgebend, jener mit dem Körper verbunden und vergänglich, dieser göttlich, leidlos und ewig; jener wird alles, dieser tut alles. Der „leidende" Geist gleicht einer unbeschriebenen Tafel, die jedoch bestimmt ist, beschrieben zu werden. Ohne Einwirkung „des Tätigen" ist er nicht zu denken, wie umgekehrt das letztere in dem an Vorstellung und Wahrnehmung gebundenen „leidenden" Geiste des Einzelindividuums erst zu seiner unablässig wirkenden Tätigkeit kommt. Freilich, erst losgelöst von diesem seinem vergänglichen Bruder, wird der eigentliche, der reine, der „göttliche" Geist, wie er einst vor der Zeugung „von oben herab" (eigentlich von außen her, θύραθεν) in uns kam, erst zu seinem wahren und unsterblichen Sein gelangen. Ob damit eine persönliche Unsterblichkeit behauptet oder geleugnet ist, steht nicht mit Sicherheit fest, obwohl die Waage nach der letzteren Seite zu neigen scheint, woran die Averroisten des Mittelalters (§ 63) und die Naturphilosophen der Renaissance (*II. Teil* § 2) wieder anknüpfen. Bestimmteres über das Wesen des „leidenden" und seine Verbindung mit dem „tätigen" Geiste suchen wir bei Aristoteles vergeblich. Schon seine nächsten und eifrigsten Schüler waren über die Lehre vom Nus uneinig, und sie ist bis heute einer der umstrittensten Bestandteile seiner Philosophie geblieben. Schuld daran ist in erster Linie die das ganze, dualistische und des erkenntnistheoretischen Kriteriums ermangelnde, System durchziehende Doppeldeutigkeit des Meisters selbst.

Das letztere läßt sich endlich auch mit Bezug auf seine Ansicht von der menschlichen Willenstätigkeit sagen. Dieselbe ist einerseits körperlich bedingt, anderseits aber durch Überlegung geleitete, nur dem Menschen eigentümliche, Freiheit des Willens voraussetzende, „praktische Vernunft" (νοῦς πρακτικός), die sich gedachte Zwecke zum Handeln setzt. Allerdings sind auch Kinder und Tiere, obgleich ohne praktische Vernunft, im Besitze der Willensfreiheit. Damit sind wir an die Grenze der in die letzten Erörterungen bereits hineinspielenden Ethik gelangt.

§ 32. Die aristotelische Ethik.

Die genaueren Titel der Schriften von *Hartenstein, Trendelenburg, Luthardt* (Vergleich mit der christlichen Ethik), *Ueberweg* (Vergleich mit Herbart und Kant) u. v. a. s. bei *Ueberweg* I, Anhang S. 88 f. Vgl. auch *Th. Gomperz* a. a. O. S. 189-245. – Von erklärenden Ausgaben wird besonders gerühmt die englische von *Burnet, The Ethics of Aristotle*, London 1900. Die nikomachische Ethik ist in modernes Deutsch übertragen von *A. Lasson*, Jena 1909, außerdem in der Phil. Bibl. übersetzt von *E. Rolfes*, Leipzig 1911.

Auch in der Ethik verläßt Aristoteles die von seinem großen Vorgänger so glücklich eingeschlagene erkenntnistheoretische Bahn. Er fragt nicht nach der Idee des Guten, nach einem Sittlichen an sich und seinem Geltungswert. Seine Ethik ist nicht auf die Erkenntnis des einen, ewigen, unveränderlichen Ideals gerichtet, sondern auf die Einsicht in das dem Menschen erreichbare Gute (πρακτὸν ἀγαθόν), das nach Geschlecht, Stand, Beruf, Volk verschieden, ein anderes für Mann, Weib und Sklaven ist. Es ist nicht zu begreifen, meint er *Eth. Nicom.* I 4, was die „befreundeten Männer" (Platoniker) mit ihrem Ding an sich (αὐτὸ ἕκαστον) sagen wollen. Gesetzt auch, es gäbe ein Gutes an sich, so wäre es doch für den Menschen weder ausführbar noch erreichbar; „nur ein solches aber wird gesucht." „Es ist nicht erfindlich, wie der Weber oder der Dachdecker für seine Kunst aus dem Wissen des Guten an sich Nutzen ziehen oder, wie der der bessere Arzt oder Feldherr sein soll, der die Idee selbst geschaut hat." Das Gute ist vielmehr, so beginnt die nikomachische Ethik, in jeder Kunst und jeder Handlung „das, wonach alles hinstrebt", also der Zweck des betreffenden Dinges: für die Heilkunst die Gesundheit, für die Kriegskunst der Sieg, für die Wirtschaftslehre der Reichtum usw. Als Maßstab gilt also die bloße Nützlichkeit. Denn unser Ziel ist nicht Erkenntnis, sondern Handeln. Nicht „der Theorie halber", „nicht, damit wir wissen, was die Tugend ist, sondern damit wir tüchtige Leute werden", treiben wir Ethik (II 2, 1). Aristoteles verzichtet demnach von vornherein darauf, eine Ethik als Wissenschaft zu begründen – man müsse sich auf diesem Gebiete vielmehr, im Gegensatz zu Mathematik und Metaphysik, mit Wahrscheinlichkeiten zufrieden geben –, er begnügt sich mit empirischen Begriffsbestimmungen und anregenden moralphilosophischen Betrachtungen.

Ein Gutes allerdings gibt es, das von allen Menschen um seiner selbst willen begehrt wird: die Glückseligkeit (εὐδαιμονία), der oberste aller Zwecke, das höchste aller Güter. Aristoteles denkt nun freilich hoch genug, um sie nicht im Sinnengenuß oder im bloßen Besitz von Reichtum, Ehren und anderen äußeren Gütern zu erblicken, sondern in der „vernünftigen oder tugendhaften Tätigkeit der Seele". Allein schon in dem, was als Erfordernis zu dieser letzteren bezeichnet wird, zeigt sich, daß die Selbständigkeit des Sittlichen aufgegeben ist. Es gehören dazu: 1. die Entwicklung zur vollen Reife des Mannes (nicht Weibes!), 2. gewisse äußere Güter wie Gesundheit, Wohlhabenheit, schöne Gestalt, wenigstens als Beförderungsmittel, 3. das Leben mit anderen im Staate. Nicht das Gute ist eben mehr das Ziel seiner Ethik, sondern die guten Personen.

Die Vorzüge der Seele, welche jene vollkommene Tätigkeit (ἐνέργεια) hervorrufen, bestehen in solchen des Denkens und des Wollens. Daraus ergibt sich die Einteilung der Tugenden in dianoëtische und ethische (Denk- und Charakter-) Tugenden. Die höheren sind die ersteren: Vernunft, Wissenschaft, Weisheit, Kunst und praktische Einsicht. In dieser, auch theoretisch als Abgrenzung des rein Menschlichen vom Animalischen wertvollen, Auffassung liegt zwar eine berechtigte Reaktion gegen die Wissensverachtung der Zyniker, aber auch etwas von dem Dünkel des von der gemeinen Masse sich vornehm abschließenden Gelehrten. Eigentlich denkselig sind nur die Götter und von den Menschen die „Theoretiker" (οἱ θεωροῦντες); für die große Menge der gewöhnlichen Menschen hegt Aristoteles weniger Interesse. – Die vom 2. bis 6. Buche der Nikomachischen Ethik beschriebenen ethischen Tugenden sind: Mannhaftigkeit, Mäßigkeit, vornehmer Sinn, Selbständigkeit, richtige Selbstschätzung, Milde, Wahrhaftigkeit, Fröhlichkeit, Freundschaft und Gerechtigkeit. Und zwar bildet jede dieser Tugenden die richtige Mitte (μεσότης) zwischen zwei zu vermeidenden Extremen, z.B. die Tapferkeit zwischen Feigheit und Tollkühnheit, die Mäßigkeit zwischen Wollust und Stumpfsinn, die Freigebigkeit zwischen Geiz und Verschwendung. Worin das Mittlere seinen Maßstab finde, wird nicht genauer begründet, sondern nur auf die praktische Einsicht verwiesen. Die ethischen Tugenden werden definiert als diejenigen Willens- oder Gesinnungs-(ἦθος) Beschaffenheiten, welche die unserer Natur angemessene Mitte einhalten, gemäß einer vernünftigen Bestimmung (λόγος), wie sie der Einsichtige, geben wird. Es sind eigentlich nur Versittlichungen des sinnlichen Teils unserer Seele, dauernde Fertigkeiten (ἕξεις) in der Beherrschung der Affekte, hervorgebracht durch jene den Innersten Kern von Aristoteles' Ethik bildende vernünftige Betätigung der Seele, die von selbst zur Tüchtigkeit (Tugend, ἀρετή) und zum Glücke führt. Die vollkommenste der ethischen Tugenden und zugleich die Grundlage des staatlichen Lebens ist die Gerechtigkeit (*Eth. Nic.* Buch V); als austeilende Gerechtigkeit verteilt sie Ehre und materiellen Nutzen nach der Würdigkeit, als ausgleichende gibt sie bei Rechtsgeschäften und Strafvergehen jedem das ihm Zukommende.

Einen hervorragenden philosophischen Wert vermögen wir allen diesen Erörterungen, welche die Ethik auf Psychologie und Anthropologie gründen, nicht zuzuerkennen. Dagegen zeugen Aristoteles' ethische Schriften an vielen Stellen von reicher Welt- und Menschenkenntnis, sowie von feiner psychologischer Beobachtung. Besonders eingehend wird neben der Gerechtigkeit die Freundschaft, die sich bei unserem Philosophen schließlich zu einer Art Nächstenliebe erweitert, behandelt (Buch VIII und IX). Beide Tugenden zusammen sind die sittliche Grundlage alles menschlichen Zusammenlebens in der Familie und im Staate. So bildet die Ethik nur eine Einleitung in die Politik, als deren Teil sie einmal geradezu bezeichnet wird.

§ 33. Staats- und Kunstlehre des Aristoteles.

Die „Politik“ (8 Bücher), namentlich die Schilderung des Idealstaats, ist leider unvollendet. Außer den allgemeinen Darstellungen vgl. namentlich *Gomperz* III, 245-360 und *W. Oncken, Die Staatslehre des Aristoteles,* Lpz. 1870-1875; auch *Pöhlmann* a. a. O. S. 581-610. – *J. Bernays, Grundriß der verlorenen Abhandlung des Aristoteles über die Wirkung der Tragödie*, Berlin 1857. *J. Vahlen, Beiträge zur aristotelischen Poetik*, Wien 1865-1867. *Döring, Die Kunstlehre des Aristoteles*, Jena 1876.

1. Staatslehre.

Die sittliche Aufgabe ist nur im Staate lösbar. Der Mensch trägt von Natur den Trieb zur Gemeinschaft mit seinesgleichen in sich, ist ein „politisches Lebewesen“ (ζῷον πολιτικόν). Zeitlich geht allerdings dem Staate (der Stadt) die Familie und die aus Familien sich zusammensetzende Dorfgemeinde voraus; seiner „Natur“ aber, d. i. seinem Zweck, nach steht er über jenen, wie das Ganze über seinen Teilen, und muß das Recht regelnden Eingreifens in die menschlichen Verhältnisse besitzen. Sein Ziel ist Erhaltung, Sicherung und Vervollkommnung nicht bloß des physischen Daseins, sondern auch des sittlichen Lebens seiner Bürger und läuft so auf dasselbe hinaus, was die Ethik bereits für das private Leben als höchstes Gut bezeichnet hatte: die Glückseligkeit. „Entstanden um des (nackten) Lebens willen, besteht der Staat um des Gut-Lebens (εὖ ζῆν) willen.“ Bis dahin entfernt sich Aristoteles, abgesehen von der Betonung des Glückseligkeitsprinzips, nicht weit von Plato. Auch in der Wertschätzung einer streng geregelten gemeinsamen Jugenderziehung als wichtigster Aufgabe des Staates stimmt er mit diesem überein. Und nicht weniger als Plato eifert er gegen die Gewinnsucht, die über die Befriedigung des naturgemäßen Bedarfs hinausgeht, gegen Kapitalanhäufung, ja gegen Geld- und Handelsgeschäfte überhaupt. Auch nach Aristoteles gehört der Bürger nicht sich selbst, sondern dem Staate an, der ein Organismus im großen ist, übrigens, wie bei Plato, in der Form des Kleinstaates (πόλις d.h. Stadtstaat mit Landbesitz) gedacht wird.

Anderseits macht sich jedoch auch in der Politik, wie zu erwarten war, die andere Geistesart des Schülers, seine größere Nüchternheit, deutlich bemerkbar. Er hält die von Plato erstrebte Einheitlichkeit des Denkens, Fühlens und Wollens weder für erreichbar noch auch nur für begehrenswert. Eine solche „Symphonie“ scheint ihm eher eine Monotonie zu sein. Dazu sind, wie er meint, die Bedürfnisse, Ansprüche und Leistungen der Menschen zu verschieden. Die Abschaffung des Privateigentums geht wider die Natur! Sein Maßstab ist nicht der ideale, sondern der Durchschnittsmensch, seine Staatslehre nicht eine in großen Zügen entworfene Politik des Sollens, sondern, gleich seiner Ethik, eine solche der rechten Mitte, die den Anschluß an das historisch Gegebene sucht, mit allen Vorzügen und

Schwächen solcher „Real"-Politik. Da er seinen Staat „organisch" auf Familie und Privatbesitz aufbaut, muß er natürlich die platonische Güter-, Weiber- und Kindergemeinschaft verwerfen. Die Sklaverei findet er in der „Natur" begründet, so lange – eine merkwürdige Vorausahnung des 19. Jahrhunderts! – noch keine Maschinen erfunden seien, die deren Arbeit verrichteten. Es gebe von der Natur zu niedriger Arbeit bestimmte Menschen nicht bloß, sondern auch Völker, wie die Barbaren im Vergleich mit den Griechen. Alle banausische Erwerbsarbeit, insbesondere auch Geldgeschäfte, ja selbst die berufsmäßige Ausübung der schönen Künste dünkt ihm des Freien und Vollbürgers unwürdig. Die Tugend bedarf der Muße. Der Schwerpunkt des Staatslebens fällt für ihn in den wohlhabenden Mittelstand. Die bestehende Religion will er – auch dies eine Analogie zur Gegenwart – trotz seiner abweichenden persönlichen Ansichten für das „Volk" aufrecht erhalten. Die Vollbürger, zu denen der Erwerbs- und Arbeiterstand jedoch nicht gehört, sollen an politischen Rechten einander gleich sein, wenngleich für die Beamten- und Richterwahl ein dem alten preußischen ähnliches Klassensystem empfohlen wird. Indem ein jeder den Zwecken des Ganzen dient, wird er auch die eigenen am besten fördern. Aristoteles' Staatsideal steht ungefähr in der Mitte zwischen Platos Kommunismus und dem laissez-faire (πάντα ἐατέον, *Politik* II, 4, 12) der extremen Individualisten. Seine Durchführung erklärt er selbst für äußerst schwierig, „da allezeit nur die Schwächeren, nicht die jeweils Mächtigeren, sich um Gleichheit und Gerechtigkeit ernstlich kümmern".

Seine Einzellehren, insbesondere die bekannte von den sechs Grundformen der Staatsverfassung – den zweckmäßigen: Monarchie, Aristokratie, gemäßigte Volksherrschaft (πολιτεία) und ihren Entartungen: Tyrannis, Oligarchie, Pöbelherrschaft (bei ihm δημοκρατία) – genauer zu entwickeln, kann nicht unsere Sache sein. Der Philosoph der „rechten Mitte" steht natürlich auf seiten der „Politie". Die Vorzüge seiner Darstellung liegen auch hier wieder nicht im eigentlich Philosophischen, sondern im Historisch-Psychologischen, in der Sorgfalt, dem guten politischen Blick und der reichen Erfahrung, mit der er die Entstehung, Entwicklung und den Untergang dieser Staatsverfassungen bezw. ihren Übergang ineinander schildert. Daß sein Werk an verschiedenen Stellen ein Torso blieb, ist namentlich in bezug auf die Erziehungslehre zu bedauern.

Zum Schluß werfen wir noch einen kurzen Blick auf

2. die Kunstlehre

des Aristoteles. Zu einer systematischen Durcharbeitung des von ihm als „poietisch" abgegrenzten Gebietes der künstlerischen Tätigkeit scheint der Philosoph nicht gelangt zu sein. Erhalten ist nur seine Schrift „Über die Dichtkunst" (deutsch von *Ueberweg,* griechisch und deutsch mit Einleitung und Anmerkungen von *Susemihl,* kritische Ausgabe von *Vahlen,* 3. Aufl. 1886) und auch von dieser im wesentlichen nur der die Tragödie und das Epos betreffende Teil. Die Lyrik scheint er überhaupt nicht berücksichtigt zu haben. Das stimmt zu seiner ganzen nüchternen Anschauungsweise. Denn auch die Kunst leitet Aristoteles im Gegensatz zu Plato nicht aus der Schöpferkraft der erzeugenden Ideen ab, sondern von dem allen Geschöpfen gemeinsamen, besonders aber den Menschen eigenen Naturtrieb der Nachahmung. Freilich soll die Nachahmung nicht im bloßen Kopieren des Zufälligen bestehen, sondern das „Wahrscheinliche" und „das, was meistenteils geschieht", so „wie es geschehen müßte" darstellen, sodaß die freie Tätigkeit nicht ganz unterdrückt ist. Aber ein weiterer Maßstab für das schöpferische Gestalten wird nicht gegeben; und nicht das Ewige und Unveränderliche, sondern die Welt des Veränderlichen ist ihr Gebiet. Der Zweck der Kunst ist – abgesehen von den dem unmittelbaren praktischen Nutzen dienenden technischen Künsten – zunächst Erholung und edle Unterhaltung des Geistes, indes doch auch ein höherer: zeitweilige Befreiung (Läuterung, κάθαρσις) der Seele von den sie überwältigenden Affekten. Denn das scheint, nach den mannigfachen neueren Untersuchungen von *Bernays* u. a., der Sinn der berühmten und viel umstrittenen aristotelischen Definition der Tragödie zu sein: „Die Tragödie ist die Nachahmung einer bedeutenden und abgeschlossenen Handlung von einem gewissen Umfang in anmutiger Rede ... welche durch Mitleid und Furcht die Reinigung dieser Affekte (zugleich: von diesen Affekten) vollzieht."

Eine Art Mittelstellung zwischen Poetik und Ethik nimmt die Rhetorik ein, deren Zweck Überzeugung durch Wahrscheinlichkeitsgründe ist, und deren verschiedenen Gattungen (der beratenden oder Staats-, der gerichtlichen und der Prunkrede) Aristoteles ausführliche, auch mit interessanten psychologischen Abschnitten (Lehre von den Affekten, Charaktertypen, Lebensaltern) untermischte Erörterungen gewidmet hat, die indes dem Zwecke unserer Darstellung fern liegen.

§ 34. Die Peripatetiker. Einfluß auf die Folgezeit.

Die Geschichte der aristotelischen Schule, die in den Peripatoi des Lyzeums (§ 27) blieb und deshalb den Namen der „peripatetischen" behielt, ist hier gleich anzuschließen, da sie sich, ausgenommen Strato, von der Lehre des Meisters nur wenig entfernt, auch in die Entwicklung der übrigen nacharistotelischen Philosophie, ebenso wie die ältere Akademie, kaum eingegriffen hat. Aristoteles' Nachfolger in der Leitung der Schule war sein treuer Freund

1. Theophrast von Lesbos (um 372-287) 35 Jahre lang. Aristoteles soll ihn selbst als solchen mit den Worten „der lesbische Wein sei süßer als der rhodische" (Eudemus von Rhodus, s. u. 2) empfohlen haben. Theophrast war nicht nur ein glänzender Redner, sondern schrieb auch über fast alle Gebiete des menschlichen Wissens. Von diesen Schriften sind jedoch außer einigen naturwissenschaftlichen, besonders botanischen, nur die *Ethischen Charaktere,* ein Teil seiner Metaphysik und eine Anzahl Fragmente erhalten (vgl. *Useners* Erstlingsarbeit *Analecta Theophrastea,* Leipzig 1858). Seine Pflanzenkunde,

in der er bereits 500 Arten aufzählt, der erste Versuch einer wissenschaftlichen Botanik, machte ihn zum Lehrer des gesamten Mittelalters. Naturwahr ist seine Schilderung menschlicher Schwächen in den *Charakteren,* die früher gern gelesen und von Wieland ins Deutsche, von La Bruyère – schon 1688 – ins Französische übersetzt wurden. Philosophisch folgt er im ganzen seinem Freund und Meister, als dessen Ausleger er wichtig ist. Anscheinend bildete er dessen realistisch-naturalistische Seite weiter aus, indem er z.B. das Denken mit der (physikalischen) Bewegung in Beziehung brachte, den Wert der sinnlichen Wahrnehmung stärker betonte und die Menschenseele für eine nur vollkommenere Tierseele erklärte; auch den doppelten νοῦς (§ 31) scheint er kritisiert zu haben. Seine Φυσικῶν δόξαι – die erhaltenen Bruchstücke sind herausgegeben von Diels – gaben eine kritische Geschichte der bisherigen Naturwissenschaft bezw. -philosophie. In der Ethik war er laxer, oder vielmehr es kam bei ihm die Lockerheit der peripatetischen Grundlehren offener zum Ausbruch. Die Stoiker und das spätere Altertum, besonders Cicero, warfen ihm Überschätzung der äußeren Güter vor. Einen modernen Zug trägt es, daß er alle Menschen als einander von Natur verwandt bezeichnet.

2. Von geringerer Bedeutung ist der oben genannte Eudemos von Rhodus, der die Schriften des Meisters, besonders die ethischen, überarbeitete und hier und da durch eigene Zutaten, u. a. stärkere Betonung des theologischen Gesichtspunktes, ergänzte. Er wird als der treueste, aber auch unselbständigste von Aristoteles' Schülern bezeichnet. Aristoxenos von Tarent, von der pythagoreischen Schule herkommend, hat sich als Theoretiker und Historiker der Musik einen Namen gemacht und die Seele einer Harmonie von Tönen verglichen. Dikaearch von Messana verherrlichte in seiner Kulturgeschichte (βίος) Griechenlands den Naturzustand und sah die Entwicklung des Privateigentums als Abfall vom Naturgesetze an. Rousseau erwähnt ihn.
3. Bedeutender war Theophrasts Nachfolger als Schulhaupt zu Athen (287-269), Strato der „Physiker“ aus Lampsakus, ein entschiedener Materialist und Pantheist, der durch seine physikalischen Experimente die Ärzte wie die Mechaniker seiner Zeit in gleicher Weise anregte. Er trat dem Dualismus und Spiritualismus in Aristoteles' Philosophie entgegen und setzte an die Stelle der Gottheit die unbewußt wirkende Natur. Statt der aristotelischen Teleologie forderte er eine rein physikalische Erklärung der Dinge, wobei er allerdings – vielleicht als Peripatetiker – Demokrits Atomlehre bekämpfen zu müssen glaubte. Nur die erste Entstehung der Dinge sei eine zufällige, alles weitere folge naturgesetzlich auseinander. Das Anschauen sei stets mit Denken, das Denken stets mit Anschauen verbunden, der Geist kein selbständiges Wesen neben der animalischen Seele, er habe vielmehr seinen Sitz zwischen den Augenbrauen. Natürlich bestreitet er infolgedessen auch die Unsterblichkeit der Seele. An die Stelle der Atome setzte er ursprüngliche Grundkräfte, wie z.B. das Warme und Kalte. So lenkte die peripatetische Philosophie mit diesem antiken Monisten wieder in altionische Vorstellungskreise zurück.

4. Die folgenden Peripatetiker scheinen sich mit einer verflachenden Wiederherstellung der altaristotelischen Lehre begnügt zu haben. Von ihnen sind fast nur Namen und Schriftentitel überliefert. Mit der Neuherausgabe der Werke durch Andronikos (S. 101) begann seitens der Peripatetiker eine rastlose philologische Tätigkeit in Auslegung und Berichtigung der aristotelischen Schriften, verbunden mit ihrer Verteidigung gegen stoische und akademische Widersacher. Der bedeutendste dieser Kommentatoren ist der zu Anfang des 3. Jahrhunderts nach Chr. zu Athen lebende Alexander von Aphrodisias (in Karien), mit dem Beinamen der „Exeget" (Erklärer), von dem, außer verschiedenen Kommentaren zu Aristoteles' logischen Schriften und Metaphysik, auch einige eigene Schriften erhalten sind. Allmählich verschmelzen die letzten Peripatetiker mit dem Neuplatonismus (§ 49 f.).

Des Aristoteles Einfluß auf die Weiterentwicklung der Philosophie beschränkt sich jedoch bei weitem nicht auf seine engere Schule, sondern wird uns noch an verschiedenen Stellen wieder begegnen. Hier seien nur die Hauptetappen desselben kurz erwähnt. Die ältere christliche Philosophie übernimmt sein Organon. Seit dem 8. Jahrhundert beschäftigt sich die arabische Philosophie mit ihm, desgleichen die jüdische. Durch beide lernt 1200 das christliche Abendland die aristotelischen Schriften vollständiger und gründlicher kennen. Aristoteles wird der Philosoph, maßgebend in allen Fragen weltlicher Wissenschaft, von Dante als der „Meister aller Wissenden" gepriesen. Die vollendetste Synthese von Aristotelismus und Kirchenlehre stellt sich in der Blüte der Scholastik (Thomas von Aquino) dar. Auch die Renaissance führt zunächst zu einer Erneuerung der echten, aus den Quellen geschöpften Lehre; Melanchthon führt ihn in etwas modernisierter Gestalt auf den protestantischen Universitäten ein. Von der neueren Philosophie und Naturwissenschaft (Galilei, Descartes) grundsätzlich überwunden, hat er im 18. Jahrhundert doch noch Einfluß auf Wolff geübt. Erst durch Kant ist er völlig historisch geworden, obwohl er auch im 19. Jahrhundert noch immer vereinzelte Anhänger (z.B. Trendelenburg) gefunden hat, abgesehen von der offiziellen katholischen „Philosophie", die ja nur eine Fortsetzung der mittelalterlichen Scholastik ist.

Vierte Periode.
Die hellenistisch-römische Philosophie.

§ 35. Allgemeine Charakteristik der Epoche.

Aristoteles' Alter fällt schon in die Zeit, in der Griechenland seine politische Selbständigkeit verlor, aber zum Ersatz dafür seine Bildung in die durch Alexanders Eroberungen erschlossene Welt hinaustrug. Griechische Kultur, insbesondere griechische Wissenschaft, ward in fortschreitendem Maße Gemeingut aller Völker, die das Mittelmeer umwohnten. Es ist die Zeit des Hellenismus, in der das staatlich ohnmächtige Hellas geistig die Welt erobert. Erst auf dem Boden der hellenistischen Diadochenstaaten, dann auf dem umfassenderen des *Imperium Romanum* vollzieht sich unaufhaltsam, wenn auch unscheinbar, dieser über der entgegengesetzten Entwicklung der politischen Machtverhältnisse oft übersehene Prozeß, der in gewissem Sinne bis in unsere Tage fortdauert. In diese Wandlung der Dinge ist die griechische Philosophie, als edelste Verkörperung des griechischen Geistes, nicht nur mit eingeschlossen, sondern sie stellt auch in ihrer eigenen Entwicklung eine Parallele dazu im kleinen dar. Was sie an Tiefe und Ursprünglichkeit verliert, gewinnt sie an Breite, Ausdehnung und praktischer Bedeutung. In Plato hatte sich die ungebrochene Kraft und Fülle des griechischen Geistes am reichsten und glänzendsten offenbart; Wissenschaft und Lebensanschauung sind bei ihm noch aufs innigste verschmolzen. In Aristoteles tritt schon der Gegensatz von Theorie und Praxis hervor. Allein er faßt doch zum Schlusse noch einmal das gesamte theoretische und praktische Denken der Hellenen in einem großen philosophischen System zusammen. Aber damit scheint sich auch der systembildende Geist der Griechen recht eigentlich erschöpft zu haben. Nachdem alle möglichen Arten der Welterklärung vertreten und zuletzt von den beiden großen Systematikern berücksichtigt worden waren, beginnt jetzt die Zeit der Epigonen, die, ohne eigene philosophische Genialität, in der Aneignung und Fortbildung der vorhandenen philosophischen Gedanken ihre Aufgabe erblicken.

Mit diesem Erlahmen der philosophischen Schöpferkraft hängt eine weitere Erscheinung zusammen. Die Wendung der Wissenschaft vom Allgemeinen zur Einzelforschung, die zur Zeit der Sophistik schon begonnen hatte (§ 10), tritt nun auf allen Gebieten ein. Bis dahin war der Philosoph in der Regel zugleich auch Mathematiker, Astronom, Physiker, Rhetor und Politiker gewesen. Jetzt erhält jede Einzelwissenschaft ihre besonderen Vertreter, wenn auch die Fachmänner vielfach noch einer philosophischen Schule angehören oder doch zu ihr hinneigen. Diese Spezialisierung der Wissenschaften, die Sammlung von Fachkenntnissen – aufmerksame Leser werden die Keime schon bei Aristoteles und seiner Schule entdeckt haben – trug zwar vielfach den Charakter toter Gelehrsamkeit, hat aber doch gerade auf dem Gebiete der strengeren Wissenschaften reiche Erfolge errungen, sodaß für sie die Bezeichnung des Alexandrinismus, der für die schönen Wissenschaften der Charakter des Künstlichen, Geistlosen und Pedantischen anhaftet, eher als eine ehrende gelten darf. In dem Hauptsitze dieser Gelehrsamkeit, dem ägyptischen Alexandrien, das nicht zum wenigsten durch die Freigebigkeit seiner Fürsten mit Observatorien, Instrumenten, botanischen und zoologischen Gärten, einer Anatomie und besonders einer großartigen Bibliothek wohl ausgerüstet war, sowie in den davon beeinflußten Städten Pergamum, Rhodus, Syrakus u. a. feierten in der nun folgenden Epoche die Geometrie in Euklid, die Grammatik in Aristarch von Alexandrien, die Astronomie in Hipparch und Aristarch von Samos, die Geographie in Eratosthenes und Ptolemäus, Mathematik und Mechanik in Archimedes, der auch eine kürzlich wieder aufgefundene *Methodenlehre der mechanischen Lehrsätze* schrieb, ihre Sondertriumphe. Die induktive Methode, das Experiment, die Hypothese kommen immer reichlicher zur Anwendung. Durch die Bibliotheken wird nicht nur der Sammelfleiß, sondern auch die wissenschaftliche Arbeit unterstützt.

Die Philosophie aber wendet sich von dem für sie entweder durch bestimmte Schulformeln erledigten oder als unfruchtbar angesehenen Streit um die großen metaphysischen Probleme in immer steigendem Maße ab. Naturphilosophie und Erkenntnistheorie treten zugunsten materialistischer und rein erfahrungsmäßiger Anschauungen zurück. Man begnügt sich in der Regel mit der Vereinfachung oder Modifizierung früherer Systeme. Dagegen wendet man sich mit erhöhtem Interesse den praktischen Fragen zu, die Philosophie will Lebensweisheit lehren. Ihre Vertreter knüpfen in dieser Beziehung an die einseitigen Sokratiker wieder an, um sie zu vertiefen. Wie bei jenen, ist daher ihre philosophische Bedeutung weit geringer als ihre kultur- und sittengeschichtliche Wirkung. Man sucht in der Philosophie die in dieser unruhigen Zeit und bei dem Zusammenbruch der alten Glaubensvorstellungen vielen verloren gegangene innere Befriedigung und Ruhe des Gemüts wieder zu erlangen, indem man sich auf sich selbst zurückzieht. Die einen glauben sie in edlem Genuß des Lebens, die anderen in strenger Pflichterfüllung, die dritten in vorsichtiger Zurückhaltung des Urteils und dem Gefühle der festen Schranken unserer Erkenntnis zu finden. Noch später sucht man in der Verschmelzung, Vermischung oder Versöhnung der verschiedenen Standpunkte sein Heil, bis endlich der Platonismus in neuem Gewande als völlig religiöse Erlösungslehre auftritt. In der Wendung zum Praktischen liegt zugleich eine Reaktion des griechischen Volksgeistes gegen einen gewissen Intellektualismus der Geistesaristokratie; daher sie denn auch populärer wird, tiefer in die Massen dringt und ihre Vertreter öfter den mittleren und niederen Ständen entstammen. Endlich ist diese Ethik zwar ihrem Wesen nach eine individuale, aber sie überschreitet anderseits die nationalen Schranken, die bei Aristoteles und selbst bei Plato noch sichtbar waren: sie erfaßt die Idee der Menschheit.

Wir teilen diese philosophische Gesamtepoche in zwei Abschnitte:

A. Die hellenistische Periode, d.h. die Entwicklung der Philosophie in den Reichen und zur Zeit der Diadochen. Sie trägt noch ganz griechischen oder wenigstens „hellenistischen“, ihrem Inhalt nach vorzugsweise ethischen Charakter. Es gehören dahin: die ältere Stoa, die Schule Epikurs, der ältere Skeptizismus. Sie umfaßt etwa die Zeit von 300-150 v. Chr.

B. Die Philosophie auf dem Boden des römischen Weltreichs. Neben den Griechen beteiligen sich fortan auch Römer und andere Nationen an der philosophischen Arbeit. Der ethische Charakter erhält eine stetig sich steigernde religiöse Färbung, bis die Philosophie im Neuplatonismus beinahe gänzlich in Theosophie ausläuft. Hierhin gehören: die mittlere und jüngere Stoa, der jüngere Skeptizismus, Lukrez, der Eklektizismus und endlich der Neuplatonismus. Sie beginnt mit der Eroberung Griechenlands durch die Römer (Mitte des 2. Jahrhunderts v. Chr.) und endet erst mit den letzten Ausläufern der antiken Philosophie im 6. Jahrhundert nach Christi Geburt.

A. Hellenistische Periode.

Kapitel X.
Die Stoiker.

Außer *Brandis* und *Zeller* vgl. *R. Hirzel, Untersuchung zu Ciceros philosophischen Schriften.* 1877-1883, 2. Teil. *L. Stein, Die Psychologie der Stoa*, 2 Bde. 1886-1888. *P. Barth, Die Stoa.* 2. Aufl. 1908.

§ 36. Die Hauptvertreter der älteren Stoa.

Eine sorgfältige Ausgabe aller erhaltenen Fragmente und sonstigen Nachrichten aus dem Altertum über Leben, Schriften und Lehre der älteren Stoiker: *Joh. ab Arnim, Stoicorum veterum fragmenta.* 3 Bde. Leipzig 1903-1905, der in der *Allgemeinen Geschichte der Philosophie* (Teubner 1909), S. 219-250 auch eine gute Zusammenfassung der stoischen Lehren gibt.

Die Heimat fast sämtlicher vorchristlicher Stoiker ist bezeichnenderweise nicht mehr das eigentliche Griechenland, sondern die Landschaften Kleinasiens mit ihrer Umgebung, während sie ihre Schulwirksamkeit allerdings in der alten Philosophenstadt Athen ausüben. Der Stifter der stoischen Schule ist

1. Zenon aus Citium auf Cypern (um 336-264). Um 314 als junger Kaufmann nach Athen gelangt, wurde er hier ein Schüler des Zynikers Krates (§ 17), ließ sich dann, von diesem nicht befriedigt, von dem Megariker Stilpon (§ 18) dialektisch schulen und hörte außerdem die Akademiker Xenokrates und Pole-

mon (§ 26). Noch vor 300 gründete er seine eigene Schule in der mit Polygnots Gemälden geschmückten „bunten Halle“ (στοὰ ποικίλη), woher seine Genossenschaft den Namen Stoiker, d.i. Hallenphilosophen, erhielt. Wegen seiner sittlich ernsten, an Sokrates erinnernden Lebensführung von den Athenern hoch geehrt, schied er in hohem Alter freiwillig aus dem Leben. Sein Nachfolger als Schulhaupt war

2. Kleanthes aus der Landschaft Troas (um 331-233), der, um tagsüber Zenons Vorträge hören zu können, seinen Unterhalt durch nächtliche Tagelöhnerarbeit (Wassertragen und Teigkneten) verdient haben soll. Langsamen, aber zäh festhaltenden Geistes und sittenstreng wie sein Meister, scheint er als Denker weniger selbständig gewesen zu sein. Erhalten ist von ihm ein schon im Altertum berühmter, pantheistisch gehaltener Hymnus auf Zeus.

Weitere Schüler Zenons, von denen uns fast nur die Namen überliefert sind, übergehen wir. In der Leitung der Schule folgte dem Kleanthes

3. Chrysippos aus Soloi in Cicilien (um 280-207), der das stoische Lehrgebäude mit dialektischer Technik allseitig ausbaute, sodaß man sagte: „Gäbe es keinen Chrysipp, so gäbe es keine Stoa.“ Seine Schriftstellerei ging indes mehr in die Breite als in die Tiefe. Er soll täglich 500 Zeilen verfaßt und auf diese Weise nicht weniger als 705 (!) Bücher zusammengeschrieben haben, die natürlich von Wiederholungen und Zitaten strotzten. Uns sind nur kurze Fragmente erhalten.

Auf einen zweiten Zenon (von Tarsus) folgte

4. Diogenes der Babylonier (aus Seleucia am Tigris), der zusammen mit dem Peripatetiker Kritolaos und dem Akademiker Karneades 155 v. Chr. als athenischer Gesandter nach Rom ging und dort philosophische Vorträge hielt. Sein Schüler Panätius verpflanzte die stoische Philosophie dauernd nach Rom (s. § 44). Dem Diogenes folgte als Schulhaupt Antipater von Tarsus. Von den großen alexandrinischen Gelehrten stehen der Geograph Eratosthenes und der Philologe Apollodor der Stoa nahe. Eratosthenes z.B. tadelt schon mit harten Worten die aristotelische Zweiteilung des Menschengeschlechtes in Hellenen und Barbaren. Da nicht mehr nachweisbar ist, was ihren einzelnen Vertretern angehört, schildern wir die Lehre der älteren Stoa als ein einheitliches Ganzes.

Die Stoiker betrachten sich im allgemeinen als die Abkömmlinge der alten Zyniker; Antisthenes und Diogenes von Sinope stehen bei ihnen in höchstem Ansehen. Philosophie und Lebenszweck besteht ihnen, gleich jenen, in der Übung der Tugend. Gleichwohl halten sie eine solche nicht für möglich ohne Erkenntnis. Die allmählich sich einbürgernde Einteilung der Philosophie in Logik, Physik und Ethik bleibt deshalb auch bei ihnen bestehen. Aber die Wertschätzung dieser Gebiete ist ganz verschieden. Die Logik – so lautet einer ihrer Vergleiche – ist der Umzäunung eines Gartens ähnlich, die Physik dessen Bäumen, die Ethik allein enthält das eigentlich Wertvolle: die Frucht. Immerhin haben die älteren Stoiker auch jene beiden ersten Wissenschaften mit Sorgfalt betrieben, während dieselben später immer mehr vernachlässigt und zuletzt (bei Epiktet u. a., §46) gänzlich beiseite gelassen werden.

§ 37. Die Logik und Physik der Stoiker.

1. Logik.

Die stoische Logik hat zwei Teile: Rhetorik und Dialektik. Die Rhetorik handelt auch von Grammatik, Musiktheorie und Poetik. Die Stoiker unterschieden Worte oder „Zeichen" („Bezeichnendes") und Gedanken oder „Bezeichnetes". Von ihnen rühren zum großen Teil die üblichen grammatischen Bezeichnungen her. Philosophisch wichtiger ist der zweite Teil: die Dialektik, und in ihr wieder die Lehre von den Normen oder Kriterien und ihrer Entstehung, eine Art Erkenntnistheorie auf psychologischer Grundlage. Hier sind sie, was man bei den Vertretern einer idealistischen Tugendethik auf den ersten Blick nicht erwartet, wesentlich sensualistisch. Bei der Geburt gleicht die Seele einer unbeschriebenen Tafel, in die sich die Außendinge „wie Siegel in das Wachs" eindrücken (τύπωσις) und so Vorstellungen (φαντασίαι) hervorrufen. Von diesen bleiben in der Seele Erinnerungsbilder zurück; durch deren Verknüpfung und Vergleichung entsteht die Erfahrung. Geschieht dies in kunstloser Weise, „von selbst", wie z.B. im Kindesalter, so entstehen die allen gemeinsamen Begriffe (κοιναὶ ἔννοιαι) oder „natürlichen Vorannahmen" (ἔμφυτοι προλήψεις), die jedoch erst durch die künstlichen Entwicklungen der Logik, nämlich Urteile und Schlüsse, zur wahrhaften Erfassung der Dinge (κατάληψις) durch den vernünftigen Begriff (ὀρθὸς λόγος) führen, sodaß zum Schluß doch das rationale Element wieder zum Durchbruch gelangt. Das „Kriterium", d. i. die Richtschnur der Wahrheit, liegt in der Zustimmung des von seiner Unfehlbarkeit überzeugten subjektiven Bewußtseins, das als φαντασία καταληπτική, d. i. als Vorstellung, die ihren Gegenstand zu erfassen geeignet ist, unmittelbare Evidenz erzeugt. Die Steigerung von der vorläufigen Annahme zur unerschütterlichen Überzeugung drückte der Stifter der Schule durch ein Gleichnis aus, indem er die Wahrnehmung durch die ausgestreckten Finger, die Zustimmung durch die halb geschlossene Hand, den Begriff durch die Faust, endlich die feste Überzeugung oder das Wissen durch das Umfassen der Faust mit der anderen Hand bezeichnete.

Die Logik im engeren Sinne hat es mit dem Bezeichneten oder Ausgesprochenen (λεκτόν) zu tun. Leistungen von besonderer Bedeutung haben die Stoiker auf diesem Gebiete nicht aufzuweisen. So erwähnen wir denn nur ihre, hauptsächlich wohl aus pädagogischen Gründen erfolgte, Vereinfachung der aristotelischen Kategorienlehre: statt 10 nahmen sie bloß 4 Kategorien an, von denen eine jede die ihr voraufgehenden in sich enthält: 1. die Substanz (τὸ ὑποκείμενον, auch τὶ, das „Etwas", genannt); 2. die Eigenschaft (τὸ ποιόν); 3. die Beschaffenheit (πὼς ἔχον); 4. das Verhältnis (πρός τι πὼς ἔχον). Diesen vier Kategorien entsprechen zugleich die Entwicklungsstufen des Seienden. Das leitet uns über zu ihrer Naturlehre.

2. Monistische Naturlehre (Physik) und teleologischer Pantheismus.

Die Stoiker suchen den aristotelischen Dualismus monistisch umzubilden. Stoff und Form, Körper und Geist sind ihnen eins, die ganze Welt ist eine einheitliche, stofflich-körperliche Substanz. So trägt ihre Physik denn einen nahezu materialistischen Charakter. Wirklich ist nur, was Körper hat. Nicht bloß die Sinnendinge, sondern alles Seiende, Gott und die Seele, Tugenden und Affekte, ja selbst bloße Abstraktionen wie Gehen und Tanzen, Weisheit und Wahrheit sind körperlicher Natur! Unkörperlich sind nur der Raum, das Leere, die Zeit und die Denkobjekte (λεκτά). Der Mensch ist nicht dadurch gerecht, daß er an der Idee der Gerechtigkeit teilnimmt, wie Plato meint, sondern dadurch, daß er den Gerechtigkeitsstoff in seinem Leibe trägt. Die Vorstellungen sind Ätherteilchen, die in den Körper eindringen und ihn zu durchdringen vermögen; weshalb denn auch die Undurchdringlichkeit der Materie von den Stoikern geleugnet wird. Allein, daß der nackte Materialismus undurchführbar ist, zeigt sich auch bei ihnen. Im Stoffe wirksam sind ihm immanente vernünftige Kräfte (λόγοι). Die Urkraft aber, aus der sie alle ausstrahlen, ist die Gottheit. Der Materialismus schlägt plötzlich in Theologie um.

Allerdings bemühen sich die Stoiker nun, diese ewige allbelebende Urkraft möglichst körperlich zu fassen. Sie heißt – ähnlich wie bei Heraklit – der warme Hauch (πνεῦμα) oder das Feuer, welches alle Dinge erzeugt, belebt und bewegt. Als „samenhafte" Vernunftkraft (λόγος σπερματικός) hat sie von dem feurigen Zentrum der Welt, nach Kleanthes der Sonne, aus alles gestaltet, existiert also nicht außerhalb der Welt, wie bei Aristoteles. Alles in der Welt folgt mit Naturnotwendigkeit aufeinander; diese unerbittliche Notwendigkeit nennt der Mensch auch Verhängnis (εἱμαρμένη) oder Schicksal. Eine solche mechanische Naturerklärung scheint die Teleologie ganz auszuschließen. Und dennoch schleicht sie sich durch eine Hinterpforte wieder ein. Die Zweckmäßigkeit und Vollkommenheit der Welteinrichtung nämlich läßt darauf schließen, daß jene feurige Urkraft zugleich das Werkzeug der vollkommensten, zweckdienlichsten Vernunft ist. So wird das Verhängnis zur „Vorsehung". Eine ausführliche Theodicee sucht diese unsere Welt als die beste nachzuweisen; wobei es einerseits, namentlich bei Chrysipp, nicht ohne recht triviale Plattheiten (Nutzen der Mäuse und Wanzen!) abgeht, anderseits die sittlichen Zwecke (daß z.B. die Übel zur Prüfung des Weisen da sind) mit hineinspielen.

Die menschliche Seele ist ein Abbild der Allseele. Sie ist „göttlichen Geschlechts", wie der Apostel Paulus aus dem Hymnus des Kleanthes zitiert, damit zugleich aber auch, wie jene, rein körperlicher Natur. Ihr leitender Teil (ὑγεμονικόν) hat im Herzen als Zentrum des Blutlaufs seinen Sitz, nach anderen in der Brust überhaupt, als Sitz der Stimme und des Atems. Von da aus verbreiten sich die ihm untertanen fünf Sinne, nebst der Zeugungskraft und dem Sprachvermögen, in die ihnen zugeordneten Organe. Unsterblich ist allein die

Weltseele. Die Einzelseelen erhalten sich nur eine Zeitlang nach dem Tode, und zwar die schlechten und unwissenden, weil aus weniger reinem und dauerhaftem Stoffe gefertigt, bloß eine kürzere Zeit, während die Guten an einem Orte der Seligen harren, bis sie in dem nächsten großen Weltenbrand (Heraklit!) mit allem, was da ist, wieder in die Einheit des göttlichen Urfeuers zurückkehren, bis aus diesem eine neue Wiedergeburt erfolgt.

Der Gottesbegriff der Stoiker ist, trotz seiner naturalistischen Begründung, ein hoher, ihre Gottesverehrung eine lautere, aus dem Herzen kommende. Gegen den Volksglauben, nebst Mantik und Opfern, verhielten sie sich nicht geradezu ablehnend, sondern suchten ihn durch Allegorisierung der Mythen und Idealisierung der Götter und Heroen zu veredeln. Damit stehen wir indessen bereits im Bereiche ihrer Ethik.

§ 38. Die stoische Ethik.

Bonhöffer, Die Ethik des Stoikers Epiktet, Stuttgart 1894, ist auch für die ältere Stoa von Wert.

a) *Grundlage.* Die Ethik wird von den Stoikern auf den mächtigsten und ursprünglichsten der menschlichen Triebe gegründet. Das ist aber ihnen zufolge nicht die Lust, sondern der Selbsterhaltungstrieb. Das Ziel des Menschen, das ihm allein innere Befriedigung und Glück bringen kann, muß daher sein, mit sich einstimmig (ὁμολογουμένως), sich selbst getreu (Zenon) oder, wie Kleanthes es ausdrückte, mit der Natur (τῇ φύσει) einstimmig, der Natur gemäß zu leben. Welcher Natur gemäß? Der des Alls, des Einzelnen oder beider? Auf diese Frage haben nicht alle Stoiker dieselbe Antwort gegeben. Die meisten kommen mit Chrysipp darin überein, daß beides miteinander im Einklang sei. Denn das Vernunftlose gehorcht der ewigen Notwendigkeit aus ehernem Zwange, das Vernünftige aber fügt sich dem Logos oder göttlichen Weltgesetz aus freier Selbstbestimmung. So vereint sich – freilich nicht ohne Widerspruch mit ihrer Physik (§ 37) – die Freiheit des sittlichen Wollens mit der unentrinnbaren Naturnotwendigkeit, der sie bei der Gestaltung ihres Handelns unterworfen ist. Höchstes Ziel des Individuums ist, aufzugehen im Allgemeinen: ein Gedanke, der in dieser Reinheit nur in der indischen Philosophie, in der neueren Zeit erst bei Spinoza zu finden ist.

Der Natur gemäß leben heißt zugleich der sich selbst bestimmenden Vernunft gemäß leben; denn der Entschluß dazu folgt aus freier Wahl (αὐθαίρεσις), entspricht einem ursprünglich in uns gelegten Naturtriebe, der nicht irren kann. Die Tugend wird in scharfen Gegensatz zur Lust gestellt, welche letztere höchstens als „Zuwachs“ oder „Nachgeburt“ zu ersterer hinzukommt. Die Tugend allein ist hinreichend zur Glückseligkeit. Darin besteht ihre Autarkie d. i. Selbstgenugsamkeit. Sie ist durch Wissen zu erlangen, also lehrbar, und Schlechtigkeit eigentlich nur Verirrung des Urteils (vgl. Sokrates), was sie dann allerdings gegenüber der Gewalt der Tatsachen nicht immer folgerecht aufrecht zu erhalten vermögen. Übrigens ist dies Wissen kein theoretisches, sondern ein durchaus praktisches; die dianoëtischen treten hinter den ethischen Tugenden durchaus zurück. Der Tugendhafte ist an sich der Weise. Dies die wesentlichsten Grundanschauungen der stoischen Ethik. Aber die Vernunft hat den natürlichen Trieb, sich in der Wirklichkeit zu betätigen. Damit kommen wir zur

b) *Angewandten Ethik* oder *Tugend-* und *Güterlehre*. Die Autarkie der Tugend ist das positive Ideal des Weisen. Ihr negativer Ausdruck ist die völlige Ausschaltung der Gefühle in der Apathie (ἀπάθεια), d.h. der Freiheit von den Leidenschaften: Lust, Begierde, Trauer und Furcht, die als unvernünftige Regungen der Seele zu bekämpfen sind. Aus der Grundtugend – nach Zeno der Einsicht, nach Kleanthes der Seelenstärke, seit Chrysipp der Weisheit – gehen die drei übrigen Kardinaltugenden hervor, die sich dann noch in eine Anzahl von Untertugenden gliedern, und denen als die vier Kardinallaster ihre Gegensätze: die Unwissenheit, Feigheit, Zuchtlosigkeit und Ungerechtigkeit (mit weiteren Unterlastern) gegenübergestellt werden. Der Mensch besitzt entweder alle Tugenden oder gar keine. Es gibt nur Weise oder Wackere (σπουδαῖοι) auf der einen, Toren oder Schlechte (φαῦλοι) auf der anderen Seite. Der Übergang vom Bösen zum Guten ist demgemäß auch ein plötzlicher, eine Art Wiedergeburt (Kant: Revolution der Denkungsart). Was weder gut noch böse ist, ist gleichgültig. In stärkster Gegnerschaft zu Aristoteles und seiner Schule werden die sogenannten, äußeren Güter wie Ehre, Besitz, Gesundheit, ja selbst das Leben als gleichgültige Dinge (ἀδιάφορα) behandelt. Das einzige Übel ist die Schlechtigkeit (κακία), das einzige Gute die Tugend. Der Weise allein ist frei, reich, glücklich, ein wahrer König, ja den Göttern gleich, der Tor dagegen elend, unwissend, ein Bettler, ja ein Verrückter. In einer Hinsicht übertrifft der Weise sogar noch die Gottheit: er kann seine Seelenstärke im Dulden der Übel beweisen, Gott nicht.

Da nun aber solche Musterweisen tatsächlich nicht oder doch höchst selten, in einem Sokrates, Antisthenes, Diogenes und – Herakles! zu finden waren, so sahen sich die Stoiker in der Praxis denn doch zu manchen Inkonsequenzen bezw. Milderungen dieses schroffen Standpunkts genötigt. Dahin gehört, daß schließlich doch mehr oder weniger wünschenswerte Dinge, z.B. geistige oder körperliche Vorzüge, zugestanden, daß zwischen den Toren und Weisen die „Fortschreitenden", und zwar mit immer größerer Annäherung an die Weisen, eingeschoben, daß die Einflüsse zeitlicher und persönlicher Verhältnisse mit in Betracht gezogen werden. Besonders stark zeigte sich die Stoa (freilich, wie es scheint, mehr die spätere) in moralischer Kasuistik d. i. in der Aufstellung und Entscheidung von Fällen, wo eine Kollision der Pflichten eintritt; Beispiele genug bietet u. a. *Cicero, De officiis*. Auch der individualethische Standpunkt konnte nicht in voller Starrheit festgehalten werden. Bei aller „Selbstgenugsamkeit" der Tugend wurde doch betont, daß der Mensch um der Gemeinschaft, um des großen Ganzen willen da sei, daß alle Vernunftwesen einander von Natur verwandt seien. So werden Freundschaft, Ehe, Staat nicht verworfen, sofern sie sittlich gestaltet oder zu gestalten sind. Da aber in allen Menschen eine und dieselbe Vernunft lebt, so kann es im Grunde nur ein Gesetz, ein Recht, einen Staat geben. Alle Menschen sind Brüder. Der wahre Stoiker ist demnach Weltbürger. So hat sich die aristotelische Politik jetzt zum Kosmopolitismus erweitert, der freilich bei der älteren Stoa noch recht kalt und leer erscheint und sich erst in der Stoa der Kaiserzeit mit (religiöser) Wärme erfüllt. Zenon selbst hat das Ideal eines Weltstaats entworfen, in dem keine Gerichtshöfe, Tempel, Gymnasien und Tauschmittel mehr nötig sind (vgl. *Pöhlmann* a. a. O. S. 610-618). Und die stoische Lehre vom „Naturrecht" hat jahrhundertelang das europäische Denken beherrscht.

Der Begründung der stoischen Ethik auf so dehnbare Begriffe wie Selbsterhaltungstrieb und Naturgemäßheit[18], ihren Mangel an Erkenntnistheorie, ihre mancherlei Inkonsequenzen, zu denen auch die sittlich bedenkliche Unterscheidung zwischen dem bloß Angemessenen (καθῆκον) und dem unbedingt Gebotenen gehört, kurzum ihren methodischen Schwächen steht jedenfalls ein auch philosophisch nicht gering anzuschlagendes Verdienst gegenüber: den Pflichtgedanken zum erstenmal philosophisch mit erhebender Kraft und Strenge gepredigt und den Gedanken in voller Reinheit betont zu haben, daß die vollkommene Pflichterfüllung in der rechten Gesinnung (τὸ κατόρθωμα) besteht.

Kapitel XI.
Die Epikureer.

§ 39. Epikur und seine Schule.

Hauptquellen: *Cicero, De Natura deorum* I und *de Finibus* I, *Laert. Diogenes*, Bd. X, *Sextus Empirikus*, vor allem aber *Lukrez*.
Literatur: *Hirzel, Untersuchungen zu Ciceros philos. Schriften* I, *Natorp, Forschungen* etc., S. 209-255. *P. v. Gižycki, Leben und Moralphilosophie des E.*, Halle 1879 (Dissert.). *Kreibig, Epicurus.* Wien 1886.

1. *Leben.* Epikur, im Jahre 341 als Sohn eines athenischen Schullehrers anscheinend auf der Insel Samos geboren, genoß eine unregelmäßige Jugendbildung, hörte später zu Athen Philosophen verschiedener Richtung, besonders den Demokriteer Nausiphanes, und bezeichnete sich anfangs auch selbst als Anhänger Demokrits. 306 gründete er in seinem Garten – daher der Name „Gartenphilo-

sophen“ (οἱ ἀπὸ τῶν κήπων) – seine eigene Schule, die er bis zu seinem Tode 270 leitete. Mit den Studien war in dieser Genossenschaft, der auch Frauen angehörten, ein heiter-geselliger Ton verbunden, entsprechend der liebenswürdigen Persönlichkeit ihres Stifters, dessen sittlichen Charakter seine Gegner – und ihm folgend das ganze christliche Mittelalter – mit Unrecht verdächtigt haben.

2. *Schriften.* Epikur schrieb gern, viel und leichtverständlich, nach den Titeln seiner zahlreichen, gegen 300 „Bücher“ zählenden Schriften zu schließen über alle philosophischen Gebiete, daneben namentlich über naturwissenschaftliche Themata. Erhalten sind nur: 1. *Drei Lehrbriefe,* einen kurzen Abriß der Physik, Meteorologie und Ethik enthaltend (bei Laert. Diog. X), 2. von seinen 37 Büchern *Über die Natur,* Buch II und IX zum Teil, auf Papyrusrollen zu Herculanum gefunden (ed. Orelli 1818), 3. die κύριαι δόξαι, *Hauptsätze* oder Sprüche, zum Auswendiglernen für seine Schule bestimmt, 4. eine größere Anzahl *Fragmente* aus seinen übrigen Schriften. Eine vorzügliche Ausgabe alles Erhaltenen ausgenommen 2., mit ausführlicher Vorrede, besitzen wir seit 1877 in *Usener, Epicurea;* eine populäre Verdeutschung des Wichtigsten, mit etwas zu enthusiastischer Einleitung, von *A. von Gleichen-Rußwurm* (Jena 1909).

3. *Schule.* Von seinen zahlreichen Schülern und Nachfolgern erwähnen wir als die bekanntesten: Metrodor von Lampsakus, der jedoch noch vor seinem Freund und Meister starb, Kolotes, gegen den Plutarch schrieb, den Vielschreiber Apollodor, dessen von Cicero besonders gerühmten Schüler Zeno von Sidon, Phadrus (von Cicero in Rom gehört) und Philodemus (um 50 v. Chr. in Rom), von dessen Schrift *Über Zeichen und Beziehungen* ebenfalls ein Teil auf herkulanischen Papyrusrollen entdeckt worden ist. Der berühmteste und glänzendste Vertreter der Schule wurde der jung gestorbene römische Dichter Lukrez, von dem unten (§ 45) noch besonders zu handeln ist. Die epikureische Schule als solche hat sich zwar nicht als langdauernd erwiesen, sondern endet mit dem letztgenannten im ersten vorchristlichen Jahrhundert, aber sie gewann einen starken praktischen Einfluß (vgl. unten S. 140 f.). Ihr Lehrinhalt blieb fast unverändert. Im ganzen Mittelalter, ja bis in die neue Zeit hinein verketzert und kaum gekannt, erlebte Epikurs Philosophie eine Wiedererstehung in Gassendi (S. 277 ff.).

Auch sie gliedert sich in Logik, Physik und (als wichtigsten Teil) Ethik.

§ 40. Die sensualistische Erkenntnislehre (Kanonik) und atomistische Naturlehre Epikurs.

1. *Kanonik.* Die epikureische Erkenntnislehre ist der stoischen verwandt. Ähnlich wie dort, wird sie nicht sowohl um ihrer selbst willen, sondern vielmehr als Einleitung zur Physik betrieben, sowie diese als Einleitung in die Ethik. Sie soll die Kanones, d. i. Normen der Erkenntnis und Kriterien der Wahrheit, lehren. Im Grunde gibt es für die Epikureer nur einen Maßstab der letzteren; die

sinnliche Wahrnehmung. Der Augenschein allein führt unmittelbare Evidenz (ἐνάργεια) mit sich. Jedem Begriffe muß unmittelbare Wahrnehmung voraufgehen. Werden die Objekte der Wahrnehmung aufgehoben, so wird alles Denken mit aufgehoben. Die durch Ansammlung von Wahrnehmungen entstandenen Phantasievorstellungen und Begriffe (προλήψεις, nicht zu verwechseln mit den stoischen προλήψεις oder ἔννοιαι), die zu Meinungen (δόξαι) und Annahmen (ὑπολήψεις) führen, sind trüglicher Natur, insbesondere wenn sie sich auf Zukünftiges oder Unsichtbares beziehen, und nur wahr, wenn direkte Wahrnehmungen für sie oder wenigstens nicht gegen sie zeugen. Auch die Vernunft erwächst aus der Wahrnehmung und hängt ganz und gar von ihr ab. Mit den verwickelteren logischen Operationen (Schlüssen usw.), die einer solchen rein empirischen Wahrnehmungslehre schon durch die bloße Annahme einer Gesetzlichkeit in den Veränderungen einen Stoß geben mußten, haben sich, wie es scheint, erst die späteren Epikureer, wie Zeno und Philodemus, beschäftigt. Epikur selbst scheint über die gewöhnlichste Empirie des gesunden Menschenverstandes nicht hinausgelangt zu sein und von Demokrit nur das sensualistische, nicht das rationalistische Element aufgenommen zu haben. Daher wurde auch der Wert der Mathematik, wie überhaupt gelehrter Forschung, von den Epikureern gering geschätzt.

2. *Naturlehre.* Vgl. *F. A. Lange, Gesch. d. Materialismus* I, Kap. 4 und die Dr.-Dissertation von *Karl Marx, Differenz der demokritischen und epikureischen Naturphilosophie* (1841, zum ersten Male gedruckt im 1. Bd. des Literar. Nachlasses hrsg. von F. Mehring, Stuttg. 1902, S. 63-138).

Epikurs Naturansicht ist nicht selbständigem naturwissenschaftlichen Interesse entsprungen, sondern durch seine ethische Absicht diktiert, alle übernatürlichen Kräfte aus der Welterklärung auszuscheiden, weil sie dem Menschen seine Gemütsruhe rauben und ihn in beständiger Furcht und törichtem Aberglauben erhalten. (In diesem Sinne formuliert Lukrez sein bekanntes: *Tantum religio potuit suadere malorum*). Eine solche Weltanschauung fand Epikur am folgerichtigsten durchgeführt in dem System, das er vielleicht allein genauer kennen gelernt hat: der Atomenlehre Demokrits.

a) *Atomismus.* Ganz folgerecht kann zwar Epikur seinen Sensualismus doch nicht durchführen. Ein festes, im Wechsel der Dinge Beharrendes muß es geben, weil sonst aus Nichts Etwas würde oder Etwas in Nichts verschwände. „Von Ewigkeit her existieren die Atome und der leere Raum." Die Teilung eines jeden Zusammengesetzten, immer weiter fortgesetzt, führt zuletzt auf nicht mehr weiter teilbare Urkörperchen oder Atome, als die unzerstörbaren und unwandelbaren Elemente der Dinge. Soweit geht Epikur mit Demokrit. Aber, während die Atome diesem nur Voraussetzungen physikalischen Denkens sind, vergröbert Epikur sie sensualistisch. Er hebt ihre „Wirklichkeit" hervor. Sie sind nur zu klein, um von unseren Sinnen wahrgenommen zu werden, „Wahrnehmung an sich" könnte sie erblicken. Den Charakter strenger Naturnotwendigkeit, den Demokrits Lehre trägt, zerstört Epikur dadurch, daß er statt der ursprünglich richtungslosen Bewegung eine durch ihre Schwere bewirkte senkrechte Fallrichtung – eine Art „Landregen" – der Atome annimmt. Dadurch sieht er sich dann zur Annahme einer willkürlichen Abweichung einzelner Atome „um ein Kleinstes" von dieser senkrechten Richtung genötigt, um das erste Zusammenprallen erklären zu können, aus dem alles weitere folgt. Die beständige Rücksichtnahme auf die Sinne führte ihn zu so ungereimten Behauptungen, wie denen, daß der Mond „in Wirklichkeit" ab- und zunehme, und daß die Sonne „in Wirklichkeit" nicht oder doch nicht viel größer sei als die am Himmel sichtbare!

b) *Verhältnis zur Theologie.* Es kommt Epikur in erster Linie eben nur darauf an, alles natürlich zu erklären. Die Einzelheiten kümmern ihn dabei nicht viel; gewöhnlich stellt er für eine Erscheinung verschiedene Erklärungen auf. Dagegen wird – darin liegt das Wichtige und Bedeutsame seiner Lehre – jede Zweckbestimmung und göttliche Leitung mit Bestimmtheit abgewiesen, eine Vorsehung oder auch nur ein „Verhängnis" nach Art der Stoiker nicht anerkannt. Gegen die Ausübung der Volksreligion hatten die Epikureer nichts einzuwenden. Den Sitz der als idealisierte Menschen geschilderten – sich nährenden und griechisch redenden! – Götter verlegt Epikur in die Intermundien (μετακόσμια), d. i. leere Räume zwischen den zahllosen Welten, wo sie in seliger Ruhe und völliger Selbstgenugsamkeit ihr ungetrübtes Glück genießen, unbekümmert um uns Menschen und ohne in die Naturgesetze einzugreifen. Sie stellen so die Verkörperung von Epikurs eigenem Lebensideal ästhetischen Selbstgenusses dar.

c) *Psychologie.* Die menschliche Seele besteht aus einem feinen, durch das ganze Aggregat (ἄθροισμα) des Leibes zerstreuten luftähnlichen Stoff, dem ein feuerähnliches und ein „unnennbares" Element beigemischt ist. Die von diesem Empfindungsorgane (αἰσθητικόν) ausgehende Wahrnehmung wird durchaus materiell gedacht. Sie entsteht dadurch, daß feinste Teilchen von der Oberfläche der Dinge ausstrahlen und als deren Abbilder (εἴδωλα) in unsere Sinnesorgane eingehen, wie z.B. die Luftströmungen in unsere Ohren. Von den menschlichen Willensakten wollte Epikur die sonst waltende Notwendigkeit ausgeschlossen wissen, doch findet sich von einer tiefergehenden psychologischen Untersuchung dieser Frage, wie die Stoiker sie unternahmen, keine Spur. Nach dem Tode löst sich die Seele mit dem Körper in ihre Atome auf. Da dann auch keine Empfindung mehr besteht, brauchen wir den Tod nicht zu fürchten. So lange wir sind, ist der Tod noch nicht da, und, wenn der Tod da ist, sind wir nicht mehr.

§ 41. Epikurs Ethik des Egoismus.

a) *Grundlage.* Die epikureische Ethik trägt, wenigstens in ihrer überlieferten Gestalt, keinen systematischen Charakter, sondern mehr den lose aneinander gereihter Sätze. Wie die cyrenaische Lehre, die in ihr verfeinerter und gereifter wieder ersteht, ist sie vor allem Individualethik, genauer Ethik des Egoismus. Als Ausgangspunkt wird ausdrücklich die Lust (ἡδονή) des Einzelnen, als Ziel, auf welches das natürliche Streben jedes Wesens gerichtet ist, das glückselige Leben (μακαρίως ζῆν) bezeichnet. Zur völligen Glückseligkeit freilich genügt die bloße Bedürfnisbefriedigung des Augenblicks, die Lust „in der Bewegung" nicht, sondern es muß die bleibende Lust „der Ruhe" erreicht werden, die der Befriedigung nachfolgt. Die höchste Frucht des sittlichen Lebens ist daher – ein demokritisches Moment! – die Ataraxie (ἀταραξία), eigentlich das „Ungestörtsein", d.h. die unerschütterliche Ruhe des Gemüts, das *nil admirari* des Horaz. Der Maßstab der Lust ist zwar zunächst das Gefühl (πάθος), aber nicht jede Lust ist zu erstreben, nicht jeder Schmerz zu fliehen, z.B. nicht der, welcher eine höhere Lust im Gefolge hat. Die geistige Lust ist ungleich höher zu schätzen als die des „Fleisches", (hier zum erstenmal das im Neuen Testament so gebräuchliche σάρξ)! Es gibt natürliche und nicht natürliche Begierden; die ersteren zerfallen wiederum in notwendige und nicht notwendige. Deshalb ist eine Abmessung (συμμέτρησις) der Lüste nach ihrem Wesen und ihren unmittelbaren und mittelbaren Folgen vonnöten, die durch die vernünftige Einsicht (φρόνησις) vollzogen wird. Sind Lust und Unlust auch von den körperlichen Zustanden und Trieben abhängig, so vermag doch der Geist sie zu beherrschen; darin denkt der epikureische Weise nicht viel anders als der Zyniker oder Stoiker. Der Körper empfindet bloß die Gegenwart, die Seele vermag auch Vergangenheit und Zukunft und damit alle Freuden, freilich auch alle Leiden, stärker zu empfinden. Ja, im Widerspruch zu ihrem ursprünglichen Grundprinzip hielten die Epikureer es für besser, mit Vernunft unglücklich als ohne Vernunft glücklich zu sein, und erklärten die Einsicht für das höchste Gut.

b) *Anwendungen.* Wie Epikur persönlich ein durchaus musterhaftes und sittenreines Leben in Mäßigkeit und Genügsamkeit führte, so ist auch sein Ideal des Weisen – denn darauf läuft seine Ethik genauso wie die stoische hinaus – trotz des Mangels einer strengeren wissenschaftlichen Begründung und trotz des eudämonistischen Grundprinzips, ein durchaus edles. Es wird fast mit denselben Zügen wie das der Stoiker geschildert, vielleicht erst von Epikurs Schülern, die sich in der Ausmalung desselben nicht von jenen übertreffen lassen wollten. Der Weise weiß seine Begierden zu beherrschen, ist von allem Äußeren unabhängig, wandelt wie ein Gott unter den Menschen und beneidet selbst bei Wasser und Brot Zeus nicht. Stimmen nun auch diese allgemeinen Züge überein, so steht doch im einzelnen die epikureische Ethik vielfach im Gegensatz zur stoischen. Vor allem fehlt der Pflichtgedanke, die Unterordnung des Individuums unter das Allgemeine. Der Zweck des Staats ist lediglich Sicherung der Gesellschaft gegen das Unrecht, von dem die große Masse nur durch Strafen zurückgehalten werden kann. Am besten ist es, sich von den Aufregungen des politischen Lebens überhaupt fernzuhalten. „Lebe im

Verborgenen!" (λάθε βιώσας!), lautete einer der epikureischen Wahlsprüche, der also das „Glück im Winkel" preist. Aus dieser Rücksicht auf möglichste Ruhe und Ungestörtheit leiten sich auch seine Bedenken gegen Eheschließung und Familiengründung her, wenn er sie auch nicht gerade verboten wissen will. Nur die Freundschaft wurde, und auch sie mehr in der Praxis als in der Theorie, von den Epikureern hochgehalten, Milde gegen die Sklaven und Wohlwollen gegen alle Menschen empfohlen. Gegen die Lebens- und Genußfreudigkeit eines Aristipp nimmt sich allerdings der Egoismus Epikurs recht resigniert aus. Sein Ideal ist ein heiter ruhiges, friedlich stilles Leben, das nicht nach hohem Ruhm und Ehren trachtet, das die sinnlichen Triebe nicht unterdrückt, aber auch nicht die Herrschaft über sich gewinnen läßt, das sich nicht gegen den Verkehr mit anderen verschließt, und das schließlich gestattet, unerträglichen Leiden durch freiwilligen Tod sich zu entziehen.

Von einer wirklich erkenntniskritischen Begründung der Ethik, wie sie Plato angebahnt hatte, ist bei diesen hellenistischen Philosophen keine Rede mehr. Das ethische Philosophieren ist fortan nur auf die Erlangung des „höchsten Guts" gerichtet. Epikurs Ethik insbesondere enthält, wie wichtig auch ihr Einfluß auf Kultur- und Sittengeschichte gewesen ist, philosophisch wenig Eigenartiges. Wer aufgemerkt hat, wird auch in der Ethik Epikurs neben cyrenaischen Elementen dieselbe Verwässerung Demokrits erblicken, die dazu beigetragen hat, den echten Demokrit bis in die neueste Zeit im Dunkel zu lassen.

Kapitel XII.
Die Skeptiker.

Vgl. die betreffenden Abschnitte der schon mehrfach zitierten Werke von *Hirzel* (Bd. III) und *Natorp*; ferner *R. Richter, Der Skeptizismus*, Bd. I, 1904.

§ 42. Einleitendes. Die ältere Skepsis (Pyrrhon, Timon).

Von den vier großen Schulen, deren Entwicklung wir bisher verfolgten; Platonikern (Akademikern), Aristotelikern (Peripatetikern), Stoikern und Epikureern, behauptete eine jede gleichmäßig, im Besitze der Wahrheit zu sein. Demgegenüber mußte naturgemäß, und noch vermehrt durch die Zerrüttung des politischen und sittlichen Lebens, der schon in der Sophistik so stark aufgetretene

Zweifel an aller bisherigen Wahrheit, die Skepsis aufs neue sich regen. Kann man auch der Natur der Sache nach von einer skeptischen „Schule“ im eigentlichen Sinne nicht reden, so wurde doch schon vor Ende des 4. Jahrhunderts eine strengere Systematisierung der skeptischen Gedanken versucht; und dieser Versuch hatte Nachfolger. Wir unterscheiden folgende Richtungen: 1. die ältere Skepsis (Pyrrhon, Timon), 2. die Skeptiker der mittleren und neueren Akademie, 3. die jüngere Skepsis (Änesidem u.a.), die jedoch bereits in den nächsten Zeitraum fällt (§ 45).

Von Persönlichkeit und Lehre der ältesten Skeptiker ist uns wenig Sicheres überliefert. Pyrrhon aus Elis machte, zusammen mit seinem Lehrer, dem Demokriteer Anaxarch, den Zug Alexanders nach Asien mit und lebte später, berühmt wegen seiner „göttlichen Seelenruhe“, in seiner Vaterstadt, wo er um 275 in hohem Alter starb; wie es heißt, ohne Schriften zu hinterlassen. Ob er mit der Sophistenschule seiner Heimat (§ 18) zusammenhängt, ist ungewiß; sicherer erscheint der Einfluß Demokrits. Man kannte im späteren Altertum seine Lehre nur aus den Schriften seines Schülers Timon aus Phlius (325-235), der, vielfach umhergetrieben, zuletzt in Athen lebte. Literarischen Ruf erwarb sich Timon besonders als Sillograph, d.h. Verfasser von Spottgedichten, die sich gegen die dogmatischen Philosophen richteten und neben Pyrrhon nur Xenophanes, Protagoras und Demokrit mit Anerkennung behandelten; einige Bruchstücke daraus sind erhalten. Daß er indessen auch ernstere Prosaschriften geschrieben hat, beweisen erhaltene Titel, z.B. περὶ αἰσθήσεως (*vgl. Wachsmuth, De Timone Phliasio*. Leipzig, 2. Aufl. 1885).

Auch für die Skeptiker ist das höchste Ziel ein ethisches: die Erlangung der unerschütterlichen Seelenruhe (Ataraxie), in deren weiteren Bezeichnungen sie an Demokrit erinnern. Sie wird erreicht durch den Zweifel; denn durch das Ansichhalten des Urteils befreit sich der Geist von verwirrenden und beunruhigenden Irrtümern. Dreierlei muß man sich nach Timon zu diesem Zwecke klar machen: 1. Wie sind die Dinge beschaffen? 2. Wie haben wir uns zu ihnen zu verhalten? 3. Welchen Gewinn ziehen wir aus diesem Verhalten? – Auf die erste Frage antwortet er: Die Beschaffenheit der Dinge an sich ist uns völlig unbekannt. Die Wahrnehmung bezieht sich nur auf ihre Erscheinung, alle unsere Meinungen und Begriffe beruhen auf Satzung oder Gewöhnung. Jeder Behauptung läßt sich eine gleichkräftige Gegenbehauptung entgegenstellen. – Die Antwort auf die zweite Frage lautet daher: Wir dürfen nie etwas mit Sicherheit behaupten wollen, nie sagen: Es ist so, sondern höchstens: Es scheint mir so, müssen also mit unserem Urteil an uns halten. Wegen dieser als Kernbegriff ihres Systems (wenn man von einem solchen sprechen darf) auftretenden Lehre von dem Ansichhalten oder dem Zurückhalten des Urteils (ἐποχή) wurden die Skeptiker auch „Ephektiker“ genannt. Schwerlich war jedoch damit ein Verzicht auf alle Wissenschaft ausgesprochen; die Skeptiker werden im Gegenteil von Sextus Empirikus „viel erfahrener“ als die anderen genannt, und Pyrrhon selbst von einem Gegner (Galen) als ein Mann bezeichnet, der, ohne viele Worte zu machen, durch die Tat zeigte, daß er ein ernstlicher Wahrheitssucher war, wie dies für seine Anhänger auch durch die Benennung ζητητικοί d. i. „Sucher" angedeutet wird. – Den ethischen Gewinn endlich, den ein solches theoretisches Verhalten mit sich bringt, haben wir bereits oben in der ἀταραξία kennen gelernt. Sie folgt der ἐποχή wie ihr Schatten.

Eine zweite skeptische Schule entstand erst gegen zwei Jahrhunderte später (s. u.). Dagegen fand die Skepsis in etwas veränderter, zum Teil gemilderter Form dadurch weite Verbreitung, daß sie über ein Jahrhundert lang in einer der vier großen Schulen, nämlich der akademischen, zur Herrschaft gelangte.

§ 43. Die Skepsis der mittleren und die neuere Akademie.

1. Dem Krates (§ 26) folgte als Leiter der Akademie Arcesilaus aus Äolien (315-241), der zusammen mit dem ein Jahrhundert später lebenden Karneades von Cyrene (213-129) der Hauptvertreter der in der sogen. „mittleren" Akademie herrschenden Skepsis ist. Da auch diese Männer nichts Schriftliches hinterließen, sind wir über sie nur unvollkommen und erst durch dritte Hand, namentlich durch Ciceros philosophische Schriften, unterrichtet. Nach Cicero wäre Arcesilaus in seiner Zweifelsucht so weit gegangen, daß er sogar seinen eigenen Satz, daß wir nichts wissen können, anzweifeln zu müssen glaubte. Nach Sextus Empirikus dagegen soll er damit nur seine Schüler habe auf die Probe stellen wollen, um die Begabteren dann weiter, zum Platonismus, zu führen, sodaß er von seinen stoischen Gegnern als „vorne Plato, hinten Pyrrho" verspottet wurde. Er bestritt vor allem die „festhaltende Vorstellung" der Stoiker. Für die Norm des praktischen Verhaltens erklärte er die Wahrscheinlichkeit (das εὔλογον).

Die skeptische Richtung des Arcesilaus wurde von den ihm folgenden Akademikern fortgesetzt, am erfolgreichsten durch den auch als Redner berühmten Karneades, der 155 v. Chr. als athenischer Gesandter (vgl. § 36) nach Rom kam. Er bekämpfte ebenfalls besonders die Stoiker, besonders Chrysipp, als die zu seiner Zeit angesehensten dogmatischen Gegner. Ihrem Beweis für das Dasein Gottes aus der zweckmäßigen Einrichtung des Alls hielt er die Übel in der Welt und andere Widersprüche entgegen. Ja, er leugnete die Möglichkeit einer strengen Beweisführung überhaupt, da die Voraussetzung selbst doch wieder durch einen „Beweis" dargetan werden müßte. Vielleicht nur zur praktischen Illustration dieser Sätze, soll er, nach dem Kirchenvater Laktantius, zu Rom an dem einen Tage eine Rede für, am folgenden eine gegen die Gerechtigkeit gehalten haben. Dennoch beschränkte er sich nicht auf bloße Verneinung, sondern stellte – soviel wir wissen, zuerst – eine Theorie der Wahrscheinlichkeit auf. Er unterschied drei Grade derselben: 1. Vorstellungen, die nur für sich allein betrachtet wahrscheinlich sind, 2. solche, die wahrscheinlich sind und zugleich bestimmten anderen nicht widerstreiten, 3. allseitig bestätigte.

2. Nach Karneades wandte sich die platonische Schule als „neuere“ Akademie wieder mehr der dogmatischen Richtung, namentlich der Stoa, zu. So behauptete z.B. Philo von Larisa († 80 v. Chr. zu Athen), den Cicero 87 in Rom hörte, zwischen Karneades und den Stoikern vermittelnd, ein „augenscheinliches“ Wissen (ἐνάργεια). Antiochus von Askalon endlich († 68, Ciceros Lehrer zu Athen 79/78) gab die Skepsis als sich selbst widersprechend ganz auf und führte statt dessen einen flachen Eklektizismus ein. Die Wahrheit liege in dem, worin alle wahren Philosophen übereinstimmten. Dies aber sei bezüglich aller Hauptpunkte bei Platonikern, Peripatetikern und Stoikern der Fall. In der Ethik stellte er, ebenso schwächlich vermittelnd und philisterhaft, den Satz auf: die Tugend allein reiche zwar nicht zum „glücklichsten“, wohl aber zu einem „glücklichen“ Leben hin.

Mit diesem theoretischen und praktischen Eklektizismus sind wir, der Zeit wie der Sache und zum Teil auch schon dem Schauplatz nach, in eine neue Periode des antiken Philosophierens eingetreten, die wir, entsprechend den unterdessen veränderten politischen Verhältnissen, als die römische bezeichnen können.

B. Die Philosophie auf dem Boden des römischen Weltreichs.

Kapitel XIII. Die Philosophie bei den Römern.

§ 44. Einleitendes. Verpflanzung der griechischen Philosophie nach Rom. Die mittlere Stoa.

Über diese verhältnismäßig noch am wenigsten durchforschte Periode der antiken Philosophie vergleiche, außer den allgemeinen Darstellungen: *E. Zeller, Religion und Philosophie bei den Römern* (Vortr. u. Abh. II, 93-135). *Mommsen, Röm. Gesch.* II, 421 ff. *Teuffel, Gesch. d. röm. Liter.*, § 48; besonders aber: *Schmekel, Die Philosophie der mittleren Stoa in ihrem geschichtlichen Zusammenhang.* Berlin 1892.

Der römische Volkscharakter war wohl zur Reflexion, nicht aber zum theoretischen Spekulieren angelegt, vielmehr ganz dem Praktisch-Nützlichen zugewandt.

Selbst die religiösen Anschauungen erscheinen von diesem Nützlichkeitsgeiste durchtränkt. So haben sich denn, während römisches Recht, römische Verwaltung, römisches Heerwesen ein Vorbild für Jahrtausende geworden sind, die eigentlich idealen Geistesmächte: Poesie, bildende Kunst und Philosophie, bei den Römern nie zu der Blüte zu entfalten vermocht, die sie in Hellas erreichten. Philosophie insbesondere galt dem Römer von altem Schrot und Korn – Urtyp der alte Cato – als unnützer Wortkram, wenn nicht gar als sitten- und religionsgefährlich.

Zu letzterer Ansicht hatte wohl der Umstand nicht wenig beigetragen, daß der erste Vermittler griechischer Philosophenweisheit, der Dichter Ennius (239-169), der auch ein naturphilosophisches Lehrgedicht *Epicharm* schrieb, gerade den rationalistischen Aufklärer Euemerus (§ 16) ins Lateinische übertrug und zwar nicht die Götter, aber eine göttliche Vorsehung leugnete. Den Sokrates erklärte Cato für einen mit Recht hingerichteten Schwätzer, und noch in den Jahren 173, 161 und 155 wurden auf sein Betreiben Senatsbeschlüsse gefaßt, durch welche die griechischen Rhetoren und Philosophen – im letzten Falle die mehrerwähnten drei athenischen Gesandten – aus Rom ausgewiesen wurden. Allein mit dem zunehmenden Verfall des Glaubens und der Sitte der Väter und mit der Entwicklung des Reiches zum Weltreich konnte man dem Eindringen griechischer Philosophie nicht mehr durch Gewaltmaßregeln wehren, zumal da dem, was der gebildete Römer in erster Linie von der Philosophie zu erlangen wünschte: Belehrung über die sittliche Aufgabe des Menschen und den besten Weg zur Glückseligkeit, daneben theoretische Vorbildung zur öffentlichen Laufbahn, gerade die Philosophie der hellenistischen Schulen entgegenkam. Griechische Philosophen, wie Panätius, kamen nun nach Rom, und noch häufiger begab sich die vornehme Jugend auf kürzere oder längere Zeit nach den Hauptstätten griechischer Weisheit: Athen, Rhodus und Alexandrien, um die Vorträge berühmter Rhetoren und Philosophen zu hören. Es wurde das bald ebenso als ein Erfordernis höherer Bildung betrachtet, wie heutzutage etwa der Besuch der Universität. Dennoch hat die Philosophie in Rom nie recht heimisch zu werden vermocht. Die Mehrzahl der Philosophen, die wir zu erwähnen haben werden, sind nicht römischer Abstammung, und, die es waren, haben auf diesem Felde nichts Neues, Eigenartiges geleistet, geschweige denn einen wissenschaftlichen Fortschritt gezeitigt, sondern in der Regel nur eine Wiederholung oder Umschreibung des von den Griechen bereits Geleisteten geliefert.

Alle griechischen Philosophenschulen haben allmählich Eingang bei den Römern gefunden. Zunächst und am meisten diejenige, die der Mannhaftigkeit (*virtus*) und dem Staatssinn, zugleich aber auch dem Tugendstolz des Römers und seiner Neigung zur moralischen Kasuistik bezw. juristischen Haarspalterei am weitesten entgegenkam und der römischen Volks- und Staatsreligion sich am besten anzupassen wußte: die sogenannte mittlere Stoa. Sind ihre wichtigsten Vertreter auch noch Griechen von Geburt, so wirken sie doch bereits nicht bloß im römischen Reich, sondern hauptsächlich auch auf Römer. So lebte Panätius von Rhodus (um 180-110) mit dem Geschichtsschreiber Polybios zusammen längere Zeit in Rom und gewann dort den jüngeren Scipio (Ämilianus) und Lälius nebst ihrem ganzen Kreis für die Philosophie. Wie fast alle späteren Stoiker, faßte er die Philosophie rein von der praktischen Seite; auf die theoretischen Schulsätze legte er keinen besonderen Wert mehr. Neben den Häuptern seiner eigenen Schule hält er auch die klassischen Philosophen Demokrit, Plato und Aristoteles hoch und führt sie häufig in seinen Schriften an. Durch Milderung stoischer Härten, z.B. Anerkennung der äußeren Güter als zur Glückseligkeit mitwirkend, sowie durch gewandte und geschmackvolle Darstellung wußte er der von ihm vertretenen Richtung viele Freunde zu erwerben. Folgenreich ward insbesondere die Verbindung der naturrechtlichen Theorie der Stoa mit der positiven Rechtswissenschaft der Römer. Zur stoischen Lehre bekannten sich so bedeutende Gelehrte und Staatsmänner des scipionischen Kreises wie Stilo und Q. Scävola, die „Begründer der wissenschaftlichen Philologie und wissenschaftlichen Jurisprudenz“ (*Mommsen*). Aus der Verschmelzung von stoischer Philosophie und römischer Religion entstand eine Art philosophischer Staatsreligion der Gebildeten. Höchstwahrscheinlich von Panätius hatte derselbe Scävola, der zugleich auch Pontifex Maximus war, seine Lehre von der dreifachen Theologie: der Dichter, Philosophen und Staatsmänner, entlehnt. Die mythologische Darstellung der ersteren sei unwahr und unwürdig, die vernunftgemäße der Philosophen zwar wahr, aber für die Masse unbrauchbar, die dritte, die den herkömmlichen Kultus aufrecht hält, unentbehrlich. Von den Schriften des Panätius ist nichts auf uns gekommen, doch können wir auf ihren Inhalt schließen aus Ciceros drei Büchern *De officiis,* denen Panätius' Schrift *Über das Geziemende* (περὶ τοῦ καθήκοντος) zugrunde lag.

In noch stärkerem Maße als sein Lehrer Panätius verschmolz Posidonius aus Syrien (um 130-50), der glänzende und viel (u. a. auch von Cicero und Pompejus) besuchte Vorträge zu Rhodus hielt, platonische, aristotelische und andere frühere Lehren mit der stoischen.

Neben der Vernunft nahm er auch Gemüt und Begierde als besondere Seelenvermögen an, aus denen er die Affekte herleitete. Im ganzen erscheint er dogmatischer als sein Vorgänger. Er galt als der Gelehrteste und Wissenschaftlichste unter den Stoikern. Seine Forschungen und Schriften erstreckten sich auf so ziemlich alle positiven Wissenschaften seiner Zeit: Mathematik, Astronomie, Physik, Geographie, Geschichte und Grammatik, sodaß er von Th. Gomperz als der einzige griechische Universalgelehrte nach Aristoteles bezeichnet wird.

Von den durch den Stoizismus beeinflußten Römern der nächsten und folgenden Generation nennen wir noch den jüngeren Cato (von Utika), der die stoischen Grundsätze durch seine Lebensführung und durch seinen Tod (46) bewährte, sowie den bekannten Geographen Strabo (58 v. Chr. bis 22. nach Chr.).

§ 45. Andere Richtungen des ersten Jahrhunderts vor Chr.: Lukrez. Der Eklektizismus (Cicero, Varro, die Sextier). Die jüngere Skepsis und ihre Ausläufer.

1. Lukrez und der Epikureismus.

Martha, Le poème de L. 4. Aufl. Paris 1885; vgl. auch die fesselnde Schilderung in *F. A. Langes Gesch. d. Materialismus*, Kap. 5. Die besten Ausgaben die kritische von *Lachmann* (2 Bde., Berlin 1850, 4. Aufl. 1871) und die mit reicher Sacherklärung versehene von *Munro* (3 Bde., 4. Aufl. Cambridge 1896). Deutsche Übersetzungen von *Binder, Seydel* und anderen (darunter Goethes Freund Knebel).

Eine von den wenigen feurigen Naturen unter den Römern, die sich einem bestimmten System mit ganzer Seele hingaben und dasselbe von Grund aus zu erfassen strebten, war der jung verstorbene römische Ritter T. Lucretius Carus (97-55 v. Chr.), dessen in sechs Büchern verfaßtes hexametrisches Lehrgedicht *De rerum natura* zu dem Besten gehört, was die Römer in Dichtung und Philosophie geschaffen haben. Den an sich trockenen Stoff weiß der Dichter durch seine hinreißende Begeisterung und lebendige Schilderungen aus dem Natur- und Menschenleben in altertümlich-kraftvoller Sprache zu beleben. Im Widerspruch mit der sonstigen heiteren Weise der Epikureer geht ein Zug schwermütigen Ernstes durch das Ganze, von dem wir im folgenden eine kurze Inhaltsübersicht geben.

B. I: Die Religion ist eine Quelle von Aberglaube und Täuschung; nichts entsteht aus nichts, und nichts geht wirklich unter; die Atome oder Anfänge der Dinge (primordia, principia rerum) bewegen sich durch den leeren Raum des unendlichen Weltalls; die zweckmäßige Einrichtung der Welt ist nur ein besonderer Fall unter vielen denkbaren Fällen. – B. II behandelt die Bewegung und Beschaffenheit der Atome im Sinne Epikurs; aus einer Verbindung bestimmter Atome entsteht Empfindung; es gibt eine unendliche Zahl von Welten von ungeheurer Dauer und Größe, die doch wieder vergehen, wie denn auch unsere Erde bereits altert. – B. III bekämpft den Unsterblichkeitsglauben und die daraus entspringende Todesfurcht; die Seele wird gleichgesetzt mit der Wärme und dem Lebenshauch, der mit dem Tode aus unserem Körper entweicht. – In B. IV werden die menschlichen Empfindungen, besonders die Geschlechtsliebe, streng materialistisch erklärt. – B. V gibt eine Entstehungsgeschichte der Welt und eine Entwicklungsgeschichte der lebenden Wesen, insbesondere der Menschen, vom Urzustande an in Sprache, Kunst, Staat und Religion, eine Geschichtsphilosophie höchst fesselnder Art. Die Frömmigkeit besteht nicht in gottesdienstlichen Zeremonien, sondern darin, daß man „alles mit beruhigtem Geiste zu betrachten vermag“ (pacata posse omnia mente tueri). – B. VI endlich beschäftigt sich mit außerordentlichen Naturerscheinungen (Magnetismus, Gewitter, Vulkanausbrüchen,

Überschwemmungen) und den Krankheiten der Menschen. Das Werk schließt mit einer erschütternden Schilderung der Pest, während es mit einer Anrufung der lebenspendenden Göttin (Venus) begonnen hatte.

Von seinen Zeitgenossen anscheinend wenig beachtet, hat Lukrez dagegen auf den literarischen Kreis, der sich um den Kaiser Augustus und seinen Freund Mäcenas sammelte, entschiedenen Einfluß geübt. Ein solcher läßt sich namentlich bei Horaz, besonders in dessen Satiren, nachweisen, der sich bekanntlich (*Epist.* I, 4, 6) als ein „Schweinchen von der Herde Epikurs" bezeichnete, in späteren Jahren jedoch stoischen Anschauungen näher trat (Si fractus illabatur orbis, impavidum ferient ruinae), übrigens „auf keines Meisters Worte schwören" wollte. Auch Vergil hatte einen Epikureer zum Lehrer, und sogar Ovid zeigt sich mit Lukrez vertraut. Selbstverständlich sind diese Dichter nicht als Philosophen anzusehen. Von anderen bekannten Männern werden auch Ciceros Freund Attikus und Cassius, der Mörder Cäsars, als Epikureer bezeichnet.

2. Eklektiker.

Auch die peripatetische Schule fand vereinzelte Anhänger, wie M. Piso und den bekannten Triumvirn Crassus. Aber nach Lage der Dinge fand am meisten Verbreitung diejenige Richtung, die sich das ihr Zusagende aus den verschiedenen Systemen heraussuchte: die eklektische. Hatte sich schon in den griechischen Philosophenschulen selbst allmählich eine starke Neigung zur Verschmelzung, Vermittlung und Vermischung geltend gemacht (vgl. § 43 und § 44), so geschah dies in noch stärkerem Maße durch die Römer, denen die Philosophie ja fast durchweg nicht Selbstzweck, sondern nur Zeichen allgemeiner Bildung und allenfalls Mittel sittlicher Klärung war. Der Typus dieser Eklektiker ist

a) Cicero. Der früheren Überschätzung Ciceros traten Mommsen und Drumann in ihren Geschichtswerken im allgemeinen vielleicht zu schroff entgegen, sodaß die in neuerer Zeit dagegen eingetretene Reaktion (vgl. *Zielinski, Cicero im Wandel der Jahrhunderte,* Leipzig, 2. Aufl. 1908) eine gewisse Berechtigung hat. In bezug auf die philosophischen Leistungen dagegen hat Mommsens scharfes Urteil unseren Beifall. Von der zahlreichen Literatur erwähnen wir nur das Hauptwerk: *R. Hirzel, Untersuchungen zu Ciceros philosophischen Schriften,* 3 Bde., Berlin 1877-83.

M. Tullius Cicero (106-43) hatte als junger Studiosus zu Athen und Rhodus, wesentlich zum Zwecke seiner rednerischen Ausbildung, die Epikureer Phädrus und Zeno, die Stoiker Diodotus und Posidonius, die Akademiker Philo und Antiochus gehört, kehrte aber erst in den letzten drei Jahren seines Lebens, durch den Umschwung der politischen Verhältnisse zu unfreiwilliger Muße verurteilt, zu den philosophischen Studien seiner Jugend zurück. In diesem kurzen Zeitraum schrieb er eine Menge von philosophischen Büchern zusammen: ein erkenntnistheoretisches (die *Academica*), alle übrigen ethische (*De finibus bonorum et malorum, Tusculanae disputationes. De officiis* und einige kleinere, wie *Laelius* und *Cato maior*) oder theologische (*De natura deorum, De divinatione, De fato*). Eine Aufforderung zum philosophischen Studium enthält der früh geschriebene *Hortensius;* die rein rhetorischen und politischen Schriften übergehen wir. Über die Art seiner philosophischen Schriftstellerei gibt eine sehr offenherzige Äußerung an Attikus (*Epist. ad Att.* XII, 52) genügenden Aufschluß: „Es sind Abschriften, die mit ziemlich geringer Mühe zustande kommen; ich tue nur die Worte hinzu, die ich im Überfluß besitze." In der Tat hat denn auch der Philologenfleiß des 19. Jahrhunderts zu fast allen diesen Schriften die griechischen Vorbilder aufgedeckt (siehe die Hauptergebnisse bei *Ueberweg* I, § 66). Cicero kommt in der Tat nur das Verdienst zu, wenn man es als ein solches betrachten will, seine Landsleute (und mittelbar auch uns) mit den Epigonen der griechischen Philosophie in geschmackvoller, aber auch recht oberflächlicher, häufig irreführender Darstellung zuerst bekannt gemacht zu haben. Plato und Aristoteles kennt er nur höchst ungenügend, schwierige Probleme läßt er am liebsten beiseite, scharfe und genaue Begriffsbestimmungen sind ihm zuwider. In der Erkenntnistheorie schließt er sich der seiner Denkart gemäßen Wahrscheinlichkeitslehre der mittleren und neueren Akademie als der „bescheidensten, folgerichtigsten und elegantesten Art zu philosophieren" an. Für die Physik interessiert er sich nur, insoweit sie mit dem Gottesglauben in Beziehung steht. Auf seinem Lieblingsfelde, der populären Ethik, begnügt er sich jedoch nicht mit der akademischen Wahrscheinlichkeitslehre, sondern neigt mehr den Stoikern zu, auf deren „angeborene Begriffe" und den „consensus gentium" als Beweismittel sich stützend. Doch schwankt er auch hier vielfach zu den gleichfalls benutzten Akademikern und Peripatetikern hinüber; nur die Epikureer werden verworfen. Das wichtigste sittliche Problem ist ihm, wie der ganzen nachklassischen Philosophie, das Verhältnis der Tugend und des Sittlich-Guten (lateinisch *bonestum:* des Ehrenhaften) zur Glückseligkeit, nächstdem das der Willensfreiheit, während er auf religiösem Gebiete die göttliche Vorsehung und die Unsterblichkeit der Seele mit warmen Worten verteidigt. Von ernster Methode kann bei Ciceros philosophischem Dilettantismus keine Rede sein. Ein formales Verdienst aber ist ihm, außer der leicht faßlichen Behandlung, jedenfalls zuzuerkennen: daß er der Schöpfer der philosophischen Terminologie für die Römer gewesen ist. Dadurch ist er der nächst Aristoteles wichtigste philosophische Lehrer des Mittelalters geworden.

b) Varro. Ciceros Freund, der gelehrte Polyhistor und Vielschreiber M. Terentius Varro (116-27 v. Chr), war ein literarisches Original, aber philosophisch herzlich unbedeutend. Die Beschäftigung mit theoretischen Philosophemen als völlig eitel verspottend, sah er die Beglückung des Menschen als den einzigen Zweck des Philosophierens an. Von ganz äußerlichen Gesichtspunkten aus unterschied er nicht weniger als 288 philosophische Richtungen! In der Ethik schloß er sich im ganzen seinem Lehrer Antiochus (§ 43) an, neben den akademischen auch stoische und einzelne pythagoreische Lehren heranziehend. Gleich Cicero huldigte er der Lehre von der dreifachen Religion (s. Panätius). Seine „menippischen Satiren", so genannt nach dem im 3. Jahrhundert lebenden Zyniker Menippos, verspotteten mit zynischer Derbheit die moderne Überkultur. – M. Brutus (der Verschworene) wird als Stoiker in der Ethik, sonst Akademiker bezeichnet.

c) Kurze Zeit blühte um den Anfang der christlichen Zeitrechnung zu Rom die Schule der Sextier, deren bedeutendste Glieder Q. Sextius Vater und Sohn und der griechisch schreibende Alexandriner Sotion, Senecas Lehrer, waren. Das Ansehen der Sextier beruhte wohl mehr auf ihrem würdevollen, von sittlichem Ernste erfüllten Auftreten als auf der Eigenart ihrer Lehre, die der stoischen nahe stand, in Sotion auch altpythagoreische Elemente (tägliche Selbstprüfung, Seelenwanderung, Enthaltung von Tiernahrung) in sich aufnahm. Auch das Urchristentum knüpfte an sie an. Mehrere, aus der Zeit vor 200 n. Chr. stammende, christliche Überarbeitungen von „Sinnsprüchen des Sextus" in griechischer, lateinischer und syrischer Sprache sind vorhanden.

3. Die jüngere Skepsis.
a) Änesidem.
b) Sextus Empirikus.

Vgl. die betr. Abschnitte von *P. Natorp, Forschungen* usw. Über die äußere Entwicklung vgl. *Haas, De philosophorum scepticorum successionibus*, Würzburg 1875 (von dems. auch andere Schriften).

a) Wie wir sahen, war um die Zeit, an der wir jetzt stehen, eine fast allgemeine philosophische Erschlaffung eingetreten; der Eklektizismus war nicht viel mehr als ein verwässerter Skeptizismus. So ist es denn nur begreiflich, daß auch die alte, kräftigere pyrrhonische Skepsis noch einmal eine Erneuerung fand. Die Lebenszeit ihres Hauptvertreters Änesidem von Knossos (auf Kreta), der in Alexandria lehrte, ist allerdings ziemlich zweifelhaft.

Wenn mit dem L. Tubero, dem er nach dem Byzantiner Photius seine von letzterem exzerpierte Hauptschrift, die 8 Bücher *Pyrrhonischer Reden* widmete, der gleichnamige Freund Ciceros gemeint ist, so würde er in dessen Zeit, also in die erste Hälfte des 1. Jahrh. v. Chr. fallen (so *Diels, Natorp, Haas*); ist dagegen das Verzeichnis der skeptischen *Diadochen* (Schulhäupter) bei *Laert. Diog.* IX, 116 richtig (wozu *Zeller* neigt), eher um die Zeit Christi.

Gegenüber dem überhandnehmenden Dogmatismus der Stoiker und Epikureer, vor dem auch die neuere Akademie schließlich den Rückzug angetreten hatte, knüpfte Änesidem wieder an die Überlieferung des alten, pyrrhonischen Skeptizismus an. Er zuerst scheint die 10 τρόποι d. i. Arten, den Zweifel zu begründen, aufgestellt zu haben. Sie zeigen die Relativität aller unserer

Erkenntnis an den Verschiedenheiten und der Auffassung der beseelten Wesen überhaupt, sodann der Menschen insbesondere, die ihrerseits wieder von der Verschiedenheit der Sinneswerkzeuge, Zustände, Gegenden, Bildung, Sitten usw. herrühren. Diese zehn Tropen wurden später auf fünf, noch später auf zwei zurückgeführt: es sei weder unmittelbare noch mittelbare Gewißheit möglich. Von sonstigen Philosophen stand Änesidem dem Heraklit am nächsten; er bezeichnete die skeptische Methode als den Schlüssel zum Verständnis von dessen Lehre vom Flusse aller Dinge. Wenn übrigens die Skeptiker die Erscheinungen (φαινόμενα) zum Kriterium machten, so wollten sie damit nicht etwa alle Wahrheit in Schein verwandeln. Sie leugneten die Möglichkeit empirischer Forschung und relativer Erfahrungswahrheit nicht. Auch sie gestanden zu, daß sich vom Rauch auf die Flamme, von der Narbe auf die Wunde schließen lasse; Änesidem speziell nahm ein „allgemein so Erscheinendes" (κοινῶς φαινόμενον) an. Aber sie eiferten gegen jedes Dogma. „Wer alles dahingestellt sein läßt, wahrt die Konsequenz und kommt mit sich selbst nicht in Streit; die anderen widersprechen sich, ohne es selbst zu wissen." Ihre „Zetetik" (vgl. § 42) hat vielmehr, wie bei Pyrrho, einen sehr positiven Beigeschmack. Sie will die Untersuchung der Wahrheit nicht aufheben, vielmehr erst recht begründen durch ihre zweifelnde Prüfung, wie durch ihr Vorgehen gegen Voreiligkeit und Selbstzufriedenheit. Daher nannten diese jüngeren Skeptiker ihre Lehre bescheiden nur eine „Anleitung" (ἀγωγή).

b) So war denn dieser Skeptizismus keine leere Sophistik, sondern eher dem heutigen Positivismus zu vergleichen, ein heilsamer „Zuchtmeister des dogmatischen Vernünftlers" (*Kants Kr. d. r. V. Ausgabe Vorländer* S. 633). Es huldigten ihm daher besonders die Männer der Naturwissenschaft; die meisten Skeptiker sind Ärzte. Gegen Ende des zweiten nachchristlichen Jahrhunderts existiert in Alexandria eine förmliche Schule der „empirischen Ärzte", welche die Erörterungen ihrer „dogmatischen" Fachgenossen über die Krankheitsursachen als aussichtslos aufgaben und sich an die Erfahrung, d.h. genaue und häufige Beobachtung hielten. Von fachmännischen neueren Historikern der Medizin (*Sprengel, Häser*) sind ihre Grundsätze als scharfsinnig, gründlich und nutzbringend für die Feststellung des Tatsachenmaterials anerkannt worden. Der philosophische Wortführer dieses skeptischen Empirismus oder empirischen Skeptizismus, den wir des sachlichen Zusammenhangs halber hier gleich anschließen, war der Arzt Sextus mit dem Beinamen Empirikus zu Alexandrien, dessen Wirksamkeit um 200 n. Chr. fällt. Von ihm sind drei, namentlich als historische Quellen wichtige, Schriften erhalten: 1. Drei Bücher *Pyrrhonische Skizzen* (Πυρρώνειοι ὑποτυπώσεις), übersetzt und erläutert von *Pappenheim,* 1877-81 (*Philosophische Bibliothek*). 2. Sechs Bücher *gegen die „Mathematiker",* d.h. die Vertreter positiver Wissenschaften (Grammatik, Rhetorik, Geometrie, Arithmetik, Astrologie, Musik). 3. Fünf Bücher *gegen die „Dogmatiker",* d. i. die philosophischen Logiker, Physiker, Ethiker. 2. und 3. werden gewöhnlich (unrichtig) unter dem Titel:

Adversus Math. l. XI zusammengefaßt (ed. *J. Becker* 1842). In den scharfsinnigen, aber trockenen und zum Teil recht weitschweifigen Erörterungen werden sämtliche skeptischen Argumente gegen die Möglichkeit einer unbedingt sicheren Beweisführung vorgebracht, insbesondere der Begriff der Kausalität als nur relativ gültig nachzuweisen gesucht, auch die dogmatischen Beweise für das Dasein Gottes (nicht der Götterglaube des Volkes) bestritten. In der Ethik galt auch der jüngeren Skepsis als Ziel und höchstes Gut die Ataraxie oder unerschütterliche Ruhe des Gemüts.

§ 46. Die Stoa der Kaiserzeit. Religiöse Färbung der Ethik.

Über die allgemeinen Zustände vgl. *L. Friedländer, Sittengeschichte Roms*, Bd. III, bes. S. 659-734 (Die Philosophie als Erzieherin zur Sittlichkeit).

In den beiden ersten Jahrhunderten der römischen Kaiserzeit gehörte es fast zum guten Ton unter den gebildeten Römern, etwas Philosophie zu treiben. Kaiser Augustus, der selbst „Ermahnungen zur Philosophie" verfaßte, begünstigte dies Streben, und die Männer des ihn umgebenden literarischen Kreises (Horaz, Vergil, Livius) waren mehr oder weniger philosophisch gebildet (vgl. § 45, 1). Ebenso die Reformkaiser des 2. Jahrhunderts: Trajan, Hadrian, Antoninus Pius, Mark Aurel. Die Mehrzahl der vornehmen Römer, meint freilich Tacitus, trieben die Philosophie nur, „um durch einen schön klingenden Namen die Trägheit ihres Müßiggangs zu verhüllen", wie denn selbst Frauen damit kokettierten. Vielfach war es geradezu Sitte geworden, sich einen Philosophen zu halten oder solche wenigstens zu großen Gesellschaften einzuladen, um mit ihnen zu disputieren oder auch sich an ihrem Wortstreit zu ergötzen (so z.B. Nero). Manche dieser schönredenden „Philosophen", die durch langen Bart und schäbigen Mantel den zynischen Weltweisen zu kopieren suchten, brachten durch ihre servile Aufdringlichkeit oder gar sittliche Verworfenheit die Philosophie überhaupt in Mißkredit. Neben solchen verächtlichen Elementen gab es jedoch auch noch mannhafte Naturen von altrömischer Sinnesweise, die der greuelvolle Despotismus eines Caligula, Nero u. a. nicht zu beugen vermochte, vielmehr zu unerschrockener Opposition antrieb, ja ihr Leben für ihre Überzeugung opfern ließ. Und es ist nicht der geringste Ruhm der Stoa, daß gerade ihre Lehre es war, die charaktervollen und freiheitsliebenden Männern, wie Pätus Thrasea und Helvidius Priskus, den inneren Halt und den Mut ihres Handelns gab. Doch eine Geschichte der Philosophie hat sich nicht mit diesen Stoikern der Tat zu beschäftigen. Auch die stoisch gesinnten Dichter Persius und Lukan müssen wir übergehen. Wir heben von den philosophischen Vertretern der jüngeren Stoa im folgenden nur die bedeutendsten und eigenartigsten hervor: Seneca, Musonius Rufus, Epiktet und Mark Aurel.

1. Seneca.

Aus der sehr umfangreichen Seneca-Literatur (vgl. *Ueberweg-Praechter*, Anhang S. 105-107) seien hervorgehoben: *Chr. Baur, Seneca und Paulus* in: *3 Abhandl. z. Gesch. d. alten Philos.*, herausgegeben von (s. Schwiegersöhne) Ed. Zeller, Lpz. 1875. *A. Gercke, Seneca-Studien*, *Jahrb. f. Klass. Philol.*, Suppl.-Bd. 22 (1896). Neue kritische Ausgabe seiner philosophischen Werke bei Teubner (seit 1898) in 4 Bänden. Eine knappe Auswahl in deutscher Übersetzung von *Preisendanz* (Jena, Diederichs) 1908.

L. Annaeus Seneca (3-65 n.Chr.), zu Corduba (Cordova) in Spanien geboren, unter Claudius verbannt, dann Erzieher und später erster Minister Neros, von diesem zum Sterben genötigt, ist eine der glänzendsten Erscheinungen der Zeit. Zwar hat er sich von den Versuchungen, die stets an den im Besitze der Macht Befindlichen herantreten, nicht völlig rein gehalten, aber, was er dabei verbrach, durch einen entschlossenen Tod gesühnt. Viele seiner Schriften sind erhalten. Mit seinen stark pathetischen Tragödien haben wir es hier nicht zu tun. Auch die größtenteils auf Posidonius beruhenden sieben Bücher *Quaestionum naturalium,* also naturwissenschaftlicher, besonders meteorologischer, Fragen, die noch dem Mittelalter als physikalisches Lehrbuch dienten, sind philosophisch unbedeutend. Dagegen kommen für uns in Betracht seine zahlreichen, meist in Briefform geschriebenen, ethisch-religiösen Abhandlungen: Über die Vorsehung, die Standhaftigkeit des Weisen, den Zorn, die Kürze des Lebens, die Muße, das glückselige Leben, die Gemütsruhe, die Milde, die Wohltaten, endlich verschiedene Trostbriefe und vor allem die 124 „moralischen Briefe“ an seinen Freund Lucilius. Ihre Vorzüge sind edle Gedanken, Fülle und Feinheit der Beobachtung, Reichtum des Wissens und glänzende, oft allzu glänzende Darstellung, ihre Schwäche Mangel an systematischem Zusammenhang, übermäßige Rhetorik und ein Haschen nach Effekt, das öfters die zugrunde liegende Lauterkeit des Gefühls überwuchert.

Wie sich schon aus den Titeln ersehen läßt, macht sich in Seneca bereits eine veränderte Richtung der stoischen Ethik bemerkbar. Nicht mehr philosophische Untersuchungen über das Wesen der Tugend treten uns vor Augen, sondern populäre Ermahnungen mit stark religiöser Färbung. „Tun, nicht Reden lehrt die Philosophie.“ Man soll sie als Heilmittel, nicht als Unterhaltung betrachten. Als ethisches Ziel genügt die eine Formel: „Sich selbst getreu“ (ὁμολογουμένως) oder: „Immer das gleiche wollen und das gleiche nicht wollen.“ Aber Seneca besitzt nicht mehr das Selbstvertrauen des ursprünglichen Stoizismus. Er ist vielmehr tief durchdrungen von dem Gefühl der menschlichen Schwäche und Sündhaftigkeit. Er sehnt sich nach Erlösung aus den Banden des Leibes und des Elends dieser Erde und preist den Tod als Beginn eines neuen, des wahren Lebens. Damit ist dann natürlich eine viel stärkere Betonung des religiösen Elementes verbunden: Glaube an eine Vorsehung, an Gott als unseren Vater, Ergebung in seinen Willen, Dankbarkeit für seine Wohltaten, Hoffnung auf die Fortdauer in einem besseren Jenseits, während das Diesseits nur eine Prüfungszeit ist. In sittlicher Beziehung wird Mitleid, Milde, Weltbürgertum, Menschen-, ja selbst Feindesliebe gepredigt. Auch die Sklaven sind unsere Brüder, denn ihr Geist wird nicht zum Sklaven. Seneca ist der erste Römer, der sich gegen die Gladiatorenspiele ausgesprochen hat.

Solche Anschauungen sind so offenbar mit christlichen verwandt, daß man Seneca zum heimlichen Christen hat stempeln wollen, und daß ein erdichteter Briefwechsel Senecas mit dem Apostel Paulus (ähnliche unlautere Mittel zu vermeintlich guten Zwecken sind in den ersten christlichen Jahrhunderten nichts Seltenes) Glauben finden konnte.

2. Musonius Rufus.

Wendland, Quaestiones Musonianae. 1886.

Noch ausschließlicher als Seneca beschäftigte sich mit rein ethischen Fragen der römische Ritter Musonius Rufus aus Volsinii in Etrurien, der unter Nero, Vespasian und Titus mit großem Erfolg in Rom lehrte. Allerdings in durchaus praktischem Sinne. Der einzige Zweck der Philosophie ist die Tugend, die weit mehr durch Übung als durch Belehrung erlangt wird. Gut sein und Philosoph sein ist eins. Auch das weibliche Geschlecht ist daher zur Philosophie anzuleiten. Musonius empfiehlt das Landleben, die Arbeit, Mäßigkeit, Keuschheit und größte Einfachheit des Lebens. Er nähert sich hierin dem Zynismus, während die religiösen Züge in den von ihm (in der Anthologie des Stobäus) erhaltenen Fragmenten weniger stark hervortreten.

Über den wesentlichsten Inhalt dessen, was Musonius wollte, sind wir ausführlich unterrichtet durch die zum großen Teil erhaltenen Vorträge seines Schülers

3. Epiktet.

Über Epiktet vgl. die beiden gediegenen größeren Werke von *Bonhöffer: Epiktet und die Stoa*, Stuttgart 1890, und: *Die Ethik des Stoikers Epiktet*, 1894. Von seinem Verhältnis zum Christentum handelt die gleichnamige Rektoratsrede von *Zahn*, Erlangen 1894 und (eingehender) *K. Vorländer, Christliche Gedanken eines heidnischen Philosophen.* (Preuß. Jahrb. August 1897, S. 193-233). Die beste Textausgabe ist die von *H. Schenkl*, Lpz. 1894. Das Handbüchlein und eine Auswahl aus den „Unterhaltungen" sind neuerdings mehrfach ins Deutsche übertragen worden, u. a. von *Grabisch*, Jena 1905, *Capelle* ebend. 1906.

Epiktet, um die Mitte des ersten Jahrhunderts nach Christus zu Hierapolis in Phrygien geboren, kam früh als Sklave nach Rom, erhielt von seinem Herrn, einem Freigelassenen Neros, die Freiheit, wurde Schüler des Musonius und trat dann selbst als volkstümlicher Verkünder stoischer Grundsätze auf: zuerst in Rom, dann, nach der Vertreibung der Philosophen von dort durch Domitian (94), in der kleinen Hafenstadt Nikopolis in Epirus, wo er als weithin bekannter Sittenlehrer gegen 120 n. Chr. starb, noch nach seinem Tode von vielen hochverehrt. Seine Vorträge und Gespräche sind uns zum großen Teile in der Aufzeichnung seines Zuhörers Arrian erhalten: vier Bücher Διατριβαί („Unterhaltungen") in 95 Kapiteln, außerdem ein kurzer Auszug, das „Handbüchlein" (ἐγχειρίδιον) mit 52 kürzeren Abschnitten bezw. Aussprüchen, endlich noch 180 sonst überlieferte Fragmente.

Auch bei Epiktet treten Logik und Physik gänzlich zurück zugunsten des einen Lebenszweckes, der Ethik. Epiktet ist durchaus Sittenprediger, aber nie in langweiligem, sondern in stets abwechselndem Gewande, in volkstümlicher, mit packenden Gleichnissen gewürzter Redeweise. Er ähnelt darin, wie in seinem unscheinbaren Äußeren (er hatte einen lahmen Fuß; wie es heißt, durch eine Mißhandlung während seiner Sklavenzeit), weit mehr dem Sokrates als dem Seneca, welchen letzteren er auch durch die Makellosigkeit seines Charakters bei weitem überragt. Auf glänzende Darstellung legt er keinen Wert; er will seinen Zuhörern ins Gewissen reden und sie auf die Bahn des Guten lenken. Der Philosoph soll Seelenarzt sein, das kranke Gemüt heilen. Dagegen stimmt er inhaltlich vielfach mit Seneca und dem sittlich-religiösen Kern der neutestamentlichen Lehre überein. So vor allem in seiner reinen und hohen Gottesvorstellung, seiner innerlichen Gottesverehrung, seiner demütigen und vertrauensvollen Ergebenheit in das uns von der Gottheit (oder dem Schicksal) Bestimmte. Wir sind alle Gottes Kinder und müssen in diesem Bewußtsein auch die zur Prüfung über uns verhängten Übel geduldig ertragen; im äußersten Falle allerdings hält er, mit den übrigen Stoikern, den Selbstmord für erlaubt. Auch die Forderung der Seelenreinheit und Mäßigkeit, das Verbot des Schwörens und des Ehebruchs, das ganz ungriechische und unrömische starke Zurücktreten der Familie, der Freundschaft, des Staates zugunsten der allgemeinen Menschen- und Bruderliebe, die sich auch auf die Sklaven erstreckt, die Sanftmut, Barmherzigkeit und Geduld neben dem sittlichen Zorn, wo er not tut: alle diese Züge entsprechen ganz der neutestamentlichen Auffassung.

Und dennoch ist die Grundlage bei beiden eine grundsätzlich verschiedene: hier die göttliche Offenbarung der alleinige Maßstab, dort unsere Vernunft. Das A und O der epiktetischen Moral ist die Betonung dessen, „was bei uns steht" (τὰ ἐφ' ἡμῖν) und dessen, „was nicht bei uns steht" (τὰ οὐκ ἐφ' ἡμῖν). Dem letzteren müssen wir uns ruhig fügen, das Bewußtsein des ersteren dagegen soll uns zu energischer Anwendung des höchsten uns verliehenen Gutes, der Freiheit unseres Willens, treiben. Völlig aus eigener Kraft kann und soll der Mensch zur Erkenntnis der Wahrheit, auch Gottes, und zu sittlichem Fortschritt kommen. So will denn Epiktet auch nichts anderes als ein Stoiker sein. Die Verehrung der

Schulhäupter Zeno, Kleanthes und Chrysipp verbindet sich mit der in der Schule allmählich üblich gewordenen Idealisierung des Herakles, Sokrates und Diogenes zu sittlichen Musterbildern und einer starken Annäherung an einen gemilderten Zynismus (s. auch unter 4.). Dagegen ist ein direkter Zusammenhang mit dem Christentum, wie *Zahn* ihn vermutet, nicht anzunehmen. Übrigens fehlt bei Epiktet der Glaube Senecas an ein persönliches Fortleben nach dem Tode.

4. Mark Aurel. Ausgang der Stoa.

Watson, The life of M. A. 1884. *Renan, M. A. et la fin du monde antique* 1882. *E. Zeller, Vortr. u. Abh.* I, 82-107. Seine *Selbstbetrachtungen* ed. *Stich*, 2. Aufl. 1903. deutsch von *Wittstock*, (Reclam) 1879 und *O. Kiefer* (Diederichs) 1906.

Die letzte bedeutende Erscheinung unter den Stoikern der Kaiserzeit, zugleich ein Zeichen ihres Einflusses wie der sittlichen Erstarkung der Zeit überhaupt, ist ihr Vertreter auf dem Kaiserthron: Mark Aurel „der Philosoph" (121-180). Seine Selbstbetrachtungen (Τὰ εἰς ἑαυτόν, „An sich selbst") stimmen inhaltlich fast durchweg mit dem überein, was der von dem kaiserlichen Stoiker hochverehrte Sklave von Hierapolis lehrte. Nur macht sich eine mehr spiritualistische, ja zur Mystik neigende Wendung stärker bemerkbar. Während Epiktet recht ins volle Leben greift und von aller Mystik weit entfernt ist, rät Mark Aurel, sich auf sich selbst zurückzuziehen, mit seinem Genius sich zu besprechen. Er unterscheidet schärfer als seine Vorgänger zwischen Körper und Geist; Gott schaut die Seele rein, ohne körperliche Hülle. Er sehnt sich öfters nach der Stunde, wo der Geist diesen Leib aus Staub verläßt. So leitet er schon zum Neuplatonismus (Kap. 14 und 15) über. Indes artet dieser Zug keineswegs in eine Verherrlichung bloßer Beschaulichkeit aus; im Gegenteil, zum Tätigsein ist man in die Welt gekommen.

Nur eine Abart der Stoa ist der im 1. Jahrhundert n. Chr. sich wieder erneuernde Zynismus, zu dem wir bereits Epiktet in Beziehung stehen sahen. Philosophisch ohne Bedeutung, entstand er als eine Reaktion gegen die Überkultur des römischen Kaiserreichs und zeitigte in Männern wie Demetrius, zu Senecas Zeit und von diesem sehr gerühmt, sowie dem liebenswürdigen und menschenfreundlichen Demonax zu Athen (um 70-170), den Lucian in einer eigenen Schrift behandelt, einfache, sittlich reine, furchtlos gegen die herrschende Sittenverderbnis auftretende Charaktere, während andere, wie der ebenfalls durch Lucian (Wieland) bekannte Peregrinus Proteus, schwärmerischer Art, ein abenteuerliches Leben führten, noch andere endlich, wie bereits oben (S. 145) erwähnt, unter dem Deckmantel des Zynismus schmarotzerhaftem Müßiggang, persönlicher Eitelkeit und ungesitteten Manieren huldigten.

Von Nicht- oder besser Halbphilosophen gehört in diesen Zusammenhang der bithynische Rhetor Dio Chrysostomus, d. i. Goldmund, dessen populäre Sittenpredigten eine gewisse Vorliebe für den Zynismus zeigen. Der gegnerisch gesinnte, gewandte Satiriker Lucian (vgl. *J. Bernays, Lucian und die Kyniker,* 1879) beschränkt sich da, wo er selbst zu philosophieren versucht, unter ausdrücklichem Verzicht auf alle Theorie, auf einige populäre moralische Vorschriften. Durchaus als Eklektiker zeigt sich der berühmte Mediziner Galenus aus Pergamum (131-201), der in der Logik Aristoteles, in der Ethik dagegen mehr Plato und der Stoa zuneigt, durch seinen naturwissenschaftlichen Standpunkt auf die Anerkennung der Zuverlässigkeit der Sinneswahrnehmung geführt ward, daneben aber zugleich unmittelbare und reine Verstandeswahrheiten annimmt.

Erreicht auch die stoische Schule im zweiten nachchristlichen Jahrhundert ihr Ende, so haben stoische Anschauungen doch auf die philosophische Entwicklung der Folgezeit, sowohl auf die ausgehende antike Philosophie wie auf das christliche Mittelalter, unmittelbar oder mittelbar nachhaltig eingewirkt. Ja, ihr ethischer Kern behält seinen Wert für alle Zeiten. Von den übrigen Schulen aber sollte eine, wenn auch in veränderter Gestalt, zu neuem Glanze erstehen. Wir kommen damit zu der letzten, wesentlich theosophischen Periode der antiken Philosophie, die sich an den Neuplatonismus knüpft. Zunächst haben wir dessen Vorläufer zu betrachten.

Kapitel XIV.
Vorläufer des Neuplatonismus.

§ 47. Neupythagoreer und pythagoraisierende Platoniker.

Vgl. *H. Thiersch, Politik und Philosophie in ihrem Verhältnis zur Religion unter Trajan, Hadrian und den beiden Antoninen.* Marburg 1853. *Schmekel*, a. a. O. S. 403-439. Über die religiösen Zustände vgl. *Friedländer* a. a. O. S. 507-658.

Die theologische, richtiger theosophische Epoche, welche die antike Philosophie beschließt, haben wir bereits im vorigen Abschnitt mehrfach sich ankündigen sehen. Immer entschiedener wird der Verzicht auf die menschliche Erkenntniskraft, immer stärker die Hinneigung zu dem, was allein festzustehen scheint, der Welt des sittlichen Handelns als besten Mittels zur Glückseligkeit, und auf diesem Gebiete wieder immer häufiger die Umschau nach einer höheren Macht als Halt und Stütze unseres hilfsbedürftigen Selbst. Etappen auf diesem Wege waren: Cicero – Seneca – Mark Aurel. Dazu kommt dann vielfach bis zum Ekel gesteigerter Überdruß an der Gegenwart, Sehnsucht nach einem rettenden Neuen, das man nicht mehr von der menschlichen Vernunft, sondern von übernatürlicher Offenbarung erwartet. Kein Wunder, daß viele Gemüter in ihrer Verzweiflung schließlich zu Aberglauben oder Mystizismus greifen, daß eine Religionsmischung eintritt, wie sie vorher nie dagewesen ist, ohne daß damit dauernde innere Befriedigung erzielt wird. Inwiefern das Christentum hier welthistorisch eingriff, wird im nächsten Teile zu erörtern sein. An dieser Stelle haben wir es mit den letzten religiös-philosophischen Restaurationsversuchen auf dem Boden der antiken Weltanschauung zu tun.

Dem jetzt in erster Linie auf theologische oder damit verwandte Probleme gerichteten philosophischen Drange kamen von den alten Systemen am meisten entgegen: das pythagoreische und das platonische, das letztere freilich nur in einer bestimmten Art seiner Ausgestaltung, und beide viel weniger als Lehrdenn als Lebensformen.

1. Die Neupythagoreer.

Als der erste Erneuerer pythagoreischer Philosophie unter den Römern wird Ciceros gelehrter Freund P. Nigidius Figulus († 45 v. Chr., seine Fragmente untersucht und herausgegeben von *A. Swoboda,* Wien 1889) genannt, von dem indes sehr wenig bekannt ist. Es folgte der bereits (§ 45, 2 c.) erwähnte Sotion, aus der Schule der Sextier. Zu Neros Zeit wirkte Moderatus aus Gades, während gleichzeitig Apollonius von Tyana als Wundertäter das Römische Reich durchzog, der dann später (um 200 n. Chr.) bei Philostratus zu einem heidnischen Gegenbilde Christi (mit Jungfrauengeburt, wunderbaren Heilungen, Allwissenheit und Allmacht, Auferstehung, Verschwinden von der Erde u. a.) umgeformt erscheint: nebenbei gesagt, ein Beweis, wieviel nichtreligiöses Beiwerk damals, wie allezeit, von den Anhängern eines Religionsstifters als für ihn unerläßlich angesehen wurde (vgl. *Chr. Baur, Apollonius und Christus*, herausg. von Zeller, 1876). Indem diese Neupythagoreer die altpythagoreische Zahlenspekulation (§ 3) erneuern und erweitern und die platonische Naturphilosophie (§ 23) teilweise buchstäblich verstehen, teilweise umdeuten, setzen sie die Zahlen, welche zugleich die Urbilder aller Dinge sind, als Ideen, d.h. Gedanken der Gottheit. Der letzte Grund alles Geschaffenen ist die Einheit als Form, wirkende Ursache, Gottheit; ihr in schroffem Dualismus entgegengesetzt: die Materie. (Der aufmerksame Leser wird neben den pythagoreischen auch aristotelische, namentlich aber altakademische [§ 26] Elemente in diesen Theoremen bemerkt haben). Ähnliche Entlehnungen finden sich in der Physik (Vollkommenheit der Welt von den Stoikern, Ewigkeit derselben von Aristoteles) und der Ethik der Neupythagoreer. Das eigentümliche Neue besteht eigentlich nur in ihren religiösen Anschauungen. Mit einem geläuterten Monotheismus, einer Verehrung Gottes als reinen Geistes durch wortloses Gebet und tugendhaftes Leben verbindet sich die phantastische Annahme einer Reihe von Dämonen oder niederen Göttern, bei denen der schwache und sündhafte Mensch in der Erfüllung seiner Aufgabe, Unterdrückung der Sinnlichkeit durch den reinen Geist, Beistand findet, sei es durch unmittelbare Erleuchtung oder durch Orakel oder durch die Vermittlung besonders gottbegnadeter, göttliche Offenbarung spendender Weisen, wie des Pythagoras selbst, über den sich jetzt zahlreiche neue Legenden bilden, und des Apollonius von Tyana. Auch asketische Tendenzen treten in Anknüpfung an den Altpythagoreismus hervor: Enthaltung von Fleisch und Wein, vom Tieropfer, von der Ehe, leinene Kleidung, Gütergemeinschaft. Der letzte Neupythagoreer ist Nikomachos aus Gerasa (Arabien), der Verfasser einer „theologischen Arithmetik“ oder „arithmetischen Theologie“ (!), die uns der Byzantiner Photius im Auszuge erhalten hat.

2. Pythagoraisierende Platoniker des 1. und 2. Jahrhunderts n. Chr.

Vgl. *R. Volkmann, Leben, Schriften und Philosophie des Plutarch.* Berlin, 2. Aufl. 1872.

a) Der bedeutendste derselben ist Plutarch, lange Jahre Archon und Priester in seiner Vaterstadt Chäronea (um 50-125 n. Chr.), der außer seinen bekannten Biographien auch eine Reihe ethischer Schriften verfaßte. (In der Sammlung dieser sogen. *Moralia* finden sich übrigens viele ihm untergeschobene Abhandlungen.) Plutarchs sittliche Gesinnung ist edel, mild und vernünftig, dagegen streifen seine religiösen Vorstellungen stark ans Mystische. Äußerlich schließt er sich zwar an Plato an, faßt ihn aber wesentlich neupythagoreisch, seine Mythen dogmatisch auf und kehrt das dualistische Moment stark hervor. Die Gottheit ist hoch erhaben über die Welt (transzendent) und nur in ihren Wirkungen, als Vorsehung, uns erkennbar. In der Materie existiert eine Sehnsucht nach dem Göttlichen, aber daneben – und nicht bloß in der Seele des Menschen – ein böses Prinzip, bei dessen Erklärung auch persische und ägyptische Religionsvorstellungen herangezogen werden. Zwischen dem Göttlichen und Menschlichen vermitteln ebenfalls gute und böse Dämonen; auch übernatürliche Offenbarungen und Erleuchtungen, Weissagungen, persönliche Unsterblichkeit mit Seelenwanderung mag Plutarchs weiches Gemüt, trotz alles Eiferns gegen den Aberglauben, nicht entbehren. Zum Volksglauben stellt er sich freundlich und sucht ihn durch allegorische Auslegung zu rechtfertigen. Alle Religionen verkünden im Grunde denselben Gott.

b) Mit Plutarch verwandt sind spätere Platoniker, wie der Rhetor Maximus von Tyrus, Apulejus von Madaura (geb. um 130), der Verfasser des bekannten Romans „Der goldene Esel“ mit der schönen Episode von Amor und Psyche, der Mathematiker Theo von Smyrna und andere. Nicht bloß die Heimat, sondern auch die Vorstellungen dieser Männer, insbesondere ihr Dämonenglaube, rückt sie dem Orient näher. Zu ihnen gehört auch Celsus, der Gegner des Christentums (um 180), dessen von dem Kirchenvater Origenes bekämpftes Buch Λόγος ἀληθής („wahres Wort") der Züricher Theologe Keim aus den Zitaten des Origenes wiederhergestellt hat (samt Übersetzung und Erläuterung dieser „ältesten Streitschrift antiker Weltanschauung gegen das Christentum", Zürich 1873). Ferner der zu derselben Zeit lebende Syrier Numenius, der pythagoreische, platonische und orientalische Elemente miteinander verschmilzt, Plato einen „attisch sprechenden Moses" (!) nennt und eine Art göttlicher Dreieinigkeit annimmt: 1. den „ersten" Gott (Vater), 2. einen göttlichen Weltbildner (Sohn), 3. die Welt selbst (beider Abkömmling, ἀπόγονος).

Anscheinend aus einem ägyptischen Zweig dieser pythagoraisierenden Platoniker oder platonisierenden Neupythagoreer sind die meisten der Schriften hervorgegangen, die unter dem Namen des „dreimalgrößten" Hermes, Hermes Trismegistos, überliefert sind und ihrem Inhalte nach bereits zu den völlig neuplatonischen gerechnet werden können. Gott ist über allem Sein und aller Vernunft, die Welt der zweite, der Mensch der dritte Gott. Philosophie fällt zusammen mit Frömmigkeit und Abkehr von der Sinnenwelt.

Unterdessen hatte sich längst auch im Morgenlande selbst eine theosophische Richtung aus verschiedenen Elementen herangebildet, die man als die jüdisch-alexandrinische Philo- oder Theosophie bezeichnet.

§ 48. Die jüdisch-alexandrinische Theosophie.

Literatur s. unter 2.

1. Vorläufer Philos.

Der jüdische Monotheismus mit seiner schroffen Entgegensetzung von Gott und Welt, seinem Engel- und Dämonenglauben, seinen Weissagungen und Offenbarungen, seiner Anschauung vom Geiste und der Weisheit Gottes kam der im vorigen geschilderten theosophischen Richtung des Denkens durchaus entgegen. Schon

a) die jüdische Sekte der Essener oder Essäer, die, um die Mitte des 2. Jahrhunderts v. Chr., vielleicht unter Mitwirkung persischer und buddhistischer Elemente, im Ostjordanlande entstanden, zur Zeit ihrer Blüte im 1. Jahrhundert n. Chr. 4000 Anhänger zählte, zeigt zahlreiche verwandte Züge: äußerste Einfachheit der Lebensweise, Wahrhaftigkeit, Sittenstrenge, Enthaltsamkeit von Wein, Fleisch und Ehe, das Verbot des Schwörens, tägliche Waschungen, gemeinsame Mahle, Gütergemeinschaft, völlige Verwerfung der Sklaverei, unbeschränkteste Mildtätigkeit; dazu strengen Ordensgeist und hierarchische Gliederung, sodaß der Vergleich mit einem christlichen Mönchsorden naheliegt. Ihre Geheimlehren sind außerhalb ihres Kreises nicht bekannt geworden. Man weiß nur, daß sie auf Weissagungen, Engelglauben, Vor- und Nachexistenz der Seele großen Wert legten. Von ähnlicher Bedeutung würden die sogen. „Therapeuten“ in Ägypten sein, wenn diese Sekte, was von *Grätz (Geschichte der Juden,* Bd. III) und *Lucius* bestritten wird, überhaupt existiert hat; vgl. über beide auch *Theob. Ziegler, Geschichte der christlichen Ethik,* S. 35-40.

b) Mit Bestimmtheit nachweisbar ist die Verbindung jüdischer Theologie mit griechischer Philosophie zuerst bei dem ebenfalls um die Mitte des 2. Jahrh. v. Chr. zu Alexandria, dem Zentrum der Religionsmischung, lebenden, von den Kirchenvätern Clemens und Eusebius als Peripatetiker bezeichneten griechischen Juden Aristobulos. Er verfaßte eine dem ägyptischen König Ptolemäus Philometor gewidmete Exegese zum Pentateuch (den 5 Büchern Mose), indem er gefälschte Verse aus Homer, Hesiod und dem angeblichen Orpheus zitierte, wonach diese die alttestamentlichen Schriften benutzt hätten; noch mehr hätten dies Pythagoras und Plato getan. Anderseits deutete er die Anthropomorphismen des Alten Testaments allegorisch, z.B. das Licht der Schöpfung als die alles erhellende Weisheit; Gottes Herumwandeln im Paradiese sollte gewisse Naturereignisse bedeuten usw. Was er dabei an eigenen Ansichten äußert, enthält indes noch keine deutlichen Spuren philonischen Denkens. *Schürer, Geschichte des jüdischen Volkes im Zeitalter Jesu Christi,* 1886, und *Joël* bezweifeln überhaupt die Echtheit der erhaltenen Bruchstücke.

c) Deutlicher zeigen sich diese Spuren schon in der zu den sogenannten Apokryphen unserer Bibelausgaben zählenden Schrift: *Die Weisheit Salomonis,* die im 1. Jahrhundert v. Chr. von einem hellenistisch gebildeten Juden verfaßt wurde und neben platonischen auch stoische und heraklitische Einflüsse zeigt. Die Weisheit Gottes ist der Ausfluß seiner Herrlichkeit, sein durch die ganze Welt verbreiteter Geist, der seine Wohnung in gottgefälligen Seelen nimmt. Name (ἅγιον πνεῦμα) und Sache weisen bereits auf den „heiligen Geist“ der Kirche hin. An die Neupythagoreer und Platoniker erinnert die Lehre von der Vorherexistenz der Seele, ihrer Auferstehung und der späteren Vergeltung im Jenseits, während die altjüdische Vorstellung von einer Unsterblichkeit der Seele nichts weiß, wenigstens nichts Bestimmteres aussagt.

2. Philo (Judaeus).

Außer den Geschichten des Judentums von *Jost, Grätz, Abr. Geiger, Ewald* vgl. aus der zahlreichen bei *Ueberweg-Praechter* zu § 68 verzeichneten Literatur: *Gfrörer, Kritische Geschichte des Urchristentums*, 1831. *Dähne, Geschichtliche Darstellung der jüdisch-alexandr. Religionsphilosophie*, 1834; *Heinze, Lehre vom Logos*, 1872; auch das 12. Kap. von *Max Müller, Theosophische Religion*, deutsch übers. 1894. Neuerdings: *Falter,*

Philo und Plotin, 1906. Neben der großen wissenschaftlichen Ausgabe von *L. Cohn* und *P. Wendland* (5 Bde., 1896-1907) existiert noch eine kleinere von denselben Herausgebern (ebenfalls 5 Bde., 1896-1906). *L. Cohn* hat auch eine deutsche Übersetzung begonnen, deren I. Teil 1909 erschienen ist.

In Alexandrien hatte sich jüdisches und griechisches Geistesleben aufs innigste verschmolzen, wovon u. a. die schon zu Anfang des 3. Jahrhunderts v. Chr. begonnene Übersetzung des Alten Testaments ins Griechische, die sogenannte Septuaginta, zeugt. Wie sich der alexandrinische Jude in wirtschaftlicher und politischer Beziehung als wichtigen Bestandteil des griechisch-römischen Weltreichs fühlen konnte, so war sein natürliches, auch noch in die römische Zeit hinein dauerndes Streben, griechische und jüdische Bildung (Philosophie) einander näherzubringen, womöglich zu verschmelzen. Alle vereinzelten Bestrebungen dieser Art konzentrieren sich in der Gestalt Philos, eines aus vornehmer, priesterlicher Familie stammenden alexandrinischen Juden, der 40 n. Chr. an der Spitze einer Gesandtschaft die Interessen seiner Stammesgenossen vor Kaiser Caligula in Rom vertrat. Damals war er schon alt; man setzt seine Lebenszeit in die Jahre 25 vor bis 50 nach Christi Geburt.

Wir besitzen noch eine große Anzahl seiner Schriften, die zum großen Teil in der Form von Kommentaren zu dem Pentateuch gehalten sind. Denn Philo bleibt in erster Linie Jude. Er ist von der höchsten Verehrung für die heiligen Schriften seines Volkes erfüllt und hält nicht bloß den Urtext, sondern sogar auch die Übersetzung der „Siebzig" für wörtlich inspiriert. Aber er bewundert, neben Moses als größtem Philosophen, doch auch die Weisheit eines Plato und Pythagoras, eines Parmenides und Empedokles sowie den Begründer der Stoa. Um nun beides miteinander vereinigen zu können, greift er unbedenklich zu dem schon von Aristobul geübten Mittel unbeschränktester bildlicher Auslegung der alttestamentlichen Schriften. Es sei unwürdig und abergläubisch, sich beispielsweise Gott mit Füßen zum Gehen vorzustellen; der Baum des Lebens bedeute die Gottesfurcht, Kain die Sophistik usw. Vielfach, namentlich bei historischen Angaben und bei den jüdischen Zeremonialgesetzen, sieht er übrigens den wörtlichen und den höheren, übertragenen Sinn als nebeneinander gültig an.

Indes er ist doch von der griechischen Philosophie aufs tiefste berührt worden, und zwar in erster Linie von Plato. So sind denn, wie namentlich Falter in seiner obenerwähnten Schrift gezeigt hat, wichtige Momente des platonischen Idealismus in Philos Philosophieren enthalten. Das Zeugnis der Sinne gilt ihm als unzuverlässig; das wahre Sein liegt vielmehr im Denken. Deshalb bedarf die reine Vernunft (νοῦς), die das Gedachte „schaut", der Wissenschaft, um das Unkörperliche zu erkennen. Das Wesen des Denkens aber ist Einheit. Und so ist das höchste Ziel, wozu sich der Menschen Denken aufschwingen kann, die Erkenntnis des einen, absolut einfachen, gänzlich eigenschaftslosen „Seienden", das zugleich das erste und vollkommenste Gut ist. Kurz, der Zentralbegriff der philonischen

Philosophie, in dem sein theoretisches wie sein ethisches Interesse gipfelt, ist die Gottheit. Philos Gottesvorstellung ist eine außerordentlich reine und hohe. Gott ist so erhaben über alles Endliche, daß alle ihm beigelegten Namen und Eigenschaften sein Wesen nicht entfernt zu erschöpfen imstande sind. Nicht, was er ist, nur, daß er ist, können wir begreifen; daher sein Name Jehovah (Ich bin, der ich war). Er ist das Allervollkommenste, vollkommener selbst als die Ideen des Wahren, Guten und Schönen, zugleich die Ursache von allem, allmächtig und allgütig, im Besitze der reinsten Seligkeit, aber an keinem bestimmten Ort. Wie ist nun aber bei so völliger Überweltlichkeit ein Eingreifen Gottes in die Welt möglich, zumal da seine Reinheit durch die geringste Berührung mit der Materie befleckt werden würde? Zu diesem Zwecke hat Gott sich besondere Werkzeuge geschaffen, die bald als Ideen (ἰδέαι), bald als bloße Kräfte (δυνάμεις) – wie z.B. seine Macht und Güte –, bald aber auch verdinglicht, als dienende Geister dargestellt werden, die ihn in verschiedenen Rangstufen wie ein Hofstaat umgeben, übrigens auch besonders frommen Menschen (Abraham) erscheinen können. Man sieht die Mischung des jüdischen Engel- und Dämonenglaubens mit den als geistige Substanzen aufgefaßten platonischen Ideen einer-, den ebenfalls von Gott ausströmenden Kräften der Stoiker (§ 37) anderseits.

Die oberste, alle übrigen in sich zusammenfassende Kraft nennt Philo denn auch mit einem stoischen Terminus den Logos, daneben zuweilen auch die „Weisheit“ (σοφία). Der „Logos“, eigentlich Wort oder Gedanke, ist der Vermittler zwischen Gott und Welt, m. a. W. die Gottheit, insofern sie wirkt und schafft. Es werden ihm die Prädikate: erstgeborener Sohn Gottes, zweiter Gott oder „Gott“ schlechtweg (θεός, im Unterschiede von ὁ θεός, dem Gotte, dem Urerzeuger), Paraklet (Tröster), Urbild der Welt, Weltseele beigelegt, die wir zum großen Teil in bestimmten neutestamentlichen Schriften (s. u.) wiederfinden. Auch hier findet sich, wie bei den „Kräften“ (s. o.), das charakteristische Schwanken zwischen der geistigeren Auffassung des Logos als göttlicher Eigenschaft (= Geist, Vernunft) und seiner Personifizierung. Eine Fleisch- oder Menschwerdung allerdings würde dem philonischen Logosbegriff widersprechen, schon wegen der Unreinheit aller Materie. Aus dem Chaos hat Gott durch Vermittlung seines Sohnes, des Logos, die Welt erschaffen, und zwar in größtmöglicher Vollkommenheit. Die Materie selbst freilich bleibt der Quell aller Unvollkommenheit und Übel des Daseins, der Leib der Kerker der Seele.

Die höchste Aufgabe des Menschen ist, gottähnlich zu werden durch den Sieg des Geistes über das Fleisch (σάρξ), die gänzliche Ausrottung der Leidenschaften. Im einzelnen haben Philos sittliche Anschauungen vieles (Einfachheit des Lebens, Idee der Menschheit, demokratisch-soziales Staatsideal, Weltbürgertum, Schilderung des Weisen und des Fortschreitenden) mit Plato und noch mehr mit den Stoikern gemein, und mönchische Weltflucht liebt er nicht. Im übrigen aber besitzt seine Ethik einen religiösen Zug, der weit über die religiösesten unter den Stoikern hinausgeht. Nur durch Gottes Gnade wird der Mensch gerecht. Gott allein wirkt in uns das Gute. Nur der ist wahrhaft gut, der das Gute um Gottes wil len tut. Alle Weisheit stammt aus dem Glauben; die Wissenschaft ist nur als Hilfsmittel zur Frömmigkeit von Wert. Das oberste Ziel und höchste Gut für die Menschen ist, Gott nachzueifern, ihm zu dienen, sein heiliger Tempel zu werden; die höchste Seligkeit, hinter der alles Denken und Wollen weit zurücktritt, das Schauen Gottes, das Beharren in Gott, das Sichversenken in die Gottheit, wie es schon die alten Propheten kannten, wobei der Einzelne nichts mehr von sich selbst weiß, sondern ganz in Gott aufgeht: die Verzückung oder Ekstase (ἔκστασις).

So endet Philo, wie es bei jedem Denker zu erwarten steht, der das zum Fundamente macht, womit allenfalls die Krönung des Gebäudes erfolgen kann, trotz seiner starken Beeinflussung durch Plato und die Stoiker, im reinsten Mystizismus. Unmittelbare Nachfolger in Alexandrien hat er nicht gefunden, dagegen ist es sowohl für die Dogmatik des Christentums – wir erinnern an die Logoslehre des vierten Evangeliums und die Briefe an die Epheser, Kolosser, Hebräer – und die gesamte christliche Mystik, als auch für die letzte Philosophie des Altertums, den gleich zu besprechenden Neuplatonismus, von bedeutendem Einfluß gewesen, während er das Verständnis der echten platonischen Ideenlehre ebendadurch getrübt hat. Und ebenso ist er durch die von ihm geübte Methode, religiöse Urkunden in ein philosophisches System aus- und umzudeuten, ein Vorläufer der mittelalterlichen Scholastik, ja, wenn man will, der gesamten spekulativen Theologie geworden.

Kapitel XV.
Die Neuplatoniker.

Ausführlicheres bieten, abgesehen von *Brandis* und *Zeller*, einige ältere, namentlich französische, Darstellungen von *Jules Simon* (1843 ff.) und *Vacherot* (1846 ff.); von theol. Werken vgl. *A. Harnack, Dogmengeschichte* Bd. I. Über den allgemeinen Charakter der Zeit unterrichtet gut *J. Burckhardt, Die Zeit Konstantins.* Basel 1853.

Noch einmal vor seinem Absterben erhebt sich der philosophische Geist des Griechentums zu einer Neubildung in großem Stil. Um die Mitte des dritten nachchristlichen Jahrhunderts werden alle die im vorigen Kapitel uns nahegetretenen theosophischen Gedankenströmungen zu einem in seiner Weise großartigen Systeme zusammengefaßt durch den Neuplatonismus, insbesondere durch dessen größten Vertreter: Plotin. Wir unterscheiden drei auch zeitlich aufeinanderfolgende neuplatonische Richtungen: I. die alexandrinisch-römische Schule (Plotin), II. die syrische (Jamblichus), III. die athenische (Proklus).

§ 49. Plotin und seine Schule.

Plotin wurde in neuerer Zeit wieder sehr beachtet. Von älteren Arbeiten sind zu erwähnen: *C. H. Kirchner, Die Philosophie des Plotin*, Halle 1854. *Artur Richter, Neuplatonische Studien* (in 5 Heften), 1864-67 [christlich-dogmatischer Standpunkt]. *H. v. Kleist, Plotinische Studien*, 1883. Von neueren: *A. Drews [Hartmannianer], Plotin und der Untergang der antiken Weltanschauung*, Jena 1907. *K. P. Hasse, Von Plotin bis Goethe*, Lpz. 1909. Vgl. auch die Schrift von *Falter* (zu § 48). Das Hauptwerk, die *Enneaden*, hat mit Vita, sonstigen Beilagen und deutscher Übersetzung herausgegeben *Herm. Fr. Müller*, 4 Bde., Berlin 1878-80; eine Auswahl in deutscher Übertragung für gebildete Laien: *O. Kiefer*, 2 Bde. Jena 1905.

1. Anfänge (Ammonius Sakkas).

Als Begründer des neuen Platonismus gilt Ammonius, mit dem Beinamen „Sakkas", d. i. der Sackträger, aus Alexandrien (um 175-242), der, von seinen Eltern im Christentum erzogen, als er „Philosophie und Vernunft kostete", zum hellenischen Glauben zurückkehrte. An sicheren und genaueren Nachrichten über seine Lehre fehlt es ganz, zumal da er nichts Schriftliches hinterließ. Zu seinen Schülern zählten die beiden Origenes, der Neuplatoniker und der Christ (über letzteren s. § 54); ferner der Philologe und Kritiker Longin (213-273), dem früher die Autorschaft der geistvollen, noch heute wertvollen ästhetischen Abhandlung *Über das Erhabene* (περὶ ὕψους ed. Vahlen 1887) zugeschrieben wurde, und der eine treuere Auffassung von Plato hatte als die meisten Neuplatoniker; vor allem aber der Systematiker der Schule:

2. Plotin,

der 204 in Ägypten geboren war. Er selbst wollte seine Eltern, Vaterstadt und Geburtszeit nicht nennen; „es sah aus, als ob er sich schäme, daß er in einem Körper stecke", wie sein Biograph Porphyrius erklärend bemerkt. Nachdem er elf Jahre lang Schüler des Ammonius gewesen, begründete er nach dessen Tode 244 zu Rom seine eigene Schule, der er bis 268 vorstand. Er gewann dort durch den Adel seiner Persönlichkeit wie durch den begeisterten Schwung seiner Lehre allseitige Verehrung, insbesondere auch die Gunst des Kaisers Gallienus und seiner Gemahlin, sodaß er eine Zeitlang an die Gründung einer Philosophenstadt (Platonopolis) in Campanien denken konnte; er starb 270 auf dem Gute eines campanischen Freundes. Plotin kannte die gesamte griechische Philosophie und Literatur; besonders eifrig hatte er Pythagoras, Plato, Aristoteles und den Platoniker Numenius (§ 47) studiert. Erst von seinem fünfzigsten Lebensjahre ab stellte er auf Drängen seiner Schüler seine Lehre auch schriftlich dar. 54 seiner Abhandlungen wurden nach seinem Tode von seinem Schüler Porphyrius, willkürlich in 6 „Enneaden“ (Neuner) abgeteilt, herausgegeben (sämtliche Titel s. bei Ueberweg I, S. 333 f.). In der Zeit der Renaissance fand neben Plato auch Plotin wieder neue Berücksichtigung. Seine Werke wurden bereits 1492 von Marsilius Ficinus in lateinischer Übersetzung herausgegeben, griechisch zuerst 1580 und 1615, seitdem erst wieder im 19. Jahrhundert.

a) *Erkenntnistheoretische Grundlage.*

Bei Plotin fehlt es an einer erkenntnistheoretischen Unterlage nicht. Ja, er hat in dieser Hinsicht seinen Meister Plato vielleicht tiefer als mancher von dessen unmittelbaren Schülern erfaßt. Dahin gehört zunächst die Wertschätzung der Mathematik, die an das richtige Denken gewöhne, und der er deshalb gern seine Beispiele entlehnt; ebenso der Dialektik, die darin übe. Wir fühlen uns direkt an Plato (s. § 21) erinnert, wenn er das Denken ein Schauen, ein andermal ein Erzeugen oder Gebären nennt; wie denn auch eine besondere Abhandlung (*Enneaden* V, 5) dem Thema gewidmet ist, daß die Dinge nicht außerhalb des denkenden Geistes (νοῦς) existieren. Auch den platonischen Gedanken der Hypothesis finden wir bei Plotin wieder, ebenso seine Gleichstellung mit der Idee; ferner die Begriffe des μετέχειν, der μίμησις der Einheit, des Nichtseienden. Die Begriffe sind auch ihm das Erzeugende; ja die gesamte Natur heißt einmal ein „Begriff“ (λόγος). Desgleichen sind Raum und Zeit nur Kategorien unseres Denkens. Plotin hebt – vielleicht zum ersten Male in der Geschichte der Philosophie – die Identität des Denkenden und Gedachten im Selbstbewußtsein hervor.

b) *Lehre vom Ur-Einen.*

Trotzdem herrscht doch im ganzen ein Ton vor, der nicht an den Jüngling oder Mann Plato, sondern höchstens an sein pythagoraisierendes Alter, also etwa an den *Timäus*, gemahnt. Denn im letzten Grunde setzt Plotins Philosophieren an dem Punkte ein, mit dem eine gesunde Philosophie allenfalls abschließt: nämlich dem Absoluten, das von ihm als das Eine (τὸ ἕν), das Gute oder die Gottheit bezeichnet wird. Dies Eine ist erhaben über alles Sein. Ja, nicht bloß über das Sein, sondern auch über das Denken; es ist „übervernünftig“. Nicht bloß keine körperliche, sondern auch keine geistige Eigenschaft kann diesem Urersten (πρῶτον) beigelegt werden. Wie es ohne Gestalt und Grenze ist, so besitzt es auch weder Denken noch Wollen noch Tätigkeit, ja nicht einmal ein Bewußtsein seiner selbst. Von seinem Wesen können wir uns durchaus keine Vorstellung machen, weil es von allem uns Bekannten, Endlichen völlig verschieden ist.

Aus der Überfülle des Ur-Einen geht nach Plotin das Viele durch Ausstrahlung (ἔκλαμψις, emanatio) hervor, wie von der Sonne die Wärme, von dem Schnee die Kälte ausstrahlt, ohne daß sie deshalb etwas von ihrer Substanz verlieren. Die erste so erzeugte Ausstrahlung oder Abspiegelung des Urgrundes alles Gewordenen ist die Vernunft oder der Geist (νοῦς). Er ist schon mit der Zweiheit behaftet, denn er setzt ein Erkennendes und ein Erkanntes, ein Bewußtsein und dessen Gegenstände voraus. Ihm immanent (als Erkanntes) sind die Ideen, zugleich Gedanken (Urbilder) und bewegende Kräfte (δυνάμεις). Die Grundbegriffe oder Kategorien, in denen der Geist denkt, entnimmt Plotin Platos Sophistes; es sind fünf: Sein, Beharren, Bewegung, Identität (ταὐτότης), Verschiedenheit (ἑτερότης).

Der νοῦς seinerseits erzeugt als sein Abbild, ebenfalls wieder durch Ausstrahlung, die Seele, die Vermittlerin zwischen der geistigen und der Körperwelt. Sie empfängt anschauend den Inhalt des Geistes, die Ideenwelt, und formt nach diesem Urbild aus der Materie die Sinnenwelt. So hat sie Anteil an beiden, ist beiden zugewandt. Ja, Plotin spricht auch wohl von zwei Seelen, einer höheren, rein geistigen und einer zweiten niederen, die das Körperliche gestaltet. Und zwar betrifft das sowohl die Welt- wie die Einzelseele. Auch die immaterielle Weltseele strahlt eine zweite, die gestaltende Naturkraft (φύσις) aus, die aus feinstem Äther besteht und mit dem Weltkörper verbunden ist, wie unsere Seele mit unserem Körper.

Und so folgt nun weiter – nicht in zeitlicher, sondern in gedanklicher Folge –, in Gestalt immer weiterer Ausstrahlungen und Abbilder, eine unendliche Stufenreihe weiterer Wesen oder Kräfte mit stetig abnehmender Vollkommenheit. Die niedrigste und unvollkommenste Erscheinung der göttlichen Urkraft ist die Materie, die übrigens nicht als körperlich, sondern ähnlich wie bei Plato und Aristoteles, als das Form- und Bestimmungslose gedacht wird. In der Welt der Erscheinungen tritt Zwiespalt und Vielheit an die Stelle der Einheit, Zeitlichkeit an Stelle der Ewigkeit, Schein und Afterbilder an Stelle des wahrhaft Seienden. In der Abkehr vom letzteren zum Nichtigen und Kraftlosen liegt zugleich das Wesen des Bösen, das jedoch nirgends rein für sich vorkommt und eigentlich nur in dem Fehlen des Guten besteht. Trotzdem bietet die ganze Welt, da sie ja von der göttlichen, einheitlichen Weltseele erzeugt worden ist, ein Bild durchgängiger Harmonie und Sympathie. Sie ist so schön und vollkommen, wie eine materielle Welt nur sein kann: was Plotin in seinen zwei Abhandlungen *Über die Vorsehung* ausführlich zu begründen sucht. Auf seine von mystischen Grundgedanken beherrschte „Physik", Astrologie und Dämonenlehre einzugehen, verlohnt nicht. Desgleichen würde es zu weit führen, wollten wir hier die Einzelheiten seiner Seelenlehre (die u. a. *Brandis, Entwicklungen* S. 356-59 übersichtlich darstellt) behandeln. Selbstverständlich spielen in der letzteren Präexistenz und Unsterblichkeit der Seele, Seelenwanderung und Wiedervergeltung im Jenseits eine Rolle.

c) *Ethik.*

Auch hier finden sich, entsprechend der Lehre des Meisters (§ 24), Ansätze zu einer erkenntniskritischen Begründung. Die Erkenntnis ist Voraussetzung der Ethik, nur ein bewußtes Handeln kann sittlich heißen. Die Lust vermag keinen Maßstab abzugeben, das Gute ist vielmehr um seiner selbst willen zu erstreben. Wird das Gute – und die damit identische Gottheit – auch hoch über die Wirklichkeit erhoben, so erkennen wir es doch nur durch „ein Analoges in uns"; es wird nur dadurch möglich, daß wir es denken. Das Gute ist ferner, bei aller Verschiedenheit der Zeiten und Sitten, im letzten Grunde doch nur eines; sonst würde man nicht das Ziel, sondern Ziele suchen. Selbst Gott ist ohne Tugend ein bloßer Name. Plotins Überschätzung des Denkens führt ihn dann freilich zu einer Geringschätzung des Willens (s. unten), dessen Freiheit übrigens schon, ganz ähnlich wie später bei Kant, in der Selbstgesetzgebung der Vernunft erblickt wird. „Wenn die Seele die eigene Vernunft zum reinen und leidenschaftslosen Führer hat, dann ist dies Streben allein unser Werk, das nicht anderswoher kommt, sondern von innen, aus der reinen Seele" (*Enn.* III, 1). Und gar nicht mystisch, eher stoisch klingt der Ausruf: „Was sind wir schließlich! Doch nur, was wir in Wahrheit als wir selbst sind, denen die Natur auch die Herrschaft über die Leidenschaft verlieh. Denn Gott gab uns, die wir zugleich infolge der Natur unseres Leibes gehemmt sind, die Tugend, die keinen Herrn über sich duldet" (*Enn.* II, 3).

Aber wie seine theoretische Philosophie (s. oben), so bekommt dann auch Plotins Ethik einen immer stärkeren religiösen Grundzug. Unser Beruf ist es, unseres höheren Ursprungs eingedenk, der Urheimat unserer Seele, die wir bei dem Herabsteigen in diese Leiblichkeit verlassen haben, mit allen Kräften wieder zuzustreben, unser besseres Selbst durch Abtötung und Lossagung von der Sinnlichkeit zu befreien. Nur durch einen solchen Läuterungsprozeß, eine Reinigung (κάθαρσις) unserer Seele, können wir zur höchsten Seligkeit gelangen. Die erste Stufe dieser Erhebung bilden die bürgerlichen oder politischen Tugenden, die mit den vier platonischen übereinstimmen. Aber die Praxis ist nur der Theorie wegen da. Weit über ihnen stehen daher die dianoëtischen, wie bei Aristoteles (§ 32); die höchste Seligkeit ist die Denkseligkeit. Bei der Schilderung des allmählichen Aufstiegs zu derselben kommt es dann wieder zu einer Art Erkenntnistheorie. Die sinnliche Wahrnehmung gibt uns nur schwache Spuren der Wahrheit, höher schon steht das verstandesmäßige Erkennen der „Dialektik" (auch διάνοια, λογισμός), noch höher die unmittelbare Anschauung des göttlichen und damit zugleich Selbstanschauung des denkenden Geistes. Das Allerhöchste aber ist der Zustand bewußtloser Verzükkung (ἔκστασις), trunkener Versenkung in das Göttliche, das völlige Einswerden mit dem Ur-Einen. Kein denkendes mehr, sondern ein liebendes Schauen ist es, zu dem in ihm die nun völlig Geist gewordene Seele sich erhebt. Sein können wir nur dann teilhaftig werden, wenn wir nicht bloß der Außenwelt, sondern auch unser selbst gänzlich vergessen; und auch dann müssen wir ruhig warten, bis dieser seligste Zustand über uns kommt. Plotin selber wollte ihn nur viermal in seinem Leben genossen haben. Damit ist die Seele zu dem göttlichen Urquell alles Seienden zurückgekehrt, der Ring in Plotins System geschlossen.

) *Ästhetik.*

Wenn so bei Plotin die Ethik, gleich Physik und Logik, sich schließlich in religiöse Mystik auflöst, tritt anderseits bei ihm stärker als bei irgendeinem Philosophen seit Plato das ästhetische Moment hervor. Gleich seine erste Abhandlung ist der Begriffsbestimmung des Schönen gewidmet. Die Schönheit liegt, so lautet seine von echtem Künstlersinn eingegebene Erklärung, in der Bewältigung des Stoffes durch die Idee, dem Durchleuchten des Idealen in der sinnlichen Erscheinung. Zu jenem Läuterungsprozeß der Seele gehört es auch, daß wir, von der Betrachtung des Sinnlich-Schönen anfangend, allmählich aufsteigen zu dem an sich, d. i. geistig oder Ur-Schönen. Denn eben in seiner Schönheit besteht die Natur des Geistigen; der Urgrund des Seins ist mit dem Urquell des Schönen identisch. Die Sehnsucht nach diesem nennt Plotin, Platos *Symposion* folgend, die Liebe (ἔρως). Und zwar unterscheidet er auch hier wieder eine doppelte Gestalt: den höchsten Eros (oder die himmlische Aphrodite), der die reine Ausstrahlung der Gottheit ist, und einen zweiten, der mit dem Stoff in Beziehung steht. Der wahre Künstler begnügt sich nicht mit der einfachen Nachahmung der Natur, sondern schafft nach den in seiner Seele wohnenden Urbildern (λόγοι) der Schönheit. Eine eigentliche Philosophie des Schönen, d.h. eine feste begriffliche Bestimmung und systematische Scheidung desselben vom Seienden (Wahren) und Guten, findet sich bei Plotin noch weniger als bei Plato (§ 24). „Das Gute und das Urschöne sollen als dasselbe gesetzt werden." Die Tugend ist schön, und das Schöne ist gut. „Als das Erste muß man die Schönheit setzen, die ja auch das Gute ist... Die Seele ist das durch den Nus Schöne. Das übrige, was in den Handlungen und in den Beschäftigungen schön ist, ist schön durch die gestaltende Seele" (*Enn.* I, 6). Geistestrunken will unser Neuplatoniker auch hier das Absolute unmittelbar durch die intellektuelle Anschauung ergreifen. Gefühl und Phantasie sind bei ihm mächtiger als logische Erwägung, der beschauliche Grundzug seines Denkens drängt zugleich den Willen zurück.

Der Volksreligion stellte sich Plotin nicht feindlich gegenüber, sondern suchte sie durch rein geistige Umdeutung ihrer Mythen und Gebräuche einerseits mit seinem System in Übereinstimmung zu bringen, anderseits dem neubelebten religiösen Bedürfnisse seiner Zeit – man denke daran, daß das Christentum schon zwei Jahrhunderte bestand – anzupassen. Ja, er tadelt sogar die Christen, daß sie den auch seiner Lehre zufolge existierenden, jedoch bei ihm noch nicht in den Vordergrund tretenden Mittelwesen zwischen Gott und den Menschen (den Dämonen), zu denen er u. a. auch die olympischen Götter rechnet, nicht die gebührende Ehre erweisen. Anderseits verwarf er jedoch alle Astrologie, alles Prophezeien und alle Mantik. Und er persönlich begnügte sich mit dem inneren Gottesdienste. „Die Götter müssen zu mir kommen, nicht ich zu ihnen", sagte er zu seinem Schüler Amelius, der ihn in seinen Tempel mitnehmen wollte, und seine letzten Worte sollen, seiner Lehre getreu gelautet haben: „Ich versuche jetzt das Göttliche in mir zu dem Gotte im All zurückzuführen."

3. Plotins Schule: Porphyrius.

Der bedeutendste von Plotins Anhängern war der aus Syrien stammende Porphyrius (ursprünglich Malchus), geb. um 232, zuerst Schüler Longins in Athen, von seinem 30. Jahre ab Plotins zu Rom, wo er wahrscheinlich auch um 304 starb. Er wollte des Meisters Lehre nicht sowohl fortbilden, als vielmehr erläutern und verteidigen, zum Teil auch klarer und gefälliger darstellen, wobei ihn seine bei Longin gewonnenen Kenntnisse und stilistische Gewandtheit unterstützten. Erhalten ist nur ein geringer Teil seiner zahlreichen Schriften: ein unvollständig überlieferter Abriß der Lehre Plotins in Aphorismen, dessen Biographie (beide gewöhnlich in den Plotin-Ausgaben abgedruckt), eine noch heute das einzige Lehrbuch der Logik im Gebiet des Islam bildende Einführung in die Kategorien des Aristoteles, denen er fünf noch allgemeinere Begriffe vorausschickte, eine Empfehlung der Enthaltsamkeit von Fleischnahrung und einige Briefe, darunter einer über den Mißbrauch der Mantik an den ägyptischen Priester Anebon. Bei seiner besonnenen und klaren Art ist es zu bedauern, daß von seiner Geschichte der Philosophie außer einem Leben des Pythagoras nur wenige Bruchstücke auf uns gekommen sind. Verloren ist leider auch sein öfters von den Kirchenvätern erwähntes Werk *Gegen die Christen* (κατὰ Χριστιανῶν, in 15 Büchern), in denen er besonders die Gottheit Christi bekämpfte, während er seiner erhabenen Persönlichkeit unumwundene Anerkennung zollte. Porphyrius unterscheidet sich von Plotin nur durch seine noch ausgesprochenere Richtung auf das Praktisch-Religiöse. Zweck der Philosophie ist das Heil der Seele. Die Volksreligion suchte auch er durch philosophische Deutung wie durch die von ihm noch stärker betonte asketische Reinigung der Gesinnung zu heben.

§ 50. Die syrische und athenische Schule. Letzte Ausläufer der antiken Philosophie.

Über Julian vgl. *A. Neander, Kaiser Julian und sein Zeitalter.* 1812, 2. Aufl. 1867. *D. F. Strauß, Julian der Abtrünnige, der Romantiker auf dem Throne der Cäsaren.* Mannheim 1847. *R. Asmus, Julians Galiläerschrift im Zusammenhange mit seinen übrigen Werken.* Freiburg i. B. 1904. *G. Mau, Die Religionsphilosophie Kaiser Julians* usw. Berlin 1907. Neuere Ausgaben seiner Schriften s. unten. – Über Hypatia vgl. *R. Hoche* im *Philologus* XV (1860), 435-474, und *R. Asmus in Studien zur vergleich. Litgesch.* VII (1907), 11-44. – Über Proklus vgl. von neueren Arbeiten: *M. Altenburg, Die Methode der Hypothesis bei Platon, Aristoteles u. Proklus.* Diss. Marburg 1905. *N. Hartmann, Des Proklus philosophische Anfangsgründe der Mathematik.* Gießen 1909. Seine wichtigsten Schriften, die Kommentare zu Platons *Timäus*, *Republik* und zu Euklid liegen jetzt in guten kritischen Ausgaben von *E. Diehl* (3 Bde., 1903-06), Kroll (2 Bde., 1899-1901) und *G. Friedlein* (1873) in der Bibliotheca Teubneriana vor. – Über Boëthius vgl. *F. Nitzsch, Das System des Boëthius.* Berlin 1860. Für die Kenntnis des Neuplatonismus von Wert ist die Beschreibung des Lebens des Philosophen Isidoros durch *Damaskios*, wiederhergestellt, übersetzt und erklärt von *Rud. Asmus. Phil. Bibl.* 125 (1911).

1. Die syrische Schule.

a) Jamblich.
b) Julian.
c) Hypatia.

a) Während Plotins Lehrsystem, trotz seines theosophischen Gesamtcharakters, doch noch voll der edelsten und feinsten philosophischen Gedanken ist, so ist bei den jetzt folgenden Neuplatonikern von Philosophie kaum mehr die Rede. Als das Haupt der sogen. syrischen Schule gilt Jamblichus († um 330), ein Schüler des Porphyrius, meist in seiner syrischen Heimat oder Alexandria lehrend. Sein begeisterter Biograph Eunapius berichtet bezeichnenderweise so gut wie nichts von Leben und Lehre, um so mehr von den Wundertaten des „göttlichen" Meisters. Erhalten sind von seinen Schriften: *Über die pythagoreische Lebensführung*, eine *Ermahnung zur Philosophie* und drei Zahlenspekulation enthaltende Schriften. Außerdem verfaßte er Kommentare zu Plato und Aristoteles, aber auch eine – chaldäische Theologie in 28 Büchern!

Jamblichus ist in der Hauptsache spekulativer Dogmatiker des Polytheismus, den er in willkürlichstem mystischem Aufputz wiederherzustellen sucht. Über Plotins „Ur-Eines" setzt er noch ein „völlig unaussprechliches" Urwesen, das eine aus drei göttlichen Elementen Bestehende „intelligible" und eine ebenfalls in drei göttliche Kräfte sich zerlegende „intellektuelle" Welt erzeugt. Neben oder unter diesen überweltlichen Wesen stehen zunächst zwölf himmlische Götter, die sich weiter zu 36, dann zu 360 vervielfachen; ihnen folgen 72 Gattungen (!) von unterhimmlischen und 42 von Naturgöttern, auf alle diese „Götter" ein noch viel größeres Heer von Erzengeln, Engeln, Dämonen und Heroen: wie man sieht, eine wahre Musterkarte theosophischen Unsinns, vermischt mit neupythagoreischer Zahlenspekulation. In diesem Götterhimmel sucht er mit mehr oder weniger Geschick die Götter aller möglichen Religionen, mit Ausnahme der christlichen, unterzubringen. Zwischen den über- und untermenschlichen Wesen steht die, natürlich gleichfalls dreigeteilte, menschliche Seele. In ihrer Läuterung besteht auch nach Jamblich die sittlich-religiöse Aufgabe des Menschen. Doch erscheint sie bei ihm nicht nur weit hilfsbedürftiger als bei Plotin, sondern die äußeren Hilfsmittel (Gebete, magische Zeichen, Beschwörungen, Mysterien, Sühnopfer der verschiedensten Art) gewinnen durchaus die Überhand. Die höchste Tugend ist denn auch die – priesterliche!

Leider bleibt dieser phantastische Geist wenigstens in der syrischen Schule vorherrschend. Die wahrscheinlich von einem von Jamblichs Schülern gegen den Bekämpfer der Mantik, Porphyrius, gerichtete Schrift *Von den Mysterien der Ägypter* verteidigt neben Mantik, Beschwörungs- und Opferwesen die krassesten Albernheiten und erklärt ausdrücklich die Priester, als Träger der göttlichen Offenbarung, für höherstehend als die Philosophen. Jamblichs Triadensystem wurde von seinem Schüler Theodorus noch weiter ausgeführt. Andere gewannen fast einen ebensolchen Ruf als „theurgische" Wundertäter wie ihr Meister, während noch andere, wie Dexippus und Themistius, sich als tüchtige Kommentatoren aristotelischer Schriften bewährten.

b) Zu Jamblichs Anhängern gehörte auch der edle, aber phantastische Kaiser Julian (361-363), der „Romantiker auf dem Throne der Cäsaren" (D. F. Strauß) dem bekanntlich sein Wiederherstellungsversuch des Polytheismus nicht gelang, und den wohl nur sein früher Tod vor noch stärkerer Enttäuschung bewahrt hat. „Der Galiläer" siegte. Die Überbleibsel von Julians Schriften, die mehrfach herausgegeben worden sind – die Bruchstücke der Schrift *Gegen die Christen* von *C. J. Neumann,* griechisch und deutsch, Leipzig 1880, die übrigen philosophischen Reden und Briefe von *Rudolf Asmus* in *Philos. Bibl. Bd. 116,* Leipzig 1908 –, zeigen keine selbständigeren philosophischen Gedanken. Die Briefe an Jamblich sind unecht. Eine Schrift über „Götter und Welt" rührt von Julians Freund Sallustius her.

c) Die letzte, edle Erscheinung aus diesem Kreise ist die 415 von einem durch fanatische Mönche aufgehetzten Christenpöbel zu Alexandria ermordete jungfräuliche Philosophin Hypatia, deren Name durch Kingsleys und Mauthners gleichnamige Romane in weitere Kreise gedrungen ist. Ihr Schüler, der Bischof Synesios von Cyrene, verband in eigenartiger Weise ihre Lehre mit der christlichen (s. § 57 Anf.).

2. Die athenische Schule. Proklus.

Nachdem der alte Glauben im Kampfe gegen das siegreiche Christentum endgültig unterlegen war, wandten sich die Neuplatoniker, statt theosophischer Spekulation und polytheistischer Restaurationsversuche, wieder mehr der gelehrten Tätigkeit, namentlich der Erklärung platonischer und noch mehr aristotelischer Schriften zu, wie wir dies soeben von Dexippus und Themistius bemerkten. Wir finden diese Philosophen des 5. und angehenden 6. Jahrhunderts als Leiter der alten platonischen Schule zu Athen, die noch immer bestand, nachdem die peripatetische, stoische und epikureische seit Jahrhunderten eingegangen waren. Wir erwähnen von ihnen: den jüngeren Plutarch (†433) und den Alexandriner Syrian, der in einem noch erhaltenen Kommentar zu einigen Büchern der aristotelischen Metaphysik begeistert für Plato und die Pythagoreer eintritt.

Der bedeutendste aber unter ihnen war ein Schüler der beiden letztgenannten, der Syrier Proklus (410-485), der eine merkwürdige Mischung von philosophischem Tiefsinn und dürrer Gelehrsamkeit, scharfsinniger Dialektik und kritiklosem Wunderglauben darstellt. Auch er kommentierte platonische Schriften. Doch ist er, wie neuere Untersuchungen (s. die *Literatur* S. 163 f.) gezeigt haben, nicht der bloße Mystiker, als den man ihn bisher vielfach genommen hat. Er weiß mit Platos Hypothesis Bescheid, ja er hat in seinem Euklid-Kommentar eine in platonischem Geiste gehaltene Philosophie der Mathematik gegeben, insbesondere das Maß als die Gleichheit des Ungleichen bestimmt. Die Vernunft überhaupt ist ihm das Maß der gesamten Erkenntnis. Er sucht die Notwendigkeit der Voraussetzung von Plotins Ur-Einem dialektisch zu begründen und die Weise begriffsmäßig zu bestimmen, wie es sich in der mannigfaltigen Welt der Erscheinungen darstellt. Die Art, wie er hierbei zu Werke geht, gemahnt einigermaßen an Hegels dialektische Methode. Ausgehend von dem plotinischen Grundgedanken der Entfaltung des Einen zum Vielen und dem Zurückstreben des letzteren zur Einheit, nahm er drei Entwicklungsstufen alles Seienden an: das Beharren (μονή), Hervorgehen (πρόοδος) und Zurückstreben (ἐπιστροφή). Aber dieser an sich wertvolle Entwicklungsgedanke wandelt sich nun in Proklus' Scholastik in ein auf alles Denkbare ausgedehntes System von „Dreiheiten“, zuweilen abwechselnd mit „Siebenheiten“, um. An die Stelle wirkender Ursachen treten tote Abstraktionen, an die Stelle eines philosophischen Lehrgebäudes ein Labyrinth von phantastischen Gebilden, an die Stelle von Denknotwendigkeit eine mystische Zahlenspielerei, auf die im einzelnen einzugehen verlorene Zeit sein würde. Daneben tritt eine Verarbeitung der gesamten bisherigen, hellenischen und nichthellenischen, Theologie, einschließlich der Mysterien mit allem ihrem Aberglauben, zu einem schematischen System.

Die „Ethik“ des Proklus fordert, wie die des Jamblich, die von dem hilfsbedürftigen Menschen nur durch alle möglichen übernatürlichen Hilfsmittel zu erlangende, in fünf Stufen erfolgende Erhebung zum Übersinnlichen, die natürlich auch hier in dem mystischen Einswerden mit der Gottheit gipfelt.

An Geist, Einfluß und Ansehen kam keiner der Nachfolger des Proklus ihm gleich. Dagegen haben sich mehrere derselben, wie der gelehrte Simplicius und der jüngere Olympiodor, als tüchtige Ausleger früherer Philosophen, namentlich des Plato und Aristoteles, ersterer auch des Epiktet, ausgezeichnet.

3. Boëthius. Ende der antiken Philosophie.

Im weströmischen Reiche scheint sich der Neuplatonismus mehr in seiner reineren, plotinischen Form erhalten zu haben. Sein letzter Vertreter ist hier der zu Athen gebildete edle Römer Boëthius (480-525), der bekanntlich auf Theoderichs Befehl hingerichtet wurde. Obwohl er äußerlich dem Christentum angehört haben soll, ist doch seine Schrift *De consolatione philosophiae (ed. Peiper, Lpz. 1871),* die er sich selbst zum Trost, in Prosa abwechselnd mit Versen, im Kerker niederschrieb, zwar von echt religiösem, aber nicht christlichem, sondern antikem Geiste durchweht. Sie weist eine Mischung von gemäßigtem Neuplatonismus und Stoizismus auf. Ihr Grundgedanke ist die Besiegung aller Affekte durch die Vernunft und das Vertrauen auf Gottes Vorsehung. Durch seine zahlreichen, lateinisch geschriebenen Kommentare und Übersetzungen, besonders der logischen Schriften des Aristoteles und Porphyrius, ist er ein einflußreicher Lehrer des christlichen Mittelalters geworden. In diese Periode, das Mittelalter, sind wir jetzt der Zeit nach bereits eingetreten. Und bald sollten die Reste der kümmerlich dahinsiechenden griechischen Philosophie auch ihr äußerlich sichtbares Ende finden. Im Jahre 529 hob Kaiser Justinian die Philosophenschule zu Athen durch kaiserliche Verordnung als unchristlich ausdrücklich auf, zog ihr nicht unbeträchtliches Vermögen ein und verbot für die Zukunft alle Vorträge hellenischer Philosophie. Der letzte Schulleiter, Damascius und sechs seiner Genossen, darunter Simplicius, wanderten nach Persien aus, wo sie in König Chosroës einen der Philosophie freundlich gesinnten Herrscher zu finden hofften, kehrten aber bald enttäuscht zurück. Die antike Philosophie blieb fortan Sache der Gelehrsamkeit, bis sie im Anfang der neueren Zeit zu neuem Leben erwachen sollte.

Die Philosophie des Mittelalters.

§ 51. Einleitendes. Literatur.

Nur in sehr bedingtem Sinne kann man von einer Philosophie des christlichen Mittelalters sprechen; sofern man nämlich unter Philosophieren rein vernunftgemäßes, von allen Autoritäten unabhängiges Denken versteht. Während die antike Philosophie gerade in der Losreißung von der nationalen Glaubenslehre (Mythologie) erwächst und groß wird, ruht die gesamte mittelalterliche Philosophie, wenn wir von der arabisch-jüdischen Episode (§ 63) absehen, auf dem Grunde des kirchlichen Dogmas. Immerhin hat sich innerhalb dieser Schranken so viel philosophischer Scharfsinn entfaltet, der in mancher Beziehung auch auf die Philosophie der Neuzeit eingewirkt hat, daß dieser Zeitabschnitt nicht einfach übergangen werden darf.

Die Urzeit des Christentums zwar hat mit philosophischer Forschung nichts zu tun. Es tritt vielmehr während derselben eine deutliche Abneigung gegen die Philosophie hervor, die von dieser ebenso kräftig erwidert wird. Aber sobald das Christentum sich über weitere Kreise ausbreitet, insbesondere auch die Gebildeten ergreift, wird ihm eine Auseinandersetzung mit der geistigen Welt des Hellenentums nicht nur zum Bedürfnis, sondern auch zur Notwendigkeit. Um die heidnischen

Philosophen mit ihren eigenen Waffen zu überwinden, arbeiten die christlichen Schriftsteller mit den Begriffen und Formeln des griechischen Denkens und bilden so allmählich ein christliches Lehrgebäude, eine Dogmatik aus. Diese Zeit der ersten christlichen Jahrhunderte nennt man die Zeit der „Väter", ihre Philosophie die Patristik.

Nachdem diese neue, christliche Philosophie in Augustin einen großartigen Ausdruck und relativen Abschluß gefunden hat, sucht das spätere Mittelalter dieselbe nur noch feiner zu begründen und, im Anschluß an Aristoteles, im einzelnen schulmäßig auszugestalten und zu systematisieren (Scholastik). Die Philosophie ist durchaus zur Magd der Theologie geworden. Neben dieser schulmäßigen, logischen Bearbeitung der christlichen Heilslehre geht aber, anfangs leise, allmählich immer stärker werdend, eine dem Neuplatonismus verwandte, an das religiöse Fühlen und gefühlsmäßige Schauen sich wendende Spekulation einher, die in der deutschen Mystik des 14. und 15. Jahrhunderts ihren Höhepunkt erreicht. Sie leitet dann auf dem religiösen Gebiet bereits zur neuen Zeit (Reformation) über, während zugleich auf dem intellektuellen die Rückkehr zu selbständigem, wissenschaftlichem Forschen und Erkennen (Renaissance) sich langsam vorbereitet.

Wie interessant diese ganze Entwicklung religionspsychologisch und kulturhistorisch auch ist, so muß unsere Geschichte der Philosophie sich doch, schon aus prinzipiellen Gründen, auf eine Übersicht des philosophisch Wichtigeren beschränken. Einzelheiten derselben darzustellen, ist Sache der Theologie und derjenigen „Philosophie", die auch heute noch auf den Pfaden der Scholastik wandelt.

Von philosophischer Literatur, die das ganze christliche Mittelalter umfaßt, ist neben den jetzt veralteten Werken von *H. Ritter (Geschichte der Philosophie,* Bd. V ff., Hamburg 1841 ff., und der kürzeren *Geschichte der christlichen Philosophie,* 2 Bde., Göttingen 1858-59), besonders *J. E. Erdmanns Grundriß* (oben S. 14), Bd. I und der II. Band von *Ueberweg* zu nennen: Als zuverlässiges Kompendium namentlich der letztere, der in der neuesten (10.) Auflage von *M. Baumgartner (*Breslau) stark umgearbeitet und erweitert erschienen ist (5. Aufl. 1877: 276 Seiten, 9. Aufl. 1905: 403, 10. Aufl. 1915: 658 + 266 S. bibliograph. Anhang). Als kürzere, durch Klarheit sich auszeichnende Übersicht jetzt besonders zu empfehlen: *Clemens Bäumker* in der (Teubnerschen) *Allgemeinen Geschichte der Philosophie,* S. 288 bis 381 und *P. Deussen, Die Philosophie des Mittelalters,* Leipzig 1915. Die Logik dieser Zeit behandelt *Prantl* in drei Bänden (S. 14), die Ethik *Theob. Ziegler, Geschichte der christlichen Ethik* (noch über das Mittelalter hinaus bis zum Pietismus einschl.). Von katholisch-philosophischer Seite sind die namhaftesten Darstellungen: *A. Stöckl, Geschichte der Philosophie des Mittelalters,* 1864-66 (streng-orthodox), 3. Aufl. 1889, und *O. Willmann, Geschichte* *des Idealismus,* Bd, II, 2. Aufl. 1908. Auf protestantisch-theologischer Seite ist das grundlegende, auch für den Philosophen wertvolle Werk: *A. Harnacks* dreibändiges *Lehrbuch der Dogmengeschichte,* 4. Aufl., 1909 bis 1910; einen Auszug für Studierende bildet sein *Grundriß der Dogmengeschichte,* 4. Aufl., 1905. Empfohlen wird auch *Loofs, Leitfaden zum Studium der Dogmengeschichte,* 4. Aufl., Halle 1906. Von neueren kirchengeschichtlichen Werken vgl. *K. Müller, Kirchengeschichte,* Bd. I, 1892, Bd. II 1, 1902, II 2, 1919.

Erster Abschnitt.
Die Philosophie der Kirchenväter (Patristik).

Joh. Huber, Die Philos. der Kirchenväter. Mchn. 1859 (kathol.-liberal). *Chr. Baur, Das Christentum der drei ersten Jahrhunderte.* 2. Aufl. Tüb. 1860 (protestantisch-liberal). *A. Ritschl, Die Entstehung der altkatholischen Kirche.* 2. Aufl. 1857 (desgl.). *Stöckl, Gesch. d. christl. Philos. zur Zeit der Kirchenväter.* Mainz 1891 (katholisch-orthodox). Vgl. auch das literaturgeschichtliche Werk von *Ad. Ebert, Allgem. Gesch. der Literatur des Mittelalters im Abendlande.* 2. Aufl. 1889. *Wernle, Die Anfänge unserer Religion.* 2. Aufl. 1904. *Bardenhewer, Patrologie.* 3. Aufl. Freiburg 1901. Eine Übersetzung fast sämtlicher Kirchenväter ins Deutsche erscheint in der *Bibliothek der Kirchenväter* (Kempten).

Kapitel I.
Ältere Patristik.
(bis zur Feststellung der Grunddogmen
auf dem Konzil von Nicaea 325 n. Chr.)

§ 52. Urchristentum und Philosophie. Gnostizismus.

Nicht durch seinen philosophischen, sondern durch seinen sittlich-religiösen Inhalt hat das Christentum die Gemüter ergriffen und schließlich die abendländische Welt erobert. Nicht in wissenschaftlichen Beweisen suchte es seine Stütze, sondern in der praktischen Bewährung: wer den Willen des Vaters im Himmel tut, der wird inne werden, ob Jesu Lehre wahr d. i. von Gott ist. Von Gott stammt das neue Gebot der Liebe zu ihm selbst und dem Nächsten, das die bessere Gerechtigkeit darstellt. Der Weg dahin ist die Sinnesänderung: Demut, Selbstverleugnung, Gottvertrauen, die uns Sündenvergebung und Einigung mit Gott verschaffen; das Ziel: Aufrichtung des Reiches Gottes, das Jesus, der Verkünder dieser frohen Botschaft, als der von den Propheten verheißene Messias demnächst sichtbar aufrichten wird. Dies in Kürze der Kern des Jüngerglaubens.

Demgegenüber ist nun Paulus der erste spekulative Kopf, der erste Theologe des Christentums gewesen, der, über die Schlichtheit des Evangeliums hinausgehend, sich theoretisch mit dem Gesetzesbegriff des Alten Testaments auseinandersetzt, aber insofern selbst in der jüdischen Auffassung befangen bleibt, als er dem „Gesetze" des Alten Bundes nur durch den stellvertretenden Opfertod Christi ein „gesetzliches" Ende machen zu können meint, worauf dann ein völlig neues geistiges Leben der Seele beginnen könne. Nach der nicht jüdischen Seite finden sich weit weniger Anknüpfungspunkte. Gegen die Philosophie verhalten die paulinischen Briefe sich sehr ablehnend.[19] „Sehet zu, daß euch niemand beraube durch Philosophie und lose Verführung, die auf menschlicher Überlieferung, nicht auf Christus beruht", heißt es in dem Briefe an die Kolosser 2, Vers 8. Dagegen verrät das später verfaßte, jedoch nicht nach 110 anzusetzende vierte (sogen. Johannes-) Evangelium deutlich genauere Bekanntschaft (nach *A. Harnack* nicht „Durchdringung") mit der alexandrinischen Logos-Philosophie (§ 48). Leider fand von dort (Philo) aus auch die zweideutige Kunst der allegorischen Auslegung und die Dämonenlehre in das Urchristentum Eingang. Auch die enthusiastische Erwartung der baldigen Wiederkunft Christi hält an; desgleichen machen asketische Züge sich bereits bemerkbar.

Die Schriften der zwischen 93-150 in griechischer Sprache schreibenden sogen. „apostolischen Väter" (Clemens und Hermas von Rom, Ignatius und Polykarp aus Kleinasien u. a.) sind nur als historische Quellen, durch ihr Alter, merkwürdig. Sie stehen inhaltlich den uns aufbewahrten Schriften des neutestamentlichen Kanons bedeutend nach und sind philosophisch ohne weiteres Interesse. Der erste, freilich fehlgeschlagene Versuch einer Philosophie des Christentums ist

Der Gnostizismus.

Nur ein gnostisches Werk, die *Πίστις σοφία* ist erhalten, lateinisch ed. *Petermann* 1851, deutsch *K. Schmidt*, Lpz. 1905; sonst nur die Darstellungen seiner Bestreiter, besonders des Irenaeus und Hippolytus. Sonderdarstellungen haben die Theologen *Neander* (1818), *Baur* (1835), *Lipsius* (1860), *Hilgenfeld* (*Ketzergeschichte* 1884) geliefert; vgl. auch *Harnack* I, 186-226 und *Reitzenstein* (s. Anm. 19), *Bousset, Hauptpro-*

bleme der Gnosis, Gött. 1907. *Eugen H. Schmitt, Die Gnosis*, 2 Bde., 1907. Unmittelbar in die eigenartige Gedankenwelt der Gnostiker führt ein das Buch von *Wolfgang Schultz, Dokumente der Gnosis*, Jena 1910, mit ausführlicher Einleitung und zahlreichen Erläuterungen.

Schon an einigen Stellen des Neuen Testaments (Matth. 13,11 und 1. Cor. 2,10) wird gegenüber dem Glauben (πίστις) die Erkenntnis (γνῶσις) der göttlichen Weisheit als höhere Stufe des Christentums betrachtet, freilich auch – in den Briefen wie in der *Offenbarung* – vor ihr gewarnt, soweit sie sich in sektiererischen Geheimlehren vom kirchlichen Christentum absonderte. Doch erst im 2. Jahrhundert gewinnt die „Gnosis" größere Bedeutung. Die Gnostiker wollen das Christentum zur absoluten und zugleich zur Weltreligion machen, indem sie es sowohl über die alttestamentliche Religion wie über den „dürftigen" Gemeindeglauben durch seine „Vergeistigung", d.h. bei ihnen eine geheimnisvolle und phantastische Theosophie, die Stücke hellenischer Philosophie und hellenischen Mysterienglaubens neben orientalischer Kultweisheit in sich aufnimmt, zu erheben suchen. Ihr Problem gilt namentlich der Überwindung des inneren Widerspruches zwischen der Schöpfung der Welt durch einen allgütigen Gott und deren doch vorausgesetzter Erlösungsbedürftigkeit.

1. Die Vorläufer des Gnostizismus treten zu Anfang des 2. Jahrhunderts in den von jeher zum religiösen Synkretismus neigenden Ländern Vorderasiens auf. Lehrer wie Cerinth (um 115 in Kleinasien) gingen zunächst vom Judentum aus, das nur sittlich und spekulativ zu läutern sei. Der von den Juden verehrte Weltschöpfer und Gesetzgeber sei nur der Vorbereiter für den unnennbaren höchsten Gott, der sich als „Christus" oder heiliger Geist bei der Taufe auf den Menschen Jesus niedergelassen habe. Die Syrer Satornil und Cerdo fügen noch eine Reihe Engel und Dämonen hinzu, um die Kluft zwischen der namenlosen und unerkennbaren höchsten Gottheit und der Materie, dem Reich des Satanas, auszufüllen. Die gleichfalls syrischen Ophiten („Schlangenverehrer") sahen in der Schlange des Paradieses, der ehernen Schlange des Moses und in Christus das gleiche, von dem neidischen Judengotte erlösende Prinzip wahrer Gotteserkenntnis. Karpokrates aus Alexandrien und seine Anhänger verbanden damit mehr hellenische, namentlich platonische und pythagoreische Elemente. Sie bekränzten in ihren Schulen das Bild Jesu zusammen mit denen des Pythagoras, Plato und Aristoteles. Von ihren kirchlichen Gegnern wurden sie eines weitgehenden Kommunismus beschuldigt.
2. Der um 130 in Alexandrien lehrende Basilides bildete ein phantastisches System göttlicher Kräfte in 365 (!) voneinander abgestuften himmlischen Sphären aus, von der obersten des unaussprechbaren, namenlosen Urgrunds, „der noch nicht Gott war" und den Samen des Alls erzeugte, in zahllosen „Sohnschaften" und „Samenergüssen" herab bis zu der von Jehovah regierten, die wir erblicken. Das göttliche Erlösungswerk Jesu und zugleich die sittliche Aufgabe des Menschen besteht in der Trennung des Geistigen von der Mischung

mit dem Materiellen. Wahre Weisheit und Erlösung bringt nur der Glaube an Christus als Geist (νοῦς).

Das umfassendste und tiefsinnigste gnostische System war, nach den uns erhaltenen Nachrichten, das des um 135 von Alexandrien nach Rom gekommenen Valentin, der, trotzdem er als Ketzer aus der Gemeinde ausgeschlossen wurde, namentlich unter den Gebildeten zahlreiche Anhänger fand. Der Urgrund der Dinge ist die ewige und ungewordene Einheit, das Unnennbare, die Tiefe, der vollkommene Äon, auch Vater oder Vor-(Ur-)Vater genannt. Er erzeugte aus Bedürfnis nach Liebe, nach einigen mit der „Stille des Gedankens" als Gattin, den Geist (νοῦς) und die Wahrheit. Ihnen entsprossen Vernunft (λόγος) und Leben, aus diesen hinwiederum der der ideale Mensch und die ideale Kirche, und so weitere Paare, darunter auch Christus und der Heilige Geist. Die Gesamtheit aller 30 Äonen (Geister) – die sich einmischende pythagoreische Zahlenmystik übergehen wir – heißt das Pleroma d. i. die Fülle (der Geisterwelt).

Bedeutsam ist neben dieser an die alexandrinische Theosophie erinnernden Kosmogonie die in der Πίστις Σοφία romanhaft ausgeführte Leidensgeschichte des jüngsten der Äonen, der Σοφία oder menschlichen Weisheit. Sie strebte in sündiger Überhebung nach unmittelbarer Vereinigung mit dem Urvater, brachte aber nur ein unvollkommenes Wesen hervor. Sie wurde dann von dem „Grenz"-Äon über ihre Schranken und die Unerkennbarkeit des Urgrundes belehrt, ihr leidenschaftliches Sehnen von ihr abgelöst und als ihre Tochter oder niedere Weisheit, auch Achamoth genannt, in die der himmlischen „Fülle" entgegengesetzte „Leere" verbannt, wo sie den irdischen Weltbildner – nach Plato „Demiurgos" benannt – und die Welt des Stoffes gebar. Daher die heiße Sehnsucht nach dem Himmlischen in allen Wesen und Dingen dieser Erde (vgl. das biblische „Seufzen und Harren" der Kreatur). Auch die Menschenwelt zerfällt in verschiedene Abstufungen: die Stoffmenschen (Hyliker), die „Seelen-Menschen" (Psychiker) und die Pneumatiker oder reinen Geistesmenschen. Zu ihrer Erlösung ist der irdische Christus auf die Welt gekommen, in dem der himmlische eine Zeitlang leibliche Gestalt annahm; er will uns zur wahren Erkenntnis (γνῶσις) und zu unserem wahren Ursprung, dem Reiche des Lichts, zurückführen. Freilich nur die „Geistesmenschen", unter denen sich die Gnostiker selber verstehen, werden, in die Fülle des Geisterreichs zurückgebracht, unbeschränkter Seligkeit teilhaftig werden; die Psychiker bleiben mit dem Demiurg an dem Ort der Mitte; die Stoffmenschen und die gesamte Stoffwelt samt dem Widerspiel des Demiurgen, dem Bösen oder Teufel, werden der Vernichtung anheimfallen.

3. Spätere Gnostiker, wie Bardesanes, d. i. Sohn des Daisan (geboren am Flusse Daisan bei Edessa, 154-222), lenkten wieder einfacheren, der Kirchenlehre näherstehenden Anschauungen zu. Bardesanes legte namentlich auf die menschliche Willensfreiheit Gewicht. Im übrigen ist die gnostische Ethik in ihrer schroffen Entgegensetzung von Geist und Materie wesentlich asketisch ge-

richtet; nur bei wenigen scheint dies Prinzip zu einer völligen Gleichgültigkeit gegenüber den „Fleischessünden“ geführt zu haben.

Daß sich viele „Schwindler, Magier, Wahrsager, Geldschneider und Taschenspieler, Betrüger und Mucker“ (*Harnack* I, 202) an den Gnostizismus drängten, darf uns nicht blind machen gegen die philosophischen Grundgedanken, die hinter der nach Platos Muster mythisch gestalteten, zuweilen, besonders bei Valentin, wirklich geistvollen, häufiger aber phantastischen Einkleidung liegen: 1. Entwicklung des gesamten Universums aus dem Urgrund in unendlichen Abstufungen; 2. Erlösung der unvollkommenen, in Sünde und Verdammnis versunkenen Welt durch Wiedererhebung zu ihrem göttlichen Urquell. Daneben erwarben sich die Gnostiker auch noch andere Verdienste um die junge Kirche. Sie haben einen neuen Kanon christlicher Schriften aufgestellt und denselben nicht bloß durch allegorische Umdeutung, sondern auch mit den Mitteln philologischer Kritik und Exegese bearbeitet. Sie sind so die Begründer der christlichen Dogmatik, Ethik und Exegese geworden, während ihre religionsphilosophische Tätigkeit zu eigentlicher Gemeindebildung und -organisation sich unfähig zeigte.

Trotzdem hat das Christentum des 2. Jahrhunderts Mühe gehabt, dieses fremden Pfropfreises sich zu erwehren. Es mußte den Gnostizismus, obwohl dieser das wahre, „geistige“ Christentum darzustellen behauptete und sich auf eine „Geheimlehre“ der Apostel berief, ablehnen, denn in der Tat wurden durch ihn wesentliche Züge des ursprünglichen Jesu-Christentums umgestaltet und verzerrt. Die eine Gottheit war in eine Unzahl göttlicher Wesen aufgelöst, der einfache sittlich-religiöse Grundgedanke ins Philosophisch-Mysteriöse erhoben, die biblischen Heilstatsachen ins Symbolische umgedeutet, und vor allem die Erlösung nur auf die gnostischen Auserwählten beschränkt. Weniger durch theoretische Widerlegung, als durch ihre um diese Zeit erfolgende festere Organisation (bischöfliche Verfassung) gelang es der aufstrebenden Kirche, des Gnostizismus, soweit derselbe nicht freiwillig in ihren Schoß zurückkehrte, Herr zu werden. Aber in der Polemik mit ihm ist nicht nur eine kirchlich-theologische Literatur entstanden, sondern die Kirche hat selbst vieles von ihm in sich aufgenommen, wie neuerdings namentlich *Harnack* gezeigt hat.

4. Anhangsweise beschäftigen wir uns hier noch mit zwei Erscheinungen, von denen die eine mehr der Kirchengeschichte, die andere der vergleichenden Religionsgeschichte angehört: Marcion und Mani.
   a) Marcion, ein reicher Schiffsherr aus Sinope, der um 140 nach Rom kam, ist im Unterschied von den Gnostikern, vor allem von praktisch-religiösen Gesichtspunkten bewegt. Von der paulinischen Auffassung des Christentums aufs lebhafteste ergriffen, suchte er dieselbe bis in ihre radikalsten Konsequenzen auszubilden, indem er die ganze alttestamentliche Grundlage völlig beseitigt wissen wollte, dem Judengott, als dem unvollkommenen, ja bösen Prinzip, Jesus als das gute Prinzip, dem starren Ge-

setz der Selbstgerechtigkeit die Freiheit und die erbarmende Liebe des Evangeliums entgegenstellte. Obwohl er kein philosophisches System für Eingeweihte geben wollte wie die Gnostiker, zeigen sich doch hier und da, namentlich in der Entgegensetzung des Geistig-Unendlichen und des Sinnlich-Beschränkten, gnostische Einflüsse. Von da gelangt er denn auch zu strenger Askese in der Ethik. Mit dem Alten Testament lehnte er auch dessen allegorische Auslegung gänzlich ab, von den Aposteln ließ er allein Paulus gelten; sogar dessen Briefe seien vielfach mißverstanden und judaistisch verfälscht worden. Marcions Versuch, die Kirche in seinem Sinne zu reformieren, scheiterte. Er gewann zwar viele Anhänger, und von den zahlreichen marcionitischen Gemeinden, die sich im 2. Jahrhundert bildeten, haben manche in Armenien und Syrien noch jahrhundertlang bestanden. Allein die Großkirche hat ihn wie das entgegengesetzte Extrem, die judaisierenden Ebioniten, von sich abgestoßen.

b) Gnostische Einflüsse verrät auch der um die Mitte des 3. Jahrhunderts im Morgenland wirkende Perser Mani (lateinisch Manes oder Manichaeus, 216-276) in seiner aus buddhistischen, persischen und gnostischen Elementen eigentümlich gemischten Lehre. Grundzug ist der strenge Dualismus der Lehre Zoroasters, der Kampf zwischen dem guten und bösen Prinzip (Licht – Finsternis) im Kosmos wie in der Seele des Menschen. Strengste Enthaltung von allem Unreinen in Worten und Werken (daher Ehelosigkeit, Fasten u. a.) galten als Merkmal der Auserwählten, denen die minder Vollkommenen eine fast göttliche Verehrung zollten. Trotz mannigfacher Verfolgung (Kreuzigung seines Stifters durch die Magier) fand der Manichäismus in Vorderasien, ja im 4. und 5. Jahrhundert auch im Abendlande große Verbreitung. Neuerdings sind in Ostturkestan Bruchstücke manichäischer Schriften in mittelpersischer Sprache aufgefunden worden. Über diesen jüngeren Manichäismus, dessen Nachwirkungen in den Katharern und anderen christlichen Sekten bis ins 13. Jahrhundert hinein zutage treten, finden wir ausführliche Aufschlüsse in den Schriften Augustins, der ihm selbst neun Jahre lang angehörte. Vgl. die zusammenfassende Darstellung *Harnacks* DG I, 737-751.

§ 53. Die Apologeten oder ältesten Kirchenväter.

v. Gebhardt und *A. Harnack, Texte und Untersuchungen zur Gesch. der altchristl. Literatur*, Bd. I. Leipzig 1883 (von Harnack). Deutsche Übersetzungen gibt die *Bibl. der Kirchenväter* (Kempten).

Gegen die mannigfachen Angriffe und Vorwürfe, die sich das im Laufe des zweiten Jahrhunderts stärker werdende Christentum von seiten der heidnischen Schriftsteller (z.B. Celsus, später Porphyrius) und des heidnischen Staates zuzog, traten seitens der Kirche eine Reihe mehr oder minder philosophisch gebildeter Männer, zum Teil selbst erst Neubekehrte, mit Verteidigungsschriften auf: die sogenannten Apologeten. Soweit diese Verteidigung gegen die Vorwürfe der Lasterhaftigkeit, heimlicher Greueltaten, Staatsfeindschaft gerichtet ist, interessiert sie uns hier nicht, sondern nur das philosophische Moment daran. Im Gegensatz zu den Gnostikern vertreten die Apologeten das kirchliche Christentum und werden deshalb mit Recht als die ersten Kirchenväter bezeichnet, aber sie wollen zugleich die christliche Religion den philosophisch Gebildeten als die höchste und einzig wahre Philosophie darlegen, indem sie dieselbe als vernünftig, als die Religion des Geistes, der Freiheit und der Sittlichkeit nachzuweisen suchen.

1. Von dem ältesten unter ihnen, Quadratus aus Athen, ist nichts Sicheres bekannt. Über den „athenischen Philosophen" Aristides sind wir durch seine 1878 aufgefundene, um 140 an Kaiser Antoninus Pius gerichtete Schutzschrift unterrichtet, die namentlich den Monotheismus hervorkehrt, übrigens keine besondere Selbständigkeit des Denkens zeigt. Weitaus der bedeutendste der älteren Apologeten ist Justinus Martyr (zwischen 165-167 zu Rom als Märtyrer gestorben) aus Sichem, von Stoa und Platonismus her zum Christentum gekommen, im Philosophengewande lehrend. Von den ihm zugeschriebenen, griechisch verfaßten Schriften (ed. *Otto* 1842 ff., 3. Aufl. 1876 bis 1881) gehören ihm sicher an zwei an Antoninus Pius bezw. Mark Aurel gerichtete Schutzschriften (ἀπολογίαι) und der Dialog mit dem Juden Tryphon. Das Christentum ist Justin Philosophie und Offenbarung zugleich, Philosophie, weil es über die philosophischen Probleme aller Zeiten Aufschluß gibt, und göttliche Offenbarung, die notwendig war, um die Menschheit aus der Macht der Dämonen, dem Polytheismus und der Unsittlichkeit zu erretten. Eine teilweise Offenbarung der göttlichen Vernunft (Logos) ist zwar auch vorzüglichen Heiden, wie Sokrates und Plato, und frommen Juden (Abraham, Elias), von denen jene manches übernommen, zuteil geworden; denn der Same des göttlichen Logos (der stoische λόγος σπερματικός) ist über die ganze Welt verstreut. Aber die volle Wahrheit hat sich allein in dem neuen Sokrates, dem „Lehrer" Christus, als der menschgewordenen Vernunft Gottes, offenbart. Gott, dessen Vorstellung jedem Menschen ebenso angeboren ist wie die der allgemeinsten sittlichen Begriffe, ist einheitlich, ewig, unerzeugt, ohne Namen, unaussprechlich; er hat durch seine Vernunft (λόγος) seinen göttlichen Sohn, der in Jesus Mensch geworden, in seiner Weisheit (dem heiligen Geiste) die Welt erschaffen. Die menschliche Seele besitzt Vernunft, Unsterblichkeit und (durch das göttliche Vorherwissen nicht aufgehobene) Willensfreiheit. Justins Einfluß auf die späteren Kirchenväter ist sehr bedeutend gewesen.
2. Ihm verwandt ist der „christliche Philosoph von Athen", Athenagoras, der in seiner uns erhaltenen, 177 verfaßten, in hellenisch-philosophischem Stil gehaltenen Apologie namentlich den Monotheismus und dessen Vereinbarkeit mit der Dreieinigkeitslehre, sowie in einer besonderen Schrift die leibliche Auferstehung der Toten nachzuweisen suchte. – Während Justin und Athena-

goras mit ihren an die Kaiser gerichteten Schutzschriften zunächst die Abwehr äußerer Gewalt von ihren Religionsgenossen bezweckten, versucht Theophilos († 186 als Bischof von Antiochien) mit theoretischen Gründen einen wissenschaftlichen Heiden von der Wahrheit des Christentums zu überzeugen; eigenartige Gedanken treten nicht hervor. Das Christentum wird nicht mehr als „Philosophie", sondern als „Weisheit Gottes" bezeichnet.

Für den Assyrer Tatian dagegen ist das Christentum die einzig wahre Philosophie. In seiner erhaltenen Schrift *Gegen die Griechen* (um 160, deutsch von *Harnack,* 1884) ist ihm jedes Mittel der Verdrehung und Verleumdung recht, um die griechische Wissenschaft, Kunst und Sitte herabzusetzen. Der Mensch besteht aus Leib, Seele und Geist; nur der letztere ist unsterblich. Ebensowenig wissenschaftlichen Wert besitzt des später lebenden Hermias *Verspottung der draußen stehenden Philosophen* – „draußen stehend", denn das Christentum gilt eben schon als die Philosophie –, die nicht ohne Witz und Frische, aber ohne jedes Verständnis, durch Aufzeigung der zwischen ihnen bestehenden Widersprüche die heidnischen Philosophen lächerlich zu machen sucht, deren Philosophie er für eine Ausgeburt der von gefallenen Engeln mit Erdenweibern erzeugten Dämonen hält!

3. Weniger gegen die heidnische Philosophie als vielmehr gegen den inzwischen mächtig angewachsenen Gnostizismus wendet sich das in einer lateinischen Übersetzung erhaltene Hauptwerk des Irenäus (aus Kleinasien, später Bischof von Lyon, wo er um 202 als Märtyrer gestorben sein soll): *Enthüllung und Widerlegung der fälschlich sogenannten Erkenntnis,* gewöhnlich als *Adversus haereses* zitiert (deutsch von *Klebba,* Kempten 1912). Im Gegensatz zu den durch die Spekulation weltlicher Weisheit verführten Gnostikern, sucht Irenäus die kirchliche Lehre samt der durch die Bischöfe fortgesetzten apostolischen Tradition theoretisch zu begründen. Er hält an der Identität des Schöpfers und des Erlösers, des alttestamentlichen und des neutestamentlichen Gottes fest. Das Alte Testament gilt ihm, um mit Paulus zu reden, nur als „Zuchtmeister" auf das Neue, die ganze Geschichte als göttlicher Erziehungsplan zum Heile des Menschen, der Zweck und Ziel der Schöpfung ist. Alles, auch die Natur, ist auf die Erlösung des Menschen angelegt, die durch Christus erfolgt. Warum ward Gott Mensch? Damit wir Götter würden! Die Entscheidung des Einzelnen für oder gegen Gottes Gebot liegt übrigens in seinem freien Willen.

Irenäus' Schüler Hippolyt (Presbyter in Rom, † um 236), berühmt als der gelehrte Verfasser eines großen Werkes *Gegen alle Ketzereien* wie als scharfsinniger Verteidiger einer christlichen Logoslehre, bringt nichts grundsätzlich Neues hinzu.

4. Irenäus' Werk hat großen Einfluß auf die Kirchenväter des 3. und 4. Jahrhunderts geübt. In Nordafrika fanden seine Bestrebungen Fortsetzung durch den erst im Mannesalter Christ gewordenen karthagischen Rechtsanwalt und Zenturionensohn Tertullian (150 oder 160-220). Tertullian ist einer der frühe-

sten Vertreter der l a t e i n i s c h -christlichen Literatur. Das römische und juristische Element tritt denn auch stark in seinem Wesen hervor. Das Christentum ist ihm vor allem eine neue Gesetzlichkeit. Er ist ein eifriger Verfechter der bischöflichen Tradition, obwohl ihn seine puritanische Sittenstrenge später in die Reihen der in Phrygien entstandenen montanistischen Sekte trieb, deren Grundzug eine schwärmerische Askese bildete. Den Apologeten gehörte er durch seine 197 dem Kaiser Septimius Severus eingereichte Schutzschrift an; im übrigen eignete ihn seine feurige Natur weit mehr zum Polemiker. Die Darstellung seiner zahlreichen Schriften ist originell, rhetorisch gewandt, schwungvoll, oft witzig. Fast ebenso scharf wie Tatian, doch geistvoller als dieser greift er das Heidentum und seine Philosophie an. Es gibt keine Versöhnung zwischen Athen und Jerusalem, Akademie und Kirche. Alle weltliche Wissenschaft und Bildung ist vor Gott Torheit. Der Christ hat sich unbedingt der biblischen, von Gott selbst inspirierten Offenbarung zu unterwerfen. Ein christlicher Handwerker steht höher in der Gotteserkenntnis als ein Plato.

Trotzdem ist Tertullian keineswegs ohne Philosophie. Namentlich haben ihn die Stoiker auf dem Gebiete der Naturphilosophie beeinflußt, wo er mit ihnen einem ausgesprochenen Materialismus huldigt: Alles Wirkliche ist körperlich, selbst Gott und die menschliche Seele; die Seele des Kindes ist ein Schößling (tradux) der elterlichen. Damit verbindet er, wie jene, eine sensualistische Erkenntnistheorie, gründet aber darauf gerade sein orthodoxes System. Weil der Mensch aus eigener Kraft völlig unfähig ist, die Wahrheit, das Wesen Gottes und seine eigene über das Diesseits hinausreichende Bestimmung zu erkennen, bedarf er der göttlichen Offenbarung. Diese steht in notwendigem Gegensatz zum menschlichen Erkennen, ist nicht bloß über-, sondern geradewegs w i d e r vernünftig. Daher der ihm zugeschriebene, wenn auch im Wortlaut bei ihm nicht zu findende Satz: *Credo, quia absurdum est.* Christi Auferstehung z.B. ist gerade deshalb gewiß, weil sie für den menschlichen Verstand unmöglich ist.

Tertullians Ethik ist durch asketische Sinnenfeindschaft und zugleich schwärmerische Erwartung der baldigen Wiederkunft Christi charakterisiert. Der wahre Christ ist ihm ein „auf einer gezähmten Bestie (der Sinnlichkeit) reitender Engel“, den jedes weltliche Amt, z.B. der Kriegsdienst, befleckt.

5. Weit milder als sein karthagischer Kollege denkt der römische Anwalt M i n u c i u s F e l i x, dessen Dialog *Oktavius* die Bekehrung eines heidnischen Philosophen (Cäcilius) durch seinen christlichen Freund (Oktavius) schildert. Von allen christlichen Apologeten steht Minucius der antiken Philosophie, und zwar der stoischen, durch seinen Rationalismus und seine moralisierende Richtung am nächsten. Seiner dogmatischen Form fast ganz entkleidet, erscheint das Christentum als sittlich geläuterter Monotheismus, dem auch Plato, Aristoteles u. a. schon gehuldigt haben. Die Abfassungszeit der Schrift schwankt zwischen 160 und 300. Sie hängt von der noch nicht mit Sicherheit entschiedenen Frage ab, ob Tertullian den Minucius benutzt hat oder dieser jenen.

6. Des sachlichen Zusammenhanges wegen seien hier gleich die ihrer Lebenszeit nach erst an das Ende unseres Zeitraums gehörenden letzten (lateinschreibenden) Apologeten erwähnt: Arnobius und Laktantius. – Der afrikanische Rhetor Arnobius verfaßte um 300 7 Bücher *Gegen die Heiden* (adversus gentes), in denen er die Einheit und Ewigkeit Gottes gegenüber dem Widersinn und der Unsittlichkeit des Polytheismus verteidigt. Die Gottheit Christi sucht er indes vorzugsweise aus seinen Wundertaten zu beweisen. Die menschliche Seele ist eng mit dem Leibe verbunden, ihre einzige Erkenntnisquelle die Wahrnehmung; daher ein von seiner Geburt an in völliger Einsamkeit lebender Mensch geistig leer bleiben würde (ein Gedanke, der von den Sensualisten des 18. Jahrhunderts wieder aufgenommen wird; vgl. La Mettrie, Condillac). Von Natur aus sterblich, erlangt sie die Unsterblichkeit nur durch die Gnade Gottes, der die Guten belohnen, die Bösen bestrafen will.

In ähnlichem Sinne schrieb bald nach ihm Laktantius, anfangs gleichfalls (heidnischer) Lehrer der Redekunst in Afrika, später Prinzenerzieher am Hofe Konstantins. Seine stilistischen Vorzüge erwarben ihm den Beinamen eines „christlichen Cicero". Sein Hauptwerk *Institutiones divinae* will eine philosophische Begründung der christlichen Lehren und zugleich eine Unterweisung in ihnen geben, der eine „Widerlegung" der falschen, heidnischen Religion und Philosophie voraufgeht. Einen Heiligen Geist als selbständige dritte Person der Gottheit kennt Laktantius noch nicht. Das höchste Gut ist die Unsterblichkeit; ohne die Aussicht auf diesen göttlichen Lohn wäre die Tugend das unnützeste und törichtste Ding auf der Welt! Philosophische Tiefe ist weder bei Arnobius noch bei Laktantius zu finden.

An eben dem Hofe, an dem Laktantius lehrte, gelangte das Christentum zum Siege und wurde Staatsreligion. Damit hörte das Bedürfnis nach „Apologeten" auf.

§ 54. Die Religionsphilosophie der Alexandriner. (Clemens, Origenes)

Vgl. u. a. *Overbeck, Die Anfänge der patristischen Literatur in Sybels Hist. Zeitschr.* 1882, 6. Heft. Ausgabe: *O. Stählin, Die griechischen christlichen Schriftsteller der ersten drei Jahrhunderte.* Lpz. 1905-09.

Die Gnostiker hatten ihre „Erkenntnis" hoch über den gering geschätzten Gemeindeglauben erhoben; von den kirchlichen Apologeten hatten die geistig bedeutendsten, Irenäus und Tertullian, nur notgedrungen, und um sie zu widerlegen, sich der Philosophie bedient. Gegen Ende des 2. Jahrhunderts regt sich dagegen innerhalb der kirchlichen Kreise der Trieb, Wissenschaft und Religion in Einklang miteinander zu bringen, an verschiedenen Stellen. Am stärksten in Alexandrien, dem alten Sitze der Wissenschaften und der Religionsphilosophie. Dort war zur Heranbildung von Lehrern für die Katechumenen eine sogenannte Katechetenschule entstanden, welche das Christentum mit hellenischer Bildung erfüllen und umgekehrt gebildeten Heiden die christlichen Wahrheiten verständlich machen wollte. An ihr lehrte von 189 bis zu seinem gegen 215 erfolgten Tode Clemens von Alexandrien (so genannt zum Unterschiede von dem ein Jahrhundert früher lebenden Bischof Clemens von Rom).

1. Clemens.

Clemens' drei Hauptwerke (ed. *Dindorf*, Oxford 1869, *Stählin*, Leipz. 1905/09), die zusammen ein Ganzes bilden, sind: 1. die *Mahnrede an die Griechen* Λόγος προτρεπτικὸς πρὸς τοὺς Ἕλληνας), die in der bekannten Tendenz der Apologeten das Vernunftwidrige des Heidentums nachzuweisen sucht, 2. der Παιδαγωγός d. i. Erzieher zur christlichen Sittlichkeit, und 3. das wichtigste: die 8 Bücher Στρωματεῖς, die nicht in streng systematischer Form, sondern mehr aphoristisch (daher ihr Name στρωματεῖς = bunte Teppiche), die christliche Weltanschauung als die wahre Erkenntnis, also eine Art kirchlicher Gnosis darstellen und sie mittelst platonischer und stoischer Gedanken zu vertiefen suchen.

Clemens, als Heide – um 150, vielleicht in Athen – geboren und durch die Schule der griechischen Philosophie gegangen, betrachtet es als die Aufgabe des wahren Christen, sich das Christentum denkend anzueignen. Zwar bleibt ihm das Wort Gottes die höchste Richtschnur, aber wir bedürfen der Philosophie, um von dem bloßen Autoritätsglauben (πίστις) zu der höheren Stufe der Erkenntnis (γνῶσις) fortzuschreiten, von der Weisheit der Kinder zu der der Erwachsenen. Wie für die Juden das Gesetz, so war für die Griechen die Philosophie, namentlich die des „von Gott getragenen" Plato, der Erzieher zu Christus. Auch in die Seelen der griechischen Philosophen war der Same des göttlichen Logos gestreut, wie Clemens mit Justin erklärt. Das Christentum ist die Lehre von der Schöpfung, Erziehung und Vollendung des Menschengeschlechtes durch den in Christus sichtbar gewordenen Logos. Die Gottheit selbst ist namen- und gestaltlos, ihr Wesen nur negativ zu bestimmen. Der Sohn allein, der Mittler zwischen Gott und Menschen, ist den letzteren positiv erkennbar. Das höchste Ziel des Menschen ist: völlige Erhebung zu Gott vermittelst der wahren Erkenntnis. Der wahre Gnostiker trägt vielfach die Züge des stoischen Weisen, ja er heißt einmal „der im Fleische wandelnde Gott". Auch in der Ethik zeigen sich neben den christlichen, die selbstverständlich den Grundton bilden, hellenische Züge, so vor allem das Lob der σωφροσύνη des richtigen Maßes. Er mißachtet weder die Ehe noch den Reichtum, sondern drängt nur auf die rechte Gesinnung.

2. Origenes.

Ein zusammenhängendes theologisches System, das erste und neben Augustin bedeutendste der gesamten Patristik, schuf erst Clemens' größerer Schüler Origenes (Werke ed. *Migne* in 7 Bänden und *Koetschau* im Auftrage der Berl. Ak. unvollendet, 2 Bde., Leipzig 1899, vgl. die ausführliche Monographie von *Denis*, Paris 1884).

Origenes, 185 wahrscheinlich zu Alexandrien geboren, der erste unter den hervorragenden Kirchenvätern, der schon von Geburt ein Christ war, bei dem also die christliche Bildung der philosophischen voranging, wurde bereits mit 18 Jahren Lehrer an der Katechetenschule. 232 wegen seiner Abweichung von der orthodoxen Lehre aus dem Priesterstande ausgeschlossen, mußte er Alexandria verlassen, lehrte aber weiter in Cäsarea und starb in Tyrus 254. Durch seinen ehernen Fleiß, nach anderen durch seine Unbezwinglichkeit im Wortkampf, hatte er sich den Beinamen „der Stählerne" erworben. Seine asketischen Anschauungen sollen ihn zur Selbstentmannung getrieben haben. Seine zahlreichen theologischen Schriften gehen uns hier nichts an. Von den philosophischen sind erhalten: 1. die nicht besonders gelungene Verteidigung des Christentums gegen die scharfsinnigen Angriffe des Celsus (§ 47), 2. sein systematisches Hauptwerk *Von den Grundlehren* (Περὶ ἀρχῶν) in vier Büchern, dessen Hauptmasse bloß in einer abschwächenden lateinischen Bearbeitung *(De principiis)* erhalten ist.

Für Origenes bleiben zwar die biblischen Lehren der Inhalt des Glaubens, aber nur in ihrer spekulativen Erfassung stellen sie das wahre Christentum dar. Er erstrebte eine so völlige Einheit von Christentum und Philosophie, daß der Neuplatoniker Porphyrius (§ 49) sein System, bis auf die eingestreuten „fremden Fabeln", billigen zu können erklärte. Bei diesem spekulativen Aufbau kam er freilich, wie schon Clemens, zu der Unterscheidung einer mythischen Form der Religion für die Masse, die dem Kinde gleich die Wahrheit nur in Hüllen und Bildern zu schauen vermag, und einer vergeistigten für die Wissenden. Den Inhalt seines Systems entnimmt er, wenn auch vielfach in eigenartiger Durchbildung, der neuplatonisch-gnostischen Metaphysik seiner Zeit; er ist auch bei ihm in erster Linie ein kosmologischer.

a) An der Spitze steht die Lehre von Gott als dem ewigen Urgrund aller Dinge; auf ihn, den Einen, weist alles Geschaffene in seiner Ordnung, seiner Unselbständigkeit und seiner Sehnsucht zurück. Er ist ewig, unveränderlich, allmächtig, allwissend, allgütig und allgerecht. Kraft seiner Fülle erzeugt er beständig den Sohn (Logos), wie das Licht seinen eigenen Glanz. Dieser, der in Christus sich verkörperte, aber von Ewigkeit her bei dem Vater war, ist seinerseits das Urbild der geschaffenen Geister vom höchsten bis zum niedersten (die Idee der Ideen); der höchste geschaffene ist die dritte Person der Gottheit, der Heilige Geist.

b) Indem die geschaffenen Geister von ihrer Freiheit Gebrauch machen, stellt sich Trägheit, Verfehlung usw., kurzum Abfall von Gott ein. So entsteht die

Welt, die so ewig wie Gott selbst ist, da dieser zu keiner Zeit ohne Schaffen sein kann, aber von seinem Willen abhängt, und schließlich der Mensch, der an die Materie, das „Nicht-Seiende“ (vgl. Plato) gefesselt ist. Durch seine freie Wahl – Origenes bemüht sich ausführlich, die Willensfreiheit zu beweisen – entstand das Böse, d.h. die Abwendung von der Fülle des wahren Seins in Gott.

c) Aber über der gesamten Welt der Geister, Menschen wie Engel, waltet ein göttlicher Erziehungsplan (vgl. Irenäus), der schließlich alle – sogar den Teufel – erlöst, d. i. zu ihrer ursprünglichen Wesenseinheit mit Gott zurückbringt (ἀποκατάστασις = Wiederherstellung). Sie wird vollbracht durch den in Christus fleischgewordenen Logos, der jedem von uns so viel Anteil an seinem Wesen gibt, als wir (ein zarter Gedanke) Liebe zu ihm empfinden. Das ethisch-religiöse Ziel für den Einzelnen wie die Gesamtheit ist die gegen alle irdischen Übel unempfindliche Ruhe in Gott.

d) Wie verhält sich nun Origenes' spekulative Auffassung zu den biblischen Schriften? Sie gelten ihm – das merke man bei ihrer Lektüre – als vom Heiligen Geiste inspiriert. Doch ist das Alte Testament nur Vorbereitung zu dem Neuen, wie dieses seinerseits die Vorstufe zu der vollkommenen Wahrheit σοφία, die uns bei der Wiederkunft Christi zuteil werden wird. Origenes unterscheidet, ähnlich den Gnostikern, ein somatisches, psychisches und pneumatisches Christentum; dem ersten entspricht die buchstäbliche, dem zweiten die moralische, dem dritten die höchste, geistige oder allegorische Auslegung der Schrift (vgl. Philo). Alle Wunder sind in höherem Sinne natürlich; eine andere Annahme wäre eine Beleidigung der göttlichen Vernunft (des Logos). Der Tod Jesu ist in erster Linie vorbildlich, nicht genugtuend. Die sinnliche Ausmalung der chiliastischen Erwartungen, wie sie bei einem Irenäus und Tertullian herrscht, wird von Origenes entschieden bekämpft, die Auferstehung der Leiber in eine solche der Geister verwandelt u.a.m.

3. Wirkung des Origenes.

Das System des Origenes mit seiner platonisierenden Vergeistigung der Kirchenlehre war nicht dazu angetan, das Wohlgefallen der strengkirchlichen Kreise zu erringen. Wie er selbst unter solchen Einflüssen aus Alexandrien vertrieben wurde, so ist später (540) seine Lehre auch ausdrücklich verdammt worden. Bezeichnenderweise ward diese Verdammung von demselben Kaiser (Justinian) ausgesprochen, der auch die letzte griechische Philosophenschule, der dem Origenes geistesverwandten Neuplatoniker, aufhob. Dennoch hat Origenes, namentlich im christlichen Orient, mächtig nachgewirkt. Der „Origenismus“ blieb längere Zeit eine einflußreiche Richtung in der Kirche. Bei diesen Origenisten tritt übrigens, mehr als bei ihrem Meister selbst, das praktisch-religiöse Interesse zurück hinter dem rein theoretischen der Erkenntnis. An die Stelle der biblischen tritt die dialektische Begründung, an Stelle des geschichtlichen Jesus der ewige Logos. In unseren Zeitraum fällt noch des Origenes Nachfolger in der Leitung der alexandrinischen Schule, Dionysios von Alexandrien (auch der „Große" genannt, † um 265), der in einem, nach der Weise der alten griechischen Naturphilosophen unter dem Titel περὶ φύσεως verfaßten, Werke von einem anscheinend durch hellenische Philosophie (Plato, Pythagoras, Stoa, Heraklit) beeinflußten christlichen Standpunkte aus den Atomismus Demokrits und Epikurs bekämpfte.

Die Kämpfe zwischen diesen Origenisten und anderen kirchlichen Richtungen, insbesondere den die Ungeteiltheit Gottes kräftig hervorhebenden Monarchianern (Sabellius, Paul von Samosata), gehören der Dogmen- und Kirchengeschichte an, desgleichen der Arianismus, der, mit seiner Unterordnung des Sohnes unter den Vater, in gewisser Beziehung mit dem Origenismus zusammenhängt. Bekanntlich erlangte auf dem Konzil zu Nicaea (325) die gegenteilige Ansicht des Athanasius durch den Willen des Kaisers die Mehrheit und bald darauf die Alleinherrschaft in der Reichskirche.

Kapitel II.
Jüngere Patristik.

(vom Konzil von Nicaea 325 bis in das 8. Jahrhundert)

§ 55. Allgemeines. Jüngere Origenisten (Gregor von Nyssa).

Erst jetzt treten wir in das eigentliche Mittelalter ein. Die kräftigen Stämme des Nordens fluten von allen Seiten über die Grenzen des Imperiums herein und drohen dessen alte Kultur zu ersticken. Und sicherlich hätte die in der Auflösung begriffene griechisch-römische Philosophie, Kunst und Sitte der rohen germanischen Kraft nicht widerstehen können, wäre nicht eins gewesen, vor dem auch die rauhen Barbaren sich beugten: die christliche Kirche. Diese hatte sich eben jetzt unter dem Schutze der weltlichen Macht gefestigt und begonnen, sich eine mächtige, rasch erstarkende äußere Organisation zu schaffen. Diese letztere aber konnte nur dadurch erreicht werden, daß man, wie das nun durch eine Reihe von Konzilen geschah, die Grunddogmen endgültig fixierte, Vertreter abweichender Richtungen als Häretiker ausschloß. Gerade dadurch, daß sie eine einheitliche Formel bot, wurde die Kirche eine Macht, mit der auch die weltliche Politik rechnen konnte und rechnete. Für die Entwicklung der theologisch-philosophischen Spekulation aber, die sich bis dahin in freieren Formen vollzogen hatte, war die Folge die, daß sie nun nicht mehr die Glaubenslehre selbst umzubilden wagte

Das Dogma gilt immer mehr als unantastbar und wird als Bedingung der Seligkeit angesehen. Die Philosophie, soweit man überhaupt von einer solchen noch reden kann, wird zur bloßen Dienerin der Theologie. Die christliche „Wissenschaft", d.h. die gelehrte Spekulation der Theologen, beschäftigt sich nur noch mit der gelehrten Ausarbeitung der Einzelheiten, oder mit einer nachträglichen „philosophischen" Begründung der von vornherein feststehenden Kirchenlehre. Eine Geschichte der Philosophie kann sich daher für die folgenden Jahrhunderte sehr kurz fassen. Eine etwas ausführlichere Betrachtung verdient nur die großartige Gestalt Augustins.

Am meisten spekulativer Betrieb erhielt sich zunächst noch in der Schule des Origenes. Auch sie freilich stellt sich jetzt immer mehr auf den Boden der Rechtgläubigkeit. Das damit nicht Übereinstimmende in der Lehre des Stifters wird entweder stillschweigend beseitigt oder auch ausdrücklich bekämpft. Man sucht gewissermaßen „den Glauben des Athanasius in der origenistischen Wissenschaft unterzubringen" *(Harnack)*. Die bedeutendsten Kirchenväter dieser Richtung sind die sogen. drei „großen Kappadozier": die Bischöfe Basilius von Cäsarea († 379), sein Bruder Gregor von Nyssa († 394) und Gregor von Nazianz († 390). Ersterer hat sich als Kirchenfürst und Mitbegründer des Mönchtums, der letzte als Theologe und Kanzelredner Berühmtheit erworben. Für uns von einer gewissen Bedeutung ist allein Gregor von Nyssa, insofern er in seiner *Großen katechetischen Rede* eine Art Vernunftbeweis für die kirchliche Lehre versuchte. Die Dreieinigkeitslehre sei die richtige Mitte zwischen dem heidnischen Polytheismus und übertriebenem Monotheismus (Monarchianismus); der Ausdruck „Gott" bezeichne das Wesen, an dem die drei Personen Anteil haben. Die Seele, die mit dem Leibe entstehe, besitze nach dessen Untergang eine unräumliche Existenz, vermöge aber später seine Teile wieder herauszufinden und sich anzueignen! Die menschliche Willensfreiheit steht ihm, im Gegensatz zu Augustin, fest; daher ist auch das Sittlich-Böse – das einzige Übel – notwendig. Aus Gottes Güte folgt jedoch die schließliche Rettung aller Wesen und ihre Wiedervereinigung mit ihm. Bemerkenswert ist seine, neuplatonische Einflüsse verratende, Idealisierung der Sinnenwelt. Die Elemente des Körpers (seine Gestalt, Farbe, Schwere usw.) sind im Grunde stofflose Ideen, deren von Gott veranlaßtes Zusammenwirken den Körper hervorbringt. Für seine Unterordnung unter die Kirchenlehre ist bezeichnend das *Gespräch mit seiner Schwester Makrina über die Auferstehung,* worin er die Auferstehung nicht aus Überzeugung, sondern „auf Befehl der heiligen Schrift" annehmen zu wollen erklärt und nur nachträglich noch einen Vernunftbeweis versucht. Immerhin ist Gregor ein bis zu einem gewissen Grade origineller Denker, der z.B. den schönen Satz geschrieben hat: „Wer sein Herz von aller Schlechtigkeit und Aufregung befreit, der sieht in der eigenen Schönheit das Abbild des göttlichen Wesens."

Gegenüber den hochfliegenden Spekulationen der Origenisten und der von ihnen eifrig geübten allegorischen Methode drang die Schule von Antiochien auf nüchternes Denken, ohne indes damit durchzudringen.

Von abendländischen Kirchenvätern vor Augustin nennen wir nur den bekannten Bischof Ambrosius von Mailand († 397), der in seinem vielgelesenen Buche *De officiis ministrorum libri III* eine nach dem Muster von Ciceros *De officiis* ausgeführte christliche Sittenlehre gab, übrigens ohne philosophische Bedeutung ist (vgl. die Monographie von *Th. Foerster,* Halle 1884).

§ 56. Augustin (354-430).

C. Bindemann, Der heilige A., 3 Bde., 1844-69, *A. Dorner*, 1873. *H. Reuter, Augustinische Studien*, Gotha 1887. *Mausbach, Die Ethik des hl. Aug.* (kathol. Standpunkt), 2 Bde. Freiburg 1909. Außerdem vgl. bes. *A. Harnack* III, 1-244, auch *Eucken, Lebensanschauungen.* S. 258-295. Eine reiche Bibliographie gibt *Baumgartner* im Anhang zu *Ueberweg* II, § 16, S. 69-76.

a) *Leben und Schriften.* 354 zu Thagaste in Numidien als Sohn eines heidnischen Vaters und einer christlichen Mutter, der frommen Monika, geboren, später Lehrer der Rhetorik in Karthago, Rom und Mailand, hat Augustin, ehe er im Christentum endgültige Befriedigung fand, eine lebhafte, durch den Kampf mit seinem leidenschaftlichen, sinnlich-feurigen Temperament doppelt bewegte, innere Entwicklung durchgemacht, auch in philosophischer Beziehung die verschiedensten Standpunkte nacheinander eingenommen. Als Jüngling durch die Lektüre von Ciceros Hortensius zum Studium der Philosophie angeregt, huldigte er zuerst fast zehn Jahre lang der manichäischen Lehre (vgl. § 52), wandte sich darauf dem Skeptizismus der neueren Akademie zu und ließ sich sodann, auch von diesem unbefriedigt, vom Neuplatonismus beeinflussen, bis er endlich durch Ambrosius in Mailand dem Christentum dauernd gewonnen ward. 387 getauft, wurde er 391 Priester, 395 Bischof von Hippo in Nordafrika, wo er im Jahre 430 starb, während die Vandalen die Stadt belagerten.

Augustins kirchliche und religiöse Wirksamkeit ist eine ungeheure gewesen und noch jetzt zu spüren. Aber nur seine philosophische Seite kommt für uns in Betracht. Von seinen zahlreichen Schriften, die in Mignes Sammlung der Kirchenväter *(Patrologiae cursus completus)* nicht weniger als 16 Bände füllen, gehören, abgesehen von den seine persönliche Entwicklung aufs offenste schildernden, psychologisch feinen, freilich auch stark rhetorischen *Selbstbekenntnissen*, den heute nahezu in alle europäischen Sprachen übersetzten *Confessiones,* hauptsächlich hierher: 1. die philosophischen Schriften der Jahre 386 bis 388: *Contra Academicos, De beata vita, De ordine* (d.h. Stellung des Guten und Bösen in der göttlichen Weltordnung), *Soliloquia, De quantitate animae* und *De libero arbitrio,* 2. Aus der Zeit nach 400: Neben der theologischen Abhandlung *De trinitate* vor allem das Hauptwerk, die 22 Bücher *De civitate Dei* (413-426 verfaßt), endlich die gegen Ende seines Lebens von ihm niedergeschriebenen *Retractationes,* d.h. eine Übersicht seiner Schriften und zugleich Revision derselben im kirchlichen Sinne.

b) *Philosophisches.*

1. *Grundlage* und *Ausgangspunkt.* Augustins „Philosophie“, wenn man von einer solchen sprechen will, findet sich bei ihm nirgends als zusammenhängendes System entwickelt, sondern ist aus einzelnen Stellen seiner Schriften herauszuschälen. Grundprinzip und Ausgangspunkt ist die Selbstgewißheit der inneren Erfahrung. Wie Sokrates, wendet auch Augustin sich von der äußeren Natur ab und ganz dem inneren Leben zu. „Gott und die Seele begehre ich zu erkennen. Weiter nichts? Nein, gar nichts.“ „Gehe nicht nach draußen, kehre in dich selbst ein; im Inneren des Menschen wohnt die Wahrheit.“ Wie aber ist sie zu finden? Was bleibt bestehen, wenn alles andere zweifelhaft geworden ist? Die Selbstgewißheit meines inneren Lebens. Selbst, um zweifeln und irren zu können, muß ich zuerst existieren. Wer zweifelt, weiß, daß er lebt, daß er vorstellt, ja, daß er will, indem er nach der Wahrheit strebt. Er zeigt durch sein Zweifeln, daß er einen Maßstab der Wahrheit mindestens sucht, daß er außer der sinnlichen Empfindung die höhere Fähigkeit des Denkens oder der Vernunft (intellectus, ratio), d. i. das Vermögen der Anschauung unkörperlicher Wahrheiten besitzt, die für alle Denkenden dieselben sein müssen. Dann jedoch folgt die theologische Wendung. Diese „an sich gewissen“, „ewigen“ Wahrheiten oder Ideen ruhen in Gott. Gott, den freilich menschliches Denken nie ganz erfassen kann, ist der Urquell aller Dinge, das höchste Sein und zugleich das höchste Gut, die höchste Liebe und die höchste Schönheit. Auf ihn werden denn auch die Grundtätigkeiten der menschlichen Seele: das Vorstellen, Urteilen und Wollen – auch *esse nosse velle* genannt – als Allmacht, Allweisheit, Allgüte übertragen.
2. *Die Lehre vom Willen.* Der Kern des menschlichen Wesens liegt im Willen. Schon die äußere und noch mehr die innere Sinnestätigkeit sind als „Strebungen der Seele“ (intentiones animi) wesentlich Willensakte, desgleichen das verstandesmäßige Denken in seiner Richtung und seinem Zweck. Es ist ein Wille, wie ihn Augustin selbst in den inneren Kämpfen seiner dürstenden Seele erzeugt hatte, der auf dem leidenschaftlichen Verlangen nach Glück und Seelenfrieden bei einer von Natur starken Sinnlichkeit beruht. In bezug auf die höchsten Wahrheiten muß sich der menschliche Geist freilich der göttlichen Erleuchtung und Offenbarung unterordnen, die ihm durch Gottes Gnade zufließt. Doch auch sie können nur von dem ebenfalls auf einem Willensakt beruhenden Glauben ergriffen und der Seele zu eigen gemacht werden. In der schwierigen Frage der Vereinigung der menschlichen Willensfreiheit mit dem göttlichen Vorauswissen stand Augustin anfangs, wie fast alle seine theologischen Vorgänger, mehr auf seiten der ersteren. Religiös-kirchliche Gesichtspunkte haben ihn dann zu einer immer stärkeren Hervorhebung der göttlichen Vorausbestimmung (Prä-

destinationslehre), wie sie schon in den paulinischen Briefen angebahnt ist, geführt. Die Willensfreiheit wird nun auf Adam, den ersten Menschen, beschränkt; seitdem hat der Mensch nur noch die Freiheit zum Bösen, nicht zum Guten (Erbsünde), womit übrigens, wie wir sehen werden, die Freiheit des sittlichen Handelns im gewöhnlichen (nichtreligiösen) Leben vereinbar ist. Je tiefer der Mensch, desto höher Gott. Nur die göttliche Gnade vermag den Menschen vom zeitlichen und ewigen Verderben zu erretten. Sie wird vermittelt durch die Kirche und ihre Sakramente: *Extra ecclesiam nulla salus*. Anspruch auf diese Gnade hat er nicht; es ist Sache Gottes, auszuwählen, welchen er will. Die weitere Erörterung dieser Frage in den Streitigkeiten mit Pelagius u. a. gehört der Kirchengeschichte an.

3. *Geschichtsphilosophie*. Aus denselben Prinzipien ergibt sich Augustins in seinem großen Werke *Über den Gottesstaat* niedergelegte Geschichtsphilosophie. Auch die weltgeschichtliche Entwicklung steht von vornherein durch Gottes Ratschluß unverbrüchlich fest, ohne daß der Mensch selbsttätig eingreifen könnte. Seit Anfang der Welt (hier klingen manichäische Erinnerungen nach) streiten miteinander zwei Reiche, dasjenige Gottes und das des Teufels, der irdische (civitas terrena) und der Gottesstaat. Der erstere, ein Erzeugnis der Sünde, jagt naturgemäß irdischen, egoistischen Zwecken nach; im besten Falle ist er eine von Gott verordnete Zwangsanstalt zur Bestrafung und Linderung des Bösen, niemals aber Selbstzweck. Der Gottesstaat existiert schon jetzt im Himmel und zieht seine auf Erden – dort nur als Fremdlinge – weilenden Glieder allmählich an sich. Die Entwicklung der Menschheit erfolgt dem göttlichen Erziehungsplane gemäß in sechs, den verschiedenen Lebensaltern des Menschen vergleichbaren, Stufen (Perioden), die sich an die biblische Überlieferung (6 Schöpfungstage) und die Geschichte Israels anlehnen. Für das Griechentum zeigt unser Kirchenvater nur geringes Verständnis, noch weniger für das zu seiner Zeit allerdings in Auflösung begriffene Römertum. In der letzten, mit Christus anhebenden, Periode stehen wir jetzt. Das nahe bevorstehende Ende wird für die Gläubigen der Eingang in das himmlische Jerusalem, damit in die ewige Ruhe und Seligkeit, für die Angehörigen des weltlichen Staates die ewige, unwiderrufliche Verdammnis sein: also im Gegensatz zu Origenes' Glauben an eine schließliche Versöhnung und Wiedervereinigung mit Gott, ewige Scheidung in das Reich Gottes und des Satans. Das ist aus Platos Staat in der christlichen Philosophie geworden! Von Sozialphilosophie zeigt sich keine Spur. Kommunistische Regungen seiner donatistischen Gegner hat der Bischof von Hippo, wie die „triumphierende" Kirche allezeit, aufs schärfste abgewiesen.

4. *Ethisches*. So sehr das letzte Ziel bei Augustin auch ein theoretisches, der selige Friede im Anschauen Gottes im Jenseits ist, so hat er doch für diese Zeitlichkeit energisches sittliches Handeln verlangt und selbst geübt, in einem gewissen Widerspruch zu seiner religiösen Lehre von der Erbsünde

und Gnade Gottes (s. oben). Und zwar aus der inneren Gesinnung heraus, die aber ihrem Inhalte nach christlich sein muß; denn alle heidnischen Tugenden sind wertlos, „glänzende Laster", wenn man nicht den richtigen Glauben hat. Trotzdem knüpft er an die antike Philosophie an, wenn er die Tugend als ein mit der Vernunft übereinstimmendes Verhalten oder als die Lebenskunst definiert, die zur ewigen Glückseligkeit führe. Seine angewandte Ethik nimmt die vier platonischen Kardinaltugenden auf, will sie aber durch die drei christlichen: Glaube, Liebe, Hoffnung ergänzt wissen.

Augustin ist eine überaus vielseitige Natur. Er zeigt eine merkwürdige Verbindung von tiefinnerlicher Religiosität und strengster äußerlicher Kirchlichkeit, Gesetzesstrenge und Liebe, verstandesgemäßem Denken und mystischer Schwärmerei. So haben denn bis ins 16. Jahrhundert hinein die verschiedensten religiösen und theologischen Bewegungen an ihn angeknüpft. „Er ist der Vater der römischen Kirche und der Reformation, der Biblizisten und der Mystiker, ja selbst die Renaissance und die moderne empirische Philosophie (Psychologie) sind ihm verpflichtet." *(Harnack, Grundriß* II, *S.* 12.) Er ist der Kirchenvater des Abendlandes geworden, und vor allem seine machtvolle Persönlichkeit hat die antike Weltanschauung auf fast ein Jahrtausend aus dem christlich gewordenen Europa verdrängt.

§ 57. Ausgang der Patristik: Christlicher Neuplatonismus – Kompendienverfasser.

a) *Neuplatonismus und Mystik in der griechischen Kirche (Dionysius Areopagita).*

Ein Zeit- und Amtsgenosse des Augustin, aber von ganz entgegengesetzter Sinnesart, war der schon S. 165 erwähnte Bischof Synesios von Cyrene (370-412). Ein Schüler von Hypatia blieb er auch als Bischof mehr Neuplatoniker als Christ, in Hymnen die unaussprechliche „Monade der Monaden" verherrlichend, die kirchlichen Dogmen dagegen teils für Allegorien, teils für Mythen erklärend, deren das Volk bedürfe, das die hüllenlose Wahrheit nicht ertragen könne (vgl. *R. Volkmann*, Jena 1897). Ähnlich wie Synesios, lehrte Nemesios, Bischof von Emesa (Phönizien), im Widerspruch mit der Kirchenlehre, dagegen im Anklang an Plato, die Präexistenz der Seele und die ewige Fortdauer der Welt, im Anschluß an Aristoteles die Freiheit des menschlichen Willens, während andere ihren Neuplatonismus dem christlichen Dogma unterordneten.

Noch inniger als bei Synesios verschmelzen sich der neuplatonische und der christliche Gedankenkreis in den sogenannten areopagitischen Schriften, die unter dem Namen „Dionysios des Areopagiten", angeblich ersten Bischofs von Athen und unmittelbaren Apostelschülers, gingen und als dessen Geheimlehre sich gaben, in Wirklichkeit aber erst gegen Ende des 5. Jahrhunderts abgefaßt worden sind. Der unbekannte Verfasser schrieb für Gemüter, die sich durch das kirchliche Dogmen- und Zeremonienwesen nicht befriedigt, nach religiöser Hingabe, mystischer Vereinigung mit der Gottheit sehnten. Erhalten sind, abgesehen von zehn Briefen, folgende von seinen Schriften: 1. *Über die göttlichen Namen,* 2. *Von der himmlischen Hierarchie,* 3. *Von der kirchlichen Hierarchie,* 4. *Von der mystischen Theologie.* Gott ist der unaussprechliche Weltgrund und Urquell alles Seienden, der Namenlose oder auch „Allnamige“. Die Vermittlung zwischen ihm und uns erfolgt – ganz wie bei den späteren Neuplatonikern (§ 50) – durch eine in Dreiheiten abgeteilte „himmlische Hierarchie“ von Engeln, von den alttestamentlichen Seraphim und Cherubim bis herab zu den Erzengeln und einfachen Engeln. Dieser himmlischen entspricht auf Erden die kirchliche Hierarchie, von dem obersten Priester bis zu den Mönchen und dem Volke. Lehrt uns die bejahende Theologie diese absteigende Linie vom Himmel zu uns, so erhebt uns die höhere, verneinende, oder mystische mit Hilfe des uns mit göttlicher Kraft erfüllenden Logos, durch die aufeinander folgenden Stufen der Reinigung, Erleuchtung, Weihung (μύησις) und Gottähnlichkeit (ὁμοίωσις) bis zur völligen „Vergottung“ (θέωσις). Dem namenlosen Gotte allein kommt positives Sein zu; das Böse ist nur Mangel und Schwäche, ein vorübergehendes und zu überwindendes Moment der in sich harmonischen göttlichen Weltordnung.

Die tiefsinnigen Schriften des „Areopagiten“ – die zu seiner Zeit allerdings nicht als Fälschung empfundene Fiktion ist erst in der Zeit der Renaissance entdeckt worden – haben eine bedeutende Einwirkung auf die Spekulation des gesamten Mittelalters geübt, in erster Linie auf Johannes Eriugena (§ 59) und die Mystiker, als deren Grundbuch; dann aber auch auf die Scholastik, z.B. Thomas von Aquino. Hierzu trug nicht wenig bei die mehr kirchliche Auslegung derselben durch den 580-662 lebenden Abt Maximus Confessor. Das Hinaufsteigen der Seele zu Gott und dessen Hinabsteigen zu uns gelten diesem als bewußte Akte der Liebe.

b) *Kommentar-* und *Kompendienschreiber.*

Während die Genannten den in der griechischen Kirche von jeher heimischen Mystizismus vertreten, gehört der letzte hier zu Nennende, der bereits im 8. Jahrhundert lebende Mönch Johannes von Damaskus einer Richtung an, die jetzt, wo die Dogmenbildung im wesentlichen abgeschlossen war und eine Art allgemeiner geistiger Erschlaffung durch die christliche Welt ging, zur alleinherrschenden wird: den auf das Zusammenstellen und Ordnen des vorhandenen kirchlichen Wissensstoffes sich beschränkenden Kommentatoren und Kompendien-Verfassern. Johannes Damascenus' *Quelle der Erkenntnis,* ein noch heute im christlichen Orient in Ansehen stehendes Buch, will nach seiner eigenen ausdrücklichen Erklärung nichts Eigenes vorbringen, sondern nur zusammenfassen, „was die Philosophen definiert, die Peripatetiker eingeteilt, die Kirchenväter angewandt haben, welche Ketzereien aufgekommen sind, welche Lehren als orthodox gelten“; was er mit oft recht geistlosem Sammelfleiß ausgeführt hat. Apologetik und Polemik (die sich bei J. D. schon gegen den Islam richtet) ist das einzige, was die griechische Kirche seitdem hervorbringt.

Aber auch um die abendländische Kirche war es in jenen traurigsten Jahrhunderten der Geschichte Europas nicht besser bestellt. Es ist die Zeit des untergehenden Römerreichs, der Merowinger, des Siegeszuges der Araber. Jedes selbständige geistige Leben scheint erloschen. Abgesehen von den noch eine Zeitlang fortgehenden Streitigkeiten zwischen Pelagianern, Semipelagianern und Anhängern Augustins über den freien Willen und des gallischen Presbyters Claudianus Mamertus (um 450) Beweis für die Unkörperlichkeit der menschlichen Seele, dem sich auch der gleich zu nennende Cassiodor anschließt, ist uns keine einzige selbständige Produktion bekannt. Man ergab sich auch hier fast durchaus dem Kompendienschreiben. So gab um 430 Marcianus Capella sein in den Schulen des Mittelalters viel gebrauchtes, aus Quintilian, Plinius und Varro zusammengeschriebenes Lehrbuch der *Septem artes liberales* heraus (M. C. selbst soll noch nicht Christ gewesen sein). Den Römer Boëthius haben wir schon Kap. XV (§ 50, Schluß) erwähnt. Auf ihm fußend, schrieb auch Cassiodor, der sich um 540 aus dem ostgotischen Staatsdienst in die Muße des Klosters zurückzog, ein Kompendium über die sieben „freien Künste und Wissenschaften“, das sogenannte *trivium:* Grammatik, Dialektik, Rhetorik und das *quadrivium:* Arithmetik, Geometrie, Musik, Astronomie. Was Cassiodor für Italien, tat später Isidor von Sevilla († 636) für Spanien durch sein viel ausgeschriebenes großes Realwörterbuch *(Etymologiarum l. XX),* in dem er eine staunenswerte Belesenheit entfaltet. Außerdem stellte er in seinen *3 Büchern Sentenzen* die orthodoxe Kirchenlehre in Aussprüchen der Kirchenväter dar. Isidors Werk ist dann wieder von dem Angelsachsen Beda († 735), beide von Alkuin († 804), dem bekannten Lehrer und Freunde Karls des Großen, benutzt worden, dem sich endlich der Begründer des deutschen Schulwesens, Abt Hrabanus Maurus von Fulda († 856 als Erzbischof von Mainz), anschließt.

Das Verdienst aller dieser Männer besteht in der Übermittlung der Reste antiker Bildung an die noch ungelehrten Germanenstämme. Philosophisch sind sie ohne jede Bedeutung. Die „Philosophie“ ist nunmehr endgültig als Schulsache in den Dienst der Kirche getreten. Das Reich der Scholastik beginnt.

Zweiter Abschnitt.
Die Scholastik.

§ 58. Einleitendes.

Außer der bereits in § 51 verzeichneten Literatur vgl.: *Hauréau, Histoire de la philosophie scolastique*, 3 Bde. Paris 1872-80. *H. Reuter, Gesch. d. relig. Aufklär. im Mittelalter*, 2 Bde. 1875-77. *von Eicken, Gesch. u. System d. mittelalterl. Weltansch.* Stuttg. 1887, Neudruck 1913. *G. Kaufmann, Gesch. d. deutschen Universitäten*, 2 Bde. 1888-96. *M. de Wulf, Histoire de la philosophie mediévale.* 4. Aufl. 1910, deutsch von *R. Eisler*, Tüb. 1913. *M. Grabmann, Gesch. d. scholastischen Methode.* 3 Bde. Freiburg 1909/11. *Verweyen, D. Problem d. Willensfreiheit in d. Scholastik.* Heidelbg. 1909. – Einzeluntersuchungen und -veröffentlichungen mittelalterl. Quellen in: *Bäumker, Baumgartner, Ehrle, Grabmann und v. Hertling, Beitr. z. Gesch. d. Phil. d. Mittelalters.* Münst. 20 Bde., 1891-1918. *Denifle u. Ehrle, Archiv f. Literatur u. Kirchengesch. d. Mittelalters*, 7 Bde. 1885-1900. – Von den bekannten *Kompendien der Gesch. d. Philos.* am ausführlichsten *Ueberweg-Baumgartner* (s. S. 168) u. *Erdmanns Grundriß*, Bd. I. Die knappste Übersicht gibt *Bäumker* in: *Allgem. Gesch. d. Philos.* S. 319 ff.

Unter Scholastik verstehen wir diejenige „Philosophie", welche die Kirchenlehre als wissenschaftliches Schulsystem zu begründen und auszubilden sucht. Wir teilen ihre Geschichte in drei Hauptabschnitte:

I. Anfänge der Scholastik vom 9. bis in den Anfang des 13. Jahrhunderts.
II. ihre Blütezeit im 13. und 14. Jahrhundert.
III. ihren Ausgang (14. und 15. Jahrhundert).

Danebenher geht die Entwicklung der namentlich in Deutschland gedeihenden Mystik, deren Blüte in die III. Periode fällt, während dem II. Abschnitt eine kurze Übersicht der arabisch-jüdischen Philosophie des Mittelalters vorauszuschicken ist.

Ihren Namen hat die Scholastik von den Schulen bekommen, an denen sie gelehrt worden ist. *Doctores scholastici* oder kurzweg „Scholastiker" hießen ursprünglich die Lehrer der sogen. sieben freien Künste (§ 57) in den Dom- u. Klosterschulen seit Karl dem Großen, später alle, die sich schulmäßig mit den Wissenschaften, insbesondere Philosophie oder, was damals fast dasselbe ist, Theologie beschäftigen; namentlich aber die Lehrer der Philosophie an den großen Universitäten wie Paris, Oxford, Köln u. a. Nicht mehr die frohe Botschaft des Evangeliums und der Apostel, auch nicht mehr den Glaubensinhalt der Bibel, wie die Kirchenväter, wollen diese Scholastiker verkünden und erklären, sondern die Dogmen der römisch-katholischen Kirche in ein System bringen und mit den Mitteln der Vernunft, vor allem einer haarspaltenden Dialektik, begründen und weiter ausbilden. Wie ihre Philosophie eine kirchliche, so ist ihre Sprache das Kirchenlatein, ihr Vorbild unter den Philosophen des Altertums aber nicht mehr, wie bei den Kirchenvätern, der Idealist Plato, sondern „der Vater der Logik, die lebendige Enzyklopädie aller Wissenschaften" (*Erdmann*): Aristoteles.

Anfangs zwar trägt das Bild der Scholastik noch nicht völlig diese Züge (vgl. Johannes Eriugena, § 59), und auch später noch haben sich einzelne Vertreter einer beschränkten Selbständigkeit oder „Aufklärung" gefunden, bis zur Zeit der fertig ausgebildeten Scholastik fast jeder Widerspruch verstummt, um sich erst gegen Ende des Zeitraums wieder hervorzuwagen. In der römischen Kirche hat sich die scholastische „Philosophie" auch nach der Reformation noch behauptet, ja seit ihrer Empfehlung in des Papstes Leo XIII. Enzyklika *„Aeterni Patris"* (1879) einen neuen Aufschwung genommen (s. Buch II, § 66). Gerade die selbständigeren Regungen werden wir ausführlicher hervorheben, während wir an den rein dogmatischen Fragen natürlich vorübergehen.

Kapitel III. Die Anfänge der Scholastik.

§ 59. Johannes Eriugena oder Scotus (9. Jahrh.) Gerbert (10. Jahrh.) Berengar von Tours (11. Jahrh.).

Die „hibernische" Weisheit war berühmt. In einer Zeit, wo die wissenschaftliche Kultur sonst überall darniederlag, bildete die irische Geistlichkeit durch ihr wissenschaftliches Streben eine rühmliche Ausnahme. Von Irland pflanzte sich diese Kultur nach Schottland und England (Beda der „Ehrwürdige"), von dort nach Frankreich (Schule Alkuins in Tours) und Deutschland (Hraban in Fulda) fort. So stammt denn auch der erste namhafte Philosoph der scholastischen Zeit von der grünen Erin.

1. Johannes Eriugena oder Scottus (Irland war das Stammland der Schotten und hieß daher noch bis in das 11. Jahrhundert *Scotia maior),* lebte um 810-877. Sicher aus seinem Leben ist nur, daß er, sonst ohne geistliches oder weltliches Amt, um 845 dem Rufe Karls des Kahlen folgend, eine Zeitlang Leiter der Pariser Hofschule war und im Auftrage desselben Herrschers die areopagitischen Schriften (§ 57) ins Lateinische übersetzte. In den damals gerade heftig wütenden Theologenstreit über die Prädestinationslehre griff er durch seine Schrift *De divina praedestinatione* ein. Sein späteres Hauptwerk führte den Titel *De divisione naturae*, ist also, im Gegensatz zu den allermei-

sten scholastischen Schriften, ein naturphilosophisches. 1225 zu Paris als ketzerisch verbrannt, ist es 1681 wieder neu herausgegeben worden, jetzt am besten in *Mignes* Sammlung der Kirchenväter (Bd. 122), deutsch übersetzt von *L. Noack* in der *Philosophischen Bibliothek (Bd. 86-87)*.

Beeinflußt ist Johannes, außer durch Augustin, namentlich durch den von ihm überschätzten „Areopagiten", überhaupt durch die jüngeren griechischen Kirchenlehrer, wie er denn zu den wenigen Scholastikern gehört, die mit der griechischen Sprache noch gründlich vertraut waren. Er unterwirft sich ihrem Ansehen fast schon in demselben Maße wie dem Schriftwort. Doch soll in Zweifelsfällen die Vernunft vor der Autorität den Vorzug haben, denn die wahre Autorität ist „nichts anderes als die durch die Kraft der Vernunft entdeckte Wahrheit". Die wahre Philosophie ist mit der wahren Religion einerlei; denn beide fließen aus der göttlichen Weisheit. Allerdings kann nicht alles, was für den Weisen und Mündigen ist, auch vom Einfältigen und Unmündigen verstanden werden. Für den letzteren bedient sich die Schrift, die auch Eriugena als unerschütterliche Autorität gilt, häufig poetischer Sagen, Wunder und göttlicher Erscheinungen, die dem geläuterten Sinne des Wissenden nur Symbole geistiger Zustände sind, wie z.B. Hölle, Paradies, Himmelfahrt oder die buchstäblich vorgestellte Wiederkunft zum Jüngsten Gericht.

Die Naturphilosophie Eriugenas ist ganz in der neuplatonisch-mystischen Anschauungsweise des Areopagiten als Entfaltungssystem der Gottheit gedacht, worein sich indessen schon aristotelische Unterscheidungen (des unbewegt Bewegenden, bewegt Bewegenden, bloß Bewegten) mischen. Seine Spekulation beginnt sofort mit der Versenkung in die unaussprechliche Tiefe des Wesens und Urquells aller Dinge, welcher „nicht geschaffen ist und doch schafft". Als eigenschaftsloses Nichts kennt die Gottheit zunächst sogar sich selbst nicht. Bewußt wird sie ihrer selbst erst als das „geschaffene und doch zugleich schaffende" Wesen, aus dem die ewigen Ideen (Urbilder) aller Dinge hervorgehen, deren Einheit der Logos darstellt. Sie gehen unter dem Einfluß des heiligen Geistes oder der pflegenden göttlichen Liebe in die „geschaffenen, selbst nicht schaffenden" Dinge ein, natürlich in immer weiteren Abstufungen. So sind alle Dinge Erscheinungen Gottes (Theophanien), unser Leben Gottes Selbstoffenbarung in uns. Es gibt nichts außer ihm. Das Böse ist nur eine aus der menschlichen Freiheit entstandene verkehrte Richtung des Willens. Aus der Vielheit wird dereinst derselbe Logos die Welt wieder zu dem letzten Ziel der Dinge, zu Gott als dem Wesen, das „weder schafft noch geschaffen wird", zur ewigen Ruhe (deificatio = Vergottung) zurückführen; das Endziel ist gleich dem Uranfang, der Kreis vollendet.

Neben diesem neuplatonisch-mystischen zeigt jedoch Eriugenas System zugleich einen logischen und zwar idealistischen Zug. Wie das Sehen weit mehr ist als das Gesehene, das Hören als das Gehörte, so existieren die Dinge in Wahrheit nur, insofern sie erkannt werden. Diese allgemeinen Gattungsbegriffe (Ideen) sind das einzig wahrhaft Reale, indem sie das Seiende aus sich her aus erzeugen. So leitet der Vater der Scholastik bereits den berühmten Universalienstreit ein, der die ganze mittelalterliche Philosophie durchzieht.

2. So hoch Eriugenas Denken über dem seiner Zeitgenossen und nächsten Nachfolger stand oder vielleicht gerade um dieses Abstandes willen, gewann er keine unmittelbare und nachhaltige Bedeutung, wie denn überhaupt die karlingische Kultur rasch in Trümmer ging. Das 10. Jahrhundert war in Frankreich und namentlich in Italien im ganzen eine Periode der Unkultur, Sittenroheit, Unwissenheit und des Aberglaubens, und in Deutschland ließ die tatbewegte Zeit der philosophischen Muße keinen Raum. Gegen Ende des Jahrhunderts erglänzt mit einem Male ein neues Licht in Gestalt des als Sylvester II. auf den päpstlichen Stuhl erhobenen Gerbert († 1003), eines großen Geistes, der dem blöden Auge der Zeitgenossen als unheimlicher Zauberer erschien. In dem Kloster Aurillac (Auvergne) vorgebildet, nacheinander Erzbischof von Reims, Ravenna und Papst (999), ein eifriger Liebhaber der Alten, aber noch mehr der Mathematik, ausgezeichnet als Lehrer, teilte er seinen Schülern nicht ein rohes Vielerlei von Wissen mit, sondern baute vor ihren Augen in den Gesetzen der Natur, der Sprache und des Denkens ein System natürlicher Weltanschauung auf. Die sieben freien Künste waren hier zu einem einheitlichen Ganzen verbunden, selbst die Theologie nur eine neben den anderen, alle Einzelwissenschaften untergeordnet der Philosophie. Auf diesem Gebiete wenigstens gibt es auch bei ihm keine übernatürliche Erleuchtung, sondern Vertrauen zu der Zuverlässigkeit des natürlichen Erkennens, das nur soweit reicht als das Gesetz! Dann freilich folgt die Ergänzung durch die Welt des Glaubens. „Wo die Worte fehlen, schwelgt der Glaube“, setzt er als Motto über eine seiner theologischen Schriften, welche das Dogma der Transsubstantiation verteidigt. Wie er sich das Verhältnis dieser übernatürlichen Welt des Glaubens zu der natürlichen des Wissens gedacht hat, ist unbekannt. In seinem praktischen Wirken jedenfalls verließ er sich auf seinen weltlichen Verstand, wenngleich er freilich mit religiöser Überschwenglichkeit von der über alles Weltliche erhabenen Würde des Priestertums zu reden wußte.

3. Um die Mitte des 11. Jahrhunderts macht sich, wohl unter dem Einfluß von Gerberts zahlreichen Schülern, in Deutschland unter dem gelehrten Kaiser Heinrich III., in allen drei Kulturländern ein neuer wissenschaftlicher Aufschwung bemerkbar, der dann nie wieder ganz vernichtet worden ist. Die wissenschaftliche Führung ging zunächst auf Frankreich über. Besonders berühmt als Pflanzstätte der Wissenschaft war die Schule von Chartres unter ihrem als „Sokrates der Franken“ gefeierten Leiter Fulbert, der übrigens mehr anregender Lehrer als origineller Denker war, seine Schüler vor Neuerungen warnte und ihnen riet, sich an die Schriften der Väter zu halten. Sein berühmterer Schüler Berengar von Tours (999-1088) beherzigte diese Warnung nicht. Uns interessiert weniger seine Bestreitung der orthodoxen Abendmahlslehre Lanfranks, welche die Gebildeten der Zeit in zwei Parteien spaltete, als seine bei dieser Gelegenheit entwickelte Stellung zum Dogma überhaupt. Be-

rengar ist in der Tat ein Aufklärer des 11. Jahrhunderts. Wohl verwendet er zu seiner Verteidigung, wo es ihm gelegen ist, die Autorität der Kirchenväter (des Ambrosius, Augustin u. a.) und der Bibel, aber sein kritischer Geist hat bereits die Wandelbarkeit der ersteren erkannt; die Bibel wird ohne geistige Auslegung zum Fabelbuch; „der Buchstabe tötet". Auch Synoden und Konzilien sind nicht unfehlbar. Der Wahrheit allein kommt der Sieg zu. Diese wurzelt freilich in Gott, kann aber auf Erden nur in der Vernunft ihre Stätte haben, die freilich für ihn, wie für die ganze Scholastik, vorzugsweise im logisch-dialektischen Beweisverfahren besteht. Gegen die Wahrheit, die Vernunft, die Evidenz der Dinge, das Gewissen kann niemand. Kein Wunder, keine Macht des Himmels und der Erde kann Unwahres wahr, Unmögliches möglich machen.

Berengar war ein Theoretiker der Aufklärung, nicht ihr Held. Auch er hat sich schließlich, wie so viele nach ihm, der römischen Kurie (Gregor VII. war ihm übrigens persönlich zugeneigt) „löblich unterworfen". Dennoch ist der Eindruck seines Auftretens ein lang andauernder gewesen; noch Lessing hat sich mit ihm beschäftigt. Seine Bestreitung der „Wesensverwandlung" im Abendmahl aber steht ferner in Zusammenhang mit dem philosophischen Hauptproblem der Scholastik, das wir schon bei Eriugena streiften und zu dem wir nun übergehen: dem Verhältnis der Gattungsbegriffe (universalia) zu den Dingen (res).

§ 60. Der Universalienstreit oder: Nominalismus und Realismus (Roscelin, Anselm von Canterbury u. a.).

J. Löwe, Der Kampf zwischen Nominalismus und Realismus. Prag 1876. Die Hauptwerke über Anselm: *R. Hasse* (Lpz. 1843-52), *Ch. de Rémusat* (1868) und *D. de Vorges, St. Anselm.* Paris 1901.

1. In der Einleitung des Porphyrius (§ 49) zu Aristoteles' logischen Schriften wird die Frage aufgeworfen, ob die Gattungsbegriffe (genera und species, zusammengefaßt unter dem Namen universalia), z.B. Eiche, Rind, wirklich d.h. dinglich oder nur in unseren Gedanken vorhanden, ob sie körperlich oder unkörperlich seien, ob sie gesondert von den Sinnendingen oder nur in und an denselben existieren. An diese, dem Mittelalter nur in der lateinischen Übersetzung des Boëthius vorliegende, Stelle knüpfte sich der fast das ganze Mittelalter durchziehende sogenannte Universalienstreit. Die einen (die Realisten) behaupten, indem sie sich dabei auf Plato (von dem freilich damals nur ein Teil des *Timäus* bekannt war!) beriefen, daß die Gattungsbegriffe das Ursprüngliche und Wirkliche, sowohl der Zeit wie dem Range nach, also die wahrhaften Dinge (res) seien, welche das Besondere aus sich erzeugten (universalia ante rem). Demgegenüber behauptete die andere Partei, die Nominalisten, daß die allgemeinen Begriffe bloße Worte (nomina, voces) oder

Abstraktionen (intellectus) des Verstandes seien, während in Wirklichkeit nur die Einzeldinge existierten (universalia post rem). Zwischen beide schob sich später eine vermittelnde, auf Aristoteles sich berufende Ansicht (sogen. gemäßigter Realismus), wonach die Universalien zwar real existierten, aber nur in oder an den Einzeldingen (universalia in re).

2. Die althergebrachte Ansicht war im allgemeinen der Realismus, den wir denn auch bereits Johannes Scottus vertreten sahen. Demgegenüber zeigen sich in der Schule von Fulda schon nominalistische Anfänge, die jedoch größere Bedeutung erst in der zweiten Hälfte des 11. Jahrhunderts durch das Auftreten des Roscelin von Compiègne erreichen. Von ihm selbst ist nur ein Brief an seinen Schüler Abälard erhalten; das übrige wissen wir durch die Schriften seiner Gegner, besonders Abälards und Anselms. R. bildete die nominalistische Doktrin so folgerecht durch, daß er auch die Unterscheidung von Teilen an den Einzeldingen für eine willkürliche, nur der menschlichen Auffassung und Mitteilung dienliche Zerlegung erklärte. Indessen hätte man ihm Sätze wie: „Es gibt keine Farbe an sich, sondern nur gefärbte Körper", „es gibt keine Weisheit an sich, sondern nur weise Menschen", seitens der Kirche wohl noch hingehen lassen. Gefährlich wurde ihm, daß er den Nominalismus auch auf die Dreieinigkeitslehre anzuwenden wagte. Da die Wirklichkeit nur in den Individuen existiert, so, lehrte er, seien auch die drei Personen der Gottheit drei getrennte Substanzen, also im Grunde drei Götter. Wegen dieses „Tritheismus" wurde er von einer Synode zu Soissons 1092 verurteilt und zum Widerrufe gezwungen. – Mit Roscelin erlosch der Nominalismus auf lange Zeit; erst im 14. Jahrhundert (vgl. § 68) ist er wieder emporgekommen.

3. Der Realismus feierte einen glänzenden Sieg in Roscelins Gegner Anselm von Canterbury (1033-1109). Sohn eines piemontesischen Edelmanns, Schüler und Nachfolger von Berengars Gegner Lanfrank als Abt von Bec, war er zuletzt 16 Jahre Erzbischof von Canterbury und ist als solcher durch seine hartnäckige Verfechtung gregorianischer Prinzipien mehrfach mit dem englischen Königtum in Streit geraten. Auch in Glaubenssachen tritt er unbedingt für die kirchliche Autorität ein und ist insofern streng genommen der erste eigentliche Scholastiker. Der Glaube muß der Erkenntnis vorausgehen, dann freilich zu letzterer aufstreben; in diesem Sinne ist sein – übrigens Augustin entnommenes – *Credo, ut intelligam* gemeint. Für den der wahren Einsicht Unfähigen reicht die bloße demütige Verehrung (veneratio) aus. Die Sinne, so lehrt seine Schrift *De veritate* im Sinne des Realismus, erkennen das Einzelne, der Geist das Allgemeine; jedes Wesen ist nur dadurch wahr oder gut, daß es an der höchsten Wahrheit oder Güte (Gott) teilnimmt. Seine wichtigsten Lehrstücke sind 1. der ontologische Beweis für das Dasein Gottes, 2. seine Lehre von der stellvertretenden Genugtuung Christi.

Den ersteren entwickeln, in klarer Zusammenfassung und selbständiger Wiedergabe augustinischer Gedanken, die beiden Schriften *Monologium* und *Proslogium* („Anrede", d. i. an die Gottheit). Das allgemeinste Wesen muß auch das allerrealste (ens realissimum) und allervollkommenste (ens perfectissimum) sein; aus diesem Sein (esse) aber folgt notwendig seine Existenz. Während die erstgenannte Schrift diesen Gedanken mehr auf kosmologischem Grunde darlegt, leitet das *Proslogium* die Existenz Gottes (esse in re) rein aus seinem Begriffe (esse in intellectu) ab.

Die Schrift *Cur deus homo?* d.h. Warum ward Gott Mensch? sucht die logische Notwendigkeit von Christi Opfertod zum Entgelt für die Sündenschuld der Menschheit zu beweisen. Voraussetzungen und Beweisgang sind weit mehr juristisch als ethisch. Der Mensch wird gar nicht als sittliches Subjekt gewürdigt, sondern der Sündenfall stellt eine unendliche Beleidigung Gottes dar, die nur durch das stellvertretende Opfer des Gottmenschen gesühnt werden kann. Im übrigen haben wir auf diese noch heute in orthodoxen Kreisen angenommene Rechtfertigungstheorie, als spezifisch theologisch, nicht weiter einzugehen. Auch die übrigen Schriften des einflußreichen Kirchenlehrers behandeln meist theologische Themata (Trinität, Willensfreiheit und Prädestination, Erbsünde u. dergl.). Sein ontologischer Gottesbeweis fand einen scharfsinnigen Bestreiter in dem französischen Mönche Gaunilo, später in Thomas von Aquino.

Zu den extremsten Realisten gehörte nach Abälards Zeugnis Wilhelm von Champeaux († als Bischof von Châlons s. M. 1121). In Sokrates, soll er behauptet haben, sei die „Sokratität" das bloß Zufällige, die Menschheit das Substantielle. Die „Weißheit" würde existieren, wenn es auch kein einziges weißes Ding gäbe. Eine vermittelnde Stellung in dem Universalienstreit nahm der berühmte Abälard ein.

§ 61. Peter Abälard (1079-1142).

Ch. de Rémusat: Abélard, 2 Bde., Paris 1845. Neuere Darstellungen: Deutsch, *Peter Abälard, ein kritischer Theologe des 12. Jahrhunderts*, Leipzig 1883. *Hausrath, Peter Abälard*, Leipzig 1893. Seine Stellung als Aufklärer behandelt (freilich nicht ohne Übertreibung) H. Reuter a. a. O., I, 183-259, seine Ethik *Theob. Ziegler, Gesch. d. christl. Ethik*, S. 262 ff., auch in einer besonderen Abhandlung. Die vollständigste Ausgabe seiner Werke von *V. Cousin*, 2 Bde., Paris 1849-59.

1. Peter Abälard (Pierre Abeillard), 1079 zu Palet bei Nantes geboren, lernte als Schüler erst des Roscelin, dann des Wilhelm von Champeaux die beiden Hauptrichtungen der Scholastik an der Quelle kennen. Durch seine Überwindung des letzteren in einem öffentlichen Redestreit erwarb er sich hohen Ruhm als Dialektiker, der während seiner dann folgenden Lehrtätigkeit an der Kathedralschule zu Paris noch stieg. Sein berühmter Liebeshandel mit Heloise, der zu der bekannten Katastrophe führte (von ihm selbst ausführlich erzählt in

der *Historia calamitatum mearum,* vgl. die Schriften von *L. Feuerbach* 1844 und *M. Carrière* 1853) machte seine glänzende Gestalt den Zeitgenossen noch interessanter. Seine Bücher gingen von Hand zu Hand, Burg zu Burg, Stadt zu Stadt; auch in andere Länder, besonders nach Italien, wo sie selbst am päpstlichen Hofe gern gelesen wurden. Auf den Landstraßen und in den Häusern disputierten Männer, ja selbst Frauen, über seine Sätze. Trotzdem erfolgte zweimal, auf Betreiben seines unermüdlichen Gegners Bernhard von Clairvaux (§ 62 b), eine Verurteilung seiner Lehre, und er – unterwarf sich, als gehorsamer Sohn der Kirche. Bald nach der zweiten Verurteilung starb er in einem burgundischen Kloster (1142).

Im Universalienstreit nahm Abälard, soweit sich aus seinen gerade in dieser Hinsicht unvollständig erhaltenen Schriften erkennen läßt, eine vermittelnde Stellung ein. Die Realität des Allgemeinen stellt sich an jedem Einzelwesen individuell dar (universalia in rebus). Die Formen (Ideen) der Dinge existierten von jeher im göttlichen Geiste als Begriffe (conceptus mentis), die der Mensch nur in den nach ihnen geschaffenen Dingen mit seinem Verstande erkennen kann.

2. Wichtiger als diese eklektische Stellung im Universalienstreit und als die wahrscheinlich schon sehr früh geschriebenen logischen Untersuchungen seiner „Dialektik" ist für uns seine allgemeine theologisch-philosophische Stellung. Abälard nimmt ohne Zweifel in der Geschichte der Aufklärung während des Mittelalters eine wichtige, wenn nicht die wichtigste Stelle ein. Es klingt ganz modern, wenn er ausführt, daß gegenüber den Angriffen auf die Kirche der Verzicht auf den reinen Autoritätsstandpunkt geboten sei. Wie alle Kräfte, so ist auch die Vernunft dem Menschen zum Guten verliehen. Besonders in dem „Dialog zwischen einem Philosophen, Juden und Christen" versteigt sich unser Theologe zu bemerkenswert kühnen Wendungen. Die Autorität könne, sagt er, nur einen vorläufigen Ersatz bieten. Auch der Zweifel hat seinen Wert; durch ihn kommen wir zur Forschung, durch Forschung aber zur Wahrheit. Die Vernunft beweist, nicht Bibelsprüche oder Wunder, selbst wenn sie heute noch geschähen und nicht vielmehr auf Betrug oder Aberglauben beruhten. Sie vertritt die Macht der Einheit, Notwendigkeit, Sicherheit, Allgemeinheit. Erst wissen, dann glauben! *Plus ratio quam lex, plus consuetudine lex sit*! Christ sein heißt Logiker sein (was merkwürdigerweise mit der Logos-Würde Christi zusammengebracht wird). Dementsprechend muß dann auch die Bibel nicht nach ihrem der beschränkten Fassungskraft der Menge angepaßten Buchstaben, sondern geistig verstanden werden. Die Himmelfahrt z.B. bedeutet dem Aufgeklärten die Erhebung der Seele zum Himmlischen, da, wie er wohl weiß, im Weltbild der Wissenschaft ein örtlicher Himmel und eine örtliche Hölle keine Stätte haben; die Dreieinigkeit besagt nur, daß Gott Macht, Weisheit und Liebe sei usw. Ob sein Werk *Sic et non („Ja und Nein")* einem unmittelbar aufklärerischen Zwecke dienen sollte, ist nicht sicher. Aber, indem es die Ansichten der bedeutenderen Kirchenväter über alle wichtigeren

Lehren in pro und contra einander gegenüberstellte und dem Leser die Lösung der Widersprüche überließ, schuf es eine fruchtbare, von den Nachfolgern vielfach fortgepflanzte Methode.

3. Abälard hat ferner zum erstenmal im Mittelalter die Ethik in einer besonderen Schrift behandelt, und zwar, wie schon ihr Titel *Scito te ipsum (Erkenne dich selbst!)* erkennen läßt, im Gegensatz zu der üblichen Art so, daß er auf die Gesinnung und das Gewissen des Einzelnen zurückgeht. Sünde wie Sittlichkeit bestehen einzig und allein in der intentio animi, d. i. Gesinnung. Sünde ist nur da, wo ein Mensch gegen sein Gewissen handelt. Reue, Beichte und Buße haben Wert nur, wenn sie aus dem Herzen hervorgehen. Nach dem obengenannten Dialog ist älter als alle übernatürliche Offenbarung das natürliche Sittengesetz, das bei allen gleich ist, unwandelbar, in sich selbst wurzelnd, an sich zum Heile hinreichend. Abel und Abraham lebten gottwohlgefällig vor der mosaischen Gesetzgebung, und was die Praxis des sittlichen Lebens angeht, so werden die Christen, namentlich die entarteten der Gegenwart, darin von den griechischen Philosophen beschämt (Sokrates und Plato hält Abälard für göttlich inspiriert, ja Plato soll schon fast alle Artikel des christlichen Glaubens entwickelt haben, habe sie aber der Menge verschweigen müssen, weil die Zeit des Christentums noch nicht gekommen war!). Christus stellte nur das ursprüngliche Sittengesetz wieder her, aber er vollendete es, indem er uns zu Gott als dem höchsten Gute zurückführte. Gegenüber Anselms Genugtuungstheorie hebt Abälard die Macht der erlösenden Liebe hervor. Am Schlusse des Dialogs erfolgt keine Entscheidung über den Vorzug einer bestimmten Religion, sondern der Christ, der Jude und der „Philosoph", d. i. konfessionslose Freidenker finden sich zusammen auf dem Boden des Sittengesetzes und der Humanität.

4. Dennoch würde man sich täuschen, wenn man hiernach Abälard, der auch in seinem Stile, wenn es sich nicht gerade um logische Spitzfindigkeiten handelt, etwas Modernes an sich hat, für einen Aufklärer im modernen Sinne halten wollte. Nicht bloß, daß er die Massen verachtete und ein geistiger Aristokrat blieb, das haben auch andere „Aufklärer" getan; nein, er will schließlich mit der gepriesenen Vernunft doch nur – die Dogmen der Kirche verteidigen. Die Fülle der Wahrheit liegt allein in Gott; göttliche Dinge sind nicht mit der kleinen Vernunft des Menschen *(ratiuncula humana)* zu erfassen, sondern es bedarf dazu der Erleuchtung von oben. Über dem Anfangsglauben des Wissens steht der evangelische Vollglaube eines Thomas und Paulus. Seine Apologie des Wunders ist gequält und mit seiner Grundanschauung von dem stets sich selbst gleichen Wirken Gottes nicht vereinbar. Einen ähnlich widerspruchsvollen Eindruck machte schon den Zeitgenossen seine Erlösungslehre. Auch in der Ethik finden sich solche Widersprüche und Konzessionen an die hergebrachte kirchliche Auffassung. Neben den Kardinaltugenden, deren höchste die christliche Liebe ist, tritt doch auch die Mönchstugend der *humilitas* stark in den Vordergrund; die Ehe gilt im wesentlichen nur als Mittel gegen ge-

schlechtliche Zügellosigkeit; er hält fest an der Verdammnis der Ungetauften und an der Unterscheidung von Tod- und läßlichen Sünden, wie denn auch noch für das Jenseits Grade der Seligkeit unterschieden werden. „Groß veranlagt, reich an Gaben, von ungewöhnlich mannigfaltigen Bedürfnissen bewegt, hat sich Abälard, der Troubadour unter den Scholastikern, der kritische Dialektiker unter den Mystikern, der religiöse Bekenner unter den Männern der Skepsis... doch nicht zu einer harmonischen Persönlichkeit durchbilden können." (*Reuter* a. a. O. S. 258.) Für seine Zeit hat er jedenfalls Bedeutendes geleistet.

§ 62. Ausläufer der Frühscholastik (12. Jahrh.).

1. Platonisierende Naturphilosophen und Dialektiker,
2. Mystiker,
3. Summisten.

Die verschiedenen Richtungen, die Abälards vielseitiger Geist in sich vereinte, treten bei anderen seiner Zeitgenossen und Nachfolger wieder auseinander. Auch solche, die sich „reine Aufklärer" *(puri philosophi)* nannten, hat es damals schon gegeben; doch kennen wir von ihnen nicht einmal die Namen. Etwas mehr wissen wir von

1. einer platonisierenden Richtung, die, dem Vorbilde Gerberts folgend, mit dem Studium der Antike dasjenige der Natur verband und besonders in der Schule von Chartres (§ 69) gepflegt ward. Hier lebten und lehrten als *magistri scholae* in der ersten Hälfte des 12. Jahrhunderts die beiden gelehrten Brüder Bernhard und Thierry (Dietrich). In dem benachbarten Tours schrieb des letzteren Freund Bernhard Silvestris, in Anlehnung an den platonischen *Timäus* (die damals fast allein bekannte von Platos Schriften), seinen vielgelesenen und uns erhaltenen *Megakosmus und Mikrokosmus*, eine halb in Prosa, halb in Versen abgefaßte, mit mythischen Allegorien verbrämte tiefsinnige Naturphilosophie, in der von kirchlicher Dogmatik so gut wie nichts zu spüren ist. – Die ähnliche Weisheit Adelards von Bath, der schon der Psychologie der Tiere seine Aufmerksamkeit zuwendet, suchte dem Verdachte der Ketzerei und der Verfolgung dadurch zu entgehen, daß sie einem Araber in den Mund gelegt wird. – Auch Wilhelm von Conches will in seiner *philosophia mundi* bloß „Akademiker", d.h. platonischer Philosoph sein, womit er jedoch eine Art Atomismus, ja den Versuch einer materialistischen Gehirnphysiologie (Lokalisierung der Denkkraft, der Phantasie und des Gedächtnisses in gesonderten *cellulae)* verbunden zu haben scheint, während er in Glaubenssachen der Autorität der Kirchenväter folgen zu wollen erklärte. Trotzdem entging auch dieser im Gegensatz zu dem unruhigen, vielfach umhergetriebenen Abälard stille Wahrheitsforscher und Lehrer der Verfolgungssucht derer nicht, die „von Ketzerei sprechen, wo sie nicht mehr verstehen", und z.B. an seiner Ra-

tionalisierung der Schöpfungsgeschichte Anstoß nahmen. Auch er widerrief. – Waren Bernhard Silvestris und Wilhelm von Conches außerdem auch als gute Grammatiker berühmt, so zeichnete sich der Bischof von Poitiers Gilbert de la Porrée († 1154) durch die logische oder, wie man damals sagte, dialektische Virtuosität aus, mit der er die kirchliche Dogmatik auf dem Wege der natürlichen Vernunft zu begründen versuchte. Erhalten von ihm ist ein Kommentar zu zwei Schriften des Boëthius und ein kurzer Abriß betr. die sechs letzten Kategorien des Aristoteles. Sein Satz, daß in Gott oder der reinen Form die gleichfalls stofflosen Ideen oder Urbilder der körperlichen Dinge, nach denen alles geschaffen ist, ihren Grund haben, erinnert an den Neuplatonismus. Zu Gilberts Schülern zählte u. a. der bekannte deutsche Geschichtsschreiber, Bischof Otto von Freising († 1158), der seine Chronik als „Geschichte von den zwei Staaten" (Augustins), des ewig-himmlischen und des zeitlich-weltlichen, bezeichnet.

2. Mystiker. Hatte Gilbert nach dem Ausdrucke J. E. Erdmanns die Scholastik als „bloße Vernunftlehre" zu begründen unternommen, so suchte man sie von anderer Seite zur „bloßen Religionslehre" zu machen und gelangte dadurch in den Hafen der Mystik. Viel trägt die aus dem religiösen Aufschwung des 11. Jahrhunderts (Cluniazenser) hervorgegangene Kreuzzugsstimmung dazu bei, und als deren hervorragendster Träger im 12. Jahrhundert der berühmte Abt Bernhard von Clairvaux (1091-1153), der siegreiche Gegner Abälards, diesem an Tiefe des religiösen Gemüts und Geschlossenheit des Charakters wie an weltgeschichtlicher Bedeutung ebenso überlegen, wie an theoretischer Begabung unter ihm stehend. Streitbarer Vorkämpfer der Orthodoxie und Mystik zugleich, verachtet er als heidnisch alles Wissen um des Wissens willen, ja überhaupt die Welt *(De contemptu mundi)* und preist als die eigentliche Tugend des Christen die Demut. Die letzte und höchste aber von deren zwölf Stufen *(De gradibus humilitatis)*, zugleich die höchste der Seligkeiten, bildet „die geheimnisvolle Auffahrt der Seele in den Himmel, das süße Heimkehren aus dem Lande der Leiber in die Religion der Geister, das Sichaufgeben an und in Gott". Die theoretische Grundlage aller Frömmigkeit ist ihm die Betrachtung *(De consideratione l. V)*, ihre Krone die Gottesliebe *(De deligendo Deo)*. Mit schwärmerischer Innigkeit (daher sein Beiname „Dr. mellifluus"), ja oft in gefühlsseliger Überschwenglichkeit versenkt er sich in die Wunder der göttlichen Liebe, in die Anschauung der Wunden des gekreuzigten Heilands, gern in den Bildern des Hohen Liedes schwelgend, über das er seinen Mönchen 86 noch erhaltene Predigten gehalten hat. Auf der höchsten Stufe der Liebe, der wahren Gottesliebe, liebt der Mensch auch sich selbst nur noch um Gottes willen. Freilich ist diese höchste Stufe nur für Augenblicke erreichbar (vgl. die Monographien von *Hüffer*, Bd. I, Münster 1886 und *Vacandard*, 2 Bde., Paris 1895).

Systematischer als Bernhard gehen die Viktoriner (Leiter der Klosterschule S. Viktor in der Nähe von Paris) Hugo und Richard zu Werke. Hugo (1096-

1141), von Geburt ein deutscher Graf von Blankenburg am Harz, unterscheidet in seinem *Soliloquium* und seinem Werke *De sacramentis christianae fidei* unter dem Einflusse augustinischer Weltanschauung, unter dem auch schon Bernhard stand, drei Stufen der intellektuellen Tätigkeit, drei „Augen" des Menschen. Die erste *(cogitatio)* – das äußere Auge – hat es nur mit dem Sinnlichen zu tun, die zweite *(meditatio)* – das innere Auge – mit dem begrifflichen Denken, welches das hinter den werdenden und vergehenden äußeren Formen verborgene Wesen der Dinge zu erforschen sucht. Beide aber sind streng auf die Welt der Erfahrung beschränkt, während die dritte und höchste Stufe *(contemplatio)* – das geistige Auge – in der unmittelbaren Anschauung (Vision) des Göttlichen besteht, welche die heilige Ruhe der reinen Liebe in uns schafft. Auch sonst war sein Einfluß auf die Ausbildung der kirchlichen Weltanschauung des Mittelalters bedeutend. Die Hauptsätze über das Verhältnis von geistlicher und weltlicher Gewalt in Papst Bonifaz' VIII. berühmter Bulle *Unam sanctam* entstammen einer von Hugos Schriften. Sein Schüler, der Schotte Richard von S. Viktor († 1173), gleich ihm ein Mann von umfangreicher Gelehrsamkeit, die er in einem besonderen Unterrichtsbuche niederlegte, baut die Lehre des Meisters noch weiter aus, indem er sechs Stufen der Erkenntnis, darunter drei der Kontemplation, unterscheidet. Diese letztere wird erst durch den Tod der Vernunft geboren und erhebt sich nicht bloß über, sondern auch wider dieselbe. Während diese beiden Viktoriner mit germanischer Gemütsinnigkeit in die Tiefen des Gefühlslebens dringen, erscheint dagegen Richards Nachfolger Walter von S. Viktor in seiner literarischen Tätigkeit als ein beschränkter Fanatiker, der mit Kampfeswut gegen die „vier Labyrinthe Frankreichs": Abälard, dessen Schüler Peter von Poitiers, Gilbert und Petrus Lombardus (s. unten 3.) zu Felde zieht. Die sogenannte Wissenschaft dieser „Dialektiker" gilt ihm als Gaukelei, zum Lachen reizend, als leeres Wortgepränge und heidnische Empörung gegen das Evangelium, die Kirche dagegen als das Orakel, das man anzurufen hat.

Eine andere, nämlich pantheistische Wendung nimmt die Mystik unter Amalrich von Bene (Bennes bei Chartres), nach dessen, wahrscheinlich von Eriugena beeinflußter, Lehre Gott in allen Kreaturen lebt. Inwieweit die Albigenser und später die „Brüder des freien Geistes" sich auf ihn mit Recht beriefen, ist ungewiß; jedenfalls wurde er 1204 verdammt, nach seinem Tode seine Gebeine ausgegraben und verscharrt, seine Anhänger, die Amalrikaner, als Ketzer mit Feuer und Schwert verfolgt. Noch ausgesprochener erscheint der Pantheismus Davids von Dinant, der – wahrscheinlich schon unter dem Einflusse arabischer Philosophen (§ 63) – die Identität seiner drei Prinzipien: Gott, Geist und Materie behauptete, denn ein und dasselbe Sein liege ihnen allen zugrunde (es erinnert das fast schon an Spinoza).

3. Summisten oder Sententiarier. Betonen die Mystiker vor allem den Akt des Glaubens (fides, qua creditur), so wollen die „Summen"-Schreiber dessen Inhalt (fides, quae creditur) mitteilen. Wie Abälard sein *Sic et non,* so

hatte auch Hugo von S. Viktor eine *Summa sententiarum*, d.h. eine Sammlung theologischer Lehrmeinungen geschrieben, wie gleichzeitig die Engländer Robert Pulleyn (Pullus) und Robert von Melun. Am berühmtesten wurde die Sammlung des Lombarden Petrus (Petrus Lombardus, † um 1164 als Bischof von Paris), des sogen. *magister sententiarum*. Seine *4 Bücher Sentenzen* wurden für Jahrhunderte, vielleicht gerade um ihrer Farblosigkeit willen, das allgemein anerkannte Kompendium der Dogmatik und die Grundlage der theologischen Schulstreitigkeiten. Konnte doch später ein Jesuit Possevin 243 ihm bekannte Kommentare dazu zitieren. Das erste Buch handelt von Gott, das zweite von seinen Geschöpfen, das dritte von der Erlösung und den Tugenden, das vierte von den Sakramenten. Der begabteste Summist war der Niederländer Alanus von Lille oder ab insulis († 1203), wegen seiner allseitigen Beschlagenheit „Dr. universalis" genannt, der unter dem Einflusse von Boëthius und Gilbert in mehreren apologetischen Schriften, mit einem großen Aufwande von Gelehrsamkeit und nach mathematisch-deduktiver Methode, die Kirchenlehre gegen die Angriffe der Juden, Mohammedaner und Ketzer verteidigte und bereits eine bessere Kenntnis des Aristoteles (vgl. § 64) aufweist; übrigens einmal sich doch den ketzerischen Satz leistet, daß die Autorität eine „wächserne Nase" besitze, die man nach Belieben hierhin und dorthin drehen könne.

Einen passenden Abschluß dieser Frühperiode der Scholastik bildet die Gestalt des nach einem langen Leben 1180 als Bischof von Chartres gestorbenen Engländers Johannes von Salisbury (Saresberiensis). Er war fast bei allen großen Zeitgenossen (Abälard, Wilhelm von Conches, Gilbert, Robert Pulleyn) in die Schule gegangen, aber auch bei den Alten, und hat sich von den letzteren nicht nur ein für seine Zeit außergewöhnlich elegantes Latein, sondern auch eine gewisse den meisten Scholastikern fremde Freiheit und Feinheit des Urteils angeeignet. Gegenüber den Wortklaubereien und Spitzfindigkeiten der Dialektik macht er den Standpunkt praktischer Nützlichkeit geltend. Cicero ist ihm Muster im Stil, wie auch in seiner eklektischen Haltung. Seine logische Hauptschrift *(Metalogicus)* ist reich an Mitteilungen über den logischen Schulbetrieb der Zeit und enthält eine verständige Darstellung des psychischen Entwicklungsprozesses: Empfindung, Anschauung, Begriff, Urteil usw. Die Krone der Wissenschaft ist ihm jedoch, von seinem praktischen Standpunkte aus, die Ethik. Seine diesbezügliche Schrift *Policraticus* entbehrt zwar fester Prinzipien und ist, als Ganzes betrachtet, ein recht ungeordnetes Gemisch, enthält aber manche treffende Einzelbemerkungen. Die ersten sechs Bücher kennzeichnen „die Nichtigkeiten des Hoflebens", die folgenden sechs folgen mit kritischem Auge den „Spuren der Philosophie", die freilich nur Momente der Wahrheit bringt; die ganze Wahrheit liegt allein bei der Kirche. Vorbedingung der Tugend ist die teils aus der Vernunft, teils aus Gottes Gnade stammende Selbsterkenntnis, Ziel aller Philosophie die nur auf der „Königsstraße" der Tugend zu erlangende wahre Glückseligkeit. Er billigt u. a. den Tyrannenmord.

Kapitel IV.
Die Glanzzeit der Scholastik.

Zu der § 51 und § 58 erwähnten Literatur ist noch hinzuzufügen: *K. Werner, Die Scholastik des späteren Mittelalters.* 4 Bde. Wien 1881-1887.

§ 63. Vorläufer: Arabische und jüdische Philosophen des Mittelalters.

Die Kreuzzüge brachten nicht bloß kriegerische, sondern auch geistige Berührungen mit dem Orient. Die morgenländische Kultur wirkte in manchen Beziehungen befruchtend auf die abendländische ein. Durch sie erst wurde der gesamte Aristoteles dem Abendlande bekannt. Indessen hat die arabisch-jüdische Philosophie doch zu wenig originale geistige Schöpfungen hervorgebracht und zu wenig dauernde Nachwirkungen gehabt, als daß nicht eine kurze Übersicht, wie wir sie im folgenden zu geben versuchen, genügte.

1. Philosophie des Islam.

Schmölders, Essais sur les écoles philosophiques chez les Arabes, Paris 1842, u. Documenta philosophiae Arabum, Bonn 1836. *Dieterici, Die Philosophie der Araber im 10. Jahrh.* (16 Einzelabhandl.), 1876-94. *Munk, Mélanges de philosophie juive et arabe*, Paris 1859, *v. Kremer, Geschichte der herrschenden Ideen des Islam*, Leipzig 1868. *T. J. de Boer, Gesch. d. Philos. im Islam*, Stuttg. 1901. *Münz, Moses ben Maimon, s. Leben u. s. Werke*, Frankf. 1912. Eine knappe Zusammenfassung bieten *J. Goldziher* in *„Allgem. Gesch. d. Philos.“* (1909), S. 45-47 und *P. Deussen*, a. a. O. S. 392-413.

A. Im Morgenlande.

Die Neuplatoniker der letzten, von Justinian aufgelösten athenischen Philosophenschule hatten sich (§ 50) nach Persien und Syrien gewandt, ohne hier den erhofften Einfluß zu finden. Dagegen wurde der der Kirche genehmerere Aristotelismus in einzelnen syrischen Schulen gepflegt. So lernten die Araber, als sie ihren Siegeslauf durch das gesamte Morgenland vollendet hatten und sich der Pflege der Wissenschaften zu widmen begannen, durch syrische und arabische Übersetzungen fast sämtliche aristotelische Schriften, von Plato dagegen nur *Timäus,*

Republik und *Gesetze* kennen. Bald überflügeln sie ihre Lehrmeister. Am Anfange des 9. Jahrhunderts herrschte am Kalifenhofe zu Bagdad unter der Herrschaft der Abbassiden bereits reges wissenschaftliches Leben.

Praktische Naturkenntnisse, d.h. Astronomie, etwas Mathematik, praktische Chemie und Medizin in roher Form waren bei den arabischen Wüstenbewohnern und Händlern seit alters heimisch; dazu war dann der religiöse Aufschwung durch Mohammeds strengen und reinen Monotheismus gekommen. Daher ihr Interesse für die naturwissenschaftlichen wie für die metaphysischen Schriften des Aristoteles, welche letzteren ja einen theologischen Zug trugen und ihnen überdies zunächst in neuplatonischer Übersetzung und Auslegung bekannt wurden. Während sie rasch über die Naturkenntnisse des griechischen Philosophen hinauswuchsen, blieb dieser in der Theorie ihr Meister.

So sind die ersten in Bagdad lebenden Philosophen, die deutlicher hervortreten, Al-Kindi († um 870) und Alfarabi († um 950 in Damaskus), zugleich auch Ärzte, Mathematiker und Astrologen, in der Philosophie nicht viel mehr als neuplatonische, wenn auch selbstdenkende, Ausleger des Aristoteles. Sie gehörten der freidenkerischen Richtung der Mutaziliten d.h. der „sich Absondernden" an, die der Autorität des Koran die freie Forschung, der Offenbarung die Vernunft als höchste Instanz entgegensetzten. Als unentbehrliche Vorstufe zur Metaphysik gilt Al-Kindi, übrigens dem einzigen Araber von Geburt unter diesen und den folgenden Denkern, das Studium zunächst der Logik und Mathematik, dann der Naturwissenschaften. Ein eigentümliches, aus aristotelischen, neuplatonischen und neupythagoreischen Elementen gemischtes System, das zugleich ethisch-religiösen Charakter trägt und das ganze damalige Wissen enzyklopädisch zusammenfaßt, bildete der gegen Ende des ersten christlichen Jahrtausends in Basra entstandene Geheimbund der von der mohammedanischen Orthodoxie verfolgten „Lauteren" oder „Aufrichtigen" aus, deren Schriften, in Kairo 1889 verboten, neuerdings in Bombay in einer vierbändigen Ausgabe erschienen sind, während der wahrscheinlich von der indischen Philosophie beeinflußte Orden der Sufis, d. i. „Wollträger", durch asketischen Verzicht auf alle irdischen Güter zur Vereinigung mit Gott zu gelangen strebte.

Dem reinen Aristotelismus näher steht der bedeutendste unter den morgenländischen Ärzten und Philosophen Avicenna (eigentlich Ibn Sina[20], 980-1037, meist in Persien lebend), dessen „Kanon der Medizin" jahrhundertelang Christen und Mohammedanern als Grundlage des medizinischen Unterrichts gedient hat. Philosophisch erscheint er namentlich dadurch bedeutsam, daß er sozusagen den Universalienstreit im Morgenlande bereits geschlichtet hat, ehe er im Abendlande entbrannte. Er lehrte nämlich, die allgemeinen Begriffe seien ante res im göttlichen Verstande, in rebus in den natürlichen Dingen, post res in unseren abstrahierten Begriffen. Neuplatonische Elemente liegen in seiner Lehre von der Entfaltung der Welt aus dem einen Absoluten, Vollkommenen, Guten (der Gottheit), ihrem Hinstreben zum Göttlichen, ihrer Erleuchtung durch dasselbe. Dagegen gelten ihm Welt und Materie als ewig und strengen Gesetzen unterworfen.

Seine Psychologie trägt ausgeprägten Erfahrungscharakter. Daneben hat er jedoch auch durchaus mystische Schriften verfaßt.

Avicennas Philosophie erfuhr Angriffe von zwei Seiten. Einmal seitens der orthodoxen Dogmatiker, der sogen. Mutakallimun (oder Mutekallemin), wörtlich = Sprecher, d.h. Lehrer des Worts, die im Gegensatz zu Avicennas Entfaltungstheorie einen merkwürdigen, mit unaufhörlichem Werden verbundenen, aber beständigen göttlichen Eingriffen unterliegenden Atomismus aufstellten, nach dem Gott z.B. auch Feuer und Kälte miteinander verbinden kann. Anderseits von dem um 1059-1111 lebenden Perser Alghazel, der sich in seiner skeptisch gehaltenen *Destructio philosophorum* (die lateinischen Übersetzungen dieser Schriften stammen in der Regel aus nicht viel späterer Zeit) die Widerlegung der Philosophie zum Ziele setzte, um dann in seinen theologischen Werken ausgeprägter Rechtgläubigkeit zu huldigen, indem er alle Erkenntnisse in solche teilt, die der Religion nutzen und die ihr schaden. In der Tat hatte seine populäre *Wiederbelebung der Religionswissenschaft*, die das Wollen über das Erkennen stellt, den gewünschten Erfolg. Die Werke der gelehrten Philosophen, die keinen Rückhalt in den Massen besaßen, flammten auf den Scheiterhaufen zu Bagdad, während Alghazels Schrift noch 1884 in Kairo neugedruckt worden ist. Die freiere Philosophie erhielt durch seinen unphilosophischen, aber vom Staate und der „Kirche" begünstigten Skeptizismus einen solchen Stoß, daß sie aus dem Orient, wo überhaupt das geistige Leben des Islam bald zusammenbrach, auswanderte nach dem fernen Westen, wo sich das muslimische Schwert ein neues Reich gegründet hatte.

B. In Spanien.

Spanien war das Land, in dem im 12. Jahrhundert Künste und Wissenschaften mehr als in jedem anderen blühten, und vor allem durch das von ihnen beherrschte Spanien sind die Araber die geistigen Vermittler zwischen Orient und Okzident geworden. Auch die im folgenden genannten Philosophen sind zugleich Ärzte, Mathematiker, Astronomen oder Alchimisten. Von ihnen behandelt

1. Avempace († 1138 in Fez) in seiner *Leitung des Einsamen* die Stufen der menschlichen Erkenntnis von dem tierischen Instinkte an bis hinauf zu dem aus der Gottheit fließenden reinen Denken, das mit seinem Gegenstande eins ist. Sein Nachfolger Abubaker (Ibn Tofail † 1185) legte diese stufenweise Entwicklung in einem philosophischen Roman: *Der Lebende, Sohn des Wachenden* (deutsch unter dem Titel *Der Naturmensch* von Eichhorn, 1783, und *Das Erwachen der Seele*, Rostock 1907) dar, dessen Held, auf einer einsamen Insel ohne Eltern entstanden, abgeschlossen von aller Welt, völlig aus sich heraus zur wahren Erkenntnis und Religion gelangt, die mit der Weisheit eines zu ihm verschlagenen treuen Bekenners des Islam durchaus übereinstimmt. Allein die reine Wahrheit ist nur für wenige Starke, nicht für die autoritätsbedürf-

tige Masse, wie beide bei der Fahrt zu einer anderen Insel erfahren. Das Höchste bleibt für Abubaker, trotz seiner Betonung der menschlichen Selbständigkeit, die Vereinigung mit Gott.

2. Der berühmteste, wenn auch nicht selbständigste der arabischen Philosophen in Spanien ist sein Schüler Averroës (Ibn Roschd), geb. 1126 aus vornehmer Familie zu Cordova, Theologe, Jurist, Mediziner und Philosoph zugleich, eine Zeitlang Richter, dann Leibarzt des Kalifen, zuletzt aber wegen seiner Freidenkerei vom Hofe verbannt, † 1198 in Marokko. Seine Schriften, insbesondere seine zahlreichen, zum Teil in dreifacher Bearbeitung verfaßten, Kommentare[21] zu Aristoteles, den er übrigens nur durch arabische Übersetzungen kannte, sind zusammen mit des letzteren Schriften im 15. und 16. Jahrhundert sehr häufig gedruckt worden. Von den eigenen Werken des Averroës heben wir hervor die (nur in einer schlechten lateinischen Übersetzung erhaltene) gegen Alghazel gerichtete Schrift *Destructio destructionis* und seine *Metaphysik*, beide verdeutscht und erläutert von *M. Horten*, Halle 1912 bezw. Bonn 1913. Das Hauptwerk über ihn *E. Renan, Averroès et l'Averroisme*, Paris 1852, 4. Aufl. 1882.

Averroës ist durchaus Aristoteliker. Aristoteles ist „die Regel und das Muster, das die Natur erfand, um die höchste menschliche Vollendung zu zeigen", er „ward uns durch die göttliche Vorsehung gegeben, damit wir wüßten, was zu wissen möglich ist." So hält er denn auch, trotz des fortgeschrittenen Naturwissens, durchaus an der durch die Neuplatoniker überlieferten aristotelischen Welt- und Naturauffassung fest. Über der unvollkommenen, wandelbaren „sublunarischen" Welt existiert eine höhere, unvergängliche über den Sternen. Die Formen liegen als keimartige Substanzen von vornherein in der von Ewigkeit her vorhandenen Materie, aus der sie sich durch Einwirkung der höheren Formen (Intelligenzen), in letzter Linie Gottes, zur Wirklichkeit entwickeln. Die Seele des Einzelmenschen ist an seinen Körper (die Gehirnmitte) gebunden, daher sterblich, unsterblich dagegen der allen Menschen innewohnende Geist (= Vernunft), durch dessen Ausbildung sich der Mensch schon hienieden mit dem „tätigen Geiste" vereinigen kann. Ähnlich Abubaker und verschiedenen christlichen Scholastikern lehrt auch Averroës, daß Philosophie und geoffenbarte Religion an sich nicht im Widerspruche miteinander stehen. Die letztere ist für die große Menge und muß sich daher der Bilder bedienen; die Philosophie hat zu erklären und zu beweisen. Die würdigste Verehrung Gottes, der, weil vollkommen, auch bedürfnis- und willenlos ist, besteht in der wissenschaftlichen Erkenntnis seiner Werke.

Die philosophiegeschichtliche Bedeutung des Averroës beruht im wesentlichen darauf, daß er die Ergebnisse der arabisch-aristotelischen Philosophie als deren letzter hervorragender Vertreter zusammengefaßt und durch seine ins Lateinische übersetzten zahlreichen Schriften im gelehrten Abendlande, namentlich in Frankreich (Paris) und Italien, verbreitet hat (vgl. *Werner, Der Averroismus in der christlich-peripatetischen Philosophie des späteren MA.*

Wien 1881). Dadurch, daß er die naturalistische Seite des Aristoteles (Ewigkeit der Welt, Wesenseinheit der Vernunft, Verzicht auf individuelle Unsterblichkeit) betonte, naturwissenschaftliche Kenntnisse verbreitete und für Aufklärung im Sinne der natürlichen Religion eintrat, wirkte er zersetzend auf die Scholastik (vgl. S. 235); durch die scharfe Ausprägung seines aristotelischen Standpunktes trug er anderseits dazu bei, ihre Grundbegriffe zu befestigen. Auf seine Glaubensgenossen, deren Macht und geistiger Einfluß bald nach ihm zusammenbrach, scheint er weniger nachhaltig gewirkt zu haben, wohl dagegen auf das Denken der in Spanien lebenden gebildeten Juden.

2. Jüdische Philosophie.

Außer dem zu 1. erwähnten Buche von *Munk* vgl. die *Geschichte der Juden* von *Graetz, Geiger, Karpeles* und *M. Braun* (1911), ferner *M. Eisler, Vorlesungen über die jüdischen Philosophen des MA.* Wien 1870-84; *Joël, Beiträge zur Geschichte d. Philos.* 2 Bde. Breslau 1876. *H. Cohen, Charakteristik der Ethik Maimunis.* Leipzig 1908. *D. Neumark, Gesch. d. jüdischen Philos. des MA.* 2 Bde. 1907-12. (auf 5 Bände berechnet). *Guttmann, Moses ben Maimon*, Lpz. 1908. *Münz, Moses ben M., sein Leben und seine Werke*. Frankf. 1912.

1. Schon lange vor ihrer Beeinflussung durch die arabisch-aristotelische Philosophie existierte bei den Juden eine phantastische Geheimlehre, die Kabbalah (= Überlieferung), deren Keime bis in die vorchristliche Zeit hinaufreichen, und deren ausgebildete Gestalt viel Ähnlichkeit mit den neuplatonisch-gnostischen Vorstellungen zeigt. Hier wie dort stufenweise absteigendes Hervorgehen des Geringeren aus dem Höheren, Lehre von den Engeln, an deren Stelle später bloße Attribute gesetzt werden, u.a.m. Die beiden Hauptquellen sind das alte Buch „des Schaffens" (Jezirah) – wahrscheinlich erst um 900 n. Chr. entstanden, aber dem Erzvater Abraham zugeschrieben! – und das auf einen Schüler des berühmten Ben Akiba (2. Jh. n. Chr.) zurückgeführte, jedoch erst im 13. Jahrhundert verfaßte Buch „des Glanzes" (Zohar).
2. Zu dieser mystischen Geheimlehre (deren Grundprinzip die von Gott zuerst geschaffenen, 10 Zahlen oder Formen und 22 Buchstaben sind!), tritt nun die von den arabischen Aristotelikern beeinflußte jüdische Philosophie in Gegensatz. Schon Saadja aus Ägypten († 942 in Babylonien) hatte in seinem Hauptwerk *Glauben und Wissen* die Vernunftgemäßheit der jüdischen Glaubenssätze zu beweisen gesucht. In Spanien ist der früheste Vertreter jüdischer Philosophie Salomon Ibn Gabirol („Sohn Gabriels", 1020-1070), von den christlichen Scholastikern als Avicebron (oder Avencebrol) für einen Araber gehalten. Sein Hauptwerk, betitelt *Die Quelle des Lebens,* in hebräischer und lateinischer Bearbeitung erhalten – in letzterer in Bäumkers *Beiträgen* (s. S. 190)

I, Heft 2-7 herausgegeben –, enthält eine Verschmelzung jüdischer mit aristotelischen, mehr aber noch neuplatonischen Lehren. Als Quelle des Lebens und zugleich als Mittelwesen zwischen Gott und Menschen gilt ihm der göttliche Wille, der die Welt geschaffen hat und bewegt. Alles außer Gott Existierende ist Materie, körperliche oder geistige (!). Avicebrons Lehre übte mehr Anziehungskraft und Einfluß auf die christlichen Scholastiker (besonders Duns Scotus, § 66) als auf die streng monotheistischen Juden und Araber aus. Dagegen hat die spätere Kabbalah manches aus ihm aufgenommen. Seine Abhandlung *Verbesserung der Sitten* gehört dem Gebiete der Moral an. – Eine gleichfalls ethische Schrift des Bahja ben Joseph (gegen 1100) entwirft ein Moralsystem, in dem die Herzenspflichten über die äußeren gestellt werden, die meisten jedoch sich auf Gott beziehen.

3. Weitaus der bekannteste und einflußreichste der jüdischen Philosophen des Mittelalters ist Moses Maimuni, latinisiert Maimonides (1135-1204), ein Zeit- und Heimatsgenosse des Averroës. Sein arabisch geschriebenes, ins Hebräische, Lateinische und Deutsche übersetztes philosophisches Hauptwerk heißt: *Leitung der Zweifelnden* oder *Führer der Verwirrten* und will denen, die durch Beschäftigung mit der Philosophie den Glauben verloren haben, zeigen, wie sie sich ihn auf wissenschaftlichem Wege wieder aneignen können. Der Sohn des Richters Maimun war anscheinend mehr kluger Vermittler als ursprünglicher Denker. Auf wissenschaftlichem Gebiete gilt ihm Aristoteles als der zuverlässige Führer, auf religiösem wird dessen Autorität durch die Offenbarung eingeschränkt; doch will er biblische Stellen, die der Vernunft widersprechen, allegorisch gedeutet wissen. Gott ist über alle Natur und Körperlichkeit erhaben, sein Wesen unerforschlich. In der Ethik legt M. besonderes Gewicht auf die Willensfreiheit und das Tun des Guten um seiner selbst willen. Das höchste Gut ist die Erkenntnis der Wahrheit. Der Sinn und Zweck aller Weisheit aber ist die Sittlichkeit. Die dianoëtischen Tugenden schätzt er demgemäß höher als die ethischen, wie Aristoteles, mit dem er auch die richtige Mitte preist. Wegen seines Rationalismus von den orthodoxen Rabbinern vorübergehend heftig angegriffen, gewann er schließlich doch einen fast unbestrittenen und noch heute andauernden wohltätigen Einfluß auf seine Glaubensgenossen.

Als im 13. und 14. Jahrhundert die arabischen Aristoteliker von den Machthabern verfolgt wurden, ward ihre Lehre durch die freier gestellten spanischen Juden in Spanien und Südfrankreich verbreitet. Von den zahlreichen Übersetzern und Auslegern des Aristoteles und Averroës war der berühmteste Levi Gersonides (1288-1344), der sich mit Averroës zu der Lehre von der Ewigkeit der Welt und dem Aufgehen der individuellen in die Weltseele bekannte. Dadurch, daß diese jüdischen Gelehrten die arabischen Übersetzungen des Aristoteles und die Schriften der arabischen Aristoteliker ins Lateinische übersetzten, wurde zuerst der ganze Aristoteles – wenn auch noch nicht im Urtext – den christlichen Scholastikern bekannt.

§ 64. Der Umschwung der scholastischen Philosophie durch das Bekanntwerden des gesamten Aristoteles. Die Franziskaner Alexander von Hales und Bonaventura.

War der stärkere Anschluß der Kirchenlehre an die Philosophie des Aristoteles schon durch die Vermittlung der arabischen und jüdischen Philosophen gefördert worden, zumal als nach dem Fall Toledos (1085) die reichen Schätze arabischer Wissenschaft in die Hände der Christen gefallen waren, so wurde diese Bewegung noch gestärkt, seitdem im Laufe des 13. Jahrhunderts der griechische Urtext von Konstantinopel her bekannt und ins Lateinische übersetzt wurde, aus dem man nun die wahre Lehre des Stagiriten erst kennen lernte. An diese knüpfte die Scholastik zunächst zögernd, dann aber um so lieber an, als sie erkannte, daß aus ihr eine wertvolle Stütze des eigenen Systems zu gewinnen war. Eine bedeutende Förderung erfuhr der wissenschaftliche Betrieb durch die um 1200 erfolgte Gründung der ersten Universitäten: Paris und Oxford. In den Statuten der ersteren (1215) wird zwar nur das Studium der „neuen", d. i. neuentdeckten Logik des Aristoteles neben der „alten" erlaubt, dagegen das der Metaphysik und Naturphilosophie noch verboten, allein ein Menschenalter später auch dieses gestattet, nachdem man sie von den als ketzerisch geltenden neuplatonischen und averroistischen Auslegungen gereinigt hatte. Aristoteles erlangte bald eine so ungemessene Autorität, daß er als eine Art zweiter Johannes der Täufer, nämlich als „Vorläufer Christi in naturalibus", ferner als „Norm der Wahrheit", als die „geschriebene Vernunft", ja häufig als „der Philosoph" schlechthin bezeichnet wurde.

In dieser Richtung wetteiferten miteinander die beiden neugegründeten Bettelorden der Franziskaner und Dominikaner. Der erste Scholastiker, der die gesamte aristotelische Philosophie gekannt und zur Begründung der Kirchenlehre verwertet hat, ist der von seinen Schülern als Theologorum monarcha und „unwiderleglicher Doctor" (Dr. irrefragabilis) gepriesene englische Franziskaner Alexander von Hales († in Paris 1245). Sein erst von seinen Schülern ganz vollendetes, uns erhaltenes Hauptwerk ist die *Summa universae theologiae.* In diesem nach Roger Bacons spöttischem Wort „mehr als ein Pferdegewicht" ausmachenden Riesenwerk wird zuerst die seitdem in Unterricht und schriftstellerischer Tätigkeit übliche scholastische Methode mit Virtuosität ausgeübt, d.h. zunächst eine einem vorliegenden Text entnommene theologische Frage aufgeworfen, dann die möglichen bejahenden bezw. verneinenden Antworten – sei es als „auctoritates" (Bibelsprüche oder Aussprüche berühmter Kirchenväter), oder als „rationes" (Lehren der antiken oder arabisch-jüdischen Philosophen, insbesondere des philosophus) – angeführt, schließlich die Entscheidung, sei es mit, sei es ohne Vorbehalt und „Distinktionen", gegeben. So behandelt Alexanders Werk in seinen vier Büchern mehr als 440 *quaestiones,* deren jede wieder in verschiedene „Glieder" und „Artikel" zerfällt. Der Inhalt ist rein theologisch: Buch I handelt von dem Schöpfer, II von der Schöpfung, III von dem Erlöser und seinem Erlösungswerk, IV von den Heilsmitteln der Kirche.

Dem Wilhelm von Auvergne († 1249 als Bischof und Theologielehrer zu Paris) ist Aristoteles Führer für „alles unter der Mondsphäre"; in dem, was darüber hinausgeht, lehnt er sich daneben, soweit es seine Rechtgläubigkeit gestattet, auch an Plato an. Noch weit mehr geschieht dies bei dem italienischen Mystiker Johannes Fidanza, genannt Bruder Bonaventura (1221-1274), Schüler und Nachfolger Alexanders, später Ordensgeneral der Franziskaner, von seinen Verehrern als „Dr. seraphicus" bezeichnet. Zwar ist auch ihm in Weltdingen Aristoteles Führer, aber das „niedere" Licht der fünf Sinne, das „äußere" der mechanischen Künste, das „innere" der Philosophie sind ihm alles nur Vorstufen und Hinweise auf das „höhere" Licht der göttlichen Erleuchtung. Am bezeichnendsten für seine, vielfach an Augustin, die Viktoriner (§ 62) und den Areopagiten sich anlehnende Mystik ist sein *Wegweiser des Geistes zu Gott,* in dem drei Stufen der Theologie (symbolische, eigentliche und mystische) und sechs Stufen der Erkenntnis (Sinne, Einbildungskraft, Vernunft oder Verstand, Intellekt, Geist und zuletzt der apex mentis, die Vereinigung mit dem himmlischen Seelenbräutigam) unterschieden werden.

Diesem aus Lehrer und Schüler bestehenden Doppelgestirn der Franziskaner steht ein ebensolches bei den Dominikanern gegenüber: Albertus Magnus und Thomas von Aquino.

§ 65. Verschmelzung von Aristotelismus und Kirchenlehre: Die Dominikaner Albertus Magnus und Thomas von Aquino (Primat des Intellekts).

Die Lehre dieser beiden Dominikanermönche bezeichnet nicht bloß die Höhe scholastischen Denkens, sondern beherrscht auch heute noch in der ausgebildeteren Gestalt, die ihr der Aquinate verlieh, die offizielle „Philosophie" der katholischen Kirche. Daher existiert namentlich über Thomas eine ausgebreitete Literatur. Wir heben hervor:

Über Albert die Schriften von *Sighart* (Regensburg 1857), als erste kritische die *Kölner Festschrift* von *v. Hertling* (1880), ferner *Bach, Des Albertus M. Verhältnis zu der Erkenntnislehre der Griechen, Römer, Araber und Juden*. Wien 1881. Über Thomas handeln die Werke des Franzosen *Jourdain* (1858), des Deutschen *K. Werner* (3 Bde., 1858 ff.), des Spaniers *Gonzales* (1864, 3 Bde., deutsch von Nolte, Regensburg 1885), des Philosophen *Frohschammer* (Leipzig 1889). Von modernem Standpunkt aus *Eucken*, in einer besonderen Abhandlung (Halle 1886, 2. Aufl. 1910) wie in seinen *Lebensanschauungen* S. 297 ff. Vgl. auch *Max Maurenbrecher, Thomas' Stellung zum Wirtschaftsleben seiner Zeit*. Leipzig

1898. Speziell dem Thomas-Studium wollen dienen das *Jahrbuch für Philosophie und spekulative Theologie* (von *Commer*) und die zu Freiburg i. d. Schweiz erscheinende *Revue thomiste*. Eine Übersicht über die Hauptpunkte der Lehre und die t. t. gewährt die 2. Auflage des *Thomas-Lexikons von L. Schütz*, Paderborn 1895. Eine überreiche Bibliographie (bis 1913), auf 12 enggedruckten Seiten gibt *Baumgartner* in *Ueberweg* II, Anhang S.166-178 (über die Ausgaben allein vgl. ebd. S. 479-482), eine Übersicht des Systems S. 487-503.

1. Albert.

Albert von Bollstädt, geboren zu Lauingen in Schwaben (1206-1280), studierte in Padua Philosophie und Medizin, wurde 1223 Dominikaner, 1254 Ordensprovinzial für Deutschland, lehrte vor allem in Köln, wo er auch 1280 starb, ward aber als berühmter Lehrer der Philosophie von seinem Orden auch nach vielen anderen Orten, namentlich nach Paris, geschickt. Seine für die damalige Zeit ungewöhnlichen Kenntnisse in der Chemie, Physik und besonders der Botanik ließen ihn seinen Zeitgenossen als den „Großen" erscheinen und brachten ihm die Benennung „Dr. universalis", ja sogar den Ruf eines Zauberers ein. Jedoch Alberts Gelehrsamkeit ist größer als sein Scharfsinn. Seine Hauptbedeutung für die Geschichte der Philosophie besteht darin, daß er in erster Linie und am erfolgreichsten dem scholastischen Denken die aristotelische Wendung gab. Die philosophischen unter seinen 21 Folianten – in der neuen Ausgabe von Borgnet (Paris 1890-99) 38 Quartbände – füllenden Schriften bestehen denn auch zum größten Teil aus erweiternden Paraphrasen aristotelischer Schriften, unter Benutzung der arabisch-jüdischen Kommentatoren und Übersetzer, besonders des Avicenna und Maimonides. In natürlichen Dingen will er dem Aristoteles folgen, in Glaubenssachen mehr dem Augustin, in medizinischen dem Galen und Hippokrates. Philosophische Fragen sollen philosophisch, theologische dagegen wie die der Dreieinigkeit, Menschwerdung, Schöpfung und Auferstehung, die von dem natürlichen Verstande nicht erfaßt werden können, theologisch behandelt werden. So tritt schon bei Albert die später wichtig gewordene Unterscheidung zwischen natürlicher (philosophischer) und theologischer Erkenntnis deutlich hervor. Die Universalienfrage beantwortete er ähnlich wie Avicenna. In der Ethik verficht er die Willensfreiheit. Daß er daneben auch mystischen bezw. neuplatonischen Gedankengängen zugänglich war, beweist die Schrift seines Alters *De adhaerendo Deo;* auch ihm gilt hier als das Höchste die völlige Hingabe an Gott, die in dem Anschauen desselben besteht.

Im übrigen verfolgen wir die Lehre Alberts nicht weiter, weil wir sie weit ausdrucksvoller, vielseitiger, zusammenhängender und mit bedeutender architektonischer Kunst ausgearbeitet finden bei seinem Lieblingsschüler

2. Thomas von Aquino.

a) *Leben.* Als Sohn eines Grafen in der Nähe von Aquino im Neapolitanischen 1225 oder 1227 geboren, trat Thomas schon in seinem sechzehnten Jahre in den Dominikanerorden ein und wurde bald der Lieblingsschüler Alberts, dem er nach verschiedenen Stätten seiner Wirksamkeit, wie Köln und Paris, folgte. Unter immer stärker werdendem Beifall trat er dann selbst zu Paris, Köln, Bologna, Rom und Neapel als Lehrer auf. Er starb schon 1274, als er eben seine Reise von Neapel zum Konzile von Lyon angetreten hatte. Von der Kirche ward er früh als „Dr. egregius", „Dr. communis", seit dem 15. Jh. häufiger als „Dr. angelicus" gepriesen, schon 1323 heilig gesprochen, 1567 von Pius V. feierlich als fünfter großer Kirchenlehrer neben Augustin, Hieronymus, Ambrosius und Gregor proklamiert.

b) *Schriften.* Die Werke des Thomas sind häufig gedruckt worden, zuerst zu Rom 1570 f. in 18 Foliobänden, dann 1594 ff., 1612, 1636 ff., 1660, 1745-88, 1852-73 (Parma), 1872 ff. (34 Quartbände, Besançon und Paris). Von der neuesten, „auf Befehl und Kosten" Papst Leos XIII. von dem Dominikanerorden seit 1882 veranstalteten Ausgabe (Rom und Freiburg i. B.) waren bis 1913 zwölf Folianten erschienen. Daneben existieren noch zahlreiche Ausgaben der Einzelschriften, besonders der *Summa theologica* (s. u.). Seine Schriften lassen sich in vier Gruppen einteilen: 1. Kommentare zu Aristoteles (denjenigen seines Lehrers Albert durch bessere Übersetzung, Latinität und Darstellungsweise überlegen), 2. sein philosophisches Hauptwerk *De veritate fidei catholicae contra Gentiles* (die Heiden), gewöhnlich als Summa contra Gentiles zitiert, in vier Bücher und nach scholastischer Methode (§ 64) in 464 Kapitel eingeteilt, 3. die beiden theologischen Hauptwerke: der Kommentar zu den Sentenzen des Petrus Lombardus und die (unvollendete) *Summa theologica* oder *theologiae,* 4. eine Anzahl kleinerer Einzelabhandlungen (opuscula). Breit und unkünstlerisch im Stil sind sie alle.

c) *Lehre.* Schon in dem Titel des philosophischen Hauptwerks liegt sein Grundcharakter beschlossen; es ist eine „Verteidigung des katholischen Glaubens wider die Heiden", d.h. vor allem gegen die arabischen Aristoteliker, von den Griechen namentlich gegen Demokrit, Empedokles und Anaxagoras. Aber die Verteidigung ist kein bloßer Kampf, sondern mit einer Aufnahme antiker Weltanschauung als Vorstufe der christlichen verbunden. Wir betrachten daher zunächst

α) das Verhältnis von Theologie und Philosophie. Das Charakteristische und in gewissem Sinne Großartige des schon von Albert vorbereiteten thomistischen Denkens besteht darin, daß es die aus Aristoteles geschöpfte antike Gedankenwelt nicht bloß bewußt, sondern auch methodisch in diejenige der Kirche einordnet und so ein in seiner Art imposantes System aufbaut. Die natürliche Vernunft (lumen naturale) wird nicht verworfen, sondern, was durch sie als unumstößlich erkannt ist, hat Geltung auch für die Theologie. Wo uns aber „das natürliche Licht" im Stiche läßt, hat die Offen barung einzutreten. So kann z.B. auch die Vernunft schon eine Reihe von Beweisen für das Dasein Gottes auffinden (Schluß von dem Bewegten auf den Beweger, von der Zweckmäßigkeit der Welt auf ihren Schöpfer u. a.), dagegen nicht für die Mysterien der Dreieinigkeit, des Jüngsten Gerichts, der Sakramente, des Fegefeuers usw. Hier kann sie nur helfend hinzutreten, durch Analogien erläuternd, gegnerische Einwürfe widerlegend, – denn diese Offenbarungslehren sind nicht wider-, sondern nur übervernünftig. Vernunftbeweise können auf diesem Gebiete nur dann beweisend sein, wenn man von vornherein das Offenbarungsprinzip und die Offenbarungsurkunden anerkennt, wozu uns ein innerer Zug und die äußere und innere Wunderkraft des Christentums unwiderstehlich treibt. So ist schließlich alle menschliche Wissenschaft doch nur eine Magd der Theologie, die Natur eine Verläuferin (praeambula) der Gnade. Aber die Gnade hebt die Natur nicht auf, sondern vollendet sie. Deshalb kann Thomas den gesamten weltlichen Lebenskreis, soweit er sich dem Christentum anpassen läßt, als Vorstufe zu dem Gebiet der Offenbarung anerkennen und seinem Systeme einfügen.

β) Metaphysik und Psychologie. Nicht bloß des Aristoteles gesamte Logik kann als unschädlich der Kirchenlehre einverleibt werden, sondern auch fast die ganze Psychologie und Ethik, ja mit gewissen Modifikationen auch die Metaphysik; woraus, nebenbei bemerkt, der konservative Charakter des Aristotelismus ersichtlich ist. Mit Aristoteles legt auch Thomas das größte Gewicht auf die Unterscheidung von Materie und Form. Das Prinzip der „Individuation" der Einzeldinge liegt darin, daß die Materie durch die Formen bestimmt wird (materia signata), von den ersten, Raum und Zeit, die dem Stoff untrennbar anhaften (materielle Formen), bis zu den Intelligenzen oder stofflosen, „abgesonderten" Formen, deren höchste, schlechthin einfache die Gottheit ist, die Ursache (causa efficiens) der von ihr aus dem Nichts hervorgerufenen Welt und ihr Endzweck (causa finalis). Daraus folgt Thomas' Stellung zu dem Universalienproblem in dem Sinne des gemäßigten Realismus. – Die menschliche Seele ist (nach Aristoteles) zugleich die niedrigste der „abgesonderten" Formen und die Entelechie des Leibes, also gewissermaßen die oberste materielle Form. Es existiert eine stetige Entwicklungsreihe von den niedrigsten Daseinsformen über das pflanzliche (anima vegetativa) und tierische (a. sensitiva) Leben hinauf zu der vernünftigen (a. rationalis) Seele des Menschen und weiter der Welt reiner Geister (Engel), die u. a. auch die Gestirne lenken, bis zur reinen Tätigkeit und absoluten Form, d. i. der Gottheit, die von Anfang an den Hauptgegenstand von Thomas' Forschung bildet. Eine gewisse Selbständigkeit des Naturlaufs und des Menschen wird insofern anerkannt, als Gottes Güte den Naturdingen eine selbsttätige Kausalität verliehen hat, wonach Naturlauf, Zufall (Kreuzung von Mittel und Ursache) und freier Wille mit seiner Weltregierung vereinbar sind. Die menschliche Erkenntnis entsteht dadurch, daß die äußeren Gegenstände der Seele Abbilder von sich liefern. Die Einteilung der Seelenkräfte und -tätigkeiten ist dem Aristoteles entnommen; dagegen wird, unter scharfer Bekämpfung des Averroës, die Unsterblichkeit der Seele (nicht bloß des Geistes) im christlichen Sinne gelehrt; sie folgt im wesentlichen aus ihrer Nichtstofflichkeit.

γ) Wie Metaphysik und Psychologie, so zeigen auch Ethik und Politik den aristotelischen Grundzug. Das sittliche Ziel des Menschen liegt in der Entwicklung seiner vernünftigen Natur. Eine weitere Begründung der Ethik wird nicht gegeben, dagegen ein sehr verzweigtes System von Tugenden und Affekten entworfen. Zu den vier antiken Kardinaltugenden kommen auch bei Thomas die drei christlichen (Glaube, Liebe, Hoffnung) hinzu. Jene, die vom Menschen durch Übung erworben werden können, führen zur natürlichen, aber unvollkommenen, diese, „von Gott eingegossen“, zur vollkommenen und ewigen, himmlischen Glückseligkeit. Wie bei Aristoteles, besteht die Tugend in der rechten Mitte, und haben die dianoëtischen den Vorrang vor den ethischen. Denn Thomas ist entschiedener Intellektualist. Nicht dem Willen erteilt er den Primat zu, sondern der Erkenntnis. Der Wille kann frei wählen, aber er fällt seine Entscheidung auf Grund des Wissens, wie denn „Gewissen“ (conscientia) vom Wissen (scire) stammt. Selbst der göttliche Wille ist durch den göttlichen Intellekt an die göttliche Weisheit gebunden. Das höchste Gut besteht in der Seligkeit und diese in der unmittelbaren Anschauung (visio) Gottes. Überhaupt steht das beschauliche Leben unserem Mönche höher als das tätige. Auf die übrigen, namentlich in der *Summa theologica* außerordentlich weit ins einzelne ausgesponnenen Ausführungen und Begriffsunterscheidungen, die mehr für die Theologie Interesse haben, einzugehen, können wir uns sparen; ihren inneren Charakter finden wir in jeder heutigen römisch-katholischen Moraltheologie wieder.

Während das außertheologische Interesse Alberts hauptsächlich dem naturwissenschaftlichen Gebiete galt, so ist das des Thomas in erster Linie den politischen Fragen zugewandt. Auch hier – es kommen namentlich die Schrift *De regimine principum* (die übrigens nicht in allen ihren Teilen echt ist) und sein Kommentar zu Aristoteles' Politik in Betracht – Aufnahme des Aristotelismus in den kirchlichen Gedankenkreis. Bei Thomas findet sich keineswegs mehr die starre Entgegensetzung des sündigen weltlichen und des Gottesstaates, wie bei Augustin. Sondern der Mensch ist als politisches Lebewesen durch die Natur auf Geselligkeit und Verbindung in Familie, Gemeinde und Staat hingewiesen. Der letztere ist eine rein menschliche Einrichtung, sein Zweck, die Tugend zu verwirklichen und nach Möglichkeit irdische Glückseligkeit herzustellen. Auch das Recht ist göttlichen Ursprungs. Die Monarchie ist die beste, weil nützlichste, Staatsform, soll aber mit teils aristokratischen, teils demokratischen Garantien gegen Ausartung in Despotismus umgeben werden. Von sozialen Gedanken enthält Thomas' „Idealstaat“ sehr wenig. Lauter Gemeinbe sitz würde nach ihm nur Unfrieden stiften. Hörigkeit und Leibeigenschaft hält er für ein ebenso natürliches und unantastbar soziales Erzeugnis, wie Aristoteles die Sklaverei. Für den Handel, den er für ein schimpfliches Gewerbe hält, zeigt der Scholastiker kein Verständnis. Übrigens ist dieser ganze weltliche Staat doch nur Vorbereitung auf den himmlischen, dessen sichtbaren Ausdruck auf Erden die römisch-katholische Kirche darstellt. Ihrem Oberhaupte, dem Papste, müssen daher alle christlichen Könige ebenso gehorchen wie „unserem Herrn Jesus Christus selber" (vgl. *J. Baumann, Die Staatslehre des h. Thomas von Aquino,* Leipzig 1873).

So zeigt sich Thomas als der rechte Vertreter mittelalterlich-kirchlicher Weltanschauung, die er in ein unleugbar mit großem Geschick und Scharfsinn im einzelnen ausgedachtes System gebracht hat. Er hat die antike Forschung mit dem Denken des christlichen Abendlands enger verknüpft, er hat zur logischen Schulung der Geister beigetragen, ja durch seine Grenzabsteckung zwischen natürlichem Wissen und Offenbarung die künftige Selbständigkeit der Wissenschaft anbahnen helfen; und er ist, wo ihn nicht, wie z.B. gegenüber den Ketzern, sein kirchlicher Standpunkt verblendet, eine milde und edle Natur. Die Einwände, welche die selbständig gewordene Wissenschaft und Philosophie gegen seine Lehre erheben muß, treffen nicht seine Person, sondern die von ihm vertretene Weltansicht.

Thomas von Aquino hat schon unter seinen Zeitgenossen, und zwar nicht nur in seinem Orden, zahlreiche Anhänger gefunden. Wir nennen von ihnen den Polyhistor Vincenz von Beauvais († 1264) wegen seines *Speculum magnum,* einer Enzyklopädie des damaligen Wissens, und Petrus Hispanus († 1277 als Papst Johann XXI.), der des Byzantiners Psellus (11. Jahrhundert) Synopsis als logisches Schulbuch *(summulae logicae)* bearbeitete; ihm entstammen die bekannten Memorialbezeichnungen der Arten des Schlusses: Barbara, Celarent usw. Bedeutsamer ist, daß auch der größte Dichter des Mittelalters, Dante (1265-1321), in seiner *Divina Commedia* und besonders in seiner politischen Abhandlung *De monarchia* (um 1309, übersetzt von Hubatsch 1872) sich von thomistischen Anschauungen beeinflußt zeigt: so daß man, wie Bäumker meint, „aus den Werken des Aquinaten einen Kommentar zu ihnen zusammenstellen" könnte. Freilich mit einem großen Unterschiede: aus der Unterordnung des imperium unter das sacerdotium ist bei dem großen Ghibellinen eine Nebenordnung geworden. Es zeigen sich die ersten Keime einer neuen Zeit.

§ 66. Die Opposition der Franziskaner. Duns Scotus (Primat des Willens).

Schon Heinrich von Gent (1217-1293), der „Dr. sollemnis", hatte in Anlehnung an Augustin und Plato den Primat des Willens und der Persönlichkeit

(Gedächtnis, Vernunft und Wille) gegen den thomistischen Intellektualismus verfochten, und, ihm folgend, Richard von Middletown († 1300) den praktischen, „affektiven" Charakter der Theologie betont. Der Franziskaner Wilhelm de la Mare wird als der Verfasser eines *Correctorium fratris Thomae* genannt, das nicht weniger als fünf Gegenschriften von dominikanischer Seite hervorrief; während Siger von Brabant († 1282) sogar einen gemilderten Averroismus an der Pariser Universität zu verteidigen wagte. Und daß man um jene Zeit auch mit dem antiken Skeptizismus sich von neuem beschäftigt hat, beweist eine aus der zweiten Hälfte des 13. Jahrhunderts stammende lateinische Übersetzung der „Pyrrhonischen Skizzen" des Sextus Empirikus (s. § 45), die Bäumker ausfindig gemacht hat. Der Hauptwiderstand gegen den Thomismus ging von dem großen Rivalenorden der Dominikaner, den Franziskanern, aus. Zu voller Entfaltung kam diese Richtung in einem Manne, der als der scharfsinnigste aller mittelalterlichen Denker gilt und trotz seines frühen Todes einer weitverbreiteten Denkrichtung den Namen gab.

2. Johannes Duns Scotus, gegen 1270, der Überlieferung nach zu Dunston in Northumberland oder Dun in Irland (daher seine beiden Beinamen) geboren, ward in Oxford Magister sämtlicher Wissenschaften, überstrahlte bald alle übrigen Lehrer und zog 1308 im Triumph in Köln ein, starb aber hier bereits in demselben Jahre. Eine erschöpfende Monographie über ihn existiert noch nicht. Seine Erkenntnistheorie hat *K. Werner* (Wien 1877 und 1881), seine Willenslehre *Kahl* (1886), seine Psychologie *H. Siebeck (Archiv f. Gesch. d. Philos.* 1888 f., *Ztschr. f. Philos.* 1898), seine Theologie *R. Seeberg* (1900) bearbeitet. Die einzige Gesamtausgabe der philosophischen und dogmatischen Werke des „Dr. subtilis" stammt noch aus dem Jahre 1639 (*Lugduni,* 12 Bände, Neudruck Paris 1891-95 durch den Franziskaner-Orden).

Mit Duns Scotus beginnt die von Albert eingeleitete, von Thomas durchgeführte Verschmelzung von Aristotelismus und Kirchenlehre, Vernunft und Christentum sich bereits wieder zu lösen. Wenn man daher in dieser den Höhepunkt und das wahre Kennzeichen der Scholastik sieht, würde man im Scotismus schon (mit *Erdmann* u. a.) die beginnende Zersetzung der Scholastik zu erblicken haben. Doch kämpft Scotus noch so durchaus mit den Mitteln der scholastischen Methode, ihrer Terminologie und ihren Subtilitäten, und steht auch sonst noch so völlig auf dem Boden mittelalterlichen Denkens, daß wir ihn und seine Schule noch zu den Vertretern der Scholastik rechnen.

a) *Glauben* und *Wissen.* Standen für Thomas und seine Anhänger Theologie und Philosophie, Glauben und Wissen im Verhältnis gegenseitiger Ergänzung, so wird bei Scotus ihr Gegensatz stärker betont. Man hat sein Verhältnis zu Thomas öfters mit dem des Kritikers Kant zu dem harmonisierenden Systematiker Leibniz verglichen. Eine gewisse Ähnlichkeit ist in der Tat vorhanden. Denn, wie wenig auch sonst der Scholastiker, der zuerst das Dogma von der unbefleckten Empfängnis verteidigt hat, mit dem Philosophen der reinen Vernunft gemein haben mag, so dringt doch auch er in einer für seine Zeit bemerkenswerten Schärfe auf eine Art reinlicher Scheidung zwischen Wissen und Glauben. Mathematisch gebildet, stellt er strengere Anforderungen als seine Vorgänger an einen Beweis. Nicht bloß kirchliche Einzeldogmen, sondern auch Dinge, wie die zeitliche Schöpfung der Welt und die Unsterblichkeit der Seele, seien durch die Vernunft nicht beweisbar. Warum soll nicht auch das Unkörperliche vergehen können? Aber diese Fixierung des Gebietes strenger Wissenschaft dient ihm nicht etwa dazu, nun die Herrschaft der Theologie zu bekämpfen, sondern im Gegenteil, sie zu stärken. Der Glaube schließt zwar nicht den Zweifel überhaupt aus, wohl aber – dessen Sieg. In Glaubenssachen hat die „Dialektik" nicht mitzureden. Die Philosophi und Catholici werden häufig einander gegenübergestellt. Ja, es kommt bereits der erst bei Ockham und seiner Schule (§ 68) zu größerer Bedeutung gelangte Satz vor: es könne etwas zwar für den Philosophen wahr, aber für den Theologen falsch sein. Von den ersteren hält er den Aristoteles, den er besser kennt und versteht als seine Vorgänger, zwar für den größten, aber dennoch nicht für unfehlbar, wie andere es getan.

b) Die Lehre vom *Willen.* Das Hauptproblem des Scotismus, das in der Gestalt des Konflikts zwischen Willensfreiheit und Naturnotwendigkeit noch heute die Geister beschäftigt, ist die Frage nach dem Vorrang des Verstandes oder des Willens. Duns beantwortet sie, im Gegensatz zu Thomas, mit voller Entschiedenheit dahin: *Voluntas est superior intellectu*, der Wille hat den Vorrang vor dem Verstande. Der Wille ist die Grundkraft der Seele. Das „erste Denken", das, ähnlich wie bei Thomas, durch das Zusammenwirken von Seele und äußeren Gegenständen, d.h. durch Abbilder der letzteren zustande kommt, ist „verworren und unbestimmt". Es wird erst dadurch zu einem bestimmten, daß der Wille seine Aufmerksamkeit auf diese verworrenen Vorstellungen richtet, sie schärfer gestaltet und ihre Intensität verstärkt, während sie im entgegengesetzten Falle schwächer werden, um schließlich zu verschwinden. Das Vorstellen ist nur Gelegenheitsursache und Diener des Wollens; die Entscheidung fällt dem letzteren anheim. In der Psychologie des Willens (vgl. *Siebeck)* gibt der Dr. subtilis schon manche feine Beobachtungen und scharfsinnige Unterscheidungen, z.B. die des Wollens vom Wünschen (Begehren) und Nichtwollen. Nach der auch heute noch von englischen Denkern bevorzugten Weise geht er gern von der Erfahrung aus und betont den engen Zusammenhang mit den Trieben, über die sich jedoch der freie Wille zu erheben imstande ist. Die Selbständigkeit des letzteren ist so groß, daß selbst die göttliche Gnade ihm nur beizustehen, ihn nicht zu nötigen vermag! Auch durch das Gefühl der Lust und Unlust wird er – was an Kant erinnert – nicht bestimmt, sondern nur in seiner Betätigung begleitet. Ja, er steht außerhalb des Kausalzusammenhanges, des mechanischen Zwanges der Vorstellungen. Denn wäre er von diesen abhängig, so wäre es mit der Freiheit und Verantwortlichkeit des Menschen zu Ende.

) Damit sind wir bei der *Ethik* des englischen Scholastikers angelangt. Auch das Gute wird grundsätzlich vom Willen bestimmt, der Verstand hat nur bei der

Anwendung im praktischen Leben mitzusprechen. Das Gute steht höher als das Wahre, deshalb Augustin höher als Anselm und Aristoteles. Die Theologie ist vor allem eine praktische Wissenschaft. Das Gute ist gut, weil Gott es gebietet; während nach Thomas Gott das Gute gebietet, weil es gut ist (perseïtas boni). Das höchste Ziel und die höchste Vollkommenheit des Menschen liegt ihm daher nicht, wie dem Thomas, im mystischen Schauen, sondern in dem ganz auf Gott gerichteten Willen, d. i. der Liebe.

d) *Gotteslehre.* Auch Gottes Dasein ist nicht aus bloßen Begriffen zu beweisen, sondern nur aus seinen Werken. Es muß eine alles überragende letzte Ursache geben, die zugleich letzter Zweck ist; das ist Gott. Auch auf ihn wird die Lehre vom Primat des Willens übertragen. Wie durch das liberum arbitrium des Einzelnen jedesmal eine neue Tatsache entsteht, so ist Gottes Wille die Urtatsache. Wäre nicht der Wille sein Wesen, so wäre seine Allmacht nicht, wie sie ist, unbeschränkt. So ist die Welt durch die freie Willkür Gottes geschaffen; er hätte sie auch völlig anders schaffen können. Ebenso steht es mit der Erlösung; Gott hätte sie auch auf andere Weise als durch Christus vollziehen oder hätte statt Mensch z.B. Stein werden können! (An solche Eventualfälle knüpfte die spätere Scholastik, ähnlich den Sophisten des Altertums, jene Ausgeburten haarspaltender Phantasie, durch die sie sich berüchtigt gemacht hat.)

e) *Metaphysik.* Gott ist das schlechthin einfache, oberste Wesen (ens), die Materie das niederste. Als erste Materie (m. primo-prima, von der unseres Scholastikers Spitzfindigkeit eine m. secundo-prima und tertio-prima unterscheidet) bedeutet sie nur die ursprünglich in allen Dingen liegende Fähigkeit, zu höheren Formen, Gattungen und Arten geordnet zu werden. Jede geschaffene Substanz, auch die geistige, hat Materie. Das principium individuationis ist die Form. Das Individuellere ist das Vollkommnere. Zur Washeit (quidditas) tritt die Diesheit (haecceitas) hinzu, z.B. in dem Menschen Sokrates zur animalitas zunächst die humanitas, zu dieser die Socratitas. (Der Ausdruck haecceitas findet sich allerdings erst bei Scotus' Schülern.) Das Individuum besitzt eine selbständige Realität, ist eine weiter nicht ableitbare Tatsache. Duns' Stellung in der Universalienfrage bleibt die vermittelnde des Anselm und Thomas: Das Allgemeine ist *ante* res als Form im göttlichen Geiste, *in* rebus als deren „Washeit" oder Wesen, *post* res im Verstand als der von ihnen abstrahierte Begriff.

Trotz seines frühen Todes hinterließ Duns Scotus zahlreiche Schüler und Anhänger, besonders in seinem Orden. Lange tobte der scholastische Streit zwischen den scotistischen Franziskanern und den meist thomistischen Dominikanern. Und wenn seine Lehre auch innerhalb der römischen Kirche durch die der letzteren kongenialere des Aquinaten (einzelne Scotisten kommen freilich noch im 18. Jahrhundert vor) mehr und mehr zurückgedrängt worden ist, so hat er anderseits durch manche seiner Lehren (vom Primat des Willens, von den verworrenen und klaren Vorstellungen, von der Form als bleibendem Wesen u. a.) mehr als Thomas auch auf nichtkirchliche Philosophen wie Baco von Verulam, Descartes, Leibniz und andere gewirkt.

Kapitel V.
Ausgang der Scholastik.
(Zunehmender Zwiespalt zwischen Glauben und Wissen.)
Blüte der deutschen Mystik.

§ 67. Neue Tendenzen: Roger Bacon (1214-c. 1294). Raymundus Lullus (1235-1315).

1. Roger Bacon.

Wie Alexander von Hales, Richard von Middletown und Duns Scotus, ist auch Roger Bacon Engländer und Franziskanermönch. Geboren gegen 1214, aus reicher Familie, widmete er sich zu Oxford und Paris den Studien, insbesondere der Mathematik und Naturwissenschaft. Umgang mit Gelehrten, Unterricht armer Jünglinge, besonders aber physikalische Experimente waren seine Hauptbeschäftigung. Im Dienste der letzteren ging allmählich sein ganzes Vermögen (2000 Pf. St.) darauf. Für seinen Gönner Papst Clemens IV. schrieb er 1266-68 sein *Opus maius*, ein Erläuterungsbuch dazu *(Opus minus)* und eine Einleitungsschrift *(Opus tertium);* sein geplantes Hauptwerk *(Opus principale)* blieb unvollendet. Nach Clemens' Tode wurde der schon früher gegen ihn aufgetauchte Verdacht des Unglaubens und der Zauberei aufs neue rege; er wurde verfolgt und erhielt, wie es heißt, zehn Jahre Klosterhaft. Seine Werke sind, wenn auch nicht vollständig, von *Brewer* (London 1859) herausgegeben worden. Ergänzungen dazu von *R. Steele, Opera inedita R. B.* (4 Teile, Oxford 1905-11). Die ausführlichste Monographie über sein Leben, seine Werke und seine Lehre hat *E. Charles* (Paris 1861) verfaßt. Vgl. auch das Sammelwerk von *Little, Roger Bacon Essays* (Oxf. 1914). Seine Bedeutung für die Aufklärung hebt *H. Reuter* a. a. O. II, 67-86 energisch hervor.

Roger Bacon ist ein Zeitgenosse des Thomas und geht dem Duns Scotus zeitich sogar vorauf. Wir haben gleichwohl vorgezogen, ihn erst an dieser Stelle und n einem neuen Abschnitt zu behandeln, weil er eine ganz eigenartige Stellung in der Philosophie des Mittelalters einnimmt. Unser „Dr. mirabilis" mußte in der Tat seinen scholastischen Zeitgenossen „wunderbar" erscheinen, denn es regen sich n ihm schon ganz moderne Tendenzen, ohne freilich zu völliger Durchbildung und fester Gestalt gekommen zu sein. *E. Dühring* erklärt ihn in seiner Geschichte der Philosophie sogar für den einzigen Philosophen des Mittelalters. Goethe hat ich für ihn interessiert und in seiner *Farbenlehre* seine Bedeutung in rühmenden Worten anerkannt.

Das Grundlegende und Neue bei Roger Bacon ist, daß er im Gegensatz zu den ormeln der Scholastik auf das Kennen der Dinge dringt. Albert und Thomas heißen ihm Knaben, Lehrer, ehe sie gelernt; der letztere habe dicke Bücher über Aristoteles geschrieben, ohne Griechisch zu verstehen und ohne mathematisch-physikalische Kenntnisse. Auch Bacon schätzt den Aristoteles hoch und nächst ihm dessen Ausleger Avicenna; aber die Hauptsache ist ihm doch die Rückkehr zu den Dingen selbst. Die Welt steckt voller Vorurteile: Autorität, Gewohnheit, Phrase, Mangel an Selbstkritik. Und die Wissenschaft ist ein langsames Fortschreiten in stetem Kampf mit dem großen Haufen der Ungebildeten und Gewohnheitsmenschen. Ihr schlimmster Feind ist die Meinung, als ob sie schon abgeschlossen sei, die Anbetung der Autorität, die stete Berufung auf berühmte Namen. Die Logik und Grammatik gewisser Meister nachbeten, hat keinen Wert. Es heißt: an der Quelle studieren! Daher tüchtig Hebräisch, Griechisch, Arabisch lernen, wenn man die Bibel, Aristoteles, die Araber wirklich verstehen will; mit physikalischen und astronomischen Instrumenten arbeiten, wenn man die Natur wahrhaft kennen zu lernen strebt. Es gibt einen doppelten Weg der Erkenntnis: durch Vernunftbeweis oder durch Erfahrung. Bacon dringt, im Gegensatz zu den Scholastikern, vor allem auf den letzteren. Freilich genügen nicht einzelne unzusammenhängende Beobachtungen. Dieselben müssen methodisch geregelt, in Zusammenhang gebracht, die bedingenden Ursachen erforscht und so das Gesetz gefunden werden. Das ABC der Philosophie, die Grundlage aller Wissenschaften ist die Mathematik, die vollkommenste aber, die Königin aller die scientia experimentalis. Keinerlei magische Künste vermögen den Naturlauf zu ändern.

Allein der englische Franziskanermönch führt diese Ansätze zu echter Wissenschaft nicht folgerichtig durch. Neben der der menschlichen Wissenschaft erkennbaren natürlichen Kausalität gibt es noch eine übernatürliche der schöpferischen Gottheit; neben der äußeren Erfahrung noch eine innere, von Gott eingegebene, deren Gipfelpunkt die ekstatische Verzückung ist. Die höhere Vernunft ist nur möglich durch göttliche Wirkung. Die Autorität, die er sonst so energisch bekämpft, wird doch gefordert für die Kirche. In ihr ist der Glaube das Erste, die Erfahrung das Zweite, das Begreifen erst das Dritte. Die Theologie heißt an solchen Stellen die „edelste" Wissenschaft, der die Philosophie „absolut" dienen muß; alle den Menschen nützliche Weisheit liegt in der Heiligen Schrift, wo sie allerdings nur von Kundigen gefunden wird; der Papst ist der Stellvertreter (vicarius) Gottes auf Erden usw. Freilich, um die Ungläubigen zu überzeugen, soll man sich nur an das Vernunftgemäße, Allgemein-Menschliche halten. Das Christentum ist schließlich doch nichts anderes als die von Gott durch Christus offenbarte natürliche Religion; das zum Heil Notwendige ist allen gemein, desgleichen die wesentlichen Grundzüge der Sittlichkeit. „Jeder Mensch trägt in seiner Seele ein großes Buch über die Sünden, die er von Jugend auf begangen hat, und selbst Bauern und alte Frauen, nicht bloß bei Christen, sondern auch bei den Sarazenen und anderen Ungläubigen, verstehen in sittlichen Fragen zu überzeugen."

So mischt sich in Bacon Altes und Neues, kirchlicher Glaube und Keime echter Wissenschaft. Ohne Zweifel war er seiner Zeit an naturwissenschaftlicher Einsicht weit voraus. Er hat Vergrößerungsgläser erfunden, die Wirkung des Pulvers gekannt, richtige Beobachtungen über die Strahlenbrechung und das Sehen so wie über die Größe von Sonne und Mond angestellt, den Kalender zu verbessern gesucht und chemische Entdeckungen gemacht, deren Verständnis uns nur durch die von ihm gebrauchten rätselhaften Ausdrücke erschwert wird; ja, er hat die pfeilschnelle Bewegung von Schiffen ohne Segel und Ruder, von Wagen ohne Zugtiere ein halbes Jahrtausend voraus geahnt. Dennoch muß man sich vor seiner Überschätzung hüten. Neben dem Richtigen findet sich doch auch vieles Phantastische und Fehlerhafte. So sind bei ihm mit der Willensfreiheit des Menschen astrologische Einflüsse (Konstellation der Planeten) verbunden; Aristoteles wird bedauert, weil er die Quadratur des Kreises nicht gefunden; er rühmt sich, einem Schüler in drei Tagen Hebräisch und Griechisch beibringen zu können und verwechselt selbst doch διά mit δύο (nach *Erdmann)* u. a. So hat er denn zwar anregend, aber nicht nachhaltig auf die Nachwelt gewirkt, ja kaum unmittelbare Spuren hinterlassen.

2. Raymundus Lullus.

Eine noch merkwürdigere Gestalt als Roger Bacon ist der Spanier Ramon Lull (Raymundus Lullus, 1235-1315), der nach einem abenteuerlichen weltlichen Leben sich auf das Bekehren der Averroisten verlegte und die Wahrheiten des Christentums auf eine neue, untrügliche Art beweisen wollte. Er verfaßte zu diesem Zweck eine ungeheure Masse – wie es heißt 400, nach anderen sogar 4000! – Schriften, von denen 45 in acht Bänden 1721 bis 1740 ediert worden sind. Außer durch seine alchimistischen Schriften und Entdeckungen – unter denen neben vielem Unsinn wirklich einige wichtige sich befinden – ward er besonders berühmt durch sein Hauptwerk: *Die große Kunst (Ars generalis)*. Alle möglichen aus Aristoteles, der Scholastik und – der Kabbalah aufgerafften Begriffe werden danach auf die Fächer von sieben konzentrischen Kreisen, deren jeder ein besonderes Wissensgebiet (z.B. A die ganze Theologie, B die Psychologie) darstellt, verteilt. Je nachdem man nun diese Kreise um einen gemeinsamen Mittelpunkt sich drehen läßt, lassen alle gewünschten Kombinationen sich mit Leichtigkeit herstellen und so alle – gewünschten Wahrheiten, auch die von Thomas als unbeweisbar angesehenen, wie Trinität und Inkarnation, „beweisen". Der erste Kreis enthält z.B. 16 durch die Buchstaben B bis R bezeichnete Eigenschaften Gottes; durch Kombination derselben (BB, BC, BD usw.) entstehen 136 weitere Begriffe usf. Man wird uns wohl erlassen, auf diesen spitzfindigen Unsinn weiter einzugehen. (Näheres findet der dafür Interessierte in *Erdmanns Grundriß* I, S. 373-384.) Die Schreibweise ist in hohem Grade schwülstig und überschwenglich, dabei anspruchsvoll. Daß diese *ars investigandi* (des Aufsuchens), *demonstrandi et inveniendi* trotzdem, namentlich in mnemotechnischer Beziehung, nicht ganz ohne Nutzen war und eine geistreich erdachte Schablone für das ohnehin so sehr an das Gedächtnis appellierende scholastische Denken bot, soll damit nicht geleugnet werden. Jedenfalls fand sie zahlreiche Anhänger; es bildete sich eine förmliche Sekte der Lullisten, die ihren Meister als den „Dr. illuminatissimus" feierte.

Ähnliche Tendenzen wiederholen sich zwei Jahrhunderte später bei seinem Landsmann, dem in Toulouse lehrenden und noch von Montaigne (s. S. 252) verteidigten spanischen Arzte Raymund von Sabunde. Nur daß dieser sich weniger als dialektische, denn als gemütvoll-beschauliche Natur zeigt, wenn er in seiner *Natürlichen Theologie* oder dem *Buch der Geschöpfe* (1436) Natur und Bibel, das „lebendige" und das „geschriebene" Buch der göttlichen Offenbarung, in Übereinstimmung zu bringen sucht, indem er von den vier Stufen des esse, vivere, sentire und intellegere ausgeht und ontologische, physiko-teleologische und moralische Beweisführung mit mystischen Gedanken verbindet.

§ 68. Erneuerung des Nominalismus im 14. und 15. Jahrhundert: Wilhelm von Ockham und seine Nachfolger.

Vorläufer Ockhams sind zwei Franzosen: der Franziskaner und Scotist Petrus Aureolus († 1322) und der Dominikaner Durand, der sich von seinen anfänglich thomistischen Ansichten allmählich dem Nominalismus zuwandte und nur im individuellen Sein das wahre Sein erblickte. Weitaus bedeutender als sie ist jedoch der Engländer

1. Wilhelm von Ockham (um 1300-1350),

der einem Burgflecken der Grafschaft Surrey entstammt. Ebenfalls Franziskaner und scotistisch gebildet, dann Lehrer zu Paris, trat er in dem damals entbrannten Kampfe zwischen Papsttum (Bonifaz XIII.) und weltlicher Gewalt entschieden für die letztere ein. Vom Papste verfolgt, fand er Zuflucht und Schutz bei Ludwig dem Baiern. „Verteidige du mich mit dem Schwerte, ich will dich mit der Feder verteidigen." Er starb auch wahrscheinlich in München, vielleicht am „schwarzen Tod" (1349 oder 1350). Von seinen zahlreichen Schriften sind die wichtigsten: die *Summa der ganzen Logik*, der Kommentar zu den Sentenzen des Lombarden, die *Expositio aurea super totam artem veterem* und der kirchenpolitische *Dialogus inter magistrum et discipulum de imperatorum et pontificum potestate*. Eine Gesamtausgabe seiner Werke existiert noch nicht, ebensowenig eine zusammenhängende Monographie über ihn, den wegen seines Scharfsinns gefürchteten „Dr. invincibilis". Über seine und seiner Nachfolger Psychologie vgl. *Siebeck Zeitschr. f. Philos.* 1897/8.

a) Als wichtigste philosophische Tat Ockhams wird in der Regel seine Erneuerung des Nominalismus bezeichnet. Im Gegensatz zu dem gemäßigten Realismus, den die Hauptführer der Scholastik (Anselm, Thomas, Scotus) vertreten hatten, lehrt er, entgegen diesen „Platonikern" an den „echten Aristoteles" sich anschließend: Nur die Einzeldinge sind das Wirkliche. Die allgemeinen Begriffe existieren nur im denkenden Geiste, d.h. objective, nicht substan tiell oder subjective.[22] Unsere Begriffe sind keine wirklichen Abbilder der Dinge, sondern nur Zeichen (termini) für dieselben (der Nominalismus wird daher neuerdings oft auch als Terminismus bezeichnet), deren Behandlung der Logik, Ockhams Lieblingswissenschaft, zufällt. Es gibt kein Ding, z.B. keinen Menschen „an sich"; das wäre eine unnütze „Vervielfachung des Seienden", entgegen dem Grundsatz unseres Scholastikers: *entia praeter necessitatem non sunt multiplicanda*. Der Satz „der Mensch ist sterblich" bedeutet nichts anderes als: alle einzelnen Menschen sind sterblich.

b) Dementsprechend fällt – und das ist für uns wichtiger als das bloße Schubfach des „Nominalismus" – das Hauptgewicht auf die der reinen Abstraktion gegenüber gestellte „intuitive" Erkenntnis, die (innere und äußere) Wahrnehmung und ihr Erzeugnis, die (innere und äußere) Erfahrung, sodaß zu einer induktiven Erforschung der äußeren Natur und der Seelenzustände wenigstens der Weg gebahnt wird. Der bereits bei Duns Scotus von uns konstatierte Zwiespalt zwischen Vernunftwissenschaft (Philosophie) und Offenbarung (Theologie) erreicht bei Ockham seinen Höhepunkt. In geradem Gegensatz zu Lull, der alles beweisen zu können vorgab, behauptet er: auch das Dasein Gottes und seine Eigenschaften können nicht von der Vernunft bewiesen, sondern höchstens durch Analogieschlüsse wahrscheinlich gemacht werden, und auch dies nicht „den Weltweisen und denen, die sich vorzugsweise auf die natürliche Vernunft stützen". Er selbst freilich folgert aus dieser unserer natürlichen Unwissenheit über die wichtigsten Probleme die Notwendigkeit der göttlichen Offenbarung und hält es für einen verdienstlichen Willensakt, das Unbeweisbare zu glauben. Die Theologie ist eben keine Wissenschaft; und Ockham selbst blieb Theologe. Auch ihm wie seinem Landsmanne Scotus erscheint die Willkür und Machtfülle Gottes unbeschränkt, was ihn mitunter zu wunderlichen, fast frivolen Absurditäten führt, wie z.B. der, daß Gott statt der menschlichen auch die Eselsnatur (natura asinina) hätte annehmen können!

c) In der Willenslehre und Psychologie überhaupt ist Ockhams Standpunkt echt englisch ein gesund-empirischer. Wille und Verstand sind nur verschiedene Wirkungsweisen der in ihrem eigentlichen Wesen für uns unerkennbaren Seele. Des Willens Verflechtungen mit dem Gemütsleben und den Trieben werden untersucht. Auf der Erfahrung beruht auch die unumstößliche Tatsache der Willensfreiheit, die durch äußere Umstände nicht beeinflußt wird. Die Ethik steht dagegen bei O. und seiner Schule auf schwachen Füßen, weil sie auf jene Lehre von der absoluten Willkür Gottes gegründet wird. Es gibt kein Gutes und Schlechtes an sich, sondern nur durch den Willen Gottes. Gott kann die Sündenschuld ohne jede innere oder äußere Buße des Sünders erlassen, ebenso wie er einen, der nicht gesündigt hat, bestrafen kann. Außerordentlich häufig findet sich der Beisatz: *Aliter tamen potuit deus ordinare*, d. i. „Gott hätte auch eine andere Anordnung treffen können". Ja, eine lasterhafte Handlung ist keine Sünde, wenn sie zur Ehre Gottes geboten erscheint. Und doch stellt sich derselbe Ockham in dem seine Zeit mächtig bewegenden Streit zwischen Kirche und Staat, wie wir schon oben bemerkten, entschieden auf die Seite des letzteren. Das Gemeinwohl (bonum commune) zu schaffen, ist rein Sache des Staates, verletzt der Fürst diese seine Pflicht, so hat das Volk das Recht, ihn abzusetzen, den Tyrannen zu töten; wie auch innerhalb der Kirche die Gesamtheit der Gläubigen über Papst, Konzil und Geistlichkeit steht. Er eifert gegen den Reichtum und die dadurch herbeigeführte Verweltlichung der Kirche. Das Ideal, der Status perfectissimus, bleibt dem gelehrten Bettelmönche schließlich doch die völlige Besitzlosigkeit.

2. Anhänger und Nachfolger Ockhams.

Wilhelm von Ockham gewann bald zahlreichen Anhang. Trotz der feierlichen Verwerfung seiner Lehre durch die Universität Paris (1340), gingen bald nicht bloß zahlreiche Ordensgenossen (Franziskaner), sondern auch Augustiner und Dominikaner zum Nominalismus über. Zu den bedeutendsten unter seinen unmittelbaren Schülern gehört

1. Johann Buridan, 1327 und 1348 Rektor der Pariser Universität. Er beschäftigte sich weniger mit theologischen als mit psychologischen und physikalischen Problemen, in bloß äußerlicher Anlehnung an die Auslegung aristotelischer Schriften. *Siebeck* a. a. O. nennt ihn den „Herbartianer unter den Scholastikern". Besonders interessierte ihn die Frage der Willensfreiheit. Der Wille ist zu unterscheiden vom sinnlichen und intellektuellen Begehren. Er ist passiv oder aktiv, je nachdem er durch den Intellekt angeregt oder völlig selbständig (liberum arbitrium) entscheidet. Diese letztere Freiheit der bloßen „Opposition" (libertas oppositionis) ist uns aber nur gegeben, damit wir die wahre ethische Freiheit der „Zweckordnung" (libertas finalis ordinationis) erlangen, wobei dem Intellekt ein gewisser Einfluß zukommt. Die Tiere dagegen sind unfrei und folgen ihren Trieben. Das bekannte Beispiel von dem Esel zwischen den beiden Heubündeln, dessen Urheberschaft man ihm zuschreibt, ist vielleicht von ihm oder einem seiner Schüler bei mündlichen Vorträgen gebraucht worden; möglicherweise aber auch eine Erfindung seiner Gegner. In seinen gedruckten Schriften wenigstens findet es sich nicht, ebensowenig die sogen. „Eselsbrücke" (pons asinorum), d.h. der Rat, beim logischen Schließen den Mittelbegriff aufzusuchen, als Hilfsmittel für beschränkte Köpfe.

   Das Verbot der nominalistischen Lehre, das namentlich die Pariser Universität noch mehrmals (zuletzt 1473) versuchte, konnte nicht mehr durchgeführt werden. Im Gegenteil, während zur Blütezeit der Scholastik die Aussprüche der Pariser Fakultät als Normen galten, machte sich jetzt, unter dem Einfluß der Nominalisten, eine Dezentralisation der gelehrten Tätigkeit bemerkbar. So soll Buridans Einfluß mitbestimmend bei der Errichtung der Wiener Universität (1365) gewesen sein. Sicher war sein jüngerer Freund
2. Marsilius (Marcel) von Inghen (in der Moselgegend) an der Gründung der Universität Heidelberg (1386) beteiligt, deren Lehrer er bis 1392 gewesen ist

Auch Marcel untersuchte den Inhalt der inneren Erfahrung und die Willensverhältnisse, wobei er namentlich die instinktive Seite des Wollens und Begehrens infolge der Gewöhnung, sowie die Tätigkeit des Künstlers betonte.

3. Pierre d'Ailly (Petrus de Alliaco, 1350-1425) hebt den Primat des Willens kräftig hervor, gibt aber eine Mitwirkung der Erkenntnis beim Entschlusse zu. Er sucht Ockhams Satz, daß die Selbsterkenntnis das Gewisseste sei, gewisser insbesondere als die Wahrnehmung äußerer Gegenstände, näher zu begründen. Die letztere bestehe nur unter der Voraussetzung des gewöhnlichen Naturlaufs, den Gott an sich ändern kann. Ebenso ist Sünde nur, was Gott als solche bezeichnet. Peter von Ailly war lange Jahre Kanzler der Universität Paris, Beichtvater des französischen Königs und die Seele des Konstanzer Konzils. Er starb 1420 als Kardinallegat in Avignon. Er stellt das Konzil über den Papst, die Bibel über die Tradition. Mit seinem philosophischen Skeptizismus verbindet sich bereits eine ausgesprochene Neigung zur Mystik.
4. Noch stärker tritt dieser Zug hervor bei seinem Schüler und jüngeren Freunde Johannes Gerson (1363-1429) – eigentlich Jean Charlier aus dem Dorfe Gerson bei Reims –, seinem Nachfolger in der Kanzlerwürde von Paris, das er zu Konstanz vertrat. Er erstrebt eine Konkordanz „unserer", d.h. der Ockhamschen Scholastik, mit der „mystischen Theologie". Besser als alle menschliche Weisheit, als Plato und Aristoteles ist die Befolgung des Wortes: „Tut Buße und glaubt dem Evangelium!" Die mystische Theologie geht von dem Erleben und Erfahren Gottes aus und ist auch dem Einfältigen möglich. Wegen dieser seiner Wertschätzung des Evangeliums, des Glaubens, der inneren Buße und der subjektiven Frömmigkeit hat man Gerson, obwohl er sich noch als treuer Sohn seiner Kirche zeigt, vielfach zu den „Vorreformatoren" gerechnet.
5. Als „letzter Scholastiker" wird gewöhnlich der Tübinger Professor Gabriel Biel († 1495) bezeichnet, der Ockhams Lehren klar und übersichtlich darstellt, und dessen Lehre – durch Staupitz – bereits auf Luther und Melanchthon von Einfluß gewesen ist; er gehörte dem Orden der „Brüder vom gemeinen Leben" an.

§ 69. Die deutsche Mystik des 14. und 15. Jahrhunderts (Eckhart).

Hauptausgabe: *F. Pfeiffer, Deutsche Mystiker des 14. Jahrh.* 2 Bde., Leipzig 1845-57 (mit Einleitungen), 2. bezw. 3. Aufl. Gött. 1907-13. Hauptwerk: *Preger, Gesch. der deutschen Mystik im Mittelalter.* 3 Bde. Leipzig 1874-92.

Die christliche Mystik ist so alt wie das Christentum selbst. Beweis: das vierte Evangelium und die Offenbarung Johannis, aber auch manche Stellen paulinischer Briefe. Ebenso geht, wie wir bereits sahen, neben der scholastischen Denkweise fast beständig eine von den Kirchenvätern herstammende mystische Nebenströmung her. Wir erinnern nur an die hervorragenden Gestalten des Augustin, Areopagita, Eriugena, Bernhard, der Viktoriner, des Bonaventura und Albert, sowie an die Ansätze, die wir bei Thomas fanden, bis zu Gerson, der Bonaventura mit warmer Verehrung zitiert und daneben an Bernhard und die Viktoriner anknüpft. Die an den Mystizismus sich anlehnenden praktischen Bewegungen, von den ersten Christen an bis zu den Waldensern, Begharden und „Brüdern des freien Geistes", gehören ins Gebiet der Kirchen-, insbesondere der Ketzergeschichte.

Eine neue, auch philosophisch wichtige Bewegung geht im 14. Jahrhundert von der deutschen Predigt der Dominikaner aus, die nicht bloß durch Verinnerlichung des religiösen Lebens der Reformation mächtig vorgearbeitet, sondern durch die Tiefe ihrer Spekulation noch auf die Philosophie des 19. Jahrhunderts (besonders Schelling) befruchtend eingewirkt hat. Anfänge in dieser Richtung finden sich schon in den Predigten Davids von Augsburg (†1271) und seines berühmten Schülers Berthold von Regensburg. Der eigentliche Begründer der deutschen Mystik aber ist derselbe Mann, in dem sie zugleich sofort ihren Höhepunkt erreicht, nämlich:

1. Meister Eckhart (1260-1327).

Aus der zahlreichen Literatur über Eckhart heben wir hervor: *J. Bach, Meister E., der Vater der deutschen Spekulation.* Wien 1864. *A. Lasson, Meister E. der Mystiker.* Berlin 1868. Kurz: *Strauch, Eckhart-Probleme* (Rede), Halle 1912. Die meisten deutschen Schriften im 2. Bande der oben erwähnten Pfeifferschen Ausgabe. Populäre Auswahl-Ausgaben von *Büttner* (2 Bde., Jena, 2. Aufl. 1912) u. *G. Landauer* (Berlin 1903). Dazu *Spamers* Ausgabe von Es. latein. und deutschen Predigten u. Traktaten. Jena 1912. Über Eckharts innere Bedeutung vgl. *P. Natorp, Die Seele des Deutschen*, 1918, S. 59-84.

Aus ritterlichem Geschlechte in Thüringen um 1260 geboren, 1300 Lehrer in Paris, 1302 von Bonifaz VIII. zum Dr. ernannt, 1307-11 Generalvikar seines Ordens, lehrte und predigte Meister Eckhart in ganz Deutschland mit größtem Ruhme, zuletzt in Köln. Dennoch wurde schließlich ein Prozeß in Glaubenssachen gegen ihn eingeleitet; er verstand sich zu einem bedingten Widerruf. Ehe das Endurteil, die 28 seiner Sätze verdammende päpstliche Bulle erschien, ist er gestorben (1327).

Eckhart schließt sich zunächst an die Lehre seiner Ordensgenossen Albert und Thomas an; namentlich seine lateinischen Schriften zeigen ihn, wie *Denifle (Archiv f. Lit. u. Kirchengesch. des MA.* II 417-652) nachgewiesen hat, von letzterem sehr abhängig. Seine Eigentümlichkeit tritt jedoch weit lebendiger in den deutschen Schriften hervor, in denen er sich an die Gemeinde wendet. Er ist de erste bedeutendere Philosoph deutscher Zunge. Nicht, daß er dem, der Plotin, Eriugena und die Reihe der anderen Mystiker kennt, inhaltlich besonders viel Neues brächte; aber er sagt es mit der Innigkeit des deutschen Gemüts und bildet dabei zum erstenmal eine deutsche Kunstsprache für die Philosophie. Die Hauptsache ist ihm freilich die Wirkung auf das religiöse und sittliche Leben seiner Hörer und Leser.

Wie Albert und Thomas, ist auch Eckhart einerseits Realist; das Allgemeine ist das wahrhaft Seiende; anderseits Intellektualist. Sein ist Erkenntnis. Letztere aber findet ihre Befriedigung nur in dem unbegreiflichen und unaussprechlichen göttlichen Urgrund aller Dinge. Dieser, die Gottheit, muß, um aus dem dunklen Abgrund der göttlichen Natur zum wirklichen, lebendigen „Gott" zu werden, „sich bekennen und sein Wort sprechen". So gebiert er das göttliche Wort, seinen Sohn und, indem er sich selbst in dem Sohne liebt, „geistet" er die „Minne", die ihn und den Sohn miteinander verbindet, den heiligen Geist. Wie den Sohn, so erzeugt Gott aus dem Nichts auch alle Kreatur, deren Idee er in sich vorgebildet sah. Er bleibt in ihnen und sie in ihm, die „ungenaturte" Natur in der „genaturten" Natur und umgekehrt. Alle Dinge haben Wesen nur, insofern sie in Gott sind. Er ist allerorten, denn er ist ungeteilt. Das „Hie und Nu", d. i. ihre räumliche und zeitliche Bestimmung, ist eigentlich Nichts, für Gott nicht da. Alles Sinnliche, alles Mangelhafte, alles, was sich in der Kreatur gegen Gott behaupten will, alles Übel und alle Schranke ist also ein Nichts, ein Abfall von Gottes Wesen. Alle Dinge gehen von Gott aus und wollen zu ihm, ihrem Ursprung und wahren Sein zurück, wollen „entwerden".

So auch das Beste unter dem Geschaffenen, um dessentwillen alles Übrige da ist, die menschliche Seele, deren Entdecker dieser deutsche Mystiker recht eigentlich gewesen ist. Sie trägt ein doppeltes Antlitz: das eine dieser Welt und dem Körper zugekehrt, den sie zu seiner ganzen Wirksamkeit befähigt, das andere unmittelbar auf Gott gerichtet. Auf ihrem Grunde ruht das „Fünklein" oder „Gemüt", in dem das Göttliche ohne Mittel und Hülle erscheint. „Warum bleibt ihr nicht bei euch selbst und greift in euer eigen Gut? Ihr tragt doch alle Wahrheit wesentlich in euch." Diesem nachgehend, muß der Mensch, wenn er zu Gott kommen will, sich selbst sterben, seine Eigenheit aufgeben, ohne Willen sein, damit das Göttliche in ihm zur Herrschaft komme. Das ist der Zustand der Abgeschiedenheit, d. i. der Freiheit von allen Affekten, der „Gelassenheit", der alles recht ist, was Gott tut, ihr höchster Grad die „Armut", die nichts weiß, nichts will, nichts hat. Befinde ich mich in diesem Zustand, dann gebiert Gott seinen Sohn in mich. Alles sittliche Tun geht aus von diesem Geborenwerden Gottes in meiner Seele, und nun kann ich nicht mehr fallen, denn Gott ist in mir. Ein solcher Mensch kann selbst Christus, ja Gott genannt werden, nur daß er aus Gnaden ward, was Gott von Natur ewig ist. In diesem Sinne sind alle Menschen ein Sohn Gottes, ein einziger Ausfluß des ewigen Wortes.

Tugendhaftes Handeln ist also ein Wirkenlassen des Göttlichen in mir, ein zweckloses Handeln. Selbst das ewige Leben und die ewige Seligkeit, die hier schon ihren Anfang nehmen, sind keine berechtigten Zwecke. Sittlichkeit ist nicht Tun, sondern Sein, das mühelos aus der Seele fließt, wie der Buchstabe aus der Feder des geübten Schreibers. Alle Tugenden sind daher im Grunde nur eine; die Harmonie der Seele in der Unterordnung ihrer niederen Kräfte (Sinn, Verstand, Begierde) unter die höheren (Erkenntnis, Vernunft, Wille) macht ihre Schönheit aus; Liebe („Minne“) ist ihr Prinzip. Liebe vertreibt alle Furcht und bedecket alle Sünde; sie weiß nichts von Sünde, sie ist stark wie der Tod, fest wie die Hölle. Darum soll der Mensch also sein, daß all sein Leben Liebe sei. Die äußeren Werke (Fasten, Beten, Wachen, Kasteiung) schätzt Eckhart nur insoweit, als sie zur Sammlung und Einkehr in sich selbst dienen; nur auf das innere Werk, das Aufgehen der Seele in Gott, kommt es an. Will die Seele „Frieden und Freiheit des Herzens in einer stillen Ruhe“ finden, so muß sie „wieder heimrufen allen ihren Kräften und sie sammeln von allen zerstreuten Dingen in ein inwendiges Wirken“. Das wahre Gebet ist wortlos.

Diese folgerechte Ausbildung des mystischen Standpunktes hält Meister Eckhart gleichwohl nicht von einer gesunden Anschauung über die Pflichten des täglichen Lebens ab. Er gesteht nicht nur zu, daß bei dem visionären Schauen Gottes Selbsttäuschung möglich sei, und daß der Mensch in jener Ekstase nicht beständig verharren könne, sondern er gestattet jene Freiheit vom Gesetz und von aller Tätigkeit nur dem Innersten Gemüte, jenem göttlichen „Fünklein“. Von ihm als Zentrum aus sollen vielmehr alle Seelenkräfte zu fruchtbarem Wirken bestimmt, das Ewige ins Zeitliche übertragen werden. Bloße Beschaulichkeit wäre Selbstsucht. Der Mensch soll nicht die Dinge fliehen und sich in eine Einöde kehren, vielmehr eine innerliche Einöde lernen, die Dinge aber durchbrechen und darin wachsen ohne Unterlaß, „ordentlich, redlich und wissentlich“ alles zeitliche Werk zu vollführen suchen. „Wäre der Mensch in Verzückung, wie St. Paulus war, und wüßte einen siechen Menschen, der eines Süppleins von ihm bedürfte, ich achte es weit besser, daß du ließest aus Minne von der Verzückung und dientest dem Dürftigen in größerer Minne.“ Nicht die Werke heiligen uns, wir sollen die Werke heiligen. Aus dem rechten Grunde fließen die rechten Handlungen von selbst. Tue ein jeder das, wozu er sich am meisten von Gott gedrungen fühlt, und übe Entsagung da, wohin es ihn am meisten zieht. Es gibt viele Wege zu Gott, du kannst ihn beim Feuer oder im Stalle ebenso gegenwärtig haben als in der Einöde oder in der Zelle.

Da Gott den Prozeß der Wiedereinbildung alles außer ihm Seienden in sich vermittelst der menschlichen Seele vollzieht, so bedarf er ihrer und stellt ihr nach, um sie zu sich zu ziehen. „Gott mag mich nicht entbehren; wäre ich nicht, so wäre Gott nicht.“ Gott ist Mensch geworden, damit ich Gott werde. („Vergottung“, vgl. *Areopagita, Maximus, Eriugena* u. a.) Und der Mensch, der sich nach der Einheit mit Gott sehnt, braucht ihn nicht zu „suchen, weder hie noch da; er ist nicht ferner denn vor der Türe des Herzens, da steht er und wartet, wen er bereit findet, der ihm auftue, und ihn einlasse“. Auch das Böse ist schließlich nur ein Mittel für die Verwirklichung des ewigen Weltzwecks.

Auf Eckharts theologische Stellung zu den Dogmen der Menschwerdung, Genugtuung, den Sakramenten, Tod, Hölle, Auferstehung können wir nicht näher eingehen. Auch auf diesem Gebiete sucht er spekulativ zu vergeistigen und verinnerlichen. Ihn bindet keinerlei Dogma, überhaupt kein geschriebenes oder gesprochenes Wort (Natorp). Im Jüngsten Gericht z.B. spricht nach seiner Vorstellung nicht Gott, sondern jeder Mensch sich selbst sein Urteil; wie er dann erscheint, so wird er bleiben. Begreiflich genug, daß die Kirche gegen einen solchen „Freigeist" einschritt, zumal da seine Lehre die schroffe Scheidung zwischen Klerus und Laien bewußt durchbrach und eine tiefe Wirkung auf die letzteren übte. Dagegen hat seine religiöse und sittliche Verinnerlichung der Reformation des 16. Jahrhunderts den Boden bereitet, ja in seiner kräftigen Betonung der Individualität steckt bei allem sonstigen Gegensatz schon ein Stück Renaissance.

2. Eckharts Nachfolger.

Auch die Schriften von Eckharts Nachfolgern sind neuerdings bei E. Diederichs (Jena) in neuhochdeutscher Übertragung erschienen, so: *H. Seuse, Deutsche Schriften* und *J. Taulers Predigten* von *W. Lehmann*, 1911 bezw. 1913, die *Deutsche Theologie* von *Büttner*, 1907; Susos deutsche Schriften auch von *Bihlmeyer*.

a) Eckhart bedeutet die Höhe der deutschen Mystik; kühn und tiefsinnig, zart und innerlich, gleich weit entfernt von ungesunder Sinnlichkeit wie von Quietismus und Willkür (Antinomismus). Sein bedeutendster Schüler Heinrich Seuse oder Suso von Konstanz (1300-1365) ist schon weniger gesund, eine weiche Schwärmernatur, die ihr mystisches Ideal in einem religiösen Minnedienst, der lieblichen „Gemahlschaft" mit dem „allersüßesten" Jesus sieht. Doch bekämpft er eine andere Richtung, die sich gleichfalls auf Eckhart berief, die „Brüder (Schwestern) des freien Geistes", die aus der Gelassenheit in Gott die sittliche Gleichgültigkeit alles Tuns folgerten. Ihnen gegenüber betonte er, daß die Nachfolge Christi auch aufs Leben und Wirken sich beziehe, daß die „Gelassenheit" wohl Freiheit gegenüber dem Buchstaben, nicht aber gesetzlose Willkür bedeute. Weit männlicher und kräftiger als Susos zarte Seele war

b) Johann Tauler von Straßburg (1300-1361) veranlagt, der in seinen volkstümlichen Reden und Schriften zur praktischen Nachfolge Christi mahnte. Anfangs mehr glänzender Redner, war er durch einen frommen Laien von der Sekte der „Gottesfreunde", den später als Ketzer verbrannten Nikolaus von Basel, zu dieser inneren Wendung gebracht worden. Sein Kernbegriff, die „Armut", ist ganz im Sinne Eckharts (s. o.) zu fassen. Zu der höchsten Stufe des „entäußerten Lebens" führt nur die Nachfolge Christi, die man auch entgegen der natürlichen Lust und Neigung üben soll. Übrigens ist der Mensch nicht von

Grund aus schlecht, sondern wirkt von Natur lieber das Gute, wie die besten Heiden zeigen. Auch warnt Tauler vor übermäßiger Askese; die wahre Tugend liege in der Mitte. Neben diese nüchternen Betrachtungen tritt dann allerdings öfters die mystische Versenkung in die göttliche Liebe, die man „bis zur Berauschung trinken" soll.

c) Tauler und Eckhart sehr verwandt ist das 1518 von Luther, seitdem häufig herausgegebene, von einem unbekannten Verfasser des 14. Jahrhunderts stammende Büchlein: *Theologia deutsch;* oft fast wörtlich mit Eckhart übereinstimmend, nur als Abhandlung naturgemäß weniger rhetorisch als dessen Predigten gehalten, und mehr erbaulich als spekulativ. Gib alle Selbheit auf, alle geistige Hoffart, sei arm und demütig, tue das Gute rein um des Guten willen aus lauter Liebe; das sind auch hier die charakteristischen Lehren.

d) In den Niederlanden vertrat Johann von Ruysbroek (1293-1381, † als Prior eines Augustinerklosters bei Brüssel) die Sache der Mystik in einer Reihe von flämisch geschriebenen, später von seinen Schülern ins Lateinische übersetzten Schriften, in denen er mehr die Mittel und Wege zu der mystischen Einigung mit Gott als die letztere selbst schildert, wie schon aus den Titeln: *Die 7 Grade der Liebe, Die 7 Wachen, Die 4 Versuchungen, Der Schmuck der geistlichen Hochzeit* hervorgeht. Sein Schüler Gerhard Groot gründete die „Brüderschaft zum gemeinsamen Leben", aus der der berühmte Thomas a Kempis (1380-1471, eigentlich Thomas Hamerken von Kempen bei Köln) hervorging, der Verfasser des bekannten, auch heute noch viel und nicht bloß in katholischen Kreisen, verbreiteten Andachtsbuches *De imitatione Christi,* von dem es (nach *Erdmann* I, 466) gegen 2000 Ausgaben, darunter allein 1000 französische, geben soll. Wohl ist hier die Religion mystisch verinnerlicht, aber das sittliche Ideal bleibt doch das in mönchischer Weltflucht befangene Ideal des mittelalterlichen Katholizismus. Noch mehr als bei den vorigen tritt das spekulative hinter das religiös-erbauliche Moment zurück, dessen genauere Betrachtung nicht hierher gehört.

So endet die Philosophie des mittelalterlichen Christentums mit der Selbstauflösung der Scholastik und der Hingabe an eine aller weltlichen Weisheit abgewandte religiöse Mystik. Inzwischen waren anderswo die Elemente herangereift, die eine neue Zeit heraufführen oder doch vorbereiten sollten.

Buch II.

Die Philosophie der Neuzeit.

§ 1. Einteilung. Literatur.

Die Schwierigkeit der Perioden-Abgrenzung, die sich schon für die Philosophie des Altertums und des Mittelalters bis zu einem gewissen Grade fühlbar machte, wächst um ein beträchtliches für die Philosophie der Neuzeit, in der sich die Fäden immer lebhafter hinüber und herüber schlingen. Wir zerlegen sie in sechs Hauptabschnitte:

I. Die Übergangszeit (hauptsächlich 15. und 16. Jahrhundert), mit zwei Unterabschnitten: 1. Die Philosophie der Renaissance (15. und 16. Jahrhundert); 2. Die Begründung der modernen Naturwissenschaft (16. und 17. Jahrhundert).[23]

II. Die Zeit der großen Systeme (besonders im 17. Jahrhundert): Descartes, Hobbes, Spinoza, Leibniz.

III. Die Aufklärungsphilosophie des 18. Jahrhunderts: 1. In England (von Locke bis Hume); 2. In Frankreich (von Bayle bis Rousseau); 3. In Deutschland (zwischen Leibniz und Kant).

IV. Die Neubegründung der Philosophie durch den Kantischen Kritizismus.

V. Die großen nachkantischen Systeme in Deutschland von Fichte bis Schopenhauer (erste Hälfte des 19. Jahrhunderts).

VI. Die Philosophie der Gegenwart (von der Mitte des 19. Jahrhunderts an).

Zu den die allgemeine Geschichte der Philosophie behandelnden Werken (vgl. S. 4f.) kommen hier noch die wichtigsten derer hinzu, welche die neuere Philosophie besonders betreffen.

> *J. Ed. Erdmann, Versuch einer wissenschaftlichen Darstellung der neueren Philosophie*, 6 Bde., 1834-53; vgl. auch desselben *Grundriß*, Bd. II. *Kuno Fischer, Geschichte der neueren Philosophie.* Heidelberg 1854 ff.; neueste (Jubiläums-)Ausgabe in 10 Bdn. 1898-1904. *Ed. Zeller, Geschichte der deutschen Philosophie seit Leibniz.* 2. Aufl. 1875. *W. Windelband, Geschichte der neueren Philosophie*, 2 Bde., 1878-80. 5. Aufl. 1911 f. (exkl. Gegenwart). In kurzem Abriß hat *Windelband* denselben Stoff behandelt in *Allgem. Gesch. der Philosophie*, S. 382-543. *R. Falckenberg, Geschichte der neueren Philosophie*, 1886. 7. Aufl. 1913. *Harald Höffding, Geschichte der neueren Philosophie.* Aus dem Dänischen übersetzt von Bendixen, 2 Bde., Leipzig 1895 f.; kürzer ders.: *Lehr-*

buch der Geschichte der neueren Philosophie, 1907. Von ultramontanem Standpunkt: *Stöckl, Geschichte der neueren Philosophie von Baco bis zur Gegenwart*, 2 Bde., Mainz 1883. *Ueberweg* Bd. III: *Die Neuzeit bis zum Ende des 18. Jahrh.*, völlig neubearbeitet von *M. Frischeisen-Köhler*, 1914. Bd. IV: *Das 19. Jahrhundert und die Gegenwart*, neu bearbeitet von *K. Österreich*, 1916 (weit subjektiver als früher).

Für die Geschichte einzelner Disziplinen kommen zu den in der allgemeinen Einleitung (oben S. 15) unseres Buches genannten noch hinzu:

Franz Vorländer, Geschichte der philosophischen Moral, Rechts- und Staatslehre der Engländer und Franzosen, einschließlich Macchiavells. Marburg 1855. – *F. Jodl, Geschichte der Ethik in der neueren Philosophie.* 2 Bde. 1882, 1889. Bd. I in 2. Aufl. 1906. – *H. Lotze, Geschichte der Ästhetik in Deutschland.* München 1868. Neudruck Lpz. 1913. – *Dessoir, Geschichte der neueren deutschen Psychologie.* 2 Bde. 1894, 1902, 3. Aufl. 1912. – *E. Cassirer, Das Erkenntnisproblem in der Philosophie und Wissenschaft der neueren Zeit.* Bd. I (bis Bayle einschl.) 1906 2. Aufl. 1911. Bd. II (bis einschl. Kant) 1907.

Übergangsperiode.
Kapitel I.
Die Philosophie der Renaissance.

J. Burckhardt, Die Kultur der Renaissance in Italien. Basel 1860, 10. Aufl. von Geiger 1908 (klassische Darstellung). *L. Geiger, Renaissance und Humanismus in Italien und in Deutschland.* Berlin 1882. *M. Carrière, Die philosophische Weltanschauung der Reformationszeit.* 2. Aufl. Leipzig 1887. *W. Dilthey, Weltanschauung u. Analyse des Menschen seit Renaissance und Reformation.* Berlin 1913.

§ 2. Die Wiedererweckung des klassischen Altertums, insbesondere des Platonismus, in Italien. Nicolaus Cusanus.

Außer den soeben genannten Werken: *G. Voigt, Die Wiederbelebung des klassischen Altertums*, 3. Aufl. 1893. Über Pico von Mirandola vgl. d

Einleitung *A. Lieberts* in seiner Ausgabe von Picos ausgewählten Schriften. Jena (Diederichs) 1905. Über den Kusaner vgl. *R. Falckenberg, Grundzüge der Philosophie des Nikolaus Cusanus*, Breslau 1880, und verschiedene Arbeiten von *J. Uebinger*, (s. Ueberweg III, § 7), dazu neuerdings *Cassirer*, a. a. O., S. 52-77. Seine wichtigsten Schriften in deutscher Übersetzung herausgegeben von *Scharpff*, Freiburg 1862. *De docta ignorantia*, ed. P. Rotta. Bari 1912.

1. Die Renaissance.

Das spätere Mittelalter stand philosophisch, wie wir sahen, durchaus im Zeichen des Aristotelismus. Plato war nur in wenigen seiner Schriften bekannt und konnte auch in seiner ganzen Tiefe und Schönheit von den Männern der Scholastik nicht erfaßt werden. Dazu war eine neue Zeit notwendig, die mit der kirchlichen Autorität wie mit allen anderen Autoritäten kühn zu brechen und den Menschen, zum erstenmal seit dem Altertum, wieder auf sich selbst zu stellen wagte. Diese neue Zeit, die bisher nur in einzelnen Kreisen und Persönlichkeiten (Abälard, Hof des Staufers Friedrich II.) sich im voraus angekündigt hatte, brach jetzt, im 14. und namentlich im 15. Jahrhundert, mit Macht herein. Wenn sie an die echte Antike anknüpfte, so konnte das nicht in dem verwüsteten, geistig erstarrten, unter der Osmanenherrschaft seufzenden Griechenland geschehen, sondern nur in demjenigen Lande, in dem der Zusammenhang mit dem Altertum naturgemäß noch am stärksten vorhanden war: in Italien. Hier traf der wieder erwachende Geist der Antike auf mannigfache verwandte Elemente, nicht zum wenigsten eine noch halb antike Sitte und Sprache, sowie die alten Erinnerungen und Denkmäler. Hierhin flüchteten sich zahlreiche griechische Gelehrte aus Konstantinopel vor der drohenden Herrschaft der Türken. Hier war durch die Entwicklung des Handels und der politischen Verhältnisse, durch die Zerstückelung in zahlreiche, sich fortwährend befehdende Staaten die politisch-soziale Ordnung des Mittelalters am frühesten aufgelöst worden, hier ein freies Städteleben, daneben eine Reihe kleiner Fürstentümer entstanden, in denen kraftvolle Individuen sich zu Alleinherrschern emporschwangen. Der Italiener reift am frühesten von den Völkern Europas zur selbständigen Persönlichkeit heran und zwar auf allen Gebieten: dem des Staatsmannes, des Redners, des Dichters, des Künstlers. Dazu kam die gewaltige Erweiterung des Gesichtskreises und des Verkehrs durch die geographischen Entdeckungen, die Vervielfältigungsmöglichkeit des geschriebenen Wortes durch die Buchdruckerkunst.

Drei Dichter: Dante (1265-1321), der trotz seines mittelalterlichen Stoffes in Empfindung und Behandlung schon den modernen Menschen verrät, Petrarka (1304-1374), der sein Herz entdeckt, Boccaccio (1313-1378), der wieder den Homer lesen kann und die Geschichte von den drei Ringen erzählt, beginnen den Reigen. Die Universitäten und Schulen mit ihren Rhetorikern, Philologen und

Philosophen folgen nach. Allmählich ergreift die Bewegung alle gebildeten Stände; Kaufleute, Fürsten, Päpste, wie sie das glorreiche Haus der Medici in sich vereinigt, zählen zu ihren namhaftesten Förderern. Die positive Religion tritt in den Hintergrund, die sichtbare Umgebung, die als beseelt gedachte Natur, die menschlichen Leiden und Freuden treten in den Vordergrund der Betrachtung. Sie werden gleichsam neu entdeckt, vor allem der Mensch selbst wird Gegenstand der Biographie, der Geschichtsschreibung, der Poesie und der bildenden Kunst. Es ist das Zeitalter des Humanismus, der Weltlichkeit, der Lebensfreude. Scharf ausgeprägte Naturen treten in Fülle hervor. Das persönliche Leben genialer Individualitäten erregt selbst in verworfenen Charakteren wie Cesare Borgia, Bewunderung; in einer Reihe von edlen Persönlichkeiten (Vittoria Colonna, Leonardo, Michelangelo) schwingt es sich zu seltener Vollendung auf. Auch die Selbständigkeit der Frau wird zum ersten Male anerkannt. Daneben erhebt sich die schöne Form wieder auf allen Gebieten zum leitenden Werte. Statt des Gegensatzes von Ungläubigen und Gläubigen kommt der neue zwischen Ungebildeten und Gebildeten empor; innerhalb der letzteren erfolgt bis zu einem gewissen Grade eine Ausgleichung der Stände und Geschlechter.

2. Platoniker und Aristoteliker.

a) In der Philosophie sammeln sich die neuen Tendenzen unter dem Namen Platos als Feldzeichen gegenüber dem nüchternen Geiste der aristotelischen Scholastik. An den Hof des Cosmo von Medici kam 1438 aus Konstantinopel der enthusiastisch für Plato begeisterte Georgios Gemistos Plethon (um 1355-1450, vgl. über ihn die *Monographie* von *Fritz Schultze,* Jena 1874) und gewann ihn für die Stiftung einer platonischen Akademie, d.h. einer freien Vereinigung begeisterter Plato-Verehrer zu Florenz, die ihre Blüte unter Cosmos Nachfolgern Lorenzo und Juliano erreichte und das Studium Platos nicht bloß über ganz Italien, sondern über das gesamte gebildete Europa verbreitete. Zu Plethons einflußreichsten Schülern gehörten der gemäßigtere Kardinal Bessarion (1403-1472) und Marsilius Ficinus (1433-1499), der erste Leiter jener „Akademie“ und geschmackvolle Übersetzer der platonischen und plotinischen Schriften ins Lateinische. Freilich haftet, wie schon nach der letzterwähnten Tatsache sich vermuten läßt, diesen Platonikern ein starker Zug zum Neuplatonismus an, der noch schärfer bei dem Grafen Pico von Mirandola (1463-1494), dem deutschen Humanisten Reuchlin (1455-1522) und dem abenteuerlichen Agrippa von Nettesheim (1486-1535) hervortritt, ja sich bei ihnen zum Teil sogar mit kabbalistischen Elementen verschmilzt.

b) Selbst die Aristoteliker, deren Hauptsitz in Italien die Universität Padua blieb, konnten sich, wenn sie auch mit den Platonikern in scharfer Fehde lagen, dennoch der neuen Strömung nicht entziehen. Auch sie sehen jetzt auf die scholastischen Kommentierer ihres Meisters verächtlich als auf Barbaren herab und stützen sich auf seine griechischen Ausleger. Statt der von den Scholastikern fast ausschließlich gepflegten Metaphysik und Physik des Stagiriten, werfen sie sich auf seine Erkenntnislehre und namentlich seine Psychologie. Sie spalten sich in zwei einander scharf bekämpfende Richtungen: Averroisten und Alexandristen. Während die ersteren sich der pantheistischen Auslegung des Aristoteles durch Averroës geneigt zeigten, gingen die letzteren auf die mehr naturalistische Auslegung des Alexander von Aphrodisias (I § 34) zurück. Umstritten war namentlich die Unsterblichkeitsfrage. Beide Richtungen leugneten die persönliche Unsterblichkeit, doch nahmen die Averroisten an, daß der vernünftige Teil der Seele nach dem Tode zur allgemeinen Weltseele zurückkehre und mit dieser unsterblich sei.

Die alexandristische Richtung vertrat am erfolgreichsten Pomponatius (Pietro Pomponazzi, 1462-1524), berühmt als Redner und Lehrer der Philosophie zu Padua und Bologna, in einer auf Betreiben der Inquisition verbrannten kleinen Schrift *De immortalitate animi.* Er behauptete, die Leugnung der individuellen Unsterblichkeit bringe keineswegs die Sittlichkeit in Gefahr, befördere im Gegenteil das Tun des Guten um des Guten willen, ohne Rücksicht auf zukünftigen Lohn oder Strafe. Von der wissenschaftlichen und künstlerischen Entwicklung ihrer Persönlichkeit seien viele, von der sittlichen niemand ausgeschlossen. Neben diesen Sätzen steht allerdings die bedenkliche Lehre von der zwiefachen Wahrheit: Was für den Theologen wahr sei, brauche es darum nicht für den Philosophen zu sein; die von Kirche und Staat gebotene Unsterblichkeitslehre sei für die Masse gut, die des Zaumes bedürfe. In zwei weiteren Schriften behandelte Pomponatius die Lehre vom Wunder und das Problem der Willensfreiheit. Neben kräftiger Betonung der natürlichen Ursachen – die Wirkung der Religion auf die Gläubigen z.B. würde in gleicher Weise erfolgen, auch wenn die heiligen Gebeine aus Hundeknochen beständen – steht auch hier die Schlußreverenz vor der Kirche; wie sie sich ähnlich bei Lorenzo Valla und Erasmus und später noch bei Baco, Gassendi, Descartes und Hobbes findet. Wie weit solche Zweideutigkeit bei allen diesen Philosophen bloße, durch die Zeitverhältnisse (drohende Verketzerung) bedingte Form war, wird sich heute schwerlich mehr entscheiden lassen. Übrigens konnte Pomponatius, als sein averroistischer Gegner Niphus im Auftrage Papst Leos X. eine Widerlegungsschrift gegen ihn verfaßt hatte, in seinem *Defensorium* die Sterblichkeit der Seele – unter dem Schutze des Kardinals Bembo und des Papstes selbst verteidigen!

c) Auch gegen die scholastische Form und Ausdrucksweise machte sich eine starke, mit den Waffen des Ernstes wie des Spottes kämpfende, namentlich von Lorenzo Valla (1408-1457) geführte Bewegung geltend. Statt der künstlichen Wortbildungen und der spitzfindigen Abstraktionen verlangte man eine geschmackvolle, allen Gebildeten verständliche Sprache, statt der Begriffe „die Sachen", statt des Klebens am Überlieferten dessen freie Kritik. Mitunter freilich wurde die schöne Form und die rhetorische Kunst übertrieben, wenn man

Cicero und Quintilian über Aristoteles' Syllogistik setzte. Aber als Reaktion gegen den einseitigen Aristotelismus des Mittelalters bedeutete auch diese Richtung einen Fortschritt.

Noch andere Philosophen des Altertums wurden in dieser begeisterungs- und kampffrohen Zeit aus jahrhundertelanger Vergessenheit gezogen. So wagte Valla in seinem Dialog *De voluptate* zuerst der damals noch als sittenlos und gefährlich verschrieenen Ethik Epikurs sich anzunähern. Andere, wie die Deutschen Justus Lipsius und Kaspar Schoppe (Scioppius), suchten den ihnen durch Cicero und Seneca vermittelten Stoizismus zu erneuern.

Nicolaus Cusanus.

Zeitlich und sachlich gehört in diesen Zusammenhang auch die merkwürdige Gestalt des Nicolaus Cusanus (1401-1464). Denn Nicolaus Chrypffs oder Krebs, der deutsche Winzerssohn aus dem Dorfe Kues an der Mosel, der 1448 zur römischen Kardinalswürde aufstieg, steht auf der Grenze zweier Zeitalter: des Mittelalters und der Neuzeit, und zweier Gebiete: der Theologie und der Philosophie; sodaß man ihn fast ebensogut dem einen wie dem anderen zuzählen kann. Er faßt mehrere Richtungen des ausgehenden Mittelalters, wie den Nominalismus und die Mystik, in seiner Person zusammen, aber er ist auch schon berührt von dem Humanismus der Renaissance. Er verkehrt mit dem Erbauer der Florentiner Domkuppel, Brunelleschi; sein Lehrer in der Mathematik ist auch der des Columbus. So wendet er sich, obwohl stofflich noch an den mittelalterlichen Problemen haftend, doch bereits neuen Fragestellungen zu. Er zeigt Interesse nicht nur für die Alten, besonders für Plato, die Pythagoreer und Neuplatoniker, sondern auch für Mathematik und Naturwissenschaft, lehrt die Kugelgestalt und Achsendrehung der Erde schon vor Kopernikus, läßt die erste Karte von Deutschland in Kupfer stechen, macht Vorschläge für methodische Experimente und empfiehlt überhaupt das Lesen in dem großen Buche der Natur, das Gott vor uns aufgeschlagen habe.

Philosophisch bedeutsam ist vor allem seine Theorie des Erkennens. Er nimmt vier Stufen desselben an: 1. den nur verworrene Bilder liefernden Sinn, 2. den sondernden Verstand (ratio), 3. die spekulative Vernunft (intellectus) und zuhöchst 4. die mystische Anschauung, die in der Vereinigung der Seele mit Gott besteht. Jede Stufe ist in der nachfolgenden enthalten, aber alle vier sind nur Gestaltungen einer und derselben Grundkraft. Das Erkennen besteht in der Verähnlichung des erkennenden Subjekts und seines Gegenstandes, ist also ein geistiges Messen. Doch all unser Wissen ist nur ein Vermuten. Der Mensch muß sich bewußt werden, daß er Gott oder das Unendliche nie ganz erfassen kann wenn er sich auch ihm beständig anzunähern vermag: das ist der Zustand des „bewußten Nichtwissens", der *Docta ignorantia*, wie der Titel seiner Hauptschrift lautet. In Gott lösen sich alle Gegensätze in Einheit auf (coincidentia opposito rum), in ihm sind alle Möglichkeiten verwirklicht (er ist das poss-est d.h. das „kann-ist"). Aber er stellt nicht bloß das alles umfassende und überragende Maximum, sondern auch das in allem seiende Minimum, dabei zugleich das absolute Können, Wissen und Wollen, die absolute Sittlichkeit dar. Und wenn nun auch der Theologe in Nicolaus die Geheimnisse der kirchlichen Dreieinigkeitslehre u. a., zum Teil in phantastischen Zahlenspekulationen, auszulegen sich bemüht, so zieht ihn doch sein philosophischer Geist zum Pantheismus hin. In Gott hängt ihm alles Seiende zusammen. Gottes Entfaltung, gewissermaßen sein Körper ist die Welt; und jedes Ding spiegelt an seiner Stelle das Universum wider. So ist auch der Mensch ein Spiegel des Alls, eine „kleine Welt" (parvus mundus, Mikrokosmus). Seine Vervollkommnung ist nur eine Entfaltung seiner ursprünglichen Anlagen, seine Liebe zu Gott = Einswerden mit Gott. Aber auch des Menschen Geist entspricht der absoluten Wirklichkeit, sein Sehen ist ein Nachbild des göttlichen, ohne seinen Intellekt gäbe es keine Werte auf der Welt. So wird das Negative schließlich zum Positiven, das „bewußte Nichtwissen" zur „unendlichen Erkenntnis".

Es sind Gedanken, die uns in der Geschichte der Philosophie noch öfters, bis zu Schelling und Hegel hin, begegnen werden. Neben seinen theologischen Spekulationen hegt zudem dieser merkwürdige Kopf einzelne ganz moderne Gedanken, wenn auch zum Teil erst keimhaft, wie den der Individualität, der Entwicklung, der Widerspiegelung der Gegenstände im Bewußtsein, der religiösen Toleranz. Bei aller Verschiedenheit der Riten „gibt es nur eine Religion", der er auch durch Wiederherstellung der Einheit mit der griechischen Kirche zu dienen suchte (Dialog *De pace seu concordantia fidei).* Er schätzt „unsere" Mathematik als Musterbild der Gewißheit, erörtert das Unendliche, den Grenzübergang, das spezifische Gewicht und erinnert, wie K. Lasswitz nachgewiesen hat, zuerst wieder an die Grundgedanken der Atomistik. So hat er in mehrfacher Hinsicht der Naturphilosophie des 16. Jahrhunderts, ja, wie Cassirer gezeigt hat, auch den Begründern der modernen Naturwissenschaft (Kepler und Galilei) und Mathematik (Descartes, Leibniz) vorgearbeitet.

Verwandt mit dem Kusaner ist der auch als Mathematiker bedeutende Franzose Charles Bouillié (Carolus Bovillus, um 1475-1553); vgl. über ihn Cassirer, S. 77 bis 85, 154 f.

§ 3. Die Naturphilosophie des 16. Jahrhunderts.

(1. Paracelsus und seine Anhänger.
2. In Italien: Cardano, Telesio, Bruno, Campanella.)

1. In den germanischen Ländern.

a) Die tiefsinnige Philosophie des Kusaners trug, im Verein mit der Renaissancestimmung der Zeit überhaupt, mächtig dazu bei, die freieren Geister gerade für ein unbehindertes Studium der Natur zu begeistern. Es machte sich ein leidenschaftlicher Drang nach Natur- und Erfahrungserkenntnis geltend, wie er uns aus dem ersten Monologe von Goethes *Faust* entgegentönt. Freilich warf sich dieser Drang, namentlich in seinen ungeklärten Anfängen, vielfach noch auf kritikloses Ausbauen eigener Eingebungen und Lieblingsideen. Dahin gehört der vielgewanderte, ruhelose schweizerische Arzt und Chemiker Theophrastus Bombast von Hohenheim (1493-1541), der sich selbst gräzisierend Paracelsus nannte. Seine ursprünglich deutsch, in sinnlich-kraftvoller Sprache geschriebenen Hauptwerke sind später von seinen Anhängern ins Lateinische übersetzt und mehrfach herausgegeben worden: u. a. deutsch von Huser, Basel 1589 ff. und Straßburg 1618, lateinisch Straßburg 1603 ff. und Genf 1658; im Urtext jetzt in einer schön ausgestatteten Neuausgabe von *F. Strunz* (bei E. Diederichs, Jena) 1904. Strunz hat auch eine populär gehaltene, knappe Monographie: *Theophrastus Paracelsus, sein Leben und seine Persönlichkeit* (ebenda 1903) veröffentlicht, in der sich Näheres über die neuere Paracelsus-Forschung findet, deren bedeutendstes Werk: *Sudhoff, Versuch einer Kritik der Paracelsischen Schriften,* 2 Bde. 1894-98 ist.

Zum Mittelpunkte seines Systems macht Paracelsus den schon bei Lullus (s. I § 67) auftauchenden Gedanken von der Einheitlichkeit alles Lebens, dem geistigen Zusammenhange des ganzen Universums, der großen und der kleinen Welt (Makrokosmus – Mikrokosmus). Der Mensch (Mikrokosmus) ist nur durch die Welt, die Welt nur durch den Menschen zu erkennen. Nichts in der Natur geschieht durch äußere, alles durch innere Ursachen. Alle Dinge sind beseelt. Entsprechend den drei Welten: der irdischen („elementarischen"), Sternen- („siderischen") und göttlichen („dealen"), besitzen alle Wesen einen sichtbaren elementarischen und einen unsichtbaren astralischen Leib, wozu bei dem Menschen noch die aus der „dealen" Welt stammende Seele tritt. Alleiniger Gegenstand der Philosophie ist die Erkenntnis der Natur, die man nur durch Belauschen derselben, nicht durch Bücherweisheit erhält. Die Erforschung der siderischen Welt ist Sache der Astronomie, die für Paracelsus und seine Anhänger freilich zum Teil noch in Astrologie aufgeht. Die Theologie hat mit dem „natürlichen Licht" der Philosophie nichts zu tun, sondern ist Sache der Offenbarung und des Glaubens, der er in der letzten Periode seines Lebens eine große Anzahl theologischer Schriften widmete.

Auf den drei Grundpfeilern der Philosophie, Astronomie und Theologie erhebt sich als höchste Wissenschaft die Medizin. Die wichtigste Aufgabe ist daher ihre Reform. Sie besteht vor allem in der Stärkung des jedem Individuum innewohnenden Lebensprinzips, von Paracelsus ἀρχεύς = Regierer genannt, beziehentlich in der Befreiung desselben von fremden, schädlichen Mächten. Von solchen Mächten oder Kräften, die oft auch als individuelle „Elementargeister" (Salamander, Undinen, Sylphen und Gnomen) beschrieben werden, ist die uns umgebende Natur voll. Die Befreiung erfolgt durch entsprechend zusammengesetzte Stoffe. Seine Alchimie brachte zu dem Zweck ei ne Musterkarte von Wundertränken und Tinkturen, darunter übrigens auch einige nützliche Neuerungen; den „Stein der Weisen" freilich als Allheilmittel (Panacee) suchte er mit vielen seiner Zeitgenossen vergebens. Der Autoritätssucht, die bis dahin auch in der Medizin geherrscht hatte (Aristoteles, Galen, Avicenna), und allem „Bücherkram" trat Paracelsus kräftig entgegen, zugunsten von Natur und Erfahrung (Experiment), auf die er, bei aller Phantastik (Einzelheiten siehe in *Erdmanns Grundriß* I, 506-516), doch mit Nachdruck hinweist; wie er denn überhaupt energisch auf die Elemente der modernen Chemie hinstrebt. Allerdings ist bei ihm das Neue mehr naiv-genial erschaut als begrifflich begründet. Der Grundsubstanzen alles Irdischen sind drei: 1. das, was brennt (Sulphur), 2. das, was raucht und sich verflüchtigt (Mercurius), 3. was als Asche zurückbleibt (Sal). Durch das erste wird das Wachstum, durch das zweite die Flüssigkeit, durch das dritte die Festigkeit der Körper bewirkt.

b) Paracelsus fand anfangs fast nur erbitterte Gegner, allmählich aber, besonders nach seinem Tode, doch zahlreiche Schüler, die freilich zumeist die philosophischen Bestandteile seiner Lehre beiseite ließen und sich nur auf das Praktische warfen. Als Nachfolger im weiteren Sinne kann man den fast ein Jahrhundert später lebenden Niederländer Joh. Bapt. van Helmont (1577-1644) betrachten, der für die Entwicklung der Chemie nicht ohne Bedeutung gewesen ist. Ähnlich Paracelsus, nimmt er ein inneres Lebensprinzip als Urferment, daneben eine Urmaterie an. Von den Elementen sind nur Wasser und Luft unwandelbar; Dunst und „Gas" (ein von ihm eingeführtes Wort!) sind nur umgelagerte Wasserteilchen. Auch er will sich ganz auf die Natur, d.h. auf die experimentierende Physik und Chemie verlassen, womit er freilich einen von Neuplatonismus und christlicher Mystik durchsetzten Offenbarungsglauben verbindet. Religion ist für ihn das Streben nach dem Eingehen der menschlichen Lichtnatur in das ewige Lichtzentrum, Gott die eine, absolute Kraft, das wahre Wesen und die bewegende Ursache aller Dinge. Von ihm stammt der unsterbliche, unkörperliche, reine Geist *(mens)*, der jedoch im Menschen mit der vergänglichen, alles Denken, Fühlen und Wollen umfassenden Seele *(anima sensitiva)*, dem Prinzip des physischen Lebens, umkleidet ist, welches die wahre Wesenheit der Dinge nicht zu erkennen vermag. „Ein jedes Ding wird nicht erfaßt, wie es an sich selbst ist, sondern nach der Art dessen, der es annimmt, d. i. dessen, der es betrachtet." Dieser empfindenden Seele ist wieder, ähnlich wie bei Paracelsus, ein innerer Archeus und diesem die verschiedenen Lebenszentren *(archei insiti)* unterworfen. Vgl. über Helmont *F. Strunz, Johann Baptist von Helmont,* Wien 1907. Sein Sohn († 1699) stellte zugleich eine eigentümliche Monadenlehre auf. – Eine Allbeseelung der Natur nimmt auch der schon S. 234 genannte Agrippa von Nettesheim (bei Köln) an, der die Stärke und den Einfluß der vier Elemente quantitativ zu bestimmen suchte, aber einen über ihnen waltenden Weltgeist (Spiritus mundi) als fünftes Element (Quintessenz) annimmt.

Jedenfalls zeigt sich von Nikolaus von Kues an über Paracelsus bis zu den Helmonts ein zunehmendes Bestreben, im Gegensatz zu den „verborgenen Eigenschaften" (qualitates occultae), die nach der aristotelisch-scholastischen Anschauung, von Gott in die Dinge gelegt, in diesen herumspuken, in die Materie selbst den Sitz des Lebens zu verlegen, und unter der vielfach phantastisch mystischen Sprache verbirgt sich doch ein neuer wissenschaftlicher Inhalt. So war wenigstens Raum geschaffen für eine gesetzmäßige Erforschung der Natur, wie wir sie im zweiten Kapitel werden entstehen sehen. Vorläufig jedoch müssen wir die Entwicklung weiter verfolgen, welche die Naturphilosophie im Geburtslande der Renaissance, in Italien nahm.

2. In Italien.

a) Ähnlich wie Paracelsus in den deutsch redenden Ländern, wirkte in Norditalien der Mathematiker, Arzt und Astrolog Jeronimo Cardano aus Mailand (1501-1576). Auch für ihn ist das Weltall durchaus beseelt, alle Dinge durch Sympathie und Antipathie verbunden. Sich in Gott, Gott in sich erkennen ist die edelste Weisheit. Die Weltseele, auch als Wärme oder Licht bezeichnet, stellt das formende Element dar, welches die Materie durchdringt und verknüpft. Das Wesen der Wärme besteht in Bewegung. Im Gegensatz zu Paracelsus bestimmt Cardano jedoch seine Lehre nur für die Wissenden; die Masse muß von Staat und Kirche mit drakonischer Strenge im Zaume gehalten werden, denn bei ihr entstehen aus dem Wissen und dem Nachdenken über die Religion – Tumulte. Keine religiöse Diskussion daher und keine wissenschaftliche Abhandlung in der Muttersprache!

b) Philosophisch bedeutender als Paracelsus und Cardano ist der Süditaliener Bernardino Telesio aus Cosenza (1508-1588), der sich durch sein Hauptwerk *De natura iuxta propria principia* (1565-1586) zwar zahlreiche Feinde unter den norditalischen Aristotelikern machte, aber unter seinen Landsleuten als Stifter der „Cosentinischen Akademie" zu Neapel großen Einfluß gewann. An Stelle phantastischer Mystik will er vorurteilslose Erforschung der Erfahrung gesetzt wissen, an Stelle geheimnisvoller Sympathien wenige unveränderliche Prinzipien; eine solche Annahme ehre Gott mehr als der Glaube an fortwährende willkürliche Eingriffe. Neben dem bloß leidenden „Stoffe" (moles) nimmt Telesio zwei solcher „tätigen Prinzipien" oder Urkräfte in der Natur an: eine ausdehnende, die Wärme, und eine zusammenziehende, die Kälte, jene von der Sonne, diese von der Erde ausgehend. Auch der Geist (Spiritus) ist nur feine, warme, empfindende Materie, durch Klima, Nahrung und Lebensweise beeinflußbar. Dadurch, daß er die äußeren Dinge in sich aufnimmt, entsteht das Erkennen, das somit im Grunde nichts anderes als Tastwahrnehmung ist. Selbst die Mathematik bleibt für Telesio wesentlich sinnlicher Natur. Bei dem Menschen kommt noch die gottgegebene, unsterbliche

Seele hinzu. Seine Ethik gründet Telesio, ähnlich den Stoikern und später Spinoza, auf das Prinzip der Selbsterhaltung, von dem die vier Kardinaltugenden: Weisheit, Geschicklichkeit, Tapferkeit und Güte nur besondere Ausprägungen sind.

Ähnliches lehrte F. Patrizzi (1529-1597), dessen vier Elemente Raum, Flüssigkeit, Licht und Wärme heißen und ein Medium zwischen Materie und Immateriellem (Göttlichem) bilden; doch treten in seiner *Neuen Philosophie über das Universum* neben eine fast moderne Würdigung der Mathematik auch phantastische, neuplatonische Momente, neben die Anerkennung der christlichen Heilslehre ein schönheitstrunkener Pantheismus.

Telesio verstand sich schließlich zu der ihm abverlangten Unterwerfung unter die römische Kirche. Anders sein berühmter Landsmann

c) Giordano Bruno (1548-1600),

dessen Persönlichkeit und Lehre infolge seines Märtyrerschicksals die Aufmerksamkeit von jeher auf sich gezogen und namentlich seit 1889 (Errichtung seines Denkmals in Rom) und 1900 (300jährige Gedenkfeier seines Todes) in und außerhalb Italiens häufig behandelt worden ist. Die italienischen Schriften Brunos sind von *Paul de Lagarde* (2 Bände, Göttingen 1888/89), die lateinischen in 4 Bänden zu Neapel und Florenz (1870-1891) herausgegeben worden. Die wichtigste, der Dialog *Von der Ursache, dem Prinzip und dem Einen,* ist unter diesem Titel von *Ad. Lasson* verdeutscht worden und, mit Einleitung und Erläuterungen, in der *Philos. Bibliothek* (3. Auflage 1902) sowie bei *Reclam* erschienen; verschiedene übersetzt von *L. Kuhlenbeck,* bei *Diederichs* (Jena, 6 Bände). Außer den zahlreichen, bei Ueberweg zitierten Einzelschriften über Bruno vgl. den geistvollen vierten Vortrag in *H. St. Chamberlains Imman. Kant, München 1905* und *Cassirer, a. a. O. Buch II, Kap. 3.* In Berlin bildete sich sogar ein besonderer Giordano Bruno-Bund, der Flugschriften über Bruno veröffentlichte.

Giordano (eigentlich Filippo) Bruno, 1548 zu Nola geboren, trat mit 15 Jahren in den Dominikanerorden, verließ ihn aber, als er wegen seiner freien Anschauungen beargwöhnt wurde, und führte seit 1576 ein unstetes Wanderleben von Ort zu Ort, überall mit dem ganzen Feuer seiner leidenschaftlichen Natur für seine Ideen eintretend. Anfangs in Norditalien, dann in Genf, wo er mit der kalvinischen Orthodoxie gleichfalls in Zwiespalt geriet, darauf in Toulouse, zwei Jahre in England (wo er mehrere seiner philosophischen Dialoge verfaßte), später in Paris und mehreren deutschen Universitätsstädten wie Marburg, Wittenberg, Helmstedt, Prag – er preist die deutsche Wissenschaft eines Cusanus, Paracelsus, Kopernikus und Luthers Kampf wider den Papst –: überall, wo es ihm nicht verwehrt wurde, dozierend und schriftstellernd. Von Frankfurt a. M. kam er über Zürich in sein Vaterland zurück, fiel aber hier 1592 in Venedig durch Verrat in die Hände der Inquisition, bekannte sich, nach anfänglicher Bereitschaft zum Widerrufe, standhaft zu seiner Überzeugung, die er als die wahrhaft christliche bezeichnete, wurde darauf nach Rom ausgeliefert, wo er noch sieben Jahre im Kerker schmachtete, und am 17. Februar 1600 auf dem Campo di Fiore öffentlich verbrannt. Als ihm das Todesurteil verkündet wurde, hatte er seinen Richtern zugerufen: „Ihr möget mit größerer Furcht euer Urteil fällen, als ich es empfange." Auf demselben Platze, wo er für seine Überzeugung – gerade zwei Jahrtausende nach Sokrates – den Tod erlitt, ist am 9. Juni 1889 unter Anwesenheit zahlreicher Abordnungen, auch aus dem Auslande, feierlich sein Standbild enthüllt worden.

Brunos Märtyrergeschick darf nicht gegen die Mängel seines Charakters und seiner Philosophie verblenden. Eine starke Sinnlichkeit – wie er denn in seinen Jugendjahren ein dem Zeitgeschmack angepaßtes, nicht gerade züchtiges Lustspiel verfaßte –, eine Leidenschaftlichkeit, die auch sein Denken nicht zu völlig klarer, methodischer Ausgestaltung kommen ließ und die von Eitelkeit nicht frei ist, sind Züge, die freilich bei dem Süditaliener nicht verwundern dürfen. Ihnen steht gegenüber ein unwiderstehlicher Trieb zur Wahrheit und Erkenntnis, verbunden mit einer wahrhaft poetischen Kraft in der Auffassung des Universums. In den mehr als 70 Sonetten seiner *Eroici furori* besingt er die begeisterte Liebe zum Göttlichen, die Sehnsucht nach dem Ideal des Schönen. Auch seine teils italienisch, teils lateinisch geschriebenen Prosaschriften sind, wohl unter platonischem Einfluß, meist in Dialogform abgefaßt und stark rhetorisch gehalten.

Unsere Darstellung übergeht die erste der drei nach den Untersuchungen des italienischen Brunoforschers Tocco (1889) in Brunos Entwicklung zu unterscheidenden Stufen, in der er den Neuplatonikern noch nahe steht oder im Anschluß an Lullus Mnemotechnik treibt, und wendet sich sogleich der ihm eigentümlichen, besonders während seines Aufenthaltes in London von ihm ausgebildeten Lehre zu.

α) *Unendlichkeit der Welten. Pantheismus.* Bruno ist von der neuen Lehre des Kopernikus ergriffen, die er mit begeisterter Dichterphantasie zu einem großartigen Weltbild erweitert. Das Universum ist unendlich – so unendlich wie unsere Einbildungskraft selbst –, unser Sonnensystem nur eins unter unzähligen anderen, sich bildenden und wieder vergehenden, unsere Erde gleich einem Atom. Ein ewiges Gesetz, eine einzige göttliche Kraft, wie es dem Wesen Gottes als des Unendlichen entspricht, durchwaltet das Weltall und hat alles harmonisch geordnet. Nur der Theologe sucht die Gottheit außer und über, der wahre Philosoph findet sie in der Natur. Die Weltseele wohnt vielmehr als die alles bewirkende Ursache, als das zweckvoll handelnde innere Prinzip aller Bewegung dem Stoffe, den sie formt, allerorten, wenngleich nicht körperlich, inne. Alle Dinge, z.B. auch der Wassertropfen, sind beseelt, weil geformt, alles erfüllt von Sympathie und Antipathie. Aber die Form steht nicht im Gegensatz zum Stoffe. Auch dieser ist ein „göttliches Wesen", das sich aus sich selbst heraus zu immer höheren Formen entfaltet, ja im Grunde eins mit der Mutter Natur. Beide treffen zusammen in dem einen Absoluten, das allen Dingen zugrunde liegt. Gott ist die „höchste Ursache, das Prinzip und das Eine". Freilich wird kein Menschenverstand je diese absolute Einheit völlig zu erfassen vermögen; in dieser Hinsicht teilt Bruno den Standpunkt des Kusaners von der docta ignorantia.

β) *Monadenlehre.* In der spätesten Gruppe seiner Schriften beschäftigt unseren Naturphilosophen weniger der Zusammenhang, als vielmehr die Zerlegung des Alls in seine kleinsten Teile, das Problem des Individuums und des Atoms oder, wie er sagt, des Minimums oder der Monade. Um die Vielheit zu begreifen, müssen wir auf die Einheit zurückgehen, die sich nicht nur im Größten und Umfassendsten, sondern auch im Kleinsten und Einfachsten – räumlich im Punkt, physisch im Atom – wiederfindet. Aber das Atom ist für ihn, darin liegt sein erkenntniskritisches Verdienst, nicht bloß das Letzte der Teilung und nicht bloß Grenze, sondern auch Anfangspunkt der Zusammensetzung und so Ausgangspunkt der Betrachtung, Grundbedingung der Existenz, mithin erkenntnistheoretisches Denkmittel. Freilich vermag Bruno diesen Standpunkt noch nicht bewußt und folgerichtig durchzuführen, wie ihm denn überhaupt das echte wissenschaftliche Mittelglied zwischen Sinnlichkeit und reinem Denken, die Mathematik, in ihrer wahren Bedeutung entgangen ist, an deren Stelle er vielmehr die Einbildungskraft *(imaginatio)* setzt. Und so fällt er alsbald wieder in die Metaphysik seiner Zeitgenossen zurück. Seine Minima werden, zu mechanisch-physikalischen, wenn auch bis zu einem gewissen Grade beseelten, Stoffteilchen. Es gibt unzählige Monaden (Minima) verschiedener Grade. So ist z.B. die Erde ein Minimum im Verhältnis zur Sonne, das Sonnensystem ein solches im Verhältnis zum Weltall, und Gott heißt „die Monade der Monaden".

γ) Aus der physikalischen Weltauffassung des Nolaners ergibt sich von selbst seine ethisch-religiöse Grundstimmung. Sie ist mit einem Worte – pantheistisch. Wer das innerste Wesen der Welt mit begeistertem Blicke zu erfassen vermag, für den verschwinden nach Bruno alle scheinbaren Mängel und alle einzelnen Schattenseiten in der Schönheit und Vollkommenheit des großen Ganzen, dessen Spiegel er auch in dem Kleinsten erblickt. Jede Monade ist eine endliche Darstellungsform des einen göttlichen, unendlichen Seins, dem sie wieder zustrebt. Dieses Zustreben ist die wahre Religion. Freilich, was das Wissen des Menschen vermehrt, vermehrt auch seinen Schmerz, indem er sein bisheriges Ziel als zu niedrig gesteckt erkennt; und wenn er den tatsächlichen Widersprüchen des Lebens gegenübersteht, wird er oft genug der „heroischen Affekte" bedürfen, um sich über sie zu erheben. Aber er genießt doch die Seligkeit des Bewußtseins, stets seiner Bestimmung, der Selbstvervollkommnung, nachzuleben und sich dem Urquell des Wahren, Guten und Schönen immer mehr zu nähern, sodaß auch der Tod keine Schrecken für ihn hat. So findet sich der Mensch, der sich in der Unendlichkeit des Alls völlig zu verlieren schien, in der Unendlichkeit seines inneren Lebens und seiner Bestimmung wieder. Nicht im Anschauen der Gestirne und der Himmelskugel, sondern durch die Umkehr in die Tiefe des eigenen Ich wird der Aufstieg zur Welt der Idee vermittelt. Für den rastlos zur Form, zum idealen Urbild strebenden Stoff aber bildet den Mittler das Schöne und die Kunst. Die wahre Philosophie ist zugleich auch Musik, Poesie und Malerei. Wie schon in Michelangelos Sonetten, so wirkt auch in dieser ästhetischen Stimmung Brunos der Grundgedanke des platonischen *Symposion* und *Phädrus* nach.

Nach alledem ist Bruno, wenngleich kein „Humanist" im gewöhnlichen Sinne – er liebt es, über die Pedanterie der Philologen und Wortkrämer zu spotten –, so doch ein echter Philosoph der Renaissance, an deren Ende er steht. Von den Alten erwähnt er denn auch den Aristoteles nur mit Kälte, mit Anerkennung dagegen Plato und Pythagoras, in seiner Atomenlehre auch Epikur und Lukrez; von seinen Vorgängern verdankt er am meisten dem Kusaner. Aber während dieser, trotz mancher neuen Ideen, in anderen mit dem Mittelalter noch eng verwachsen und auch äußerlich der gefeierte Kardinal der römischen Kirche blieb, so bricht Bruno – zum erstenmal von allen christlichen Philosophen – offen mit der Kirche und trägt das trotz aller ihm noch anhaftenden Unfertigkeiten und Widersprüche berechtigte Bewußtsein in sich, einer neuen Zeit anzugehören. Wohl hat er im ganzen mehr phantasiereiche und zum Teil noch von anderen entlehnte Anregungen gegeben als eine wirkliche Förderung der wissenschaftlichen Naturerkenntnis gebracht. Er kämpft zwar für das Erfassen der Wirklichkeit, wie auch für das Recht des reinen Denkens, aber er hat diese beiden Vorbedingungen der modernen Wissenschaft weder in ihrer wechselseitigen Bestimmung durcheinander erfaßt, noch im einzelnen folgerichtig festgehalten. Seine dichtende Metaphysik begnügt sich nur zu oft mit dem Bilde statt der Sache, ganz abgesehen von unhaltbaren und phantastischen Einzelvorstellungen, z.B. der einer mathematischen Magie, die freilich bei dem damaligen Stande des Naturwissens nicht verwundern dürfen. Die neue Naturwissenschaft (Kap. II) mußte einen anderen Weg einschlagen und das Walten des Weltgeistes, das Bruno in allem sah, in den Mechanismus meßbarer Einzelvorgänge auflösen. Allein auch so ist er nicht ohne Bedeutung geblieben; er hat zwar nicht Wissenschaft, wohl aber eine Weltanschauung gegeben, welche die Geister großer nachlebender Denker (Spinoza, Leibniz, Goethe, Schelling) befruchtet hat.

Im Gegensatz zu Bruno erscheint sein Landsmann und Ordensgenosse

d) Thomas (Tommaso) Campanella. (1568-1639)

aus Calabrien, kirchlich gesinnt. Trotzdem entging auch er, vielleicht als Gegner der „Tyrannei der Geister", des Aristoteles und der Jesuiten, mehr aber wohl wegen seiner als Neuerungen betrachteten politischen Ansichten und Pläne – er war, wie er selbst sagt, von jeher ein Gegner der Tyrannei, Sophistik und Heuchelei –, der kirchlichen Verfolgung nicht und verfaßte viele seiner zahlreichen Schriften in den fünfzig Kerkern, in denen er beinahe dreißig Jahre seines Lebens (1599-1626) zugebracht hat. Seine letzten Lebensjahre verlebte er in Paris, unter der Gönnerschaft Richelieus und in angeregtem Verkehr mit Gassendi und dem Mersenneschen Kreise (vgl. S. 300).

Campanella nimmt eine doppelte Erkenntnisquelle an: den Glauben, aus dem die Theologie, und die Wahrnehmung (sensus), aus deren wissenschaftlicher Verarbeitung die Philosophie hervorgeht. Neben dem codex scriptus der biblischen Offenbarung existiert eine zweite Offenbarung Gottes in dem codex vivus der Natur, auf deren gründliches Studium er als Antiaristoteliker und Telesianer dringt. Sein naturwissenschaftliches Prinzip bleibt dabei freilich die bloße Häufung der Einzelbeobachtungen und die Mathematik die „Magd der Physik". Interessant ist der an Augustin und Descartes zugleich erinnernde Ausgangspunkt: Was ich sicher weiß, ist, daß ich bin. So erkennt denn der Mensch alles übrige nur von seinem Bewußtsein aus, sogar das Dasein und die Ureigenschaften (primalitates) Gottes: Macht, Weisheit und Güte (posse, nosse, velle). Das Sein des Erkennenden besteht in der Erkenntnis seines Selbst. Anderseits wandelt sich das Ich in die Dinge um. „Erkennen heißt: zu dem erkannten Ding werden." Jeder besitzt daher eine eigene Philosophie, je nachdem er in verschiedener Weise von den Dingen sinnlich bestimmt wird. Aber die Dinge in ihrer Gesamtheit sind schließlich doch nur Teile und Offenbarungen der Gottheit, womit das Selbst zu seinem wahren Quell zurückkehrt. Das „reine" Wissen ist ein Schauen der Dinge in Gott, dem Unendlichen. Die Naturphilosophie verliert sich freilich auch bei ihm in eine mehr poetische als wissenschaftliche Auffassung des Weltgetriebes. Alles ist beseelt und fühlt, sogar der leere Raum, der nach Füllung strebt. Die beiden Urprinzipien, die er mit Telesio als Wärme und Kälte bezeichnet, bewegen sich durch Liebe und Abneigung! Ihnen gegenüber verhält sich die Materie, deren kleinste sichtbare Teilchen die Sonnenstäubchen sind, bloß leidend; aber auch sie ist beseelt, denn sie besitzt den Trieb zur Selbsterhaltung.

In einem gewissen Zusammenhange mit der Metaphysik des Kalabresen steht auch seine politische Philosophie. Während nämlich sein späteres, im Hinblick auf die derzeitige Weltlage geschriebenes Werk *Über die spanische Monarchie,* in striktem Gegensatz zu dem Nationalitätsprinzip Macchiavellis (§ 6), ein spanisches Universalreich mit päpstlicher Spitze empfiehlt, so entwirft sein *Sonnenstaat* (1623), der einen Anhang zu seiner „Wirklichkeitsphilosophie" *(Philosophia realis)* bildet, ein Staatsideal, das auf der Abhängigkeit des Willens (velle) und der Macht (posse) von dem Willen (nosse) beruht. Er bildet eine Art Gegenstück zur platonischen Republik, dieser sozialistische Zukunftsstaat, der auf strenger Abstufung des Wissens mit mathematischer Abzirkelung aufgebaut ist und von einem priesterlichen Herrscher (Sol oder Metaphysicus) und seinen drei Unterfürsten Pon (Potestas), Sin (Sapientia) und Mor (Amor) gelenkt wird. Der erste leitet das Kriegswesen, der zweite die wissenschaftliche und technische Erziehung, der dritte die Erhaltung und Fortpflanzung der Bürger des Sonnenstaats. Alles, auch die Kindererzeugung seiner „Solarier", wird staatlich geregelt. Frauen, Kinder, Wohnung, Mahlzeiten usw. sind gemeinsam, Privateigentum existiert nicht. Ein vierstündiger Arbeitstag genügt, wenn alle wirklich arbeiten (Näheres bei *Lafargue* in *Geschichte des Sozialismus in Einzeldarstellungen* I, 469-506).

Mit Campanella sind wir schon in das 17. Jahrhundert hineingelangt. Wir müssen zum Beginn der Neuzeit zurück, indem wir die philosophische Bewegung in Deutschland verfolgen.

§ 4. Deutsche Philosophie und Theosophie im Reformationszeitalter.

1. Von deutschen Humanisten haben wir die Neuplatoniker Reuchlin und Agrippa von Nettesheim schon oben (S. 234) erwähnt. Wie sie, sind auch die übrigen, die wir noch zu nennen haben, zwar von großer kulturgeschichtlicher, aber desto geringerer philosophischer Bedeutung: der feine und kluge Erasmus (1467-1536), der zwar alles der Prüfung der Vernunft unterwerfen will, aber in der Philosophie unselbständig ist und an den Alten festhält, „von denen Plato und (!) Aristoteles die Philosophie am besten lehren"; der kühne und revolutionäre Ulrich von Hutten (1483-1523); endlich die dii minorum gentium, wie der Ciceronianer Rudolf Agricola (†1485) in den Niederlanden oder das Haupt des Erfurter Humanistenkreises Mutianus Rufus (†1526). Für die Pädagogik von Interesse ist der Straßburger Johannes Sturm (1507-1589, vgl. über ihn eine Monographie von *Laas,* Berlin 1872), der den Satz, daß man statt der Namen die Sachen kennen und über die letzteren richtig zu urteilen und in angemessener Form zu sprechen lernen solle, zum Hauptgrundsatz seiner Erziehungslehre macht.
2. In den germanischen Ländern wurde überhaupt die humanistische Bewegung verhältnismäßig rasch abgelöst von der mächtigeren religiösen, die Renaissance von der Reformation. Eins sind beide darin, daß sie Klärung und Vereinfachung des Lebens erstreben, gegen alle fremde Autorität sich auflehnen und auf das Recht des *Individuums* zurückgehen; aber der Reformation ist es dabei nicht um des letzteren Stellung zur Welt, sondern zu Gott, also ausschließlich um das religiöse Problem zu tun.

Die Reformatoren besitzen demgemäß auch keine selbständige philosophische Bedeutung. Luther stand persönlich Augustin und den praktischen Mystikern (I, § 69, 2) am nächsten und trat anfangs scharf gegen Aristoteles als die „Wehr der Papisten" auf, erklärte aber dann die Vernunft für die Buhlin des Teufels und verließ sich im übrigen in philosophischen Dingen auf seinen gelehrten Freund Melanchthon. Dieser humanistisch gebildete deutsche Professor und „Lehrer Germaniens" suchte, seiner vermittelnden Natur gemäß, eine Ausgleichung von Vernunft und Christentum, Humanismus und lutherischem Dogma zu bewerkstelligen. Es gelang ihm denn auch, einen christlich und humanistisch gemilderten Aristotelismus an den protestantischen Universitäten einzuführen. Er selbst hat eine Reihe lateinisch geschriebener Lehrbücher verfaßt, die aus seinen Vorlesungen über Psychologie, Physik, Dialektik und Ethik erwachsen sind und sich durch musterhafte Klarheit und Anordnung des Stoffes auszeichnen. (Sie finden sich im 13. und 16. Bande der Bretschneiderschen Ausgabe von Melanchthons Werken.) Das philosophisch Interessierende daran ist die nach *Dilthey* in erster Linie aus Cicero geschöpfte Lehre vom „natürlichen Licht“ der Vernunft, das uns von Gott selbst zur Richtschnur gegeben ist. Aus der natürlichen Vernunft fließen die unmittelbar einleuchtenden theoretischen und praktischen Prinzipien unserer Erkenntnis. Diese für die philosophische Entwicklung des folgenden (17.) Jahrhunderts höchst bedeutsamen Sätze sucht Melanchthon nun mit den Heilswahrheiten der Bibel zu verschmelzen, ohne daß ihm das recht gelingt. Die weltliche Wissenschaft und Ethik steht mehr äußerlich daneben. So wird z.B. die Moralphilosophie bestimmt als „derjenige Teil des göttlichen Gesetzes, der Vorschriften über die äußeren Handlungen gibt“; die kopernikanische Lehre wird aus theologischem Vorurteil verworfen, astrologische Träumereien und Geistererscheinungen dagegen nicht. Überhaupt fehlt Melanchthons das gelehrte Wissen der Zeit umspannendem Geiste das schöpferische Vermögen. Dagegen hat sein mit großem Organisationstalent verbundenes didaktisches Geschick Deutschlands gesamtem höheren Schulwesen jene Verbindung des klassischen Altertums mit dem biblischen Christentum eingeimpft, die zum Teil heute noch vorhanden ist. Den protestantischen Universitäten insbesondere gab er noch für zwei Jahrhunderte die geistige Richtung, sodaß an ihnen eine Art protestantischer Scholastik aufkam, die sich nicht weniger wie die alte als ein Hemmnis freien Denkens erwies. – Calvin, der vor seiner Bekehrung zum Protestantismus Senecas Schrift *De clementia* herausgab, wird später fast noch mehr als Luther ausschließlich (augustinisch gerichteter) Theologe, sodaß seine Behandlung nicht hierher gehört, während Zwingli dem alten (Plato, Cicero, Seneca) wie dem neuen Humanismus (Pico) äußerlich und innerlich näher steht.

Die Bedeutung der Reformatoren für die philosophische Entwicklung beruht nicht sowohl auf einzelnen ihrer Lehren oder ihrer Stellung zu früheren Philosophen als in der allgemeinen Richtung: dem Zurückgehen auf die Persönlichkeit und einer größeren Natürlichkeit im Denken, Wollen und Fühlen. Es ist bekannt und braucht hier nicht des Näheren ausgeführt zu werden, wie der mächtige Anlauf, den die erste Jugendzeit der Reformation genommen hatte, die Schranken des mittelalterlichen Denkens kühn zu durchbrechen, schon zu Luthers Lebzeiten und nicht ohne seine Schuld sich in ein starres Festhalten am Buchstaben der Bibel, am Christentum als einer Summe uns überlieferter, der eigenen Vernunft zum Teil schroff widersprechender „Heilstatsachen“ und -lehren verwandelte. Wohl versuchten einzelne Gelehrte wie der von Leibniz gelobte, übrigens durchaus kirchlich gesinnte Altorfer Professor Nikolaus Taurellus (Öchslein? 1547-1606), eine über den engsten Konfessionsglauben sich erhebende Philosophie des Christentums herzustellen; indessen fanden sie keinen Anklang in weiteren Kreisen. Eher gelang dies, freilich nur unter harter Verfolgung seitens der immer mehr dogmatisch erstarrenden Kirche, einzelnen Vertretern theosophischer Mystik und Innerlichkeit.

3. So lehrte der schlesische Theologe Kaspar Schwenkfeld (1490-1561), der schon 1527 durch seine geistigere Auffassung der Abendmahlslehre die Verfolgung der strengen Lutheraner auf sich zog, der seligmachende Glaube bestehe nicht in der äußerlichen Annahme geschichtlicher Tatsachen, sondern in der inneren Heiligung und Gotteskindschaft. Noch weiter entfernt sich von kirchlicher Rechtgläubigkeit der lange ganz vergessene fromme Mystiker Sebastian Franck von Donauwörth (1500-1545). Gott, der allein Gute, lebt in allen Dingen als ihr Wesen („Ist"), so auch im Menschen als dessen Wille. Der Einzelne hat nur die Wahl, ob er sich diesem Wirken Gottes in ihm hingeben will oder nicht, ob er sich selbst oder Gott, dem Fleisch oder dem Geiste, Adam oder Christus leben will. Das Christentum in diesem Sinne existierte schon von Anfang der Welt, z.B. auch bei Abraham und Sokrates; Jesus hat es nur aufs neue offenbart. Die „Historie" von Christus ist für den wahren Christen nur die „Figur", d. i. äußere Einkleidung; der Glaube besteht in dem Inwohnen Christi in uns, dem Einssein mit Gott, das durch innere Erfahrung auch dem zuteil werden kann, der Christi Namen nie vernommen. – Während Schwenkfelds und Francks zahlreiche Schriften weite Verbreitung unter denen fanden, die sich von dem dogmatischen Kirchenchristentum nicht befriedigt fühlten, entwickelte der kursächsische Pfarrer Valentin Weigel (1533-1588) seine mystischen Lehren nur vor einem engeren Kreise von Vertrauten; erst zwanzig Jahre nach seinem Tode wurden sie gedruckt. Nach *Erdmann (Grundriß* I, 472 ff.) hat er vieles aus Tauler, Nikolaus Cusanus, Paracelsus, namentlich aber Sebastian Franck entlehnt. Mit den mystischen Lehren der übrigen verbindet er den Mikrokosmusgedanken des Paracelsus, daß jeder nur das erkenne, was er selbst in sich trägt.

Die drei letztgenannten waren Theologen von Fach. Ganz aus seinem eigenen Inneren heraus hat dagegen sein theosophisches System gesponnen der an Ursprünglichkeit des Denkens und volkstümlicher Urwüchsigkeit der Sprache sie weit überragende Schuster von Görlitz,

4. Jakob Böhme (oder Böhm, 1575-1624).

Böhme war eine einfach-demütige, schwärmerische, gemütstiefe Natur, einer von den „Stillen im Lande". Nachdem er schon 1600 den „Durchbruch seines Geistes bis ins innerste Gebiet der Gottheit" erlebt hatte, trug er dennoch seine Ideen „mit mancherlei Angst und Anfechtung" noch zwölf Jahre still mit sich herum, bis er sie 1612 in seiner Schrift *Morgenröte im Aufgange* zu Papier brachte. Das Vorgehen des ketzerrichterischen Görlitzer Hauptpastors zwang ihn darauf zu längerem Schweigen. Aber er hatte bereits die Aufmerksamkeit weiterer, zum Teil hochstehender Kreise erregt, die in ihn drangen, sein Pfund nicht zu vergraben. So verfaßte er, ein starker Geist in einem schwächlichen Körper, in seinen letzten fünf Lebensjahren noch eine ganze Reihe theosophischer Schriften. Der Haß der Geistlichkeit und des durch sie aufgeregten Pöbels verfolgte ihn noch über das Grab hinaus. Jetzt ist ihm in seiner Vaterstadt ein Denkmal errichtet. Seine Schriften haben, nachdem Schelling, Baader und Hegel auf ihn aufmerksam gemacht hatten, noch im 19. Jahrhundert eine Gesamtausgabe in 7 Bänden (von *Schiebler* 1831-47, 2. Aufl. 1861 ff.) sowie eine solche im Auszug mit Erläuterungen (von *Joh. Claassen*, 3 Bde., Stuttgart 1885 ff.), die drei wichtigsten auch von *Grabisch* (Mchn. 1909), erfahren. Hinter aller Unbeholfenheit, ja zuweilen Wunderlichkeit des Ausdruckes gewahren wir doch eine wunderbare sprachliche Gestaltungskraft, verbunden mit prophetenhafter Begeisterung und zugleich in die Tiefen des Gemüts sich versenkender Innerlichkeit.

Der Anblick der in einem blanken Zinngefäß oder auch einer sogenannten Schusterkugel sich widerspiegelnden Sonne soll den philosophischen Schuster zu dem Grundgedanken seines Systems angeregt haben. Wie sich die Sonne nur auf dunklerem Grunde widerspiegelt, so kann sich Gottes Wirken erst auf dem Grunde eines negativen Prinzips zeigen; denn kein Ding vermag ohne „Widerwärtigkeit“, d.h. seinen Gegensatz, sich selbst zu offenbaren. Gott ist alles, Himmel und Hölle, er ist auch in der äußeren Welt, denn „von ihm und in ihm urstandet alles“. Dieselbe Kraft, die in den Himmelskörpern und den Elementen waltet, waltet auch in Dir. Aber woher das Böse? Auch das ist seiner Möglichkeit nach in dem göttlichen Urgrund der Dinge enthalten, aber erst der Mensch verwirklicht es, indem seine Seele, die ihrer göttlichen Natur gemäß an sich weder gut noch böse ist, sich dafür entscheidet. Denn der Mensch besitzt freien Willen. Die Finsternis will ihn haben, wie auch das Licht; in ihm steht das Zentrum und hält die Waage zwischen zwei Willen; wir können je nachdem einen Engel oder Teufel aus uns machen. Die Wiedergeburt und Erlösung durch Christus ist eine Rückkehr zu unserem ureigenen göttlichen Wesen. Bist du rein und heilig, so bist du Gott.

Die Darstellung dieser Grundgedanken trägt vielfach mystisch-symbolisches Gewand. „Umb des Lesers Unverstand willen“, entschuldigt er sich, müsse er einen zeitlosen Hergang „auf Corporliche Weise“, d.h. in zeitlicher Form, beschreiben. Gott ist der Urgrund aller Wesen, die ewige Stille, niemandem offenbar, nicht einmal sich selbst. Aber in diesem göttlichen Nichts erwacht der Hunger zum „Ichts“. Der erste, uranfängliche Wille (Gott der Vater) erzeugt in ewiger Selbstgebärung einen „faßlichen“ Willen (den Sohn) durch den heiligen Geist; alle drei sehen und finden sich in der von ihnen ausgegangenen göttlichen Weisheit. (B. wurde deshalb von seinen orthodoxen Gegnern der Vorwurf einer „Vier“-einigkeitslehre gemacht.) Alle Dinge bestehen in „Ja“ und „Nein“; das Ja ist eitel Kraft und Leben, das Nein sein „Gegenwurf“, durch den es erst offenbar wird. Denn ohne ein Gegengöttliches könnte Gott sich gar nicht offenbaren, ohne seinen Zorn seine Liebe nicht zeigen. So gehen aus dem ursprünglichen Einen sieben Qualitäten oder, wie er mit naiver Etymologie sagt, „Quälgeister" (auch Qualen oder Gestalten genannt) hervor: 1. die Herbe (z.B. Härte, Hitze), 2. die Süße, Bewegliche (Wasser), 3. die Bittere (Angst, Empfindlichkeit); diese drei bilden zusammen das „Reich des Grimmes". Aus ihm führt die 4. Qualität: das Feuer (das Zorn- und Liebesbrennen zugleich symbolisiert) hinüber zu dem „Freudenreich" mit seinen drei Gestalten: 5. Licht (Liebesfeuer, auch Belebung), 6. Schall und Ton (Verständigung, Erkenntnis), 7. Leiblichkeit (Gestaltung überhaupt, Natur). Wie er im Anschluß an diese seine aus der eigenen Brust und der „gantzen Natur" geschöpften seltsam-tiefsinnigen Ideen die Bibel ausdeutet, in der übrigens verschiedenes „gantz wider die Philosophie und Vernunfft laufet", kann hier nicht ausgeführt werden. Der historische Glaube ist auch ihm nur ein Fünklein, das zur Flamme angefacht werden muß. Himmel und Hölle sind in uns; die Seele bedarf daher keines Ausfahrens nach dem Tode. Und „wer Liebe in seinem Hertzen hat und führt ein barmhertziges und sanfftmütiges Leben und streitet wider die Boßheit –, der lebet mit Gott und ist ein Geist mit Gott: denn Gott bedarf keines anderen Dienstes".

In der scheinbaren und wirklichen Phantastik der ungelehrten Görlitzer Handwerkerseele steckt das reinste religiöse Gemüt, die zarteste Gedankenmystik, verbunden mit kräftigerer Erfassung der Natur, und zugleich auch wichtige philosophische Gedanken, wie der des Gegensatzes und der Entwicklung (in der Form „Auswicklung" hier zuerst, vgl. *Eucken, Terminologie,* S. 127 f.), die zwei Jahrhunderte später in den Systemen Schellings und Baaders ihre Wiedererstehung erlebt haben.

§ 5. Weitere Nachwirkungen des Humanismus, besonders in Frankreich: Empiristen (Vives, Ramus), skeptische Individualisten (Montaigne, Charron, Sanchez), Neuthomismus (Suarez).

1. Die humanistische, auf unverfälschte und vorurteilslose Erkenntnis des Menschen und der Natur gerichtete Bewegung pflanzte sich von Italien allmählich in alle europäischen Kulturländer fort. Ihre Vorkämpfer in Deutschland haben wir schon zu Anfang des vorigen Paragraphen kennen gelernt.
   a) In Spanien war es namentlich Lodovico Vives (geb. 1492 in Valencia, längere Zeit am englischen Hofe, † 1540 in Brügge), ein duldsam denkender Katholik und Freund des Erasmus, der in seiner Flugschrift *Gegen die Pseudo-Dialektiker* (1519) wider den Autoritätsglauben, die Sprachverderbung und das Wissensideal der Scholastiker samt ihrem Meister Aristoteles zu Felde zog und in seinem großen Werk *De disciplinis* (1531) auf eine

Neubegründung der Wissenschaft durch die Erfahrung drang. Die Metaphysik schätzt er gering, hoch dagegen die Einzelwissenschaften, besonders die experimentelle Naturwissenschaft. Man muß die Natur selbst befragen, wie die Alten es getan. Freilich führt er selbst dies Verfahren noch nicht folgerecht durch. In der Ethik neigt er dem Platonismus und der Stoa zu, deren Lehre auch dem Christentum verwandter sei als die Glückseligkeitslehre des Aristoteles. Am wichtigsten aber ist Vives, wie namentlich *F. A. Lange* (Artikel *Vives* in der *Schmidschen Enzyklopädie* IX, 737-814) nachgewiesen hat, als Begründer einer rein empirischen Psychologie und Erziehungslehre. Wichtiger als die schwierige Frage, was die Seele sei, dünkt ihm zu erforschen, wie sie tätig sei. Demgemäß hält sich sein Buch *De anima et vita* (Brügge 1538) nicht mehr an die üblichen metaphysisch-theologischen Spekulationen, sondern an die Beschreibungen von Tatsachen, die allerdings zum großen Teil aus Büchern geschöpft sind. Die niederen Formen des organischen Lebens sind die Grundlagen des höheren, bewußten. Die Erkenntnis verlegt er bereits in das Gehirn, mit dessen Schwingungen die Bewußtseinsvorgänge verbunden sind. Die Lebenskraft und die Gemütsbewegungen hängen mit dem Herzen zusammen, wo sich das erste und letzte Lebenszeichen kundgibt. Nur die menschliche Seele ist unmittelbar von Gott geschaffen, die der Tiere und Pflanzen wird von der Natur erzeugt. Vives kann in mancher Beziehung als Vorläufer von Baco und Descartes betrachtet werden, die ihm manches verdanken, ohne ihn zu nennen, während Gassendi (§ 10) ihn rühmend erwähnt und auch Ramus ihm folgt.

b) In ähnlicher Weise eiferte im Italien des 16. Jahrhunderts Nizolius (1498-1576) gegen die „allgemeinen Begriffe" der Scholastiker. Das Wirkliche sind die Einzeldinge, die Wahrnehmung allein gibt unmittelbare Gewißheit. An die Stelle der Metaphysik müssen Physik, Politik und formale Logik bezw. Rhetorik treten. Sein *Antibarbarus* ist von Leibniz zweimal (1670 und 1674) herausgegeben worden. Unter den Philosophen des Altertums will er keinen als sicheren Führer in der Philosophie betrachtet wissen.

Zu den Reformatoren der Scholastik kann man auch die beiden Italiener Zabarella und Fracastoro zählen, von denen ersterer, Aristoteliker im Sinne Pomponazzis, die Selbsttätigkeit des Erkennens hervorhebt und die kompositive (deduktive) von der resolutiven (induktiven) Methode bestimmt abgrenzt, während der letztere, den Cassirer (a. a. O., S. 208 ff.) zum ersten Male aus seiner Vergessenheit gezogen hat, bereits eine Psychologie des Erkennens, mit einer methodischen Stufenfolge seelischer Tätigkeitsformen, zu begründen versucht. Im allgemeinen aber rücken Kultur und Wissenschaft gegen den Ausgang der Renaissancezeit hin von Süden nach Norden. Italien verliert, Frankreich, England und Deutschland erhalten die Führung.

c) In Frankreich trug als begabtester und formvollendetster Vertreter des Humanismus der durch die Lektüre Platos angeregte Pierre de la Ramée (Petrus Ramus), geb. 1515 als Köhlerssohn, als Calvinist in der Bartholomäusnacht 1572 ermordet, am meisten zur Erschütterung der Scholastik bei. In jugendlicher Überteibung verteidigte er 1536 öffentlich die These, daß alles, was Aristoteles behauptet habe, falsch sei. Seine anfangs verbotenen Schriften und seine glänzende Lehrtätigkeit zogen zeitweilig gegen 2000 Zuhörer nach Paris. Als sein Hauptgebiet betrachtete er die Reform der Logik. In seinen *Institutiones dialecticae* (1543) suchte er an die Stelle der aristotelischen eine „natürliche" Dialektik zu setzen, ohne doch darin etwas wirklich Neues und Eigenartiges zustande zu bringen. Seine Verbesserungen bezogen sich mehr auf den äußerlichen Gang der logischen Wissenschaft, als deren ersten Teil er die „Erfindung" (inventio), als zweiten die Urteilskraft (iudicium, daher noch bei Kant als Secunda Petri bezeichnet) behandelte, und sind meist grammatisch-rhetorischer Art. Einen wichtigen Fortschritt dagegen bedeutet seine Hochschätzung der Mathematik. Im ganzen aber ist Ramus mehr ein Wortführer der neuen Zeit als selbst schöpferisch. Auch in Deutschland – er lehrte mehrere Jahre in Heidelberg – fand er viele Anhänger; es entstand eine eigene Schule von Ramisten, zu denen u. a. Johannes Sturm (vgl. S. 246) gehörte, die als Anhänger der „neuen" Logik mit den „Antiramisten" in heftiger Fehde lagen.

2. Der Humanismus dieser Männer und noch mehr derjenigen, die wir im folgenden zu betrachten haben, ist, wir möchten sagen, ciceronianischer Art; er charakterisiert sich durch den Überdruß an metaphysischen Begriffen und Erörterungen und sucht den Zusammenhang mit dem Leben und der verfeinerten Kultur. Das führte dann weiter zu einem mehr oder weniger weltmännischen Skeptizismus, der sich mit dem aus der Renaissance entsprungenen Individualismus zu einem Ganzen verbindet. Er stellt sich im 16. Jahrhundert in Frankreich unter den drei Typen des Edelmannes (Montaigne), des Priesters (Charron) und des Arztes (Sanchez) dar. Die beiden ersteren schreiben schon in der Landessprache, der letzte, ein geborener Portugiese, lateinisch.

a) Michel de Montaigne (1533-1592), der Erfinder des leichten Essais, noch heute von seinen Landsleuten als hervorragender Schriftsteller, von uns wenigstens als geistreicher und liebenswürdiger Plauderer geschätzt, gehört allerdings nicht zu den Philosophen im strengeren Sinne. Seine zuerst 1580 zu Bordeaux erschienenen Essais bilden eine mit antiken Reminiszenzen gefüllte Fundgrube keck hingeworfener Ideen, die er äußert, wie sie ihm gerade einfallen, absichtlich jeden systematischen Zusammenhang verschmähend. „Als Skeptiker ist Montaigne kein müder Geist wie Pyrrho..., kein beißender Zweifler wie Timon, kein dröhnender wie Karneades, kein Dialektiker wie Arkesilaos, kein Systematiker wie Änesidem, kein Pedant wie Sextus, sondern ein ruhig genießender, über den dogmatischen Wahn seiner Mitmenschen mehr humoristisch als sarkastisch lächelnder Beschauer des Lebens" (*R. Richter, Der Skeptizismus* II S. 65). Aber hinter all dem scheinbar leichten Esprit steckt doch eine ernstere Weltanschauung, die sich dem *Nil admirari* der Alten nähert, wie er denn neben dem Skeptiker Sextus Empirikus auch Seneca und Plutarch als Muster verehrt. Es gibt für ihn keine sichere, allgemein zugestandene Erkenntnis, weder durch die Sinne, noch durch das Denken. Wir selbst sind es, die den Wert in die Dinge hineinlegen und die Begriffe von Gut und Böse erst schaffen. Daher soll man die Welt wie ein Schauspiel betrachten und das Leben heiter, jedoch „der Natur gemäß" genießen. Hinter seinem skeptischen: que sais-je? steckt eben doch das Festhalten an der Natur als der großen Lehrerin der Menschen, das sich u. a. auch in seinen vielfach schon an Rousseau erinnernden Erziehungsgrundsätzen ausdrückt. Natürlichkeit, Ehrlichkeit gegen sich und andere, Treue gegen sich selbst: das sind seine Leitsterne. Er ist zwar ein überzeugter Anhänger der göttlichen Offenbarung und zieht, namentlich in seinem ausführlichsten Essai, der *Apologie des Raymond de Sebonde* (vgl. oben S. 222), gegen den Hochmut der menschlichen Vernunft und Philosophie zu Felde. Aber er legt doch den Hauptwert auf die innere Gesinnung; Dogmatik und Kirchenlehre überläßt er den Theologen als den „Würdigeren". Da wir das Göttliche (Religion) und Gerechte (Staat) nicht zu erkennen vermögen, fügen wir uns in die bestehenden Ordnungen! Von den wilden Parteiungen seiner Zeit (der Religionskriege) hielt sich der kühle Lebenskünstler mit Bewußtsein fern. Eine gute deutsche Übersetzung *Ausgewählter Essais* (in 5 Bänden) hat *E. Kühn* (Straßburg 1900 ff.) herausgegeben, eine andere, vollständige *W. Vollgraff* (Berlin 1908 f.). Die historisch-kritische Ausgabe seiner gesammelten Schriften (8 Bände) von *Flake* und *Weigand* ist zurzeit noch nicht vollendet. Vgl. über ihn *Bonnefou, M. et ses amis,* 2 Bde., 1898; *F. Strowski, Montaigne,* Paris 1906; *Weigand, Montaigne,* Mchn. 1911.

b) Verwandt und doch in mancher Beziehung wieder entgegengesetzt ist dem südfranzösischen Edelmann sein jüngerer Freund und Anhänger, der als Kanzelredner ausgezeichnete Pariser Priester Pierre Charron (1541-1603). Auch seine Grundlage ist die menschliche Natur, aber bei ihm, tritt deren sittlich-praktische Seite mehr hervor. Sein Hauptwerk *De la sagesse* (Bordeaux 1601), schulmäßiger, daher auch weniger unterhaltend als Montaignes kurzweilige Essais, ist das erste in einer neueren Sprache geschriebene moralphilosophische, nicht theologische Buch. Die Religionskriege mit ihrer moralischen Verwirrung hatten einen abschreckenden Eindruck auf das heiter-weise, wenn auch mitunter leidenschaftlich aufflammende Gemüt des menschenfreundlichen katholischen Priesters gemacht. Das Leben erscheint ihm als eine Kette von Irrtümern und Übeln, der Mensch nur des Mittelmäßigen fähig, in beständigem Elend lebend.

Worin liegt unter solchen Umständen die wahre Weisheit? In der durchdringenden Erkenntnis der menschlichen Natur und damit der Schranken unseres Wissens, die uns zur Rechtschaffenheit, Natürlichkeit und Frömmigkeit und ihren Früchten: Gleichmut und Seelenruhe, leitet. Ein wie treuer Sohn seiner Kirche Charron auch ist – er hat sie auch literarisch gegen Protestanten und Freidenker verteidigt –, höher stehen ihm Natur, Vernunft und echte Sittlichkeit. Du sollst rechtschaffen sein, „weil Natur und Vernunft, das heißt Gott, es gebieten". Sittlichkeit muß der Religion vorausgehen, nicht umgekehrt. „Man traue niemand, dessen Moralität allein auf religiösen Skrupeln beruht." Ja, er erhebt sich einmal zu dem Ausruf: „Ich will, daß man ein guter Mensch sei, auch wenn es kein Paradies und keine Hölle gibt!" Diese neuen Elemente setzen sich freilich nur erst stellenweise bei ihm durch. Die freiesten Stellen hat er später aus seinen Schriften ausgemerzt, die Lehre des Kopernikus verwirft er, und das Höchste bleibt ihm schließlich doch die göttliche Offenbarung.

c) Wie Montaigne, war auch der Arzt Franz Sanchez aus Portugal (1562-1632) in Bordeaux gebildet; bereits mit 22 Jahren lehrte er als Professor an der berühmten medizinischen Hochschule zu Montpellier. Schon der Titel seiner philosophischen Hauptschrift *Quod nihil scitur* verrät seinen skeptischen Standpunkt, den er mit größerer Schärfe als Montaigne und Charron vertritt und vor allem gegen die scholastische Syllogistik und Dialektik herauskehrt. Aber auch er bleibt nicht dabei stehen. Das wahre Wissen besitze allerdings nur Gott, die oberste Ursache aller Dinge; aber in dem Aufsuchen der „Zwischenursachen" stehe der Wissenschaft (Philosophie) ein reiches Arbeitsfeld offen, auf dem sie durch eifrige Forschung zu neuen Entdeckungen und Erfindungen gelangen könne. Er selbst freilich leistet noch keinen Beitrag zu der neuen Wissenschaft, und in den Einzelproblemen zeigt er sich vielfach von der italienischen Naturphilosophie (§ 3) abhängig. Die Betrachtung des menschlichen Tuns und Treibens stimmt auch ihn zu Nachsicht und Duldsamkeit.

Die geistreiche Lebensweisheit der drei vorgenannten Denker fand gerade in Frankreich, dem klassischen Lande des Esprit, viele Anhänger und drängte die trockene Schulgelehrsamkeit der Universitäten immer mehr zurück.

3. Selbst die alte Kirche blieb von dem Hauche des Humanismus nicht völlig unberührt. Sie hatte zwar um diese Zeit im Tridentiner Konzil (1546-63) ihre Lehre endgültig fixiert und schloß sich fortan gegen alle Neuerungen ängstlich ab. Aber innerhalb dieser Schranken regte sich auch in ihr, durch die notwen dig gewordene Polemik gegen den Protestantismus veranlaßt, etwas mehr phi losophisches Leben, das jetzt fast ausschließlich von dem neuen Orden der Je suiten geleitet ward. Das Collegium Romanum und das Collegium Germani cum zu Rom waren von Ignaz von Loyola ausdrücklich zur Belebung des phi losophischen Studiums, d.h. natürlich der mittelalterlichen Scholastik, ge

gründet worden. Von dem Kollegium in Coimbra (Portugal) rühren eine Anzahl fleißiger Kommentare zu Aristoteles her. Der weitaus bedeutendste dieser den Thomismus erneuernden katholischen „Philosophen" ist der spanische Jesuit Suarez (1548-1617), dessen *Metaphysische Disputationen* in ihrem besseren Stil und ihrer klaren und geordneten Gliederung entschieden den Einfluß des Humanismus verraten. Auf den Inhalt brauchen wir nicht einzugehen, da wir in I, § 65 den Thomismus in einer für die Zwecke dieses Buches ausreichenden Ausführlichkeit behandelt haben. Suarez, dem es im einzelnen nicht an Scharfsinn fehlt, erfreute sich im 17. Jahrhundert nicht bloß auf katholischen, sondern sogar auf manchen protestantischen Universitäten großen Ansehens, sodaß einzelne Gedanken von ihm bei einem Teil der neueren Philosophen Aufnahme gefunden haben; er wird selbst von Schopenhauer noch geschätzt. Mit der Blüte dieses „Neuthomismus" war es indes nach Suarez' Tode bald vorbei. Nur die Staatslehre einzelner Jesuiten hat noch etwas Eigentümliches und wird daher im folgenden Paragraphen zu erwähnen sein.

§ 6. Anfänge der Staats- und Rechtsphilosophie.

Über die zahlreiche ältere Literatur betr. Macchiavelli berichtet ausführlich *Robert v. Mohl, Gesch. und Liter. d. Staatswiss.* III, 519-551; das bedeutendste neuere Werk ist das von *Villari*, 3. Aufl. 3 Bde., 1912-14, ins Deutsche übersetzt von Mangold, Leipzig 1877-83, vgl. außerdem die Monographie von *R. Fester*, Stuttg. 1900. M.s bekannteste Schrift *Il Principe*, Venedig 1515 erschienen, öfters ins Deutsche übersetzt, u. a. in Kirchmanns hist.-polit. Bibliothek und bei E. Diederichs (1912), zusammen mit der Gegenschrift Friedrichs d. Gr. – Die zuverlässigste Ausgabe von Morus' *Utopia* von *V. Michels*, mit sachlicher Einleitung von *Theob. Ziegler*, Berlin 1896, deutsch auch bei Reclam; die eingehendste Monographie ist die von *K. Kautsky*, Stuttgart 1890, 2. Aufl. 1907. Über die übrigen Utopien s. die betreffenden Abschnitte der Geschichte des Sozialismus in Einzeldarstellungen, Bd. 1 von *Ed. Bernstein, Hugo, Kautsky* und *Lafargue*. – Das ausführlichste Werk über Bodin ist: *Baudrillart, Bodin et son temps.* Paris 1853. – Über Althus vgl. *Gierke, Johannes Althusius und die Entwicklung der naturrechtlichen Staatstheorien* (1880, 2. Aufl. 1902). Über Vico vgl. *O. Klemm, Vico als Geschichtsphilosoph und Völkerpsycholog.* 1906. *B. Croce, La filosofia de V.*, Bonn 1911.

. Macchiavelli.

uch die Anfänge selbständiger Staats- und Rechtsphilosophie, die in der Zeit der tenaissance auftauchten, waren von dem Geist der Antike erfüllt oder doch angeegt. So hat der berühmte florentinische Staatsmann Nicolo Macchiavelli (1469-

1527), durch seine Verbannung 1512 zur Schriftstellerei veranlaßt, aus dem Studium der römischen Geschichte den Antrieb zu seiner politischen Theorie erhalten, zu der dann allerdings in noch höherem Grade die Bedürfnisse und Einflüsse des modernen Staatslebens mitwirkten. In seinen *Untersuchungen (Discorsi) über die erste Dekade des Titus Livius* leitete er aus der Geschichte seiner antiken Landsleute die Gesetze der Erhaltung der Staaten ab, während sein *Principe* dem zerrütteten Staate, den er in dem augenblicklichen Zustande seines Vaterlandes vor Augen hatte, die nach seiner Ansicht unumgänglichen Grundsätze seiner Wiederaufrichtung vorhielt. Seine Geschichtsauffassung ist durchaus naturalistisch. Die Geschichte erscheint ihm als ein beständiger Kreislauf von Ordnung, Kraft, Müßiggang, Unordnung, Zerrüttung, und aus dieser wieder Rückkehr zu Kraft und Ordnung. Erhalten wird ein Staat durch die gleichen Eigenschaften, die ihn gegründet haben. Deshalb fordert er für sein Italien die Wiedergeburt der antiken Kraft und Größe; zu diesem Zweck verlangt er, in Konsequenz des von Dante (S. 215) Begonnenen, in bewußtem und schärfstem Gegensatz zu dem mittelalterlichen Staatsideal, völlige Trennung von Staat und Kirche; denn in der römischen Kirche und dem Papsttum sieht er das schlimmste Hindernis des von ihm ersehnten unabhängigen italienischen Nationalstaates. So hat auch der verrufene Macchiavelli sein Ideal. Freilich, um es zu verwirklichen, erscheint ihm jedes Mittel recht. In der Politik soll man nicht fragen: Was ist gut oder schlecht?, sondern: Was ist nützlich oder schädlich? Es gibt in ihr nur eine Tugend: die Tatkraft (virtù). Wer sich der Moral nicht entschlagen kann, soll als Privatmann leben. Das Gute tun die Menschen nur aus Zwang. Hunger und Armut machen sie betriebsam, die Gesetze gut. Die christliche Moral dagegen – so sagt der Mann der Renaissance, Nietzsche vorausnehmend – hat mit ihrem Preis der Demut, der Selbstüberwindung und der Kraft im Leiden die Menschen schwach gemacht. Am verhaßtesten sind ihm diejenigen, welche weder zum Guten noch zum Bösen Energie zeigen. Den geistigen Gehalt der Religion verkennt dieser reine Machtpolitiker gänzlich, er schätzt sie nur aus politischen Gründen. Ebensowenig hat er ein Auge für die in der Stille wirkenden wirtschaftlichen Kräfte. Die Politik geht ihm ausschließlich in Intrigenspiel und Machtkampf auf.

Macchiavelli ist einseitig und kalt, aber scharf und klar. Mit der bloßen moralischen Verurteilung, zu welcher die „macchiavellistischen" Grundsätze seines *Principe* allerdings herausfordern, ist es nicht getan. Friedrich der Große, der eine solche in seiner Jugendschrift *Anti-Macchiavell* gab, hat sich als Herrscher nicht selten zu „macchiavellistischen" Handlungen genötigt gesehen.

2. Thomas Morus.

In vollstem Gegensatze zu dem italienischen Realpolitiker steht der erste neuzeitliche Utopist, der englische Kanzler Thomas Morus (1480-1535), der fein gebildete Humanist und Staatsmann, der seine Überzeugungstreue gegenüber dem brutalen Heinrich VIII. mit seiner Hinrichtung zu büßen hatte. Seine lateinisch geschriebene *Utopia* (Nirgendheim), die einer ganzen Literaturgattung den Namen gegeben hat, ist seit ihrem ersten Erscheinen (1516, deutsch zuerst 1524) sehr oft herausgegeben worden. Die hier zum erstenmal seit Plato wiederkehrende ausführliche Zeichnung eines Idealstaates ist nicht, wie man vielfach angenommen hat, das phantasievolle Erzeugnis einer müßigen Stunde, sondern in ernster Absicht erdacht. Das geht schon aus dem einleitenden, durchaus historisch gehaltenen Teile hervor, der das traurige Los der Massen in England in sehr realistischen Zügen schildert. Und bei aller romanhaften Einkleidung, bei einzelnen asketischen und religiösen Zügen, die den frommen Katholiken, neben einem geistigen Aristokratismus, der den Freund des Erasmus verrät, sind doch hier schon eine ganze Reihe Probleme berührt, die heute den sozialen Denker aufs ernstlichste beschäftigen: die Aufhebung des Privateigentums zugunsten eines wirtschaftlichen Kommunismus, die Organisation der Arbeit, die Frauenfrage, das Übervölkerungsproblem. Bereits hier wird die Abschaffung des Eigentumsrechtes erörtert, das Recht auf Arbeit und der Sechsstundentag gerechtfertigt, die gewöhnlichen Einwände gegen die Durchführbarkeit der sozialistischen Idee widerlegt, die „kleinen" und „großen" Mittel unterschieden, auf die unverjährbaren Rechte der Natur gegenüber dem bloßen Zufall der Geburt hingewiesen. Besonders bemerkenswert für einen praktischen Staatsmann des 16. Jahrhunderts ist Morus' ausgeprägte Abneigung gegen den Krieg. Morus war seiner Zeit weit voraus. Ein Schatten fällt allerdings auch auf seinen Idealstaat: für die niedrigsten Arbeiten existiert eine Art mit Zwangsarbeit behafteter Sklavenstand, aus den Verbrechern des eigenen und fremder Länder und freiwillig sich verdingenden Tagelöhnern des Auslandes bestehend; die Kinder sind übrigens wieder frei. „Nichts wird eben", wie Morus einmal sagt, „gut und vollkommen sein, wenn nicht die Menschen gut und vollkommen sind."

Morus' *Utopia* fand zwar große Verbreitung, indes erst im 17. Jahrhundert ahlreichere Nachfolger: Campanellas *Sonnenstaat* (1630, s. § 3), die Fragment ebliebene *Nova Atlantis Bacos von Verulam* (1621), die *Oceana* des Engländers *Harrington* (1656) und des Franzosen *Vairasse Geschichte der Sevaramen* (1677). In der Zeit der Religionskriege und der Entwicklung zum absoluten önigtum nahmen andere staats- und rechtsphilosophische Probleme das öffentche und gelehrte Interesse in höherem Grade in Anspruch.

. Bodin.

inen dritten, sowohl der reinen Machtpolitik des Florentiners wie dem utopistihen Sozialismus des englischen Kanzlers entgegengesetzten, Typus der Staatshilosophie vertritt der Franzose Jean Bodin (Bodinus, 1530-1596). Schon in iner Jugend ein gefeierter Rechtsgelehrter, gab er im Jahre 1577 sein Werk *De république* heraus. Bodin ist Gelehrter und Jurist, nicht praktischer Staatsann; von den eigentlichen politisch-religiösen Parteikämpfen hielt er sich, ähnh seinen Zeitgenossen und Geistesverwandten Montaigne und Charron, fern.

Der politische Zweck geht ihm im ethischen, der Bürger im Menschen auf; er neigt zum Moralisieren. Auch er ist von den Alten lebhaft angeregt, neben Aristoteles von Cicero und den Stoikern. Die Gerechtigkeit, der Zweck des Gemeinwesens, fließt aus dem natürlichen Licht der menschlichen Seele, die ursprünglich gutartig ist; dem Macchiavelli tritt er daher aufs schärfste entgegen. Gegenüber diesem Absolutisten erscheint er wie ein heutiger Liberaler. Während Macchiavelli im Grunde Republikaner ist, aber zu seinen Zwecken die absolute Gewalt des „Fürsten" fordert, so ist Bodin von Haus aus Monarchist und stellt sogar einen stark absolutistisch gefärbten Souveränitätsbegriff auf, verlangt aber, daß der Herrscher nach den Gesetzen Gottes oder der Natur regiere. Geschichtsphilosophisch hat er das Verdienst, als einer der ersten auf die geographischen Vorbedingungen des Volkscharakters und der Wirtschaftsweise der einzelnen Länder, sowie auf die bei aller Mannigfaltigkeit doch vorhandene Gesetzmäßigkeit der geschichtlichen Entwicklung hingewiesen zu haben (vgl. seine Schrift *Methodus ad facilem historiarum cognitionem* 1566).

Eigenartiger und bedeutsamer als seine politische ist seine religionsphilosophische Stellung. Die Schrift seines Alters, das *Collegium heptaplomeres,* ist ein auf dem toleranten Boden Venedigs spielendes Gespräch von sieben lebendig gezeichneten Vertretern der verschiedensten Bekenntnisse: je eines Calvinisten, Katholiken, Lutheraners, Juden, Mohammedaners und – zweier Vertreter der natürlichen Religion, unter deren einem (Toralba) Bodin selbst zu verstehen ist. Die Grundgedanken sind: Keine Religion ist allein seligmachend, in allen ist als ihr Wesen und Kern die natürliche Religion vorhanden, d. i. der Glaube an Gott, Freiheit und Unsterblichkeit, der von der Natur in jedem Menschen wohnt. Der Staat soll alle dulden und schützen. Nur zum Ertragen der Atheisten vermag sich der sonst so duldsame, Friede und Eintracht predigende Bodin nicht aufzuschwingen, und gegen Zauberer und Hexen forderte er in einer besonderen Schrift strenges Einschreiten. Seinem politischen Ideal entsprach der tolerante König Heinrich IV.

Trotz der so gemäßigten Ansichten seines Verfassers galt das *Collegium heptaplomeres* den Zeitgenossen als etwas Unerhörtes; die Schrift wurde nur in Abschriften heimlich verbreitet und wird im 17., ja noch im 18. Jahrhundert öfter mit Abscheu erwähnt. Der Urtext wurde erst 1857 nach einem Manuskript de[r] Gießener Bibliothek von L. Noack vollständig herausgegeben, nachdem 1841 ei[n] Teil nebst einem Auszug in deutscher Sprache von Guhrauer veröffentlicht worden war.

4. Althus.

Vertrat schon Bodin ein aus der Natur des Menschen fließendes Recht, so tritt dies, übrigens schon von der Stoa und einem Teil der Scholastik (Thomas) gepflegte Naturrecht doch erst nach ihm deutlicher auf. Sein Begründer in Deutschland ist Johannes Althusius (Althus), den der Berliner Rechtshistoriker *Gierke* durch seine Monographie (S. 255) aus unverdienter Vergessenheit gezogen hat. Geboren 1557 in der Nähe von Siegen, gestorben 1638 als Syndikus der Stadt Emden, trat Althus, im Gegensatz zu Bodin, in Leben und Lehre für das Prinzip der Volkssouveränität ein. Wie er das Recht der ostfriesischen Bürger und Bauern mutig gegen den Adel verfocht und mit Begeisterung den Freiheitskampf der Niederlande gegen die spanische Tyrannei verfolgte, so betrachtet er auch theoretisch in seiner *Politica* (1603), die nicht weniger als acht Auflagen erlebte, als Quelle des Rechts den (natürlich nur idealen, nicht geschichtlichen) Gesellschaftsvertrag. Die Ephoren (Volkstribunen, „Stände") sind berechtigt, einen pflichtvergessenen Fürsten zu vertreiben, ja hinzurichten. Einen fruchtbaren Gedanken Bodins weiterbildend, legt Althus viel Wert auf die Mittelglieder zwischen Individuum und Staat: Familie, Korporation, Gemeinde, Provinz. Dagegen ist dieser eifrige Verteidiger politischer Freiheit als leidenschaftlicher Calvinist Gegner der Religionsfreiheit. Der protestantisch-theologische Standpunkt macht sich auch in seinen sittlichen Anschauungen – abgesehen von einer Schrift über die Umgangstugenden – stark bemerkbar. Und im ganzen bildet er mehr den Abschluß einer vorangegangenen Epoche, als daß er eine neue einleitete. Aber in seinen rechts- und staatsphilosophischen Ausführungen arbeitet er doch, wenn er sie auch mit Beispielen aus der biblischen Geschichte zu stützen sucht, nicht, wie die meisten übrigen „Monarchomachen", mit theologischen Beweisen. Die Gewalt der Ephoren stammt z.B. nur mittelbar von Gott, unmittelbar vom Volke.

5. Die Monarchomachen.

In kirchlichem Interesse verfochten auch der schottische Presbyterianer Buchanan (†1582) und die französischen Hugenotten Hotman und Languet (der 1579 seine *Vindiciae contra tyrannos* unter dem Namen Junius Brutus schrieb) aufs schärfste das Prinzip der Volkssouveränität gegenüber der Monarchie, während aus demselben Grunde umgekehrt die deutschen Lutheraner, dem Vorbilde Luthers und Melanchthons folgend, das unantastbare Recht der Fürsten und die göttliche Mission der Obrigkeit verteidigten. Dagegen behaupteten wiederum im Interesse ihrer Kirche die Jesuiten, daß der Staat ein menschliches Machwerk sei, durch einen ursprünglichen Vertrag zwischen Fürsten und Volk entstanden, welches letztere sein ursprüngliches Recht stets wieder an sich zu nehmen berechtigt sei, wenn der König sich der ihm übertragenen Macht unwürdig zeige; so außer dem schon oben (§ 5) genannten Suarez die spanischen Jesuiten Molina, Bellarmin und namentlich Mariana (1537-1624), der an die freiere Verfassung seiner Heimat Aragonien gewohnt war. Die Monarchie verdient zwar an sich den Vorzug, ist aber durch Gesetze in bestimmter Weise zu beschränken. Der Tyrann dagegen, der den Staat zugrunde richtet, die öffentlichen Gesetze und – die „heilige Religion" verachtet, soll zuerst gewarnt, wenn das nicht hilft, abgesetzt, gegebenenfalls getötet werden; das letztere indes nur, wenn die öffentliche Volksstimme oder „gelehrte und angesehene Männer" es gestatten *(De rege et regis insti-*

tutione, 1589). Welche praktischen Folgerungen daraus gezogen wurden, kam in der Ermordung Heinrichs IV. durch Ravaillac zutage, ebenso wie später die Hinrichtung Karls I. von England eine Folge der „monarchomachischen“ Theorien war. Unter dem „Volk“ verstehen freilich diese Monarchomachen noch fast durchweg – die bevorrechteten Stände!

6. Hugo Grotius.

Dagegen tritt aus dem Rahmen enger Konfessionspolitik mehr heraus der in Italien geborene, aber wegen seines Protestantismus nach England ausgewanderte Naturrechtslehrer Albericus Gentilis (1551-1611), der mit seinem Hauptwerk *De iure belli* (1588/89) ein Vorläufer des Niederländers Hugo Grotius ist.

Hugo de Groot, geboren 1583 zu Delft, schon mit sechzehn Jahren Doktor der Rechte und früh zu hohen Vertrauensstellungen in seinem Vaterlande gelangt, dann aber in den Sturz der republikanischen Partei durch die oranische verwikkelt und nur durch die List seines treuen Weibes lebenslänglicher Gefangenschaft entgangen, wurde 1635 in Paris schwedischer Gesandter und starb 1645 auf einer Reise nach Schweden in Rostock. Er fällt zwar der Zeit nach nicht mehr streng in den Rahmen der Renaissance, wohl aber der Sache nach, indem auch er auf das Echt-Menschliche und Natürliche zurückgeht. Ist er auch nicht der erste Urheber des Naturrechts gewesen, für den man ihn früher hielt, folgt er auch vielfach den Spuren der Stoa, der römischen Jurisprudenz und selbst des h. Thomas, so hat er es doch in seinem berühmten Werke *De iure belli ac pacis* (1625) zuerst tiefer und eingehender begründet und zugleich mit dem Völkerrecht verbunden, als dessen Begründer er anzusehen ist. (Übersetzt ist das umfangreiche Werk von *Kirchmann* in der *Philos. Bibliothek,* Bd. 31 und 32.) Freilich geschieht die Verselbständigung der Rechtswissenschaft noch in der Weise, daß neben dem menschlichen, auf die Vernunft gegründeten noch ein „göttliches“, auf die Offenbarung gegründetes Recht unterschieden wird, allein beide Sphären werden doch streng voneinander gesondert. Das Naturrecht kann selbst von Gott, der als Schöpfer der menschlichen Natur auch sein letzter Urheber ist, nicht abgeändert werden, so wenig wie der Satz, daß 2 x 2 = 4 ist; es wäre gültig, auch wenn kein Gott existierte. Es entspringt lediglich aus den „inneren Prinzipien“ des Menschen, aus dessen ursprünglichem natürlichen Geselligkeitstriebe (appetitus societatis); denn Gemeinschaftsleben ist dessen Bestimmung. Es besteht in dem, was die Vernunft als mit der Natur des Menschen übereinstimmend oder daraus folgend erkennt. Alles Recht beruht auf der Voraussetzung, daß Verträge und Versprechungen dazu da sind, gehalten zu werden, und diese Voraussetzung wieder auf einem, wenn auch nur stillschweigenden, ursprünglichen Vertrage. Der Staat ist durch den Willen der einzelnen entstanden, das Recht des Einzelnen gegenüber der Gesellschaft kann daher nie verschwinden, wie denn überhaupt die ganze Rechtsordnung bei Grotius wesentlich dem Schutze der individuellen Interessen dient. Auch Grotius lehrt die ursprüngliche Souveränität des Volkes, doch mit der Beschränkung, daß das letztere sie auf immer einem einzigen Fürsten oder Stande übertragen könne!

Die Grundlagen des Völkerrechts (ius gentium) entsprangen ihm aus der Frage: Wann ist ein Krieg gerecht, und wie ist er zu führen? Der Krieg zwischen einzelnen Personen ist auf Notwehr zu beschränken, der des Einzelnen gegen den Staat als Aufruhr zu unterdrücken; der des Staates gegen einzelne, nämlich die Strafe, ist gerecht und nützlich, wenn sie angewandt wird, nicht *quia peccatum est, sed ne peccetur*; der Krieg zwischen Staaten endlich ist nach den Grundsätzen der Humanität zu führen. Gerecht ist er nur, wenn offenbares göttliches oder natürliches Recht verletzt worden ist. Treue und Redlichkeit sind die beste Politik. Grotius' Ausführungen haben mächtigen Eindruck auf seine Zeit gemacht und lange Zeit die gesamte Rechtsphilosophie beherrscht.

Grotius war auf vielen Gebieten zu Hause. Er verteidigte als scharfsinniger Rechtsgelehrter die Handelsfreiheit im Interesse seines Vaterlandes in der Schrift *De mari libero,* 1609, gegen England. Er war ein gelehrter Philosoph, aber auch ein trefflicher Humanist (Verfasser lateinischer Gedichte und zweier religiöser Dramen), Geschichtskenner und -schreiber, ja sogar – Theologe. Er schrieb u. a. eine ausführliche Exegese zum Alten und Neuen Testament und eine in zahlreiche fremde Sprachen übersetzte Verteidigung des Christentums *(De veritata religionis Christianae,* Leiden 1622). Als von selbst einleuchtende und notwendige Religionswahrheiten erscheinen ihm das Dasein Gottes und die Vorsehung. Wer diese leugnet, muß unterdrückt werden. Im übrigen will Grotius, seiner niederändischen Abstammung getreu, duldsam verfahren und kein Volk wegen seines abweichenden Glaubens bekriegt wissen, selbst ein heidnisches nicht, denn der Glaube an historische und übernatürliche Wahrheiten kann niemand aufgedrängt werden.

7. Giovanni Battista Vico.

Endlich möge bereits an dieser Stelle ein italienischer Denker erwähnt werden, der zwar erst ein Jahrhundert später gelebt, aber an Bodin und Grotius sich gebildet hat: der Begründer der neueren Geschichtsphilosophie und Völkerpsychologie Giovanni Battista Vico (1688-1744), Lehrer der Rhetorik an der Universität Neapel. Gegenüber der geistigen Leere, die nach der Unterdrückung von Bruno, Campanella und Galilei unter der Alleinherrschaft des von Spanien aus unterstützten Jesuitismus über die Philosophie Italiens hereinbrach, bildet die einsame Gestalt des durch die neuplatonische Renaissance, namentlich Campanella, beeinflußten Neapolitaners den einzigen Lichtpunkt. Vico blieb zwar gläubiger Katholik, äußert aber bereits eine ganze Reihe moderner geschichtsphilosophischer Ideen. Der Grundgedanke seines Hauptwerks *Prinzipien einer neuen Wissenschaft von der gemeinsamen Natur der Völker* (1725, ins Deutsche übersetzt 1822) ist der, daß bei allem Walten der Vorsehung im Grunde doch die Menschen selbst, der Natur ihres Wesens und zugleich ihren sozialen Bedürfnissen folgend, ihre Geschichte gestalten, und daß die Entwicklung der Völker nach einem allgemeinen Gesetze natürlich fortschreitet. So folgt z.B. im Altertum wie in der neueren Zeit dem mythisch-theokratisch-patriarchalischen ein aristokratisch-ritterliches und diesem ein bürgerliches (demokratisches oder monarchisches) Zeitalter. Weniger modern ist Vicos Metaphysik, die, gegen Descartes gerichtet, platonisch-augustinische Gedanken mit einer Art Monadenlehre verbindet.

Kapitel II. Die Begründung der modernen Naturwissenschaft.

Whewell, History of the inductive sciences, London 1837; deutsch von Littrow 1839 ff. *Apelt, Die Epochen der Geschichte der Menschheit* 1845; *Theorie der Induktion* 1854. *E. Dühring, Kritische Geschichte der Prinzipien der Mechanik*, 3. Aufl., Leipzig 1887. Vgl. außerdem die S. 14 und 232 genannten Werke von *F. A. Lange, K. Lasswitz* und *E. Cassirer*. Einige wichtige Gesichtspunkte gibt *P. Natorp, Descartes' Erkenntnistheorie* Kap. 6. Eine populäre Zusammenfassung des Tatsächlichen bietet u. a. *Dannemann, Grundriß der Geschichte der Naturwissenschaften*, Bd II, 2. Aufl., Leipzig 1903.

§ 7. Die Anfänge naturwissenschaftlicher Methode. (Leonardo – Kopernikus – Kepler.)

Über Leonardo vgl. *Grothe, Leonardo als Ingenieur und Philosoph* Berlin 1874; *Prantl, Sitzungsberichte der Münch. Akad.* 1885, 1 ff.; von neueren Darstellungen; *H. St. Chamberlain, Immanuel Kant, II. Vortrag: Leonardo.* (München 1905.) Eine umfangreiche Auswahl aus seinen Werken in deutscher Übertragung mit ausführlicher Einleitung gibt *Marie Herzfeld, Leonardo da Vinci, der Denker, Forscher und Poet.* 3. Aufl. Jena 1911. *Péladan, La philos. de L. d'après les manuscrits*, Paris 1910. – Über Kepler und Galilei vgl. die das Philosophische leider nicht berührende Darstellung von *S. Günther, Moderne Geisteshelden*, Bd. 22, Berlin 1896; über Kepler besonders noch: *Apelt, Johann Keplers astro nomische Weltansicht*, 1849, *Eucken* in *Philosophische Monatshefte* XIV, 30-45; Cassirer, a. a. O., S. 253-289. Keplers Werke sind in 8 Bänden herausgegeben worden von Frisch, Frankfurt 1857-1872. – Über Kopernikus vgl. *L. Prowe, Bd. I: Leben. II: Urkunden*, Berlin 1873. Über seine philos. Bedeutung vgl. *Natorp* im *Preuß. Jahrb.* Bd. 49.

Am entschiedensten und für immer vollzog sich der Bruch mit dem Mittelalter auf dem Gebiete der Naturwissenschaft. Der Naturphilosophie der Renaissancezeit hafteten immer noch metaphysische, wenn nicht gar theologische Vorurteile an. Erst das siebzehnte, das sogenannte naturwissenschaftliche Jahrhundert legt in der mathematischen Naturwissenschaft (Mechanik) den Grund zu einer rein kausalen Erkenntnis der Natur und befreit das wissenschaftliche Denken endgültig von dem kirchlichen Joche. Die moderne Philosophie ist nicht von den phantasiereichen Naturphilosophen, sondern von den Vertretern strenger naturwissenschaftlicher Methode begründet oder doch vorbereitet worden. Daher bedeutet denn auch im 17. Jahrhundert Philosophie in erster Linie Naturwissenschaft, erst in zweiter Logik und Metaphysik.

1. Leonardo da Vinci.

Die Anfänge der neuen Wissenschaft hängen mit der Renaissance zusammen, und auch ihre Wiege steht in Italien, dessen industrieller Norden ein Hebel der modernen Mechanik wurde. Der große Leonardo da Vinci (1452-1519) war eine jener viel-, ja allseitigen Naturen, wie sie in solchem Umfange selbst die Renaissancezeit nur in wenigen, vereinzelten Exemplaren hervorgebracht hat: zugleich Maler, Bildhauer, Architekt, Astronom, Violinist, Anatom, Ingenieur und Mechaniker; und zwar auf fast allen diesen Gebieten bahnbrechend und erfinderisch. Von den noch erhaltenen mehr als 5000 Manuskriptseiten seines Nachlasses liegen jetzt mehr als drei Viertel in musterhafter Faksimile-Wiedergabe in verschiedenen französischen, englischen und italienischen Ausgaben vor. Für uns das Wichtigste ist sein methodischer Grundgedanke. Die Mutter aller Gewißheit ist ihm die durch Versuche zu erzielende Erfahrung. Diese aber muß sich, weil und insofern sie nach Notwendigkeit, dem „ewigen Bande und der Regel der Natur", strebt, mit dem exakten Denken verbinden, das nur in der Mathematik und der Mechanik, diesem „Paradies der mathematischen Wissenschaften", völlige Sicherheit gewährt. Nur dasjenige dürfen wir uns zu begreifen rühmen, das wir im eigenen Geiste entwerfen. Selbst das Geheimnis der Schönheit beruht im Notwendigen und Gesetzmäßigen, und das Gesetzmäßige jeder Erscheinung muß auf Maß und Zahl gebracht werden. Der Wert des Wissens hängt nicht von seinem Gegenstande, sondern von dem Grade seiner Gewißheit ab. Der Zeitbegriff wird in seiner Eigenart bestimmt, derjenige der Entwicklung in seiner Bedeutung erkannt.

2. Kopernikus.

Unterdessen schuf zu Frauenburg in Preußen der Domherr Nikolaus Kopernikus aus Thorn (1473-1543) sein weltumwälzendes Werk *De revolutionibus orbium caelestium l. VI.* Kopernikus hat nicht, wie man oft annimmt, sein ganzes Leben in stiller Mönchsklause zugebracht – er war nicht einmal Theologe –, sondern hat erst in Krakau und Wien (wo bereits der Mathematiker und Astronom Joh. Müller aus Königsberg in Franken, genannt Regiomontanus, aufklärend gewirkt hatte), darauf zehn Jahre lang in Bologna, Rom und Padua astronomischen, medizinischen und humanistischen Studien obgelegen, die er dann nach seiner Rückkehr in die Heimat fortsetzte. Zum Protestantismus ist er nicht übergetreten, scheint aber der freieren Richtung des Erasmus angehört zu haben. Schon 1506 begann er mit der Aufzeichnung seiner Lehre, hielt sie jedoch aus begreiflichen Gründen von der Veröffentlichung zurück. Erst in seinem Todesjahre ließ er sie auf Drängen eines begeisterten Schülers drucken; der Nürnberger Prediger Osiander gab sie dann mit einer sehr zaghaften Vorrede heraus. Zu seiner berühmten Entdeckung von der Umdrehung der Erde um die Sonne trieb Kopernikus in erster Linie die Überzeugung von der „Klugheit" (sagacitas) der Natur, die stets den einfachsten Weg wähle. Dazu kam dann das Prinzip der Relativität: die scheinbare Bewegung der Dinge beruht in tausend Fällen auf unserer eigenen Fortbewegung. Methodisch aber ist sein Weg derjenige der platonischen Hypothesis (I, § 22): er weist nach, daß unter seiner Voraussetzung die Bewegungen der Gestirne sich genau so vollziehen müssen, wie sie uns erscheinen. Dem Plato hatte er auch das Motto für sein Werk entlehnt: Οὐδεὶς ἀγεωμέτρητος εἰςίτω! Die neue Lehre wurde von den Zeitgenossen teils nicht beachtet, teils, so auch von Luther, als Narrheit behandelt, dann aber, als man sie begriff, aufs heftigste bekämpft. Von bedeutenderen Gelehrten erklärten sich nur Kepler und später Galilei für sie; auf dem päpstlichen Index librorum prohibitorum hat sie bis 1757 gestanden. Sie war in der Tat auch „revolutionär" genug, wohl geeignet, alle bisherigen Vorstellungen über das Verhältnis des „Himmels" zu der Erde von Grund aus umzustürzen. „Unter allen Entdeckungen möchte nichts eine größere Wirkung auf den menschlichen Geist hervorgebracht haben als die Lehre des Kopernikus... Denn was ging nicht alles durch diese Anerkennung in Dunst und Rauch auf: ein zweites Paradies, eine Welt der Unschuld, Dichtkunst und Frömmigkeit, das Zeugnis der Sinne, die Überzeugung eines poetisch-religiösen Glaubens; kein Wunder, daß man dies alles nicht wollte fahren lassen, daß man sich auf alle Weise einer solchen Lehre entgegensetzte, die denjenigen, der sie annahm, zu einer bisher unbekannten, ja ungeahnten Denkfreiheit und Großheit der Gesinnungen berechtigte und aufforderte." (*Goethe, Gesch. d. Farbenlehre*, 3. Teil.)

Das neue, sonnenzentrische Weltbild wies von selbst auf ein dem Sinnenschein entgegengesetztes Denken hin. Telesio (§ 3) hatte zwar an die Stelle der aristotelischen „Form" bereits den Begriff der „Kraft" gesetzt, aber ihn noch zu unbestimmt gelassen. Eben auf die Analyse und den Zusammenhang der einze nen Kräfte, auf die Feststellung eines methodischen Prinzips kam es an. Dies geleistet zu haben, ist das Verdienst von Johann Kepler und Galileo Galilei.

3. Kepler.

Johann Kepler (auch Keppler), am 27. Dezember 1571 in einem schwäbischen Dorfe bei Leonberg geboren, 1630 zu Regensburg gestorben, ist, weil er, anders als der Frauenburger Domherr, seine Überzeugung offen aussprach, vielfach umhergetrieben worden, von der Orthodoxie beider Konfessionen angefeindet, mit Not und Verfolgung kämpfend, wenn auch nicht Hungers gestorben (wie *Günther* im Gegensatz zu früheren Annahmen nachgewiesen hat). Sein Jugendwerk, das *Mysterium cosmographicum de admirabili proportione coelestium orbium* (1596), bewegt sich, wie schon der Titel zeigt, noch stark in neuplatonisch-pythagoreischen Gedankengängen, aus denen aber schon die Idee hervortritt, daß der göttliche Geist sich in den harmonisch geordneten geometrischen Größenverhältnissen des Weltalls offenbare. In der Weiterverfolgung dieses Weges gelangt er immer mehr von seiner anfänglichen animistischen zur modernen, mathematisch-mechanischen Weltauffassung. Auch Kepler ging von der Überzeugung aus, die schon den Kopernikus beseelt hatte, daß „Einfachheit und geordnete Regelmäßigkeit" die ewigen Prinzipien der Natur sind, die quantitativen Verhältnisse aber diejenigen seien, welche der Menschengeist am sichersten durchschaue. „Nichts als Größen oder durch Größen vermag der Mensch vollkommen zu erkennen." So fand er nach vierzehnjähriger, unverdrossener Arbeit seine berühmten drei Bewegungsgesetze, durch die Kopernikus' Entdeckung erst mathematisch bewiesen ward und an die Stelle des als „vollkommenste" Figur vom Altertum und Mittelalter vergötterten Kreises die Ellipse trat, welche allein die tatsächliche Planetenbewegung mathematisch zu erklären vermochte. Auch das Ungleichförmige untersteht der Ordnung und den „Gesetzen der Natur" *(legibus naturae),* wie er seine drei Grundregeln zum ersten Male zu nennen sich erkühnt. So wurde aus dem „kosmographischen Mysterium" von 1596 eine „Physica coelestis": die „Neue Astronomie" von 1609, dargelegt an „den Bewegungen des Planeten Mars". Kepler will nicht mehr die Ursache dieser Bewegungen ergründen, sondern ihre Gesetze. An die Stelle der „bewegenden Seelen" seiner Jugendschrift sind jetzt, wie er selbst ausdrücklich hervorhebt, „physische Kräfte" getreten, an Stelle der Metaphysik des Aristoteles eine Physik, die eine neue „Arithmetik der Kräfte" in sich schließt; denn der Kraftbegriff wird ihm zum Kraftgesetze. Das Weltgebäude gleicht nicht einem beseelten Geschöpf, sondern einem Uhrwerk. Die Physik aber ruht für ihn auf mathematischem Fundament; denn „wo Materie ist, da ist Geometrie". Auch seine Optik, in der er zuerst das Sehen mechanisch zu erklären versuchte, und seine Akustik („Harmonik") behandeln den Lichtstrahl bezw. Ton nur, insofern er Linie bezw. Zahl ist. Ohne mathematische Beweise bin ich blind. Nur die Mathematik erleuchtet das Dunkel, in dem die „Chemiker, Hermetiker und Paracelsisten" schweben. Die *Physica coelestis* erweitert sich endlich zur *Harmonice mundi.* Harmonie durchdringt das gesamte Weltall vom Planetenumlauf bis zu den kleinsten Kristallbildungen und bis ins Reich der Töne. Und diese Harmonie ist keine Eigenschaft der Dinge, sondern eine Schöpfung des selbsttätigen Menschengeistes, der dabei neben der intellektuellen Befriedigung auch eine Art ästhetischer Lust empfindet.

In einer Schrift *Apologia Tychonis contra Ursum* zugunsten des dänischen Astronomen Tycho de Brahe, dessen reiches Forschungsmaterial er erbte und zu seinen Entdeckungen benutzt hat, erörtert Kepler den Begriff der Hypothese genau im platonischen Sinne. Die Wissenschaft muß von Hypothesen ausgehen, d. i. Voraussetzungen, vermittelst deren sich der Zusammenhang der Dinge ohne Widerspruch mit der Erfahrung erklären läßt. Das astronomische System Tychos, das eine Zeitlang dem kopernikanischen bedenkliche Konkurrenz gemacht hatte, wurde übrigens durch Kepler vollständig gestürzt.

Im Laufe seiner wissenschaftlichen Entwicklung hat sich Kepler immer mehr von der aristotelisch-neuplatonischen Denkweise seiner Vorgänger befreit. Wenn er bisweilen doch noch mit Analogien und Symbolen spielt, so erklärt er ausdrücklich, er „vergesse niemals dabei, daß es sich nur um ein Spiel handele". Den entscheidenden Schritt zur Begründung der mathematischen Physik als selbständiger Wissenschaft tat freilich erst sein großer italienischer Gesinnungs und Zeitgenosse. Am Todestage Michelangelos wird Galileo Galilei geboren: die Kunst der Renaissance tritt ihr Zepter ab an die mathematische Naturwissenschaft.

§ 8. Galilei (1564-1642).

Aus der ziemlich umfangreichen Spezialliteratur über Galilei seien hier nur die beiden deutschen Hauptwerke über seinen Prozeß: *v. Gebler, Galilei und die römische Kurie*, 2 Bde., Stuttgart 1876 f., und *Wohlwill, Galilei und s. Kampf.* Bd. I, 1909, ferner die lehrreiche Abhandlung von *P. Natorp, Galilei als Philosoph*, *Philos. Monatsh.* 1882, S. 193-229, und *de Portu, Galileis Begriff der Wissenschaft*, Diss. Marb. 1904 hervorgehoben. Galileis Werke sind oft herausgegeben worden, zum letztenmal 1842-1858 in 17 Bänden zu Florenz. Seit 1887 erscheint auf Staatskosten eine neue Ausgabe unter der Leitung von *Favaro*, der auch eine Monographie G. G. (Modena 1910) veröffentlicht hat. Der interessante Briefwechsel mit Kepler findet sich im 2. Bande von Keplers Werken. Eine deutsche Übersetzung der *Unterredungen und mathemat. Demonstrationen* in Ostwalds *Klass. d. exakten Wissensch.* Bdch. 11, 24 und 25 (hrsg. von *A. von Oettingen*).

Galileo Galilei wurde am 15. Februar 1564 zu Pisa geboren, wo er auch studierte und von 1589 an lehrte. Seit 1592 Professor der Mathematik zu Padua, wohin ihm die Zuhörer aus allen Ländern zuströmten, machte er eine Reihe glänzender astronomisch-physikalischer Entdeckungen, von denen wir nur die mit Hilfe des von ihm selbst verbesserten, kurz zuvor in Holland erfundenen Fernrohres erfolgte Auffindung der Jupitertrabanten und die Entdeckung der Planetenphasen (1610) erwähnen. Durch sie wurde die kopernikanische Lehre bestätigt, zu der sich Galilei bald auch öffentlich bekannte. Die einzelnen Phasen des deshalb 1632 gegen ihn eingeleiteten Inquisitionsprozesses sind oft genug dargestellt worden. Vor dem tragischen Schicksale Brunos blieb er bewahrt dadurch, daß er sich schließlich zur Ableugnung seiner Lehre verstand. Einiges aus der Überlieferung ist durch die neueren Untersuchungen als höchstwahrscheinlich legendenhaft nachgewiesen: so die berühmten Worte „eppur si muove", in die er nach Ableistung des erzwungenen Eides ausgebrochen sein soll, wie auch die Nachricht von seiner im Gefängnis erduldeten Folterung. Die größte Folter für den greisen Gelehrten war jedenfalls die, daß ihm für die neun noch übrigen Jahre seines Lebens (bis 1642) in den wichtigsten Fragen der Mund geschlossen war, während seine Augen erblindeten.

Galilei war Mathematiker und Astronom, Physiker und Philosoph, Beobachter und Experimentator in einer Person. Wir haben hier nur die methodisch-philosophische Seite seines Wirkens zu schildern, die er zwar nicht in besonderen erkenntnistheoretischen Büchern dargelegt hat, die aber sein ganzes wissenschaftliches Forschen durchdringt. Die in dieser Beziehung wichtigsten seiner Schriften sind: 1. *Der Goldwäger* (Il Saggiatore), 1623; 2. der *Dialog über die beiden Weltsysteme* (sc. das ptolemäische und kopernikanische) 1632, der ihm die Verfolgung der Inquisition zuzog (deutsch von *E. Strauß* Leipzig 1892); 3. die 1638 erschienenen *Untersuchungen über zwei neue Wissenschaften*, nämlich die Mechanik und die Lehre von den Ortsbewegungen (in Holland gedruckt!).

Auch Galilei erscheint zunächst als echter Vertreter der Renaissance: in seinem Gebrauch der Muttersprache, seiner Opposition gegen die Autorität des Aristoteles (an den er nur zu Anfang seiner Wirksamkeit angeknüpft hat), seinem Drängen auf Natur und Erfahrung. „Nur Blinde bedürfen des Führers im offenen und ebenen Lande. – Studiert den Aristoteles, aber gebt euch nicht ganz und gar seiner Autorität gefangen, oder nennt euch nicht Philosophen, sondern Historiker und Gedächtniskünstler. Kommt mit Gründen, nicht mit Texten und Autoritäten, denn wir haben es mit der Welt unserer Sinne, nicht mit einer Welt von Papier zu tun. – In den Naturwissenschaften, deren Folgerungen wahr und notwendig sind, können tausend Demosthenes und tausend Aristoteles nicht der Sache zum Trotz wahr machen, was falsch ist."

Hiernach könnte Galilei als reiner Empirist erscheinen. Und in der Tat lobt er an Aristoteles gerade, daß er die sinnliche Erfahrung dem Vernunftschluß vorausgehen lasse. Er habe sich – anders als die zeitgenössischen Aristoteliker – zuerst durch Sinne, Erfahrungen und Beobachtungen des Schlußsatzes versichert und dann nach analytischer Methode, „wie es in demonstrativen Wissenschaften gewöhnlich geschieht", die Beweisgründe aufgesucht, die geeignet sind, den Satz a priori zu stützen. In dem letzten Gedanken liegt die Ergänzung. Galilei begnügt sich nicht mit zusammenhanglosen Einzelerfahrungen, sondern er will nach Keplers Ausdruck die „wahren Ursachen" der Dinge entdecken und findet sie, noch bestimmter als jener, im Gesetz, das jede theologische oder animistische Erklärung der Natur, etwa die des Magnetismus durch „Sympathie", völlig ausschließt. Noch für Kopernikus bildete die „Vollkommenheit" der geometrischen Gestalt die letzte Ursache und den letzten Beweisgrund des Universums. Das hat bei Galilei aufgehört, ja er spottet gelegentlich darüber. Auch ihn leitet zwar bei seinen Entdeckungen das Prinzip der „Einfachheit" der Natur, allein um diese, die nur von Gott unmittelbar erschaut wird, zu begreifen, bedarf es für uns oft mühseliger Untersuchungen.

Das Hilfsmittel aber, dessen sich die Wissenschaft hierbei bedienen muß, ist ihm wie Kepler, mit dem er in freundschaftlichem Briefwechsel gestanden hat, nicht mehr die aristotelische Logik, sondern die Mathematik. Wohl ist die Natur, das Universum, das große, offen vor uns aufgeschlagene Buch, in dem wir lesen sollen, aber dies Buch kann nur der verstehen, der die Lettern kennt, in denen es geschrieben ist. „Es ist in mathematischer Sprache geschrieben, und die Schriftzüge sind Dreiecke, Kreise und andere geometrische Figuren, ohne deren Hilfe es unmöglich ist, nur ein Wort davon zu verstehen." Die Logik ist wohl dazu geeignet, den Gedankengang zu korrigieren und zu regeln, aber kein Mittel zur Erkenntnis neuer Wahrheiten. „Beweise lernen wir nicht aus den logischen, sondern aus den mathematischen Büchern." Die Geometrie ist das mächtigste Instrument, den Geist zu schärfen und zum vollkommenen Schließen und Nachdenken tüchtig zu machen, während die formale Logik nur erkennen lehrt, ob die schon fertigen und gefundenen Schlüsse und Beweise folgerecht sind. „Wer es auch nur einmal erprobt hat, eine einzige Sache vollkommen zu verstehen und in Wahrheit gekostet hat, was Wissen heißt (come è fatto il sapere), der wird erkennen, von wie unendlich Vielem er nichts weiß." Extensiv weiß der Mensch fast nichts, dagegen, intensiv genommen, kommt unsere Erkenntnis „in Geometrie und Arithmetik der göttlichen an objektiver Gewißheit gleich", da sie zulangt, die „Notwendigkeit zu begreifen, über die es eine größere Gewißheit nicht gibt". Wahre Naturwissenschaft besteht demnach in der Verbindung des Experiments mit mathematischem Denken.

Das führt uns weiter zu der Rolle, die der Verstand (bei Galilei gewöhnlich: discorso, seltener intelletto oder ragione) bei dem Zustandekommen wissenschaftlicher Erkenntnis spielt. Was wahr und notwendig ist, weiß sogar ein mittelmäßiger Verstand. Durch ihn lernen wir, weshalb etwas so ist; das aber ist von viel größerem Werte als die bloße Kenntnis der Tatsachen. Der Verstand dringt weiter als die Sinneswahrnehmung, er ergänzt den Mangel der Erfahrung. Die Sinneswahrnehmung allein, ohne die Kontrolle des Verstandes, trügt, wobei jedoch der Irrtum im Urteilen liegt (ganz so später Kant). Der aus sich selbst schöpfende Verstand erst hilft die „Realität" der Erscheinungen feststellen oder ihre Trüglichkeit entdecken. Das beste Beispiel für die Überwindung des Sinnenscheins durch das berichtigende Urteil des Verstandes liegt in der Lehre des Kopernikus. Dieser gehörte nicht zu den „puren", bloß rechnenden, sondern zu den philosophischen Astronomen; er wollte die wahre Verfassung des Weltganzen ergründen, die „unmöglich anders sein kann". Den philosophischen Zug in Kopernikus sieht Galilei in dem Kriterium der „gewissen und notwendigen Ordnung", in die durch jenen das Weltall kam, sodaß nun „das Ganze mit den Teilen auf die wunderbarste Weise zusammenstimmte". Ästhetisch-religiöse Motive (der Sparsamkeit, Weisheit des Schöpfers und ähnliches) fehlen zwar auch bei Galilei nicht ganz, aber sie treten bei ihm noch stärker als bei Kepler zurück gegen die rein wissenschaftlichen. Gott und die Natur werden einander fast gleich gesetzt. Jene „Ordnung und Einfachheit" ist für ihn zwar von großer Überzeugungskraft, aber doch nicht so strikt beweisend, wie eine notwendige Demonstration.

Galilei legt ausdrücklich und häufig das Gesetz der Ursächlichkeit aller Wissenschaft zugrunde. Die wahre Ursache muß sich in allen Folgerungen bestätigen. Die Kennzeichen letzter Ursachen sind Gleichförmigkeit, Einfachheit, Identität. So ist das höchste Ziel der Naturwissenschaft Einheit des Gesichtspunktes, aber in strenger Anlehnung an die sorgfältig beobachteten Tatsachen der Erfahrung und in mathematisch-straffer Schlußfolgerung. Überall sind die verwickelten Erscheinungen der sinnlichen Wahrnehmung in ihre einfachsten Elemente zu zerlegen (metodo risolutivo, d.h. analytische Methode), um dann aus ihnen die Erfahrungsvorgänge zu erklären, eigentlich „zusammenzusetzen" (metodo compositivo, wir: synthetische Methode). Dagegen kann die bloße Summierung von Einzelfällen niemals einen Beweis abgeben.

Diese Vereinigung von induktiver und deduktiver Methode wendet Galilei nun zur Begründung seiner neuen Theorie der Bewegung an, einer „ganz neuen Wissenschaft von einem sehr alten Gegenstand". Die Ableitung seiner Fall- und Wurfgesetze geschieht durch Zurückführung der zusammengesetzten Wirkungen auf einfache, unzerstörbare, beständig und gleichförmig wirkende Ursachen. Die Bewegung wird zur berechenbaren Größe, deren Einheit durch kleinste Zeitteilchen bestimmt wird (Vorbereitung der Differentialrechnung eines Leibniz und Newton). Gegenstand der Naturforschung – und durch unsere Forschung wird die Natur erst entdeckt! – ist das mathematisch Bestimmbare (Meßbare), das Quantitative. „Ursachen" sind nicht mehr, wie bei den Scholastikern, die „Dinge" (Substanzen), sondern die Bewegung, die eins ist mit der Ruhe, der Stoß und Gegenstoß der Korpuskeln. So erhalten die obersten Grundbegriffe der Naturwissenschaft, Kraft und Substanz, erst durch die Forschung Galileis einen streng wissenschaftlichen Sinn, indem sie mathematisch meßbar werden. Seitdem erst beginnen die aristotelisch-scholastischen „Formen", „Zweckursachen", „verborgenen Qualitäten" allmählich aus den physikalischen Lehrbüchern zu verschwinden. Was jenseits der quantitativen Bestimmbarkeit liegt, das sogenannte „Wesen" der Kraft, bleibt uns unbekannt. Daß durch eine solche „qualitas occulta" nichts erklärt wird, ist für Galilei selbstverständlich. Selbst die Schwere ist für ihn nur ein Name. Das Problem der extensiven Größe hat er weniger verfolgt, ihn hat wesentlich das der intensiven Realität beschäftigt. Die Kraft ist Intensität, das Unendlich-Kleine intensive Größe. Ein unveränderlich Beharrendes ist die Grundlage des Veränderlichen; nur in Beziehung auf ein unbewegt „Angenommenes" fassen wir die Bewegung auf. Es gibt keine Verwandlung des Stoffes, sondern nur eine Umlagerung seiner Teile. Die „neue Wissenschaft" lehrt die Erhaltung des Stoffes wie die der Bewegung.

Auf Galileis Lehre von der Subjektivität der Sinnesqualitäten in seinem *Saggiatore* (1623) hat Natorp (a. a. O. S. 134 ff.) zuerst aufmerksam gemacht, während man bis dahin Descartes (1637) und Hobbes (1650) als die ersten Verkünder derselben betrachtete. Geruch, Geschmack, Farbe- und Wärme-, ja selbst die Widerstandsempfindungen haben allein im empfindenden Körper ihren Sitz, sodaß sie, wenn man sich diesen wegdenkt, ebenfalls wegfallen; sie sind daher bloße „Namen" und entstehen nur durch die Bewegung zwischen den Sinnesorganen und den Gegenständen. Die „ersten" und realen Eigenschaften, die wir den „Dingen" notwendig beilegen müssen, sind vielmehr: Gestalt, Zahl und Bewegung.

So werden wir bei Galilei von allen Seiten auf die mechanische Grundauffassung der gesamten Natur geführt. Wenn einer unserer vorzüglichsten Physiker (Helmholtz) es als das Endziel der Naturwissenschaft erklärt hat, alle elementaren Kräfte in Bewegungskräfte, also sich selbst in Mechanik aufzulösen, so hat Galilei dazu den Grund gelegt und dadurch auch für die Entwicklung der Philosophie als Wissenschaft tatsächlich weit mehr geleistet als diejenigen seiner Zeitgenossen, die sich als „Philosophen" ausgaben, aber nicht in seine Fernrohre schauen wollten, um sich nicht von den Bewegungen der Planeten überzeugen zu müssen. Wir haben nicht zum wenigsten deswegen Galilei ausführlicher behandelt, als es in den philosophiegeschichtlichen Darstellungen zu geschehen pflegt, weil wir ihn als den eigentlichen Wegbahner der neueren Philosophie betrachten, und nicht Baco von Verulam.

§ 9. Baco von Verulam (1561-1628).

Die älteren Arbeiten von *Kuno Fischer, Liebig* und *Sigwart* siehe unten. Außerdem *Heußler, Baco und seine geschichtliche Stellung*, Breslau, 1889. Die vollständigste Ausgabe seiner Werke inkl. Briefe nebst Kommentar und Biographie ist die lateinisch-englische von *Spedding* und zwei anderen englischen Gelehrten (London 1857-73 in 12 Bänden), von denen Spedding auch eine besondere Monographie über Leben und Zeit F. Bacons (2 Bde. London 1879) geliefert hat. Ins Deutsche übersetzt ist Bacos Hauptwerk das *Novum Organum*, mit Einleitung und Erläuterungen u. a. von *J. H. von Kirchmann* in der *Philos. Bibliothek*, Bd. 32, die *Nova Atlantis* von *Walden*, Berl. 1890.

Der englische Kanzler Baco kann nicht in strengerem Sinne zu den Begründern der neueren Wissenschaft und somit Philosophie gezählt werden, als der er, namentlich von seinen Landsleuten, noch immer gefeiert wird. Ihr Gebiet ist vielmehr, wie wir soeben gesehen haben, zuerst von Leonardo, Kepler und Galilei angebaut worden. Baco setzt dagegen zunächst nur fort, was Ramus und seine Schüler, was Telesio, Bruno, Sanchez und andere Naturphilosophen der Renaissance begonnen haben. Er hat jedoch ein volleres Bewußtsein von der philosophischen Bedeutung der Methode sowie von der tiefgreifenden Umwälzung, die sich durch die in des Menschen Dienst tretende Naturwissenschaft in dem Kulturideale seiner Zeit zu vollziehen beginnt, und er macht sich zum Herold dieser neuen Zeit. Sein Charakter als Mensch wie als Denker ist viel umstritten worden, seit *Kuno Fischer* 1856 (die 3. Auflage unter dem Titel: *Bacon und seine Schule,* bildet den X. Band seiner *Gesch. der neueren Philos.*, 1904) für ihn eintrat, während *Justus von Liebig* bestritt, daß Baco die Methode der neueren Naturforschung geübt oder gar begründet habe (München 1863), dem dann wieder *Sigwart (Preuß. Jahrb.* 1863 und 1864) entgegnete.

I. Leben und Schriften.

Francis Bacon (latinisiert Baco), geb. 1561, entstammte zwar einer vornehmen englischen Familie, mußte sich aber als jüngerer Sohn seinen Weg selbst bahnen. Dazu half ihm ein starker Drang nach Ehren, Reichtum und Macht, der begleitet war von einem leidenschaftlichen Trieb nach Erkenntnis. Die erreichte Macht sollte ihm als Mittel zu dem großen Werke einer völligen Erneuerung (Instauratio magna) der menschlichen Wissenschaften dienen, zu dem er sich die Kraft zutraute. Anstatt aber zu diesem Zweck vor allem die Schriften seiner großen Zeitgenossen Kepler und Galilei gründlich zu studieren, stellte er allmählich die Mittel über den Zweck, und in deren Wahl verriet er keine Bedenklichkeit. Um in der Welt emporzukommen, sagt er selbst in seinen *Essays moral, economical and political* – in der ersten Auflage (1597) 10, in der dritten (1625) 58 an der Zahl –, müsse man sich den Verhältnissen anbequemen und den Launen der Mächtigen fügen. So rückte er denn schließlich unter Jakob I. zum Lordkanzler und Baron von Verulam auf (1618). Aber drei Jahre später wurde er wegen Bestechlichkeit im Dienste des Königs und seiner Günstlinge vom Parlament verurteilt. Vom Könige wird ihm zwar die Strafe erlassen, aber er zieht sich nun von dem öffentlichen Leben zurück und widmet sich in seinen letzten fünf Lebensjahren (1621-26) ganz der Beschäftigung mit den Wissenschaften.

Seine *Instauratio magna* hat Baco nicht vollendet. Als erster Teil erschien 1620 das schon 1612 im Entwurf unter dem Titel *Cogitata et visa* veröffentlichte, unterdes nicht weniger als zwölfmal umgearbeitete *Novum Organum Scientiarum,* d.h. die dem alten aristotelischen „Organon" entgegengestellte „neue Logik"; als zweiter 1623 das im ersten Entwurf – als *The advancement of lear-*

ning – bereits 1605 herausgegebene Werk *De dignitate et augmentis scientiarum:* eine Art Enzyklopädie der Wissenschaften, mit vielen treffenden Bemerkungen über deren noch auszufüllende Lücken. Zu einem dritten, die Naturerklärung betreffenden Teil lagen nur die nach seinem Tode von seinem Sekretär unter dem Titel *Sylva Sylvarum* veröffentlichten Materialien vor.

„Was des Seins würdig ist, ist auch des Wissens würdig; denn das Wissen ist das Bild des Seins." So umfassend stellt sich Baco das Problem. Die Mutter aller Wissenschaften aber ist ihm die Naturwissenschaft, die man, teils aus übertriebener Ehrfurcht vor den Denkern des Altertums, teils aus falsch verstandenem Religionseifer bisher nicht gebührend gewürdigt hat. Ihre Aufgabe ist: getreue Interpretation der Natur, um dieselbe beherrschen zu lernen. Denn Wissen ist Macht. Zu diesem, nicht zu irgendwelchem theoretischen Zwecke muß sich der Naturforscher zunächst von allen Vorurteilen („Idolen", d. i. Trugbildern) des Verstandes und der Sinne befreien. Der erste Teil des *Novum Organum* enthält daher

II. Die Lehre von den Idolen.

Baco unterscheidet vier Arten solcher „Idole":

1. Die idola tribus, d. i. solche, die dem ganzen Menschengeschlechte (tribus) gemeinsam sind. Unser Verstand wie unsere Sinne fassen die Dinge viel zu sehr nach unserem menschlichen Maßstab (ex analogia hominis) statt nach dem des Universums (?) auf und sind namentlich geneigt, überall in der Natur Ordnung und Regelmäßigkeit zu erblicken; auch verlieren wir uns gern in Abstraktionen. [Hier beachtet Baco nicht, daß auf Abstrahieren alle Forschung, nicht zum wenigsten die von ihm so gerühmte Induktion und vor allem die Mathematik beruht, daß die Voraussetzung einer gewissen Gleichmäßigkeit in der Natur die Grundlage aller Gesetzmäßigkeit ist, und daß wir keinen anderen Erkenntnismaßstab als eben den Verstand besitzen, der freilich in Bacos Augen ein „unebener Spiegel" ist.]
2. Die idola specus, der „Höhle" (nach dem Gleichnis in Platos *Republik* VII), sind die Vorurteile, die von der geistigen und körperlichen Individualität des Einzelnen, d.h. seinen ursprünglichen Anlagen und Gewohnheiten, von Erziehung, Umgang und Lektüre herrühren. Jeder besitzt gleichsam eine besondere Höhle, durch welche das natürliche Licht (der Vernunft) gebrochen und verdorben wird. Noch schwerer zu überwinden sind
3. die Idole des „Marktes" (fori), womit Baco die durch den menschlichen Verkehr gewissermaßen konventionell gewordene Sprache meint. Sie bildet Wörter für gar nicht existierende Dinge (wie Glück, erster Beweger, Planetensphären), und begünstigt Unbestimmtheit und Unklarheit der Begriffe, an denen der Durchschnittsmensch dann kleben bleibt [Baco beachtet nicht, daß die Sprache die notwendige Geburtsstätte der Gedanken ist]. Am gefährlichsten für die Philosophie sind

4. die idola theatri, d. i. die Irrtümer der philosophischen Überlieferung, mag sie nun rationalistischen (Aristoteles), rein-empirischen (Gilbert) oder mystischen (Pythagoras, Plato) Charakter tragen. Selbst Kopernikus und Galilei finden bei Baco keine Gnade; sie gehören zu denen, die alles Mögliche erdichten, wenn es nur in Rechnungen aufgeht. [So gering ist bei diesem Verehrer der Naturwissenschaft das Verständnis für deren mathematische Begründung!] Seine (Bacos) Methode dünkt ihm weit sicherer, auch fordert ihre Anwendung – keine besondere geistige Begabung: ähnlich wie mit Lineal und Zirkel auch der Ungeübte bessere Linien und Kreise zieht, als es der geschickteste Zeichner mit der Hand vermag. Worin besteht nun diese gerühmte Methode? Baco nennt sie

III. Die Methode der Induktion oder Lehre von den Instanzen (Fällen)

und behandelt sie in dem zweiten Buche seines Hauptwerkes, das zu dem kritischen ersten die positive Anwendung hinzufügt. Die wahre Methode macht es nicht wie die Spinnen, die alles aus sich heraus spinnen (die dogmatischen Metaphysiker), oder wie die Ameisen, die bloß Stoff sammeln (die reinen Empiriker), sondern sucht ihn durch eigene Kraft zu verarbeiten, wie die Bienen. Sie steigt von den einzelnen Erfahrungen stetig und allmählich zu allgemeineren Sätzen auf. Sie darf sich jedoch nicht damit begnügen, bloß die positiven Fälle (instantiae) der betreffenden Erscheinung aufzuzählen und so eine tabula praesentiae (Tafel vorhandener Eigenschaften) hinzustellen, sondern sie muß auch eine Tafel der negativen Instanzen, d.h. derjenigen Fälle, in denen die Erscheinung nicht auftritt (tabula absentiae), aufstellen; was Baco sehr umständlich an dem Begriff der Wärme zeigt, wo 28 bejahenden Fällen, d.h. warmen Dingen, wie Sonnenstrahlen, Vitriolöl und Pferdemist, 32 verneinende Fälle wie Mondstrahlen, kalte Blitze und Nordwinde gegenübergestellt werden. Zu diesen zwei Tafeln muß als dritte hinzukommen die der Vergleichungen oder Grade, das will sagen der Fälle, wo das Mehr oder Minder des einen Faktors (z.B. des Lichtes) auch ein Mehr oder Minder des anderen (z.B. der Wärme) hervorbringt. Dann ist eine „erste Weinlese" zu halten; es sind nämlich die Fälle auszuscheiden, die nicht zum „Wesen" oder der „Form" des behandelten Gegenstandes gehören, und aus diesen wieder durch eine zweite Auslese die vornehmsten Fälle, die sogen. prärogativen Instanzen, zu gewinnen, welche die wahren Eigenschaften des gesuchten Begriffs schnell erraten lassen, die übrigens von Baco in nicht weniger als 27 (!) ausführlich behandelte Arten, von den „isolierten" bis zu den „magischen" Eigenschaften, zerlegt werden. So erhält man schließlich die „Form" des betreffenden Dinges und seine Definition. Die „Form" oder das „Wesen" der Wärme z.B. besteht in dem, was sich überall findet, wo Wärme ist, nirgends, wo Wärme fehlt, was stärker oder schwächer vorhanden ist, je nachdem mehr oder weniger Wärme da ist. Als ihre Definition ergibt sich schließlich: eine schnelle Expansivbewegung aufwärtsstrebender kleinster Teilchen.

Trotz mancher geistvollen Anregungen und treffenden Bemerkungen im einzelnen, trotz der Hochschätzung des Experiments und der berechtigten Warnung vor vorschnellen Verallgemeinerungen bedeutet diese naturwissenschaftliche Methode des *Novum Organum* als Ganzes doch einen entschiedenen Rückschritt hinter Galilei, der eben zu jener Zeit die Naturwissenschaft von ihren metaphysischen Fesseln löste. Bacos Ziel bleibt, wie er ausdrücklich erklärt: die „Form" oder das „Wesen" der Dinge, ihre „wirkende Natur" (natura naturans), ihren „Ursprungsquell" (fons emanationis) zu entdecken. Wohl setzt er gelegentlich diese „Form" auch mit dem „Gesetze" gleich, aber es ist nicht das Gesetz in dem Sinne, wie es die mathematische Naturwissenschaft versteht, sondern im Grunde nur die an die Scholastik erinnernde Substantialisierung der Eigenschaften zu einer höheren Eigenschaft oder Wesenheit. Er kennt eben nichts als „Dinge" und ihre „Eigenschaften". Einzeltatsachen und -beobachtungen werden zusammengetragen und aufgezählt, um sodann ihre Erklärung zu beginnen. Mathematik und Logik sind ihm nur die Mägde der Naturwissenschaft. Auf den Syllogismus sieht er – nach den scholastischen Spitzfindigkeiten allerdings erklärlich – mit Verachtung herab. Er sieht nicht, daß Induktion ohne Deduktion unmöglich ist. Es fehlt die bei Galilei schon vorhandene Kritik der Sinneswahrnehmungen, ebenso wie die Einsicht darein, daß die Mathematik das einzige Objektivierungsmittel der Natur darstellt. Die Physik ist ihm demgemäß denn auch gut genug für das bloß Stoffliche in der Natur; das „in höherem Grade Feststehende und Abstrakte", das „Konstante" in der Natur zu finden, wird der Metaphysik, als der trefflichsten aller Wissenschaften, überlassen. So vermag der „Erneuerer der Wissenschaften", trotz aller äußerlichen Bekämpfung des Aristoteles und der Scholastik, doch aus deren Gleisen nicht recht herauszukommen. Er nimmt eine Zwitterstellung ein zwischen der alten Metaphysik und der modernen Naturwissenschaft.

IV. Die Lehre von den Geisteswissenschaften.

Die Methode der Induktion gilt für alle Wissenschaften, – nur nicht für das Gebiet der Theologie, die auf göttlicher Inspiration beruht. Die Heilsoffenbarungen des Christentums stehen so undiskutierbar fest wie die obersten Regeln des Schachspiels! Leichtes Kosten von dem Tranke der Wissenschaft kann zum Atheismus führen; tiefere Züge führen zur Religion zurück. Der Glaube ist edler als die Wissenschaft, Aberglaube allerdings noch unmoralischer und irreligiöser als Unglaube. Je unglaublicher ein Mysterium ist, desto religiöser ist es, daran zu glauben. Ganz in der Weise der vorgeschrittenen Scholastik werden also Philosophie und Theologie scharf voneinander geschieden.

In der Einteilung und Erörterung der einzelnen Wissenschaften entwikkelt das Werk *De augmentis* (s. o.) viele fruchtbare und für das Zeitalter neue Gedanken, ohne daß die philosophischen Grundlagen befriedigen. Die gesamte „menschliche" Wissenschaft, der „globus intellectualis", zerfällt in drei Teile: Geschichte, Poesie und Philosophie, entsprechend den drei Grundvermögen der menschlichen Seele: Gedächtnis, Phantasie und Vernunft. Die auf das Gedächtnis (!) gegründete Geschichte umfaßt als historia naturalis die Naturgeschichte, wobei der Gedanke einer vergleichenden Anatomie und Botanik, – als historia civilis die Geschichte aller Geisteswissenschaften, wobei die Idee einer nationalen Staaten-, sowie einer selbständigen Philosophie und Literaturgeschichte zum erstenmal angeregt wird. Die auf die Phantasie gegründete Poesie wird von Baco, in dem man neuerdings den Verfasser der Shakespeare-Dramen hat sehen wollen, sehr prosaisch als „willkürlich erdichtete Geschichte" definiert. Sie ist entweder epische oder dramatische oder parabolische (lehrhafte) Poesie, von denen er die letztgenannte am höchsten stellt! Die Lyrik wird nicht berücksichtigt. Satire, Epigramm und Ode aber gehören zur Philosophie und Rhetorik.

Die Philosophie teilt Baco in die Lehre von Gott, der Natur und dem Menschen ein. Allen dreien liegt als ihr Fundament eine philosophia prima zugrunde, eine erst zu schaffende Lehre von den allen Wissenschaften gemeinsamen Grundsätzen, wie z.B.: Gleiches zu Ungleichem gibt Ungleiches; was mit dem Dritten übereinstimmt, stimmt untereinander überein; alles ändert sich, nichts vergeht und dergl. Sätze, die von Baco durch Induktion gewonnen und doch unbedenklich als deren Grundlage und Voraussetzung benutzt werden. – Die Philosophie von Gott oder natürliche Theologie muß sich begnügen, den Atheismus zu widerlegen; das übrige, was nicht durch Wahrnehmung und Vernunft gefunden werden kann, überläßt sie der Theologie (s. o.). – Die Naturphilosophie zerfällt in operative (technische, experimentale) und spekulative, die letztere wieder in Physik (Lehre von der Materie und den wirkenden Ursachen) und Metaphysik (Lehre von den Formen und Zweckursachen), die wir oben schon kennen gelernt haben; die Mathematik (reine und angewandte) bildet nur einen Anhang. In der Astronomie verwirft er die Lehre des Kopernikus; und die Kreisbewegung der Gestirne begründet er damit, daß sie daran „ihre Freude haben, weil dies allein eine ewige und unendliche Bewegung ist". – Die Wissenschaft vom Menschen (Anthropologie) zerfällt in die Lehre vom einzelnen Menschen (philosophia humanitatis) und die Staatslehre (philos. civilis); jene wieder in Somatologie (Medizin), Psychologie, Logik und Ethik, diese in die Lehre vom geselligen, geschäftlichen und staatlichen Leben: alle diese Zweige wieder mit vielen Unterabteilungen, aber ohne originale Prinzipien.

Die Ethik insbesondere ist die Lehre, wie man sich den aufgestellten Musterbildern am besten nähert. Zwar ist das Christentum weit besser als alle dem natürlichen Lichte der Vernunft entstammende Moralphilosophie, doch halten sich Bacos eigene, übrigens mehr aphoristische als zusammenhängende, Erörterungen von Theologie frei. Sie stehen zumeist in den *Essays,* die in der Weise Montaignes manche feine Beobachtungen und geistvolle Winke geben. Das tätige Leben geht ihm über das beschauliche, das allgemeine über das Einzelwohl. Um die

Seele mit Erfolg zu leiten, muß man die Charaktere und Affekte studieren; auch die Macht der Gewohnheit, der Erziehung und Lektüre, des Umganges, des Ehrgeizes, der Gesetze muß von der Ethik in Betracht gezogen werden. Einzelheiten s. in der ausführlichen Darstellung des zu § 1 zitierten Werkes von *F. Vorländer* S. 251-314. Auf die Staatslehre will Baco in seinem Hauptwerk, einem „Meister der Regierungskunst" wie König Jakob I. (!) gegenüber, dem er es gewidmet hat, nicht näher eingehen, zumal da die Schwierigkeit der Sache eine wissenschaftliche, die Natur der Staatskunst eine offene Behandlung des Gegenstandes erschwere.

Zu den grundlegenden philosophischen Denkern gehört Baco nicht. Dagegen ist er nicht ohne bedeutenden Einfluß auf die Philosophie seiner Landsleute geblieben, insbesondere durch seine stete Betonung der Erfahrung, sodaß er in der Regel als erster in der „empiristischen Reihe" oder als Vater der neueren Erfahrungsphilosophie dargestellt wird. Auch auf den bekannten Pädagogen Amos Comenius hat er anregend gewirkt. Sein Kernsatz von der Macht des Wissens, der in diesem Zeitalter der einander Schlag auf Schlag folgenden Entdeckungen und Erfindungen wohl auch einen nüchterneren Kopf als Baco berauschen konnte, spiegelt sich auch in dem kurzen, uns erhaltenen Bruchstück seiner Utopie, der dem König Karl I. gewidmeten *Nova Atlantis,* wider. Hier „entwirft seine programmatische Phantasie Teleskope und Mikroskope, Telephone und Mikrophone, Dampfwagen und Luftschiffe, chemische konzentrierte Nahrungsmittel, Präservative gegen Krankheiten usw.", kurz, die neugewonnene Naturerkenntnis versteht das Menschenleben „so leicht und behaglich, so glücklich und genußfähig wie möglich zu machen" (*Windelband).* Alle neuen Erfindungen, von denen das ebenso kluge wie glückliche Inselvölkchen durch seine Sendboten alsbald Kunde erhält, werden von ihm im „Salomonischen Hause" noch weiter vervollkommnet, alle sozialen Probleme mit Leichtigkeit gelöst.

Die Förderung der Naturwissenschaften selbst und ihrer grundlegenden Methode aber war anderen als Baco zu verdanken.

§ 10. Weitere Entwicklung der naturwissenschaftlichen Methode von Gassendi bis Newton.

Was von Kopernikus und Kepler begonnen, von Galilei für die Physik endgültig begründet war – eine selbständige und streng naturwissenschaftliche Methode – ward im Laufe des siebzehnten, des „naturwissenschaftlichen" Jahrhunderts auch auf andere Gebiete übertragen. Die schon von dem Deutschen Vesal (1543) und dem Italiener Fabricio (†1619) geförderte Anatomie und Physiologie ward durch Harveys glänzende Entdeckung vom Kreislauf des Blutes (1628) vollständig umgestaltet, das Herz, der bevorzugte Sitz so vieler animistischer Erklärungen, zu einem einfachen mechanischen Pumpwerk gemacht. Gleichfalls in England wurden von Gilbert die elektrischen und magnetischen Erscheinungen zum erstenmal wissenschaftlich behandelt (1600); freilich nimmt Gilbert, dessen neue Theorie des Magnetismus auch auf Kepler und Galilei von Einfluß war, noch eine Beseelung der Materie und eine magnetische Einwirkung der Weltkörper aufeinander an. Das 1590 in Holland zusammengesetzte Mikroskop und das 1609 ebendort erfundene, alsbald von Kepler, Galilei und dem Jesuitenpater Scheiner verbesserte Fernrohr veranlaßte eine Reihe neuer Entdeckungen. Mit Hilfe der verbesserten Astronomie war 1582 auf Veranlassung Papst Gregors XIII. die bekannte Kalenderreform erfolgt, die, von Kepler vergebens befürwortet, im protestantischen Deutschland erst 1700 durchgeführt ward. 1614 entdeckte Napier die Logarithmen, 1643 erfand Galileis Schüler Torricelli das Barometer, 1654 führte der Deutsche Otto von Guericke die Luftpumpe dem versammelten Reichstage vor, 1679 bestimmte der Franzose Mariotte das Gesetz des Luftdruckes. Auch nördlich von den Alpen entstehen jetzt gelehrte Gesellschaften: die von Paris (1616) und namentlich die Royal Society in London (1662) werden Mittelpunkte für das Zusammenwirken der Vertreter der neuen Naturwissenschaft, während die eigentlichen Universitäten im Zwang jesuitischer Neuscholastik oder protestantischer Kirchenordnungen verknöchern.

Doch wir haben nur die für die Weiterentwicklung der naturwissenschaftlichen Methode bedeutsamsten und damit auch philosophisch wichtigsten Erscheinungen zu betrachten. Es sind Gassendi (1592-1655), Boyle (1626-1691), Huyghens (1629-1695) und Newton (1643-1720). Wir lassen diese vier Männer, über deren philosophische Bedeutung sich der Laie am besten in den öfters angeführten Werken von *F. A. Lange* und *K. Laßwitz* orientiert, hier um des sachlichen Zusammenhanges willen hintereinander folgen, obwohl ihre Untersuchungen sich zum Teil mit denen der erst im II. Buche zu behandelnden Philosophen Descartes, Hobbes, ja sogar noch Leibniz und Locke verflechten.

1. Gassendi.

Am meisten Philosoph, am wenigsten Naturforscher unter ihnen ist Gassendi (Pierre Gassend), Sohn eines provençalischen Landmannes, schon mit dem sechzehnten Jahre Lehrer der Rhetorik (Philologie), mit dem neunzehnten Professor der Philosophie und Theologie zu Aix. Er hängt noch stark mit der Renaissance zusammen. Von der antiken Skepsis sowie von Vives und Charron beeinflußt, sind seine *Paradoxen Übungen gegen die Aristoteliker* schon in Aix geschrieben, aber erst 1624 und 1659 und auch da nur zum Teil gedruckt worden; die drei Bücher insbesondere, welche das kopernikanische System und Brunos Lehre von der Unendlichkeit der Welten vortrugen, hat er auf den Rat von Freunden unterdrückt und nach außenhin dem System Tychos den Vorzug gegeben. Eine heitere und weltmännische Natur, liebenswürdig, gewandt und geschmeidig, wußte er sich überhaupt äußerlich den Forderungen seiner (der katholischen) Kirche anzubequemen und gewann sich dadurch Freiheit des Philosophierens, ja sogar autoritativen Einfluß. Seit 1633 war er Propst zu Digne in seiner Heimat, kürzere Zeit auch viel gehörter Professor der Mathematik in Paris, wo er 1655 starb. Seine Haupttat war die Erneuerung der vergessenen und verleumdeten Lehre Epikurs. Das dahinzielende Hauptwerk *De vita, moribus et doctrina Epicuri* (Dijon 1647) reinigte auch den Charakter dieses seines Lieblingsphilosophen von den ihm anhaftenden Flecken (vgl. I § 39); zwei Jahre später folgte das *Syntagma philosophiae Epicuri* (Lyon 1649), in der Form eines Kommentars zum 10. Buch des Laertius Diogenes. Sein eigenes *Syntagma philosophicum* erschien erst nach seinem Tode in den *Opera omnia* (1658).

Gassendis Erneuerung des Epikureismus war jedoch kein bloßes Zurückgreifen auf die Antike in der Manier der Renaissance. Er will vielmehr in seiner Lieblingswissenschaft, der Physik – er war ein Bewunderer Galileis – den epikureisch-lukrezischen Atomismus wiederherstellen. Um mit der Kirche formell auf gutem Fuße zu bleiben, erkennt er allerdings als „erste" Ursache aller Dinge die Gottheit an; die ganze weitere Entwicklung aber hat es nur mit der Materie zu tun, die sich bei allen Veränderungen gleich bleibt. Sie läßt sich zwar mathematisch ins Unendliche teilen, physisch aber stößt man zuletzt auf nicht weiter teilbare kleinste Teilchen (Atome), substantielle raumerfüllende Individuen, wie bei Demokrit voneinander getrennt durch „das Leere" (den leeren Raum), das dem „Vollen" gegenübersteht. Sie besitzen als solche Härte und Undurchdringlichkeit; die sekundären Qualitäten bleiben auch bei Gassendi außer Betracht. Alles Entstehen und Vergehen beruht auf der Trennung und Verbindung dieser Atome, alle Ursachen sind Bewegungsursachen. Dagegen fehlt die mathematische Bestimmung, ebenso wie der Begriff der kontinuierlichen Geschwindigkeit. Auch ist die Bewegungsenergie nicht von einem Atom auf das andere übertragbar. Dagegen wird – ein Fortschritt über Descartes hinaus – der Begriff des Moleküls als einer Atomverbindung eingeführt. In der Erklärung einzelner Naturerscheinungen beschränkt sich Gassendi auf die sinnliche Veranschaulichung der Erfahrungstatsachen durch die Bewegung der Atome.

Mit diesen streng naturwissenschaftlichen Sätzen kontrastiert einigermaßen die Ausnahme vom Gesetz des Mechanismus, welche der Propst von Digne nicht bloß für Gott, sondern auch für den dem Menschen von Gott eingepflanzten Geist annimmt, der unkörperlich und unsterblich sein soll, während sein System nur eine materielle, aus Atomen zusammengesetzte Seele kennt. Den Vorteil wenigstens hatte diese Anpassung, daß der Atomismus fortan nicht mehr als schlechtweg gottlos, sondern als sogar mit der Kirchenlehre vereinbar galt. Abgesehen von diesem nach zwei Jahrtausenden von ihm erneuerten atomistischen „Materialismus", schlägt in Gassendi übrigens (s. o.) eine skeptische Ader. Er macht auf die Grenzen des Naturerkennens aufmerksam und zeigt, daß die Gegner des Materialismus ebensowenig wie dieser das Hervorgehen des Empfindenden aus dem Empfindungslosen zu erklären vermögen. In seinen *Disquisitiones Anticartesianae* (1643) – wie auch in den von Descartes veröffentlichten und bei diesem (§ 1) zu erwähnenden *Objectiones* – kritisiert er dessen „Cogito ergo sum"; im

Gegensatz zu Descartes will er sich an die Erfahrung halten. Seine eigene Theorie der Erfahrung und des Erkennens ist freilich höchst dürftig: Von den Dingen lösen sich beständig kleine Stoffteile ab, die als Bilder in unser Ich eindringen und es auf verschiedene Weise affizieren. Die Sinne können nicht trügen, sondern nur die Urteile des Verstandes. Die Verwandlung jener stofflichen Bilder in geistige weiß er nicht zu erklären, ebensowenig ihre Verknüpfung in einem einheitlichen Bewußtsein. So nimmt er zwar die Ergebnisse der neuen (Galileischen) Naturwissenschaft an, bleibt aber ihrem methodischen Grundgedanken innerlich fremd.

Auch nach seinem Tode bekämpften seine Anhänger, die sogenannten Gassendisten, im Namen der Erfahrung die Cartesianer, die ihrerseits das reine Denken auf ihre Fahne geschrieben hatten. Einig waren beide in ihrem Gegensatz gegen die Scholastik, die sich unter Leitung der Jesuiten an den katholischen Universitäten behauptete.

Mit Gassendi befreundet war der gelehrte Pater Mersenne (1588-1648) in Paris, der Mittelpunkt eines Gelehrtenkreises, dem auch Descartes und Hobbes angehörten. Er gab einen Kommentar zur Genesis heraus, in dem alle Einwürfe der Atheisten und Naturalisten widerlegt sein sollten, aber mehr Fleiß auf ihre Zusammenstellung als auf ihre Widerlegung verwendet war. Von der Musik aus gelangte er zur Mathematik, von dieser zu einer mechanischen Welterklärung, die er gleichwohl mit einer idealistischen Metaphysik zu verbinden wußte. Er hat Descartes vielfache Anregung gegeben. Sein Hauptwerk *Harmonie universelle* (1636) lehrt schon die Subjektivität der Sinnesqualitäten.

2. Boyle.

Durch Gassendi angeregt war auch der Engländer Robert Boyle (1627-1691), der in seinem *Sceptical Chemist* (1661) die Chemie als Erkenntnis der stofflichen Zusammensetzung der Körper begründete und in seinem Traktat *De ipsa natura* (1682), obwohl persönlich gläubig, ja zur religiösen Grübelei neigend, gegen die übliche Personifizierung der Natur auftrat. Die Natur ist weder eine geheime Grundkraft noch eine Art geistiger Macht, überhaupt kein Ding, sondern „das System der Regeln, denen gemäß die tätigen Kräfte und die Körper, auf welche sie wirken, von dem großen Urheber der Dinge zum Handeln und Leiden bestimmt werden". Zwar hat Gott die Welt und die Atombewegung geschaffen und kann in den Lauf der Natur eingreifen, aber nachdem sie einmal geschaffen, soll der Mensch sie wie ein regelmäßig funktionierendes Uhrwerk, einen „kosmischen Mechanismus" betrachten. Den geheimnisvollen „Kräften" der Mystik und der Naturphilosophie eines Paracelsus u. a. ist damit ebenso ein Ende bereitet, wie den „substantiellen Formen" des Aristoteles und der Scholastik. Auch Descartes' „feine Metaphysik" lehnt der englische Empiriker ab; er will lieber Experimente und Fragen als kühne Behauptungen und Lehrmeinungen vorbringen.

Boyles philosophische Haupttat neben der ersten Grundlegung einer wissenschaftlichen Chemie, die nicht zur Herstellung von Lebenselixieren, sondern zur Erkenntnis von Tatsachen betrieben werden soll, ist die Aufstellung seiner „Korpuskularphilosophie“. Nach dieser gibt es nur eine einzige allen Körpern gemeinsame Materie, mit den Eigenschaften einer ausgedehnten und undurchdringlichen, aber teilbaren Substanz. Durch die ihr von Gott anerschaffene Bewegung entstehen kleine und kleinste Körperchen (corpuscula) von bestimmter Größe, Gestalt und Lage, die zu zusammengesetzten sekundären Körpern (Molekülen) sich mischen oder zusammentreten können. Farbe und Geschmack dagegen und andere „sekundäre Qualitäten“ – Boyle wendet zuerst den Ausdruck in diesem Sinne an, wie er denn überhaupt in der Geschichte der philosophischen Terminologie *(Eucken* S. 94) bedeutsam ist – sind nur in unserer Sinnesempfindung begründet. Boyle aber will keine Psychologie treiben, sondern sich mit der Welt nur befassen, wie sie „am Abend des vorletzten Schöpfungstages“ gewesen sei.

Diese allgemeinen Prinzipien werden dann in reicher Mannigfaltigkeit auf die spezielle Chemie, Physik und Medizin angewandt. Boyle hat uns, anstatt der vier Elemente des Aristoteles und der drei „Prinzipien“ der Alchimisten, den modernen Begriff des Elementes als des keiner weiteren Zerlegung fähigen Stoffes gebracht. Seine Einzeluntersuchungen über die mechanische Natur von Wärme, Magnetismus und Elektrizität, über die Oxydationsprozesse der Metalle, die chemische Zusammensetzung der Atmosphäre gehören in eine Geschichte der Naturwissenschaften. Gegenüber der damals üblichen Ansicht in der Medizin bewies er, daß die Wirkung der Arzneimittel nicht von deren besonderen „Kräften“, sondern von ihrem jeweiligen Zusammenwirken mit dem betreffenden Organismus abhänge.

Zu Boyles Zeit herrschte – ein Rückschlag gegen die einseitige Religiosität der Puritaner – in England reges wissenschaftliches Leben, gerade mit Bezug auf die Naturwissenschaften. Auch Boyle, ein Mann von vornehmer Abstammung, opferte sein ganzes Vermögen der Wissenschaft. Er stiftete u. a. eine gelehrte Gesellschaft, welche seine Korpuskulartheorie verbreiten und – von dem Vorwurf des Atheismus reinigen sollte. Ein Verehrer Boyles, zugleich auch Bacos und Descartes', war Joseph Glanvill (1636-1680), der in seiner *Scepsis scientifica* kräftig zugunsten der Erfahrungswissenschaft gegen die alte Schulphilosophie zu Felde zog. Freilich bewahrte ihn seine „wissenschaftliche Skepsis“, die ihn u. a. auch schon das Kausalitätsgesetz im Sinne Humes bestreiten läßt, nicht davor, in einer (nach seinem Tode erschienenen) Schrift den Hexenglauben zu verteidigen.

3. Huyghens.

Der Niederländer Huyghens (1629-1695, Mitglied der Pariser Akademie von 1666-1681) ist in der Geschichte der Naturwissenschaften epochemachend vor allem durch seine Erfindung des Pendels (1657), die Formulierung der Stoßgesetze und seine Undulationstheorie (1678), die, zunächst durch Newtons größe re Autorität aus dem Felde geschlagen, heute in angemessener Modifizierung allgemein anerkannt ist. Die Grundlehre, die er auf die Theorie des Lichtes und der Schwere anwendet, ist die rein kinetische Korpuskulartheorie, die in ihm ihren Höhepunkt erreicht. Seinen Atombegriff übernimmt er zunächst von Gassendi, aber, obwohl weniger „Naturphilosoph" als dieser, geht er doch wissenschaftlich-methodischer zu Werke. Die wahre Philosophie muß alle Wirkungen in der Natur „per rationes mechanicas" erklären, nicht bei den sinnlichen Wahrnehmungen verharren, sondern sie zu mechanischen, mathematisch formulierten Prinzipien objektivieren, die sich dadurch bewähren, daß „die aus jenen Prinzipien gezogenen Folgerungen" als „vollständig mit den Erscheinungen im Einklang" nachgewiesen werden. Es ist die von Kopernikus, Kepler und Galilei erneuerte hypothetische Methode Platos, die in diesen Worten verkündet wird. Huyghens geht über Gassendi hinaus, indem er ihn durch Galileis Bewegungsbegriff verbessert; des letzteren Lehre aber vervollkommnet er, indem er sie von den einzelnen und einfachen Körpern auf die Gesamtheit aller in Wechselwirkung miteinander stehenden Körper überträgt. Die Energie ist durch den Weltäther von Atom zu Atom, von Körper zu Körper übertragbar, und alle Veränderung in der Natur entsteht durch Atombewegung. Die Summe der Bewegungsgröße und die Summe der Energie erhält sich.

4. Newton.

Über Newtons Methode vgl. *Cassirer, Erkenntnisproblem* Bd. II, 6. Buch. *Steinmann, Über d. Einfluß Newtons auf d. Erkenntnistheorie s. Zeit.* Bonn 1913. – Sein Hauptwerk: *Philosophiae naturalis principia mathematica*, 3 Bde. 1687, zweite Aufl. mit einer methodisch wichtigen, längeren Vorrede seines Schülers Cotes 1713, 3. Aufl. 1726, deutsch von Wolfers. Berlin 1872.

Isaak Newton, am Weihnachstage 1642, nach unserer Zeitrechnung am 5. Januar 1643, in dem Dorfe Woolsthorpe im östlichen England geboren, war als Knabe still und in sich gekehrt und machte in den Schulwissenschaften wenig Fortschritte, erlernte dagegen die gesamte Mathematik fast spielend und erfand schon mit 21 Jahren die Fluxionsrechnung. 1669 Professor in Cambridge, seit 1671 auch Mitglied der Royal Society, veröffentlichte er erst 1687 seine große Entdeckung von der allgemeinen Gravitation, auf die ihn bekanntlich ein vom Baume fallender Apfel zuerst gebracht haben soll, in seinem Werke: *Philosophie naturalis principia mathematica.* Später zum Kgl. Münzmeister ernannt und mit Ehren überhäuft, starb er 1727. In den letzten Jahren hatte er sich stark mit mystischen Studien beschäftigt.

Kant schreibt in seinem Nachlaßwerk *(Altpr. Monatsschr.* XIX, 596): „Nun trat Newton auf und, als Philosoph führend, trug er eine mit dem Raum selbst identisch verknüpfte und bloß als sensibeler Raum anzusehende Kraft, Gravitationsanziehung genannt, in das Universum hinein als allgemeine Weltattraktion aller Körper durch den leeren Raum; welchem dynamischen Prinzip er ein anderes, nämlich das einer den Raum erfüllenden Abstoßung, beigesellete, und zwar a priori nach Prinzipien, weil sonst, wenn nur eine dieser bewegenden Kräfte angenommen wird, der Raum leer, mithin gar nicht Gegenstand der Sinne sein würde." Doch Newtons Bedeutung für die Geschichte der Philosophie beruht nicht auf seinen naturwissenschaftlichen Einzelentdeckungen, selbst nicht auf jener größten, worin er übrigens in seinem Landsmann Hooke (1635-1703) einen Vorläufer besitzt, sondern auf deren methodischer Begründung. Auch er erscheint zunächst, wie Galilei, als bloßer Empiriker. „Hypothesen", sagt er am Schlusse seines großen Werkes, „bilde ich nicht. Alles nämlich, was nicht aus den Erscheinungen gefolgert wird, ist als Hypothese zu bezeichnen; und Hypothesen, seien es nun metaphysische oder physikalische oder solche von verborgenen Eigenschaften oder mechanische, sind in der Experimentalphilosophie nicht am Platze. In dieser werden die Sätze aus den Erscheinungen abgeleitet und durch Induktion verallgemeinert. So hat man die Undurchdringlichkeit, die Beweglichkeit, die Stoßkraft der Körper, die Gesetze der Bewegungen und der Schwere kennen gelernt." Es „genügt" ihm, daß die Schwerkraft „wirklich existiert und nach den von uns auseinandergesetzten Gesetzen wirkt und zur Erklärung aller Bewegungen der Himmelskörper und unseres Meeres ausreicht". Aber diese ängstliche Scheu vor Hypothesen bezweckt bei Newton nur die Entfernung aller unsicheren und unklaren Vorausannahmen aus dem Gebiete der experimentellen Naturwissenschaft oder, wie er nach dem Sprachgebrauch der Zeit sich ausdrückt, der Philosophie. Der Abweisung der „substantiellen Formen" und „verborgenen Eigenschaften" gilt der erste Satz seines Werkes. Statt dessen will auch er, wie die „Neueren", „die Naturerscheinungen auf mathematische Gesetze zurückführen". Daher der Titel seines Werkes: *Mathematische Prinzipien der Naturphilosophie.* „Unsere Absicht ist es", fährt jener erste Satz fort, „die Mathematik auszubilden, soweit sie sich auf Naturwissenschaft (philosophia) bezieht." So will er, trotz jener buchstäblichen Verwahrung gegen die „Hypothesen", nichts anderes, als was Kopernikus, Kepler, Galilei und Huyghens wollten: nachdem er aus den Bewegungserscheinungen die Naturkräfte gefunden hat, aus diesen Kräften, d. i. aus den Prinzipien der Mechanik „mittelst mathematischer Sätze" alle übrigen Erscheinungen, zuletzt das ganze Weltsystem, die Bewegungen der Planeten, Kometen, des Mondes und des Meeres ableiten.

Er kämpft zwar für Anschauung und Erfahrung und will nur die letztere lehren, aber er begründet sie nicht durch die sinnliche Wahrnehmung, sondern durch das reine, will sagen mathematische Denken. „In Philosophicis muß man von den Sinnen absehen." Daraus, daß man Zeit, Raum, Ort und Bewegung nur nach ihrer Beziehung zum sinnlich Wahrnehmbaren (sensibilia) auffaßt, „entstehen gewisse Vorurteile, zu deren Beseitigung es zweckmäßig ist, sie in absolute und relative, wahre und scheinbare, mathematische und gewöhnliche Größen zu scheiden". Er verwahrt sich ausdrücklich dagegen, daß er durch Ausdrükke, wie „Anziehung", „Stoß", „Streben gegen den Mittelpunkt" die Art oder Weise der Wirkung oder die Ursache oder den physikalischen Grund erklären oder den Zentren, die vielmehr mathematische Punkte seien, wirklich physikalische Kräfte zuschreiben wolle: er betrachte diese Kräfte nicht physice, sondern bloß mathematice, d. i. nach ihrer mathematischen Seite. So sind seine Begriffspostulate (leges), welche die Begriffe der Masse, Ursache, Kraft, Trägheit, Raum, Zeit und Bewegung festsetzen, die Grundbegriffe der modernen Naturwissenschaft, Newton selbst deren erster Systematiker geworden.

Freilich führt Newton diese rein mathematische Theorie noch nicht bis zu ihren letzten Konsequenzen durch. Zwar hatte er durch die Erfindung der Fluxionsrechnung die unendlich kleinen Veränderungen in den räumlichen Ausdehnungen und in den Geschwindigkeiten während eines Zeitmoments in Rechnung gezogen, so daß nun das Gesetz der Wechselwirkung der Körper unmittelbar mathematisch formuliert werden konnte. Aber sein Begriff des „absoluten" Raumes enthielt Schwierigkeiten, die, von Berkeley und Leibniz ans Licht gezogen, erst von seinem deutschen Anhänger Leonhard Euler (s. § 29) korrigiert wurden. Und gerade seine große Entdeckung, daß die Bewegungen der Himmelskörper sich durch dieselbe Schwerkraft erklären lassen, die wir als die Ursache des Falles der Körper auf unserer Erde betrachten, verleitete den Mann, der das stolze Wort gesprochen, er „erdichte keine Hypothesen", zu der einen Hypothese von einer immateriellen Zentralkraft, die der Materie als Grundeigenschaft anhängt und in die Ferne wirkt.

Damit aber verband sich bei ihm noch eine andere Gedankenreihe. Er hatte eine „Physik des Himmels" geschaffen. Eine Welt lag vor ihm, ohne Willkür und Wunder, aber auch ohne Zweck und Absicht, rein auf sich selbst ruhend, sich selbst erhaltend. Geriet er damit nicht auf die Bahn des Materialismus und Atheismus, wie der neuen Naturwissenschaft von ihren orthodoxen Gegnern vorgeworfen wurde? In der Tat bedrängte diese Sorge sein aufrichtig frommes Gemüt. Da bot sich ihm nun in eben jener Theorie einer fernwirkenden Zentralkraft ein Ausweg zu dem Gedanken, daß die Wechselwirkung der Körper im letzten Grunde auf einem geistigen Prinzip, dem Willen Gottes beruhe, für den der gesamte Naturmechanismus nur ein Mittel zur Erfüllung seiner Zwecke ist. Das Gebiet des Wissens ist hier zu Ende, das Gebiet des Glaubens tritt in seine Rechte. Die mechanische ordnet sich freiwillig der teleologischen Weltanschauung unter. Wir werden diesem Gedanken in der deistischen Aufklärungsphilosophie des 18. Jahrhunderts wieder begegnen. Er gehört dem Menschen Newton an, nicht dem Begründer der mathematischen Physik, dem Systematiker der naturwissenschaftlichen Prinzipien. Nur als solcher aber hat er gleich seinen Vorgängern Kepler, Galilei, Huyghens Bedeutung in der Geschichte der Philosophie.

Erste Periode.
Die Zeit der großen Systeme.
(Descartes. Hobbes. Spinoza. Leibniz.)

Auf das Zeitalter der neuen Ideen und der Begründung der modernen Naturwissenschaft folgt die Zeit der philosophischen Systembildung. Im Gegensatz zu den vielfach auseinandergehenden Strömungen der Übergangszeit beginnt mit und nach der naturwissenschaftlichen Konzentrierung nun auch die philosophische. War in den Männern der neuen Naturwissenschaft an die Stelle der stürmischen Erregung der beginnenden Neuzeit die zielbewußte methodische Arbeit getreten, so sucht man jetzt, voll des durch die Renaissance geweckten Vertrauens auf die menschliche Vernunft, nach einem philosophischen Gedankenmittelpunkt, einem obersten Prinzip, von dem man ausgehen könne, und das zugleich alle die neuen Vorstellungen in systematischen Zusammenhang zu bringen fähig sei. Damit eigentlich erst nimmt die Geschichte der neueren Philosophie im engeren Sinne ihren Anfang. Ihr Begründer ist der Franzose Descartes.

Kapitel I.
Descartes (1596-1650).

§ 1. Descartes' Leben und Schriften.

Kuno Fischer, Descartes' Leben, Werke u. Lehre, 4. Aufl. 1897 (G. d. n. Ph., Bd. I). *A. Hoffmann, René Descartes* (Klass. d. Philos. XVIII) 1905. *E. Jungmann, R. Descartes, eine Einführung in seine Werke*, 1907. *La vie de Descartes* in Bd. XII der Pariser Akademie-Ausgabe (s. u.).

a) *Leben.* Für die philosophische Entwicklung des Descartes ist auch sein Lebensgang wichtig, dessen Hauptzüge er selbst in seinem *Discours de la méthode* dargestellt hat, und der dann von seinen Landsleuten oft (bereits 1691 von Baillet, in nicht weniger als drei „Eloges" im Jahre 1765), in deutscher Sprache am anziehendsten von *Kuno Fischer* geschildert worden ist.

René Descartes, geboren 1596, entstammte einem alten Adelsgeschlecht der Touraine. In seinem zarten und schmächtigen Körper lebte ein reger Geist Bereits auf der berühmten Jesuitenschule zu La Flèche, wo er 1604-12 seine Schulbildung erhielt, glänzte er durch seine Leistungen. Aber die „Philosophie“, die ihm dort geboten wurde, schien ihm nur ein „Mittel, in wahrscheinlicher Weise über alle Dinge zu reden und sich von den weniger Gelehrten bewundern zu lassen“. Angezogen und befriedigt fühlte sich sein nach Sicherheit der Erkenntnis dürstender Geist nur von der strengen Methode der Mathematik. Kurze Zeit (1612/13) warf er sich, übersättigt von der toten Buchgelehrsamkeit, in den Strudel des Pariser Gesellschaftslebens, kehrte jedoch bald wieder zu seinen Studien zurück und lebte 1614-16 in völliger Zurückgezogenheit, um dann von neuem in die große Welt hineingerissen zu werden. 1617 nimmt er im holländischen, 1619 im bayrischen Heere unter Tilly Kriegsdienste, kämpft 1620 bei Prag gegen den Winterkönig, dessen Tochter Elisabeth später seine Schülerin wird, verläßt sodann den Kriegsdienst und macht mehrjährige Reisen durch einen großen Teil Europas. 1624 führt er eine Wallfahrt nach Loretto aus, die er fünf Jahre vorher der Jungfrau Maria gelobt hatte, wenn ihm seine philosophischen Zweifel gelöst würden, und lebt 1625-28 wieder in Paris, wo es ihm, wohl als einzigem unter den bedeutenden Franzosen, nicht gefällt. Von nun an widmet er sich ganz der Wissenschaft. Die nächsten zwei Jahrzehnte (1629-49) bringt er – kurze Reisen nach Frankreich, England und Dänemark abgerechnet – in Holland zu, dem Lande, welches damals allein, wenn auch in beschränktem Maße, Denk- und Religionsfreiheit gewährte. Von dort aus veröffentlicht er 1637-44 seine wichtigsten Schriften. Gemäß seinem Wahlspruche: *Bene vixit qui bene latuit*, hat er in dieser Zeit an dreizehn verschiedenen Orten seinen Wohnsitz aufgeschlagen, mit befreundeten Gelehrten einen ausgedehnten schriftlichen Verkehr pflegend, der namentlich durch den gelehrten Pater Mersenne (I, 279) vermittelt wurde. Trotz aller Vorsicht entging er den Angriffen katholischer und protestantischer Orthodoxer nicht (seine Lehre wurde z.B. zu Utrecht als atheistisch verboten), fand aber reichliche Entschädigung in der wachsenden Ausbreitung seiner Philosophie. 1649 siedelte er, den dringenden Bitten der gelehrten Königin Christine von Schweden folgend, nach Stockholm über, konnte aber das rauhe Klima und die veränderte Lebensweise im „Lande der Bären, des Eises und der Felsen“ nicht vertragen und starb bereits am 11. Februar 1650.

b) *Schriften.* Am 10. November 1619, während er zu Neuburg an der Donau in den Winterquartieren lag, verspürte der junge Descartes in sich den Durchbruch eines neuen methodischen Grundgedankens: nur das anzunehmen, was „klar und deutlich“ gedacht werde, zur Einfachheit zurückzukehren, ganz von vorne anzufangen. Der Durchführung dieser seiner „analytischen Methode“ in Mathematik, Philosophie und Naturlehre galt fortan sein Leben, insbesondere von seiner Übersiedelung nach Holland an. Seine Forschungsergebnisse veröffentlichte er jedoch zunächst noch nicht, weil er „Ruhe über alles liebte“ und als Katholik die Inquisition fürchten mußte, die soeben ihre Macht an Galilei bewiesen hatte. Und als ihre Veröffentlichung erfolgte, geschah dies nicht ohne allerlei Verbeugungen vor der alleinseligmachenden Kirche; „er streute“, wie sein erster Biograph Baillet sagt, „der Inquisition Sand in die Augen". Erst 1637 gab er auf Drängen seiner Freunde anonym seine *Essais philosophiques* zu Leiden heraus, enthaltend: 1. den Discours de la méthode, die erkenntnistheoretische Grundlegung; sodann dessen Anwendungen: 2. die Dioptrik, 3. die Meteorologie und 4. seine Begründung der analytischen Geometrie. (Sie wurden erst 1644 unter seinem Namen als *Specimina philosophica* in der lateinischen Übersetzung eines Freundes zu Amsterdam herausgegeben, die Geometrie erst 1649.) Eine vollständige Darstellung seiner Philosophie gaben 1641 die – der orthodoxen Pariser Sorbonne gewidmeten – *Meditationes de prima philosophia* und 1644 die *Principia philosophiae.* Den ersteren waren als Beilage die brieflichen Einwürfe *(obiectiones)* von philosophischen Gegnern, darunter Gassendi und Hobbes, und deren Beantwortungen *(responsiones)* beigegeben. Die letzte von Descartes selbst (1649) veröffentlichte Schrift war die bereits 1646 für seine gelehrte Freundin die Prinzessin Elisabeth aus dem philosophiefreundlichen Hause Pfalz[24], niedergeschriebene Abhandlung über die Gemütsbewegungen *(Traité des passions de l'âme).* Erst geraume Zeit nach seinem Tode (1677) wurde der von ihm aus Furcht vor dem Schicksale Galileis bei seinen Lebzeiten zurückgehaltene, u. a. die kopernikanische Theorie lehrende Traktat *Le monde* herausgegeben, noch später (1701) die wichtigen, leider unvollendeten *Regulae ad directionem ingenii* sowie die *Inquisitio veritatis per lumen naturale.* Manches vorher Ungedruckte hat außerdem Foucher de Careil 1859 und 1868 veröffentlicht.

Descartes' Schriften und seine zahlreichen (beinahe 600) Briefe wurden seit ihrem ersten Erscheinen häufig, in Einzel- wie später in Gesamtausgaben französisch und lateinisch, herausgegeben. Die letzte französische Gesamtausgabe von *V. Cousin* (1824-26) ist jetzt überholt durch die vortreffliche neue der Pariser Akademie von *Adam* und *Tannery* (12 Quartbände, 1897-1911). Eine modernen Anforderungen entsprechende Neuausgabe aller wichtigeren Schriften in neuer deutscher Übersetzung hat *A. Buchenau* in der *Philos. Bibl.* in vier Bänden veröffentlicht; er hat auch die *Meditationes* und die *Regulae* nach der Originalausgabe von 1710 im lateinischen Urtext neu ediert. Seiner Ausgabe der *Meditationes* (*Ph. B.* 27, II) ist ein ausführlicher Kommentar beigegeben.

Die ziemlich zahlreiche Literatur über Descartes s. bei Ueberweg § 12. Einzelne besonders wertvolle Schriften werden unten noch Erwähnung finden. Dem Andenken an ihn hat 300 Jahre nach seiner Geburt die *Revue de Métaphysique et de Morale* eine besondere Nummer mit wertvollen Beiträgen gewidmet (Bd. IV, Juli 1896).

Wir trennen in unserer Darstellung die erkenntniskritische Grundlegung, die namentlich in den *Regulae* und dem *Discours de la méthode* enthalten ist, von dem hauptsächlich in den *Meditationes* und *Principia* errichteten metaphysischen System.

§ 2. Die erkenntnistheoretische Grundlegung.

Natorp, Descartes' Erkenntnistheorie, Marburg 1882. Ders., *Die Entwicklung Descartes' von den ‚Regeln' bis zu den ‚Meditationen'*, 1896 (Archiv f. Gesch. d. Philos. X, 10-28). *E. Cassirer, Descartes' Kritik der mathemat. und naturwissenschaftl. Erkenntnis*, Diss., Marburg 1899; dess. *Erkenntnisproblem*, Bd. I, S. 375 ff. *Chamberlain, Kant.* 1905. 3. Vortrag. *H. Heimsoeth, Die Methode der Erkenntnis bei Descartes und Leibniz*, 1. Teil. Gießen 1912.

1. Der Ausgangspunkt von Descartes' Philosophieren ist am deutlichsten in den *Regulae ad directionem ingenii* zu erkennen. Diese seine Jugendschrift stellt zwar historisch nur eine Vorstufe zu seinen späteren metaphysischen Grundsätzen dar, dasjenige Stadium nämlich, in dem er sich Ende der zwanziger Jahre (1628-29) befand; aber die ihm eigentümliche Methode, die nach seinem eigenen Zeugnis (S. 285 f.) um diese Zeit schon festgestellt war, ist ihrem Grundgedanken nach bereits vollständig in den „Regeln" enthalten, ja in reinerer Gestalt als in der späteren Metaphysik.

Nie und nirgends noch in der Philosophie der christlichen Völker war mit solcher Energie nach einem festen, von aller Autorität freien Angelpunkt der Erkenntnis gestrebt worden, als es hier geschah. Einmal im Leben, sagt Descartes in *Regula VIII,* muß jeder, der ernstlich nach Wahrheit strebt, sich die Frage vorlegen: Was ist Wahrheit? Was ist menschliche Erkenntnis, und welches sind ihre Grenzen? Ihre Beantwortung ist möglich, denn wir brauchen sie nicht aus Plato oder Aristoteles zu entlehnen, sondern finden sie in uns selbst. Das Universum der Dinge ist im Universum des Geistes enthalten. Die Wissenschaften bestehen ganz und gar in der Erkenntnis des Geistes, diese aber bleibt „eine und dieselbe" bei aller Verschiedenheit ihrer Gegenstände. Wie dieselbe Sonne alle Gegenstände erleuchtet und nicht von ihnen ihr Licht erborgt, so auch die eine allgemeine menschliche Erkenntnis (universalis sapientia). Worin aber liegt diese Einheit stiftende und damit Licht spendende Kraft der Erkenntnis? Allein in ihrer Methode, welche die Dinge in „gewisse Ordnungen" stellt, „so wie sie vom Intellekt erfaßt werden", vom Verwickelteren zum Einfacheren aufsteigend, sie dadurch in durchgängige gedankliche Verknüpfung miteinander bringt und so schrittweise unser Wissen vermehrt.

Muster solcher methodischen Erkenntnis sind Geometrie und Arithmetik. Diese sind die zuverlässigsten und durchsichtigsten von allen Wissenschaften, sie „haben ein Objekt, wie wir es suchen", das durch seine Einfachheit und Klarheit von selbst einleuchtet, wie ja alle Wahrheit klar und einfach ist. Die Mathematik zeigt uns den einzig richtigen Weg, der zur Erforschung der Wahrheit führt. Der „ganze Kunstgriff" besteht darin, daß wir, wie es in der analytischen Geometrie geschieht, Unbekanntes als bekannt annehmen, von dem dann das in Frage Stehende, auch das Bekannte, „als ob es unbekannt wäre", in streng methodischer Stufenfolge abzuleiten ist. Es ist also nicht die oftmals trügliche Erfahrung, sondern die Methode der Deduktion, worauf es in erster Linie ankommt. Zwar ist auch die Induktion, schon wegen der Vollständigkeit der Einteilung eines Begriffs in seine Unterarten, nicht zu entbehren; aber sie führt nicht bloß zur Deduktion hin, sondern setzt eine solche auch bereits voraus. Die wahre Einsicht hat sich zwar an der Erfahrung zu bewähren, allein sie beruht auf der notwendigen Verknüpfung der Begriffe. Deren Quell aber ist der reine Verstand (mens pura), der „aus dem Lichte der Vernunft allein entspringt". Er heißt auch wohl „geistige Anschauung" (intuitus mentis), denn die allerersten Wahrheiten erschauen wir mit unmittelbarer Gewißheit, die den Gegenstand in „einem und demselben Akte" begreift. Vorbild ist auch hier die Methode der Mathematik. Von diesen ersten Elementen anhebend, schafft dann die Deduktion eine kontinuierliche, nirgends unterbrochene Kette von Erkenntnissen. „Wer die Kette der Wissenschaften überschaut" – so schrieb schon der Dreiundzwanzigjährige in sein Tagebuch – „dem wird es nicht schwerer erscheinen, sie insgesamt im Geiste zu beherrschen, als die Reihe der Zahlen zu behalten." Jene universalis sapientia liegt allem Wissen, die universale Mathematik aller Erkenntnis von Maß und Ordnung, wie sie in der Astronomie, Musik, Mechanik und Optik geübt wird, und die besonderen Wissenschaften des Quantitativen wiederum aller Erkenntnis des Qualitativen zugrunde. Das erkenntnistheoretische Kriterium ist es, das unseren Philosophen zu seiner mechanischen Auffassung aller Naturvorgänge („bei mir geschieht alles in der Natur auf mathematische Weise") führt, das ihn sowohl von den Scholastikern wie von Bacos Experimentalmethode grundsätzlich scheidet. Seine Logik ist eine Logik des Erkennens und Forschens, nicht eine Klassifikation der Dinge.

2. Dieselben erkenntnistheoretischen Grundgedanken kehren nun auch in Descartes' späteren Werken: dem *Discours*, den *Meditationen*, den *Prinzipien*, der *Recherche* und den mathematisch-naturwissenschaftlichen Schriften wieder. Auch hier heißt es wiederholt: einmal im Leben müssen wir alle überkommenen Lehrmeinungen von uns abwerfen und auf neuem Fundamente ein völlig neues Gebäude unseres Wissens aufrichten. Die Vernunft verlangt gänzlich unbezweifelte Gewißheit, und Wissenschaft bedeutet: sichere und evidente Erkenntnis. *De omnibus dubitandum est.* Bisher aber gibt es nichts in der Philosophie, was zweifellos gewiß wäre. Die Sinne täuschen uns oft – man denke nur an das Träumen –, und selbst mit der Gewißheit des mathematischen Denkens könnte uns ein allmächtiger Dämon betrogen haben, wenigstens was die Übereinstimmung desselben mit den Gegenständen außer uns betrifft. Allein Descartes zweifelt nur, um zur Gewißheit zu gelangen. Und er will zeigen, daß diese Gewißheit nicht in den Sinnen, sondern im bloßen Verstande liegt, sobald er „evidente" Vorstellungen hat. Sein berühmter Satz *Cogito ergo sum (Je pense, donc je suis)* ist für ihn nur der methodische Ausgangs-

punkt. Unumstößlich gewiß bei allem Zweifel bleibt, daß ich denke, daß ich ein denkendes Ding bin (une chose qui pense). Das aber weiß ich durch unmittelbare „Erfahrung", durch eine „Intuition des Geistes", durch das „reine" oder „natürliche Licht" der allen Menschen gemeinsamen Vernunft, durch eine „klare und deutliche Vorstellung" (perception claire et distincte).

In diesem lumen naturale, das so scholastisch klingt, aber erkenntnistheoretisch gemeint ist, sowie in dem noch häufiger von ihm gebrauchten Ausdruck der klaren und deutlichen Vorstellung haben wir den eigentlichen Ausgangspunkt des Descartesschen Philosophierens zu erblicken. Alle Dinge sind bloße Vorstellungen. Aber nur, was „klar und deutlich" *(clair et distinct)* erkannt wird, kann als wahr gelten. Und nur, was wahr ist, ist. Nur das klare und deutliche Vorstellen erzeugt wahres Wissen und damit das wahre Sein. „Klar" nennt Descartes eine Vorstellung, die dem Geiste gegenwärtig und offenkundig (manifeste), „deutlich" eine solche, welche genau und von allen anderen Erkenntnissen unterschieden ist. Freilich kommen wir mit dieser *Princ. I,* 45 gegebenen Definition allein noch nicht viel weiter. Bedeutung bekommt sie erst durch die mathematischen und physikalischen Beispiele, die dazu gegeben werden, durch den Hinweis auf die auch auf die Metaphysik anzuwendende mathematische Methode, die als das erste Muster der klaren und deutlichen Erkenntnis bezeichnet wird.

3. Mit dem *Discours de la méthode* zugleich erschienen die *Geometrie,* die *Meteorologie* und die *Optik,* d.h. die Anwendung seiner erkenntniskritischen Grundsätze auf die von ihm in eifriger eigener Forschung geförderten Gebiete der Mathematik und Naturwissenschaft.

a) Arithmetik und Geometrie heißen Beispiele für die Grundwissenschaft der Erkenntnis. Die Grundmethode beider, die Verknüpfung von Größen, ist die Methode alles wissenschaftlichen Denkens überhaupt, „die Quelle aller Wahrheiten". Voraussetzung aller Größensetzung ist der Begriff der Dimension, in dem erweiterten Sinne der Gleichartigkeit, die uns zuletzt auf die Einheit als die „gemeinsame Natur" alles Vergleichbaren führt. Das Einfache ist überhaupt die erzeugende Bedingung des Zusammengesetzten, wie der Punkt die der Linie. Der Begriff des Maßes stellt die Verbindung zwischen dem reinen Denken und der sinnlichen Anschauung her. Die mathematischen Gebilde (Figuren und Zahlen) sind, auch wenn sie nicht „außer uns" existieren sollten, wie Descartes mit Schärfe gegen Gassendi und Hobbes erklärt. Anders denken hieße „der Vernunft den Mund verschließen", „meine Physik aber erstrebt nichts sehnlicher als möglichst große Annäherung an die reine Mathematik". Die Idee des Dreiecks muß vorher vorhanden sein, wenn wir ein sinnlich Gegebenes als Dreieck erkennen sollen. Die objektive Geltung der Mathematik hängt von ihrer Naturwirklichkeit nicht ab.

b) Anderseits findet die Mathematik erst in der Naturerkenntnis ihre Erfüllung. Der Gegenstand der Natur, der Körper, wird zunächst (*Princ.* II, 4 ff.)

durch rein mathematische Merkmale, nämlich allein durch seine Ausdehnung in Länge, Breite und Tiefe, bestimmt. Die Empfindung wird ausgeschaltet, mit ihr die sinnlichen Qualitäten der Härte, Farbe, Schwere usw. Die mit den Sinnen nicht mehr wahrnehmbaren Körperchen (Korpuskulartheorie), auf welche Descartes schließlich seine Materie zurückführt, sind, ebenso wie die Atome Demokrits, rein geometrische Begriffe. Aber das Problem der besonderen Wirklichkeit (Bestimmtheit) der Körper im Raum ist nicht mit den Mitteln der reinen Mathematik allein zu lösen. Es kommt der Begriff der Bewegung (Ortsveränderung) hinzu, der allerdings durch die Logik (Kategorie der Veränderung) und Geometrie (Ort) schon vorbereitet erscheint. Alle Veränderung in der Natur ist nur Bewegung, Veränderung der räumlichen Verteilung innerhalb des sich quantitativ gleichbleibenden Universums. Das Grundgesetz der Erhaltung der Bewegungsgröße gilt für alle „möglichen" Welten, die „Gott erschaffen könnte". Innerhalb derselben werden dann alle Naturerscheinungen ganz mechanisch durch Stoß und Druck erklärt, die jedoch nicht naiv sinnlich, sondern rein begrifflich, als Ausgleich zwischen den Bewegungsgrößen benachbarter Raumstellen zu denken sind. Die Wechselwirkung zwischen den sogenannten „Dingen" wird demnach nicht mit den Mitteln der sinnlichen Empfindung erklärt, sondern in rein geometrischer Anschauung konstruiert. So ist Descartes' scheinbarer Materialismus in Wirklichkeit wissenschaftlicher Idealismus.

4. Er hat das Verdienst, zum erstenmal eine Mechanik nicht bloß des Himmels sondern auch der Erde und zwar nicht nur der anorganischen, sondern auc der organischen Natur bis an die Grenze der Bewußtseinstätigkeit versucht z haben. Nicht nur die Astronomie, sondern auch die Physiologie soll ein durchaus mechanische Wissenschaft sein, in der eine „Seele" keinen Plat hat. Descartes war einer der ersten, die sich für Harveys Entdeckung (I, S 276) erklärten und sie auf das Gebiet der Nervenphysiologie anwandten; e gibt bereits eine Beschreibung von Reflexbewegungen. Mit den Männern de Renaissance teilt er den Grundsatz, daß alle Naturerscheinungen auf die ein fachsten und einleuchtendsten Prinzipien zurückzuführen seien, mit den Be gründern der Naturwissenschaft die quantitative Auffassung der Natur. Wo bezeichnet er der Kirche gegenüber seine mechanische Evolutionstheorie a eine nur „mögliche" Art der Entwicklung, wohl steht am Ende der Reihe da Prinzip der Unwandelbarkeit Gottes, aber dieser Gott ist bei ihm nur ein De ex machina, ein Notbehelf. Tatsächlich sind die Gesetze der Natur mit dene der Mechanik identisch, wie er ausdrücklich erklärt (*Discours* V, 14). Zu ein Zeit, wo – es war am 4. September 1624 – die Verbreitung der Korpuskula theorie vom Pariser Parlament bei Todesstrafe (!) verboten wurde, mußte De cartes, wenn er die Möglichkeit des Wirkens behalten wollte, die Wahrheit ve schleiern. Aber trotz der theologischen Floskeln, die er seinen Sätzen anz hängen für gut befindet, ist er im Grunde durchaus modern, in Auffassu

und der Sprache. 1640 in einen literarischen Streit mit den Jesuiten verwikkelt, bittet er seinen Freund Mersenne brieflich, ihm ein scholastisches Kompendium zu nennen, da er seit zwanzig Jahren keinen Scholastiker gelesen habe! Den Mut des Reformators freilich besaß er nicht.

Wie hoch man indes auch Descartes' Behauptung des Selbstbewußtseins als einziger Quelle aller Wirklichkeit werten mag, so liegt seine eigentliche Bedeutung doch nicht in dieser Erneuerung des Augustinischen Gedankens von der Selbstgewißheit des denkenden Ich, sondern in der Vertiefung, die er mit Hilfe seiner Kritik der Erkenntnis den Prinzipien und Methoden der mathematischen Naturwissenschaft gegeben hat. Daß er sich in der Ausführung vielfach vergriff und sich durch voreilige, aber bei dem damaligen Stande der Wissenschaften erklärliche Hypothesen berechtigte Angriffe zuzog, tut der Klarheit seines erkenntniskritischen Grundprinzips keinen Eintrag. Schlimmer war, daß er selbst das letztere im weiteren Verlauf seiner Untersuchungen von metaphysischen Gesichtspunkten überwuchern ließ.

§ 3. Descartes' Metaphysik.

Vgl. außer *Cassirers Erkenntnisproblem* I, S. 408-433, besonders *Tannery, Descartes physicien* (1896) in dem S. 287 angeführten Gedenkheft.

1. *Verdunkelung des erkenntniskritischen Grundprinzips.* Es rächt sich nun, daß Descartes, in stolzem Vertrauen auf die reine Geistigkeit des Intellekts, die sinnliche Anschauung (imagination) von der Begründung der Wissenschaft ausgeschlossen, als unreine Erkenntnisquelle verdächtigt hatte. Sein Begriff des Körpers als der bloßen Ausdehnung bleibt zu einseitig am Mathematischen haften. Ihm fehlt das Denkmittel der intensiven Größe, zu dem doch schon Galilei vorgedrungen war, damit zugleich auch die Begriffe der Stetigkeit, der Gleichförmigkeit, der Krafterhaltung, sowie die moderne Würdigung des Zeitbegriffs. Und nun äußert sich der Rückschlag von seiten der vernachlässigten Anschauung. Indem die Realität allein durch die räumliche Gestalt bestimmt wird, wird der Raum zum „Ding, das keines anderen Dinges zu seiner Existenz bedarf", wie die Definition der Substanz in den *Prinzipien* I, 51 lautet, desgleichen die Bewegung aus einem erzeugenden Begriffe zu einer Eigenschaft dieses Dinges, und die Ruhe aus einem bloßen Beziehungsbegriff zu dem absoluten Zustand eines starren Ganzen. So wird das Sein, das soviel wie „wahr sein" bedeutete (§ 2), wieder zu jenem Dasein, das nicht bloß durch Platos (I, § 21), sondern durch Descartes' eigenen Idealismus bereits überwunden war. Der Gedanke wird verdinglicht. Das ursprünglich rein erkenntnistheoretisch gemeinte *Cogito ergo sum* erfährt nun seine Wendung ins Dogmatische, indem das reine Selbstbewußtsein (Ich) zur Sache (chose qui pense), das Kriterium zur Substanz gemacht wird. An Stelle des reinen Denkens

tritt die Sache, die nicht bloß denkt, sondern die auch urteilt, will und fühlt, für die dann schließlich (6. Meditation) auch der Name, die „Seele" (l'âme), hinzukommt.

Damit verbindet sich ein Herabgleiten von der streng wissenschaftlichen Auffassung, die mit Glück das Beispiel der astronomischen Sonne gegenüber dem trüglichen Schein der Sinnensonne und das von dem Stücke Wachs, welches trotz aller Veränderung seiner Farbe, Gestalt, Größe usw. ein gedehntes, biegsames oder bewegliches Etwas bleibt, verwandt hatte, zu der Berufung auf den gesunden Menschenverstand, auf die unmittelbare „Erfahrung" der „Nichtphilosophen". Eine von dem Bewußtsein unabhängige, vor aller Erkenntnis vorhandene Welt des „Wirklichen" erscheint. Gegen die von ihm selbst begründete mathematische Gesetzlichkeit werden jetzt die „Tatsachen" der äußeren Wirklichkeit ins Feld geführt, deren wahrhafte Existenz die sinnliche Erfahrung uns gewährleistet. Diese aber setzt bekanntlich äußere körperliche Gegenstände voraus, von denen sie ihre Eindrücke erhält, wie das Wachs seine Form vom Siegel oder Petschaft. So wird die erleuchtende Sonne der universalen Erkenntnis (S. 287) zum bloßen Spiegel irgendwelcher äußeren Dinge. Die Einheit der Erfahrung wird wieder zerrissen in die Zweiheit von Subjekt und Objekt, Ich und äußerer Natur, reinem Denken und sinnlicher Anschauung. Der letzteren (imagination) wird das gesamte Gebiet des Materiellen, somit der Naturwirklichkeit zugewiesen, während dem ersteren (intellection) schließlich nur die „innere" Erfahrung und die metaphysischen Probleme, d.h. vor allem die Lehre von Gott und der Seele, anheimfallen. In den *Meditationen* soll nach ihrem Titel ausdrücklich „das Dasein Gottes und die Unterscheidung der Seele vom Körper" bewiesen werden.

2. *Gotteslehre.* In den ersten Meditationen war ganz folgerichtig auch die Existenz Gottes bezweifelt worden: auch sie sei zu prüfen. Die dritte aber unternimmt dann – zum erstenmal wieder seit Anselm (S. 195) – ausdrücklich einen Beweis für Gottes Dasein. Die Tatsache, daß ich ein höchst unvollkommenes und abhängiges Wesen bin, bringe in mir notwendig die Idee eines allervollkommensten und völlig unabhängigen Wesens hervor. Daraus folge aber nach dem Gesetze der Kausalität dessen Existenz. Denn ich unvollkommenes Wesen könnte die Idee Gottes unmöglich fassen, wenn sie nicht von ihm selbst in mich gelegt wäre. Die Idee Gottes hat eine höhere „objektive" Realität, d.h. einen höheren Seinsgehalt *(entitas)* als alle anderen, weil er eine unendliche Substanz vertritt, die anderen, nur eine endliche. Eine solche objektive Realität der Idee fordert aber auch die „formale" oder „aktuelle" Realität, d.h. die Wirklichkeit der vorgestellten Sache. Dazu kommt dann der alte ontologische Beweis, der aus dem bloßen Begriffe eines ens perfectissimum auf dessen Dasein schließt. Wie ich zu der Vorstellung dieses unendlichen Wesens komme, untersucht Descartes nicht; ihm genügt, daß sie da ist.

Weil mich nun Gott nicht kann täuschen wollen, so kann er mir auch die Fähigkeit, das Wahre vom Falschen zu unterscheiden, zu keinem anderen

Zwecke verliehen haben, als um sie zu gebrauchen. So wird jetzt (*Medit.* IV) sogar das Kriterium selbst, die klare und deutliche Erkenntnis, aus der Wahrhaftigkeit Gottes abgeleitet. Weil Gott der Urheber aller Dinge (de toutes choses) ist, so ist er auch der Urheber der „ewigen" Wahrheiten, die doch auch – quelque chose sind. Und weil ich Substanz bin, so muß mein unendlicher Urheber erst recht Substanz und zwar die wahre, unendliche Substanz sein. „Ich habe vom Unendlichen stets nur gesprochen, um mich ihm zu unterwerfen, nicht um zu bestimmen, was es sei oder nicht sei."

Mit religiös-sittlichen Problemen wird Gott jedoch von Descartes gar nicht in Verbindung gebracht, sondern nur mit der Natur. „Ich verstehe jetzt unter der Natur nichts anderes als Gott selbst oder vielmehr die Ordnung, welche Gott in die geschaffenen Dinge gelegt hat" (*Medit.* VI); was dann wieder zu der wissenschaftlichen Naturauffassung (vgl. § 2) zurückführt. Überhaupt bricht doch auch in diesen theologisch-metaphysischen Erörterungen der erkenntniskritische Grundgedanke immer wieder durch, sodaß die Begründung auf Gottes Wahrhaftigkeit, wenigstens in den Meditationen, schließlich doch nur als eine Verstärkung des Kriteriums erscheint. „Gott vermag alles, was ich klar und deutlich erkenne." Der wahre Grund für unsere Gewißheit von Gottes Dasein sind „die wahrhaften Ideen, die mit mir geboren sind, und von denen die hauptsächlichste die von Gott ist". [Freilich ein Zirkelschluß, da ja Gott selbst wieder „Urheber" der Ideen ist!] Das Abweichen von den erkenntniskritischen Pfaden ist auch hier veranlaßt durch das Bestreben, dem „wirklichen" Sein, der „Existenz" der Dinge eine stärkere Gewähr zu schaffen, als es durch das „reine Denken" geschieht. Die Folge ist, daß dies letztere oder die Vernunft (raison) jetzt einen schwankenden, unbestimmt schillernden Sinn enthält, bald die streng mathematische Ableitung, bald die metaphysische aus dem Selbstbewußtsein und den angeborenen Begriffen, bald die theologische aus der Gottesidee bedeutet; weshalb denn auch die Meditationen gelegentlich zu den „sicheren und unzweifelhaften" Wissenschaften nicht bloß die Arithmetik und Geometrie, sondern auch „die anderen Wissenschaften von dieser Art" zählen.

3. *Die Seele und ihr Verhältnis zum Körper.* Wenn es auch streng genommen nur ein Wesen gibt, das zu seiner Existenz keines anderen bedarf, nämlich Gott, so erhält der Ausdruck Substanz doch noch eine weitere Bedeutung. Unter allem Geschaffenen nämlich gibt es wiederum nur zwei Dinge, die zu ihrem Dasein nichts anderes als Gottes Beistand bedürfen: 1. den Geist (die Seele) oder die denkende und 2. den Körper oder die ausgedehnte Substanz. Beide sind nur zufällig im Menschen miteinander verbunden; an sich haben sie nichts miteinander gemein, bedürfen sie einander nicht. Modifikationen des ersteren sind: Fühlen, Wollen, Urteilen, Begehren; des zweiten: Lage, Gestalt, Bewegung. Der Geist ist immateriell, absolut einheitlich, unteilbar, der Körper materiell und nur „in gewisser Weise" unteilbar. So tritt ein ausgesprochener Dualismus zwischen Körper- und Geisteswelt hervor; Spiritualisten wie Materialisten haben sich daher auf Descartes berufen. Eine gewisse

Vermittlerrolle spielen die „Lebensgeister" (esprits animaux), d.h. die feinsten und beweglichsten unter den Blutteilchen, die in das Gehirn eindringen und dann von dort aus Nerven und Muskeln des übrigen Körpers in Bewegung setzen. Ja, derselbe Philosoph, der in seiner Erkenntnistheorie das Selbstbewußtsein zum Maßstab und Quell aller Wahrheit gemacht hatte, verdinglicht dies Bewußtsein in seiner durch und durch physiologischen Psychologie *(De l'âme)* so weit, daß er einen Seelen„sitz", und zwar „hauptsächlich" in der Zirbeldrüse annimmt, weil diese im Gegensatz zu den meisten anderen Gehirnteilen unpaarig ist. Zwar ist die Seele mit dem ganzen Körper verbunden, aber in der Zirbeldrüse übt sie, „wie mir scheint", ihre Funktionen spezieller als in den anderen Teilen aus (art. 30-34). Die Lebensgeister stoßen die Zirbeldrüse an und reizen so die Seele zur Empfindung, die diesen Stoß ihrerseits erwidert! Nur der Mensch übrigens besitzt eine Seele. Die Tiere sind bloße Maschinen, ihre Empfindungen bloße Reflexbewegungen.

Von der empirischen Psychologie Descartes', die viele Einteilungen und manche anregende Gedanken bringt, sei nur das Wichtigste erwähnt. Mit der Theorie der Erkenntnis in Verbindung steht (und kommt deshalb schon in den „Meditationen" vor) die Einteilung der Vorstellungen (idées) in: 1. angeborene, wenn auch von uns erst zu entwickelnde, wie z.B. die des Denkens, der Wahrheit und – des Dinges; 2. von außen kommende: die sinnlichen Wahrnehmungen; 3. von uns selbst gemachte oder erfundene, wie die Phantasievorstellungen von einem Flügelrosse, den Sirenen u. a. Im reinen Denken ist die Seele allein tätig, die Imagination dagegen bedient sich sinnlicher, körperlicher Bilder. Neben den „Ideen" erzeugt die Seele Urteile, die aus den Empfindungen hervorgehen, Affekte und Willenserscheinungen. Die Möglichkeit des Irrtums wird daraus abgeleitet, daß der unbeschränkte Wille weiter strebt, als der beschränkte Verstand ihm zu folgen vermag. Da aus dem Geiste nur „klare und deutliche" Vorstellungen entspringen können, so werden die Leidenschaften, wie alle dunklen und verworrenen Vorstellungen, auf körperliche Einflüsse zurückgeführt. Ihnen entgegen entstehen die „geistigen Erregungen" nur aus der Seele; sie sind jedoch, solange als die Seele mit dem Körper verbunden ist, von sinnlichen Lust- und Unlustgefühlen begleitet. Alle Affekte lassen sich auf sechs Grundformen zurückführen: Erstaunen, Liebe und Haß, Begierde, Freude und Kummer.

4. *Ethische Regeln.* Eine zusammenhängende Ethik hat Descartes, sei es aus Scheu vor weiteren Angriffen der Theologen oder infolge seines vorwiegend theoretischen Interesses, nicht geschaffen. Im dritten Kapitel des *Discours* erklärt er, sich selbst folgende drei Maximen zur Richtschnur für sein Handeln gemacht zu haben: 1. Folge den Gesetzen, Sitten und der Religion deines Landes und schließe dich im übrigen den vernünftigsten und gemäßigtsten Ansichten an. 2. Sei in deinen Handlungen konsequent, selbst auf die Gefahr des Irrtums hin. 3. Beherrsche dich selbst und halte dich an dich selbst, nicht an äußere Dinge. Im gleichen Sinne wie der letzte Satz sind gelegentliche Äuße

rungen gehalten, die später in Briefen an die Prinzessin Elisabeth und die Königin Christine vorkommen. Sie erinnern an die Anschauungen der jüngeren Stoa (Seneca, Epiktet). Vor allem kommt es darauf an, zu erkennen, was in unserer Gewalt steht und was nicht; auch dies leistet uns die „klare und deutliche" Erkenntnis. Durch sie lernt unser von Natur freier Wille die Affekte beherrschen. Der Hochsinn (générosité) ist der Schlüssel aller Tugenden, die Erkenntnis Gottes und der Unendlichkeit der Welt die höchste aller Erkenntnisse, die geistige Liebe (amor intellectualis) zu Gott das edelste aller Gefühle.

§ 4. Nachwirkungen des Cartesianismus. Der Okkasionalismus (Geulincx) und Malebranche. Pascal.

Bouillier, Histoire de la philosophie Cartésienne, Paris, 3. Auflage 1868.

1. *Unmittelbare Nachwirkungen.* Die cartesianische Philosophie – das latinisierte Cartesius verdrängte in der Gelehrtensprache der damaligen Zeit bald die ursprüngliche Namensform – zog bei ihrer Vielseitigkeit viele in ihren Kreis: durch ihren methodischen Zweifel die freieren Geister, durch ihre mechanischen Prinzipien die Männer der Naturwissenschaft, durch ihre Gottes- und Seelenmetaphysik die Theologen. Die letztere Seite, die eine enge Verbindung mit dem Augustinismus (S. 184) einging, überwog. Namentlich in Frankreich und den Niederlanden gewann sie zahlreiche Anhänger, deren Namen man bei *Erdmann* (*Grundriß* II, § 268) findet. Von Holland aus, wo u. a. der reformierte Prediger Balthasar Bekker (1634-1698) in seiner *Betoverde Weereld* (1691) aus der Lehre von der Unmöglichkeit eines geistigen Einflusses auf den Körper die Unmöglichkeit alles Zauber-, Teufel- und Hexenwesens folgerte, und darüber natürlich der Absetzung verfiel, verbreitete sich die neue Lehre auch nach Deutschland. Nicht bloß in Herborn und Duisburg, wo der Solinger Johann Clauberg (1622-1665) seine *Alte und neue Logik* und eine *Metaphysik vom Seienden* schrieb, die schon dem Okkasionalismus (S. 296) nahe steht, daneben in mehreren sprachwissenschaftlichen Werken als begeisterter Vorkämpfer der deutschen Sprache auftrat, sondern auch in Marburg, Gießen, Berlin, Frankfurt a. O., Bremen, Halle, Altorf, Leipzig, Tübingen, Jena fand sie Eingang. Von Frankreich aus ward sie auch nach Italien, der Schweiz und England verpflanzt, hier jedoch bald durch den Lockeschen Empirismus verdrängt. Die berühmten Häupter der französischen Kirche, Fénelon und Bossuet, zeigten sich wohlwollend, noch mehr die Jansenisten und die Kongregation vom Oratoire (s. unten bei Malebranche). In dem jansenistischen Port-Royal unterrichtete man in der Logik nach dem auf cartesianischen Grundsätzen beruhenden, wenn auch in Anordnung und Beweisgang noch am Aristotelismus haftenden Lehrbuch *Arnaulds L'Art de penser* (1662). Auch in aristokratische Kreise, ja selbst in die Zirkel geistreicher Da-

men fand Descartes' Lehre Eingang und in Boileaus rationalisierender Ästhetik ihren Ausdruck. Freilich setzte sich anderseits auch der Widerstand der Jesuiten, die sie als calvinisch, und der holländischen Calvinisten, die sie als jesuitisch bekämpften, nach des Philosophen Tode fort; in Rom kam sie 1663 auf den Index, in Paris wurde sie 1671 verboten.

Bei den selbständigeren Denkern unter ihren Anhängern erfuhr die Philosophie Descartes' eine Fortbildung. Sie heftete sich gerade an die zwei in unserem Sinne schwachen Punkte des Systems: 1. das Verhältnis der absoluten zur endlichen Substanz, also Gottes zur Welt, und 2. das Verhältnis der beiden unvollkommenen Substanzen, Geist und Körper, zueinander. Bedeutsam wurde in dieser Hinsicht besonders die Stellungnahme des Niederländers Geulincx und des Franzosen Malebranche.

2. Arnold Geulincx, geboren 1625 zu Antwerpen, seit 1646 Professor an der katholischen Universität Löwen, ward als Cartesianer angefeindet, trat zum Calvinismus über und wurde Professor in Leiden, wo er schon 1669 an der Pest starb. Sein Hauptwerk Γνῶθι σεαυτόν oder *Ethica* erschien 1665, seine *Metaphysica vera* erst 1691. Eine neue sorgfältige Ausgabe seiner Werke verdanken wir seinem Landsmanne Land (3 Bde., Haag, 1891-1893), der auch eine Monographie über ihn *(Geulincx u. a. Philosophie,* Haag 1895) verfaßt hat.

Geulincx beginnt als scharfer Gegner des naiv-dogmatischen Realismus: Alle unsere Vorstellungen sind rein subjektiv, Setzungen unseres Geistes; die Kategorien des Aristoteles gar sind reingrammatische Abstraktionen. Aber er führt diese Denkweise nicht folgerichtig durch, sondern stellt der Welt des Geistes die der Körper als etwas völlig Fremdes gegenüber. An sich, schließt Geulincx folgerecht aus Descartes' Dualismus, kann weder der Körper die Seele noch diese jenen beeinflussen. Daß trotzdem dieser Einfluß tatsächlich besteht, z.B. in unseren willkürlichen Bewegungen und unwillkürlichen Sinneswahrnehmungen, ist ein Wunder und wird von Gott bewirkt, der beide bei Gelegenheit miteinander verbindet. Doch nimmt der „Okkasionalismus" des Geulincx ein solches jedesmaliges Einzeleingreifen des Allmächtigen nu an einzelnen Stellen an; im allgemeinen ist von Gott Vorsorge für eine ständig Einwirkung, eine Korrespondenz von Geist und Körper getroffen, die, wie zwe von demselben Mechaniker gleich gearbeitete und gleich gestellte Uhren, in ste tig einander korrespondierendem Gange bleiben. – Die Ethik, welche der neu Calvinist weit mehr als der vorsichtige Descartes ausbildete, lehrt ganz folge recht eine völlige Ergebung in den Willen Gottes. Demut ist die höchste Tugend

3. Noch weiter in dieser Richtung geht Nicolas Malebranche (1638-1715) 1638 zu Paris geboren, zart und kränklich, daher von Jugend auf zurückgezo gen lebend, trat er 1660 in die Kongregation des Oratoriums ein, eine Verei nigung von Männern, welche Wissenschaft und Kirche zu versöhnen suchte und statt Aristoteles und Thomas Augustin und Plato studierten. Durch di Lektüre Descartes' für diesen gewonnen, widmete sich der junge Malebranch bald ganz dem Studium der Philosophie, Mathematik und Physiologie. 167

erschien sein Hauptwerk *Recherche de la vérité,* von dem er selbst noch sechs Ausgaben erlebte, 1688 seine *Entretiens sur la métaphysique et sur la religion;* interessant sind auch die philosophischen Streitschriften zwischen ihm und Arnauld. Daneben verfaßte er noch eine Reihe anderer, meist theologischer Schriften. Die Ausgabe von *Jules Simon* (Paris 1871, 4 Bde.) ist unvollständig.

Malebranches Philosophie ist zunächst durch sein psychologisches Interesse bestimmt: des Menschen am würdigsten ist die Wissenschaft vom Menschen. Aber die Natur der Seele selbst ist uns unbegreiflich; sie läßt sich wissenschaftlich erfassen nur in den ihr streng parallel laufenden körperlichen Erscheinungen. Der Physiker hat nicht nach „Dingen" zu fragen, die hinter den Wahrnehmungen lägen. Das wahrhaft Wirksame sind nicht die Körper, sondern die Gesetze des reinen Denkens. „Wahrheit" bedeutet eine reale Beziehung, die zwischen zwei Ideen stattfindet. Die Empfindungen verschaffen uns niemals die Gewißheit eines äußeren Gegenstandes, das vermögen bloß die mathematischen Begriffe und Urteile. Woher aber stammt die Wirksamkeit jener Gesetze selbst? Aus dem gleichförmigen und beständigen – Willen der Gottheit! Die Wirklichkeit löst sich für Malebranche in eine Mannigfaltigkeit zusammenhängender Ideen auf, es gibt kein unabhängiges stoffliches Sein. Deshalb läßt sich auch nicht aus einem bloßen Begriffe (z.B. Gottes) auf seine dingliche Existenz schließen. Aber worin liegt nun die Haltbarkeit, Dauerhaftigkeit und Notwendigkeit dieses wahrhaften, intelligibelen Seins, z.B. des mathematischen, begründet? Wieder lautet die Antwort im Geiste Augustins: in unserem Schöpfer. In ihm sind alle Wahrheiten, also auch alle Dinge ihrer Idee nach enthalten. Die Idee eines Dinges (hier zeigen sich die platonischen bezw. neuplatonischen Einflüsse seiner Kongregation) ist nichts anderes als eine Teilnahme (participation) an der göttlichen Vollkommenheit. Die Ideen sind die notwendigen und ewigen Urbilder der Dinge. Nicht die Menschen erzeugen sie, sondern unsere gesamte Erkenntnis stammt von Gott. Wie der Raum der Ort der Körper, so ist Gott der Ort der Geister, er steht mit jedem von ihnen in Verbindung. Die Dinge wahrhaft erkennen, heißt daher sie in Gott, im Lichte der göttlichen Ideen schauen.

Ebenso wie unser Erkennen von Gott stammt, ist auch unser Wollen nur ein Mitgezogenwerden von der Liebe, mit der Gott liebt, all unser Streben daher im Grunde Liebe zum Unendlichen, zum höchsten Gut, zur Glückseligkeit, die allein in Gott liegt. In der Lehre von den dem reinen Geiste entstammenden Neigungen und den durch die Bewegung der (körperlichen) Lebensgeister entstehenden Leidenschaften stimmt Malebranche mit Descartes, in der Lehre vom Verhältnis zwischen Leib und Seele mit dem Okkasionalismus überein. Auch für ihn sind die natürlichen Ursachen nur Gelegenheitsursachen (causes occasionelles) für das göttliche Wirken; daß z.B. eine Lufterschütterung zum Tone oder zur Lichterscheinung wird, ist an sich unbegreiflich und nur als göttliches Wunder zu fassen. Es gibt streng genommen nur eine einzige Ursache, nämlich Gott; alle endlichen Geister sind nur Modi der göttlichen Substanz, die unser Bewußtsein und unseren Willen lenkt. Die Bewegung wird der an sich nur Ausdehnung besitzenden Materie von Gott mitgeteilt, und nur durch diesen von einem Körper auf den anderen übertragen. Indes braucht Gott nach Malebranche überall die einfachsten Mittel und handelt nach den Bestimmungen der ewig geltenden Vernunft, sodaß wir dennoch die Natur wissenschaftlich zu erkennen vermögen. In unserem Erkennen sollen wir bloß demjenigen zustimmen, dem man die Zustimmung nicht ohne innere Vorwürfe der Vernunft versagen kann; denn Vernunft wie Gott sind gleich notwendig und unveränderlich.

So paaren sich bei Malebranche Rationalismus und Mystik, ähnlich wie bei dem von ihm als „Atheist" verabscheuten „misérable" Spinoza, nur daß bei diesem der erstere, bei dem französischen Pater die letztere den Grundton abgibt. Spinoza erblickte, wie Malebranche einmal sagt, Gott im Universum, er selbst dagegen das Universum in Gott.

4. Eine eigentümliche Gestalt gewann die mystische Fortbildung des Cartesianismus in Blaise Pascal (1623-1662) aus Clermont. Schon als 16jähriger Jüngling ein berühmter Mathematiker, ward er durch Überanstrengung seines frühreifen Geistes kränklich und zum Überdruß an aller Wissenschaft geführt. Von Asketenstimmung erfüllt (er trug einen Bußgürtel auf dem Leibe), kam er 1654 zu den Jansenisten von Port-Royal, den Vertretern der letzten größeren Reformbewegung in der französischen Kirche, die im Geiste Augustins auf religiös-sittliche Vertiefung drang. Seine berühmten *Lettres à un provincial* (1656-57) waren eine glänzende Vernichtung der jesuitischen Probabilitätsmoral; die unvollendet gebliebenen *Pensées (sur la religion)* sollten eine große Apologie des Christentums werden. Philosophisch wichtiger ist das naturphilosophische Fragment *Über das Leere* und die Abhandlung *Über den Geist der Geometrie.* Aus der umfangreichen Pascal-Literatur sei die fesselnde Studie von *A. Köster, Die Ethik Pascals* (Tübingen 1907) hervorgehoben. Einen Überblick über diese Literatur gibt *Bornhausen, Die Ethik Pascals* (Gießen 1907). Vgl. ferner *Strowski, Pascal et son temps,* 1907 f. Die beste französische Ausgabe seiner Schriften (mit guten Einleitungen) ist die von *E. Havet;* die *Pensées* sind in deutscher Übersetzung von *Herber-Rohow* (E. Diederichs, Jena 1905) und mit Voltaires Anmerkungen von *H. Hasse* (Reclam 1918) erschienen. Eine neue französische Gesamtausgabe von *L. Brunschvicg* und *P. Boutroux,* Paris 1908 ff.

Einig mit Descartes ist Pascal im Kampf gegen die Autoritätssucht, in der Auffassung der Seele als einer von der Maschine des Körpers völlig verschiedenen Substanz, und in dem Glauben an die Unendlichkeit der Welt; auch für Galileis Lehre von der Erdbewegung trat er gegenüber den Jesuiten energisch ein. Päpstliche Verordnungen vermögen nichts gegen die Natur der Dinge. Dreht die Erde sich wirklich um sich selbst, so wird die ganze Menschheit nicht imstande sein, sie daran zu hindern. Gleich Descartes vertritt auch Pas cal die Ansicht, daß durch die Anwendung der Mathematik auf das Naturerkennen die in beständigem Fortschreiten begriffene menschliche Wissenschaft entsteht. Und in seinen früheren Schriften bekennt er sich ganz zu der echten wissenschaftlichen Methode, die keinen Satz duldet, den sie nicht selbst aus ihren eigenen Definitionen abgeleitet hat, und deren Vorbild die Klarheit und Deutlichkeit der ersten mathematischen Prinzipien darstellt. Dort findet sich noch kein metaphysischer Skrupel an der Sicherheit der Wissenschaft; das Denken allein ist zum Richter über sich selbst berufen. Ja, noch in den *Pensées* heißt es: „Alle unsere Würde besteht im Gedanken. – Richtig zu denken, ist das Prinzip der Moral." Aber zugleich vollzieht sich in ihnen bereits die paradoxe Wendung ins Ethisch-Religiöse. Diese ganze Wissenschaft, die „Naturphilosophie", ist ihm – „nicht der Mühe einer Stunde wert"!

Denn philosophische Beweise können zwar allenfalls zu einem abstrakten göttlichen Wesen, einem „Gott der Wahrheit" führen, aber nicht zu dem Gott der Liebe, nach dem das geängstigte und liebebedürftige Menschenherz verlangt. Religion beruht allein auf dem Gefühl, ist die unmittelbare Erfahrung Gottes im Herzen. Könnte man Pascal in dieser Beziehung als einen Vorläufer Rousseaus bezeichnen, so bildet er in anderer das gerade Gegenstück zu ihm. Alles Natürliche erscheint ihm als gottlos, alle Menschen hassen sich von Natur, der Starke ist der Herrschende, auch das Eigentum eine bloß durch Gewalt aufrechterhaltene bürgerliche Einrichtung, und die ganze menschliche Gesellschaft nur auf Eigenliebe, Heuchelei und Gewalt gebaut. Es ist ein Leben voll von Widersprüchen. „Wir begehren die Wahrheit und finden in uns nur Ungewißheit. Wir suchen das Glück und finden nur Elend und Tod." Aber aus diesem Leben des Elends und der Widersprüche rettet uns nicht die natürliche Vernunft – „Erniedrige dich, ohnmächtige Vernunft! Schweige, blödsinnige Natur!" –, sondern einzig und allein die göttliche Gnade und der Glaube an die biblische Offenbarung. Pascal ist einer der entschiedensten Vertreter der calvinisch-jansenistischen Lehre von der Gnadenwahl. Zu diesem Glauben muß die Sinnlichkeit, wenn nötig, durch Gewöhnung (Weihwassernehmen, zur Messe gehen) gebracht werden; auch verschmäht Pascal die himmlischen Belohnungen und die Strafen der Hölle als Motiv desselben nicht. Bei etwaiger Unsicherheit über unser Schicksal nach dem Tode biete der Glaube in jedem Falle die größere Sicherheit. So deckt Pascals Ehrlichkeit und Folgerichtigkeit den unversöhnbaren Gegensatz zwischen der neuen Wissenschaft und der Kirchenlehre auf, den Descartes und die übrigen Cartesianer zu überbrücken gesucht hatten. Das Wort Pascals schlägt sie, daß „Gott niemals das Ende einer Philosophie sein kann, wenn er nicht deren Prinzip und Anfang ist".

Andere Konsequenzen zog aus ähnlichen Voraussetzungen der Skeptiker Bayle; doch ziehen wir vor, denselben erst an der Spitze der französischen Aufklärungsphilosophie zu behandeln (§ 23). Zunächst haben wir uns mit dem zweiten großen Systematiker des 17. Jahrhunderts zu beschäftigen, dem erst in neuerer Zeit recht gewürdigten Engländer Thomas Hobbes.

Kapitel II.
Thomas Hobbes (1588-1679).

§ 5. 1. Leben und Schriften.
2. Grundstandpunkt und Grundbegriffe.

Das Hobbes-Studium ist, in Deutschland wenigstens, erst neuerdings in Fluß gekommen durch die Arbeiten von Ferdinand Tönnies, der auch mehrere Werke von Hobbes (s. u.) zum erstenmal nach den Original-Manuskripten ediert hat. Eine gute, knappe Gesamtdarstellung gibt *Tönnies, Hobbes' Leben und Lehre*, Stuttgart 1896, in 2. erweiterter Auflage unter dem Titel: *Hobbes der Mann und der Denker*, Lpz. 1912. Von englischen Darstellungen vgl. *Robertson, Hobbes*, London 1886 und *L. Stephen* (ebd. 1904); von dänischen *Larsen* (Kopenhagen 1891), von französischen Lyon (Paris 1893). Erste Übersetzung ins Deutsche (*De Corpore*) von *M. Frischeisen-Köhler*. Leipzig 1915. (Philos. Bibl.).

1. *Leben und Schriften.* Hobbes' Leben erstreckt sich über einen 91jährigen Zeitraum. Als Sohn eines Landpfarrers am 5. April 1588 geboren, frühreif, bezog er bereits mit 15 Jahren die Universität Oxford, deren puritanischer Geist und nominalistisch-scholastische Lehrweise den begabten Jüngling schon damals abstieß. Von 1608-1628 war er Hofmeister, dann Reisebegleiter, später Privatsekretär und Hausfreund des ihm gleichalterigen Lord Cavendish, fand dabei jedoch Muße genug zu ausgedehnten Studien. 1629 gab er aus politisch-konservativem Interesse eine Übersetzung des Thukydides (mit Abhandlung) heraus. Von 1631 an erzog er den Sohn seines einstigen Zöglings, wie er denn überhaupt bis an sein Ende ein Freund der freidenkenden Grafenfamilie blieb; er bereiste mit ihm Frankreich, wo er mit dem Mersenneschen Kreis, und Italien, wo er mit Galilei persönlich bekannt ward. In diesen Jahren begann er sein System zu entwerfen. Als Vorläufer desselben, zugleich zur Verteidigung des bedrängten Königtums, schrieb er 1640 seine *Anfangsgründe des Natur- und Staatsrechtes (Elements of Law natural and politic),* die erst zehn Jahre später unter verändertem Titel ohne sein Wissen herausgegeben wurden (in ihrer echten Gestalt erst 1889 durch Tönnies). Dann verließ er infolge der politischen Unruhen die Heimat, um die nächsten elf Jahre in Paris im Verkehr mit befreundeten Gelehrten wie Mersenne und Gassendi zu leben; auch Descartes lernte er dort kennen. 1642 erschien daselbst zuerst der dritte Teil seines Systems, das epochemachende Buch *De Cive* (1647 in erweiterter Gestalt zu Amsterdam). Von 1645 unterrichtete er eine Zeitlang den vertriebenen Prinzen von Wales (späteren König Karl II.) in der Mathematik. Mit Cromwells Republik versöhnte er sich innerlich bald, da ihm die einheitliche Staatssouveränität an sich wichtiger war als ihre Form. In diesem Sinne verfaßte er für seine Landsleute, daher in englischer Sprache, sein großes Werk *Leviathan*

(London 1651). Der dem Buche Hiob entlehnte Name des Tieres, „dem kein anderes gleich ist", bedeutet den von der Kirche völlig losgelösten weltlichen Staat, der auch die Erziehung in seine Hand nehmen, z.B. die Universitäten verweltlichen soll. Das Buch erregte, trotzdem Hobbes noch nicht sein letztes Wort darin gesprochen, einen Sturm der Entrüstung bei den Geistlichen aller Bekenntnisse. Sein Verfasser ward als „Vater der Atheisten" vom Hofe des „Königs im Exil" verwiesen. Dagegen konnte er jetzt, im Winter 1651/52, nach England zurückkehren und unter der Republik in Ruhe und Frieden seinen Studien leben; anfangs zu London im Verkehr mit Harvey und anderen Medizinern, später auf dem Landsitze seines früheren Zöglings. 1655 erschien endlich der erste Teil seines Systems: *De Corpore,* der seine Logik, „erste" Philosophie und Naturphilosophie zugleich umfaßte und der theologischen Metaphysik aufs neue den Krieg erklärte; 1658 der zweite, schwächere: *De Homine.* Unter der Restauration (seit 1660) anfangs wohlgelitten, wurde er später vielfach angefeindet. So konnte er für seine in Dialogform verfaßte, mit zahlreichen Reflexionen versehene Geschichte des „langen Parlaments" (1640-60), die er unter dem Titel *Behemoth* (neben dem Leviathan des Staates das Ungetüm der Revolution) als 80jähriger verfaßt hatte, die königliche Druckerlaubnis nicht erhalten. Wie die *Elements* in unechter Gestalt und verstümmelt von Freunden herausgegeben, ist auch sie erst von Tönnies (1889) nach dem Originalmanuskript ediert worden. Hobbes blieb bis in sein höchstes Alter geistig und körperlich frisch; in seinem 88. Lebensjahre gab er noch eine Übersetzung des ganzen Homer in gereimten Jamben heraus; er verlebte seine letzten Jahre in behaglicher Weise (mit Leibesübungen, Ballspiel, Spiel auf der Baßgeige, ja sogar nächtlichem Solosingen beschäftigt!) im Hause seines Gönners. Dort starb auch der unvermählt Gebliebene am 4. Dezember 1679. Er wird geschildert als ein Mann von Welt, anspruchslos, freigebig, taktvoll, vornehm, rechtschaffen, begeistert für die Wissenschaft, die Unabhängigkeit liebend, und seine Freunde beklagen nur, daß er „zu viel Zeit mit Selbstdenken hinbrachte".

Die bisher vollständigste Gesamtausgabe seiner Werke ist die von *Molesworth* in 16 Bänden, London 1839-45.

2. *Grundstandpunkt und Grundbegriffe.* Zu der langen Verkennung, die Hobbes getroffen hat und zum Teil noch immer – nicht am wenigsten in seinem Heimatlande – trifft, hat hauptsächlich der Ruf des Atheismus, in den er gekommen war, sowie seine entschiedene Verteidigung des Königtums beigetragen. Seine Philosophie aber hat man entweder als eine zweite Auflage des Baconschen Empirismus oder als groben Materialismus vernachlässigen zu dürfen geglaubt, bis erst neuere Forschungen auf seine wahre Bedeutung als Mitbegründer der modernen Weltanschauung aufmerksam gemacht haben.

Hobbes steht ausdrücklich und fest auf dem Boden der von Kopernikus und Kepler, Galilei und Harvey begründeten neuen Naturwissenschaft. Auch er hat geholfen, die anthropomorphen und animistischen Anschauungen zu zerstören. Auch bei ihm hat sich „durch lange Lebenserfahrung und scharfes Nachdenken" die Ansicht festgesetzt, daß in der Natur alles auf mechanische Weise geschehe, und daß aus der einen, durch mannigfache Arten und Maße von Bewegungen erregten Materie alle Erscheinungen der Dinge entspringen, sowohl in bezug auf die Empfindungen der lebenden Wesen als die Affektionen der übrigen Körper. Er will nicht bloß das Universum im ganzen, sondern auch den Staat und den einzelnen Menschen wie ein Uhrwerk oder „eine andere etwas komplizierte Maschine" betrachten, in der das Herz die Feder, die Nerven die Schnüre, die Gelenke die Räder seien.

Bis dahin könnte man vielleicht von reinem Materialismus sprechen. Aber nun beginnt für Hobbes erst die philosophische Arbeit. Die „Maschine" in ihre Einzelteile zu zerlegen, d.h. das der Empfindung und durch die Empfindung Gegebene zu analysieren, ist die Aufgabe des Philosophen, der nur so zu Grundbegriffen oder Prinzipien gelangen kann. Alle Wissenschaft muß, schon als gemeinsamer Wissensbetrieb, ausgehen von Definitionen, d. i. willkürlich verabredeten Namen der Dinge, „die Wahrheit haftet am Worte, nicht an der Sache" [Nachklänge des Oxforder Nominalismus seiner Jugend?]. Aber das Wort ist schließlich doch nur dazu da, um die Allgemeingültigkeit der Erkenntnis zu ermöglichen, und Wissenschaft im strengeren Sinne ist Erkenntnis der Ursachen. Sie ist also nur möglich von Gegenständen, deren Ursache oder Entstehung wir kennen, die wir demnach im Grunde selber erzeugen, wie z.B. die geometrischen Figuren oder die Begriffe von Recht und Unrecht, „weil wir deren Prinzipien, nämlich Gesetze und Verträge, selber geschaffen haben". Gesetzt, es bliebe nach Vernichtung der Dinge nur der philosophierende Mensch übrig, so würde er sie aus seiner Erinnerung wieder erzeugen. So streift dieser „Materialist" ganz nahe an den idealistischen Grundgedanken, daß reine Wissenschaft in Geometrie, Physik und Politik nur möglich ist von – Gedankendingen. Gewiß verkündet er ausdrücklich: Es gibt keine Geister. Aber dieser echt materialistisch klingende Satz richtet sich nur gegen die Engel, Gespenster und ähnlichen Phantasmagorien der Scholastik, die mindestens in die Philosophie nicht gehören; allerdings auch gegen das Seelengespenst, dieses „so poetische und doch so schreckliche Phantasiegebilde" (Tönnies), dem er mit dem Schwerte der Kritik zuleibe geht. Hobbes will nichts als Tatsachen und deren kausale Zusammenhänge darstellen. Ein gewisser Materialismus war notwendig gegenüber dem immer noch in den Gelehrtenköpfen herrschenden Formalismus der Scholastik. Der Begriff einer materiellen Substanz mußte gebildet werden, um eine Naturwissenschaft überhaupt erst möglich zu machen. Aber die „benannten Dinge", mit deren Scheidung, Ordnung und Einteilung die Philosophie beginnt, sind für Hobbes im Grunde doch nur unsere Empfindungen bezw. Vorstellungen von den Dingen. Von seinen vier etwas willkürlich aufgestellten Kategorien: Körper, Akzidentien, Vorstellungen, Namen, sind die Vorstellungen (zu denen auch Raum und Zeit gehören!) die ursprünglichsten. Freilich kann er sich – und darin liegt die Schwäche seiner Methode – noch nicht völlig von dem Gedanken freimachen, daß eine Abstraktion ein Nichtseiendes bedeute. Die Wissenschaft habe Kenntnis von wirklichen Dingen zu geben, und wirkliche Dinge seien Körper. Philosophie ist daher Körperlehre. Aber ebenso klar ist ihm, daß Bewegung und Größe, die Grundlagen des Körperbegriffs, zunächst „an sich" und auf abstrakte Weise betrachtet werden müssen. Denn sein erster Grundsatz lautet: Alle Veränderung ist Bewegung. Von diesem Grundsatze aus entwirft er sein System der Wissenschaft als Lehre von den Bewegungen oder Tätigkeiten der natürlichen und politischen Körper.

§ 6. Umriß des Systems.

Nach der von Hobbes selbst gegebenen Einteilung: Corpus, Homo, Civis, gliedern wir sein System in Naturlehre, Anthropologie und Staatslehre.

1. Naturlehre (*De Corpore*).

Alle Philosophie ist, sahen wir, Körper- und damit Bewegungslehre. Die Geometrie (deren Ausbau er jedoch nicht weiter verfolgt hat) erörtert die mathematischen Gesetze der Bewegung, die Mechanik die Wirkungen der Bewegungen des einen Körpers auf den anderen, die Physik die in den Körperteilchen vorgehenden Bewegungen, die Lehre vom Menschen und vom Staate endlich die Bewegungen in den Gemütern der Menschen.

Unabhängig von Descartes hatte Hobbes schon 1630 die Entdeckung gemacht, daß Licht und Töne aus Bewegungen entstehen, die sich von den wahrgenommenen Objekten zu dem wahrnehmenden Subjekte fortpflanzen, daß das Licht mithin eine durch eine Bewegung im Gehirn verursachte „Phantasie im Geiste" sei. Im Jahre 1641 kritisierte er dann Descartes' Dioptrik. Da das Sehen nichts als Bewegung ist, so kann auch das Sehende nur körperlich sein: ein Satz, den er später auch gegen dessen *Meditationen* verteidigte. Diese Grundsätze führt er jetzt in seinem systematischen Werke durch, und zwar obwohl er, radikaler als jener, allen Gebrauch der Vernunft über die Erfahrung hinaus für absurd erklärt, nach deduktiver Methode. Wissenschaft besteht darin, aus angenommenen Ursachen auf deren notwendige Wirkungen und aus den anerkannten Wirkungen auf mögliche Ursachen zu schließen, denn Ursache und Wirkung sind nur Glieder eines Gesamtprozesses; Ursache und Möglichkeit, Wirkung und Wirklichkeit sind eine und dieselbe Sache, nur in verschiedener Beleuchtung gesehen. Alles, was geschieht, geschieht aus notwendigen Ursachen.

Aus diesem Grunde führt auch Hobbes alle Naturerkenntnis auf Gestalt und Bewegung zurück. Die sekundären Qualitäten (Akzidentien) sind nur die Arten, wie wir den Körper auffassen, gehören aber nicht zum Begriff des letzteren. Ursache der Bewegung kann nur ein anderer bewegter Körper sein; auch Widerstand ist Bewegung. Bewegungen können als Größen zu Bewegungen addiert wie voneinander subtrahiert werden, unterliegen also den mathematischen Gesetzen. Ihre Maßeinheit ist die im denkbar kleinsten Raume und der denkbar kleinsten Zeit sich vollziehende Bewegung, genauer „Bewegungstendenz“ (conatus), deren Geschwindigkeit ihr „Andrang“ (impetus) heißt und, mit der Größe verbunden, zur „Kraft“ wird. Die Wahrnehmung ist die Bewegung der inneren Teile des wahrnehmenden Körpers, d.h. der Sinnesorgane, die durch die Bewegung der äußeren Gegenstände hervorgerufen wird. Ohne die Mannigfaltigkeit der letzteren wäre keine Unterscheidung und Vergleichung, also auch keine Empfindung möglich. Die Farben-, Ton- usw. Empfindungen dagegen, somit auch die sogenannten sinnlichen Eigenschaften der äußeren Dinge, sind nur Modifikationen des empfindenden Subjekts. Als ihr Zentrum vermutet er noch eine Verbindung der Nervenwurzeln mit dem Herzen.

Dann werden die Gegenstände der einzelnen Sinne durchgenommen: des Sehens (das Universum und die Gestirne, Licht, Wärme, Farben), des Hörens (der Schall) usw., zuletzt die Schwere. Das Unendliche des Alls ist unfaßlich, der Beweis eines Weltanfangs unmöglich, auch die erste Ursache nicht unbewegt denkbar. Die Begriffe Universum und Gott fallen ihm offenbar zusammen. Wahrscheinlicher als der leere Raum dünkt ihm die Annahme eines Ätherfluidums. Seine vielfach heute noch interessanten physikalischen Einzeltheorien über das Feuer als Kombination von Luft- und Wärmewirkungen, die Farbe als getrübtes Licht, Kälteerscheinungen, Winde, Tonhöhe, Schwere u.a. gehören nicht hierher; sie sind im allgemeinen noch wenig von den Historikern der Naturwissenschaft beachtet worden. Vgl. über Hobbes' Naturphilosophie mehrere Abhandlungen von *Frischeisen-Köhler* im Archiv f. Gesch. der Philos. 1902 f.

2. Die Lehre vom Menschen (*De Homine*).

Auch der Mensch ist für Hobbes nur ein Beispiel für die Wahrheit seines Grundgesetzes von den notwendigen Ursachen und Wirkungen. Er lehrt die ausnahmslose Notwendigkeit menschlicher Handlungen, also die Unfreiheit des Willens wie Spinoza, mit dem er daher schon in der zweiten Hälfte des 17. Jahrhunderts oft genug als „Atheist“ zusammengestellt und verflucht worden ist. Er verfocht sie besonders in einer lebhaften und umfangreichen Polemik mit einem Bischof der englischen Hochkirche (vgl. *Tönnies* 2. Aufl. S. 129-142). Seine Hauptsätze lauten: Niemand hat seinen zukünftigen Willen in seiner Gewalt. Nur das letzte Begehren, dem unmittelbar die Handlung folgt, liegt der Beurteilung der anderen offen, nicht alle seine früheren Vorbedingungen. Nichts, auch nicht das, was man gewöhnlich als „Zufall“ bezeichnet, geschieht ohne Ursache, deren letzte – das Wirken Gottes ist. Dagegen will er nicht leugnen, daß man, was man einmal „wolle“, auch tun könne, und ebensowenig, daß wir uns, zumal in der Erinnerung und Phantasie, frei d. i. ungehemmt fühlen.

In der praktischen Psychologie, der Lehre von den Affekten, zeigt Hobbes sich als Meister in Urteil, Menschenkenntnis und Darstellung. Den anziehenden Affekten: Lust, Liebe, Begehren, stehen die abstoßenden: Schmerz, Abneigung und Furcht, gegenüber. Aus diesen allgemeinen gehen die besonderen hervor, an deren Spitze Macht und Ehre stehen. Jeder empfindet mit Lust, was er vor anderen voraus hat, mit Ärger, was ihm fehlt: ein Egoismus, der nur hinter Heuchelei verborgen wird. Die Lehren der Mathematik von Linien und Figuren werden nicht bestritten, wohl aber, mit Feder und Schwert, die Lehre von Recht und Unrecht, weil es sich hierbei um Eigentumsrechte handelt. „Wenn der Satz, daß 3 Winkel eines Dreiecks = 2 R, dem Interesse der Besitzenden zuwider wäre, so wäre diese Lehre durch Verbrennung aller Geometriebücher unterdrückt worden, soweit die Beteiligten es durchzusetzen vermocht hätten." Der beständige Wettbewerb, das berechtigte Mißtrauen gegen die anderen und die liebe Eitelkeit sind es, die fortwährend Streit und Gewalthandlungen hervorrufen. In diesem Sinne sind die „Passionen" zugleich Aktionen. Die wesentlichen Begierden und Abwägungen, wie z.B. der Trieb nach Erhaltung und Fortpflanzung, sind uns angeboren.

Noch viele interessante Ideen äußert Hobbes in seinem Traktat *De Homine:* so über die Entstehung der Erde, des Lebens, der Sprache, die er im Geiste rationalistischer Aufklärung zu sehr als künstlich und willkürlich gemacht ansieht, über das Sehen und die Vervollkommnungsfähigkeit der Mikroskope und Fernrohre; doch würde es zu weit führen, dieselben im einzelnen zu verfolgen. Er nimmt eine fortschreitende Entwicklung der Menschheit in Wissenschaft und Praxis als möglich und wirklich an. Die falschen Meinungen haben ihre alleinige Wurzel im Aberglauben oder der Religion (die „wahre" natürlich ausgenommen!), d. i. in der Furcht vor übernatürlichen Gewalten, die aus der Unkenntnis der natürlichen Ursachen entsteht. Zur Erhöhung der Kultur hat von den Wissenschaften zumeist die Geometrie und die auf ihr beruhende Physik beigetragen; für die Zukunft erhofft Hobbes das gleiche besonders von derjenigen Wissenschaft, von der er selbst eine neue Begründung geben will: dem Naturrecht, auf dem Ethik und Politik sich aufbauen. Während er sich auf naturwissenschaftlichem Gebiete auf die Forschungen seiner Vorgänger Kepler, Gassendi und Mersenne beruft, nimmt er für seine eigene Person in Anspruch die Begründung der „philosophica civilis" oder der

3. Lehre vom Staate (*De Cive – Leviathan*).

Hobbes geht von der hergebrachten Definition des natürlichen Rechtes aus, wonach jedem das Seine zukommt. Was heißt aber „das Seine"? Das konnte ursprünglich nur durch Übereinkunft festgestellt werden. Andernfalls trat der Zustand des Krieges „aller gegen alle" ein; denn von Natur ist, wie er in der Lehre von den Affekten erklärt, homo homini lupus. Der Staat ist nicht, wie Aristoteles und Grotius meinen, durch den Geselligkeitstrieb, sondern durch den

Selbsterhaltungstrieb des einzelnen entstanden. Aber in der menschlichen Natur wirkt noch etwas anderes als die bloßen Leidenschaften, nämlich die Vernunft. Der Selbsterhaltungstrieb selber treibt zur vernünftigen Selbstbeschränkung, nach der alten Regel: Was du nicht willst, daß man dir tu', usw. So entspringt aus dem bloßen Willen zur Macht oder der Idee des subjektiven Rechtes die Idee des objektiven Rechtes, der Friede, der auf dem Halten der Verträge, am letzten Ende auf dem vernünftigen Gesamtwillen beruht. Auf diese Weise entsteht nach der Konstruktion unseres Sozialphilosophen ein Volk und ein Staat als ein, wenn auch künstlicher, Organismus.

Der Konsequenz auf dem intellektuellen entspricht die Gerechtigkeit auf dem moralischen Gebiete, wie das „Unrecht" dem „Widerspruch" analog ist. Damit nun Gerechtigkeit geübt und die Verträge gehalten werden, muß der Staat in seinem sichtbaren Oberhaupte, dem Staatssouverän, unbeschränkte Machtvollkommenheit erhalten, denn er stellt die vereinigte Macht aller dar. Er oder vielmehr das Gesetz, und er nur als dessen Vollzieher, ist das öffentliche Gewissen, vor dem alle Privatmeinungen und Privatgewissen verstummen müssen. Der Staat als absolute Autorität hat allein zu entscheiden, was als gut und böse gelten soll; ein objektives Gutes gibt es nicht. Er kennt keine andere Richtschnur als das: *salus publica summa lex esto*. Ihr muß sich der Mächtigste wie der Geringste unterordnen: alle Klassenjustiz wird energisch verdammt. Gesellschaft, Freiheit, Eigentum können nur so lange existieren, als der Staat sie duldet. Nur sich selbst oder seinen Nächsten zu töten (etwa auf seinen Vater oder Bruder zu schießen), kann auch der Souverän nicht befehlen.

Aber dieser allmächtige Staat ist auf Vernunft, d. i. auf Gerechtigkeit, Bescheidenheit, Billigkeit, Treue, Menschlichkeit gegründet, und er hat den Vorzug, wenigstens der – einzige Herr zu sein. Allen anderen Autoritäten gegenüber bleibt der Staatsbürger frei, so namentlich gegenüber der Kirche. Das Reich Gottes ist nicht von dieser Welt, und der Klerus, der sich eigenmächtig zum Herrn in ihr aufgeschwungen hat, kann keinen Gehorsam fordern. Gedanken können nicht bestraft oder verboten werden, ihre Äußerung durch Wort oder Tat nur vom Staate, und zwar bloß, wenn es dessen Interesse erheischt. Im letzteren Falle kann unter Umständen selbst Aberglaube als „Religion" vom Staate festgesetzt werden; die Wunder vergleicht unser Philosoph einmal mit Pillen, die man ganz hinunterschlucken, aber nicht kauen muß, da man sie sonst wieder ausspeit. Von dem aufgeklärten Souverän indessen, welcher Vernunft und natürliches Recht als seine einzige Richtschnur ansieht, erwartet und verlangt Hobbes Befreiung von der kirchlichen Unterdrückungssucht zugunsten der Denk-, Lehr- und schriftstellerischen Freiheit, sowie auch der Freiheit des – Andersglaubens. „Denn nichts ist mehr geeignet, Haß zu erzeugen, als die Tyrannei über des Menschen Vernunft und Verstand." Und „Unterdrückung von Lehren hat nur die Wirkung, zu einigen und zu erbittern, d.h. sowohl die Bosheit als die Macht derer, die sie bereits geglaubt haben, zu vermehren". Übrigens soll sich der Staat vor allzu starker Gesetzmacherei hüten; zu viele Gesetze bewirken Erstarrung oder Verwilderung und gleichen ausgelegten Schlingen. Die natürliche Freiheit der Bürger soll nur so weit eingeschränkt werden, als zum Wohle des Ganzen notwendig ist. Auf die Verfassungsform legt Hobbes keinen besonderen Wert. Grundsätzlich kann sein absoluter Staat Monarchie, Aristokratie oder Demokratie sein. Tatsächlich allerdings wird nach seiner Meinung die Demokratie leicht zu einer Aristokratie von Rednern, und bewahrt die Monarchie leichter vor heftigen Parteikämpfen.

Hobbes' Staat ist, bei aller Berufung auf die menschliche Natur, doch eine philosophische Konstruktion, ein Idealstaat. Die Einsicht in die Notwendigkeit eines solchen vernünftigen Staatswesens erhofft er von dem natürlichen Verlangen des Menschen nach ruhigem und bequemem Lebensgenuß, von dem negativen Interesse der Todesfurcht, vor allem aber von dem berechtigten Streben nach Schutz gegen Gewalt und von der Gleichheit friedlichen Verkehrs. Das Moderne seiner Tendenz besteht in der Opposition gegen das Überlieferte, historisch Gewordene. Auch von dem umfassendsten dieser organischen Gebilde, der kapitalistischen Gesellschaft, wie man heute sagen würde, soll der Staat unabhängig sein. Die Idee eines Staatssozialismus, eines sozialen Königtums sind Ausgestaltungen Hobbesscher Gedanken. Sein Staat kennt keine bevorrechteten Klassen. Die Kaufleute nennt er einmal „von Natur geschworene Feinde" des Staates und seiner Steuern; ihr ganzer Stolz bestehe darin, „grenzenlos reich zu werden durch die Weisheit des Kaufens und Verkaufens". Von dem Lob, daß sie den ärmeren Klassen Arbeit geben, will er nicht viel wissen. Sie veranlassen nämlich nur arme Leute, „ihre Arbeit ihnen zu verkaufen zu ihren eigenen, der Kaufleute, Preisen", sodaß jene einen besseren Lebensunterhalt durch Arbeit in Bridewell (einem damals neu eingerichteten Zuchthaus) erlangen würden! Auch aus seinem Satze: *Paulatim eruditur vulgus* (= mit der Zeit wird auch das niedere Volk gebildet) spricht das Vertrauen zu der Kraft und Bildungsfähigkeit der von scheinbar radikaleren Freidenkern, wie Voltaire und Diderot, verachteten niederen Klassen.

Hobbes, der seinerseits die Grundsätze der modernen Naturwissenschaften (Galileis) zuerst auf das Gesamtgebiet des empirischen Wissens übertragen hat, ist auch selbst von nicht zu unterschätzender Bedeutung für die Folgezeit geworden. Locke hat seine Erkenntnislehre und Psychologie benutzt, Berkeley seine Metaphysik umgebildet, während seine Politik und Moral, wie wir bezüglich der letzteren sogleich sehen werden, unter seinen Landsleuten alsbald eine Gegenströmung hervorrief. In Frankreich gingen namentlich die Enzyklopädisten (Holbach und besonders Diderot), aber auch Rousseau und später Destutt de Tracy auf ihn zurück. In den Niederlanden hat er Spinoza, in Deutschland Leibniz und Pufendorf nachhaltig angeregt. Und seine radikale Methode in soziologischer Hinsicht trägt Keime in ihrem Schoß, deren Früchte erst heute langsam zu reifen beginnen.

§ 7. Englische Gegner Hobbes' (Cambridger Schule) im 17. und zu Anfang des 18. Jahrhunderts.

In seinem Vaterlande rief Hobbes' Naturalismus zunächst eine heftige Gegnerschaft, namentlich der Theologen und Moralphilosophen, hervor. Wir schweigen von der scholastischen Oxforder Orthodoxie. Mit philosophischen Gründen bekämpfte ihn die längere Zeit zu Cambridge, der Rivalin Oxfords, blühende platonisierende Richtung, die Philosophie und Theologie zu verschmelzen suchte. So Ralph Cudworth (1617-1688), dessen Fragment gebliebenes Hauptwerk *Das wahre intellektuelle System des Universums* (1678) ausdrücklich der Widerlegung des Atheismus gewidmet ist. Der Geist ist der Schöpfer, nicht das Geschöpf der Dinge. Hinter jedem Bestandteil der Körperwelt steckt eine bildende (plastische) Natur geistiger Art, hinter jedem größeren Ganzen, sei es ein Tier- oder Menschenleib oder ein Planet, ein eigenes Lebensprinzip, hinter dem unendlichen All ein unendlicher Verstand. Alles Wissen ist nur ein von Gott Erleuchtetwerden. Außer diesem an die mystische Naturanschauung eines Paracelsus erinnernden naturphilosophischen Werk, hat Cudworth noch eine moralphilosophische Abhandlung *Von dem sittlich Guten und Bösen* geschrieben (veröffentlicht erst 1731). Danach sind Sittlichkeit und Recht von Ewigkeit her in der göttlichen Vernunft begründet, und die sittlichen Wahrheiten ebenso sicher und erkennbar wie die mathematischen. Doch bedarf die Philosophie zu ihrer Ergänzung der Religion, der Platonismus des Christentums.

Noch mystischer erscheint Henry More (1614-1687), der sich u. a. sogar auf die jüdische Kabbalah beruft. Dabei erkennt er die mechanische Naturansicht des Descartes, mit dem er einen interessanten Briefwechsel geführt hat, in bezug auf die aus Atomen („physischen Monaden") bestehende Körperwelt durchaus an. Aber Bewegung, Leben, Empfindung erhalten diese Monaden nur durch ein „hylarchisches", d.h. stoffregierendes Prinzip geistiger Art, nämlich die in einer vierten Dimension existierenden Naturgeister oder *spirits,* die sich selbsttätig zusammenziehen und wieder ausdehnen sowie gegenseitig durchdringen können. Ihr gemeinsames Band ist der alle Körper umschließende unendliche Raum, der zugleich der Abglanz des unendlichen Geistes, d. i. Gottes ist. Mores in seinem *Metaphysischen Handbüchlein* niedergelegte Naturphilosophie ist historisch von Interesse, weil sie Newtons Lehre von den Fernwirkungen wie überhaupt das metaphysische und religiöse Denken in England gegen Ende des 17. Jahrhunderts nachhaltig beeinflußt hat. Neben seinem „metaphysischen" verfaßte er auch ein *Ethisches Handbüchlein,* das eine enge Beziehung zwischen Tugend und Glückseligkeit annimmt und uns aus dem „Gefühle" der Tugend heraus zu handeln auffordert.

In gewisser Beziehung erinnert an More der erst neuerdings von *Cassirer* (*Erkenntnisproblem* I 465-473) ans Licht gezogene Richard Burthogge, der an einem bestimmten Punkte ebenfalls zu einer metaphysischen Geisterlehre umkippt, während er im übrigen eine an Geulincx (§ 4), ja beinahe schon an

Kant erinnernde selbständige Kritik des Verstandes übt. Auch Kenelm Digby entwickelt in seinem *Beweis der Unsterblichkeit der Seele* (englisch 1644) bereits wichtige erkenntniskritische Grundsätze: Es gibt nichts im Verstande, was zuvor in den Sinnen gewesen wäre. Die „Substantialität" der Dinge ist nur der Widerschein ihrer geistigen Vereinheitlichung, weshalb man statt der „Dinge" unsere Begriffe von den Dingen erörtern soll. Der Grundbegriff der Seele ist das Sein, von dem sie dann zu den konkreten Einzeldingen weiterschreitet.

Die Lehre Malebranches (§ 4), des „großen Galileis der intellektuellen Welt", von der Existenz dieser Welt und der „ewigen Wahrheiten" sucht John Norris (1657-1711) in seiner *Theorie der idealen oder intelligibelen Welt* (1701 ff.) mit scholastischer Genauigkeit fortzubilden. Die Sinne sind stumm, nur die Vernunft spricht in uns und zu uns von den Dingen. Und Collier (1680-1732) sucht sogar in seinem *Clavis universalis* oder *Neue Untersuchung der Wahrheit* (London 1713) bereits, unabhängig von dem ungefähr gleichzeitigen Berkeley (s. § 19), die „Unmöglichkeit einer äußeren Welt" zu beweisen, unter Berufung auf den Raum und – den Gottesbegriff. In diesen Zusammenhang gehören endlich auch die Newtonianer Clarke und Raphson. Clarke, dem wir unter den Moralphilosophen des 18. Jahrhunderts (§ 18) wiederbegegnen werden, behauptet, daß die Naturwissenschaft selbst, insbesondere die Unendlichkeit des Raumes und der Zeit, auf ein göttliches Urwesen führe. Und bei Raphson umschließt, ähnlich wie bei H. More, diese oberste Ursache sogar alle einzelnen Punkte des Raumes und alle Augenblicke der Zeit.

In ethischer Beziehung und in der Bekämpfung von Hobbes stimmt mit der Cambridger Schule überein der gelehrte Bischof Cumberland (1632-1718), der in seinem Hauptwerk *Philosophische Untersuchungen über die Naturgesetze* (1672), entgegen dem *bellum omnium contra omnes,* Unschuld und Frieden als Ur- und Naturzustand der Menschheit betrachtet und im stärksten Gegensatz zu Hobbes die sozialen Instinkte des Menschen betont. Das sittliche „Naturgesetz" besteht in dem uns von Gott eingepflanzten, auf das Gemeinwohl gerichteten Wohlwollen. Die Pflichten werden begründet auf die guten oder schlimmen Folgen, die nach dem Willen Gottes und der Einrichtung der Natur mit unserem Handeln verbunden sind. Lohn und Strafe im Diesseits und Jenseits sind notwendige Mittel zur Erreichung jenes obersten Zweckes, des Wohles der Gesamtheit. Gott, der Urheber der Naturgesetze, ist auch der Rächer ihrer Verletzung.

Kapitel III.
Spinoza (1632-1677).

§ 8. Leben und Schriften. Inhalt des *Theologisch-politischen Traktats*.

Eine ausführliche, freilich nur bis 1871 reichende Spinoza-Bibliographie gibt die gleichnamige Schrift von *A. von der Linde*, Haag 1871, außerdem s. *Ueberweg* III, zu § 16. – Die Hauptquelle über Spinozas Leben ist, abgesehen von seinen eigenen Schriften und Briefen, die Biographie des gegnerisch gesinnten, aber wahrheitsliebenden lutherischen Pfarrers Colerus (= Köhler, zuerst holländisch 1705, dann französisch 1706, endlich deutsch 1733). Vom Standpunkt des Verehrers geschrieben ist die unter dem Namen des Arztes *Lucas* (Haag) gehende, schon 1679 verfaßte, aber erst 1719 veröffentlichte, verleumderisch die des reformierten Eiferers *Christian Kortholt: De tribus impostoribus* (die drei „Betrüger" sollen Herbert von Cherbury, Hobbes und Spinoza sein) 1680; vgl. auch den Artikel *Spinoza* in *Bayles Dictionnaire*, 1696. Alles, was die Quellen berichten, jetzt zusammengefaßt bei *Gebhardt*, *Philos. Bibl.*, Bd. 96. Vgl. auch *Altkirch, Spinoza im Porträt* (mit 28 Tafeln). Jena 1913. – Von neueren Darstellungen seien erwähnt: *van Vloten, Baruch d'Espinoza*. 2. Aufl. Schiedam 1871; *Bolin* (*Geisteshelden* Bd. IX) Berlin 1894 und *A. v. d. Lindes* Einleitung zu seinem Buche: *Spinozas Lehre und deren erste Nachwirkungen in Holland.* Göttingen 1862. *Meinsma, Spinoza en zijn Kring* 1896, ins Deutsche übers. von Lina Schneider 1909. Alles frühere überholt durch die auf sorgfältigstem Quellenstudium beruhende treffliche Monographie Freudenthals: *Das Leben Spinozas.* Stuttgart 1904. Die wichtigsten Quellen hatte *Freudenthal* vorher selbst in *Die Lebensgeschichte Spinozas* (1899) veröffentlicht. Reiches sachliches Material bietet auch das umfangreiche Werk des Jesuitenpaters *St. von Dunin-Borkowski, Der junge De Spinoza, Leben und Werdegang im Lichte der Weltphilosophie* (Münster 1910).

Aus der überaus reichen Literatur über Spinozas Lehre seien hier nur hervorgehoben die Schriften von *Trendelenburg* (1855, *Beiträge zur Philos.* II), *Avenarius* (1868), *Camerer* (*Die Lehre Spinozas*, Stuttgart 1877), *Pollock* (London 1880), *Freudenthal* (1887 ff.) und *Raoul Richter* (*Willensbegriff*, 1898). Namentlich das Erinnerungsjahr 1877 brachte eine größere Anzahl Gedächtnisschriften hervor. Eine ausführliche historisch-kritische Darstellung gibt *F. Erhardt, Die Philosophie des Spinoza im Lichte der Kritik.* Lpz. 1908. Wichtiger als die Einzelliteratur sind im ganzen die Darstellungen in den ausführlichen Geschichten der Philosophie. Diejenige von *Kuno Fischer* (Bd. V seiner *Gesch. d. n. Philos.*) ist in 5. Auflage (1909) mit wertvollen Nachträgen von *C. Gebhardt* versehen worden.

1. *Leben.* Baruch d'Espinoza (z = s zu sprechen, daher auch die Schreibart Spinosa), so genannt nach dem spanischen Städtchen Espinosa, geboren am 24. November 1632, entstammte einer der aus der Pyrenäen-Halbinsel eingewanderten jüdischen Familien Amsterdams. Zum Rabbiner bestimmt, erhielt er seine erste Ausbildung von dem berühmten Talmudkenner Morteira. Diese seine erste geistige Nahrung – Altes Testament, Talmud, später die jüdische Religionsphilosophie des Mittelalters und die Kabbalah – befriedigte ihn jedoch auf die Dauer nicht. Er lernte Latein in dem Hause des humanistisch gebildeten Arztes und Freidenkers van den Enden und studierte zunächst die christlichen Scholastiker. Das Studium Descartes' und der Naturwissenschaften vollendete den Bruch mit der Synagoge, den man umsonst durch Bestechung und Drohungen, ja durch einen Mordversuch zu hindern suchte. Am 27. Juli 1656 wurde wegen „schrecklicher Irrlehren" feierlich der große Bann über den 23jährigen Jüngling ausgesprochen. Er begnügte sich mit einem in spanischer Sprache geschriebenen Protest und einer lateinischen, die erste Bibelkritik enthaltenden *Apologia,* von der nur einige kleine Bruchstücke erhalten sind. Er nennt sich fortan Benedikt, ohne sich jedoch einer anderen religiösen Gemeinschaft anzuschließen. In ländlicher Stille oder in kleinen Orten Hollands, erst in den letzten sechs Jahren auf Bitten seiner Freunde im Haag lebend, bildet er nun sein System aus: übrigens, bei aller Zurückgezogenheit, doch nicht ohne Verkehr mit gleichgesinnten Freunden und im Briefwechsel mit einer Reihe von Gelehrten. Seinen Lebensunterhalt gewann er, wenigstens zum Teil durch das Schleifen optischer Gläser, was bei seiner schwindsüchtigen Anlage wahrscheinlich seinen frühen Tod (21. Februar 1677) befördert hat. Geldgeschenke seiner Freunde, ebenso 1673 einen Ruf an die Heidelberger Universität lehnte er, um seine philosophische Unabhängigkeit zu wahren, standhaft ab. Er lebte, getreu seiner Lehre, erhaben über irdische Ehren und Glücksgüter, ohne Bedürfnisse, aber voll heiterer Ruhe, Herr seiner Leidenschaften, voll Milde und Wohlwollen gegen andere und Strenge gegen sich selbst. Die Reinheit seines Charakters haben selbst seine zahlreichen wütenden Gegner nicht anzuzweifeln gewagt. Wenn solche in den tiefen Zügen des dunkelfarbigen Antlitzes mit den schwarzen, glänzenden Augen und der erhabenen Stirn das „Zeichen der Verwerfung" haben erblicken wollen, so hat darauf schon Hegel erwidert: „allerdings das Zeichen der Verwerfung, aber nicht der passiven, sondern der aktiven: es ist der Philosoph, welcher verwirft die Irrtümer und die gedankenlosen Leidenschaften der Menschen." Am 14. September 1880 ist sein Standbild im Haag enthüllt worden.
2. *Schriften.* Spinoza teilte seine Lehren nur solchen mit, deren Charakter er vertraute, und die er für geistig stark genug hielt. Bei seinen Lebzeiten sind nur zwei seiner Schriften gedruckt worden. Als nämlich ein junger Mann Unterricht in der Philosophie von ihm begehrte, diktierte er ihm die Hauptsätze der Cartesianischen Philosophie, die dann erweitert auf den Wunsch seines Freundes, des vielseitigen Arztes L. Meyer, von diesem 1663 unter dem Titel: *Rena-*

ti des Cartes Principiorum philosophiae pars I et II, mit dem bezeichnenden Zusatz *more* geometrico *demonstratae* herausgegeben wurden, mit einem von Spinoza in 14 Tagen niedergeschriebenen Anhang: *Cogitata metaphysica,* eine „vom Standpunkte des Cartesianismus aus entworfene, in den Formen der jüngeren Scholastik sich haltende, gedrängte Darstellung von Hauptpunkten der Metaphysik" (Freudenthal). Wie Spinoza selbst brieflich äußert, verfaßte er diese Darstellung, ohne sich dabei im mindesten zu Descartes' Lehre zu bekennen. Die zweite, um 1665 verfaßte, aber erst 1670 anonym und unter falschem Druckort und Verlegernamen *(Hamburgi apud Henr. Künrath,* eigentlich zu Amsterdam bei Chr. Conrad) veröffentlichte Schrift war der *Tractatus theologico-politicus,* in dem er zeigen will, daß „die Freiheit des Philosophierens nicht bloß ohne Schaden der Frömmigkeit und des staatlichen Friedens gestattet, sondern nur mit dem staatlichen Frieden und der Frömmigkeit selbst aufgehoben werden könne". Er trägt das Motto 1. Joh. 4, 13: „Daran erkennen wir, daß wir in Gott bleiben und Gott in uns, daß er uns von seinem Geiste gegeben hat."

3. Der *Theologisch-politische Traktat* bildet keinen Teil des Systems, sondern charakterisiert den Menschen Spinoza und seine sittlich-religiöse Weltanschauung; sein Inhalt kann deshalb schon hier wiedergegeben werden. Spinozas Kampf gegen die Verkettung von Religion und Staat ist ein echt moderner; er trifft sowohl den Staatsbegriff des Altertums wie den Kirchenbegriff des Mittelalters. Er predigt die Religion der Humanität und der Lebensführung im Gegensatz zu der des Dogmas und der Kulte. Religion ist einerlei mit Liebe, Gerechtigkeit, Ergebenheit in Gott. Nach seinen Werken allein ist der Gläubige zu beurteilen. In einem freien Staat muß einem jeden erlaubt sein, zu denken, was er will, und zu sagen, was er für recht hält; das ist das natürliche Recht jedes Menschen. Der Staat kann nur das Gebiet äußerer Handlungen, nicht aber das Gemüt beherrschen. Philosophie und Theologie sind zu trennen, keine von beiden soll die Magd der anderen sein; nur so ist ein dauerhafter Friede zwischen ihnen möglich. Wissenschaft hat den einzigen Zweck der Wahrheitsforschung, Religion dagegen soll das Gemüt zur Sittlichkeit und zum Gehorsam führen und darf zu diesem Zwecke auch Symbole bilden und brauchen. Die Naturgesetze, nicht Mirakel sind die wahren Gesetze Gottes. Übergriffe der Kirche schädigen auch den Staat, während durch die Freiheit der Wissenschaft die Religion selbst gefördert wird, die dann nicht mehr Andersdenkende verfolgen, sondern ihre Aufgabe im religiösen Leben suchen wird. Der *Theologisch-politische Traktat* ist zugleich der erste Versuch einer unbefangenen Kritik der Bibel, namentlich des Alten Testaments, vom philologisch-historischen Standpunkt aus. In Christus hat sich, wie Spinoza an anderer Stelle (73. Brief) meint, die göttliche Weisheit am vollkommensten geoffenbart.

Daß Grundsätze wie die in diesem Traktat ausgesprochenen, die selbst heute in den meisten sogenannten „Kultur"ländern noch nicht zu voller Durch führung gelangt sind, zu Spinozas Zeit auf starken Widerspruch stießen, kann nicht überraschen. Der Philosoph selbst hatte von dem großen Haufen weder den Willen noch die Fähigkeit, ihn zu verstehen, erwartet. Aber daß diese tiefreligiöse Schrift ein ganzes Heer von Streit- und Schmähschriften gegen den „unreligiösesten Autor", den „krassesten Atheisten" entfesselte, zeigt doch, in welchem Maße ungewöhnlich die Offenherzigkeit, mit der Spinoza im Gegensatz zu den klugen Vorbehalten der Baco, Descartes und Hobbes seine Ansichten äußerte, den Zeitgenossen erschien. Auch sein Zutrauen zu der freien Verfassung und der Urteilsfähigkeit der Behörden seines engeren Vaterlandes sollte sich nicht bewähren: sogar in dem wegen seiner Denkfreiheit berühmten Holland wurde die Schrift verboten.

4. *Posthume Schriften.* Dem ist es wohl auch zuzuschreiben, daß Spinoza selbst keine Schriften mehr veröffentlicht hat. Seine übrigen Werke sind erst nach seinem Tode herausgegeben worden. Noch in dem Todesjahre (1677) erschien ein Band: *B. d. S., Opera posthuma,* besorgt von ungenannt bleibenden Freunden, mit einer lateinisch geschriebenen Vorrede (wahrscheinlich von dem Mennoniten J. Jelles), die ihn gegen den Vorwurf des Atheismus verteidigte und seine Lehre für identisch mit dem wahren Christentum erklärte. Er enthält: 1. das systematische Hauptwerk, die *Ethica ordine geometrico demonstrata,* in fünf Teilen (oft überarbeitet, 1665 z.B. zerfiel das Werk noch in drei Teile, auch der alten holländischen Übersetzung von 1677 liegt vielfach ein anderer Text zugrunde); 2. den nicht lange vor seinem Tode verfaßten *Tractatus politicus* (nicht zu verwechseln mit dem theologisch-politischen), „in dem bewiesen wird, wie eine Gesellschaft, in der Monarchie oder Aristokratie besteht, eingerichtet sein muß, damit sie nicht der Gewaltherrschaft anheimfällt und Friede und Freiheit der Bürger unverletzt bleibt", 3. den wahrscheinlich schon vor 1661 abgefaßten Traktat *Über die Läuterung des Verstandes (De intellectus emendatione) und den Weg, den man am besten zur wahren Erkenntnis der Dinge einschlägt* (unvollendet); 4. Briefe von Gelehrten an B. d. S. und des Verfassers Antworten an sie (74 Nummern, dazu jetzt 9 neue); endlich 5. den Abriß einer hebräischen Grammatik, in der man die Vorliebe des Substanz-Philosophen für das Substantiv bezeichnend gefunden hat. Neu aufgefunden und 1852 in holländischer Übersetzung von Böhmer herausgegeben wurde der ebenfalls aus Spinozas Jugend (1658-60) stammende „kurze" Traktat *De Deo et homine eiusque felicitate,* vollständiger von van Vloten, Amsterdam 1862, deutsch mit Erläuterungen von Sigwart (2. Aufl. 1881) und Schaarschmidt *(Philos. Bibl.* 3. Aufl. 1907). Ursprünglich nicht zum Druck, sondern für einen kleinen Freundeskreis bestimmt, ist er nicht völlig ausgearbeitet. Seinen holländischen Kommentar zum Pentateuch hat Spinoza selbst vernichtet.

Gesamtausgaben wurden erst, nachdem durch Jacobi, Goethe u. a. das Interesse für den lange verkannten und fast unbekannten Philosophen neu geweckt worden war, d.h. seit Anfang des 19. Jahrhunderts veranstaltet, die erste von dem bekannten Rationalisten *Paulus,* Jena 1802 bis 1803. Die letzte und vollständigste ist die von *van Vloten* und *Land,* 2 Lexikonbände, *Hagae* 1882/83, 2. Aufl. 3 Bde. 1895. Deutsche Gesamtübersetzungen lieferten *Berthold Auerbach,* der Spinozas Leben auch zu einem Roman verarbeitet hat, und *Kirchmann-Schaarschmidt* in der *Philos. Bibl.* (2 Bde.). Letztere ist jetzt in zeitgemäßer Neuausgabe von *Baensch (Ethik* 1910), *Buchenau (Cogitata* etc. 1907), die übrigen von *Gebhardt* (1907-14) erschienen. Eine große Gesamtausgabe wird von dem letztgenannten Spinozakenner im Auftrage der Heidelberger Akademie der Wissenschaften vorbereitet. Vgl. auch dessen *Inedita Spinozana* (Heidelberg 1917).

Die früheste Skizzierung von Spinozas Standpunkt bietet der „kurze" Traktat; hier erscheint er noch den italienischen Naturphilosophen (Telesio, Bruno, Campanella) verwandt. Die das ganze All und so auch uns erfüllende göttliche Intuition ist Ausgangspunkt und Endziel, wir sind „Sklaven Gottes", unser Erkennen nur ein Leiden. Die Abhandlung *Über die Läuterung des Verstandes* gibt bereits den methodischen Unterbau des Systems in seinen Grundzügen und kann daher mit diesem zusammen behandelt werden. Von einer genaueren Entwicklungsgeschichte seiner Lehre, insbesondere von der weitschichtigen Frage des Einflusses früherer Philosophen auf ihn, zu der *Avenarius, Cassirer, Dilthey, Freudenthal, Gebhardt, Joël, Tönnies* u. a. wertvolle Beiträge geliefert haben, darf hier um so eher abgesehen werden, da sie einerseits noch nicht genug geklärt, anderseits gerade bei Spinoza doch nur von sekundärem Werte erscheint. Ob man ihn mit *Kuno Fischer (Gesch. d. neuer. Phil. II)* wesentlich als Weiterbildner Descartes' ansieht oder mit *Freudenthal* einen bedeutenden Einfluß der jüdisch-christlichen Philosophie des Mittelalters, oder mit *Cassirer* und *Dilthey* der italienischen Naturphilosophie auf seine philosophische Entwicklung annimmt: das fertige System erscheint gerade bei Spinoza, wie bei wenig anderen, als ein Werk aus einem Gusse.

§ 9. Spinozas System: A. Ausgangspunkt, Grundlehren.

Das System Spinozas liegt in seinem Hauptwerke, der *Ethik*, vor, die erst in ihrem vierten und fünften Teile von dem handelt, was wir heute unter ethischen Problemen verstehen, im übrigen ein nach „geometrischer Methode" angeordnetes System von Definitionen, Axiomen, Propositionen (Lehrsätzen), Explikationen, Demonstrationen und Corollarien (Folgerungen) gibt, denen sich oft noch Scholien (nähere Erläuterungen) anschließen. Daß diesem völlig dogmatisch, mit dem Anspruch auf mathematische Gewißheit auftretenden, geschlossenen Gedankensystem dennoch methodische Erwägungen, ja eine Art erkenntnistheoretischen Unterbaus zugrunde liegt, zeigt deutlich der neben der *Ethik* meist zu wenig beachtete, leider unvollendet gebliebene Traktat *De emendatione intellectus.*[25]

1. *Erkenntnistheoretischer Unterbau.* Wie gelangt man, fragt hier der junge Spinoza, zu dem höchsten Gute, das nicht in Reichtum, Ehre und Sinnenlust, sondern in der Erkenntnis der Einheit unseres Geistes mit der gesamten Natur besteht? Dazu gehört mancherlei: genügende Kenntnis der Natur, Einfluß auf die Entwicklung der menschlichen Gesellschaft, Moralphilosophie, Pädagogik, Technik; vor allem aber die „Verbesserung" des Intellekts und Reinigung desselben von Irrtum. Was aber ist der Intellekt? Zur Beantwortung dieser Frage unterscheidet Spinoza, ähnlich Baco, vier Klassen von Vorstellungen (perceptiones, später auch ideae genannt): 1. Solche, die wir vom bloßen Hörensagen besitzen, z.B. daß ich an dem und dem Tage geboren bin; 2. die aus zusammenhangloser Erfahrung (experientia vaga) stammenden, wie: daß Öl die Flamme nährt, Wasser sie löscht, daß der Hund ein bellendes, der Mensch ein vernünftiges Geschöpf ist; 3. die durch Schließen aus anderen Dingen und deren Eigenschaften auf das Wesen eines Dinges, wie: daß die Sonne größer ist, als sie scheint (weil dies bei anderen entfernten Dingen auch der Fall ist); endlich 4. die Erkenntnis eines Dinges allein aus seinem Wesen heraus oder aus seiner „nächsten Ursache", wozu die ewigen, vor allem die mathematischen Wahrheiten gehören, wie der Satz $2 + 3 = 5$, oder die Lehrsätze von den parallelen Linien. Die Vorstellungen der drei ersten Arten entstammen unserer Einbildungskraft (imaginatio) und schaffen nur eine verworrene, inadäquate, „erste" Erkenntnis, die von zufälligen und unzusammenhängenden Sinneswahrnehmungen und äußeren Ursachen abhängig ist. Die der vierten Art allein verschaffen wahre und sichere Erkenntnisse, die ihren Ursprung in dem Intellekt (anderswo auch ratio, Vernunftdenken, genannt) finden und durch ihre Einfachheit, Klarheit und Deutlichkeit (Descartes!) gekennzeichnet sind (vgl. auch S. 318).

Spinozas Lehre von der Definition erinnert an diejenige von Hobbes (s. § 5). Wir selber erzeugen die Dinge nach einer ewigen Ordnung durch die gesetzmäßige Verknüpfung unserer Vorstellungen, z.B. den Kreis durch seine Konstruktion; allerdings nicht die unzählbare Menge der veränderlichen Einzeldinge, wohl aber die „festen und ewigen" Dinge und deren Gesetze. Die Natur und Kraft des Verstandes z.B. folgt, gleich der des Kreises, aus seiner Definition, seiner „wahren Idee"; wie denn die Geometrie allein von allen Wissenschaften den absoluten Zusammenhang des Seins treu und unverfälscht widerspiegelt, weshalb ihre Methode vorbildlich ist. Diese wahren Ideen, zumal in ihrer höheren Form, der intuitiven Erkenntnis (scientia intuitiva), betrachten die Dinge losgelöst von Raum, Zeit und Zahl sub specie quadam aeternitatis. Sie folgen allein aus der Notwendigkeit unserer Natur, sodaß sie „von unserer Macht allein abzuhängen scheinen", und sind um so vollkommener, je vollkommener ihr Gegenstand ist. Die wahre Methode besteht demnach darin, unser Denken, losgelöst von abziehenden nichtigen Außendingen (wie Reichtum, Ehre, Lust) und beruhend auf der Grundlage unserer gesamten Naturerkenntnis, auf die vollkommenste Idee zu richten und aus ihr nach

„geometrischer" Weise alle übrigen Ideen des Intellekts abzuleiten. So ist Spinoza an dem Punkt angelangt, wo seine *Ethik* einsetzt, die ihrerseits, ohne weitere erkenntniskritische Einleitung, sogleich mit dem einen Prinzip anhebt, aus dem alles andere abgeleitet wird.

2. *Die eine Substanz = Natur = Gott.* Dies erste und oberste Prinzip, von dem das *erste* Buch der *Ethik* handelt, ist – Gott. Hier also, und ebenso im *Tractatus brevis,* beginnt Spinoza nicht mehr, wie Descartes, mit dem Maßstabe der Wahrheit, sondern sofort mit der höchsten Abstraktion, dem Unbedingten, das ihm als der Urgrund aller Wirklichkeit erscheint. Es zeigt sich der religiöse Grundton seines Denkens, die Nachwirkung seiner Jugendbildung, des israelitischen Monotheismus im Verein mit jüdisch-christlicher Scholastik. Die Ethik fängt mit nicht weniger als acht Definitionen an: der causa sui, der res in suo genere finita, der Substanz, des Attributs, des Modus, der Gottheit, der Freiheit und Notwendigkeit, der Ewigkeit. Wir setzen die wichtigsten hierher. „Unter dem Grunde seiner selbst verstehe ich das, dessen Wesen seine Existenz einschließt." Ähnlich wird die Substanz bestimmt als „das, was an sich ist und durch sich selbst begriffen wird", d. i. das, dessen Begriff von keinem anderen abhängig ist. Alle anderen Dinge können nur Eigenschaften (Attribute) oder Arten (Modi) sein, in denen sich die eine Substanz offenbart. Attribut nämlich heißt das, was der Intellekt an der Substanz als ihr Wesen ausmachend auffaßt. Modi sind die Affektionen, durch welche die Attribute auf besondere Weise ausgedrückt werden. Gott aber ist die reine, schrankenlos unendliche Substanz, die aus unendlich vielen Attributen besteht, deren jedes ein ewiges und unendliches Sein ausdrückt.

Im Begriffe der einen Substanz liegt es, daß sie causa sui (Urgrund), unendlich, unteilbar, ewig sein muß. Sie kann nur eine einzige sein, denn zwei gleiche Substanzen wären ununterscheidbar, zwei verschiedene aber könnten nicht aufeinander wirken. Aus ihr folgt alles mit derselben Notwendigkeit, wie aus der Natur des Dreiecks folgt, daß seine Winkel = 2 R sind. Selbst bestimmungs- und schrankenlos, ist sie die bestimmende und wirkende Ursache aller Dinge, die erste und einzige „freie" Ursache – denn außer ihr ist alles Notwendigkeit –, bloß nach ihren eigenen d. i. der Natur Gesetzen, nicht auf die Dinge, sondern in den Dingen wirkend (ihnen immanent). Ob man sie Gott oder Natur nennt, macht für die Sache wenig aus; so konnte einer seiner Gegner auf den merkwürdigen Gedanken kommen, in Spinozas Werk sei das Wort „Deus" erst vom Herausgeber an Stelle des ursprünglich überall stehenden „Natura" hineingesetzt worden! Wesen, Existenz und Macht Gottes fallen zusammen. Verstand und Wille gehören nicht zu seinem Wesen, der natura naturans, sondern schon zur natura naturata; ja er handelt nicht einmal unter dem Zwang der Güte (sub ratione boni), denn dann wäre er von etwas anderem über ihm abhängig, was absurd ist. Noch viel weniger natürlich besitzt er andere menschliche Eigenschaften wie Freude, Haß, Liebe usw. Es gibt keinen Zufall, kein willkürliches Handeln, alle Dinge mußten in derselben We se und Ordnung erzeugt werden, in der sie erzeugt wurden. Ja, im letzten Grunde ist die eine Substanz nichts anderes als die durchgehende „geometrische“ Ordnung des Seins. Wie finden nun innerhalb dieser alles umfassenden einen Substanz die Einzeldinge ihren Platz?

3. *Die Attribute der Substanz: Geist (Denken) und Körper (Ausdehnung).* Die Substanz, Gott oder die Natur, tritt, wie wir sahen, in unendlich vielen Eigenschaften oder Attributen auf. Wir Menschen können jedoch nur zwei derselben deutlich und klar erkennen: Denken (Bewußtsein, Geist) und Ausdehnung (Körper, Materie). Der *zweite* Teil der Ethik handelt *De mente,* genauer „von der Natur und dem Ursprung des Geistes“. Auch er beginnt mit (7) Definitionen. Körper heißt diejenige Art (modus), welche Gottes Wesen, insoweit es als Ausdehnung (res extensa) betrachtet wird, auf sichere und bestimmte Weise ausdrückt. Zum Wesen eines Dinges gehört das, wodurch es notwendig gesetzt wird. Idee ist der vom Geist gebildete Begriff (conceptus, nicht perceptio); sie heißt adäquat, wenn sie alle Eigenschaften einer wahren Idee besitzt. Dauer bezeichnet eine unbestimmte Fortsetzung der Existenz, Realität ist = Vollkommenheit; Einzeldinge (res singulares) sind diejenigen Dinge, die bestimmt sind und eine abhängige Existenz haben.

Gott ist ein denkendes, aber zugleich ausgedehntes Wesen und als solches die bewirkende Ursache aller Ideen und Körper (Dinge); d.h. die Ideen folgen nur aus seinem Denken, die Dinge nur aus seiner Ausdehnung. Aber „die Ordnung und der Zusammenhang der Ideen ist mit der Ordnung und dem Zusammenhang der Dinge identisch“; der bloß gedachte und der ausgedehnte Kreis z.B. sind eine und dieselbe Sache, nur auf verschiedene Weise aufgefaßt. Der Mensch ist, weil seine Existenz nicht notwendig ist, selbst keine Substanz, sondern nur ein Modus (Art, sich auszudrücken) der Gottheit, als solcher mithin ebenfalls zugleich denkend und ausgedehnt. Der menschliche Körper ist ein Objekt des menschlichen Geistes. Alle Körper bewegen sich langsamer oder schneller oder ruhen; die einfachsten sind diejenigen, welche sich nur durch diesen ihren verschiedenen Bewegungsgrad voneinander unterscheiden. Durch die Zusammensetzung gleicher Teile entsteht ein Individuum. Der menschliche Körper besteht aus sehr vielen Individuen verschiedener Art (harten, weichen und flüssigen), von denen ein jedes wieder sehr zusammengesetzt ist und von äußeren Dingen auf mannigfaltige Weise beeinflußt wird, wie es seinerseits auf dieselben Einfluß hat. Alles, was seinen Körper betrifft, nimmt auch der Geist des Menschen wahr. Wie der Körper von einem oder mehreren äußeren Gegenständen affiziert wird, so auch der Geist; nur auf diese Weise z.B. vermag letzterer die Existenz des menschlichen Körpers selbst zu erkennen. Der Geist ist die Idee des Körpers. Wie der Körper sich zum Geist verhält (nämlich mit ihm geeint und zugleich sein Objekt), so verhält sich der Geist wiederum zur Idee des Geistes (wir würden heute sagen: dem Selbstbewußtsein). Der Geist erkennt sich selbst nur, insofern er die Vorstellungen von körperlichen Affektionen faßt. Eine adäquate, klare und deutliche

Erkenntnis freilich des menschlichen Körpers wie der äußeren Gegenstände können diese Vorstellungen ebensowenig verschaffen, wie die Vorstellung dieser Vorstellungen dies bewirkt, sondern nur eine verworrene. Desgleichen haben wir von der Dauer unseres eigenen Körpers wie der Einzeldinge nur eine höchst unvollkommene Vorstellung. Dagegen sind alle Vorstellungen wahr, d.h. stimmen mit dem Vorgestellten (ideatum) vollkommen überein, sofern sie in Gott sind, d. i. auf die eine unendliche Substanz bezogen werden. Übrigens sind beide, die adäquaten wie die inadäquaten, Vorstellungen dem Kausalnexus (der necessitas) unterworfen, und Vorstellungen, die aus adäquaten folgen, sind selbst adäquat.

4. Es folgt dann eine ähnliche Einteilung der Erkenntnisarten wie in dem Traktat *De emendatione* (s. oben), nur daß die Erkenntnisse der drei ersten Arten jetzt gemeinsam als opinio oder imaginatio zusammengefaßt werden. Diese ist die Quelle alles Irrtums. Dagegen lehren die beiden höheren Erkenntnisarten, Vernunft (ratio) und intuitive Erkenntnis, das Wahre vom Falschen zu unterscheiden. Wer die wahre Vorstellung hat, ist sich dessen bewußt und zweifelt nicht mehr. Die Wahrheit ist ihre eigene Norm. Und da der menschliche Geist, insofern er die Dinge wahr auffaßt, ein Teil des unendlichen göttlichen Intellekts ist, so müssen seine „klaren und deutlichen" Vorstellungen ebenso wahr sein wie die Vorstellungen Gottes. Nur die Einbildungskraft betrachtet die Dinge als zufällig; der Natur der Vernunft entspricht es, sie als notwendig, „wie sie an sich sind", d.h. – und nun wiederholt sich der Ausdruck des Traktats – ‚sub quadam aeternitatis specie' zu betrachten, denn die Notwendigkeit der Dinge ist zugleich die Notwendigkeit der ewigen Natur Gottes. Während die Vernunft das Wesen der Dinge in ihren einzelnen, ihnen mit allen Dingen gemeinsamen Eigenschaften erkennt, erschaut die noch höhere scientia intuitiva diese ewigen Eigenschaften als unmittelbar in Gottes ewigem Wesen gegründet. Spinoza gesteht übrigens ganz wie ein mittelalterlicher Mystiker, daß selbst er nur sehr wenige Dinge auf diese letzte und höchste Art eingesehen habe. – Das zweite Buch schließt mit einigen Ausführungen über den menschlichen Willen. Da der menschliche Geist eine festbestimmte Weise (certus et determinatus modus) des Denkens darstellt, so gibt es in ihm keinen freien oder absoluten Willen, sondern jeder Willensvorgang ist von einem anderen, vorhergehenden abhängig. Wille und Vorstellung existieren nicht für sich, sondern nur in den einzelnen Willens- und Vorstellungsakten. Beide sind übrigens „ein und dasselbe"!

5. Fassen wir die Grundlehren Spinozas noch einmal als Ganzes, so stellen sie sich als ein großartiger Versuch dar, die einander nackt gegenübergestellten Gegensätze Materialismus – Spiritualismus durch ein neues Drittes, einen eigenartigen Monismus, zu überbrücken, der aber seinerseits den Dualismus doch wieder in seinem Schoße trägt. Die zwei nebeneinander stehenden Substanzen des Descartes, Denken und Ausdehnung, sind bei Spinoza zu bloßen Attributen der einen Substanz geworden, und, wie nur eine Substanz

so gibt es auch nur einen Kausalzusammenhang. Aber dieser äußert sich doch wieder auf eine zweifache, ganz verschiedene Weise. Das Geistige ist nur aus Geistigem, das Körperliche nur aus Körperlichem zu erklären, nicht Geistiges aus Körperlichem oder umgekehrt; beide Attribute sind vielmehr einander ebenbürtig. So wird die scheinbare Einheitlichkeit nur durch die Preisgabe des schon von Descartes entdeckten und nur nicht folgerecht genug durchgeführten erkenntnistheoretischen Kriteriums erkauft; dieses ist zum bloßen Modus der einen Substanz herabgesunken. Spinoza sieht eben die Aufgabe der Philosophie nicht in Erkenntniskritik und Begründung der Wissenschaft, sondern in dem Entwerfen eines großartigen Weltbildes. So „mathematisch" sich auch sein System aufbaut, so ist es doch in letzter Linie durch das Interesse der religiösen Spekulation bestimmt, in diesem Sinne also scholastischer Dogmatismus. Inhaltlich allerdings trennt eine unüberbrückbare Kluft seine moderne Weltanschauung von der der mittelalterlichen Scholastik. Wir haben dabei nicht bloß die Freiheit seiner religiösen (s. § 8), sondern auch die Strenge seiner mechanischen Naturauffassung im Auge, in der er mit Galilei, Descartes und Hobbes auf demselben Boden steht. Mit ihnen teilt er die Abneigung gegen die „Endursachen" (causae finales), gegen alles Hineintragen der Teleologie in die Natur. Die Erklärung der Naturdinge durch den Willen Gottes erscheint ihm als ein asylum ignorantiae für den Naturforscher, ja er läßt Gott erst durch Erreichung bestimmter Zwecke seine Vollkommenheit erlangen.

§ 10. Spinozas System: B. Psychologie und Ethik.

1. *Psychologie* (Buch III der *Ethik).* Das dritte Buch der Ethik: *De origine et natura affectuum* gibt eine Naturgeschichte der Gefühle, die von Johannes Müller als das Beste in dieser Art gepriesen wird. Die meisten meinen, so beginnt Spinoza, die Affekte seien unabhängig von den allgemeinen Naturgesetzen und würden durch die freie Willkür des Menschen bestimmt, wie noch der berühmte Descartes glaubte. Sie wollen die Handlungen der Menschen lieber verabscheuen oder belachen als verstehen. Diese würden sich wundern, daß er es unternehme, auch die Fehler und Torheiten der Menschen more geometrico zu behandeln. Aber die Natur und ihre Gesetze sind immer und überall die gleichen. Und so „werde ich", schließt die Vorrede, „die menschlichen Handlungen und Begierden ebenso behandeln, als ob von Linien, Ebenen oder Körpern die Rede wäre".

Wir handeln, wenn etwas in oder außer uns geschieht, dessen adäquate Ursache wir sind, d.h. das aus unserer Natur allein „klar und deutlich" begriffen werden kann. Wir leiden, wenn wir nur dessen teilweise Ursache sind. Unter Affekt will Spinoza die Affektionen des Körpers verstehen, durch welche dessen Fähigkeit zu handeln geschwächt oder gestärkt wird, und zugleich (!)

die Vorstellungen dieser Affektionen. Denn, obwohl der Körper den Geist nicht zum Denken, noch dieser jenen zur Bewegung oder Ruhe zu bestimmen vermag, so sind sie doch (nach *Ethik* I und II) eine und dieselbe Sache, nur nach den verschiedenen Attributen betrachtet. Ihr Zusammenhang wird überdies auch durch mannigfache Erfahrungen (das folgende Scholium erinnert u. a. an die Schlafwandler, das Kind, den Trunkenen) bestätigt. Die „Freiheit" besteht nur in unserer Einbildung; die Menschen glauben frei zu sein, weil sie ihrer Handlungen sich bewußt sind, die Ursachen aber, von denen sie bestimmt werden, nicht kennen.

Jedes Ding strebt, soviel an ihm liegt, in seinem Sein zu verharren (in suo esse perseverare), der Zerstörung zu entgehen. Dieses Streben (conatus) heißt, wenn es sich auf den Geist bezieht, Wille, wenn auf Geist und Körper zugleich, Trieb (appetitus), wenn es uns zum Bewußtsein kommt, Begierde. Wir begehren (wollen, erstreben) eine Sache nicht, weil wir sie für gut halten, sondern wir halten sie für gut, weil wir sie begehren. Was das Handlungsvermögen des Körpers stärkt, dessen Vorstellung stärkt auch das Denkvermögen des Geistes. Das Gefühl nun, durch welches der Geist zu größerer Vollkommenheit übergeht, nennen wir Lust (laetitia), das entgegengesetzte Unlust (tristitia). Diese zusammen mit der Begierde sind die drei primären Affekte. Alle anderen, auch die von Descartes als primär bezeichneten (Liebe, Haß, Bewunderung), können daraus abgeleitet werden. Jedes Ding ist imstande, Lust, Unlust oder Begierde in uns zu wecken, desgleichen die Vorausvorstellung desselben und die Rückerinnerung daran. Man freut sich über die Zerstörung dessen, was man haßt, und trauert über die Vernichtung dessen, was man liebt, fühlt Trauer und Freude mit dem Geliebten. Daran reihen sich eine große Anzahl Definitionen aller möglichen Gefühle mit interessanten Begleitbemerkungen, die den Menschenkenner verraten. Es sind ihrer, die zum Schluß noch einmal zusammengestellt werden, nicht weniger als 48; die meisten lassen sich paarweise, mit ihrem Gegenteil zusammen, gruppieren: Begierde, Lust (Freude) und Unlust (Traurigkeit), Bewunderung und Verachtung, Liebe und Haß, Zuneigung und Abneigung, Ergebenheit und Spott, Hoffnung und Bangigkeit, Sorglosigkeit und Verzweiflung, Fröhlichkeit und Gewissensbisse, Mitleid, Gunst und Entrüstung, gute Meinung und Geringschätzung, Schadenfreude und Barmherzigkeit, Selbstzufriedenheit, Demut und Reue, Hochmut und Sichselbstwegwerfen, Ruhm- und Schamgefühl, Sehnsucht, Nacheiferung, Dankbarkeit und Rache, Wohlwollen und Grausamkeit, Zorn, Furcht, Kühnheit, Kleinmut und Bestürzung, Gefälligkeit, Ehrgeiz, Schwelgerei, Trunkenheit, Habsucht, Wollust. Die letzteren vier haben keinen Gegensatz, denn Mäßigkeit, Nüchternheit, Sparsamkeit und Keuschheit sind keine Leidenschaften, sondern bezeichnen eine Macht der Seele.

Spinoza macht gleichwohl keinen Anspruch auf Vollständigkeit in seiner Aufzählung der Affekte; er will nur die vorzüglichsten genannt haben, die sich untereinander wieder in zahllosen Varietäten mit und ohne Namen verbinden können; rein körperliche Affektionen wie Zittern, Lachen usw. hat er mit Absicht von vornherein ausgelassen. Außer den Leidenschaften im engeren Sinne des Wortes (passiones) gibt es noch manche Gefühle, welche sich auf uns, rein als Handelnde, beziehen und sämtlich freudiger Natur sind. Spinoza faßt sie unter der Bezeichnung Tapferkeit (fortitudo) zusammen, die sich wiederum teilt in Seelenstärke (animositas) und Edelmut (generositas), je nachdem sie auf die Erhaltung des eigenen Seins oder auf Förderung anderer geht. Zu der ersteren Art gehören u. a. Mäßigkeit, Nüchternheit, Geistesgegenwart, zu der letzteren Bescheidenheit und Milde. Beide Arten stehen bereits unter der Herrschaft der Vernunft. Es kommt nämlich darauf an, ob wir von den Affekten uns knechten lassen, oder ob wir sie zu zügeln verstehen. Das führt uns zu Spinozas Ethik im engeren Sinne.

2. *Ethische Grundlehren.* (Buch IV) Was die meisten ethischen Systeme im Grunde sind, aber zu verschweigen lieben, das spricht Spinoza in der Vorrede zum vierten Buche offen aus: seine Ethik will nichts anderes sein als angewandte Psychologie und lehnt die Berufung auf das Ideal mit dürren Worten ab. Er bezieht sich dabei ausdrücklich auf seine bereits in dem wichtigen Anhang zum ersten Buche ausgesprochene Verwerfung aller Teleologie. Die Natur oder Gott handelt nicht um irgendwelcher Zwecke willen, sondern aus ihrer inneren Notwendigkeit heraus; sie fehlt und sündigt nicht. Vollkommenheit und Unvollkommenheit, Gut und Böse sind nur menschliche Denkweisen oder komparative Begriffe (notiones), die aus dem Vergleiche der Individuen mit der Gattung entspringen, aber „nichts Positives", wirklich in den Dingen Gelegenes bezeichnen. Beide sind durchaus relative Begriffe; die Musik z.B. ist etwas Gutes für den Schwermütigen, etwas Böses für den Trauernden, weder gut noch böse für den Tauben. Trotzdem will unser Philosoph, weil nun einmal die Menschen sich ein Ideal von ihresgleichen zu bilden pflegen, die Begriffe Gut und Böse in dem gewöhnlichen Sinne gebrauchen. Gut ist das, wovon wir mit Bestimmtheit wissen, daß es dazu dient, jenem Ideal uns mehr und mehr anzunähern, böse, was uns daran hindert. So scheint sich Spinoza dennoch einer ethischen Zweckbetrachtung nicht ganz entziehen zu können. Doch sehen wir weiter.

Zunächst gehen die sich anschließenden Folgerungen ganz naturalistisch fort. Tugend ist nichts anderes als die Macht, nach den Gesetzen der eigenen Natur zu handeln. Nun gibt es kein Einzelding in der Welt, das nicht ein stärkeres über sich hätte. Da wir Menschen aber bloß ein kleiner Teil der Natur sind, wird unsere Macht von der der äußeren Dinge weit übertroffen, der Selbstmörder z.B. völlig von ihr besiegt! So fallen wir jener „Knechtschaft" oder „Macht der Affekte" anheim, von der das vierte Buch handelt. Weil aber ein Affekt nur durch einen anderen, stärkeren besiegt oder doch eingeschränkt werden kann, so kann die Erkenntnis des Guten und Bösen durch ihre „Wahrheit" allein nichts ausrichten; sie muß vielmehr selbst ebenfalls zum Affekt werden, wenn sie andere Affekte überwinden will, und zwar zum

Lustaffekt, der ceteris paribus stärker ist als die aus der Unlust entspringenden, weil er dem Wesen der Menschennatur entspricht. Damit sind wir wieder bei der „Natur", dem „Wesen" des Menschen angelangt, das einen so großen Raum in Spinozas Denken einnimmt. Eine ganze Reihe weiterer Bestimmungen hängt damit zusammen. Gut ist, was mit unserer Natur übereinstimmt [man fühlt sich, wie überhaupt oft in Spinozas Ethik, an die Stoiker erinnert]. Das Gute und Böse hängt von der Natur des Menschen ab. Es besitzt einer um so mehr Tugend, je mehr er seinen wahren Nutzen sucht, d. i. sein Wesen zu bewahren (suum esse conservare) strebt: was uns auf den Hauptsatz seiner Psychologie (S. 320) zurückführt. Unser Wesen besteht, wie das Wesen jedes Dinges, in der Tendenz, uns selbst zu erhalten (conatus sui conservandi); diese ist „das erste und einzige Fundament der Tugend".

Prüfen wir aber näher, was hinter diesen vieldeutigen Worten „Wesen" oder „Natur" des Menschen steckt, so entpuppt sich als des naturalistischen Pudels Kern plötzlich die altbekannte – Vernunft. Seinen (wahren) Nutzen suchen = sein Wesen bewahren = frei sein = tugendhaft (ex virtute) handeln, „ist nichts anderes als nach der Leitung der Vernunft (ex ductu rationis) leben", nach ihren Regeln (regulae) oder Vorschriften (praecepta), Geboten (dictamina) verfahren (vgl. namentlich Satz XXIV, außerdem besonders das wichtige Scholium zu Satz XVIII). Das Wesen der Vernunft wiederum ist „nichts anderes als unser Geist (mens), insofern er klar und deutlich einsieht (intelligit)", sodaß wir hier wieder das Descartessche Kriterium vor uns haben. Vernünftig leben heißt: Intelligenz besitzen. Und „gut" wird jetzt als dasjenige definiert, „was in Wahrheit zur Einsicht beiträgt". Nur soweit die Menschen nach der Leitung der Vernunft leben, sind sie beständig mit der Natur in Übereinstimmung (XXXV); denn „vernünftig handeln" bedeutet: das tun, was aus de Notwendigkeit unserer „an sich betrachteten" Natur folgt. Vernunft ist also da innerste Wesen der Dinge. Handlungen, die aus ihr hervorgehen, sind imme „gut". Auf ihr beruht das höchste Glück des Menschen: die Seelenruhe. De ganze fünfte und letzte Teil der „Ethik" handelt von der „menschlichen Frei heit oder der Macht des Intellekts". Aus der Erkenntnis des Geistes allei (ex sola mentis cognitione) will er alles ableiten, was auf die menschlich Glückseligkeit abzielt.

§ 11. Angewandte Ethik. Staatslehre und Religionsphilosophie. Nachwirkungen.

1. *Angewandte Ethik.* Soweit der Affekt eine Leidenschaft ist, ist er eine verwo rene Vorstellung. Er hört auf, eine Leidenschaft zu sein, sobald wir eine „kl re und deutliche" Vorstellung von ihm bilden, wie das von jedem Affekt mö lich ist. In je höherem Maße der Geist alle Dinge als notwendig ansieht, u so mehr Macht hat er über die Affekte. Und die Affekte, die aus der Vernun

entspringen, sind stärker als alle anderen. Von diesen Grundsätzen aus ergibt sich für jeden „unter der Leitung der Vernunft" Stehenden die richtige Lebensweise (recta vivendi ratio). Wir beschränken uns darauf, im folgenden aus dieser angewandten Ethik einiges auf das sozial-ethische Gebiet Bezügliche herauszugreifen.

Nichts Nützlicheres, sagt Spinoza, scheinbar im strikten Gegensatze zu Hobbes, gibt es für den Menschen als der Mitmensch, der – gleichfalls von der Vernunft geleitet wird; denn beide fördern und erhöhen gegenseitig ihr wahres Glück und ihre Vollkommenheit. Keiner sucht für sich zu erlangen, was er nicht auch den anderen wünscht. Freilich bilden – und damit nähert er sich wieder dem Hobbesschen Pessimismus – die Neid- und Haßerfüllten die Mehrzahl, aber diese soll man durch Liebe und Edelmut zu überwinden suchen. Und, „weil wir unter den Einzeldingen nichts Herrlicheres kennen als einen Menschen, der von der Vernunft geleitet wird, so kann niemand in höherem Maße zeigen, wieviel seine Kunst und sein Geist vermag, als indem er die Menschen so erzieht, daß sie endlich dem eigenen Gebot der Vernunft gemäß leben". Auf Eintracht und Freundschaft unter den Menschen muß hinarbeiten, wer seinen wahren Nutzen und vernünftigen Lebensgenuß erstrebt; denn aus der Gemeinschaft entspringen schließlich doch mehr Vorteile als Nachteile. Der Vernunftmensch ist freier in einem Staat, in dem er nach gemeinsamen Gesetzen lebt, als in der Isoliertheit, in der er bloß sich selbst gehorcht. Nicht Mitleid, sondern Gerechtigkeit, Billigkeit, Sittlichkeit und Religion soll man zu diesem Zwecke fördern. Die Sorge für die Armen und Bedürftigen ist nicht Sache des einzelnen, sondern der Gemeinschaft.

2. *Staatslehre.* Des Zusammenhanges wegen schließen wir gleich die naturrechtlichen und politischen Ideen Spinozas an, wie er sie namentlich im 4. Buche der *Ethik* (Scholium II zu Satz 37) und im *Tractatus politicus* äußert.[26] Nach dem Rechte der Natur strebt jeder das, was er liebt, zu erhalten und das, was er haßt, zu zerstören. Wenn nun die Menschen nach der Leitung der Vernunft lebten, so würde jeder dies sein Recht ohne allen Schaden seines Nächsten genießen. Aber da sie ihren Leidenschaften unterworfen sind, treten sie einander entgegen und müssen durch stärkere Affekte, wie Furcht vor größerem Schaden und den Drohungen des Gesetzes, im Zaume gehalten werden. So geht der status naturalis in den status civilis über; zum Schutze seiner Bürger wird der Staat geschaffen, der nach allgemeiner Übereinkunft festsetzt, was gut und böse, recht und unrecht ist, was diesem, was jenem gehört. – Diese Ideen der *Ethik,* in denen wir wesentliche Züge von Hobbes' Staatslehre wiederfinden, werden in dem *politischen Traktat* näher ausgeführt. Auch hier will unser Philosoph kein utopisches Ideal entwerfen, sondern sich an die Erfahrung halten, die Naturgesetze dessen, was ist, festzustellen suchen. Wie das Handeln des einzelnen, so ist auch das des Staates durch den Selbsterhaltungstrieb bestimmt. Aber, wie der einzelne, so muß auch der Staat, wenn anders er sich nicht selbst vernichten, sondern zu Macht und Blü-

te kommen, ja nur selbständig (sui iuris) bleiben will, den Geboten der Vernunft folgen. Spinoza tritt wie Hobbes für eine starke Staatsgewalt ein, die, wenn es nottut, sogar die bürgerlichen Gesetze zu suspendieren befugt ist, aber an das natürliche Recht gebunden bleibt. Nach den allgemeinen Erörterungen der vier ersten Kapitel behandeln V-VII ziemlich ausführlich die Frage, wie die Monarchie beschaffen sein müsse, damit sie sich selbst erhalte und nicht in Tyrannis ausarte, VIII-X in gleicher Weise die Aristokratie. Für die absolute Monarchie (die im Grunde übrigens nur eine versteckte Aristokratie der Beamten ist!) hat er wenig übrig; sie muß, wenn sie heilsam wirken soll, durch Volksrechte, etwa wie in der aragonesischen Verfassung, beschränkt werden. Weit nützlicher und der Erhaltung der Freiheit, vor allem aber dem Hauptziel, der Sicherheit des Staates, angemessener erscheint dem Bürger der holländischen General-Staaten und Anhänger der liberalen Brüder de Witt die aristokratische Regierung, zumal wenn sie sich aus einer großen Zahl gewählter Patrizier zusammensetzt. Ihnen sollen allerdings ausgewählte Männer aus dem Volke zur Seite treten. Leider bricht die Schrift nach den vier ersten Paragraphen des XI. Kapitels, deren letzter die politische Minderwertigkeit der Frauen zu beweisen sucht, ab. Der Staat soll, wie schon im *Theologisch-politischen Traktat* gesagt war, die Menschen nicht zu Tieren oder Maschinen machen, sondern bewirken, daß sich ihre geistige und körperliche Tätigkeit frei zu entfalten vermag. Wenn man sage, die Menge verstehe nichts von öffentlichen Angelegenheiten, so rühre das daher, daß man sie eben darüber in Unwissenheit halte.

Über die Beziehungen des Staates zu den Religionsbekenntnissen und der Gewissensfreiheit hatte sich Spinoza bereits im *Theologisch-politischen Traktat* (s. § 8) geäußert, dort auch seine allgemeine Stellung zur Religion entwikkelt. Sehen wir zum Schluß, welche Stellung

3. die ***Religionsphilosophie*** in seinem System einnimmt (*Ethica* l. V.).

Schon der 28. Satz des 4. Buches hatte ausgesprochen, daß das höchste geistige Gut und das höchste geistige Vermögen in der Erkenntnis des unendlichen Wesens, Gottes bestehe. Diese Gedanken führt die zweite Hälfte des 5. Teiles weiter aus. Je klarer und deutlicher jemand seine Affekte und überhaup[t] die Dinge erkennt, desto mehr liebt er Gott. Denn Gott erkennen heißt nicht[s] anderes als die Welt der Dinge vermittelst jener „dritten" Erkenntnisstufe (de[r] intuitiven), die aus der Vernunfterkenntnis hervorwächst, verstehen, sie nich[t] in ihren räumlich-zeitlichen Verhältnissen, sondern in ihrem ewigen Wesen[,] wie sie „in Gott enthalten" sind, aus der göttlichen Notwendigkeit folgern. Au[s] solcher Gotteserkenntnis entspringt die höchste Seelenruhe, wie sie die gei[-]stige Gottesliebe (amor Dei intellectualis) gewährt, die ein Teil der unend[-]lichen Liebe ist, mit der Gott sich selbst, mithin auch uns liebt. Zwar ist Go[tt] ein über alle menschlichen Eigenschaften so unendlich erhabenes Wesen, da[ß] er niemanden in menschlicher Weise lieben oder hassen kann. Und wer Go[tt] liebt, kann nicht verlangen, daß dieser ihn wieder liebe, wie seine Liebe z[u]

Gott auch nicht durch Neid oder Eifersucht auf andere verunreinigt werden kann, sondern nur um so stärker wird, je mehr Menschen wir durch sie mit Gott verbunden denken. Vielmehr ist diese Liebe eine rein geistige, die fortwährt, auch wenn der Körper zerstört wird, und die durch nichts in der Welt aufgehoben werden kann. Dann ist Gott in uns und wir in ihm, dann erschauen wir auch die Wahrheit, die wir vorher (im 1. Buche) mühselig zu beweisen suchten, mit einem Blicke. Zu solcher Mystik schwingt sich der Philosoph der geometrischen Methode empor!

Diese auf der reinen Erkenntnis beruhende geistige Gottesliebe wirkt dann auch zurück auf unser Handeln. Je mehr der Geist der Erkenntnis des Ewigen lebt, desto weniger leidet er von den Affekten, desto weniger fürchtet er den Tod; denn er weiß, daß das, was von uns mit dem Körper untergeht, nichts ist im Vergleich mit dem, was bleibt, daß unser Geist, soweit er aus Erkenntnis besteht (quatenus intelligit), ein „ewiger Modus des Denkens" ist. Aber wenn wir auch nicht wüßten, daß unser Geist ewig ist, würden wir doch an Frömmigkeit und Religion, kurz an allem, was Seelenstärke und Hochsinn ausmacht, festhalten. Die meisten freilich halten das für eine Last; „frei" sein scheint ihnen einerlei mit: ihrer Lust gehorchen. Sie sind gut nur aus Furcht und Hoffnung, sie würden ohne ihren Glauben an die Unsterblichkeit lieber verrückt sein und ohne Vernunft dahinleben wollen: eine Meinung, die Spinoza kaum einer Widerlegung wert scheint. Mit einem sittlichen Idealismus, der an die Sinnesart eines Kant und Fichte erinnert, verwirft er allen Tugendlohn. Die Seligkeit, die in der Liebe zu Gott besteht, ist nicht der Lohn der Tugend, sondern die Tugend selbst; und wir erfreuen uns ihrer nicht, weil wir die Begierden zügeln, sondern, weil wir uns ihrer erfreuen, vermögen wir die Begierden zu zügeln. Der Unwissende, der bloß von seinen Begierden sich leiten läßt, wird von den äußeren Ursachen vielfach umhergetrieben und lernt weder sich noch Gott und die Welt kennen; und, sobald es mit seinem Leiden aus ist, ist es auch mit ihm selbst aus. Der Weise dagegen verlangt die wahre Seelenruhe und hört niemals auf zu sein. Der Weg zu ihr ist freilich sehr steil, aber doch zu finden. „Allein alles Erhabene ist ebenso schwierig zu erreichen als selten." (Schlußworte der *Ethik*.)

So kehrt Spinozas Philosophie in ihrem Endpunkt zu ihrem Ausgang zurück. Die Stimmung erhabener Resignation, die sie predigt, behält ihren hohen sittlichen und ästhetischen Wert, auch wenn man die theoretischen Grundlagen verwirft, auf denen er sein systematisches Gebäude aufgeführt hat.

4. *Nachwirkungen.* Spinozas Lehre fand wohl manche Anhänger, aber meist solche, die sich nicht in die Öffentlichkeit hervorwagen durften, während gegen ihn alsbald eine ganze Reihe deutscher und holländischer Professoren, die vor allem den „Atheisten" in ihm sahen, ihr feineres oder gröberes Geschütz spielen ließen. Von demselben Kieler Theologen Kortholt, der ihn unter die drei großen Betrüger rechnete, wurde er mit Anspielung auf seinen Namen als der Maledictus, seine Lehre als dornig (spinosa) dargestellt. Aber auch von Bayle

und einem Teil der Cartesianer wurde er bekämpft, wie anderseits von dem frommen Erzbischof Fénelon; desgleichen verhielt sich Leibniz ablehnend gegen ihn, und auch Christian Wolffs *Theologia naturalis* griff ihn heftig an. Durch diese Angriffe ward schließlich seine eigentliche Lehre ganz verdeckt, sodaß Lessing mit Recht sagen konnte, man habe den Spinoza wie einen toten Hund behandelt. Ein Umschwung erfolgte erst über ein Jahrhundert nach Spinozas Tode durch F. H. Jacobis Briefe *Über die Lehre des Spinoza* an Moses Mendelssohn (1785). Jacobi behauptete, alle Philosophie, die streng beweisend auftreten wolle, müsse Spinozismus sein (vgl. § 45). Wie ihm dann Herder, Goethe, Schleiermacher, Schelling, Hegel folgten, wird an seinem Orte zu berühren sein.

Wir wenden uns nun dem vierten großen Systematiker der neueren Philosophie zu. Mit ihm geht sie von Frankreich, England und den Niederlanden nach Deutschland über.

Kapitel IV.
Leibniz (1646-1716).

§ 12. Leben, Schriften und Charakter.

Eine grundlegende, die wissenschaftlichen Fundamente untersuchende Darstellung ist erst neuerdings erschienen: *E. Cassirer, Leibniz' System*, Marburg 1902. Außer den ausführlichen Darstellungen in *Erdmanns* größerem Werke (Bd. II, Abt. 2) und *Kuno Fischers G. d. n. Ph.* III, seien aus der zahlreichen Literatur erwähnt: die ausführliche Biographie von *Guhrauer, G. W. Freiherr von Leibniz* (2 Bde. 1846), die ältere Darstellung von *L. Feuerbach* (2. Aufl. 1848), ferner *E. Dillmann, Eine neue Darstellung der Leibnizschen Monadenlehre*, Leipzig 1891. *Couturat*, *La logique de Leibniz*, 1901. – Eine populäre Schrift über *Leibniz als Patriot, Staatsmann und Bildungsträger* gab *E. Pfleiderer* (Leipzig 1870) heraus. Sein Verhältnis zu Spinoza beleuchtet *L. Stein, Leibniz und Spinoza*, Berlin 1890; seine Jugendentwicklung: *W. Kabitz, Die Philosophie des jungen Leibniz*. Heidelberg 1909. Über seine Religionsphilosophie vgl. *E. Hoffmann, Die Leibnizsche Religionsphilosophie in ihrer geschichtlichen Stellung*, Tübingen 1903, und *A. Görland, Der Gottesbegriff bei Leibniz, ein Vorwort zu seinem System*, Gießen 1907. Über das Problem der Theodicee handeln die beiden gekrönten Preisschriften von *J. Kremer und O. Lempp, Das Problem der Theodicee in der Philosophie und Li teratur des 18. Jahrhunderts.* Berlin 1909 bezw. Leipzig 1910. Vgl. auch *Adelheid Thönes, Die philosophischen Lehren in Leibnizens Theodicee*, Halle 1907. Zu L.s 200. Todestage (14. November 1916) sind eine Reihe neuer monographischer Darstellungen erschienen, von denen wir die zusammenfassende von *W. Wundt* (*Leibniz*, Lpz. 1917) hervorheben.

Die drei Systeme von Descartes, Hobbes und Spinoza sind bei aller sonstigen Verschiedenheit einig in der Behauptung eines rein mechanischen Naturzusammenhanges, wie ihn die neue Wissenschaft aufgestellt. Gegen diese Auffassung, als den Gipfel menschlicher Willkür und Gottlosigkeit, richteten sich die Angriffe der philosophischen und theologischen Scholastik. Leibniz sucht diesen Gegensatz philosophisch zu überwinden, indem er die wissenschaftlichen Errungenschaften zwar nicht aufgibt, vielmehr durch eigene Forschung vermehrt und vertieft, aber anderseits durch Untersuchung ihrer Voraussetzungen über die mechanische Naturauffassung hinausführt und die letztere mit der teleologischen, damit den modernen Gedanken mit dem antik-christlichen zu versöhnen trachtet. Wichtiger noch ist, daß er die Philosophie als Prinzipienlehre der Wissenschaften (s. S. 12) auf fast allen Gebieten aufs mächtigste gefördert hat.

1. *Leben.* Gottfried Wilhelm Leibniz, am 21. Juni 1646 zu Leipzig geboren, verlor früh (1652) seinen Vater, einen Leipziger Rechtsgelehrten und Professor der Moral. Ein frühreifer Knabe, liest er in seines Vaters Bibliothek alles, was ihm vor die Augen kommt, die Alten wie die Scholastiker; er macht sogar lateinische Verse, sodaß seine Vormünder anfangs fürchten, er möchte ein Poet, dann, er möchte ein Scholastiker werden. „Sie wußten nicht, daß mein Geist sich nicht durch eine einzige Art von Dingen ausfüllen ließ“, sagte Leibniz später von sich mit Selbstgefühl, bezeichnend auch für seinen philosophischen Charakter. Erst 15jährig, bezieht er die heimische Universität und grübelt schon darüber nach, ob er bei der Scholastik beharren oder sich der neuen Erfahrungsphilosophie anschließen soll. Dem anfänglichen Studium der Rechte und der Philosophie fügt er in Jena das der Mathematik hinzu, wird mit 17 Jahren durch eine Abhandlung *De principio individui* Baccalaureus, mit 18 durch eine rechtsphilosophische Arbeit Magister und erwirbt sich als 20jähriger – in Leipzig wegen seiner Jugend zurückgewiesen – in dem bayrischen Altdorf durch eine glänzende Disputation „über verwickelte Rechtsfälle“ die juristische Doktorwürde. Die ihm dort angebotene Professur, die ihn in das kleinliche Leben gelehrter Pedanten herabzuziehen drohte, schlägt er aus. Er zieht ihr das große Weltleben vor, in das er nun ohne einen bestimmten Plan eintritt. Nachdem er in Nürnberg u. a. mit Alchimisten verkehrt hat, wird er von Christian von Boineburg, dem Vertrauten des Kurfürsten von Mainz, in dessen Dienste und damit in die große europäische Politik hineingezogen. Bei seiner Vielseitigkeit nach den verschiedensten Richtungen hin tätig, arbeitet er nacheinander an der Verbesserung der juristischen Lehrmethode (1667), dem Corpus iuris (1668 f.), einer Schrift gegen die Atheisten (1668-69) und beteiligt

sich an seines Gönners Bestrebungen zu einer Wiedervereinigung von Protestanten und Katholiken, wobei er im allgemeinen eine natürliche Religion mit Gottes- und Unsterblichkeitsglauben vertritt, aber doch auch die Dreieinigkeitslehre verteidigt und die lutherische Abendmahlslehre mit – philosophisch-physikalischen Gründen „beweist" (1670). Einen Aufenthalt zu Paris 1672-76, wo er Ludwigs XIV. Eroberungsgelüste durch den Plan einer Besetzung Ägyptens vom Deutschen Reiche ablenken helfen sollte, benutzte er zu geistigen Anregungen mannigfaltigster Art, insbesondere auch zum Studium von Descartes, Hobbes und Spinoza, welchen letzteren er bei seiner Reise durch Holland auch persönlich kennen lernte[27], sowie der Mathematik (Pascal) und Physik (Huyghens), was ihn zur Entdeckung der Differential- und Integralrechnung führte. (Über den jahrzehntelang dauernden Prioritätsstreit mit Newton s. *Ueberweg* III, S. 194-196). Ende 1676 siedelte er, zum Hofrat und Bibliothekar ernannt, nach Hannover über und schreibt eine von umfangreichen Vorstudien begleitete Geschichte des braunschweigischen Fürstenhauses. Daneben aber beschäftigt er sich mit allen möglichen anderen, zum Teil weit auseinander liegenden Plänen und Gegenständen: Einrichtung einer nationalen Akademie, Reform des Unterrichtswesens, Reinigung der Muttersprache, Wiedervereinigung der Lutheraner, Reformierten und Katholiken, ja aller Kulturvölker zu einem harmonischen „Reich der Geister", Sorge für das Wohl der ärmeren Klassen, Völkerrecht, Bergbau, Physik, Medizin, Entwurf einer allgemeinen Charakteristik durch wissenschaftliche Zeichen (ähnlich wie sie in der Mathematik üblich sind), Moral der Chinesen, Sprachwissenschaft, und zwar mit allem nach seiner Art gründlich; am liebsten aber doch mit Mathematik und Philosophie. Über alle diese Dinge pflegte er dazu noch eine umfangreiche Korrespondenz; in der Bibliothek zu Hannover werden 15000 Nummern seines Briefwechsels mit mehr als 1000 Personen aufbewahrt. Er klagt gelegentlich selbst über die Zerstreutheit seiner Studien und die Masse der sich ihm aufdrängenden neuen Gedanken, die er doch nicht gern abhanden kommen lassen möchte; sodaß er oft nicht wisse, was er zuerst erledigen solle. Eine unglaubliche Arbeitskraft, Vielseitigkeit und Beweglichkeit des Geistes! In das Jahrzehnt 1690-1700 fallen seine philosophischen Entwürfe, in das folgende die systematischen Ausführungen, zu denen er gekommen ist. Durch die Vermählung seiner Schülerin, der philosophischen Prinzessin Sophie Charlotte, mit Friedrich I. von Brandenburg-Preußen 1700 nach Berlin gezogen, wurde er der erste Präsident der auf seine Anregung am 11. Juli 1700 dort gestifteten Akademie der Wissenschaften (vgl. die Geschichte derselben von *Ad. Harnack*, 4 Bde., Berlin 1900). Mit dem Tode seiner königlichen Schülerin (1705) verlor er den rechten Halt in Berlin, das er 1711 endgültig verließ. Dann lebte er zwei Jahre in Wien, wo er für den Prinzen Eugen eine Darstellung seiner Monadenlehre ausarbeitete, die letzten Jahre seines Lebens (1714-16) wieder in Hannover. Er war zwar von seinen fürstlichen Gönnern, zu denen auch Peter der Große gehörte, mit Titeln und Würden versehen, 1690 auch geadelt worden, scheint aber in seinen letzten Jahren diese Gönnerschaften, jedenfalls die Hannoversche, verloren zu haben, während seine Berliner Schöpfung unter dem grobkörnigen Soldatenkönig Friedrich Wilhelm I. nur ein trauriges Scheindasein führte. Der Geistlichkeit und dem Volke blieb er als Freigeist verdächtig; aus seinem Namen Leibniz machte der Volksmund „Löve-nix" = Glaubenichts. Über seiner ungeheuren Vielgeschäftigkeit nicht zum Heiraten gekommen, starb Leibniz einsam und verlassen am 14. November 1716. Auf seinem Sarge war sein Wahlspruch angebracht: „So oft eine Stunde verloren wird, geht ein Teil des Lebens zugrunde." Nur wenige geleiteten ihn damals zu Grabe; jetzt erheben sich in Hannover und Leipzig (1883) Denkmäler zu seinen Ehren.

2. *Schriften.* Zu einer ausführlichen Systematisierung seiner Lehre in einem grundlegenden Hauptwerke ist Leibniz nicht gekommen; die meisten seiner Aufsätze wurden in Zeitschriften (zuerst in den *Acta eruditorum Lipsiensium,* später in dem *Journal des savants)* veröffentlicht; er selbst hat außer einigen Jugendarbeiten nur die *Theodicee* herausgegeben. Dazu kommen die zahlreichen wichtigen Briefe, in denen er manche in seinen Schriften weniger berührte Punkte seiner Lehre näher ausgeführt hat. Die bisher vollständigste Ausgabe der philosophischen Schriften inkl. Briefe ist die von *Gerhardt,* 7 Bände, Berlin 1875-1890; frühere die von *J. E. Erdmann* (3 Bde. 1840) und die in der *Pertz*schen (unvollständigen) Sammlung Leibnizscher Schriften enthaltenen, von *Gerhardt* edierten 7 Bände mathematischer Schriften. Besser als diese umfangreichen und doch nicht vollständigen Gesamtausgaben dient dem philosophisch interessierten Laien die vierbändige Ausgabe der *Philosophischen Bibliothek,* namentlich die von *A. Buchenau* übersetzten, von *E. Cassirer* sorgfältig ausgewählten und erläuterten *Hauptschriften zur Grundlegung der Philosophie* (2 Bände 1904, 1906), an die sich die gleichfalls von *E. Cassirer* neu übersetzten und eingeleiteten *Nouveaux essais* (3. Aufl. 1915) sowie die *Theodicee* (übers. von *Kirchmann,* 1879) als 3. und 4. Band anschließen. Sie sind mit wenigen Ausnahmen lateinisch oder französisch geschrieben, obwohl er selber sich entschieden für die Verwendung der deutschen Sprache gerade in der philosophischen Literatur ausgesprochen hat;[28] aber er mußte jene beiden Fremdsprachen gebrauchen, wenn er von den Gelehrten und den Gebildeten unter seinen Zeitgenossen gelesen werden wollte. Die wichtigsten der französischen Schriften sind im Urtext herausgegeben von *H. Schmalenbach, Ausgew. philos. Schriften (Bibliotheca philosophorum* Bd. 2 und 3), Leipzig 1914 f. Wir verzeichnen im folgenden die wichtigeren philosophischen Schriften, soweit sie nicht bereits in der Lebensgeschichte Erwähnung gefunden haben.

1. *Meditationes de cognitione, veritate et ideis. Acta Erud.* 1684. 2. *Nova methodus pro maximis et minimis* 1684. 3. *De primae philosophiae emendatione et de notione substantiae* 1694. 4. *Système nouveau de la nature et de la communication des substances.* Paris 1695. Dazu drei *éclaircissements*

1696. 5. *Nouveaux essais sur l'entendement humain* 1704 (gegen Locke). Diese seine wichtigste Schrift wurde erst 1765 von R. E. Raspe aus dem Nachlaß veröffentlicht. 6. *Essais de Theodicée sur la bonté de Dieu, la liberté de l'homme et l'origine du mal* (1710, breit, populär). 7. *La Monadologie* 1714, lateinisch zuerst 1721. 8. *Principes de la nature et de la grâce* 1714, veröffentlicht 1719.

Außerdem hat Couturat aus dem Manuskript-Nachlaß in Hannover 1903 *Opuscules et fragments inédits de L.* herausgegeben, die namentlich einen Begriff von seinem großen Plan einer „universellen Charakteristik" (s. unten) geben. Eine vollständige, auf 40-50 Quartbände veranschlagte Gesamtausgabe aller wissenschaftlichen Werke Leibnizens war vor dem Kriege von den vereinigten Berliner und Pariser Akademien der Wissenschaften in Angriff genommen worden.

Die Darstellung der Leibnizschen Lehre ist schon aus dem äußeren Grunde schwierig, weil sich dieselbe an so vielen Stellen seiner Schriften und namentlich seiner weitschichtigen Korrespondenz zerstreut findet. Es war ein unglücklicher Zufall, daß das 18. Jahrhundert unseren Philosophen vorzugsweise aus seinem in philosophischer Beziehung schwächsten Werke, der *Theodicee*, kennen lernte, während die trefflichen kleineren Aufsätze in den Zeitschriften nur wenigen bekannt waren, die *Nouveaux essais* gar bis 1765 noch vergessen im Staube der Hannoverschen Bibliothek lagen. So erschien er den Zeitgenossen und Nachlebenden, z.B. auch Kant, nicht in seiner wahren Bedeutung. Denn, obwohl seine Philosophie nicht in systematischer Ausführung auf uns gekommen ist, trägt sie doch systematischen Charakter. Macht Leibniz auch zunächst den Eindruck des großen Eklektikers, der alle philosophischen, politischen und religiösen Standpunkte zu rechtfertigen oder doch zu entschuldigen und aus allen das Gemeinsame herauszufinden liebt, so ist er dabei doch von einem tiefen prinzipiellen und methodischen Interesse geleitet, das auf die philosophische Begründung der Natur- und der Geisteswissenschaften geht.

Wir versuchen, ähnlich wie bei unserer Darstellung Descartes', zunächst diese grundlegenden methodisch-erkenntniskritischen Leitgedanken im Zusammenhange darzulegen (§ 13), um dann erst die in den meisten Darstellungen fast allein beachteten metaphysischen Lehrstücke (Monadenlehre, Theodicee usw.) zu schildern (§ 14).

§ 13. Leibniz' Philosophie: A. Die methodischen Grundlagen.

Vgl. hierzu die Einleitungen Cassirers in seiner Ausgabe der *Hauptschriften* (oben S. 62), Bd. I und II; auch dess. Erkenntnisproblem Bd. II, Kap 2. *Heimsoeth, Leibniz' Methode der formalen Begründung.* Gießen 1914

1. *Ausgangspunkt.* Schon in seiner frühesten Jugend ruhte Leibniz, wie er selbst erzählt, nicht eher, als bis er zu den ersten Prinzipien einer jeden Wissenschaft, die er trieb, vorgedrungen war. So entwirft schon der zwanzigjährige Jüngling in seiner *Ars combinatoria* (1666) den Plan eines „Alphabets der menschlichen Gedanken", das, von bestimmten einfachsten Grundlagen ausgehend, alle Begriffe und Ideen in mathematischer Ordnung und unanfechtbarem Beweisverfahren ableiten sollte. Zu diesem Zweck soll eine allen Nationen verständliche allgemeine „Charakteristik" oder Zeichensprache festgesetzt werden, die alle philosophischen Fragen – einschließlich der „wahren Religion, die mit der Vernunft in genauer Übereinstimmung steht" – auf Zahlen reduziert und so eine Art „Statik" der Vernunft darstellt: ein Gedanke, der ihn noch bis in seine letzten Lebensjahre beschäftigt hat. Das neue Gedankenalphabet sollte natürlich nichts mit der Lullischen Kunst (S. 221), an die Leibniz selbst bei dieser Gelegenheit erinnert, zu tun haben, sondern eine streng wissenschaftliche Zergliederung der menschlichen Begriffe enthalten, die auf ihre einfachsten Elemente, wie die zusammengesetzten auf die Primzahlen, zurückgeführt werden und so „in dem Laden der menschlichen Erkenntnis Ordnung schaffen" sollen. Auf diese allgemeine Analyse hat dann die universelle Synthese zu folgen, die, von den Prinzipien beginnend, nach fest geregelter Ordnung bis zu den Einzelfällen fortschreitet. Damit wäre eine *Scientia generalis* hergestellt, welche die Voraussetzung und Grundlage aller Einzelwissenschaften bildet, oder eine neue, verbesserte Metaphysik. Denn diese gehört, wie er besonders deutlich in dem kurzen Aufsatz *Über die Vervollkommnung der ersten Philosophie* (1694) ausführt, auch heute noch, wie zu des Aristoteles Zeiten, zu den „gesuchten" Wissenschaften. Sie bedürfe ebenso fester Beweise wie derjenigen, durch welche die Mathematik ihre Erfolge erringe, einer Methode, die ebenso zuverlässig sei wie die des Euklid. Ist nun auch unser Philosoph zur tatsächlichen Ausführung seines genialen Jugendplanes nicht gekommen, so hat er doch dessen Tendenz in der Art seiner methodischen Begründung der verschiedenen Wissenschaften festgehalten. Bevor wir ihn jedoch zu dieser wichtigsten Seite seiner philosophischen Tätigkeit begleiten, müssen wir zunächst einen kurzen Blick auf seine Erkenntnislehre werfen.

2. *Die Stufen der Erkenntnis.* Die einzelnen Stufen der Erkenntnis bestimmt Leibniz, in den in dieser Beziehung grundlegenden *Meditationen* (1684), zwar im wesentlichen im Anschluß an die Einteilungsgründe von Descartes und Spinoza, aber doch mit charakteristischen Änderungen und Fortbildungen. Eine Vorstellung ist dunkel, wenn sie nicht genügt, die vorgestellte Sache wiederzuerkennen; sie ist klar, sobald sie uns hierzu in Stand setzt. Trotzdem kann die klare Vorstellung verworren (konfus) sein, wenn ich die Merkmale der Sache nicht bestimmt aufzuzählen weiß; wie wenn z.B. ein Maler den Fehler eines Gemäldes zwar „klar" fühlt, aber den Grund nicht mit Bestimmtheit anzugeben vermag, oder wie man einem Blinden nicht „klar" machen kann,

was „rot“ ist. Dagegen heißt sie deutlich (distinkt), falls sich alle ihre Merkmale bestimmt angeben lassen, und adäquat, wenn deren Zergliederung bis ans letzte Ende durchgeführt werden kann. Sie ist endlich intuitiv, sobald wir alle Merkmale auf einmal denken können, während sie im anderen Falle, wo wir uns in Ermangelung dessen begnügen müssen, den Inhalt durch Zeichen auszudrücken, symbolisch heißt. – Zur verworrenen Erkenntnis gehören alle Sinneswahrnehmungen, zur deutlichen alle Nominaldefinitionen; für die adäquate weist unser menschliches Wissen ein vollkommenes Beispiel vielleicht nicht auf, doch kommen ihr die Zahlenbegriffe „sehr nahe“. Beispiele einer symbolischen Erkenntnis sind Begriffe, deren sämtliche Merkmale man nicht gleichzeitig gegenwärtig haben kann, wie z.B. der eines Tausendecks, überhaupt „sehr zusammengesetzte“ Vorstellungen. Die vollkommenste Erkenntnis ist natürlich die intuitive. Die Einteilung der Erkenntnis in die verworrene der Sinnlichkeit und die deutliche des Verstandes hat Leibniz auch später festgehalten, so namentlich in der nachgelassenen großen Streitschrift gegen Locke, den *Nouveaux essais*. Im ganzen aber ist sein Interesse nicht so sehr diesen erkenntnistheoretischen Klassifikationen, die er vielmehr nur gelegentlich berührt, zugewandt, als den philosophischen Voraussetzungen der Einzelwissenschaften, die ihm das Material zum Aufbau seines Systems geliefert haben. Welche aber von diesen hätte ihm, zumal im „mathematischen Jahrhundert“ und bei seinen eigenen Anlagen, näher gelegen als die Mathematik?

3. *Die philosophischen Grundlagen der Mathematik.* So sehen wir denn auch, wie er in seinen ersten Schriften gerade diese als Musterbild aller Gewißheit verehrt, und zwar zunächst die Arithmetik. „Die Zahl ist gewissermaßen eine metaphysische Grundgestalt und die Arithmetik eine Art Statik des Universums, in der sich die Kräfte der Dinge enthüllen.“ Die Algebra ist daher auch nur eine Unterart jener allgemeinen „kombinatorischen Kunst“ (s. oben unter Nr. 1), von deren Regeln sie darum auch fortwährend Gebrauch macht. Allein je tiefer Leibniz, namentlich während seines vierjährigen Pariser Aufenthaltes im Verkehr mit Huyghens, auch in andere Zweige der mathematischen Wissenschaft, z.B. die Geometrie, eindrang, desto mehr sah er ein, daß er gegen seinen eigenen Grundsatz der Zurückführung aller Begriffe auf ihre eigensten Elemente handle, wenn er die Geometrie der Arithmetik, die Figur der Zahl unterordne. So legt er ihr jetzt nicht mehr den arithmetischen Begriff der Größe, sondern einen neuen „von der algebraischen Berechnungsart gänzlich verschiedenen Kalkul“ zugrunde: die Analysis der Lage, in der die Lageverhältnisse „geradeswegs und unmittelbar zur Darstellung gebracht, die Figuren, auch ohne wirklich gezeichnet zu werden, symbolisch ausgedrückt werden“. Das einfachste geometrische Element aber ist der Punkt. Und so stellt sich uns jedes geometrische Gebilde zunächst als ein Beisammen von Punkten dar, die durch eine gemeinsame Regel vereint und zusammengehalten sind. Den Entwurf einer solchen neuen „geometrischen Charakteristik“ über-

sandte er Huyghens im September 1679. – Auch ohne daß wir uns weiter (wozu hier nicht der Platz) auf mathematische Einzelanwendungen einlassen, läßt sich Leibniz' allgemeine Methode der Zurückführung alles Mathematischen auf letzte gemeinsame philosophische Grundlagen gut verstehen aus der seinen letzten Lebensjahren entstammenden und trotz ihres Titels allgemeinverständlichen Schrift *Metaphysische Anfangsgründe der Mathematik*. Hier werden alle wichtigeren mathematischen Grundbegriffe in einer Reihe klarer und knapper Definitionen bestimmt, von denen wir die philosophisch interessantesten hervorheben. Die Zeit wird erklärt als die Ordnung des Nicht-zugleich-Existierenden, folglich aller Veränderungen; ihre Größe heißt Dauer. Der Raum ist die Ordnung des Koexistierenden, seine Größe heißt Ausdehnung. Die Quantität oder Größe läßt sich nur bei gleichzeitigem Beisammensein bezw. gleichzeitiger Wahrnehmung verschiedener Dinge erkennen, die Qualität dagegen auch an einzelnen Dingen, die man für sich genommen betrachtet. Was dieselbe Quantität besitzt, ist gleich; was dieselbe Qualität, ähnlich. In derselben Weise werden weiter die Begriffe der Bewegung, des Weges, der Stelle, der Linie, der Fläche, der Dimension, des Punktes, der Ebene, des absoluten Raumes u.a.m. erklärt. Durch kontinuierliche Veränderung können Augenblick und Zeit, Punkt und Raum ineinander übergehen.

Damit ist ein neues wichtiges, von Leibniz, wie er sich rühmt, zuerst aufgestelltes Prinzip genannt: das schon in einer Sonderabhandlung von 1687 von ihm behandelte Prinzip der Kontinuität oder Stetigkeit. Nichts in der Natur vollzieht sich sprungweise, sondern alles nur in unmerklichen Übergängen, und dieser fest geregelten Ordnung des Gegebenen (Bedingten) entspricht auch eine ebenso fest geregelte Ordnung des Gesuchten (der Bedingungen). Vermöge des Kontinuitätsgesetzes ist die Ruhe nur ein besonderer Fall der Bewegung, die Gleichheit ein solcher der Ungleichheit, das Krumme des Geraden usw. Und wie dies Gesetz in der Geometrie von unbedingter Notwendigkeit ist, so bewährt es sich auch als allgemeines Ordnungsprinzip der Physik, ja der göttlichen Weltharmonie überhaupt. In engster Verbindung mit dem Stetigkeitsgesetz und der daraus folgenden Auffassung des Unendlich-Kleinen steht Leibniz' große Entdeckung der Infinitesimalrechnung, die indes hier nicht näher verfolgt werden kann (Über ihre erkenntniskritische Bedeutung vgl. *H. Cohen, Das Prinzip der Infinitesimalmethode und seine Geschichte,* 1883, über Leibniz speziell s. S. 326ff.). Auch sie ist nur eine neue, fruchtbare Durchführung jener universellen Analysis, mit deren Forderung wir unseren Philosophen beginnen sahen; sie entspringt deshalb in Wahrheit dem „Innersten Quell" seiner Philosophie.

4. *Die ersten Prinzipien der Naturwissenschaft* liegen im vorigen schon mitbegründet: zunächst

a) diejenigen der Lehre von der reinen Bewegung (Phoronomie), welche die Logik der Physik darstellt, wie die Geometrie die Logik der Mathematik ist. Dadurch, daß Leibniz Raum und Zeit lediglich als Ordnungen der Dinge, demnach als etwas bloß Relatives auffaßte, trat er in Gegensatz zu der Naturphilosophie Newtons und der Newtonianer oder, wie er wohl auch sagt, „christlichen Mathematiker" (H. More, Clarke u. a.), welche Gottes Wirken nur in einem leeren oder absoluten Raum für möglich hielten. Alle Körper sind nur Erscheinungen, selbst die Bewegung ein bloß relativer Begriff. An sich, d.h. vom logischen Standpunkt sind darum auch alle Theorien über das Bewegungsverhältnis zweier oder mehrerer Körper zueinander, z.B. das kopernikanische und das ptolemäische Weltsystem, gleichwertig. Der Vorzug und die größere Wahrheit der einen gegenüber der anderen beruht lediglich auf ihrer Brauchbarkeit zur Erklärung der gegebenen und Voraussage der künftigen Erscheinungen.

b) Die Natur muß allerdings nach den Regeln der mathematischen Mechanik erklärt werden. Aber die „große Grundlage der Mathematik", nämlich der Satz des Widerspruchs oder der Identität, wonach $A = A$ ist und nicht $=$ *non* A sein kann, welcher allein „genügt, um die Arithmetik und die Geometrie, also alle mathematischen Prinzipien abzuleiten", reicht nicht aus als Fundament für die von der Mathematik unabhängigen physikalischen Prinzipien. Es muß ein anderer Satz, der des zureichenden Grundes, hinzukommen: „daß sich nämlich nichts ereignet, ohne daß es einen Grund gibt, weshalb es eher so als anders geschieht". „Denn nicht alle Wahrheiten", sagt er in seinem *Specimen dynamicum* (1695), „die sich auf die Körperwelt beziehen, lassen sich aus bloß arithmetischen und geometrischen Axiomen... abnehmen, sondern es müssen andere über Ursache und Wirkung, Tätigkeit und Leiden hinzukommen, um von der Ordnung der Dinge Rechenschaft zu geben." Es ist die „neue Wissenschaft der Dynamik", die er hiermit begründet. „Denn neben der Ausdehnung und ihren mannigfachen Bestimmungen kommt der Materie eine Kraft oder ein Vermögen zur Tätigkeit zu, das den Übergang von der Mathematik zur Natur... bildet." Doch von diesem wichtigen Bestandteil seiner Lehre soll im folgenden Paragraphen noch besonders die Rede sein. Wir verfolgen zunächst seine methodische Grundlegung der Naturwissenschaft weiter.

c) Leibniz hat sein Interesse nicht bloß dem physikalischen Teil, sondern in gleicher Weise auch der Biologie, der Wissenschaft von den lebenden Organismen, zugewandt. Wie läßt sich nun die Eigenart des Organischen begreifen, ohne daß wir den unverbrüchlichen Gesetzen der mathematischen Mechanik, denen alle „Kräfte" unterworfen sind, untreu werden? Denn diese sowie das Kausalitätsgesetz (der Satz vom zureichenden Grunde) stehen unverrückbar fest. So gewiß als $3 \times 3 = 9$ ist, wird alles durch ein festgestelltes Verhängnis hervorgebracht, hängt alles auf Erden aneinander gleich einer unzerreißbaren Kette, wie Leibniz in einer seiner noch viel zu wenig bekannten deutschen Schriften in naiv-kraftvoller Sprache sagt. Und auch das Bild von dem Laplaceschen Geiste, das uns durch du Bois-Reymond bekannt ist, wird hier schon gebraucht. „Hieraus sieht man nun, daß alles mathematisch d. i. ohnfehlbar zugehe in der ganzen weiten Welt, sogar daß, wenn einer eine genugsame Insicht in die inneren Teile der Dinge haben könnte und dabei Gedächtnis und Verstand gnug hätte, umb alle Umbstände vorzunehmen und in Rechnung zu bringen, würde er ein Prophet seyn und in dem Gegenwärtigen das Zukünftige sehen, gleichsam als in einem Spiegel" *(Hauptschriften* I, S. 130). Aber die letzten Worte lassen schon ein neues Problem ahnen, das dann in dem folgenden Satze deutlicher zum Vorschein kommt: „Denn gleichwie sich findet, daß die Blumen wie die Tiere selbst schon in dem Samen eine Bildung haben, so sich zwar durch andere Zufälle etwas verändern kann, so kann man sagen, daß die ganze künftige Welt in der gegenwärtigen stecke und vollkommentlich vorgebildet sey, weil kein Zufall von außen weiter dazu kommen kann, denn ja nichts außer ihr." Das lebende Wesen unterscheidet sich also dadurch vom Leblosen, daß in ihm die Keime, aus denen es sich in Wechselwirkung mit den von außen kommenden Stoffen und Reizen entfaltet, bereits enthalten bezw. vorgebildet (präformiert) sind. Lebendig heißt dem Philosophen ein materielles Teilchen, sofern es fähig ist, sich zu ernähren, sich fortzupflanzen und fremden Stoff sich anzupassen. Man braucht nur an A. Weismanns Keimplasma-Theorie zu denken, um zu sehen, daß Leibniz sich hier auf dem gleichen Boden mit der modernsten Biologie befindet. Freilich spricht er jedem organischen Wesen auch Empfindung und Bewußtsein zu; aber er nimmt wenigstens keine von außenher wirkende übernatürliche Kräfte an, wie gewisse neueste Naturforscher (Reinke), sondern läßt jeden materiellen Vorgang aus einem vorangehenden materiellen Zustand desselben Dinges „nach mechanischen d. i. verständlichen Gründen" sich entwickeln. Und das Prinzip der Kontinuität, das wir schon auf dem Gebiete der Mathematik wie der Mechanik wirksam sahen, beherrscht auch die Gesamtentwicklung der Lebewesen. Leibniz ist unter anderem „überzeugt", daß es Mittelwesen zwischen Pflanzen und Tieren „geben muß, und daß die Naturgeschichte sie eines Tages finden wird, wenn sie erst die unendliche Fülle von Lebewesen, die sich durch ihre Kleinheit den gewöhnlichen Untersuchungen entziehen oder sich im Innern der Erde und in den Tiefen der Gewässer verborgen halten, genauer studiert". Er schmeichelt sich, „einige Ideen" zu einer aus diesem Prinzip gefolgerten Philosophie zu besitzen, „aber das Jahrhundert ist nicht reif, sie aufzunehmen". (Vgl. den überhaupt höchst lehrreichen, in Cassirers Ausgabe II 74 ff., 556 ff. zum ersten Male im französischen Urtext und in deutscher Übersetzung veröffentlichten Brief an Varignon.) Danach wären nicht bloß Kant, Herder und Goethe, sondern auch schon Leibniz zu den Vorläufern des Darwinismus zu zählen!

5. *Das Kriterium des Selbstbewußtseins.* Seelisches und körperliches Geschehen sind nur in bezug auf den Gesichtswinkel der Betrachtung verschieden, in der Sache dagegen eins. Alle denkbaren Veränderungen des Organismus voll-

ziehen sich doch an dem nämlichen Lebewesen, und so auch alle Vorstellungen in der einen, individuellen, mit diesem bestimmten Leibe verbundenen Seele, die somit die Gesamtheit der diesem Körper zuteil werdenden materiellen Eindrücke widerspiegelt. So ergibt sich für Leibniz ein tieferes Verständnis der Individualität gegenüber der mehr pantheistischen Auffassung der Aristoteliker seiner Zeit, die er u. a. in der Schrift *Über die Lehre von einem einzigen, allumfassenden Geiste* (1702) bekämpft. Allein er bleibt bei solchem psychophysischen Parallelismus (letzteren Ausdruck gebraucht er selbst gern) erkenntnistheoretisch nicht stehen; sonst wäre er aus dem Dualismus der denkenden und der ausgedehnten Substanz, mit dem Descartes trotz seines idealistischen Ausgangspunktes endigte, nicht herausgekommen. Sondern in dem in dieser Hinsicht besonders wichtigen Briefwechsel mit dem Cartesianer de Volder über den Substanzbegriff erklärt er gegen Schluß ausdrücklich, daß es keine einfachen Substanzen außerhalb der vorstellenden Subjekte und ihrer Erscheinungen gebe, und an anderer Stelle noch deutlicher: „Ich aber setze überall und durchweg nichts anderes, als wir in unserem Bewußtsein zugestehen... und erschöpfe darin mit einem Schlage die ganze Summe der Dinge... Ausdehnung, Materie und Bewegung sind daher bloße Erscheinungen, die ihre rationale Begründung im Begriffe der Kraft finden; sie sind so wenig Dinge wie das Bild im Spiegel oder der Regenbogen." Das wahre und einzige Merkmal der Realität der Erscheinungen, das wir verlangen können, ist das, „daß sie untereinander wie mit den ewigen Wahrheiten übereinstimmen". Bewußtsein heißt „Ausdruck der Vielheit in der Einheit" und bezeichnet somit das Grundproblem des Leibnizschen Denkens. Das Ich ist nicht bloß die Verbindungsklammer aller meiner verschiedenen Bewußtseinszustände, sondern auch das beharrende Gesetz in der stetigen Erzeugung der Reihe seiner Erscheinungen. Im Begriffe meines Selbst sind alle die Gedanken des Seins und der Wahrheit, des Einfachen und Zusammengesetzten usw. beschlossen. In diesem Sinne setzt er dem Lockeschen Empirismus mit seinem: *Nihil est in intellectu, quod non fuerit in sensu* den charakteristischen Zusatz entgegen: *nisi intellectus ipse.*

6. *Die Vernunft- und die tatsächlichen Wahrheiten.* Die Einheit des Bewußtseins erst erzeugt auch die Einheit des Gegenstandes. Gäbe es kein Ich, so gäbe es auch keine „realen" Einheiten; alles an den Körpern wäre dann nur ein „Phantasma". So aber ist die Materie zwar – keine Substanz, aber „eine wohlfundierte Erscheinung, die kein Hirngespinst ist, wenn man auch auf sie die ideellen Gesetze der Arithmetik, Geometrie und Dynamik anwendet". Die Menschen folgen allerdings bei dreiviertel ihrer Handlungen, blind wie Tiere, der Erfahrung; sie erwarten z.B. den morgigen Tag bloß gewohnheitsmäßig, denn sie halten sich an die bloß zufälligen oder tatsächlichen Wahrheiten. Der Astronom dagegen sieht den kommenden Tag aus wissenschaftlichen Gründen voraus; er vertraut nur den notwendigen oder ewigen Wahrheiten, „nur denen der Logik, der Zahlenlehre, der Geometrie", die aus der sinn-

lichen Erfahrung nicht eingesehen werden können. Die Sinne stellen stets nur einzelnes dar, können aber aus sich selbst heraus nie zu so allgemeinen und notwendigen Ideen wie: Substanz, Identität, Notwendigkeit, das Gute, das Wahre, Gott, gelangen. Die Induktion kann wohl zeigen, daß etwas ist, aber nicht, daß es stets und notwendig so ist; sie führt daher bloß zu tatsächlichen Wahrheiten *(vérites de fait),* nicht zu Vernunftwahrheiten *(vérites de raison).* Soll Wissenschaft entstehen, so müssen erstere auf die letzteren zurückgeführt werden. Denn, wenn alles Wirkliche von einer höchsten Intelligenz geordnet ist, so müssen auch die „zufälligen" Tatsachen der zeitlichen Erfahrung als logisch notwendig begriffen werden können. Das geschieht durch den schon oben berührten Gedanken, daß in allem Sein ein Werden steckt, daß ein Ding ist, indem es sich in dem Nacheinander seiner verschiedenen Bestimmungen entfaltet. Daher sind auch alle wahrhaften Definitionen – ein schon von Hobbes und Spinoza vorbereiteter Gedanke – kausaler (genetischer) Art. Diese Definitionen treten denn auch bei Leibniz später als gleichwertiges Fundament der Mathematik zu dem Satze der Identität (s. oben) hinzu, ja die identischen Sätze werden an einer anderen Stelle – mit Recht – als bloße Hilfs- und Verbindungsmittel der Definitionen betrachtet. Die Realdefinition des Kreises, ja seine Möglichkeit überhaupt ergibt sich erst aus der Konstruktionsregel, durch die er entsteht. So erweist sich schließlich das gesamte Universum als getragen von einem Inbegriff notwendiger und allgemeiner Vernunftsätze. Nur in diesem Sinne ist die Erkenntnis Gottes zugleich das Prinzip aller Wissenschaft, und sein Geist – wie Leibniz unter Berufung auf Platos *Phädo* gegen Descartes und Spinoza bemerkt – der „Quell aller Dinge". Wahrhaft unbedingt ist nicht der göttliche Wille – die ewigen Wahrheiten sind unabhängig von ihm –, sondern der göttliche Verstand, d.h. eben der Inbegriff der ewigen Wahrheiten, die wir mit unserem Geist zu erfassen vermögen, und die an die logisch-mathematischen Gesetze gebunden sind.

7. *Mechanismus und Teleologie. Das Reich der Natur und das Reich der Gnade.* Aber die mathematisch-mechanischen Gesetze füllen, wie wir bereits sahen, das Wesen der Natur oder sagen wir genauer das Gebiet der Naturwissenschaft nicht aus. Schon im Kraftbegriff und noch mehr in denen der Entwicklung und des Organismus ist ein anderer Gedanke verborgen: der des Zweckes. Ja, Leibniz sieht ihn schon in den obersten Gesetzen der Bewegung wirksam. „Nun ist es überraschend", schreibt er in den *Vernunftprinzipien der Natur und der Gnade* (1714), „daß man durch die alleinige Betrachtung der wirkenden Ursachen oder der Materie nicht von den Bewegungsgesetzen Rechenschaft geben kann, die man in unseren Tagen entdeckt hat, und die ich zum Teil selbst gefunden habe. Man muß vielmehr, wie ich erkannt habe, hier zu den Zweckursachen seine Zuflucht nehmen, da diese Gesetze nicht von dem Prinzip der Notwendigkeit, wie die logischen, arithmetischen und geometrischen Wahrheiten, sondern von dem Prinzip der Angemessenheit, d.h. von der durch die Weisheit getroffenen Wahl abhängen." Allerdings soll

damit die mechanische Erklärung in keiner Weise entwurzelt werden. Nur in der mechanischen Ordnung der Dinge betätigt sich die göttliche Weisheit oder tätige Kraft. Leibniz bekennt sich ausdrücklich als Gegner der Vitalisten seiner Zeit (z.B. H. Mores), „die für die Deutung der Erscheinungen selbst irgendeine ursprüngliche Lebenskraft oder ein hylarchisches Prinzip in Anspruch nehmen. Als ließen sich nicht alle Naturvorgänge mechanisch erklären ...!" Und der Weg der mechanischen Erklärung gilt ihm zwar, „wenn man zu den speziellen Fragen vordringt, als ziemlich schwierig", aber doch „in der Tat tiefer und gewissermaßen unmittelbarer und a priori": während der teleologische leichter ist, indes häufig schneller zu wichtigen und nützlichen Wahrheiten führt, die man auf dem anderen, „mehr physischen" Wege lange Zeit hätte suchen müssen; wofür Leibniz Beispiele aus der Anatomie und Optik anführt. Er selbst z.B. hatte in einer Abhandlung in den *Acta Eruditorum* (1682) aus der teleologischen Annahme, daß der Lichtstrahl stets den einfachsten und leichtesten Weg wähle, mechanische Gesetze der Reflexion und Lichtbrechung gewonnen und sie sodann durch das Experiment bestätigt. Beide Betrachtungsweisen können und müssen vereinigt werden. Es gibt keine Weltseele, sondern eine „Maschine der Dinge", aber diese ist von dem Schöpfer mit so unendlicher Weisheit eingerichtet worden, daß sie sich nach den ihr von ihm ein und für allemal eingepflanzten Gesetzen von selbst weiter entwickelt. Damit tritt unser Philosoph sowohl den Okkasionalisten (§ 4) wie der (spinozistischen) Substanzlehre entgegen, „welche Lehre schlimmster Art neuerdings ein allerdings scharfsinniger, aber irreligiöser Schriftsteller in die Welt gesetzt hat". Leibniz dagegen will durch seine Verbindung von Mechanismus und Zweckhaftigkeit, nach der es nichts Totes, nichts Unfruchtbares, nichts Unnützes im Weltall gibt, „Religion mit Vernunft in Einklang bringen" und so die „rechtschaffenen Seelen" beruhigen, „welche die mechanische oder Korpuskular-Philosophie fürchten, als ob sie uns von Gott und den unkörperlichen Substanzen entfernen könnte, während sie im Gegenteil, mit den erforderlichen Berichtigungen und bei richtiger Auffassung des Ganzen, uns darauf hinführen muß". Vielmehr ist „allgemein daran festzuhalten, daß sich alle Vorgänge auf doppelte Weise erklären lassen: durch das Reich der Kraft (Natur) oder die wirkenden Ursachen und durch das Reich der Weisheit (Gnade) oder die Zweckursachen", und daß „sich diese beiden Reiche überall durchdringen, ohne daß doch ihre Gesetze sich jemals vermengen und stören".

8. *Die methodische Begründung der Geisteswissenschaften.* Leibniz' Erkenntnisdrang hat ihn nicht ruhen lassen, bis er auch zu den Prinzipien der Geisteswissenschaften vorgedrungen war. Seine Unterscheidung des Reiches der Natur und des Reiches der Gnade oder der Zwecke führt von selbst zu einer Begründung der Ethik. Hat er nun eine solche auch nicht in zusammenhängender Form und gesonderter Untersuchung vollzogen, sind auch die rein ethischen vielfach von eudämonistischen und religiös-theologischen Begleitgedanken verdeckt, so läßt sich doch aus seinen zerstreuten Bemerkungen über die

ses Thema ein fester methodischer Kern herausschälen. Auch das Ideal der Gerechtigkeit wird von demselben methodischen Grundgesetz beherrscht wie die ewigen Wahrheiten der Mathematik und Mechanik. Es ist ebensowenig abhängig von der Tatsache, ob sie und von wem sie ausgeübt wird, wie die Wahrheiten der Zahlenverhältnisse von den gezählten Dingen oder den zählenden Personen abhängen. Und ebensowenig wie dort die notwendigen Wahrheiten der Wissenschaften von der freien Willkür Gottes abhingen, so hier die Ideen des Guten und Gerechten. Dasselbe „universelle Recht" gilt für Gott und die Menschen. Das Licht der ewigen Vernunft würde uns die Tugend lehren, auch wenn keine Offenbarung da wäre. Ja, einmal heißt es sogar in einem rechtsphilosophischen Gedankenbruchstück: Die Religion ist für den Weisen identisch mit der Sittlichkeit und dem Streben nach ihr; nur für denjenigen, der zur wahren Weisheit noch nicht gelangt ist, vermag sie etwas zur Sittlichkeit hinzuzufügen. So sind wenigstens die Grundlinien einer selbständigen Ethik vorhanden, die freilich hinter den Zielgedanken der Glückseligkeit und Vollkommenheit stark zurücktreten. – Noch stärker sind Leibnizens geschichtsphilosophische Ideen von seiner religiösen Auffassung (s. § 14 unter *Theodicee)* diktiert, wonach die beständige Vervollkommnung nicht bloß des einzelnen, sondern auch des gesamten Menschengeschlechtes im Plane der Vorsehung liegt. – Selbständiger ist seine Rechts- und Gesellschaftsphilosophie. Mit Grotius und gegen Hobbes tritt er lebhaft für die Idee des natürlichen Rechtes gegenüber den positiven Satzungen ein. Auch die Wissenschaft vom Recht beruht nicht auf der Erfahrung; der Begriff des Rechtes würde bleiben, selbst wenn es keine Gesetze auf Erden gäbe. Wir erzeugen ihn aus unserer Vernunft. Und ebenso den Begriff der Gottheit. Der Gottesbegriff bedeutet für Leibniz nicht bloß Quell und Ideal des reinen Erkennens, sondern auch der höchsten Sittlichkeit; und endlich noch ein Drittes: den Gedanken der Vermittlung zwischen den beiden Reichen der Natur und der „Gnade", d. i. der Sittlichkeit. Der Glaube an Gott bedeutet zugleich den Glauben an die Möglichkeit einer fortschreitenden Verwirklichung des Sittlichen in Natur und Geschichte der Menschheit (Näheres s. bei *Görland* a. a. O.).

Auch eine selbständige Ästhetik schließlich hat Leibniz zwar noch nicht geschaffen, aber doch vorbereitet. Er trennt an verschiedenen Stellen das ästhetische Empfinden von der Verstandeserkenntnis ab. Es beruht nicht gleich dieser auf den deutlichen, sondern auf den „verworrenen" Vorstellungen (s. oben unter 2.). Unser Wohlgefallen am Schönen hängt nicht von unserem Verstand, sondern von unserem „Gemüte" ab und äußert sich in einer reinen, interesselosen „Kontemplation" sowie in einem nicht weiter erklärbaren Sympathiegefühl. Als objektives Merkmal aber dient der Begriff der Ordnung. „Wenn nun die Seele in ihr selbst" – es war die Rede von dem Rhythmus der Musik – „eine große Zusammenstimmung, Ordnung, Freiheit, Kraft oder Vollkommenheit fühlet und folglich daran Lust empfindet, so verursachet solches eine Freude." Und damit in unmittelbarem Zusammenhang wird auch die ästhetische Harmonie auf das große Grundprinzip, das wir in Leibniz' Philosophieren von Anfang an wirksam sahen, zurückgeführt: auf das „Viele aus Einem und in Einem" (*Von der Weisheit, Hauptschriften* II, S.492 f.). So finden auch die ästhetischen Ideen unseres Philosophen ihren Abschluß in dem letzten Grundgedanken des ganzen Systems: dem Gedanken der universalen Harmonie.

Wir haben im vorigen die methodischen Grundlagen der Leibnizschen Philosophie in knappem Überblick zu skizzieren versucht. Nicht immer treten sie in der Ausführung seines Systems, das wir nun kennen lernen werden, gleich rein und klar hervor. Wie die sittlichen Leitgedanken das theologische, so haben die erkenntniskritisch-wissenschaftlichen das metaphysische Gewand vielfach noch nicht abgestreift. Vorausgeschickt werden aber mußte diese Darstellung der wissenschaftlichen Grundlagen und methodischen Leitmotive, weil nur so die Einheitlichkeit, Wissenschaftlichkeit und Größe sich verstehen läßt, die – trotz aller Schwächen, Unausgeglichenheiten und Anpassungen im einzelnen – der Philosophie Leibnizens innewohnt.

§ 14. Leibniz' Philosophie: B. Das System.

Die Hauptstücke des Leibnizschen Systems sind:

1. Die Lehre von der Substanz als Kraft (Dynamik). 2. Die Monadenlehre. 3. Die prästabilierte Harmonie. 4. Die Theodicee. Zum Schlusse werden einige ethische, rechtsphilosophische und ästhetische Gedanken folgen.

1. *Die Substanz als Kraft (Dynamik).* In dem längeren Aufsatze des *Journal des Savants* von 1695, in dem Leibniz zum erstenmal sein *Neues System der Natur* in die Öffentlichkeit brachte, gibt er Auskunft über seinen bisherigen philosophischen Entwicklungsgang: Er sei schon tief in die Scholastik eingedrungen gewesen, als ihn die Mathematik und die Begründer der neueren Mechanik durch „ihre schöne Art, die Natur auf mechanische Weise zu erklären" entzückt und von dem Joche des Aristoteles und den substantiellen Formen befreit hätten. Er sei dann „bereits in früher Jugend" zunächst auf die Atome und das Leere verfallen, habe sich aber „nach vielem Nachdenken" davon überzeugt, daß die „Prinzipien wahrer Einheit" im Stoffe allein nicht zu finden seien, und deshalb seine Zuflucht zu einem „formalen" Atome genommen, da nur ein solches mit wahrer Einheit begabt sein könne. So habe er allerdings die berüchtigten „substantiellen Formen" wieder ins Leben gerufen aber in einem neuen Sinne, demjenigen nämlich „ursprünglicher Kräfte". Zur Reife gelangten diese Ansichten in ihm erst Mitte der achtziger Jahre; denn 1697 schreibt er in einem Briefe: „Ich habe meine Anschauungen den neuen Kenntnissen gemäß, die ich erwarb, geändert und wieder geändert, und erst vor ungefähr zwölf Jahren fühlte ich mich befriedigt". Anfang 1686 sandte e

denn auch an Arnauld einen *Petit discours de métaphysique,* in dem der Kern seines späteren Systems bereits enthalten ist.

Als metaphysische Grundfrage gilt auch ihm, wie Descartes und Spinoza, das Problem der Substanz. Von Spinoza, dem er sich stets von allen Philosophen am ablehnendsten gegenüberstellt (offenbar wegen seines „Atheismus"), redet er an dieser Stelle nicht; um so nachdrücklicher von Descartes, dessen *Regulae* er zu Paris im Manuskript kennen gelernt und sich abgeschrieben, und der ihn sein ganzes Leben hindurch, in Übereinstimmung wie Gegensatz, nachhaltig beeinflußt hat. Descartes habe zwar „manches Vortreffliche vorgebracht, insbesondere den Geist vom Sinnlichen abgelenkt", aber er habe den Fehler gemacht, den Substanzbegriff der bloßen Ausdehnung gleichzusetzen. Leibniz sah demgegenüber richtig, daß der physische Gegenstand mehr enthält als der bloß mathematische, daß zu der Extension das unausgedehnte Intensive hinzukommen muß. Dieser Gedanke führt ihn zu der Aufstellung des Kraftbegriffs und einer neuen „besonderen Wissenschaft": der Dynamik. Die Kraft ist „der gegenwärtige Zustand der Bewegung selbst, sofern er zu einem folgenden strebt oder einen folgenden im voraus involviert".

Es gibt keine Substanz ohne Kraftäußerung. Jede Substanz ist tätig, und alles Tätige (Wirkende) heißt Substanz. Was nicht wirkt (agit), existiert auch nicht. Es gibt nichts ausschließlich Materielles, sondern jede Größe (Masse) ist „un être capable d'action", ein „der Wirksamkeit fähiges Wesen". Alle Materie ist mit dieser Kraft erfüllt, durch welche die Dinge erst wahrhaft zu Dingen werden. So ist auch das, was in allem Wechsel erhalten bleibt, nicht sowohl die Quantität der Bewegung als vielmehr die bewegende Kraft, denn diese ist der letzte Grund der Bewegung. Seinen neuen Kraftbegriff will Leibniz ausdrücklich von der „tätigen Macht" der Scholastiker unterschieden wissen, die erst eines Ansporns von außen bedarf, um in Wirksamkeit zu treten. Wenn er auch zur Kennzeichnung desselben verschiedentlich aristotelische Ausdrücke wie: Entelechie, Form, zweite Materie, gebraucht, so ist doch tatsächlich dieser „metaphysische Begriff" dem „Gesetz" nahe verwandt. Voraussetzung seiner Anwendung ist der gesetzmäßige Zusammenhang der Natur. Der Satz von der Erhaltung der Kraftsumme wird ein Naturgesetz, ja die „Grundlage der Naturgesetze" genannt und schließt jeden willkürlichen Eingriff übernatürlicher Mächte aus. Die gesamte im Weltall enthaltene Kraftmenge nennt Leibniz die „unbedingte" Kraft und teilt sie in die richtunggebende und die bezügliche oder Druckkraft.

2. *Die Monadenlehre.* Der Kraftträger sind viele. Aber nur Einzelwesen (Individuen) können tätig sein. Diese nennt Leibniz seit 1697 mit einem, wahrscheinlich von Giordano Bruno entlehnten, aber von ihm selbst mit einem ganz neuen Sinn versehenen Ausdruck „Monaden". Als Monade (μονάς, -άδος) d. i. Einheit, wird von unserem Philosophen jede einfache, d. i. nicht mehr weiter teilbare Substanz bezeichnet, während er unter Substanz, wie wir schon wissen, ein „Wesen" versteht, welches die Fähigkeit zu handeln (wir-

ken) besitzt. Diese durch die gesamte Welt verteilten lebendigen Kräfte sind die „wahrhaften Atome der Natur", die „Elemente der Dinge". Es gibt nicht eine einzige Substanz, wie Spinoza mit „kläglichen oder unverständlichen" Beweisen zu begründen versucht hat, sondern unzählige: die Natur ist voll von Leben. Weil ohne Teile, können die Monaden auf natürliche Weise weder entstehen noch zerstört werden, sondern sie dauern so lange als das von Gott geschaffene All. Ohne Gestalt und Ausdehnung, unterscheiden sie sich voneinander nur durch ihre inneren Eigenschaften, nämlich ihre Vorstellungen, d. i. die im Einfachen enthaltenen „Darstellungen" des Zusammengesetzten, und ihr Begehren, von einer Vorstellung zur anderen überzugehen. Denn jede Monade verändert sich immerfort, und zwar kraft eines „inneren Prinzips" der Vorstellungen und des Begehrungstriebes, das sich aus mechanischen Gründen nicht erklären läßt. Jede Monade ist ferner der anderen gegenüber vollkommen selbständig, sie hat keine „Fenster", durch die etwas in sie hinein oder von ihr ausgehen könnte. Es gibt nicht zwei völlig gleiche Substanzen in der Natur, z.B. keine zwei gänzlich gleiche Blätter oder Wassertropfen. Nur zwei völlig ununterscheidbare Dinge aber wären identisch *(Principium identitatis indiscernibilium)*. Jede Monade ist ein lebendiger Spiegel des Universums, wohl geregelt wie dieses, zugleich aber auch selbst vorstellende Kraft. Ihr Unterschied besteht in dem verschiedenen Grade von „Klarheit und Deutlichkeit", mit der sie das Universum widerspiegeln (représentent). So viel Monaden, so viele verschiedene Universa. Es existiert eine ungeheure Stufenreihe von Monaden, von der niedersten, „die mit dem bloßen Namen Monade zufrieden ist", über die sinnbegabte Seele (anima) und den vernunftbegabten Geist (mens) hinauf bis zu der „primitiven", der ultima ratio rerum, Gott. Die „einfachen" Monaden leben in einer Art Schlaf- oder Betäubungszustand, während die Seelenmonaden schon ein deutlicheres, mit Erinnerung verbundenes Vorstellen besitzen, wie es den Tieren zukommt. Dabei wird die Seelenmonade als eine Zentralmonade aufgefaßt, die von einer unendlichen Anzahl anderer Monaden, als ihrem Körper, umgeben ist, deren Erregungen gemäß sie „wie in einer Art von Mittelpunkt die Außendinge vorstellt", ihren eigenen Körper am deutlichsten, das übrige Universum mit geringerer Deutlichkeit. Wird sie ihrer selbst bewußt, so erhebt sie sich zum Geiste oder zur vernünftigen Seele, die nur dem Menschen zukommt und durch die Wissenschaften (durch Wiegen Messen, Zählen) in ihrem Bereiche und in ihrer kleinen Welt das nachahmt was Gott in der großen schafft. Eine deutliche Kenntnis von allem, was da ist hat nur Gott, die höchste Monade, denn er ist die Quelle von allem.

Die Monade ist – das wird der aufmerksame Leser bereits gemerkt haben – in heutiger Sprache nichts anderes als das Individuum, vom einfachsten Organismus bis hinauf zur Gottheit, das in seinen Vorstellungen und in seinem Streben die Welt je nach seiner spezifischen Art widerspiegelt. Von der „Seele" unterscheidet sich denn auch die „Monade" schlechtweg nur dadurch, daß jene Selbstbewußtsein besitzt, diese nicht (vgl. § 19 der *Monadologie*). Und d die Monade im Gegensatz zur Materie den rein geistig gedachten Vorstellungsträger bezeichnet, fallen für sie die räumlichen Beziehungen weg, die bloß für die Körperwelt Geltung haben. Auffallend ist allerdings, daß auch die Körper einmal als „Aggregate von Monaden" bezeichnet werden. Allein, wenn man dem sonst so verständigen Leibniz nicht ganz phantastische und widersinnige Spekulationen zutrauen will, so kann das doch nur bedeuten, daß die Materie im letzten Grunde ein unendlich differenziertes Ganze organisierter Körper ist, worin auch die kleinsten Stoffteile noch Träger eines selbständigen Eigenlebens sein können. Jedenfalls hat der Philosoph in seiner reifen Zeit, nach ausdrücklichem eigenen Bekenntnis, der Seele jede räumliche Ausdehnung in bestimmtester Weise abgesprochen. Einheit oder Mehrheit, auf den Begriff der Seele angewandt, ist nur in ihrer „ursprünglichen Kraft und Wirksamkeit" zu suchen. Ein Zusammenhang von Seeleneinheiten oder Monaden kann also nur bedeuten, daß die Erscheinungen der einen auch Vorstellungsinhalte der anderen sind.

Leibniz' Monadenlehre spielt denn auch stark in seine psychologischen Erörterungen hinein. Wenn er in den *Nouveaux essais* gegen Locke behauptet, daß die ewigen Wahrheiten unserem Geiste angeborene Vorstellungen seien, so soll das nach ihm nur besagen, daß sie nicht von außen in die vorstellende Seelenmonade hineindringen können. Sie entwickeln sich vielmehr aus den „verworrenen" Sinnesempfindungen, welche ihre spätere Entwicklung schon keimhaft in sich tragen. In den Wahrnehmungen schlummert bereits der Gedanke. Die *petites perceptions* oder unbewußten Vorstellungen der schlafenden Monade verwandeln sich in die bewußten und deutlichen *apperceptions* (ein Begriff, der dann bei Kant zu besonderer Bedeutung gelangt) des Selbstbewußtseins, das ihnen schon ursprünglich zugrunde lag. Auch die Tiere haben (gegen Descartes!) eine Seele, ja indem die Monadologie die vorstellende Kraft, also das Bewußtsein (wenn auch in verschiedenen Graden, als schlummerndes, träumendes, wachendes) sämtlichen Monaden zuerkennt, verliert dasselbe seinen spezifisch menschlichen oder auch nur tierischen Charakter. Im traumlosen Schlafe unterscheidet sich die Seele nicht von einer „einfachen Monade". Selbst der Tod ist nur eine (vorübergehende) Art solcher Betäubung. Auch für sie gilt das Gesetz der Stetigkeit: *natura non facit saltum*. Jede einzelne Monade befindet sich in fortwährender Entwicklung, alle Körper in einem beständigen Fließen, es treten fortwährend Teile hinzu und aus. Geburt und Tod sind im Grunde nur Namen; es gibt weder völlige Vernichtung noch Neuerzeugung, sondern nur Umwandlung. Die Gegenwart geht mit der Zukunft schwanger: „man könnte das Kommende im Vergangenen lesen, und das Entfernte ist im Nahen abgespiegelt."

„Die Körper handeln nach den Gesetzen der bewirkenden Ursachen oder Bewegungen, die Seelen nach den Gesetzen der Zweckursachen durch Begehrungstriebe, Zwecke und Mittel." Wie trotzdem beide übereinstimmen, lehrt das von Leibniz stets mit Stolz als seine Entdeckung angeführte

3. *System der Prästabilierten Harmonie.* Zu dieser „neuen Hypothese" brachte ihn, wie er selbst 1696 schreibt, „die große Frage der Verbindung zwischen Seele und Körper". In ihrer Erläuterung nimmt er das von den Okkasionalisten gebrauchte Gleichnis von den beiden gleich gestellten Uhren wieder auf. Nicht Einwirkung der einen auf die andere (nach der „gewöhnlichen" Philosophie), nicht beständige Einhilfe des Schöpfers (nach dem Okkasionalismus), sondern von Anbeginn der Welt an so vollkommene Bildung und so genaue Regulierung, daß jede von beiden Substanzen, „indem sie nur ihren eigenen Gesetzen folgt, die sie gleichzeitig mit ihrem Dasein empfangen hat, dennoch mit der anderen zusammenstimmt, ganz als ob eine wechselseitige Einwirkung zwischen ihnen bestände, oder als ob Gott neben seiner allgemeinen Mitwirkung auch immer noch im besonderen Hand dabei anlegte." Die Selbständigkeit beider Substanzen und Prinzipien bleibt dabei gewahrt: „In den Seelen vollzieht sich alles, als ob es keine Körper, in den Körpern, als ob es keine Seelen gäbe." Es kommt jedoch keins von beiden jemals abgesondert von dem anderen vor, abgesehen von Gott, der allein über allem Stoffe steht; von den erschaffenen Dingen kann sich keins von der allgemeinen Verknüpfung loslösen, ein Deserteur der allgemeinen Ordnung sein. Aber nicht bloß Körper und Seele, sondern alle Substanzen (Monaden) stehen in dieser Harmonie miteinander, die von dem Urheber aller Dinge vorherbestimmt, „prästabiliert" ist. Jeder Körper empfindet die Nachwirkung alles dessen, was im Universum vor sich geht, sodaß jemand, der alles sieht, in jedem einzelnen lesen könnte, was im gesamten Weltall geschieht und sogar, was geschehen ist oder geschehen wird. Dieselbe Harmonie, die zwischen den Wahrnehmungen der Monade und den Bewegungen des Körpers besteht, herrscht auch im großen zwischen dem Systeme (Reiche) der bewirkenden Ursachen und der Endzwecke. Damit wird aber eine zweite, noch erhabenere Harmonie vorbereitet. Da nämlich die vernünftigen Seelen oder Geister Abbilder der Gottheit („jeder Geist in seinem Bereiche gleichsam eine kleine Gottheit", *Monadol.* 83) sind, deren Werk, das Universum, sie zu erkennen vermögen, zu der sie sich wie der Untertan zum Fürsten, das Kind zum Vater verhalten, so existiert innerhalb der „natürlichen", als eine Art Gottesstaat, eine „moralische" Welt. Und, „wie wir oben eine vollkommene Harmonie zwischen zwei natürlichen Reichen, dem der bewirkenden und dem der Zweckursachen, festgestellt haben, so müssen wir hier noch eine zweite Harmonie zwischen dem physischen Reiche der Natur und dem moralischen Reiche der Gnade hervorheben, d.h. zwischen Gott, dem Erbauer der Maschine des Universums, und Gott, dem Monarchen des göttlichen Staates der Geister". Die „Wege der Natur" sind dazu da, die göttlichen Endzwecke zu erfüllen, „Gott der Baumeister" tut „Gott dem Gesetzgeber" durch die „mechanische Einrichtung der Dinge" in allem Genüge. Vermöchten wir die Ordnung des Universums hinlänglich zu begreifen, so würden wir finden, daß sie „alle Wünsche der Weisesten über

trifft und unmöglich besser gemacht werden kann". Damit sind wir bei dem Gedanken der

4. *Theodicee* angelangt. Auf den Gottesbegriff führt Leibniz' System von den verschiedensten Seiten zurück. Wir fanden Gott als die Ursubstanz oder „Ureinheit" aller Kräfte, als die oberste Monade, als den Quell alles Erkennens und alles Seins, und schließlich als obersten Baumeister der Natur und obersten Gesetzgeber des moralischen Reiches der Zwecke. Als der letzte Grund der Dinge muß er alle Vollkommenheiten, die sich in den aus ihm abgeleiteten Substanzen, seinen Ausflüssen, finden, im höchsten Maße in sich schließen. Er ist also allmächtig und allwissend, allgerecht und allgütig. Aus dieser seiner höchsten Vollkommenheit folgt weiter, daß er bei Erschaffung der Welt „den bestmöglichen Plan gewählt hat, in welchem sich die größte Mannigfaltigkeit mit der größten Ordnung vereint, Ort, Raum und Zeit am besten ausgenutzt, die größte Wirkung auf den einfachsten Wegen hervorgebracht und bei den Geschöpfen die meiste Macht, das meiste Wissen, das meiste Glück und die meiste Güte findet, welche das Universum fassen konnte". So wird das ganze Weltall eine Theodicee, d. i. eine Rechtfertigung Gottes. Dies der Grundgedanke des gleichnamigen Werkes, das Leibniz auf die Bitte seiner königlichen Schülerin Sophie Charlotte schrieb, um den Behauptungen des übrigens von ihm hochgeschätzten Skeptikers Bayle (§ 23) entgegenzutreten, der mit großer Schärfe auf die in der Welt vorhandenen moralischen und physischen Übel hingewiesen hatte. Aus dem weit ausgesponnenen, wenig philosophischen Werke brauchen wir nach allem Vorausgegangenen nur weniges anzuführen. Gegenüber dem Zwiespalt von Glauben und Vernunft, den Bayle hervorgehoben, behauptet Leibniz die Übereinstimmung beider. Der Satz des Widerspruchs läßt zwar keine widervernünftigen, wohl aber übervernünftige Wahrheiten zu, und das Prinzip des zureichenden Grundes weist über sich selbst hinaus, auf das teleologische Prinzip einer Vorsehung, eines absoluten Wesens, das seine eigene Ursache ist. Die Übel in der Welt, die selbst Leibniz' Optimismus nicht leugnen kann, haften teils als Unvollkommenheit und Beschränktheit von Natur allem Endlichen an (metaphysisches Übel), teils dienen sie als Leiden (physisches Übel) höheren Zwecken der Vorsehung, z.B. der göttlichen Erziehung des Menschen, teils endlich sind sie als Sünde (moralisches Übel) von Gott zugelassen, um ihren Gegensatz, das Gute, hervorzurufen und uns vor Abstumpfung zu bewahren. Übrigens muß man, um auch erfahrungsmäßig die bestehende Welt als die bestmögliche (daher die Bezeichnung des Optimismus für Leibniz' religiös-ethische Weltanschauung) zu erkennen, den Blick nicht an einzelnen Flecken haften lassen, sondern auf das Ganze richten, von dem wir ja nur einen Teil, vielleicht den mit den meisten Übeln behafteten, kennen.

. *Ethische, rechtsphilosophische und ästhetische Gedanken.* Die Ethik, die Leibniz nicht im Zusammenhange behandelt hat, ist bei ihm meist mit religiösen Gesichtspunkten durchsetzt. Die Liebe zu Gott dem Allgütigen muß uns die größte Lust gewähren, deren wir überhaupt fähig sind, einen Vorge schmack der künftigen Seligkeit. Sie verleiht uns zudem, durch das unbeding te Vertrauen auf die Güte des Schöpfers, eine Seelenruhe, die von der gewal samen Selbstbeherrschung der Stoiker sehr verschieden ist. Da, wo sein sittl ches Denken sich nicht von solchen religiösen Gesichtspunkten beherrsch zeigt, beruft sich Leibniz auf den natürlichen sittlichen Instinkt; als Ziel gi ihm die wahre, dauernde Glückseligkeit, die mit dem Gefühl des beständige Fortschreitens verbunden ist, also das Streben nach Vollkommenheit, de eigenen und derjenigen anderer. Denn lieben heißt sich an fremdem Glück freuen. Die Vollkommenheit aber „erzeiget sich", wie er in einer seiner wen gen deutsch geschriebenen Abhandlungen *(Von der Glückseligkeit)* sagt, „i der Kraft zu wirken"; und je größer die Kraft, desto mehr zeigt sich dabei „di Einheit in der Vielheit", womit wir wieder bei seinen tiefsten metaphys schen Prinzipien angekommen sind.

Leibniz' Rechtsphilosophie unterscheidet drei Stufen des natürlichen Rech tes. Die 1. niederste ist das „strenge Recht" (ius strictum), das nur auf die Er haltung des Friedens in der Gesellschaft geht (Verletze niemanden!); höhe steht 2. die Gerechtigkeit (aequitas, iustitia distributiva) mit ihrem Wah spruch: Jedem das Seine! Am höchsten 3. die Rechtschaffenheit oder Fröm migkeit, die sich die eigene Vollkommenheit und die Wohlfahrt aller durch ge stige Aufklärung und Tätigkeit zum Ziele setzt. Das wahrhaft Gute ist das Ge meinnützige. Mit seiner eigenen Harmonie und Menschenliebe trägt jeder se nen Teil zu der großen Weltharmonie bei.

Auf die Vorstellung der Harmonie und Vollkommenheit der Dinge endlic führt unser Philosoph an den wenigen Stellen, wo er sich über ästhetisch Probleme geäußert hat, auch das Schönheitsgefühl zurück. Es gehört zu sinnlichen Erkenntnis. Aber gerade damit wurde für das Gebiet der Kun eine besondere, ihr eigentümliche, von der Verstandeserkenntnis verschied ne Vorstellungsweise in Anspruch genommen, die auch ihrerseits die „Einhe in der Vielheit" sucht (vgl. S. 340) und, selbst mit dem Instinkt verwandt, E kenntnis und Moral miteinander verbindet. Leibniz selbst hatte noch kein großen Vorbilder künstlerischen Schaffens, mindestens in der Dichtkunst. E preist als Meister derselben noch – Martin Opitz. Allein es war doch kein Zu fall, daß der Kampf der Schweizer für die Selbständigkeit der dichterische Empfindung philosophisch an Leibniz anknüpft, und daß ein Leibnizian (Baumgarten) die erste „Ästhetik" verfaßt hat.

So hat Leibniz, einer der vielseitigsten Menschen, die je gelebt haben, au den mannigfaltigsten Gebieten Fundamente gelegt und Anregungen gegebe Auch heute berufen sich sowohl die Erkenntniskritiker von der Farbe Cohen und Natorps (Cassirer) wie anderseits die Energetiker und Neuvitalisten wi der auf ihn. Gerade dasjenige freilich, was seinem Philosophieren den größte und dauerndsten Wert verleiht, seine systematische Arbeit an den Grund begriffen der Mathematik und Naturwissenschaft und sein Versuch eines kr tischen Systems der Erkenntnis, hat auf die Zeitgenossen wenig gewirkt: einerseits weil seine wichtigste erkenntnistheoretische Schrift erst ein halbes Jahrhundert nach seinem Tode bekannt wurde, anderseits, weil dieser Teil seiner Arbeit weniger an der Oberfläche lag. Auf seine Zeit hat er weit mehr durch seine allgemeinen Tendenzen, insbesondere sein Streben, Vernunft und Offenbarungsglauben zu versöhnen, Einfluß geübt; durch sie ist er der Vater der deutschen Aufklärung geworden. Ehe wir indessen deren Verlauf, zunächst an Christian Wolff und anderen Schülern von Leibniz, weiter verfolgen, wollen wir sehen, wie sich inzwischen die Entwicklung der Aufklärung in anderer Form und auf anderen philosophischen Grundlagen in England und Frankreich vollzog.

Zweite Periode. Die Philosophie der Aufklärung.

Wie im Altertum, so folgt auch in der Neuzeit auf eine wesentlich kosmologisch-metaphysische eine vorwiegend anthropologische Periode der Philosophie: dort die Sophistik, hier die Aufklärung. Und auch darin ähneln sich beide Zeitalter, daß die großen von der ersten Periode, in der Neuzeit allerdings ungleich stärker, in Angriff genommenen Erkenntnisfragen in der zweiten zugunsten populärer Probleme zurücktreten, um erst in den durch beide vorbereiteten Systemen Platos bezw. Kants ihre klassische Lösung zu erhalten. Dagegen verflechten sich in den beiden mittleren Perioden (Sophistik – Aufklärung) die philosophischen besonders stark mit den allgemeinen Bildungs- und Kulturfragen, mit den literarischen, sozialen und politischen Interessen. Die fast ein Jahrhundert[29] andauernde Bewegung, die man als die Aufklärungsphilosophie des 18. Jahrhunderts zu bezeichnen gewohnt ist, nimmt ihren Anfang in England, wo der Sturz der Stuarts und die „glorreiche" Revolution des Jahres 1688 die Bahn für eine mächtige Entfaltung der geistigen und materiellen Interessen frei machte. Sie verpflanzt sich von da nach Frankreich, wo sie unter dem politischen, kirchlichen und sozialen Drucke des Ancien régime eine vorwiegend negativ-oppositionelle Färbung erhält. Sie ergreift dann zuletzt auch das dritte der drei großen Kulturländer, Deutschland, wo sie sich mit den Tendenzen von Leibniz und seiner Schule verschmilzt.

Eine erschöpfende Sonderdarstellung der Aufklärungsphilosophie im ganzen besitzen wir noch nicht. Gute allgemeine Gesichtspunkte gibt das bekannte Werk des Literaturhistorikers *H. Hettner, Literaturgeschichte des 18. Jahrh.*, 6 Teile, 5. Aufl. 1894. Außerdem wird gerühmt das auf England sich beziehende Buch von

L. Stephen, History of English thought in the 18. century, 2 Bde., London 1876-80. Im übrigen ist auf die S. 231 f. angegebenen Werke und auf die Spezialliteratur zu verweisen. Besonders reichhaltig ist für diesen Zeitraum das dort genannte Buch von *Franz Vorländer.* Wir schildern nunmehr: 1. die englische, 2. die französische, 3. die deutsche Aufklärungsphilosophie.

A. England und Schottland.

Kapitel V. Locke (1632-1704).

§ 15. Leben, Schriften und Charakter.

Über Lockes Leben handelt ausführlich *Fox Bourne, Life of Locke*, 2 Bde., London 1876. Seine Persönlichkeit im Rahmen der Zeit zeichnet: *Fechtner, Locke, ein Bild aus den geistigen Kämpfen Englands im 17. Jahrh.* Stuttgart 1898. Derselbe, *Lockes Gedanken über Erziehung*, 2. Aufl. Lpz. 1908.

John Locke wurde in demselben Jahre wie Spinoza (1632) in der Nähe von Bristol geboren. Anders als seine Vorgänger wuchs der übrigens schwächliche Knabe in einer freisinnigen Familie heran; sein Vater nahm auf seiten des Parlaments am Bürgerkriege teil. Um so mehr fühlte er sich von der grammatisch-scholastischen Bildung, die ihm Westminster und Oxford zu geben suchten, zurückgestoßen. Den theologischen Beruf, wie ursprünglich beabsichtigt, zu ergreifen, hiel ihn seine allmählich freier werdende religiöse Auffassung ab; er blieb zunächs weiter als Universitäts-Angehöriger in Oxford. Von Philosophen studierte er nebe Descartes auch Gassendi und Hobbes, im übrigen – was von Bedeutung für seine philosophische Richtung geworden ist – nicht Mathematik, sondern Chemie und Medizin; zu seinen Freunden zählten u. a. der Reformator der Medizin Sydenham und der berühmte Chemiker Boyle, später auch Newton. Im Jahre 166 war er eine Zeitlang einer englischen Gesandtschaft an den brandenburgische Hof nach Kleve zugeteilt. Ein Jahr darauf wurde er mit dem Wigh-Minister Lor Shaftesbury bekannt, dessen wechselvolle politischen Schicksale er seit 166 treulich teilte, und dessen Hause er (darin verwandt seinem Antipoden Hobbes zwei Generationen hindurch als Freund, Sekretär, Hausarzt und Erzieher sein Dienste geleistet hat. Die Jahre 1675-79 brachte er in Frankreich, 1683-88 m seinem in Ungnade gefallenen Lord in Holland, der Zuflucht der Unterdrückten, zu. Hier verfaßte er seine Briefe über Toleranz, die jedoch erst von 1689 an (anonym) erschienen. In diesem Jahre kehrte er, infolge der Revolution von 1688, die seinen Freund und Gönner Wilhelm von Oranien zum König von England erhob, in die Heimat zurück. Von jetzt ab beginnt seine reiche literarische und öffentliche Tätigkeit. Ein einträgliches Staatsamt, das ihm übertragen wurde, gab er wegen Kränklichkeit auf, wirkte jedoch eifrig und einflußreich weiter im Sinne der neuen liberalen Regierung. Er war unvermählt geblieben und starb 1704 auf dem Landgute einer befreundeten Familie, wo er seine letzten Lebensjahre meist zugebracht hatte.

In dem öffentlichen Wirken Lockes, dem ein sanftes Gemüt, große Freundschaftsfähigkeit und warme Religiosität sowie eine aufrichtige Wahrheitsliebe nachgerühmt wird, tritt vor allem sein Kampf für persönliche, wirtschaftliche, religiöse und politische Freiheit hervor. In der Verfassung, die er 1669 für die nordamerikanische Kolonie Südkarolina entwarf, war der Grundgedanke der, daß Religion nicht Sache des Staates sei. Selbst Götzendienern müsse das Staatsbürgerrecht zugestanden werden, nur nicht – Atheisten! Ähnlich äußert er sich in seinen *Toleranzbriefen,* die zugleich eine Verteidigung des Theismus enthalten. Seine theologische Hauptschrift *Von der Vernunftmäßigkeit des Christentums, dargestellt nach der Schrift* (1695) faßt das Christentum in erster Linie als Religion der Liebe auf, wie er denn auch mit Quäkern gern verkehrte, häufig in der Bibel las und mit dem frommen Newton öfters theologische Probleme diskutierte.

In politischer Beziehung ist Locke sozusagen der Vater des modernen Liberalismus geworden. Seine beiden Abhandlungen *Über die Regierung* (1690) waren nach Bayle das Evangelium des Tages. Seine pädagogischen Ansichten legte er in den 1693 erschienenen *Gedanken über Erziehung* nieder. Seine Aufsätze über das Münzwesen sind als Vorläufer der englischen Nationalökonomie nicht unwichtig.

Lockes philosophisches Hauptwerk ist der schon 1675 begonnene, aber erst 1687 vollendete und erst 1690 vollständig (in vier Bänden) erschienene *Essay on human unterstanding.* In der Vorrede erzählt der Verfasser, daß eine ergebnislos verlaufene philosophische Disputation mit fünf oder sechs Freunden ihn auf den Gedanken gebracht habe, allen derartigen Spekulationen müsse vorerst einmal eine Untersuchung über den Ursprung und die Grenzen des menschlichen Verstandes vorausgehen. Demgemäß behandelt Buch II des Werkes den Ursprung der Vorstellungen aus der Erfahrung, Buch IV die verschiedenen Arten und die Grenzen der Erkenntnis. Die beiden anderen Bücher, die von der Kritik der angeborenen Ideen (I) und dem Einfluß der Sprache auf das Denken (III) handeln, scheinen erst später hinzugefügt zu sein. Lockes Hauptwerk ist zwar leicht faßlich und klar, aber – zum Teil wohl infolge der stückweisen, oft unterbrochenen Ausarbeitung – auch recht breit geschrieben. Die Hauptgedanken kann man auch schon aus der kleineren nachgelassenen Schrift *On the conduct of unterstan-*

ding kennen lernen, die ursprünglich wohl ein Kapitel des größeren Werkes werden und später Vorurteile gegen das letztere zerstreuen sollte, übrigens nicht ganz vollendet worden ist.

Anfangs bekämpft, gewannen Lockes Ansichten bis gegen Ende des 18. Jahrhunderts einen immer wachsenden Einfluß, außerhalb Englands namentlich in Frankreich, hier besonders durch Voltaire; sein Einfluß auf die philosophische Denkweise seiner Landsleute ist noch heute zu spüren. Seine sämtlichen Werke sind seit 1714 in England öfters, am vollständigsten 1777 (von Bischof Law), zuletzt 1853 (9 Bände), die philosophischen 1854 und 1877, das Hauptwerk, der *Essay*, in mustergültiger Ausgabe von *A. C. Fraser* (Oxford 1894, 2 Bde.) herausgegeben worden. Die neueste und beste der zahlreichen deutschen Übersetzungen des letzteren (darunter auch eine von *Schultze* bei *Reclam)* ist die von *C. Winckler* in der *Philos. Bibl.* (1911 ff.). Außerdem ist die nachgelassene Schrift von *J. B. Meyer* in der *Philos. Bibliothek* (1883), die pädagogische Schrift in der *Pädagog. Bibliothek, Leipzig* 1872, und sind die politischen von *H. Willmanns*, Halle 1908, übersetzt worden.

§ 16. Lockes empiristische Erkenntnislehre.

Eine empfehlenswerte größere Gesamtdarstellung seiner Lehre ist bisher in Deutschland noch nicht erschienen. Über seine Erkenntnislehre im Vergleich mit Leibniz' Kritik derselben handelt *G. Hartenstein* (Lpz. 1865); über dieselbe als Vorstufe des Kritizismus: *A. Riehl, Geschichte des philosoph. Kritizismus* (2. Aufl. 1908), Kap. I und *E. Cassirer, Erkenntnisproblem* II, 5, Kap. 3; über sein Verhältnis zu der Cambridger Schule (§ 7) vgl. *G. v. Hertling* (Freiburg 1892).

1. Locke beginnt wie Descartes mit der erkenntniskritischen Frage nach der Gewißheit und den Grenzen unserer Erkenntnis. Aber die Frage nach dem Wert unserer Vorstellungen *(ideas)* hängt für ihn ab von der Art ihrer Erwerbung. Er wirft daher zunächst die Frage auf: Gibt es angeborene Ideen? Allein er behandelt sie nicht wie jener in erkenntnistheoretischem, sondern in entwicklungsgeschichtlich-psychologischem Sinne. Und nun hat er die Antwort leicht daß dieselben natürlich nicht in dem buchstäblich-zeitlichen Sinne uns „angeboren" sein können. Selbst die unbestrittensten Sätze, wie die der Identität (a = a) und des Widerspruches (a nicht = non a), sind Kindern, Idioten, Wilden, ja überhaupt sämtlichen Nichtunterrichteten völlig unbekannt; das Kind weiß, daß süß nicht bitter ist, lange bevor ihm der Satz des Widerspruches klar geworden ist. Nur die natürlichen Fähigkeiten oder Anlagen sind angeboren alle Erkenntnisse aber erworben, und zwar die abstraktesten am spätesten lauter Sätze, die Descartes von seinem erkenntniskritischen Standpunkte aus dem auch die Dreiecke und die astronomischen Rechnungen *idées innées*

sind, durchaus nicht bestritten haben würde. Locke aber geht nicht, wie Descartes, von den mathematischen Wahrheiten und den Grundsätzen der mathematischen Naturwissenschaft aus – sein Freund Newton muß ihm aus seinen *Principia* einen Auszug zurechtmachen, der die mathematische Begründung übergeht! –, sondern von der naiv-populären Anschauungsweise, den Außendingen. Und er mißt nicht Sinnlichkeit und Verstand nach ihrem Erkenntniswert ab, sondern er will nur „schlicht erzählen" und fragt deshalb:

2. Wie kommt der Mensch zu seinen Vorstellungen? Er vergleicht den ursprünglichen Zustand der Seele mit einem unbeschriebenen „weißen Papier" (in der lateinischen Übersetzung: tabula rasa), welches ausgefüllt wird durch das „eine Wort" – Erfahrung *(experience)*. Diese letztere hat einen doppelten Ursprung: äußere und innere oder Selbst-Beobachtung. Quell der ersteren sind unsere Sinneswahrnehmungen, die von den äußeren Gegenständen dasjenige in unsere Seele überführen, was dort die Empfindung *(sensation) des* Gelben, Heißen, Bitteren, Weichen usw. hervorruft. An den so geweckten Vorstellungen übt nun der Geist – genauer der „innere Sinn" – eine Reihe von Operationen wie Glauben, Zweifel, Schließen, Wollen u. a. aus, die Locke unter dem vieldeutigen Begriff der Reflexion *(reflection)* zusammenfaßt. Der Mensch beginnt Vorstellungen zu haben, sobald ihm die erste *sensation* zuteil wird. Erst „mit der Zeit" kommt die Seele dazu, auf ihre eigenen Vorstellungen (Selbstbeobachtung) zu achten. So gewinnt der alte Satz: *Nihil est in intellectu, quod non antea fuerit in sensu*, gegen den wir Leibniz (§ 13) polemisieren sahen, bei Locke neues Leben. Die äußere und die innere Wahrnehmung sind die beiden Fenster, durch welche die Dunkelkammer unseres Innern erhellt wird; der Verstand ist dem mattgeschliffenen Spiegel der camera obscura vergleichbar, der ungefragt die Bilder der Dinge „reflektiert", freilich dabei auch umformt, nämlich teils zu Bündeln zusammenfügt, teils in Arten sondert. Sinnlichkeit und Verstand werden nicht nach ihrem Erkenntniswert abgewogen und abgegrenzt, sondern ihre zeitlich-räumliche Entstehung beschrieben. Die Empfindungen sind Impressionen der Dinge, die Ideen (= Vorstellungen, erst bei Kant erhält das Wort Idee seine ursprüngliche tiefere Bedeutung wieder) deren Kopien. Woher der „Geist" kommt, wird nicht gesagt, eine Erklärung des Bewußtseins nicht versucht, der unbestimmte Begriff „Erfahrung" nicht näher bestimmt. Dagegen ist der Nachdruck verdienstlich, mit dem Locke auf den Beitrag der Empfindung zum Ganzen der Erkenntnis hingewiesen, sowie die Klarheit und Ausführlichkeit, mit der er die Assoziation der Vorstellungen erörtert hat. Methodisch wichtig ist ferner die schon bei Descartes vorkommende, aber erst bei Locke endgültig fixierte

3. Unterscheidung von primären und sekundären Qualitäten[30]. Die Eigenschaften *(qualities)*, durch welche die Außendinge Vorstellungen in uns hervorrufen, sind doppelter Art: entweder a) solche, die „wirklich" in den Körpern vorhanden, d.h. unzertrennlich mit ihrer Vorstellung verbunden sind, wie Undurchdringlichkeit, Ausdehnung, Gestalt, Zahl, Beweglichkeit, oder b) solche,

die nicht in den Körpern selbst, sondern nur in unserer Vorstellung existieren, wie die Farben, Töne, Geruch-, Geschmacks- und Wärmeempfindungen. Die ersteren heißen ursprüngliche, primäre oder auch reale, die letzteren abgeleitete oder sekundäre Qualitäten. Unsere Empfindungen werden durch den Stoß erzeugt, der sich von den äußeren Gegenständen durch die Nervenbahnen bis zum Gehirn, dem Sitze des Bewußtseins, dem „Audienzzimmer des Geistes", fortpflanzt. Dem Gegenstande eignen nämlich gewisse Kräfte *(powers)*, die auf uns oder auf andere Gegenstände wirken, z.B. dem Feuer die Schmelzkraft. Der Körper, den wir als blau bezeichnen, ist nicht blau, sondern hat nur die Eigenschaft, blau gesehen zu werden. Wenn die Augen nicht sehen, die Ohren nicht hören usw., bleiben nur die primären (realen) Qualitäten übrig; was wir z.B. als Wärme empfinden, ist im Gegenstande nur Bewegung. Worauf die „Realität" dieser primären Realitäten beruht, untersucht Locke nicht weiter. Physisches und Psychisches werden durchaus getrennt. Das Gefühl ist so verschieden von dem Körper, wie der Schmerz von dem Messer. An einer anderen Stelle meint er freilich, vielleicht habe Gott die Materie mit der Fähigkeit zu denken begabt. Locke unterscheidet weiter:

4. Einfache und komplexe Vorstellungen. Die einfachen Vorstellungen entstehen entweder a) durch einen einzigen Sinn (wie die der Farbe durch das Auge, der Dichte durch das Gefühl); oder b) durch die Kombination mehrerer Sinne (wie die primären Qualitäten, insbesondere die Ausdehnung, die, gemessen, Raum heißt); c) durch Reflexion (wie die des Denkens, des Wollens, der Dauer, die, gemessen, Zeit heißt); d) durch Sinneswahrnehmungen und Reflexion zusammen (die von Kraft, Dasein, Einheit, Zeitfolge, Vergnügen, Schmerz u. a.). Aus diesen einfachen Ideen, die den Grundstoff unserer Erkenntnis bilden, werden durch Kombination mit Hilfe der Verstandestätigkeit, gerade wie aus den Buchstaben Silben und Wörter, zusammengesetzte oder komplexe Ideen, die auf drei Klassen: Modi, Substanzen und Relationen zurückgeführt werden. Die komplexen Vorstellungen sind lediglich Abstraktionen oder Verallgemeinerungen unseres Verstandes, Kunstgriffe desselben zur Erleichterung der Mitteilung und des geistigen Verkehrs. Daher die Wichtigkeit der sprachlichen Untersuchungen, denen Locke das dritte Buch seines Hauptwerkes widmet. Die Wörter erklärt er, ähnlich wie Hobbes, nominalistisch als bloße Zeichen für unsere Vorstellungen.

Modi *(modes)*, d. i. Zustände, Beschaffenheiten, sind Eigenschaften, die nicht für sich bestehen, sondern nur an einem Dinge als ihrem Träger vorkommen. Sind sie gleichartig (wie gewisse Raum-, Zeit- und Zahlbestimmungen, z.B. ein Dutzend), so heißen sie einfach oder rein; wenn ungleichartig, gemischt, z.B. Laufen, Eigensinn, Buchdruck, Triumph, Vatermörder. Es gibt Modi des Raumes, der Zeit, des Denkens, der Kraft u. a. Kein Begriff ist reicher an Modifikationen als der des Vermögens (tätiges, leidendes usw.). – Gegenüber den Modis bedeutet Substanz jenes für sich bestehende Etwas, dessen Attribute die Modi sind. So entsteht aus den Sensationen durch Gewöhnung schließlich die Vorstellung der körperlichen, d.h. nicht denkenden, aus den Reflexionen die der geistigen oder denkenden Substanz. Beider Wesen ist uns gänzlich unbekannt, nur ihre Wirkungen sind erkennbar. Indem wir nun die Ideen: Dasein, Kraft, Macht, Weisheit und Glück mit der Vorstellung der Unendlichkeit verknüpfen, entsteht in uns die Idee Gottes als eines schlechthin immateriellen Wesens. Übrigens meint Locke, der Substanzbegriff sei nicht von wesentlicher Bedeutung für die Philosophie. Wir haben uns nur daran gewöhnt, ihn vorauszusetzen, wie die indische Kosmologie ihren Elefanten oder ihre Riesenschildkröte. Es nützt nichts, sein Wesen ergründen zu wollen. – Die Relationen oder Verhältnisbegriffe endlich (z.B. Gattung, größer) entstehen durch Entgegensetzung oder Vergleichung mehrerer Dinge. Zu ihnen gehören die Begriffe von Ursache und Wirkung, alle Zeit- und Ortsbestimmungen, Identität und Verschiedenheit, die Maße und Grade, die moralischen Verhältnisse u. v. a.

Alle diese Vorstellungen entspringen ganz und gar aus der Erfahrung. Locke ist der Urheber der empirischen Psychologie, welche die Frage nach einer besonderen Seelensubstanz als unlösbar beiseite läßt. Erst das vierte Buch, das vom „Wissen und Meinen“ handelt, erhebt die erkenntniskritische Frage nach

5. der Gültigkeit bezw. den Stufen der Gewißheit unseres Erkennens. Die Erkenntnis *(knowledge)* wird bestimmt als die Wahrnehmung der Übereinstimmung oder des Widerstreits zweier Vorstellungen in bezug auf Identität oder Verschiedenheit, Beziehung, Koexistenz und reale Existenz. Klar sind die einfachen Ideen, wenn ihre Objekte sich in einer „wohl geordneten“ sinnlichen Wahrnehmung darstellen; die zusammengesetzten, wenn ihre einfachen Vorstellungen klar sind. In ihrer einfachsten und zugleich höchsten Form ist die Erkenntnis unmittelbare Anschauung (Intuition), die keines Beweises bedarf, z.B. die von unserer eigenen Existenz, oder daß Schwarz nicht Weiß, daß $3 = 1 + 2$, daß ein Kreis kein Viereck ist, desgleichen die identischen Sätze. Demonstrative Erkenntnis erwerben wir durch Aneinanderfügen einer Reihe intuitiver Erkenntnisse; auf diese Weise überzeugen wir uns z.B. von der Wahrheit der mathematischen Sätze und – dem Dasein Gottes, das von Locke aus der Existenz der Welt gefolgert wird. Während uns diese beiden Erkenntnisarten völlige Gewißheit bieten – in den mathematischen und moralischen Begriffen –, kann es die sinnliche Erkenntnis, darum auch die gesamte Naturwissenschaft, nur bis zur Wahrscheinlichkeit bringen.

Der Umfang unseres Wissens ist beschränkt. Wir können es erweitern a) durch Erfahrung, b) durch Schlüsse, bezw. Auffindung und methodische Ordnung der Mittelglieder. Das Einzelne und Bestimmte ist bekannter und faßlicher als das Allgemeine. Über das Verhältnis des Wahrnehmenden zu dem Wahrgenommenen drückt sich Locke ziemlich unbestimmt aus. Unsere Sinneswahrnehmungen, von denen alle Erkenntnis ausgeht (daher seine Lehre auch als Sensualismus bezeichnet wird), sollen Wirkungen der Dinge außer uns sein, deren Art und Charakter durch den Schöpfer geordnet ist. Sie können den Dingen zwar nicht gleich sein, aber doch entsprechen; sie haben „wenig" Abweichendes von ihnen, und das Dasein der Außendinge wird durch die einfachen Vorstellungen schlechthin verbürgt. Anderseits hält er an der trotz aller Veränderungen des Organismus bleibenden Identität der Person fest, die sich auf unser Bewußtsein stützt. Und da ihm, wie wir sahen, die mathematischen und moralischen Wahrheiten als solche feststehen, so ist er kein reiner Empirist. Überall, wo er sich schärfer mit der Erörterung wissenschaftlicher Begriffe wie denen des Raumes, der Zeit, der Zahl, der Kraft, der Unendlichkeit beschäftigt, sehen wir ihn einen Wahrheitsbegriff anerkennen, der über den rein induktiven Empirismus eines Baco erhaben ist, aber freilich nur auf Mathematik und Moral eingeschränkt ist, während das wirkliche Naturgeschehen sich ihm entzieht.

§ 17. Lockes Gedanken über Moral, Religion, Staat und Erziehung.

Am Schlusse seines Hauptwerkes gibt Locke eine Einteilung der Philosophie, die sich ganz an die nacharistotelische anlehnt: 1. Logik oder Semeiotik (Lehre von den Zeichen), 2. Naturphilosophie, 3. praktische oder Moralphilosophie. Die erste wird, abgesehen von dem Hauptwerk, in der nachgelassenen Abhandlung behandelt; die *Elements of natural philosophy* geben eine Beschreibung der wichtigsten Erscheinungen des Universums; mit den Problemen der dritten Gattung beschäftigen sich, außer einzelnen Partien des Hauptwerkes, seine politischen, religionsphilosophischen und pädagogischen Einzelschriften, ohne daß sie systematisch untereinander verbunden wären.

1. *Moral und Religion.* Seine Abneigung gegen die angeborenen (genauer: eingeborenen, *innates)* Ideen überträgt Locke auch auf das sittlich-religiöse Gebiet. Zwar wird kein vernünftiger Mensch das Dasein Gottes leugnen, aber „angeboren" ist die Gottesvorstellung dem Menschen nicht: nicht alle Menschen besitzen sie, die meisten denken sehr verschieden darüber. Ebenso gibt es in der Moral zwar ein „natürliches" Gesetz, aber keine angeborenen Grundsätze.

   Die Quelle aller Tugend ist die Willensfreiheit, d.h. das Vermögen, Handlungen zu beginnen oder zu unterlassen, fortzusetzen oder zu hemmen. Angeregt werden unsere Handlungen durch ein Unbehagen am gegenwärtigen Zustande, welches nacheinander zur Überlegung, zum Vernunfturteil, zum Entschlusse führt. Die tiefste Triebfeder unseres Handelns ist der natürliche Glücksdrang des Menschen. Das wahre Glück hat Gott unzertrennlich mit der Tugend verbunden. Zwar können auch Juden, Mohammedaner und Heiden tugendhaft sein, aber dem bloßen Moralgesetz der Vernunft, wie es die Alten aufstellten, fehlt die Autorität des göttlichen Gesetzgebers. Gewiß hätten wir schließlich auch durch das „natürliche Licht" unserer Vernunft zu der E kenntnis des Sittlichen gelangen können, und die Offenbarung darf nicht das klare Zeugnis der Vernunft beseitigen oder beeinflussen wollen; aber sie gibt uns die Wahrheit mühelos, die wir sonst nur sehr schwer oder gar nicht gefunden hätten. Der Kern von Lockes „vernunftmäßigem" Christentum besteht im Glauben an Jesus als den Erlöser, verbunden mit einem den Lehren des Evangeliums gemäßen Leben. Die Belohnungen und Strafen des Jenseits zählen zu den Haupttriebfedern des sittlichen Handelns. Dessen verpflichtende Kraft sieht Locke in dem Willen Gottes. Von dem grundlegenden göttlichen Gesetze unterscheidet er noch das bürgerliche Gesetz und das Gesetz der öffentlichen Meinung.

2. *Politische Philosophie Lockes und seiner Zeit.* Das 17. Jahrhundert, das bewegteste in der englischen Geschichte, erzeugt auch die ersten umfangreicheren politischen Theorien in England. Hobbes haben wir bereits (§ 6) kennen gelernt. Während dieser die schrankenlose Allmacht der Staatsgewalt überhaupt gepredigt hatte, verkündete Filmer (1604-1653) das göttliche Recht des patriarchalischen Königtums von den Zeiten Adams her, der die Herrschergewalt von Gott selbst empfangen und sie auf Noah, Abraham usw. vererbt habe; das Königtum sei daher rein von Gottes Gnaden, keinem menschlichen Gesetze unterworfen. Dem waren nicht nur die flammenden Flugschriften des Dichters John Milton (1609-1674) mit ihrer dreifachen Forderung der kirchlichen, häuslichen und politischen Freiheit und ihrer begeisterten Verteidigung der Revolution von 1647 entgegengetreten, sondern auch der philosophischere Algernon Sidney (1604-1683), unter Karl II. wegen angeblichen Hochverrats enthauptet, hatte in seinen *Untersuchungen über die Regierungsform* Filmers biblische Beweisführung Schritt für Schritt widerlegt.

Die Bestrebungen der beiden letzteren setzt nun Locke, seinem Charakter und den veränderten Zeitumständen entsprechend in gemilderter Weise, fort. Seine beiden politischen Aufsätze (s. oben S. 349) verfolgen die offen ausgesprochene Absicht, die „glorreiche Revolution" von 1688 vor aller Welt zu verteidigen und den Thron König Wilhelms, des „Wiederherstellers der englischen Freiheit", zu befestigen. Der erste wendet sich wesentlich gegen Filmers 1680 erschienenen *Patriarcha:* die Staatsgewalt sei nicht der väterlichen entsprechend, sondern, wie schon Hobbes gelehrt hatte, aus der freien gegenseitigen Übereinkunft entsprungen. Der zweite entwickelt dann Lockes positive Lehre. Die natürlichen Rechte der persönlichen Freiheit und des Eigentums werden durch den Eintritt in den Staat nicht aufgehoben; dieser hat vielmehr nur die Aufgabe, diese Rechte zu sichern und zu schützen. Keiner darf den anderen verletzen, sondern soll in jedem das gleich vernünftige Wesen achten. Zur Sicherung dieser Freiheiten verlangt er Trennung der gesetzgebenden und der ausübenden Gewalt. Die erstgenannte ist die höchste und liegt in letzter Linie in der Hand des gesamten Volkes, das seine rechtmäßigen Vertreter in der von ihm gewählten gesetzgebenden Versammlung findet. Der König steht unter, nicht über dem Gesetz und macht sich durch Mißbrauch seiner Gewalt seiner Würde verlustig. Kurz, wir finden hier die Rechtfertigung des neuen englischen Staatswesens und damit des uns allen bekannten modernen Konstitutionalismus zum erstenmal ausführlich begründet. Unter Lockes liberal-konstitutionellen Ausführungen findet sich übrigens auch eine interessante nationalökonomische Bemerkung eingestreut, die später von Adam Smith und David Ricardo benutzt wurde und einen sozialistischen Anstrich hat: Auf die Frucht seiner Arbeit habe offenbar kein anderer als der Arbeiter Anspruch, zum mindesten solange den anderen noch genug übrig bleibe.

3. Locke ist endlich einer der ersten Philosophen, die sich ausführlicher mit der Erziehungsfrage beschäftigt haben. Freilich sind seine *Gedanken über Erziehung* keine wissenschaftliche Theorie, sondern mehr eine Anleitung für die Ausbildung eines jungen englischen Gentleman. Die Erziehung soll nichts von außen in den Zögling hineintragen, sondern seine Anlagen naturgemäß entwickeln: Lebendige Anschauung anstatt gelehrten Formelkrams, Abhärtung und Übung des Körpers, Ausbildung des sittlichen Charakters! Das Streben nach dem unmittelbar Nützlichen tritt stark hervor. Die Privaterziehung ist der öffentlichen vorzuziehen! – Noch heute sind diese Erziehungsgrundsätze, wie bekannt, in Lockes Vaterland sehr wirksam; literarisch haben sie namentlich auf Rousseau gewirkt.

Kapitel VI. Weitere Entwicklung der Aufklärungsphilosophie in England.

§ 18. Deismus und Moralphilosophie.

V. Lechler, Gesch. des englischen Deismus. Stuttgart 1841, *C. Güttler, Herbert von Cherbury.* München 1897. *G. v. Giżycki, Die Philosophie Shaftesburys.* 1876.

1. Deisten[31] und Freidenker.

a) Einen Vorläufer besitzt der an Locke anknüpfende englische Deismus oder die „natürliche Religion" schon in Lord Herbert von Cherbury (1582-1648), der in seinen beiden Werken *De veritate* (Paris 1624) und *De religione gentilium* (London 1645, vollständig Amsterdam 1663) dem kirchlichen Autor tätsglauben die allen Menschen gemeinsame Vernunft und die sich darauf gründende natürliche Religion entgegenstellt. Das erstgenannte Buch will die Wahrheit von dem bloß Wahrscheinlichen, Möglichen und Falschen sowie von der – Offenbarung unterscheiden; ihre höchste Norm sind die an die Stoiker (I, S. 123 ff.) erinnernden, unmittelbar einleuchtenden „Gemeinbegriffe“ (notitiae communes). Der Trieb zur Erkenntnis, zum Guten und zu Gott beruhe auf einem uns allen von Anfang an gemeinsamen natürlichen Instinkte. Die fünf Glaubensartikel der natürlichen Religion lauten: 1. Es gibt ein höchstes Wesen. 2. Dasselbe soll angebetet werden. 3. Den wichtigsten Teil dieser Verehrung bildet Tugend, verbunden mit Frömmigkeit. 4. Der Mensch muß seine Sünden bereuen und von ihnen lassen. 5. Gutes und Böses wird in diesem und in jenem Leben belohnt und bestraft. Was über diese fünf Sätze hinausgeht, ist Erfindung herrschsüchtiger Priester und der wahren Gottesverehrung nicht dienlich.

b) Durchaus Lockeschen Einfluß verrät das 1696 zuerst erschienene Grundbuch des englischen Deismus: *Das Christentum ohne Geheimnisse (Christianity not mysterious,* verdeutscht von *Zscharnack,* 1909) von John Toland (1670-1722). Der in Irland geborene und katholisch erzogene, aber bereits mit sechzehn Jahren zum Protestantismus übergetretene Verfasser sucht im Geiste Lockes zu beweisen, daß im ursprünglichen Christentum nichts wider und nichts über die Vernunft sei. Die übervernünftigen „Geheimnisse“ seien aus Juden- und Heidentum übernommene Gebräuche, die erst von den Kirchenvätern zu sogenannten „Sakramenten“ gestempelt worden seien. Trotzdem Toland in dieser Schrift Offenbarung und Wunder noch nicht antastete – die letzteren sah er als eine göttliche Steigerung der Naturgesetze über ihre gewöhnlichen Wirkungen hinaus an –, erfuhr er doch heftige Angriffe und Verfolgungen, sodaß er sich einige Jahre hindurch mehr auf politische Schriftstellerei (Verteidigung der protestantischen Erbfolge des Hauses Hannover) warf. Von einer pantheistischen Wendung seines Denkens – auch der Ausdruck „Pantheist“ scheint von ihm herzurühren – zeugen seine *Briefe an Serena* (die preußische Königin Sophie Charlotte, Leibniz’ Freundin) 1704. Hier ist der Glaube an die Offenbarung, an einen persönlichen, außerweltlichen Gott und an die persönliche Unsterblichkeit bereits aufgegeben. Gott existiert nur in der Welt; er ist das dem All innewohnende Leben. An Spinoza tadelt der englische Freidenker die starre Unbeweglichkeit seiner Substanz. Alles, auch das scheinbar Ruhigste, ist vielmehr in stetem Wechsel begriffen; das Denken ist eine Funktion des Gehirns, an die von Gott gelenkte Materie gebunden. In seinem anonym „zu Kosmopolis“ (1720) erschienenen *Pantheistikon* entwirft er in diesem Geiste eine Religion der Zukunft und zugleich eine Art Liturgie für deren Bekenner (vgl. den von *Hettner I,* 164-168 gegebenen Auszug aus der jetzt sehr selten gewordenen Schrift).

Die ausdrückliche Selbstbezeichnung als „Freidenker“ kommt literarisch zuerst wohl in dem Titel von Anthony Collins’ (1676-1729) *Abhandlung über das Frei-Denken* (1713) vor. Collins nimmt, über Locke hinausgehend, das freie, nur sich selbst verantwortliche Denken als unveräußerliches Recht der Vernunft in Anspruch und wendet es auf die Bibel und die Gotteserkenntnis an. Ähnlich Lyons in seiner gleichzeitig erschienenen Schrift: *Die Untrüglichkeit der menschlichen Vernunft.* Als Anhänger des „Vernunftglaubens" und der natürlichen Religion, die sie jedoch mit dem Christentum vereinigen wollen, bezeichnen sich auch Tindal *(Das Christentum so alt wie die Schöpfung* 1730), Morgan *(Der Moralphilosoph* 1737) und Chubb, ein schlichter Handwerker, von seiner ersten Schrift: *Die Grundfrage der Religion,* 1725 an bis zu der letzten: *Das wahre Evangelium Jesu Christi,* 1738. Gemeinsam ist allen diesen Schriften, neben der rein-moralischen und rationalistischen Tendenz, die unhistorische Auffassung des Christentums, sowie ein von der Renaissance übernommener und auf den größten Teil der französischen Aufklärer vererbter aristokratischer Zug: die Vernunftreligion für die Gebildeten, die positive Kirchenlehre für die Masse! Ein Gedanke, dem Bolingbroke (1698-1751) in zynischer Weise also Ausdruck gab: In den Salons darf man die ungereimten kirchlichen Vorstellungen belächeln, im öffentlichen Leben sind sie unentbehrlich, denn sie erzeugen den Gehorsam der Menge; und die Freidenker tun übel daran, ein Gebiß aus deren Maul herauszunehmen, statt ihr noch mehr anzulegen.

2. Die Philosophie des moralischen Gefühls.

Die deistische Aufklärung im Bunde mit einer auf die ursprüngliche moralische Anlage, das Gefühl des Menschen sich gründende Moralphilosophie vertritt vor allem

a) Lord Shaftesbury (1671-1713), Enkel des mit Locke befreundeten Ministers und von dem Philosophen selbst in dessen Grundsätzen erzogen. Schon als Knabe mit Griechisch und Latein wie mit seiner Muttersprache vertraut, begeistert für die Antike, ein feiner Welt- und Menschenkenner, will er, der Politik entsagend, ganz der schriftstellerischen Muße leben, stirbt aber, von Natur aus kränklich, bereits mit 42 Jahren im Süden (Neapel), ehe er seine weitreichenden Pläne ausführen konnte. Zwei Jahre vorher (1711) hatte er seine gesammelten Abhandlungen unter dem Titel *Characteristics of men, manners, opinions, times* herausgegeben, die viele Auflagen erlebten und in fast alle Kultursprachen übersetzt wurden. Sie sind in leichter, gefälliger Sprache, oft in Brief- oder Plato nachgeahmter Dialogform geschrieben: nichts Systematisches oder Lehrhaftes, sondern ins Poetische und Rhetorische hinüberspielende Reflexionen. Außerdem wurden viel gelesen seine *Briefe an einen jungen Mann auf der Universität.* Seine erste Schrift: *Untersuchung über die Tugend* ist nach dem ursprünglichen Text von 1699 ins Deutsche übersetzt worden von *P. Ziertmann (Phil. Bibl.)* 1905; aus den *Characteristics* die zwei bedeutendsten: *Ein Brief über den Enthusiasmus* und *Die Moralisten* (mit guter Einleitung) von *M. Frischeisen-Köhler (Phil. Bibl.)* 1909; die letztere „philosophische Rhapsodie" auch von *K. Wolff* (Jena, Diederichs) 1910.

Der Grundzug von Shaftesburys Philosophie ist die Begeisterung für das Wahre, Gute und Schöne. Ethik, Religion und Ästhetik werden auf das Gefühl gegründet. Das moralische Gefühl *(moral sense)* ist abhängig von dem religiösen, findet aber in ihm seine Vollendung. Es entstammt nicht dem Katechismus, auch nicht bloß der Erfahrung, sondern liegt in der Natur des Menschen. Durch einen natürlichen Instinkt fühlt sich der Mensch mit seinen Mitmenschen verbunden (vgl. schon Cudworth und Cumberland, § 7). Alle Wesen streben nach dem Glück. Das wahre Glück beruht aber nicht auf den rein egoistischen Gefühlen, sondern auf ihrer Verbindung mit den sympathischen (heute würde man sagen: altruistischen), d.h. auf der inneren Harmonie. Harmonie herrscht auch in der gesamten Natur, die ihren letzten Grund in Gottes Gedanken hat; so führt die Ethik zur Religion. Shaftesburys Weltanschauung ist Panentheismus, wie bei G. Bruno, und von freudigem Optimismus beseelt. Die Unvollkommenheit des einzelnen verschwindet für ihn, wie für Leibniz, in der großen Harmonie des Universums, daher denn auch von ihm und seinen Anhängern der physikotheologische Beweis für das Dasein Gottes mit Vorliebe gepflegt wird. Bei allem Edelsinn ist seine Moral von Grund aus eudämonistisch. Ihren psychologischen Unterbau bildet eine Theorie der selbstischen, geselligen und vernunftmäßigen Affekte, die richtige Selbstliebe ist ihm der Gipfel der Weisheit. Freilich muß sich das moralische Gefühl durch Kultivierung und Übung erst ausbilden. Hoffnung und Furcht vermögen den Menschen nur zu bändigen, nicht ihn sittlich zu machen. Sein Ideal ist die harmonische Ausbildung der Persönlichkeit, die καλοκάγαθία der Griechen, also ein wesentlich ästhetisches. Das einzige wahre Gut ist die uneigennützige Liebe zum Schönen, dessen Urbild Gott selbst ist. Diese ästhetische Stimmung gibt uns auch die Kraft, tugendhaft zu handeln. Shaftesbury hat auf seine Zeitgenossen und die Nachlebenden mächtig gewirkt, von den Franzosen namentlich auf Diderot und Voltaire, von Deutschen insbesondere auf Wieland, Herder und den jungen Schiller.

b) Eine systematischere Form erhielten Shaftesburys Ideen durch den Schotten Francis Hutcheson (1694-1747, Professor in Glasgow). Seinen *Untersuchungen über den Ursprung unserer Ideen von Schönheit und Tugend* (1725) folgte 1728 eine Abhandlung *Über die Natur und die Leitung der Leidenschaften und Affekte* und acht Jahre nach seinem Tode noch sein *System der Moralphilosophie.* Hutcheson will die Ethik auf die Beobachtung der wirklichen menschlichen Natur gründen. In dieser findet er, und zwar bei allen Menschen im wesentlichen gleich, neben den egoistischen von vornherein auch die Gefühle der Sympathie. Es gibt, entsprechend dem ästhetischen Geschmack, einen moralischen Sinn, der der Vernunftleitung wie anderseits des Erfahrungsmaßstabes bedarf. Diejenige Handlung ist am höchsten zu schätzen, welche „der größtmöglichen Anzahl das größtmögliche Glück verschafft". Der uns von der Gottheit verliehene moralische Sinn ist auch in den Nichtgläubigen wirksam und von theologischen Vorstellungen ganz unabhängig.

c) Im Gegensatz zu Hutcheson gab Bischof Butler (1692-1752) der Lehre Shaftesburys eine mehr theologische, dagegen weniger eudämonistische Wendung. Das unmittelbar Nötigende des moralischen Sinnes, den Butler lieber Gewissen nennen will, komme bei Shaftesbury nicht genug zu seinem Rechte, nämlich der Herrschaft über die Begierden. Die Befriedigung des Gewissens, die wir erstreben sollen, hat mit im voraus berechneten Lustgefühlen nichts zu tun und darf sich ebensowenig von der Erwägung der Folgen bestimmen lassen. Über die nicht von Begeisterung erfüllten, kühleren Stunden kann uns nur der Glaube an Gott und ein künftiges Leben hinweghelfen. Gegenüber dem platten Optimismus vieler Anhänger der natürlichen Religion weist Butler auf die Übel in der Natur, das ungerechte Leiden vieler Unschuldigen und andere Schwierigkeiten hin.

d) Den denkbar stärksten Gegensatz zu Shaftesburys Optimismus bildet der Pessimismus, der sich in Mandevilles merkwürdiger *Bienenfabel* ausspricht. Bernard de Mandeville, aus französischer Familie, um 1670 in Holland geboren, später Arzt in London, † 1733, ließ 1708 auf den Straßen Londons als Flugblatt ein Gedicht in 400 Versen verteilen, das den Titel führte: *Der summende Korb oder die ehrlich gewordenen Schelme.* In satirisch-poetischer Form verteidigt es den paradoxen Satz, daß Macht und Blüte eines Gemeinwesens nicht auf der Tugend, sondern auf den lasterhaften Neigungen der einzelnen (Eitelkeit, Ehrgeiz, Heuchelei, Betrug, Schwelgerei, Wollust) beruhen. Als man Ehrlichkeit, Zufriedenheit und Tugend in den Staat seiner Fabel eingeführt hatte, verschwanden Macht, Glanz und Glück. Größe und Rechtschaffenheit verbinden zu wollen, ist ein eitler Traum. Da seit 1711 Shaftesburys Optimismus immer mehr Anhänger gewann, gab Mandeville 1714 sein Flugblatt als besondere Schrift *Die Bienenfabel oder: private Laster – Wohltaten für das Ganze,* mit erläuternden Anmerkungen heraus; die späteren Auflagen – 1732 erschien bereits die sechste – wurden durch weitere Exkurse und Dialoge vermehrt. Gegen Shaftesbury erhebt er den richtigen Einwand, daß seine liebenswürdige Schönheitsphilosophie nicht bloß die Welt weit besser zeichne, als sie ist, sondern auch, daß sie eine Philosophie nur für die bevorzugten Klassen, für Glückliche sei. In Wahrheit treiben egoistische Interessen den Menschen zur Arbeit, zum gesellschaftlichen Leben und damit zur Kultur. Bei einer allgemeinen Zufriedenheit, die sich mit dem begnügt, was ein jeder hat, würde schließlich alle Kultur stille stehen. Was man gewöhnlich als „Tugenden" bezeichnet, ist von ehrgeizigen Politikern erfunden worden, um die Massen zu beherrschen. Gleichwohl hält Mandeville die Armut und Beschränktheit der niederen Klassen für nötig, damit die Kultur bestehe und weiter gedeihe. Im Gegensatz zu den meisten seiner Zeitgenossen ist Mandeville noch heute interessant; in einzelnem erinnert er an Nietzsche.

3. Andere moralphilosophische Richtungen. Anfänge der Ästhetik.

Eine mehr intellektualistische Begründung der Ethik versuchen

a) Clarke und Wollaston. Samuel Clarke (1675-1729), von 1709 an Hofprediger in London, in der Naturphilosophie Anhänger Boyles und Newtons (vgl. § 7), und als Newtonianer in einen wissenschaftlichen Streit mit Leibniz verwickelt, gegen den er die Freiheit des Willens verteidigte, weist die psychologische Begründung der Moral auf das Gefühl der Lust und Unlust grundsätzlich ab und sucht ein objektiveres Prinzip derselben in der Angemessenheit unserer Handlungen, die den ein und für allemal gegebenen Verhältnissen der Dinge gemäß sein müssen. Der Platonismus Cudworths (§ 7), dem Clarke sonst ähnelt, ist bei ihm in eine Art Cartesianismus übergegangen, der nach mathematischer Beweisführung strebt. Aus Furcht vor dem subjektiven Element stellt er das Sittengesetz als eine Art Naturgesetz dar; ein Verbrechen begehen ist ihm dasselbe, wie drei rechte Winkel eines Dreiecks annehmen. Unsere unwandelbare Verpflichtung zum Guten ist unabhängig vom Willen Gottes, mit dem das Gute freilich identisch ist, sowie von Furcht und Hoffnung auf ein Jenseits; sie beruht vielmehr auf dem Gewissen, aber – Hoffnung und Furcht sind doch für die jetzige Menschheit als Antrieb gut! Die Moral führt schließlich doch zur Offenbarung, wie denn auch die Hauptschrift Clarkes ein theologisches Thema, „das Dasein und die Attribute Gottes" behandelt. Die wichtigsten Pflichten sind die sozialen: Gerechtigkeit und Liebe, die wir auch den Tieren, ja sogar den Pflanzen gegenüber üben sollen.

Nach Wollastons (1659-1724) *Skizze der natürlichen Religion* (1722) ist der letzte Zweck des Menschen, die Wahrheit nicht bloß zu erkennen, sondern auch im Reden und Handeln zu zeigen: nur dann wird er auch „wahres" Vergnügen empfinden. Beide, Clarke und Wollaston, rufen: Handle, wie die Natur der Dinge es dir vorschreibt! Sie fordern darum auch eine genaue Kenntnis der Außenwelt. Beide aber haben mit ihrem Versuche einer logischen Moralbegründung wenig auf ihre Zeit gewirkt, die sich in der Moraltheorie immer mehr auf den Boden des Lockeschen Empirismus und zugleich des Gefühlsstandpunktes begab.

b) Spätere Moralphilosophen sind Eklektiker, wie Ferguson (1724-1816), der die drei Prinzipien der Selbstliebe, des Wohlwollens und der Vervollkommnung miteinander verbindet und die Interessen des Einzelnen mit denen der Gesellschaft zu versöhnen sucht, und Paley (1785), der das Pflichtgebot an den Willen Gottes knüpft, aber als seinen Inhalt und Zweck die allgemeine Glückseligkeit bestimmt; oder sie suchen, wie Price, in der Vernunft ein ursprüngliches Wahrnehmungsvermögen für die ewigen sittlichen Gesetze nachzuweisen.

c) Männer wie Shaftesbury und Hutcheson hatten den ersten Anstoß auch zu ästhetischen Betrachtungen gegeben, aber ihnen fiel das Schöne noch zusammen mit dem Guten und dem Wahren; ihre ganze Weltanschauung ist ästhetischer Art. Bald begannen auch eigene Untersuchungen über ästhetische Probleme. Home (1696-1782), in der Ethik Hutcheson folgend, verlegt die Schönheit aus dem Gegenstand in die Seele. Er bringt eine Anzahl neuer ästhetischer Begriffe, ist aber noch ganz unsystematisch, dazu außerordentlich breit. Er dringt auf Naturwahrheit und hält den französischen Klassikern und seinem Landsmann Pope gern Shakespeare entgegen. Etwas tiefer geht die Jugendschrift des Staatsmannes Edmund Burke (1728-1797): *Untersuchung über den Ursprung unserer Ideen vom Erhabenen und Schönen* (1756), worin er diese beiden ästhetischen Gefühle auf die beiden Grundtriebe der Selbsterhaltung (im Gegensatz zu dem erhabenen Gegenstand) und der Geselligkeit (weil wir mit dem schönen Gegenstand gern in Gesellschaft leben möchten) zurückführt. Burke hat, obwohl er in das eigentliche Wesen der Kunst nicht eingedrungen ist, sondern an der psychologischen, ja oft sogar physiologischen Außenseite haften blieb, doch auf die Entwicklung der Ästhetik, insbesondere der deutschen (Mendelssohn, Lessing, Kant), insofern einigen Einfluß geübt, als er manche anregende psychologische Zergliederung gab.

§ 19. Berkeleys subjektiver Idealismus.

G. Lyon, L'Idéalisme en Angleterre au XVIII. siècle. Paris 1888. *Erich Cassirer, Berkeleys System.* Gießen 1914.

In ganz anderer Weise, als die Deisten und Moralphilosophen, die weniger philosophisch als kulturhistorisch interessant sind, knüpft die Philosophie George Berkeleys an Locke an. Zu den Grundfragen der Erkenntnis zurückkehrend, bildet sie in eigenartiger Weise den Lockeschen Empirismus in eine Art subjektiven Idealismus um.

1. George Berkeley, aus vornehmer englischer Familie, 1685 in Irland geboren, blieb von 1700 bis 1713 an der heimatlichen Universität Dublin, wo damals nicht nur Baco, Descartes und Malebranche, sondern auch Boyle, Newton und Locke eifrig studiert wurden. Schon 1709 schrieb er seinen *Versuch einer neuen Theorie des Sehens* (übers. von *R. Schmidt, Philos. Bibl.*, 1912) und bereits 1710 – als 25jähriger! – sein philosophisches Hauptwerk: *Abhandlung über die Prinzipien der menschlichen Erkenntnis* (übers. von *Ueberweg, Philos. Bibl.* 1869, 4. Aufl. 1906). Nachdem er sodann in London eine populäre Darstellung seiner Ideen in den *Dialogen zwischen Hylas und Philonous* (1713, übersetzt, eingeleitet und erläutert von *Raoul Richter* in der *Philos. Bibl.*, 1901) veröffentlicht und sich in der Bekämpfung der Freidenker versucht hatte, unternahm er 1713-1720 größere Reisen nach Frankreich und Italien und ging 1728-1731 nach Nordamerika, um auf den Bermudainseln ei

ne Lehranstalt zur Ausbildung amerikanischer Missionare zu gründen, was ihm jedoch nicht gelang. Zurückgekehrt, nahm er in seinem Dialog *Alciphron* (1732, französisch 1734, deutsch 1737, neu von *L.* und *F. Raab, Philos. Bibl.*, Leipzig 1915) die Polemik gegen die Freidenker verschiedener Richtungen (Collins, Shaftesbury, Mandeville) wieder auf. 1734 erhielt er ein Bistum im südlichen Irland, neben den theologischen auch mathematischen und naturwissenschaftlichen, ja sogar medizinischen Studien sich widmend. Seine letzte Schrift *Siris* (1744) beginnt mit den heilsamen Wirkungen des Teerwassers, führt aber von da allmählich bis zu den höchsten metaphysischen Fragen, in denen er sich der Naturphilosophie Platos nähert. Er starb in Oxford 1753.

Berkeley schreibt in schöner, anschaulicher Sprache, nicht so breit wie Lokke. Mit einem kindlich frommen Gemüt vereinigt er die Fähigkeit scharfer Kritik, unbestechliche Wahrheitsliebe und größere Folgerichtigkeit als seine Vorgänger. Die beste englische Ausgabe seiner Schriften (einschl. Briefe und Biographie) ist die von Fraser (4 Bde. 1871, 2. Aufl. 1901), von dem auch eine gute monographische Darstellung Berkeleys (Edinburg 1881) stammt. Zur Einführung empfiehlt sich am besten die Lektüre der mit platonischer Schönheit und Klarheit geschriebenen *Dialoge* von 1713. Für die Kenntnis seiner Entwicklung von Wert ist das aus seiner frühesten Epoche (1705-1708) stammende wissenschaftliche Tagebuch *(Commonplace Book)*.

2. Schon die erste Schrift des jungen Philosophen ist hochbedeutend. Sie enthält, indem sie das Subjektive und das Spezifische unserer sinnlichen Wahrnehmungen hervorhebt, bereits die Elemente der modernen Sinnesphysiologie. Wir sehen nur Licht und Farbe. Erst durch die Verbindung des Gesichtssinnes mit dem Tastsinn können wir Körper wahrnehmen, in die Ferne sehen. Erst Erfahrung, nämlich Gewohnheit und Übung, läßt uns auf „äußere“ Gegenstände „im Raume“ schließen. An sich ist der „Raum“ ein leeres Wort; er entsteht nur durch unsere Wahrnehmungen, die sich assoziieren. Und so ist es, wie die Hauptschrift zeigt, mit allen unseren Vorstellungen. Berkeley macht Ernst mit der Forderung Lockes: alle Vorstellungen auf ihren Ursprung zu prüfen. Aber, indem er ihn fortsetzt, gelangt er dazu, ihn zu bestreiten.

Es gibt keine abstrakten Ideen. Wir können uns wohl rote, grüne, gelbe Dinge, aber keine Farbe im allgemeinen vorstellen; ebensowenig ein Dreieck an sich, sondern nur ein bestimmtes einzelnes Dreieck, was dann die ganze Gattung repräsentiert. Wir denken in Beispielen!

So bestehen denn alle sogenannten äußeren Dinge, „der ganze himmlische Chor und die Fülle der irdischen Gegenstände“, nur in unserer Vorstellung. Sein ist = Wahrgenommen werden (esse = percipi) oder – Erkannt werden. Wahrnehmen und erkennen ist also für Berkeley, im schärfsten Gegensatz zu Descartes, das nämliche. Ob ich „Ding“ oder „Idee“, d.h. Vorstellung sage, ist einerlei. Auch von der Unterscheidung primärer und sekundärer Qualitäten will er nichts wissen. Eine ohne die sekundären Qualitäten vorgestellte Materie ist eine gewaltsame Abstraktion. Die Verteidiger des Begriffes einer materiellen Substanz geben selbst zu, daß sie ohne Akzidenzen nicht denkbar ist; ein bloßer „Träger" (Substrat) aber von Gestalt, Bewegung und allen möglichen sinnlichen Qualitäten ist ein Gedanke ohne Sinn. Real ist nur, was sinnlich wahrgenommen wird. Versuche doch ein jeder, ruft Berkeley wiederholt aus, ob er sich einen Ton, eine Gestalt, Bewegung oder Farbe ohne einen oder außerhalb eines sie wahrnehmenden Geistes vorstellen kann! Kann er es nicht, warum wirft er sich zum Verteidiger von – er weiß nicht was, auf?

Damit will unser Philosoph die „Wirklichkeit" der sogenannten Dinge in dem Sinne, wie sie der naive Realismus des Nichtphilosophen annimmt, nicht leugnen oder den gemeinen Sprachgebrauch ändern, wie man ja auch nach Kopernikus noch sage: die Sonne geht auf und unter. Er will nur gegen das streiten, was die Philosophen körperliche Substanz oder Materie nennen, dessen Entfernung aus der Wissenschaft nur Atheisten und Schulphilosophen vermissen werden. Was ist aber nun das eigentlich Existierende?

3. In der Antwort auf diese Frage wird der Sensualist plötzlich zum Spiritualisten. Es gibt doch ein Einfaches, Unteilbares, Tätiges, also eine Substanz, nämlich dasjenige, was vorstellt: Das Ich, die Seele oder der Geist, der, sofern er Ideen perzipiert, Verstand, sofern er sie hervorbringt, Wille heißt. Das einzige aktive Wesen, der Geist (wir würden heute sagen: das Bewußtsein) kann keine Idee sein, weil er sie selbst erst erzeugt, kann also an sich selbst nicht vorgestellt, sondern nur an seinen Wirkungen erkannt werden. Sein Wesen ist nicht „aufgefaßt werden", sondern „auffassen" (esse = percipere). Zwischen Geistern und Ideen gibt es nichts Gemeinsames, nichts Ähnliches; Ideen sind nur Ideen, Geister nur Geistern verwandt. Die Natur des Geistes kann ebensowenig erkannt werden, als man einen Ton sehen kann. Daher soll man auch nicht Ausdrücke von sinnlichen Dingen auf die Seele übertragen, etwa den Willen als eine Bewegung derselben erklären. Auch das Gehirn vermag keine Vorstellungen zu erzeugen, denen als ein Sinnending existiert es ebenfalls nur in unserem Geiste.

Freilich gibt es einen Unterschied zwischen denjenigen Ideen, welche die „psychischen Substanzen" willkürlich in sich selbst hervorrufen, und denen, welche sie durch die Sinne erhalten. Jene, die Erinnerungs- und Phantasievorstellungen (z.B. die der Sonne bei Nacht), sind matter, schwächer und unbeständiger als die realeren, geordneteren und stärkeren Sinnesvorstellungen (z.B. der „wirklichen" Sonne, die wir bei Tage sehen). Der Grund ist, daß die letzteren von einem Geist, der mächtiger und weiser ist als alle menschlichen Geister, von Gott, nach gewissen Naturgesetzen hervorgebracht werden. Die wahre Realität der sogenannten Dinge oder Ideen[32] besteht demnach in der Festigkeit und Ordnung ihres Zusammenhanges.

Hiernach erscheint Berkeley dem Standpunkt der modernen Naturwissenschaft, mit deren Problemen er sich, wie ein Blick in seine Schriften lehrt, sehr ernstlich beschäftigt hat, ganz nahe: wie ja auch sein idealistischer Grundgedanke, daß Ideen und Dinge das nämliche sind, echt wissenschaftlichen Realismus bezeugt. Und so hat denn seine Lehre heute in der „Immanenten Philosophie" der Schuppe, Kauffmann und Mach (§ 76) eine Art Auferstehung erfahren. Aber die Einseitigkeit, mit der er diesen Idealismus zugunsten der unmittelbaren Sinnesempfindung geltend macht, hat ihm den Blick für die Notwendigkeit einer erkenntniskritischen Begründung der Wissenschaft geraubt; er verkennt den Wert der physikalischen Grundbegriffe wie der Materie, der Bewegung, des Unendlich-Kleinen u. a. weil nicht erklärt werden kann, wie Materie auf einen Geist wirke, so erscheint ihm dieser Begriff ohne Nutzen für die Naturwissenschaft. Er eifert gegen Newtons Mechanik; es gibt nur relative Bewegung, keine absolute, und ebensowenig einen absoluten Raum oder eine absolute Zeit. Die allgemeinen Naturgesetze sind bloß „Zeichen", nicht wirkende Ursachen; der Naturforscher hat vor dem Laien nur die „größere Breite" der Auffassung voraus. Ebenso habe in der Mathematik die Annahme abstrakter Ideen unheilvoll gewirkt. „Linien und Dreiecke sind keine Operationen des Geistes." Er verwahrt sich gegen die Beschäftigung mit arithmetischen Theoremen, die „den gesunden Menschenverstand *(good sense)* verletzen" und „gar keinen Nutzen bringen" – auch die Zahlen seien bloße Zeichen, denen keine Objekte entsprechen –, und will nur eine angewandte Arithmetik gelten lassen, ebenso wie nur eine praktisch nützliche Geometrie von Wert sei. Er polemisiert scharf gegen den Begriff der unendlichen Teilbarkeit. Der tausendste Teil einer zollangen Linie ist – nichts! Er wird erst zu etwas, wenn aus dem Zoll ein Erddurchmesser oder wenigstens eine Meile gemacht wird! Die Infinitesimalrechnung eines Newton oder Leibniz erscheint ihm als eine seltsame Spekulation, die ohne Schaden für die Menschheit wegfallen könnte. „Im Gegenteil, es wäre sehr zu wünschen, daß Männer von großen Fähigkeiten und ausdauerndem Fleiß ihre Gedanken von jenen Ergötzungen (!) ablenkten und sie dem Studium von Dingen zuwendeten, die den Angelegenheiten des Lebens näher liegen oder mehr direkten Einfluß auf die Sitten haben." (Abschnitt 131 der Hauptschrift.)

4. Danach kann es uns nicht mehr wundern, daß unser Philosoph der teleologischen Weltanschauung vor der mechanischen entschieden den Vorzug gibt. Es scheint ihm „unter der Würde des Geistes zu sein, allzusehr" nach „Exaktheit" in der Zurückführung der Einzelerscheinung auf allgemeine Gesetze zu streben; als „edleres Ziel" betrachtet er es, aus der Schönheit, Ordnung, Fülle und Mannigfaltigkeit der Natur auf die Größe, Weisheit und Güte des Schöpfers zu schließen und sie den Zwecken dienstbar zu machen, zu welchen sie bestimmt sind: „nämlich Gottes Ehre und Erhaltung und Schmückung des Lebens für uns und unsere Mitgeschöpfe" (Abschn. 109). Nicht die „natürlich wirkenden" Ursachen, sondern die „Zweckursachen" der Dinge gelte es in erster Linie aufzusuchen (107). Und wenn in seiner letzten Schrift *(Siris)* der frühere Sensualismus seiner Erkenntnislehre zugunsten eines dem platonischen ähnlichen Idealismus überwunden erscheint, so bleibt doch diese neue

„transzendentale" Philosophie ganz metaphysisch und verachtet die „niedere" Sphäre der Mathematik und Mechanik.

Und neben dem Teleologen kommt dann der Theologe zum Vorschein. Er empfiehlt seine Lehre nicht bloß deshalb, weil sie das Naturstudium sehr vereinfache, sondern auch damit, daß sie dem Skeptizismus, dem Materialismus und dem „nichtswürdigen" Atheismus entgegenarbeite, daß sie die Feinde der Religion, die Fatalisten und Götzendiener, die Epikureer, Hobbisten, Spinozisten und ähnlich Denkende ihrer Hauptstütze, der „nichtdenkenden" Materie, beraube! Daß „die Materie aus der Natur ausgetrieben" wird, haben alle Freunde der Erkenntnis, des Friedens und der Religion Grund zu wünschen! Gott hat die Welt wie ein „wundervolles Uhrwerk", das mechanischen Gesetzen gemäß abläuft, geschaffen, aber er kann auch „bei gewissen Anlässen" Ausnahmen von diesen Gesetzen hervorbringen, um „seine oberherrliche Macht zu bekunden"; „lieber" freilich wird er unsere Vernunft überzeugen als uns durch Erregung von Erstaunen zum Glauben an sein Dasein bringen wollen. Daß ein allmächtiger, allweiser und allgütiger Urheber die gesamte Natur geschaffen hat und auch in uns alle jene Sinneswahrnehmungen oder Ideen hervorbringt, ist offenbar für „jeden, der des geringsten Nachdenkens fähig ist". Daß trotzdem so wenige zu dieser Erkenntnis gelangen, vermag sich Berkeley nur aus der menschlichen Stumpfheit und Unaufmerksamkeit zu erklären. Die „Natur" an sich kann nichts hervorbringen, sondern nur Gott durch sie, indem seine Weisheit und Güte „nach den einfachsten und allgemeinsten Gesetzen auf eine gleichförmige und beständige Weise" wirkt. Die Schattenseiten, Flecken und Mängel erhöhen – so führt Berkeley aus, genau wie Leibniz in der fast gleichzeitig erschienenen Theodicee – nur den Glanz des übrigen; die Verschwendung von Keimen und Samen ist kein Beweis von Unzweckmäßigkeit, sondern von Machtfülle. Auch Schmerz und Übel gehören in den Zusammenhang des Ganzen; unser Blick ist bloß zu beschränkt, den letzteren ganz zu verstehen; aber nur ein absichtliches Verschließen der Augen vermag das Wirken einer Vorsehung zu leugnen und den Gottesglauben abzulehnen, der zugleich der kräftigste Antrieb zur Tugend und der beste Schutz gegen das Laster ist. Denn – so schließt der fromme Bischof seine Hauptschrift – der Vorrang vor allen anderen Studien kommt der Betrachtung Gottes und unserer Pflicht zu, und „die höchste Vollendung des menschlichen Wesens" besteht in der Erkenntnis und Ausübung der „heilsamen Wahrheiten des Evangeliums".

Diese theologische Schlußwendung des Berkeleyschen Denkens, die wir bei Leibniz fast ebenso finden, darf indessen nicht unerkenntlich machen gegen das Gute, das Berkeley der Philosophie geleistet hat. Er hat nicht bloß in psychologischer Beziehung manches richtiger gesehen als seine Zeitgenossen (vgl. bes. seine Erklärung des Ursprungs der Raumvorstellung), sondern vor allem den kopernikanischen Grundgedanken des Idealismus, daß alle „Dinge" nur in unserer Vorstellung sind, mit Nachdruck betont. Aber er hat da bei die mathematischen und naturwissenschaftlichen Grundbegriffe verfehlt, machte das von ihm richtig in seiner Unerklärbarkeit und Zeugungskraft erkannte Bewußtsein zur unzerstörbaren, unsterblichen Seelensubstanz und gab so dem alten cartesianischen Dualismus von Geist (Denken) und Ding (Ausdehnung) aufs neue Raum.

Wie Locke von Berkeley fortgesetzt, aber umgebildet wird, so Locke und Berkeley zugleich von David Hume.

§ 20. Hume (1711-1776). Leben, Schriften und Erkenntnislehre.

F. Jodl, Leben und Philosophie David Humes. Halle 1872. *E. Pfleiderer, Empirismus und Skepsis* usw. 1874. *Huxley, Hume*, London 1879. *Meinong, Hume-Studien.* Wien 1877-82. *R. Hönigswald, Die Lehre Humes von der Realität der Außendinge.* 1904. *W. B. Elkin, Hume.* Neu-York 1904. *R. Richter, Der Skeptizismus*, Bd. II, S. 235-428. *A. Thomsen, David Hume* (aus dem Dänischen), Bd. I. 1912. Vgl. auch in *A. Riehls Geschichte des philosophischen Kritizismus* (1908) Kap. 2: Humes kritischer Positivismus (a. a. O. S. 101-207). Über Humes Ethik vgl. *G. v. Gižycki*, Breslau 1878. Quelle für sein Leben: Humes einige Monate vor seinem Tode geschriebene Selbstbiographie; vgl. dazu das eingehende Werk von *Burton, Life and Correspondence of David Hume.* 2 Bde. 1846.

1. *Leben und Schriften.* In David Hume, dem zweitältesten Sohn eines schottischen Gutsbesitzers, 26. April 1711 zu Edinburg geboren, erwachte schon früh die Leidenschaft für Literatur und Philosophie. Nach kurzer Zeit kaufmännischer Tätigkeit, die ihn nicht befriedigte, reiste er nach Frankreich und verfaßte dort in ländlicher Zurückgezogenheit sein ausführliches Erstlingswerk: *Abhandlung (Treatise) über die menschliche Natur,* das in drei Teilen den Verstand, die Leidenschaften, die Moral behandelt, von ihm selbst als „ein Versuch" bezeichnet, „die experimentelle Methode auch auf dem geistigen Gebiete einzuführen". Das Buch hatte jedoch nach seiner Veröffentlichung zu London (1739-40) nicht den mindesten Erfolg. Es blieb nach Humes eigenem Bekenntnis ein „totgeborenes Kind". Dagegen fanden eine Reihe, zunächst anonym erschienener, *Moralischer, politischer und literarischer Essays* (1741 f.) nicht bloß in England, sondern auch in Frankreich viel Beifall und Verbreitung. 1747 und 1748 war er Gesandtschaftssekretär in Wien und Turin. Er begann nun sein Jugendwerk umzuarbeiten. Als erster Teil seines Systemes erschien jetzt (1748) die leichter und allgemeinverständlicher als der *Treatise* geschriebene erkenntnistheoretische Hauptschrift *Untersuchung (Enquiry) über den menschlichen Verstand.* 1751 folgte die *Untersuchung über die*

Prinzipien der Moral, 1752 seine vielgelesenen *politischen Diskurse,* 1753-57 eine Anzahl kleinerer Abhandlungen über verschiedene Gegenstände, 1757 außerdem eine *Natürliche Geschichte der Religion,* daneben noch von 1754 bis 1761 die umfangreiche *Geschichte Englands,* zu der ihm seine Anstellung als Bibliothekar der Juristenfakultät zu Edinburg die Hilfsmittel gab. Seitdem veröffentlichte er nichts mehr, da er zunächst in den Strom des großen politischen und gesellschaftlichen Lebens gezogen wurde. So war er 1763-66 Gesandtschaftssekretär in Paris, am Hofe als konservativer Politiker, in den Salons als geistreicher Freidenker gefeiert; 1767-69 führte er als Unterstaatssekretär des Auswärtigen Amts die ganze diplomatische Korrespondenz. Die letzten acht Jahre seines Lebens genoß der mittlerweile berühmt und wohlhabend gewordene Philosoph, seinen Neigungen entsprechend, ein ruhig behagliches Leben im Kreise auserwählter Freunde zu Edinburg, bis er nach längerem, mit vollendeter Ruhe und Heiterkeit ertragenen Kranksein am 25. August 1776 starb.

Hume war eine heiter liebenswürdige, aber auch ziemlich kühle und nüchterne Natur, milde trotz seines Scharfsinns, offenherzig und gutmütig trotz seiner Menschenkenntnis, praktisch und doch beschaulich, ohne andere Leidenschaften als die des Erkenntnistriebs und des literarischen Ehrgeizes. Sein Freund Adam Smith (s. § 22) gab nach Humes Tode dessen Selbstbiographie (1777) und ein Neffe die kühnen, schon 1751 verfaßten *Dialoge über natürliche Religion* 1779 heraus. Seine Anschauungen haben am meisten in Frankreich, weniger in England gewirkt, in Deutschland hauptsächlich erst durch Kant. Die beste englische Ausgabe seiner philosophischen Werke ist die von *Green u. Grose* 1898, 4 Bde. Ins Deutsche sind fast alle seine Schriften schon im 18. Jahrhundert übersetzt worden, neuerdings der *Treatise* (mit Anmerkungen) von *Th. Lipps* 1895, 1904 und 1906, die *Enquiry* von *Raoul Richter* (6. Aufl. 1907, auch als 3. Band von Meiners *Volksausgaben),* die *Dialoge* von *Paulsen,* 3. Aufl. 1905 (die beiden letzteren bilden Bd. 35 und 36 der *Philos. Bibl.),* die *Naturgeschichte der Religion* von *W. Bolin,* Leipzig 1909. Humes Schreibart ist einfach und lichtvoll; als Schotte ist er nicht so sehr in die dem Engländer leicht anhaftende Breite verfallen. Seine Stärke besteht im verstandesmäßigen Zergliedern; er fühlt sich als „Anatom", nicht als „Maler" der menschlichen Seele.

2. *Erkenntnistheorie.* Hume zieht die Konsequenzen aus Lockes und Berkeleys Sensualismus. Wie Locke bezeichnet auch er es als erste Aufgabe der Philosophie, die Natur unseres Verstandes dadurch festzustellen, daß wir den Ursprung unserer Vorstellungen untersuchen. Wie Locke und Berkeley, unterscheidet auch er in seiner Weise *sensation* und *reflection,* nämlich: 1. die starken und lebhaften Empfindungen oder Eindrücke *(impressions),* welche die Sinneswahrnehmungen in uns hervorrufen, wozu aber außer dem Hören, Sehen und Fühlen auch das Hassen, Wünschen und Wollen gehören; 2. die matteren und dunkleren Vorstellungen *(ideas)* oder Gedanken *(thoughts),* die

in der Erinnerung an jene „Eindrücke" bestehen, deren „Nachbilder" (Kopien) sie sind. Ohne vorhergegangenen Eindruck keine Vorstellung. Selbst zu den scheinbar abstraktesten Vorstellungen muß das Original in den *impressions* aufgesucht werden. Auch für die geometrischen Gebilde z.B. sind letzter Maßstab die Sinne und die Einbildungskraft. Die ganze schöpferische Kraft der Seele besteht nur in der Fähigkeit, den durch die Sinne und die Erfahrung gewonnenen Stoff zu verbinden, umzustellen, zu erweitern oder zu vermindern. Selbst die Vorstellung von Gott ist nur eine Steigerung der menschlichen Eigenschaften der Güte und Weisheit ins Unbegrenzte. Ein Blinder kann sich keine Farben, ein Tauber keine Töne vorstellen. Die Eindrücke sind die wahren „angeborenen Ideen".

Aber stärker als Locke ist Hume für die Kritik des Erkennens interessiert, namentlich in der *Enquiry,* während der *Treatise* noch vorzugsweise Erkenntnispsychologie getrieben hatte. Er fragt daher weiter: Auf welche Weise erfolgt jene Verbindung *(association),* jene notwendige Verknüpfung der Vorstellungen oder Gedanken, die sich, wenn auch in losester Weise, selbst in unseren Träumen findet, und durch die allein Erkenntnis möglich wird? Auf dreierlei Art, durch: a) Ähnlichkeit, b) räumlich-zeitliche Berührung, c) kausalen Zusammenhang. Im Mittelpunkt des Humeschen Philosophierens steht das Problem des letzteren, der Kausalität. Eine Klasse von Vorstellungen wird dabei, wenigstens in der *Enquiry,* ausgeschieden: die Sätze der Mathematik. Denn sie enthalten lediglich an und für sich, d.h. durch Anschauung oder durch Demonstration, gewisse Beziehungen der Vorstellungen aufeinander; wenn auch völlige Exaktheit nur den Schlußfolgerungen der Arithmetik zugesprochen werden kann. Alle anderen Erkenntnisse dagegen sind solche von Tatsachen, wie z.B. der Gedanke, daß morgen die Sonne aufgehen wird. Wie steht es mit deren Gewißheit? Sie beruht, wenn wir näher nachforschen, auf der Erkenntnis von Ursache und Wirkung. Diese aber stammt lediglich aus der – Erfahrung. Ohne Hilfe von Beobachtung und Erfahrung ist es unmöglich, irgendeine Wirkung oder Ursache bestimmen zu können. Die Vernunft vermag weiter nichts, als die einzelnen Erfahrungsregeln auf größere Einfachheit, auf wenige „allgemeine" Ursachen wie z.B. Elastizität, Schwere, Kohäsion, Stoßbewegung u. ä. zurückzuführen, welche die letzten Gründe der Dinge nicht enthüllen. Auch die vollkommenste Philosophie der Natur schiebt unsere Unwissenheit nur ein kleines Stück zurück; ebenso die Metaphysik und Moralphilosophie. So ist „menschliche Schwäche und Blindheit das Ergebnis aller Philosophie". Auch das reine Denken in der Geometrie vermag der Naturwissenschaft nicht zur Kenntnis der letzten Ursachen zu verhelfen, sondern setzt die durch die Erfahrung entdeckten Naturgesetze voraus und hilft ihr nur bei der „Auffindung" [besser: genaueren Formulierung] und Anwendung der letzteren. Daß in jenem „kleinen Stück" aller Wert menschlicher Wissenschaft liegt, daß er selbst mit seinen Erfahrungs„regeln", seinen „allgemeinen" Ursachen, seiner „Hilfe" bei der Auffindung und Anwendung der Naturgesetze die Möglichkeit, ja die Notwendigkeit wissenschaftlicher Gesetzmäßigkeit zugibt, merkt Hume in seinem sensualistisch-empirischen Eifer gegen das Denken a priori gar nicht.

Alle Erfahrungsbeweise scheinen ihm vielmehr darauf hinauszulaufen, daß man von ähnlichen Ursachen ähnliche Wirkungen erwartet, kurz: auf die Macht der Gewohnheit und das daraus entspringende Glauben. Gewohnheit „ist die große Führerin im Leben". Sie allein „macht uns unsere Erfahrung nützlich und läßt uns in der Zukunft einen gleichen Lauf der Ereignisse erwarten; wie in der Vergangenheit geschehen". Sie ist ein „Prinzip" und eine wirkende Kraft unserer geistigen Natur. Man merkt überall, daß Hume nicht von der mathematisch-physikalischen Wissenschaft ausgeht. Die „mathematischen" Wissenschaften scheinen ihm nur deshalb vor den „moralischen" (heute: Geisteswissenschaften) im Vorteil zu sein, weil ihre Vorstellungen wahrnehmbar und deswegen (!) immer „klar und deutlich" (Descartes) sind; anderseits erfordern sie freilich längere und verwickeltere Schlußketten. In dem *Treatise* hatte er auch ihre Gewißheit bezweifelt; in der *Enquiry* tut er das zwar nicht mehr, schließt sie aber dafür ganz von seinem Hauptprobleme aus, verwendet sie nicht zu der Begründung der Physik, die nach ihm vielmehr auf den gewohnheitsmäßigen Wahrnehmungen von Sukzessionen und deren bloßer Verbindung (Assoziation) durch den Verstand beruht. Auch der Begriff des Raumes oder der Ausdehnung ist nur aus oft wiederholten sinnlichen Eindrücken entstanden; worin sein Wissenschaftswert besteht, fragt Hume nicht. Immerhin aber fühlt er sich doch im Laufe seiner Untersuchung, namentlich im Kapitel *Über die Wunder*, gedrungen, die verschiedensten Grade der Gewißheit, von der höchsten Sicherheit bis zur niedrigsten Wahrscheinlichkeit, zuzugeben. Freilich beruht dies Gewißheitsgefühl für ihn nicht auf logischen Gesetzen, sondern auf der Lebhaftigkeit und Energie der betreffenden Vorstellung. Und entscheidend für sein Vertrauen auf die Gesetzmäßigkeit der Natur ist schließlich sein Interesse an moralischer und religiöser Aufklärung (s. S. 373).

Der Jahrhunderte alte Streit um Freiheit und Notwendigkeit scheint unserem reinen Empiriker nur ein Streit um Worte. Die Vorstellung einer Notwendigkeit entstammt nur der Erfahrung; aus der immer wieder wahrgenommenen Gleichförmigkeit der natürlichen Folgen ist die Gewohnheit ihrer Verknüpfung in unserem Vorstellen entstanden. Auf dem Willens- oder moralischen Gebiete besteht die „Notwendigkeit" in der regelmäßigen Verbindung der Handlungen mit den Beweggründen, Umständen und Charakteren, die „Freiheit" in der Macht, je nach seinem Entschluß, zu handeln oder nicht zu handeln; was mit dem soeben definierten Begriff der Notwendigkeit durchaus vereinbar ist. Denn Freiheit bedeutet den Gegensatz zum Zwang, nicht zur Notwendigkeit, sonst wäre sie = Zufall, d.h. ein rein negativer Begriff, ohne Bedeutung, wenn man ihn in strengem Sinne faßt. Die Versöhnung aber von menschlicher Freiheit und göttlicher Allwissenheit oder die Verteidigung unbedingter Ratschlüsse, wobei die Gottheit doch nicht als der Urheber des Bösen gelten soll, hält Hume für ein Gebiet, das über die Kraft der Philosophie gehe. Deren bescheidene Aufgabe bestehe in der Erforschung des „gewöhnlichen Lebens".

3. *Stellung zum Skeptizismus.* Damit sind wir bei der Frage: Welche Stellung nimmt Hume zum Skeptizismus ein?, die er selbst im Schlußabschnitte der *Enquiry* behandelt. Ein Skeptizismus nach Art des Descartesschen Zweifels muß jedem ernsthaften Studium der Philosophie vorausgehen. Wie sollen wir die Wahrheit erkennen und zu der erstrebten Gewißheit gelangen? Sollen wir, dem ursprünglichen Naturinstinkt folgend, uns unbedingt auf die Zuverlässigkeit unserer Sinne verlassen, die uns doch z.B. ein gebrochenes Ruder unter dem Wasser vorspiegeln? Sollen wir glauben, daß unsere Empfindung oder Vorstellung der äußere Gegenstand selbst sei? Das „widerspricht offenbar der Vernunft". Aber auf der anderen Seite ist der Widersinn des „reinen Denkens" und der „primären" Qualitäten nachgewiesen: es läßt sich keine Ausdehnung ohne die Sinne, z.B. kein Dreieck an sich vorstellen. Und Berkeley, der diese „scholastischen" Begriffe vernichtete, hat dadurch, vielleicht wider seinen Willen, am meisten von allen antiken und modernen Philosophen zum Skeptizismus angeleitet. In diesem Falle aber bleibt als Ursache und Gegenstand unserer Wahrnehmungen nur ein „unbekanntes und unsagbares Etwas" übrig, das kein Skeptiker des Streites für wert halten wird. Die unendliche Teilbarkeit des Raumes und der Zeit, die von den „strengeren Wissenschaften" der Mathematik und – Metaphysik behauptet und bewiesen wird, erscheint dem „gesunden Verstande" widersinnig. Trotzdem will Hume nicht einem übertriebenen Skeptizismus („Pyrrhonismus") huldigen, der mit den wirklichen Tatsachen in Widerspruch steht und ohne dauernden Nutzen ist; ihn nennt er sogar eine „Krankheit", eine „philosophische Melancholie" und „hypochondrische Laune". Wohl dagegen einem gemäßigten Skeptizismus nach Art der „Akademie" (s. Buch I, § 43), der mit Vorsicht, Bescheidenheit und echtem Forschersinn verbunden ist. Der Philosoph halte sich an die Tatsachen des gewöhnlichen Lebens, deren „Berichtigung" und „Regelung" seine einzige Aufgabe ist; was darüber hinausgeht, überlasse er den Dichtern und Rednern oder „den Künsten der Priester und Politiker". „Können wir doch nicht einmal einen genügenden Grund angeben, weshalb wir nach tausend Proben glauben, daß der Stein fallen und das Feuer brennen wird! Wie können wir darum hoffen, irgendeine zufriedenstellende Erkenntnis über den Ursprung der Welt und den Zustand der Natur von Anfang bis in alle Ewigkeit zu erreichen?" Wahrheit ist nur in der Mathematik und – der Erfahrung zu finden. Ein theologisches oder metaphysisches Buch, so schließt Hume seine Schrift, das weder „eine dem reinen Denken entstammende Untersuchung über Größe oder Zahl" noch „eine auf Erfahrung sich stützende Untersuchung über Tatsachen und Dasein" enthält, werfe man getrost ins Feuer, „denn es kann nur Spitzfindigkeiten und Blendwerk enthalten".

§ 21. Humes Moral- und Religionsphilosophie.

1. *Moralphilosophie.* „Der Mensch muß handeln, folgern und glauben, obgleich er trotz der sorgfältigsten Untersuchung sich über die Grundlagen dieser Tätigkeit nicht zu vergewissern, noch die gegen sie erhobenen Einwürfe zu widerlegen vermag"; und „die Moral und Ästhetik sind nicht Gegenstände des Verstandes, sondern des Geschmacks und Gefühls". In diesen Sätzen spricht Hume selbst seinen moralischen Betrachtungen von vornherein die erkenntniskritische Grundlage ab. Das Kriterium des Verstandes, wie es Clarke oder Wollaston (§ 18) angewandt wissen wollten, wird abgelehnt, die Moral rein auf die empirische Grundlage der Psychologie gestellt. „Moralische und natürliche Schönheit werden mehr gefühlt als begriffen."

Es gibt nichts an sich Wertvolles oder Verächtliches; alles hängt vielmehr von dem Organismus der menschlichen Gefühle und Leidenschaften ab. Als die Hauptaufgabe der Moralphilosophie betrachtet Hume, ähnlich wie Spinoza, eine Physik der Gefühle. Diese sind teils ruhiger, teils heftiger Natur. Dem Übergewicht der ruhigen Gefühle, die mit den schwachen nicht einerlei sind, entspricht das, was wir Seelenstärke nennen. Der große Zweck aller menschlichen Tätigkeit ist das Glück. In dem Erstreben desselben lassen wir uns am besten von der Natur leiten, die uns weise organisiert hat. Den Maßstab der sittlichen Billigung oder Mißbilligung bildet das Gefühl der Lust oder Unlust, welches die zu beurteilende Eigenschaft oder Handlung in uns erregt. Dies Gefühl der Billigung empfinden wir aber auch dann, wenn dieselbe unser eigenes Wohl nichts angeht, ja unter Umständen sogar, wenn sie diesem entgegen ist. Neben den Gefühlen der Selbstliebe stehen die der Sympathie, die uns fremdes Leid und fremde Freude, wenn auch in abgeschwächter Form, mitempfinden lassen und uns überhaupt in die Lage der anderen versetzen. Das moralische Gefühl ist demnach von der Rücksicht auf den unmittelbaren oder mittelbaren Nutzen diktiert, den ich und die anderen von der betreffenden Handlung haben werden. Und zwar bestimmt, was uns nützlich ist, nur das Gefühl; die Vernunft lehrt bloß die zu jenem Zweck geeigneten Mittel finden, sowie die Folgen beobachten.

Die Tugenden oder lobenswerten Eigenschaften zerfallen demgemäß: 1. in solche, die für uns selbst angenehm sind (Frohsinn, Mut u. a.), 2. für andere angenehme (Bescheidenheit, Höflichkeit usw.), 3. für uns nützliche (Körper- und Willenskraft, Fleiß, Verstand), 4. für andere nützliche (Wohlwollen, Menschenliebe und Gerechtigkeit). Letztere, auch die sozialen Tugenden genannt, sind die höchsten und wichtigsten.

Mit der Lehre von der Gerechtigkeit, die übrigens keine schlechtweg natürliche, sondern eher eine „künstliche" Tugend zu nennen ist, da sie mit der Menschenliebe keineswegs zusammenfällt, hängt Humes staatsrechtliche und politische Theorie zusammen. Der Ursprung der Gerechtigkeit liegt in den Interessen der Gesellschaft begründet. Nicht zwar durch einen förmlichen ursprünglichen Vertrag, wie Hobbes und Locke meinen, wohl aber durch stillschweigende Übereinkunft (Konvention) ist das Recht entstanden, welches den Zweck hat, die Güter, ohne welche die Gesellschaft nicht bestehen könnte, nämlich das Eigentum, den bestehenden Besitz und die Aufrechthaltung des gegebenen Versprechens, zu schützen. Durch die hinzutretende Regierung wird die Gesellschaft zum Staat. Als die beste Verfassung erscheint Hume diejenige, welche einen erblichen König, einen Adel ohne Vasallen und eine geordnete Volksvertretung besitzt. Geschichtsphilosophisch ist er von Montesquieu und noch stärker von Voltaire beeinflußt, zeigt jedoch seiner kühleren Natur nach mehr Tatsachensinn als diese. Auch er glaubt an die Entwicklung der Menschheit zur Freiheit. Er sucht insbesondere aus den seelischen Kräften der Menschennatur die gleichbleibenden Formen staatlich-sozialen Lebens abzuleiten. In seinen politischen und nationalökonomischen Ansichten war er der Vorläufer seines Freundes Adam Smith (§ 22).

2. *Kritik der Religion.* In Sachen der Religion ist Hume vorurteilsloser als Locke und namentlich als Berkeley. Zwar dünkt ihm das Dasein einer Gottheit aus dem Kunstwerk der Natur erwiesen, aber er vermischt religiöse Betrachtungen nicht mit den moralischen und tadelt sogar ausdrücklich die Berufung auf „gefährliche Folgen für Religion und Moral" in theoretischen Dingen. An drei Stellen hauptsächlich hat er seine Religionsphilosophie entwickelt: 1. Im 10. und 11. Abschnitt der *Enquiry: Über die Wunder* und *Über eine besondere Vorsehung und ein künftiges Leben;* 2. in seiner *Naturgeschichte der Religion;* 3. in den *Dialogen über natürliche Religion.*

Die sogenannten „Wunder" stellen eine Verletzung der Naturgesetze dar (vgl. S. 370); diesen aber – hier äußert sich Hume gar nicht skeptisch – liegt eine „feste und unveränderliche" Erscheinung zugrunde. Schon die Wahrscheinlichkeit (im wissenschaftlichen Sinne des Wortes) muß stets nach der Seite des weniger Unwahrscheinlichen den Ausschlag geben. Ja, die „allgemeine Erfahrung" liefert einen vollen Beweis gegen die Wunder, ganz abgesehen davon, daß zunächst einmal die Berichte und Zeugnisse über angebliche Wunder zu prüfen sind, welchen letzteren die Leidenschaft der Menschen für überraschende und erstaunliche Ereignisse entgegenkommt. Mindestens kann kein Wunder so sicher bewiesen werden, daß es zur Grundlage eines Religionssystems tauglich ist. „Unsere allerheiligste Religion stützt sich auf den Glauben und nicht auf – Vernunft, und es heißt sicherlich sie gefährden, wenn man sie auf eine Probe stellt, die sie in keinem Falle bestehen kann!" Das nämliche, wie von den Wundern, gilt von den Prophezeiungen.

In dem folgenden Abschnitt über „eine besondere Vorsehung und ein künftiges Leben" legt Hume die Verteidigung der beide Dogmen leugnenden Lehre Epikurs einem zu „skeptischen Paradoxen" geneigten „Freunde" in den Mund. Das Urteil über wahres Glück, über Tugenden und Laster sei unabhängig von diesem Glauben, und der Beweis Gottes aus der Ordnung der Natur beweist nichts für andere Dinge. Aber läßt ein unvollendetes Bauwerk, wie die

Welt und das irdische Leben des Menschen, nicht auf einen vollkommeneren Plan schließen? Wohl bei dem Menschen, den wir aus Erfahrung kennen, nicht aber bei der Gottheit, die wir nicht stillschweigend nach menschlichen Regeln beurteilen dürfen. Den tatsächlich sittigenden und zügelnden Einfluß der religiösen „Vorurteile" auf die menschlichen Leidenschaften gibt Hume zum Schluß selbst zu; wer das Volk von denselben befreien wolle, möge daher ein guter „Logiker" sein, sei aber kein „guter Bürger und Politiker". Gleichwohl soll der Staat jede philosophische Lehre zulassen, denn die Lehren der Philosophen seien weder begeisternd noch für die Menge verlockend!

Von der systematischen Frage nach der vernunftmäßigen Begründung der Religion unterscheidet Hume mit Recht die historische nach ihrem geschichtlichen Ursprung, die er in seiner *Naturgeschichte der Religion* (1755) zu beantworten sucht. Er versucht namentlich zu zeigen, wie Religionen nicht „gemacht" werden, sondern mit Naturnotwendigkeit aus dem menschlichen Geiste entstehen. Hier wird zum erstenmal eine bloß aus psychologisch-kulturhistorischen Prinzipien entwickelte Naturgeschichte der religiösen Vorstellungen, vom primitivsten Glauben der Urvölker über den Polytheismus hinweg bis zu dessen allmählicher Umwandlung in den Monotheismus, gegeben: für den damaligen Stand des Wissens eine bedeutende Leistung.

Der philosophisch wichtigeren Frage nach der „Wahrheit" bezw. Begründung der Religion sind die nachgelassenen *Dialoge über natürliche Religion* gewidmet. Von den drei Personen, die in ihnen das Wort führen, ist Demea der Vertreter der Orthodoxie, Philo Skeptiker und Naturalist, Kleanthes rationalistischer Deist. Humes eigener Standpunkt ist nicht mit voller Deutlichkeit zu ersehen. Er schenkt zwar zum Schlusse seine Zustimmung am meisten dem Kleanthes, aber er hat offenbar auch seine Freude an den skeptischen Einwänden Philos gegen die Außerweltlichkeit Gottes, die Vollkommenheit der Welt und den Schluß von den Teilen auf das Ganze. Auch Philo verwirft übrigens die „natürliche" Religion nicht schlechtweg, sondern hält sie nur nicht für wissenschaftlich begründbar. Der Streit zwischen Theisten und Atheisten, Skeptikern und Dogmatikern sei für die vernünftige Betrachtungsweise des Praktikers in der Regel ein bloßer Wortstreit. Jedenfalls hat Hume die positiven Volksreligionen, die er einmal den „Träumen eines Fieberkranken" vergleicht, ziemlich gering geschätzt, obgleich er die persönlichen Folgerungen daraus nicht zog, sondern aus Opportunismus die Kirche besuchte. Doch trat er für unbedingte Duldung, auch Skeptikern und Atheisten gegenüber, ein. Die natürliche Rechtschaffenheit scheint ihm stärker und beständiger zu wirken als alle religiösen Beweggründe.

Auch die nachgelassenen kleinen Abhandlungen *Über den Selbstmord* und *Die Unsterblichkeit der Seele* sind in durchaus freiem bezw. skeptischem Geiste gehalten. Konnte doch auch für eine Fortdauer der Einzelseele nach dem Tode der Mann kaum eintreten, der in seiner Erkenntnislehre die Seele als ein bloßes Bündel von Vorstellungen bezeichnet und bereits als 27 jähriger in seinem *Treatise* jede Art des Substanzbegriffs entschieden bekämpft hatte.

Hume bildet den Gipfel der englischen Philosophie des 18. Jahrhunderts, die Vollendung von Baco, Locke und Berkeley. Er ist der letzte große Philosoph Englands gewesen, falls man nicht den Entwicklungsphilosophen des 19. Jahrhunderts (Spencer) als solchen ansehen will.

§ 22. Anhänger, Zeitgenossen und Gegner Humes.

A. Oncken, Adam Smith und I. Kant. Lpz. 1877. *Hasbach, Die allgemeinen philosophischen Grundlagen der von Quesnay und Smith begründeten politischen Ökonomie.* Lpz. 1890. *Schönlank, Hartley und Priestley, die Begründer des Assoziationismus in England.* Diss. 1882.

1. Adam Smith.

Humes Werk wurde auf ethischem und national-ökonomischem Gebiete fortgesetzt durch seinen jüngeren Freund und Landsmann Adam Smith (1723-1790). Dieser, Sohn eines Zollbeamten, bekleidete seit 1751 eine Professur der Moralphilosophie in Glasgow, wo er über natürliche Theologie, Naturrecht, Ethik und Nationalökonomie las. Nachdem er 1759 seine *Theorie der moralischen Gefühle* veröffentlicht hatte, gab er seine Stelle auf und reiste nach Frankreich, wo er die Bekanntschaft der Nationalökonomen Quesnay, Turgot und Necker (§ 27) machte. Nach Schottland zurückgekehrt, arbeitete er in der Stille seines Heimatsdorfes, bei seiner Mutter lebend, das berühmte Werk aus, von dem man den Anfang der wissenschaftlichen Nationalökonomie zu datieren pflegt: *Untersuchung über die Natur und die Ursachen des Reichtums der Völker* (1776). Später bekam er eine Stellung am Zollamt zu Edinburg, wo er 1790 starb: eine stille, weiche und bildsame Natur.

a) Seine Ethik vertieft diejenige Humes. Das moralische Gefühl entsteht nur in Gesellschaft anderer, durch unwillkürliche Sympathie: die Rücksicht auf den Nutzen tritt erst später ergänzend hinzu. Jeder Mensch trägt einen unparteiischen inneren Zuschauer seiner Handlungen in seiner Brust. Das moralische Urteil bildet sich zwar erst allmählich aus, aber es ist unwillkürlich; erst bei seinen Verallgemeinerungen wirkt die Vernunft mit. Den Humeschen Sympathiegedanken baut Smith mit guter psychologischer Beobachtung bis ins kleinste aus. Die erste Stufe des Sympathisierens ist rein psychologischer Natur; dann entspringen Werturteile; aus ihnen das Gebot: Betrachte dein Fühlen und Tun in dem Lichte, in dem es der „unparteiische Zuschauer" tut. So bilden sich bestimmte Grundsätze und Lebensregeln, das Pflichtgefühl, endlich die Erkenntnis jener Regeln als göttlicher Gebote. Zu der Achtung muß Neigung (natürliches Gefühl) hinzukommen. Das Gerechtigkeitsgefühl beruht auf dem Grundtrieb der gesellschaftlichen Ausgleichung. Das leitet uns über zu seinem

b) ökonomischen Denken, das ihn berühmter als seine Moralphilosophie gemacht hat, übrigens in einem gewissen Gegensatz zu dieser steht. Ausgangspunkt ist nämlich hier der natürliche Erwerbstrieb des einzelnen, der sich frei und unbeschränkt regen muß. Quellen des Reichtums sind Arbeit und Sparsamkeit. Der Staat soll weder mit Geboten noch mit Verboten in diese Erwerbssphäre eingreifen; Angebot und Nachfrage werden, wie sie es von jeher getan, alles schon aufs beste regulieren, die angemessene Arbeitsteilung bewirken usw. Der Staat soll nur den Frieden erhalten, vor äußerer Gewalt schützen, höchstens rein gemeinnützige Anstalten ins Leben rufen. Die Volkswirtschaft ist für Smith nur die Summe der Privatwirtschaften. Was die Gewinnverteilung betrifft, so tritt neben den Anteil des Arbeiters derjenige des die Rohstoffe liefernden Grundeigentümers und des die Betriebsmittel liefernden Kapitalisten.

Dies aus den Bedürfnissen der englischen Wirtschaftsverhältnisse hervorgewachsene Prinzip des *Laissez-faire* ist heute in seiner Einseitigkeit erkannt, bedeutete jedoch für die damalige Zeit einen wichtigen Fortschritt; ja sein Urheber hielt dessen Verwirklichung im damaligen England noch für unmöglich. Das (etwas breite) Buch von Smith hat auf die ältere, sogenannte „klassische" Nationalökonomie (Ricardo, Malthus u. a.) einen bedeutsamen Einfluß geübt. Auch von Kant und seinem Königsberger Kollegen Kraus ist Smith sehr hochgeschätzt worden.

2. Die Assoziationspsychologie (Hartley und Priestley).

a) David Hartley (1705-1757), anfangs Theologe, dann Arzt geworden, führt in seinen *Beobachtungen über den Menschen, seinen Bau, seine Pflicht und seine Aussichten* (1749) alle seelischen Erscheinungen auf die „Assoziation" einfachster Geschehnisse und Vorstellungen zurück. So können aus den einfachsten die zusammengesetztesten, aus anfangs automatischen bewußte, aus ursprünglich sinnlichen und egoistischen ideale, zuletzt religiöse Vorstellungen werden und umgekehrt. Es gilt Locke mit Newton zu verbinden, eine „Physik der Seele" zu begründen. Der geistigen Verbindung der Vorstellungen entspricht die physiologische der Gehirnschwingungen; doch behauptet Hartley vorsichtigerweise nur einen Parallelismus beider an sich unvergleichbarer Reihen. Folgerechter als er verfuhr sein Schüler

b) Joseph Priestley (1733-1804), der Entdecker des Sauerstoffes und – Prediger einer Dissentergemeinde, der mit frommer Gesinnung freie politische Anschauungen (Begeisterung für die Französische Revolution) und einen ausgesprochenen naturwissenschaftlichen Materialismus verband. Das Wesen der Materie liegt in der anziehenden oder abstoßenden Kraft der Atome. Der nämlichen Substanz können – so entwickelte er in seinen *Untersuchungen über Materie und Geist* (1777) – sowohl physische als psychische Kräfte zukommen. Statt psychologischer Zergliederungen soll man Physik des Nervensystems treiben. Auf theologischem Gebiete dagegen lehrt er Auferstehung und Unsterblichkeit und bekämpft zwar im Namen der natürlichen Religion alle „Verfälschungen des Christentums", aber auch den Skeptizismus Humes und den Atheismus der französischen Materialisten. Wegen seines Freisinns von der Hochkirche verfolgt, verließ er England und starb in Philadelphia.

c) Während in Deutschland mehr die rationalistische Theologie Hartleys und Priestleys wirkte, wurde in England ihre Assoziationspsychologie aufgenommen und weiter gebildet von Charles Darwins Großvater und Vorläufer Erasmus Darwin (1731-1802), dessen *Zoonomie oder die Gesetze des organischen Lebens* (1794-96) die Entstehung der Instinkte durch Erfahrung und Assoziation, unter dem Einflusse des Selbsterhaltungstriebes und der Anpassung an die Verhältnisse, ja schon die Vererbung erworbener Eigenschaften lehrt und so die Assoziationspsychologie zu einer allgemein-biologischen Entwicklungstheorie erweitert. So versetzt uns die Philosophie dieser Männer, die großen Einfluß auf die englischen Philosophen des 19. Jahrhunderts (z.B. die beiden Mill) geübt haben, schon mitten in die naturphilosophischen Probleme der zweiten Hälfte des 19. Jahrhunderts.

3. Die Philosophie des gemeinen Menschenverstandes (schottische Schule).

Eine ganz andere Stellung zu Hume nehmen diejenigen seiner Landsleute ein, die man unter dem Namen der „Schottischen Schule" zusammenfaßt, welche sich schon in den ihr verwandten Ästhetikern Home und Burke (S. 362 f.) ankündigte, aber erst mit Thomas Reid (1710-1796) in der zweiten Hälfte des 18. Jahrhunderts an den Universitäten Schottlands zur Herrschaft gelangte. In seiner Hauptschrift *Untersuchung über den menschlichen Geist nach den Prinzipien des Common sense* (1764) erzählt Reid selbst, wie er anfangs Locke und Berkeley angehangen habe, bis ihm Humes Traktat die gefährlichen Konsequenzen dieser Philosophie gezeigt habe, nämlich: Umsturz aller Wissenschaft, Tugend, Religion und des gesunden oder gemeinen Menschenverstandes (common sense). Diesen letzteren, der, älter als alle Philosophie, uns unmittelbar von Gott verliehen ist, und seine „von selbst" einleuchtenden Wahrheiten will Reid wiederherstellen. Er gibt zwölf solcher ursprünglichen Urteile an, die intuitive Gewißheit besitzen. Die mathematischen und logischen Axiome gehören ebenso dazu wie der Kausal-„Instinkt" und das Dasein der Seele. Die Außendinge, die wir sehen, sind uns als wirklich durch unsere Empfindungen verbürgt, welche letzteren die Natur „mittels einer Art natürlicher Magie" in uns hervorruft. Auf dem praktischen Gebiete endlich äußert er sich als „moralischer Sinn".

Von den weiteren Vertretern der schottischen Schule wandte Beattie (1735-1803) das Prinzip des common sense namentlich auf das ästhetische Gebiet an, während der Theologe Oswald († 1793) mit Hilfe desselben die religiösen Wahrheiten gegen den Skeptizismus zu verteidigen suchte. Bedeutender als beide ist Dugald Stewart (1733-1828), der die Lehre des Meisters ausbaute, aber in manchen Punkten auch modifizierte. Das gleiche widerfuhr der seinigen von seinem Schüler Thomas Brown (1778-1820), der sich wieder Hume und der Assoziationspsychologie näherte.

Die schottische Schule bezeichnet eine Ermattung des philosophischen Denkens. Denn bezüglich des gesunden Menschenverstandes hat der scharfsinnigste Philosoph vor dem gemeinen Manne nichts voraus. Trotzdem hat sie auf die Mit- und Folgezeit nicht unbedeutend eingewirkt, so in Deutschland auf Jacobi und die Popularphilosophen, in Frankreich auf den Spiritualismus der Jouffroy und Cousin, in England u. a. auf Hamilton, der Reids und Stewarts Werke neu herausgegeben hat.

Damit sind wir indes bereits über die Schwelle des 19. Jahrhunderts getreten. Weit bedeutender waren die Wirkungen, welche die leitenden Gedanken der englischen Aufklärungsphilosophie auf das Frankreich des 18. Jahrhunderts hervorriefen.

B. In Frankreich.

Kapitel VII. Die französische Aufklärungsphilosophie von Bayle bis Rousseau.

Vgl. außer den früher angegebenen Werken (darunter Hettner, Bd. II) die Monographien *J. Morleys* über Voltaire, Diderot, Rousseau und Condorcet.

Die französische Aufklärung hängt in viel höherem Maße als die englische unmittelbar mit den politischen, kirchlichen und sozialen Verhältnissen ihres Geburtslandes zusammen, während neue philosophische Leitgedanken verhältnismäßig weniger hervortreten. So wichtig sie daher auch für die allgemeine Kultur- und Literaturgeschichte ist, kann und muß sich der Philosophiehistoriker hier kürzer fassen. Wir betrachten zunächst: 1. ihren Vorläufer P. Bayle sowie die Einführung englischer Ideen durch Voltaire und Montesquieu, 2. die Ausbildung eines entschiedenen Sensualismus und Materialismus und 3. als Gegenströmung die Gefühlsphilosophie J. J. Rousseaus nebst den Anfängen des Sozialismus

§ 23. Bayle – Montesquieu – Voltaire.

I. Bayle.

L. Feuerbach, P. Bayle. Ansbach 1838. *Bolin, P. Bayle.* Stuttgart 1905.

Den Weg bereitet hat der Aufklärung in Frankreich und teilweise auch in Deutschland der Skeptiker und Polyhistor Pierre Bayle (1647-1706). Geboren als Sohn eines hugenottischen Geistlichen in der Grafschaft Foix, als Jüngling kurze Zeit (1 ½ Jahre) durch jesuitischen Einfluß katholisch geworden, dann aber zur reformierten Kirche zurückgekehrt, studierte er in Genf Descartes, wurde 1675 Lehrer der Philosophie zu Sedan, 1681 in Rotterdam, wo er indes 1693 wegen seiner freisinnigen Anschauungen sein Lehramt verlor, und lebte von da bis an seinen Tod als Privatmann und Schriftsteller, der Mittelpunkt eines literarischen Kreises, zu dem Leibniz, Shaftesbury und andere bedeutende Denker gehörten. Sein Hauptwerk, das große *Dictionnaire historique et critique* (zuerst in 2 Bänden, Rotterdam 1695 u. 1697, am vollständigsten die Ausgabe von *Des Maiseaux,* 4 Bände, Rotterdam 1740), umfaßt in vier mächtigen Folianten fast den ganzen Wissensstoff seiner Zeit, wenigstens auf philosophisch-theologisch-philologischem Gebiete. Seine übrigen Schriften, darunter namentlich seine *Gedanken gelegentlich der Erscheinung eines Kometen* (der im Jahre 1680 viel Aberglauben und Furcht hervorrief), wurden in Haag 1725 ff. herausgegeben.

Bayles Eigenart tritt besonders in den ausführlichen kritischen Noten zu den Artikeln seines Dictionnaires hervor. Sie besteht, abgesehen von der Vielseitigkeit seines Wissens, vor allem in der scharfsinnigen Art seiner philologisch-historischen Kritik, die, mit unübertrefflicher Klarheit, Geduld und Beweglichkeit an das Größte wie an das Kleinste herangehend, selbst die verwickeltsten Probleme zu entwirren weiß. Dazu kommt sein lebendiger, schlagfertiger und geistreicher Stil. Seine Tendenz geht vor allem gegen den dogmatischen Verfolgungsgeist, den er an sich selbst genugsam erfahren hatte, wie überhaupt gegen allen Dogmatismus. Sein scharfer dialektischer Geist läßt ihn vor allen Dingen die Widersprüche aufspüren und hervorheben.

So geht er denn von dem cartesianischen Maßstab der „klaren und deutlichen" Erkenntnis, des „natürlichen Lichtes" aus, betont aber im Gegensatz zu Descartes aufs schärfste den Widerspruch zwischen Offenbarung (Religion) und Vernunft (Wissenschaft). Ohne den Offenbarungsglauben ausdrücklich anzugreifen oder zu tadeln – wie er denn überhaupt selten seine eigene Ansicht klar hervortreten läßt –, zeigt er an einigen Beispielen, daß derselbe nicht bloß über-, sondern auch widervernünftig sei. In diesem Sinne behandelte er auch das Problem der Vereinbarkeit des Bösen in der Welt mit der Güte Gottes und wollte das manichäische Doppelprinzip (I, § 56) gar nicht so ungereimt finden: was Leibnizens Widerspruch (§ 14) hervorrief. Bayles Prinzip reinlicher Scheidung führte ihn dann auf sittlichem Gebiete zu dem für die Aufklärungszeit charakteristisch gewordenen Grundsatz, daß die Sittlichkeit des Menschen unabhängig sei von seinen religiösen oder metaphysischen Meinungen, zu der Forderung der Trennung der Kirche vom Staat und unbedingter Toleranz. Bayle erklärt zum erstenmal in der Geschichte der christlichen Philosophie, daß auch ein Staat von Atheisten möglich sei, wenn auf strenge Strafen und Ehrbegriffe gehalten wird. Übrigens werde die Zahl derer, die wirklich nach den Lehren des Evangeliums leben, immer sehr klein sein, wie denn der tiefste Grund der Bayleschen Skepsis ein entschiedener Pessimismus ist.

Auf dem Gebiete der Philosophie im engeren Sinne Positives von Bedeutung zu leisten, hat Bayle sowohl seine skeptische Natur wie sein Mangel an naturwissenschaftlichem Interesse gehindert. Er hat zwar das Verdienst, in seinen Artikeln *Pyrrhon* und *Zenon* die scharfsinnigen Untersuchungen der antiken Skeptiker bezw. Eleaten über Raum, Zeit und Bewegung ans Licht gezogen und gewürdigt zu haben, aber er bezweifelt nicht bloß die Wirklichkeit der Körperwelt, sondern auch die Gewißheit des Selbstbewußtseins, ja sogar die Sicherheit der mathematischen Axiome. Von den zeitgenössischen Philosophen bekämpft er am meisten Spinoza wegen seines Pantheismus und Determinismus, obwohl er selbst die Willensfreiheit des Menschen ebenfalls für unbegreiflich und unbeweisbar hält.

Seine Hauptbedeutung liegt in dem Aussprechen jener allgemeinen Aufklärungsgedanken, die dem Bedürfnis der Zeit entgegenkamen und sich rasch in Frankreich und über die Grenzen desselben hinaus verbreiteten. Nicht bloß auf Hume, sondern auch auf Leibniz ist Bayle nachweisbar von Einfluß gewesen; kein anderer wie Gottsched hat später (1741-44) sein *Dictionnaire* ins Deutsche übersetzt. Und zwar wirkte, wenigstens in seinem Vaterlande, die kritisch-negative Seite seines Denkens am stärksten. Die weitere Entwicklung der Aufklärung zog aus seinem Satze, daß die kirchlichen Lehren mit der Vernunft unvereinbar seien, den Schluß, daß nicht die letztere, sondern die ersteren zu verwerfen oder doch entsprechend zu rationalisieren seien.

Zu reicherer Wirksamkeit sollten diese Gedanken erst ein Menschenalter später kommen, nachdem der ungeheure geistige Druck der nach außen so glänzenden Periode Ludwigs XIV. gewichen war. Schon unter der Regentschaft (1715-23) zeigen sich die Spuren freieren geistigen Lebens. So arg die Sittenlosigkeit des Hofes und des Adels war, Handel und Industrie und mit ihnen die Bourgeoisie, der „dritte Stand", kamen empor, während allerdings die Bauern und Arbeiter noch im tiefsten Elend schmachteten, zu dessen Linderung vergeblich wohlmeinende Nationalökonomen, wie Vauban und Boisguillebert, ihre Vorschläge machten.

Dazu kam dann der Einfluß der englischen Ideen. Mehrere Jahre, bevor Hume nach Frankreich ging, um dort in der Stille seine Gedanken ausreifen zu lassen, hatten zwei junge Franzosen England besucht, um sich mitten in die dortige Bewegung der Geister zu stürzen und von da die neuen Ideen über Religion und Kirche, Philosophie und Staat in die Heimat mitzunehmen, deren geistiges Leben damals in der Hauptsache noch das Gepräge der Ausläufer des Cartesianismus einer-, des Katholizismus (Jansenisten, Jesuiten) anderseits trug. Es waren Montesquieu und Voltaire. Friedrich der Große schreibt 1767 an den letzteren: „Bayle hat den Kampf begonnen. Eine Anzahl Engländer folgte ihm. Ihr seid berufen, den Kampf zu vollenden!“ Folgen wir jetzt dessen weiterer Entwicklung.

II. Montesquieu

(1689-1755), ein südfranzösischer Edelmann, hatte bereits als Mitglied der Akademie von Bordeaux eine Reihe historischer, naturwissenschaftlicher und moralphilosophischer Abhandlungen geschrieben, ehe er zu literarischer Berühmtheit gelangte. Diese verschafften ihm mit einem Male seine 1721 (zuerst anonym) erschienenen *Lettres Persanes,* die unter der Maske zweier reisender Perser die französischen Zustände vom Standpunkt der politischen und religiösen Freiheit aus schonungslos geißelten. Nach einem Aufenthalte in England (1729-31) entstand sein zweites, historisches Werk, die *Betrachtungen über die Ursachen der Größe der Römer und ihres Verfalls* (1734), das den Grund ihrer Größe in ihrer politischen Freiheit aufzuzeigen suchte. 1748 endlich erschien, nach zwanzigjährigen Vorstudien, das Hauptwerk seines Lebens: *L'esprit des lois,* das in 18 Monaten mehr als zwanzigmal gedruckt wurde.

Der „Geist der Gesetze“ entsteht aus dem Geist des betreffenden Volkes, d.h. der Summe seiner natürlichen und geschichtlichen Bedingungen, als da sind: Klima, Bodenbeschaffenheit, Sittenbildung, Religion usw. In einem gewissen Widerspruch mit dieser naturalistischen Anschauung, die wir schon bei Bodin angedeutet fanden, preist Montesquieu dann aber als erstrebenswertes Ideal für alle Staaten den englischen Konstitutionalismus mit seiner Dreiteilung der Gewalten in die gesetzgebende, richterliche und vollziehende, von denen er namentlich die richterliche kräftig hervorhebt. Hier wandelt er demnach in den Bahnen Lockes, weiß jedoch seine Gedanken vielfach eigenartig auszuprägen und sucht ihnen eine psychologische Grundlage zu geben. So führt er die Despotie auf das Prinzip der Furcht, die Monarchie auf das der Ehre, die Demokratie auf das der politischen Tugend zurück. Politische Freiheit ist die Macht, das tun zu können, was man wollen soll. Daneben finden sich wieder sehr realistisch klingende Sätze, wie: „Das Interesse ist der größte Monarch in der Welt.“ „Man lasse uns, wie wir sind.“ „Die Natur verbessert alles.“ Ein festes philosophisches Prinzip fehlt. Trotzdem ist Montesquieu ohne Frage von epochemachendem Einfluß auf das politische Denken seiner Zeit gewesen.

In bezug auf das allgemeine Denken war dies in noch viel höherem Grade der Fall mit

III. Voltaire.

Vgl. *D. F. Strauß, Voltaire*, 6 Vorträge, Lpz. 1870, 4. Aufl. 1877. *John Morley*, London 1872. *Mahrenholz*, Oppeln 1875. Das meiste Material bieten die 8 Bände von Desnoiresterres, *Voltaire et la société au 18. siècle*, Lpz.

1872. – Ins Deutsche übersetzt, mit Einleitung und Anmerkungen (in Auswahl) von *A. Ellissen*, Lpz. 1844-46. Über seine Philosophie vgl. *P. Sakmann* im *Arch. f. Gesch. d. Philos.*, Bd. 18 (1905) und: *Voltaires Geistesart und Gedankenwelt.* Stuttgart 1909.

Voltaire (1694-1778, eigentlich J. M. Arouet), dessen Leben, literarische und Kulturbedeutung hier nicht darzustellen sind, hat gleich Montesquieu die nachhaltigsten philosophischen Eindrücke durch seinen Besuch in England (1726-28) empfangen. Von dort verpflanzt er Lockes Empirismus, Newtons Naturphilosophie und die natürliche Religion des Deismus nach Frankreich. Seine bewundernden Briefe *Sur les Anglais* (1728) wurden in Frankreich anfangs auf Befehl der Zensur verbrannt, seinen *Eléments de la philosophie de Newton* erst 1741 die Druckerlaubnis gewährt. Zu Locke fühlt er sich auch noch später (vgl. *Le philosophe ignorant*, 1767) am meisten hingezogen: alles rührt von der Empfindung her, diese aber von der seit Ewigkeit vorhandenen, von Gott geordneten Materie. Aber Voltaire ist kein Systematiker, sondern nur ein begeisterter und gewandter Verbreiter und Popularisator fremder Ideen (vgl. besonders sein *Dictionnaire philosophique portatif,* 1764). Anfangs ist er durchaus Deist und begeisterter Verkünder der drei Dogmen der deistischen Aufklärung: Gott, Freiheit, Unsterblichkeit; später ist in dieser Beziehung ein deutliches Schwanken, ja ein gewisser, wenn auch nicht vollständiger, Umschwung wahrnehmbar.

An der Existenz Gottes freilich hat er, was man über seiner Kirchenfeindschaft oft vergessen hat, immer festgehalten. Zwar galt sein Kampf in erster Linie dem kirchlichen Aberglauben mit seinem Gefolge: Intoleranz und Fanatismus, und in diesem Sinne ist das berüchtigte *Ecrasez l'infâme* (sc. die Kirche) zu verstehen, das er am Schluß seiner Briefe an vertraute Freunde anzubringen pflegte. Aber daneben hat er stets auch den Atheismus bekämpft, namentlich in seiner *Réponse au Système de la nature* (1777): „Wir verdammen den Atheismus, verabscheuen den Aberglauben, lieben Gott und die Menschheit." Religion besteht ihm in der Anbetung des höchsten Wesens. Das bekannte Wort: „Gäbe es keinen Gott, so müßte man ihn erfinden", ist durchaus ernsthaft gemeint; denn „die ganze Natur verkündigt laut, daß er existiert." Nur bevorzugt er später immer mehr den moralischen vor dem theologischen Beweis. Damit hängt denn auch sein Abschwenken von dem anfangs mit Leibniz und Shaftesbury geteilten Optimismus zusammen, den er bekanntlich in seinem *Candide* (1757) beißend verspottete. Das furchtbare Erdbeben von Lissabon (1755) war nicht ohne Einfluß auf diese Wandlung seiner Ansichten geblieben. Auch in der Frage der Unsterblichkeit der Seele und der Freiheit des Willens neigt er später mehr dem Skeptizismus und Determinismus zu. Die Unsterblichkeit bleibt ihm nur eine schöne Hoffnung, höchstens ein sittliches Postulat. Überhaupt schein ihm alle Spekulation wertlos im Verhältnis zum Praktischen. Statt spekulative Fragen zu erörtern, „laßt uns hingehen und unseren Garten bebauen", schließt sein *Candide;* und ein andermal heißt es: „Gott gab dir den Verstand, um dich zum Rechten zu leiten, nicht um in das Wesen der erschaffenen Dinge einzudringen."

Dagegen ist ihm Moral die wahre und einzige Religion und Philosophie. „Ich führe immer, so viel als möglich, meine Metaphysik auf die Moral zurück", schreibt er 1737 an Friedrich den Großen. Auf diesem Felde hält er an den, sonst von ihm mit Locke bekämpften, angeborenen Ideen fest, hier geht er auf den im übrigen von ihm als Beweismittel nicht anerkannten consensus gentium zurück. Wie sehr auch der Inhalt der sittlichen Vorschriften wechseln mag, das Bewußtsein des Rechten bleibt unverändert. Die Vernunft belehrt uns über Tugend und Laster ebenso sicher, wie sie lehrt, daß 2 x 2 = 4 ist. Alle Philosophen von Zoroaster bis Shaftesbury lehren im Grunde dieselbe Moral. Mit angenehmen Empfindungen hat die Tugend an sich nichts zu schaffen. Der sonst so sarkastische Spötter wird schwärmerisch begeistert, wenn er auf das Wohl der Menschheit zu reden kommt. Er sieht „das Zeitalter der Vernunft" und Aufklärung hereinbrechen, allerdings – nur für die „anständigen Leute", nicht für die „Canaille", die „Lakaien, Schuster und Dienstmädchen". Er ahnte nicht, daß noch zu seinen Lebzeiten auch Lakaien (Rousseau) zu philosophieren beginnen, daß bald die Revolution mit ehernem Tritt auch über seine honnêtes gens zur Tagesordnung übergehen würde. Zu einer mehr als rhetorischen Begründung seiner Moral hat es Voltaire freilich nicht gebracht. Ähnlich zeigt sich auch in der Politik, die er übrigens nicht, wie Montesquieu und Rousseau, im Zusammenhang bearbeitet hat, die Oberflächlichkeit seines Liberalismus im vollsten Lichte. Er weiß zwar schön von Freiheit und Gleichheit zu reden, aber er erwartet das Heil vom aufgeklärten Despotismus, wie er denn auch mit den Monarchen von Preußen, Rußland, Dänemark und Schweden in persönlicher Verbindung stand. „Das Volk hat zur Selbstbildung weder Zeit noch Fähigkeit. Es scheint nötig, daß es einen unwissenden Pöbel gebe; wenn dieser zu vernünfteln anfängt, so ist alles verloren!" Seine *Philosophie der Geschichte* (1765) – er hat diesen Ausdruck zum erstenmal gebraucht – baut auf den von Montesquieu gelegten Grundlagen fort, nur unter Bevorzugung der „moralischen" vor den physischen Ursachen. Doch fehlt es ihm, wie den meisten Aufklärern, an historischem Sinne. Bei all seinem gewaltigen Einfluß auf die Entwicklung des freien Denkens spielt somit Voltaire philosophisch keineswegs eine hervorragende Rolle.

Des zeitlichen Zusammenhanges wegen schließen wir hier noch den Baron von Maupertuis (1698-1759) an, der 1736 die erste Gradmessung in Lappland leitete, später von Friedrich dem Großen für Berlin gewonnen und 1746 zum Präsidenten der dortigen Akademie ernannt wurde, die er bis zu seinem Tode fast allein regierte. Maupertuis ist einer der ersten Newtonianer in Frankreich. In der Philosophie Eklektiker, verbindet er Locke mit Berkeley und Hume, indem er sogar die reine Mathematik und Mechanik empirisch ableiten will, der Unterscheidung der primären und sekundären Qualitäten alle reale Bedeutung abspricht und den Kraftbegriff für höchst verschwommen erklärt. Um so sicherer findet er dagegen die uns nicht erkennbaren letzten Naturgesetze, das Wesen der Dinge im

Grundplan der göttlichen Verfassung des Weltalls verankert und bekämpft eifrig mit teleologischen Gründen den Materialismus. Letzterer gewann gleichwohl in seiner Heimat die Oberhand.

§ 24. Materialismus und Sensualismus.

In dem Umschwung von Voltaires persönlicher Entwicklung spiegelt sich die Entwicklung der allgemeinen Anschauungen wider. Die in erster Linie aus England eingeführte Aufklärung erhält in Frankreich einen immer radikaleren Anstrich. Hier forderte nicht bloß der größere Druck der kirchlichen, politischen und sozialen Verhältnisse zu einer weit heftigeren Opposition heraus, sondern mußte auch der scharfe, verstandesklare Charakter des französischen Geistes die Gegensätze schärfen. Zunächst in der Naturphilosophie.

1. Materialismus.

In der Konsequenz der natürlichen Weltanschauung des Newtonschen Systems lag es, über dessen Urheber hinauszugehen und die von diesem noch bejahte Frage nach einem außerweltlichen Schöpfer in der Schwebe zu lassen. In diesem Sinne wirkte

a) Buffon (1707-1788) mit seinem Riesenwerke, der *Allgemeinen und besonderen Naturgeschichte,* die von 1749 bis 1788 in 36 Bänden, wozu 1789 noch 7 Supplementbände kamen, erschien. Sie verdrängte bald Voltaires deistischen Naturmechanismus aus den Pariser Salons. Buffon bezauberte nicht bloß durch seinen vortrefflichen Stil, sondern namentlich auch durch seine Art, die Natur nicht vom Standpunkt des Spezialforschers, sondern als einen großen Organismus anzusehen. Er leitete alle Lebewesen von organischen Molekülen ab, ist also gewissermaßen ein Vorläufer der modernen Zellentheorie. Gebrauchte er auch als Direktor des Königl. Botanischen Gartens die Vorsicht, sich des Wortes „Schöpfer" zu bedienen, wo er an sich lieber „Naturkraft" gesagt hätte, so dachte er in seinem Inneren wohl kaum sehr verschieden von dem eigentlichen Wortführer des französischen Materialismus, de ihn vielleicht schon beeinflußt hat:

b) Dem Arzte und Philosophen La Mettrie (1709-1751), aus St. Malo in de Bretagne, der, anfänglich zum Theologen bestimmt, bald zur Medizin übergin und Schüler des berühmten, spinozistisch gesinnten Arztes Boerhaave in Lei den wurde. Durch die in seiner *Naturgeschichte der Seele* (1745) offen aus gesprochene Überzeugung von der Körperlichkeit der Seele verscherzte L Mettrie sich seine Stellung als Militärarzt; er flüchtete nach Holland. Das Ä gernis, welches er durch seine neue Schrift *L'homme machine* (1747, deutsc in der *Phil. Bibl.* mit Einleitung usw. von *Max Brahn* 1909) erregte, vertrie ihn auch von dort. Das verfolgte „Opfer der Pfaffen und der Narren“ fand eine Zuflucht bei dem freidenkerischen Preußenkönig, der ihn zu seinem Vorleser und zum Mitgliede der Akademie ernannte. In Potsdam verfaßte er seinen *L'homme plante,* den moralphilosophischen *Discours sur le bonheur* und sein *Système d'Epicure.* Er starb bereits 1751 plötzlich, wie es heißt, infolge einer Unmäßigkeit, wahrscheinlich aber durch falsche medizinische Selbstbehandlung; von Friedrich II. wurde sein Andenken durch eine offizielle akademische Rede *(Eloge de L.* 1752) geehrt. Sein konsequenter Materialismus wie seine „epikureischen“ Schriften haben ihn frühe in, wie es scheint, unverschuldeten üblen Ruf gebracht; sodaß schon seine materialistischen Gesinnungsgenossen ihn, den Extremsten, von sich abzuschütteln suchten. Eine gerechtere Würdigung hat zuerst F. A. Lange in seiner *Geschichte des Materialismus,* S. 270-303, angebahnt; vgl. auch den Vortrag von Du Bois-Reymond 1875, die Monographien von Poritzky, *La Mettrie, sein Leben und seine Werke,* Berlin 1900, und B. Bergmann (Leipzig 1912), sowie die Einleitung Brahns zu seiner Ausgabe.

Durch Selbstbeobachtung während eines hitzigen Fiebers kam La Mettrie auf den Gedanken, daß unser gesamtes Denken gänzlich von unserer körperlichen Organisation abhänge. Eine körperlose Seele ist nicht zu begreifen. Von den gewöhnlichen scholastischen und cartesianischen Schulbegriffen ausgehend – Descartes selber hatte ja bezüglich der Tiere den biologischen Mechanismus anerkannt! –, führt die *Naturgeschichte der Seele* ganz allmählich zum Materialismus, der nur die Konsequenz des Cartesianismus sei. Auf die Sinnenempfindungen muß man zurückgehen, wenn man die Wahrheit erkennen will. Keine Sinne, keine Ideen; je weniger Sinne, um so weniger Ideen. Dächte man sich einen Menschen von seiner ersten Jugend an in einem dunklen Keller ohne Gesellschaft mit anderen aufgewachsen, so würde er den Zustand völliger geistiger Leere repräsentieren: ein Gedanke, dem wir schon bei dem Kirchenvater Arnobius – I, § 53, 6 – begegnet sind und bei Condillac wieder begegnen werden. Die Empfindung haftet am Stoffe. Der Mensch ist eine Maschine, wie die gleichnamige zweite Hauptschrift offen ausspricht, das Denken eine Funktion des Körpers und zwar des Gehirns. Anderseits dehnt La Mettrie die Fähigkeit des Empfindens auf alles Lebendige aus (vgl. namentlich *L'homme plante).* Der Mensch nimmt unter diesen Lebewesen die höchste Stelle ein und besitzt „Geist“, weil er die meisten Bedürfnisse hat. Die Hoheit seines Geistes beruht nicht auf dessen vermeinter Körperlosigkeit, sondern auf seinem Umfange und seiner Klarheit, diese aber auf der Feinheit seiner Gehirnwindungen; er braucht nicht darüber zu erröten, daß er aus dem Schlamme geboren ist. Das Lebensprinzip steckt in den kleinsten Fasern des Körpers, nicht in einer rätselhaften „Seele“.

Diesem theoretischen Untergrund entspricht unseres Materialisten völlig sensualistische Ethik. Wir sind nicht alle geschaffen, um gelehrt, wohl aber, um glücklich zu sein. Das Glück aber sieht La Mettrie allein in der Lust, die jedoch ihrem Werte nach sehr verschieden sein kann, je nachdem sie grob oder fein, kurz oder dauernd ist. Im Grunde freilich sind auch die geistigen Genüsse nur ein Sonderfall der allgemeinen sinnlichen Lust. Aber derjenige, den seine Begriffe von Tugend und Ehre reizen, seine Kräfte in den Dienst des Gemeinwohls zu stellen, genießt ein höheres Glück als der, bei welchem die privaten Interessen die öffentlichen überwiegen. Durch Wohltun und Sympathie erhöht man sein eigenes Lustgefühl. Reue und Gewissensbisse sind unnütz, ja verwerflich, weil sie die Summe der Unlust in der Welt vermehren. Der Verbrecher ist als Kranker zu betrachten, La Mettrie also ein Vorläufer Lombrosos u. a. An die Stelle der Theologen und Juristen sollen Ärzte treten.

Über jenseitige Dinge machte La Mettrie sich wenig Skrupel. Nur durch Beobachtung und Erfahrung, nicht durch apriorische Konstruktionen lernen wir Welt und Menschen kennen. Indessen gibt er an einer Stelle die Möglichkeit eines Weiterlebens nach dem Tode zu, da ja auch die Raupe nicht wisse, daß ein Schmetterling aus ihr werden soll. Ebenso mag ein Gott existieren; aber es ist Torheit, sich um ein solches rein theoretisches Prinzip zu kümmern. Als Atheist lebt man am glücklichsten.

c) Mit La Mettrie schritten die meisten französischen Naturalisten, nur weniger offen als er, zum Materialismus fort, indem sie das Geistige aus dem Materiellen, das Organische aus dem Anorganischen abzuleiten suchten. Den umgekehrten Weg schlägt Robinet (1735-1820) ein, der in seinem Hauptwerke *De la nature* (1761) alles auf das Organische zurückleitet, also einen universalen Vitalismus annimmt. Durch Leibniz' Monadenlehre beeinflußt, lehrt er Empfindungsfähigkeit der kleinsten Stoffteilchen und nimmt, wie jener, in einem zweiten Werke (1767) eine kontinuierliche Stufenreihe aller Wesen an, teilt aber nicht seine theologische Stellung, ist vielmehr eher Pantheist. Die Gesamtsumme aller Kräfte des Weltalls bleibt die gleiche, das Mehr an der einen Stelle gleicht sich durch ein Minder an der anderen aus; das bezieht sich auch auf Lust und Schmerz. Seine Lehre von der Erzeugung der Wesen (einschließlich der Sterne, Metalle usw.!) ist der Buffons ähnlich. Dem moralischen Sinn, den er mit Hutcheson und Hume annimmt, entsprechen besondere Gehirnfibern! Die unbekannte Weltursache, die wir Gott nennen, ist in Wahrheit unerkennbar; alle ihm beigelegten Eigenschaften sind Anthropomorphismen. Robinets Werke erregten zwar anfänglich Aufsehen, drangen aber auf die Dauer nicht durch, vielleicht wegen ihres Mangels an Esprit und wegen der Kompliziertheit seiner eigenartigen Lehre. Weit besser gelang dies dem Sensualismus Condillacs.

2. Sensualismus.

a) Condillac (1715-1780). Condillac, genauer Abbé Bonnot de Condillac, wa mehr ein friedlicher Gelehrter als ein streitbarer Kämpe der Aufklärung. E widmete sich schon früh dem geistlichen Stande, leitete 1758 bis 1768 die Erziehung eines Prinzen von Parma und verlebte die letzten zwölf Jahre seines Lebens in stiller Ruhe auf seinem Landgute. Er ist der am meisten philosophisch Beanlagte von den französischen Aufklärern. In seinen beiden ersten Schriften, *Über den Ursprung der menschlichen Erkenntnisse* (1746) und dem gegen Descartes, Malebranche, Spinoza und Leibniz gerichteten *Traktat von den Systemen* (1749), ist er noch reiner Lockeaner. In seinem Hauptwerke dagegen, der *Abhandlung von den Empfindungen* (1754, deutsch mit Erläuterungen in der *Phil. Bibl.* Bd. 25), schreitet er über Locke hinaus zur Begründung des reinen Sensualismus fort, indem er als einzige Erkenntnisquelle die Empfindung (sinnliche Wahrnehmung) gelten läßt.

Alle Bewußtseinstätigkeit hat sich aus der sinnlichen Wahrnehmung entwickelt, ist umgeformtes Empfinden. So besteht Aufmerksamkeit in der Hingabe an eine Empfindung, Erinnerung in deren Nachwirkung. Vergleichen und urteilen ist nichts anderes als: zwei Empfindungen zu gleicher Zeit haben und auf sie achten; das bloße Nebeneinandersein beider bringt von selbst die Empfindung des Verhältnisses oder der Beziehung mit sich. Abstrahieren heißt: eine Empfindung aus den anderen absondern. Die allmähliche Entstehung und Entwicklung der Sinnesempfindungen macht Condillac an dem fingierten Beispiel einer menschlichen Statue klar, an der die einzelnen Sinne nacheinander erwachen: zuerst der niedrigste, der Geruchsinn, zuletzt der höchste, der Tastsinn, welcher zuerst die Vorstellung einer Außenwelt in uns hervorruft und die übrigen Sinne über sie urteilen lehrt. An dem hypothetisch angenommenen Beispiel eines isoliert lebenden Menschen macht er dann weiter klar, wie auch die Ethik sich auf einer Empfindung, nämlich dem Gefühl der Lust und Unlust, aufbaut, aus dem nacheinander das Bedürfnis, das Verlangen, die Leidenschaften, das Wollen entstehen. Gut und schön nennen wir das, was uns Lust gewährt. Das Abstrahieren geschieht mit Hilfe von Zeichen, deren Theorie erst die letzten Schriften Condillacs (*Logik* 1781, *Sprache der Calcüle* 1798) ausbauen. Alle Wahrheiten betreffen die Verhältnisse zwischen den Ideen, insbesondere die Gleichheitsbeziehungen zwischen ihnen. Alles Denken ist im letzten Grunde ein Rechnen, ja selbst das Drama eines Corneille eigentlich nur ein richtig gelöstes Rechenexempel. Die Dekomposition der Erscheinungen und Kombination von Ideen erfolgt vermittelst der Sprache, deren Dialekte die Gebärden-, Laut-, Ziffern-, Buchstabensprache und Infinitesimalrechnung, deren Grammatik die Logik ist. Der Fortschritt der Wissenschaft besteht nur darin, primitive und ungenügende Bezeichnungen durch schärfere und feiner ausgebildete zu ersetzen.

Seiner sensualistischen Erkenntnislehre zum Trotz hält sich Condillac persönlich doch von gewissen spiritualistischen Anwandlungen nicht frei. Nicht nur, daß er als guter Katholik die Zeit vor dem Sündenfalle und nach unserem Tode von seiner Theorie ausnimmt und Gott als unseren Gesetzgeber sowie die Geltung des Sittengesetzes anerkennt: er hält auch an einer gewissen Einfachheit der Seele, im Gegensatz zu der teilbaren Materie, fest. Die Empfindung ist von der Ausdehnung grundsätzlich verschieden, und, obwohl das Ich nur aus der Summe der Empfindungen besteht, so setzt doch die Einheit unseres Bewußtseins ein allerdings gänzlich unerkennbares Substrat voraus.

b) Fortsetzer Condillacs sind die sogenannten Ideologen. Condillacs klare und verständliche, vielfach anregende Analyse des menschlichen Geistes erwarb sich viele Anhänger. Der philosophische Trieb, von den Systemen der Metaphysik abgestoßen, warf sich mit Eifer auf das bessere Ausbeute versprechende Feld der psychologischen Zergliederung oder, wie man seit Destutt de Tracy (s.u.) sagte, der Ideologie. So wurde Condillacs Philosophie in den Zeiten der Revolution und des ersten Kaiserreichs die herrschende in Frankreich, und die Bezeichnung als „Ideologe" die gewöhnliche für einen Philosophen. Ja, neuerdings (seit 1885) hat man sie sogar in den philosophischen Unterricht der höheren Lehranstalten aufgenommen. Metaphysisch an sich verschiedenen Richtungen Raum lassend, wurde Condillacs Sensualismus von seinen Nachfolgern nach entgegengesetzten Seiten hin weiter ausgebildet.

Nach der spiritualistischen durch den Genfer Naturforscher Bonnet (1720-1793), der in seinem *Essai de psychologie* (1755) zwar mit Condillac das geistige Leben aus den Empfindungen ableitet und mit Hartley und Priestley die physiologische Bedingtheit der Seele betont, die sich erst allmählich zur vernünftigen Persönlichkeit heranbildet, aber stärker als Condillac die Selbständigkeit der Seele und die Einheit des Bewußtseins hervorhebt, für die jene sinnlichen Reize nur die Gelegenheitsursachen ihrer Betätigung sind. Bonnet hat durch Tetens (s. § 29) auch auf die deutsche Philosophie Einfluß geübt. Seine Hypothese eines ätherischen Seelenleibes, durch die er seinen Unsterblichkeitsglauben zu stützen suchte, fand bei seinem phantastischen Landsmanne Lavater Anklang.

Nach der materialistischen Seite wurde dagegen die „Ideologie" Condillacs umgebildet von Cabanis (1757-1808), dem Freunde Mirabeaus, Reorganisator der medizinischen Schulen Frankreichs und Vater der materialistischen Physiologie. Sein Hauptwerk (1799) behandelt die „Beziehungen der Physik und der Moral des Menschen". Moral, Psychologie (d.h. Zergliederung der Ideen) und Physiologie sind ihm nur drei Zweige einer und derselben Wissenschaft, derjenigen „vom Menschen" (also Anthropologie). Die „Seele" ist eine Fähigkeit, kein Wesen. Ihre und des sogenannten „Geistes" Tätigkeiten bestehen in Bewegungen und Empfindungen der Gehirnnerven; die Gedanken sind die Absonderungen des Gehirns! Übrigens hält Cabanis, trotz dieses vorgeschrittenen Materialismus, die Erkenntnis der „ersten Ursachen" für unmöglich und huldigt einer Art Pantheismus; die göttliche Ordnung besteht in dem Gesetz der Materie. Auch seine ethisch-politischen Ansichten stehen auf bemerkenswerter Höhe: das wahre menschliche Glück besteht in der freien mit Kraft und Leichtigkeit ausgeübten Selbsttätigkeit.

In ähnlichen Gleisen bewegt sich der freisinnige Graf Destutt de Tracy (1754-1836), der seine *Eléments d'idéologie* (1801-05) Cabanis widmete. Auch ihm geht das Denken und Wollen aus den Empfindungen der Nerven hervor. Er hat die von jenem nur angedeutete „Naturwissenschaft des Geistes" vollständig durchzuführen gesucht, ist indes nicht zu Ende damit gekommen. Nur der erste Teil seines Systems, behandelnd die Geschichte unserer Erkenntnismittel und zwar die Lehre von der Bildung (Ideologie), dem Ausdruck (Grammatik) und der Verbindung (Logik) unserer Ideen, ist vollendet. Den zweiten Teil: die Anwendung auf unseren Willen (Ökonomie, Moral, Politik) hat er nur begonnen, den dritten, die Anwendung auf die Außenwelt (Physik, Geometrie, Kalkül) nicht mehr in Angriff genommen.

Auch auf die französische Ästhetik dehnte der Sensualismus seinen Einfluß aus. Bereits Dubos (1670-1743) hatte einen besonderen ästhetischen (sechsten) Sinn angenommen, und Batteux (1713-1780) sah rein empirisch das Wesen der Kunst in der bloßen Nachahmung der schönen Natur.

In der Ethik ist die bedeutendste sensualistische Erscheinung Helvetius' Buch *De l'esprit,* das wir jedoch besser im Zusammenhang mit den Männern der Enzyklopädie behandeln.

§ 25. Die Enzyklopädisten.

Eine populäre Einführung gibt E. Hirschbergs Übersetzung von *d'Alemberts Discours préliminaire* mit zahlreichen, für weitere Kreise bestimmten Erläuterungen (*Phil. Bibl.* 140), Lpz. 1912. – Über Diderot vgl. *K. Rosenkranz, Diderots Leben und Werke.* Lpz. 1868 (gut), auch *Morley, D. and the Encyklopaedists.* 2. Aufl. 1886.

Im Jahre 1750 erschien der Prospekt einer *Enzyklopädie der Wissenschaften, Künste und Gewerbe,* zu der sich eine Gesellschaft französischer Gelehrter vereinigt hatte. Als Herausgeber zeichneten Diderot und d'Alembert. Fast alle geistigen Koryphäen Frankreichs hatten ihre Mitarbeiterschaft zugesagt: Montesquieu und Voltaire, Quesnay und Turgot, Holbach, Grimm und Rousseau. Bereits die erste Auflage gewann 4250 Subskribenten. Vergeblich verboten, dann wieder freigegeben, aufs neue verboten und doch weiter erschienen, wuchs das Riesenwerk allmählich auf 35 Bände an; der Schluß, zwei Registerbände, erschien 1780. Die *Enzyklopädie* wurde in Wahrheit das Reallexikon der Aufklärung in Europa und verbreitete weit über die Grenzen ihres Entstehungslandes hinaus, neben einer Menge nützlicher Kenntnisse, die freigeistige Weltanschauung. Indem sie in vorsichtiger, zuweilen raffiniert schlauer Form das Kühnste zu sagen wußte, untergrub sie in wirksamster Weise die alten Autoritäten, vor allem die kirchliche.

Die wissenschaftliche Einführung in die Enzyklopädie, den *Discours préliminaire,* hatte der bedeutende Mathematiker d'Alembert (1717-1783) verfaßt, eine liebenswürdige und bescheidene Gelehrtennatur (er lehnte schmeichelhafte Berufungen Friedrichs des Großen und Katharinas von Rußland ab), aber als philosophischer Schriftsteller ebenso zaghaft wie in seinem Charakter; weshalb er sich denn auch später von der Enzyklopädie zurückzog. Von Locke und Newton ausgegangen, schrieb er 1759 auf Friedrichs II. Veranlassung einen Essai *Über die Elemente der Philosophie,* der eine streng sensualistische Logik enthielt; gleichwohl wagte er darin nicht offen gegen den Offenbarungsglauben zu polemisieren, während er sich in vertraulichen Briefen als völlig resignierter Skeptiker gibt. In diesen *Elementen* verfocht er die Sätze: Die Philosophie soll eine Wissenschaft der Tatsachen, nicht der Chimären, eine „Experimentalphysik der Seele" sein. Alle unsere Begriffe und Definitionen sind nichts anderes als abgekürzte Bezeichnungen für bestimmte Erfahrungstatsachen. Aber vor den Grundbegriffen der Mathematik und allgemeinen Physik macht diese sensualistische Kritik gleichwohl halt; denn nur dem System, nicht dem systematischen Geist will er den Abschied geben. Abgesehen von der exakten Mathematik dagegen, kann man nach d'Alembert fast über alles alles sagen, was man will. Seine anregenden, wenn auch nicht tiefen, auf der Basis des wohlverstandenen Interesses ruhenden moralischen Erörterungen haben Friedrich II. Anlaß zu einer Abhandlung *Über die Eigenliebe als Prinzip der Moral betrachtet* gegeben. (Näheres s. bei *Franz Vorländer,* a.a.O. S. 618-628.)

2. Weit entschiedener als der vorsichtige d'Alembert war der zweite Herausgeber, die eigentliche Seele des ganzen Unternehmens, zu dem er allein gegen tausend Artikel beisteuerte: Denis Diderot (1713-1784). Ein vielseitiger Kopf, der auch auf dem Gebiete des Dramas und des Romans von Bedeutung ist, stellt er in seiner persönlichen philosophischen Entwicklung zugleich die der französischen Aufklärungsphilosophie im ganzen dar. Ausgehend von Locke und namentlich Shaftesbury, tritt er zuerst (1745) als Theist, sehr bald aber, von Bayle beeinflußt, als skeptischer Deist auf, um einige Zeit darauf in seinen *Pensées sur l'interprétation de la nature* (1754) zu einem pantheistischen oder, wenn man will, atheistischen Materialismus in der Art Buffons überzugehen, bei dem er dann verharrte. Deutlicher als in den zu seinen Lebzeiten veröffentlichten Abhandlungen lernt man Diderots Innerstes in seinem Briefwechsel und anderen erst 1830/31 veröffentlichten Inédits kennen, unter denen besonders die *Unterhaltungen zwischen d'Alembert und Diderot* (Diderot liebt die Dialogform) und der *Traum d'Alemberts* (1769) zu nennen sind. Seine sämtlichen Werke sind zuletzt 1875 ff. in 20 Bänden (Paris) herausgegeben worden.

Während Diderot in seiner skeptischen Periode noch ausgerufen hatte: „O Gott, ich weiß nicht, ob du bist, aber ich will in meinen Gesinnungen und Taten so verfahren, als ob du mich denken und handeln sähest", erklärt er später: Es gibt nur ein einziges großes Individuum, das Weltall. Das Gehirn, ja die ganze Welt ist ein sich selbst spielendes Klavier. Die Natur bedarf keines per sönlichen Gottes, ebensowenig wie der Mensch einer anderen Unsterblichkeit als des Fortlebens im Nachruhm. Er verwahrt sich indessen gegen eine bloß mechanische oder atomistische Auffassung der Natur. Er setzt der passiven, unorganischen eine aktive, organische Natur entgegen, wie z.B. der Organismus die Nahrung in Blut und Nerven umsetzt, und auch „der Stein fühlt". Das Bewußtsein freilich, gesteht er einmal zu, läßt sich als bloßes Aggregat empfindungsfähiger Stoffteile nicht erklären.

Auch in seinen ethischen Ansichten ist ein Schwanken bemerkbar. Anfangs verteidigt er lebhaft die Existenz eines besonderen moralischen Sinnes; später setzt er ihn aus einer unendlichen Menge kleiner Erfahrungen zusammen, deren wir uns nur nicht immer bewußt sind. Aber seine ursprüngliche Tugendbegeisterung tritt doch immer wieder hervor; er kämpft gegen Helvetius und La Mettrie. Die geschichtlichen Zusammenhänge versteht auch dieser Aufklärer nicht; er hält die verderblichen politisch-sozialen Zustände seiner Zeit für das Machwerk herrschsüchtiger Schurken; man brauche dem Menschen nur seine ursprüngliche Freiheit wiederzugeben. „Wollt ihr, daß der Mensch frei und glücklich sei, so mischt euch nicht in seine Geschäfte!" Der religiöse Glaube ist ihm eine Quelle verderblicher Wirkungen; die Übel in der Welt zeugen gegen das Dasein eines gütigen Gottes. Es gibt nirgends absolute Normen. – Auch die Kunst *(Essai de peinture* 1765, übersetzt mit Anmerkungen von Goethe) soll nur das Wirkliche darstellen. Der Bucklige ist für die Natur in seiner Art ebenso vollkommen wie die Mediceische Venus. Das Schöne wird von ihm den Naturformen untergeordnet und büßt damit seine Selbständigkeit ein.

Trotzdem Diderot, durch seine kühn-geniale Persönlichkeit fast noch mehr als durch seine Schriften, in seinem engeren Kreise sehr einflußreich war, hat er doch weder eigenartige philosophische Gedanken geäußert noch auf seine Zeit im großen nachhaltig eingewirkt. Die Revolution führte die Asche Voltaires und Rousseaus, nicht die seinige in das Pantheon über. Während Diderot im Grunde doch ein begeisterter Idealist blieb, den nur die Zeitströmung in das Lager des Materialismus getrieben hatte, sind die eigentlichen folgerechten Vertreter des letzteren zwei eingewanderte Deutsche: Grimm und Holbach.

3. Das systematische Hauptwerk des französischen Materialismus im 18. Jahrhundert ist das *Système de la nature* (1770), das auf seinem Titelblatte den Nebentitel *Gesetze der natürlichen und der moralischen Welt* trug und als Verfasser den 1760 gestorbenen Mirabaud nannte. Erst zwei Jahrzehnte später fand sich, daß als der wahre Verfasser der früh aus der Pfalz nach Frankreich ausgewanderte deutsche Baron Dietrich von Holbach (1723-1789) zu gelten habe. Dieser hatte sich, nachdem er anfangs vor allem chemische Studien getrieben und auf dies Gebiet bezügliche Artikel für die Enzyklopädie geschrieben, unter Diderots Einfluß der Philosophie zugewandt und sein gastliches Haus zu Paris, wie desgleichen seinen Landsitz, zum Sammelpunkt eines Kreises von Freigeistern gemacht, von denen Diderot, Grimm und der Mathemati-

ker Lagrange an einigen Abschnitten des *Système* mitgearbeitet zu haben scheinen. Holbach selbst wird als eine bescheidene, edle und warmherzige Natur geschildert.

Die Bedeutung seines häufig als *Bibel des Materialismus* bezeichneten und in der Tat dogmatisch gehaltenen Buches liegt nicht sowohl in der Entfaltung neuer, fruchtbarer Gedanken als in der systematischen Folgerichtigkeit und ehrlichen Energie, mit der hier der Kampf gegen allen Spiritualismus und Dualismus geführt wird: nach deutscher Art ernst und wuchtig, aber auch lehrhaft und trocken, ohne den französischen Esprit. Holbach will, gleich Epikur und Lukrez, die Menschen von der Furcht vor dem Übersinnlichen befreien und zur Natur zurückführen. Es existiert in Wahrheit nichts als die ewige, durch sich selbst bestehende Materie und ihre Bewegung; alles stammt aus ihr und kehrt zu ihr zurück. Übersinnliche, übernatürliche Wesen sind bloße Geschöpfe unserer Einbildungskraft. Die Natur steht unter den ewig unverbrüchlichen Gesetzen streng mechanischer Notwendigkeit. Alles in ihr ist in beständiger Bewegung und Entwicklung, Ruhe und Stillstand nur scheinbar. Die sogenannten toten und lebendigen Kräfte, die Diderot noch unterschieden hatte, sind von derselben Art; es findet ein fortwährender Kreislauf und Austausch (Anziehung und Abstoßung) zwischen ihnen statt, von dem Sonnensystem bis zu den kleinsten Teilchen. Ordnung und Unordnung, Zwecke und Werte sind Dinge, die wir erst in die Natur hineintragen; sie handelt nach ihren eigenen, notwendigen, jeden Zufall ausschließenden Gesetzen: eine, wenn auch unkritische, so doch in sich festgeschlossene Weltanschauung, gegen die Voltaire vergeblich mit seinen gefühlsmäßigen Argumenten ankämpfte. Descartes, Malebranche und Leibniz werden von Holbach ziemlich geringschätzig behandelt. Weil er ihren metaphysischen Trieb nicht versteht, so erblickt er in ihren Hypothesen nur theologische Vorurteile. Am schwersten, meint er bezeichnenderweise, sei Berkeley zu bekämpfen.

Auch der Mensch steht durchaus unter den Naturgesetzen der Materie, seine „Seele" ist abhängig von den Gehirnnerven. Keine Willensfreiheit, keine Unsterblichkeit. Der Tod ist nur ein Übergang in eine andere Daseinsform. Auch die Ethik ruht auf physiologischem Grunde: was in der Physik Trägheit, Anziehung, Abstoßung, ist in der Moral Selbstliebe, Liebe, Haß. Ihr Zweck und einziges Motiv ist die Erlangung dauernder Glückseligkeit, ihr letzter Maßstab der praktische Nutzen und das „wohlverstandene" Interesse. Indessen erheben sich auf diesem materialistischen Fundamente manche ganz idealistische Sätze. Nachdrücklicher als viele seiner Gesinnungsgenossen hebt Holbach die Wichtigkeit der sozialen Tugenden hervor. Der wahre Wert der menschlichen Handlungen bestimmt sich nach dem Grade, in welchem sie die Zwecke der Gesellschaft fördern oder hemmen. Zum wahren Glück gehört nicht bloß die Liebe und der Beifall der Mitmenschen, sondern auch die Selbstachtung und das Bewußtsein, für die anderen gewirkt zu haben, ferner Arbeit und Bedürfnislosigkeit. Die Regierung hat ihre Gewalt nur von der Gesellschaft und ist zu deren Wohl erwählt. Statt dessen treibt die heutige, entartete Gesellschaft durch ihre Einrichtungen die Menschen selbst in Laster und Verbrechen hinein. Übrigens straft die Natur selbst schon die Wollüstigen, Habsüchtigen, Despoten usw.

Die größte Feindin dieser natürlichen Moral ist die Religion, gegen die der zweite Teil des Werkes seine scharfen Pfeile sendet. Sie entfremdet die Menschen der Natur und dem wirklichen Leben, sie trennt sie, anstatt sie zu einigen. Das Glück der Menschheit hängt am Atheismus. Schwerlich hat sich vor Holbach jemand – selbst Lukrez, Hobbes und La Mettrie nicht ausgenommen – so unumwunden als Atheisten bekannt wie er: er verdarb es dadurch auch mit den Deisten wie Voltaire und den Pantheisten. Uns, die 100 Jahre nach Kant Lebenden, ermüdet die Weitschweifigkeit, mit der Holbach gegen den ontologischen und kosmologischen Gottes„beweis" zu Felde ziehen zu müssen glaubt. Obwohl er den Hang des Menschen zum Geheimnisvollen und Wunderbaren als fast unüberwindlich anerkennt, schiebt er doch ein andermal alles den Erfindungen der Priester in die Schuhe. Für das innerste Wesen des Christentums fehlt ihm, wie fast allen französischen Aufklärern, das Verständnis. Holbach verschließt sich nun freilich der Einsicht nicht, daß seine Ideen heftigem Widerstand begegnen werden. Er will zwar keineswegs, wie manche andere, der „Masse" die Religion als Surrogat für die Philosophie überlassen, aber er fürchtet, es werde ihr noch auf lange an Zeit und Neigung zu den ernsten Studien fehlen, welche die Sache erfordere. Allein er hofft auf die Zukunft. Es gibt nur eine Wahrheit, und Wahrheit kann niemals schaden; deshalb muß sie allen verkündet werden. Den (wahrscheinlich von Diderot herrührenden) Schluß des *Système* bildet ein feuriger Appell der als Person dargestellten Natur an die Menschheit. Die Natur und ihre drei Töchter: Tugend, Vernunft und Wahrheit sollen für immer unsere einzigen Gottheiten sein!

Daß Geistlichkeit und Parlament gegen das aufrührerische Buch einschritten, war selbstverständlich. Aber diesmal stand auch die öffentliche Meinung, mit ihrem Wortführer Voltaire an der Spitze, auf der Gegenseite; auch ein von Holbach verfaßter populärer Auszug (1772) vermochte ebensowenig wie ein solcher von Helvetius (1774) hieran etwas zu ändern. Selbst so freie Geister wie Friedrich der Große, d'Alembert und der Italiener Galiani lehnten das Buch ab; und welchen Eindruck es auf die deutsche Jugend der Sturm- und Drangperiode machte, zeigt die bekannte Charakterisierung in Goethes „Dichtung und Wahrheit": „Grau, cymmerisch, totenhaft." Zu Holbachs Anschauungen bekannte sich nur Diderot und sein engster Kreis, darunter der Deutsche Melchior Grimm (1723-1807) aus Regensburg, der unter Gottsched in Leipzig studiert hatte, dann als junger Mann (1748) nach Paris gegangen war und seit 1763 die *Correspondance littéraire, philosophique et critique* übernommen hatte, d.h. die Abfassung eines alle vierzehn Tage an eine Anzahl deutscher und nordischer Höfe versandten handschriftlichen Berichtes über die neuesten Erzeugnisse der französischen Kunst und Literatur. Diese heute in 16 Bänden *(ed. Tourneux,* Paris 1878-82) vorliegende Korrespondenz, die als Beilage u. a. auch polizeilich verbotene Schriften Voltaires *(La Pucelle)* und Diderots *(La Religieuse, Le Rêve de D'Alembert)* brachte, war für das geistige Leben in Deutschland und Frankreich von nicht geringer Bedeutung. Grimm, eine kühle und diplomatische Natur, war seit 1776 russischer Staatsrat und Gesandter für Sachsen-Gotha in Paris. Bei dem Ausbruch der Revolution ging er nach Deutschland zurück, wo er 1807 in Gotha starb.

Endlich gehört hierher das schon den Enzyklopädisten (Voltaire und Holbach) bekannte, aber erst 1864 vollständig herausgegebene Testament des nordfranzösischen Dorfpfarrers Meslier (1664-1730) *(Le Testament de Jean Meslier* par R. Charles, Amsterdam, 3 Bde. 1864), das einen konsequenteren und philosophisch tieferen Materialismus und Atheismus als selbst Holbach predigt und in seinem kurzen positiven Teile sozialistische Anschauungen vertritt; während seine Hauptstärke in der kühnen und leidenschaftlichen Kritik der staatlichen und kirchlichen Zustände Frankreichs besteht.[33]

4. Als letzten der dem Kreise der Enzyklopädisten nahe Stehenden nennen wir den bereits kurz erwähnten Helvetius (1715-1771), eine persönlich achtungswerte und menschenfreundliche, aber der wissenschaftlichen Schärfe entbehrende und philosophisch keineswegs originale Persönlichkeit. Sein Hauptwerk *De l'esprit* (1758) trug auch ihm Verfolgung seitens der Kirche und des Staates ein, sodaß er eine Zeitlang ins Ausland zu Friedrich dem Großen ging, gewann aber trotz der vielen (wie es heißt, fünfzig!) Auflagen, die es erlebte, nicht einmal Diderots, Buffons und Rousseaus Beifall. Nach seinem Tode erschien aus seinem Nachlaß eine Neubearbeitung und Weiterführung desselben unter dem Titel: *De l'homme, de ses facultés et de son éducation* (1772).

Helvetius' Bedeutung für die Geschichte der Philosophie beruht darauf, daß er Condillacs Sensualismus entschiedener als dieser auf das ethische Gebiet anwendet und so eine materialistische Sittenlehre ausbildet, deren alleiniges Prinzip, die Selbstliebe, er auf Condillacs Ableitung alles geistigen Inhalts aus der Empfindung (Sensibilität) zu gründen sucht. Gut und böse sind nach ihm völlig relative Begriffe, der Egoismus die Norm aller Handlungen. Unter Erziehung versteht Helvetius die Gesamtheit aller auf die Menschen einwirkenden Einflüsse; deshalb ist der Zustand der öffentlichen Verhältnisse und die diesen bestimmende Gesetzgebung von großer Wichtigkeit. Da nur Interesse und Leidenschaft die Seele wahrhaft befruchten und in Erregung versetzen, so muß die Gesetzgebung dieselben auf das öffentliche Wohl (bien public) als einzige Richtschnur zu lenken wissen. Neben den natürlichen Gesetzen des Egoismus und der von der staatlichen Gesetzgebung gelenkten Sittlichkeit sind religiöse Gebote entweder überflüssig oder schädlich. Die wahre Religion, die Helvetius von der Zukunft erhofft, nährt keine Geheimnisse und ist mit der wahren Moral einerlei.

Seine Schüler, St. Lambert (1717-1803) in seinem erst 1797 veröffentlichten *Catéchisme universel* und Volney (Graf Chassebœuf, 1758-1820) in seinem „Katechismus des französischen Bürgers" (1793), suchen das Prinzip der Selbstliebe weiter auszubauen und die Lehre des Meisters zu popularisieren. Sie ragen bereits in die Revolutionszeit hinein. Deren philosophischer Lehrer aber ist in erster Linie Jean Jacques Rousseau.

§ 26. Die Gefühlsphilosophie Rousseaus (1712-1778).

Morley, Rousseau, 2 Bde., London 1883. *R. Fester, Rousseau und die deutsche Geschichtsphilosophie*, 1890. *Höffding, Rousseau und seine Philosophie* (Klassiker der Philosophie, IV). 3. Aufl. Stuttg. 1909. *Haymann, Rousseaus Sozialphilosophie*, Lpz. 1898 (vielfach neue Gesichtspunkte). *Liepmann, Die Rechtsphilosophie des Rousseau*, 1898. Seit 1905 gibt die Genfer Rousseau-Gesellschaft besondere ›Annales‹ heraus, um das Studium Rousseaus zu fördern. Das Jubiläumsjahr 1912 brachte eine große Reihe neuer Schriften über den Philosophen.

Goethe kennzeichnet die Wirkung der französischen Enzyklopädisten auf ihn und seine Straßburger Freunde mit den Worten: „Wenn wir von den Enzyklopädisten reden hörten oder einen Band ihres ungeheuren Werkes aufschlugen, so war es uns zumute, als wenn man zwischen den unzähligen bewegten Spulen und Weberstühlen einer großen Fabrik hingeht und vor lauter Schnarren und Rasseln, vor allem Aug' und Sinn verwirrenden Mechanismus, vor lauter Unbegreiflichkeit einer auf das mannigfaltigste ineinandergreifenden Anstalt in Betrachtung dessen, was alles dazu gehört, um ein Stück Tuch zu fertigen, sich den eigenen Rock selbst verleidet fühlt, den man auf dem Leibe trägt." Aus dieser Stimmung erwuchs in Deutschland die Periode der Stürmer und Dränger, in Frankreich schon vor ihr die Gefühlsphilosophie Jean Jacques Rousseaus.

1. *Persönlichkeit und schriftstellerische Entwicklung.* Rousseau ist kein Aufklärer, sondern ein Gegner der Aufklärung. Man hat zur Erklärung dieser Tatsache mit Recht auf seine Abstammung aus dem Volke und zwar aus dem demokratisch-protestantischen Genf hingewiesen. Allein das erschöpft die Sache nicht. Der Grundzug seines Lebens und seiner Philosophie ist vielmehr sein überschwengliches Gefühl. Gegenüber der Philosophie und dem Egoismus des Verstandes macht er die natürlichen und sittlichen Gefühle des Herzens, gegenüber dem Assoziationsmechanismus und psychologischen Atomismus der Materialisten und Sensualisten die Selbständigkeit der menschlichen Persönlichkeit geltend. Das geistige Leben vollzieht sich nicht bloß in uns, sondern wird auch durch uns bestimmt. Auch das Gefühl gehört zu den Erkenntnisquellen. Nach seinem eigenen Geständnis war Rousseau „langsam im Den-

ken, lebhaft im Gefühl". Die philosophischen Konsequenzen dieses Standpunktes sind es, die wir im folgenden zu charakterisieren haben.

Im Jahre 1749 stellte die Akademie von Dijon die Preisaufgabe: ob die Erneuerung der Wissenschaften und Künste zur Veredlung der Sitten beigetragen habe? Diese Frage traf Rousseau, der nach mancherlei Schicksalen damals in Paris lebte und von den Enzyklopädisten schon als einer der Ihrigen betrachtet wurde, wie ein Blitzstrahl. Er sah, wie er selbst berichtet, plötzlich eine ganz neue Welt vor sich: entgegen der Welt des Verstandes, der Äußerlichkeit, der Konvention die des Gefühls, der Innerlichkeit, der Persönlichkeit, der Natur. Die Bearbeitung (der *Discours sur les sciences et les arts),* mit der Rousseau den Preis gewann, indem er die Frage in durchaus verneinendem Sinne entschied, war zwar in der Begründung ziemlich schwach und unreif, aber sie wirkte durch die Glut der Begeisterung, die aus dem Verfasser redete, und machte ihn mit einem Schlage zum berühmten Mann.

Eine zweite von derselben Akademie fünf Jahre später gestellte Preisaufgabe: „Welches ist der Ursprung der Ungleichheit unter den Menschen, und ist sie durch das Naturgesetz gerechtfertigt?" reizte Rousseau aufs neue zur Bearbeitung. Hatte er in seiner ersten Abhandlung der falschen Bildung den Krieg erklärt, so stellt er jetzt den bestehenden gesellschaftlichen Verhältnissen, die nur Herren und Knechte kennen, die Idee eines an sich guten ursprünglichen Naturzustandes gegenüber. Hat es einen solchen in Wirklichkeit vielleicht auch nie gegeben – Rousseau will ihn keineswegs, wie man meistens annimmt, als geschichtliche Tatsache hinstellen –, so kann er uns doch zum Richtmaß dienen. Die Ungleichheit entspringt aus der Entstehung des Eigentums, das sich alsbald mit Gesetzlichkeit und Recht umgibt (Arme und Reiche), der Obrigkeit (Starke und Schwache) und der Willkür- und Gewaltherrschaft (Herren und Diener). Es gilt heute für uns, wieder von vorne anzufangen, eine möglichst natürliche Gestaltung des menschlichen Lebens durch Erziehung und Staatseinrichtungen zu erreichen.

Während die beiden *Discours* die bestehenden Zustände, das Frankreich Ludwigs XV. kritisch verneinen, enthalten die beiden im Jahre 1762 erschienenen philosophischen Hauptschriften Rousseaus den positiven Neubau. Der falschen Bildung, gegen die der erste Diskurs geeifert hatte, stellt der *Emile* die rechte Bildung und die wahre Religion, dem Staate der Ungleichheit und der Willkür, den die Abhandlung von 1754 bekämpfte, der *Contrat social* den rechten Staat gegenüber.

2. *Erziehungs- und Religionslehre.* Der *Emile,* in seiner äußeren Form bekanntlich halb Lehrbuch halb Roman, enthält sowohl Rousseaus Erziehungs- wie seine religiösen Grundsätze. Der Mensch ist von Natur gut. Darum der natürlichen Entwicklung freie Bahn! Weder Autoritäts- noch Aufklärungszwang, sondern Entfaltung von innen heraus! Die Erziehung soll die Natur walten lassen und die Künstelei fern halten, womit allerdings die Kunstgriffe des höchst weisen Erziehers seines Emil nicht immer stimmen. Übe die körper-

lichen Organe und Sinne deines Zöglings, aber halte seine Seele möglichst lange müßig! Am liebsten würde Rousseau das Kind, über dessen Seele er manche treffende Bemerkung macht, ganz der Erziehung der Natur und der Dinge überlassen, aber er sieht ein, daß die Kulturverhältnisse zu einer Erziehung durch Menschen nötigen. So begnügt er sich denn, seinen Emil und seine Sophie zu möglichst natürlichen, nach den Grundsätzen der Natur und Vernunft erzogenen Wesen werden zu lassen. Mit der Kirche stieß er freilich durch die Betonung der natürlichen Gutheit des Menschen und die Ablehnung früher religiöser Einwirkung auf die Kindesseele zusammen. Im übrigen war der Einfluß des Buches ein ungeheurer, er reicht noch bis in unsere Zeit. Manche seiner Mängel, wie die untergeordnete geistige Stellung der Frau und vor allem die Privaterziehung, lassen sich zum Teil durch die Zeitverhältnisse erklären, andere durch die im vorigen geschilderte Eigenart des Verfassers.

Der Kern echter Bildung ist echte Religion. Daher enthält die pädagogische Hauptschrift Rousseaus zugleich auch sein religiöses Bekenntnis: das berühmte *Glaubensbekenntnis eines savoyischen Vikars.* Daß er es ihn auf einem Berge, im Angesichte der herrlichen Alpenwelt verkünden läßt, ist für Rousseau bezeichnend. Seine Religion ist eben vor allem Natur- und Gefühlsreligion, auf das unverdorbene natürliche Gefühl des Menschen sich gründend, ihr Gipfel stumme Bewunderung des Alls und zugleich innigste Entfaltung des Lebens- und Hingebungsdranges. Sie ist etwas von der Erkenntnis Grundverschiedenes: „Ich sehe Gott in seinen Werken, fühle ihn in mir und über mir, aber ich kann das Geheimnis seines Wesens nicht erkennen." Anderseits streitet die natürliche Religion jedoch auch nicht gegen die Vernunft; vielmehr sucht Rousseau ihre Vernunftmäßigkeit gegen die Materialisten zu beweisen. Ihnen gegenüber weist er die Zusammenstellung des Menschen mit den Tieren ab, verteidigt er die Freiheit des Willens, die Geistigkeit und die auch von unserem Gerechtigkeitssinn geforderte Unsterblichkeit der Seele. Woher stammen Bewegung, Zusammenhang, Seelenleben? Nur aus dem schaffenden Willen. Wenn auch die Empfindung rein passiv ist, die Wahrnehmung allein aus den Sinnen entspringt, so kann doch das Vergleichen und Urteilen nur aus uns selbst stammen. Es gibt zwei Prinzipien: Materie und Geist (Gott). Das ist zugleich das Wenige, was sich von allgemein-philosophischen und erkenntnistheoretischen Betrachtungen bei Rousseau findet. Der letzte Maßstab ist ihm auch hier nicht die Vernunft, sondern das innere Gefühl. Die andere, wenn auch weniger stark hervortretende, Seite seiner natürlichen Religion ist gegen die Offenbarungsgläubigen gerichtet. Eine übermenschliche Offenbarung ist für uns nicht notwendig. Das wahre Christentum besteht in dem uns von Gott selbst unmittelbar eingepflanzten religiösen Gefühl; nicht auf geschriebenen Blättern, sondern in unserem Herzen müssen wir das Gesetz Gottes suchen. Rousseau verteidigte seine Lehre gegen die orthodoxen Angriffe in einem offenen Brief an den Erzbischof von Paris (1762) und gegen einen Genfer Staatsanwalt in den glänzenden *Lettres de la montagne* (Amsterdam 1764).

3. *Staatslehre und Sozialphilosophie.* Auch die Staatslehre wird von Rousseau auf ein Gefühl gegründet, das Gefühl der Freiheit und Gleichheit, das den „natürlichen" Menschen beseelt. Die Ergänzung zu seinem zweiten Diskurs, der die Tatsache der Ungleichheit verkündet hatte, bildet der *Contrat social* (1762), der den neuen, auf dem Boden der liberté und égalité zu errichtenden Staat verkünden will.[34] Wenn er zu diesem Zweck die Entstehung des Staates überhaupt aus dem „Gesellschaftsvertrag" darlegt, so soll das nicht, wie man oft geglaubt hat, eine geschichtliche Entwicklung, sondern einen idealen Maßstab bedeuten. Man muß wissen, was sein soll, um richtig zu beurteilen, was ist. Durch den Gesellschaftsvertrag verzichtet der einzelne freiwillig auf seine ursprüngliche Freiheit zugunsten der Gesamtheit, deren Glied er ist. Rousseau verficht nicht mehr den Konstitutionalismus eines Lokke und Montesquieu, sondern die demokratische Republik, nicht mehr die Trennung der Gewalten, sondern die Volkssouveränität. Freilich ist die reine Demokratie ein nur annähernd und nur in kleinen Staaten (Rousseau mag an sein Genf gedacht haben) durchführbares Ideal. Je größer das Land, desto stärker wird die Zentralgewalt sein müssen; für sehr große Staatsgebilde empfiehlt sich am besten die Konföderation (wie sie bald nachher von den Vereinigten Freistaaten Nordamerikas praktisch durchgeführt ward). Während es nur eine einzige Staatsform, eben die der Souveränität des Volkes, das nie stirbt, geben kann, so können die Formen der Regierung wechseln. Die ausübende Gewalt kann nur in den Händen weniger, einer Art Wahlaristokratie, liegen; aber sie soll durch den direkt geäußerten Volkswillen kontrolliert werden. Dieser Gemeinwille (volonté générale), der Kernbegriff der Rousseauschen Sozialphilosophie, ist nicht einerlei mit der Summe der nur ihr persönliches Interesse verfolgenden Einzelwillen (volonté de tous); denn er ist seiner Natur nach nicht auf Einzelgegenstände oder -personen, etwa einen Monarchen, sondern auf das Wohl des Ganzen gerichtet. Ein sicheres Merkmal desselben fehlt freilich, ebenso die Durchführung im einzelnen. Nur ist zu bemerken, daß Rousseau sich in der Anwendung weit zurückhaltender zeigt, als man nach seinem abstrakt-radikalen Prinzip erwarten sollte. Sein Gefühlsstandpunkt zeigt sich auch hier in der Bevorzugung des Landlebens vor dem Stadtleben, des Ackerbaus und des Handwerks vor dem Handel und der Industrie.

Schon aus diesem Grunde ist es nicht angebracht, ihn als Vorläufer des modernen Sozialismus zu betrachten. In der Richtung des letzteren geht höchstens sein Kampf gegen eine immer mehr sich steigernde Arbeitsteilung, die den wirtschaftlich Schwächeren vom Willen des Stärkeren abhängig macht. Die persönliche Abhängigkeit des Menschen vom Menschen will Rousseau in eine rein gesetzliche verwandeln. Von einer Aufhebung des Privateigentums ist jedoch keine Rede. Im Gegenteil, wie sein „Staatsbürger" (citoyen) durch den Gesellschaftsvertrag statt der natürlichen die bürgerliche Freiheit eintauscht, so erhält er durch denselben, statt des unbeschränkten Rechtes auf alles, das „Eigentumsrecht von allem, was er besitzt".

Überhaupt zeigt sich bei Rousseau ein Schwanken zwischen Individualismus und Staatsallmacht. Der citoyen wird gezwungen, frei zu sein! Daß Rousseaus Freiheitsstaat im letzten Grunde doch despotisch ist, zeigt die den Schluß des *Contrat social* bildende Forderung einer Staatsreligion, die aus vier Artikeln besteht: 1. Dasein Gottes, 2. Vergeltung nach dem Tode, 3. Heiligkeit der Staatsverfassung und der Gesetze und 4. Ausschließung der – Intoleranz, während zu dieser Staatsreligion doch jeder Bürger bei Strafe der Verbannung verpflichtet sein soll!

§ 27. Nachwirkungen Rousseaus in Frankreich: Die Physiokraten. Condorcet. Anfänge des Sozialismus.

Anfangs schien Rousseau nicht durchzudringen. Von den herrschenden Gewalten in Staat und Kirche wurde er angegriffen und verfolgt, anderseits von den Enzyklopädisten als ein Abtrünniger betrachtet: Voltaire hat ihn als einen Erznarren bezeichnet, Diderot ihn den „großen Sophisten" genannt. Aber nicht lange, – und er schlug durch, weit unmittelbarer und gewaltiger als seine Gegner. Weniger das, was er sagte, – man hat mit Recht darauf hingewiesen, daß seine Erziehungslehre manches von Locke, seine Staatslehre vieles von Althus, Hobbes, Sidney, Pufendorf entlehnt hat – als wie er es sagte, die Glut seines Gefühls, die leidenschaftliche Beredsamkeit des Herzens war es, die die Gemüter hinriß. Rousseaus Einfluß auf seine Zeitgenossen ist, und zwar weit über die Grenzen Frankreichs hinaus, ein ungeheurer gewesen. Sein ungestümes Drängen nach Natürlichkeit hat auf den mannigfachsten Gebieten des Lebens (Erziehung, Religion, Staat, Kunst) segensreich gewirkt, wenngleich auf unklare Gemüter vielfach auch verderblich. Nicht bloß die deutsche Sturm- und Drangperiode stellt unter seinem Einfluß – der junge Schiller war nur einer von vielen –, sondern auch so bedächtige Denker wie Kant vermochten sich demselben nicht zu entziehen. Auf die Geschichtsphilosophie eines Herder und Fichte hat er nicht unwesentlich eingewirkt, die neuen Erziehungsgedanken (Pestalozzi, Basedow u. a.) gehen zum Teil auf ihn zurück. Vor allem aber ist Rousseau, obwohl er persönlich sich gegen jeden gewaltsamen Umsturz der bestehenden Ordnung ausgesprochen hatte, zum Philosophen der Französischen Revolution geworden. Ihre Schlagworte: Liberté! égalité! fraternité! sind Rousseauschen Gepräges, die Verfassung von 1793, welche die konstitutionellen Ideen von 1791 überwand, ist von Robespierre nach dem Muster des *Contrat social* entworfen worden. Doch wir haben hier nur einen kurzen Blick auf die von Rousseauschen Gedanken beeinflußten französischen Philosophen in der zweiten Hälfte des 18. Jahrhunderts zu werfen. Dazu gehören:

1. die sogenannten

Physiokraten,

Männer, die, von gleicher Naturschwärmerei wie Rousseau erfüllt, auf nationalökonomischem Gebiete gegenüber dem ausgelebten und künstlichen Merkantilsystem, die „Herrschaft der Natur“, d.h. auf dem Felde des Handels volles Gehenlassen (laissez aller, laissez passer) vertreten, daneben aber ausgedehnte staatliche Fürsorge für die Landwirtschaft verlangen, da die Erzeugnisse des heimischen Bodens die Quelle alles nationalen Reichtums seien. Gehören ihre Theorien auch mehr der Geschichte der Nationalökonomie an, wo sie von denjenigen Adam Smiths (§ 22) bald verdrängt oder umgestaltet wurden, so haben doch ihre Häupter, Quesnay und Turgot, beide edle, sittenreine Männer in einer verderbten Zeit, die physiokratische Lehre auch philosophisch zu begründen versucht. Insbesondere Turgot hat in seiner Jugend mehrere moralphilosophische Abhandlungen verfaßt, die freilich mehr schöne Gedanken äußern als philosophische Durchbildung verraten.

2. Nach anderer Richtung hat

Condorcet (1743-1794)

Rousseausche Ideen weitergebildet. Mathematisch geschult, dann Nationalökonom und Politiker, beteiligte er sich mit Feuereifer an der Französischen Revolution, mit der er das Zeitalter der Vernunftherrschaft hereinbrechen sah. Als Girondist von den Jakobinern verfolgt, schrieb er in einem Versteck in den letzten neun Monaten vor seinem Tode ohne alle bibliothekarischen Hilfsmittel die glänzende *Skizze eines historischen Gemäldes der Fortschritte des menschlichen Geistes.* Der Mensch, von Natur gut, ist unendlicher Vervollkommnung fähig. Die Moral hat nur die Aufgabe, ihn über seine wahren Interessen aufzuklären, ihm sein wahres Glück zu zeigen, das in dem Waltenlassen seiner Vernunft liegt. Das höchste Gut besteht nicht in der Vollkommenheit des einzelnen, sondern in dem sittlichen Fortschritt des ganzen Menschengeschlechtes. Die natürlichen Ungleichheiten des Talentes und des Besitzes können durch angemessene Gesetze und Einrichtungen, vor allem eine gründliche Reform der Erziehung, allmählich verringert werden.

3. Wieder andere Denker sahen das Heil in einer mehr oder minder starken Umwandlung der gesamten Wirtschaftsordnung: die politische Gleichheit, die Rousseau fordert, ist nicht möglich ohne die wirtschaftliche. In die Zeit Rousseaus[35] fallen die

in Frankreich (vgl. *André Lichtenberger, Le socialisme au XVIIIe siècle*. Paris 1895), wenn wir von dem Testamente J. Mesliers (S. 394) und den früheren erwähnten utopistischen Schriften absehen. Sind sie auch nicht unmittelbar von Rousseau beeinflußt, so sind sie doch in ähnlichem Geiste gedacht.

a) 1755 erschien anonym der *Code de la nature* (neu herausgegeben bezeichnenderweise erst wieder 1841, als sich aufs neue sozialistische Ideen zu regen begannen), dessen Autorschaft man lange Zeit Diderot zugeschrieben hat. Der wahre Verfasser war ein Abbé Morelly, über dessen Lebenslauf nichts Näheres bekannt ist, und der schon zwei Jahre vorher einen utopistischen Staatsroman *(La Basiliade)* veröffentlicht hatte. Sein *Gesetzbuch der Natur* ist der erste in Frankreich gemachte Versuch, den Kommunismus philosophisch zu begründen. Vergeblich ist alles Diskutieren über die beste Regierungsform, wenn man die Axt nicht an die Wurzel alles Übels, das Privateigentum, legt. Die aus dem Einzelbesitz hervorwachsende Habsucht ist die Grundlage aller Laster. Deshalb soll in Morellys Idealstaat niemand etwas außer den Dingen des täglichen Gebrauchs zu eigen besitzen. Jeder Bürger soll nach seinem Alter, seinen Kräften und Gaben zum gemeinsamen Nutzen beitragen, während er auf Kosten des Gemeinwesens unterhalten und beschäftigt wird. Kein Tauschhandel noch Verkauf, sondern Verteilung aus öffentlichen Magazinen nach dem Bedürfnis. Gemeinsame Erziehung bis zum 14., außerdem Landarbeit für alle vom 20.–25. Lebensjahre. Die Grundlage dieses Zukunftsstaates ist eine rein moralisch-metaphysische, die von Gott für die Menschen bestimmte natürliche Ordnung der Dinge; wie denn auch eine staatlich approbierte Moral und Metaphysik in den Schulen des Zukunftsstaates gelehrt werden soll.

b) Nicht so weit als der *Code de la nature* geht der durch ihn bereits beeinflußte Mably (1709-1785), ebenfalls Abbé und älterer Stiefbruder Condillacs, in seiner Abhandlung *De la législation* (1776). Ihm schwebt das alte Sparta als Ideal vor. Ein Staat ist nur dann glücklich, wenn seine Bürger frei und tugendhaft sind. Die wahren d.h. sozialen Tugenden aber ruhen auf der von Natur und Vernunft gleichmäßig gewollten Gleichheit der Menschen. Nun ist freilich gegenwärtig eine vollkommene Gleichheit und Gemeinschaft der Güter nicht wiederherzustellen; aber gute Gesetze, wie Aufhebung des Privaterbrechts, Gleichstellung der Stände, Gesetze gegen den Aufwand, und eine streng moralische Erziehung können die Übel der bestehenden Ordnung erheblich eindämmen. Eine prinzipielle Begründung fehlt auch hier.

Noch weniger philosophische Bedeutung kommt den während der Revolutionszeit hervortretenden, historisch und politisch sehr interessanten Ansätzen zu sozialistischen und kommunistischen Theorien (von *Babeuf, St. Just* und anderen) zu.

C. In Deutschland.

Kapitel VIII.
Die deutsche Aufklärungsphilosophie.

Über den Begriff der Aufklärung vgl. Kants Aufsatz: *Was ist Aufklärung?* im Dezemberheft 1784 von *Biesters Berlinischer Monatsschrift*, die von 1783-1797 den Interessen der Aufklärung gedient hat. – Eine philosophische Sonderdarstellung der Periode existiert noch nicht, wenn auch der 2. Band von *Cassirers Erkenntnisproblem* über manche der deutschen Aufklärer neues Licht verbreitet hat. Von literaturgeschichtlichen Werken vgl. besonders Hettner (s. oben § 15), Teil III. Eine höchst lebendige Charakteristik der Zeit gibt *K. Justi, Winkelmann und seine Zeitgenossen*, Bd. I (1. Aufl. 1866, 2. Aufl. 1898). Einzelnes Interessante findet man auch in *B. Erdmann, Martin Knutzen und seine Zeit.* Lpz. 1876.

§ 28. Wolff und seine Vorgänger.

An der Spitze der deutschen Aufklärer steht, sie philosophisch sämtlich bei weitem überragend, die mächtige Gestalt von Leibniz. Da wir diesen indes wegen seiner hervorragenden Bedeutung als philosophischen Systematiker bereits unter den großen Philosophen des 17. Jahrhunderts behandelt haben, so haben wir hier nur auf seine bedeutendsten Zeitgenossen, die Vorläufer seines Schülers Christian Wolff, des Hauptphilosophen dieser Periode, aufmerksam zu machen. Freilich „Leibniz' philosophisches Erbe war alsbald nach seinem Tode verstreut worden; was von ihm noch übrig blieb, lebt jetzt nur noch in vereinzelten Anregungen fort, die sich nicht mehr um einen gemeinsamen systematischen Mittelpunkt sammeln" *(Cassirer* a. a. O. II S. 320).

1. Vorläufer Wolffs: Pufendorf, Tschirnhaus, Thomasius.

a) Noch in Leibniz' Zeit fällt die Wirksamkeit des berühmten Natur- und Völkerrechtslehrers Samuel Pufendorf (1632-1694) aus Chemnitz. Wir haben es hier nicht mit seiner glänzenden Kritik der Zustände des Deutschen Reiches *(De statu imperii Germanici,* 1661) noch mit seinen Geschichtswerken, sondern mit seiner philosophischen Bedeutung zu tun. Diese ist weniger in dem Inhalt seines rechtsphilosophischen Hauptwerks *De iure naturae et gentium* (1672) oder der kleineren Schrift *De officio hominis et civis iusta legem naturalem* (1673) zu erblicken, worin er von seinen Vorgängern Grotius und Hobbes vielfach abhängig ist, als in der Methode. Einmal nämlich wendet er, ganz im Geist des „mathematischen“ Jahrhunderts, ähnlich dem mit ihm im gleichen Jahre geborenen, sonst von ihm befehdeten Spinoza, die geometrische Methode an, um aus der Verbindung des Hobbesschen Selbsterhaltungstriebes mit dem Geselligkeitssinn des Grotius in logischen Schlußfolgerungen das ganze System des Naturrechts abzuleiten. Dann aber – und das ist wichtiger und macht ihn zum Aufklärer – löst er, als der erste deutsche Gelehrte, die Philosophie grundsätzlich von der Theologie. Zwar sieht auch er den Ursprung des natürlichen Rechtes und des natürlichen Sittengesetzes in Gott, aber die Erkenntnis beider ist ihm, wie das freie vernunftmäßige Denken überhaupt, unabhängig vom Offenbarungsglauben. Die Philosophie mit dem Maßstabe des letzteren messen, heißt nicht philosophieren, sondern theologisieren. Das Naturrecht soll für Juden und Türken die nämliche Gültigkeit haben wie für Christen. Natürlich geriet er mit den rechtgläubigen Theologen und scholastischen Universitätsgelehrten alsbald in den heftigsten Streit.

b) Der geometrischen Methode huldigt auch Walter Graf von Tschirnhaus (1651-1708), der gemeinsame Freund von Huyghens, Spinoza und Leibniz, eine vornehme, wissenschaftlich-exklusive Natur, der in seiner *Medicina mentis* (1687) eine Theorie des gesamten Erfahrungswissens zu geben suchte, dabei Hobbes' und Spinozas Lehre von der genetischen Definition oder begrifflichen Erzeugung der Einzeldinge weiterbildend. Theorie und Erfahrung, Deduktion und Induktion bedürfen und ergänzen sich gegenseitig. Aber, indem er alles Denkbare in drei Klassen: 1. die sinnlich-anschaulichen, 2. die rationalen oder mathematischen und 3. die physischen oder realen Dinge zerlegt, gerät er in einen Zwiespalt von Vernunftdenken und Erfahrung, den er weder durch sein Axiom der durchgängigen Gleichartigkeit der Vernunft noch durch sein Kriterium der allgemeinen Mitteilbarkeit zu lösen vermag. Inbegriff und Abschluß aller echten Erkenntnis ist ihm die Physik, die uns in ihren Gesetzen zugleich Gottes Wirken am deutlichsten enthüllt. Die praktische Philosophie hat er, im Gegensatz zu seinem Landsmann Pufendorf, nicht bearbeitet. Vgl. über ihn *Verweyen, Tschirnhaus als Philosoph,* Bonn 1906.

c) Unter dem Einflusse Pufendorfs löste sich auch Christian Thomasius (eigentlich Thomas, 1655-1728), gleich Leibniz Leipziger Professorensohn, völlig von der Theologie und der üblichen Scholastik der Universitäten los. „Die Theologie ist aus der Schrift, die Philosophie aus der Vernunft herzuleiten“; jene bezweckt das himmlische, diese das irdische Wohl der Menschheit. Gegen alle Pedanterie und Schulgelehrsamkeit zu Felde ziehend, lädt er, auf das Vorbild der großen französischen Denker hinweisend, zum erstenmal in der Muttersprache zu seinen Vorlesungen ein und gibt die erste wissenschaftliche Zeitschrift in deutscher Sprache heraus (1688). Infolge dieser und anderer Neuerungen auf Betreiben des Leipziger und Wittenberger Zopfgelehrtentums aus seiner Vaterstadt vertrieben, erhielt er von Friedrich III. von Brandenburg (1690) die Erlaubnis, in Halle Vorlesungen zu halten: der Anfang zur Begründung der dortigen, in gewissem Sinne ersten modernen Universität (1694).

Anfangs hielt er gegenüber der starren Rechtgläubigkeit mit seinen pietistischen Kollegen Spener und Francke zusammen (*Geschichte der Weisheit und Torheit* 1693, *Versuch vom Wesen des Geistes* 1699); später trennte ihn sein durch die Lektüre Lockes befestigter Rationalismus endgültig von ihnen.

Thomasius' Verdienst liegt in dem eben bezeichneten Kampfe gegen alle Beschränktheit und Pedanterie, für Aufklärung und Toleranz (wenn auch in bedingtem Sinne, die Autorität der Bibel z.B. hat er nicht angefochten), gegen Übergriffe der Kirche (fürstlicher Willkür gegenüber zeigte er zweimal eine nicht unbedenkliche Nachgiebigkeit), gegen Tortur und Hexenverfolgung. Wissenschaftlich dagegen ist er ohne Originalität und Methode, ja von entschiedener Oberflächlichkeit. Sein Standpunkt ist der des handgreiflichen allgemeinen Nutzens, die Metaphysik ihm aufs äußerste verhaßt; seine Philosophie des gesunden Menschenverstandes ist noch flacher als die schottische. Seine *Vernunftlehre* will „durch eine leichte und allen vernünftigen Menschen, welcherlei Standes und Geschlechtes sie seien, verständliche Manier" den Weg zeigen, „ohne die Syllogistica das Wahre, Wahrscheinliche und Falsche voneinander zu unterscheiden und neue Wahrheiten zu erfinden". Seine *Sittenlehre* bezeichnet er als die Kunst, „durch Vernunft und Tugend zu einem glückseligen, galanten und vergnügten Leben zu gelangen".

Thomasius' Popularphilosophie, mit Leibnizschen Gedanken und schulmäßiger Behandlung vereint, findet sich in der Hauptgestalt der Epoche:

2. Christian Wolff (1679-1754).

Zwei kleinere neuere Spezialschriften: *H. Pichler, Über Christ. Wolffs Ontologie.* Lpz. 1910. – *Wolffsche Begriffsbestimmungen. Ein Hilfsbüchlein beim Studium Kants*, zusammengestellt von *Jul. Baumann.* Lpz. 1910.

a) *Leben und Schriften.* Christian Wolff (auch Wolf, Wolfius), als Sohn eines Gerbers in Breslau 1679 geboren, soll Theologie studieren, wendet sich jedoch der Philosophie, Mathematik und Naturwissenschaft zu, wird durch die Schriften von Descartes, Spinoza, Tschirnhaus, am meisten aber durch Leibniz beeinflußt, und kommt durch dessen Empfehlung 1706 als Professor der Mathematik nach Halle, wo er bald der gefeiertste Universitätslehrer und philosophische Schriftsteller Deutschlands wird. Auf Betreiben der verbündeten Orthodoxen und Pietisten erhält er 1723 den Befehl des Königs, „binnen 48 Stunden nach Empfang dieser Order die Stadt Halle und alle Königl. Lande bei Strafe des Stranges zu räumen"; die Verbreitung seiner Schriften wird „bei lebenslänglicher Kerkerstrafe" verboten. Eine gewaltige Streitschriftenliteratur bemächtigte sich des Falles; Wolff, der sofort von dem Landgrafen von Hessen an die Universität Marburg berufen wurde, erwarb sich als Lehrer wie als Schriftsteller immer größeren Ruhm. Eine der ersten Regierungshandlungen Friedrichs II.

war bekanntlich die übrigens schon seit 1735 vorbereitete ehrenvolle Zurückberufung des verbannten Philosophen nach Halle als Geh. Rats und Vizekanzlers mit 2000 Taler Gehalt; am 6. Dezember 1740 hielt er seinen feierlichen Einzug in die Stadt. Später ward er sogar in den Reichsfreiherrnstand erhoben. Dagegen nahm sein Einfluß als akademischer Lehrer allmählich ab. Er starb in hohem Alter 1754.

Wolff war ein außerordentlich fruchtbarer Schriftsteller. Die wichtigsten Schriften aus der ersten Hälfte seiner Lehrtätigkeit sind in deutscher Sprache erschienen, übrigens in fast alle Sprachen Europas übersetzt worden. Ihr Grundzug, Verständigkeit und Breite, kennzeichnet sich schon in den Titeln. Sie alle bezeichnen sich als *„Vernünfftige Gedanken"* und zwar 1. *von den Kräften des menschlichen Verstandes und ihrem richtigen Gebrauch in Erkenntnis der Wahrheit* (1712), 2. *von Gott, der Welt und der Seele des Menschen, „auch allen Dingen überhaupt"* (!) (1719), 3. *von der Menschen Tun und Lassen zur Beförderung ihrer Glückseligkeit* (1720), 4. *von dem gesellschaftlichen Leben der Menschen* (1721), 5. *von den Wirkungen der Natur* (1723), 6. *von den Absichten der natürlichen Dinge* (1724): also eine Logik, Metaphysik, Moral, Politik, Physik und Teleologie. Die in seiner späteren Lebensperiode (1728-53) mit Rücksicht auf die ausländischen Leser von ihm ausgearbeiteten lateinischen Kompendien, die nicht weniger als 23 Bände füllen, sind zum großen Teil nur weitere Ausführungen oder weitschweifige Wiederholungen derselben Stoffe: Logik, Ontologie, Kosmologie, rationale und empirische Psychologie, natürliche Theologie, allgemeine praktische Philosophie, Naturrecht (8 Bände!), Völkerrecht und Moralphilosophie (4 Bände) sind die Titel, die sie führen.

b) *Theoretische Philosophie.* Obwohl Wolff sich nicht gern als Leibniz' Schüler bezeichnen ließ, steht er doch durchaus auf dessen Schultern. Aber seine nüchterne Natur ließ ihn gerade die tiefsinnigsten und eigenartigsten Teile des Leibnizschen Systems entweder ganz abstreifen oder doch verflachen, so die Monadologie und die prästabilierte Harmonie. Letztere nahm er bloß für das Verhältnis von Leib und Seele an; ebenso beschränkte er die Eigenschaft der Monaden als vorstellender Kräfte auf die Seelen; die anderen Monaden sind ihm bloße „Atome der Natur". Charakteristisch für seine ganze Auffassung ist gleich der erste Satz seiner Logik, er wolle die gesamte Philosophie zu einer „sicheren" und „nützlichen" Wissenschaft machen, und zwar durch deutliche Begriffe und gründliche Beweise. Ihr Gegenstand ist ihm alles „Denkbare" oder „Mögliche". Alle Erkenntnis ist philosophischer, historischer oder mathematischer Art. Die philosophische oder rationale untersucht die Möglichkeit der Dinge; die historische oder empirische weist sie als wirklich nach und gibt ihr so ihren Stoff, während der mathematischen die Größenbestimmung zufällt. Neben dieser Einteilung steht die aus den beiden unserer Seele innewohnenden Vermögen des Erkennens und Wollens stammende in theoretische und praktische Philosophie (Weltweisheit). So ergibt sich denn ein ganzes System von Wissenschaften, das jahrzehntelang die Kompendien beherrscht hat; die wichtigsten sind

1. die rationalen oder Vernunftwissenschaften: a) theoretische: Ontologie oder „erste Philosophie", Kosmologie, Psychologie, natürliche Theologie; b) praktische: Moral, Politik, Ökonomik.
2. die empirischen oder Erfahrungswissenschaften: a) theoretische: empirische Psychologie, Teleologie, dogmatische Physik; b) praktische: Technologie, Experimentalphysik.

Die Einleitung zu ihnen allen bildet die Logik, die aus dem einen Satze des Widerspruchs in rein begrifflicher Entwicklung alles übrige, selbst das Prinzip des zureichenden Grundes, abzuleiten sucht. Die sinnliche Wahrnehmung (empirische Erkenntnis) ist verworren und undeutlich, nur das reine Denken (rationale Erkenntnis) vermag klar und deutlich zu erkennen, übrigens auch bloß das, was schon in den Begriffen liegt. Natürlich schleichen sich in diese rein logisch sein sollenden Ableitungen zahlreiche Bestandteile der grundsätzlich abgewiesenen Erfahrung ein. – Dann folgt die Ontologie als die Wissenschaft von den Gegenständen überhaupt. An den Gegenständen werden ihre wesentlichen Bestimmtheiten *(essentialia,* die das Substantielle daran ausmachen) von den wechselnden Eigenschaften *(attributa)* und Zuständen *(modi)* unterschieden. Der zweite Teil handelt von den Arten der Gegenstände und ihrem gegenseitigen Verhältnis zueinander. Diese Beziehungen, wie die „Ordnung" überhaupt, sind keine Erzeugnisse unseres Verstandes, sondern kommen den Gegenständen selbst zu. Die Ordnung ist zugleich der zusammenfassende Ausdruck für die transzendentalen Prädikate der Einheit, Wahrheit und Vollkommenheit. Die Vernunft ist das Vermögen, den Zusammenhang der Dinge oder allgemeinen Wahrheiten anzunehmen. – Die allgemeine Kosmologie ist die Grundlage der Physik. Aus den ontologisch „nachgewiesenen" unkörperlichen Atomen setzen sich die unendlich kleinen, aber doch körperhaften primitiven Korpuskeln zusammen. Die Naturgesetze sind die Gesetze der Bewegung; sie folgen aus dem Satz des zureichenden Grundes. Zu der mechanisch-physikalischen Erklärung treten häufig, zum Teil recht aufdringlich, platt-teleologische Gesichtspunkte, wie z.B., daß die Sterne dazu da seien, um des Nachts zu leuchten. Überhaupt blieb die Naturbetrachtung der Wolffianer im Gegensatz zu den radikalen Empiristen der jungen Newtonschen Schule, welche sich auf exakte Beschreibung der Naturvorgänge beschränken wollten, wesentlich metaphysischer Art. Der gelehrte Streit der Abhandlungen zwischen der Londoner *Royal Society* und den Leipziger *Acta eruditorum* zieht sich weit über die Mitte des 18. Jahrhunderts hin. – Die Psychologie teilt das Erkenntnisvermögen in ein unteres (mit Empfindung, Einbildungskraft, Gedächtnis) und oberes (Aufmerksamkeit, Verstand und Vernunft). Die leiblichen und seelischen Vorgänge sind an sich voneinander unabhängig und hängen nur in der gegebenen Erfahrung zusammen. Das ebenfalls in ein unteres (Triebe) und oberes (Wille) zerfallende Begehrungsvermögen ist dem Erkennen unterworfen. Auch die Geschichte ist ihm schließlich nur dazu da, „die Tugenden und Laster, insonderheit die Klugheit und Torheit, durch ihr Exempel zu lehren“. – In der natürlichen Theologie erscheint Wolff völlig abhängig von Leibniz und seiner Theodicee. Deshalb wollte er auch weder von der „Freidenkerei der Engelländer“ noch von dem „einreißenden Deismus, Materialismus und Skeptizismus der Franzosen“ etwas wissen. Übrigens hat sich auch die religiöse Erkenntnis dem Satz des Widerspruchs unterzuordnen. Die geoffenbarte Religion darf wohl Über-, aber nichts Widervernünftiges enthalten. Dem entspricht auch die Bibel, wie die – Theologie beweist. Auch hier wird eine rationale und eine empirische Wissenschaft unterschieden. Die erstere führt den ontologischen und kosmologischen, die zweite den physiko-theologischen Beweis für das Dasein Gottes, jedoch anthropologisch-beschränkter und platt-nützlicher als Leibniz, aus.

c) *Praktische Philosophie.* Unabhängiger von letzterem erscheint Wolff in der praktischen Philosophie. In der Moral stellte er dem Glückseligkeitsprinzip der Engländer sein Prinzip der Vervollkommnung gegenüber, das allerdings nicht nur mit der Vernunft und Naturgemäßheit, sondern auch mit Glückseligkeit notwendig verbunden ist.

Das Gute ist nicht durch Gottes Willen, sondern an und für sich gut, die Moral unabhängig von der Theologie, also auch bei Atheisten, wie den Chinesen, möglich. Eine Lobrede auf die Sittenlehre des Konfuzius trug mit zu Wolffs Vertreibung aus Halle bei. Da der Wille durchaus durch die Erkenntnis bestimmt wird, so ist Grund der Sünde die Unwissenheit, Pflicht des Philosophen folglich die Aufklärung. Beständiger Fortschritt ist Ziel des einzelnen wie der Gesamtheit. Das Völkerrecht ist erweitertes Naturrecht. Der Staat ist allmächtig, sein Zweck die allgemeine Wohlfahrt. Da aber der Verstand der Untertanen beschränkt ist (!), so müssen die Staatsbehörden alles, auch das Privatleben des einzelnen, bis ins kleinste regeln, z.B. ihre Kleidung, Speisen und Getränke, Vergnügungen. Zur Belustigung der Ohren dienen u. a. die „Poeten“, die jedoch unter besondere Aufsicht zu nehmen sind, damit sie nicht „durch verliebte und unzüchtige Verse gute Sitten verderben“. So ziehen denn seine dickleibigen moralischen Schriften, einschließlich der Ökonomik, welche die häuslichen Rechte und Pflichten festsetzt, und der acht Quartbände Naturrecht, alles Mögliche und Unmögliche in ihren Bereich; unter anderem wird z.B. ausführlich die Frage abgehandelt, ob lautes Schmatzen beim Essen gegen das ius naturae sei!

Bezeichnend für den Charakter der Wolffschen Verstandesphilosophie ist, daß die Ästhetik (Lehre vom Schönen) die einzige von ihm nicht bearbeitete philosophische Disziplin gewesen ist.

Wolffs Art zu philosophieren stellte nicht bloß die Philosophie auf Vernunft gegen allen Autoritätsglauben, sondern hat ohne Zweifel auch die logische Sauberkeit und das methodische Denken gefördert, den „Geist der Gründlichkeit“ in Deutschland geschaffen, wie Kant ihr einmal nachrühmte. Er hat den

Grundgedanken des Leibnizschen Rationalismus, daß nur die formalen Gesetze des Denkens das Sein der Gegenstände verbürgen, festgehalten und fortgepflanzt. Auch hat seine übrigens klare und leicht verständliche Sprache viele philosophische Kunstausdrücke, die uns jetzt ganz geläufig sind, entweder geschaffen (wie: Bewußtsein, Verhältnis, Vorstellung) oder doch in allgemeinen Gebrauch gebracht (z.B. Psychologie, a priori, a posteriori u. a.). Vieles an Kant versteht man erst, wenn man es aus der Opposition gegen die Wolffsche Schule heraus begreift. Anderseits hat seine Schematisierungs- und Rubrizierungswut, sein über alles Mitredenwollen, seine jedes Schwunges bare, rein verstandesmäßige Auffassung der Dinge, seine schulmeisterhafte Pedanterie doch auch mannigfach geschadet. Sie hat insbesondere das Tiefe und Großartige an Leibniz verdeckt und verdunkelt, zumal bei dem Einfluß, den dieser Wolffianismus in Deutschland gewann.

§ 29. Weitere Entwicklung der deutschen Aufklärung: 1. Wolffs Schule. 2. Wichtige neue Ansätze (Euler, Lambert, Tetens). 3. Popularphilosophie (besonders Mendelssohn, Lessing).

Cassirer, Erkenntnisproblem, Bd. II. – *A. Riehl, Geschichte des philosoph. Kritizismus*, Kap. 3. – *Joh. Lepsius, Lambert.* Mchn. 1881 – *Baensch, Lamberts Philosophie und seine Stellung zu Kant.* 1902 – *Störring, Die Erkenntnistheorie von Tetens.* 1901 – *Schinz, Die Moralphilosophie von Tetens.* 1906. Am ausführlichsten *W. Uebele, Joh. Nic. Tetens* usw. 1912. Uebele hat auch Tetens' Hauptwerk, die *Philosoph. Versuche* (s. S. 411), nebst der Abhandlung *Über die allgemeine spekulativische Philosophie* (1775) neu herausgegeben (Neudrucke der Kantgesellschaft, Bd. 4 u. 5) 1913 f. – *Mendelssohns Schriften zur Philosophie, Ästhetik und Apologetik*, hrsg. von M. Brasch, 2 Bde. Lpz. 1880. – *Ed. Zeller, Friedrich der Große als Philosoph*, Berlin 1886. – Über Lessings Philosophie vgl., außer der großen Biographie von *Erich Schmidt: Christ. Schrempf, Lessing als Philosoph*, Stuttg. 1906 und die Ausgabe von *P. Lorentz, Lessings Philosophie*, 1909. (Philos. Bibl.). *E. Bergmann, D. Begründung der deutschen Ästhetik durch A. Baumgarten u. G. Meier* 1911. Derselbe, *E. Platner und d. Kunstphilosophie des 18. Jh.* Lpz. 1913.

1. Wolffs Schule.

Wolff war der erste deutsche Philosoph, der eine Schule gründete, wozu seine lehrhafte Art auch ganz wie geschaffen war. Ludovici, der eine Geschichte der Wolffschen Philosophie schrieb, zählt schon im Jahre 1737 nicht weniger als 107 schriftstellernde Wolffianer auf! Sie hatten fast sämtliche deutschen Katheder inne. Freilich blieb ihnen wenig mehr zu tun, als die Philosophie ihres Meisters in mehr oder weniger geschickten Kompendien weiter auszuarbeiten. Zu seinen treuesten Schülern gehörte der früh verstorbene Thümmig (1697-1728), dessen *Institutiones philosophiae Wolfianae* zahlreiche Auflagen erlebten, und Bilfinger (1693-1750), dessen *Dilucidationes philosophicae* lange als das beste Lehrbuch der Wolffschen Metaphysik galten. Ein anderer, mehr eklektischer Typus ist der ständige Sekretär der Berliner Akademie Samuel Formey (1711-1797), der in seiner ebenso bändereichen wie oberflächlichen *La belle Wolffienne* (1741 bis 53) das Wolffsche System dem gemeinen Menschenverstand anzupassen suchte. Zu Wolffs Anhängern zählten Männer und Frauen aller Stände, Orthodoxe und Freidenker, Protestanten und Jesuiten. Viele verbanden mit ihrem Wolffianismus lutherische Rechtgläubigkeit; er wurde zu einer Art protestantischer Scholastik, wie einst Melanchthons Lehre. Nur einem gelang eine wirkliche Erweiterung des Systems: Alexander Baumgarten (1714-1762).

Gerade das eine Gebiet, welches von Wolff unbearbeitet gelassen war, hatte sich inzwischen in Deutschland zu entwickeln begonnen. Da der geistige Tätigkeitstrieb im öffentlichen Leben keine Nahrung fand, warf er sich auf die Literatur und die ästhetische Kritik. Es war die Zeit, wo Gottsched, der übrigens auch 1734 eine *Weltweisheit* im Sinne der Wolffschen Metaphysik verfaßte, der Diktator des literarischen Geschmackes in Deutschland war. Der von Gottscheds Gegnern, den Schweizern, angeregte Alexander Baumgarten, ein geborener Berliner, 1735 Dozent in Halle, seit 1740 Professor der Philosophie in Frankfurt a. O., nahm sich vor, die von Wolff in der Enzyklopädie des Wissens gelassene Lücke auszufüllen. Wie Wolffs Logik das „obere", so soll Baumgartens Aesthetica oder „Empfindungslehre" (1750-58) das „untere" Erkenntnisvermögen, d.h. die sinnliche Wahrnehmung behandeln. Der Wahrheit als der logischen entspricht die Schönheit als die sinnliche Vollkommenheit. Freilich gilt ihm die Schönheit nur als „verworrene" Wahrheit, die Kunst besteht in der Nachahmung der Natur, und seine Wissenschaft vom Schönen ist tatsächlich nur eine weitschweifige, langweilig pedantische Poetik. Immerhin aber war das künstlerische Schaffen als ein selbständiges von der verstandesmäßigen Regelung abgesondert. Baumgarten hat übrigens unsere philosophische Begriffssprache nicht bloß mit der seit ihm herrschend gebliebenen, selbst durch Kant nicht umgestürzten Benennung „Ästhetik", sondern auch mit einer Reihe anderer Kunstausdrücke bereichert, die dann durch seine viel gebrauchten Lehrbücher auch in die Sprache anderer Philosophen, insbesondere Kants, übergegangen sind. So ist besonders der heute geltende Gebrauch von „subjektiv" und „objektiv", wenn er auch schon bei Leibniz vorkommt, hauptsächlich doch auf ihn zurückzuführen. Seine tausend Paragraphen zählende *Metaphysica* (1739, 7. Aufl. 1779) hat u. a. Kant als Handbuch für seine Vorlesungen gedient.

Als Apostel der neuen Lehre, die allmählich den Begriff der „Dichtkraft" auch über die Poesie hinaus zu erweitern suchte, wirkte Baumgartens ältester Schüler

G. F. Meier (1718-1777) in Halle, der gegen Gottsched für die Schweizer (Bodmer, Breitinger) und Klopstock eintrat, in der Psychologie zu Lockes Empirismus hinneigte und eine Menge von Lehrbüchern verfaßt hat.

2. Neue, selbständigere Ansätze (Euler, Lambert, Tetens).

Die pedantische Strenge der strengeren Wolffianer rief denn doch bei manchen, selbständiger gearteten Köpfen eine gewisse Gegnerschaft hervor, die sich zunächst als Eklektizismus äußerte und einen Teil von Wolffs Anhängern zu sich herüberzog. Thomasius' Prinzip der Systemlosigkeit fand Anhänger, so z.B. in dem Philosophiehistoriker Brucker (I, S. 13). Einer der Hauptgegner Wolffs war Rüdiger (1673-1731) in Leipzig, der die philosophische Wahrheit für eine höhere als die bloß logische erklärte, demgemäß die geometrische Methode, die nur nach der Möglichkeit, nicht nach der Wirklichkeit der Dinge frage, bekämpfte und eine empiristische Erkenntnistheorie aufstellte, wonach die sinnlichen Wahrnehmungen, zu denen auch die mathematische Anschauung gehört, für uns das höchste Prinzip der Gewißheit darstellen. Noch bedeutender war sein Schüler und Nachfolger Crusius (1712-1775), der gleichfalls aus dem Wolffschen Logizismus herauszukommen suchte. Er erklärte, die sinnliche Wahrnehmung könne durchaus „klar und deutlich" sein, und unterschied von dem Erkenntnisgrund den Realgrund der Dinge. Wir müssen nicht von den leeren Begriffen der Ontologie, sondern von der sinnlichen Erfahrung ausgehen, aus deren Bearbeitung schließlich die einfachen Begriffe und notwendigen Vernunftwahrheiten gewonnen werden können. Aus dem „ganz leeren" Satze des Widerspruchs, neben den er die zwei weiteren Sätze des „nicht zu Trennenden" und „nicht zu Verbindenden" stellt, lasse sich das Kausalprinzip nicht ableiten, aus bloßen Begriffen nicht auf die Existenz eines Dinges schließen; so bestreitet er u. a. die Gültigkeit des ontologischen Gottesbeweises. Er betont ferner kräftig die Freiheit des menschlichen Willens, ohne jedoch daraus die Konsequenz seiner vollen Selbständigkeit zu ziehen, hat sich auch eingehend mit dem Problem der historischen Wahrscheinlichkeit beschäftigt. Crusius ist von Einfluß auf Mendelssohn, Lambert und Kants vorkritische Periode gewesen.

Es bildete sich überhaupt neben dem Dogmatismus der Wolffschen Schule ein kleiner Kreis von skeptisch-kritisch-methodologischen Denkern, die das Bedürfnis nach einer neuen Grundlegung der Philosophie empfanden. Zu ihnen gehört, abgesehen von dem vorkritischen Kant selber, von der naturwissenschaftlichen Seite zunächst

a) der berühmte Mathematiker Leonhard Euler (1707-1783), der als klassischer Vertreter des Geistes der mathematischen Naturwissenschaft (Newtons) in Deutschland bezeichnet werden kann. In seiner *Mechanik* (1736 ff.), seinen *Réflexions sur l'espace et le temps* (1748) und seiner *Theorie der Bewegung* (1765) sprach er es offen aus, daß die Naturphilosophie sich nach der realen Prinzipien der Mechanik zu richten habe, nicht umgekehrt diese nach den spekulativen Einbildungen jener; und daß der reine Raum und die absolute Zeit keine Dinge, sondern unentbehrliche mathematisch-physikalische Postulate seien, wenn er auch als echter empirischer Forscher der Materie unbedingte Realität zuspricht. Es sei eine „elende Chikane" der Philosophen, schreibt er in seinen populärer gehaltenen (natürlich französisch geschriebenen!) *Briefen an eine deutsche Prinzessin* (Petersburg 1768-72), den wirklichen Körpern ihre wichtigsten, d.h. mathematischen Eigenschaften abzustreiten, weil die Mathematik nicht in das „Wesen der Dinge" einzudringen vermöge. Eine große Gesamtausgabe von Eulers Werken hat die Berliner Akademie der Wissenschaften in Angriff genommen.

b) Ferner gehört zu diesen selbständigeren Denkern der von Kant außerordentlich hoch geschätzte, gleichfalls gründlich mathematisch und naturwissenschaftlich gebildete Joh. Heinr. Lambert (1728-1777). In den *Kosmologischen Briefen* (1761) ist er der Kant-Laplaceschen Weltentstehungshypothese schon ganz nahe. In seinem philosophischen Hauptwerk, dem *Neuen Organon* (1764), definierte er die Metaphysik als „die Wissenschaft von den Formbeziehungen des Seins und des Denkens". Er unterschied nämlich von dem durch die Wahrnehmung gegebenen Inhalt oder Stoff des Denkens dessen in den logischen und mathematischen Gesetzen zu findende Form; keines von beiden sei schlechtweg aus dem anderen abzuleiten, wie es der Logizismus Wolffs und sein Gegenpol, Lockes Sensualismus, wollten. Eine Vorarbeit dazu bietet die deutsch geschriebene Abhandlung vom *Criterium veritatis* (hrsg. von K. Bopp, Berl. 1918). Ein einheitliches Prinzip freilich für die Formen der Erfahrung vermochte Lambert noch nicht zu finden, wie seine *Architektonik* (1771) und sein mit Kant, der ihm sein kritisches Hauptwerk widmen wollte, geführter Briefwechsel zeigen. Er sieht zwar die streng apriorischen Disziplinen der Geometrie, Chronometrie und Phoronomie als den festen Maßstab an, mit dem wir die physikalischen und astronomischen Tatsachen zur Wissenschaft machen, wie er denn einmal geäußert hat: „Was nicht gewogen und berechnet werden kann, davon verstehe ich nichts"; aber der letzte Vermittler zwischen Begriff und Wirklichkeit bleibt ihm doch – die Gottheit.

c) Wie Lambert unterscheidet auch der bedeutendste Psychologe der Zeit, der Schleswiger Joh. Nik. Tetens (1736-1807, Professor in Kiel, starb als Staatsrat in Kopenhagen), Form und Inhalt der Erkenntnis. Schon als 24jähriger hatte er in einer besonderen Schrift untersucht, „warum in der Metaphysik nur wenige ausgemachte Wahrheiten sind". Seine *Philosophischen Versuche über die menschliche Natur* (1776/77) stehen bereits unter dem Einfluß der Kantschen Dissertation von 1770. Der Inhalt stammt aus der Empfindung, die Form aus der Denktätigkeit; erstere ist rezeptiv, letztere spontan. Alle bewußte Auffassung ist Auffassung eines Verhältnisses. Die Akte des Denkens erweisen sich, in ihrer Anwendung als Naturgesetze des Denkens, als aus dem

Wesen der Seele stammende „subjektivische Notwendigkeiten". Wir nehmen aber nur die Erscheinungen wahr, das Wesen der Dinge bleibt uns bei dem beschränkten Umfange und den Grenzen des menschlichen Verstandes unerkennbar. Tetens' Hauptverdienst besteht in der feinen psychologischen Analyse, die er übt, und die sich bei ihm mit scharfer Beobachtungsgabe, wissenschaftlichem Interesse an ihrer physiologischen Unterlage sowie einer genauen Kenntnis dessen paart, was Franzosen, Engländer und deutsche Leibnizianer auf diesem Felde geleistet haben. Kant verdankt ihm in sachlicher wie namentlich in terminologischer Beziehung mancherlei. Tetens setzt u. a. die dann durch Kant allgemein üblich gewordene psychologische Dreiteilung der „Seelenvermögen" in Erkenntnis-, Beziehungs- und Gefühlsvermögen an Stelle der Wolffschen Zweiteilung in Vorstellen und Wollen. Auch die Einteilung der Einbildungskraft in perzeptive, produktive und reproduktive u.a.m. stammt von ihm. Selbst die heutige Psychologie kann noch manches von Tetens lernen. Aber er vermag sich nicht von den psychologischen Grundlagen zu lösen. Er dringt allerdings bis zu der transzendentalen Fragestellung vor: Nach welchen Grundregeln und auf welchem „unerschütterlichen Fundamente" errichtet die menschliche Denkkraft ihre allgemeinen Theorien, die „reellen und feststehenden Kenntnisse" der Geometrie, der Optik, der Astronomie? Allein er gibt keine Antwort darauf. Er vertritt gegenüber Lossius, der in seinen *Physischen Ursachen des Wahren* (1775) den Satz des Widerspruchs und damit die Wahrheit auf das „angenehme Gefühl aus der Zusammenstimmung der Schwingungen der Fibern im Gehirn" zurückzuführen suchte, die Notwendigkeit einer allgemeingültigen, unveränderlichen, „objektivischen" anstatt der veränderlichen „subjektivischen" Erkenntnis, aber er gelangt über die Forderung nicht hinaus. Das war erst Kants Kritizismus vorbehalten, bis zu dessen Grenze Tetens führt.

3. Popularphilosophie.

Neben solchen selbständigeren Ansätzen geht der breite Strom der Popularphilosophie einher. Die Wolffsche Schule hatte sich durch ihre Pedanterie und Rubrizierungswut, um mit Goethe zu reden, „ungenießbar und endlich entbehrlich" gemacht und räumte der Philosophie „des gesunden Menschenverstandes" den Platz, die durch die gleichzeitigen Strömungen in England (Schottland) und Frankreich Anregung und Unterstützung erhielt. Da wir keine allgemeine Geschichte des geistigen Lebens in Deutschland zu schreiben haben, genügt es, von diesen Vertretern der deutschen Aufklärung einige Richtungen und Männer kurz zu charakterisieren.

a) Die platt-teleologische Betrachtung der Natur nimmt überhand, und im Zusammenhang damit die Betonung von Gottes Güte und Weisheit, die sich auf die kleinsten Dinge erstreckt, z.B. daß er die erquickenden Kirschen in der

Hitze des Sommers, nicht in der kalten Winterszeit habe reifen lassen (Sulzer). Die physikotheologische Denkweise versteigt sich zu der Geschmacklosigkeit, von Stein-, Pflanzen-, Fisch-, Insekten- u. a. Theologien zu reden! Damit verbinden sich die verschiedensten theologischen Standpunkte, von offenbarungsgläubiger Orthodoxie bis zu dem Naturalismus eines Dr. Bahrdt. Neben dem Dasein Gottes ist die persönliche Unsterblichkeit, genauer unsere endlose Vervollkommnung im Jenseits der wichtigste Glaubensartikel der deutschen Aufklärung. Die Beförderung der menschlichen Glückseligkeit ist alleiniger Zweck und Aufgabe der Philosophie, die damit zur schalen Moralpredigt herabsinkt. Daneben wird die empirische Psychologie ein Lieblingsfeld derer, die sich von der französischen und englischen (besonders Lockes) Erfahrungsphilosophie angezogen fühlen. Es ist die klassische Zeit der Empfindsamkeit, des Wühlens in den Seelenzuständen, der Selbstbeobachtungen und Selbstbekenntnisse der Tagebücher, der zärtlichen Freundschaften, der Gefühlsseligkeit.

Für die Wissenschaft fällt dabei naturgemäß sehr wenig ab. Sulzer (1720-1779, aus Zürich, früh nach Berlin) suchte die Lehre vom Gefühl und den Empfindungen, die er aus Leibniz' dunklen Vorstellungen herleitete, weiter auszubilden. Er unterscheidet die ästhetischen von den sinnlichen, intellektuellen und moralischen Empfindungen. Dennoch werden sie noch nicht in ihrer Selbständigkeit erkannt, seine Ästhetik bleibt teils verstandesmäßig teils moralisierend. Der Geschmack ist „eine notwendige Folge von Erkenntnis und Einsicht"; daher werden die Zeitgenossen Bodmer und Pope über Homer und Lukrez gestellt! Anderseits hat die Kunst, wie alle Philosophie, dem höheren Zwecke der menschlichen Glückseligkeit zu dienen. Sulzers *Allgemeine Theorie der schönen Künste* (1771-74) galt lange Zeit als ästhetische Autorität, die sich bei den „Schweizern" wie den Gottschedianern gleicher Beliebtheit erfreute.

An die französischen und englischen Vorbilder reichen die meisten der deutschen Aufklärer nicht heran. Neben feineren Naturen wie dem geistreichen Physiker Lichtenberg in Göttingen, dem zur Skepsis neigenden und auch als Ästhetiker nicht unwichtigen Leibnizianer Platner (Hauptschrift: *Philosophische Aphorismen* 1776 ff.) in Leipzig, dem Philosophiehistoriker Tiedemann in Marburg, dem sinnigen Menschenbeobachter Garve in Leipzig stehen philosophisch so oberflächliche Naturen wie der Dichter Wieland, der „Philosoph für die Welt" Engel, die vermittlungseligen Eklektiker und Vielschreiber Feder und Meiners in Göttingen und, um von den dii minorum gentium zu schweigen, das bekannte Muster aufklärerischer Seichtigkeit und Plattheit, der Berliner Buchhändler Nicolai, dessen verdienstlicher Kampf gegen Vorurteile aller Art, namentlich in seiner *Allgemeinen deutschen Bibliothek* (1765-1805), darüber jedoch nicht vergessen werden darf. Ebenso hat Basedow, dessen *Praktische Philosophie* das trivialste Zeug enthält, wenigstens einen kräftigen Anstoß zur Reform des Unterrichts in Deutschland gegeben.

b) Ernsteren Charakter trägt der Wolff näher stehende theologische Rationalismus der Zeit, der sich in Männern wie Spalding, Semler, dem Begründer der historischen Bibelkritik, und besonders H. S. Reimarus (Gymnasialprofessor in Hamburg, 1694-1768) zu achtungswerten Gestalten erhob. Reimarus, ein ehrlicher und folgerichtiger Denker, verteidigt zwar gegen den Materialismus (La Mettrie) und Pantheismus (Spinoza) die Grundsätze der natürlichen Religion (Gott und Unsterblichkeit), bekämpft aber um so entschiedener den Glauben an übernatürliche Offenbarungen, und deshalb auch die biblischen Lehren, die ihm als ein Gemisch von Irrtum und Betrug erscheinen. Seine in diesem Sinne gehaltene, umfangreiche *Schutzschrift für die vernünftigen Verehrer Gottes* konnte er unter solchen Umständen nicht herauszugeben wagen. Erst nach seinem Tode veröffentlichte Lessing eine Reihe Untersuchungen daraus, die als *Wolffenbüttler Fragmente* so großes Aufsehen erregten, und erst D. F. Strauß hat in seinem Buche über Reimarus (1862) eine ausführliche Zergliederung der gesamten Schrift gegeben.

c) Die edleren Züge der Aufklärung vereinigt in sich Moses Mendelssohn (1729-1786), Sohn eines armen jüdischen Lehrers aus Dessau, der früh nach Berlin kam, sich unter den größten Schwierigkeiten und Entbehrungen seine wissenschaftliche Bildung erwarb und auch als berühmter Schriftsteller seine kaufmännische Stellung beibehielt. Klarheit des Stils, warme Empfindung, reine Humanität zeichnen ihn aus, dagegen fehlt philosophische Kraft und Tiefe. Extreme sind ihm verhaßt, die Wahrheit liegt in der Mitte, wie er selbst auch in der Mitte zwischen Wolff und Locke, Schul- und Popularphilosophie steht; außerdem hat namentlich Shaftesbury auf ihn gewirkt. Auch seine Hauptdogmen sind die Unsterblichkeit der Seele, die er in seinem *Phädon* (1767) durch einen ganz unhistorischen Sokrates verkünden läßt, und das Dasein eines persönlichen Gottes, das er in seinen *Morgenstunden* (1785) unumstößlich bewiesen zu haben meinte. Natur- und Geschichtsforschung liegen ihm gänzlich fern. Die Philosophie soll auch nach ihm nur das behandeln, was auf die Glückseligkeit der Menschen Bezug hat. Lust und Unlust hat Mendelssohn zuerst als „Empfindungen" bezeichnet (1755) und dafür ein besonderes Vermögen des „Gefühls" angenommen, das er später „Billigungsvermögen" nannte. Als die Kritik des „alles zermalmenden" Kant erschienen war, fühlte der bescheidene Mann, der 1763 noch mit seiner Preisschrift über die Evidenz in der Metaphysik den Sieg über seinen Mitbewerber Kant davongetragen hatte, selbst, daß seine und seiner Gesinnungsgenossen Rolle in der Geschichte der Philosophie ausgespielt sei.

d) Ungleich selbständiger und bedeutender als seine Berliner Freunde Nicolai und Mendelssohn, bedeutender auch als der „Philosoph von Sanssouci" Friedrich II., nach dem man wohl das ganze Zeitalter der Aufklärung benannt hat, und der doch philosophisch über seine französischen Vorbilde (Voltaire, d'Alembert) nicht hinausgekommen ist, ist der Neubegründer unserer klassischen Literatur, G. E. Lessing (1729-1781). Zwar wurzelt auch sei ne Bildung in der Aufklärung, aber seine tiefere Natur führt ihn an verschiedenen Punkten über dieselbe hinaus. Einmal, in der historischeren Auffassung der Dinge, die ihn in der *Erziehung des Menschengeschlechtes* die Umrisse einer den Entwicklungsgedanken vertretenden Geschichtsphilosophie entwerfen läßt, von ihm allerdings nur auf das religiöse Gebiet angewandt. Alttestamentliches Judentum und neutestamentliches Christentum sind bloße Entwicklungsstufen in dem göttlichen Erziehungsplan der Menschheit. Freilich auf die Historie selbst können sich Religion und Philosophie nicht gründen. „Zufällige Geschichtswahrheiten können der Beweis von notwendigen Vernunftwahrheiten nie werden.“ Das Ziel der Entwicklung ist auch ihm die natürliche Religion, das „Christentum der Vernunft“, das jedoch dem „vernünftigen Christentum“ seiner Zeit nicht gleichgesetzt werden will, und dessen Kern „das Testament Johannis“, – die Liebe ist. Einzelne Dogmen, wie Dreieinigkeit und Erbsünde, sucht er philosophisch auszulegen. Philosophisch steht er wohl Leibniz am nächsten, dessen *Nouveaux essais* er auch übersetzen wollte. Wie weit die von Jacobi für Lessings letzte Zeit behauptete Übereinstimmung mit Spinoza gegangen sei, läßt sich nicht mit Sicherheit feststellen; wir werden auf den daraus entstandenen literarischen Streit, der Mendelssohns letzte Tage verbitterte, bei Jacobi (s. § 45) zurückkommen. Das wesentlichste aber von Lessings Verdiensten ist sein kritischer Standpunkt. Der Mann, der das Suchen nach der Wahrheit höher stellte als den vermeintlichen Besitz derselben, war freilich nicht zum Systematiker geschaffen, konnte sich aber auch nicht bei der selbstgefälligen Weisheit der deutschen Durchschnittsaufklärer beruhigen. Seine Größe als Schriftsteller und ästhetischer Kritiker zu würdigen, ist hier nicht des Orts; auch sein Kampf gegen die Orthodoxie enthält kaum philosophische Momente im engeren Sinne. Seine philosophische Bedeutung beruht allerdings mehr in seinen allgemeinen Tendenzen als in einzelnen Leistungen; vor allem in der Sorgfalt, mit der er auf reinliche Scheidung der Begriffe und Gebiete der Erkenntnis drang. Hierin, wie in seiner Religionsauffassung, hat er einem Größeren vorgearbeitet. Im Todesjahr Lessings erscheint Kants *Kritik der reinen Vernunft*.

Dritte Periode. Die Neubegründung der Philosophie durch Immanuel Kant.

Kapitel IX. Einleitung.

§ 30. Kants Leben und Schriften.

1. *Zur Literatur über Kant.* Es ist unmöglich, auf wenigen Seiten, geschweige denn Zeilen, eine Übersicht über die unermeßliche und von Jahr zu Jahr noch mehr anschwellende Kantliteratur zu geben.[36] Es ist aber auch überflüssig, weil jedem, der sich dafür interessiert, heute Hilfsmittel genug zu Gebote stehen. Als zuverlässiges Nachschlagebuch empfiehlt sich auch hier wieder Ueberwegs *Grundriß*, von dem der betr. Teil (III) zuletzt in 11. Auflage erschienen ist; in ihm füllen allein die Schriftentitel zur *Kritik der reinen Vernunft* fünfzehn enggedruckte Seiten. Sie geben die Literatur von 1865 an, wenn auch bei weitem nicht vollständig: wie die genaue philosophische Gesamt-Bibliographie, die 1895-1900 Natorp jährlich dem ›Archiv für systematische Philosophie‹ beigab, oder die Kantbibliographie Reickes in den Jahrgängen der ›Altpreußischen Monatsschrift‹ beweisen. Seit 1896 geben die von Vaihinger (der schon seit 1888 den größten Teil der Kantliteratur im ›Archiv für Geschichte der Philosophie‹ besprochen hatte) begründeten *Kantstudien* über alles, was den Begründer des Kritizismus angeht – sei es geschichtlicher, systematischer, literarischer oder biographischer Natur – ausführlichste Auskunft. Ihr rühriger Herausgeber (H. Vaihinger, jetzt zusammen mit M. Frischeisen-Köhler und A. Liebert) hat am 100. Todestag Kants (12. Februar 1904) zur Förderung und Verbreitung des Kantstudiums die ›Kantgesellschaft‹ begründet, die jetzt, über alle Erdteile verbreitet, über tausend Mitglieder zählt. Dieselbe gibt auch Ergänzungshefte heraus, stellt Preisaufgaben, veranstaltet Vorträge und veröffentlicht Neudrucke seltener philosophischer Werke des 18. und 19. Jahrhunderte. Besonders reiche Ausbeute brachte natürlich das Jubiläumsjahr 1904 freilich viel Spreu neben wenig Weizen. Wir verweisen besonders auf die Jubiläumshefte der *Altpreußischen Monatsschrift*, der *Kantstudien* und der *Revue de Métaphysique et Morale* (Paris). Wir werden uns darauf beschränken bei jedem Paragraphen auf die wichtigste Literatur, insbesondere die zusammenfassenderen Darstellungen, aufmerksam zu machen, in dem vorliegenden also auf die Gesamtdarstellungen und Biographien.

Kürzere Gesamtdarstellungen der Kantischen Philosophie finden sich natürlich in allen Geschichten der Philosophie. Die ausführlichste und gele senste ist die von Kuno Fischer im 4. und 5. Bande seiner *Geschichte der neueren Philosophie* (5. Auflage 1909/10), die zwar lichtvoll und verständlich geschrieben, jedoch zur tieferen Einführung in die Kantischen Probleme nicht geeignet, auch im Tatsächlichen nicht immer zuverlässig ist. Philosophisch-systematisch gehalten ist *B. Bauch, I. Kant.* 1917. Leben und Lehre verbunden dargestellt von *E. Cassirer* in Bd. XI seiner Kant-Ausgabe (s. u.). Eine neue umfangreiche Darstellung aus meiner Feder (*I. Kant, sein Leben und sein Werk*) steht bevor. Populären Zwecken dient *Kants Weltanschauung in ihren Hauptstücken von ihm selbst*, hrsg. von *K. Vorländer*. Darmstadt 1919. Eine vielgelesene, aber unseres Erachtens den methodischen Kernpunkt verfehlende Sonderdarstellung gibt *Fr. Paulsen* in Frommanns *Klassiker der Philosophie*, 4. Aufl. 1904. Die von *M. Kronenberg* (*Kant, Sein Leben und seine Lehre*, 8. Aufl. 1918) ist nur für weitere Kreise berechnet. Zur ersten Einführung empfehlenswert die kurzen Darstellungen von *O. Külpe* (Teubner), 4. Aufl. 1916 und *Br. Bauch* (Göschen) 1911. Geistvoll, wenngleich stark subjektiv: *Chamberlain, Immanuel Kant. Die Persönlichkeit als Einführung in sein Werk.* 1905.

Die bald nach Kants Tode von Freunden und Verehrern (Borowski, Jachmann, Wasianski) veröffentlichten Nachrichten über Kants Leben und Charakter – gekürzt herausgegeben von A. Hoffmann (Halle 1902), 2. Aufl. von H. Schwarz (1907) – wurden unter Benutzung des bis 1842 hinzugekommenen Materials, zum erstenmal zu einer ausführlicheren, aber vielfach ungenauen Darstellung verarbeitet von Schubert (Bd. XI, 2 der Ausgabe von Kants Werken ed. Rosenkranz und Schubert 1838 ff.). Seitdem haben namentlich Kants Landsleute: R. Reicke, E. Arnoldt, A. Warda u. a. wertvolle Einzelbeiträge geliefert. Die erste neuere, alles bisher entdeckte Material verwertende Biographie bietet *Karl Vorländer, Kants Leben*, Lpz. 1911 (Phil. Bibl. Bd. 126). Vgl. auch *K. Vorländer, Die ältesten Kantbiographien. Ergänzungsheft der Kantstudien* 1918.

2. *Leben Kants*. Als im Frühjahre 1781 die *Kritik der reinen Vernunft* erschien, stand ihr Verfasser bereits im 57. Lebensjahre. Am 22. April 1724 zu Königsberg als Sohn eines ehrbaren Sattlers und einer frommen Mutter geboren, hatte Immanuel Kant von seinem 8. bis 16. Jahre eine der Gelehrtenschulen (das noch heute bestehende Collegium Fridericianum), vom 17. bis 22. die Universität seiner Vaterstadt besucht. Schon im Elternhause war er von pietistischen Einflüssen umgeben gewesen, im Gymnasium kam zu diesen noch ein intensiver lateinischer Unterricht, während die Realien sehr vernachlässigt wurden. Wohl gerade deshalb wandte sich sein früh selbständiger Geist auf der Universität in erster Linie philosophischen, mathematischen und naturwissenschaftlichen Studien zu. Sein Lieblingslehrer war der früh verstorbene Wolffianer Martin Knutzen (1713-1751), dem er die Bekanntschaft mit Newton verdankte. Den Abschluß dieser Studien bildete seine Erstlingsschrift: *Gedanken von*

der wahren Schätzung der lebendigen Kräfte (1747). Um eine gesicherte wirtschaftliche Grundlage zu gewinnen, hat er dann, der Sitte der Zeit folgend, etwa sieben Jahre (1747-1754) hindurch mehrere Hauslehrerstellen, ebenfalls in seiner ostpreußischen Heimat, bekleidet. Im Herbst 1755 endlich habilitierte er sich an der Königsberger Universität mit einer lateinischen Abhandlung (s. S. 422), nachdem er einige Monate vorher mit der Dissertation *De igne* den Magistergrad erworben hatte. Aber, obwohl in das nun folgende Jahrzehnt eine reiche Schriftsteller- sowie eine erfolgreiche Lehrtätigkeit fällt, die u. a. Herder in seinen Humanitätsbriefen mit Begeisterung geschildert hat, rückte er infolge der Ungunst äußerer Umstände in die erstrebte Professur für Logik und Metaphysik doch erst 1770 ein. Bis dahin war er auf den Ertrag seiner Schriften und Vorlesungen angewiesen, wozu zuletzt noch eine gering dotierte Unterbibliothekarstelle an der Schloßbibliothek kam. Von 1781 an erschienen dann seine großen kritischen Werke. Aber, während sein Ruhm weit über die Grenzen Deutschlands drang, entfernte er sich von seiner Vaterstadt kaum mehr als eine Meile. Ihr treu bleibend, hat er vorteilhafte Berufungen nach anderen Universitäten (Erlangen, Jena, Halle) standhaft ausgeschlagen. Nur ein störendes Ereignis von größerer Bedeutung fiel in dieses ruhige, ganz der Wissenschaft, der Lehrtätigkeit und dem Umgang mit gleichgesinnten Freunden gewidmete, übrigens heiterer Geselligkeit nicht entbehrende Gelehrtenleben. Es war die auf Betreiben des rückschrittlichen Wöllnerschen Regimes am 1. Oktober 1794 erlassene Kabinettsorder Friedrich Wilhelms II., die dem 70jährigen Greise „Entstellung und Herabwürdigung mancher Haupt- und Grundlehren der Heiligen Schrift und des Christentums" vorwarf und „bei fortgesetzter Renitenz" mit „unfehlbar unangenehmen Verfügungen" drohte. Nach dem Tode des Königs (1797) konnte er wieder aufatmen. Doch hat er seine religionsphilosophische Wirksamkeit nicht mehr aufgenommen. Zunehmende Altersschwäche zwang ihn schon im Sommer 1796 seine Vorlesungen, nach 1798 auch seine schriftstellerische Tätigkeit einzustellen. Am 12. Februar 1804 ist er gestorben.

3. *Schriften*. Die Schriften der vorkritischen Periode sollen im folgenden Paragraphen besonders behandelt werden. Ich beschränke mich daher hier auf die Angabe der von 1781 an veröffentlichten Schriften, kleinere naturwissenschaftliche Aufsätze und unbedeutendere Gelegenheitsartikel beiseite lassend. Es erschienen:

1781 *Kritik der reinen Vernunft*; die bedeutend veränderte zweite Auflage 1787, von der die folgenden fünf (1790, 1794, 1799, 1818, 1828) fast unveränderte Abdrucke sind.

1783 *Prolegomena zu einer jeden künftigen Metaphysik, die als Wissenschaft wird auftreten können.*

1784 *Idee zu einer allgemeinen Geschichte in weltbürgerlicher Absicht. – Was ist Aufklärung?* (Beide in der *Berlinischen Monatsschrift.*)

1785 *Grundlegung zur Metaphysik der Sitten.* – *Rezension von Herders Ideen (Jen. Allg. Literaturztg.).*

1786 *Metaphysische Anfangsgründe der Naturwissenschaft.* – In der *Berlin. Monatsschrift:* a) *Mutmaßlicher Anfang der Menschengeschichte;* b) *Was heißt: Sich im Denken orientieren?*

1788 *Kritik der praktischen Vernunft* (6. Aufl. 1827). – *Über den Gebrauch teleologischer Prinzipien in der Philosophie* (in Wielands *Teutschem Merkur).*

1790 *Kritik der Urteilskraft* (2. Aufl. 1793, 3. Aufl. 1799). – Außerdem eine Streitschrift gegen den Hallenser Professor Eberhard.

1791 *Über das Mißlingen aller philosophischen Versuche in der Theodicee.* – Die (nicht eingesandte) Preisschrift über die *Fortschritte der Metaphysik seit Leibniz und Wolff* (erst 1804 von Rink veröffentlicht).

1793 *Die Religion innerhalb der Grenzen der bloßen Vernunft.* – *Über den Gemeinspruch: Das mag in der Theorie richtig sein, taugt aber nicht für die Praxis (Berl. Mon.).*

1794 *Das Ende aller Dinge (Berl. Mon.).*

1795 *Zum ewigen Frieden, ein philosophischer Entwurf.*

1796 *Von einem neuerdings erhobenen vornehmen Tone in der Philosophie.* – *Verkündigung des nahen Abschlusses eines Traktats zum ewigen Frieden in der Philosophie.* (Beides in der *Berl. Mon.*).

1797 *Metaphysik der Sitten (1. Metaphys. Anfangsgründe der Rechtslehre; 2. Metaphys. Anfangsgründe der Tugendlehre).* – *Über ein vermeintes Recht, aus Menschenliebe zu lügen (Berliner Blätter).*

1798 *Der Streit der Fakultäten.* – *Anthropologie in pragmatischer Hinsicht.*

Von anderen herausgegeben: *Kants Logik,* von *Jäsche* (1800). *Kants physische Geographie,* von *Rink* (1802-03). *Kant über Pädagogik,* von *Rink* (1803).

Nach Kants Tode ist noch folgendes aus seinem Nachlaß bezw. Kollegheften veröffentlicht worden (vgl. außerdem unten 4. A. e.).

a) Ein umfangreiches Manuskript, an dem Kant mindestens seit 1798 arbeitete, betreffend den *Übergang von den metaphysischen Anfangsgründen der Naturwissenschaft zur Physik,* größtenteils veröffentlicht von *R. Reicke* in der *Altpreußischen Monatsschrift* (1882-84). Die Handschrift enthält auch Anfänge eines zweiten Werks allgemeineren Inhalts aus seinen allerletzten Jahren: *System der reinen Transzendentalphilosophie in ihrem höchsten Inbegriffe (Gott, Welt und der Mensch als vernünftiges Wesen).*

b) *Lose Blätter aus Kants Nachlaß,* herausgeg. von *R. Reicke* 1889, sowie einige Fortsetzungen davon in des letzteren *Altpreußischer Monatsschrift.* Vgl. darüber *H. Cohen* in *Philos. Monatsh. XXVI,* 287-323, *E. Adickes* in *Kantstudien I,* 230 ff.

c) *Reflexionen Kants zur kritischen Philosophie:* 1. *Zur Anthropologie,* 2. *Zur Kritik der reinen Vernunft,* von *Benno Erdmann,* 1882 und 1884.

NB. b) und c) werden allmählich vervollständigt bezw. ersetzt werden durch die Nachlaßbände der großen Akademie-Ausgabe (s. unten 4, e).

d) *Vorlesungen über philosophische Religionslehre, über Metaphysik und philosophische Anthropologie,* herausg. von *Pölitz* bezw. *Starke* 1817, 1821 und 1831, *Heinze* 1894. [Als Quellen Kantischer Philosophie mit Vorsicht aufzunehmen.] Vgl. *Arnoldt, Kritische Exkurse im Gebiete der Kantforschung* 1894.

e) *Kants Briefwechsel,* jetzt in musterhafter Korrektheit und überraschender Vollständigkeit in der großen Kantausgabe der Berliner Akademie herausgegeben von *Rudolf Reicke:* 1. Band 1747-88, 2. Band 1789-94, 3. Band 1795 bis 1803 nebst Anhang und Nachträgen; ein 4. Band wird weitere Nachträge sowie den literarisch-kritischen Apparat bringen.

4. *Ausgaben der Kantischen Schriften.*

A. Gesamtausgaben.

a) von *Hartenstein,* 10 Bände, Leipzig 1838-39.

b) von *K. Rosenkranz* und *Schubert,* 12 Bände, Leipzig 1838-42, Bd. XI enthält *Briefwechsel und Biographie* von *Schubert,* XII die *Geschichte der Kant. Philosophie,* von *Rosenkranz.*

c) von *Hartenstein*, 8 Bände, 1867-69 (in chronologischer Ordnung).

d) in *v. Kirchmanns Philos. Bibliothek,* Leipzig 1868 ff., jetzt in vollständig neuer, zeitgemäß umgestalteter Auflage in F. Meiners Verlag (Leipzig) erschienen, sämtlich mit ausführlichen Einleitungen und Sachregistern. Die meisten von K. Vorländer; von *W. Kinkel* die *Logik,* von *P. Gedan* die *Physische Geographie,* von *O. Buek* die *Kleineren Schriften zur Naturphilosophie,* von *Th. Valentiner* die *Kritik der reinen Vernunft* (10. Aufl. 1913). Dazu kommt der *Kommentar zu Kants Kritik der reinen Vernunft* von *Hermann Cohen* (1907), der in der Gesamtausgabe mit *Kants Leben* von *K. Vorländer* (S. 417) zu einem Supplementbande vereinigt ist.

e) Seit 1900 begonnen ist das große Unternehmen der Berliner Akademie der Wissenschaften: eine Gesamtausgabe alles dessen, was von Kant herrührt, einschließlich des gesamten erreichbaren handschriftlichen Materials, der Briefe und der Nachschriften Kantischer Vorlesungen (letztere in Auswahl). Sie wird, vollendet, gegen 24 stattliche Bände umfassen. Erschienen sind bis jetzt, zum größeren Teil bereits in 2. Auflage, außer den Briefen (s. oben 3, e) Bd. I-VIII der Werke. Bd. I und II: Vorkritische Schriften. Bd. III: Kr. d. r. V. 2. Aufl. Bd. IV: Kr. d. r. V. 1. Aufl., Prolegomena, Grundlegung, Metaphys. Anfangsgr. der NW. Bd. V: Prakt. Vernunft, Urteilskraft. Bd. VI: Religion, Metaphysik der Sitten. Bd. VII: Streit der Fakultäten, Anthropologie. Bd. VIII: Abhandlungen nach 1781. Hauptmitarbeiter an diesen Bänden sind: Adickes, B. Erdmann, Frey, Gedan, Höfler, Külpe, Laßwitz, H. Maier, Menzer, Natorp, Vorländer, Windelband. – Aus dem handschriftlichen Nachlaß [Herausgeber: E. Adickes] sind bisher drei starke Bände erschienen. Bd. XIV: Mathematik, Phy sik und Chemie, Physische Geographie. Bd. XV (in 2 Teilen): Anthropologie. Bd. XVI (875 Seiten): Logik.

f) *I. Kants Werke* in 10 Bänden. Unter Mitwirkung von *A. Buchenau, O. Buek, A. Görland, B. Kellermann* hersg. von *E. Cassirer.* Berlin 1912 ff. Dazu Bd. XI: *Kants Leben und Lehre,* von *E. Cassirer* 1918.

g) *Kants Sämtliche Werke* in 6 Bdn., hrsg. von *Felix Groß,* Leipzig, Inselverlag 1912 ff.

B. Wichtigere Sonderausgaben neuerer Zeit:

a) *Kritik der reinen Vernunft:* von *Kehrbach* (Reclam, 1877, 2. Aufl. 1878), *B. Erdmann* (5. Aufl. 1900), *E. Adickes* (1889), *Karl Vorländer* (Hendel, 1899). Die letztere bringt zum erstenmal, außer einer längeren sachlichen Einleitung, ein ausführliches Personen- und erklärendes Sachregister.

b) *Prolegomena* von *B. Erdmann* (1878), *K. Schulz* (Reclam), *K. Vorländer* (5. Aufl. 1913).

c) *Kritik der prakt. Vernunft* von *Kehrbach* (Reclam), *K. Vorländer* (6. Aufl. 1915).

d) *Kritik der Urteilskraft* von *B. Erdmann,* Leipzig 1880, *K. Vorländer* (4. Aufl. 1913), *Kehrbach* (Reclam).

e) *Religion* von *K. Vorländer* (1903, 4. Aufl. 1919).

f) *Zum ewigen Frieden* von demselben (1914, 2. Aufl. 1919).

§ 31. Kants vorkritische Periode (1747-1770).

H. Cohen, Die systematischen Begriffe in Kants vorkritischen Schriften nach ihrem Verhältnis zum kritischen Idealismus. Habilitationsschrift. Berlin 1873. – *Paulsen, Versuch einer Entwicklungsgeschichte der Kantischen Erkenntnistheorie* 1875. – *K. Dieterich, Kant und Newton* 1876; ders., *Kant u. Rousseau* 1878. – *G. Thiele, K.s vorkritische Naturphilosophie.* Halle 1882; ders., *Vorkritische Erkenntnistheorie* 1887. – B. Erdmanns Einleitung zu seiner Ausgabe der *Reflexionen*, Band II, 1885. – *E. v. Hartmann, Kants Erkenntnistheorie und Metaphysik in den vier Perioden ihrer Entwicklung*, 1894. – *Höffding, Die Kontinuität im philos. Entwicklungsgange Kants* (im Archiv f. Gesch. d. Philol. VII). – *E. Adickes, Kantstudien*, 1895. – *A. Riehl, Der philosophische Kritizismus*, Bd. I (2. Aufl. 1908), S. 251-379. – *Cassirer, Erkenntnisproblem* II, 459-508 und: *Kants Leben und Lehre*, S. 38-148. – *K. Sternberg, Entwicklungsgesch. des Kant. Denkens.* Berl. 1909. – *P. Böhm, Die vorkritischen Schriften Kants.* Straßburg 1906. – Zwei Abhandlungen über Kants vorkritische Ethik s. eingangs von §39. – Zu der Mehrzahl der vorkritischen Schriften vgl. auch die Einleitungen zu meiner Ausgabe der *Kleineren Schriften zur Logik und Metaphysik* in Bd. 46 a und b der

Philos. Bibl. Neben diesen Schriften kommt für eine eingehende Untersuchung, die hier nicht gegeben werden kann, jetzt auch der von Adicke herausgegebene Nachlaß (420–21) in Betracht; vgl. ferner *Th. Haering, Der Duisburgsche Nachlaß und Kants Kritizismus um 1775*, Tübingen 1910.

Die einzelnen Stufen von Kants philosophischer Entwicklung in seiner vorkritischen Periode sind vielfach behandelt worden, ohne daß diese mehr oder minder scharfsinnigen Untersuchungen über die verschiedenen „Umkippungen" seines Standpunktes, von denen der Philosoph selbst spricht, bisher zu unumstrittenen Ergebnissen geführt hätten. Für die Begründung seines späteren Systems sind sie von verhältnismäßig geringer Bedeutung. Kant bezieht sich in seinen kritischen Werken nie auf sie, ja er hat in eine von seinem Anhänger Tieftrunk 1798 veranstaltete Sammlung seiner kleineren Schriften keine vor 1770 verfaßte aufgenommen wissen wollen und in einer öffentlichen Erklärung (1793) von seinen „ältesten, unbedeutendsten und mit meiner jetzigen Denkart nicht mehr einstimmigen Schriften" ziemlich geringschätzig geurteilt. Trotzdem ist die Kenntnis der vorkritischen Entwicklung Kants für den, der sich einmal in das System hineingearbeitet hat, namentlich zur Förderung seines historischen Verständnisses von Bedeutung. Wir heben daher im folgenden wenigstens die wichtigsten Schriften und Einflüsse fremder Denker hervor.

I. Bis um 1760. Zunächst schien es, als werde sich unser Philosoph, mindestens in Erkenntnistheorie und Metaphysik, nicht wesentlich von der zeitgenössischen Philosophie entfernen. Er bewegt sich wenigstens größtenteils in den Formen und Kunstausdrücken der Leibniz-Wolffschen Schule, wenn auch von vornherein mit einer gewissen Selbständigkeit. So in seiner lateinisch geschriebenen Habilitationsschrift (1755), in der er die „Neue Beleuchtung der ersten Prinzipien der metaphysischen Erkenntnis" wesentlich vom Leibnizschen Gesichtspunkte aus, wenngleich mit bemerkenswerten Änderungen, vollzieht. – Die naturwissenschaftlichen Schriften zeigen eine größere Selbständigkeit, die sich auch in seinem, im Gegensatz zu den meisten seiner philosophischen Zeitgenossen erfolgten, Anschluß an Newton offenbart. Schon die Erstlingsschrift des 23jährigen (Titel S. 417f.) hatte sich kühn den Autoritäten entgegenzustellen gewagt; denn man soll, wenn es sich um die Entdeckung der Wahrheit handelt, „keinen anderen Überredungen als dem Zuge des Verstandes gehorchen". Die bedeutendste Schrift aus dieser ersten, wesentlich naturphilosophischen Periode ist die Friedrich II. gewidmete *Allgemeine Naturgeschichte und Theorie des Himmels* (1755), welche aus dem hypothetisch vorausgesetzten nebelähnlichen Urzustand der Materie mit ihren zwei Kräften (Anziehungs- und Abstoßungskraft) die Entstehung unseres gesamten Sonnensystems ableitete: die bekannte, vier Jahrzehnte später durch den Franzosen Laplace selbständig weiter ausgeführte, in ihrem Kern heute noch nicht ernstlich bestrittene Kant-Laplacesche Theorie. Philosophisch zeigt die infolge äußerer Umstände anfangs wenig bekannt gewordene Schrift bereits die Grundstimmung seines späteren Kritizismus, reinliche Scheidung der Wissensgebiete: auf dem naturwissenschaftlichen streng-mechanische Auffassung, während auf dem ethischen der religiösen Vorstellung ihr voller Anspruch gewahrt bleibt. – Die einzelnen Atome sind, wie die *Monadologia physica* (1756) entwickelt, indem sie Leibniz mit Newton zu vereinen sucht, Kraftpunkte, die auf gesetzmäßige Weise zusammenwirken und so den großen Urzusammenhang der Natur erweisen,

II. 1760-1769. Im Laufe der 60er Jahre tritt in Kants Denken eine Wendung in empiristisch-skeptischem Sinne ein. Von dem frischeren Zuge aus dem Westen, der um diese Zeit durch das geistige Leben Deutschlands weht, bleibt auch er nicht unberührt. Für den Inhalt seiner Schriften bedeuten diese Jahre eine stärkere Wendung von den bis dahin vorzugsweise gepflegten naturwissenschaftlichen zu logischen und ethischen Problemen. Auf dem letzteren Gebiete hat er um diese Zeit von Hutcheson, Shaftesbury und namentlich Rousseau lebhafte Eindrücke empfangen, die auf seine spätere Geschichtsphilosophie (s. § 41, 4.) von Einfluß waren; für seine theoretische Entwicklung waren anfangs wohl Crusius (s. S. 410) und Newtonianer wie d'Alembert und Maupertuis, später Locke und besonders Hume von größerer Bedeutung. Freilich darf man alle diese äußeren Einflüsse und Anregungen bei Kants starker geistiger Eigenart nicht zu hoch einschätzen.

Schriftstellerisch besonders fruchtbar sind die Jahre 1762 und 1763. Sie bringen zunächst die kleine, gegen die übliche Schullogik gerichtete Abhandlung *Von der falschen Spitzfindigkeit der vier syllogistischen Figuren;* nur die erste sei die naturgemäße. – *Der einzig mögliche Beweisgrund zu einer Demonstration des Daseins Gottes* enthält vor allem eine Auseinandersetzung zwischen Naturwissenschaft und Theologie. Die Naturwissenschaft darf übernatürliche Begebenheiten „ohne erheblichste Ursache" nicht zulassen, sondern muß in erster Linie die Einheit allgemeiner Gesetze zu erreichen suchen. Der Gottesglaube beruht auf Überzeugung, nicht auf mathematischer Demonstration; von den herkömmlichen Beweisen wird hier noch der sogen. ontologische anerkannt, wonach die Aufhebung von Gottes Dasein alles denkbare Sein aufhebt. – Methodisch wichtiger ist die 1763 verfaßte, 1764 gedruckte Preisschrift der Berliner Akademie (Mendelssohn erhielt den ersten, Kant nur den zweiten Preis); *Über die Deutlichkeit der Grundsätze der natürlichen Theologie und der Moral,* namentlich wegen des in derselben durchgeführten Vergleiches der philosophischen und der mathematischen Methode. Bereits hier sucht der Verfasser, gleich in den ersten Sätzen, eine „unwandelbare Vorschrift der Lehrart", nach Art und „im Grunde" einerlei mit derjenigen Newtons in der Naturwissenschaft. Eine Metaphysik als Wissenschaft sei bisher noch nicht geschrieben worden: möglich sei sie nur durch Zergliederung sicherer Erfahrungssätze, eventuell mit Hilfe der Mathematik. – Ein Beispiel dazu hatte Kant selbst in seinem gleichzeitig (1763) geschriebenen *Versuch, den*

Begriff der negativen Größen in die Weltweisheit einzuführen, gegeben. Hier werden logische und reale Entgegensetzung unterschieden und mit dem Problem des „Realgrundes" die Frage nach der Gültigkeit des von Hume einfach geleugneten Kausalgesetzes gestellt: „Wie soll ich es verstehen, daß, weil Etwas ist, etwas anderes sei?"

Die nun folgenden *Beobachtungen über das Gefühl des Schönen und Erhabenen* (1764) sind keine systematische Abhandlung, sondern eine abseits der strengen Wissenschaft liegende, auf dem Einflusse Rousseaus, Shaftesburys und Burkes beruhende, populäre Schrift voll feiner Gedanken über die Beziehung jener beiden Gefühle zu menschlichen Tugenden und Schwachheiten, den Temperamenten, dem Verhältnis der beiden Geschlechter, den Nationalcharakteren. Sie zeigt, wie anziehend, geistvoll und witzig Kant zu schreiben vermochte, wenn es ihm darauf ankam.

Der skeptische Ton, der in jener Schriftengruppe des Jahres 1763 bereits deutlich durchklingt, findet sich gesteigert wieder in der durch die Beschäftigung mit den Ansichten des schwedischen Spiritisten Swedenborg veranlaßten, von witziger Ironie gegen die Anmaßungen der Metaphysik und geistvoll-übermütigem Humor durchdrungenen Satire *Träume eines Geistersehers, erläutert durch Träume der Metaphysik* (1766). Jenes Problem, wie etwas die Ursache eines anderen sein könne, kann „unmöglich jemals aus der Vernunft eingesehen", sondern „diese Verhältnisse müssen lediglich aus der Erfahrung genommen werden". Freilich spottet er, ebenso wie über das a priori, das anfange „ich weiß nicht wo" und komme „ich weiß nicht wohin", auch über das a posteriori, welches „den Aal der Wissenschaft" beim Schwanze erwischen zu müssen glaube. Und neben Hume steht Rousseau. Neben der theoretischen Skepsis tritt mächtig – vor allem eben durch Rousseau angeregt – das praktische Interesse hervor. Er schreibt um diese Zeit das Selbstbekenntnis nieder: „Es war eine Zeit, da ich glaubte, dieses alles (sc. gelehrte Wissenschaft) könnte die Ehre der Menschheit machen, und ich verachtete den Pöbel, der von nichts weiß. Rousseau hat mich zurecht gebracht." Und die *Träume* schließen mit dem Gedanken: Transzendente Erkenntnis ist unmöglich, aber auch überflüssig; halten wir uns statt dessen an den moralischen Glauben und das praktische Handeln! – Ähnlich unterscheidet die besonders methodisches Interesse bietende *Nachricht von der Einrichtung seiner Vorlesungen im Winterhalbjahre 1765/66* zwischen der „historischen und philosophischen Erwägung dessen, was geschieht", und der nachfolgenden „Anzeige dessen, was geschehen soll". – Übrigens will er sich auch in dieser Periode keineswegs als Feind der Metaphysik überhaupt, in die er vielmehr „verliebt zu sein das Schicksal habe", sondern nur der jetzigen „aufgeblasenen" angesehen wissen. „Die Metaphysik selbst, objektiv erwogen", will er dagegen, wie er gleichzeitig (6. April 1766) an Mendelssohn schreibt, durchaus nicht „für gering oder entbehrlich halten", ja, er ist „seit einiger Zeit, nachdem ich glaube, ihre Natur und die ihr unter den menschlichen Erkenntnissen eigentümliche Stelle einzusehen", sogar überzeugt, daß auf sie „das wahre und dauerhafte Wohl des menschlichen Geschlechtes ankomme." Aber sie ist ihm nicht mehr das Wissen von absoluten Dingen, sondern „die Wissenschaft von den Grenzen der menschlichen Vernunft".

So ist Kant durch den Humeschen Skeptizismus wohl, wie er sich später in den *Prolegomenen* ausdrückte, „aus dem dogmatischen Schlummer geweckt", d.h. von dem Dogmatismus der in Deutschland damals noch vorherrschenden Leibniz-Wolffschen Schule abgebracht worden. Allein dieser Zweifel hat sich bei ihm nie so weit erstreckt, daß er an der Wahrheit der Wissenschaft (und das bedeutet bei Kant in erster Linie Mathematik und „reine" d. i. mechanische Naturwissenschaft) irre geworden wäre. Vielmehr machte ihn gerade die Ausdehnung des Humeschen Zweifels (an der Geltung des Kausalitätsbegriffes) auf die Mathematik (s. § 20) stutzig. Auch Leibniz' 1765 entdeckte *Nouveaux essais* machten bedeutenden Eindruck auf ihn. Insbesondere das Antinomienproblem, der „Widerstreit der Vernunft mit sich selbst" in den höchsten kosmologischen, psychologischen und theologischen Fragen (vgl. S. 453-54), trieb ihn zu den Grundgedanken seines späteren Kritizismus hin. Wann diese verschiedenen Anregungen und Anstöße stattgefunden haben – im Nachlaß fand *B. Erdmann* die Notiz: „Das Jahr 69 gab mir großes Licht" – ist, trotz zahlreicher gelehrter Untersuchungen in den letzten Jahrzehnten (s. o.), noch nicht mit zweifelloser Sicherheit festgestellt worden.

III. 1770. Die letzte vorkritische oder, wenn man will, die erste kritische Schrift ist die von Kant bei Antritt seiner ordentlichen Professur (1770) herausgegebene Inaugural-Dissertation *De mundi sensibilis atque intelligibilis forma et principiis.* In ihr haben wir schon eine deutliche Vorstufe der Vernunftkritik vor uns. Wenigstens bezüglich des einen Teiles der Erkenntnis, der sinnlichen, enthält sie bereits die entscheidende Wendung. Die Sinnlichkeit wird nicht mehr (mit Leibniz) als dunkle und verworrene Erkenntnis betrachtet, sondern als selbständiges Erkenntnisprinzip neben dasjenige des Verstandes gestellt. Und Raum und Zeit sind keine Begriffe mehr – als solcher war der Raum in der kleinen Abhandlung *Von dem ersten Grunde des Unterschiedes der Gegenden im Raume* (1768) noch gefaßt worden –, sondern Formen, d. i. Gesetze der Sinnlichkeit, denen als Stoff die Empfindung gegenübersteht. Als „Urbild der sinnlichen Erkenntnis" erscheint bereits die Geometrie, deren wissenschaftlicher Gegenstand der Raum ist, wie derjenige der Mechanik die Zeit, der der Arithmetik die der Raum- und Zeitvorstellung bedürftige Zahl (ebenda § 12). Kurz, wir haben in sehr wesentlichen Stücken schon die „transzendentale Ästhetik" des Hauptwerkes vor uns. Anderseits bleibt freilich die Sinnlichkeit immer noch niedriger gestellt als der Verstand: während sie die Dinge nur erkennt, wie sie erscheinen, geben uns die Verstandesbegriffe die Dinge, wie sie sind. Die Natur der Verstandesbegriffe jedoch wird noch nicht positiv bestimmt; sie werden noch in der Weise der alten Metaphysik auf Gott als den Urgrund aller Dinge zurückgeführt. Vor allem aber ist die Verbindung von Anschauung und Begriff zur Einheit der Erfahrung noch nicht vorhanden; erst die Entdeckung der Kategorien führte zu diesem entscheidenden Punkte der „transzendentalen" Methode.

IV. Ein volles Jahrzehnt (1770-1780) blieb dann der Ausreifung dieser Gedanken zum Systeme gewidmet. In dieser Zeit hat der bis dahin so fruchtbare Schriftsteller nichts Philosophisches, ja, wenn man von der Rezension einer Schrift Moscatis über den Unterschied von Tieren und Menschen (1771), einer Abhandlung über die Menschenrassen (1775) und zwei Zeitungsartikeln über das Dessauer Philanthropin (1776 und 1777) absieht, überhaupt nichts veröffentlicht. Es ist die Entstehungszeit der *Kritik der reinen Vernunft,* die im Frühjahr 1781 ans Licht trat, indem er „das Produkt des Nachdenkens von wenigstens 12 Jahren innerhalb etwa 4-5 Monaten" niederschrieb. Eine kurz zusammenfassende Darstellung dessen, was wir von ihm selbst, namentlich aus den Briefen an seinen Freund Marcus Herz in Berlin, über die Entstehungsweise seines Werkes erfahren, gibt der zweite Abschnitt der Einleitung zu *meiner* Ausgabe der *Kritik der reinen Vernunft* (S. VIII–X), desgleichen *B. Erdmann* in Bd. III und IV der Akademie-Ausgabe.

Ehe wir uns nun den einzelnen Teilen des Kantischen Systems zuwenden, versuchen wir die zum Verständnis desselben unerläßliche neue Methode, soweit es auf so beschränktem Raume möglich ist, zu charakterisieren.[37]

§ 32. Die transzendentale Methode und ihre wichtigsten Grundbegriffe.

Kant nennt sein Hauptwerk, die *Kritik der reinen Vernunft,* einen „Traktat von der Methode". Er will nicht eine „Philosophie", die man „lernen" kann, sondern philosophieren lehren. Will man in den Sinn und Kern von Kants Philosophie eindringen, muß man sich daher zu allererst seiner Methode bemächtigen. Diese hat er selbst als die kritische oder transzendentale bezeichnet und sehr bestimmt von allen bisherigen, der dogmatischen wie der skeptischen, der empirischen und physischen wie der psychologischen, der logischen wie der metaphysischen, unterschieden.

1. Transzendental heißt nach Kants Definition[38] „alle Erkenntnis, die sich nicht sowohl mit Gegenständen, sondern mit unserer Erkenntnisart von Gegenständen, sofern diese a priori möglich sein soll, überhaupt (1. Aufl.: mit unseren Begriffen a priori von Gegenständen überhaupt) beschäftigt". Kants Philosophie geht also – das ist das Nächste, was wir uns zu merken haben – nicht unmittelbar auf die sogenannten „Dinge", sondern auf unsere Erkenntnis von den Dingen. Nicht die Erkenntnis muß sich nach den „Gegenständen", sondern die Gegenstände müssen sich nach unserer Erkenntnis richten; jeder Gegenstand löst sich bei näherer Betrachtung in ein Bündel von Vorstellungen auf. Dieser von Kant selbst als eine „Revolution der Denkungsart" bezeichne-

te und mit dem Verfahren des Kopernikus verglichene Gedanke macht seine Philosophie zu einer idealistischen, ihn selbst zum Erneuerer und Vollender Platos, zum Fortbildner von Descartes und Leibniz. Aber er bildet auch – das ist wohl zu beachten – nur erst den Ausgangspunkt des kritischen Denkens, das Eingangstor in die Kantsche Philosophie. Kant verwahrt sich an mehreren Stellen auf das entschiedenste dagegen, daß man seinen kritischen Idealismus mit dem gemeinen empirischen oder psychologischen und dessen Unterarten, nämlich dem skeptischen oder problematischen des Descartes, oder dem dogmatischen und mystischen (schwärmerischen) des „guten" Berkeley, verwechsele: es sei ihm nie in den Sinn gekommen, die Existenz der „Dinge" zu bezweifeln. Der naive Realismus kann sich also beruhigen, Kant will ihm seine „Dinge" nicht künstlich wegdisputieren. Kants „formaler", „transzendentaler" oder „kritischer" Idealismus will vielmehr gerade die einzige Art zeigen, wie jene „Existenz der Dinge" wissenschaftlich zu begreifen ist.

2. Die transzendentale Methode geht auf diejenige Art der Erkenntnis, die „a priori möglich sein soll". Damit stehen wir bei einem zweiten Grundbegriffe der Kantschen Philosophie: dem a priori. Wenn man Kants „a priori" begreifen will, so muß man zu allererst den zeitlichen Sinn des „Angeborenen" sich aus dem Sinne schlagen. Das psychologische Problem der ersten Entstehung unserer Vorstellungen interessiert die transzendentale Methode gar nicht. Die apriorische Erkenntnisart, z.B. in dem Satze: Jede Veränderung hat ihre Ursache, umfaßt diejenigen Erkenntnisse, deren wir uns deshalb „von vornherein" *(a priori)* völlig gewiß fühlen, weil sie nicht von den wechselnden Eindrücken der Sinne abhängen, sondern von gewissen letzten, nicht weiter ableitbaren Elementen unseres Bewußtseins. Das ist der nächste Sinn des a priori, nach Kant der „metaphysische", im Gegensatz zu jener zeitlich-psychologischen Auffassung des „Angeborenen". Allein dies metaphysische a priori muß zum transzendental-a priori gesteigert oder genauer darauf beschränkt werden. Die einzigen Kennzeichen dieses letzteren aber sind „unbedingte Notwendigkeit" und „strenge Allgemeinheit". Es ist die Bedingung, von der alle Erfahrung abhängt; ein Beispiel dafür sind alle mathematischen Sätze. Damit sind jene unbestimmten ursprünglichen Bewußtseinselemente zurückgeführt auf die Grundlagen und Bedingungen der Wissenschaft, ja in weiterem Sinne aller menschlichen Kultur überhaupt, die wir selbst in unserem Bewußtsein erzeugen; denn wir selbst legen das a priori in die Dinge.

3. Damit stehen wir bei der Antwort auf eine dritte Frage: was ist der Gegenstand der kritischen Methode? Darauf ist zunächst allgemein zu erwidern: die gesamte wissenschaftliche, sittliche und künstlerische Erfahrung der Menschheit. Transzendent heißen Erkenntnisse oder Begriffe, die über die Grenzen der Erfahrung hinausgehen. Demgegenüber bezeichnet Kant ausdrücklich als seinen Platz „das fruchtbare Bathos (= Tiefe) der Erfahrung". Er weiß wohl,

daß „alle unsere Erkenntnis mit der Erfahrung anhebt“. Transzendental bedeutet daher etwas, das zwar a priori vor der Erfahrung „vorhergeht“, aber doch „zu nichts Mehrerem bestimmt ist, als lediglich Erfahrungserkenntnis möglich zu machen“. Die „Möglichkeit der Erfahrung“ oder „die Bedingungen möglicher Erfahrung“ darzutun, bezeichnet Kant immer wieder[39] als die Aufgabe der kritischen Philosophie, sodaß man diese auch (mit H. Cohen) als eine Theorie der Erfahrung bezeichnen kann. Sehen wir vorläufig von der moralischen und ästhetischen Erfahrung ab, so bedeutet das Problem der „Möglichkeit der Erfahrung“ für Kant nichts anderes als: Möglichkeit wissenschaftlicher Erkenntnis, Möglichkeit der Wissenschaft überhaupt.

Neben den Tatsachen der sittlichen Ideen und der ästhetischen Gefühle steht das Faktum der Wissenschaft. Von diesem in gedruckten Büchern vorliegenden Faktum geht die transzendentale Methode aus; den Tatbestand der Wissenschaft will sie begründen, die Bedingungen ihrer Möglichkeit aufzeigen, ihre Voraussetzungen feststellen.

4. Das geschieht vermittelst der „Kritik“. Kant stellt seinen Standpunkt als den kritischen dem Dogmatismus wie dem Skeptizismus der bisherigen Philosophen gegenüber: dem Dogmatismus, der ohne vorhergehende Prüfung des Vermögens oder Unvermögens der Vernunft die schwierigsten Probleme zu lösen sich anmaßt, und dem Skeptizismus, der, folgerichtig zu Ende gedacht, sich selbst auflöst und deshalb „gar keine ernstliche Meinung“ ist, während er als „Zuchtmeister des dogmatischen Vernünftlers“ von gutem Nutzen sein und die kritische Methode vorbereiten kann. Kants Kritizismus[40] ist Kritik des in Wissenschaft, Moral und Ästhetik vorhandenen Erkennens, also Erkenntniskritik.

Die kritische Methode unterscheidet sich demnach bewußt und grundsätzlich von anderen, an sich ebenso berechtigten, aber einen anderen Gesichtspunkt einnehmenden wissenschaftlichen Verfahrungsweisen. So z.B. von der formal logischen, die, von allem Inhalte der Erkenntnis absehend, sich bloß mit den Formen des Denkens beschäftigt. So weiter von der in der beschreibenden Natur, wie in der Geschichts-Wissenschaft so fruchtbaren entwicklungsgeschichtlichen (genetischen, bei Kant: physiologischen). Desgleichen von der heute noch von vielen für die philosophische Grundmethode gehaltenen psychologischen. So wichtig die Zergliederungen der Psychologie auch sind, so ist sie dennoch nicht die philosophische Grunddisziplin, sondern nur ein Teil der Naturwissenschaft, Wissenschaft gleichsam von der Innenseite derselben menschlichen Natur, deren Außenseite Physik und Naturbeschreibung erforschen und beschreiben. Ihr letzter Grund, ihre philosophische Voraussetzung ist die Erkenntniskritik, die ihr erst ihre Begriffe liefert und methodisch begründet. Psychologie kann uns wohl zeigen, wie Urteile und mit ihnen die gesamte wissenschaftliche Erfahrung entsteht, aber nicht, ob und weshalb sie notwendig ist. Das vermag nur eine Kritik oder Theorie des Erkennens, die weder erklären noch beschreiben will.

5. Wenn nun also die transzendentale oder kritische Methode weder dogmatisch noch skeptisch, weder logisch noch psychologisch, weder metaphysisch noch genetisch sein soll, was bleibt ihr dann noch übrig, um die „Möglichkeit der Erfahrung" darzutun? Antwort: Ein lediglich „formales" und dennoch von der formalen Logik verschiedenes Verfahren, das darauf gerichtet ist, die gesamte Erfahrung zu „durchgängiger Einhelligkeit", zur „Zusammenstimmung mit sich selbst", kurzum zur Einheit zu bringen. Der „formale" Idealismus sucht die „formalen Bedingungen" der Erfahrung auf und verbindet sie zu systematischer Einheit. „Die Transzendentalphilosophie hat... die Verbindlichkeit, ihre Begriffe nach einem Prinzip aufzusuchen, weil sie aus dem Verstande als absoluter Einheit rein und unvermischt entspringen und daher selbst nach einem Begriffe oder einer Idee unter sich zusammenhängen müssen." *(Kr. d. r. V.* 92.) Zusammenhang der Erkenntnis aus einem Prinzip aber oder systematische Einheit ist es, was Erkenntnis „allererst zur Wissenschaft macht" *(Kr.* 860 vgl. 673). Wie dies im einzelnen geschieht, wird unten zu zeigen sein.
6. Die gefundenen „formalen Bedingungen" der Erfahrung sind also zum System zu verbinden, d.h. nicht etwa zu einem dogmatisch-spekulativen, sondern zu einem kritischen „System der Nachforschung nach Grundsätzen der Einheit, zu welcher Erfahrung allein den Stoff hergeben kann" *(Kr.* 766). System bedeutet demnach in Kants Sinne nicht sowohl einen geschlossenen Zusammenhang fertiger Erkenntnisse, sondern den Zusammenhang der Methoden, nach denen der Inhalt der verschiedenen Erfahrungsgebiete sich in unserem Bewußtsein erzeugt und „nach Grundsätzen der Einheit" gestaltet. Diese voneinander unterschiedenen Erfahrungs- oder, was dasselbe ist, Bewußtseinsgebiete, deren jedes eine eigentümliche Richtung und damit Erzeugungsweise des Bewußtsein vertritt, sind: Natur (im weitesten Sinne des Wortes), Sittlichkeit und Kunst. Demzufolge zerfällt Kants System in: Wissenschaft (des Seienden), Ethik und Ästhetik. Die Begründung der Wissenschaft wird vor allem in der *Kritik der reinen Vernunft* (nebst den *Prolegomenen),* die der Ethik in der *Kritik der praktischen Vernunft* (nebst der *Grundlegung),* die der Ästhetik in dem ersten Teile der *Kritik der Urteilskraft* geliefert.

Kapitel X.
Kants Neubegründung der Wissenschaft. (*Kritik der reinen Vernunft.*)

A. Die konstitutiven Prinzipien der Erfahrung.

§ 33. Einleitung. – Die transzendentale Ästhetik (Begründung der Mathematik).

Quellen. Das Hauptwerk bildet natürlich die *Kritik der reinen Vernunft* in der ersten und der zweiten, vielfach veränderten Auflage. Über die Geschichte und den Unterschied beider vgl. *B. Erdmann, Kants Kritizismus* in der 1. und 2. Auflage der Kr. d. r. V. (1878), auch die kurz zusammenfassende Darstellung in der Einleitung zu meiner Ausgabe, namentlich den 3. Abschnitt. Hier genüge die Bemerkung, daß die zweite Auflage (vgl. besonders die neue Vorrede) den Wissenschaftscharakter des Kritizismus deutlicher zum Ausdruck bringt, indem sie das methodische Verhältnis zu den exakten Wissenschaften wie überhaupt die erkenntniskritische Methode schärfer durchführt. In der Hauptsache bleiben Kern und Aufbau des Systems unverändert. Einen Vorläufer der zweiten Auflage bilden die zur Einführung in den kritischen Idealismus besonders geeigneten *Prolegomena* (1783). Die *Metaphysischen Anfangsgründe der Naturwissenschaft* (1786) enthalten eine Anwendung der gewonnenen philosophischen Prinzipien auf die allgemeinen Bewegungsgesetze der Materie. Für die Begründung der organischen Naturwissenschaft endlich kommt außer dem 2. Teile der Kr. d. r. V. noch der 2. Teil der *Kritik der Urteilskraft* in Betracht.

Zur Literatur. Unter Hinweis auf unsere allgemeinen Bemerkungen zu Anfang des § 30 erwähnen wir hier nur die allerwichtigste Sonderliteratur zu diesem Kapitel. Populäre Einführungen geben: *K. Laßwitz, Die Lehre Kants von der Idealität des Raumes und der Zeit im Zusammenhange mit seiner Kritik des Erkennens, allgemeinverständlich dargestellt*, Berlin 1883, und: *F. Staudinger, Noumena*, Darmstadt 1884. Für die transzendentale Logik empfiehlt sich besonders: *A. Stadler, Die Grundsätze der reinen Erkenntnistheorie in der Kantischen Philosophie. Kritische Darstellung.* Lpz. 1876; für die Naturteleologie: *A. Stadler, Kants Teleologie und ihre erkenntnistheoretische Bedeutung.* Berlin 1874. (Der erste Abschnitt enthält eine klare und kurze Übersicht des Gedankenkerns der Kr. d. r. V.) *E. König, Kant und die Naturwissenschaft* 1907. Vgl. auch *E. Cassirer, Erkenntnisproblem* II, S. 509-617 (für Gereiftere). – Das Hauptwerk bleibt *E. Cohen, Kants Theorie der Erfahrung.* 2., neubearbeitete Auflage. Berlin 1885 (1. Auflage 1871) vgl. auch ders.: *Das Prinzip der Infintesimalmethode und seine Geschichte*, ein Kapitel zur Grundlegung der Erkenntniskritik 1883, und für die Ideenlehre Kap. 1-5 seines Buches: *Kants Begründung der Ethik* 1877 (2. A. 1910); dazu seinen schon S. 420 genannten kurzen Kommentar zur Kr. d. r. V. (1907). – Außerdem sind zu nennen: *A. Riehl, Der philosophische Kritizismus und seine Bedeutung für die positive Wissenschaft*, 1. Bd., Lpz. 1876, 2. Aufl. 1908, und *E. Laas, Kants Analogien der Erfahrung*, Berlin 1876 (beides kritische Darstellungen, dem Positivismus zuneigend). – Eine kritische Zusammenfassung fast alles dessen, was über die *Kritik der reinen Vernunft* geschrieben worden ist, gibt *H. Vaihingers* weitläufig angelegter *Kommentar zu Kants Kr. d. r. V.*, von dem bisher zwei starke, jedoch nur bis zum Schluß der transzendentalen Ästhetik reichende Bände, mit zahlreichen Exkursen über einzelne Fragen, erschienen sind (1881 und 1892). – Eine brauchbare Hilfe für den Anfänger bietet auch der Auszug des alten *Mellin(1755-1825): Marginalien und Register zu Kants Kr. d. r. V.* (1794), neu herausgegeben von L. Goldschmidt, Gotha 1900. Vgl. ferner *E. Arnoldt, Erläuternde Abhandlungen zu Kants Kr. d. r. V.*, aus dem Nachlaß herausgegeben von O. Schöndörffer, Berlin 1907. Endlich verweise ich auch an dieser Stelle auf die Einleitung und das ausführliche erklärende Sachregister in meiner Ausgabe des Kantischen Werkes (O. Hendel, Halle)..

Als die „klassische“ Einteilung seiner Kritik bezeichnet Kant in den *Prolegomenen* (§ 3) die Einteilung der Urteile in analytische und synthetische. Analytische Urteile sind solche, deren Prädikat im Subjekt bereits enthalten ist (z.B. alle Körper sind ausgedehnt). Als „Erläuterungsurteile“ sind sie nützlich und unentbehrlich, aber sie „bringen den Verstand nicht weiter“, sondern „dienen nur zur Kette der Methode“. Ihr Wert ist ein bloß logischer, ihr oberster Grundsatz der Satz der Identität oder des Widerspruches (A = A, A nicht = non A). Die kritische Methode aber sucht nicht die formalen Bedingungen des Denkens (wie die Logik), sondern die des wissenschaftlichen Erkennens. Die synthetischen Urteile vielmehr, die den Subjektbegriff durch ein neues Prädikat erweitern, daher auch „Erweiterungsurteile“ heißen, machen den Inhalt der Wissenschaft aus. Wenn darum Kant als die Aufgabe, „auf die alles ankommt“, die Lösung der Frage bezeichnet: Wie sind synthetische Sätze a priori möglich?, so brauchen wir nur die „schulgerechte“ Sprache abzustreifen, und wir haben die von uns (§ 32, 3) bereits berührte Frage vor uns: Wie ist wissenschaftliche Erfahrung, wie ist Wissenschaft möglich?

Nun bedeutet Wissenschaft nach dem Sprachgebrauch der damaligen Zeit in erster Linie immer die mathematisch-naturwissenschaftliche Erkenntnis. Daher zerlegt sich die eben erhobene allgemeine Frage in die zwei Unterfragen: 1. Wie ist reine Mathematik möglich? 2. Wie ist reine (d.i. mathematische) Naturwissenschaft möglich? Aber neben der exakten Wissenschaft gibt es noch letzte Probleme und unentbehrliche Aufgaben der Menschenvernunft, die sich uns unwillkürlich aufdrängen und die man unter dem Namen der „metaphysischen" zusammenzufassen pflegt. So erhebt sich neben den beiden vorigen die 3. Frage: Wie ist diese, als „Naturanlage" wirkliche, aber so oft von den Philosophen vergeblich in Angriff genommene Metaphysik als Wissenschaft möglich?

Auf die erste dieser drei Fragen antwortet die „transzendentale Ästhetik", auf die zweite die „transzendentale Analytik", auf die dritte die „transzendentale Dialektik". Mit der ersten haben wir uns zunächst zu beschäftigen.

Die transzendentale Ästhetik.

Alle Erfahrung kommt durch zwei Faktoren in uns zustande: 1. durch sinnliche Wahrnehmung, 2. durch den Verstand. In unserem Innern zwar sind beide unzertrennlich miteinander verbunden. Aber zum Behufe der Theorie müssen sie „isoliert", getrennt voneinander betrachtet werden. Den Anteil, den die erstere zum Bestande der Wissenschaft beiträgt, untersucht die transzendentale Ästhetik, d.h. „eine Wissenschaft von allen Prinzipien der Sinnlichkeit a priori" [Kant nimmt damit, im Unterschiede von der durch Baumgarten (§ 29) eingeführten und noch heute üblichen, die althellenische Bedeutung des Terminus „Ästhetik" wieder auf]. – Wie ist das a priori der Sinnlichkeit festzustellen? Zu dem Zwecke muß zunächst alles, was Empfindung heißt, aus der sinnlichen Vorstellung oder Anschauung entfernt werden. Denn die Empfindung, die anscheinend erste und unmittelbarste Antwort der Sinne auf den Reiz (die „Affektion") der „Dinge", bildet das empirische, aposteriorische materiale Element der sinnlichen Wahrnehmung. Die kritische Methode aber will, wie wir sahen, lediglich die formalen Bedingungen der Erfahrung, in diesem Falle die Form der Anschauung feststellen. Form bedeutet bei Kant – abgesehen von der „bloß logischen" Form – nicht den Gegensatz zu irgendwelchem Inhalte, sondern zur Materie, d.h. einem unbestimmten, aber bestimmbaren X, dessen Bestimmung eben die Form ist. In unserem Falle heißt das: die Form der Erscheinung, d. i. des „unbestimmten Gegenstandes", ist dasjenige, „welches macht, daß das Mannigfaltige der Erscheinung in gewissen Verhältnissen geordnet werden kann". Dadurch wird die empirische Anschauung erhoben zur formalen oder reinen Anschauung, „in der nichts angetroffen wird, was zur Empfindung gehört". Die zwei reinen Formen der Sinnlichkeit aber sind Raum und Zeit.

A. Die Lehre vom Raume (Möglichkeit der Geometrie).

1. Metaphysische Erörterung. Kant untersucht nicht (vgl. § 32, 2) das psychologische Problem der Entstehung der Raumanschauung, etwa in der Seele des Kindes, sondern er will dieselbe in seiner „metaphysischen Erörterung" als in der Organisation unseres Geistes begründet darlegen.

Der Raum ist nicht ein aus den Tatsachen äußerer Erfahrung abstrahierter Begriff, wie die englischen Empiristen meinten, sondern umgekehrt: durch ihn wird überhaupt erst äußere Erfahrung möglich. Man kann sich allenfalls die Gegenstände aus dem Raume, jedoch nie den Raum selbst wegdenken. Der Raum ist also eine notwendige Vorstellung a priori, eine Bedingung der Erfahrung. Er ist ferner kein Verstandesbegriff, sondern reine Anschauung. Er enthält, als gegebene unendliche Größe, die einzelnen „Räume" in sich, nicht, wie der Verstandesbegriff, unter sich.

Aber die eigentliche Absicht Kants geht auf die

2. Transzendentale Erörterung. Die Raumvorstellung ist nicht bloß eine notwendige Voraussetzung unserer Erfahrung im allgemeinen, sondern speziell auch die notwendige Voraussetzung der Geometrie. Und zwar der Raum als Anschauung, nicht als Begriff gefaßt. Denn die Mathematik muß alle ihre Begriffe in der Anschauung darstellen (konstruieren) können; ohne das haben sie keine objektive Gültigkeit. Auch ist das Bewußtsein apodiktischer Notwendigkeit, das mit aller Vorstellung geometrischer Sätze verbunden ist, nur möglich, wenn die Notwendigkeit nicht in den sogenannten Dingen, sondern in der formalen Beschaffenheit des Subjekts, d.h. in der Form des äußeren Sinnes liegt. Der Satz: die Raumanschauung geht aller Wahrnehmung äußerer Gegenstände voraus, bedeutet mithin: Ohne sie ist keine wissenschaftliche Bestimmung des Gegenstandes möglich.
3. Folgerungen. Der Raum stellt demnach keine Eigenschaft oder Bestimmung etwaiger „Dinge an sich" dar, die unabhängig von unserer Sinnlichkeit wären, sondern er ist nur „die Form aller Erscheinungen äußerer Sinne"; wobei Erscheinung nicht im Sinne des Scheins, sondern in dem bereits oben berührten des „unbestimmten Gegenstandes" zu nehmen ist. Das berühmte, in der Kantliteratur so oft umstrittene „Ding an sich", das an dieser Stelle zum erstenmal auftritt, ist also vorderhand nichts als ein Fragezeichen, eine „kritische Erinnerung" daran, daß Gegenstände an sich uns gar nicht erkennbar sind, „nach welchen aber auch in der Erfahrung niemals gefragt wird". Der Raum ist vielmehr nichts anderes als die subjektive und formale Bedingung, unter der allein uns äußere Anschauung möglich ist. Er ist als formale Bedingung an unsere Sinnlichkeit geknüpft; ob es andere Wesen mit einer anderen Anschauungsart und folglich auch einer anderen Geometrie gibt, geht uns nichts an. Er besitzt objektive Gültigkeit hinsichtlich aller möglichen äußeren Erfahrung (alle äußeren Erscheinungen sind nebeneinander im Raume), d.h. empirische Realität; dagegen nicht die geringste, „sobald wir die Bedingung der Möglichkeit aller Erfahrung weglassen", d.h. transzendentale Idealität. Endlich ist der Raum die einzige apriorisch-objektive Vorstellungsart äußerer Gegenstände, da Farben-, Ton- und Wärmeempfindungen eben Empfindungen unserer Sinne, aber keine Anschauungen sind.

B. Die Lehre von der Zeit (Möglichkeit der Arithmetik und reinen Mechanik).

Analog, wie mit dem Raume, verhält es sich mit der Zeit. Auch sie ist keine Abstraktion von der Erfahrung, sondern die Bedingung von deren Möglichkeit; auch sie kein allgemeiner Begriff, sondern reine Anschauung, eine unendliche und gegebene kontinuierliche Größe; auch sie eine unaufhebbare Vorstellung. Selbst die größten Zeiträume sind nur Abgrenzungen der einen unendlichen Zeit, wie anderseits der kürzeste Moment in der Zeit bleibt. Wie der Raum das Neben-, so macht sie das Nacheinander und das Zugleichsein möglich. Alle Veränderung überhaupt, und im besonderen die Ortsveränderung oder Bewegung, beruht auf der Zeit- in Verbindung mit der Raumvorstellung. So bringt – das ist die transzendentale Bedeutung der Zeit – die Arithmetik ihre Zahlbegriffe nur „durch sukzessive Zusammensetzung ihrer Einheiten in der Zeit", namentlich aber die allgemeine Mechanik ihre Bewegungsgesetze nur durch die Zeitvorstellung zustande.

Auch die Zeit ist ebensowenig wie der Raum, eine Eigenschaft von Dingen an sich selbst, sondern „nur" eine „Form der sinnlichen Anschauung"; und zwar, im Unterschiede vom Raum, die Form des „inneren Sinnes", d.h. des „Anschauens unserer selbst und unseres inneren Zustandes". Als solche ist sie umfassender als die Raumvorstellung und dieser nicht neben-, sondern übergeordnet. Denn der Raum war nur die formale Bedingung äußerer Erscheinungen; die Zeit ist die Form aller Erscheinungen überhaupt: unmittelbar der inneren, mittelbar auch der äußeren. Wie der Raum, so besitzt auch die Zeit transzendentale Idealität: sie ist nur in unserer Vorstellung, – und empirische Realität: alle Gegenstände stehen im Zeitverhältnisse zueinander, sind „in" der Zeit; darin besteht ihre ganze „Wirklichkeit".

*

Die Sinnlichkeit ist somit durchaus nicht, wie die Leibniz-Wolffsche Philosophie meinte, eine „verworrene" Vorstellungsart der Dinge, sondern ein notwendiger Bestandteil der „Erfahrung". Ohne sie wäre weder die unbedingte Geltung der geometrischen Sätze noch die Sicherheit der mathematischen Bewegungsgesetze möglich. Der „Raum in Gedanken" ist die Vorbedingung des „physischen" Raumes, d. h. der Ausdehnung der Materie. Nur dadurch, daß Raum und Zeit die formalen Bedingungen der Erfahrung sind, vermögen wir die mathematisch begründete Mechanik auf die gegebene Erfahrungswelt anzuwenden, ohne auf einen inneren Widerspruch zu stoßen. Die gesamte Erfahrungswelt steht unter räumlich-zeitlichen Gesetzen, welche einerseits nur in unserer Vorstellung existieren – mit der dualistischen Ansicht, als ob die „Vorstellung" dem „Objekte" bloß „völlig ähnlich" sei, erklärt Kant „keinen Sinn verbinden zu können" –, anderseits aber bloß auf Gegenstände der Sinne, „Objekte möglicher Erfahrung" gehen, für diese jedoch kein Schein, sondern „notwendige Bedingung", also „wirklich" sind.

§ 34. Die transzendentale Analytik (Begründung der reinen Naturwissenschaft).

I. Die Lehre von den reinen Verstandesbegriffen (Kategorien).

1. Sinnlichkeit und Verstand. Raum und Zeit sind die Bedingungen, unter denen wir Anschauungen besitzen. Aber damit haben wir noch keine Erfahrung. Die Welt der sinnlichen, räumlich-zeitlichen Eindrücke, die wir empfangend in uns aufnehmen, muß zu einheitlichen Begriffen geordnet werden durch das Denken. Neben der Rezeptivität der Sinnlichkeit gibt es noch eine zweite Grundquelle der Erkenntnis: die Spontaneität des Verstandes. Beide, Sinnlichkeit und Verstand, gehören untrennbar zusammen; „keine dieser Eigenschaften ist der anderen vorzuziehen", wie es von den Sensualisten einer-, den Spiritualisten anderseits geschieht. Begriffe ohne Anschauungen sind freilich leer, aber Anschauungen ohne Begriffe sind blind. Es ist ebenso notwendig, die Begriffe anschaulich, wie die Anschauungen „verständlich" zu machen oder unter Begriffe zu bringen. Nur aus ihrer Vereinigung kann Erkenntnis entspringen.
2. Einteilungen. Trotzdem sind beide für die wissenschaftliche Erörterung methodisch zu isolieren (s. S. 432). Auf die transzendentale Ästhetik oder Wissenschaft von der Sinnlichkeit folgt nunmehr die transzendentale Logik oder „Wissenschaft der Verstandesregeln überhaupt". Die transzendentale Logik unterscheidet sich von der „allgemeinen", „gemeinen" oder formalen, sei es reinen sei es angewandten, Logik dadurch, daß sie nicht auf die bloßen Formen des Denkens (vgl. § 32, 4), sondern auf den Inhalt möglicher Erfahrung geht, indem sie den Ursprung, den Umfang und die objektive Gültigkeit der reinen apriorischen Erkenntnis untersucht. Sie zerfällt in die transzendentale Analytik („Logik der Wahrheit") und die transzendentale Dialektik („Logik des Scheins"). Die transzendentale Analytik, mit der wir es vorläufig allein zu tun haben, ist die Zergliederung der gesamten Verstandeserkenntnis a priori. Sie zerfällt ihrerseits wieder in die Analytik der Begriffe und die der Grundsätze des reinen Verstandes, von denen wir in diesem Paragraphen die erstere behandeln.
3. Die Möglichkeit der reinen Naturwissenschaft. Das Problem der Naturwissenschaft treibt uns derselben Untersuchung zu. Bloße Mathematik (§ 33 A), selbst die mathematische Bewegungslehre (§ 33 B) mit eingeschlossen, erschließt uns noch nicht den physikalischen Gegenstand. Die Physik macht weitergehende Voraussetzungen. Diese soll uns, soweit sie philosophischer Natur sind, die transzendentale Logik in ihren Begriffen und Grundsätzen lehren. Nicht die Regeln des formalen Denkens (sie gehören in die formale Logik), oder etwaige letzte Formen des Geistes (das ist metaphysisch gedacht), sondern die Grundbegriffe und Grundsätze der Naturwissenschaft sollen festge-

stellt werden. Nachdem die transzendentale Ästhetik gezeigt hat, wie Natur „in materieller Bedeutung“, d.h. als Inbegriff der Erscheinungen möglich ist, soll jetzt die transzendentale Logik darlegen, wie Natur „in formeller Bedeutung“, d.i. als „Inbegriff der Regeln“, nach denen „alle Erscheinungen in einer Erfahrung als verknüpft gedacht werden sollen“, mit anderen Worten: als reine Naturwissenschaft möglich ist *(Prolegom.* § 36).

4. Die synthetische Einheit. Sinnlichkeit (Anschauung) bietet uns eine bunte Mannigfaltigkeit von Eindrücken. Wie vermag nun Einheit in dies „Mannigfaltige der Anschauung“ zu kommen? Antwort: durch eine spontane Handlung unseres Bewußtseins, die Kant Synthesis nennt. Durch sie wird „dieses Mannigfaltige zuerst auf gewisse Weise durchgegangen, aufgenommen und verbunden“, um „daraus“ eine Erkenntnis zu machen. Psychologisch genommen, ist die Synthesis eine bloße Wirkung der Einbildungskraft, einer „blinden, obgleich unentbehrlichen Funktion der Seele“. Sie wird später von Kant in die Synthesis der Apprehension (erste Auffassung des Mannigfaltigen als eines Ganzen, z.B. des Tisches vor uns, in der Wahrnehmung), der Reproduktion (Wiederhervorrufung dieser Wahrnehmung zum Behufe der Vergleichung mit neuen, worauf z.B. das Zählen beruht) und der Rekognition (Wiedererkennen der alten Vorstellung) zerlegt. Welche transzendentale Bedeutung aber hat diese Synthesis? Antwort: Nur durch sie ist Erkenntnis als „ein Ganzes verglichener und verknüpfter Vorstellungen“ und somit Erfahrung möglich. Dieses Ganze aber entsteht, indem die Synthesis „auf Begriffe“ und damit zur Einheit gebracht wird, denn „Begreifen“ heißt ja eben: in einer einzigen Erkenntnis zusammenfassen. Die Apprehension erfolgte in der Anschauung, die Reproduktion geht vermittelst der Einbildungskraft, die Rekognition im Begriff, d. i. der synthetischen Einheit[41] vor sich. „Allgemein ausgedrückt“, heißen diese synthetischen Einheiten, weil sie rein und a priori sind, „reine Verstandesbegriffe“ oder mit einer von Aristoteles entlehnten, aber von Kant in neuem Sinne gebrauchten Bezeichnung:

5. Die Kategorien. Denn – das ist eine Entdeckung, auf die sich Kant nicht wenig zugute tut – der Verstand, der durch seine synthetische Einheit die Erfahrung zustande bringt, ist derselbe, der vermittelst der analytischen Einheit die Urteilsformen der formalen Logik konstituiert. Die Kategorien werden auf die Formen des Urteils zurückgeführt, ihre „Tafel“ kann aus derjenigen der logischen Urteilsfunktionen abgelesen werden. Nun zerfallen die Urteile nach ihrer
   1. Quantität in: einzelne, besondere, allgemeine,
   2. Qualität in: bejahende, verneinende, unendliche (limitative),
   3. Relation in: kategorische, hypothetische, disjunktive,
   4. Modalität in: problematische, assertorische, apodiktische.

   Dem entspricht folgende „Tafel der Kategorien“:
   1. K. der Quantität: Einheit, Vielheit, Allheit.
   2. K. der Qualität: Realität, Negation, Limitation,

3. K. der Relation: Inhärenz und Subsistenz, Kausalität, Gemeinschaft (Wechselwirkung).
4. K. der Modalität: Möglichkeit, Dasein (Wirklichkeit), Notwendigkeit.

Aber diese Ableitung der synthetischen aus den analytischen Einheiten, der Kategorien von den Urteilsformen soll keine einfache Abhängigkeit des Erkennens vom Denken, der Naturwissenschaft von der formalen Logik bedeuten. Kant stellt vielmehr von vornherein nur solche Urteilsformen auf, die zu Kategorien werden können, während die letzteren wiederum mit den „Grundsätzen" (s. § 35) zusammenhängen. Die Kategorien sind die „wahren Stammbegriffe des reinen Verstandes" nur in dem Sinne, daß sie auf mögliche Erfahrung gehen. Kant hält daher, nachdem ihm die formale Logik den „Leitfaden zur Entdeckung" der reinen Verstandesbegriffe geboten hat, nach dieser „metaphysischen" Ableitung ebenso, wie in der transzendentalen Ästhetik, eine transzendentale Deduktion für notwendig.

6. Die transzendentale Deduktion der Kategorien. Während die Frage nach der Entstehung dieser Begriffe oder, wie Kant sagt, „nach den Gelegenheitsursachen ihrer Erzeugung" der empirischen Psychologie angehört (empirische Deduktion), diejenige nach ihrem Ursprung in der Organisation unseres Geistes metaphysisch bleibt, will die transzendentale Deduktion die „Art erklären, wie sich Begriffe a priori auf Gegenstände beziehen können", mit anderen Worten die Kategorien als „formale Bedingungen" der Erfahrung nachweisen.

Die transzendentale Ästhetik hatte uns das Objekt nur erst als „Erscheinung" oder „unbestimmten" Gegenstand gegeben. Die reinen Verstandesbegriffe bestimmen nun diese „gegebene" Erscheinung zum „gedachten" Gegenstande. Objekt heißt dasjenige, „in dessen Begriffen das Mannigfaltige einer gegebenen Anschauung vereinigt ist". Die Kategorien sind demnach nichts anderes als Vereinigungsweisen des Mannigfaltigen in unserem Bewußtsein; denn diese Verbindung des Mannigfaltigen zur synthetischen Einheit (der Kategorie) kann natürlich nur von uns selbst vollzogen werden. Welches ist aber der Grund dieser Einheit? Es ist der „schlechthin erste und synthetische Grundsatz unseres Denkens überhaupt": daß „alles verschiedene empirische Bewußtsein in einem einigen Selbstbewußtsein verbunden sein müsse", d.i. der Grundsatz der ursprünglich-synthetischen Einheit der Apperzeption (oder des Selbstbewußtseins), oder des Bewußtseins von der Einheit unseres Bewußtseins. Das „Ich denke" muß, bewußt oder unbewußt, alle meine Vorstellungen begleiten können. Nur durch die synthetische Einheit im Bewußtsein, d.h. nur dadurch, daß er „meine" Vorstellung ist, wird ein Gegenstand der Erfahrung erzeugt. Die synthetische Einheit der Apperzeption ist daher der höchste Punkt nicht bloß der Logik, sondern der gesamten Transzendentalphilosophie und wird daher auch die transzendentale Einheit des Selbstbewußtseins genannt; denn nur durch sie wird „alles in einer Anschauung gegebene Mannigfaltige in einen Begriff vom Objekt vereinigt", mithin Erfahrung möglich. Selbst unser eigenes Ich läßt sich durch die bloße Bewußtheit nicht erkennen, sondern kann, wie alles andere, erst durch die synthetische Einheit der Kategorien „Objekt" werden. Die Kategorien sind demnach „die Bedingungen der Möglichkeit der Erfahrung", der „Leitfaden" derselben, ihr „Schlüssel", ihre „intellektuelle Form"; sie „schreiben der Natur Gesetze vor", ja sie machen sie überhaupt erst möglich; und so sind sie auch die Prinzipien der reinen Naturwissenschaft.

§ 35. Fortsetzung.

II. Die Lehre von den Grundsätzen.

1. Einleitung: Der Schematismus der Kategorien.

1. Übergang. Das Mannigfaltige der sinnlichen Anschauung steht unter der Einheit der Kategorien als seiner notwendigen Bedingung. Anderseits aber kommt den letzteren, ohne Anwendung auf die Anschauung, keine objektive Gültigkeit zu. Ohne das sind sie „bloße Gedankenformen", leere Titel zu Begriffen ohne Inhalt, ohne Sinn und Bedeutung. Das Denken aber soll doch zum Erkennen werden. Sie bedürfen also zu ihrer Realisierung durchaus der Anwendung auf sinnliche Anschauung, auf Gegenstände der Sinne. Die Kategorien der Quantität z.B. haben den Raum, die der Ursache hat die Zeit zur unumgänglichen Voraussetzung. Um eine Linie zu erkennen, muß ich sie ziehen. Ihre endgültige Rechtfertigung und Bewährung erhalten die Kategorien oder Grundbegriffe daher erst durch die Grundsätze, d.h. „diejenigen synthetischen Urteile, welche aus reinen Verstandesbegriffen a priori herfließen und allen übrigen Erkenntnissen a priori zugrunde liegen". Die Vermittlung zwischen beiden geschieht durch den

2. Schematismus der reinen Verstandesbegriffe. „Transzendentales Schema" nennt Kant die „formale und reine Bedingung der Sinnlichkeit", unter der die Kategorie allein auf irgendeinen Gegenstand angewandt werden kann. Das Schema muß daher einerseits der Kategorie gleichartig, folglich „intellektuell", anderseits aber auch der Erscheinung gleichartig, also sinnlich sein, weshalb es auch durch die Einbildungskraft hervorgebracht wird, wie z.B. der allgemeine Begriff einer mathematischen Figur, einer Zahl, eines Hundes. Es bedeutet im Grunde eigentlich nichts anderes als den einfachen Satz; das Erkennen muß anschaulich sein, wenn es über das bloße Denken hinauskommen will. Die Kategorien waren nur „Begriffe von Gegenständen überhaupt", während wir doch Gegenstände im besonderen, bestimmte Erfahrungs„dinge" erkennen wollen. Die beiden uns jetzt bekannten Arten von Formen – die der Sinnlichkeit (Raum und Zeit) und die des Verstan-

des (die Kategorien) – sind miteinander zu verbinden, wenn Erkenntnis erzeugt werden soll. So bezeichnet das Schema, als echt „transzendentale“ Bedingung, den Weg, auf dem die Form ihren Inhalt, die Erkenntnis Gestalt gewinnt.

3. Die einzelnen Schemata. Das allgemeine Schema, durch welches allgemeine Begriffe sich in unserem Bewußtsein mit dem reinen Gewebe unseres inneren Anschauens verbinden, das reine Schema aller Sinnesempfindungen ist die Zeit, die das „reine Bild aller Größen für den äußeren Sinn“, den Raum, einbegreift. Die einzelnen Schemata sind die folgenden: a) das der Quantität oder Größe (der Addition von Gleichartigem) ist die Zahl; b) das der qualitativen Kategorien (Realität im Verhältnis zu Limitation und Negation) ist die „kontinuierliche und gleichförmige Erzeugung der Quantität von etwas in der Zeit“ (die Empfindung mit ihren Graden); c) das der Substanz: die Beharrlichkeit des Realen; das der Kausalität: die Sukzession des Mannigfaltigen nach einer Regel; das der Gemeinschaft oder Wechselwirkung: das Zugleichsein der Bestimmungen der einen Substanz mit denen der anderen; d) das Schema der Möglichkeit: Bestimmung der Vorstellung zu irgendeiner Zeit; der Wirklichkeit: das Dasein in einer bestimmten Zeit; endlich die Notwendigkeit: das Dasein zu aller Zeit.

Im Grunde also sind die Schemata nichts als apriorische Zeitbestimmungen, die nacheinander auf die Reihen, den Inhalt, die Ordnung und den Inbegriff der Zeit gehen. Sie verwirklichen die Kategorien bezw. deren Form, den Verstand, indem sie sie zugleich auf die sinnlichen Bedingungen der Erfahrung einschränken (restringieren). Nur durch ihre Vermittlung können aus den Begriffen die Grundsätze des reinen Verstandes entstehen.

2. Die Grundsätze als die Bedingungen der mathematischen Naturwissenschaft.

Denken oder Urteilen heißt: Vorstellungen in einem Bewußtsein vereinigen. Die zufälligen, subjektiven Urteile gehen uns hier nichts an. Objektiv urteilen heißt: Vorstellungen in einem Bewußtsein überhaupt notwendig vereinigen. Auch von ihnen scheiden die analytischen Urteile, deren oberster Grundsatz der Satz des Widerspruches ist (vgl. § 33), für unseren Zweck aus, denn wir wollen die Bedingungen der reinen Naturwissenschaft erforschen; diese aber besteht nicht aus analytischen, sondern aus synthetischen Urteilen. Deren oberste, nicht mehr weiter ableitbare Regeln (d.h. Bedingungen ihrer notwendigen Vereinigung im Bewußtsein) sind die Grundsätze. Machen die formalen Bedingungen aller Urteile überhaupt ein logisches, die der Grundbegriffe ein transzendentales, so machen die Grundsätze das System der Natur aus, „welches vor aller empirischen Naturerkenntnis vorhergeht, diese zuerst möglich macht und daher die eigentliche allgemeine und reine Naturwissenschaft genannt werden kann“ *(Proleg.* §

23, Schluß). Die Grundsätze möglicher Erfahrung sind zugleich die allgemeinen Gesetze der Natur und konstituieren die Einheit derselben.

Ob nicht Kant von ihnen überhaupt ausgegangen sei und erst nachher und ihnen zuliebe die Tafel der Grundbegriffe aufgestellt habe, wie Cohen und nach ihm Stadler nachzuweisen gesucht haben, muß hier unerörtert bleiben. Genug, sie werden in der *Kritik der reinen Vernunft* auf die Tafel der Kategorien bezw. der Urteile zurückgeleitet. Sie zerfallen nach der Art ihrer Anwendung in

A. Mathematische, die nur auf die Anschauung gehen und daher apodiktisch lauten, und

B. Dynamische, die auf das Dasein einer Erscheinung überhaupt gehen und daher nur mittelbare Evidenz an sich tragen.

A. Die mathematischen Grundsätze des reinen Verstandes.

Sie zerfallen ihrerseits wieder in: a) Axiome der Anschauung, b) Antizipationen der Wahrnehmung. Auch den mathematischen Grundsätzen liegen reine Verstandessätze zugrunde. Das Prinzip der Möglichkeit der „Axiome der Anschauung" (selbst kein Axiom) oder der

1. Grundsatz lautet (nach der 2. Auflage): „Alle Anschauungen sind extensive Größen." Der erste Gesichtspunkt, unter dem wir die Erscheinungen als Gegenstände bestimmen, ist die Größe, und zwar die ausgedehnte oder mathematische Größe, die in der Synthesis des mannigfaltigen Gleichartigen besteht. Die Raumgröße muß in sukzessiver Synthesis (Zusammensetzung) erzeugt werden, z.B. der Begriff der Linie durch die Zusammensetzung ihrer Teile; ebenso die Zeitgröße. Damit erst werden die allgemeinen Formen des Raumes und der Zeit zu „bestimmten" einzelnen Räumen und Zeiten: dadurch erst – nicht schon durch die transzendentale Ästhetik allein – wird die Mathematik der Ausdehnung oder die Geometrie, dadurch vor allem erst die Anwendung der reinen Mathematik auf die Gegenstände der naturwissenschaftlichen Erfahrung möglich. Alle Einwürfe dagegen, die auf der falschen Entgegensetzung von reiner und angewandter Mathematik beruhen, sind nur „Chikanen einer falsch belehrten Vernunft".

   Eine zweite Anwendung der Mathematik auf die Naturwissenschaft stellt der

2. Grundsatz dar: „In allen Erscheinungen hat das Reale, was ein Gegenstand der Empfindung ist, intensive Größe, d. i. einen Grad."

   Tiefer als die Zahleinheit, die der extensiven Größe zugrunde liegt, geht die Einheit der Realität, die Kant im letzten Grunde auf die „bloß subjektive" Empfindung zurückführt. Diese kann nicht unter den Begriff der Ausdehnungsgröße fallen, weil sie keine Anschauung ist, die Raum oder Zeit „enthielte". Aber es gibt doch anderseits zwischen der realen Empfindungsvorstellung und der Null, „d. i. dem gänzlich Leeren der Anschauung in der Zeit", einen Unterschied, der eine Größe hat; zwischen jedem gegebenen Grade von Licht,

Wärme, Schwere, Raumerfüllung und der gänzlichen Finsternis, Kälte, Leichtigkeit und Raumleere z.B. können immer noch kleinere Grade gedacht werden, wie auch zwischen irgendeinem Bewußtsein und dem völlig Unbewußten. In der apriorischen Erfassung dieses Empfindungsunterschiedes oder Grades liegen die „Antizipationen der Wahrnehmung", die der zweite Grundsatz ausdrückt. Die „Realität" entsteht demnach durch Begrenzung der „Negation" und wird durch die „kontinuierliche und gleichförmige" Quantitätserzeugung, die wir in ihrem Schema (vgl. oben I. 3, b) kennen gelernt haben, zur intensiven Größe. Kontinuität (Stetigkeit) heißt „die Eigenschaft der Größen, wonach kein Teil von ihnen der kleinstmögliche (einfach) ist". Der Raum besteht nur aus Räumen, die Zeit nur aus Zeiten; Punkte und Augenblicke sind bloße Raum- bezw. Zeiteinschränkungen (-stellen); ein leerer Raum oder eine leere Zeit kann niemals empirisch bewiesen werden.

B. Die dynamischen Grundsätze.

a) Die Analogien der Erfahrung.

1. Das Prinzip der Analogien der Erfahrung. Jeder Gegenstand muß als extensive oder intensive Größe konstruiert werden können. Aber damit ist bloß der mathematische Begriff desselben erschöpft. Die Gegenstände der Physik setzen nicht nur Größen, sondern auch Kräfte und Gesetze (z.B. der Bewegung), mithin Verhältnisbestimmungen voraus: nicht mathematische Proportionen, die sich auf quantitative, sondern philosophische „Analogien", die sich auf qualitative Verhältnisse beziehen. Als solche können sie nicht, wie die mathematischen Gebilde, einfach konstruiert, sondern nur durch ihre Verknüpfung in der Zeit bestimmt werden; sie beanspruchen deshalb auch nicht, wie jene, konstitutive, sondern nur regulative Geltung. Analogien der Erfahrung aber heißen sie, weil sie nur in Beziehung auf die Erfahrung Gültigkeit und Bedeutung besitzen, nichts anderes als Einheit der Erfahrung zum Ziele haben. Ihr „Prinzip" lautet daher: Erfahrung ist nur durch die Vorstellung einer notwendigen Verknüpfung der Wahrnehmungen möglich. Also Verknüpfung, nicht Erzeugung (wie bei den mathematischen Grundsätzen), und zwar der Wahrnehmungen, nicht der „Dinge", und dies „nicht in Ansehung ihres Inhalts, sondern der Zeitbestimmung und des Verhältnisses des Daseins in ihr nach allgemeinen Gesetzen" (*Proleg.* § 26). Entsprechend den drei Modis alles Daseins in der Zeit: Beharrlichkeit, Folge und Zugleichsein, gibt es drei Analogien oder „Regeln aller Zeitverhältnisse".
2. Die erste Analogie (der dritte Grundsatz) lautet: „Bei allem Wechsel der Erscheinungen beharrt die Substanz, und das Quantum derselben wird in der Natur weder vermehrt noch vermindert." Der in der Geschichte der Philosophie so viel erörterte Begriff der Substanz wird hier zum erstenmal in seiner

vollen wissenschaftlichen Bedeutung erfaßt. Die Substanz oder das bei allem Wechsel Beharrende ist kein Ding, sondern ein Grundsatz, ein Hilfsmittel der Wissenschaft. Nur unter der Voraussetzung eines Beharrenden können der Wechsel des Seienden und seine Bestimmungen, die „Akzidenzen" nach dem alten Sprachgebrauch oder die „Inhärenzen" des „Subsistierenden", z.B. die Bewegung der Materie, begriffen, kann der Begriff der Veränderung erklärt werden. Nun erst darf auch die Verbindung mit dem durch die mathematischen Grundsätze festgestellten Begriffe der gleichartigen Größe erfolgen, aus welcher wir die weiteren Begriffe der Zeitdauer und des unveränderlichen Quantums erhalten. Die Naturgesetze sind Quantitätsbestimmungen; der Satz von der Substanz gehört an die „Spitze der reinen und völlig a priori bestehenden Gesetze der Natur". Ja, die Substanz wird schließlich aus dem bloßen „Substrat aller Zeitbestimmung" zum beharrlichen „Quantum der Natur". Sie bereitet so den Begriff der „Materie" vor.

3. Dem hypothetischen Urteil, der Kategorie der Kausalität, entspricht die zweite Analogie (der vierte Grundsatz) oder der „Grundsatz der Zeitfolge nach dem Gesetz der Kausalität": „Alle Veränderungen geschehen nach dem Gesetze der Verknüpfung der Ursache und Wirkung." – Aller Wechsel der Erscheinungen ist Veränderung. Nun nimmt aber die Einbildungskraft solchen Wechsel nur als Zeitfolge oder subjektive Folge zweier Zustände wahr, ohne ihr objektives Verhältnis bestimmen zu können. Dies leistet erst der von uns selbst „in die Erfahrung gelegte" Begriff der Ursache, worauf die Wirkung „nach einer Regel" folgt. Das Gesetz der Kausalität ist die Bedingung der objektiven Gültigkeit der Erfahrung, der Grund ihrer Möglichkeit. Erst durch sie gelangen wir zu einer „notwendigen Ordnung" in dem Zeitverhältnis unserer Vorstellungen, nun erst kann ein „Objekt" entstehen. Die Kausalität führt uns auf den Begriff der Handlung, dieser auf den der Kraft, und dieser wieder zurück auf den der Substanz, deren Akzidenzen kausal zu bestimmen sind. Sie führt uns ferner auch zu dem Begriff der Kontinuität, somit zu dem zweiten Grundsatze (der intensiven Größe) zurück; denn alle Veränderung ist nur durch das Gesetz der Kontinuität möglich, welches besagt, daß kein Unterschied des Realen in der Zeit der kleinste sei. Und wie die Zeit die sinnliche Bedingung a priori der Möglichkeit eines kontinuierlichen Fortgangs des Gegenwärtigen zum Folgenden enthält, so ist der Verstand vermittelst der Einheit der Apperzeption die apriorische Bedingung der Möglichkeit einer kontinuierlichen Bestimmung aller Zeitstellen.

4. Auf die Analogien der Substanz und der Kausalität folgt als dritte die aus dem disjunktiven Urteil abgeleitete der Gemeinschaft oder der (fünfte) Grundsatz des Zugleichseins nach dem Gesetze der Wechselwirkung der Gemeinschaft. Er lautet: „Alle Substanzen, sofern sie im Raum als zugleich wahrgenommen werden können, sind in durchgängiger Wechselwirkung."

Wenn die Kräfte als Naturgesetze eine einheitliche Natur ausmachen sollen, müssen sie als eine Gesamtheit (ein System) von Wechselwirkungen gedacht werden können. Ohne eine solche Gemeinschaft stände jede einzelne Wahrnehmung für sich isoliert, und die „Kette empirischer Vorstellungen, d. i. Erfahrung“, müßte bei jedem neuen Objekte ganz von vorn anfangen. Unter Natur aber verstehen wir „den Zusammenhang der Erscheinungen ihrem Dasein nach“, der eben von dieser dritten und letzten Analogie als Bedingung möglicher Erfahrung gefordert wird.

b) Die Postulate des empirischen Denkens überhaupt wollen zu dem Begriffe des schon durch die vorigen (Größen- und Verhältnis-) Grundsätze genügend bestimmten Gegenstandes nichts hinzufügen, sondern nur Wertbestimmungen treffen, nämlich die Begriffe Möglichkeit, Wirklichkeit und Notwendigkeit „in ihrem empirischen Gebrauche“ erklären. Sie sind eine Art „physiologischer Methodenlehre“ *(Proleg.* 88).

1. Das Postulat der Möglichkeit: „Was mit den formalen Bedingungen der Erfahrung (der Anschauung und den Begriffen nach) übereinkommt, ist möglich.“ Zur empirischen Möglichkeit oder „objektiven Realität“ eines Begriffs genügt nicht bloß seine Übereinstimmung mit dem logischen Gesetze der Identität, sondern es muß seine Übereinstimmung mit den beiden formalen Bedingungen der Erfahrung (Anschauen und Denken) hinzukommen; der Triangel z.B. muß aus einer bloßen geometrischen Figur zu einem Formgebilde der mathematischen Naturwissenschaft werden. Durch diesen Charakter der Möglichkeit wird auch (was der letzte Teil der *Kr. d. r. V.,* die *Methodenlehre,* später näher ausführt) der Begriff der wissenschaftlichen Hypothese bestimmt. Aber die Hypothese will Tatsachen erklären, das Mögliche soll das Wirkliche finden helfen. So gelangen wir zu
2. Dem Postulat der Wirklichkeit: „Was mit den materialen Bedingungen der Erfahrung (der Empfindung) zusammenhängt, ist wirklich.“ Bestimmung des Daseins ist Bestimmung der Empfindung. Die „materiale“ Bedingung der Empfindung ist eine vollwertige Seite des Bewußtseins, die durch den Grundsatz der intensiven Größe, der nur das mathematisch Reale betraf, noch nicht realisiert war. Auch die Wahrnehmung ist ein „komparatives“ a priori. Wo sie und ihr „Anhang“ – wozu auch die Wahrnehmung des nicht mehr Sichtbaren, z.B. der „magnetischen Materie“, gehört – „nach empirischen Gesetzen hinreichen, dahin reicht auch unsere Erkenntnis vom Dasein der Dinge“.

Zur Verdeutlichung dieser seiner Wertschätzung des „Wirklichen“ hat Kant an dieser Stelle in der zweiten Auflage (S. 274 ff.) eine „Widerlegung des (Descartesschen) Idealismus“ eingeschoben. Wir haben nicht bloß „Einbildung“, sondern auch „Erfahrung“ von äußeren Dingen. Ja, die von Descartes einzig unbezweifelt gelassene „innere“ Erfahrung meines eigenen Daseins „in der Zeit“ ist nur durch die gleichzeitige Erfahrung äußerer Gegenstände möglich, wie umgekehrt das Bewußtsein meines eigenen Daseins zugleich ein unmittelbares Bewußtsein des Daseins anderer Dinge außer mir einschließt.

3. Das Postulat der Notwendigkeit: „Dessen Zusammenhang mit dem Wirklichen nach allgemeinen Bedingungen der Erfahrung bestimmt ist, ist (existiert) notwendig." Auch die Notwendigkeit geht nicht bloß auf die formalen Bedingungen der Erfahrung, wie die Möglichkeit, sondern auch auf das Dasein, wie die Wirklichkeit; allein sie faßt nicht, wie die letztere, den einzelnen, sondern den allgemeinen Fall, das Gesetz, ins Auge. Ihr Maßstab sind „die empirischen Gesetze der Kausalität"; weiter als das Feld möglicher Erfahrung reicht auch die Notwendigkeit nicht; in dieser Hinsicht ist sie „hypothetische Notwendigkeit". Sätze wie die bekannten: in mundo non datur casus, fatum, saltus, hiatus sind notwendige Sätze in diesem Sinne, d. i. Naturgesetze, welche das „Spiel der Veränderungen" in der Natur der Einheit des Verstandes und damit der Natur, als synthetischer Einheit der Erscheinungen (oder Erfahrung), unterwerfen.

*

Die Grundsätze möglicher Erfahrung sind zugleich die allgemeinen Gesetze der Natur. Damit ist die Frage: Wie ist reine Naturwissenschaft möglich? aufgelöst, und zwar in der für eine Wissenschaft erforderlichen systematischen Form. Eine Anwendung dieser Grundsätze auf die mathematische Naturwissenschaft gibt Kants Schrift von 1786: *Metaphysische Anfangsgründe der Naturwissenschaft*. Jede besondere Naturlehre enthält nur soviel „eigentliche", d.h. apodiktisch geltende Wissenschaft, als Mathematik in ihr angewandt werden kann; weshalb Chemie, Psychologie, überhaupt Naturbeschreibung nicht zu dieser eigentlichen Wissenschaft gehört. Um eine solche mathematische Naturlehre zu ermöglichen, muß deren grundlegender Begriff, der Begriff der Materie, philosophisch zergliedert und systematisch dargestellt werden. Dies der Zweck der eben genannten Schrift. Sie zerfällt in vier, nach dem Schema der Kategorieneinteilung angeordnete, Abschnitte: 1. Die Phoronomie behandelt die Grundbestimmung der Materie, die Bewegung, als reines Quantum (ohne Rücksicht auf ihre Qualität), nach seiner Zusammensetzung; 2. die Dynamik (das wichtigste Kapitel) dieselbe nach ihrer Qualität, nämlich als Kraft (a. zurückstoßende oder ausdehnende, b. anziehende), 3. die Mechanik die Materie in Beziehung zu dieser bewegenden Kraft, 4. die Phänomenologie dieselbe im Verhältnis zu unserer Vorstellungsart, d.h. Bewegung und Ruhe als Erscheinung äußerer Sinne. Allerdings beschränkt sich Kants Schrift auf die mathematische Naturwissenschaft im Sinne Newtons, d.h. das Gebiet, das wir heute als Mechanik bezeichnen, während andere Ansätze seiner früheren Schriften, wie das Prinzip der Erhaltung der Energie und der neue Kraftbegriff, nicht weitergebildet werden.

Als beste Erläuterungsschrift der in der Philos. Bibl. 48 von O. Buek mit Einleitung und Sachregister herausgegebenen *Metaphysischen Anfangsgründe*, die sowohl auf Schelling-Hegels wie Fries-Apelts Naturphilosophie bedeutend eingewirkt haben, empfiehlt sich *Stadler, Kants Theorie der Materie*, Berlin 1883.

Kapitel XI.

B. Die regulativen Prinzipien der Erfahrung oder die Ideen.

§ 36. Übergang von der transzendentalen Logik zur transzendentalen Dialektik: Die Sinnen- und die Gedankendinge (Phaenomena und Noumena). Die regulative Bedeutung der Idee.

1. Das „Zufällige" der Erfahrung. Mit den aus den reinen Verstandesbegriffen, im Grunde aber aus der Naturwissenschaft selbst abgeleiteten „Grundsätzen" ist die Konstituierung der Erfahrung oder, umgekehrt betrachtet, ihre Zergliederung („Analytik") abgeschlossen. Sie dienten dazu, „Erscheinungen zu buchstabieren, um sie als Erfahrung lesen zu können" *(Proleg.* § 30). Die Erscheinungen sind nun zu Gegenständen bestimmt, die „empirische Realität" der letzteren ist nachgewiesen. Die Philosophie hat endlich „einmal etwas Bestimmtes", woran sie „sich halten kann" (ebend. § 31), nämlich die in der Wissenschaft vorliegende Erfahrung. Die Verstandesregeln haben sich als Quell aller Wahrheit, weil als Grund der Möglichkeit der Erfahrung, erwiesen. Damit könnten wir zufrieden sein. Aber unser Begehren geht weiter. Wenn auch unser Erkennen in die Grenzen der zeitlich, räumlich und kausal bedingten Erfahrung eingeschlossen ist, unser Denken strebt unvermeidlich darüber hinaus. Ist nicht die gesamte Erfahrung, nebst der ganzen theoretischen oder Naturwissenschaft, schließlich etwas „ganz Zufälliges"? *(Kr.*[42] 765). Gleicht sie nicht einer rings vom weiten und stürmischen Ozeane des Scheins umschlossenen Insel? *(Kr.* 294 f.). Müssen nicht die Erscheinungen, auf deren Erkenntnis uns zu beschränken wir immer wieder gemahnt wurden, Erscheinungen von Etwas sein?
2. Phaenomena und Noumena. So taucht an dieser Stelle das berüchtigte „Ding an sich", das uns bereits in der transzendentalen Ästhetik (S. 433) begegnete, mit verstärkter Gewalt wieder auf: jenes Ding, das übrig zu bleiben scheint, auch wenn seine sämtlichen Eigenschaften sich als bloße Vorstellungen unserer wahrnehmenden „Seele" erwiesen haben. Sollte es nicht, wie schon die Philosophen des Altertums gelehrt haben, neben der Welt der Erscheinungen (Phaenomena), dem mundus sensibilis, noch eine Welt der „Gedankendinge" (Noumena), einen mundus intelligibilis, geben, welcher uns die Dinge zeigt, wie sie sind? Die transzendentale Analytik hat uns nunmehr mit der zu erteilenden Antwort ausgerüstet. Dieses „Etwas", dieses „transzendentale Objekt", ist ein gänzlich unbestimmtes x, wovon wir weder etwas wissen noch – die Einrichtung unseres menschlichen Verstandes vorausgesetzt – etwas wissen können, ein bloß hypothetisch angenommenes „Korrelat" zu der Einheit des Mannigfaltigen, ohne sinnliche Data sinn- und bedeutungslos. Das

Noumenon ist somit kein positiver, sondern ein negativer, ein problematischer, ein Grenzbegriff, der nur die Bedeutung hat, etwaigen Übergriffen der sinnlichen Anschauung entgegenzutreten. Die Gegenstände „sind", sofern sie im durchgängigen Zusammenhange der Erfahrung vorgestellt werden: was nur durch die Verbindung von Verstand und Sinnlichkeit möglich ist. Das „Ding an sich" ist demnach weiter nichts als ein Ausdruck der unserer gewöhnlichen Denkweise natürlich anklebenden Vorstellung eines in Wahrheit eingebildeten Etwas, das, auch wenn wir alle aus uns stammenden Anschauungen und Begriffe abgezogen haben, noch immer übrig zu bleiben scheint, in Wirklichkeit jedoch eine „inhaltlich ganz leere Vorstellung". Der Gedanke aber einer nichtsinnlichen, intellektuellen Anschauung oder der eines anschauenden intuitiven Verstandes (später von Goethe bezw. Schelling aufgegriffen und weiter gebildet) wird von Kant nur problematisch erwogen, ist im Grunde nur erdacht, um den Gegensatz unseres denkenden Verstandes und unserer sinnlichen Anschauung um so schärfer zu beleuchten. Der der „Analytik" als Anhang beigegebene Abschnitt *Von der Amphibolie der Reflexionsbegriffe* soll uns vielmehr ausdrücklich davor warnen, in den Fehler der Leibnizianer zu verfallen und den empirischen mit dem transzendentalen Verstandesgebrauch, die Sinnlichkeit und den Verstand als Erkenntnisquellen zu verwechseln.

3. Die Idee. Allein das Noumenon ist Grenzbegriff nicht bloß im negativen Sinne der Schranke, sondern auch im positiven Sinne. Es schränkt nicht bloß ein, es leitet auch zu dem jenseits der „zufälligen" mathematisch-naturwissenschaftlichen Erfahrung Liegenden hinüber. Unser Erkenntnisstreben geht über die in der transzendentalen Analytik gefundenen allgemeinen Naturgesetze hinaus auf „das absolute Ganze aller möglichen Erfahrung", es will zu deren äußersten Grenzen vordringen, um „die Vollständigkeit, d. i. die kollektive Einheit der ganzen möglichen Erfahrung", zu entdecken. Denn unsere Vernunft verlangt nach völliger Befriedigung, die sie in den reinen Verstandesbegriffen nicht findet. Wir wollen jetzt keine Einzelurteile mehr in ihrer synthetischen Einheit begreifen, sondern die gewonnenen Urteile in eine höhere Einheit zusammenfassen. Dieses geschieht in der Logik bekanntlich durch den sogenannten „Schluß" (Syllogismus), indem ein Einzelurteil (Untersatz) unter ein allgemeineres (Obersatz) subsumiert und so die Schlußfolgerung gefunden wird (deduktive Methode). Umgekehrt kann ich aber auch, mit dem Schlußsatze beginnend, seine allgemeine Bedingung (den Obersatz) suchen und, sobald ich dieselbe gefunden, wieder die Bedingung dieser Bedingung usw., so lange es geht (induktive Methode). „Man sieht hieraus: daß die Vernunft im Schließen die große Mannigfaltigkeit der Erkenntnis des Verstandes auf die kleinste Zahl der Prinzipien (allgemeiner Bedingungen) zu bringen und dadurch die höchste Einheit derselben zu bewirken suche" *(Kr.* 361) Diese logische Maxime wendet nun die Vernunft auf ihre Schlüsse aus der Verstandeserkenntnis, also auf die Erfahrungsurteile, an. Sie sucht „zu der be

dingten Erkenntnis des Verstandes das Unbedingte, womit die Einheit desselben vollendet wird" (364). Diesen Begriff des Unbedingten oder der „Totalität der Bedingungen zu einem gegebenen Bedingten" nennt Kant Vernunftbegriff oder, den alten, platonischen Namen wieder zu Ehren bringend, Idee.

Kants „transzendentale" Idee hat nichts mehr mit der in der englisch-französischen Philosophie üblichen Bedeutung des Wortes als Vorstellung überhaupt, etwa der roten Farbe, zu tun. Sie bedeutet vielmehr (vgl. die Belegstellen für das folgende im Register meiner Ausgabe) einen bloßen Gesichtspunkt (ἰδέα von ἰδεῖν), einen heuristischen oder problematischen Begriff, einen gedachten Richtungs- oder Brennpunkt (focus imaginarius), im Gegensatz zu den konstitutiven Grundsätzen der Erfahrung ein bloß regulatives Prinzip derselben. Die Ideen sind nicht uns gegebene Begriffe, sondern uns aufgegebene Probleme, die Maximen und Richtungslinien für die empirische Forschung anzeigen. Sie dienen zur Vollendung des empirischen Vernunftgebrauchs, zur Begrenzung des Verstandes, den sie als dessen Kanon „in die Richtung bringen, darin sein Gebrauch, indem er aufs äußerste erweitert, zugleich mit sich selbst durchgehend einstimmig gemacht wird". Sie sind „Aufgaben, um die Einheit des Verstandes womöglich bis zum Unbedingten fortzusetzen" und als solche „notwendig und in der Natur der menschlichen Vernunft gegründet" (380). Die synthetische Einheit der Kategorien erweitert sich nun zu der systematischen Einheit der Ideen[43], die keine neuen Begriffe von Objekten schafft, sondern die vorhandenen nur ordnet, vom Gesichtspunkte jener „kollektiven Einheit" des Unbedingten aus, wodurch sie zugleich der größtmöglichen Ausbreitung fähig werden. Durch sie soll die gesamte Verstandeserkenntnis (Erfahrung) aus einem zufälligen Aggregat zu einem nach notwendigen Gesetzen zusammenhängenden Systeme werden. Freilich eben „nur" in der Idee; denn ihnen, den Gedankendingen, kann nie ein Gegenstand der Erfahrung völlig adäquat sein. Sie wollen aber auch (vgl. *Proleg.* § 44) gar keine neuen Anschauungen oder Begriffe von neuen, über das Feld der Erfahrung hinaus liegenden Gegenständen geben, sondern nur „Vollständigkeit des Erfahrungsgebrauchs im Zusammenhange der Erfahrung".

Ehe wir nun die Bedeutung der einzelnen transzendentalen Ideen darlegen, betrachten wir ein Wissenschaftsgebiet, das durch das regulative Prinzip der Ideen in ähnlicher Weise Bestand und Geltung erhält, wie die mathematische Naturwissenschaft durch die konstitutiven Grundsätze, wenngleich es von Kant selbst nicht mit der gleichen Deutlichkeit, wie diese, als naturwissenschaftliches Objekt seiner Ideenlehre hervorgehoben worden ist: das Gebiet der beschreibenden Naturwissenschaft. Wir betreten damit ein Erörterungsfeld, das von der *Kritik der reinen Vernunft* zwar in Angriff genommen, aber erst in der dritten der Kantischen Vernunftkritiken weiter ausgebaut worden ist.

§ 37. Die Natur-Teleologie oder die Begründung der beschreibenden Naturwissenschaft.

Quellen: Außer der jetzigen Einleitung und dem 2. Teile der *Kritik der Urteilskraft*, deren ältere von *J. S. Beck* (S. 486) überarbeitete Einleitung unter dem Titel: *Über Philosophie überhaupt* (1794), vgl. auch *Über den Gebrauch teleologischer Prinzipien in der Philos.* (1788); aus der *Kritik der r. V.* einzelne Abschnitte, namentlich der überhaupt besonders lehrreiche „Anhang zur transzendentalen Dialektik“. Zur Literatur: *A. Stadler, Kants Teleologie in ihrer erkenntnis-theoretischen Bedeutung*, Berlin 1874 – *Cohen, Kants Theorie d. Erfahrung*, Kap. 15. *Cohen, Kants Begr. d. Ästhetik*, S. 110-125, Manches hierher Gehörige findet sich auch bei: *P. Menzer, Kants Lehre von der Entwicklung in Natur und Geschichte*, Berlin 1911.

1. Das neue Gebiet. Die in der transzendentalen Analytik vollzogene Begründung der mathematisch-mechanischen Naturwissenschaft ließ noch ein weites Feld offen, das der Naturbeschreibung. Kant selbst unterscheidet bereits *(U.* § 79) „Theorie“ der Natur und „Naturbeschreibung“ (von letzterer noch die jetzt meist damit als identisch betrachtete „Naturgeschichte“). Wenn er selbst auch noch nicht die Frage ausdrücklich formuliert hat: Wie ist Naturbeschreibung möglich?, verfahren wir daher im Geiste seiner Methode, wenn wir sie besonders behandeln. Die Wissenschaft will der Gesetzlichkeit der Natur auch da nachspüren, wo die Möglichkeit der mathematisch-mechanischen Fixierung fehlt. Das Organische aber, die Lebens- und Entwicklungserscheinungen des Organismus, das Individuum überhaupt kann niemals restlos in der Mechanik der Atome aufgehen, die Naturformen lassen sich nicht in bloße Bewegungsgrößen auflösen. Selbst ein Newton vermöchte nicht die Erzeugung auch nur eines Grashalms aus rein mechanischen Gesetzen zu erklären *(U.* § 75). Wir bedürfen dazu einer anderen Gesetzmäßigkeit als der der Bewegung, die nicht einmal den Stoffwechsel zu erklären imstande ist.
2. Die neue Gesetzlichkeit oder das Prinzip der formalen Zweckmäßigkeit. Diese neue Gesetzlichkeit leistet die Idee als regulatives Prinzip, indem sie neben die mechanisch-kausale Naturordnung die Ordnung nach Zwecken setzt. Wir haben es hier nicht mit der alten, flachen, scholastisch-aristotelischen Teleologie zu tun, welche die Zwecke in die Dinge selbst verlegte und den witzigen Spott eines Voltaire rechtfertigte („die Nase ist der Brille wegen da“). Der Zweck, an sich ein „Fremdling“ in der Naturwissenschaft, ist, wie Kant immer wieder einzuschärfen nicht müde wird, eine Maxime nicht der bestimmenden, sondern der reflektierenden Urteilskraft, ein Prinzip nicht der Ableitung oder Erklärung, sondern der Beurteilung. Wir stellen uns die Natur vor, als ob[44] sie unserer Erkenntniskraft angemessen eingerich

tet sei: das bedeutet das Prinzip der formalen Zweckmäßigkeit der Natur. Auf andere Weise läßt sich die Natur nicht begreifen, bleibt sie ganz und gar zufällig. Das Prinzip der formalen Zweckmäßigkeit wird daher auch „die Gesetzlichkeit des Zufälligen" genannt. Ohne das Vertrauen auf ihre Begreiflichkeit aber, wie Helmholtz, oder auf die „Gleichförmigkeit im Gange der Natur", wie J. St. Mill es formuliert, ist eine wissenschaftliche Erfassung ihrer Lebenserscheinungen unmöglich. Freilich vermag die reflektierende Urteilskraft nicht gleich dem Verstande ihrerseits allgemeine Naturgesetze hervorzubringen, denen dann die bestimmende Urteilskraft die Einzelfälle unterordnete (subsumierte); wohl aber gibt sie eine „Anzeige", eine „Regel", einen „Leitfaden" an die Hand, wie wir einen durchgängigen Zusammenhang unserer Erkenntnis herstellen können. Das deduktive Verfahren der Mathematik wird durch die Induktion, die Kants *Logik* selbst als eine „Schlußart der reflektierenden Urteilskraft" bezeichnet, zu der aus beiden zusammengesetzten einheitlichen Forschungsmethode der Naturwissenschaften ergänzt.

Es sind „Aufgaben", welche die Wissenschaft des Organischen uns stellt, deren Lösung im Sinne einer idealen (erstrebten) Einheit unserer Erkenntnis ein Gefühl der ästhetischen Befriedigung in uns erweckt. Diese Art der „formalen" Zweckmäßigkeit heißt bei Kant gelegentlich auch die objektive. Nicht etwa, daß sie nicht aus dem Subjekt stammte; auch sie wurzelt vielmehr in unserem Bewußtsein, als eine von dessen Grundrichtungen. Sondern, wenn und weil sie im Gegensatz zu der rein subjektiven ästhetischen (die wir später kennen lernen werden) unmittelbar auf Naturobjekte geht, weil hier die Übereinstimmung der Form die Möglichkeit des Dinges selbst (im wissenschaftlichen Sinne) bewirkt. Alle Teile sind durch die Idee des Ganzen bestimmt. So führt die Definition der objektiven Zweckmäßigkeit unmittelbar zu derjenigen des Organismus: „Ein organisiertes Produkt der Natur ist dasjenige, in welchem alles Zweck und wechselseitig auch Mittel ist."

3. Anwendungen. Wie wichtig und fruchtbar unser transzendentales Prinzip für die empirische Forschung der Naturwissenschaft im ganzen wie im einzelnen ist, braucht kaum auseinandergesetzt zu werden. Hängt doch alle Klassifikation, alle Unterscheidung von Gattungen und Arten, die uns überhaupt erst die Natur als ein systematisches Ganzes begreifen läßt, davon ab. Kants *Kritik der Urteilskraft* bringt denn auch eine Reihe Beispiele aus der allgemeinen Naturwissenschaft wie aus der Chemie, der Mineralogie, der Botanik, der Zoologie.[45] – Aus dem erstgenannten Gebiet sei einerseits die methodische Behandlung des Problems der Kraft (Grundkraft), anderseits die Kritik des Hylozoismus (§ 72 f.) kurz hervorgehoben. Grundkräfte sind nicht „wirkliche" Substanzen, sondern nur von uns konstruierte Hilfsbegriffe (Hypothesen), um die Erfahrung möglichst einheitlich oder (nach *Proleg.* § 60) „die Naturgeschichte überhaupt nach allgemeinen Prinzipien systematisch" zu machen. Die Kritik des Hylozoismus, mit seiner Lehre von der Allbelebtheit der Materie, trifft auch den heutigen Vitalismus einer-, den Materialismus (z.B. Haeckels)

anderseits. Indem Kant scharf die bildende von der bewegenden Kraft scheidet und nur die letztere dem Begriff der Materie zuweist, die erstere dagegen in das Gebiet der Teleologie verweist, beschränkt er die reine (exakte) Naturwissenschaft auf wirklich Erreichbares. Man hat deshalb mit Recht die Teleologie als „Grenzwächter" der Mechanik bezeichnet. – Die Chemie, die sich heute durch die atomistische Hypothese in ungeahnter Weise entwickelt hat, sah Kant noch nicht als strenge Wissenschaft an. Die Mineralogie dagegen und mehr noch Botanik und Zoologie mit ihrem Formenreichtum sind in besonders hohem Grade jener systematischen Ordnung bedürftig, die sich auf die Voraussetzung der reflektierenden Urteilskraft: Angemessenheit zu unserer Erkenntnis, gründet, nicht einer schulmäßigen, sondern einer „natürlichen", auf Tatsachen beruhenden. Zu dem Ende entwickelt Kant drei außerordentlich wichtige und fruchtbare Gesetze, genauer „regulative Prinzipien": 1. das der Gleichartigkeit oder Homogeneität, 2. das der Mannigfaltigkeit oder Spezifikation, 3. das des durchgängigen Zusammenhanges, der Affinität oder Kontinuität. Auf dem ersten beruht die Unterscheidung der Gattungen, auf dem zweiten die der Arten, auf dem dritten, dem alten, heute durch den Darwinismus neu belebten Prinzip des „Natura non facit saltum" die Genealogie der Arten und das darauf basierende „natürliche" System. Es ist ein Verdienst Stadlers, in seiner obengenannten Schrift auf die Verwandtschaft des Darwinismus und der neueren Biologie überhaupt mit diesen Kantischen Grundprinzipien hingewiesen zu haben. Das Prinzip der Homogeneität ist heute weiter ausgeführt in den Gesetzen der Vererbung, das der Spezifikation oder Varietät in denen der Anpassung. Auch das Überleben des Passendsten ist durchaus ein Prinzip teleologischer Beurteilung. Kants eigene darwinistische Vorausahnungen, die er freilich noch als ein „gewagtes Abenteuer der Vernunft" betrachtet (§ 80), seine weitschauenden Bemerkungen über die Menschenrassen, seine Theorie der Epigenesis gehören hierher. An einem Beispiele aus der Botanik (dem Baum) entwickelt er bereits die von der modernen Naturwissenschaft unter den einen Begriff des Stoffwechsels gebrachten physiologischen Gesetze 1. der Fortpflanzung, 2. des Wachstums, 3. der Korrelation der Teile.

4. Vereinbarkeit des mechanischen und des teleologischen Prinzips. Doch nun erhebt sich die Frage: Wie sind Mechanismus und Organismus, mechanischer und teleologischer Standpunkt, Kausalität und Zweck miteinander zu vereinigen? Die scheinbar unlösbare Antinomie zwischen beiden beruht auf einer Verwechselung der reflektierenden mit der bestimmenden Urteilskraft. Die Lösung liegt in dem Charakter der Idee als heuristischen, regulativen Prinzips, im Unterschiede von den konstitutiven mathematisch-mechanischen Grundsätzen. Hier haben wir Erzeugung, Ableitung, Erklärung, dort nur einen Leitfaden der Beurteilung. Der Begriff des Organismus muß, wenn anders er einen Sinn haben soll, alles als Mittel zum Zweck betrachten. Die teleologische Beurteilung will und soll übrigens die mechanische Ablei-

tung keineswegs vertreten oder gar verdrängen. Die mechanische Erklärungsart soll vielmehr so weit vordringen, als sie nur vermag; sie ist an sich „ganz unbeschränkt". Das Prinzip der formalen oder objektiven Zweckmäßigkeit ist dagegen nur ein heuristischer Grundsatz für die empirische Forschung, eigentlich bloß ein nützlicher Gesichtspunkt für die Fragestellung und Beobachtung – denn „beobachten" heißt „Erfahrungen methodisch anstellen" –, wie er längst in die Naturwissenschaft Eingang gefunden hat. Die Teleologie oder das Prinzip der „Endursachen", der nexus finalis im Gegensatz zu dem nexus effectivus der Ursachen und Wirkungen, ist keine Doktrin, sondern „Kritik", wir würden heute etwa sagen: ein Stück methodologischer Einleitung in die allgemeine Naturwissenschaft. Sie ist von der letzteren methodisch zu scheiden, gerade um ihr ihren mechanisch-physikalischen Charakter zu wahren. Kant spricht allerdings mehrfach von einer „Unterordnung" des mechanischen unter das teleologische Prinzip; das kann kritisch jedoch nur den Sinn haben, daß die systematische Einheit gegenüber der synthetischen, die Idee gegenüber Kategorie und Grundsatz der „höhere" Gesichtspunkt ist. So faßte es jedenfalls auch Goethe auf, wenn er sich in seiner Abneigung gegen die „absurden" Endursachen gerade durch Kant gestärkt fühlte, dieselbe durch die Kantische Unterscheidung von „Zweck" und „Wirkung" „geregelt und gerechtfertigt" sah. Ebenso ist der etwas anstößig klingende Ausdruck „Absicht" der Natur im Grunde nur regulativ, als Bild oder Analogie gemeint. Freilich, das läßt sich nicht verkennen, öfters drängt sich in die Formulierung der Sätze Kants religiöse Anschauung mit hinein. Damit kommen wir zu einem letzten, von Kant ausdrücklich und oft behandelten Punkt:

5. Die Teleologie in ihrem Verhältnis zu Theologie und Ethik. Auch die Natur als Ganzes nämlich kann als ein „System von Zwecken" aufgefaßt und eine „Absicht" ihr untergelegt werden. Man spricht von der Weisheit, Sparsamkeit, Fürsorge, Wohltätigkeit der Natur (§ 68). Damit liegt die Annahme einer verständigen Weltursache (Gottes) nahe. Und in der Tat ist Kant keineswegs gewillt, dieselbe zu bestreiten. Aber sie gehört nicht in die Wissenschaft; denn „nur soviel sieht man vollständig ein, als man nach Begriffen selbst machen und zustande bringen kann". Der kritische Philosoph hat auf reinliche Scheidung der Gebiete zu achten. Kant wirft die Frage, ob die Teleologie zur Theologie gehöre, nur auf, um sie entschieden zu verneinen. Schon die *Kritik der reinen Vernunft* hat den physiko-theologischen Gottesbeweis als Beweis widerlegt (s. § 38), die *Kritik der Urteilskraft* ergänzt diese Widerlegung in breitester Ausführung. Man soll den Namen Gottes nicht verschwenden. Der Naturzweck ist kein göttlicher Zweck. Die Menschen legen vielmehr ihre eigene Weisheit in die Natur hinein. Die Naturwissenschaft soll ungehindert durch religiöse und ethische Gesichtspunkte ihren Gang gehen.

Auch durch ethische. Denn, wenn auch die Natur als System der Zwecke betrachtet werden kann, so gibt es doch in ihr keinen Endzweck. Dieser liegt vielmehr allein in der vernünftigen Persönlichkeit, mithin in der Ethik. So führt die Natur-Teleologie in ihren Grenzbeziehungen zur Ethik und scheidet sich doch von ihr. Wir aber haben, ehe wir zu letzterer übergehen, zuvor noch eine andere Bedeutung der Ideen darzustellen und kehren damit zu der „transzendentalen Dialektik“, dem nach unserer Zählung dritten Hauptteile der *Kritik der reinen Vernunft,* zurück.

§ 38. Die drei transzendentalen Ideen oder die kritische Psychologie, Kosmologie und Theologie.

1. Einleitendes und Einteilung. Die Lehrbücher der alten Metaphysik, wie sie auch Kant noch der Vorschrift der Zeit gemäß seinen Vorlesungen zugrunde legte, zählten vier Teile derselben auf: eine rationale Ontologie, Psychologie, Kosmologie und Theologie (vgl. § 28, 2). Die Ontologie als dogmatische Wissenschaft vom Seienden wird durch das ganze Werk Kants zunichte gemacht; gegen die Psychologie, Kosmologie und Theologie, soweit sie dogmatisch zu sein beanspruchen, richtet sich die transzendentale Dialektik. Sie will den transzendentalen oder dialektischen Schein zerstreuen, welcher der menschlichen Vernunft als eine „natürliche und unvermeidliche Illusion“ anhaftet: als ob Seele, Welt und höchstes Wesen erkennbare und bestimmbare Dinge (Substanzen) und nicht vielmehr „subjektive Bedingungen unseres Denkens“ wären. Diese die Erfahrung übersteigenden (transzendenten) Behauptungen, die sich als konstitutive Grundsätze gebärden, sollen auf ihren wahren Wert als Ideen, d. i. regulative Prinzipien zurückgeführt werden.

   Wie wir (S. 446 f.) sahen, entsprach das Aufsuchen der Ideen dem syllogistischen Verfahren der formalen Logik. So entsprechen denn auch die einzelnen transzendentalen Ideen den drei Arten des Vernunftschlusses: 1. dem kategorischen die Idee einer absoluten Einheit des denkenden Subjekts (Seele), 2. dem hypothetischen die einer absoluten Einheit der Reihe der Bedingungen (Welt), 3. dem disjunktiven die Idee eines Inbegriffs alles Möglichen oder einer absoluten Einheit aller Gegenstände des Denkens überhaupt (Gott). Der täuschende Schein einer Seelensubstanz wird in dem Kapitel von den Paralogismen (Fehlschlüssen) der reinen Vernunft zerstreut; der Widerstreit in bezug auf den Weltbegriff in der Antithetik, der Lehre von den Antinomien der reinen Vernunft, entwickelt und gelöst; die Unmöglichkeit aller Beweise vom Dasein Gottes vermittelst spekulativer Vernunft endlich in der Lehre vom „Ideal der reinen Vernunft“ dargetan.

2. Die kritische Psychologie. Alle Schlüsse, mit denen die alte, „rationale“ Psychologie die Immaterialität, Substantialität (Beharrlichkeit), Simplizität (Einfachheit) und Personalität der „Seele“ nachweisen zu können glaubte, sind Fehlschlüsse (Paralogismen). Denn sie machen das „Ich denke“, welches als transzendentale Apperzeption (§ 34), d.h. als erkenntnistheoretischer Maßstab die Möglichkeit der Erfahrung begründet, die an Inhalt gänzlich lee-

re Vorstellung: „Ich“ zu einem für sich bestehenden Wesen. Die Einfachheit der Vorstellung eines Subjekts bedeutet aber noch lange keine Erkenntnis der Einfachheit des Subjekts selber. Übrigens kann uns die Frage, ob die Seele eine einfache Substanz ist oder nicht, zur Erklärung der Erscheinungen derselben ganz gleichgültig sein *(Proleg.* § 44); denn aus dem bloßen Begriffe eines denkenden Wesens folgt noch nicht die mindeste empirische Erkenntnis. Kritischen Wert hat die Seele nicht als „hypostasierter“ (verdinglichter) Gegenstand, sondern als regulative Idee, die uns das Problem der Einheit aller seelischen Tätigkeiten stellt. Wir müssen verfahren, als ob eine solche Einheit in unserem Bewußtsein vorhanden sei. Macht man dagegen den Träger der Vorstellungen zu dem der Bewegung, so läuft man Gefahr, die Seele stofflich zu denken. Die kritische Psychologie bewahrt nicht bloß vor einseitigem Spiritualismus, sondern auch vor ebenso einseitigem Materialismus bezw. Spinozismus, indem sie uns lehrt, Bewußtseinsvorgänge nicht in materielle Bewegungsvorgänge zu verwandeln.

Das Problem des Zusammenhanges von Seele und Körper löst sich für sie in die Möglichkeit der Verbindung des äußeren und inneren Sinnes (§ 33), somit auch der Sinnlichkeit und des Verstandes in demselben Bewußtsein auf. Ein Beweis der Unsterblichkeit ist unmöglich, da der Begriff der Beharrlichkeit sich nur auf die Zeit des Lebens beziehen kann, der Tod des Menschen aber das Ende aller Erfahrung bedeutet; das Gegenteil ist freilich ebensowenig zu beweisen.

Die rationale Seelenlehre ist demnach eine Scheinwissenschaft. Die empirische Psychologie dagegen gehört zur empirischen Naturlehre oder angewandten Philosophie und ist aus der reinen Philosophie oder Metaphysik zu verbannen.

3. Die kritische Kosmologie. Steigt die Vernunft in der Reihe der objektiven Bedingungen der Erscheinungen immer höher hinauf, bis zu einem Unbedingten, so verwickelt sie sich unvermeidlich in einen „ganz natürlichen“ Widerstreit mit sich selbst, der vor allem geeignet ist, sie aus ihrem „dogmatischen Schlummer“ zu wecken. Diese „Antithetik“ zerfällt, den vier Klassen der Kategorien entsprechend, in vier Antinomien, bei denen nacheinander der Gesichtspunkt der Zusammensetzung, der Teilung, der Entstehung und der Abhängigkeit in Frage kommt, und „Thesis“ und „Antithesis“ sich jedesmal widersprechen.
Es behaupten nämlich in der

Antinomie der
1. Quantität
die Thesis: Die Welt hat der Zeit und dem Raume nach einen Anfang bezw. eine Grenze.
die Antithesis: Die Welt hat keinen Anfang in der Zeit und dem Raume nach keine Grenzen.

2. Qualität
   die Thesis: Alles in der Welt ist einfach oder aus Einfachem zusammengesetzt.
   die Antithesis: Nichts in der Welt ist einfach oder aus Einfachem zusammengesetzt.
3. Relation
   die Thesis: Es gibt in der Welt eine Kausalität nach Freiheitsgesetzen (kürzer: Es existiert Freiheit in der Welt).
   die Antithesis: Es gibt keine Freiheit, sondern alles in der Welt geschieht lediglich nach Naturgesetzen.
4. Modalität
   die Thesis: Es gehört zu der Welt, als ihre Ursache, ein schlechthin notwendiges Wesen.
   die Antithesis: Es gibt kein schlechthin notwendiges Wesen in der Welt, sondern alles in ihr ist zufällig.

Die beiden ersten heißen auch mathematische, die beiden letzten dynamische Antinomien. Beide Seiten, die Thesen wie die Antithesen, können „durch gleich einleuchtende, klare und unwiderstehliche Beweise" dargetan werden. Der Grund ist, daß ich in beiden Fällen unkritischerweise (nach der Anschauung des naiven, dogmatischen Realismus) Dinge an sich angenommen habe, wo doch nur unsere Vorstellungen von solchen vorhanden sind. Liegt aber der Widerspruch nicht in den vermeintlichen Gegenständen, sondern nur in unserer Auffassung von denselben, so ist eine Versöhnung und Lösung des Widerstreits möglich. Endlichkeit und Unendlichkeit, Teilbarkeit und Unteilbarkeit, Natur und Freiheit, Zufall und Notwendigkeit – alle diese uralten, schon von den antiken Denkern behandelten Probleme (auch der mit historischen Rückblicke so sparsame Systematiker Kant kommt hier auf die Atomistiker und Monadologen, Platoniker, Epikureer und Eleaten zu sprechen) sind als Ideen, d. i. regulative Prinzipien, zu begreifen. Wir können keine einzige Erfahrungstatsache aus ihnen ableiten, aber wir müssen „die Bedingungen der... Naturerscheinungen in einer solchen nirgend zu vollendenden Untersuchung verfolgen, als ob dieselbe an sich unendlich sei" (*Kr.* 700), als ob es eine Vollständigkeit der Bedingungen gäbe.

Auf die einzelnen Probleme dieses von Kant besonders ausführlich behandelten Kapitels (die Antinomienlehre umfaßt in der Originalausgabe 163 Seiten, d. i. über ein Sechstel des ganzen Werkes) kann hier nicht eingegangen werden. Nur ein Problem sei als Beispiel kurz hervorgehoben, weil es für die Grundlegung der Ethik in Betracht kommt (s. § 39, 1): das der Vereinigung von Kausalität (Naturnotwendigkeit) und Freiheit. Dieses sonst so unlösbar scheinende Problem, diese *crux* der Metaphysiker, löst sich ohne besondere Schwierigkeit, sobald wir uns das Verhältnis der Idee zu der ihr niemals vollkommen entsprechenden Erfahrung vor Augen stellen. Dann „kann ich ohne Widerspruch sagen: alle Handlungen vernünftiger Wesen, sofern sie Erscheinungen sind (in irgendeiner Erfahrung angetroffen werden), stehen unter der Naturnotwendigkeit, ebendieselben Handlungen aber, bloß respektive auf das vernünftige Subjekt und dessen Vermögen nach bloßer Vernunft zu handeln, sind frei", denn „das Verhältnis der Handlungen zu objektiven Vernunftgründen ist kein Zeitverhältnis" (*Proleg.* § 53). Auf die Erscheinungen der Erfahrung behält das Kausalgesetz unbeschränkte Anwendung; „das Naturgesetz bleibt", mag das vernünftige Wesen aus Vernunft, „mithin durch Freiheit", handeln oder nicht; denn in ihren Wirkungen in der Erscheinung ist dieselbe jederzeit „den Naturgesetzen der Sinnlichkeit" unterworfen. Es läßt sich aber auch eine Kausalität denken, „die nicht Erscheinung ist", d.h. nicht unter Zeitbedingungen steht, und nach dieser handelt das Subjekt als Noumenon. Jene erste Art zu wirken, genauer: Art des „Gesetzes seiner Kausalität", nennt Kant den empirischen, die zweite den intelligibelen Charakter des Subjekts. Der intelligibele Charakter erklärt Handlungen für notwendig, die nicht geschehen sind und vielleicht nie geschehen werden, und behauptet umgekehrt von anderen, die geschehen sind und nach dem Naturlauf geschehen mußten (z.B. ein Verbrechen), daß sie nicht hätten geschehen sollen. Im empirischen Charakter des Menschen ist jede Handlung, ehe sie noch geschieht, vorher bestimmt, während der intelligibele kein Vorher und Nachher kennt. Bei alledem ist zu beachten, daß die Freiheit „hier nur als transzendentale Idee behandelt wird". Kant erklärt zum Schlusse des betr. Abschnittes (*Kr.* 585 f.) ausdrücklich, er habe damit nicht die Wirklichkeit, ja nicht einmal die Möglichkeit der Freiheit als wirkenden Vermögens beweisen wollen, sondern: „daß Natur der Kausalität aus Freiheit wenigstens nicht widerstreite, das war das einzige, was wir leisten konnten, und woran es uns auch einzig und allein gelegen war".

In ähnlicher Weise, wie die dritte, wird die vierte Antinomie betr. Zufall und notwendiges Wesen aufgelöst. Sie führt uns unmittelbar zu

4. Der kritischen Theologie, die in der Gottesidee das „Ideal der reinen Vernunft" zu ihrem Gegenstande hat. Auch hier kommt der dialektische Schein natürlich und unvermeidlich zustande. Unsere Vernunft hat das dringende Bedürfnis, ihre Frage nach dem Warum? immer weiter zu erstrecken, bis sie schließlich zu dem „Inbegriff aller Möglichkeit" gelangt. Anstatt aber nun bei diesem Inbegriff als einer Idee (der durchgängigen Bestimmung aller Dinge) stehen zu bleiben, verdinglicht sie ihn zu einem besonderen Wesen, macht aus der Idee ein Individuum, ein ens realissimum, ein transzendentes Objekt. Hier ist aber der dialektische Schein auch am leichtesten aufzudekken. Denn das höchste Wesen, welches doch schließlich nur angenommen wird, um Verknüpfung, Ordnung und Einheit, kurz „durchgängige Bestimmung" in die Erfahrung zu bringen, ist von vornherein leicht als Idee von den Verstandesbegriffen zu unterscheiden, da sein Begriff sichtlich alle Erfahrung übersteigt. Die transzendentale Dialektik zeigt, daß diese Annahme „eine not-

wendige Hypothese zur Befriedigung unserer Vernunft", aber kein Dogma ist, und daß wir fälschlich die „subjektiven Bedingungen unseres Denkens" zu „objektiven Bedingungen der Sachen selbst" gestempelt haben (vgl. *Proleg.* § 55). Will man aber die Einrichtung der Natur direkt aus dem Willen eines höchsten Wesens erklären, so ist das keine Philosophie mehr, sondern ein Geständnis, daß es damit bei uns zu Ende gehe (ebend. § 44).

Wir verweisen nur kurz auf Kants ausführliche *(Kr.* 611-670) Widerlegung der vermeintlichen Beweise der spekulativen Vernunft vom Dasein Gottes: a) des ontologischen, b) des kosmologischen, c) des physikotheologischen. – a) Der nervus probandi liegt in der Widerlegung des ersten Beweises, der aus bloßen Begriffen auf das Dasein eines höchsten Wesens schließt. Der bloße Begriff eines Gegenstandes kann aber immer nur seine Möglichkeit, niemals seine wirkliche Existenz beweisen. Das Dasein ist eine Kategorie, die außerhalb des Feldes der Erfahrung keine Bedeutung hat. – b) Der sogenannte kosmologische Beweis aus dem Dasein der Welt wird abgelehnt, weil man kein Recht hat, von endlichen Dingen auf ein unendliches, von bedingten auf eine unbedingte Ursache zu schließen; er ist übrigens nur eine andere Form des ontologischen. – c) Der physikotheologische, aus der zweckmäßigen Einrichtung der Welt geschöpfte Beweis endlich, dessen die natürliche Theologie sich mit Vorliebe zu bedienen pflegt, ist zwar der älteste, klarste und achtungswerteste, aber dennoch trüglich. Er würde auch im besten Falle nur einen Weltbaumeister, nicht einen Weltschöpfer beweisen, womit wir dann wieder bei dem kosmologischen angelangt wären. – Ebensowenig freilich, wie die Existenz, läßt sich die Nicht-Existenz einer Gottheit wissenschaftlich nachweisen.

So ist denn auch das Ideal eines höchsten Wesens nur eine Idee, ein regulatives Prinzip unserer Vernunft, alle Verbindungen in der Welt so anzusehen, als ob sie aus einer allgenügsamen und notwendigen Ursache entspringe. Nicht dagegen ein konstitutives; das wäre vielmehr der Grundsatz einer „faulen" Vernunft (ignava ratio), welche die Naturuntersuchung an irgendeiner Stelle als schlechthin vollendet ansieht, oder der „verkehrten" Vernunft (perversa ratio), die durch Verdinglichung der Ideen die systematische Einheit der Natur gänzlich zerstört. Die wahre Begründung des Gottesglaubens liegt nach Kant auf dem Gebiete der Ethik.

Die Darstellung der Hauptmomente von Kants *Kritik der reinen Vernunft*, d. i. der theoretischen Erkenntnis, ist hiermit vollendet. Die auf die „transzendentale Dialektik" noch folgende „transzendentale Methodenlehre" ist zwar eine Fundgrube trefflicher Bemerkungen über „Disziplin, Kanon, Architektonik und Geschichte" der reinen Vernunft, deren Lektüre wir nachdrücklichst empfehlen möchten, fügt aber zu dem Systeme der Anschauungsformen, Kategorien, Grundsätze und Ideen, das Kant mit dem Namen „transzendentale Elementarlehre" bezeichnet hat, sachlich nichts Neues hinzu.

Kapitel XII.
Kants Neubegründung der Ethik.

§ 39. Die Begründung der reinen oder formalen Ethik.

H. Cohen, Kants Begründung der Ethik 1877, 2., erweiterte Auflage 1910 (vgl. § 72). – *K. Vorländer, Die Kantische Begründung des Moralprinzips.* Solinger Programm. 1889. Derselbe, *Der Formalismus der Kantischen Ethik in seiner Notwendigkeit und Fruchtbarkeit.* Marburg. Diss. 1893. *A. Messer, Kants Ethik.* 1904. Zur Einführung zu empfehlen auch: *A. Buchenau, Kants Lehre vom kategor. Imperativ.* Lpz. 1913. – Über die Entwicklung in der vorkritischen Periode: *P. Menzer, D. Entwicklungsgang d. Kant. Ethik.* Berl. Diss. 1897 mit Fortsetz. in *Kantstud.* II und III; *K. Schmidt, Beitr. z. Entwicklung der Kant. Ethik.* Marburg 1900.

In den vorkritischen Schriften keimen bereits die kritischen Elemente auch der Ethik, aber sie sind noch mit den Gedankengängen anfangs der Wolffschen, später der englischen Moralphilosophie und Rousseaus verquickt. Erst die *Grundlegung* (1785) legt das Fundament zu dem neuen System der formalen Ethik, das dann in der *Kritik der praktischen Vernunft* (1788) aufgerichtet wird, um später in der *Metaphysik der Sitten* (1797) seinen Ausbau nach der angewandten Seite zu empfangen. Wir haben es nur mit dem fertigen Systeme der kritischen Ethik zu tun.

1. Der ethische Standpunkt. Kants Ethik ruht auf seiner Erfahrungslehre, und zwar auf deren zweitem Bestandteil, der Lehre von den Ideen, genauer auf der Freiheitsidee (§ 38, 3). „Es gibt in der Welt eine Kausalität nach Freiheitsgesetzen." Diese Thesis der dritten Antinomie, als regulatives Prinzip gedacht, ergibt den Standpunkt der Ethik. Die „transzendentale" Freiheit ist jedoch keineswegs einerlei mit der Willkür, so oder so zu handeln. Die Möglichkeit unserer Handlungen ist vielmehr, wie wir sahen, durch den „empirischen Charakter" des Subjekts, d.h. seine Kausalität nach Naturgesetzen, unverbrüchlich bestimmt. Wir könnten „eine so tiefe Einsicht haben, daß wir eines Menschen Verhalten auf die Zukunft mit Gewißheit, so wie eine Mond- oder Sonnenfinsternis ausrechnen könnten, und dennoch dabei behaupten, daß der Mensch frei sei". Auch damit, daß die Bestimmungsgründe unseres Handelns als „innere, durch unsere eigenen Kräfte hervorgebrachte" Vorstellungen oder Begierden aufgewiesen werden, wird der Begriff der transzendentalen Freiheit nicht erreicht. Das ergäbe allenfalls eine psychologische „Freiheit", wenn anders man dieses Wort von einer „bloß inneren Verkettung der Vorstellungen" brauchen will, die doch den Gesetzen der Naturnotwendigkeit unterliegt und nicht besser ist als „die Freiheit eines Bratenwenders" oder einer Uhr, die auch, wenn sie einmal aufgezogen sind, von selbst ihre Bewegungen verrichten. Nur wenn wir von den Zeitbedingungen unserer Handlungen völlig absehen, sie dagegen der Beurteilung nach „objektiven Vernunftgrün-

den“ unterziehen, können wir von Freiheit im wahren Sinne reden. Es ist die Verschiedenheit des Stand- oder *Gesichtspunkts*, die den Unterschied der Erfahrungslehre von der Ethik ausmacht: dort der konstitutive, hier der regulative, dort das Gegebene, hier das Aufgegebene. Der erstere aber führt, sobald wir unserer Erkenntnis nicht willkürliche Schranken ziehen, unvermeidlich zum letzteren hin, den die Vernunft sich einzunehmen genötigt sieht, wenn sie „sich selbst als praktisch gelten will“.

Damit ist eine ganz neue Seinsart (Realität), eine neue, eigentümliche Gesetzmäßigkeit gewonnen, die freilich eine andere ist als „die des Zirkels“. Der Mensch „setzt sich dadurch in eine andere Ordnung der Dinge und in ein Verhältnis zu bestimmenden Gründen von ganz anderer Art“. Weiter *erklären* freilich läßt sich ein solcher Standpunkt nicht – denn erklären können wir nur, was wir auf Gesetze zurückführen können, und, wo Bestimmung nach Naturgesetzen aufhört, da hört auch alle Erklärung auf –, sondern nur noch *verteidigen*.

2. *Der Boden der Ethik*. Die Gesetzlichkeit dieses Sollens, das nicht Wirklichkeit ist, die neue Art von Kausalität, die mit der des Naturgesetzes nichts gemein hat, soll die Ethik erforschen. Das scheint eine bedenkliche Aufgabe für eine Ethik als *Wissenschaft*, – und das soll sie doch sein: denn die Philosophie aus dem bisherigen bloßen Herumtappen „in den sicheren Gang einer Wissenschaft zu bringen“, bezeichnet Kant in der Vorrede zur zweiten Auflage seiner *Kr. d. r. V.* immer wieder als seinen Zweck. Hier sieht sie sich „in der Tat auf einen mißlichen Standpunkt gestellt, der fest sein soll, unerachtet er weder im Himmel noch auf der Erde an etwas gehängt oder woran gestützt wird“. Die Ideen wollten „den Boden zu jenen majestätischen sittlichen Gebäuden eben und baufest machen“, aber eben dieser Boden scheint uns jetzt unter den Füßen zu schwinden: zumal da die feste Grundlage der positiven Wissenschaften, welche die Erfahrungslehre in Mathematik, Mechanik und Naturbeschreibung besaß, hier anscheinend völlig fehlt. Nun, ganz so schlimm liegt die Sache doch nicht; Boden und Material für das zu errichtende Gebäude der Ethik sind in genügendem Maße und auch „baufest“ genug vorhanden. In unserem Bewußtsein, sagt Kant, ist uns ein „unabweisbares“, „feststehendes“, „unleugbares“ *Faktum* oder doch „gleichsam ein Faktum“ gegeben, das sich „uns von selbst aufdringt“ und „apodiktisch gewiß“ ist: das Faktum der Menschenvernunft, d. i. einer „unvermeidlichen Willensbestimmung“, das „vor allem Vernünfteln über seine Möglichkeit und allen Folgerungen, die daraus zu ziehen sein möchten, vorhergeht“. Ja, dies Faktum ist für das „gemeinste Auge“ ebenso ersichtlich wie für das des tiefsten Gelehrten, und die „Stimme der Vernunft mit Beziehung auf den Willen“ ertönt dem gemeinsten Ohre so vernehmlich, so „unüberschreibar“, daß nur „die kopfverwirrenden Spekulationen der Schulen... dreist genug sind, sich gegen jene himmlische Stimme taub zu machen“ und „der gemeinste und ungeübteste Verstand selbst ohne Weltklugheit damit umzugehen weiß“. Im Sinne der transzenden-

talen Methode könnte man, Kant ergänzend, hinzufügen: Auch über Ethik existieren seit Jahrtausenden wissenschaftliche Sätze und Bücher, und jenes „bloße Faktum“ ist durch die Arbeit unzähliger Menschengeschlechter zu einem Kulturfaktum der Menschheit in Moral, Recht und Religion erweitert worden. Wie wären Staats- und Rechtswissenschaft, Geschichte und Pädagogik denkbar ohne den ethischen Gesichtspunkt? Freilich ein großer methodischer Unterschied ist vorhanden: Dort liegen, wenigstens in Mathematik und Mechanik, fertige, unumstößliche Gesetze vor, hier (in der Ethik) ist das Gesetz selbst erst zu finden und zu formulieren. Ehe wir indes zu der Kantischen Formulierung des Sittengesetzes übergehen, ist seine Auffassung von der

3. Aufgabe einer wissenschaftlichen Ethik in kurzen Zügen zu entwickeln. Kants Ethik unterscheidet sich von allen bisherigen Begründungsversuchen der Ethik dadurch, daß sie lediglich formal sein, zunächst einmal eine reine Moralphilosophie herstellen will. In der Verfehlung gerade dieses Punktes sieht er „den veranlassenden Grund aller Verirrungen der Philosophie in Ansehung des obersten Prinzips der Moral“. Schon die Vorrede zur *Grundlegung* wirft die Frage auf, ob es denn nicht „von der äußersten Notwendigkeit sei, einmal eine reine Moralphilosophie zu bearbeiten, die von allem, was nur empirisch sein mag und zur Anthropologie gehört, völlig gesäubert wäre“; wie ja auch Logik, Mathematik und Naturwissenschaft einen reinen und einen angewandten Teil kennen. Und die Vorrede zur *Kritik der praktischen Vernunft* erklärt, rückschauend auf die eben genannte Schrift: „Ein Rezensent, der etwas zum Tadel dieser Schrift sagen wollte, hat es besser getroffen, als er wohl selbst gemeint haben mag, indem er sagt: daß darin kein neues Prinzip der Moralität, sondern nur eine neue Formel aufgestellt worden... Wer aber weiß, was dem Mathematiker eine Formel bedeutet, die das, was zu tun sei, um eine Aufgabe zu befolgen, ganz genau bestimmt und nicht verfehlen läßt, wird eine Formel, welche dieses in Ansehung aller Pflicht überhaupt tut, nicht für etwas Unbedeutendes und Entbehrliches halten.“ Das bedeutet, mit anderen Worten, nichts anderes als die Übertragung der transzendentalen Methode auch auf das Gebiet der Ethik. Bereits in der Erfahrungslehre[46] bedeutete Form im Gegensatz zur Materie das Bestimmende, Bedingende, Apriorische, Gesetzmäßige an aller Erkenntnis. Dort wurden Raum und Zeit als die Formen der sinnlichen Anschauung, die Kategorien als die Formen des Denkens und die formalen Bedingungen der Erfahrung, der Verstand als der Quell der Gesetze der Natur, mithin der formalen Einheit der Natur, die Naturwissenschaft endlich als die ‚natura formaliter‘ spectata bezeichnet; es wurden die Ausdrücke ‚rein‘, ‚a priori‘ und ‚formal‘ häufig in gleichem Sinne gebraucht. Noch stärker tritt in der Ethik der Charakter des Formalen als des Gesetzgebenden, d. i. Gesetzerzeugenden hervor, wie wir dies nunmehr an Kants Entwicklung selbst sehen wollen.

4. Die Formulierung des Sittengesetzes. Wir könnten dabei mit der *Grundlegung* von dem Begriffe eines möglichen reinen Willens ausgehen, dessen

„Ideen und Prinzipien" eine „Metaphysik der Sitten" untersuchen soll, während sie die Erörterungen der empirischen Beweggründe und Bedingungen des menschlichen Wollens und Handelns der Psychologie überläßt. Wir würden dann etwa mit dem berühmten Satze zu beginnen haben, der den ersten Abschnitt jener Schrift einleitet: „Es ist überall nichts in der Welt, ja überhaupt auch außerhalb derselben zu denken möglich, was ohne Einschränkung für gut könnte gehalten werden, als allein ein guter Wille." Da indes die *Grundlegung*, ihrem propädeutischen Zwecke gemäß, von der „gemeinen sittlichen Vernunfterkenntnis" ausgeht, um sich erst allmählich zur Kritik der praktischen Vernunft zu erheben, folgen wir, die wir die wichtigsten Grundbegriffe der Kantischen Ethik, wenn auch kurz, so doch in systematischem Zusammenhange zu entwickeln haben, lieber dem Gedankengange des Hauptwerkes, indem wir „von Grundsätzen aufsteigend, zu Begriffen und von diesen allererst womöglich zu den Sinnen gehen". Da der Transzendentalphilosoph auf dem schwierigen Felde der Ethik so „pünktlich", ja „peinlich" verfahren muß, als „je der Geometer (Mathematiker) in seinem Geschäfte", so ist der grundlegende erste Teil der *Kritik der praktischen Vernunft* in „Lehrsätze" mit „Folgerungen", „Aufgaben", „Erklärungen" und „Anmerkungen" geteilt. Auf das knappste Maß zusammengedrängt, läßt er sich in folgendem wiedergeben:

Die „praktischen" Grundsätze, welche Voraussetzung und Ausgangspunkt einer jeden Ethik sein müssen, können sein: 1. Maximen, d. i. subjektive Grundsätze, von dem einzelnen und für das einzelne Subjekt angenommen, ohne Allgemeingültigkeit; 2. praktische Gesetze, d. i. für den Willen jedes vernünftigen Wesens, selbst Gottes, gültige objektive Grundsätze. Nur die letzteren können selbstverständlich als Grundlage einer wissenschaftlichen Ethik in Betracht kommen (*pr. V.* § 1). Nun sind aber alle materialen praktischen Prinzipien, d.h. solche, die ein Objekt (Materie) des Begehrungsvermögens als Bestimmungsgrund des Willens voraussetzen, empirisch und von der Lust- oder Unlustempfänglichkeit des einzelnen Individuums abhängig (§ 2). Sie fallen demnach sämtlich unter das Prinzip der Selbstliebe oder eigenen Glückseligkeit und können darum nimmermehr zu allgemeingültigen praktischen Gesetzen dienen; selbst eine allgemeine Einhelligkeit über sie wäre doch nur zufällig und besäße die Notwendigkeit nicht, die einem Gesetze zusteht (§ 3). Also bleibt für die gesuchten praktischen allgemeinen Gesetze als einziges Kriterium nur übrig: die bloße Form einer allgemeinen Gesetzgebung (§ 4). Ein Wille aber, der allein durch diese bloß gesetzgebende Form bestimmt wird, ist seinem Bestimmungsgrunde nach von dem Gesetze der Kausalität in der Natur unabhängig, d.h. frei „im strengsten, d. i. transzendentalen Verstande" (§ 5, vgl. oben 1). Und umgekehrt: Ein freier Wille kann nur jene gesetzgebende Form zum Bestimmungsgrunde seiner selbst haben (§ 6). Diese gesetzgebende Form ist das Grundgesetz der reinen praktischen Vernunft oder Sittengesetz und lautet demnach: Handle so, daß die Maxime deines

Willens jederzeit zugleich als Prinzip einer allgemeinen Gesetzgebung gelten könne (§ 7). Endlich: Diese allgemeine Gesetzgebung ist des Menschen eigene Schöpfung, sie gründet sich auf die Autonomie des Willens, während alle materialen Moralprinzipien, selbst wenn man sie vom Willen Gottes ableitet, auf der Heteronomie (s. S. 463) der Willkür beruhen (§ 8). So steht

5. die formale Ethik Kants in bewußtem und schärfstem Gegensatz zu jeder Art materialer Ethik, möge dieselbe sich nun auf das physische oder moralische Gefühl, die Erziehung oder die bürgerliche Verfassung, den Willen Gottes oder auch das Prinzip der Vollkommenheit als Bestimmungsgrund der Sittlichkeit berufen. Insbesondere die eudämonistische (nach heutigem Ausdruck) und die psychologische Ethik werden damit zurückgewiesen.

Wenn die „Materie", d.h. „der Gegenstand, dessen Wirklichkeit begehrt wird", zum Bestimmungsgrund des Willens gemacht wird, so kann das Verhältnis des wollenden Subjekts zu ihm nur das der Lust oder „Glückseligkeit" sein. Diese aber ist das Unbestimmteste, was es geben kann, und die Reinhaltung der Sittenlehre von der Glückseligkeitslehre daher „die erste und wichtigste Beschäftigung der reinen praktischen Vernunft". Selbst in ihren feinsten Gestalten, den geistigsten Freuden, edlen Wallungen und erhabenen Schwärmereien ist die Lust als Bestimmungsgrund abzuweisen, denn sie tut, auch in der „mindesten Beimischung", der Stärke und dem Vorzug des Gesetzes Abbruch, wie das „mindeste Empirische" einer mathematischen Demonstration. Auch das moralische Gefühl soll zwar „bestmöglich kultiviert", darf aber nie „als Grund untergelegt" werden, sonst würde das Gesetz selbst „gleichsam wie durch eine falsche Folie herabgesetzt und verunstaltet", die moralische Gesinnung „in ihrer Quelle verunreinigt" werden; es darf „kein Richtmaß, sondern nur subjektive Wirkung" sein. Denn das Sittengesetz ist ein Ideal der Vernunft, die Glückseligkeit aber ein solches der Einbildungskraft oder, wie – Schiller noch stärker sagt, der Begierde.

Die formale Ethik stellt sich weiter in den noch allgemeineren Gegensatz zu aller psychologisch begründeten, zu den „gewohnten Prinzipien psychologischer Erklärungen, die insgesamt den Mechanismus der Naturnotwendigkeit zugrunde legen". Daher leitet der kritische Philosoph auch das Sittengesetz nicht aus der bei den Metaphysikern so beliebten „Natur" oder dem „Wesen" des Menschen ab. Und das praktische a priori hat ebensowenig wie das theoretische etwas mit der Zeit zu tun – das moralische Gesetz „erkennt keinen Zeitunterschied an" –, sondern ebenso wie dort sind das Streng-Notwendige und Unbedingt-Allgemeine seine Kriterien und berührt auch hier die vielumstrittene Frage des Angeborenen oder Erworbenen den Transzendental-Philosophen nicht.

Endlich ist die reine Ethik streng und sorgfältig von der angewandten zu unterscheiden. Bereits in der Einleitung zur transzendentalen Logik (*Kr. d. r. V.* 79, vgl. auch 869 f.) wird „die reine Moral, welche bloß die notwendigen sittlichen Gesetze eines freien Willens enthält", der „eigentlichen Tugendlehre" entgegengesetzt, „welche diese Gesetze unter den Hindernissen der Gefühle, Neigungen und Leidenschaften, denen die Menschen mehr oder weniger unterworfen sind, erwägt", und welche „niemals eine wahre und demonstrierte Wissenschaft abgeben kann, weil sie ebensowohl als die angewandte Logik empirischer und psychologischer Prinzipien bedarf". Außer der Transzendental-Philosophie selbst gibt es nur zwei „reine Vernunftwissenschaften": reine Mathematik und reine Moral. Diese Gedanken werden, wie wir zum Teil schon im dritten Abschnitt dieses Paragraphen gezeigt haben, in der *Grundlegung* und der *Kritik der praktischen Vernunft* fortgesetzt. „Alle Moralphilosophie beruht gänzlich auf ihrem reinen Teile"; das sittliche Gesetz in seiner Reinigkeit und Echtheit – worin seine „Stärke" besteht – „ist nirgend anders als in einer reinen Philosophie zu suchen": sonst entsteht „ein ekelhafter Mischmasch von zusammengestoppelten Beobachtungen, daran sich schale Köpfe laben". Daher die sorgfältige Verwahrung vor jeder „empirischen Beimischung", welche die formale Ethik nicht vertragen kann, ohne die „Evidenz" zu verlieren, die sie mit der reinen Mathematik teilt. „Man könnte der Sittlichkeit nicht übler raten, als wenn man sie von Beispielen entlehnen wollte." „Nachahmung findet im Sittlichen nicht statt, und Beispiele dienen nur zur Aufmunterung." Gerade, um sich nachher desto ungehemmter entfalten zu können, muß die Ethik zunächst in methodischer Reinheit begründet werden.

§ 40. Der Inhalt des Sittengesetzes. Seine Anwendung auf die psychologische Beschaffenheit des Menschen.

I. Der Inhalt des Sittengesetzes.

In der Begründung und Formulierung des Sittengesetzes hat sich die Notwendigkeit einer formalen Ethik ergeben. Aber bleibt dieselbe nicht leer, abstrakt, inhaltlos, wie ihre Gegner von jeher behauptet haben? Demgegenüber kann aus der weiteren Entwicklung von Kants ethischer Systematik gezeigt werden, welch reichen Inhalt dieses scheinbar von aller Erfahrung losgelöste, rein formale Sittengesetz in sich birgt.

1. Die allgemeine Gesetzgebung und die Idee der Menschheit. Es enthält zunächst den Gedanken: Es gibt eine „allgemeine Gesetzgebung", der alle Einzelmaximen weichen müssen. Und sie gilt „jederzeit": von aller Ewigkeit her bis in alle Zukunft, solange vernünftige Wesen existieren.[47] Die Vorstellung der „bloßen Form" einer allgemeinen Gesetzgebung soll uns leiten; aller besondere Inhalt von Gütern, Tugenden oder Pflichten bleibt (als material) vorläufig ausgeschlossen, oder, wie die *Kritik der Urteilskraft* später sagt, „der innere moralische Wert einer Handlung besteht allein in ihrer formalen Beschaffenheit, nämlich in ihrer Unterordnung unter das Prinzip der

Allgemeingültigkeit". Mit der Vorstellung einer allgemeinen Gesetzgebung aber hängt unmittelbar die Idee der Menschheit zusammen, „die der Mensch als das Urbild seiner Handlungen in seiner Seele trägt", und die auch wohl geradezu mit dem „Gesetz" identifiziert wird; sie, die uns, wie wir noch sehen werden, in jeder Person die Menschheit achten lehrt. Denn das Sittengesetz ist als allgemeines Gesetz für den Menschen als Vernunftwesen (s. vorige Anmerkung) gegeben. Und da der Mensch als vernünftiges Wesen im Zusammenhange mit anderen vernünftigen Wesen derselben Gattung lebt, so entsteht aus diesem Wechselverhältnis der Gedanke einer „systematischen Verbindung verschiedener vernünftiger Wesen durch gemeinschaftliche Gesetze", d.h. eines „Reichs der Sitten". Indem nun im formalen Sittengesetz die Vorstellung dieses „idealen" Reiches zur „Maxime" unseres Willens wird, übt sie auf unser Herz „einen so viel mächtigeren Einfluß als alle anderen Triebfedern, die man aus dem empirischen Felde aufbieten mag, daß sie im Bewußtsein ihrer Würde die letzteren verachtet und nach und nach ihrer Meister werden kann".

2. Der Autonomie-Gedanke und die Idee der Persönlichkeit. Aber der Mensch ist nicht bloß Objekt, sondern auch Subjekt, d. i. Schöpfer des Sittengesetzes „vermöge der Autonomie seines Willens". Er bringt den reinen Willen durch die Vorstellung jener bloßen Form einer allgemeinen Gesetzgebung selbst erst hervor. Aus einem bloßen Untertan ist er jetzt zum „jederzeit und allgemein" gesetzgebenden Mitglied jenes Reichs der Sitten geworden. Der Selbstzwang, den er sich auferlegt, ist ein „freier", das Gesetz findet „von selbst im Gemüte Eingang", „sein Joch ist sanft" und „seine Last leicht"; ja, das Gefühl der Freiheit in der Wahl des Endzwecks macht die Gesetzgebung sogar „liebenswürdig". Auch die Einfachheit und Selbstverständlichkeit des Sittengesetzes hängt mit dem Prinzip der Selbstgesetzgebung zusammen; was nach ihm zu tun sei, ist „für den gemeinsten Verstand ganz leicht und ohne Bedenken einzusehen", während die Heteronomie, d.h. fremde Maßstäbe, „Weltkenntnis" und „viel Klugheit" erfordern. Diese Einfachheit mag „in Vergleichung mit den großen und mannigfaltigen Forderungen, die daraus gezogen werden können", befremden, und doch eröffnet gerade der in dem Grundsatz der Autonomie positiv gewendete Gedanke der transzendentalen Freiheit das „ganze Feld" der „praktischen Erkenntnisse", das sich im Reiche der Sitten vor uns auftut. Die Idee der Menschheit wird nun, indem sie auf die eigene Person des autonomen Gesetzgebers zurückbezogen wird, zur Idee der „Menschheit in mir", d.h. der Persönlichkeit. Das formale Sittengesetz enthüllt dem Menschen sein „eigentliches Selbst", seine „bessere Person", seine „Würde". Die moralische Persönlichkeit ist im Unterschiede von der bloß psychologischen Person „die Freiheit eines vernünftigen Wesens unter moralischen Gesetzen". Sie bildet in gewissem Sinne den Gipfelpunkt von Kants Ethik, denn sie ist die Antwort auf deren letzte Frage (*pr. V.* 105). Sie offenbart mir „ein von der Tierheit und selbst von der ganzen Sinnenwelt unabhängiges Leben", eine „Bestimmung, welche nicht auf Bedingungen und

Grenzen dieses Lebens eingeschränkt ist, sondern ins Unendliche geht" (ebend. *Beschluß)*.

Der Gedanke der allgemeinen und der „Selbst"-Gesetzgebung, die Ideen der Menschheit und der Persönlichkeit verschmelzen sich endlich noch mit dem uns bereits aus § 37 bekannten, aber nun aufs Moralische angewandten Zweckgedanken.

3. Das Reich der Zwecke und der Endzweck. „Ordnung der Zwecke" ist das eigentümliche Gebiet der Vernunft, die Ethik (im umfassendsten Sinne) „das System der Zwecke der reinen praktischen Vernunft". Indem wir die endlose Reihe der Bedingungen unseres Wollens, d.h. eben der Zwecke durchmustern, erhebt sich immer ein neues Wozu? Jeder Zweck erweist sich in dieser „Kausalität des Wollens (K. nach Zwecken, K. der Freiheit)" immer wieder als auf einen anderen bezüglich, sonach als Mittel. Nur vor dem formalen Sittengesetze selbst erreicht dieser „Progressus" ein Ende, denn hier hat er das Unbedingte erreicht, das nicht mehr zu erklären ist; wir begreifen nur seine Unbegreiflichkeit (Schluß der *Grundlegung)*, wir stehen beim Selbst- oder Endzweck. Daß dieser Endzweck, nämlich das unbedingte praktische Gesetz, seiner absoluten Notwendigkeit nach nicht weiter begreiflich gemacht werden kann, ist ein Vorwurf, „den man der menschlichen Vernunft überhaupt machen müßte". So existiert denn „die vernünftige Natur" oder, was dasselbe ist, der Mensch als „vernünftiges Wesen" (s. o.) als Zweck an sich selbst. „In der ganzen Schöpfung kann alles, was man will und worüber man etwas vermag, auch bloß als Mittel gebraucht werden; nur der Mensch und mit ihm jedes vernünftige Wesen ist Zweck an sich selbst." Daher muß die Menschheit in unserer Person, die sogar von der Gottheit niemals bloß als Mittel gebraucht werden kann, ohne zugleich einen Zweck darzustellen, uns „heilig" sein, und das Sittengesetz erhält nunmehr *(Grundlegung* 53 f.) die weitere Formulierung: „Handle so, daß du die Menschheit, sowohl in deiner Person als in der Person eines jeden anderen, jederzeit zugleich als Zweck, niemals bloß als Mittel brauchst."

In den Worten „in der Person eines jeden anderen" ist bereits die Mehrheit vernünftiger Wesen (Personen) als Selbstzweck mitgedacht. Das „Reich der Sitten" kann somit genauer bestimmt werden als ein „Reich der Zwecke", weil die Gesetze desselben „die Beziehung vernünftiger Wesen aufeinander als Zwecke und Mittel zur Absicht haben". Freilich ist ein solches Reich „nur ein Ideal", aber doch eine „brauchbare und erlaubte Idee", deren Verwirklichung wir anstreben sollen. „Die Teleologie erwägt die Natur als ein Reich der Zwekke, die Moral ein mögliches Reich der Zwecke als ein Reich der Natur. Dort ist das Reich der Zwecke eine theoretische Idee zur Erklärung dessen, was da ist. Hier ist es eine praktische Idee, um das, was nicht da ist, aber durch unser Tun und Lassen wirklich werden kann, und zwar eben dieser Idee gemäß, zustande zu bringen" *(Grundlegung* 62 A.). Das Naturgesetz wird so zum „Typus" des Sitten- oder Freiheitsgesetzes, die Natur der Sinnenwelt zum

Typus der intelligibelen gemacht (wie dies die *Typik der reinen praktischen Urteilskraft* näher ausführt), damit das Gesetz der Freiheit auf Handlungen als „Begebenheiten, die in der Sinnenwelt geschehen und also sofern zur Natur gehören" angewandt werden kann.

Damit kommen wir von der reinen oder formalen Ethik, welche uns nunmehr die ganze sittliche Welt in ihrer Unermeßlichkeit erschlossen hat, zu ihrer

II. Anwendung auf den empirischen Menschen.

1. Unentbehrlichkeit einer angewandten Ethik. Ohne die Möglichkeit ihrer Anwendung hätte die reine Ethik keinen Sinn. Eine angewandte Ethik oder „moralische Anthropologie", wie Kant gewöhnlich statt dessen sagt, kann „nicht entbehrt", sie darf nur nicht vor jener vorausgeschickt oder mit ihr „vermischt" werden; aber sie gehört „zur Vollständigkeit der Darstellung des Systems". Ja, die Ethik hat sogar vor der „Transzendental-Philosophie" (der theoretischen Vernunft) den Vorteil, daß sie „ihre Grundsätze insgesamt auch in concreto, zusamt den praktischen Folgen, wenigstens in möglichen Erfahrungen geben kann" *(Kr.* 453). Schon methodisch liegt in dem Begriff des Sollens die Möglichkeit des Wirkens. „Die bloße Form eines Gesetzes, welches die Materie einschränkt, muß zugleich ein Grund sein, diese Materie zum Willen hinzuzufügen." Der Mensch kann, was er soll, und wenn auch zwischen dem Naturbegriff und dem Freiheitsbegriff, der Welt des Sinnlichen und des Übersinnlichen „eine unübersehbare Kluft befestigt ist", so „soll doch diese auf jene einen Einfluß haben, nämlich der Freiheitsbegriff soll den durch seine Gesetze aufgegebenen Zweck in der Sinnenwelt wirklich machen". Die Beziehung auf die psychologische Beschaffenheit, die seelisch-körperliche Organisation des Menschen mußte bei der Begründung der reinen Ethik abgelehnt werden, um ihr eine desto fruchtbarere Anwendung zu ermöglichen.

   Schon die Tatsache, daß Kants eigene literarische Tätigkeit sich nicht auf die Begründung der reinen Ethik beschränkt, sondern sich, sogar mit Vorliebe, der angewandten Ethik zugewandt hat, sollte ihn vor dem Verdachte bewahren, als ob er die Unentbehrlichkeit der letzteren verkannt hätte. Ehe wir indes einen Blick auf die besonderen Anwendungen, d.h. seine Tugend- und Rechtslehre, seine Pädagogik, Geschichts- und Religionsphilosophie werfen (§ 41), haben wir noch einige allgemeine Begriffe seiner angewandten Ethik zu kennzeichnen.

2. Der kategorische Imperativ, das Gefühl der Achtung und der Begriff der Pflicht.
   a) Wir haben einen sehr bekannten Begriff der Kantischen Ethik bisher noch gar nicht erwähnt: den kategorischen Imperativ. Das Sittengesetz kleidet sich in die Befehlsform („Handle usw."), weil es sich an den empirischen Menschen mit allen seinen, zum Teil widerstrebenden, Gefühlen

und Neigungen wendet. „Imperative sind Formeln, das Verhältnis objektiver Gesetze des Wollens überhaupt zu der subjektiven Unvollkommenheit des Willens dieses oder jenes vernünftigen Wesens, z.B. des menschlichen Willens, auszudrücken." Sie gehören daher in das Gebiet der angewandten Ethik und werden deshalb in der *Grundlegung* ausführlich, in der *Kr. d. pr. V.* nur beiläufig behandelt. Von den hypothetischen oder bedingten Imperativen, die nur „Vorschriften der Klugheit (Geschicklichkeit)" zur Erreichung bestimmter Zwecke, z.B. der eigenen Glückseligkeit, sind, unterscheidet sich der kategorische dadurch, daß er unmittelbar gebietet, weil er auf den unbedingten Zweck des formalen Sittengesetzes geht.

b) Alles Wollen des Menschen ist mit einem Gefühle, sei es der Lust oder der Unlust, verbunden. Indem sich nun das Sittengesetz vermittelst des kategorischen Imperativs an den Erfahrungsmenschen wendet, entsteht in diesem das merkwürdige, aus Lust und Unlust gemischte Doppelgefühl der Achtung. Der sinnliche Mensch in uns, das „pathologisch affizierte" Subjekt fühlt sich gedemütigt im Bewußtsein seiner Unangemessenheit zur Idee; das Gefühl seines Unterworfenseins unter die Strenge des Gesetzes führt ein Gefühl des Zwanges, mithin der Unlust mit sich. Der moralische Mensch in uns dagegen, unser „besseres Selbst" fühlt sich erhoben, ja hingerissen in dem Bewußtsein, daß er selbst der Schöpfer dieses Gesetzes ist (s. oben I, 2), daß er nur der Gesetzgebung seiner eigenen Vernunft gehorcht; die Unterwerfung wird nun eine „freie", der Zwang zum „freien Selbstzwang". Hat man bloß seinen Eigendünkel (nicht die wahre, „vernünftige Selbstliebe") abgelegt, so kann man sich an der Herrlichkeit des Sittengesetzes „nicht satt sehen", und die Seele „glaubt sich in dem Maße selbst zu erheben, als sie das heilige Gesetz über sich und ihre gebrechliche Natur erhaben sieht". Wir fühlen die Erhabenheit unserer Bestimmung in dem Gefühle jenes unerklärbaren Etwas in uns, „das sich getrauen darf, mit allen Kräften der Natur in dir und um dich in Kampf zu treten und sie, wenn sie mit deinen sittlichen Grundsätzen in Streit kommen, zu besiegen". Achtung ist, weil sie vom Sittengesetze notwendig und unmittelbar bewirkt wird, das einzige Gefühl, das wir a priori erkennen können; sie ist das wahre „moralische Gefühl". Der Umstand, daß wir keinem anderen Gesetze gehorchen als dem, das wir uns (als Vernunftwesen) selbst geben, verleiht uns einen inneren Wert, der unbedingt und über allen „Marktpreis" hoch erhaben ist, d.h. Würde.

c) Indem nun das Sittengesetz vermittelst des Gefühls der Achtung zur „Triebfeder" unserer Handlungen wird, entsteht in uns das Bewußtsein der Pflicht. Es ist methodisch bezeichnend, daß Kant, während er in der von der populären sittlichen Weltweisheit ausgehenden *Grundlegung* (1785) das Sittengesetz noch von der Pflicht ableitet, bereits in der zweiten Auflage der *Kritik der reinen Vernunft* (1787) den Pflichtbegriff von dem „System der reinen Sittlichkeit" ausschließt (ebd. S. 29); in der *Kritik der praktischen Vernunft* erscheint er dann ganz deutlich als Grundbegriff der angewandten Ethik. Bekannt ist die Strenge, mit welcher Kant diesen seinen Pflichtbegriff aller Neigungsmoral entgegensetzt. „Es ist sehr schön, aus Liebe zu Menschen und teilnehmendem Wohlwollen ihnen Gutes zu tun", aber das ist noch nicht „die echte moralische Maxime unseres Verhaltens... Pflicht und Schuldigkeit sind die Benennungen, die wir allein unserem Verhältnis zum moralischen Gesetze geben müssen". „Die Ehrwürdigkeit der Pflicht hat nichts mit Lebensgenuß zu schaffen; sie hat ihr eigentümliches Gesetz... und wenn man beide auch noch so sehr zusammenschütteln wollte, um sie vermischt, gleichsam als Arzneimittel, der kranken Seele zuzureichen, so scheiden sie sich doch alsbald von selbst." Solche Stellen, deren noch viele angeführt werden könnten, haben Kant vielfach den Vorwurf des „Rigorismus" zugezogen; ungerechtfertigterweise, soweit er sich auf Kants sittliche Gesamtanschauung bezieht. Methodisch aber ist diese Strenge vollständig gerechtfertigt; denn die formale Ethik muß auch in ihrer Anwendung frei gehalten werden von allem Eudämonismus. „Um ihn ganz rein zu haben, muß der Mensch sein Verlangen nach Glückseligkeit völlig vom Pflichtbegriffe absondern." Mag er auch „vielleicht nie seine erkannte und von ihm auch verehrte Pflicht ganz uneigennützig (ohne Beimischung anderer Triebfedern) ausgeübt haben; vielleicht wird auch nie einer bei der größten Bestrebung so weit gelangen. Aber... zu jener Reinigkeit hinzustreben... das vermag er: und das ist auch für seine Pflichtbeobachtung genug". Daß dieser im Interesse der Methode notwendige „Rigorismus" oder „Formalismus" bei Kant keine „karthäuserartige Gemütsstimmung" zur Folge hatte, geht nicht bloß aus seiner ganzen sittlich-heiteren Persönlichkeit, sondern auch aus zahlreichen Stellen seiner Schriften, deren einige wir bereits oben (zu I, 2) angeführt, während wir andere an anderem Orte gesammelt haben[48], mit voller Klarheit hervor. So auch aus der berühmten Apostrophe an die Pflicht (*pr. V.* 105), mit deren erstem Teil wir diesen Abschnitt beschließen wollen: „Pflicht! Du erhabener, großer Name, der du nichts Beliebtes, was Einschmeichelung bei sich führt, in dir fassest, sondern Unterwerfung verlangst, doch auch nichts drohest, was natürliche Abneigung im Gemüte erregte und schreckte, um den Willen zu bewegen, sondern bloß ein Gesetz aufstellst, welches von selbst im Gemüte Eingang findet."

III. Das höchste Gut und die Postulate.

1. Das höchste Gut. Man könnte im Gegenteil Kant eher einer gewissen Inkonsequenz zeihen, weil er die aus den Grundbegriffen nicht nur der reinen, sondern auch der angewandten Ethik mit bewußter Absicht entfernten Begriffe

der Vollkommenheit und Glückseligkeit nachträglich, wenn auch nur im Grenzgebiete von Moral und Religion, wieder zugelassen hat: durch den Begriff des höchsten Gutes. Das höchste Gut hat, wie wir sahen, in der späteren antiken Ethik, besonders bei den Stoikern und Epikureern, eine Hauptrolle gespielt. Unter ausdrücklicher Bezugnahme auf diesen Sachverhalt hat nun Kant zwar mit aller Deutlichkeit sich dagegen gewandt, daß das höchste Gut zum Bestimmungsgrunde des (sittlichen) Willens gemacht werde; es dürfe vielmehr erst „weit hinterher", nämlich nach vollständig vollzogener Begründung der formalen Ethik, „dem nunmehr seiner Form nach a priori bestimmten Willen als Gegenstand vorgestellt werden". Folgerichtig müßte sein höchstes Gut lediglich ein anderer, mehr psychologisch gewandter Ausdruck für den Endzweck sein und, wie er an einer Stelle auch wirklich sagt, in der „Existenz vernünftiger Wesen unter moralischen Gesetzen" bestehen. Ähnlich heißt es in der Vorrede zur *Religion innerhalb etc.* (S. 7, Anm.): „Alle Menschen könnten hieran auch genug haben, wenn sie (wie sie sollten) sich bloß an die Vorschrift der reinen Vernunft im Gesetz hielten. Was brauchen sie den Ausgang ihres moralischen Tuns und Lassens zu wissen, den der Weltlauf herbeiführen wird? Für sie ist's genug, daß sie ihre Pflicht tun; es mag nun auch mit dem irdischen Leben alles aus sein, und wohl gar selbst in diesem Glückseligkeit und Würdigkeit niemals zusammentreffen". Allein er wollte wohl den Rigorismus, dessen Anschein er sich durch die schroffe Ablehnung des Glückseligkeitsprinzips auch in den Augen vieler Wohlgesinnten gegeben hatte, in der Ausführung möglichst mildern und vor allem mit seinen religiösen Anschauungen in Einklang bringen. Und so läßt denn seine *Dialektik der reinen praktischen Vernunft* zu dem „ganzen und vollendeten" Gut, außer der Tugend als oberster Bedingung, doch „auch" die Glückseligkeit gehören. Freilich nur als notwendige Folge der ersteren, des „obersten" Gutes, und in Unterordnung unter das Sittengesetz. Denn dem letzteren oder der es erzeugenden praktischen Vernunft kommt „das Primat" über die spekulative zu, da „alles Interesse zuletzt praktisch ist". Dieses praktische Interesse verlangt eben auch die Glückseligkeit, wenngleich nur unter der Voraussetzung und Bedingung der Glückwürdigkeit.

2. Die Postulate. So stellt Kant drei „Postulate der reinen praktischen Vernunft" auf, d.h. Sätze, die „theoretisch nicht erweislich" sind, daher auch wohl geradezu als „Glaubenssachen" bezeichnet werden, aber doch dem praktischen Gesetze „unzertrennlich anhängen". Es sind die Dogmen der Leibniz-Wolffschen Aufklärung und zugleich der Rousseauschen Philosophie: Gott, Freiheit und Unsterblichkeit, mit denen sein ganzes Zeitalter geschwängert war.
   a) Die Freiheit (unseres Willens) wird nur gelegentlich als Postulat bezeichnet. Und in der Tat, wie könnte sich dieser mit der Autonomie identische „Grundbegriff aller unbedingt praktischen Gesetze", von dem das selbst nicht weiter ableitbare Sittengesetz „nicht bloß die Möglichkeit, sondern die

Wirklichkeit an Wesen beweist, die dies Gesetz als für sie verbindend anerkennen" (*pr. V.* 58), mit dem Geltungswerte eines bloßen Glaubenssatzes begnügen? – Deutlicher erscheint denn auch der Zusammenhang mit dem höchsten Gute und damit ihr eigentlicher Postulatcharakter bei den beiden anderen Postulaten: der Unsterblichkeit der Seele und dem Dasein Gottes.

b) Die oberste Bedingung des in der Welt zu verwirklichenden höchsten Gutes ist völlige Übereinstimmung unserer Gesinnung mit dem Sittengesetze. Eine solche Vollkommenheit aber oder Heiligkeit ist keinem vernünftigen Wesen hienieden möglich; sie kann also nur, wenigstens annähernd, durch einen unendlichen „Progressus" der „Heiligung" erreicht werden; dazu aber ist eine unendliche Fortdauer der Persönlichkeit, mithin Unsterblichkeit der Seele die notwendige Voraussetzung. Freilich ist die Aussicht auf ein beständiges Fortschreiten in einer seligen Zukunft auch für Kant nicht Gewißheit, sondern nur „tröstende Hoffnung".

c) Da Glückseligkeit die notwendige Folge der Sittlichkeit oder Glückwürdigkeit sein soll, es aber außer allem Vermögen des Menschen steht, dies aus eigener Kraft zu bewirken, so muß ein allmächtiges moralisches Wesen als Weltherrscher (Gott) angenommen werden, der die „genaue Übereinstimmung" der Glückseligkeit mit der Sittlichkeit oder, wie es an späterer Stelle glücklicher formuliert wird, „des Reiches der Natur mit dem der Sitten" (deren beider Oberhaupt Gott ist) herzustellen imstande ist.

„Die Moral führt unausbleiblich zur Religion." Indessen will Kant, wie er in immer neuen Wendungen betont, die Selbständigkeit der Moral gegenüber der Theologie durchaus gewahrt wissen. Die moralische Frage: Was soll ich tun? hat mit der religiösen: Was darf ich hoffen? an sich nichts zu tun. Erst wenn die Moral „vollständig vorgetragen worden", kann „der Schritt zur Religion" geschehen, erst dann – wie der methodisch etwas bedenkliche Ausdruck lautet – die Sittenlehre „auch Glückseligkeitslehre genannt werden" (*pr. V.* 156).

Mit unseren letzten Betrachtungen haben wir uns bereits auf dem Grenzgebiete der Ethik und der Religionsphilosophie bewegt. Wir haben nun noch einen kurzen Blick auf die letztere sowie auf weitere Sonderanwendungen der ethischen Grundgedanken zu werfen.

§ 41. Angewandte Ethik: Tugend- und Erziehungslehre; Rechts-, Staats- und Geschichtsphilosophie; Religionslehre.

Vgl. die Einführungen und Register meiner S. 420 angeführten Ausgaben der betr. Kantischen Schriften; außerdem die zweite Auflage (1910) von Cohens zu § 39 und § 72 angeführten Werke, Teil IV: *Die Anwendung der ethischen Prinzipen* (S. 370-557). Über Kants Staats- und Geschichtsphilosophie vgl. *K. Vorländer, Kant und Marx.* Tübingen 1911; *Kant und Rousseau in: Neue Zeit* 1918/19, Nr. 20 ff; *Kant als Deutscher*, Darmstadt 1919; *Kant und der Gedanke des Völkerbundes*, Lpz. 1919. – Über seine Religionsphilosophie *E. Troeltsch, Das Historische in Kants Religionsphilosophie*. Berlin 1904. – *W. Schwarz, Kant als Pädagoge.* Langensalza 1915.

Die methodisch-systematischen Grundlagen der Kantischen Ethik mußten genauer auseinander gesetzt werden. Ihre Anwendungen können wir, so interessante Einzelheiten sie auch bieten, hier nur in kurzem Überblicke mustern.

1. Die Tugendlehre bildet die zweite Hälfte eines der spätesten Werke Kants, seiner *Metaphysik der Sitten.* Sie enthält zwar einleitend und gelegentlich auch später wichtige methodische Winke, will aber im Grunde nur angewandte Ethik, Pflichtenlehre sein. Ihr Ziel und Gesichtspunkt ist: Eigene Vollkommenheit – fremde Glückseligkeit. Sie behandelt zunächst das moralische Gefühl, das Gewissen, die Gefühle der Achtung und der Liebe und unterscheidet sodann die Tugendpflichten als „innere" von den „äußeren" oder Rechtspflichten (s. unten Nr. 3). Die ersteren zerfallen in solche gegen die eigene Person (als animalisches wie als moralisches Wesen, vollkommene und unvollkommene) und gegen die anderen Menschen (Liebes- und Achtungspflichten, die sich verbinden in der Freundschaft). Die Lehre von den Pflichten gegen Gott (Religionslehre) fällt außerhalb der Grenzen der reinen Moralphilosophie. Den einzelnen Abschnitten sind in der Regel einige „kasuistische Fragen" angefügt, die gewisse verwickelte Fälle, sogenannte „Konflikte der Pflichten", zur Lösung aufgeben. Die auch hier den Schluß bildende „Methodenlehre" zerfällt in eine ethische „Didaktik" und „Asketik". Mit den beiden letztgenannten Abschnitten ist der Übergang zu Kants
2. Erziehungslehre gegeben, die natürlich, wie die Tugendlehre, ganz auf den sittlichen Grundanschauungen des Philosophen fußt. Schon der „ethischen Didaktik" ist als „Anmerkung" das „Bruchstück eines moralischen Katechismus", in Fragen und Antworten von Lehrer und Schüler, beigegeben, der dem Religionskatechismus „jederzeit" vorangehen müsse. Eine systematische Pädagogik auszuarbeiten haben Kant seine großen systematischen Werke auf dem Gebiete der reinen Philosophie nicht die Zeit gelassen. Doch war er von lebhaftestem Interesse für die pädagogischen Reformbestrebungen seiner Zeit (Rousseaus *Emil*, Basedows Philanthropin) erfüllt. Die ein Jahr vor seinem Tode von Rink herausgegebene Schrift *Kant über Pädagogik* enthält zahlreiche, für seine Vorlesungen niedergeschriebene treffliche Einzelbemerkungen über Erziehung, welche nicht sowohl den abstrakten und „rigoristischen" Philosophen als den echten und duldsamen Menschenkenner verraten. Wohl weist er auch hier immer wieder auf die „einfache Vorstellung der reinen Pflicht als die weitaus" mächtigste, ja „einzig dauernde" Triebfeder hin, und die „Revolution

der Denkungsart“ soll der „Reform der Sinnesart“ vorausgehen. Aber die ethische Didaktik hat die Verschiedenheit des Alters, Standes und Geschlechtes „weislich und pünktlich“ zu beachten, und um den Menschen aus der ersten „Rohigkeit“ zu bringen, wird zunächst ein „gleichsam provisorisches“ Verfahren gestattet, das auch die Anlockung durch den eigenen Vorteil nicht verschmäht; denn „der Mensch kann nur Mensch werden durch Erziehung“. Das Ziel ist, wie bei der Ethik, die Idee nicht der gegenwärtigen, sondern der zukünftigen Menschheit; das Verfahren durch die Rousseauschen Grundsätze der Freiheit und Natürlichkeit bestimmt. Zwang muß sein, aber er soll zur Freiheit führen. Im allgemeinen zieht Kant zwar die öffentliche der Privaterziehung vor, aber er will sie keineswegs einseitig vom Staate und in dessen oder gar der Fürsten Interesse ausgeübt wissen. Neben dem Gehorsam dringt er vor allem auf Wahrhaftigkeit. Auch die körperliche Erziehung (sogar die Ernährung des Säuglings!) wird ziemlich ausführlich behandelt, von den einzelnen Unterrichtsfächern nur die Religion.

3. Rechts- und Staatslehre. Den anderen Teil der *Metaphysik der Sitten* (neben der Tugendlehre) bildet die „Rechtslehre“ oder vielmehr deren „metaphysische Anfangsgründe“, also die Rechtsphilosophie. Im Gegensatz zur Ethik behandelt sie den Inbegriff der äußeren Gesetzgebung oder „die Bedingungen, unter denen die Willkür des einen mit der Willkür des anderen nach einem allgemeinen Gesetze zusammen bestehen kann“, und zwar: 1. das Privatrecht (Eigentums-, Sach-, persönliches, Familien-, Vertrags-, Erbrecht), 2. das öffentliche (Staats-, Völker-, Weltbürger-) Recht. Im Strafrecht, das zwischen beide fällt, hält Kant an einer strengen Vergeltungstheorie fest, tritt daher auch energisch zugunsten der Todesstrafe ein. Prinzip ist überall der kategorische Imperativ: *Fiat iustitia pereat mundus*, d.h.: „Wenn die Gerechtigkeit untergeht, so hat es keinen Wert mehr, daß Menschen auf Erden leben.“

In engster Verbindung mit Kants Rechtsphilosophie steht seine Staatslehre. Seine politische Auffassung ist die eines entschiedenen Liberalismus, wie er denn an seiner Begeisterung für die Prinzipien der Französischen Revolution, auch nach deren Ausschreitungen, festhielt. Sein Staatsideal der vom kategorischen Imperativ geforderte Rechtsstaat: „die Vereinigung einer Menge von Menschen unter Rechtsgesetzen“, und zwar unter einer Verfassung, nach der „die Freiheit eines jeden ihrer Glieder nur durch die Bedingung ihrer Zusammenstimmung mit der Freiheit aller anderen eingeschränkt ist“. Die notwendigen Eigenschaften des Staatsbürgers sind gesetzliche Freiheit, rechtliche Gleichheit und bürgerliche Selbständigkeit, wobei freilich die Dienstboten, Tagelöhner und „alles Frauenzimmer“ nicht als volle Bürger, sondern nur als „Staatsgenossen“ anerkannt werden. Von der liberalen englisch-französischen Staatsphilosophie (Locke, Montesquieu) übernimmt er im wesentlichen die Lehre von den drei Gewalten: der gesetzgebenden, vollziehenden und rechtsprechenden, und die Forderung des Repräsentativsystems; von Rousseau eine eigenartige Mischung demokratischer und staatsabsolutistischer Gedanken. Daß er darüber hinaus an manchen Stellen auch schon modern-soziale Anschauungen geäußert hat, habe ich an anderer Stelle näher ausgeführt. Und daß er zugleich gegen den Gedanken der historischen Entwicklung keineswegs, wie man wohl heute noch liest, blind war, zeigt schon die Existenz seiner

4. Geschichtsphilosophie, die hauptsächlich in den § 30 zu den Jahren 1784, 1786 und 1795 zitierten Abhandlungen vorliegt; dazu kommen noch: die Rezension von Herders Ideen (1785) und die Abhandlung über Theorie und Praxis (1793) in ihrem 2. und 3. Teile. Der tragende Grundgedanke ist freilich ein teleologisch-rationalistischer: der Glaube an den Fortschritt der Menschheit als Gattung. Nur von dem Gesichtspunkt des Zieles aus läßt sich nach Kant Menschengeschichte philosophisch verstehen und beurteilen. Als „mutmaßlichen" Urzustand denkt er sich, mit Rousseau und unter rationalistischer Auslegung des mosaischen Berichtes, den der rein tierischen Natur. Alle seine Fähigkeiten (Stehen, Gehen, Sprechen) mußte der Mensch sich erst selbst erwerben. Anfänglich war er bloß durch den Instinkt (zur Nahrung, zum Geschlecht usw.) geleitet. Allmählich erwacht die Vernunft und führt ihn zur freien Auswahl seiner Lebensweise, zur freien Zuneigung zu den Mitmenschen, zu überlegter Erwartung und Berechnung des Künftigen, bis er endlich die Natur als Mittel und Werkzeug zur Erfüllung seiner Zwecke benutzen lernt. Indem er sich frei fühlt, tritt er „aus dem Mutterschoße der Natur" in die Welt ein; die Geschichte der Menschheit und ihrer Kultur ist die Geschichte der Freiheit. Nun beginnt ein sich immer mehr steigender „Antagonismus" der Kräfte und Leidenschaften; jeder Fortschritt der Kultur wird mit einer Abnahme der natürlichen Glückseligkeit erkauft. Aber gerade aus diesem Antagonismus erwächst allmählich die Notwendigkeit gesetzmäßiger Ordnung in einer „bürgerlichen Gesellschaft". Die Bestimmung des Menschengeschlechts ist nicht Glückseligkeit des einzelnen, sondern Erreichung des oben dargelegten Endzwecks, wo „vollkommene Kunst wieder Natur wird". Und, da die Geschichte der Menschheit in der Entwicklung des äußeren Zusammenlebens vernünftiger Wesen besteht, so ist ihr Ziel ein politisches: die Herbeiführung einer „vollkommen gerechten bürgerlichen Verfassung" (vgl. 3.), eines Zustandes, in dem alle natürlichen Anlagen der Menschheit ihrer Bestimmung gemäß sich entwickeln können, wo man nicht mehr „Vorteile genießt, um deren willen andere desto mehr entbehren müssen". Und zwar nicht bloß für ein Volk, sondern (wenigstens ideell) für die gesamte Menschheit, die durch Ausbildung des Völker- und des noch höheren Weltbürgerrechts zu einem idealen Staatenbunde zusammenwachsen soll, vereinigt durch die Bestimmungen („Artikel") eines „ewigen Friedens".

Kant war kein utopistischer Träumer. Er weiß genau, welche ungeheuren Schwierigkeiten der Verwirklichung dieses höchsten, aber auch „schwersten Problems der Menschengattung" entgegenstehen, ja er entwickelt sie selbst, aber er stellt den ewigen Frieden nichtsdestoweniger als eine Idee hin, die, „obgleich nur in einer ins Unendliche fortschreitenden Annäherung", wirklich zu machen Pflicht sei, als eine Aufgabe, deren Lösung wir anstreben sollen. Denn auch die Politik muß angewandte Ethik sein.

5. Angewandte Ethik ist schließlich auch Kants Religionslehre. Ein bestimmtes Sondergebiet des Bewußtseins, etwa wie Schleiermacher später das Gefühl, stellt Kant für die Religion nicht fest. Sie wird zwar oft und streng von der reinen Ethik unterschieden, aber daß sie ihm im Grunde nichts anderes als angewandte Ethik ist, bezeugt schon ihre Definition als „Erkenntnis unserer Pflichten als göttlicher Gebote". Ja, sie ist es in dem Grade, daß die beiden ersten Kapitel seiner Religionsschrift (über ein Drittel des Ganzen) zwei durchaus ethische Themata behandeln: das „radikale Böse in der menschlichen Natur" und den „Kampf des guten Prinzips mit dem bösen um die Herrschaft über den Menschen". Es liegt nämlich im Menschen von Natur ein Hang zum Bösen, d.h. zur Umkehrung der Triebfedern: statt dem erkannten Sittengesetze seine sinnlichen Triebe unterzuordnen, das Umgekehrte zu tun. Um diesen Hang zu überwinden, bedarf es einer „Revolution der Denkungsart", einer „einzigen unwandelbaren Entschließung", einer völligen „Wiedergeburt" seines besseren Menschen. Nur so kann ein moralischer Charakter gegründet und eine allmähliche „Reform der Sinnesart" bewirkt werden. Die moralische Religion ist weder die des bloßen Kultus, d. i. der Gunstbewerbung, noch die einer falschen Demut und Zerknirschung, sondern die des guten Lebenswandels; hat einer nach seinen besten Kräften das Gute erstrebt, so kann er hoffen, „was nicht in seinem Vermögen ist, werde durch höhere Mitwirkung ergänzt werden".

Wie ein politisches, so ist auch ein ideales ethisches Gemeinwesen zu erstreben, vom religiösen Gesichtspunkt aus betrachtet: „ein Volk Gottes unter Tugendgesetzen". Der Sieg des guten Prinzips über das böse führt zur „Gründung eines Reiches Gottes auf Erden", einer „unsichtbaren Kirche". Diese ist von der sichtbaren Kirche ebenso zu unterscheiden, wie der reine oder moralische, auf Vernunft gegründete Religionsglaube vom historischen oder statutarischen, auf Offenbarung sich gründenden Kirchenglauben. Zwar ist der letztere um der menschlichen Schwäche willen nicht ganz zu entbehren, aber er muß sich immer mehr vom „Afterdienst" und „Pfaffentum" zum wahren Gottesdienst im Geiste und in der Wahrheit erheben. Der Kampf zwischen beiden bildet den ganzen Inhalt der bisherigen Kirchengeschichte. „Bloßer Religionswahn und Afterdienst Gottes" aber ist „alles, was außer dem guten Lebenswandel der Mensch noch tun zu können vermeint, um Gott wohlgefällig zu werden". Der reine Religionsglaube muß stets der höchste Ausleger des historischen Glaubens bleiben; je mehr der letztere sich dem ersteren nähert, desto näher kommen wir dem „Reiche Gottes".

Nun ist zwar der historische Glaube an sich „tot", d.h. moralisch vollkommen wertlos. Aber, da Kant nun einmal die einzige von allen „öffentlichen" Religionen, die den Namen einer wahrhaft moralischen verdient, im Christentum erblickt, so ist sein Streben darauf gerichtet, die Hauptlehren desselben – nicht etwa flachrationalistisch umzudeuten, sondern in bewußt ausgesprochener Absicht moralisch auszulegen, wie es einer „rein philosophischen" Religionslehre, einer „Religion innerhalb der Grenzen der bloßen Vernunft" geziemt.[49] So heißt „an Christus glauben" nicht: den historischen Bericht über Jesu Leben als wahr annehmen, sondern: das Ideal des vollkommenen, Gott wohlgefälligen Menschen in sich aufnehmen, um es zu verwirklichen. Unser wahrer „Tröster (Paraklet)" ist das Bewußtsein einer guten und lauteren Gesinnung; Himmel und Hölle sind nur Bilder für das Sittlich-Gute und Sittlich-Böse. „Wiedergeburt" und „Rechtfertigung" sind schon oben gestreift worden. Die „stellvertretende Genugtuung" übernimmt der wiedergeborene „neue Mensch" selber, indem er die ihm durch seine sittliche Umkehr auferlegten, dem „alten Adam" in uns erwachsenden Opfer und Leiden freiwillig auf sich nimmt. Ebensowenig hat der Wunderglaube als bloßes „Nachsagen unbegreiflicher Dinge" den geringsten sittlich-religiösen Wert; im praktischen und wissenschaftlichen Leben glaubt man nicht an Wunder, und die Beschränkung auf die Vergangenheit und seltene Ausnahmen macht sie nicht glaubenswerter. Von den christlichen Mysterien läßt sich die Trinität als Glaube an einen heiligen Gesetzgeber, gütigen Regierer und gerechten Richter moralisch begreifen; ähnlich verhält es sich mit den Dogmen der Berufung und Erwählung. Von den sogenannten „Gnadenmitteln" besteht das wahre Beten in dem Geist des Gebets, d.h. der sittlichen Gesinnung, die „ohne Unterlaß" unser ganzes Handeln begleiten soll, „als ob es im Dienste Gottes geschehe"; Kirchengehen, Taufe und Abendmahl sollen nur Symbole der sittlichen Gemeinschaft sein. Kurzum: die wahre Religionsgesinnung besteht im guten Lebenswandel des „natürlichen, ehrlichen Mannes". Der rechte Weg geht nicht von der Begnadigung zur Tugend, sondern umgekehrt.

Kapitel XIII.
Die Begründung der Ästhetik.

H. Cohen, Kants Begründung der Ästhetik, 1889. – *E. Kühnemann, Kants und Schillers Begründung der Ästhetik*, 1895. – *O. Schlapp Kants Lehre vom Genie und die Entstehung der Kritik der Urteilskraft* 1901. (Das letztgenannte Buch bietet mehr stoffliches Interesse.)

§ 42. Das ästhetische Problem.

Wir haben es im folgenden nicht mit den ästhetischen Anschauungen des vorkritischen Kant (§ 31, 2), sondern mit der kritischen Ästhetik und auch hier nur mit den systematischen Grundbegriffen zu tun.

1. Die neue Gesetzmäßigkeit. Älter als die Wissenschaft, ebenso alt als die Sittlichkeit ist die Kunst. So erwächst der transzendentalen Methode neben dem theoretischen und praktischen ein neues, selbständiges a priori: das ästhetische. Das ästhetische Problem ist mithin nur eine weitere, die dritte Sonderanwendung der allgemeinen Frage, die das Thema von Kants Philosophie bildet: Wie sind synthetische Urteile a priori möglich? Das ästhetische Verhalten ist in der ihm eigentümlichen Gesetzmäßigkeit zu erfassen, die von der des Erkennens wie von der des Wollens grundsätzlich geschieden ist. Der Titel, den Kant anfangs seinem dritten Hauptwerk geben wollte: Kritik des Geschmacks, würde in der Tat das spezifisch ästhetische Gebiet schärfer abgesondert haben. Er fand indessen, daß die ästhetische Zweckmäßigkeit gemeinsam mit der Natur-Teleologie unter den Begriff der „reflektierenden" Urteilskraft und der „formalen" Zweckmäßigkeit (s. § 37, 2) falle, und faßte daher beide in seiner *Kritik der Urteilskraft* zusammen. Uns, die wir an Kants Disposition nicht gebunden sind und aus guten Gründen die Natur-Teleologie schon an früherer Stelle behandelt haben, bleibt daher nur noch die ästhetische Gesetzmäßigkeit zu kennzeichnen übrig.

   Die transzendentale Methode bleibt für das Gebiet des Ästhetischen die nämliche wie auf dem theoretischen und praktischen, weshalb denn das Einteilungsschema der beiden ersten Kritiken von Kant auch, soweit es angeht, auf die dritte übertragen wird. Auch das ästhetische a priori ist nicht durch „Herumfragen oder Stimmensammeln" ausfindig zu machen; auch hier wird die psychologische oder gar physiologische Zergliederung zwar als höchst wichtig und nützlich anerkannt, aber, soweit sie als Begründung auftreten will, von der Schwelle abgewiesen. In seiner besonderen Eigenart und Gesetzmäßigkeit vielmehr ist es zu erfassen und zu charakterisieren.

2. Das ästhetische Prinzip ist das Gefühl. Das ästhetische oder Geschmacksurteil will weder Erkenntnisurteil noch Willensmotiv sein; es will den Gegenstand weder begrifflich festsetzen, wie das theoretische Erkennen, noch ihn hervorbringen, wie der Wille. Es ist daher „kein objektives Prinzip des Geschmacks möglich". Derselbe beruht vielmehr lediglich auf subjektiven Gründen. Welches ist nun diejenige Bewußtseinsrichtung oder, wie Kant entsprechend dem damaligen Sprachgebrauch sagt, das „Vermögen", das weder Erkennen noch Wollen ist? Es ist das Gefühl (der Lust und Unlust, setzt Kant in der Regel hinzu), das in derselben Weise das Mittelglied zwischen Erkenntnis- und Begehrungsvermögen bildet, wie die Urteilskraft zwischen Verstand und Vernunft. Aber das ästhetische Gefühl ist nicht mit dem Lust- oder Unlustgefühl schlechtweg einerlei; es ist sowohl von dem Gefühl des Genusses (am An-

genehmen) wie von dem moralischen Gefühl (für das Gute) grundsätzlich unterschieden. Die Ästhetik hat es nur mit der „Lust im Geschmacke“, mit einem „Wohlgefallen“ zu tun, das ohne alles Interesse und ohne Begriffe und dabei doch allgemein und unmittelbar ist. Ohne Interesse an dem Dasein eines Gegenstandes und ohne verstandesmäßige, begriffliche Bestimmung desselben, erwächst das ästhetische Gefühl lediglich aus dem freien Spiel der Gemütskräfte: Einbildungskraft und Verstand beim Schönen, Einbildungskraft und Vernunft beim Erhabenen. Und zwar ordnet der Geschmack als „subjektive“ Urteilskraft nicht, wie die logische Urteilskraft, einzelne Anschauungen einzelnen Begriffen unter, sondern das gesamte Vermögen der Anschauungen (die Einbildungskraft) dem gesamten Vermögen der Begriffe (dem Verstand). Während die Urteilskraft in der theoretischen wie in der praktischen Erzeugung des Gegenstandes als „bestimmend“ sich erwies, wendet sie sich im ästhetischen Gefühle auf sich selbst zurück und ist so im buchstäblichen Sinne des Wortes eine „reflektierende“. Indem die Freiheit der Einbildungskraft mit der Gesetzmäßigkeit des Verstandes in Übereinstimmung gebracht werden soll, ergibt sich ein innerliches Verhältnis, eine „proportionierte Stimmung“ beider Gemütskräfte, die als „freies Spiel“ (nicht Arbeit oder Geschäft, dagegen wohl „Beschäftigung“) charakterisiert werden kann und die wechselseitige Belebung beider im Gefolge hat. Ja, die Lust ist schließlich gar nicht das eigentlich Bestimmende und Grundlegende des ästhetischen Gefühls. Vielmehr wird in § 9, der die Frage untersucht, ob im Geschmacksurteil das Lustgefühl der Beurteilung des Gegenstandes vorhergehe oder ihm nachfolge, nicht bloß die Antwort im letzteren Sinne entschieden, sondern auch die allgemeine Mitteilbarkeit des Gemütszustandes als das Kennzeichen der ästhetischen Urteile bezeichnet.

Denn jener das ästhetische Verhalten bezeichnende Gemütszustand, das gleichschwebende freie Spiel der Vorstellungskräfte, soll keineswegs dem Schwanken subjektiven Fühlens überlassen, sondern unter Regeln gebracht werden; sonst kann keine Ästhetik entstehen. Das Geschmacksurteil beansprucht Allgemeingültigkeit, wenn auch nur „subjektive“, es „sinnt jedermann Einstimmung an“, „mutet“ anderen dasselbe Wohlgefallen „zu“. Der ästhetische hat nichts mit dem Sinnengeschmack gemein. Er kann vielmehr definiert werden als „das Vermögen, die Mitteilbarkeit der Gefühle, welche mit gegebener Vorstellung (ohne Vermittlung eines Begriffs) verbunden sind, a priori zu beurteilen“. Es gibt einen ästhetischen „Gemeinsinn“, der besagt, daß jedermann mit unserem Urteil übereinstimmen solle (nicht werde), daher „exemplarische“ Gültigkeit besitzt: kein konstitutives Prinzip, sondern eine „idealische“ Norm von regulativem Charakter. Ehe wir diesen Ideen-Charakter des Ästhetischen weiter verfolgen, wollen wir einen anderen ästhetischen Grundbegriff einschalten.

3. Die ästhetische Zweckmäßigkeit. Das Gemeinsame, welches die beiden Seiten der Urteilskraft – die „ästhetische“ und die „teleologische“ – miteinander verbindet, ist der durch die „Reflexion“ erzeugte Gedanke der Zweckmä-

ßigkeit. Aber während die Naturteleologie „allenfalls dem theoretischen Teile der Philosophie hätte angehängt werden können“ (Vorrede S. IX, ein Wink, dem unsere Darstellung gefolgt ist), macht die ästhetische Urteilskraft „eine besondere Abteilung“ nötig. Im Gegensatz zu jener ist sie 1) in höherem Grade „subjektiv“, denn sie entspringt lediglich dem Verhältnis (Spiele) der Vorstellungskräfte des Subjekts, 2) in höherem Grade formal, denn es handelt sich bei ihr nicht um einen materialen Zweck irgendwelcher Art, sondern nur um das „Formale in der Vorstellung“, um die „bloße Form der subjektiven Zweckmäßigkeit“, d.h. um „die Zweckmäßigkeit der Vorstellungen im Gemüte des Anschauenden, ... eine gegebene Form in die Einbildungskraft aufzufassen“, wie sie in dem freien Spiel der Erkenntniskräfte gegeben ist. So kann die ästhetische Zweckmäßigkeit 3) als eine „Zweckmäßigkeit ohne Zweck“ bezeichnet werden; denn ein bestimmter Zweck, der ihr anhinge, würde sie in das Gebiet des Nützlichen oder allenfalls des Vollkommenen führen: Begriffe, die der Naturteleologie oder – der Ethik angehören. Wie die Idealität von Raum und Zeit die Voraussetzung unserer Erkenntnis der Sinnendinge, so ist der „Idealismus der Zweckmäßigkeit“ die Voraussetzung ästhetischer Urteile und der Autonomie des Geschmacks, während der „Realismus“ der Zweckmäßigkeit ins Gebiet der Heteronomie, der bestimmten und bedingten Naturzwecke führt. Nicht durch objektive Begriffe und ebensowenig durch bloße Empfindungen bezieht sich das ästhetische Gefühl auf die Natur; sondern in der reinen „Beurteilung (Reflexion)“, die das ästhetische Verhalten kennzeichnet, wird die Natur gleichsam umgeschaffen zu einer neuen, ästhetischen Natur, mit anderen Worten die Natur erweitert zur Kunst; die Philosophie der Kunst ist formaler Idealismus. Das führt uns zurück zur

4. Ästhetischen Idee. Schon die „unbestimmte Norm“ des Gemeinsinns (S. 476) wurde als Idee bezeichnet, genauer als eine „Vernunftforderung, eine Einhelligkeit der (ästhetischen) Sinnesart hervorzubringen“. Aber die ästhetische Idee ist zu unterscheiden von den Ideen der theoretischen Vernunft. Sind letztere „indemonstrabele“, d. i. in keiner Anschauung darstellbare Begriffe der Vernunft, so ist erstere eine „inexponibele“, d. i. auf keine Begriffe zu bringende Anschauung der Einbildungskraft, die dennoch eine „unnennbare Gedankenfülle“ in sich birgt. Die ästhetische Idee ist eine Darstellung des Unendlichen, der kein Begriff gleichkommt, die daher auch von keiner Sprache erreicht und verständlich gemacht werden kann. Sie ruht auf dem Grunde des Übersinnlichen, jenes „intelligibelen Substrats“, in dem alle unsere Vermögen a priori sich vereinigen, um die Vernunft „mit sich selbst einstimmig zu machen“ und so den letzten Zweck, den unsere intelligibele Natur uns aufgibt, zu erfüllen. Diese unbestimmte Idee des Übersinnlichen in uns ist der Schlüssel und das Prinzip des Geschmacks; über diesen Punkt hinaus kann das ästhetische Prinzip nicht begreiflich gemacht werden. Gleich den theoretischen Ideen und der ethischen verstrickt sich auch die ästhetische in eine Antinomie; auch hier folgt die Lösung aus ihrem Charakter als Idee, das bedeutet in

diesem Falle als Prinzip der subjektiven Zweckmäßigkeit. Und wer bringt diese ästhetischen Ideen hervor? Antwort:

5. Das Genie, als „das Vermögen ästhetischer Ideen“. Es ist „die angeborene Gemütsanlage, durch welche die Natur der Kunst die Regel gibt“. Schöne Kunst oder Kunst des Genies ist die Kunst, „sofern sie zugleich Natur zu sein scheint“. Das Genie ist daher 1) original, eine Gabe der Natur an ihre Günstlinge; es läßt sich nicht nachahmen. Versuche dazu arten in Nachäfferei und Manieriertheit aus. Es ist 2) nicht wissenschaftlich. Es gibt weder eine Wissenschaft vom Schönen noch schöne Wissenschaft, sondern nur schöne Kunst. „Geniale“ Philosophen sind lächerlich, desgleichen der Gedanke einer genialen Wissenschaft; selbst das System eines Newton ist erlernbar. Das künstlerische Genie dagegen muß man von Natur besitzen; in der Wissenschaft gibt es nur „große Köpfe“ [hier geht Kant in seinem Eifer reinlicher Scheidung von Wissenschaft und Kunst wohl zu weit, es gibt auch wissenschaftliche Entdekkergenies]. 3) Die Produkte des Genies sind exemplarisch, auch wenn ihr Urheber nicht weiß, wie sich in ihm die Ideen zusammenfanden; nur von ihnen, den „Taten“ des Genies, kann die Kunst ihre Regeln abstrahieren. Übrigens kann das Genie den Geschmack als „Zuchtmeister“ nicht entbehren, der Klarheit und Ordnung in seine Gedankenfülle bringt, seine Ideen haltbar macht. Wenn das Genie das Vermögen ist, in Sprache, Malerei oder Plastik das Unnennbare auszudrücken, so ist der „Geist“, das „belebende Prinzip im Gemüte“, sein ausführendes Werkzeug und zugleich seine seelische Vorbedingung. Freilich gibt das Genie nur die Fülle des Stoffes und den geistigen Inhalt; das Technisch-Formale erfordert „Schule“. Originalität ist nicht Regellosigkeit.

Nachdem wir so die neue, ästhetische Gesetzlichkeit in ihren wichtigsten Grundbegriffen gekennzeichnet haben, seien im folgenden ihre wichtigsten Anwendungen angedeutet.

§ 43. Angewandte Ästhetik.

Die Analytik der ästhetischen Urteilskraft zerfällt, gemäß der zu Kants Zeiten herkömmlichen Einteilung des ästhetischen Stoffes, in die des Schönen und des Erhabenen. Was dem Schönen und Erhabenen gemeinsam ist, haben wir schon in der allgemeinen Charakterisierung des ästhetischen Gefühls (§ 42, 2) dargelegt. Das meiste davon bringt Kant bereits in seiner Charakteristik des Schönen, dessen Definition als desjenigen, „was in der bloßen Beurteilung, weder vermittelst der Sinnenempfindung noch durch Begriffe, mit subjektiver Notwendigkeit allgemein, unmittelbar und ohne alles Interesse gefällt“, alle jene von uns erkannten Attribute des ästhetischen Gefühls überhaupt enthält. Im folgenden sollen daher nur die hervorragendsten Sondereigenschaften des Schönen und namentlich des Erhabenen angegeben werden.

1. *Das Schöne* erhält das Gemüt in ruhiger Kontemplation; wir *weilen* in seiner Betrachtung. Es betrifft lediglich die *Form* des Gegenstandes, die in seiner Begrenzung besteht. Nur reine Farben und Töne sind schön, Kant unterscheidet ferner „freie“, für sich bestehende Schönheit (z.B. von Blumen, Arabesken, Musik ohne Text) und „anhängende“, durch einen Begriff (z.B. des Pferdes, eines Gebäudes, des Menschen) bedingte; ferner vage und fixierte, wilde und regelmäßige, vor allem aber die Schönheit der Kunst und der Natur, wobei er der letzteren den Vorzug zuerkennt. Ein Schönheitsideal ist nur vom Menschen möglich, weil nur dieser den Endzweck seines Daseins in sich selbst trägt. Das Ideal des Schönen ist etwas anderes als seine Normalidee (z.B. die eines Europäers), die nur ein Mittleres, einen Durchschnitt der Erfahrung darstellt; es besteht in dem sichtbaren Ausdruck des Sittlichen. Das Schöne kann daher auch als „Symbol“ der Sittlichkeit bezeichnet werden [womit die Ästhetik freilich zu nahe an die Ethik herangerückt wird]. Im Unterschied vom Schönen gefällt
2. *Das Erhabene* durch seinen Geschmack am *Formlosen*, Unbegrenzten, Unendlichen, durch seinen Widerstand gegen das Sinneninteresse. Nicht Verstand und Einbildungskraft, wie beim Schönen, sondern Einbildungskraft und Vernunft befinden sich jetzt im „freien Spiele“ miteinander. Das Gefühl des Erhabenen ist nicht mit einem Gefühl der Lebensförderung, sondern eher der Lebenshemmung, allerdings mit unmittelbar folgender, um so stärkerer Ergießung verbunden; es geht nicht aus der Harmonie, sondern aus dem Kontrast hervor. Es ist nicht mit Reizen vereinbar, dagegen in höherem Grad als das Schöne mit dem moralischen Gefühle verwandt. Man empfindet in seiner Nähe einen heiligen Schauer. Das Wohlgefallen daran ist mehr Achtung oder Bewunderung als Lust. Das Erhabene liegt noch weniger als das Schöne in den Gegenständen, noch mehr in unserem Gemüte, unseren Ideen. Es zerfällt, je nachdem es auf das Erkenntnis- oder auf das Begehrungsvermögen bezogen wird, in 1) das Mathematisch- und 2) das Dynamisch-Erhabene. Das *Mathematisch*-Erhabene wirkt durch seine schlechthinnige Größe, als das, „mit welchem in Vergleichung alles andere klein ist“, von den „Weltgrößen“ des Teleskops bis zu dem Unendlich-Kleinen, zu dem das Mikroskop vergeblich vorzudringen versucht. Denn die ästhetische Größenschätzung ist eine andere als die mathematische; sie geht auf das Übersinnliche. Das *Dynamisch*-Erhabene hat es nicht mit unermeßlichen Größen und Zahlen zu tun, sondern mit der Natur als einer unwiderstehlichen *Macht*, die Furcht erregt, und der wir uns gleichwohl durch unsere Persönlichkeit, nämlich das Gefühl der Erhabenheit unserer eigenen Bestimmung, überlegen fühlen. Diese Erhabenheit unserer Denkungsart steigert sich einerseits zum Enthusiasmus, anderseits zu der vielleicht noch erhabeneren Affektlosigkeit. Erhaben ist der Heldenmut („selbst“ im Kriege, „wenn er mit Ordnung und Heilighaltung der bürgerlichen Rechte geführt wird“), erhaben die Idee Gottes, erhaben vor allem das Sittengesetz [§ 40, II, 2, wodurch der Zusammenhang der Ästhetik mit der Ethik hergestellt wird].

Von anderen ästhetischen Begriffen erfahren nebenher eine gelegentliche Beleuchtung: das Häßliche, das Launige, das der Verwandlung einer gespannten Erwartung in ein Nichts entspringt, und besonders das Naive (die Einfalt der unverdorbenen Natur).

3. Die einzelnen Künste. Nur einen „Entwurf", nicht eine vollständige Theorie zu einer Einteilung der schönen Künste will Kant liefern. Das Einteilungsprinzip ist der Ausdruck, nach seinen drei verschiedenen Mitteln: Wort, Gebärdung und Ton für Gedanke, Anschauung und Empfindung. Danach zerfallen die schönen Künste in die redenden (Beredsamkeit, Dichtkunst), die bildenden (Plastik, Malerei und Architektur) und die des schönen Spiels der Empfindungen (Musik und – „Farbenkunst"). Beredsamkeit und malerische Darstellung verbinden sich im Schauspiel, Poesie und Musik im Gesang und, wenn außerdem noch die malerische (theatralische) Darstellung hinzutritt, in der Oper, Musik und „Spiel der Gestalten" im Tanz, Erhabenheit (des Inhalts) und Schönheit (der Form) im Trauerspiel oder Oratorium usw. Am wenigsten hält Kant von der ihm zu rhetorisch und nicht ehrlich genug dünkenden Kunst der Beredsamkeit. Am höchsten stellt er die Dichtkunst, weil sie „fast gänzlich" dem Genie ihren Ursprung verdankt, mit dem Scheine spielt, ohne doch zu betrügen, das Gemüt durch Ideen stärkt und erweitert und mit einer Gedankenfülle nährt, die dem wissenschaftlichen Begriffe versagt ist. Was Reiz und Bewegung des Gemüts angeht, steht der Poesie die Tonkunst am nächsten. Wenn sie auch nur durch Empfindungen ohne Begriffe spricht, so ergreift sie doch das Gemüt „mannigfaltiger und inniglicher". Als „Sprache der Affekte" ist sie jedem verständlich, durch ihre Behandlung eines Themas ruft auch sie eine unnennbare Gedankenfülle in uns hervor. Reinheit kann dem Ton (wie der Farbe) nur durch ihre mathematische Form (Proportion) verliehen werden, die in der Zusammensetzung der Harmonie und Melodie zum Ausdruck kommt.[50] Was dagegen die „Kultur" des Gemüts betrifft, so stehen die bildenden Künste weit höher als die Musik. Sie sind von bleibendem, diese nur von vorübergehendem Eindruck; sie leiten von bestimmten Ideen zu Empfindungen, die Musik nur von Empfindungen zu unbestimmten Ideen. Der Malerei gibt Kant vor der Plastik den Vorzug, nicht bloß darum, weil sie als „Zeichnungskunst" den übrigen bildenden Künsten zugrunde liegt, sondern auch, weil sie „weit mehr in die Region der Ideen einzudringen" vermag.

4. Schluß. Wahrheit ist zwar die Grundvoraussetzung der schönen Kunst, aber diese nicht selber. Das Kunstwerk kann nicht wissenschaftlich gelehrt, sondern muß vom Meister „vorgemacht" werden, nach dem Ideal, das ihm vor Augen steht. Die wahre Propädeutik zur schönen Kunst besteht nicht in einzelnen Vorschriften, sondern in der „Kultur der Gemütskräfte", in der Humanität, nicht bloß als „allgemeinem Teilnehmungsgefühl", sondern zugleich auch als Vermögen, „sich innigst und allgemein mitteilen zu können". Die Ästhetik vollendet erst den ganzen Menschen. Und die ewigen Muster dieser Kunst bie

ten die Griechen in ihrer glücklichen Vereinigung höchster Kultur mit freier, kräftiger Natur.

Erwägt man diese Gedanken Kants, erinnert man sich seiner tiefsinnigen Lehre vom Genie, so wird man nicht mit seinem Gegner Herder von seinem „tonlosen Gemüte" sprechen. Man wird im Gegenteil bewundern, daß er trotz des in seiner Naturanlage wie seinem Bildungsgange wurzelnden Mangels an lebendiger Kunstanschauung so tief in das Wesen aller Kunst einzudringen vermochte. Und man wird begreifen, daß gerade im Hinblick auf seine *Kritik der Urteilskraft* die beiden großen schaffenden Künstler, Schiller und Goethe, sich als die Jünger des großen philosophischen Systematikers bekannten. Denn Kants Aufgabe war jenen gegenüber die philosophisch-systematische: die Selbständigkeit und Eigenart des künstlerischen Schaffens neben dem wissenschaftlichen und sittlichen in seiner Gesetzlichkeit zu begründen und so den Ring seines Systems zu schließen, das alle drei großen Gebiete des menschlichen Bewußtseins und der menschlichen Kultur umfaßt.

Vierte Periode. Die Systeme der nachkantischen Philosophie von Fichte bis Schopenhauer. (1. Hälfte des 19. Jahrhunderts.)

Kapitel XIV. Einleitung: Von Kant zu Fichte.

§ 44 Kantianer und Halbkantianer.

a) Anhänger Kants.

Rosenkranz, Geschichte der Kantischen Philosophie (Bd. XII der Kant-Ausgabe von Rosenkranz und Schubert). *B. Erdmann, Kants Kritizismus* in der 1. und 2. Auflage der *Kr. d. r. V.* 1878. Eine kurze zusammenfassende Schilderung der Wirkungen Kants bietet die Einleitung zu meiner Ausgabe der *Kr. d. r. V.*, S. XI bis XX. – Über Schillers und Goethes Verhältnis zu Kant vgl. außer den zu § 42 zitierten Schriften von *Cohen* (insbes. Kap. IV) und *Kühnemann*, die ausführliche Darstellung von *K.*

Vorländer, Kant – Schiller – Goethe, Leipzig 1907, wo man auch die wichtigere Literatur über dieses Thema findet. – Eine Sammlung von philosophischen Äußerungen Goethes gibt *M. Heynacher, Goethes Philosophie aus seinen Werken.* (Phil. Bibl. 109) 1905. – Eine knappe Auswahl philosophischer Abschnitte aus Wilh. von Humboldts (jetzt in der großen 12bändigen Akademieausgabe vorliegenden) Werken mit guter Einleitung gibt *Joh. Schubert, W. von Humboldts ausgewählte philosophische Schriften* (Phil. Bibl. 123), 1910. Vgl. auch *R. Haym, W. v. Humboldt, Lebensbild und Charakteristik* (1856); *E. Spranger, W. v. H. und die Humanitätsidee*, Berlin 1909.

1. Kants Wirkung auf seine Fachgenossen. *Die Kritik der reinen Vernunft* hat Zeit gebraucht, bis sie ihre Wirkung voll zu entfalten vermochte. Zunächst wirkte sie nur verblüffend. Die zeitgenössischen offiziellen Vertreter der Philosophie in Deutschland, größtenteils gelehrte Eklektiker oder seichte Popularphilosophen, wußten nichts aus dem ihnen unverständlichen Werke zu machen. Erst die *Prolegomena* bewirkten einen Umschwung zum Besseren. Einer der ersten, freilich auch unselbständigsten Anhänger Kants war sein Kollege, der Mathematik-Professor und Hofprediger Johannes Schultz in Königsberg, mit seinen *Erläuterungen über des Herrn Professor Kants Kritik der reinen Vernunft* (1784, neu herausgegeben von *Hafferberg*, Jena 1897). Wichtiger wurde die von *Schütz* 1785 begründete *Jenaische Allgemeine Literaturzeitung*, die sich immer mehr zu einem Organe der neuen Schule entwickelte, für die Ausbreitung der kritischen Lehre. Am durchschlagendsten auf das große Publikum wirkten Reinholds *Briefe über die Kantische Philosophie* (s. S. 485). Nachdem dann 1788 und 1790 die beiden anderen kritischen Hauptwerke erschienen waren, erfolgte eine überaus rasche und umfassende Ausbreitung auf allen, selbst den katholischen und süddeutschen, Universitäten. An seiner Geburtsstätte wurde der Kritizismus, außer von Johannes Schultz, durch Kraus, Pörschke und einige jüngere Dozenten verbreitet, in Berlin durch Erhard, Kiesewetter und Maimon (S. 485 f.), in Halle durch Jakob, Hoffbauer und Tieftrunk, in Marburg durch Bering und Tennemann, in Leipzig durch Born, Krug und Heydenreich, in Klagenfurt durch v. Herbert usw. Sogar in dem reaktionären Göttingen, der Stadt der „zitierenden Wiederkäuer" (*Rosenkranz*), verfaßte Buhle eine sechsbändige Geschichte der Philosophie nach Kantischen Grundsätzen und las der bekannte Dichter Bürger über Kantische Philosophie. Ja, selbst in der Stadt der Phäaken, in Wien hielt Ben David eine Zeitlang Vorlesungen über die *Kritik der reinen Vernunft*; der Lothringer Villers machte sie in Frankreich bekannt. Schon 1793 konnten *Materialien zur* Geschichte (!) der kritischen Philosophie in zwei Bänden erscheinen. Und bald beschränkte sich Kants Wirkung nicht mehr auf die Philosophie, sondern traf auch fast alle anderen Wissenschaften: Mathematik, Naturwissenschaft, Rechtslehre, Politik, Sprachwissenschaft und besonders Theologie (vgl. *H. Co-*

ben, Von Kants Einfluß auf die deutsche Kultur 1883). Ihr geistvollster, wenn auch selbständiger Jünger und Apostel wurde der Dichter

2. Friedrich Schiller. Von seinem Freunde Körner in Dresden und von Reinhold in Jena zuerst auf Kant hingewiesen, folgt seine Dichternatur anfangs nur widerstrebend der systematischen Strenge des kritischen Philosophen, um sich ihr von 1791 ab immer mehr hinzugeben, bis er schließlich in seinem Briefe vom 28. Oktober 1794 an den kurz zuvor zum Freunde gewonnenen Goethe zum offenen Bekenntnis seines „Kantischen Glaubens" gelangt. Und wenn er sich in seinen letzten Jahren auch wieder mehr von der Philosophie zum dichterischen Schaffen zurückwendet: an den Grundprinzipien der Kantischen Philosophie, die er nach Goethes Zeugnis „mit Freuden in sich aufgenommen hatte", hat er doch stets festgehalten.

In einem Briefe an Körner vom 18. Februar 1793 bezeichnet Schiller als die beiden Grundgedanken der Kantischen Philosophie 1. den theoretischen: „Die Natur steht unter dem Verstandesgesetze", 2. den praktischen: „Bestimme dich aus dir selbst!" Die Natur ist ihm das Gesetz der Notwendigkeit, die Sittlichkeit das Gesetz der Freiheit; die Schönheit, aus dem Spiele beider entspringend, stellt die Freiheit in der Erscheinung dar. Doch hat Schiller die theoretische Seite des Kritizismus nicht weiter ausgebildet. Ihm lag mehr die Ethik und vor allem die Ästhetik am Herzen. Was die erstere betrifft, so steht es keineswegs einfach so, daß der Dichter, wie es in den Geschichten der Literatur und der Philosophie noch häufig zu lesen ist, Kants „ethischen Rigorismus ästhetisch gemildert hat". Schiller hat vielmehr Kants ethische Strenge in ihrer methodischen Notwendigkeit durchaus verstanden und deshalb auch ausdrücklich anerkannt, ja gefordert. Er verlangt, wie Kant, reinliche Scheidung zwischen Ethik und Ästhetik; „das reine, strenge Streben nach dem hohen Schönen führt", wie er noch 1798 an Goethe schreibt, „den Rigorismus im Moralischen mit sich". Eine ästhetische, d.i. Gefühlsmoral, würde die Sittlichkeit „in ihren Quellen vergiften"; alle Glückseligkeitssysteme entspringen bloß „einem Ideal der Begierde", das von der „Tierheit" in uns aufgeworfen wird. Aber er hat freilich, seiner dichterischen Natur entsprechend, die ästhetische Ergänzung, die mit dem strengsten transzendentalen Standpunkt vollkommen vereinbar ist, jedoch bei Kant erst im Keime vorlag, weiter als dieser ausgeführt. Das Rein-Moralische erscheint vom ästhetischen Gesichtspunkte aus als das Sittlich-Erhabene und erweitert sich sodann zum Sittlich-Schönen. Es gibt kein moralisches, wohl aber ein ästhetisches „Übertreffen der Pflicht".

Das Hauptinteresse des Dichters galt naturgemäß der Ästhetik. Auch die Ästhetik Schillers ruht auf dem Grunde der Kantischen; sie bildet nur deren psychologische Weiterführung und Ergänzung aus der eigenen Denkweise heraus. Auch ihm bedeutet das Ästhetische eine neue Welt neben der des Erkennens und der Sittlichkeit, die aus dem freien Spiele der beiden letzteren im Gemüte entspringt. Neben den physischen Zustand des Menschen, in dem er die Macht der Natur erleidet, und den moralischen, in dem er ihr überlegen ist, setzt Schiller den ästhetischen, in welchem er sich ihrer entledigt, indem er die beiden ersteren in ein freies Spiel zueinander versetzt. So überspannt das ästhetische Gefühl die Gegensätze: Natur – Sittlichkeit, Leiden – Tätigkeit, Zustand – Person, Welt – reiner Geist, Wechsel – Beharrlichkeit (Gesetz), Stoff – Form und bringt sie zur Harmonie. Der Stofftrieb bindet den Menschen an die Schranken des Endlichen und der Zeit; der Formtrieb erhebt ihn zum Unendlichen, Ewigen; der Spieltrieb verbindet beide und macht so erst den vollen Menschen. „Der Mensch ist nur da ganz Mensch, wo er spielt." Indem er den Stoff durch die Form, d.h. die Einheit unseres Wesens, vertilgt oder vielmehr gestaltet, wird aus dem Leben schlechtweg der ästhetische Schein der „lebenden Gestalt". Nicht bloß das Sittliche, auch das Schöne ist ein „Imperativ", d.h. im Menschen erst zu schaffen. Daher ist ästhetische Erziehung vonnöten. Diese ist einerseits Propädeutik zur Sittlichkeit des Individuums wie der Gesellschaft, anderseits deren Vollendung. Denn das Ideal der Menschheit vollendet sich erst in der Schönheit. Dies die wichtigsten Umrisse der Schillerschen Ästhetik. Bezüglich der einzelnen Ausführungen und Begriffe (des Schönen, Erhabenen, Naiven, Sentimentalischen usw.) müssen wir auf die ästhetischen Schriften des Dichterphilosophen selber[51] und die oben angegebene Literatur verweisen.

3. Durch Schiller ist auch Goethe, der bis dahin namentlich aus Spinoza sowie aus Herders Ideen seine philosophische Nahrung gezogen hatte, zur kritischen Philosophie geführt worden. Seit seinem Freundschaftsbund mit Schiller (1794) befreundet er sich immer mehr mit Kants System, wenigstens der Ästhetik, zum Teil auch der Ethik. Schon 1790 hatte er sich durch die Grundgedanken der *Kritik der Urteilskraft* lebhaft angeregt und sie „seinem bisherigen Schaffen, Tun und Denken ganz analog" gefunden. Nun wuchs er „durch das Verhältnis zu Schiller immer mehr mit ihr zusammen". Und, wenn auch seine „anschauende" Künstlernatur dem Zergliedern, Trennen und Abstrahieren, welches der Philosoph notwendig betreiben muß, sich nie in dem Maße wie diejenige Schillers zu eigen geben konnte, wenn auch nach Schillers Tod der spezielle Kantianismus bei ihm wieder zurücktritt, so hat doch die kritische Philosophie, die ihn „auf sich selbst aufmerksam machte", die „Kunst und Natur nebeneinander stellt und beiden das Recht gibt, aus großen Prinzipien zwecklos zu handeln", bis an sein Lebensende einen nachhaltigen Einfluß auf ihn geübt, wie er ihr oft mit dankbarer Verehrung bezeugt hat.

Auch Wilhelm von Humboldt, der berühmte Staatsmann und Sprachphilosoph, der Freund Schillers und Goethes, der Begründer der Universität Berlin, hat von seiner politischen Erstlingsschrift an, die einen folgerechten Individualismus predigt, bis zu seiner Abhandlung über Goethes *Hermann und Dorothea*, in seinen Briefen an Schiller wie in seinen Grundsätzen als Diplomat und Minister, unter dem Einfluß Kantischer Prinzipien gestanden, sodaß man ihn beinah in demselben Maße wie Schiller als Anhänger Kants betrachten kann, obschon seine Geschichtstheorie auch Anklänge an Schelling aufweist.

b) Halbkantianer.

Über S. Maimon vgl. das umfangreiche Buch von *F. Kuntze, Die Philosophie Salomon Maimons*, Heidelberg 1912. Maimons *Versuch einer neuen Logik* ist jetzt neu herausg. von B. C. Engel (Neudrucke der Kantgesellschaft III) Berlin 1912. – Über Beck vgl. Dilthey im Archiv f. Gesch. d. Philos. II, 592-650.

Bildet Schiller auch die kritische Philosophie in bestimmter Richtung weiter, so bleibt er doch ihrer Methode treu und kann deshalb als selbständiger „Kantianer" bezeichnet werden. Unter dem Titel „Halbkantianer" fassen wir eine Reihe unbedeutenderer Denker zusammen, die zwar auch vom Kritizismus mehr oder weniger ausgehen, dann aber nach verschiedenen Seiten hin abschwenken und eine geeignete Überleitung zur Darstellung Fichtes bilden, an den übrigens auch bei Schiller schon einzelnes erinnert. Zu ihnen gehören: Reinhold, Maimon, Beck.

1. Karl Leonhard Reinhold (1758-1823) wurde in Österreich von Jesuiten erzogen, geriet dann in josephinische Kreise und floh nach Deutschland. In Jena Schwiegersohn Wielands geworden, veröffentlichte er in des letzteren *Teutschem Merkur* 1786/87 seine populär gehaltenen *Briefe über die Kantische Philosophie*, die den Kritizismus, freilich in ziemlich oberflächlicher Form, in den weitesten Kreisen verbreiteten; in gleichem Sinne wirkte Reinhold als Professor in Jena von 1787 an. Allein seiner beweglichen, wandlungsfähigen Natur genügte bald die Kantische Philosophie, an der ihn zumeist ihr sittlich-religiöser Geist angezogen hatte, nicht mehr. Er ist der erste von den zahlreichen Nachfolgern Kants, der, über die „Kritik" hinausstrebend, ein „System" verlangt. Kants Kritik bedürfe eines Unterbaus, den Reinholds *Neue Theorie des Vorstellungsvermögens* (1789) ihr geben will: in der Urtatsache des Bewußtseins. Aus dem Ursatze: „Die Vorstellung wird im Bewußtsein vom Vorgestellten und Vorstellenden unterschieden und auf beide bezogen", wird dann alles weitere abgeleitet: aus dem gegebenen Objekte nämlich die Mannigfaltigkeit des Stoffes, aus der Spontaneität des Subjekts die synthetische Einheit der Form. Dem entspricht auf dem Gebiete des Wollens der sinnliche, auf Lust ausgehende Stofftrieb und der auf die Erfüllung des Sittengesetzes gerichtete Formtrieb. Verwandtes findet sich, wie wir sahen, schon bei Schiller. Nur wenige Gelehrte fielen dieser von Kant als „hyperkritisch" bezeichneten Reinholdschen „Elementarphilosophie" zu. Da ihr Urheber selbst sich bald wieder von ihr abwandte, um erst zu Fichte, dann zu Jacobi, später zu Bardili, endlich zu einer „Philosophie ohne Beinamen" überzugehen, verlor er bald jeden Einfluß auf die philosophische Entwicklung; er starb 1823 fast vergessen als Professor in Kiel.
2. Salomon Maimon (1754-1800), ein polnisch-litauischer Jude, der sich, von glühendem Wissensdurste getrieben, durch eiserne Willenskraft aus den drük-

kendsten Verhältnissen zu den Höhen deutschen Denkens emporgearbeitet hatte (vgl. seine Selbstbiographie von 1792), schrieb, als er 1790 Kants Kritik kennen gelernt hatte, sofort seine Bedenken in einem *Versuch über die Transzendentalphilosophie* nieder, der Kant das Geständnis entlockte, keiner von seinen Gegnern habe ihn in der Hauptfrage so wohl verstanden. Maimon bildet in dieser und späteren Schriften (darunter namentlich *Versuch einer neuen Logik* 1794) den Kritizismus einesteils nach der idealistischen (weshalb er auch von Fichte anerkannt wurde), anderseits nach der skeptischen Seite hin weiter. Nicht nur die Formen, sondern auch der Stoff unserer Vorstellungen stammt aus dem Bewußtsein. Ein ,Ding an sich' ist unmöglich, so imaginär wie die $\sqrt{-a}$; es bezeichnet nur die irrationalen Grenzen unseres Erkennens. Ein sicheres Erkennen ist außerhalb der Logik und Mathematik nicht anzutreffen; selbst das Kausalitätsgesetz begründet keine unbedingte Notwendigkeit, wie er mit Hume erklärt. Auch mit dem Kantischen Moralprinzip war Maimon nicht einverstanden. Näher an Kant schloß sich dessen Schüler

3. J. Sigismund Beck (1761-1842, die letzten vier Jahrzehnte seines Lebens Professor in Rostock) an, der Überarbeiter des gewöhnlich unter Kants Namen gehenden Aufsatzes *Über Philosophie überhaupt*, dessen bedeutsamere Schriften sämtlich schon in die neunziger Jahre fallen. Sein Hauptwerk: *Einzigmöglicher Standpunkt, aus welchem die kritische Philosophie beurteilt werden muß* (1796) erblickt diesen „einzig-möglichen" Standpunkt, mit Reinhold und Maimon, in dem Ausgehen von der Einheit des Bewußtseins, dem „ursprünglichen Vorstellen". Erst aus ihm folgt der Gegenstand, von dem wir außerdem gar nichts wissen können. Das sei auch der wahre Standpunkt Kants, der nur aus Rücksicht auf den dogmatischen Standpunkt seiner Leser von „äußeren Gegenständen" gesprochen habe. Eine Affektion durch „Erscheinungen" dagegen will Beck, im Unterschiede von Berkeley, nicht leugnen. In der Ethik schließt er sich nahe an Kant an.

Wie Reinhold und Maimon, so wurde auch Beck bald durch das glänzendere Gestirn Fichtes verdunkelt. Sie gerieten alle drei früh in Vergessenheit.

§ 45. Gegner Kants: „Änesidemus"; die Glaubensphilosophie (Hamann, Herder, Jacobi). – Fries.

G. E. Schulzes Hauptschrift *Änesidemus* jetzt neu hrsg. von A. Liebert in den *Neudrucken* der Kantgesellschaft, Bd. I, 1911. – Über Herders Philosophie vgl. außer der umfassenden Herderbiographie *R. Hayms* (2 Bde. 1880-85) namentlich die kürzere von *E. Kühnemann* (2., völlig umgearbeitete Aufl. 1912). Ferner *G. Jacoby, Herders und Kants Ästhetik*, Lpz. 1907. *Siegel, Herder als Philosoph*, Stuttgart 1907. Eine Auswahl des Wichtigsten aus Herders philos. Schriften, gibt *Horst Stephan, Herders Philosophie* (Phil. Bibl. Bd. 112). – Über Jacobi vgl. *Zirngiebl,*

Jacobis Leben, Dichten und Denken, 1867, und *F. A. Schmid, Fr. Heinr. Jacobi*, Heidelberg 1908. Die Hauptschriften zum Pantheismus-Streit zwischen Jacobi und Mendelssohn, mit histor.-krit. Einleitung von *H. Scholz* (*Neudrucke der Kant-Gesellschaft* VI). Berlin 1916. – Über Fries vgl. *Elsenhans, Fries und Kant*, 2 Bde. 1906.

1. Gottlob Ernst Schulze (1761-1833), Professor in Helmstedt, seit 1810 in Göttingen, wo ihn Schopenhauer gehört hat, will in seinem 1792 anonym erschienenen *Änesidemus* den Humeschen Skeptizismus gegen die „Anmaßungen der Vernunftkritik" verteidigen. Der Form nach gegen Reinholds Elementarphilosophie gerichtet, trifft die Schrift Kant mit. Es geht über die Kräfte der Erfahrung hinaus, ihre eigenen Bedingungen in gewissen „Vermögen" oder Erkenntniskräften wie Sinnlichkeit, Verstand und Vernunft aufzusuchen. Insbesondere verstößt es gegen die doch nach Kant selbst auf die Erfahrung beschränkte Geltung des Kausalgesetzes, diese Geltung auf die Affizierung der Sinne durch sogenannte „Dinge an sich" auszudehnen. Die logischen und mathematischen Denknotwendigkeiten stehen auch für Schulze fest: aber Erkenntniskritik und Metaphysik können nur in stetigem, nie endendem Fortschritt allmählich einer, niemals endgültigen, Lösung näher geführt werden. Die Änesidemus-Schrift, die 1801 durch ein größeres Werk *Kritik der theoretischen Philosophie* ergänzt wurde, übte einen bedeutenden Einfluß auf die zeitgenössischen Denker, insbesondere auf Fichte, aus. Ihr Verfasser selbst neigte später mehr der Glaubensphilosophie Jacobis zu.
2. Diese Glaubensphilosophie hatte schon vor Kants kritischer Periode eingesetzt. Sie beruhte auf der Reaktion des Gefühls gegen den nüchternen Verstand. Wie in Frankreich Rousseau gegen die Enzyklopädisten, so hatte sich in Deutschland gegen die rein verstandesmäßige Aufklärung eine zunächst literarische Opposition erhoben, die in der „Sturm- und Drang"-Periode ihren Gipfel erreichte und begeistert den Kultus der Natur, des Genies, der Leidenschaften und des Herzens predigte. Wir haben nur ihren philosophischen Ausdruck zu betrachten.

Recht unabgeklärt, kaum Philosophie zu nennen, findet sich derselbe in den originellen Schriften des aus der Literaturgeschichte bekannten merkwürdigen „Magus aus Norden", des auch mit Kant, namentlich aber mit Herder und Jacobi befreundeten Packhof Verwalters J. G. Hamann in Königsberg (1730-1788). Schälen wir aus der oft wunderlichen und phantastischen Hülle den Kern seines Strebens heraus, so erfahren wir: Die wahre und höchste Erkenntnis liegt in dem lebendigen persönlichen Gefühl und äußert sich im Glauben, besonders dem religiösen. Hamann erklärt sich ausdrücklich als Feind jeglicher Abstraktion, auch der theologischen, und alles methodischen Philosophierens, das er als „scholastisches Geschwätz, Schulfuchserei und leeren Wortkram" bezeichnet. Sinnlichkeit und Verstand zu trennen, wie Kant es tue, verstoße gegen die lebendige Wirklichkeit. Empfindung, Offenbarung,

Tradition, Sprache: das seien die wahren Grundelemente der Vernunft. Was man glaubt, z.B. die Unsterblichkeit, braucht nicht bewiesen zu werden, und einen Satz, der unumstößlich „bewiesen" worden ist, braucht man deshalb noch nicht zu glauben.

3. Weit verfeinerter und harmonischer erscheint diese Gefühlsphilosophie in J. G. Herder (1744-1803), dessen allgemeine Würdigung natürlich nicht hierher gehört. Herder war ein vielseitiger, jedoch der nötigen Konzentration ermangelnder Geist; in der Philosophie hat er es über fruchtbare Anregungen nicht hinausgebracht. Es fehlt ihm die methodische Strenge und Gründlichkeit; der philosophischen Begriffswissenschaft will auch er die „lebendige Wirklichkeit" gegenüberstellen. Von dem vorkritischen Kant und Leibniz auf der einen, den Engländern, besonders Shaftesbury, auf der anderen Seite herkommend, begeisterte er sich in den 80er Jahren – gemeinschaftlich mit seinem jüngeren Freunde Goethe – für den damals wieder bekannt werdenden Spinoza, wozu dann später noch die Philosophie Jacobis trat. Der Kritizismus dagegen mußte ihn seiner ganzen Natur nach abstoßen.

Im Gegensatz zu der ungeschichtlichen Auffassung der vulgären Aufklärungsphilosophie vertritt Herders Hauptwerk, die (übrigens nicht vollendeten) *Ideen zur Philosophie der Geschichte der Menschheit* (1784-91), den fruchtbaren Gedanken der historischen Entwicklung. Die Geschichte der Menschheit besteht in ihrer Entwicklung von den niedersten Anfängen zum Ideal der Humanität, d. i. der harmonischen Entfaltung und Betätigung aller menschlichen Anlagen. Zu diesem Zwecke ist nicht nur des Menschen eigene, physiologische wie geistige, Natur organisiert, sondern ist ihm auch die gesamte äußere Natur gegeben, deren Entwicklung demgemäß von ihren ersten Anfängen an durchmustert wird. Die Menschengeschichte ist nur die Fortsetzung der Entwicklung der Natur. Die historische Darstellung dieses Entwicklungsganges wird jedoch fortwährend von ideologischen Betrachtungen unterbrochen; beide, Natur- und Menschengeschichte, sind Offenbarungen des allweisen und allgütigen Gottes. Was Kant im Interesse methodischen Denkens streng auseinandergehalten hatte: Naturwissenschaft und Religion, Naturnotwendigkeit und Freiheit, Empfindung und Denken, sah er hier im Interesse der „lebendigen Wirklichkeit" unmethodisch vermischt. Kein Wunder, daß er diesem Beginnen in zwei Rezensionen in der *Jenaer Literaturzeitung* entgegentrat, welche zwar Herders Verdienste anerkannten, aber auch seine Schwächen scharf charakterisierten.

Die übrigen philosophischen Schriften Herders sind fast sämtlich nur Ausführungen dieser seiner Grundgedanken, so die *Briefe zur Beförderung der Humanität* (1793 ff.) und *Gott, Gespräche über Spinozas System* (1787). „Gott" ist die allweise, allmächtige und allgütige Urkraft, die nicht außerhalb, sondern in der Welt existiert, in ihr durch unzählige und unendliche Kräfte sich offenbart. Herders letzte Schriften, *Metakritik* (1799, gegen Kants *Kritik der reinen Vernunft)* und *Kalligone* (1800, gegen die *Kritik der Urteilskraft),* sind

Erzeugnisse eines verbitterten und gereizten Gemüts, die Kants Sätze, oft in der hämischsten Weise, verdrehen, um dann auf den selbstverfertigten Popanz loszuschlagen. Goethe und Schiller stellten sich in diesem Streite durchaus auf die Seite Kants; die neue Zeit ging über den alten Herder hinweg. Auch die Philosophie hat in ihrer Weiterentwicklung an Herder nicht mehr angeknüpft.

Philosophisch sorgfältiger zeigte sich eine ihm verwandte, obwohl ungleich weniger reiche Denkernatur:

4. Friedrich Heinrich Jacobi (1743-1819). Zwar ist auch er kein Schulphilosoph und wollte keiner sein. Sohn eines Düsseldorfer Kaufmanns, anfangs selbst Geschäftsmann, dann in Pempelfort bei Düsseldorf, später in Holstein frei seinen philosophischen Neigungen lebend, erhielt er erst 1804 eine offizielle Gelehrtenstellung als Präsident der neugegründeten Akademie der Wissenschaften zu München, wo er 1819 starb. Er hat selbst seine Philosophie für das Ergebnis und den Ausdruck seines persönlichen Lebens erklärt. Die Stärke seiner weichen und empfindsamen, fast weiblichen Natur bestand mehr in der Nachempfindung anderer als in eigenem Schaffen; seine Schreibweise ist zwar geistreich, aber unmethodisch sprunghaft, oft überschwenglich.

In die philosophische Bewegung trat Jacobi, der sich vorher schon durch zwei lehrhafte Romane *Woldemar* und *Allwill* literarisch bekannt gemacht hatte, durch seine Schrift *Über die Lehre des Spinoza in Briefen an Moses Mendelssohn* (1785) ein, in der er behauptete, Lessing (vgl. S. 415) habe sich gegen Ende seines Lebens in einem vertraulichen Gespräche als Anhänger des spinozistischen ἓν καὶ πᾶν bekannt. Daraus entspann sich ein lebhafter Streit zwischen ihm und Mendelssohn, in den sich auch Herder einmischte. Aus dem Kampfe um Lessing ward ein Kampf um Spinoza selbst. Jacobi verfocht den Satz, daß alle Begriffsphilosophie notwendig zum Spinozismus, als ihrem folgerichtigsten Systeme, führen müsse. Der Verstand allein gelange niemals zum Unbedingten, das begriffliche Wissen münde in ein System des blinden Naturmechanismus, Materialismus und Atheismus aus. Aus dieser Gefahr könne uns nur der salto mortale in den Glauben retten, d.h. in das unmittelbare Gefühl der Gewißheit, das keiner Beweisgründe bedarf; er nennt es auch: Sinn, Anschauung, Ahnung, Empfindung, Eingebung. Auf eine gereizte Erwiderung Mendelssohns erfolgte 1786 eine ebenso heftige Replik Jacobis. Nach Mendelssohns Tode führte Jacobi seine Lehre genauer aus in *David Hume über den Glauben* oder *Idealismus und Realismus* (1787). Er benutzte jetzt zur Verteidigung seines Standpunktes – Kants *Kritik der reinen Vernunft*. Als des letzteren unsterbliche Tat bezeichnete er die siegreiche Widerlegung aller dogmatischen Metaphysik; durch die Aufhebung des Wissens habe er dem Glauben Platz gemacht. Dieser „Glaube“ bedeutet aber auf theoretischem Gebiete für unseren Gefühlsphilosophen nichts anderes als den naiven Realismus. Die Wirklichkeit unseres Körpers, der äußeren Gegenstände, des Raumes und der Zeit usw. ist uns „unmittelbar“ gewiß; für ihre naturwissenschaftliche Erforschung interessiert sich Jacobi nicht. Erst recht heimisch sind natürlich Glaube und Gefühl (später von Jacobi wohl auch „Vernunft", im Gegensatz zum Verstande, genannt) auf dem Gebiete von Kants praktischen Ideen: Gott, Freiheit und Unsterblichkeit. Ein Gott, der gewußt werden könnte, wäre kein Gott. Die Gottheit wird ausdrücklich als übernatürliches und außerweltliches Wesen bezeichnet, das sich uns jedoch in unserem Innern offenbart. Die Sittlichkeit wird ebenfalls gefühlsmäßig auf einen natürlichen Grundtrieb begründet, Jacobi huldigt dem Kultus der „schönen Seele". In einer späteren Schrift *Von den göttlichen Dingen* (1811) griff er den Pantheismus Schellings an und rief dadurch eine scharfe Gegenschrift des letzteren (§ 50) hervor. Aus einem gewissen Dualismus – er nennt sich selbst einmal „einen Heiden mit dem Verstand, einen Christen mit dem Gemüt" – ist er sein Leben lang nicht herausgekommen.

Jacobis Gefühlsphilosophie fand manche Anhänger, namentlich solche, denen Kant zu streng und kalt erschien. Von ihnen steht Fr. Köppen (1775-1858) ihm am nächsten; Salat und v. Weiller benutzten sie zu Aufklärungsbestrebungen innerhalb des süddeutschen Katholizismus, während der preußische Minister Ancillon († 1837) mit ihr in das reaktionäre Fahrwasser geriet. Auch der von Kant ausgegangene Göttinger Ästhetiker Bouterwek (1766-1828) schlug sich später auf Jacobis Seite.

5. Bedeutender als sie alle ist J. Fr. Fries (1773-1843, unter den Herrnhutern erzogen, Professor in Heidelberg und Jena, hier wegen seiner Beteiligung am Wartburgfest von 1817 längere Zeit suspendiert) mit seinem Versuch einer Vermittlung zwischen Jacobi und Kant in seiner *Neuen Kritik der reinen Vernunft* (1807), der 14 Jahre später seine *Psychische Anthropologie* folgte. Er steht indes der kritischen Philosophie ungleich näher als den Glaubensphilosophen und kann daher mit Recht als Halbkantianer bezeichnet werden. Wie Kant, erstrebt auch er Philosophie als „feststehende Wissenschaft", gleich der Mathematik; wie Kant, vertritt er den Realismus der Wissenschaft gegenüber dem Rausche der Spekulation, ja er geht über ihn hinaus, indem er nicht nur Physik, Chemie und Astronomie, sondern auch die organische Welt allein dem Gesetze der mathematisch-mechanischen Erklärung unterwerfen will; wie Kant, hat auch er Ehrfurcht vor der Strenge des Sittengesetzes. Aber Kant habe das „transzendentale Vorurteil" besessen: „was die reine Vernunft behaupte, das müsse sie erst einem Beweise unterworfen haben". Nicht der Beweis aber ist für Fries der letzte Begründer der Wahrheit, sondern – und das nähert ihn Jacobi – das unmittelbare Gefühl. Freilich das dunkle Gefühl soll durch die Reflexion zum klaren Bewußtsein erhoben werden. Aber die „empirisch-psychologische" Natur der transzendentalen Erkenntnis habe der kritische Philosoph verkannt. Fries hält es demnach für seine Aufgabe, dem Kantischen Apriorismus einen festen psychologischen Unterbau zu geben. Das a priori ist eine Tatsache, die durch psychologische Analyse, innere Beobachtung, eine Art „Experimentalphysik des Inneren" gefunden werden muß. Das Fundament muß in einer philosophischen oder psychischen Anthropo-

logie bestehen, die Fries namentlich in seinem zweiten Hauptwerke näher ausgeführt hat. Das Grundprinzip seiner Ethik (der „handelnden Vernunft“) ist der unserem Herzen entstammende Glaube an die Realität des Guten als eines ewig Wertvollen, mithin das Vermögen, die Werte der Dinge zu bestimmen, ihre höchste Aufgabe die Veredlung der Menschheit. Die Summe seiner Anschauung faßt er einmal in die Worte zusammen: „Wir wissen von den Erscheinungen (nämlich in der theoretischen Vernunft), wir glauben an das wahre Wesen der Dinge (in der ‚handelnden‘ Vernunft), wir ahnden dieses in jenen (im religiösen und im ästhetischen Gefühl).“ Vgl. die kleine Schrift *Wissen, Glauben und Ahndung,* Jena 1805, neu herausgegeben von *L. Nelson,* Göttingen 1905. Seine *Philosophische Rechtslehre und Kritik aller positiven Gesetzgebung* (1803) ist jetzt neugedruckt herausgegeben von der *Fries-Gesellschaft* (s. u.) Lpz. 1914.

Fries’ besonnene und gediegene Denkart hat ihm unter den Gegnern metaphysischer Spekulation eine ganze Reihe tüchtiger Anhänger erworben: so die freisinnigen Theologen de Wette, Henke und Karl Hase, ferner den berühmten Begründer der Pflanzenzellentheorie, Matthias Schleiden, und vor allem den früh verstorbenen Ernst Friedrich Apelt (1812-1859), dessen *Theorie der Induktion* (1854), *Epochen der Geschichte der Menschheit* (1845-46) und *Reformation der Sternkunde* (1857) noch heute wissenschaftlichen Wert besitzen. Ja, in neuester Zeit hat sich sogar eine neue „Friessche Schule“ (L. Nelson, G. Hessenberg u. a. in Göttingen) gebildet, die seit 1904 eigene *Abhandlungen der Friesschen Schule* in *Neuer Folge* herausgibt. Bis 1914 waren vier Bände zu je vier Heften erschienen. Der Gegenstand der transzendentalen Kritik ist diesen Friesianern Erkenntnis a priori, der Inhalt empirische Psychologie. Vgl. besonders *L. Nelson, Über das sogenannte Erkenntnisproblem,* Göttingen 1908. Auch Apelts *Metaphysik* (1857) ist 1911 von dem Theologen *R. Otto* neu herausgegeben worden, der *Die Kant-Friessche Religionsphilosophie* (Tüb. 1909) auf die Theologie anzuwenden sucht.

Kapitel XV.
Fichte.

§ 46. Leben, Schriften, Charakter.

Eine größere deutsche Gesamtdarstellung von Fichtes Leben und Lehre existiert außer derjenigen in *Kuno Fischers Gesch. d. n. Philos.* (Bd. VI) noch nicht. Eine Beschreibung seines Lebens nebst Veröffentlichung des literarischen Briefwechsels gab sein Sohn *I. H. Fichte*, 2. Aufl. 1862. Die große Anzahl von Schriften, welche die 100jährige Geburtsfeier (1863) hervorbrachte, s. bei Ueberweg IV, § 3; davon die bedeutendste *J. H. Löwe, Die Philosophie Fichtes*, Stuttgart 1962. Neuerdings mehrt sich die Literatur über Fichte. Wir heben hervor: *X. Léon, La Philosophie de Fichte*. 1902. *Medicus, J. G. Fichte*, 13 Vorlesungen, Berlin 1905. *E. Bergmann, Fichte als Erzieher zum Deutschtum*. Lpz. 1915. Über seine philosophische Entwicklung vgl. *W. Kabitz, Studien z. Entwicklungsgeschichte der Fichteschen Wissenschaftslehre*, Berlin 1902, auch *Emil Fuchs, Vom Werden dreier Denker* (Fichte, Schelling, Schleiermacher) Tüb. 1904. – Ausgabe der *Sämtlichen Werke* durch *I. H. Fichte*, 8 Bände, Berlin 1845 f.; dazu die schon vorher von demselben herausgegebenen *Nachgelassenen Werke* (3 Bde.), Bonn 1834 f. Eine schön ausgestattete Ausgabe alles Wichtigen: *J. G. Fichte, Werk, Auswahl in sechs Bänden mit Biographie Fichtes* herausgeg. von *F. Medicus*. Leipzig 1908-12. Der handschriftliche Nachlaß befindet sich in der Kgl. Bibliothek zu Berlin. Vgl. auch *S. Berger, Eine unveröffentlichte Wissenschaftslehre J. G. Fichtes*. Marburger Diss. 1918. Neue, wertvolle Briefe veröffentlicht *Hans Schulz* in *Aus Fichtes Leben*. Berlin (Ergänzungshefte der *Kantstudien*, Nr. 44) 1918.

Johann Gottlieb Fichte ward als Sohn eines Bandwirkers am 19. Mai 1762 zu Rammenau in der sächsischen Oberlausitz geboren. Er half seinem Vater am Webstuhl und hütete die Gänse. Ein Edelmann der Umgegend, der durch Zufall auf die Begabung, namentlich das Predigertalent des Knaben aufmerksam geworden war, ermöglichte ihm den Besuch der Klosterschule Pforta (1774-1780). In Jena und Leipzig, wo der junge Fichte anfangs Theologie studierte, fühlt er den Beruf eines Verkünders der freien Wissenschaft immer stärker in sich erwachen. Die orthodoxe Landeskirche hatte keine Kanzel für ihn frei. Aus peinlicher äußerer Lage durch eine Hauslehrerstelle in Zürich gerettet, lernt er hier Lavater, Pestalozzi und seine spätere, ihn ganz verstehende Frau, eine Nichte Klopstocks, kennen. In Leipzig (1790) erfährt sein Denken eine gänzliche Revolution durch die „ebenso herzerhebende wie kopfzerbrechende" Philosophie Kants, den er im folgenden Jahre in Königsberg aufsuchte. Er legte ihm das Manuskript seiner in fünf Wochen niedergeschriebenen philosophischen Erstlingsschrift *Versuch einer Kritik aller Offenbarung*[52] vor und gewann dadurch seine Zuneigung. Durch sie wurde er mit einem Schlage berühmt, da man die durch ein Versehen [oder eine Spekulation?] des Verlegers anonym erschienene Schrift allgemein für ein Werk Kants selbst hielt, dessen Religionsphilosophie man damals (1792) gerade mit Spannung erwartete. Von Zürich aus, wo er nun seinen häuslichen Herd gründete, schrieb er im folgenden Jahre, lebhaft angeregt durch die Grundgedanken der Französischen Revolution, seine in „Heliopolis, im letzten Jahre der alten Finsternis (1793)" anonym erschienene Rede: *Zurückforderung der Denkfreiheit von den Fürsten Europas* und: *Beiträge zur Berichtigung der Urteile des Publikums über die Französische Revolution* (ebenfalls anonym). 1794 als Nachfolger Reinholds nach Jena berufen, entfaltete er dort eine glänzende Lehr- und schriftstellerische Tätigkeit, geriet jedoch bald durch seinen energischen, aber heftigen Charakter mit seinen Kollegen, namentlich den theologischen wegen populärer Vorlesungen am Sonntag, wie auch mit einem Teile der Studenten, deren rohe Burschensitten er zu reformieren suchte, in Zwist. Seine Entlassung von der Universität führte der „Atheismusstreit" herbei. Wegen seines 1798 in seiner Zeitschrift, dem gemeinschaftlich mit Niethammer herausgegebenen *Philosophischen Journal,* veröffentlichten Aufsatzes von Forberg: *Entwicklung des Begriffs der Religion,* dem er selbst eine Abhandlung *Über den Grund unseres Glaubens an eine göttliche Weltregierung* vorausgeschickt hatte, in der er Gott mit der sittlichen Weltordnung gleichsetzte, wurde er von der kursächsischen Regierung des Atheismus angeklagt. Er verteidigte seinen Standpunkt mit gewohntem Feuer in zwei Schriften, der *Appellation an das Publikum* und dem *Gerichtlichen Verantwortungsschreiben* (1799), und drohte im Falle eines Verweises mit seinem und anderer Amtsgenossen Fortgang von Jena. Dadurch führte er seine Entlassung aus dem Lehramte herbei, zu der auch Goethe seine Zustimmung gab. Er ging nun nach Berlin, wo er nicht bloß Duldung, sondern gute Aufnahme, zahlreiche Zuhörer und in den Romantikern (Schleiermacher, Tieck, den beiden Schlegel) einen Kreis anregender und geistvoller Freunde gewann. Im Sommer 1805 bekleidete er vorübergehend eine Professur in dem damals preußischen Erlangen, 1806-07 kurze Zeit in Königsberg, wo er Pestalozzi studierte. Im Winter 1807-08 hielt er, unter dem Trommelwirbel der französischen Garnison, in der Berliner Akademie seine berühmten *Reden an die deutsche Nation,* in denen er mit flammender Begeisterung die Wiedererneuerung der Nation durch eine von Grund aus veränderte Erziehung forderte. 1810 wurde er Professor, 1811 der erste gewählte Rektor an der neugegründeten Berliner Universität. 1813 wollte er als religiöser Redner mit ins Feld ziehen, aber es kam nicht dazu. Ein Opfer des Krieges wurde er gleichwohl, indem er am 29. Januar 1814 an einem ansteckenden Fieber starb, das seine Frau sich bei der Pflege Verwundeter in den Lazaretten zugezogen hatte und auf ihn übertrug. Zehn Jahre nach seinem Tode wurde der Wiederabdruck der *Reden an die deutsche Nation* verboten!

Die für Fichtes Philosophie grundlegenden Schriften sind die in der Jenenser Periode (1794-1799) verfaßten: 1. *Grundlage der gesamten Wissenschaftslehre* 1794 (nebst zwei 1797 verfaßten neuen *Einleitungen* dazu). Eine neue Darstellung erschien im Jahre 1801, wie er denn überhaupt bis ans Ende seines Lebens an der inhaltlichen und formalen Vollendung dieses seines Hauptwerks gearbeitet hat, ohne sie zustande zu bringen. 2. *Grundlage des Naturrechts nach Prinzipien der W.-L.* 1796. 3. *Das System der Sittenlehre nach Prinzipien der W.-L.* 1798. Im Jahre 1800 folgen dann die populäre Darstellung seines Systems in *Die Bestimmung des Menschen* und die politische Schrift: *Der geschlossene Handelsstaat.* Eine gewisse Umformung seiner ursprünglichen Lehre enthalten die späteren Schriften: *Über das Wesen des Gelehrten* 1805, *Grundzüge des gegenwärtigen Zeitalters* 1806, *Anweisung zum seligen Leben* 1806, *Die Tatsachen des Bewußtseins* 1810; noch mehr die nachgelassenen Werke, die er selbst nicht mehr hat drucken lassen. Wir haben uns in erster Linie an die erste Gestalt von Fichtes System, in der es auf die Zeitgenossen gewirkt hat, zu halten. Fichte erscheint als Mensch größer denn als Philosoph. Seine Grundeigenschaft ist die unbeugsame, zuweilen in Starrheit und Eigensinn ausartende Willensenergie. Sie offenbart sich auch in seiner Lehre, entsprechend seinem Worte: Was für eine Philosophie man wähle, hängt davon ab, was für ein Mensch man ist. Sein philosophisches System entspringt dem innersten Kerne seines Wesens. „Zur Philosophie gehört Selbständigkeit, und diese kann man nur sich selbst geben." Die „Wissenschaftslehre" soll „den ganzen Menschen erschöpfen", sie läßt sich daher auch nur mit der „Totalität seines ganzen Vermögens" erfassen, und nur durch den „Geist", nicht nach dem „Buchstab" verstehen, wie er mit verächtlichem Hinblick auf die „buchstabengläubigen" Kantianer sagt. Fichte ist kein Mann des beschaulichen Denkens. „Zu einem Gelehrten von Metier habe ich gar kein Geschick; ich mag nicht bloß denken, ich will handeln." Sein Vortrag „war vortrefflich, bestimmt, klar; ich wurde ganz von dem Gegenstande hingerissen und mußte gestehen, daß ich nie eine ähnliche Vorlesung gehört hatte" (Steffens). Er predigt seine Philosophie, er dringt auf Überzeugung, oft herrisch und gewaltsam. Eine seiner Schriften, den *Sonnenklaren (!) Bericht über das Wesen der neuesten Philosophie* (1801), bezeichnet er schon auf dem Titelblatte als einen „Versuch, den Leser zum Verstehen zu zwingen". Das Wesen, das in seinem trotzigen Gang, seinem strafenden Auge lag, – „Furcht", sagt er einmal, „bleibt niederträchtig, und diese kommt den rechten Mann wohl nie an" – trägt sich auch in seinen Schriften aus. Wenn man von der Lektüre Kants kommt, muß man sich erst an die ganz andere Art Fichtes gewöhnen, dessen systematische Schriften an die Scholastik oder an Spinoza erinnern mit ihrer rein deduktiven Methode, die aus einem „Grundsatze" in einer oft ermüdenden Kette von Folgerungen, neuen Lehrsätzen, verdeutlichenden Wiederholungen und Zusammenfassungen ein ganzes System herausspinnt. Hinreißende Begeisterung dagegen, verbunden mit schwungvoller, aber verständlicher Sprache, kommt in seinen populären Schriften, wie den *Reden* oder der *Bestimmung des Menschen,* zum Ausdruck. Die Hoheit, Reinheit und wuchtige Kraft seiner Persönlichkeit wird auch auf denjenigen, der Fichtes philosophisches System als unhaltbar erkennt, ihren Eindruck heute ebensowenig wie zu den Zeiten seines Urhebers verfehlen.

Zur ersten Einführung in Fichtes Gedankenwelt eignet sich am besten: *Die Bestimmung des Menschen* (wie seine meisten populären Schriften auch bei *Reclam* erschienen), zur Einführung in sein System: das *System der Sittenlehre.* Wir wählen im folgenden den systematischen Gang.

§ 47. Grundlagen. Theoretische Wissenschaftslehre.

1. *Stellung zu Kant.* Fichte schloß sich zunächst an Kant an, den er auch später – abgesehen von vorübergehenden Momenten des Unmuts – über alle anderen Philosophen stellte. Auch seine Lehre will Kritizismus sein, aber „echter, durchgeführter" Kritizismus. Kant sei bei der Tatsache des Bewußtseins stehen geblieben, ohne bis zu dessen letztem Grunde, dem reinen Ich, vorzudringen. Fichte will deshalb die Prinzipien aufsuchen, die „Kants Lehre offenbar zugrunde liegen", aber bei ihm nur angedeutet sind, und so die Wissenschaft zur Wissenschaft von der Wissenschaft (Wissenschaftslehre) erheben. Er will das System der Metaphysik ausführen, zu dem jener nach seinen eigenen Worten nur die Propädeutik habe liefern wollen. Statt der bescheideneren Bezeichnung „Kritik" erscheint von Fichte an das anmaßlichere Wort „System" auf den Titelblättern der philosophischen Lehrbücher. Das System aber besteht für ihn in der Ableitung alles Vorhandenen aus einem einzigen, schlechthin unbedingten (absoluten) Prinzip: dem Selbstbewußtsein. Kant hat sein eigenes idealistisches Prinzip, daß die Gegenstände sich nach unseren Vorstellungen richten müssen, nach Fichtes Meinung nicht folgerichtig durchgeführt; noch weniger taten dies seine unselbständigen Anhänger. Fichte will den Idealismus vollenden. Kant hat seine Anschauungsformen und Begriffe im Hinblick auf die „Erfahrung" gewonnen; Fichte will sie aus dem Wesen der Intelligenz ableiten, und zwar so vollständig, daß kein Faktor zurückbleiben soll, der nicht als im Selbstbewußtsein wurzelnd nachgewiesen wäre. Kant geht, so präzisiert der Schluß der Abhandlung *Grundriß des Eigentümlichen der W.-L.* (1795, 2. Aufl. 1802) den Unterschied, von dem „Gegebensein" des Mannigfaltigen der Anschauung in Raum und Zeit, von ihrem „Vorhandensein" im Ich und für das Ich aus; Fichte „deduziert" sie „a priori", und „nun sind sie im Ich vorhanden".

Damit vollzieht sich die Wendung vom kritischen zum absoluten Idealismus, von der wissenschaftlichen, kritischen Philosophie, die sich an den tatsächlichen Bestand der Wissenschaften hält und lediglich deren Voraussetzungen und Bedingungen zu entdecken, zuordnen und nachzuprüfen unternimmt, zu einer Philosophie, die, trotz ihres Titels *Wissenschaftslehre* ohne näheren Zusammenhang mit den positiven Wissenschaften, aus dem bloßen Selbstbewußtsein die gesamte Erfahrung erzeugen will. Wohl weiß auch Fichte, daß „nichts im Gemüte vor der Erfahrung da ist", aber „die Wissenschaftslehre als Wissenschaft fragt schlechterdings nicht nach der Erfahrung und nimmt auf sie schlechthin keine Rücksicht", sondern schafft alles aus dem eigenen Ich heraus. Es konnte nicht ausbleiben, daß der innere Widerspruch beider Standpunkte mit der Zeit auch äußerlich zum Ausdruck kam. Kant bezeichnete in einer öffentlichen Erklärung (7. August 1799) Fichtes Wissenschaftslehre als ein gänzlich verfehltes System, das kein Recht habe, sich auf ihn zu berufen, und Fichte nannte ihn daraufhin einen „Dreiviertelskopf".

2. *Grundlage der Fichteschen „Wissenschaftslehre".* Die Welt soll als ein System der Vernunft begriffen, d.h. die gesamte Erfahrung aus einem einzigen, absolut ersten, schlechthin unbedingten Grundsatze abgeleitet werden. Dieser Grundsatz ist ein Setzen im eigentlichen Sinne, keine Behauptung, sondern eine Forderung, keine Tatsache, sondern eine Tathandlung, und diese Tathandlung heißt: Setze (denke) dein Ich! Der notwendige Gedankenzusammenhang, der in dem Satze A = A zwischen dem „Wenn A ist" und dem „so ist A" besteht, liegt im Ich. A ist, insofern es im Ich gesetzt wird; mit anderen Worten: Jeder Gegenstand ist nur dadurch, daß er im Bewußtsein erzeugt wird. [Damit ist richtig der Grundkern alles Idealismus bezeichnet.] Der erste „Grundsatz" der Wissenschaftslehre lautet daher: „Das Ich setzt ursprünglich schlechthin sein eigenes Sein." – Dies ursprünglich und schlechthin gesetzte Ich kann aber nur „gesetzt" werden, indem es von einem Nicht-Ich unterschieden wird. So gewiß – A nicht A ist, so gewiß dünkt Fichte sein zweiter Grundsatz: Dem Ich wird schlechthin ein Nicht-Ich entgegengesetzt. – Aus beiden Grundsätzen, dem Satze (Thesis) und seinem Gegensatze (Antithesis), folgt durch Verbindung beider notwendig der dritte (ihre Synthesis): „Ich setze im Ich dem teilbaren Ich ein teilbares Nicht-Ich entgegen." In dieser ersten oder Grundsynthesis sind alle weiteren denkbaren Synthesen enthalten. „Über diese Erkenntnis hinaus geht keine Philosophie; aber bis zu ihr zurückgehen soll jede gründliche Philosophie; und soweit sie es tut, wird sie Wissenschaftslehre. Alles, was von nun an im Systeme des menschlichen Geistes vorkommen soll, muß sich aus dem Aufgestellten ableiten lassen."

Selbstverständlich versteht Fichte unter seinem Ich nicht das persönliche Ich dieses oder jenes Individuums, sondern das reine oder absolute Ich, die „Ichheit", die allgemeine Vernunft, welche gefunden wird durch die intellektuelle Anschauung, die sich selbst zusieht. So werden denn die drei Grundsätze alsbald auch mit logischen Gesetzen und Begriffen in Zusammenhang gebracht. Aus dem ersten folgt der Satz der Identität, die Kategorie der Realität; aus dem zweiten der Satz des Widerspruchs, die Kategorie der Negation; aus dem dritten der Satz des (zureichenden) Grundes, die Kategorie der Limitation (Bestimmung).

Aus dem dritten Grundsatz folgt nämlich, daß Ich und Nicht-Ich sich gegenseitig beschränken oder bestimmen:

I. Das Ich setzt sich als bestimmt durch das Nicht-Ich (die Grundlage aller theoretischen Philosophie).

II. Das Ich setzt sich als bestimmend gegenüber dem Nicht-Ich (die Grundlage aller praktischen Philosophie).

3. *Die theoretische Wissenschaftslehre* (WL.). Das ganze weitere Verfahren der Wissenschaftslehre besteht nun in dem durch jene erste Entwicklung der drei „Grundsätze" bereits vorgezeichneten „dialektischen" Verfahren. Aus der Thesis wächst jedesmal die Antithesis, aus beiden zusammen die Synthesis hervor.

Die theoretische WL. folgt, wie wir soeben sahen, aus dem Satze, daß das Ich sich als bestimmt durch das Nicht-Ich setzt. In diesem synthetischen Satze liegen aber bereits zwei einander entgegengesetzte, nämlich: 1. Das Ich ist bestimmt, also leidend und abhängig von den Dingen. So sagt der Realismus und Empirismus. Es folgt daraus die Kategorie der Kausalität. 2. Das Ich setzt sich selber als bestimmt. So der Idealismus. Es liegt darin die Kategorie der Substantialität. Fichte will beide Ansichten in einem Ideal-Realismus oder Realidealismus verbinden, indem das Ich, vermittelst einer ihm zunächst nicht bewußten produktiven Einbildungskraft, sich selbst beschränkt, begrenzt, seine an sich unbegrenzte Tätigkeit hemmt. So entstehen Vor„stellungen" von „Gegenständen", eigentlich nichts als „Brechungen" (daher „Reflexionen") des tätigen Ichs an irgendeinem unbegreiflichen Anstoß. [Hier meldet sich also doch das von Fichte sonst so schroff bekämpfte Kantische „Ding an sich".] Der Philosoph entwickelt nun weiter die Stufen des „theoretischen Geistes".

Durch die erste, ihm selbst noch unbewußte Beschränkung der „grundlos freien Tätigkeit" des Ich entsteht 1. die Empfindung, die es „in sich findet", die ihm jedoch von außen bewirkt erscheint. Indem nun das Ich auf sie reflektiert, sie als etwas außer ihm sich gegenüberstellt, entspringt 2. die Anschauung, und weiter vermittelst der reproduktiven Einbildungskraft 3. ein Bild des Angeschauten in Raum und Zeit, das aber zum Stehen erst durch 4. den Verstand gebracht wird, der die bisherige wandelbare Einbildung und Vorstellung zum festen, unwandelbaren Begriffe fixiert, sodaß mit den Kategorien nun das „Objekt" entsteht. Die an das Objekt gebundene Reflexion des Verstandes ist ihrerseits bedingt durch 5. die Urteilskraft, d. i. das Vermögen der freien Reflexion oder Abstraktion, die Kraft, einen bestimmten Inhalt betrachten oder von ihm absehen zu können. Sie weist endlich, als auf ihre letzte Bedingung und ihren Quell, auf 6. die Vernunft oder das Selbstbewußtsein hin, das Einzige, wovon wir niemals abstrahieren können, die Grundlage alles Wissens. Erst auf dieser höchsten Stufe erkennt das Ich sich selbst, erfaßt sich als das Nicht-Ich bestimmend und leitet so über vom theoretischen Bewußtsein zur praktischen Philosophie.

Mit solchen Ausführungen meint Fichte Kants transzendentale Apperzeption oder Einheit des Bewußtseins erst richtig erklärt zu haben. Das ist die „theoretische Philosophie", die er an die Stelle der Kritik der reinen Vernunft setzt. Gewiß ist der Tiefsinn und die Abstraktionsfähigkeit zu schätzen, mit der Fichte bis zu den letzten Gründen des Denkens vordringt; aber deshalb bleibt sein Verfahren doch, wie schon Hegel bemerkte, „psychologischer Idealismus", und sein a priori ein metaphysisches, das von den Bedingungen wissenschaftlicher Erfahrung zu der sogenannten Wurzel des Geistes zurücklenkt.

§ 48. Die praktische Wissenschaftslehre.

Der Übergang von der theoretischen zur praktischen Wissenschaftslehre erfolgt durch ein hier nicht näher auszuführendes System von Trieben. Das Ich strebt ins Unendliche und fühlt sich doch begrenzt; es ist zugleich Trieb und Gefühl, Reflexions- und Produktionstrieb. Der letztere oder der Trieb (das Sehnen) nach Realität äußert sich näher als Bestimmungstrieb, weiter als Trieb nach Wechsel, Trieb nach Befriedigung, Harmonie zwischen Trieb und Handeln, die nur im absoluten, d. i. sittlichen Trieb oder praktischen Ich ihr Genüge findet. Der praktische Teil des Fichteschen Systems begründet und bestimmt erst, nach seines Urhebers eigener Aussage *(Grundl. der ges. WL.* S. 48), den theoretischen, vollendet dadurch die ganze Philosophie und versöhnt sie mit dem gemeinen Menschenverstand, mit dem das theoretische System sie entzweit hatte. Er ist die eigentliche Domäne des sich selbst bestimmenden Fichteschen Geistes, der deshalb in dem *System der Sittenlehre* besonders deutlich zum Ausdruck kommt. Wir lassen den Philosophen im folgenden möglichst selbst reden.

I. Grundlegung.
a) Deduktion des Prinzips der Sittlichkeit.
b) Deduktion der Realität und Anwendbarkeit dieses Prinzips.

a) Die Begründung besteht auch hier wieder in der „Deduktion", d.h. Ableitung aus der „bloßen Form des Bewußtseins überhaupt". Wie geschieht sie? Ich finde mich selbst als mich selbst nur wollend. Aber das Wollen selbst ist nur unter der Voraussetzung von Etwas, das man will, also eines vom Ich Verschiedenen denkbar. Dies Fremdartige im Wollen muß hinweggedacht werden, dann gelange ich zu meinem reinen Sein. Dieses Faktum des Bewußtseins für nicht weiter erklärbar, d. i. für Wahrheit zu halten, erfordert keine theoretische Einsicht, sondern einen – Entschluß, „wie denn eben auf diese Entschließung unsere ganze Philosophie aufgebaut ist". Ich will selbständig sein, darum halte ich mich dafür. „Somit geht unsere Philosophie aus von einem Glauben und weiß es." Man soll den Menschen nicht von außen „andemonstrieren" wollen, was sie selbst sich erschaffen müssen. So setzt sich das Ich mit Notwendigkeit, „ursprünglich und wirklich" als absolut selbständig, selbsttätig, Grund seiner selbst, d.h. frei. „Ich bin wirklich frei", ist der erste Glaubensartikel, der uns den Übergang in eine intelligibele Welt bahnt und in ihr zuerst festen Boden bietet, woraus dann der „feste Entschluß" folgt, der praktischen Vernunft den Primat zuzuerkennen. Das Tun ist nicht aus dem Sein, das Leben nicht aus dem Tode, das Ich nicht aus dem Nicht-Ich abzuleiten, sondern umgekehrt. Oder, wie es in der *Bestimmung des Menschen* heißt: „Zum Handeln bist du da, dein Handeln und allein dein Handeln bestimmt deinen Wert."

Nun erst kommt Fichte auf die Kantischen „Benennungen" des von ihm (Fichte) deduzierten Gedankens, als da sind: Gesetz, Sollen, kategorischer Imperativ, Autonomie, praktisch, Sittengesetz, zu sprechen, in denen sich – „der gemeine Verstand überraschend wohl ausgedrückt findet". Ohne die absolute Autonomie der Vernunft falle alle Philosophie in sich zusammen. Die Voraussetzung, daß die Vernunft durch etwas außer ihr bestimmt werden könne, ist schlechthin vernunftwidrig. Das Prinzip der Sittlichkeit ist folglich, so schließt die „Deduktion" desselben, „der notwendige Gedanke der Intelligenz, daß sie ihre Freiheit nach dem Begriffe der Selbständigkeit, schlechthin ohne Ausnahme, bestimmen sollte". Ein Gedanke, betont er ausdrücklich, und kein Gefühl, und zwar ein reiner, notwendiger, der die Freiheit unter ein ausnahmslos geltendes Gesetz bringt.

b) Wie ist nun die Realität und Anwendung des so deduzierten Sittlichkeitsprinzips möglich? Das Vernunftwesen kann keine Anwendung seiner Freiheit und seines Wollens erhalten, außer indem es sich eine wirkliche Kausalität in einer Sinnenwelt außer ihm zuschreibt. Unsere Existenz in der intelligibelen Welt ist das Sittengesetz, unsere Existenz in der Sinnenwelt die „wirkliche" Tat, und der Vereinigungspunkt beider die Freiheit als absolutes Vermögen, die sinnliche durch die intelligibele Welt zu bestimmen. Aber das Ich kann sich keine Wirksamkeit zuschreiben, ohne eine gewisse Wirksamkeit der „Objekte" vorauszusetzen, durch die eine Beschränkung seiner eigenen Tätigkeit erfolgt. So wird ein Gefühl der Gebundenheit erweckt, indem ich von dem Gegenstand meiner Vorstellung nicht abstrahieren kann. Ich bin, trotz der Absolutheit meiner Vernunft, in gewisser Rücksicht „Natur", nämlich Trieb. Daß dieser Trieb da ist, ist ebenso, wie die Existenz des reinen Seins (s. o.), eine „Tatsache" des Bewußtseins. Dieser Naturtrieb nun ist das Mittelglied zwischen Freiheit (Selbständigkeit) und Naturmechanismus (Notwendigkeit). Ich selbst bin ein Produkt der Natur und insofern durchgängig bestimmt, ein Glied in der Kette der strengen Naturnotwendigkeit. Der Trieb hängt mithin nicht schlechtweg von mir ab; aber, was er in meinem Bewußtsein wirke, hängt von mir selbst ab. Mein Trieb als Naturwesen (dessen letzter Zweck die Lust) und meine Tendenz als reiner Geist sind nur zwei verschiedene Seiten eines und desselben Urtriebs, der mein Wesen ausmacht. Auch nach der Freiheit fühle ich einen Trieb, den „reinen" Trieb, demgegenüber der bloße Naturtrieb der zufällige und leidende ist. Der Naturtrieb äußert sich als Sehnen, der reine als absolute Forderung. „Ein Entschluß – und ich bin über die Natur erhaben!" Daraus folgt dann weiter der Begriff der Selbstachtung und der Würde. Ohne das Bewußtsein der Freiheit und Sittlichkeit ist ein vernünftiges Wesen überhaupt gar nicht möglich. Aber nur durch eine Synthese beider Triebe erhält man eine „reelle" Sittenlehre, ohne sie nur eine „formale und leere" Metaphysik. Der „sittliche" Trieb ist ein „gemischter", der von dem Naturtrieb das Materiale, vom reinen Trieb aber die Form hat. Bestimmend ist allein die letztere, und die Formel, in die unser Ethiker seinen kategorischen Imperativ schließlich kleidet, ist noch „formaler" als die Kantische. Sie lautet: „Handle stets nach bester Überzeugung von deiner Pflicht!" oder kürzer: „Handle nach deinem Gewissen!" Das Gewissen kann nie irren; es entscheidet in letzter Instanz. Wer auf Autorität hin handelt, handelt gewissenlos. Wer zur Tugend erziehen will, muß zur Selbständigkeit erziehen.

Die Pflicht ist die einzige und letzte Grundlage aller meiner Erkenntnis. Alle materialen Moralprinzipien verwirft Fichte ebenso entschieden wie Kant. Das Sittengesetz wird auch bei ihm erst durch uns selbst erzeugt. Und sein letzter Grund erscheint auch ihm unbegreiflich, denn Begreifen heißt: ein Denken an ein anderes anknüpfen.

II. Anwendungen.

1. *Sittenlehre* (im engeren Sinne). „Wir haben nur die Bedingungen der Ichheit vollständig aufzuzeigen und dieselbe auf den Trieb nach Selbständigkeit zu beziehen..., so haben wir den Inhalt des Sittengesetzes erschöpft." Dies im einzelnen auszuführen, fehlt hier der Platz. Wir können nur einige charakteristische Gedanken herausgreifen. Mein Endzweck ist: Ich soll selbständig sein; oder, verallgemeinert: die Realisierung der Vernunft in einer Gemeinschaft freier Wesen, der wahren „Gemeinde der Heiligen". Die Pflichten werden eingeteilt – immer unter „Ableitung" aus der „Ichheit" – in solche in Ansehung des Leibes und der Intelligenz, bedingte und unbedingte, allgemeine Menschen- und besondere Berufspflichten, z.B. der Ehegatten, Kinder, Eltern, des Gelehrten, Predigers oder moralischen Volkslehrers, Künstlers, der Regierenden, der niederen Volksklassen usw. Mit Kant nimmt Fichte ein radikales Böse in der menschlichen Natur an. Jeder Mensch hat seinen Schlendrian; daraus entspringen die drei Grundlaster der Trägheit, Feigheit und Falschheit, aus allen dreien zusammen die Lüge. Womöglich noch rigoroser als Kant verwirft Fichte die Notlüge. Der Eigentumslose hat ein Recht auf Eigentum, der Arme auf staatliche Unterstützung; es soll weder Bettler noch Almosen geben. Alle sollen frei sein; nicht das Volkswohl, sondern die Gerechtigkeit ist das höchste Gesetz! Der Beruf des Gelehrten – mit Vorliebe von ihm behandelt (in seinen Vorlesungen zu Jena 1794, Erlangen 1805, Berlin 1811, vgl. die Sonderschrift von 1805) – ist es, Lehrer der Menschheit, Priester der Wahrheit zu sein.

Der Paragraph „über die Pflichten des ästhetischen Künstlers" ist deshalb interessant, weil Fichte sich sonst selten über Ästhetisches ausgesprochen hat.[53] Die schöne Kunst bildet nicht den Verstand oder das Herz allein, sondern den ganzen Menschen. Sie macht „den transzendentalen Gesichtspunkt zum gemeinen", d.h. sie erschafft die Welt neu aus dem Innern des Menschen heraus. Und sie führt anderseits den Menschen in sich selbst hinein, um ihn dort heimisch zu machen. Keiner werde Künstler ohne Genie, jeder Künstler begeistere sich nur für das Ideal!

Getrennt von der Sittenlehre steht die besonders im *System des Naturrechts* dargestellte

2. *Rechtslehre,* welche es im Unterschiede von jener mit den äußeren oder Rechtsverhältnissen der Menschen zu tun hat. Auch sie wird aus dem Selbstbewußtsein deduziert. Ein endliches vernünftiges Wesen kann sich selbst nicht setzen, ohne sich eine freie Wirksamkeit in der Sinnenwelt zuzuschreiben und deshalb andere Vernunftwesen der gleichen Art anzunehmen. Die wechselseitige Anerkennung führt zur Rechtsgemeinschaft, welche gebietet: Beschränke deine Freiheit so, daß die anderen neben dir auch frei sein können. Die Urrechte des einzelnen, die ihm seine Freiheit oder (sittliche) Persönlichkeit garantieren und nur in den Urrechten der anderen ihre Schranken finden, sind: 1. das Recht der freien Selbstbestimmung über meinen Leib, als Werkzeug meines Willens, 2. das Recht auf Eigentum, d.h. ausschließliche Unterordnung bestimmter Objekte unter meine Zwecke, 3. das Recht auf Selbsterhaltung. Sobald der andere diese meine Urrechte nicht achtet, tritt das Zwangsrecht der Staatsgesetze ein. Das Strafrecht sichert deren Durchführung durch Abbüßung oder relative bezw. absolute Ausschließung; die öffentliche Sicherheit und Ordnung wird durch das Polizeigesetz gesichert. – In einem Anhang zum *Naturrecht* wird auch das Ehe- und Familienrecht abgehandelt. Die Ehe wird von Fichte außerordentlich hochgestellt, ja mit fast übertriebenen Worten gefordert, das Leben des Weibes solle ohne Rest in dem des Mannes aufgehen, dieser aber durch Großmut sich dieser Liebe würdig zeigen. Den unverheirateten Frauen will Fichte alle Berufe, ausgenommen verantwortliche Staatsämter, öffnen; doch hält er z.B. weibliche Schriftstellerei für eins „der unglücklichsten Geschäfte". Von der

3. *Staatslehre* haben wir einige Züge schon in der „Sittenlehre" kennen gelernt. Im *Naturrecht* fordert Fichte, den Tendenzen der Zeit entsprechend (auch die „Urrechte" erinnern an die „Menschenrechte" der Französischen Revolution), die Verwirklichung des Rechtsstaats, der das „realisierte Naturrecht" darstellen soll. Der Staatsbürgervertrag stellt den gemeinsamen Willen im Gesetze fest, das durch die regierende, richtende und strafende Staatsgewalt ausgeführt wird. Wie Rousseau und Kant, verlangt Fichte Volkssouveränität und Volksvertretung, darüber hinaus noch Verantwortlichkeit der Staatslenker vor den „Ephoren".

Im *Geschlossenen Handelsstaat* (1800) geht er jedoch über den Standpunkt des bloßen Rechtsstaats hinaus und fordert den Vernunftstaat und in dessen Namen staatliche Organisation der Arbeit, damit ein jeder von seiner Arbeit leben könne. Denn jedermann hat ein unveräußerliches Recht auf Arbeit (zweckvolle Betätigung) und auf menschenwürdige Existenz. „Der Mensch soll arbeiten, aber nicht wie ein Lasttier... er soll angstlos, mit Lust und Freudigkeit arbeiten und Zeit übrig behalten, seinen Geist und sein Auge zum Himmel zu erheben." Zu diesem Zwecke muß der Staat alle Einfuhr und Ausfuhr in die eigene Hand nehmen, also einen „geschlossenen" Handelsstaat herstellen, er hat die Güterproduktion und Güterverteilung zu regulieren, desgleichen die Preise, er führt ein besonderes, unnachahmbares Landesgeld ein usw.; persönliches Eigentum soll jedoch nicht ausgeschlossen bleiben. Die liberalen Berufe und die drei „geschlossenen" Stände der Produzenten, Fabrikanten und Kaufleute sind ebenso streng voneinander gesondert, wie die einzelnen Staaten voneinander überhaupt; die internationalen Beziehungen zu pflegen, ist allein der Wissenschaft vorbehalten. So stellt die dem preußischen Finanzminister Struensee gewidmete und von diesem wohlwollend aufgenommene Schrift zwar ein sozialistisches Staatsideal auf, aber ein durchaus reaktionäres, vielfach dem Friderizianischen Staate verwandtes; sie hat denn auch auf die Entwicklung der sozialistischen Theorie und Praxis nicht den geringsten Einfluß geübt. Vgl. *Marianne Weber, Fichtes Sozialismus und sein Verhältnis zur Marxschen Doktrin,* Tübingen 1900, über seine Sittenlehre auch *Maria Raich, Fichte, seine Ethik und seine Stellung zum Problem des Individualismus,* ebd. 1905.

§ 49. Fichtes Lehre in ihrer späteren Gestalt: Religions- und Geschichtsphilosophie, Nationalerziehung. Aufnahme seiner Lehre.

Fichte hat seinen eigenen Standpunkt nicht festgehalten. Das titanische Kraftgefühl, mit dem er sein Sollen dem Seienden gegenübergestellt, schwächt sich allmählich ab. Um die Wende des Jahrhunderts beginnt er – vielleicht durch die Schriften Schellings mit beeinflußt, obwohl er dies nicht Wort haben wollte – die Welt des Seienden, u. a. auch Naturwissenschaft, zu studieren und seinen bisherigen radikalen Idealismus durch realistische Zutaten zu mildern. Dazu kommt seine Übersiedelung aus dem Jenaer in das Berliner Milieu, wo sein Verkehr mit den Romantikern und das stärker pulsierende Leben der Gegenwart neue Stimmungen, Anschauungen und Gefühle in seiner stürmischen Individualität hervorruft. Die mit der *Bestimmung des Menschen* (1801) einsetzenden Schriften dieses Jahrzehnts (1801 bis 1810) tragen fast sämtlich keinen systematischen Charakter, sondern wenden sich an ein größeres Publikum und sind daher populärer gehalten. An Schelling (s. u.) erinnert er auch darin, daß er nun immer stärker zwischen dem selbstbewußten Einzel-Ich und dem unendlichen oder absoluten Ich unterscheidet, welches Subjekt und Objekt zugleich ist. Seine Philosophie bekommt eine religiöse Wendung. Wir betrachten daher jetzt

1. Seine *Religionsphilosophie* im Zusammenhange. In der Jenaer Zeit[54] war ihm Gott mit der sittlichen Weltordnung, Frömmigkeit mit sittlichem Handeln identisch gewesen. Jede andere, auch die theistische Vorstellungsweise, wurde als anthropomorph verworfen, insbesondere der religiöse Eudämonismus als entnervende Religion des Genusses gebrandmarkt, an deren Stelle die wahre Religion des freudigen Rechttuns zu treten habe. Der ihm vorgeworfene „Atheismus" bestehe darin, daß er „seinen Verstand gern behalten möchte" und

Gott nicht zum bloßen „Geber der Glückseligkeit", damit zum „Götzen" erniedrigen wolle. Seine Ankläger, die dies lehrten, mithin die Religion auf unser sinnliches Wesen gründen wollten, seien die wahren Atheisten. Das Wesen der Kirche sah er, wie Kant, in einer ethischen Vereinigung zur Beförderung des Endzwecks, die für den Anfang freilich eines Notsymbols, d. i. der Formulierung einer grundlegenden, gemeinsamen Überzeugung, etwa der: „Es gibt ein Übersinnliches", bedürfe; der Protestant gehe vom Symbole aus, der „Papist" betrachte es als letztes Ziel.

Diese rein moralische Religion genügt in der späteren Periode seinem metaphysischen Drange und seinem Ringen nach innerer Harmonie nicht mehr. Hinter dem Ich, das er früher als einziges, letztes Prinzip aufgestellt, taucht jetzt ein neues Absolutes, die Gottheit, auf, vor der die einzelne Persönlichkeit verschwindet. Dies Absolute offenbart sich zwar in der sittlichen Weltordnung wie in der objektiven Wirklichkeit; aber sein eigentliches Wesen ist nicht mehr die Tätigkeit, sondern das bloße Sein. „Nichts ist denn Gott, und Gott ist nichts denn Leben." Selige Hingabe an Gott ist die höchste Aufgabe des Menschen; denn Religion ist kein Tun, sondern ein Gefühl: Leben, Liebe, Seligkeit. Diese neue Religionslehre erreicht ihren prägnantesten Ausdruck in der *Anweisung zum seligen Leben* (1806). Hauptgegner ist jetzt nicht mehr die Orthodoxie, sondern die vulgäre Aufklärung. Das wahre selige Leben besteht in der Liebe, d. i. dem von der Sehnsucht nach dem Ewigen (Gott) erfüllten Sein. Alles andere Leben ist bloßes Scheinleben, das in dem Trachten nach dem Vergänglichen (der „Welt") aufgeht, daher nie befriedigt wird und unselig bleibt. Ähnlich den frommen Viktorinern des Mittelalters, unterscheidet er jetzt eine fünffache Weltansicht: 1. als die niedrigste die sinnliche Auffassung der „herrschenden Zeitphilosophie", 2. die rein moralische des „kategorischen Imperativs", 3. die „höhere" oder „eigentliche" Moralität, welche die Menschheit zum Abbild des „inneren göttlichen Wesens" zu machen strebt („Spuren davon" finden sich bei den Dichtern, Plato, Jacobi!), 4. den religiösen Glauben: Gott ist und außer ihm nichts, wir selbst sind sein unmittelbares Leben, du schaust ihn im Leben der ihm Ergebenen; „nur um der Vollständigkeit willen" wird endlich 5. der Standpunkt der Wissenschaft, nämlich der einen, „absoluten und in sich vollendeten" (sc. Fichteschen) hinzugefügt, die alles aus dem Einen genetisch ableitet und den Glauben in Schauen verwandelt. Von diesem religiösen Gesichtspunkt aus, der für Fichte mit dem „Christentum des Evangelisten Johannes" zusammenfällt, hat er dann in seiner letzten Periode die gesamte „Wissenschaftslehre" darzustellen gesucht, ist aber darin durch den Tod unterbrochen worden; man vergleiche die Entwürfe dazu (von 1801, 1804, 1810) in den *Nachgelassenen Werken.* Übrigens hält Fichte, gerade weil er die Religion mit seiner übrigen Philosophie verbinden will, auch auf dieser Stufe daran fest, daß das wahrhaft religiöse Leben sich im moralischen Handeln zeigen müsse, daß „aus der Liebe der kategorische Imperativ entspringt".

Mit der neuen Wendung seiner Philosophie ist eine eigentümliche, ebenfalls religiös gefärbte

2. *Geschichtsphilosophie* und *Erziehungslehre* verbunden, von denen erstere besonders in seinen *Grundzügen des gegenwärtigen Zeitalters* (1806, als Vorlesungen 1804/05) und der *Staatslehre* (Sommer 1813) zum Ausdruck kommt. Fichte unterscheidet fünf Entwicklungsstufen der Menschheit: 1. den Stand der Unschuld oder des Vernunftinstinktes, 2. den der „anhebenden Sünde" und des Zwanges der Autorität, 3. den der „vollendeten" Sündhaftigkeit, Willkür und Selbstsucht, 4. den der „beginnenden Vernünftigkeit" oder der Vernunftwissenschaft, endlich 5. den der „vollendeten Rechtfertigung und Heiligung" unter der freien Herrschaft der Vernunft (Vernunftkunst). Wir (d.h. Fichtes Zeit) stehen im Übergang von 3. zu 4. Wir stecken im „gegenwärtigen Zeitalter" noch in dem „Notstaat" der Aufklärung (deren Urtyp Nicolai er einige Jahre vorher in einer besonderen Satire gegeißelt hatte), mit ihrem flachen Eudämonismus, ihrer platten, ideenlosen Verstandesherrschaft und ihrer gedankenlosen Schreib-, Druck- und Lesesucht, der auf der anderen Seite nur Schwärmerei und unechte Spekulation (Anspielung auf Schelling!) gegenübersteht. Aber ein Gutes hat die Abwertung aller Autorität wenigstens zuwege gebracht, nämlich die Fähigkeit des Selbstdenkens. Damit ist angebahnt das Zeitalter der „beginnenden" Vernünftigkeit, das uns schließlich zu dem Vernunftstaat führen wird; denn „der Zweck des Erdenlebens der Menschheit ist, daß sie in demselben alle ihre Verhältnisse mit Freiheit nach der Vernunft einrichte". Ihr den Weg zu weisen, ist die Aufgabe des Lehrers, des Gelehrten, des Künstlers und schließlich des Priesters und Sehers.

Ein solcher Prediger und Prophet wurde Fichte selbst zwei Jahre später, zur Zeit der tiefsten Demütigung Preußens unter der Hand des korsischen Eroberers. In den *Reden an die deutsche Nation* erweitert er den „Plan zu einer neuen zu Berlin zu errichtenden höheren Lehranstalt", den seine Denkschrift von 1807 entwickelt hatte, zu dem Plane einer völligen Erneuerung der Nationalerziehung überhaupt.[55] Nicht die Einzelvorschläge, die namentlich an Pestalozzi anknüpfen, bilden das Charakteristische derselben, sondern ihr Geist. Es ist der alte Fichtesche Geist der freien Selbsttätigkeit – der einzigen, die der Zögling mit Liebe ergreifen wird –, der Bildung zur reinen Sittlichkeit und damit zur wahren Religion. Die letztere soll nicht in das Gebiet des sittlichen Handelns hineinreden, sondern „sie macht bloß den Menschen sich selber vollkommen klar und verständlich, beantwortet die höchste Frage, die er aufwerfen kann, löset ihm den letzten Widerspruch auf und bringt so vollkommene Einigkeit mit sich selbst und durchgeführte Klarheit in seinen Verstand". Nur ist an die Stelle des früheren Weltbürgertums ein starker Nationalstolz, ein bei seiner feurigen Kraftnatur oft überschwenglich sich äußernder Preis der „Deutschheit" getreten, die ihm mit „Ursprünglichkeit" schlechtweg zusammenfällt: als Rückschlag gegen die damalige Fremdländerei und nationale Erschlaffung erklärlich, wenn nicht berechtigt.

In seiner *Staatslehre* oder Lehre von dem „Verhältnis des Urstaats zum Vernunftreiche" (1813) hat er seinen nunmehrigen Standpunkt nochmals zusammengefaßt: Nur Gott ist, außer ihm nur seine Erscheinung. In der Erscheinung aber ist das einzige wahrhaft Reale, weil schöpferische, die Freiheit. Sie soll aus der Notverfassung des bloßen Rechtsstaats ein „Vernunftreich" gestalten, ein „Reich Gottes auf Erden". Die Welt-, d.i. Freiheitsgeschichte, besteht in der fortschreitenden Erziehung des Menschengeschlechts.

3. *Aufnahme der Fichteschen Philosophie.* Die „Wissenschaftslehre" mit ihrem apodiktischen Anspruch, die alleinige philosophische Wahrheit darzustellen, rief naturgemäß starken Widerspruch hervor. Ganz abgesehen von der Menge derer, die sich an Einzelheiten, wie seine vielgebrauchten Termini „Ich" und „Nicht-Ich", hefteten und sie bespöttelten oder seinen „Atheismus" angriffen, traten ihr nicht bloß die Aufklärer (besonders Nicolai), sondern auch Kant (vgl. § 47, 1) und die Kantianer scharf entgegen; in geringerem Maße auch die Halbkantianer und Glaubensphilosophen, von denen die letzteren natürlich mit seiner späteren Wendung sehr einverstanden waren. Aber neben zahlreichen Gegnern fand Fichte auch begeisterte Anhänger. So ging nicht bloß Reinholds Schüler Forberg, dessen S. 493 erwähnte Schrift den Anlaß zu dem Atheismusstreit gab, sondern auch Reinhold selbst, dieser freilich nur für kurze Zeit (vgl. S. 485), zu ihm über; Niethammer begründete mit ihm zusammen das *Philosophische Journal;* einer seiner treuesten Anhänger war der gleich Reinhold aus dem Kloster entwichene J. B. Schad, der sich jedoch später Schelling näherte. Auch der junge Friedrich Schlegel hing ihm eine Zeitlang an; er erklärte Fichtes Wissenschaftslehre, Goethes *Wilhelm Meister* und die Französische Revolution für die „drei größten Tendenzen des Jahrhunderts" und suchte eine Synthese von Fichte und Goethe herzustellen, bildete in der Folge aber die Fichtesche Ich-Lehre in einen Kultus der Genialität um; wir werden ihm an späterer Stelle noch einmal begegnen. Ein halbes Jahrhundert später sollte Max Stirner (§ 75, 1) Fichtes Ich-Lehre in eigentümlicher Wendung zu einem extremen Individualismus (Anarchismus) umbilden, der zu der Fichteschen Ethik den größtmöglichen Gegensatz darstellt. Und das leidenschaftlich-stürmische Pathos des Ethikers Fichte hat auf Stirners Gegenpart Ferdinand Lassalle mächtig eingewirkt.

Von neueren Denkern stehen Fichte wohl R. Eucken (in Jena, geb. 1846), der feinsinnige Verfasser einer Reihe vielgelesener allgemein-philosophischer Werke (s. § 76), und Julius Bergmann (in Marburg, 1840-1904, Hauptschrift: *System des objektiven Idealismus,* 1903) am nächsten. Auch Lipps, Münsterberg, Rickert und Windelband sind von ihm nicht unbeeinflußt. Unter dem Eindrucke des Kriegsausbruchs bildete sich eine „Fichte-Gesellschaft von 1914".

Die tiefgreifendste Wirkung Fichtes beruht jedoch darin, daß er die ganze folgende spekulative Periode der deutschen Philosophie eingeleitet, ihr gewissermaßen das Programm gemacht hat. Dahin gehört zunächst der unmittelbar von ihm ausgehende F. W. J. Schelling.

Kapitel XVI.
Schelling.

§ 50. Leben, Charakter und schriftstellerische Entwicklung.

Zwei von Schellings Söhnen haben 1856-61 seine Sämtlichen Werke, einschließlich des Nachlasses, in 14 Bänden herausgegeben. Alles Wesentliche enthält: *Schellings Werke*, Auswahl in 3 Bänden, mit ausführlicher Einleitung über Schellings Leben und Lehre herausgegeben von *Otto Weiß*, Leipzig 1907, mit einer Einführung von A. Drews (zusammen über 2500 Seiten). Dazu tritt als weitere Quelle: *Plitt, Aus Schellings Leben. In Briefen.* 3 Bde. Lpz. 1869 f. Eine kürzere Auswahl von Briefen gibt *O. Braun, Schelling als Persönlichkeit* (Lpz. 1908), der auch eine umfassende Ausgabe des Nachlasses vorbereitet. – Von den älteren Darstellungen ist die von *Rosenkranz* (*Vorlesungen über Schelling*, 1843), von den neueren die *Kuno Fischers* (*Gesch. d. neueren Philos.*, Bd. VII) die bekannteste. In der zweiten Auflage des letztgenannten Werkes ist die früher nicht berücksichtigte letzte Periode Schellings mit behandelt; doch leidet die Darstellung an zu großer Breite (975 S.), namentlich in bezug auf die biographischen und literarhistorischen Momente. Auch *Ed. von Hartmann*, besonders in seiner späteren Zeit (*Schellings philosophisches System*, Lpz. 1897), und sein Schüler *A. Drews* (*Die deutsche Spekulation seit Kant*, 1892) haben auf Schelling als Philosophen der Zukunft hingewiesen. Der letztere hat Schellings Münchener Vorlesungen zur Gesch. d. neueren Philosophie (*Phil. Bibl.*, Lpz. 1902) neu herausgegeben. Die mystische „Positive Philosophie" Schellings ist außerdem von seinem Anhänger *C. Frantz* in einem dreibändigen Werke (Cöthen 1879 f.) besonders dargestellt worden. Ferner ist als 9. Band in der Sammlung „Erzieher zu deutscher Bildung" (E. Diederichs) eine gute Auswahl Schellingscher Gedanken unter dem Titel: *F. W. Schelling, Schöpferisches Handeln*, mit Einleitung von Emil Fuchs, Jena 1907, erschienen. Vgl. auch des letzteren zu § 46 erwähnte Schrift. Über die romantische Schule überhaupt vgl. das gleichnamige gediegene Werk von R. Haym, 1870, 2. Aufl. 1906, daneben neuerdings *M. Joachimi, Die Weltanschauung der deutschen Romantiker*, Jena 1906, *O. Ewald, Romantik und Gegenwart*, 1904.

1. *Jugend und Jena.* Friedrich Wilhelm Joseph Schelling, am 27. Januar 1775 als Pfarrerssohn zu Leonberg in Württemberg geboren, schon im 16. Jahre mit seinen fünf Jahre älteren Freunden Hegel und Hölderlin Theologiestudent im Tübinger Stift, erwirbt sich bereits 1792 durch eine philosophische Dissertation über den Sündenfall (wie er sich denn überhaupt unter Herderschem Ein-

fluß für Mythenerklärung interessiert) den Magistergrad, liest dann Kant, Spinoza und Fichte und wird zunächst des letzteren begeisterter Anhänger. Er schreibt in diesem Sinne in Niethammers *Philosophischem Journal* (1796) die *Philosophischen Briefe über Dogmatismus und Kritizismus* (Neuausgabe von O. Braun, Lpz. 1914). 1796-97 geht er, obwohl an sich eine echt schwäbische Natur, um aus „dem Pfaffen- und Schreiberlande" herauszukommen (wie er an Hegel schreibt), als Hofmeister zweier junger Edelleute nach Leipzig. Er wendet sich dort dem Studium der Naturwissenschaft zu und veröffentlicht seine *Ideen zu einer Philosophie der Natur* (1797), die er anfangs noch als naturphilosophische Fortsetzung des Fichteschen Systems betrachtet. 1798 folgt die Schrift *Von der Weltseele,* die als eine *Hypothese der höheren Physik zur Erklärung des allgemeinen Organismus* bezeichnet wird. Im selben Jahre ward er, durch Fichtes und Goethes Einfluß, als Professor nach Jena berufen. Hier entwickelte sich aus dem Verkehre eines Kreises von geistreichen Menschen, in dem es „so recht kunterbunt herging mit Witz und Philosophie und Kunstgesprächen und Herunterreißen" (wie eine Teilnehmerin schreibt), jene „Republik von Despoten", die man als die Romantische Schule zu bezeichnen pflegt: die beiden Schlegel mit ihren Frauen, Novalis (Hardenberg), Tieck, Steffens u. a., und als ihr tonangebender Philosoph – der jugendliche Schelling. Er entfernt sich jetzt mehr und mehr von Fichte. In seinem *Ersten Entwurf eines Systems der Naturphilosophie* (1799) und dem *System des transzendentalen Idealismus* (1800) ist die Wissenschaftslehre bereits bloß ein der Naturphilosophie nebengeordneter Teil. Ähnlich Fichte stellt der junge Schelling in dieser Zeit sein neu gefundenes „Identitätssystem" in immer neuen Anläufen dar, die jedoch stets bloße Entwürfe blieben. Dahin gehören namentlich mehrere in seiner neugegründeten *Zeitschrift für spekulative (!) Physik* (1800/01) veröffentlichte Aufsätze, unter denen wir die *Darstellung meines Systems der Philosophie* (1801) hervorheben, weil er sie selbst öfters als die authentischste und das Jahr 1801 als dasjenige bezeichnet hat, in dem ihm „das Licht in der Philosophie aufgegangen". Eine zweite Zeitschrift: *Kritisches Journal der Philosophie* gab er 1802/03 zusammen mit dem ihm damals philosophisch noch gleichgesinnten Hegel heraus. An Giordano Bruno und Platos *Timäus* lehnt sich der Dialog *Bruno oder über das natürliche und göttliche Prinzip der Dinge* (1802) an. In populärer Form stellen die Grundzüge seines damaligen Systems die 1802 gehaltenen, 1803 veröffentlichten *Vorlesungen über die Methode des akademischen Studiums* dar.

2. *Würzburg und München.* Mit dem Jahre 1803, in dem er einem Rufe nach Würzburg folgte, tritt ein Stocken seines bisherigen unaufhaltsamen schriftstellerischen Schaffens ein, währenddessen sich eine Wendung in seiner Denkweise vollzieht. In seiner Jenenser „Abgeschiedenheit" war sein Denken fast ausschließlich auf die Natur gerichtet gewesen. „Seitdem", schreibt er Anfang 1806 an seinen Freund Windischmann, „habe ich einsehen lernen, daß die Religion, der öffentliche Glaube, das Leben im Staat der Punkt sind,

um welchen sich alles bewegt". Die ersten Spuren des Hinausgehens über den alten Standpunkt zeigt die Schrift *Philosophie und Religion* (1804). 1806 folgt eine gereizte Streitschrift gegen Fichte. In diesem Jahre wurde Schelling, der inzwischen in der Kunst die höchste Gestaltung des Irdischen erkannt hatte, als Generalsekretär der Akademie der bildenden Künste nach München berufen, eine Stellung, der wir seine geistvolle Festrede *Über das Verhältnis der bildenden Künste zu der Natur* (1807) verdanken; gleichzeitig war er Mitglied der dortigen Akademie der Wissenschaften (bis 1820). In seinen *Philosophischen Untersuchungen über das Wesen der menschlichen Freiheit* (Landshut 1809) tritt bereits das irrationale und theosophische Element seines Philosophierens deutlich hervor. Zu der versprochenen Darstellung einer umfassenden „Geistesphilosophie" auf der neuen Grundlage ist er, trotz einzelner Anläufe dazu und wiederholter lärmender Ankündigungen, nicht gekommen. Nur eine heftige Replik gegen Jacobi (1812), der ihn eines atheistischen Spinozismus beschuldigt hatte, eine alsbald wieder eingegangene *Allgemeine Zeitschrift von Deutschen für Deutsche* (1818) und eine akademische Vorlesung allegorisch-theosophischen Inhalts *Über die Gottheiten von Samothrake* (1815) fallen noch in diese zweite Periode von Schellings schriftstellerischer Tätigkeit.

3. *Erlangen, München, Berlin.* Als Professor in Erlangen (1820-27) – es zog ihn wieder zur Wirksamkeit auf dem Katheder zurück – und von 1827-41 an der neugegründeten Universität München, beschränkte er sich, in schroffem Gegensatz zu der Schriftenfülle seiner jungen Jahre, auf seine Vorlesungen über allgemeine Philosophie, Einleitung in die Philosophie und Philosophie der Offenbarung, im stillen eifersüchtig auf den siegreichen Nebenbuhler in Berlin, der fast Alleinherrscher auf dem Gebiete der Philosophie geworden war, – Hegel. Erst nach dessen Tode begann man auf den halbvergessenen Schelling wieder aufmerksam zu werden. Und als dann die sogenannte „Linke" der Hegelschen Schule (s. § 62) aus dem System des Meisters sehr radikale Folgerungen in religiöser Beziehung zog, berief der romantisch-gläubige Friedrich Wilhelm IV. bald nach seiner Thronbesteigung den greisen Philosophen nach der preußischen Hauptstadt, „um der Drachensaat des Hegelschen Pantheismus, der flachen Vielwisserei und der gesetzlichen Auflösung häuslicher Zucht" (Friedrich Wilhelm IV. an Bunsen) entgegenzuwirken. Aber das gelang nicht. Es war ein neues Geschlecht herangewachsen, dem Schellings romantische Spekulation nicht mehr genügte. Auch diejenigen, die in ihm eine Art philosophischen Messias erblickten und die endliche Veröffentlichung der neuen „Offenbarungsphilosophie" von ihm erwarteten, sahen sich getäuscht; er selbst hat nur seine Antrittsvorlesung vom 11. November 1841 drucken lassen. Als nun die anfangs zahlreichen Zuhörer immer mehr zusammenschmolzen, als insbesondere sein alter Gegner, der Rationalist Paulus, unter dem Titel *Die endlich offenbar gewordene Philosophie der Offenbarung* ein eigens zu diesem Zwecke nachgeschriebenes Heft über seine Vorlesungen mit ausführli-

cher, heftigster Gegenkritik (auf 800 Seiten) veröffentlichte, und er (Schelling) in dem deshalb angestrengten Prozeß nicht recht bekam, zog er sich gänzlich von seiner Vorlesungstätigkeit an der Universität zurück. Mit der Ordnung seiner früheren Schriften und der Vollendung seines letzten Systems beschäftigt, wurde Schelling am 20. August 1854 im Bade Ragaz (Ostschweiz) vom Tode überrascht.

Schelling ist eine glänzend und vielseitig veranlagte Natur, aber er ermangelt der strengen Zucht des Denkens, wie ihm denn auch die Philosophie als Sache genialer Begabung gilt. Durch andere Denker bis zum Enthusiasmus beeinflußbar, mit seinem beweglichen Geiste seine Lehre beständig und zwar immer wieder von Grund aus umbildend,[56] zeigt er gleichwohl ein starkes Selbstgefühl, das sich bisweilen zur Überhebung steigert. Wegen eben dieser fortwährenden Umwandlung seiner Philosophie muß dieselbe nach den einzelnen Perioden charakterisiert werden, wobei alle ihre Phasen im einzelnen zu schildern weder möglich noch nötig ist. Nach anfänglicher Übereinstimmung mit Fichte (1794-96), tritt sie auf als I. Naturphilosophie (1797-99) und System des transzendentalen Idealismus (1800), II. System der Identität (1801 ff.), III. Freiheitslehre (1804-12), IV. Theosophie (1812 ff.). Zur Einführung in Schellings Denkweise in seiner besten Zeit eignet sich wohl am ehesten die populäre Schrift von 1803 (S. 507, vgl. S. 513).

§ 51. Erste und zweite Periode: Naturphilosophie, transzendentaler Idealismus und Ideatitätssystem (von 1794 bis um 1804).

1. Anfänge (1794-96).

Mit seinen ersten, 1794 und 1795 verfaßten Schriften *Über die Möglichkeit einer Form der Philosophie überhaupt* und *Vom Ich als Prinzip der Philosophie* steht Schelling noch auf Fichteschem Boden. Das wahre Prinzip der Philosophie ist ihm das absolute Ich, welches aus sich selbst heraus die gesamte Welt der Objekte erzeugt. Ebenso vertreten die *Philosophischen Briefe über Dogmatismus und Kritizismus* (1796) noch die Ansicht, daß es nur zwei konsequente philosophische Standpunkte gebe: Spinoza und Kant-Fichte; zwischen ihnen müsse man wählen. Aber bald genügte ihm die bloße „Subjektivitäts"-Philosophie Fichtes nicht mehr. Dieser hatte allerdings die Natur als philosophisches Objekt nahezu unbeachtet gelassen, sie fast nur als Schranke oder höchstens als Mittel zum Zweck der menschlichen Persönlichkeit betrachtet. Und da auch Kant nur die „metaphysischen Anfangsgründe" der Naturwissenschaft gegeben habe, so will Schelling als Ergänzer beider auftreten, die große Lücke zwischen Kants Materie und dem lebendigen Organismus durch eine „spekulative Physik", eine in großem Stile ausfüllen. Die Zeit schien dazu aufzufordern. Gerade in den letzten Jahrzehnten des 18. Jahrhunderts hatten sich bedeutende Fortschritte auf verschiedenen Gebieten der Naturwissenschaft vollzogen. Galvani hatte die Entdeckung der tierischen Elektrizität gemacht, Lavoisier, der Begründer der modernen Chemie, an Stelle der alten phlogistischen Theorie die der Oxydation gesetzt und die Zusammensetzung von Luft und Wasser festgestellt, und der Schotte John Brown in seinen *Elementa medicinae* eine neue Theorie der Erregbarkeit, in der alles Leben wurzele, aufgestellt, die von der Bamberger medizinischen Schule weiter ausgebildet ward. Insbesondere aber hatte ein Landsmann Schellings, der von Kant und Herder angeregte schwäbische Naturforscher Kielmeyer, in seinem Vortrage *Über die Verhältnisse der organischen Kräfte* (1793) das Leben des Individuums wie der Natur als einen Entwicklungsprozeß mit den drei Stufen der „Sensibilität, Irritabilität und Reproduktion" aufgefaßt, die alle auf eine letzte Grundkraft hinwiesen.

Schellings beweglicher Geist wurde von diesen neuen Entdeckungen und Ideen lebhaft ergriffen. Wie hängen die organischen Erscheinungen unter sich und mit den anorganischen zusammen? Wie kann auch die Medizin zur Wissenschaft erhoben werden? Die mathematisch-mechanische Naturerklärung ließ ihn wie Goethe unbefriedigt, wenn sie ihn nicht gar abstieß. Alles in ihm strebte nach einer „lebendigen" Naturauffassung. Das wirklich fruchtbare, auch von Gegnern wie Fries anerkannte Grundprinzip von Schellings Naturphilosophie besteht nun darin, daß sie die gesamte Natur als einen großen Organismus ansieht, als ein zusammenhängendes System zu begreifen sucht. Er trägt so, wie bereits Kant, die Teleologie in die Natur hinein, aber nicht, wie dieser, mit methodischer Vorsicht als regulative Idee, sondern als konstitutives, metaphysisches Prinzip. Diese „Physik" ist wirklich eine spekulative. Wo in dem damaligen Stande der Naturerkenntnis Lücken vorhanden, zögert Schelling nicht, sie mit oft fruchtbaren, oft aber auch als völlige Irrwege sich erweisenden Hypothesen auszufüllen; an die Stelle praktischer treten vielfach Gedankenexperimente. Geistreichen Einfällen und Phantasien war bei ihm und seinen Anhängern Tür und Tor geöffnet. Die Grundgedanken seiner Naturphilosophie sind folgende:

Die Natur läßt sich nur verstehen, wenn wir sie als uns gleichartig, d. i. gleichfalls das Gepräge des Geistes tragend auffassen. „Das System der Natur ist zugleich das System des Geistes." Und zwar ein großartiges Entwicklungssystem, dessen oberste Stufe das Bewußtsein bildet. Die Materie ist schlummernder Geist, unreife Intelligenz. Die Entwicklung aber beruht auf der „Duplizität" widerstreitender Kräfte. Die Natur wirkt immer und überall durch Gegensätze, Entzweiung des Einen, das dann nach Wiedervereinigung strebt; ungleiche Pole ziehen sich an. „Es ist erstes Prinzip einer philosophischen Naturlehre, in der ganzen Natur auf Polarität und Dualismus auszugehen": wobei Pol nicht als physikalischer Begriff, sondern als universales Naturprinzip zu verstehen ist. So bilden Ausdehnung und Anziehung das Wesen der Materie (Kant), auf dem Zusammenwirken von Positivität und Negativität beruht die Elektrizität (vgl. Volta, dessen Entdeckung allerdings erst nach der ersten Auflage von Schellings *Ideen zu einer Philosophie der Natur* erfolgte), dem von Säuren und Alkalien die Chemie (Lavoisier), von Erregbarkeit und Erregung (Brown) oder den drei Grundkräften Kielmeyers das Leben, dem von Subjektivität und Objektivität das Bewußtsein (Fichte).

So konstruiert Schelling, anstatt der von ihm gering geschätzten „blinden, empirischen" Naturforschung eines Boyle und Newton, die Natur „von innen her"; das „innerste Wesen" der Natur, über das Kant und doch auch Goethe spotten, ist ihm die Hauptsache. An Stelle der mühevollen wissenschaftlichen Arbeit setzt er symbolische Auslegungen und spekulative Konstruktionen, die ihm nicht einmal der nachträglichen Erfahrungsprobe bedürftig erscheinen.

Wir fügen zu diesen allgemeinen Grundzügen noch einige Bemerkungen über die einzelnen Schriften hinzu. In seiner ersten naturphilosophischen Schrift, den *Ideen* (s. § 50), knüpft Schelling seine Erörterungen noch an Kants und Fichtes „transzendentalen Idealismus" an. Die Grundkräfte des gesamten, durchgängig dynamischen Naturprozesses sind die Attraktions- und Repulsionskraft Kants, die unendliche und die beschränkende Fichtes. Die zweite Schrift *Von der Weltseele* (1798) dagegen läßt diese Anlehnung bereits fallen. Das Leben ist ein beständiger Streit der Kräfte, ihr Gleichgewicht wäre der Tod; das organisierende Prinzip und zugleich die Einheit, von der sie ausgehen, ist die Weltseele. Aus einem Äther als positivem und dem Sauerstoff als negativem Prinzip läßt sie zunächst das Licht entstehen; aus dessen „Vermählung mit dem Körper" entspringt die Farbe, sowie die Wärme des Undurchsichtigen und die Elektrizität; für das „Urphänomen der Polarität" hält Schelling eine das ganze Weltall durchdringende magnetische Kraft. Aus dem Unorganischen entsteht dann in zusammenhängender Stufenfolge das organische Leben der Sauerstoff aushauchenden Pflanzen (Desoxydationsprozeß) und der Sauerstoff einatmenden Tiere (Oxydationsprozeß). Der mechanischen Hypothese von der Weltentstehung will er eine „organische", auf der fortgesetzten Expansion und Kontraktion des Urstoffs beruhende entgegensetzen. – Die Schriften des Jahres 1799 (der *Erste Entwurf* usw. nebst einer *Einleitung* dazu) führt das System der produktiven Tätigkeit und der Hemmungen der Natur, unter Benutzung von Browns und Kielmeyers Theorien (s. o.), im einzelnen weiter aus. Jedes Individuum ist z.B. ein „mißlungener Versuch" der Natur, das Absolute darzustellen! Der Geschlechtsunterschied erweist sich als Hemmung des Bildungstriebs u.a.m.

3. Transzendentaler Idealismus (1800).

Nun sollte aber doch die Naturphilosophie nur ein Teil des Systems sein. So gibt der erst 25 jährige 1800 ein neues Buch, das *System des transzendentalen Idea-*

lismus heraus, in dem er „alle Teile der Philosophie in einer Kontinuität und die gesamte Philosophie als fortgehende Geschichte des Selbstbewußtseins vortragen“ will, das daher sein übersichtlichstes und am meisten durchdachtes Werk geworden ist. In ihm geht er nicht von der Natur (dem Objekt), sondern noch einmal in der Weise Fichtes vom Ich (Subjekt) aus, das vermittelst seiner „intellektuellen Anschauung“ die Entwicklung seiner eigenen Tätigkeit zu verfolgen vermag: von der Empfindung über die Anschauung, die Reflexion und das Urteil bis zum Wollen. Erst durch das letztere produzieren wir bewußt, wird uns die Welt objektiv. In den theoretischen Teil wird die Naturphilosophie eingereiht, indem die „Potenzen“ der Natur zugleich als Momente in der Geschichte des Selbstbewußtseins dargestellt werden. Der praktische Teil ist wesentlich religiös gefärbte Geschichtsphilosophie; die Geschichte ist die Offenbarung des Absoluten, nämlich der Harmonie von Subjekt-Objekt, Bewußtem-Unbewußtem, ein System der Vorsehung, die anfangs nur als „Schicksal“ und „Natur“ erscheint. Die wahre Harmonie des theoretischen und praktischen Geistes jedoch – das hat Schelling aus Kants Kritik der Urteilskraft gelernt – vollzieht sich erst in der Kunst. Philosophie und Poesie ergreifen das Letzte und Höchste, jene im Denken, diese in der künstlerischen Anschauung. Die Philosophie der Kunst ist deshalb der Schlußstein aller Philosophie; denn sie öffnet uns das „Allerheiligste, wo in einiger und ursprünglicher Vereinigung gleichsam in einer Flamme brennt, was in der Natur und Geschichte gesondert ist, und was im Leben und Handeln, ebenso wie im Denken, ewig sich fliehen muß“.

4. Identitätssystem (1801-03).

Das *System der Identität* oder die *Philosophie des Absoluten* war auf den beiden vorigen Stufen von Schellings Philosophieren schon im Keime vorhanden, tritt aber erst in der *Darstellung meines Systems* (1801) als selbständiges Prinzip hervor. Über Bewußtsein und Natur, Subjekt und Objekt thront nämlich das Absolute als „totale Indifferenz von Subjekt-Objekt“, oder „absolute Identität des Idealen und Realen“. Fichtes Lehre ist ihm jetzt nur Reflexionsphilosophie und subjektiver Idealismus, während durch Schellings neuen, objektiven Idealismus „aller Dualismus auf immer vernichtet und alles absolut Eines werden“ soll. Er gerät so in die Nähe Spinozas, dessen „geometrische“ Methode mit ihren Lehrsätzen, Erläuterungen, Beweisen und Zusätzen denn auch sein neues Buch kopiert. Das Absolute ist mit der ewig einen, sich selbst gleichen und sich selbst einleuchtenden Vernunft identisch (A = A), die Welt nur der „Grund“ seiner Selbstoffenbarung, die Bedingung, unter welcher die totale Indifferenz sich in Tätigkeit setzt, in die „quantitative Differenz“ übergeht. Denn, indem sich nunmehr das Absolute in einer endlosen Stufenfolge von „Potenzen“ ausdrückt oder entwickelt ($A = A^1, A^2, A^3$ usw.), hat bald der subjektive Pol (der Geist), bald der objektive (die Natur) das Übergewicht. Wir folgen der geistvollen, jedoch zugleich sehr phantastischen Ableitung der einzelnen Potenzen der Natur (A^1 = Schwerkraft, A^2 = Licht, A^3 = Organismus) nicht weiter. Zur Darstellung der idealen Reihe oder der geistigen Potenzen (der Wahrheit, Güte und Schönheit) kommt das Werk nicht, sondern es bricht schon bei den Anfängen des „Organismus" ab.

Der Dialog *Bruno oder über das göttliche und natürliche Prinzip der Dinge* (1802) führt dieselben Gedankengänge in mehr poetischer Weise aus. Das Absolute wird hier auch schon mit dem Namen Gottes bezeichnet; als Urgegensatz erscheint der des Unendlichen und Endlichen. Die vier einseitigen Auffassungen des Absoluten sind: Materialismus, Intellektualismus, Realismus, Idealismus, denen Bruno-Schelling als die wahre seinen „Ideal-Realismus" gegenüberstellt. In demselben Jahre veröffentlichte er noch die in den gleichen Zusammenhang gehörenden *Ferneren Darstellungen aus dem System der Philosophie.*

Die der nämlichen Periode angehörigen *Vorlesungen über die Methode des akademischen Studiums* (1803) sind eine der anziehendsten und klarsten Schriften Schellings und eignen sich deshalb, wie bereits bemerkt worden ist, am besten zur Einführung des Anfängers in Schellings Eigenart. Auch hier wird das Wissen vom Absoluten als das Urwissen hingestellt, mit dem alle Philosophie beginnen muß, und das schließlich zur Identität mit sich selbst und so zu einem wahrhaft seligen Leben führt. Der Weg dazu ist die intellektuelle Anschauung; sie erfordert „Poesie", d. i. produktives Vermögen. Nicht empirische, analytische oder formale, sondern spekulative Philosophie ist Schellings Losung. Alles Philosophieren außer demjenigen Spinozas und Schellings ist subjektiv-dualistisch. Keine kritische Scheidung der verschiedenen Bewußtseinsgebiete. In der „obersten" Wissenschaft ist „alles eins", die Natur = Gott, Wissenschaft = Kunst, Religion = Poesie: so verkündet uns die romantische Weltformel. Dann werden die einzelnen Studienfächer behandelt. Die Theologie stellt den absoluten Indifferenzpunkt objektiv dar, Naturwissenschaft und Medizin repräsentieren die reelle, Geschichte und Rechtswissenschaft die ideelle Seite der Philosophie. Aufgabe der Wissenschaft ist nicht die trockene Empirie, sondern die von „höheren" Gesichtspunkten ausgehende „Konstruktion" der Religion, der Geschichte, des Staates, ja sogar der Materie, des Lichtes und der Schwere. Erste und notwendige Absicht der Philosophie bleibt: die Geburt aller Dinge aus Gott oder dem Absoluten zu begreifen.

§ 52. Spätere (theosophische) Gestalt der Schellingschen Philosophie. Engere und weitere Anhänger derselben. – Fr. Krause.

5. Religionsphilosophie und „Freiheits"lehre (1804-12).

Mit Schellings pantheistischem Identitätssystem war, genau genommen, Religion unvereinbar. Trotzdem will Schelling in seiner *Philosophie und Religion* betitelten Schrift (1804) beide zusammenführen, was ihm freilich nur durch eine neue

Umbildung seines eben erst festgestellten „Systems“ möglich ist. Wie ist die religiöse Grundtatsache des Unvollkommenen und Bösen zu erklären? Nur durch einen „Abfall“ von Gott oder dem Absoluten, dessen Möglichkeit in dem Begriff der Freiheit liegt. So entsteht in der Endlichkeit, der Natur, dem äußeren Kausalzusammenhang ein „Gegenbild“ des Absoluten, das seine äußerste Entfernung von Gott im Prinzip der Ichheit erreicht, die jedoch zugleich wieder das erste Moment der beginnenden Rückkehr zu jenem bildet. „Nur über den Abgrund geht der Weg zum Himmel“, bei dem Einzelnen wie bei der Menschheit im ganzen. Die ganze Weltgeschichte zerfällt in zwei große Perioden: 1. eine zentrifugale, 2. eine zentripetale, – die „Ilias“ und die „Odyssee“ des Geistes. Denn der Mensch stand anfangs unter dem Einfluß höherer Naturen vollkommener da (goldenes Zeitalter), er ist durch eigene Schuld abgefallen und wird sich erst allmählich wieder zum Geisterreich hinaufläutern: ein uns bereits aus der Geschichte des Neuplatonismus und der christlichen Mystik bekannter Gedanke. Die wahre Religion kann übrigens nur esoterisch, als Mysterium gedacht werden.

In seiner Schrift von 1809 (s. oben) verfolgt Schelling „das Wesen der menschlichen Freiheit“ weiter. In ihr ist der theosophisch-mystische Einfluß (namentlich Böhmes) noch deutlicher zu spüren. Die Freiheit an sich bedeutet = in Gott sein. Die menschliche Freiheit aber, das Böse zu wählen, ist begründet in demjenigen in Gott, was nicht er selbst, sondern nur dunkles, verstand- und bewußtloses Wollen, also „die Natur in Gott“ ist, die sich dann in dem Eigenwillen der Kreatur im Gegensatz zum göttlichen Universalwillen zu erkennen gibt. Die wahre Einleitung in die Naturphilosophie ist mithin – Theosophie! Übrigens ist trotzdem das Böse des Menschen eigene Tat und Schuld, aus seinem „intelligibelen Charakter“, d.h. seinem prädestinierten „Ur- und Grundwollen“ hervorquellend. Aber daneben bleibt in ihm das gute Prinzip (des göttlichen Geistes), das er in sich handeln „lassen“ kann. Religiosität = Gewissenhaftigkeit = Sittlichkeit heißt: Gebundenheit an den göttlichen Universalwillen. Von der „gegensatzlosen Einheit“ des Ur- oder Ungrundes geht alles aus, und nach Überwindung aller Gegensätze kehrt alles zur gegensatzlosen Einheit in der absoluten Persönlichkeit oder Liebe Gottes zurück.

6. Theosophie (1812 ff.).

Weitere Ausführungen seines neuen Standpunktes bringen die *Antwort an Eschenmayer* und die Streitschrift gegen Jacobi, beide vom Jahre 1812. Gegen des letzteren „literarische Schandtat“ richtete Schelling sein gröbstes Geschütz. Der philosophische Hauptgedanke der Schrift ist die „Evolution Gottes aus sich selbst“. Gegenüber dem Jacobischen Vorwurf des Naturalismus und „absichtlich täuschenden Atheismus“ sucht Schelling nachzuweisen, daß der Begriff eines persönlichen Gottes, den der Theismus fordere, nicht ohne eine Selbstentwicklung Gottes, diese aber nicht ohne jene Böhmesche „Natur in Gott“ möglich sei. –

Noch mystischer ist die 1811 verfaßte, aber erst aus dem Nachlaß veröffentlichte Schrift: *Die Weltalter.* Gemeint sind die „göttlichen" Weltalter, nämlich Gottes Offenbarung vor der Weltschöpfung, in dieser Welt und in der Zeit, die nach ihr kommen wird. Der allein veröffentlichte erste Band behandelt nur das „vorweltliche" Dasein Gottes in seinen verschiedenen „Potenzen". – Als eine „Beilage" zu den nicht veröffentlichten „Weltaltern" erschien 1815 die Festrede: *Die Gottheiten von Samothrake.* In der phönikischen Kabirenlehre sowie in den orphisch-dionysischen Geheimkulten der alten Griechen findet Schelling Anklänge an seine theosophischen Konstruktionen. Sehnsucht, Urdrang zum Sein war der erste Grund zur Schöpfung. Die Offenbarung der Natur Gottes geschieht in der Naturreligion oder Mythologie, die seiner Persönlichkeit in der geoffenbarten Religion. Die letzte und höchste Philosophie, nämlich die Religionsphilosophie, zerfällt demnach in 1. die Philosophie der Mythologie, 2. die Philosophie der Offenbarung.

Der absolute Weltgrund ist irrational. Deshalb kann eine Philosophie des Endlichen, wie der Rationalismus Hegels oder auch Schellings eigenes Identitätssystem, nur „negativ" sein. Demgegenüber will Schellings letzte oder „positive" Philosophie eben jene Offenbarung des Absoluten in der Entwicklung der Mythologie und der Offenbarung schildern. Sie ist so in ihrem ersten Teile eine Art Philosophie der heidnischen Mythologie, im zweiten eine an die Gnostiker (I, § 52) erinnernde Philosophie des Christentums. Beide Teile springen mit den historischen Tatsachen sehr willkürlich um; sie müssen den Zwecken spekulativer Konstruktionen dienen. Ein so gemäßigter Denker wie *Zeller*[57] urteilt darüber: „eine wortreiche, verworrene, abstruse Scholastik, ein unerquickliches Gemenge aus spekulativen, ihren Hauptbestandteilen nach seiner früheren Philosophie entnommenen Ideen, trüber Theosophie, willkürlich gedeuteten Bibelstellen und kirchlicher Dogmatik."

7. Geistesverwandte Schellings.

a) *Romantiker.* Eine eigentliche „Schule" konnte sich bei Schelling, dessen Philosophie in beständiger Umwandlung begriffen war, nicht bilden. Nur wenige, wie der Würzburger Professor Klein, schlossen sich eng an ihn, d.h. seinen früheren Standpunkt an. Desto zahlreicher sind die ihm verwandten und von ihm angeregten Naturen. In engerem oder weiterem Zusammenhang mit ihm, dem eigentlichen Philosophen der Romantik, steht jene gesamte Geistesrichtung, die auf das ästhetisch-literarische wie auf das religiöse und politische Leben der Zeit über Deutschland hinaus von so mächtigem Einfluß gewesen ist: die sogenannte „Romantische Schule" (s. § 50). Aber, obgleich die meisten Romantiker sich gelegentlich auch philosophisch geäußert haben, so haben sie doch auf die philosophische Entwicklung verhältnismäßig wenig eingewirkt. Selbst der theoretisch bedeutendste unter ihnen, der reichbegabte, aber im Grunde unschöpferische Friedrich Schlegel nicht, dem wir bereits (S. 505) unter den Anhängern Fichtes begegneten. Wie Schelling, sah auch er von seinem Standpunkte der Genialität vornehm auf die „Reflexionsphilosophie des Verstandes“ herab. Aber er ging bald noch weiter, verwarf nicht bloß das „geistlose“ Gesetz, sondern auch die „konventionelle“ Moral, um dann plötzlich von dem Reflexionszynismus seiner bekannten *Lucinde* (1799) umzukippen in eine religiöse Mystik, die ihn einige Jahre später (1808) in die Arme der alleinseligmachenden Kirche führte. Er hat das Verdienst, das Wesen des romantischen Prinzips im Gegensatz zum klassischen als das unendliche Spiel der Phantasie mit ihren eigenen Produkten oder die „Ironie“ bestimmt und als ihr Zentrum die individuelle Persönlichkeit dargelegt zu haben. Später verlangte er dagegen eine strenge, der Hegelschen (s. u.) ähnliche, Methode für die Philosophie, die der „Triplizität“, welche durch die Widersprüche hindurch zu der höheren Einheit vordringt. Seine *Philosophie des Lebens* (1828) und *Philosophie der Geschichte* (1829) tragen mystisch-religiöse Färbung.[58] Noch weniger philosophischen Wert haben die allegorischen Phantasiebilder des neuerdings viel behandelten und edierten Novalis (Hardenberg). Bedeutender ist Solger (1780-1819), wenigstens als Ästhetiker, der in seinem *Erwin* den Schlegelschen Ironiebegriff vertiefte und erweiterte, indem er, den künstlerischen mit dem religiösen Gesichtspunkt verbindend, die „Tragödie“ des Schönen auf der Erde, seinen Glanz und seine Nichtigkeit zugleich beschrieb.

b) *Naturphilosophen.* Am meisten wirkte Schellings Naturphilosophie auf die Zeitgenossen ein. Durch sie sind Eschenmayer, Steffens, Schubert, Oken u. a. angeregt worden. Eschenmayer forderte schon 1803 als Konsequenz von Schellings Identitätslehre den Übergang von der Philosophie zur „Nichtphilosophie“, dem Glauben; er endete in Geister- und Teufelsglauben. Der Norweger Hendrik Steffens (1773-1845), Geologe von Fach, aber an Lessing, Goethe, Spinoza gebildet, sucht Schellings Ideen in seinen *Beiträgen zur inneren Naturgeschichte der Erde* (1801) eine fachwissenschaftliche Unterlage zu geben. Seine leitende Idee ist eine großartige Entwicklungsgeschichte der Natur vom Sonnensystem bis zu ihrem Hauptziel, der Entwicklung der Individualität im Menschen, dem dann ein physiologischer und ein psychologischer Teil gewidmet wird. Später neigte er Schleiermacher zu, noch später kehrte er zum Luthertum zurück. Lorenz Oken (1779-1851, in Jena und Zürich) dagegen bildet den Pantheismus Schellings naturalistisch weiter; die ganze Philosophie geht ihm in Naturphilosophie auf (Lehrbuch derselben 1809, Zeitschrift *Isis* 1817 ff.). Gott und Universum sind identisch. Er lehrte bereits – ein Vorläufer Haeckels – eine Entwicklung aller Organismen durch allmähliche Umbildung aus einem organischen Urschleim. Der Mensch als Säugetier umfaßt in sich alle die Sinne, die sich auf den niederen Stufen isoliert (das Gefühl im Wurm, der Gesichtssinn im Insekt, der Tastsinn in der Schnecke, das Gehör im Vogel, der Geruch im Fisch, der Geschmack im Amphibium) ausgebildet haben.

G. H. Schubert (1780-1860) wiederum schrieb eine Anzahl verbreiteter naturwissenschaftlicher Lehrbücher in religiös-erbaulichem Sinne; daneben beschäftigte er sich gern mit der „Nachtseite" der Natur, Somnambulismus, Träumen, Seelenstörungen u. ä.

c) *Theosophen.* Schellings Theosophie fand einen Geistesverwandten, der ihn selbst durch seinen Hinweis auf Jakob Böhme stark beeinflußt hat, in dem Bergwerksdirektor und späteren Professor der spekulativen Dogmatik zu München, Franz (von) Baader (1765-1841), der Böhmesche Mystik mit einzelnen Gedanken Kants und Fichtes verbindet, im Grunde aber doch katholischer Philosoph bleibt, dem das selbständige Auftreten der Philosophie seit Baco und Descartes als Verirrung, das kirchliche Dogma dagegen als unüberschreitbare Schranke gilt, wenngleich er dasselbe oft im mystischen Sinne umdeutet und gegen die „römische Diktatur" polemisiert. Seine zum größten Teil nur aus kurzen Aufsätzen bestehenden, aphoristisch-orakelhaft gehaltenen Schriften sind in nicht weniger als 16 Bänden, 1851–60, von seinem treuen Schüler *Franz Hoffmann* und anderen herausgegeben worden. Hoffmanns eigenes Hauptwerk *Spekulative Entwicklung der ewigen Selbsterzeugung Gottes* (1835) kennzeichnet schon in seinem Titel die Tendenzen dieser Richtung.

d) *Politiker.* Wie die Romantik sich in religiöser Beziehung mit der Reaktion verknüpft zeigt, so auch in politischer. Doch gehören diese „Doktrinäre des Rückschritts", wie L. v. Haller († 1854), Adam Müller († 1829) und der einflußreiche Rechtsphilosoph J. Stahl († 1861) – sämtlich Konvertiten – mehr der Geschichte der Politik als der Philosophie an.

Dagegen sei bei dieser Gelegenheit noch der merkwürdige Bardili (1761-1808) erwähnt, der, Kants „Trennung" des Denkens vom Sein bekämpfend, ein System des „rationalen Realismus" aufstellte, welches in seinen aufsteigenden Seinsformen, von denen jedesmal die niedere in der höheren enthalten sein soll, gleichzeitig an Aristoteles und Schelling erinnert. Der Titel seines Hauptwerks lautet: *Grundriß der ersten Logik, gereinigt von den Irrtümern bisheriger Logiken überhaupt, der Kantschen insbesondere; keine Kritik, sondern eine medicina mentis, brauchbar hauptsächlich für Deutschlands kritische Philosophen. Der Berliner Akademie der Wissenschaften, den Herren Herder, Schlosser, Eberhard, jedem Retter des erkrankten Schulverstands in Deutschland, mithin auch vorzüglich dem Herrn Friedrich Nikolai, widmet dies Denkmal die deutsche Vaterlandsliebe.* Stuttgart 1800.

8. Krause und seine Anhänger.

K. Chr. Fr. Krause (1781-1832), aus Eisenberg in Sachsen-Altenburg, hörte in Jena Fichte und Schelling, war Privatdozent daselbst 1802–05, 1814 kurze Zeit in Berlin, 1824 bis 1831 in Göttingen und starb 1832 zu München in Dürftigkeit. Er verkündet eine Philosophie des Absoluten, die von Gott oder dem „Wesen" als

„Grundschauung" ausgeht, also eine „All-in-Gott-Lehre (Panentheismus)", welche zeigt, wie die als Persönlichkeit zu denkende Gottheit an und in dem Prozeß der gesamten endlichen Dinge sich entwickelt oder: wie die Welt in, unter und durch Gott ist. Seine „Grundwissenschaft" unterscheidet zwei „Lehrgänge": 1. einen von der Selbstschauung zu Gott analytisch-aufsteigenden und 2. einen von der „Wesen"schauung synthetisch-absteigenden. Gott ist das „ungegenheitliche", das „Or-Wesen" oder „Wesen-als-Urwesen". Die Welt, der Wesengliedbau, wird, ähnlich wie bei Schelling und Baader, durch eine innere Entgegensetzung der Wesenheit im Urwesen abgeleitet. Die Natur ist die Offenbarung des einen inneren Lebens, die wahre Naturansicht daher die dynamische. Die Hauptsache ist ihm jedoch die „Vereinwesenlehre" (Anthropologie) mit der sich ihr anschließenden Religions-, Sitten- und Rechtslehre und Geschichtsphilosophie. Ihrer aller Quell ist Gott. Religion ist Verein des Menschenlebens mit dem Leben Gottes; das oberste Gebot der an Kant sich anlehnenden Sittenlehre: Wolle du selbst und tue das Gute als das Gute, ahme Gott nach im Leben!

Als beste Leistung Krauses gilt seine Rechtsphilosophie, wenn sich auch mit seiner Definition des Rechts als „des Gliedbaus aller zeitlich freien Lebensbedingnisse des inneren Selblebens Gottes und in und durch selbiges auch des wesengemäßen Selblebens und Vereinlebens aller Wesen mit Gott" methodisch wenig anfangen läßt. Das Recht soll nicht auf die Bedingungen des äußeren Freiheitsgebrauchs beschränkt sein, sondern das Gesamtleben der Menschheit so ordnen, daß jeder sich ungehindert dem Endziele der sittlichen Vollendung nähern kann: sowohl die einzelnen wie ihre Vereinigungen in Ehe-, Freund-, Ort-, Stamm-, Volkvereinen, in Wissenschafts-, Kunst-, Tugend- und anderen Bünden. Die Geschichtsphilosophie legt dar, wie der Gliedbau der Ideen in der Zeit sich darbildet, wie jede Gemeinschaft die „Lebensalter" der Kindheit (Keimalter), Jugend (Wachsalter), Reife, Hochreife (Gegenjugend) und Greisalter (Gegenkindheit) durchmacht. Das schöne, aber phantastische Ideal, das der arme, trotz aller bitteren Enttäuschungen in seinem unerschütterlichen Optimismus verharrende Philosoph sich in seiner weltabgewandten Studierstube ausgedacht, war ein die ganze Welt umfassender Menschheitsbund (vgl. *Das Urbild der Menschheit,* 1811), dessen Keime er eine Zeitlang in der Freimaurerei erblickte.

Während Krause bei seinen Lebzeiten und in seinem Vaterlande fast unbeachtet blieb, verbreitete sein Schüler Ahrens (1808-1874, zuletzt Professor in Leipzig) die Lehre des Meisters in Frankreich und Belgien, und del Rio († 1869) mit noch mehr Erfolg in Spanien, wo noch heute die Gegner der Scholastik und des Jesuitismus unter den Universitätslehrern in der Regel als „Krausistas" bezeichnet werden. In den letzten Jahrzehnten versuchten einige begeisterte Anhänger (Leonhardi, Röder, Hohlfeld, Wünsche u. a.) auch in Deutschland Krauses Philosophie zu neuem Leben zu erwecken, indem sie aus dem schier unerschöpflichen Nachlaß des Philosophen eine wahre Flut von größeren und kleineren Schriften veröffentlicht haben; bisher indes mit geringem Erfolg.

Kapitel XVII.
Hegel.

§ 53. Leben, Charakter und schriftstellerische Entwicklung.

Vgl. die heute noch wertvollen Biographien von *K. Rosenkranz* (Anhänger Hegels), Berlin 1844, und *R. Haym, Hegel und seine Zeit* (kritisch) Berlin 1857, von denen letztere auch zu den besten zusammenfassenden Darstellungen seiner Lehre zählt, außerdem den VIII. Band (Hegel) von *Kuno Fischer, Gesch. d. n. Philosophie*, Heidelberg 1902 (3. Aufl. 1911 f., mit Anhang von H. Falkenheim und G. Lasson, über 1300 Seiten!); ferner Lassons Einleitungen zu seinen Ausgaben Hegelscher Werke (s. u.). Zur ersten Einführung kann auch die kurze Schrift von *K. Köstlin, Hegel in philos., polit. und nationaler Beziehung* (Tübingen 1870), empfohlen werden. Gute Gesichtspunkte auch in der kleinen Schrift von *E. Hammacher, Die Bedeutung der Philosophie Hegels für die Gegenwart*. Lpz. 1911. Reiche Literaturangaben gibt das interessante Buch des Italieners *B. Croce, Lebendiges und Totes in Hegels Philosophie* (deutsch 1909). Über seine Entwicklung bis 1800 vgl. *W. Dilthey, Die Jugendgeschichte Hegels*, 1905. Eine völlig ausreichende Darstellung des ganzen Systems ist bisher noch nicht erschienen.

Zu einer vollständigen Ausgabe seiner Werke, einschließlich der Vorlesungsmanuskripte, vereinigte sich ein „Verein von Freunden des Verewigten" (Gans, Hotho, Michelet, Rosenkranz u. a). Dieselbe erschien in 18 Bänden 1832-1845; dazu ist 1887 der von seinem Sohne Karl Hegel veröffentlichte Briefwechsel als Band XIX gekommen. Eine neue Gesamtausgabe in der *Philos. Bibl.* durch *G. Lasson* (mit Einleitungen des Herausgebers) ist im Werke. Bisher erschienen: die *Enzyklopädie* (2. Aufl. 1905), die *Phänomenologie des Geistes* (Lpz. 1907), die *Grundlinien der Philosophie des Rechts* (1911), *Schriften zur Politik und Rechtsphilosophie* (1913), *Vorlesungen über die Philosophie der Weltgeschichte*, I. Bd. 1917. – In anderen Verlagen ferner die Religionsphilosophie (in gekürzter Form, mit Einführung, Anmerkungen und Erläuterungen) von Arthur Drews, Jena 1905, und die *Vorlesungen über die Philosophie der Geschichte* (bei Reclam, 1907). Auch der holländische Hegelianer Bolland hat die wichtigsten Schriften: die *„kleine" Logik*, die *Religions-, die* Rechtsphilosophie, die *Enzyklopädie* (1906), die *Phänomenologie* (1907) und die *Vorlesungen über Geschichte der Philosophie* (1908) mit Kommentaren neu (Leiden, 1901 ff.) herausgegeben. Auf der Kgl. Bibliothek zu Berlin finden sich noch zahlreiche Manuskripte aus den verschiedensten Perioden des Philosophen, von denen bisher seine Theologischen Jugendschriften durch Hermann Nohl (Tübingen

1907), ein *System der Sittlichkeit* aus dem Jahre 1800 von G. Lasson in der *Philos. Bibliothek* und *Hegels erstes System* durch *H. Ehrenberg* und *H. Link* (Heidelberg 1915) veröffentlicht worden sind. Seit 1911 gibt Lasson ein *Hegel-Archiv* heraus, das in zwangloser Folge Hefte mit Beiträgen zur Hegelforschung (u. a. auch ungedruckte Briefe und sonstige Nachlaßstücke) erscheinen läßt.

1. *Von Tübingen nach Jena.* Geboren in Stuttgart am 27. August 1770 als Sohn eines württembergischen Rechnungsbeamten, behielt Georg Wilhelm Friedrich Hegel sein Leben lang die Gemütstiefe, aber auch die Schwerfälligkeit und Bedächtigkeit des schwäbischen Naturells. Daneben war ihm eine gewisse Trockenheit und Altklugheit eigen; schon auf der Universität hieß er der „alte Mann", auch später blieb er körperlich ungewandt und ein schlechter Redner. Von dem Studium der Theologie (im Tübinger Stift), dem sich der 18jährige Jüngling, wie Fichte und Schelling, anfangs zugewandt, entfernte ihn innerlich bald die Begeisterung für das Griechentum und den Pantheismus, die er mit seinen Freunden Schelling und Hölderlin teilte. Von Kants Werken zog ihn besonders dessen *Kritik der Urteilskraft* an; auch Schillers ästhetische Briefe wirkten auf ihn ein. Nach bestandener theologischer Prüfung war er – gleich Kant, Fichte, Schelling und Herbart – längere Zeit Hauslehrer (1794-1797 in Bern, 1797-1800 in Frankfurt). 1795 schrieb er ein erst neuerdings (s. o.) veröffentlichtes *Leben Jesu,* von ziemlich freigeistigem, stark durch Kants *Religion innerhalb etc.* beeinflußtem Standpunkt. Sein gleichzeitiges politisches Interesse bezeugt seine Kritik der „neuesten inneren Verhältnisse Wirtembergs" (1798), sowie eine solche der deutschen Reichsverfassung (1801, beide erst aus seinem Nachlaß veröffentlicht). Gegen Ende 1800 faßt er den Entschluß, selbst in die philosophische Bewegung Deutschlands einzugreifen und beginnt die Ausarbeitung eines selbständigen Systems, in dem schon die Keime seiner späteren Philosophie, wenngleich unausgebildet und in spröder, schwer verständlicher Hülle, vorhanden sind, mit dem Kernsatz: Das Absolute ist Geist, und es ist dialektischer Art, d.h. in beständiger Entwicklung begriffen.[59] Januar 1801 läßt er sich als Privatdozent in der damaligen Metropole der Philosophie Jena nieder, wo bald darauf (1803) von etwas über 50 Dozenten nicht weniger als 14 Philosophen, darunter die Hälfte Privatdozenten waren. Dort schließt er sich anfangs an seinen Universitätsfreund und Landsmann Schelling in ähnlicher Weise an, wie dieser an Fichte, Fichte an Kant sich angelehnt hatte. Seine Dissertation *De orbitis planetarum* (1801), deren spekulative Aufstellungen zufälligerweise in demselben Jahre durch die Entdekkung des ersten Planetoiden widerlegt wurden, und seine Schrift *Differenz des Fichteschen und Schellingschen Systems* sind Verteidigungen von Schellings Identitätssystem: obwohl Hegel, monistischer als dieser, bereits den Geist (Fichtes „Ich") zum Absoluten macht. Gemeinsam mit dem jüngeren Landsmann gibt er dann das *Kritische Journal* (§ 50) heraus. In Schellings Geist schreibt er auch *Über das Wesen der philosophischen Kritik* gegen die Sub-

jektivität der Halbphilosophen, den „gemeinen Verstand" Krugs (§ 44a, 1), den Skeptizismus Schulzes (§ 45, 1), die „Reflexionsphilosophie" Kants, Jacobis und Fichtes, ferner *Über die wissenschaftliche Behandlung des Naturrechts* gegen Hobbes, Kant und Fichte. In diese Zeit (1802-1803) fällt wahrscheinlich auch die Abfassung eines Entwurfs zum *System der Sittlichkeit* für seine Vorlesungen, das nicht vom einzelnen, sondern vom Volke als sittlichem Organismus ausgeht und u. a. die sittliche Heilkraft des Krieges im Gegensatz zu Kants ‚Ewigem Frieden' preist.

2. *Von Jena bis Berlin.* Aber die kecken Einfälle und blendenden Allgemeinheiten der Schellingschen Philosophie konnten Hegels nach strenger, nüchterner Systembildung strebendem Geiste nicht zusagen. Als zudem Schelling 1803 Jena den Rücken kehrte und er fortan auf sich selbst angewiesen war, arbeitete er sein erstes selbständiges großes Werk aus, die als Einleitung in sein System gedachte *Phänomenologie des Geistes* (1807), die in der Nacht vor der Schlacht bei Jena vollendet wurde. Die Ereignisse dieser Tage, die ihn im übrigen innerlich wenig berührten – in Napoleon hatte er den „Weltgeist zu Pferde" bewundert – trieben ihn von dort, wo er 1805 außerordentlicher Professor mit einem armseligen Gehalt geworden war, Frühjahr 1807 nach dem damals geistig aufblühenden Bayern, wo er zunächst eine Zeitlang die Bamberger Zeitung redigierte, dann aber durch seinen Freund Niethammer, Leiter des bayrischen höheren Schulwesens, die ihm sympathischere Stellung eines Rektors des Nürnberger Gymnasiums erhielt. In dieser Zeit (1808-1816) bildete er sein System weiter aus; sein zweites Hauptwerk *Wissenschaft der Logik* erschien in 3 Bänden 1812-1816. Der Unterricht in den höheren Gymnasialklassen kam seinem Stile zugute; derselbe wurde klarer und ebener, freilich auch schulmäßiger, ja scholastischer. 1816 gelang es ihm, in seine eigentliche Berufssphäre zurückzukommen, indem er als Professor der Philosophie nach Heidelberg berufen wurde. Hier erschien die erste und einzige Gesamtdarstellung seines Systems, die *Enzyklopädie der philosophischen Wissenschaften im Grundrisse* (1817, 1827 in 2. stark vermehrter, 1830 in 3. Aufl., in den S. W. mit von anderen nachgeschriebenen, nicht unbedingt zuverlässigen Erläuterungen und Zusätzen versehen). Die Vorrede zu diesem Werke, die sich gegen den „Aberwitz" des „romantischen", noch schärfer aber gegen die „widrigere Dünkelhaftigkeit" des skeptischen und kritischen „Subjektivismus" wandte, sowie die konservative Staatsgesinnung, die er in einem Aufsatz über die Verhandlungen der württembergischen Stände (1817) bekundete, ließen ihn der damaligen preußischen Restauration geeignet für ein Lehramt an der Berliner Universität erscheinen, an der er dann die letzten dreizehn Jahre seines Lebens gewirkt hat.

3. *Glanzzeit und Ende.* Mit dieser Periode (1818-1831) beginnt seine eigentliche Ruhmeszeit. Von den Mächtigen begünstigt, von zahlreichen Schülern umgeben, im Glanze seiner steigenden Berühmtheit sich sonnend, wird er eine Art philosophischer Diktator Deutschlands, seine Philosophie zur Zeitphilosophie,

sein System zur wissenschaftlichen Behausung des Geistes der preußischen Reaktion. Am deutlichsten tritt dies in seiner *Rechtsphilosophie* (1821) hervor, deren berüchtigte Vorrede u. a. auch die Regierungen auf die Staatsgefährlichkeit des „seichten" und „subjektivistischen" liberalen Zeitgeistes und seiner philosophischen Vertreter (wie Fries) hinweist. In Berlin entwickelte er mit dem ihm eigenen Riesenfleiße eine ausgedehnte Kathederwirksamkeit in Vorlesungen über alle philosophischen Fächer, von denen er einzelne, wie die Religionsphilosophie, hier erst vollständig ausgeführt hat. Den zahlreich aus ganz Deutschland und darüber hinaus herbeiströmenden Jüngern, die zu seinen Füßen saßen, imponierte die Geschlossenheit und strenge Ordnung des Systems, in das er den ganzen geistigen Inhalt der Zeit einzuschließen suchte, während sein Vortrag so eintönig und unbeholfen wie früher blieb. Das Organ der sich bald ausbildenden Hegelschen Schule waren die 1827 gegründeten *Jahrbücher für wissenschaftliche Kritik.* Mitten in dieser Tätigkeit, auf der Höhe seines Ruhmes, Mittelpunkt der Verehrung einer zahlreichen Schülerschar, wurde Hegel 1831 von der in Berlin grassierenden Cholera ergriffen und starb 61 jährig an Leibniz' Todestag, dem 14. November. Seine letzte Arbeit war eine von reaktionär-bureaukratischem Geiste eingegebene Kritik der neuen englischen Reformbill für den „Preußischen Staatsanzeiger" gewesen. Er ruht neben dem ihm in vieler Beziehung so entgegengesetzten und doch in der Methode des Philosophierens (vom Absoluten aus) verwandten Fichte.

Die um die Mitte des Jahrhunderts sehr reiche Literatur über Hegel verringerte sich mit der Abnahme des Interesses für seine Philosophie bald sehr stark. Der abstrakte Charakter der Hegelschen Philosophie, ihre teils schematische teils noch mit sich selbst ringende, oft ins Mystisch-Dunkle sich verlierende Darstellung, sowie die Masse technischer Ausdrücke bewirken, daß Hegel heute nur noch von wenigen gelesen wird, die durch dieses Dornengestrüpp zum fruchtbaren Kern vorzudringen vermögen. Erst in den letzten Jahren hat man sich wieder für ihn zu erwärmen begonnen (s. § 76). Am ansprechendsten sind wohl die Vorlesungen zur Ästhetik und zur Philosophie der Geschichte; in die *Logik* und *Phänomenologie* ist eine Überfülle von Gedanken gepreßt. Wir versuchen im folgenden zunächst Grundgedanken und Methode des Hegelschen Philosophierens möglichst deutlich zur Anschauung zu bringen, um sodann erst den theoretischen, darauf den praktischen Teil des Systems in knappen Umrissen darzustellen.

§ 54. Hegels Philosophie
I. Einleitung.
II. Das System:
A. Logik.
B. Naturphilosophie.

I. Einleitung.

1. *Der Entwicklungsgedanke.* Die gesamte Wirklichkeit ist Verwirklichung der Vernunft. Diese bedarf jedoch eines Objektes, um zu wirken; sonst bliebe sie bloßes Prinzip, latente Möglichkeit, wie schon Fichte gezeigt hat. Die höhere Natur (= Vernunft) entfaltet sich in der niederen (Welt, Materie) und organisiert sie. Alles in der Welt ist Werden, Entwicklungsprozeß, von dem kleinsten Grashalm bis zum Sonnensystem. Überall neben dem Sein ist: Nicht mehr-, Noch nicht-, Nicht-ganz-Sein (Negativität). Warum das? Weil nur das Werden wahres Sein, d.h. Leben ist, und nur auf dem Wege der Entwicklung ein Etwas zum wirklichen Dasein gelangen kann. Alles jetzt Vorhandene war schon von Anbeginn der Welt her im Keime vorhanden. Jede Entwicklungsstufe muß ganz durchgemacht werden, daher sind Einseitigkeiten notwendig, z.B. in der Jugend des Menschen, die nur dann vom Übel sind, wenn die Entwicklung durch sie ins Stocken gerät. Je stärker die Einseitigkeit war, desto sicherer stürzt sie zusammen. Aber sie wirkt auch Gutes, denn sie verwirklicht nicht nur ein bestimmtes, an seiner Stelle notwendiges Entwicklungsmoment, sondern ist zugleich auch ein Sporn, der vorwärts treibt, beispielsweise den Krieg zum Frieden, die Willkür zum Gesetz, die Herrschaftslosigkeit zur Herrschaft. Der Mensch sorge nur dafür, daß das Schwanken zwischen den Extremen aufhöre und die Forderungen der Vernunft immer mehr zur Geltung gelangen. Denn auch in ihr geht das lebendige Werden fort: sie selbst schafft die Gegensätze, die sie dann überwindet. Das ist das Geheimnis der
2. *Dialektischen Methode,* die zwar schon in Fichtes These – Antithese – Synthese, ja bereits in Kants Trichotomien, deutlicher in Schellings Potenzierungsmethode angelegt erscheint (S. 512, vgl. auch Fr. Schlegel S. 516), jedoch erst bei Hegel zur vollen und bewußten Durchführung gelangt. Es liegt im Wesen des Geistes, sich selbst zu entzweien, dann aber aus dieser Entzweiung zu seiner ursprünglichen Einheit zurückzukehren. Jeder Begriff muß, da er begrenzt ist, zu seiner eigenen Aufhebung führen, „in sein Gegenteil umschlagen"; so entspringt ein neuer Begriff, aus dessen Verbindung mit dem ersten sodann eine höhere Einheit entsteht, und so fort ins unendliche. Diese vorwärts treibende „Dialektik" ist zugleich der Ausdruck der Selbstentwicklung des Daseins. Auf dem Gipfel der Entwicklung bereitet sich schon die Auflösung vor, wenn auch das Wesentliche beharrt: das Samenkorn in der Pflanze, der ursprüngliche Charakter im Menschen. Nach diesem Triplizitäts-Schema wurden nun von Hegel und den Hegelianern alle menschlichen Begriffe bearbeitet, in dasselbe

der ganze Erfahrungsinhalt – mehr oder weniger willkürlich – hineingepreßt: Position, Negation, „Negation der Negation", so hörte man es damals von allen Kathedern schallen. Denn diese „dialektische" Entwicklung ist nicht bloß eine Eigenschaft der Gedanken, sondern auch der – „Dinge". Indem wir das Dasein denken, denkt das Dasein in uns. Jede Erscheinung deutet vermöge ihrer Eingegrenztheit notwendigerweise über sich selbst hinaus, ist nur ein Moment in dem großen Zusammenhang und Entwicklungsgang der Dinge oder, in Hegelscher Sprache, in der „Selbsterscheinung des absoluten Geistes".

3. *Ausgangspunkt und Einteilung des Systems.* Seit Fichte wird das Hauptanliegen der deutschen Philosophen die Errichtung eines wohlgepanzerten, alles umfassenden Systems. Dieses Streben erreicht in Hegel seinen Höhepunkt. Wie Spinoza, Fichte und namentlich Schelling, geht auch er dabei vom Absoluten aus, aber das Absolute ist für ihn nicht, wie bei Schelling, eine ruhende Einheit, ein totes Sein, „eine Nacht, in der alle Kühe schwarz sind", sondern Leben, Entwicklung, Geist. Das Absolute, der Grund der Welt ist die Vernunft, selbstverständlich nicht in irgendwelcher konkreten Gestalt, sondern nur als Prinzip, als zeit- und raumlose, von Ewigkeit her vorhandene Idee gedacht. Sie allein existiert immer und wahrhaft, alles Unvernünftige und Begrifflose dagegen nur vorübergehend und scheinbar, als ein Moment in ihrer Verwirklichung. Hegels Philosophie ist also Idealismus, aber unkritischer, spekulativer, absoluter Idealismus.

In der Natur entäußert sich die absolute Vernunft ihres „An sich seins", im Geiste kehrt sie in sich zurück. Das philosophische System muß sich mithin gliedern in: 1. die Wissenschaft von der Idee an und für sich, oder die Logik, 2. die Wissenschaft der Idee in ihrem Anderssein oder die Naturphilosophie, 3. die Wissenschaft der Idee, die aus ihrem Anderssein in sich zurückkehrt, oder die Geistesphilosophie. Jeder dieser drei Hauptteile gliedert sich dann nach dem Prinzip der dialektischen Methode wieder in Dreiheiten, diese desgleichen. Das Ganze ist ein kühner Konstruktionsversuch, rein mit den Mitteln der Logik, die zugleich Metaphysik geworden ist, die ganze Welt des Seienden aus dem Wesen des Begriffs herauszuspinnen. Man hat daher Hegels Philosophie wohl auch als Panlogismus bezeichnet.

4. *Einleitung in das System (Phänomenologie).* Diesem Systeme hat Hegel, ähnlich wie Spinoza in seinem Traktat *De emendatione,* als Einleitung vorausgeschickt eine Lehre von den Erscheinungsformen (daher *Phänomenologie*) und Entwicklungsstufen des Bewußtseins (*Geistes*), von seinen niedersten bis zu seinen höchsten Formen. Freilich will diese Lehre weit mehr sein als eine bloße Propädeutik; sie ist zugleich ein Teil der Philosophie des Geistes. Sie ist notwendig, weil Hegel das Absolute nicht, wie Schelling, mit der „intellektualen Anschauung" des Genies, sondern wissenschaftlich-begrifflich erfassen will. Zu diesem philosophischen Begreifen aber muß das gewöhnliche Denken erst emporgebildet werden, indem es auf seine Widersprüche aufmerksam gemacht wird. Die Darstellung wird um so verwickelter, als neben der Entwick-

lung des individuellen Geistes zugleich die analoge des Weltgeistes aufgezeigt werden soll, sodaß wir zugleich eine genetische Psychologie, Philosophie und Kulturgeschichte erhalten, deren Fäden leider nur zu häufig ineinander laufen. Die Hauptstufen mit ihren wichtigsten Unterstufen sind: 1. das Bewußtsein: a) sinnliche Gewißheit, b) Wahrnehmung, c) Verstand; 2. das Selbstbewußtsein; 3. die Vernunft: a) die sich selbst und die Natur beobachtende, b) die sich selbst verwirklichende, c) die Individualität; 4. der Geist, d. i. das sittliche Bewußtsein: a) der wahre Geist des Altertums, b) der sich selbst entfremdete der Aufklärung, c) der seiner selbst gewisse oder die Moralität; 5. die Vollendung des Geistes in der Religion: a) natürliche, b) Kunst, c) geoffenbarte; endlich 6. das absolute Wissen des sich in sich selbst und der Geschichte begreifenden Geistes. Die Darstellung dieses absoluten Wissens ist

II. Das System der Philosophie,

das, wie wir oben sahen, in Logik, Natur- und Geistesphilosophie zerfällt.

A. Die Logik oder die Lehre von der „Idee"
(S. 524) gliedert sich ihrerseits wieder in die Lehre: 1. vom Sein, 2. vom Wesen, 3. vom Begriff.

1. Das Sein. Hegel beginnt mit dem „reinen", d.h. noch ganz inhaltlosen und unbestimmten Sein. Aus diesem werden, auf dem Wege der uns bekannten (S. 523) dialektischen Methode, abgeleitet die ihrerseits in der Regel wiederum dreigeteilten Seinsarten oder -stufen: a) das Werden, das Dasein und das unendliche oder Für-sich-sein (Qualität); b) die reine, bestimmte und unendliche Quantität, in welche die Qualität umschlägt; c) das Maß bezw. Maßlose, in dem Qualität und Quantität sich gegenseitig einen, bezw. aufheben. Das in allem Wechsel der Bestimmungen beharrende „wahrhafte" Sein ist
2. Das Wesen. Dieses scheint a) in sich selbst („reflektiert") und erzeugt so die sogenannten Denkgesetze der Identität, des Unterschieds (Verschiedenheit, Gegensatz, Widerspruch) und des zureichenden Grundes. Der Widerspruch ist ebenso notwendig wie die Identität; er ist die Wurzel aller Bewegung und alles Lebens; freilich muß er sich zuletzt auflösen in den Grund und damit in die Existenz eines Dinges. Das Wesen tritt b) in das Dasein hinaus als „Erscheinung", daraus entspringen dann die scheinbaren Gegensätze von Inhalt und Form (Gesetz), Ganzem und Teilen, Innerem und Äußerem, Ding und Eigenschaften, Grund und Folge, die in Wahrheit nur zwei Momente eines und desselben Wesens sind. Das Wesen offenbart sich c) als Wirklichkeit. Was vernünftig ist, ist wirklich, und umgekehrt. Ihre drei Momente sind die Möglichkeit (des „Zufälligen"), die Wirklichkeit (im engeren Sinne) und die Notwendigkeit, ihre drei Verhältnisse: Substantialität, Kausalität und Wechselwirkung. Die Einheit des Seins und des Wesens, die Wahrheit der Substanz ist

3. Der Begriff. Alles Einzelne ist nur die Erscheinung eines Allgemeinen, welches seine Momente frei aus sich entwickelt. In diesem umfassenden Sinne versteht Hegel den Begriff. Er ist die Einheit, welche die Teile zu einem Ganzen macht, die das Viele belebt und durchdringt, wie z.B. das Leben den Organismus, ein bestimmter Gedanke das Kunstwerk, eine sittliche Idee eine Menge von Individuen. Daher ist auch die höchste Erscheinungsform des Begriffs die Idee, in der er sich selbst verwirklicht. Ihr geht vorauf a) der subjektive Begriff mit seinen Formen: Begriff im engeren Sinne, Urteil und Schluß (also den Hauptbegriffen der üblichen elementaren Logik, die aber bei Hegel zugleich metaphysische Bedeutung erhalten), b) der objektive Begriff, der die (nach Hegel hier ebenfalls metaphysisch zu verstehenden) Momente der mechanischen Ordnung, des chemischen Prozesses und der Teleologie durchläuft. Indem letztere als „innere" Zweckmäßigkeit im Sinne Kants gefaßt wird, leitet sie über zum Verständnis der c) Idee, welche ihrerseits sich als Leben, Erkennen und absolute Idee entfaltet, in der letzteren also zu dem Ausgangspunkt des Hegelschen Philosophierens (s. oben I, 3) wieder zurückführt.

Wenn man auch mit der Hegelschen Verquickung von Logik und Metaphysik nicht einverstanden ist, so wird man immerhin die Summe von Geist und Wissen bewundern müssen, in die der Philosoph in seiner *Logik* und *Phänomenologie* – von beiden konnten wir hier nur das allgemeinste Schema geben – seine metaphysischen Hirngespinste „hineingeheimnist" hat. Weit weniger Eigentümliches besitzt seine

B. Naturphilosophie,

auf deren Gebiet er sowieso, seiner ganzen Geistesart wie seinem Bildungsgange nach, weniger zu Hause war, so daß er sich in den Einzelheiten stark an Schelling anlehnt. Wie seine beiden Vorgänger, sucht auch er die Natur aus dem Absoluten, d.h. bei ihm aus der Idee, „abzuleiten". Die Idee entschließt sich, „sich als Natur frei aus sich zu entlassen". Die Natur ist die Idee in der Form ihres Andersseins. Sie ist als „ein System von Stufen zu betrachten, deren eine aus der anderen hervorgeht, aber" – wie Hegel ausdrücklich einschärft – „nicht (!) so, daß die eine aus der anderen natürlich erzeugt würde", sondern aus „der inneren, den Grund der Natur ausmachenden Idee!" Die Tendenz dieser Idee als Natur ist der Fortschritt zur Subjektivität, a) Zunächst nämlich erscheint sie als ein nur äußerlich – durch Raum, Zeit, Bewegung, Schwere und Gravitation – zusammengehaltenes Außereinander (Gebiet der Mechanik); dann b) in ihren besonderen, durch Kohäsion, Elektrizität, chemische Affinität u. a. bestimmten Erscheinungen (Physik); endlich c) in ihrer individuellen Gestalt als Stein, Pflanze und Tier, in der Gestaltung, Assimilation und Reproduktion als den drei Grundformen des animalischen Prozesses (Organik). Der Untergang des Individuums ist eine Folge seiner „Unangemessenheit zur Idee" seiner Gattung. So wird, wie bei Schelling, die ganze Natur rein begrifflich konstruiert; doch sieht Hegel sich genötigt anzuerkennen, daß in der realen Natur stets ein Rest zurückbleibt, welcher der Auflösung in den reinen Begriff unzugänglich bleibt; er nennt sie daher auch das „Reich der Zufälligkeit".

Im Tier befreit sich ‚die Idee' von der Angewurzeltheit am Boden, aber erst im Geiste findet sie sich selbst wieder, kehrt sie in sich zurück. Damit kommen wir zum letzten und Hauptteile der Hegelschen Philosophie, der Philosophie des Geistes.

§ 55. Das System. C. Die Philosophie des Geistes: Psychologie, Ethik, Rechts-, Staats- und Geschichtsphilosophie, Ästhetik und Religionsphilosophie.

Hier ist Hegel wieder in seinem Element. Nach seinem Heraustreten aus der Natur richtet sich der Geist I. zunächst auf sich selbst, als „subjektiver" Geist, der sich zum Bewußtsein seiner Freiheit durcharbeitet, die er dann II. als „objektiver" Geist in der Welt des Rechts und der Sittlichkeit zu realisieren sucht, um zuletzt III. sich selbst in der Einheit von Dasein und Begriff als „absoluten" Geist in der Kunst, Religion und Philosophie zu erfassen.

I.

Die Lehre vom subjektiven Geiste, die man auch als die Hegelsche Psychologie (im weiteren Sinne des Wortes) bezeichnen könnte, ist von Hegel in der *Enzyklopädie* nur kurz skizziert und erst in seinen Vorlesungen und von seinen Schülern weiter ausgeführt worden. Ihr erster Abschnitt: a) die Anthropologie, betrachtet den Geist, wie er aus den Händen der Natur hervorgeht, als die ideelle Einheit, Seele oder Entelechie (Aristoteles!) eines organischen Körpers (natürliche, träumende, wirkliche Seele) bis zum Bewußtsein; b) die Phänomenologie verfolgt den Prozeß weiter vom sinnlichen Bewußtsein bis zur Vernunft (vgl. § 54 I, 4); c) die „Psychologie" (im engeren Sinne) betrachtet den „Geist" in seiner theoretischen Ausbildung als Intelligenz, der praktischen als Wille, endlich in seiner sich selbst bestimmenden Freiheit. Als solcher geht er über in den „objektiven" Geist.

II.

Der objektive Geist manifestiert sich 1. im Recht, 2. in der Moralität, 3. in der „Sittlichkeit".

1. In der von Hegel auch besonders (s. S. 522) bearbeiteten Rechtsphilosophie ist a) die niederste Stufe das „abstrakte" oder „formale" Recht, welches wieder in Eigentums-, Vertrags- und Strafrecht zerfällt. Der Gegenstand nämlich

des Rechtes, die zu schützende Person, gibt sich die äußere Sphäre ihrer Freiheit im Eigentum, das daher ein jeder besitzen soll (vgl. Fichte, § 49), tritt in Verhältnis zu den anderen Personen im Vertrag, als dem Zusammenfluß zweier Willen, und setzt sich endlich als besonderen gegen den allgemeinen Willen in Unrecht, gesteigert in Verbrechen um, dessen Negation – also die „Negation der Negation des Rechtes" – die Strafe ist. Die dem Wiedervergeltungsrecht entspringende Strafe ist das Recht nicht bloß gegen den Verbrecher, sondern auch des Verbrechers als vernünftigen Wesens. Der besondere Wille dagegen, der das Allgemeine als solches will, ist die

2. „Moralität", die zum abstrakten Recht etwa dieselbe Stellung, wie bei Kant zur „Legalität", einnimmt und ungefähr dem entspringt, was wir heute Individual-Ethik nennen. Es werden Vorsatz und Schuld, Absicht und Wohl des Handelnden, das Gute und das Gewissen behandelt. Aber aus diesen Gegensätzen vermag sich nach Hegel die subjektive Selbstbestimmung nicht herauszufinden. Eine Ethik im Kantischen Sinne als Wissenschaft des Sollens, welche sittliche Gebote, gipfelnd in einem obersten Sittengesetze, aufstellte, erkennt Hegel nicht an, sondern nur eine solche des Seins. Die „subjektive" Moralität gilt ihm nicht als etwas Selbständiges – sie wird vielmehr in ihrer Isolierung willkürlich und böse –, sondern nur als Durchgangspunkt zu der Synthese von Legalität und Moralität, der „objektiven"
3. „Sittlichkeit" in Familie, bürgerlicher Gesellschaft und Staat.
   a) Aus dem sittlichen Charakter des Familienlebens werden die Grundsätze für die Ehe, das Erbrecht und die Kindererziehung deduziert.
   b) In der bürgerlichen Gesellschaft – ein aus Hegels Philosophie später in den Marxismus (§ 74) übergegangener und dort viel angewandter Begriff – ist letzter Zweck das Interesse des Einzelnen, das den Staat nur für den Schutz und die Sicherheit des Eigentums und der persönlichen Freiheit in Anspruch nimmt. Die Lehre von der bürgerlichen Gesellschaft behandelt daher die „Staatsökonomie" nur als das System der Interessen und Bedürfnisse, ferner die Rechtspflege (Öffentlichkeit und Schwurgerichte werden gefordert) und die sozialen Funktionen der „Polizei" (heute: inneren Staatsverwaltung, Regierung) einer-, der Korporationen (einer Art freier Zünfte) anderseits. Die Vollendung der objektiven Sittlichkeit stellt sich erst
   c) im Staate dar, der dem vom Geiste der Antike erfüllten Philosophen geradezu als die Verwirklichung der sittlichen Idee oder der Freiheit, als das „an und für sich Vernünftige", als der absolute Selbstzweck, ja in seinem früheren *System der Sittlichkeit* sogar als die absolut höchste Erscheinungsform des Geistes überhaupt gilt. Das Leben im Staate ist die absolute Sittlichkeit und zugleich absolute Wahrheit, Bildung, Uneigennützigkeit, höchste Schönheit und Freiheit, ja „das Göttliche, absolut, reell, existierend, seiend". „Allen Wert, den der Mensch hat, alle geistige Wirklichkeit" hat er „allein durch den Staat", den er daher „wie ein Irdisch-Göttliches" (!) verehren soll, während jenem das Schicksal des Individuums völlig gleichgültig

ist. Der Staat beansprucht unbedingte Autorität und ist auf seinem Gebiete durchaus selbständig, auch der Kirche gegenüber, die er allerdings in seinem eigenen Interesse schützen und fördern wird. Zwar soll der Staat die Organisation der „Freiheit" sein, doch merkt man davon in der konstitutionellen Erbmonarchie, die Hegel für die beste Verfassung hält, nicht viel. Das Volk erhält nur eine sehr bescheidene Teilnahme am Staatsleben in den „Ständen" zugewiesen; dagegen wird großer Wert auf das Institut des erblichen Monarchen gelegt, der die lebendig gewordene Gattungsvernunft in seiner geheiligten Person repräsentiert; man muß jemand haben, „der den Punkt auf das i setzt". Dieser ganze Staatsorganismus ist nun aber keineswegs ein sittliches Ideal, etwa im Sinne Kants. Es wird zwar auch hier wieder genug aus Begriffen a priori abgeleitet, aber doch unter deutlichem Hinblick auf den bestehenden preußischen Staat des Jahres 1821. Das Ergründen des Vernünftigen besteht in der Erfassung des Gegenwärtigen. „Was vernünftig ist, das ist wirklich; und was wirklich ist, das ist vernünftig": diesen berüchtigten Satz ließ Hegel in der Vorrede zu seiner *Rechtsphilosophie* mit gesperrten Lettern drucken. Freilich läßt sich damit nicht viel weniger als alles beweisen, wenn man die Vernunft im Hegelschen Sinne als die Notwendigkeit des geschichtlichen Entwicklungsprozesses faßt, und seine Schüler gingen denn auch, wie wir noch sehen werden, nach den verschiedensten Richtungen auseinander. Für Hegel selbst aber waren die „Besten" des platonischen Idealstaates zur preußischen Bureaukratie geworden; „die Regierung liegt", nächst dem Monarchen, „in der Beamtenwelt". Dem „inneren" Staatsrecht wird das „äußere", als die Lehre von dem Verhältnis des Staates zu anderen Staaten, gegenübergestellt, denn die volle Verwirklichung des „objektiven" Geistes zeigt sich nur in der Weltgeschichte. Damit geht die Rechtsphilosophie in

4. die Philosophie der Geschichte über, die zu den glänzendsten Partien des Hegelschen Systems gehört. Die Vernunft beherrscht die Welt, so auch die Weltgeschichte, in der es also „vernünftig" zugeht. Sie ist nicht so ohnmächtig, es nur bis zum Sollen, zum bloßen Ideal eines Kant oder Schiller zu bringen, sondern sie ist, ist die Wirklichkeit selbst. Die „Idee" ist das Wahre, Ewige, schlechthin Mächtige, das sich in der Welt offenbart. Der allgemeine oder Weltgeist bringt in den Schicksalen und Taten der besonderen Völker oder Staaten – denn unser Philosoph faßt die Geschichte wesentlich als politische auf – sukzessiv „sich selbst hervor" und übt sein Recht (und sein Recht ist das allerhöchste) „an ihnen in der Weltgeschichte als dem Weltgerichte, aus". Die einzelnen „Volksgeister" und hervorragenden Persönlichkeiten sind nur Werkzeuge in der Hand des Weltgeistes, „um dessen Thron sie als die Vollbringer seiner Verwirklichung und als Zeugen seiner Herrlichkeit stehen", in der Regel, ohne daß sie selbst es wissen; denn „das ist die List der Vernunft zu nennen, daß sie die Leidenschaften der Menschen für sich wirken läßt". Hegel ist trotz seiner Konstruktionssucht keineswegs blind gegen die „partikularen In-

teressen“ und „selbstischen Absichten“ der Einzelnen. Die Geschichte erklären heißt ihm „die Leidenschaften der Menschen, ihr Genie, ihre wirkenden Kräfte enthüllen“, deren sich die göttliche Vorsehung bedient, um ihren Plan, d.h. den absoluten, vernünftigen Endzweck der Welt zu verwirklichen. „Nichts Großes in der Welt ist ohne Leidenschaft vollbracht worden.“ Die Idee ist der Zettel, die Leidenschaften sind der Einschlag des großen Teppichs der vor uns ausgebreiteten Weltgeschichte. Die konkrete Mitte und Vereinigung beider ist die sittliche Freiheit im Staate. In jedem Zeitalter übernimmt ein Volk die geistige Führung und bringt damit zugleich die betreffende Stufe des Weltgeistes zum Ausdruck, bis es seine Mission erfüllt hat und ein neues an seine Stelle tritt. So gibt es vier große Perioden der Geschichte, die wieder in ihre Unterabschnitte zerfallen: die orientalische, griechische, römische und germanische Welt. Sie entsprechen dem Knaben-, Jünglings-, Mannes- und – Greisenalter der Menschheit, denn „das Greisenalter des Geistes ist vollkommene Reife, in der er nach Vollendung seines Lebenslaufs in sich selbst zurückgeht“[60]. Der Orient kennt nur einen Freien, die Antike einige, die „germanische Welt“ alle als Freie; denn die Weltgeschichte ist für Hegel, trotz seiner konservativen Staatsgesinnung, „nichts als die Entwicklung des Begriffs der Freiheit“.

Für uns Jetztlebende ist diese ganze konstruktive, fälschlich als allein „philosophisch“ bezeichnete Art der Geschichtsschreibung (in der es z.B. vom Schießpulver heißt: „Die Menschheit bedurfte seiner, und alsobald war es da!“) kaum erträglich. Aber für die damalige Zeit war Hegels geistreiche, den tieferen Zusammenhang der Ereignisse zu begreifen suchende, den historischen Entwicklungsprozeß betonende und das Gerippe der spekulativen Formeln immerhin doch mit dem Fleisch und Blut des Tatsächlichen umkleidende Geschichtsbetrachtung ein Fortschritt gegenüber der kleinlichen Auffassung der sogenannten „pragmatischen“ Geschichtsschreibung und dem unhistorischen Rationalismus der Aufklärungszeit.

III. Der absolute Geist.

Die Synthese des subjektiven und objektiven Geistes bildet die Einheit beider, der absolute Geist, der die Gegensätze von Subjekt und Objekt, Denken und Sein aufhebt und das Wesen des Endlichen im Unendlichen erkennt. Er stellt sich in drei Formen dar: a) indem er sich in voller Freiheit anschaut, wird er zur schönen Kunst; b) indem er sich andächtig vorstellt, zur Religion; c) indem er sich denkend begreift, zur Philosophie.

1. Die Kunst erscheint in der *Enzyklopädie* und *Phänomenologie* nur als Vorbereitung zur Religion, dagegen sind die *Vorlesungen über Ästhetik* voll tiefdringender, fruchtbarer Gedanken. Das Schöne (und zwar streng genommen nur das Kunstschöne, denn nur von diesem gibt es ein Ideal, nicht vom Naturschönen) drückt die Einheit von Idee und Erscheinung, Gedanken und sinn-

licher Existenz, Form und Stoff aus. Die orientalische Kunst bleibt wesentlich symbolisch: in ihr vermag die Form nicht den Stoff zu bewältigen, die Idee wird nur geahnt. In der klassischen Kunst dagegen durchdringen sich Form und Stoff, Idee und Erscheinung aufs innigste. Sie löst sich auf: negativ in die Satire des späteren Römertums, positiv in die Romantik der christlichen Zeit, in der das geistige und subjektive Moment, die Idee und die Innerlichkeit des Gemüts überwiegen. Die drei ästhetischen Grundformen wiederholen sich in den Arten der Künste. Vorzugsweise symbolisch ist die Architektur, klassisch die Plastik, romantisch Malerei und Musik. Die Poesie aber ist die vollkommenste und allseitigste Kunst, die „Totalität" der Kunst: sie vereinigt in sich das Symbolische, Klassische und Romantische, in der Lyrik das Architektonische und Musikalische, im Epos das Plastische und Malerische, im Drama das Lyrische und Epische. Die abschließende Kunstform bildet nicht, wie bei den Romantikern, die Ironie, sondern bezeichnenderweise die völlige Ruhe des Humors.

Allein die Kunst ist für Hegel nicht die höchste Form des Geistes; sie erhält ihre rechte Bewährung erst in der Wissenschaft: die wahre Idealisierung der Natur erfolgt durch den Begriff. Zwischen diesem aber und der Anschauung steht die Vorstellung des Absoluten, welche uns die Religion verleiht.

2. Die Religion. Das schon in der romantischen Kunst beginnende Sichzurückziehen in das Innere des Gemüts vollendet sich in der Religion, die von Hegel wesentlich als theoretisches Verhalten dargestellt wird. Sie erfaßt das Absolute (Gott) nicht bloß mit dem frommen Gefühl, sondern vor **allem** mit der Vorstellung, die freilich, im Unterschied vom Begriff, noch der Sinnbilder bedarf. a) Ihre unterste Stufe bilden, abgesehen von dem Götzendienst (der Religion der Zauberei), die orientalischen Naturreligionen: die chinesische des Maßes, die brahmanische der Phantasie, die buddhistische des Insichseins, die zoroastrische des Guten oder des Lichts, die syrische des Schmerzes, endlich die ägyptische des Rätsels. b) Die höher stehende Religion der „geistigen Individualität" oder „freien Subjektivität" durchläuft die drei Stufen des Judentums (der Erhabenheit), des Griechentums (der Schönheit) und des Römertums (der Zweckmäßigkeit oder des Verstandes). c) Aus der „bestimmten" geht schließlich die absolute Religion der Wahrheit, der Freiheit und des Geistes, nämlich das Christentum hervor. Von dessen sittlichem Gehalt ist indessen kaum die Rede, sondern fast nur von seiner dogmatischen Seite. Die Dogmen der Dreieinigkeit, des Gottmenschen, des Sündenfalls, des Versöhnungstodes werden spekulativ ausgedeutet. Um ihren ursprünglichen Sinn und ihre historische Grundlage kümmert sich Hegel sehr wenig; dagegen hat er, namentlich in seiner späteren Periode, öfter betont, daß seine Philosophie mit der christlichen Religion inhaltlich völlig übereinstimme und sich nur formell von ihr unterscheide. In einer Eingabe an den Unterrichtsminister von Altenstein vom 3. April 1826 bekennt er sich ausdrücklich als „lutherischen Christen", der „sich rühmt, als Lutheraner getauft und erzogen zu sein, es ist und bleiben wird".

Was die Kunst anschaut, die Religion vorstellt, das erfaßt im Begriff die höchste Form des absoluten Geistes:

3. Die Philosophie oder die sich selbst begreifende (wissende) Vernunft (Wahrheit). Dieser ihrer Aufgabe kann sie jedoch nur nachkommen durch die Erkenntnis ihres eigenen Prozesses, ihrer Geschichte. Die Geschichte der Philosophie als Wissenschaft hat nicht die einzelnen Philosophenmeinungen zu erzählen, zu erklären oder zu beurteilen, sondern die ideelle Notwendigkeit ihrer Entwicklung zu begreifen. Dieser historische Prozeß muß einmal den Kulturinhalt der betreffenden Epochen (s. oben II, 4: Geschichtsphilosophie) widerspiegeln: ein sehr fruchtbarer Gesichtspunkt, den später Hegels Jünger Karl Marx nach einer bestimmten Seite hin ausbildete. Anderseits aber soll er auch den Kategorien der Hegelschen Logik entsprechen, die Systeme nicht bloß geschichtlich auf-, sondern auch logisch auseinanderfolgen lassen, was natürlich ohne konstruierende Willkür und Gewaltsamkeit nicht abgeht. Es ergibt sich nach dieser Konstruktion ein allmählicher Fortschritt der Philosophie vom Abstraktesten (dem reinen Sein der Eleaten, dem Werden Heraklits und dem „Für sich sein" der Atomistiker), über das „Wesen" Platos und den „Begriff" des Aristoteles hinweg, zu dem „Bewußtsein" der Cartesianer, dem „Selbstbewußtsein" Kant-Fichtes und endlich – zu der mit der Substanz identischen „Idee" der Schelling-Hegelschen Philosophie. Da Schelling dieselbe vermittelst der intellektualen Anschauung, Hegel aber mittels des allumfassenden reinen Denkens, d. i. absoluten Wissens erkannt hat, so bildet Hegels System den Schlußstein der Entwicklung. Eine Weiterentwicklung über seine eigene absolute Philosophie, die alle früheren Momente in sich aufnimmt, hinaus ist nach Hegels Ansicht nicht möglich.

Wie sehr er sich in dieser Annahme täuschte, wird uns das Schicksal seiner eigenen Schule zeigen. Vorher aber haben wir uns noch mit einigen Unter- und zum Teil Gegenströmungen zu beschäftigen, die neben der großen spekulativen Flutwelle der Fichte-Schelling-Hegelschen Philosophie hergehen, übrigens trotz teilweise scharfer Opposition den idealistischen wie den systematischen Grundcharakter gleichwohl mehr oder weniger mit ihr teilen. Ihre Vertreter sind: Schleiermacher, Herbart, Beneke und Schopenhauer.

Kapitel XVIII.
Kritische Nebenströmungen. Schleiermacher, Herbart, Beneke.

§ 56. Schleiermacher.

Dilthey, Leben Schleiermachers, Band I, Berlin 1870 (unvollendet). – *Franz Vorländer, Schleiermachers Sittenlehre* (gekrönte Preisschrift), Marburg 1851. – Die reiche theologische sowie die Einzelliteratur gehört nicht hierher. Eine gute populäre Einführung in Schleiermachers vielseitige Persönlichkeit bietet das Büchlein: *Schleiermacher, der Philosoph des Glaubens*, sechs Aufsätze von *E. Tröltsch, Titius, P. Natorp, P. Hensel, S. Eck* und *M. Rade*, Berlin 1910. Schleiermachers philosophische Schriften sind in der 3. Abteilung seiner von 1835-1864 herausgegebenen *Sämtlichen Werke* in 9 Bänden enthalten. Davon in der *Philosoph. Bibliothek*: die *Monologen*, die *Weihnachtsfeier* und die *Philosophische Sittenlehre*, die beiden ersteren in kritischen Neuausgaben von *F. M. Schiele* (1902), bezw. *Hermann Mulert* (1908). Eine schön ausgestattete kritische Ausgabe alles philosophisch Interessanten mit Einleitungen usw. bietet *Otto Braun: Schleiermachers Werke*, Auswahl in vier Bänden. Lpz. 1910-1913.

1. *Leben und Schriften.* Am nächsten steht der Philosophie der Romantik sachlich wie persönlich Friedrich Daniel Ernst Schleiermacher. Geboren zu Breslau am 21. November 1768, aus einer alten Predigerfamilie, ward der reichbegabte Knabe 1783-1785 in der Erziehungsanstalt der Herrnhuter zu Niesky, 1785-1787 in dem Seminar der Brüdergemeinde zu Barby erzogen; ein Zug des dortigen Gefühlslebens ist ihm sein Leben lang geblieben. Aber frühe religiöse Zweifel drängten ihn aus der klösterlichen Abgeschiedenheit hinaus in ein freieres geistiges Leben. Von 1787-1789 studiert er in Halle nicht bloß Theologie, sondern auch Plato und Aristoteles, Eberhard und Kant, und fand in den dann folgenden Hauslehrer- und Hilfspredigerjahren bereits seinen eigenen Grundstandpunkt: Versöhnung kritischer Besonnenheit und freier Denkart mit innigem religiösem Gefühlsleben. Bald nach Kant lernt er Jacobis Schriften und, zunächst aus diesen, später auch selbständig, Spinoza kennen. 1796 als Prediger an die Charité zu Berlin berufen, tritt er mit dem dortigen romantischen Kreis, namentlich Friedrich Schlegel und Henriette Herz, in engste Verbindung, wenngleich er auch ihnen gegenüber jene Vereinigung von warmer Hingebung mit kritischem Sinne beibehielt. Später begeisterte er sich auch für Plato, den er zum größten Teil übersetzt und als den „göttlichen Mann" bezeichnet hat, der am meisten auf ihn gewirkt habe.

Aus diesen verschiedenen Bestandteilen, die er mit kritischer Aufnahmefähigkeit seinem eigenen Wesen anzupassen wußte, erwuchs ihm seine Weltanschauung, deren Kern schon in seinen beiden ersten bedeutenderen Schriften, den *Reden über die Religion an die Gebildeten unter ihren Verächtern* (1799) und den zu Neujahr 1800 erschienenen *Monologen,* hervortritt. Weisen die *Reden* auf das Ewige und Unendliche hin, dessen Gefühl in uns Religion heißt, so predigen die *Monologen* einen hochgemuten Individualismus. Indem wir uns selbst darstellen, drücken wir die Menschheit in unserer Weise aus und wirken auch auf andere. In solchem weiten und tiefen Sinn faßte Schleiermacher auch sein Predigtamt auf, das er von 1802-04 in Stolpe und, nachdem er von 1804-07 als außerordentlicher Professor der Theologie und Philosophie, dann auch Universitätsprediger in Halle gewirkt, von 1809 bis an seinen Tod an der Dreifaltigkeitskirche in Berlin mit reichem Erfolge ausgeübt hat. Durch die Franzosenherrschaft aus Halle vertrieben, zählte er in der preußischen Hauptstadt zu den Männern, welche die nationale Erhebung vorbereiteten, und seit der Gründung der Universität Berlin zu deren Theologie-Professoren. In der Reaktionsperiode wegen seines kirchlichen wie politischen Freisinns vielfach, u. a. auch von Hegel, angefeindet, schreibt er seine großen theologischen Werke, insbesondere: *Der christliche Glaube* (1821-22). Er starb mit der heiteren Ruhe eines platonischen Weisen am 12. Februar 1834: der größte Theologe, den der Protestantismus seit der Reformationszeit und vielleicht bisher überhaupt gehabt hat.

Wir haben nur seine philosophische Leistung zu betrachten. Das wichtigste von ihm selbst veröffentlichte Werk, abgesehen von jenen beiden, übrigens in einem etwas gekünstelt klingenden rhetorisch-poetischen Stile gehaltenen, Jugendschriften, sind die *Grundlinien einer Kritik der bisherigen Sittenlehre* (1803); unter den nachgelassenen der *Entwurf eines Systems der Sittenlehre* (kritische Neuausgabe in Bd. II der *Werke* durch *O. Braun,* 1913), in anderer Form als *Grundriß der philosophischen Ethik* (hrsg. von Twesten 1841 mit guter Einleitung), außerdem die *Dialektik* (von Jonas 1839). Seinen *Briefwechsel* haben Jonas und Dilthey herausgegeben (4 Bände, 1858-63). Im folgenden stellen wir die philosophischen Hauptgedanken Schleiermachers nicht nach ihrer historischen Entwicklung, sondern vom systematischen Gesichtspunkte aus dar.

2. *Dialektik.* Die philosophische Grundwissenschaft ist für ihn seine Wissenschafts- oder Erkenntnislehre. Er belegt sie mit dem platonischen Namen der Dialektik, weil sie in gemeinsamer Untersuchung mit dem Leser oder Hörer das Denken seinem Ideal annähern soll. Sie will die Prinzipien nicht des Systems, sondern der Kunst des Philosophierens finden. Ausgangspunkt und Ziel ist freilich auch für ihn die von den philosophischen Romantikern verkündete Identität von Denken und Sein. Diese kann aber von uns nie völlig erreicht werden; vielmehr überwiegt in unserem Wissen stets entweder der reale Faktor (die Natur) oder der ideale (der Geist), im Menschen selbst als Gegensatz zwi-

schen organischer und intellektueller Funktion (Wahrnehmung und Denken) wiederkehrend. Das Wissen vom realen Faktor ist die Physik, die je nach ihrer empirisch-wahrnehmenden oder theoretisch-begrifflichen Bearbeitung in Naturgeschichte oder Naturwissenschaft, das vom idealen die Ethik, die nach demselben Gesichtspunkt in Geschichte oder Ethik im engeren Sinne zerfällt. Durch die organische Funktion wird uns der Stoff, durch die intellektuelle die Form des Wissens gegeben; die Formen unseres Erkennens (z.B. Raum, Zeit, Kausalität) sind jedoch zugleich auch die Formen des Seins. Wahrheitsmaßstab unseres Wissens ist seine Übereinstimmung a) mit dem Gedachten (dem Sein, der Wirklichkeit), b) mit dem Denken der übrigen Denkfähigen. Als Methode desselben sind Empirismus und spekulative Konstruktion (Formalismus) an sich gleich einseitig, sie müssen miteinander verbunden werden.

Gott, der Ausgangspunkt alles Wissens, und die Welt, der Endpunkt desselben, sind die einzigen Ideen, die sich nicht in reales Wissen umsetzen lassen; keine von beiden ist ohne die andere. Die „Dialektik“ zerfällt in einen „transzendentalen“ Teil, der das Wissen an sich, und einen „formalen“ oder „technischen“, der es in seinem Werden betrachtet. Die Formen des ersteren sind der Begriff, dem auf dem Gebiet des Seins Kraft und Erscheinung entsprechen, und das Urteil, bezw. die Wechselwirkung der Dinge; die des Werdens die Induktion und Deduktion, die stets zueinander gehören. Die Gewißheit der Übereinstimmung von Denken und Sein wird uns durch die Tatsache unseres eigenen Selbstbewußtseins verbürgt.

Von den oben genannten vier Wissenschaften hat Schleiermacher selbst nur
3. die *Ethik* bearbeitet. Alles sittliche Handeln und Wollen ist auf die Natur gerichtet, erstrebt Einheit von Vernunft und Natur, wenn auch so, daß die Vernunft überwiegt. Zu der Ethik, als dem niemals vollendeten Naturwerden der Vernunft, gehört daher auch die Geschichte, vom Beginne menschlichen Wirkens an. Sitten- und Naturgesetz sind keine Gegensätze, denn das Sittengesetz ist das natürliche Lebensgesetz der Vernunft oder das Gesetz der vernünftigen Natur. Dem Unnormalen in der Natur entspricht auf dem Gebiete des Vernünftigen die Unsittlichkeit. Schleiermachers Ethik tritt daher in einen ziemlich scharfen Gegensatz zu der Kantischen, in deren kategorischem Imperativ er einen rein juridischen Begriff erblickt; seine Vorbilder sind Plato, Spinoza und, ihm selbst unbewußt, auch Leibniz. Gegenüber dem Dualismus von Sollen und Sein will er deren Einheit, gegenüber dem „beschränkenden“ das „frei bildende“ Prinzip, gegenüber dem Allgemeinen das Individuelle verteidigen. Jeder soll auf seine eigene Art die Menschheit darstellen, sich zur Lebensaufgabe machen, „immer mehr zu werden, was er ist“, wenn er auch nie damit fertig wird. Das sittliche Leben besteht weiter in der Wechselwirkung von „symbolisierendem“ (begreifendem) Erkennen und „organisierendem“ (bildendem) Darstellen. Durch letzteres gestaltet die Vernunft die Natur nach ihrem Sinn, in ersterem bezeichnet sie das von ihr durchdrungene Naturgebilde als ihr zugehörig. Mit dieser Zweiteilung kreuzt sich die weitere in das Identische

(Allgemeine) und Differenzierte (Individuelle). So ergeben sich vier Gebiete des sittlichen Lebens: Verkehr, Eigentum, Wissen (Denken) und Gefühl.

Damit treten wir in die eigentliche Sittenlehre ein, die Schleiermacher von dreifachem Gesichtspunkt aus als: a) Pflichten-, b) Tugend- und c) Güterlehre auffaßt. Die kunstvolle Gliederung der einzelnen Teile können wir nicht wiedergeben (vgl. darüber *Franz Vorländer* a. a. O. S. 161-329), sondern nur das allgemeine Schema. Die Pflichten zerfallen, nach dem Einteilungsgrund des Universellen und Individuellen einer-, der Gemeinschaftsbildung und Aneignung anderseits, in: Rechts-, Berufs-, Liebes- und Gewissenspflichten. Die Tugend oder die Ineinsbildung von Vernunft und Sinnlichkeit ist entweder Gesinnung oder Fertigkeit, und zwar wiederum erkennend oder darstellend. Daraus entspringt die platonische Vierzahl der Kardinaltugenden; nur daß an die Stelle der Gerechtigkeit bezeichnenderweise die christliche Tugend der Liebe tritt. Am eingehendsten und liebevollsten hat Schleiermacher, entsprechend seiner harmonisierenden Natur, die Güterlehre ausgebildet. Jenen vier Gebieten des sittlichen Lebens entsprechen die vier sittlichen Verhältnisse: Recht, Geselligkeit, Glaube (= Vertrauen auf die Wahrhaftigkeit), Offenbarung. Auf diesen bauen sich, auf der Grundlage der Familie ruhend, vier Organismen oder Güter: Staat, gesellige Gemeinschaft, Schule (im weitesten Sinne) und Kirche auf. Ein Gut heißt jede Einheit von Vernunft und Natur; das höchste Gut ist die Gesamtheit aller dieser Einheiten.

Ohne Frage hat Schleiermachers Sittenlehre manche wertvolle Gesichtspunkte, wie die des Individuellen, der natürlichen Sittlichkeit, des Gutes, stärker hervorgekehrt, und seine Forderung der Ausbildung des Individuellen, das doch wieder in untrennbarem Zusammenhang mit den verschiedenen Formen der Gemeinschaft steht, hat er mit warmem Verständnis namentlich auf das Gebiet der Erziehung angewandt, die nach ihm, unabhängig von Staat und Kirche, völlig frei rein auf die Grundlage der Wissenschaft zu stellen ist. Aber methodisch gelangt seine Ethik doch über ein Beschreiben der sittlichen Verhältnisse nicht hinaus und dringt nicht zu ihrer Begründung vor. Von dauernderem Werte ist seine

4. *Religionsphilosophie.* Auf diesem Gebiete hat Schleiermacher den kritischen Grundgedanken: Scheidung der einzelnen Bewußtseinsrichtungen, weiter geführt als der Begründer des Kritizismus selbst. Er hat darauf hingewiesen, daß Religion weder in Metaphysik noch in Moral noch in Historie aufgeht, daß sie vielmehr auf dem Grunde des Gefühls ruht, nach eigenen Gesetzen sich entwickelt. So hat er ihr zum erstenmal eine philosophisch-kritische Begründung gegeben. Mit diesem weitergebildeten Kritizismus verbindet er zugleich eine Verinnerlichung der Lehre des „heiligen, verstoßenen Spinoza", dessen „Manen" er „eine Locke opfern" will. Der Weltgrund, den Schleiermacher meist mit Spinoza und Schelling Gott nennt (in der ersten Auflage der *Reden* noch „Universum"!), kann nicht von der Erkenntnis erfaßt werden, wie schon Kant gezeigt hat, wohl aber vom frommen Gefühl, das in der Mystik sei-

nen, nur noch unklaren und unphilosophischen, Ausdruck gefunden hat. Wollen wir das Gefühl in seiner Reinheit erfassen, so müssen wir es in dem Augenblick ergreifen, ehe es sich in Gedanken und Handlungen umsetzt; wir werden dann finden: Religion (religiöses Gefühl) ist = schlechthinnige (absolute) Abhängigkeit vom Unendlichen.

Den kräftigsten und freiesten Ausdruck finden die neuen Anschauungen in den *Reden über die Religion.* Hier ist alles Dogmatische abgestreift, ins rein Religiöse übersetzt. Das Wunder z.B. bedeutet nur die unmittelbare Beziehung einer Erscheinung auf das Unendliche; jede, auch die aller„natürlichste", Erscheinung kann für den Religiösen zum „Wunder" werden. „Offenbarung" kann jede neue und ursprüngliche Anschauung des Universums heißen; Unsterblichkeit ist: Eins sein mit dem Unendlichen mitten in der Endlichkeit; Religiosität: Sinn für das Unendliche. Durch die Religion stellt der Mensch zugleich die ihm verloren gegangene Harmonie seines Wesens wieder her: also Schillers Ästhetik oder F. Schlegels Verbindung von Goethe und Fichte in religiösem Gewande. Die religiösen Gefühle sollen nur „wie eine heilige Musik alles Tun des Menschen begleiten"; er soll „alles mit Religion tun, nichts aus Religion". Eine äußere Gemeinschaft in Form einer Kirche erschien Schleiermacher damals noch nicht notwendig; denn die Religion ist im innersten Grunde rein individuell. Ebenso schätzt er das Historische an ihr sehr gering. „Nicht der hat Religion, der an eine heilige Schrift glaubt, sondern, welcher keiner bedarf und wohl selbst eine machen könnte." Ja, „es gibt keine gesunde Empfindung, die nicht fromm wäre".

In seinen späteren Schriften jedoch, namentlich der *Glaubenslehre* und der *Christlichen Sittenlehre,* suchte er diese freie Religiosität mit seinem persönlichen Christentum zu vereinigen. Hatten die *Reden* es noch als Mißverstand und Mißbrauch bezeichnet, wenn man die Religion „handelnd" auftreten lasse, so will die *Christliche Sittenlehre* ausdrücklich diejenige Handlungsweise darstellen, die durch die Herrschaft des religiös bestimmten Selbstbewußtseins entsteht. Das Ineinsbilden von Vernunft und Natur sieht er jetzt in der Person des urbildlichen und sündlosen Erlösers verkörpert, in dem die Menschheit das Einssein mit der Gottheit erreicht; das Christentum ist deshalb die schlechthin vollkommene Religion. Jedoch werden auch auf dieser Stufe seines Denkens alle Dogmen, welche sich nicht auf unmittelbare Gefühlserfahrungen zurückführen lassen, verworfen oder doch für bloße Symbole erklärt. Faßt man die Worte und Bilder, in denen das an sich unaussprechliche Gefühl nach Ausdruck ringt, als buchstäbliche Wahrheiten, so verfällt man in Mythologie. Aufgabe der Glaubenslehre ist es, diese bildlichen Ausdrücke auf die ihnen zugrunde liegenden Wahrheiten zurückzuführen. Der Naturzusammenhang kann durch die religiösen Erfahrungen nicht aufgehoben oder unterbrochen werden. Kein Satz der Glaubenslehre verliert seine Bedeutung, wenn es keine persönliche Unsterblichkeit gibt! Und mit dem christlichen Glauben ist auch die christliche Ethik in beständiger Entwicklung begriffen.

5. *Einfluß Schleiermachers.* Schleiermachers vielseitiger Geist hat auch auf anderen Gebieten wertvolle Anregungen gegeben, so die aus seinem Nachlaß herausgegebenen Vorlesungen über Psychologie, Pädagogik, Staatslehre und Ästhetik. Dazu kamen geistvolle Abhandlungen auf dem Gebiete der Altertumsforschung und seiner Übersetzung des Plato (vgl. I § 20). Die mehr der Literaturgeschichte angehörigen *Vertrauten Briefe über Schlegels Lucinde* (1800, zuerst anonym) nehmen sich eines verfehlten Machwerks an, wollen aber im Grunde nur den Satz von der ungeteilten Zusammengehörigkeit des geistigen und des sinnlichen Elements in der Liebe verteidigen. Aber seine Hauptleistung wird stets die religionsphilosophische bleiben. So hat er denn auch auf die moderne Theologie, als deren Begründer er gelten kann, weit mächtiger gewirkt als auf die Philosophie.

In der letzteren eine eigentliche Schule zu bilden, war seine vermittelnde und feine, jedoch der begrifflichen Schärfe ermangelnde Natur weder angetan noch gewillt. Dagegen hat er manche philosophische Denker lebendig angeregt. Dahin gehören u. a. die beiden Philosophiehistoriker Brandis (1790-1867, in Bonn) und H. Ritter (1791-1869, in Göttingen). Auch Franz Vorländer (1806-1867, in Marburg) ist ursprünglich von Schleiermacher ausgegangen, hat sich aber bald selbständig weiter entwickelt. Anfangs auch die Psychologie und Erkenntnislehre bearbeitend *(Grundlinien einer organischen Wissenschaft der menschlichen Seele* 1841, *Wissenschaft der Erkenntnis* 1847), hat er später vor allem das Gebiet der Moral-, Rechts-, Staats- und Geschichtsphilosophie gepflegt. Seine letzte Schrift *Das Evangelium der Wahrheit und Freiheit, gegründet auf das Natur- und Sittengesetz* (anonym, Leipzig, E. H. Mayer 1865), legt in allgemein-verständlicher Sprache die „sittlich-natürliche" (hier zeigt sich noch die Nachwirkung Schleiermachers) Weltanschauung des Verfassers dar. Die Frage nach der Wahrheit kann ihm zufolge nur durch die Wissenschaft beantwortet werden, ist indes mit den Bedürfnissen des sittlich-reliösen Gemüts wohl vereinbar. Die sittliche Freiheit wird durch die freie Selbsttätigkeit der menschlichen Natur in Wollen und Erkennen, in allmählicher Entwicklung erreicht.

§ 57. Herbart.

I. Einleitung. Metaphysik. Psychologie.

Die Literatur über Herbart ist sehr groß; vgl. die neueste Zusammenstellung in *H. Zimmer, Führer durch die deutsche Herbart-Literatur* 1910. Sie hat aber noch keine erschöpfende Gesamtdarstellung seiner Philosophie hervorgebracht. Die beste Einführung bieten wohl noch immer die beiden Schriften seines Schülers und Herausgebers *Hartenstein, Probleme und Grundlehren der allgemeinen Metaphysik* 1836, und: *Grundbe-*

griffe der ethischen Wissenschaften 1844; ferner Hartensteins Einleitung zu Bd. I seiner Ausgabe von Herbarts kleineren Schriften, 1842; und *Drobisch, Über die Fortbildung der Philosophie durch Herbart*, Lpz. 1876. Eine gute zusammenfassende Schilderung besitzen wir seit 1903 in: *W. Kinkel, Joh. Fr. Herbart, Sein Leben und seine Philosophie* (mit zahlreichen Literaturangaben). Eine kurze populäre Zusammenstellung des Wichtigsten gibt des eifrigen Herbartianers *O. Flügel: Herbarts Lehren und Leben* (Teubner) 1907; desgl. *F. Franke, Herbart, Grundzüge seiner Lehre* 1909. Herbarts *Sämtliche Werke* hat G. Hartenstein (der Herausgeber Kants) in 12 Bänden, Lpz. 1850-52 (2. Aufl. Hamburg 1883 ff.) herausgegeben, wozu 1893 ein 13. Band: *Nachträge und Ergänzungen* gekommen ist. Vollständiger ist die neue Ausgabe der Werke „in chronologischer Reihenfolge" von *K. Kehrbach* (1887 ff.), fortgesetzt von O. Flügel, 15 Bde., 1887-1909, dazu Bd. 16-19: *Briefe, Urkunden und Register*, herausg. von Th. Fritzsch 1913. Die *pädagogischen Schriften* edierten *O. Willmann* (2. Aufl. 1880) und *Bartholomäi* (7. Aufl. von E. v. Sallwürk 1903), die *Philosophischen Hauptschriften Flügel* und *Fritsch*. 3 Bde. 1913 f. *Das Lehrbuch zur Einleitung in die Philosophie* ist neu herausg. von *K. Häntsch* (*Phil. Bibl.*) 1912 (mit ausführl. Einleitung).

1. *Leben und Schriften, Einteilung seiner Philosophie.* Johann Friedrich Herbart, am 4. Mai 1776 als einziger Sohn eines Justizrats in Oldenburg geboren, schon auf dem Gymnasium mit Wolffscher und Kantischer Philosophie bekannt, ging, nachdem er den Widerstand seiner Eltern überwunden, 1794 nach Jena, um Fichte zu hören, äußerte jedoch bereits dort seine Bedenken gegen die Ich-Lehre und kritisierte die in deren Sinne gehaltenen beiden ersten Schellingschen Schriften (1796). Die seiner Universitätszeit folgenden Jahre (1797-1800) brachte er – wie Kant, Fichte und Hegel – zunächst als Hauslehrer zu, und zwar in der Berner Patrizierfamilie von Steiger. Sein schon damals vorhandenes Interesse für Pädagogik ließ ihn die Bekanntschaft Pestalozzis machen. Seine Zöglinge beschäftigte er hauptsächlich mit Poesie (Homer) und Mathematik, während er den Unterricht in Moral und Geschichte auf später verschob. Nach zweijährigem Aufenthalte im Hause seines Freundes J. Smidt in Bremen, habilitierte er sich 1803 in Göttingen als Privatdozent der Philosophie und (als erster) der Pädagogik, wurde 1806 daselbst außerordentlicher, 1809 in Königsberg, auf Wilhelm von Humboldts Empfehlung, ordentlicher Professor (nach Krug, dem Nachfolger Kants) und Direktor des von ihm gegründeten ersten pädagogischen Seminars. Seine Hoffnungen, Hegels Nachfolger in Berlin zu werden, erfüllten sich nicht. Von 1833 bis zu seinem Tode (14. August 1841) lehrte er wieder in Göttingen, sich streng auf seine Vorlesungen, Studien und pädagogischen Bestrebungen beschränkend. Von öffentlichen Angelegenheiten hielt der unpolitische, beinahe weltabgewandte Mann sich fern; an dem Schritt der „Göttinger Sieben" (1837) hat er nicht teilgenommen.

Die wichtigeren Werke Herbarts sind: *Allgemeine Pädagogik* 1806. *Hauptpunkte der Metaphysik* 1806/08. *Allgemeine praktische Philosophie* 1808. *Lehrbuch zur Einleitung in die Philosophie* 1813 (am besten zur Einführung geeignet). *Lehrbuch zur Psychologie* 1816. *Psychologie als Wissenschaft, neugegründet auf Erfahrung, Metaphysik und Mathematik* 1824/25. *Allgemeine Metaphysik nebst den Anfängen der philosophischen Naturlehre* 1828/29. *Kurze Enzyklopädie* 1831. *Umriß pädagogischer Vorlesungen* 1835 (populär, auch bei Reclam).

Herbarts Denken ist im Gegensatz zu dem Gefühlsüberschwang seiner romantischen Zeitgenossen, rein verstandesmäßig. Ähnlich wie Christian Wolff, mit dem er überhaupt in seiner nüchternen Art manches gemein hat, ist diesem mathematisch gerichteten Geiste Wahrheit und Deutlichkeit der Begriffe der höchste Maßstab. Alles Pathos liegt ihm, auch im Stile, völlig fern. Sein Standpunkt will „die richtige Mitte zwischen mystischer Anschauung und Empirismus" suchen. Philosophie ist nach Herbarts, in bewußtem Gegensatz zu Schelling und mit einer gewissen Anlehnung an Kant, aufgestellter Definition: Bearbeitung der in der Erfahrung gegebenen Begriffe. Aus den Hauptarten dieser Bearbeitung ergeben sich die einzelnen Teile der Philosophie: Die Logik bezweckt Verdeutlichung der Begriffe, die Metaphysik oder theoretische Philosophie mit ihren drei Anwendungen: Naturphilosophie, Psychologie und Religionsphilosophie oder natürlicher Theologie, deren Berichtigung; die Ästhetik endlich, die bei Herbart auch die Ethik, ja alle „praktischen" Wissenschaften als „Kunstlehren" in sich schließt, betrachtet die von Beifall bezw. Mißfallen begleiteten Begriffe, welche sie durch Wertbestimmungen ergänzt. In der formalen Logik hat Herbart nichts Eigentümliches geschaffen. Wir beginnen daher mit seiner

2. Metaphysik einschl. Naturphilosophie.

Vgl. *Capesius, Die Metaphysik H.s in ihrer Entwicklungsgeschichte*, 1878.

Herbart hat sich öfter als einen Kantianer, „aber vom Jahre 1828", dem Erscheinungsjahre seiner eigenen *Metaphysik,* bezeichnet. In der Tat hat er mit Kant nur die nüchtern-besonnene Opposition gegen die Spekulationen der philosophischen Romantik und das Ausgehen von der Erfahrung gemein. Aber „Erfahrung" bedeutet bei ihm nicht, wie bei Kant, wissenschaftliche Naturerkenntnis, sondern den sehr vieldeutigen Begriff des „Gegebenen". Ferner nimmt er zwar mit Kant an, daß „die Welt der Erfahrung nur eine Welt der Erscheinungen sei", aber das Ding-an-sich ist ihm kein Grenzbegriff, sondern ein durch die Empfindung verbürgtes Reales, das nicht wegzuschaffen ist, und das er daher in seiner Metaphysik ergründen will. Metaphysik ist die Wissenschaft vom Realen, genauer, wie wir gleich sehen werden, von den Realen, weshalb man seine Lehre auch wohl als Realismus bezeichnet. Die Logik hat dieser Realphilosophie gegenüber nur eine formale Bedeutung; sie ist für die Metaphysik nur da, um ihr den unerschütterlichen Satz des Widerspruchs zu liefern: Was sich widerspricht, kann nicht wahr, nicht wirklich sein. Nun stecken aber die Grundbegriffe der Erfahrung voller Widersprüche. Die drei philosophisch wichtigsten sind: der Begriff eines Dinges mit mehreren Eigenschaften (Substanz), der der Veränderung überhaupt (damit auch derjenige der Kausalität), und der des Ich. Diese Widersprüche müssen nach Herbart durch die „Methode der Beziehungen" so lange bearbeitet, d.h. umgebildet werden, bis daraus eine widerspruchsfreie Realität hervorgeht; der nun einmal vorhandene Schein ist fortzuschaffen, bis wir auf das zu findende „Sein" stoßen, das ihm zugrunde liegt. Denn wie der Rauch auf das Feuer, so weist aller Schein auf ein Sein zurück. Letzteres ist die „absolute Position", bei der es „sein Bewenden haben" soll. So führt der Begriff eines Dinges mit verschiedenen Eigenschaften, den wir beständig vor Augen haben, mit Notwendigkeit auf den Gedanken, daß viele einfache „wirkliche" Dinge oder Reale existieren müssen: ein gegen den Monismus der spekulativen Idealisten gerichteter und von Herbart als „qualitativer Atomismus" bezeichneter Standpunkt, der indessen mehr, als an Demokrits Atome, an Leibniz'-Wolffs Monadenlehre erinnert, oder auch als ein in den Plural übersetzter Eleatismus (vgl. Bd. I, § 6) bezeichnet werden könnte.

Nachdem die „Methodologie", der erste Teil von Herbarts Metaphysik, uns auf die richtige Methode („der Beziehungen") geführt, schildert der zweite, die „Ontologie", den Charakter des wahren Seienden. Das sogenannte „Ding" mit seinen verschiedenen Eigenschaften ist nur ein „Zusammen" von besonderen „Realen", ein Stück Zucker z.B. ein System von weißen, von süßen, von rauhen usw. Realen. Jedes einzelne Reale ist infolge seiner Eigenschaften schlechthin einfach und unwandelbar; denn für das wahrhaft Seiende gibt es keinen Wechsel. Das einzige „wirkliche Geschehen" (die Veränderung) in der Welt besteht in der Selbsterhaltung (man fühlt sich an das „suum esse conservare" des Spinoza erinnert) der einzelnen Realen gegenüber den ihnen von anderen Realen drohenden Störungen, also in den wechselnden „Beziehungen" zwischen ihnen. Auf diese Selbsterhaltungen bezw. Widerstände und Störungen meint Herbart den gesamten „Schein", d. i. die ganze Physik und Psychologie, also die Naturwissenschaft überhaupt zurückführen zu können; denn Erklären heißt nichts anderes als: die Widersprüche beseitigen. Die in die Erscheinung tretenden Eigenschaften und Veränderungen sind nur „zufällige Ansichten"; sie bleiben dem eigentlichen Wesen der Dinge fremd.

Die Metaphysik des nur „scheinbaren" Geschehens zerfällt in 1. die „Synechologie" oder Lehre von der Stetigkeit, vom Zusammenhängenden, welche die Grundlage zur Naturphilosophie bildet, und 2. die „Eidolologie" oder Lehre von den „Bildern", d.h. Vorstellungen unseres Ich, die in die Psychologie ausmündet. Die Synechologie versucht zu zeigen, daß der Raum und die ihn erfüllende Materie ein „objektiver" Schein sein müsse, indem das Zusammensein der Realen für jede Intelligenz (nicht bloß die menschliche!) die räumliche Form des Außereinander ebenso annehmen muß, wie die zeitliche des Nacheinander. Die Raumbestimmungen sind bloß notwendige Auffassungsweisen des Zuschauers; real ist die Materie nur als „Summe einfacher Wesen". Durch das „Aneinander" der letzteren wird die „starre" („diskrete"), durch den Übergang der Punkte ineinander die stetige Linie erzeugt und der intelligibele Raum der einfachen Realen, im Unterschiede von dem „phänomenalen" Raum unserer Wahrnehmung, hergestellt; analog verhält es sich mit der Zeit. Daran anschließend suchen die *Umrisse der Naturphilosophie* die einfachsten Naturerscheinungen, d.h. die chemischen, und weiter die der Wärme, der Elektrizität, der Schwere und des Lichts durch die „starken" und „schwachen", „gleichen" (nahezu gleichen, nicht sehr ungleichen) und „ungleichen" (sehr ungleichen) Gegensätze der Elemente zueinander zu erklären: so daß er sich auf diesem Gebiete seinen „idealistischen" Gegnern gar nicht sehr entgegengesetzt zeigt, indem auch er die „sogenannte Physik" aus metaphysischen Prinzipien ableitet. Auch die sogenannten Lebenskräfte der Biologie sind ihm nichts Ursprüngliches, sondern stellen nur ein System von Selbsterhaltungen dar, durch welches ein Wesen (Organismus) konstituiert wird. Die Zweckmäßigkeit in der Natur vermag Philosophie nicht zu erklären; hier tritt der religiöse Glaube ein (s. unten S. 545). Ein Zusammenhang mit der modernen Naturwissenschaft wird nicht angestrebt.

3. Psychologie.

Wie die Synechologie in die Naturphilosophie, so geht die Eidolologie über in Herbarts Haupt- und Grundwissenschaft, deren Verallgemeinerung ihn offenbar überhaupt erst zu den Abstraktionen seiner Metaphysik gebracht hat: die Psychologie. Auch unser eigenes Ich, die sogenannte „Seele", ist ein an sich unerkennbares Reale, das bloß den Boden für das Zusammensein der mannigfach wechselnden, einander hemmenden und fördernden Vorstellungen abgibt. Die Psychologie ist demnach die Lehre von den Selbsterhaltungen der Seele oder vielmehr ihrer Vorstellungen. Denn die Seele selbst ist eine absolute einfache Substanz, deren Beschaffenheit uns immer unbekannt bleiben wird; wir merken ihr Vorhandensein nur an ihrer Selbsterhaltung gegen die Störungen von außen, d.h. eben an ihren Vorstellungen. Aufgabe einer wissenschaftlichen, „exakten" Psychologie, wie Herbart sie erstrebt, ist nun eine mathematisch begründete Statik und Mechanik dieser Vorstellungen. Eine solche ist möglich, wem man die Vorstellungen als Kräfte auffaßt, die einander je nachdem hemmen, verdunkeln, im Gleichgewicht halten oder fördern. Keine Vorstellung wird ganz und für immer vernichtet, sondern nur vorübergehend unter die Schwelle des Bewußtseins herabgedrückt, über die sie sich bei gegebener Gelegenheit wieder erhebt. Im Bewußtsein herrschend ist eine Vorstellung, wenn sie durch keine andere gehemmt ist. In der Regel aber findet eine solche Hemmung statt. Gleichartige Vorstellungen verschmelzen, ungleichartige komplizieren sich (z.B. grün und sauer zu dem Bild der Gurke), in beiden Fällen entweder vollkommen oder unvollkommen. Mehr als drei Vorstellungen sind nur selten im Bewußtsein vereinigt. Jede Vorstellung verliert nun um so mehr von ihrer Stärke (Intensität), je stärker die neuauftauchende hemmende Vorstellung ist. So entsteht ein ganzes System von Kräften und Gegenkräften, das den allgemeinen mechanischen und statischen Gesetzen unterliegt, also mathematisch bestimmbar ist. Als „Statik" des Geistes sucht die Psychologie die Gesetze der im Gleichgewicht befindlichen Vorstellungen auf; sie bestimmt z.B. ihre Hemmungssumme, d.h. die Summe dessen, was aus dem Bewußtsein gedrängt wird (= der Summe aller Vorstellungen minus der stärksten), oder das Hemmungsverhältnis, d.h. das Verhältnis, in welchem sich der Verlust auf die verschiedenen Vorstellungen verteilt. Als „Mechanik" des Geistes dagegen erörtert sie den Wechsel oder die Bewegung der Vorstellungen, ihr Aufsteigen und Sinken, ihre Assoziation und Reproduktion, und sucht sie in genaue mathematische Formeln zu kleiden.

Herbart polemisiert gern und oft gegen die im 18. Jahrhundert übliche Lehre von den Seelenvermögen, mit Recht, soweit darunter etwa völlig getrennte Gebiete psychischer Erscheinungen verstanden werden. Denn Vorstellen, Wollen und Fühlen verflechten sich beständig miteinander. Aber ebensowenig darf ihre Eigenart verdunkelt werden. Das vergißt Herbart, indem er alle übrigen seelischen Vorgänge von dem Vorstellungsmechanismus ableitet. Nur die einfachsten Vorstellungen oder Empfindungen (z.B. der Töne, Farben, Gerüche) werden ihm zufolge selbsttätig von der Seele hervorgebracht. Dagegen sind Wille, Gefühl, Begierde, Verstand, Vernunft usw. nur Vorstellungsverhältnisse. „Gefühl und Begierden sind nichts neben und außer den Vorstellungen." Wird eine Vorstellung zeitweilig unter die Schwelle des Bewußtseins herabgedrückt, so bleibt doch ein Streben vorzustellen zurück. Indem dieses Streben sich gegen Hindernisse „heraufarbeitet", wird daraus das Begehren (der Trieb), welches Wille heißt, wenn es sich mit der Vorstellung der Erreichbarkeit des Erstrebten verbindet. Der Charakter eines Menschen beruht darauf, daß gewisse Vorstellungsmassen, durch „Apperzeption" (Aufnahme) verwandter herangewachsen, die herrschenden geworden sind und nun die entgegenstehenden niederhalten. Der Wille hängt also von dem Vorstellen ab, Freiheit bedeutet nur Bestimmbarkeit durch verschiedene Motive; Herbart ist entschiedener Determinist. Das Gefühl entsteht, wenn sich eine Vorstellung zwischen zwei gegeneinander wirkenden Kräften im Gleichgewicht erhält, weshalb Gefühle (wie Freude, Trauer u. a.) selten ganz ungemischt sind.

Den physiologischen Sitz der Seele denkt sich Herbart im Gehirn. Hier empfängt sie vermittelst der Zentralnervenbahnen die „Störungen" von außen, d. i. von seiten der in ihrer nächsten Umgebung befindlichen einfachen Realen, gegen die sie, sich selbst erhaltend, in den „Vorstellungen" sich zur Wehr setzt. Neue Vorstellungen üben Reize aus, aber es gibt eine Grenze für deren Stärke, nach dem Gesetze der abnehmenden Empfänglichkeiten. Im übrigen hat sie weder Ort noch Zeit, und ihre Unsterblichkeit „versteht sich", wegen der Zeitlosigkeit alles Realen, „von selbst".

Gegenüber einer unwissenschaftlichen Psychologie, die in gefühlsmäßigen Betrachtungen oder bloßer Beschreibung seelischer Zustände aufging, hat Herbart den verdienstlichen Versuch gemacht, den bunten Wechsel der psychischen Vorgänge als die gesetzmäßige Kombination und Assoziation elementarer Vorgänge (der Empfindungen und Vorstellungen) zu begreifen. Indessen, so sehr auch der Ernst und der Scharfsinn anzuerkennen sind, mit denen er eine streng naturwissenschaftliche Erklärung des geistigen Lebens zu geben versuchte: die Mathematik ist doch nur für bestimmte, eng begrenzte Gebiete der Psychologie – wir erinnern u. a. an ihre schon in Kants *Kritik der Urteilskraft* hervorgehobene Unentbehrlichkeit zur Bestimmung der musikalischen Tonintervalle – ein nicht zu entbehrendes Hilfsmittel; sie versagt beim heutigen Stand der Erkenntnis, wenn man mit ihr die Probleme der vielgestaltigen Welt der Gefühle zu lösen unternimmt. Herbarts Psychologie ist denn auch in ihrem mathematischen Teile selbst von seinen Anhängern heute fast allgemein aufgegeben worden.

§ 58. Herbarts praktische Philosophie und Pädagogik. Die Herbartsche Schule.

4. Praktische Philosophie.

a) *Ethik = Ästhetik.* Wie Kant, so will auch Herbart die praktische Philosophie streng von der theoretischen scheiden: die letztere handle von der Realität der Dinge, die erstere von ihrer Wertschätzung. Wie Kant, kommt es auch ihm zunächst auf die Form, nicht auf den Inhalt des Willens an. Und wie Kant bekämpft er den Eudämonismus. Weiter geht die Übereinstimmung nicht. Denn Herbarts Ethik oder, wie er statt dessen lieber sagt, „praktische Philosophie" ist ihm ein Teil der – Ästhetik. Sie will nicht Güter- noch Pflichten- noch Tugendlehre sein, sondern, seiner psychologischen Grundrichtung entsprechend, Lehre vom sittlichen Geschmack, der sich in der Beurteilung der menschlichen Handlungen äußert. Jenen drei ersten Auffassungen der Ethik haftet nach Herbart der gemeinsame Fehler an, daß sie den Willen zu seinem eigenen Regulativ machen; dabei komme aber immer nur ein Wollen, keine Würde desselben heraus. Es komme vielmehr auf das Urteilen über die Beschaffenheit des Willens an. Menschliches Wollen und Handeln errege fortgesetzt und unwillkürlich menschlichen Beifall oder Tadel. Aufgabe der Ethik als der wahren Geschmackslehre oder Ästhetik sei daher: „die Aufstellung dessen, was gefällt oder mißfällt, in den einfachsten Ausdrücken". Wie wird aber nun das Gleichgültige zum Gefallenden oder Mißfallenden? Zu dem Ende braucht die praktische Philosophie „nichts anderes als gewisse Zeichnungen eines solchen und solchen Wollens zu liefern, damit bei den Zuschauern über einiges

Wollen ein unwillkürlicher Beifall, über anderes ein unwillkürliches Mißfallen rege werde". Es gibt ein reines, d.h. willenloses, klares und bestimmtes Geschmacksurteil. Nach dessen Möglichkeit hat die Philosophie nicht weiter zu fragen, sondern nur nach seinen Voraussetzungen. Die Grundvoraussetzung aber ist die, daß das beurteilte Wollen niemals vereinzelt, sondern immer Glied eines Verhältnisses ist. Die Ästhetik soll nichts weiter tun als „uns in die Auffassung der gesamten einfachen Verhältnisse versetzen", die bei „vollendetem" Vorstellen Beifall oder Mißfallen erzeugen. Das sittliche Urteil steht in dieser Beziehung auf derselben Stufe mit dem Urteile über Ton- und Farbenverhältnisse – der Generalbaß wird daher als „das einzige richtige Vorbild für eine echte Ästhetik" bezeichnet –, nur daß eben hier Willensverhältnisse den Stoff zum Urteil bieten. Zwar will auch Herbart den gebietenden Willen „als unstreitiges Faktum zugrunde legen", aber dessen Autorität, wenn man von einer solchen sprechen wolle, beruhe doch nur auf den „willenlosen, ursprünglichen Wertbestimmungen", einem „willenlosen Vorziehen oder Verwerfen".

b) *Die ursprünglichen und die abgeleiteten Ideen.* Solcher einfachen Willensverhältnisse oder „praktischer Ideen" gibt es nun fünf. Die erste und allgemeinste, 1. die der inneren Freiheit, drückt das Verhältnis zwischen dem vorbildenden Geschmack und dem nachbildenden Willen, also die Übereinstimmung oder Nichtübereinstimmung zwischen dem Willen und sittlichen Urteil (Gewissen) des Handelnden aus. Sie ist daher Grundlage und Voraussetzung für die vier folgenden. 2. Die Idee der Vollkommenheit entsteht, wenn verschiedene Strebungen desselben Subjekts sich ihrer Größe nach miteinander messen; das Stärkere gefällt neben dem Schwächeren, das Gesammelte neben dem Zerstreuten usw. Auch sie ist sonach rein formal und empfängt ihren Inhalt erst von den drei übrigen. 3. Die Idee des Wohlwollens oder der Güte macht die Befriedigung fremden Wollens zum Gegenstand des eigenen Willens. Sie zeigt sich am liebsten in weiblicher Gestalt, „vielleicht, weil zum männlichen Handeln doch noch etwas mehr gehört als sie". „Der Natur mag Vollkommenheit, der Weltseele innere Freiheit zugeschrieben werden, Gott allein ist gut." 4. Die Idee des Rechts entsteht durch das absichtslose, aber naturgemäße Zusammentreffen mehrerer wirklicher Willen in Beziehung auf einen äußeren Gegenstand. Da nun der Streit mißfällt, so sollen sich, um ihn zu verhüten, die verschiedenen Willen der allgemeinen Rechtsregel unterwerfen. Endlich 5. die Idee der Billigkeit oder Vergeltung vergleicht die Lage vor der (absichtlichen) Tat mit dem durch sie gestörten Gleichgewicht und fordert die gebührende Vergeltung für diese Störung.

Aus diesen fünf ursprünglichen folgen die fünf abgeleiteten Ideen, welche die individuelle Ethik zur sozialen erweitern. 1. Zuerst entwickelt sich nach Herbart unter einer Menge wollender Wesen die Idee einer Rechtsgesellschaft (vgl. oben 4). 2. Mit dem Prinzip der Vergeltung (5) tritt die des Lohnsystems hinzu. 3. Aus dem Grundsatz des Wohlwollens (3) wird die Idee des Verwaltungssystems abgeleitet, das die „größte mögliche Summe des Wohlseins“ zu schaffen bezweckt. 4. Die Sorge, der Idee der Vollkommenheit (2) zu entsprechen, wird zu einem Kultursystem führen, und endlich 5. die „gemeinschaftliche Folgsamkeit gegen gemeinschaftliche Einsicht“ zu der „inneren Freiheit (1) mehrerer, die nur ein einziges Gemüt zu haben scheinen“, d.h. der beseelten Gesellschaft. Eine solche sollte vielleicht jeder Staat werden, – aber „das kümmert uns hier nicht; den Staat charakterisiert seine zwingende Macht, die Ideen sind ohne Macht“! Übrigens sollen diese „gesellschaftlichen“ Ideen auch für jede kleinere und kleinste Verbindung bis zur häuslichen herab Geltung besitzen.

c) *Anwendungen.* Es würde zu weit führen, die Anwendungen, die Herbart von diesen seinen ethisch-ästhetischen Ideen macht, näher zu verfolgen. Der Wert seiner Ethik besteht, wie der Leser an Vorstehendem gemerkt haben wird, mehr in psychologischer Zergliederung und anregenden Einzelgedanken als in prinzipieller Grundlegung. Etwas besonders Fruchtbares bieten daher weder seine Gedanken vom Staate noch seine ziemlich farblose Religionsphilosophie. Das Wesen des ersteren erblickt unser stets psychologisch gerichteter Philosoph in dem Gleichgewicht der sozialen Kräfte. Der „Statik und Mechanik“ des Geistes entspricht auch eine solche des Staates. Er soll weniger rechtliche Anforderungen erfüllen, als psychologische Notwendigkeiten berechnen, und sich hüten „zu künsteln“. Gute Sitten und eine gute Regierung, der man sein Vertrauen schenken und dabei „dankbar zum Himmel blicken soll“, dünken diesem konservativen Denker weit wertvoller als „abstrakte Rechtsformen“ und verfassungsmäßige Garantien. Der religiöse Glaube gründet sich zunächst auf die teleologische Betrachtung der Natur, die freilich keinen wissenschaftlich zwingenden Beweis für das Dasein eines allmächtigen und allweisen Wesens liefern kann. Dafür tritt ein unverlierbares praktisches Bedürfnis ein, das uns zu der Annahme eines „vortrefflichsten“ Wesens, d.h. eines vollkommenen, gerechten und gütigen Gottes treibt. Im ganzen hat Herbart die Probleme der von ihm nirgends im Zusammenhang behandelten Religionsphilosophie offen gelassen, sodaß sich auf dem Boden seiner Lehre sowohl entschiedene Rationalisten wie Positiv-Kirchliche zusammenfanden. Er selbst hielt am kirchlichen Bekenntnis fest, hielt sich jedoch von den religiösen Kämpfen der Zeit in seiner vorsichtig zurückhaltenden Weise durchaus fern. Noch weniger hat er das Feld der Ästhetik im engeren Sinne (Lehre vom Schönen) angebaut; die Musiktheorie schwebt ihm hier als Ideal einer Kunstlehre überhaupt vor. Diese Lücke haben auch von seinen Schülern nur einzelne, wie Zimmermann in Wien, auszufüllen versucht.

Um so erfolgreicher war er auf dem eigentlich von ihm zuerst in ein System gebrachten Gebiete der

5. Pädagogik.

Von ihr gehören freilich in eine Geschichte der Philosophie nur die grundlegenden Prinzipien; von den meisten Philosophiehistorikern wird sie entweder überhaupt nicht behandelt oder nur flüchtig gestreift. Pädagogik gründet sich auf Ethik und Psychologie. Jene zeigt das Ziel; diese Weg, Mittel und Hindernisse. Aber tatsächlich ist der Anteil, welchen Herbart der Ethik an dieser Begründung zuweist, ziemlich dürftig. Er beschränkt sich in der Hauptsache darauf, daß – und auch noch nicht einmal überall – als „das Ganze des pädagogischen Zwecks" Tugend, d.h. die „in einer Person zur beharrlichen Wirkung gediehene" innere Freiheit, das „richtige Verhältnis von Einsicht und Wille" bezeichnet wird, wenn auch natürlich die übrigen Ideen gelegentlich „durchlaufen" werden. So fällt denn die nahezu alleinige Begründung der Pädagogik der Psychologie zu, der ja auch der pädagogische „Grundbegriff", die Bildsamkeit des Zöglings, angehört.

Die Erziehungsaufgabe zerfällt in drei Hauptstücke: 1. Regierung, 2. Unterricht, 3. Zucht, d. i. Willens- oder Charakterbildung. Die „Regierung" will eigentlich bloß durch „Disziplin" und „Gewöhnung" die Vorbedingung zu den beiden übrigen, die äußere Ordnung schaffen, die Autorität des Erziehers und den Gehorsam des Zöglings sichern, geht also genau genommen in der „Zucht" auf. „Unterricht" und „Zucht" aber werden nicht klar genug voneinander geschieden, sondern vielfach vermischt; es wird das auch heute noch viel gemißbrauchte Schlagwort vom „Erziehenden Unterricht" geprägt. Einerseits wird der Unterricht einseitig in den Dienst der Zucht gestellt, anderseits soll dem Erzieher die Bildung des „Gedankenkreises", d.h. bestimmter Vorstellungsmassen, „alles" sein. „Nur aus Gedanken werden Empfindungen und daraus Grundsätze und Handlungsweisen." Der sittliche Charakter beruht eben auf der harmonischen Ausbildung des Menschen, und diese auf der „gleichschwebenden Vielseitigkeit des Interesse", das nicht in „einseitig" empirisches, spekulatives, ästhetisches, sympathetisches, gesellschaftliches oder religiöses Interesse ausarten darf, also dem Eklektizismus freiesten Spielraum gewährt. Von den sozialen Ideen eines Pestalozzi blieb Herbarts rein individualistische und intellektualistische Erziehungslehre unberührt. Trotz solcher prinzipieller Schwächen[61] hat Herbart sich durch seine pädagogischen Schriften unleugbar große, wenn auch öfters allzu eifrig gepriesene, Verdienste um die pädagogische Theorie und Praxis erworben, und sein heute noch wirksamer Einfluß beruht weit mehr als auf seiner kaum mehr verteidigten allgemeinen Philosophie, auf dieser Seite seiner Tätigkeit, die von seinen Anhängern und Nachfolgern weiter gebildet worden ist.

6. Die Herbartsche Schule.

Herbarts Lehre blieb anfangs neben der in ihrem höchsten Flor stehenden Hegelschen fast unbeachtet, bis sie durch Drobisch in Leipzig (s. u.) um 1830 zuerst in weitere Kreise getragen wurde und, nach Hegels Tode und dem Zerfall seiner

Schule, eine immer zahlreichere Anhängerschaft, namentlich an der Universität Leipzig und in Österreich, gewann, die sich bald zur förmlichen Schule ausbildete. Die metaphysisch-mathematische Begründung freilich ist von den meisten seiner Anhänger jetzt fallen gelassen; dafür erfreuen sich seine Psychologie und noch mehr ihre pädagogische Anwendung mit gewissen, verhältnismäßig geringen Umbildungen noch heute, namentlich auf den Seminaren für Volksschullehrer, starken Ansehens.

Zu den ältesten Herbartianern gehören die bereits genannten Leipziger Professoren Drobisch (1802-1896, von 1826-1896, also 70 Jahre Professor in Leipzig), Verfasser verbreiteter Lehrbücher über formale Logik, empirische Psychologie und Religionsphilosophie, und G. Hartenstein (1808-1890, von 1839-1859 gleichfalls in Leipzig), der Herausgeber von Kant und Herbart, sowie der österreichische Philosoph und Unterrichtsminister F. Exner (1802-1853). Um den Entwicklungsgang der deutschen Philosophie erwarben sich diese Männer ein Verdienst durch ihren nachdrücklichen Hinweis auf die Erfahrungswissenschaften gegenüber der spekulativen Verstiegenheit der meisten Hegelianer. Von späteren Herbartianern nennen wir die Psychologen Volkmann (1822-1877, *Lehrbuch der Psychologie* 1856, 4. Aufl. 1894 f.), Nahlowsky (1812-1885, *Das Gefühlsleben* 1862, 3. Aufl. 1907, *Allgemeine Ethik* 1870, 3. Aufl. 1903), den besonders hervorragenden, früh verstorbenen Theodor Waitz (1821-1864, *Anthropologie der Naturvölker* 1859 ff.), der sich in seinem *Lehrbuch der Psychologie als Naturwissenschaft* (1849) freilich schon stark von den Herbartschen Grundlagen entfernte und auf eine physiologische Grundlage seiner psychologischen Grundwissenschaft hinsteuerte; ferner den ebenfalls (von Dorpat) nach Leipzig gezogenen L. Strümpell (1812-1899); die Theologen Thilo (1813-1894), Allihn (1812-1885) und Flügel (1842-1914); den als Plato- und Aristoteleskenner verdienten Philologen H. Bonitz (1815-1888), den Ästhetiker R. Zimmermann in Wien (1824-1898), den später in das Lager der Neuscholastik übergegangenen Prager O. Willmann (geb. 1839); die Schulmänner Dörpfeld, Kern, Stoy und Ziller, von denen ersterer, obwohl selbst konfessionell, die „freie Schulgemeinde auf dem Boden der freien Kirche im freien Staate" (1863) auf Grund des Familienprinzips und des Prinzips der Gewissensfreiheit forderte, während die beiden letzteren, die Orthodoxesten der Herbartschen Schule, die Lehre des Meisters am systematischsten, aber auch dogmatischsten ausgebaut haben (Kulturstufen, Konzentrations-, Gesinnungsunterricht).

Ein eigenes Organ gründete sich die Schule 1860 in der von Allihn und Ziller redigierten *Zeitschrift für exakte Philosophie im Sinne des neueren* (sc. Herbartschen) *philosophischen Realismus,* die nach 15 jährigem Bestehen einging, aber 1883 zu neuem Leben erwachte (bis 1896, von *Flügel* geleitet). Seit 1894 wird der pädagogische Herbartianismus durch die unter der Redaktion von W. Rein (geb. 1847) stehende *Zeitschrift für Philosophie und Pädagogik* vertreten. Rein, Professor der Pädagogik in Jena, gibt auch das *Enzyklopädische Handbuch für Pädagogik* heraus.

Eine Abzweigung der Herbartschen Schule bildete die von M. Lazarus (1824-1903) und H. Steinthal (1823-1899) von 1860-1890 geleitete *Zeitschrift für Völkerpsychologie und Sprachwissenschaft,* welche sich um die Erforschung der Elemente und Gesetze der Sprache und des Völkerlebens auf psychologischer Grundlage verdient gemacht hat. Über Lazarus, der mit Herbart die Psychologie als die philosophische Grundwissenschaft betrachtet, dann aber eigene Wege eingeschlagen hat, vgl. *A. Leicht, Lazarus der Begründer der Völkerpsychologie,* Leipzig 1904. Steinthal hat außer seinen sprachwissenschaftlichen Werken (vgl. § 78, 8) auch eine *Allgemeine Ethik* (1885) geschrieben. Von dieser Richtung ging auch Steinthals Schüler G. Glogau in Kiel (1844-1895) aus, der später eine eigene, von christlichen und platonischen Elementen durchtränkte Metaphysik entwickelte *(Abriß der philosophischen Grundwissenschaften,* 2 Bände, 1880-1888) und noch heute einen Kreis von vorzugsweise theologischen Anhängern zählt.

Als verwandt mit Herbart kann auch die eigenartige Lehre des deutschschreibenden Russen und idealistischen Denkers A. Spir (1837-1890, *Denken und Wirklichkeit* 1873, *Gesammelte Werke,* Leipzig 1908) betrachtet werden.

§ 59. Beneke.

Über ihn vgl. *O. Gramzow, F. E. Benekes Leben und Philosophie*, Bern 1899.

Eduard Beneke, 1798 zu Berlin geboren, anfangs unter dem Einflusse von Schleiermacher, Fries, Jacobi und den gleichzeitigen Engländern, dann unter demjenigen Herbarts stehend, war jedenfalls von Anfang an ein Gegner der absoluten Philosophie. Bald nach seiner Habilitierung in Berlin wurde ihm 1822, wahrscheinlich auf Hegels Antrieb, durch den Minister von Altenstein die Lehrerlaubnis entzogen, auch eine Professur in Leipzig vereitelt, sodaß er 1824-1827 nach Göttingen ging. 1832, nach Hegels Tode, erhielt er zwar eine außerordentliche Professur in Berlin, wurde aber trotz seiner fruchtbaren Lehr- und Schriftstellertätigkeit nicht weiter befördert und fand 1854 durch Ertrinken seinen Tod.

1. Beneke hält mit Herbart die Psychologie für die philosophische Grundwissenschaft, will sie aber nicht gleich diesem auf „Erfahrung, Mathematik und Physik", sondern auf innere Erfahrung allein gründen, die er mit derselben naturwissenschaftlichen Methode (Induktion, Hypothese usw.) behandelt wissen will, mit der die Physik die äußere Erfahrung bearbeitet. Daher die Titel seiner wichtigsten Schriften: *Erfahrungsseelenlehre* (1820), *Grundlegung zur Physik der Sitten* (1822, die ihm jene Entziehung der venia docendi eintrug), *Lehrbuch der Psychologie als Naturwissenschaft* (1833, 4. Aufl. 1877), *Psychologische Skizzen* (Göttingen 1825-1827). In seinen letzten Jahren gab er ein *Archiv für die pragmatische Psychologie* heraus. In seiner „Ju-

beldenkschrift auf die Kritik der reinen Vernunft": *Kant und die philosophische Aufgabe unserer Zeit* (1832) führt Beneke aus, daß Kants Verdienst in der Beschränkung der Erkenntnis auf das Erfahrungsgebiet und dem Appell an das sittliche Bewußtsein bestanden habe; durch den damit verbundenen Apriorismus jedoch habe er die nach ihm hereingebrochene scholastische Spekulation über das Absolute mitverschuldet, sodaß Franzosen und Engländer uns in der Philosophie überflügelt hätten.

Das einzige, was uns nach Beneke sicher und unmittelbar gegeben ist, ist unser Selbstbewußtsein, unsere innere Erfahrung. Die angeborenen Begriffe wie die alten Seelenvermögen sind in gleicher Weise zu verwerfen. Aufgabe der Psychologie ist es vielmehr (wie bei Herbart), die verwickelteren Bewußtseinserscheinungen auf ihre einfachsten und ursprünglichsten Elemente (Grundprozesse) zurückzuführen. Als solche nimmt er im Unterschied von Herbart eine Anzahl „Urkräfte" oder „Urvermögen" der nicht als Einheit existierenden Seele an, die der von außen an sie herantretenden Reize harren und sie sich aneignen, sodaß fortwährend neue Urvermögen heranwachsen (wie bei den Pflanzen). Die beweglichen Elemente der so entstandenen Seelengebilde verbinden sich miteinander, während andere unbewußt in der Seele als „Spur" oder „Angelegtheit" zurückbleiben, um bei gegebener Gelegenheit reproduziert zu werden. Von der Seele des Tieres ist die des Menschen (man denke an die unentwickelte Kindesseele!) bloß gradweise verschieden, nur ihr Bewußtsein klarer und umfassender. Sie ist an keiner Stelle des Körpers fixiert.

Auf dieser Psychologie, als der Lehre von der Entwicklung oder dem Geschehen des Denkens (denn auch für Beneke sind die Vorstellungen das Ursprüngliche, von denen alle anderen psychischen Vorgänge sich ableiten lassen), baut Beneke die Logik als „Kunstlehre des Denkens" (1832) auf, die uns teils größere Klarheit der Vorstellungen durch ihre Analyse, teils neue Denkinhalte durch Synthese gewinnen läßt.

2. Die Moral oder, wie Beneke sagt, das *Natürliche System der praktischen Philosophie* (3 Bde. 1837-1840), das er für sein gelungenstes Werk hielt, entspringt aus unserer Wertschätzung der Gefühle oder „Stimmungsgebilde" je nach den Steigerungen und Herabstimmungen, die sie in uns oder anderen bewirken; denn auch die Gefühle der anderen empfinden wir mit, indem wir sie in uns „nachbilden". So entwickelt sich aus der ursprünglich rein subjektiven allmählich eine objektive, allgemeingültige, der „Forderung der Vernunft" entsprechende Wertschätzung, die sich in der gleichen Abstufung der Güter und Übel jedem einigermaßen gebildeten und unverdorbenen Menschen kundgibt. Aus den sittlichen Gefühlen entstehen nacheinander sittliche Begriffe und Urteile, erst ganz zuletzt das Sittengesetz, „eine sehr hohe Abstraktion". Die eudämonistische Lehre des englischen Utilitaristen Bentham (s. § 64), dessen Hauptwerk Beneke 1830 mit Anmerkungen herausgab, hat er bedeutend vertieft, indem er überall vom Äußeren auf das Innere zurück-

ging. Der gemeinsame Grundbegriff des Nützlichen und des Moralischen ist der der Güter oder Werte.

In Sachen der Religion äußerte sich Beneke ähnlich zurückhaltend wie Herbart. Die Unsterblichkeit der Seele ist möglich, da mit dem Verlöschen des Zusammenhangs mit der Außenwelt im Tode das „innere" Seelensein nicht aufzuhören braucht. Zur Annahme eines Urwesens und Weltenlenkers, der sich begrifflich nicht beweisen läßt (vgl. Kant), treibt uns der fragmentarische Charakter der gegebenen Welt, das Bedürfnis nach einheitlichem Welterkennen und die Sehnsucht nach dem Guten. Aber sie ist Sache des Glaubens und des Herzens, nicht des wissenschaftlichen Erkennens.

3. Wie Herbart, hat auch Beneke auf seine Psychologie eine *Erziehungs- und Unterrichtslehre* (2 Bde. 1835/36) begründet, die viele Anhänger gefunden hat. Von diesen Anhängern auf pädagogischem Gebiete sind die bedeutendsten: Dreßler (Vater und Sohn) und F. Dittes (1829 bis 1896), die übrigens auch seine Psychologie vertreten und weitergebildet haben. Von Philosophen sind namentlich Fortlage in Jena (1806-1881) und der bekannte Philosophiehistoriker Friedrich Ueberweg (1826-1871, geb. bei Solingen, gest. in Königsberg) durch ihn beeinflußt worden. Letzterer geriet jedoch später, wie der ihm befreundete F. A. Lange in seiner *Gesch. des Materialismus* (4. Aufl., S. 798-812) nachgewiesen hat, auf einen immer mehr materialistischen Standpunkt, der allerdings in seinen Schriften über Plato, über Schiller als Philosoph, und in seinen vielgebrauchten Lehrbüchern der Geschichte der Philosophie und der Logik *(System der Logik* 1857, 5. Aufl. hrsg. von *J. B. Meyer* 1882) nicht zum Ausdruck kam.

Kapitel XIX.
Schopenhauer.

Aus der zahlreichen Literatur über Schopenhauer seien hervorgehoben: *R. Seydel, Schopenhauers philos. System* 1857. *R. Haym, A. Schopenhauer* 1864. *R. Lehmann, Schopenhauer, ein Beitrag zur Psychologie der Metaphysik* 1894. *Nietzsche, Schopenhauer als Erzieher* 1874. *Kuno Fischer, G. d. n. Ph.*, Bd., IX (3. Aufl. 1908). *Ed. Grisebach, Schopenhauer, Geschichte seines Lebens* 1897. *W. von Gwinner, Schopenhauers Leben* 1867, 3. Aufl. 1910. – *J. Volkelt, Arthur Schopenhauer. Seine Persönlichkeit, seine Lehre, sein Glaube* (Klass. der Philos. X.) 3. Aufl. 1907. *Schlüter, Sch.s Philosophie in s. Briefen* 1900. *Kowalewsky, Schopenhauer u. s. Weltanschauung*, 1908. *P. Deussen, Gesch. d. Philos.* II.

3, S. 376-586. Kurz, aber gut: *H. Richert, Schopenhauer* (Teubner). 3. Aufl. 1916. – *Ruyssen, Schopenh.* Paris 1911. *H. Hasse, Sch.s Erkenntnislehre als System einer Gemeinschaft des Rationalen u. Irrationalen.* Lpz. 1913. Eine gute und zugleich die wohlfeilste Ausgabe seiner Werke ist die von *E. Grisebach*, 6. Bde., Leipzig (Reclam); ebenders., *Schopenhauers handschriftlicher Nachlaß*, 4 Bde., und Briefe, 2 Bde. (gleichfalls bei Reclam). Vgl. auch die *Schopenhauerregister* von *Hertslet*, Lpz. 1880 und *G. F. Wagner*, sowie die *Schopenhauerbibliographie* in *Grisebachs Neuen Beiträgen* 1905. Eine vollständige Neuausgabe von Schopenhauers *Sämtlichen Werken* in 14 Bänden, die zum erstenmal die Vorlesungen, die unveröffentlichten Manuskripte aus der Zeit vor 1818, alle erreichbaren Briefe nebst Porträts, Bibliographie, Index usw. bringen wird, erscheint unter der Leitung von *Paul Deussen* (S. 564) seit 1911 (bis 1917 waren 10 Bände erschienen). Deussen hat Ende 1911 im Verein mit Gleichgesinnten auch eine *Schopenhauer-Gesellschaft* ins Leben gerufen. Andere Ausgaben von *Frauenstädt* (1873 f., 2. Aufl. 1908), *R. Steiner* (Stuttg. 1899), *Frischeisen-Köhler* (8 Bde. Lpz. 1913).

§ 60. A. Persönlichkeit und Methode.

1. Leben und Schriften.

Arthur Schopenhauer, am 22. Februar 1788 als Sohn eines wohlhabenden Kaufmanns in der freien Reichsstadt Danzig geboren, sollte nach seines Vaters Willen statt der gelehrten Schulbildung das „große Buch der Welt“ kennen lernen und bereiste deshalb mit seinen Eltern vom 15. bis 17. Lebensjahre halb Europa. Das Hamburger Geschäft, in das er sodann auf den Wunsch des Vaters trat, verließ er anderthalb Jahre nach dessen Tode und zog nun (1807) zu seiner Mutter Johanna, der bekannten Romanschriftstellerin, nach Weimar, wo er sich so rasch die Gymnasialbildung erwarb, daß er schon Herbst 1809 die Universität Göttingen beziehen konnte. Hier studierte er auf des Skeptikers G. E. Schulze (§ 45) Rat vor allem Plato und Kant, daneben die heiligen Schriften der Inder. In Berlin (1811/12) enttäuschte Fichte den schon damals selbständig urteilenden, aber auch zur Herabsetzung anderer geneigten Jüngling stark, dagegen trieb dieser eifrig das Studium einer Reihe von Sprachen sowie das der Naturwissenschaften. Während des beginnenden Freiheitskrieges schrieb er in völliger Zurückgezogenheit zu Rudolstadt seine Dissertation: *Über die vierfache Wurzel des Satzes vom zureichenden Grunde*, mit der er in Jena zum Doktor promovierte (2. Aufl. 1847, 3. von ihm selbst noch vorbereitete Aufl. ed. Frauenstädt 1864). In den Winter 1813/14 fällt auch der Anfang seines Verkehrs mit Goethe, der ihn zu der kleinen Schrift *Über das Sehen und die Farben* (1816) anregte. Anfang 1819 erschien sein in den Jahren 1814 bis 1818 zu Dresden ausgearbeitetes Hauptwerk: *Die Welt als Wille und Vorstellung.* In ihm liegt seine Weltanschauung im ganzen und großen bereits fertig vor; in der Folge gestaltet sie sich nur noch aus, nicht mehr um. Im Frühjahr 1820 habilitierte er sich in Berlin, hatte aber mit seinen Vorlesungen kein Glück (nur in seinem ersten Dozentensemester brachte er überhaupt ein Kolleg zustande), vielleicht wegen seines ostentativen Gegensatzes zu dem allmächtigen Hegel; doch hat er, nach einer dreijährigen Abwesenheit in Italien, München und Dresden (1822-1825), von 1826/27 bis 1831/32 solche noch angekündigt. 1831 verläßt er der Cholera wegen Berlin, um nicht wieder dahin zurückzukehren. Sommer 1833 siedelt er endgültig nach Frankfurt a. M. über und bringt hier den ganzen Rest seines Lebens als einsamer Sonderling zu. Aus diesen persönlichen Erfahrungen und der Nichtbeachtung seiner Werke durch die gelehrte Welt erklärt sich sein oft hervorbrechender Haß gegen die Philosophie-Professoren, die „von der Philosophie, nicht für sie lebten". Dennoch schreibt er weiter: 1836 *Über den Willen in der Natur,* 1837 *Über die Freiheit des menschlichen Willens* („von der Drontheimer Sozietät der Wissenschaften gekrönte Preisschrift"), 1839 *Über die Grundlage der Moral* („von der Kopenhagener Sozietät der Wissenschaften" wegen ihrer heftigen Ausfälle gegen Fichte und Hegel „nicht gekrönt"); beide erschienen 1840 vereinigt unter dem Titel *Die beiden Grundprobleme der Ethik.* 1844 veröffentlichte er einen Ergänzungsband zu seinem Hauptwerk, mit einer zweiten Auflage des ersten Bandes, 1851 die beiden Bände: *Parerga und Paralipomena.* Die letzteren, eine Sammlung von kleinen, gewandt und geistvoll geschriebenen, populären Aufsätzen zur Erläuterung seiner Ideen, begannen endlich das Eis der Nichtbeachtung zu durchbrechen. Während er bis dahin nur ganz vereinzelte Anhänger – wie Frauenstädt 1840, von Doß 1849 – gewonnen hatte, wurden jetzt neue Auflagen seiner Werke nötig, er fand allmählich in weiteren Kreisen Beachtung, und 1856 stellte zu seiner großen Genugtuung die philosophische Fakultät einer deutschen Universität (Leipzig) eine Preisaufgabe, die seine Philosophie betraf. Im Genusse seines beginnenden Ruhmes, noch voller Schaffenslust, starb er plötzlich am 21. September 1860.

Bei keinem anderen Philosophen – abgesehen vielleicht von Nietzsche – ist seine Philosophie in dem Maße wie bei Schopenhauer eine Widerspiegelung seiner Persönlichkeit, welche letztere man daher aus seinen Schriften, besonders den ethischen, am besten kennen lernt. Und doch zeigt anderseits sein Charakter wiederum Schattenseiten, die seinen idealistischen Lehren schnurstracks entgegenlaufen: Menschenverachtung, Liebe zum Leben, ja zum Gelde, Selbstgefälligkeit, Sinnlichkeit. Er wollte ein System aus einem Gusse schaffen. Gelungen ist ihm dies, insofern seine Philosophie innerlich von ihm erlebt ist, während man, rein inhaltlich genommen, die verschiedenen philosophischen Fäden (Vedantaphilosophie, Buddhismus, Plato, Berkeley, Kant u. a.) nachweisen könnte, aus denen sie zusammengeschlungen ist.

2. Methode der unmittelbaren Anschauung.

Philosophie ist für Schopenhauer weit mehr als Wissenschaft, nämlich „Totalanschauung“, Lebenskunst, Erkenntnis des Sinnes und Wesens der Welt. Von seinem erkenntnistheoretischen Anfang wendet er sich sehr bald der Metaphysik zu. Immer wieder versichert er, daß der letzte Grund und die Quelle aller Wahrheit in der – unmittelbaren Anschauung liege. „So lange wir uns rein anschauend verhalten, ist alles klar, fest und gewiß.“ Unsicherheit und Irrtum beginnen erst mit der Reflexion. Logik, Mathematik, reine Naturwissenschaft, die man für die evidentesten Wissenschaften erklärt, sie alle haben ihre Evidenz nur von der „unmittelbaren Anschauung“. Nur durch diese oder durch unmittelbare oder mittelbare Beziehung auf sie können wir unbedingte Wahrheit erlangen. Jene Wissenschaften erzeugen nicht größere Gewißheit des Wissens, sondern erleichtern dasselbe nur durch ihre systematische Form. Die Logik z.B. will nur „das, was uns im einzelnen unmittelbar mit der größten Sicherheit bewußt ist, erst mit unsäglicher Mühe aus bloßen Regeln ableiten“. Die euklidische Geometrie ist ihm eine Krücke für gesunde Beine, einem Taschenspielerkunststück nicht unähnlich, die ganze Arithmetik eine bloße Methode zur Abkürzung des Zählens. Auch die Urteilskraft vermag nur aus anschaulichen Elementen die richtigen Begriffe, Regeln, neuen Einsichten und Richtersprüche zu gewinnen, wie auch die Tugend aus der „ursprünglichen, unvernünftigen“ Tiefe des Willens erwächst (näheres s. unten). Schopenhauer zählt also, trotz seiner heftigen Bekämpfung der „Windbeutel“ von romantischen Philosophen, wenn auch in anderem Sinne wie sie, ebenfalls zu der Philosophie der Romantik.

§ 60. B. Theoretische Philosophie.

In einem gewissen Widerspruch mit dieser seiner Theorie der unmittelbaren Anschauung, wie es denn überhaupt bei ihm an unausgeglichenen Widersprüchen nicht fehlt, stellt unser Philosoph dennoch zunächst eine

3. Erkenntnislehre

auf. Anschließend an seinen systematischen Grundsatz: Die Welt ist meine Vorstellung, sucht er die Welt mit den Mitteln der Erkenntnis zu erklären, indem er sie als dem Satze des zureichenden Grundes unterworfen darstellt. Zum Verständnis seines Hauptwerkes als unerläßlich bezeichnet er das vorherige Studium seiner Dissertation von 1813, über

a) *Die vierfache Wurzel des Satzes vom zureichenden Grunde,* welche in der „sehr veränderten und beträchtlich vermehrten“ zweiten Auflage (von 1847) zu einer „Theorie des gesamten Erkenntnisvermögens“ geworden ist. Der, selbst unerklärliche, Satz vom Grunde drückt „in seiner Allgemeinheit" nur aus, daß „alle unsere Vorstellungen untereinander in einer gesetzmäßigen und der Form nach a priori bestimmbaren Verbindung stehen, vermöge welcher nichts für sich Bestehendes und Unabhängiges, auch nichts Einzelnes und Abgerissenes Objekt für uns werden kann". Da nun alle Objekte unsere Vorstellungen sind (Objekt sein = Vorstellung sein), wie Schopenhauer von Kant gelernt hat, so nimmt der Satz vom Grunde, den verschiedenen Klassen dieser Vorstellungen gemäß, eine verschiedene und zwar vierfache Gestalt an: 1. Bei den „anschaulichen, vollständigen, empirischen" Vorstellungen des äußeren und inneren Sinnes erscheint er als Grund des Werdens oder Gesetz der Kausalität; die Formen der letzteren sind mechanische Ursachen in der anorganischen Welt, Reize im organischen Leben und bewußtes Tun der animalischen Wesen. 2. Bei den abstrakten Vorstellungen oder Begriffen und den aus ihnen hervorgehenden Urteilen als Grund des Erkennens oder als Gesetz der logischen, materialen, transzendentalen (= Kants synthetischen Urteilen a priori) und metalogischen (z.B. der Satz des Widerspruchs, des ausgeschlossenen Dritten u. ä.) Wahrheit dieser Urteile. 3. Bei dem formalen Teile der „vollständigen" (vgl. 1) Vorstellungen oder reinen Anschauungen a priori als Grund des Seins im Raume (Geometrie) und der Zeit (Arithmetik) oder als Gesetz der Lage und der Folge. Endlich 4. für das Subjekt des Wollens (das unmittelbare Objekt des inneren Sinnes) als Grund des Handelns oder Gesetz der Motivation, d. i. der „von innen gesehenen" Kausalität.

Diese in der Dissertation vielfach, auch in der Sprache, noch an Kant sich anlehnenden Gedanken werden dann weiter und selbständiger ausgeführt in dem ersten Buche des Hauptwerkes, betitelt:

b) *Die Welt als Vorstellung, unterworfen dem Satze vom Grunde: das Objekt der Erfahrung und Wissenschaft.*

Schopenhauers Anfangssatz: „Die Welt ist meine Vorstellung" bedeutet zunächst nur den Bruch mit dem naiven Realismus, der die Dinge als uns gegenüberstehende Wirklichkeiten betrachtet. Mit ausdrücklicher Beziehung auf Berkeleys Idealismus erklärt er; Alles in der Welt ist durch das Subjekt bedingt, ist nur für das Subjekt da, kein Objekt ohne Subjekt. Auch mein eigener Leib z.B. ist nur ein Objekt wie andere Objekte, somit deren allgemeinen Formen: Raum, Zeit und Kausalität und ihrem gemeinschaftlichen Ausdruck, dem Satze vom Grunde, unterworfen, welcher „die allgemeine Art und Weise alles Objektseins" bezeichnet. Anderseits ist freilich auch kein Subjekt ohne Objekt denkbar. Die bisherigen „Philosophien" gingen, abgesehen etwa von den „Windbeuteleien" der Identitätsphilosophie, entweder einseitig bloß vom Subjekt (Fichte) oder ebenso einseitig bloß vom Objekt – sei es der Materie oder dem Substanzbegriff oder den Zahlen oder dem Willensakt eines außerweltlichen Wesens – aus. Am folgerichtigsten von den letzteren verfuhr noch der Materialismus, aber auch er ist eine „enorme petitio principii", indem er sich wie Münchhausen an seinem eigenen

Zopfe aus dem Sumpfe ziehen will. Das Organon aller Wissenschaften, ihre oberste Voraussetzung ist, was Fichte gänzlich vergaß, der Satz vom Grunde in seiner vierfachen Gestalt: des Seins in der Mathematik, des Erkennens in der Logik, der Motivation in der Geschichte, der Kausalität in der Naturwissenschaft. Daneben besitzt jede Wissenschaft als Problem ihr besonderes Objekt: die Mathematik Raum und Zeit, die Logik die Verbindungen der Begriffe, die Geschichte die geschehenen Taten der Menschen im großen und in Masse, die Naturwissenschaft die Materie. Man muß also weder vom Objekt noch vom Subjekt ausgehen, sondern von der „Vorstellung", als deren „erste wesentlichste Grundform" dann allerdings sogleich das „Zerfallen" in Objekt und Subjekt bezeichnet wird.

Das „innerste Wesen" der Welt freilich wird uns durch die „Vorstellung" nicht erklärt; es wird nur die „gänzliche und durchgängige Relativität" der letzteren an den Tag gebracht. Die Welt wäre nichtssagend und leer, ja ein Trugbild wie der indische „Schleier der Maja" (= Schein), wenn sie bloße Vorstellung und weiter nichts wäre, wenn nicht ein Ding an sich hinter ihr sich verbärge. Dies innerste Wesen, dies Ding an sich aber brauchen wir nicht weit zu suchen; es liegt in einer „jedem lebenden Wesen unmittelbar gewissen Tatsache": dem Willen. Das zweite Buch des Hauptwerkes behandelt deshalb die

4. Objektivation des Willens (Naturphilosophie).

Der Denker ist nicht bloß erkennendes Subjekt, er ist auch wollendes Individuum. Das Wort Wille allein „gibt ihm den Schlüssel zu seiner eigenen Erscheinung, offenbart ihm die Bedeutung, zeigt ihm das innere Getriebe seines Wesens, seines Tuns, seiner Bewegungen". Die Objektivation meines Willens aber ist – mein Leib, z.B. Zähne, Schlund und Darm der objektivierte Hunger, die Genitalien der objektivierte Geschlechtstrieb usw. Wollen und Tun sind nur in der Reflexion verschieden, in Wirklichkeit eins. Schmerz und Wohlbehagen (Wollust) sind nicht etwa Vorstellungen, sondern unmittelbare Affektionen des Willens in seiner Erscheinung, dem Leibe. Existieren nun außerhalb meines eigenen Leibes ebensolche Willensobjektivationen in den uns bisher nur als Vorstellungen bekannten Objekten? Das im Ernste leugnen zu wollen, wäre die Sache eines „theoretischen Egoismus", der höchstens als „skeptisches Sophisma" geduldet werden könnte, sonst aber ins Tollhaus gehört! Wir können vielmehr gar nicht anders als die uns umgebende Körperwelt nach der Analogie unseres eigenen Körpers beurteilen, also der gesamten Natur denselben Willen zuschreiben wie uns; Mikrokosmos und Makrokosmos fallen zusammen. Denn daß der Wille bei dem Menschen und dem Tiere in der Regel von Vorstellungen begleitet ist, berührt sein „Wesen" nicht. In Schopenhauerschem Sinne heißt „Wille" auch schon die Kraft, die den Stein zur Erde treibt oder den Magnet zum Nordpol wendet. Auch die Motive bestimmen nur Zeit, Ort und nähere Umstände meines Willens, seinen „empirischen Charakter" (Kant!), seine Erscheinung. Der Wille an sich ist „grundlos", weil dem

Satze vom Grunde nicht unterworfen, ohne bestimmte Zwecke, ist unser „intelligibeler" Charakter, das eigentliche „Ding an sich", ein endloses Streben. Alle Kräfte der Natur umfassend, bezeichnet er das, „was das Sein an sich jedes Dinges in der Welt und der alleinige Kern jeder Erscheinung ist". Er offenbart sich ebenso ganz und ebensosehr in einer Eiche wie in Millionen. Daher denn auch die innere und äußere Zweckmäßigkeit der Naturprodukte.

Die niedrigste Stufe der Objektivation des Willens stellen die allgemeinsten Kräfte in der Natur wie Schwere, Undurchdringlichkeit, Flüssigkeit, Elektrizität, chemische Eigenschaften u. a. dar. Ihre Äußerungen in der Erscheinung zwar finden nach dem Gesetze von Ursache und Wirkung statt; sie selbst aber sind außerzeitliche und außerräumliche, ursprüngliche und unerklärte Kräfte (qualitates occultae) oder Ideen (im platonischen Sinne). Das Naturgesetz ist „die Beziehung der Idee auf die Form ihrer Erscheinung". Auf der untersten Stufe, in der unorganischen Natur, stellt sich der Wille noch ganz als „blinder Drang", als ein „finsteres, dumpfes Treiben" dar, das nur auf mechanische Ursachen reagiert und noch keine Spur von individuellem Charakter zeigt. In der Pflanzenwelt und dem vegetativen Teile der tierischen Erscheinungen objektiviert er sich schon deutlicher und individueller, wenn auch noch völlig erkenntnislos (auf Reize reagierend). Endlich wird, indem das Individuum sich selbständig Nahrung wählt, die Erkenntnis notwendig, und nun bricht mit einem Schlage die „Welt als Vorstellung" mit allen ihren Formen (Objekt und Subjekt, Zeit, Raum und Kausalität) herein. Der Wille hat sich jetzt ein Licht angezündet, darüber aber seine bisherige instinktive Unfehlbarkeit verloren, namentlich wenn zu dem Verstande (bei Schopenhauer stets = Vermögen der anschauenden Erkenntnis) die Vernunft hinzukommt, welche über die Gegenwart hinaus auf die Zukunft sieht. So ist die Welt, in der wir leben und sind, „durch und durch Wille" und zugleich „durch und durch Vorstellung".

Die kleine Schrift *Über den Willen in der Natur* (1836, 2. Aufl. 1854) ist eine „Erörterung der Bestätigungen", welche diese Naturphilosophie Schopenhauers „seit ihrem Auftreten durch die empirischen Wissenschaften erhalten hat". Sie braucht deshalb uns, die wir nur die prinzipiellen Grundzüge seines Philosophierens darlegen, nicht näher zu beschäftigen.

Auch mit seiner Lehre vom Willen stellt sich Schopenhauer somit in Gegensatz zur Kantischen Philosophie, auf die er sich doch so oft beruft. Denn Wille ist ihm nicht, wie der sittliche Wille für Kant, Aufgabe, Norm, ideales Gesetz, sondern Trieb, ursprüngliche Kraft überhaupt.

§ 61. Die Ästhetik und Ethik Schopenhauers. Seine Nachwirkungen.

1. Ästhetik.

„Das Objekt der Kunst oder die platonische Idee“, d.h. „die Vorstellung, unabhängig vom Satz des Grundes“: das ist das Thema des nach Form und Inhalt besonders anziehenden dritten Buches der *Welt als Wille und Vorstellung.*

Schon in Schopenhauers Naturphilosophie hatten wir die platonischen Ideen in den ursprünglichen und unwandelbaren Naturkräften kennen gelernt, die durch das principium individuationis in die Vielheit der Erscheinungen eingehen. Die Ideen bleiben, während die Erscheinungen nie sind, sondern immer nur werden. Während die Erkenntnis, dem Willen entsprossen, „in der Regel“ dessen Dienste unterworfen bleibt, reißt sich das Subjekt in der Erkenntnis der Idee von diesem Dienste los, wird es „willenlos“. Das anschauende Individuum fragt nicht mehr nach dem Wo? Wann? Warum? Wozu? der Dinge, sondern „verliert sich“ nur in die Betrachtung ihres „Was“? Es hat seine eigene individuelle Existenz vergessen, ist „reines, willenloses, schmerzloses, zeitloses“ Subjekt der Erkenntnis geworden und betrachtet die Dinge nicht in ihren vergänglichen Gestalten, sondern in ihrem wahren, keinem Wechsel unterworfenen Sein, mit anderen Worten: als Ideen; diese erzeugen erst, wie schon bei Plato, das „eigentliche“ Sein (ὄντως ὄν). Jetzt erst „tritt die Welt als Vorstellung gänzlich und rein hervor“, denn die Idee allein ist die adäquate „Objektivität“ des Willens. Indem ich rein erkennendes Subjekt bin, habe ich die gesamte Natur in mich hineingezogen, fühle ich mich als Bedingung und Träger alles objektiven Daseins.

Dieses Anschauen der Dinge in ihrer wahren, ewigen Gestalt (sub specie aeternitatis) und die Mitteilung desselben ist aber nicht Sache der Wissenschaft[62], die das einzelne nur in seinen Beziehungen zueinander, abhängig vom Satze des Grundes, erkennt, sondern Werk des Genies, d.h. der Kunst. „Ihr einziger Ursprung ist die Erkenntnis der Ideen, ihr einziges Ziel Mitteilung dieser Erkenntnis.“ Sie hält das Rad der Zeit an, die Relationen der Wissenschaft und der Erfahrung verschwinden ihr, das einzelne wird ihr zum Repräsentanten des Ganzen. Genialität heißt Vergessen der eigenen Person (des Willens), durch die Phantasie erweiterte Fähigkeit, sich in die reine Anschauung zu verlieren, vollkommenste, uninteressierteste Objektivität, deren der gewöhnliche Mensch, „diese Fabrikware der Natur“, nicht fähig ist. Im genialen Menschen hat, wie schon in seinem Äußeren, insbesondere dem lebhaft-festen Blicke sichtbar wird, das Erkennen ein entschiedenes Übergewicht über das Wollen. Aber er besitzt eine Abneigung gegen das rein Abstrakte, z.B. die Mathematik. Leonardos Geistesart scheint Schopenhauer nicht zu kennen, dagegen tritt er für Goethes Farbenlehre gegen die „Neutonischen Flausen“, die „ungestört im Besitz der Lehrstühle in Deutschland bleiben“, ein. Eher zeigt er eine Verwandtschaft mit dem „holden Wahnsinn“. Der Wille (bei Schopenhauer, wie wir wissen = Trieb) entspringt aus dem Bedürfnis, dem Mangel, dem Leiden und kommt daher nimmer zur Ruhe. Das Ästhetische entreißt die Erkenntnis dem Sklavendienste dieses Willens, das Rad des Ixion steht still; der reinen Kontemplation ist es einerlei, ob sie aus dem Kerker oder dem Palast den Sonnenuntergang erblickt. Sie versenkt sich ganz in die Seligkeit des willenlosen Anschauens, sei es des reinen Schönen oder in die erst nach einem Kampfe mit dem „Willen" gewonnene des Erhabenen.

Die nunmehr (a. a. O. § 39) beginnende und bis zum Schlusse (§ 52) fortgesetzte, über zwei Drittel des Ganzen einnehmende angewandte Ästhetik Schopenhauers ist ausgezeichnet durch ihren Reichtum an geistvollen Bemerkungen wie durch die ausgebreiteten Kenntnisse und das feine Kunstgefühl ihres Verfassers, und bietet auch für den, der den leitenden Gedanken des Philosophen nicht zuzustimmen vermag, eine außerordentlich reizvolle Lektüre.

Im folgenden heben wir nur einzelnes für Schopenhauer besonders Charakteristische hervor. In der Architektur offenbaren sich vorzugsweise die miteinander ringenden Kräfte der anorganischen Natur, des Steins (Starrheit, Schwere und Licht). In den bildenden Künsten die der allmählich aufsteigenden organischen Kräfte in der Landschafts- und Pflanzen- (Stilleben-), Tier-, Porträt- und Historienmalerei. Menschliche Schönheit bezeichnet „die vollkommenste Objektivation des Willens auf der höchsten Stufe seiner Erkennbarkeit", drückt also die Idee des Menschen aus; ihr Anblick versetzt uns am schnellsten und leichtesten in jene Seligkeit des willenlosen Schauens, die uns über uns selbst und alles, was uns quält, hinaushebt. Die Poesie übertrifft die bildenden Künste insofern, als sie den Menschen „in der zusammenhängenden Reihe seiner Bestrebungen und Handlungen" darstellt, [Tut das die Skulptur oder Malerei nicht gerade so gut, wie etwa die Lyrik?] Als ihre höchste Gattung sieht Schopenhauer die Tragödie an, die uns den „Widerstreit des Willens" mit sich selbst, somit vor allem die „schreckliche Seite des Lebens", den „namenlosen Schmerz, den Jammer der Menschheit, den Triumph der Bosheit, die höhnende Herrschaft des Zufalls und den rettungslosen Fall der Gerechten und Unschuldigen" vorführt. Seine Ethik des Pessimismus (s. u.) tritt hier bereits hervor. Die wunderbarste, mächtigste und umfassendste aller Künste aber ist ihm die Musik[63]. Sie ist nicht, wie die anderen, ein Abbild der Ideen, sondern unmittelbar des Willens, also des „Wesens" der Welt. Sie drückt nicht eine bestimmte einzelne Freude, Betrübnis usw., sondern die Freude, die Betrübnis, den Jubel, die Gemütsruhe selbst aus, besonders durch die Melodie, die sich in ihrer höchsten Gestalt der Worte gänzlich entledigt. Das unaussprechlich Innige der Musik beruht darauf, daß sie alle Regungen unseres innersten Wesens wiedergibt, aber fern von der Wirklichkeit und ihrer Qual.

So zeigt sich die Kunst als des Menschen Erlöserin von der Unruhe und Qual des Lebens. Aber immer nur vorübergehend, auf kurze Augenblicke. Die volle Erlösung, den endgültigen Trost bringt erst

2. Die Ethik des Pessimismus.

Das 4. Buch des Hauptwerks handelt von der *Bejahung und Verneinung des Willens zum Leben bei erreichter Selbsterkenntnis.* Die beiden Preisschriften über *die Freiheit des Willens* und die *Grundlage der Moral* sind, nach Schopenhauers eigener Vorrede von 1840, nur als „spezielle Ausführungen“ und „Ergänzungen“ zu diesem 4. Buche anzusehen. Da in ihnen von dem populären, „allen gemeinsamen“ Standpunkt ausgegangen wird, so empfehlen sie sich zwar zur ersten Einführung in die Schopenhauersche Ethik, müssen aber hier, wo der Zusammenhang des ganzen Systems dargelegt werden soll, zugunsten des Hauptwerks zurücktreten.

Die Philosophie kann nach Schopenhauer nur „das Vorhandene“ „deuten und erklären“, das im Gefühl jedem Verständliche zur deutlichen, abstrakten Kenntnis der Vernunft bringen; sie soll nur das klare Weltauge sein, das die Dinge spiegelt. Demgemäß will auch die Ethik, der „ernsteste“ und wichtigste Teil seiner Philosophie, nicht vorschreiben oder leiten, sondern rein betrachtend („theoretisch“) sich verhalten. Nur zu Kindern oder zu Völkern in ihrer Kindheit redet man vom „unbedingten Sollen“, nicht zu „denen, welche die ganze Bildung einer mündig gewordenen Zeit sich angeeignet haben“. Ebensowenig aber darf die Ethik „historisch philosophieren“ wollen, „als wäre Kant nie dagewesen“. Sondern, wie die Philosophie überhaupt, hat sie nur das „Was“, das „immer sich gleiche Wesen“ der Welt zum Gegenstande.

Was der Wille will, ist immer das Leben. Wille ist daher = Wille zum Leben. Das Leben selbst, die Gattung, die Idee ist unsterblich; bloß das Individuum stirbt. Zeugung und Tod, Ernährung und Ausscheidung sehen wir fortwährend und überall in der Natur, die trotzdem als Ganzes bleibt. Die Form alles Lebens ist allein die Gegenwart, Gegenwart ohne Ende: gleichviel wie die Individuen, die Erscheinungen der Idee, in der Zeit flüchtigen Träumen gleich entstehen und vergehen. Der Wille an sich ist völlig frei, weil nicht dem Satze des Grundes unterworfen, wie es alle Erscheinung ist. Das Verdienst Kants um die Unterscheidung des intelligibelen und empirischen Charakters, die Schopenhauer natürlich in seiner metaphysischen Weise auffaßt, wird auch hier wieder gepriesen: „Operari sequitur esse“, „Velle non discitur“. Unser Handeln ändert sich bei geänderter Erkenntnis, der Wille (Charakter) nicht; nur das erstere also kann ich auch bereuen. Die freiere Wahlentscheidung, die der Mensch vor dem Tiere voraus hat, ist nur die Möglichkeit eines Konflikts zwischen mehreren Motiven (abstrakten Vorstellungen), von denen er schließlich dem stärksten mit Notwendigkeit folgt. Näheres über Freiheit und Notwendigkeit des Wollens bringt die erste Preisschrift.

Hemmung des Willens ist Leiden, Erreichung des Ziels wäre Befriedigung, Glück. Da aber unser Wille, ja sogar der der Natur, beständig gehemmt wird, so ist alles Leben Leiden; und zwar um so stärkeres, je intelligenter das leidende Geschöpf ist. Am meisten leidet also das Genie. Das Leben unseres Leibes ist nur ein fortdauernd gehemmtes Sterben, ein immer aufgeschobener Tod, oder –

es wird zur furchtbarsten Leere und Langeweile, und unser Wesen und Dasein uns zur unerträglichen Last. Not ist die beständige Geißel des Volkes, Langeweile die der vornehmen Welt. Die größere Genußfähigkeit des intellektuellen und ästhetischen Menschen wird durch seine größere Leidensempfänglichkeit wieder ausgeglichen. Dabei ist alle Befriedigung (Glück) eigentlich nur negativ; denn mit der Befriedigung des Wunsches hört der letztere, folglich auch der Genuß auf. Im ganzen genommen ist das menschliche Leben eigentlich immer ein Trauerspiel (vgl. oben), nur im einzelnen eine Komödie. Der Optimismus ist nicht bloß eine absurde, sondern auch eine wahrhaft „ruchlose" Denkungsart, ein bitterer Hohn auf die namenlosen Leiden der Menschheit!

Die Bejahung des Willens ist „das von keiner Erkenntnis gestörte beständige Wollen selbst", wie es das Leben des Menschen im allgemeinen ausfüllt, also die Befriedigung seiner Bedürfnisse, vor allem der Selbsterhaltungs- und Fortpflanzungstrieb. [Auch hier ergibt sich wiederum das Einssein des Schopenhauerschen „Willens" mit dem Trieb, obwohl der letztere Ausdruck verhältnismäßig selten gebraucht wird.] Die meisten bringt die Not des Lebens dazu, ihr ganzes Denken auf die Mittel zu dieser Befriedigung zu richten. Oft steigert sich die Willensbejahung zur gewaltigen Leidenschaft (zumal in der stärksten Lebensbejahung, dem „höchsten" Ziel des natürlichen Menschen, dem Geschlechtstrieb), die dann das Dasein der übrigen verneint und aufzuheben sucht, wo es ihr im Wege steht. Jedes Ding in der Natur ist nämlich egoistisch, am stärksten natürlich wiederum der Mensch. An dieser Stelle flicht Schopenhauer, an Hobbes' „bellum omnium contra omnes" anknüpfend, seine Rechts- und Staatslehre ein. Indem der Mensch durch Gewalt, List oder Lüge Einbruch in die Grenzen fremder Willensbejahung verübt, tut er Unrecht, das er selbst im sogenannten Gewissensbisse dunkel als solches fühlt. Der Begriff des Rechts ist ebenfalls nur negativ, nämlich = Negation des Unrechts. Gegenüber fremder Gewalt habe ich ein „Zwangsrecht" zur List oder Lüge. Von sozialem Interesse ist die Bemerkung, daß sich ein „moralisch begründetes" Recht auf das Eigentum allein auf dessen Bearbeitung gründet. Die reine Rechtslehre, das sogenannte Naturrecht, ist ein Kapitel der Moral und „bezieht sich direkt bloß auf das Tun". Dagegen ist der Staatsvertrag oder das Gesetz geschaffen, um den Schmerz des Unrechtleidens zu vermindern; es kümmert sich nicht um den Willen oder die Gesinnung, sondern nur um die versuchte oder ausgeführte Tat. Damit wird das moralische zum juridischen Recht. Der Staat ist keine Anstalt, die zur Beförderung der Moralität gegen den Egoismus geschaffen wäre, sondern nur gegen die nachteiligen Folgen gerichtet, die aus der Vielheit egoistischer Individuen hervorgehen und ihr Wohlsein stören; er legt gleichsam den Raubtieren den Maulkorb an, Zweck der Strafe ist nicht Rache oder Vergeltung, sondern künftige bessere Erfüllung der Gesetze durch das Mittel der Abschreckung: *non, quia peccatum est, sed ne peccetur*.

Doch über der zeitlichen Gerechtigkeit des Staates schwebt die ewige Gerechtigkeit, die im Wesen der Welt liegt und die Strafe unmittelbar mit dem Vergehen verbindet. Jedem Wesen geschieht nach seinem Recht, weil nach seinem Willen.

Die im ganzen nichtswürdige Menschheit verdient ihr im ganzen trauriges Schicksal: Mangel, Elend, Jammer, Qual und Tod. Freilich der gewöhnliche Mensch, getrübt durch den „Schleier der Maja", d.h. befangen im principium individuationis, dem Egoismus, erkennt Wesen und Zusammenhang der Welt nicht. Erst wer dies principium individuationis durchschaut hat, wird inne, daß alles zeitliche Glück und alle Klugheit auf untergrabenem Boden wandelt. Das vom Zufall geschenkte oder ihm durch Klugheit abgewonnene scheinbar glückliche Leben „in der Zeit", mitten unter den Leiden unzähliger anderer, ist nur die Täuschung des Bettlers, der sich im Traume König dünkt. In Wahrheit fließt alles Leid und alle Qual auf der weiten Welt aus dem nämlichen Willen, der auch sein Wesen ausmacht, auch in ihm zur Erscheinung kommt: wie es die Urweisheit der indischen Upanishaden erfaßt und in ihrer Seelenwanderungslehre nur mythisch-exoterisch ausgedrückt hat.

Was heißt denn überhaupt gut und böse? Gut bezeichnet: die Angemessenheit eines Objekts zu irgendeiner bestimmten Bestrebung des Willens, ist also ein seinem Wesen nach relativer Begriff. Für das rastlose Begehren unseres Willens gibt es kein höchstes, sondern stets nur ein einstweiliges Gut. Das Böse aber stammt 1. aus der überheftigen Bejahung des eigenen Leibes, 2. aus dem gänzlichen Befangensein in der Erscheinung, eben jenem principium individuationis. Übrigens leiden die Bösen selbst unter ihrem allzu heftigen Wollen und der aus der geheimen Ahnung einer anderen Ordnung der Dinge hervorgehenden Gewissensangst. Echte Tugend entsteht nicht durch Moralisieren, sondern durch Motivieren, nämlich aus der Erkenntnis, daß im fremden Individuum dasselbe Wesen wohnt wie in mir (Schopenhauer gebraucht hierfür oft das altindische „Tat twam asi" = „Dieses bist du!"). Dogmen und Predigten können nur auf das äußere Tun wirken, nicht auf die Gesinnung. Zwischen Bosheit und Güte liegt die Gerechtigkeit, welche den fremden Willen achtet, weil sie in ihm den eigenen Willen wiedererkennt. In dem positiv guten Menschen dagegen, der nicht mit dem schwachen Gutmütigen einerlei ist, bemeistert die Erkenntnis den blinden Willensdrang. Er versagt sich Genüsse, übernimmt Entbehrungen, um fremde Leiden zu mildern; er wird auch kein Tier quälen. Jede uneigennützige Tat hat Erweiterung des Herzens, ein gutes Gewissen im Gefolge. So entsteht dann die reine, uneigennützige, nicht das Ihre suchende Liebe (ἀγάπη, caritas, nicht die selbstsüchtige = ἔρως, amor) die uns erlöst, indem sie uns zum gänzlichen Aufgeben des „Willens zum Leben", also aller Triebe führt. Alle Liebe ist Erkenntnis fremden Leides, ist Mitleid. Das Mitleid ist, wie die zweite Preisschrift näher ausführt, „ganz allein die wirkliche Basis aller freien Gerechtigkeit und aller echten Menschenliebe", es ist „in Wahrheit das große Mysterium, das Urphänomen und der Grenzstein" der Ethik.

Aus dieser Quelle geht endlich auch Schopenhauers ethisches Endziel: die Verneinung des Willens zum Leben, hervor. Wer, im Egoismus befangen, stets nur die einzelnen Dinge in Raum und Zeit und ihr Verhältnis zu der eigenen Person erkennt, wird sie zu immer erneuerten Motiven seines Wollens machen;

die Erkenntnis des Ganzen, des Wesens der Dinge dagegen wird zum Quietiv allen und jeden Wollens, führt zur freiwilligen Resignation, zur wahren Gelassenheit und gänzlichen Willenlosigkeit. Die Tugend wird nun zur Askese, wie sie das Urchristentum[64], die deutsche Mystik, die Bettelmönche und die Buddhisten preisen, zur freiwilligen Keuschheit, Armut, Nächstenliebe, Selbstverleugnung, Sanftmut, Geduld, Vergeltung des Hasses mit Liebe und Wohltun, kurz zur Heiligkeit. Trotz aller Enthaltsamkeit und aller Entbehrungen wird der „Heilige" voll innerer Freudigkeit, unerschütterlichen Friedens und wahrer „Himmelsruhe" sein, und zwar nicht auf Augenblicke, wie beim Genuß des Schönen (s. o.), sondern auf immer, „bis auf jenen letzten glimmenden Funken (sc. der Lebensbejahung), der den Leib erhält und mit ihm erlöschen wird". Ihn kann nichts mehr ängstigen, nichts mehr bewegen, „ruhig und lächelnd blickt er zurück auf die Gaukelbilder dieser Welt, die einst auch sein Gemüt zu bewegen und zu peinigen vermochten". Freilich strebt, das muß Schopenhauer unmittelbar darauf zugestehen, der Wille zum Leben immer wieder, voll in Wirklichkeit zu treten, „so lange der Leib lebt"; „dauernde Ruhe kann auf Erden keiner haben", immer aufs neue wird er Anfechtungen und Seelenkämpfe zu überwinden haben. Selbstkasteiung ist deshalb zur „anhaltenden Mortifikation" des Willens notwendig, wie denn überhaupt große Leiden zu seiner Läuterung dienen.

Mit dieser bewußten Verneinung des Willens ist nun auch die ganze Welt der Erscheinungen mit aller ihrer Mannigfaltigkeit und allen ihren Formen (Zeit und Raum und auch der „letzten Grundform": Subjekt und Objekt) aufgehoben, es bleibt nur – das Nichts. Aber ein Nichts nur für die, „welche noch des Willens voll sind"; für die dagegen, in welchen der Wille sich durch seine volle Selbsterkenntnis gewendet und verneint hat, ist umgekehrt „diese unsere so sehr reale Welt mit allen ihren Sonnen- und Milchstraßen – Nichts".

In solch mystischem Idealismus endet Schopenhauers Philosophie, als deren innerste Triebkraft sich somit ein irrationales Moment erweist. Eine Kritik derselben würde zu weit führen. Auch von seiner Kritik anderer Philosophen, unter denen besonders die der Kantischen Philosophie (in dem „Anhang" zu seinem Hauptwerk und in § 3-10 der zweiten Preisschrift) einen großen Raum einnimmt, müssen wir absehen, desgleichen von der Diskussion der Frage, wie weit er Ideen derselben in sein eigenes System aufgenommen hat. Daß er, trotz aller inneren Widersprüche und methodischer Schwächen, ein originales und geistreiches Werk geschaffen, wird man jedenfalls anerkennen müssen; desgleichen, daß er eine bedeutende Wirkung ausgeübt hat. Werfen wir auf diese noch einen Blick.

3. Nachwirkung der Schopenhauerschen Philosophie.

Goethe hatte schon 1813 in dem jungen Schopenhauer einen „merkwürdigen" und „geistreichen" Mann erkannt, aber zugleich den Zweifel ausgesprochen, ob „die Herren vom Metier ihn in ihrer Gilde passieren lassen" würden. Bereits unser Überblick über das Leben des Philosophen hat gezeigt, daß Goethes Zweifel einer richtigen Voraussicht entsprang. Bis zu seinem 67. Lebensjahre (1854) hatte Schopenhauer nur ganz vereinzelte, freilich um so wärmere Anhänger gefunden. Zu den frühesten gehören, außer dem bereits genannten von Doß, der Magdeburger Oberlandesgerichtsrat Dorguth (seit 1843), der Journalist E. O. Lindner († 1867 als Redakteur der Vossischen Zeitung), der Leipziger Sprachlehrer David Asher († 1890), der junge Jurist K. Bähr in Dresden (Preisarbeit von 1857); namentlich aber der Berliner Privatgelehrte Julius Frauenstädt (1813-1879), der durch seine *Briefe über die Schopenhauersche Philosophie* (1854) in ähnlicher Weise zu deren Verbreitung beitrug, wie seinerzeit Reinhold zu der der Kantischen, übrigens in einzelnen Punkten von ihm abweicht, besonders in den *Neuen Briefen über die Schopenhauersche Philosophie* (1876). Nachdem so das Eis gebrochen war, haben Schopenhauers Lehren längere Zeit einen ziemlich bedeutenden Einfluß auf die deutsche Kultur und Literatur ausgeübt und die pessimistische Weltanschauung in zahlreichen Gemütern befördern helfen. Er wurde verstärkt durch die großen schriftstellerischen Vorzüge Schopenhauers: durchsichtige Klarheit der Darstellung, möglichste Vermeidung schwieriger Systematik und Terminologie, gewandte Verwendung seiner Belesenheit in der gesamten Weltliteratur, und nicht zum wenigsten durch das Persönliche seines Stils und die Invektiven gegen die philosophischen „Größen“. Aus den gleichen Gründen war der Eindruck auf die philosophisch interessierte Laienwelt weit stärker als auf die Philosophen von Fach. Soweit die letzteren „Schopenhauerianer“ wurden, sind sie es entweder nicht geblieben oder sie haben die Schopenhauersche Lehre mit anderen Elementen versetzt.

Von diesen Jüngeren nennen wir: den Gymnasiallehrer J. Bahnsen (1830-1881), der sie in eigenartiger Weise zu einer individualistischen „Realdialektik“ umbildete (*Beiträge zur Charakterologie* 1867, *Der Widerspruch im Wissen und Wesen der Welt* 1880, *Wie ich wurde, was ich ward,* nebst neuen Stücken aus dem Nachlaß, herausg. von *R. Louis,* München 1905), von Gwinner (1825-1917), den Mediziner Alfons Bilharz (geb. 1836 in Sigmaringen), den bekannten Afrikareisenden Karl Peters (*Willenswelt und Weltwille* 1883), der sie mit Hartmannschen Elementen verband. Auch Richard Wagner (1813-1883), anfangs Feuerbachianer (*Kunstwerk der Zukunft* 1850, *Oper und Drama* 1851), hat sich später zu Schopenhauer bekannt, dem er schon 1854 seinen *Ring der Nibelungen* zusandte (ohne übrigens Gegenliebe bei ihm zu finden), und dessen Lehre er dann zur „Grundlage aller ferneren geistigen und sittlichen Kultur“ gemacht wissen wollte. Der bedeutendste unter den Anhängern Schopenhauers jedoch war der einzige Universitätsprofessor unter ihnen, Paul Deussen (1845 bis 1919), zugleich derjenige, der sich am meisten von Extremen frei gehalten hat. Seine *Elemente der Metaphysik* (1877, 5. Aufl. 1913) versuchen eine Synthese von Schopenhauer, Vedanta-Philosophie (zu deren besten Kennern Deussen zählte, vgl. I S. 14), Kantianismus, den er im Sinne Schopenhauers auffaßt, und vergeistigtem Christentum; vgl. auch seine *Philosophie der Bibel* (Lpz.

1913). Noch über Schopenhauer hinaus ging Ph. Mainländer (eigentlich Philipp Batz, 1841-1876, Kaufmann in Offenbach) in seiner *Philosophie der Erlösung* (1876, 2. Aufl. 1894). Danach ist die Welt der Ausdruck eines – sterbenden Gottes, ihr ganzes Ziel das Streben zum Nichtsein, welches wir unterstützen müssen durch geschlechtliche Enthaltsamkeit oder freiwilligen Tod. Letzteren hat Mainländer denn auch selbst konsequenterweise gewählt, ebenso wie ungefähr drei Jahrzehnte nach ihm der junge Wiener Otto Weininger (1880-1903), der mit seinem antifeministischen Buche *Geschlecht und Charakter* (14. Aufl. 1913) vorübergehend großes Aufsehen erregte. Von Schopenhauer stark berührt sind endlich auch Eduard von Hartmann und Friedrich Nietzsche, die jedoch ihrer Eigenart wegen im Laufe der nun folgenden letzten Abteilung unseres Buches besonders behandelt werden sollen.

Fünfte Periode.
Die Philosophie von 1840 bis zum Anfang des 20. Jahrhunderts.

Von einer eingehenden geschichtlichen Gesamtbehandlung der Philosophie seit 1840 haben sich die meisten Philosophiehistoriker bisher ferngehalten. Der betreffende Band von *Windelband (G. d. n. Philos.)* ist nicht mehr erschienen, *Falckenberg* behandelt erst neuerdings diese Periode ausführlicher, *Höffding*[65] endet mit 1880, *J. E. Erdmann* mit 1860, *Zeller* und *Baumann* bringen fast nichts; nur *Ueberweg* gibt in gewohnter Weise reiches Material. Manches Belehrende über die verschiedenen Richtungen der Gegenwart bietet außerdem *O. Külpe, Einleitung in die Philosophie* (7. Aufl. 1915), desgleichen dessen Büchlein *Die Philosophie der Gegenwart in Deutschland* (Teubner, 6. Aufl. 1914). In der Tat liegt hier dem Historiker der Philosophie eine äußerst schwierige Aufgabe ob. Nicht nur, daß wir in der neuesten philosophischen Bewegung noch mitten innestehen und das Urteil daher notwendigerweise subjektiv ausfallen muß: noch mehr ist es die immer stärkere Verflechtung der philosophischen Bestrebungen mit den allgemeinen (literarischen, sozialen, religiösen) Tendenzen der Zeit, sowie mit den Einzelwissenschaften, die auch die beste Darstellung notgedrungen unvollkommen erscheinen läßt. Gleichwohl hat unser Buch diesen für die Gegenwart interessantesten Abschnitt der Philosophiegeschichte nicht ausschließen oder auf ein Minimum beschränken zu dürfen geglaubt. Wir haben wenigstens eine Charakteristik sämtlicher stärker hervortretenden Richtungen zu geben versucht und hoffen keine bedeutende und erfolgreiche Erscheinung übergangen zu haben. Besonders schwierig war die Frage der Gruppierung; über sie kann man natürlich sehr verschiedener Meinung sein. Wir haben uns nach wiederholten Erwägungen für eine in erster Linie dem historischen Entwicklungsgange folgende Darstellung als den einfachsten und anschaulichsten Weg entschieden. Wir schildern demgemäß in sechs Kapiteln: 1. den älteren Positivismus in Deutschland (Junghegelianer, Feuerbach), Frankreich (Comte) und England (Mill), als die bedeutsamste Richtung der 40er Jahre [Kap. XX]; 2. den naturwissenschaftlichen Materialismus der 50er Jahre und seinen spiritualistisch-theologischen Gegenpart [XXI]; 3. die Entwicklungsphilosophie (Darwin, Spencer) [XXII]; 4. idealistische Systembildungen auf naturwissenschaftlicher Grundlage (Fechner, Lotze, Hartmann, Wundt) [XXIII]; 5. den um die Mitte der 60er Jahre wiedererwachenden Kritizismus (Neukantianismus) und verwandte Richtungen der Gegenwart [XXIV]; 6. die zwar an den Junghegelianismus anknüpfende, aber erst in den beiden letzten Jahrzehnten zu tieferer Wirkung gelangte Philosophie des Sozialismus und des ihm entgegengesetzten extremen Individualismus (Stirner, Nietzsche) [XXV], um 7. mit einem zusammenfassenden Ausblick auf den gegenwärtigen Stand der Philosophie und ihrer Einzeldisziplinen in den verschiedenen Kulturländern zu schließen [XXVI].

Kapitel XX.
Der Positivismus.

§ 62. A. In Deutschland: Die Junghegelianer, Feuerbach.

1. Die Spaltung der Hegelschen Schule.

Die nächste Entwicklung der deutschen Philosophie knüpft sich an das Schicksal der bis zum Tode ihres Urhebers (1831) herrschend gebliebenen Hegelschen Schule. In ihr waren die verschiedensten Elemente vereint; mit der Philosophie ihres Meisters konnte man, wie nicht ohne Grund gesagt wurde, „alles" beweisen. Besonders dunkel hatte sich derselbe, um die von ihm erstrebte Versöhnung von Philosophie und Religion (d.h. Kirche) nicht zu gefährden, über die Annahme eines persönlichen Gottes, die Gottheit Christi und die individuelle Unsterblichkeit geäußert. Das *Leben Jesu* von *David Friedrich Strauß,* einem Tübinger Hegelianer, 1835/36 brachte die bisher mehr versteckten Gegensätze innerhalb der Schule zum offenen Ausbruch. Dies Buch, welches die evangelische Geschichte zum größten Teile in Mythen auflöste, den historischen Christus als die reell gewordene Idee der Menschheit, Gott pantheistisch als das Unendliche, die Unsterblichkeit als bloße Erhebung zur Idee auffaßte, platzte wie eine Bombe in die von religiösen Problemen erfüllte Zeit. Es spaltete die Hegelsche Schule, nach dem zuerst von Strauß gebrauchten, später oft wiederholten Vergleiche, in eine Rechte und eine Linke. Jene, auch die Partei der Althegelianer genannt, neigte religiös der Kirchenlehre, politisch dem Konservatismus zu; die Namen ihrer Vertreter haben heute keine Bedeutung mehr für uns. Andere, die eine mehr vermittelnde Stellung einnahmen, auch wohl als „Zentrum" bezeichnet, haben sich allmählich von den Hegelschen Konstruktionen abgewandt und sich entweder als Historiker der Philosophie wie J. E. Erdmann (1805-1892, von 1836 bis zu seinem Tod Professor in Halle), Eduard Zeller (1814-1908), Schwegler (1819-1857) und Kuno Fischer (1824-1907), oder auf anderen Spezialgebieten einen Namen erworben: so die Ästhetiker Schasler (1819-1903) und F. Th. Vischer (1807-1887, *Ästhetik*, 3 Bde. 1846-1857), der liberale Rechtsphilosoph Gans (1798-1839), der Herausgeber Kants und Biograph Hegels Karl Rosenkranz (1805-1879), ferner die liberalen Theologen Biedermann, Daub, Marheineke, O. Pfleiderer (§ 78, 7), Vatke und Baur, der Begründer der sogenannten Tübinger Schule und ihrer Evangelienkritik, mit seinen Schülern Hilgenfeld (Jena) und Köstlin. Als unentwegter Anhänger bis an sein spätes Ende ist Meister Hegel wohl nur der Berliner Michelet (1801-1893, von 1829-1893 außerordentlicher Professor daselbst) treu geblieben, der noch 1870 eine Schrift: *Hegel, der unwiderlegte Weltphilosoph* in die Welt sandte.

2. Die Junghegelianer.

D. Koigen, Zur Geschichte und Sozialphilosophie des Junghegelianismus, Bern 1901. Vgl. auch die Literatur zu § 74 (Marxismus). – Über D. F. Strauß vgl. die kurze populäre Biographie seines Freundes *E. Zeller* (*D. F. Strauß in seinem Leben und seinen Schriften geschildert,* 1874), der auch Strauß' *Gesammelte Schriften* (12 Bde., Bonn 1876-1881) und *Ausgewählte Briefe* (Bonn 1895) herausgegeben hat; ferner das ältere Werk des liberalen Heidelberger Theologen *A. Hausrath, D. Fr. Strauß und die Theologie seiner Zeit*, 2 Bde., 1876-1878, und die umfangreiche neuere Biographie von *Theobald Ziegler*, 2 Bde., 1908 f. Vgl. auch das 5. Kapitel von *H. Maier, An der Grenze der Philosophie* (Tüb. 1909).

Von weit größerer und unmittelbarerer Bedeutung für die nächste Entwicklung der religiösen und politischen Philosophie und des geistigen Lebens überhaupt wurde die Linke oder die Junghegelianer, die ihr Organ in Arnold Ruges *Hallischen* (1838), später (1841) *Deutschen Jahrbüchern* (1843 verboten) fanden und zu immer stärkerem Radikalismus übergingen. Sie vertraten den Satz, daß der wahre Kern der Hegelschen Lehre nicht in dem System, sondern in der dialektischen Methode der Entwicklung liege, die zur Negation des Bestehenden treibe, das notwendig „mit der Zeit" unvernünftig werde und sich in sein Gegenteil verwandele. Zu diesen Junghegelianern gehören vor allem D. F. Strauß, die Brüder Bruno und Edgar Bauer, Ludwig Feuerbach, diese vorherrschend auf religiösem Gebiete; ferner A. Ruge, Karl Marx, Friedrich Engels und Ferdinand Lassalle, diese vorzugsweise auf politischem Gebiet. Von den drei letztgenannten wird später (§ 74) noch besonders gehandelt werden.

Von den ersteren hat philosophische Bedeutung im strengeren Sinne eigentlich nur Feuerbach. Strauß (1808-1874) gehört durch seine oben bereits kurz gekennzeichnete Hauptleistung, die er in der *Christlichen Glaubenslehre* (2 Bde. 1840-1841) zu einer Kritik der gesamten christlichen Dogmatik erweiterte, weniger der Geschichte der Philosophie als der Theologie, außerdem der allgemeinen Literatur *(Ulrich von Hutten* 1858-1860, *Voltaire* 1870-1871) an. Auf seinen materialistischen Ausgang wird im folgenden Kapitel noch zurückzukommen sein. Auch Bruno Bauer (1809-1882), der anfangs der „Rechten" angehörte, dann aber zu dem rein negierenden Standpunkt der „reinen oder absoluten Kritik" oder des „unendlichen Selbstbewußtseins" überging, und sein noch radikalerer, aber auch unbedeutenderer Bruder Edgar (1820-1886) sind zwar interessante Zeiterscheinungen, aber ohne tiefere Bedeutung für die Entwicklung der Philosophie; übrigens sind beide später in reaktionäres bezw. kirchlich-orthodoxes Fahrwasser geraten. Der ihrem Kreise (der Berliner „Freien") angehörende, aber weit über sie hinausgehende Max Stirner ist als Vertreter eines extremen Individualismus ebenfalls später noch besonders zu betrachten.

3. Feuerbach.

C. *N. Starcke, L. Feuerbach*, 1885. W. Bolin, *L. Feuerbach, sein Wirken und seine Zeitgenossen*, 1891. *F. Jodl, L. Feuerbach* (Frommanns Klassiker der Philosophie XVII), 1904. Vgl. auch die kleine Schrift von *Fr. Engels, L. Feuerbach und der Ausgang der klassischen deutschen Philosophie* (mit Anhang von K. Marx), 1888. – Neuausgabe (Säkularausgabe) von Feuerbachs *Sämtlichen Werken* in 10 Bänden durch *W. Bolin* und *F. Jodl*, 1903 ff. Einen wertvollen Beitrag für Kenntnis seiner Persönlichkeit liefern die *Ausgewählten Briefe von und an Ludwig Feuerbach*, mit biographischer Einleitung herausgegeben von *W. Bolin*, 2 Bde., 1904.

a) *Leben und Schriften.* Ludwig Feuerbach, geb. 1804 zu Landshut als Sohn des berühmten Kriminalisten Anselm Feuerbach, Oheim des gleichnamigen Malers, zog sich nach kurzer Dozententätigkeit in Erlangen 1836 aufs Land zurück und starb, einsam und verlassen, in bedrängten Verhältnissen 1872. Seinen philosophischen Entwicklungsgang hat er selbst einmal in die Worte zusammengefaßt: Mein erster Gedanke war Gott, mein zweiter die Vernunft, mein dritter und letzter der Mensch. Seine lateinische Habilitationsschrift

Über die eine universale unendliche Vernunft (1828) atmet noch ganz den Geist Hegels, den er seinen „zweiten Vater“ nannte. Allein schon seine 1830 (anonym) erschienenen *Gedanken über Tod und Unsterblichkeit* haben mit dem Glauben an eine persönliche Unsterblichkeit gebrochen und predigen einen naturalistischen Pantheismus. Und seine *Geschichte der neueren Philosophie von Baco bis Spinoza* (1833), die den letzteren preist, wie noch mehr sein *Pierre Bayle* (1838) richten bereits scharfe Angriffe gegen die Theologie, bis endlich in seinem Hauptwerk *Das Wesen des Christentums* (1841) sein eigentlicher Standpunkt unverhüllt hervortrat.

b) *Religionsphilosophie.* Danach sind Philosophie, das Erzeugnis des Denkens, und Religion, das Erzeugnis des Gemüts, unvereinbar. Religion muß in Anthropologie aufgelöst werden. *Homo homini Deus est*, d.h. der Mensch erzeugt selbst den Begriff Gottes aus dem Bedürfnisse des eigenen Herzens, das die Schranken der Vernunft sprengt. Er erweitert in ihr sein eigenes Wesen, über das er nicht hinaus kann, ins Unendliche und stellt es sich dann als Gottheit gegenüber, um es zu verehren. Die Götter eines Volkes sind seine Ideale, die je nachdem das Höchste und Erhabenste oder auch das Unsinnigste und Verkehrteste enthalten. So ist auch im Christentum (unter dem F. nicht das „komfortable, epikureische“, durch Wissenschaft und Leben beeinflußte Christentum der modernen Welt, sondern das ursprüngliche, „klassische“ Christentum des Herzens versteht) die „Liebe Gottes“ im Grunde nur die unendliche Liebe des Menschen, die ihre höchste Bewährung im Leiden findet; und ebenso wird in Gott die vollendete Persönlichkeit, Weisheit, Würde und Stärke des Menschen gedacht. Im Vergleich mit der Fülle dieses Menschlich-Göttlichen fühlt sich natürlicherweise der Einzelmensch arm und elend, ohne zu bedenken, daß er damit nur seine eigenen Eigenschaften und Wünsche ins Unendliche gesteigert hat. Indem Feuerbach von diesem Gesichtspunkt aus alle wichtigeren christlichen Dogmen nacheinander durchgeht, will er keineswegs alle Religion negieren, sondern sie nur kritisieren, auf ihr wahres Wesen zurückzuführen. Ja, er will im Gegenteil „dem Gemeinen“, selbst dem Essen und Trinken, „ungemeine Bedeutung, dem Leben als solchem überhaupt religiöse Bedeutung abgewinnen“. „Heilig sei uns darum das Brot, heilig der Wein, aber auch heilig das Wasser! Amen.“ (Schluß des Hauptwerkes).

c) *Sensualismus.* In der Folge ging Feuerbach auf diesem Wege weiter fort zu einem erklärten Sensualismus. In seinen *Grundzügen der Philosophie der Zukunft* (1843) erklärt er: „Sonnenklar ist nur das Sinnliche; nur, wo Sinnlichkeit anfängt, hört aller Zweifel und Streit auf. Das Geheimnis des unmittelbaren Wissens ist die Sinnlichkeit.“ Freilich nicht die „pöbelhaften, rohen“, sondern die „gebildeten“ Sinne sind gemeint, die Augen nicht des Anatomen oder des Chemikers, sondern die des Philosophen! Den einzigen Gegenstand der Philosophie bildet der Mensch und „seine Basis“, die Natur; Universalwissenschaft ist die Anthropologie einschl. Physiologie. Indem Feuerbach nun dem Studium der letzteren immer eifriger sich widmet, gelangt er in einer begeisterten Besprechung (1850) einer Schrift Moleschotts (s. § 65) zu dem berüchtigten Satze: „Der Mensch ist, was er ißt", zu dessen gerechter Beurteilung man ihn im Zusammenhange lesen muß. Unmittelbar vorher gehen die Sätze: „Die Lehre von den Nahrungsmitteln ist von großer ethischer und politischer Bedeutung. Die Speisen werden zu Blut, das Blut zu Herz und Hirn, zu Gedanken- und Gesinnungsstoff. Menschliche Kost ist die Grundlage menschlicher Bildung und Gesittung. Wollt ihr das Volk bessern, so gebt ihm statt Deklamationen gegen die Sünde bessere Speisen." Völlig dem Materialismus, dem allerdings solche Sätze sehr nahe stehen, sich hinzugeben, hinderte Feuerbach, wie er auch selbst bekannt hat, sein Grundstandpunkt: das Ausgehen nicht von der Materie, sondern der unkorrigierbaren und unverlierbaren Empfindung.

d) *Ethik.* Dieser Sensualismus macht sich auch in seiner eudämonistischen Ethik geltend. Der wahre und ursprüngliche Grund des Wollens, also auch der Ethik, ist der Glückseligkeitstrieb. Sittlichkeit ohne Glückseligkeit ist ein Wort ohne Sinn; freilich nicht bloß die Glückseligkeit des Ich allein, sondern die des Ich und des Du. Der erste kategorische Imperativ ist die Stimme des Gefühls. Nicht Entsagung gebietet die Pflicht, sondern den Genuß. „Folge unverzagt deinen Neigungen und Trieben, aber allen: dann wirst du keinem einzigen zum Opfer fallen." Freilich oft genug – wie Feuerbach an sich selbst bitter genug erfahren hat – geht der Weg zu diesem Epikureismus des Genusses nur durch den Stoizismus der Arbeit und der Entsagung.

e) *Wirkung Feuerbachs.* Was Feuerbach fehlt, ist die Erkenntniskritik. Er bleibt dogmatisch und gefühlsmäßig auch da, wo er ganz naturalistisch auftritt. Trotzdem oder vielleicht gerade deshalb übte sein Hauptwerk zu Anfang der vierziger Jahre einen großen Einfluß auf die gesamte radikale Jugend. „Die Begeisterung war allgemein; wir waren alle momentan Feuerbachianer", schreibt Engels noch 1886. Aber das Revolutionsjahr 1848 mit seinen Folgen zerstreute bald die lose Gemeinde, die sich um den Einsiedler von Brucksberg (so hieß das Dorf im Ansbachischen, wo er lebte) gesammelt hatte. Als seinen Schüler kann man wohl nur den früh verstorbenen L. Knapp (1821-1858) bezeichnen, dessen *System der Rechtsphilosophie* (1857) die ziemlich unfertige, rein individualistische Ethik Feuerbachs durch das Prinzip der Gesellschaft und des Gattungsinteresses ergänzt und mit dem französischen und englischen Positivismus verbindet. Von späteren Denkern stehen ihm am nächsten W. Bolin (geb. 1835, in Helsingfors) und Friedrich Jodl (in Wien). Auch auf Gottfried Keller hat er eingewirkt.

Wichtiger sind die allgemeinen Nachwirkungen der Feuerbachschen Philosophie, die sich nach verschiedenen Seiten hin erstrecken: 1. Sein anthropozentrischer Individualismus wird übertrumpft durch den reinen Egoismus von Max Stirner (§ 75). 2. Sein sensualistischer Materialismus setzt sich in dem reinen Materialismus der 50er Jahre von Moleschott, Büchner u. a. (§ 65) fort. 3. Seine Umstülpung des Hegelianismus wird weitergeführt in dem „historischen Materialismus" von Marx-Engels (§ 74). Feuerbachs Hauptverdienst gegenüber der Hegelschen Spekulation, das ihn zum Urheber des deutschen Positivismus stempelt, besteht darin, daß er energisch die Losung ausgab: „Begnüge dich mit der gegebenen Welt!" Diese Forderung hatte, ungefähr zur selben Zeit und unabhängig von ihm, auch in den beiden großen westlichen Nachbarländern hervorragende Vertreter gefunden.

§ 63. B. Der Positivismus in Frankreich.

Über die französische Philosophie im 19. Jahrh. überhaupt vgl. *Ravaisson, La philos. en France au XIXe siècle*, 1867, 3. Aufl. deutsch von E. König, 1889. *Ferraz, Etudes sur la philos. en France au XIXe siècle*, 3 Bde., 1878-1887. Eine ausführliche Übersicht gibt der *Franzose Ruyssen in Ueberweg* IV, § 54-67.

1. Die französische Philosophie in der ersten Hälfte des 19. Jahrhunderts.

Ihre Entwicklung entspricht zum großen Teile den gleichzeitigen politischen Wandlungen Frankreichs. Der Philosophie der Revolutionszeit folgte schon unter dem Kaisertum, noch mehr unter der bourbonischen Restauration eine einschneidende Reaktion auf fast allen Gebieten des geistigen Lebens. Nachdem Chateaubriand bereits 1802 in seinem *Le génie du Christianisme* der neuen romantischen Zeitstimmung Ausdruck verliehen hatte, predigten de Maistre (1753-1821), der Begründer des modernen Ultramontanismus in Frankreich, und de Bonald (1754-1840), der Urheber des „Traditionalismus", d.h. der legitimistisch-konservativen Gesellschaftstheorie: Vernunft und Wissenschaft haben sich unfähig erwiesen, den Menschen zu leiten; deshalb zurück zum Glauben, zur Autorität, zum Papsttum! Auch Lamennais (1782-1854) war ein Vertreter dieser Richtung (*Versuch über die Gleichgültigkeit in Sachen der Religion*, Paris 1817 ff.), bis er durch seine kühnen *Paroles d'un croyant* (1834) mit der offiziellen Kirche in Streit und in demokratisches Fahrwasser geriet. Sein philosophisches Hauptwerk aus dieser zweiten Periode ist *Esquisse d'une philosophie* (1841-1846).

Dem liberalen Julikönigtum (1830-1848) entspricht auf philosophischem Gebiete ein eklektischer Spiritualismus, der in Victor Cousin (1792-1867) seinen bezeichnendsten Ausdruck fand. Seine psychologischen Ansichten verdankte dieser mehr nachempfindende als schöpferische Geist dem verdienten Neubegründer der französischen Psychologie Maine de Biran (1766-1824), welcher, die Untersuchungen der „Ideologen" (§ 24) vertiefend, durch Kant und Fichte angeregt, das unmittelbare Bewußtsein der Selbsttätigkeit und des Wollens zum Grundprinzip der Erkenntnis machte und darauf später auch ein metaphysisches System gründete; sodann dessen Anhänger Ampère (1775-1836), dem berühmten Physiker, der namentlich die Methode der „Beziehungen" pflegte. Mit deren Lehre verband Cousin die von Royer-Collard (1763-1843), liberalem Abgeordneten unter der Restauration, in Frankreich eingeführte Schottische Philosophie des gesunden Menschenverstandes, außerdem aber, namentlich in seinen Vorlesungen von 1828, den Schelling-Hegelschen absoluten Idealismus, den er jedoch später zugunsten eines seichten theologisierenden Cartesianismus wieder aufgab. Mehr Verdienste als durch diesen so zusammengestückelten spiritualistischen Eklektizismus hat sich Cousin durch zahlreiche von ihm und seiner Schule ausgeführte philosophiehistorische Arbeiten und Übersetzungen erworben. In der Ethik trat er gegen den Eudämonismus und Materialismus auf. Von seinen zahlreichen Büchern gilt als das wichtigste *Du Vrai, du Beau et du Bien* (1837, 12. Aufl. 1872). Als Leiter des philosophischen Unterrichts an der Pariser Ecole normale, als glänzender Schönredner und Stilist war Cousin unter der Regierung Louis Philipps sozusagen der philosophische Diktator Frankreichs; nach dem Sturze des „Bürgerkönigs" zog er sich aus dem öffentlichen Leben zurück und widmete sich allgemein-literarischen Arbeiten. Philosophisch nahe steht ihm der mannhaftere Jouffroy (1796-1842), der vor allem die Selbständigkeit der Psychologie gegenüber der Physiologie einer-, der metaphysischen Spekulation anderseits verteidigte.

2. Der Positivismus von Auguste Comte.

Littré, A. Comte et la philosophie positive, 1863, 3. Aufl. 1877. *J. St. Mill, A. Comte and Positivism*, 1865; deutsch 1874. *Lévy-Bruhl, Die Philosophie A. Comtes* (übersetzt von Molenaar), Leipzig 1902. *Mehlis, Die Geschichtsphilosophie A. Comtes*, 1909. Populär *W. Ostwald, A. Comte, Der Mann und sein Werk*, Lpz. 1914. Außerdem *F. Sebrecht, Über d. Geist d. Positivismus.* Lpz. 1915 (*Philos. Bibl.*). Das Hauptwerk ist der *Cours de philosophie positive*, 6 Bde., 1830 bis 1842, 6. Aufl. 1908 f. Eine deutsche Gesamtübersetzung des äußerst weitschweifigen Werkes existiert nicht, dagegen ein ausführlicher guter Auszug von J. Rig (Pseudonym), Paris 1881, ins Deutsche übersetzt von v. Kirchmann, 2 Bde., Lpz. 1883 f., mit Einleitung über Comtes Leben und Schriften.

Neben der herrschenden „offiziellen" Philosophie und dem Spiritualismus überhaupt geht jedoch von Anfang an eine starke Gegenströmung her, die sich in sozialer Beziehung im Saint-Simonismus (vgl. § 74), in allgemein-philosophischer in Comtes Positivismus äußerte. Während an der Ecole normale, die noch heute die Lehrer von Frankreichs höheren Schulen ausbildet, die spiritualistische und historische Metaphysik Cousins dominierte, kam an der polytechnischen Schule, an der u. a. auch der eigentliche Begründer und Systematiker der synthetischen

Geometrie, J. V. Poncelet (1788-1867) lehrte, eine neue „positive" Philosophie auf, welche die Ergebnisse der eifrig gepflegten Naturwissenschaften nicht bloß für Gewerbetreibende oder Spezialisten, sondern auch für die Philosophie und allgemeine Weltanschauung zu verwerten suchte. Ihr Hauptvertreter ist der bedeutendste französische Philosoph des 19. Jahrhunderts:

Auguste Comte (1798-1857).

Zu Montpellier als Glied einer streng katholischen Beamtenfamilie geboren, wurde Comte schon mit 18 Jahren Polytechnicien in Paris. Dort trat er dem bekannten Sozialisten Saint-Simon näher, von dem er neben dem sozialen Interesse vor allem die Ansicht von der Notwendigkeit einer neuen geistigen Gewalt an Stelle der mittelalterlichen Hierarchie in sich aufnahm. Nach etwa siebenjähriger Bekanntschaft trennten sich jedoch die Wege beider. Im Gegensatz zu dem Meister hielt es der Jünger für nötig, vor allem praktischen Vorgehen erst einmal ein umfassendes „organisches" Denkgebäude zu schaffen, das er dann in den 6 Bänden seines *Cours de philosophie positive* (1830-1842) vollendete, einem schwerfälligen und breiten, aber ernsten und gedankenvollen Werke. Ein offizieller Lehrstuhl blieb ihm „wegen der unmoralischen Falschheit seines mathematisierenden Materialismus" versagt. Selbst die bescheidene Stelle eines Repetitors der höheren Mathematik büßte er infolge seines Werkes wieder ein und blieb seitdem im wesentlichen auf die Unterstützung wohlhabender Freunde und Verehrer angewiesen. Dem theoretischen Werke folgt dann 1841-1854 in vier Bänden die Systematisierung der Gefühle und der auf diesen ruhenden praktischen Institutionen in seinem *Traité de sociologie, instituant la religion de l'humanité,* dem ein kurzer Auszug als *Catéchisme positiviste ou sommaire exposition de la religion universelle* (1852) folgte. Er fühlt sich jetzt (vgl. den letzten Titel) mehr und mehr nicht als Philosoph, sondern als Hohepriester einer neuen, mit einem förmlichen Kultus ausgestatteten (s. u.) „Menschheitsreligion", dabei seiner „cerebralen Hygiene" gemäß sich systematisch von allen fremden Eindrücken absperrend, bloß der Versenkung in die eigenen Gedanken lebend. Es bildeten sich einzelne „comtistische" Gemeinden in Frankreich, England, Schweden und Amerika. Für die Geschichte der Philosophie hat sein theoretischer Positivismus ungleich mehr Bedeutung.

A. Die positive Philosophie.

a) *Die drei Stadien.* Die menschliche Erkenntnis durchläuft nach Comte drei Stadien: das theologische, das metaphysische und das jetzt erst anbrechende positive. In dem ersten, dem theologischen, weiß der Mensch sich die ihn umgebende Welt nur durch das Walten persönlicher, übernatürlicher Wesen begreiflich zu machen. Entwicklungsstufen: Fetischismus, Polytheismus und Monotheismus. Der letztere bildet den Übergang zu dem zweiten, dem metaphysischen Stadium, welches die Welt der Erscheinungen auf abstrakte Ideen, Prinzipien oder Kräfte zurückführt, die schließlich in eine Urkraft, die „Natur" münden. Gleich der Theologie verspricht auch die Metaphysik eine absolute Erklärung der Dinge, nur daß sie an die Stelle der Phantasie den logischen Beweis zu setzen sucht. Dadurch zersetzt sie den theologischen Vorstellungskreis. An die Stelle der Autorität tritt jetzt die Zweifelsucht, der egoistische Individualismus auf religiösem, politischem und sozialem Gebiete. Comte hegt eine starke Abneigung gegen diese zweite, ihm rein negativ erscheinende Periode: selbst der Katholizismus ist ihm wegen seiner Geschlossenheit sympathischer als die inkonsequenten „Mittelformen" des Protestantismus, Deismus, Gallikanismus und Liberalismus. In der dritten, positiven oder wissenschaftlichen Periode dagegen, die Comte gegenwärtig anbrechen sieht, soll das einzige Kriterium die Übereinstimmung mit den Tatsachen, der einzige Glaubenssatz die von Baco, Descartes und Galilei angebahnte Unwandelbarkeit der Naturgesetze sein. Die positive Philosophie, die er verkündet, verzichtet auf einen absoluten Abschluß und in diesem Sinne auf „objektive Einheit" der Erkenntnis; sie begnügt sich mit der „subjektiven Einheit" der Methode. Sie weiß, daß sie nur Relationen, Gleichartigkeits- und Sukzessionsverhältnisse der Dinge feststellen kann. Sie ist eine Philosophie des Wirklichen, Sicheren, genau Bestimmbaren, Organischen und – Nützlichen. Denn sie lehrt auf die zukünftige Entwicklung schließen, *voir pour prévoir.*

b) *Die Hierarchie der Wissenschaften.* Die einzelnen Wissenschaften treten jedoch nicht gleichzeitig in das metaphysische oder positive Stadium ein, sondern in einer bestimmten Reihenfolge, die zugleich eine Entwicklungsreihe vom Einfachsten und Universellsten zu immer größerer Kompliziertheit und Spezialisierung bezeichnet und damit den Grund zu folgender Rangordnung abgibt: 1. Mathematik (innerhalb derselben: Arithmetik, Geometrie und Mechanik), 2. Astronomie, 3. Physik, 4. Chemie, 5. Biologie, 6. Soziologie. Diese sechs Gruppen, von denen eine jede wieder in bestimmte Unterabteilungen zerfällt, sind „irreduktibel" und gehen nicht ineinander über. Jede bildet, sowohl historisch wie methodisch, die Voraussetzung der folgenden. Die ersten sind mehr abstrakt und deduktiv (rein deduktiv soll selbst die Mathematik nicht sein), die letzteren mehr konkret und induktiv. Die psychologischen Erscheinungen werden teils der Biologie, teils der Soziologie zugewiesen. Letztere ist noch nicht in das positive Stadium getreten. Es zu bewirken, betrachtet Comte als seine Aufgabe.

c) *Die Soziologie.* Mehr als die Hälfte von Comtes Hauptwerk ist der Gesellschaftswissenschaft oder Soziologie, wie der seitdem viel gebrauchte, sprachlich wenig glückliche Name lautet, gewidmet. Nicht bloß das gesamte Gebiet der Nationalökonomie, sondern auch der größte Teil der Psychologie und die ganze Ethik und Geschichtsphilosophie fällt ihr zu. Der physikalischen und biologischen entspricht eine soziale Statik und Dynamik.

Jene untersucht die feststehenden Daseinsbedingungen der Gesellschaft, diese die Gesetze ihres Fortschritts. Ideen, Sitten, soziale Einrichtungen hängen eng miteinander zusammen. Die Geschichte der menschlichen Gesellschaft ist die Geschichte des menschlichen Geistes. Nur im sozialen Leben (Familie, Gesellschaft) vermögen sich die neben den egoistischen von vornherein bestehenden altruistischen Gefühle frei zu entfalten. Alle gedeihliche Entwicklung der Menschheit beruht auf dem Zusammenwirken beider, sowie auf dem weiteren von Gefühl und Intellekt, welch letzterer allmählich immer mehr der leitende Faktor wird. Dem theologischen, metaphysischen und positiven entspricht auf politisch-sozialem Gebiet das militärische, juristische und industrielle Stadium. Zwischen den Proletariern und den positiven Denkern besteht ein natürliches Einverständnis, beide streben dem gleichen sozialen Ziele zu: allen Gelegenheit zu geistiger Entwicklung und Recht auf Arbeit zu verschaffen. Der Gemeinschaftsgedanke (esprit d'ensemble) ist auch die Quelle des Pflichtbegriffs: *Vivre pour autrui! Vivre au grand jour!* Hingebung der Starken für die Schwachen, Verehrung der Schwachen für die Starken! So ist alles vorbereitet für Comtes

B. Religion der Humanität.
Nur daß wir in dieser späteren Periode einen merkwürdigen Umschwung der Methode wahrnehmen. Die Vernunft soll sich jetzt in den Dienst des Gefühls, des Herzens stellen, von ihm sich erleuchten lassen. Nur durch das Subjekt ist Einheitlichkeit der Auffassung möglich. Über die Wissenschaft geht unserem Positivisten jetzt die Kunst, hoch erhaben über Erkennen und Handeln ist das Gefühl. Alle sechs Wissenschaften (S. 574) sind nur die Vorbereitung auf die Haupt- oder Grundwissenschaft oder vielmehr die neue Religion, zu der Philosophie und Poesie sich verschmelzen müssen. Religion, als schlechthinniges Abhängigkeitsgefühl, kann nie verschwinden. Aber die neue, von Comte im *Catéchisme* und der *Politique positive* als das „positive Dogma" verkündete Religion der Humanität ist eine Religion ohne Gott! Alleiniger Gegenstand ihrer Verehrung ist vielmehr das Grand Être der Menschheit, d. i. der Inbegriff aller zukünftigen, gegenwärtigen und vergangenen Menschen, die für das Wohl der Gesamtheit gewirkt haben, wirken oder noch wirken werden.

In der Ausgestaltung dieser Menschheitsreligion wird nun unser Philosoph völlig zum Hohenpriester. Der positivistische Kalender setzt die Namen der Wohltäter der Menschheit fest, die verehrt werden sollen, während hemmende Persönlichkeiten (wie die Kaiser Napoleon I. und Julian) die „wohlverdiente periodische Geißelung" erleiden. Der einzuführende Kultus sieht u. a. 84 jährliche Feste, dreimalige tägliche Gebete (mit „Gedächtnis" und „Gefühlserguß") und neun Sakramente vor. Zu den letzteren gehört auch der Tod oder vielmehr die *transformation,* d. i. der Übergang von dem leiblichen Dasein zum Weiterleben in dem Andenken der Mitmenschen. Die Leitung von Kultus und Erziehung wird Priestern übertragen, die zugleich Philosophen, Dichter und Ärzte sind. Comtes „Soziokratie" ist offenbar ganz theokratisch geformt; sie ist, wie Huxley gesagt hat, „Katholizismus minus Christentum". So klingt denn nicht ganz unglaublich, was neuerdings behauptet wurde, daß der Philosoph ein halbes Jahr vor seinem Tode dem Jesuitengeneral Bekx ein Bündnis gegen Protestantismus, Deismus und Skeptizismus angeboten habe, das von diesem (der das ihm gesandte Exemplar von Comtes *Catéchisme* nicht einmal aufzuschneiden für der Mühe wert hielt!) natürlich abgelehnt wurde.

Mit Comtes Systematisierungs- und Reglementierungssucht verbinden sich anderseits sentimentale und mystische Züge. Wie der ganze Umschwung Comtes, seine „moralische Wiedergeburt" von ihm selbst dem „engelhaften Einfluß" einer von ihm vergötterten Frau (Clotilde de Vaux) zugeschrieben wird, so wird das weibliche Element besonders gepriesen und verehrt. Und von einer mystischen Rückkehr zu dem „ersten Stadium", der animistischen Auffassungsweise der Welt, kann man sprechen, wenn man liest, wie er jetzt neben dem *Grand Être* den Weltraum als das große Medium betrachtet, in dem sich die Erde, „der große Fetisch", gebildet habe, der seinerseits wiederum das „große Wesen" der Menschheit aus seinem Schoße hervorgehen ließ (ein Anklang an die kirchliche Dreieinigkeitslehre).

Zum Schluß noch ein Wort über die weltlichen Einrichtungen des Comtesschen Idealstaates. Die Gewalt gebührt den „Patriziern" oder „Hauptleuten der Industrie" (Bankiers, Fabrikanten und Grundbesitzern), die sie freilich nur zum Besten der Arbeiter und der Gesellschaft überhaupt ausüben sollen. Die Konzentration des Kapitals in den Händen weniger liegt im Interesse des Proletariats! Etwaigen Übergriffen der Patrizier sollen die Philosophen (Vernunft), Frauen (Gefühl) und Proletarier (Energie) vereint entgegenwirken, mit Hilfe der öffentlichen Meinung und durch eventuelle Verweigerung ihrer Mitwirkung (also Streik!). Übrigens setzt Comte für jeden Arbeiter eine Wohnung von sieben Zimmern als freies Eigentum und daneben noch einen Monatslohn von über 300 Francs fest. Von vielen anderen Phantastereien schweigen wir.

Comte prophezeite den Anbruch seines positivistischen Zukunftsstaates noch für das 19. Jahrhundert. Statt dessen haben sich gerade seine begabtesten Schüler, wie namentlich E. Littré (1801-1881), von ihm getrennt, als er immer mehr auf mystische Bahnen geriet. Seine Hauptbewunderer fand Comte in England. Doch verlief die Entwicklung des englischen Positivismus in anderen Bahnen.

§ 64. C. Der Positivismus in England.

H. Höffding, Einleitung in die englische Philosophie unserer Zeit, 1889. Außerdem vgl. *Ueberweg* IV, § 72 und die dort reichlich angegebene Literatur. Auch *F. Jodl, Gesch. d. Ethik* II, (2. Aufl. 1913) gibt gute Gesichtspunkte.

Auch in England tritt an der Schwelle des neuen Jahrhunderts der Kampf der alten und der neuen Ideen, der Aufklärung und der Romantik, des reinen Empirismus und des Idealismus auf, wenn auch nicht mit derselben Schärfe wie in Frankreich oder mit der gleichen theoretischen Tiefe wie in Deutschland. Die ältere Generation (Bentham und James Mill) steht der Humeschen Aufklärung, überhaupt dem 18. Jahrhundert näher, während Coleridge und Carlyle vom Geiste des deutschen Idealismus durchdrungen sind und John Stuart Mill eine Art Mittelstellung einnimmt, indem er, in den älteren Anschauungen herangewachsen, doch die Ideen der neuen Zeit bis zu einem gewissen Grade in sich aufnimmt und so einen neuen, eigenartigen Typ des Positivismus darstellt.

1. Der Utilitarismus (Nützlichkeitsphilosophie) und seine Gegner.

Leslie Stephen, The English Utilitarians, 1900. – *Bain, James Mill, a biography*, 1882. – *Hensel, Th. Carlyle* (Klass. d. Philos. XI), 1901.

a) Der Hauptvertreter der „Nützlichkeits"-Philosophie in England, Jeremias Bentham (1748-1832), ist eigentlich mehr Jurist und Philanthrop als Philosoph. Sein ethisches und rechtsphilosophisches Grundprinzip: größtmögliches Glück der größtmöglichen Zahl, beruht auf seinem, übrigens von Hutcheson und Hume übernommenen, Utilitätsprinzip, das ihm von vornherein feststeht. Ob eine Handlung nützlich ist, d.h. unser Glück fördert bezw. uns vor einem Übel bewahrt, hat die Erfahrung zu entscheiden. Es ist Torheit, von einer Tugend um der Tugend willen zu sprechen; in Wirklichkeit denkt jeder in erster Linie an sein eigenes Interesse. Aber es liegt in unserem „wohlverstandenen" Interesse, auch das Interesse des Nächsten zu berücksichtigen. Verträge müssen beobachtet werden. Menschenrechte existieren, weil und soweit es zum Vorteil der Gesellschaft gehört und die „Harmonie der wohlverstandenen Interessen" sie fordert. Tatsächlich kommt daher das Nützlichkeitsprinzip auf nichts anderes heraus, als „was das umfassendste und aufgeklärteste Wohlwollen erheischt".

In seiner *Introduction to the principles of Morals and Legislation* (1789) und der nach seinem Tode veröffentlichten *Deontology* (1834) versuchte er dies im einzelnen durchzuführen: in der Gesetzgebung nach dem Vorgang des liberalen italienischen Strafrechtslehrers Beccaria (1735-1796), der in seiner berühmten Abhandlung *Über Verbrechen und Strafen* (übers. von *M. Waldeck*, Lpz. 1870) als einer der ersten die Todesstrafe bekämpfte. Benthams Stärke besteht in der Definition und Klassifikation. Daß seine äußerliche Betrachtungsweise indes nicht über die „geschäftliche Seite des menschlichen Lebens" hinauskam, hat selbst sein Verehrer Stuart Mill zugestanden. Seine Ansichten erwarben sich in seinem Heimatlande zahlreiche Anhänger, ja in seinen letzten Lebensjahren sogar ein eigenes Organ in der *Westminster Review,* zu deren Hauptmitarbeitern die beiden *Mill* (Vater und Sohn) zählten.

b) James Mill (1773-1836) sucht der ethischen Theorie seines Freundes Bentham eine sichere psychologische Unterlage zu geben durch die in seiner *Analysis of the Phenomena of the Human Mind* (1829) vollzogene sorgfältige Weiterführung der Hartleyschen Assoziationspsychologie. Selbst die verwickeltsten Bewußtseinserscheinungen entstehen aus den einfachen, durch Berührung und Verbindung; so auch die moralischen Gefühle, deren Wert durch ihre psychologische Ableitung nicht beeinträchtigt wird. Noch schärfer als Bentham trat James Mill und der sich um ihn scharende Kreis für Aufklärung und einen entschiedenen politischen Liberalismus ein. Er ist der geistige Vater der Handels-, Vereins-, Gewerbe-, Religionsfreiheit, ebenso wie der, von Ricardo nationalökonomisch ausgeführten, manchesterlich-liberalen Staatsansicht.

c) Der Weltanschauung der „Benthamiten“ diametral gegenüber steht die romantische Persönlichkeits-Philosophie eines Coleridge und Carlyle. Coleridge (1772-1834), der unter dem Einfluß der deutschen Philosophie, besonders Schellings, von Humeschen Anschauungen abgekommen war, kämpft gegen den Voltairianismus auf der einen, die kirchliche Orthodoxie auf der anderen Seite und sucht, wie die Althegelianer, Philosophie und Christentum zu versöhnen; aber nicht auf dem Wege des nüchternen Verstandes, dem er vielmehr die tiefere Vernunft entgegenstellt, sondern indem er sich, ähnlich wie Jacobi, an Gefühl und Gemüt wendet. In noch viel höherem Grade tut dies sein jüngerer Zeitgenosse, der Schotte Thomas Carlyle (1795-1881), der durch seine machtvolle Predigt der Persönlichkeit von außerordentlicher Fruchtbarkeit für die englische Geistesentwicklung, ja auch über die Grenzen seines Volkes hinaus geworden ist. Durch seinen Kampf gegen die mechanische Weltanschauung, den Empirismus, Utilitarismus und Naturalismus (er selbst bekannte sich zu einem „natürlichen“ Supranaturalismus) wie durch sein Aufrollen der sozialen Frage und des sozialen Elends *(Past and Present* 1843) hat er die Herzen mächtig aufgerüttelt. Freilich ist damit eine starke Einseitigkeit verbunden, die ihn für die Würdigung der Gegenseite in der Regel völlig blind sein läßt, und durch seinen Heroenkultus möchte sich die soziale Frage kaum lösen lassen: es müßte denn sein, daß wir, wie er an einer Stelle sagt, „eine ganze Welt von Helden“ als Endziel erstrebten. Ein wie großer Schriftsteller Carlyle auch ist, als Philosoph im engeren Sinne kann er keinesfalls gelten; schon seine Schreibweise ist völlig unsystematisch, wie jeder weiß, der einen Blick in seine Schriften, besonders die eigenartigste derselben, den 1833 erschienenen *Sartor resartus,* getan hat.

John Stuart Mill (1806-1878).

Über sein Leben vgl. seine *Autobiography*, London 1873 (deutsch Stuttgart 1874) und seinen Briefwechsel mit Comte (Paris 1899). Ein zusammenfassendes Gesamtbild geben *A. Bain, J. St. Mill*, 1882 und *S. Sänger* (Frommanns Klass. d. Phil. XIV) 1901. Vgl. auch *H. Taine, Le positivisme anglais* (1869) und *F. A. Lange, J. St. Mills Ansichten über die soziale Frage*, 1866. Seine Werke sind in deutscher Übersetzung (von Th. Gomperz u. a., 12 Bde.) Lpz. 1869-1886 erschienen.

a) *Leben und Schriften.* John Stuart, der älteste Sohn von James Mill, 1806 in London geboren, erhielt durch seinen Vater eine höchst merkwürdige Erziehung. Schon mit dem dritten Jahre mußte das frühreife Kind – Griechisch und Arithmetik beginnen, mit sechs Jahren war er bereits ein kleiner Gelehrter, mit zehn Jahren hatte er die ganze Elementarmathematik erledigt und die Differentialrechnung in Angriff genommen, mit elf verschlang er physikalische und chemische Abhandlungen, im zwölften kannte er alle wichtigeren Schriftsteller des Altertums, schrieb eine Geschichte der römischen Regierungsgrundsätze und begann das Studium der Logik, als 13jähriger machte er einen vollständigen Kursus der Nationalökonomie durch. Nach einem Aufenthalt in Südfrankreich (1820/21) begann seine Selbstbildung. Er studierte Philosophie und Rechtswissenschaft, wurde eifriger Benthamit, gründete als 16jähriger eine utilitarische Gesellschaft, 19jährig einen „spekulativen Diskutierklub" und begann seine schriftstellerische Tätigkeit mit Artikeln in der *Westminster Review.* Von materiellen Sorgen ist er stets frei geblieben, indem er, wie schon sein Vater, 1823 eine sehr gut dotierte Stelle im India House als Beamter der Ostindischen Gesellschaft bekam, die ihm bei täglich nur dreistündiger Tätigkeit durchschnittlich 30 000 Mark Jahreseinnahme einbrachte; von einem Universitäts- oder Staatsamt schloß ihn seine unkirchliche Überzeugung aus. Um 1826 erfolgt eine Reaktion gegen seine bisherige übermäßige Verstandesausbildung in Gestalt einer körperlichen und geistigen Krisis, von der er sich durch die Poesie und das Kennenlernen neuer Anschauungen (Carlyle, Saint-Simonisten, Comte) erholte. So nahm er allmählich neue geistige Elemente neben dem Benthamismus in sich auf; 1840-1844 stand er stark unter dem Einflusse Comtes, während dessen spätere Wendung ins Mystische den Bruch zwischen beiden herbeiführte. Seit dem Erscheinen seines philosophischen Hauptwerkes *System der deduktiven und induktiven Logik* (1843, 9. Aufl. 1876, deutsch von *J. Schiel* 1849, 4. Aufl. 1877) und seiner *Grundsätze der politischen Ökonomie* (1848) ward er der unbestrittene Führer des englischen Positivismus und Radikalismus, den er kurze Zeit (1866-1868) auch als Mitglied des Parlaments vertrat. In den 50er Jahren übte seine Freundin und spätere Gattin, die geistvolle Frau Taylor († 1858), großen Einfluß auf seine Schriften, die von da an meist in populärwissenschaftlichen Abhandlungen bestehen: *Über die Freiheit* (1859), *Die Hörigkeit der Frau* (1861 verfaßt, 1869 veröffentlicht), *Repräsentativverfassung* (1861), *Utilitarismus* (1861), *Über die Religion* (aus seinem Nachlaß von seiner Stieftochter Helen Taylor 1874 herausgegeben), und sämtlich bei seinen Landsleuten außerordentlich große Verbreitung fanden. Er starb 1873 in Avignon, wo er die meisten Jahre seit dem Tode seiner Gattin, die dort begraben lag, zugebracht hatte.

Die wichtigste Leistung Mills ist ohne Frage seine

b) *Empirische Logik (Erkenntnislehre) und Methodologie.* Die einzige Quelle aller unserer Erkenntnis, selbst der mathematischen, ist die Erfahrung, die einzige erfolgreiche Methode sämtlicher Wissenschaften die Induktion. Selbst der Syllogismus ist nur eine versteckte Induktion. Mit dem Obersatz (z.B. alle Menschen sind sterblich) ist die Schlußfolgerung eigentlich schon vollzogen, der Schlußsatz (die sogen. conclusio) ist nur eine zusammenfassende Formel. Unsere „allgemeinen" Urteile, z.B. Definitionen, Axiome, Naturgesetze, sind nur abgekürzte Bezeichnungen einer Summe von besonderen Tatsachen durch eine Art Schnellschrift; selbst das Axiom von der Gleichförmigkeit im Gange der Natur. Das einzige allgemeingültige Gesetz ist das Kausalgesetz: daß jede Wirkung eine ihr voraufgehende Ursache hat. So ist es denn gerade die induktive Methode, die zu allgemeinen Urteilen führt – alle „deduktiven" Wissenschaften sind bloße Generalisationen aus der Erfahrung –, während die sogenannte Deduktion im Grunde nichts als eine Interpretation jener allgemeinen Urteile ist. [Mill vergißt hier, daß in jeder Induktion auch eine versteckte Deduktion liegt.] Unsere Schlußfolgerungen gehen stets vom Besonderen auf anderes Besondere, beruhend auf unseren Ideenassoziationen, wie uns die Psychologie, das notwendige Fundament der Logik, lehrt. Auch eine Untersuchung der Sprache ist für die Logik wertvoll und unentbehrlich: die ersten Kapitel der Millschen *Logik* enthalten daher eine „Theorie der Namen", eine Art philosophischer Grammatik. Indem die Logik bestimmt wird als „Wissenschaft von den Verstandesoperationen, die zur Schätzung des Beweises dienen", hat sie auch die Methoden der Erfahrungs-, insbesondere der Naturwissenschaft aufzustellen, durch welche bleibende und berechtigte Gedankenverbindungen von zufälligen und unberechtigten unterschieden werden können. Solcher Methoden unterscheidet Mill auf Grund der Geschichte der induktiven Wissenschaften, zu denen Comte, Herschel und Whewell[66] wertvolle Beiträge geliefert haben, vier: 1. die Methode der Übereinstimmung: Wenn zwei oder mehrere Fälle einer Naturerscheinung in einem einzigen Umstande übereinstimmen, so ist dieser Umstand die Ursache bezw. Wirkung derselben; 2. die Methode der Differenz: Wenn zwei verschiedene Fälle alle Umstände mit Ausnahme eines einzigen gemein haben, so bezeichnet dieser die Wirkung (Ursache) oder einen notwendigen Teil derselben; 3. die Methode der Rückstände (Reste): Zieht man von einer Naturerscheinung den Teil ab, der durch frühere Induktionen bekannt ist, so ist der Rest die Wirkung der bis dahin übersehenen oder unbekannten Vorbedingungen; 4. die Methode der sich begleitenden Veränderungen: Eine Naturerscheinung, die sich verändert, wenn eine andere sich in einer besonderen Weise verändert, ist entweder deren Ursache (Wirkung) oder doch durch irgendeinen Kausalzusammenhang mit ihr verknüpft. Die erste und die zweite Methode können auch miteinander kombiniert werden. [Diese Einteilung erinnert einigermaßen an die vom Vater des englischen Empirismus Baco von Verulam geübte Methode, vgl. I, S. 273 f.]

Wir wenden uns dem letzten (sechsten) Buche, der Logik der Geisteswissenschaften, zu. Auch die menschlichen Handlungen sind dem Kausalgesetze unterworfen. Man sollte nur den irreführenden Ausdruck der „Notwendigkeit" vermeiden, der einen in Wirklichkeit nicht vorhandenen Gegensatz zur „Freiheit" in sich schließt. Notwendigkeit im philosophischen Sinne bedeutet keinerlei geheimnisvollen, fatalistischen Zwang, sondern nur „die einfache Tatsache der Verursachung". Gewiß wird z.B. der Charakter eines Menschen durch die Umstände gebildet, aber „sein eigener Wunsch, ihn in einer besonderen Weise zu bilden, ist einer dieser Umstände", und zwar ein recht einflußreicher. Eine Wissenschaft von der menschlichen Natur ist also möglich und vorhanden, wenn auch ihre allgemeinen Sätze in der Regel nur „annähernde" Wahrheiten (Generalisationen) sein werden. Mill unterscheidet drei Geisteswissenschaften: Psychologie, Ethologie und Gesellschaftswissenschaft (Soziologie). In der ersteren schließt er sich der Assoziationslehre seines Vaters an. Die Ethologie oder Wissenschaft von der Bildung des Charakters leitet ihre speziellen Gesetze aus den „allgemeinen Gesetzen des Geistes" vermittelst der „allgemein anerkannten Methode der modernen Wissenschaft", d.h. deduktiv ab; immer vorausgesetzt, daß mit dieser apriorischen Deduktion die Berichtigung und Verbesserung durch Beobachtung und Erfahrung gleichen Schritt halten. Sie bildet die Vorbereitung zur praktischen Erziehungskunst. Die eben erst im Entstehen begriffene Sozialwissenschaft kann nun zwar ebensowenig mittels der experimentellen („chemischen") Methode der Praktiker wie mit der abstrakten („geometrischen") Methode der Benthamschen Interessentheorie, wohl aber mit der „konkret-deduktiven" Methode der Physik für ihren allgemeinen Teil, mit der „umgekehrt-deduktiven" oder historischen für ihre besonderen Anwendungen betrieben werden.

c) *Ethik und Religionsphilosophie.* Die Ethik ist nach Mill keine Wissenschaft, sondern, ebenso wie Politik und Ästhetik, eine Kunst („Logik der Praxis"). Im Gegensatz zur Wissenschaft, welche die Geschehnisse nach ihren Ursachen und Bedingungen untersucht, setzt sich die „Kunst" Zwecke, die sein sollen, prüft sie auf ihre Wünschbarkeit und Erreichbarkeit und verwandelt so die theoretischen Wahrheiten jener in praktische Regeln und Vorschriften. Ihr oberstes Prinzip ist zu entnehmen aus einer noch aufzustellenden Lehre von den Zwecken (Teleologie) oder „in der Sprache der deutschen Metaphysiker": Grundsätzen der praktischen Vernunft. So behandelt die Moral das Rechte, die Politik das Zweckmäßige, die Ästhetik das Schöne und Edle. Das letzte Prinzip der Teleologie der „Oberaufseher aller Zwecke" ist: Förderung des eigenen und fremden Glückes. Mill sucht das Utilitätsprinzip Benthams und James Mills tiefer zu begründen. Die letzte Sanktion aller Moralität beruht auf unserem natürlichen Glücksgefühl, wobei selbstverständlich die reichste Erfahrung und das gereifteste Bewußtsein maßgebend sind, sodaß die rein geistigen und sozialen Gefühle den Vorzug vor den bloß sinnlichen Genüssen erhalten. Wie Mills Stärke überhaupt mehr auf dem Gebiete der Anwendungen als der Prinzipien liegt, so auch auf dem Felde der Ethik, wovon die verschiedenen, oben angeführten politisch-sozialen Schriften zeugen. Er bleibt zwar im innersten Grunde seines Herzens begeisterter Individualist, wie namentlich seine berühmte Abhandlung *On liberty* beweist, aber er verschließt sich der Einsicht in die unsittlichen Konsequenzen des reinen Manchestertums mit jeder Auflage seiner *Grundsätze der politischen Ökonomie* weniger. Das Individuum ist der Gesellschaft für seine Handlungen von da ab verantwortlich, wo sie die Interessen zweiter Personen beeinträchtigen. Er erstrebt einen, freilich methodisch nicht von ihm begründeten, Ausgleich zwischen Individualismus und Sozialismus. Und der Mann, der sich bis zu seinem Tode als echten Jünger von Adam Smith und Ricardo bezeichnete, kommt im Verfolg dieser Entwicklung zu dem Ausspruch: „Wenn man wählen müßte zwischen dem Kommunismus mit allen seinen Chancen und dem gegenwärtigen Gesellschaftszustande mit allen seinen Leiden und Ungerechtigkeiten; wenn die Einrichtung des Privateigentums es als notwendige Folge mit sich brächte, daß das Ergebnis der Arbeit so sich verteile, wie wir es jetzt sehen, fast im umgekehrten Verhältnis zur Arbeit… so würden alle Bedenklichkeiten des Kommunismus, große und kleine, nur wie Spreu in der Waagschale wiegen."

Eine ähnliche Fortentwicklung, wie die politisch sozialen Ansichten unseres Denkers, haben auch seine religiösen Anschauungen in seinen späteren Lebensjahren durchgemacht. Wie die erst aus seinem Nachlaß veröffentlichten Essays: *Natur, Nutzen der Religion, Theismus* (die ersteren zwischen 1850-1858, die dritte 1868-1870 verfaßt) zum Erstaunen von Freund und Feind offenbarten, war der radikale Freidenker doch dazu gelangt, die Religion als Kulturproblem wie als psychologisches Bedürfnis anzuerkennen. Die erste Abhandlung kommt zu dem Schluß, daß die „Natur", als Ganzes genommen, keineswegs das Wohl fühlender Wesen zu ihrem einzigen oder auch nur Hauptzwecke gehabt haben kann, daß wir vielmehr, im Bunde mit den „wohlwollenden Kräften" der Natur, unser Bestes dazu tun müssen. In ähnlicher Weise hält die zweite Schrift von allen positiven Religionen diejenige für die förderlichste, welche den tugendhaften Menschen als einen Mitkämpfer des Höchsten (als Prinzips des Guten) in seinem beständigen Kampfe gegen das Schlechte betrachtet. Einen vollgültigen, ja besseren Ersatz sieht er indes in der Idealisierung des irdischen Lebens und der „Pflege einer hohen Vorstellung dessen, was daraus gemacht werden könnte". Ewige Fortdauer des individuellen Daseins dünkt ihm ein bedrückenderer Gedanke als dessen Vernichtung. Das Ergebnis der dritten, der „Religion“ am weitesten entgegenkommenden, übrigens nicht ausgefeilten Abhandlung besteht in einem skeptischen Verhalten sowohl dem Glauben als dem völligen Atheismus und Agnostizismus gegenüber. Für möglich hält Mill das Dasein eines intelligenten, mächtigen und gütigen, jedoch nicht allmächtigen und allgütigen Wesens, das unserer freiwilligen Mitwirkung zur Erfüllung seines Zwecks, des Sieges des Guten, vielleicht bedarf. Auch die Vorstellung eines sittlich-vollkommenen Menschen (Christus), selbst wenn sie geschichtlich nicht völlig beglaubigt wäre, hält unser „rationaler Skeptiker“, wie er sich selbst nennt, für ethisch wertvoll.

d) *Einfluß Mills.* In den 40er und 50er Jahren war Mills Einfluß in England und darüber hinaus – z.B. auf die Franzosen Taine und Ribot – sehr bedeutend. Zu seinen englischen Freunden und Anhängern gehören der Jurist Austin (1790-1859), der Historiker G. Grote (1794-1871), der auch von Kant beeinflußte Whewell (1794-1866), der nicht bloß eine Geschichte, sondern auch eine Philosophie der induktiven Wissenschaften geschrieben hat, und besonders der Psychologe Alexander Bain (1818-1903), von dem mehrere tüchtige Monographien über die Führer der utilitarischen Schule wie über die Beziehungen zwischen Geist und Körper, Sinnen und Intellekt, Willen und Gefühl herrühren und 1876 die Vierteljahrsschrift *Mind* begründet wurde. Auch der Ethiker Sidgwick (1838-1900) ist von Mill und Whewell ausgegangen, später jedoch auch von Kant und Butler nachhaltig beeinflußt worden, sodaß er sich in seinen *Methods of Ethics* (deutsch von C. Bauer, Leipzig 1909) als „Utilitarier auf intuitionaler Basis“ bezeichnet, der eine Verbindung von Nützlichkeits- und Gewissensethik herzustellen sucht. Mehr von Comte und Spencer abhängig war der Philosophiehistoriker Lewes (1817-1878). Seit dem 7. Jahrzehnt des 19. Jahrhunderts wurde die Millsche Anschauungsweise allmählich von anderen Gedankenrichtungen: im allgemeinen geistigen Leben von Carlyle und dem Ästhetiker Ruskin, in der Philosophie vom Pessimismus (Schopenhauer), Sozialismus (Marx) und vor allem der Entwicklungsphilosophie (Darwin, Spencer) überflügelt und in den Hintergrund gedrängt.

Unsere Darstellung muß jedoch nunmehr die Geschichte der deutschen Philosophie da wieder aufnehmen, wo wir sie verließen.

Kapitel XXI.
Materialismus und Spiritualismus.

§ 65. Der naturwissenschaftliche Materialismus der 1850er Jahre.

1. *Der Aufschwung der Naturwissenschaften in Deutschland um 1850.* Mit dem Fehlschlagen der idealistischen Bestrebungen auf dem Gebiete der Philosophie und Politik (1848-1849), und noch mehr mit der rapiden Entwicklung der Technik und materiellen Kultur überhaupt hing der riesenhafte Aufschwung zusammen, den die naturwissenschaftlichen Studien in Deutschland gegen Mitte des 19. Jahrhunderts nahmen: während bis dahin die vorzugsweise poetischen, religiösen und spekulativen Interessen der Romantik dem Zeitgeiste das Gepräge gegeben hatten. Etwa seit 1840 beginnen die Naturforscher, ernüchtert und abgestoßen von den Spekulationen der Schelling-Hegelschen Naturphilosophie, in dem Leben der Natur etwas anderes als Offenbarungen göttlicher Ideen oder Formenspiele zu sehen. 1839 erkennen Schwanns *Mikroskopische Untersuchungen* die Zelle als das Elementarorgan des pflanzlichen und tierischen Organismus, 1844 heben Liebigs *Chemische Briefe* die chemischen Grundlagen der Pflanzen- und Tierphysiologie hervor, 1845 wendet sich mit Schleiden die Physiologie gegen die Annahme einer besonderen Lebenskraft. In dem nämlichen Jahre endlich verkündet, nachdem schon der große englische Physiker Michael Faraday auf die Wechselwirkung und schließliche Einheit der Naturkräfte hingewiesen, der schwäbische Arzt und Naturforscher Robert Mayer das einige Jahre zuvor von ihm entdeckte große Gesetz von der Erhaltung der Kraft, welches er zunächst aus der Beobachtung geschöpft hatte, daß Bewegung in Wärme übergeht. Mit diesem Gesetze, das ungefähr gleichzeitig von dem Engländer Joule, dem Dänen Colding (1846) und dem Deutschen Helmholtz (1821-1894, *Über die Erhaltung der Kraft* 1847) selbständig formuliert wurde, kehrte die moderne Naturwissenschaft wieder zu den gesunden Prinzipien zurück, die ihr ihre großen Begründer im 17. Jahrhundert gegeben hatten. Insbesondere in der Physik Faradays gelangt die experimentale Methode Galileis und zugleich das methodische Ideal Descartes' zur Reife. „Größe und Richtung: das sind die Materialien, aus denen er seine Welt errichtet." Die materiellen Atome werden in Bewegungen, Kraftzentren und schwingende Kraftlinien aufgelöst, und „von Faradays Kraftzentren führt ein gerader Weg zu Thompsons Wirbelatomen und zur modernen Elektronentheorie" (O. Buek).

Während nun die Mehrzahl der eben genannten Denker mit der neuen Naturansicht ausdrücklich einen religiösen Standpunkt verband, Helmholtz wenigstens eine erkenntnistheoretische Haltung einnahm, waren die glänzenden Errungenschaften der neuen Naturwissenschaft für eine andere Richtung begeisterter Forscher das Signal zu einer Erneuerung des Materialismus.

Die Gedanken eines La Mettrie und Holbach kehren in verändertem, übrigens keineswegs verfeinertem Gewande wieder: die kraftbegabte Materie wird wiederum zur Basis der gesamten Weltanschauung gemacht. Es sind hauptsächlich vier Männer, die diesen naturwissenschaftlichen Materialismus – und zwar sämtlich zuerst in der ersten Hälfte der 50er Jahre – gepredigt haben: Moleschott, Vogt, Büchner und Czolbe.

2. Der erste entschiedene Materialist in Deutschland ist Jakob Moleschott, 1822 in Holland geboren, Dozent in Heidelberg, von dort infolge seines Atheismus entfernt, später Professor in Zürich, Turin und Rom, wo er 1893 starb. (Vgl. seine Selbstbiographie: *Für meine Freunde,* Gießen 1895). Er legt in seinem berühmt gewordenen Buche: *Der Kreislauf des Lebens* (1852, 5. Aufl. 1876) den Gedanken von der Erhaltung der Kraft im Kreislaufe der Natur in rein stofflichem Sinne aus. Wenn der Bergmann im Schweiße seines Antlitzes phosphorsauren Kalk aus der Erde holt, der Bauer mit ihm seinen Weizen düngt, so denkt er nicht daran, daß er damit nicht bloß den Körper, sondern am letzten Ende auch das Gehirn des Menschen nährt. „Ohne Phosphor kein Gedanke!" Mit dem Stoffe ist das Leben, mit dem Leben das Denken, mit dem Denken der Wille, das Leben besser und glücklicher zu machen, verbunden. Vermögen wir daher unserem Gehirn die besten Stoffe zuzuführen, so werden auch Denken und Wollen ihre höchste Entwicklung erreichen, und wird die soziale Frage ihre Lösung finden. Der Mensch ist die Summe von Eltern und Amme, Ort und Zeit, Luft und Wetter, Schall und Licht, Kost und Kleidung, kurz durch äußere Einflüsse durchaus bedingt. Die Naturforschung ist daher der Prometheus unserer Zeit, die Chemie die höchste Wissenschaft. Gegen Ende seines Lebens hat Moleschott übrigens betont, daß er, da der Stoff nie ohne Kraft (Geist) zu denken sei, eigentlich eine „unteilbare Zweieinigkeit", also Monismus, nicht Materialismus lehre.

3. Zu einem heftigen Zusammenstoß der neuen mit der älteren Denkweise kam es auf der Naturforscherversammlung zu Göttingen (1854) zwischen dem Göttinger Physiologen Rudolf Wagner (1805-1864) und dem Genfer Zoologen Karl Vogt (geb. 1817 in Gießen, 1847 Professor daselbst, 1849 „Reichsregent", 1852-1895 Professor in Genf). Wagner hatte in seinem Vortrag *Menschenschöpfung und Seelensubstanz* behauptet, daß bezüglich der Entstehung des Menschengeschlechtes die jüngsten Ergebnisse der Naturwissenschaft ganz wohl mit dem biblischen Berichte (Abstammung von einem Paare) vereinbar seien, und in einer in demselben Jahre erschienenen Schrift die Seele als eine Art ätherische Substanz dargestellt, die, nach dem Tode des Menschen in einen anderen Weltraum entrückt, einst von dort zurückkehren und mit einem neuen Körper ausgestattet werden könne. In Sachen des Glaubens liebe er den „schlichten, einfachen Köhlerglauben" am meisten. Hiergegen wandte sich Vogt in einer äußerst derben Streitschrift: *Köhlerglaube und Wissenschaft* (1855), die in kurzer Zeit vier Auflagen erlebte und sich zu dem Satze verstieg, daß, „um es einigermaßen grob auszudrücken, die Gedanken et-

wa in demselben Verhältnis zum Gehirn stehen, wie die Galle zu der Leber oder der Urin zu den Nieren". Der Ursprung des Menschen ist ein vielfältiger, es gibt weder persönliche Unsterblichkeit noch eine Seelensubstanz; der Mensch unterscheidet sich seiner Natur nach in nichts von dem Tiere. An Stelle der „sittlichen Weltordnung", die „auf dem Beben vor einer unsichtbaren Ferne beruht", will Vogt die Erkenntnis setzen, daß „kein Mensch einen Anspruch für sich erheben dürfe, den er nicht seinen Mitmenschen im vollsten Maße gestatten will". [Ist das nicht auch eine Art sittlicher Weltordnung?] Das Verbrechen sei als Krankheit aufzufassen u.a.m. In strengerer wissenschaftlicher Form stellte er seine Lehre später in den *Vorlesungen über den Menschen* (Gießen 1863) und anderen Schriften dar. Wie das Bewußtsein aus den Gehirnzellen entstehe, hält übrigens auch Vogt für unerklärbar.

4. Wie Moleschott und Vogt, so mußte auch des letzteren Landsmann Louis Büchner (in Darmstadt, 1824-1899) die in Tübingen begonnene akademische Laufbahn aufgeben, als er sich in seinem Hauptwerk *Kraft und Stoff* (1854) offen zum Materialismus bekannte. Büchner ist mehr Popularisator und Verbreiter dieser Anschauung als selbständiger Forscher gewesen. Kraft und Stoff, erklärt er im Anschluß an Moleschott, bilden beide zusammen von Ewigkeit her und in alle Ewigkeit hin diejenige Summe von Erscheinungen, welche wir Welt nennen. Alle Natur- und geistigen Kräfte „wohnen" in der Materie. Wie durch die Dampfmaschine Bewegung, so wird durch die Maschine des tierischen Organismus eine „Gesamtsumme gewisser Effekte" erzeugt, die wir Geist, Seele, Gedanke nennen. Die psychische Tätigkeit ist nichts anderes als die zwischen den Zellen der grauen Hirnrinde geschehende „Ausstrahlung einer von äußeren Eindrücken geleiteten Bewegung". Doch gestand er später zu, daß Kraft und Stoff „vielleicht nur zwei verschiedene Seiten desselben Urgrundes aller Dinge darstellen", und daß sie, trotz ihrer Unzertrennlichkeit, „begrifflich" sehr weit auseinander liegen, ja „in gewissem Sinne einander geradezu negieren". Die letzten Rätsel des Lebens bekennt auch er nicht lösen zu können; man dürfe die Schranken der Erfahrung nicht überschreiten.

Büchner hat bis zu seinem 1899 erfolgten Tode noch eine große Reihe anderer Schriften derselben Tendenz geschrieben; keine jedoch hat den Erfolg seines ersten Werkes, das 1877 in 12., 1904 in 21. Auflage erschien, auch nur entfernt erreicht. Er will ausdrücklich für das große Publikum der „Gebildeten" schreiben. „Philosophische Ausführungen, die nicht von jedem Gebildeten begriffen werden können, verdienen nicht die daran gewandte Druckerschwärze." Neben gesunden naturwissenschaftlichen Anschauungen findet man bei ihm viel Oberflächliches. In praxi bleibt er übrigens, wie die meisten dieser „Materialisten", ein idealistischer Schwärmer für das Wahre, Humane und Schöne; für die Begründung einer Ethik dagegen hat er nie eine Spur von Verständnis gezeigt, beinahe ebensowenig für die soziale Frage.

5. Philosophisch bedeutender ist H. Czolbe (Arzt in Königsberg, 1819-1873), auf den F. A. Lange zuerst weitere Kreise aufmerksam gemacht hat. Durch den

Pantheismus (Hölderlin, Strauß, Bruno Bauer, Feuerbach) hindurchgegangen, will er in seiner *Neuen Darstellung des Sensualismus* (1855) den Materialismus, d.h. nach ihm „die Erklärbarkeit aller Dinge auf natürliche Weise" folgerichtiger als Feuerbach, Vogt und Moleschott begründen. Diese befänden sich im Grunde noch immer auf dem Boden der von ihnen angefeindeten spekulativen Philosophie; Czolbe schließt das Übersinnliche von vornherein aus. Doch beruht auch sein Grundprinzip der sinnlichen Anschaulicheit des Denkens, das Festhalten an der „Wirklichkeit" gegenüber dem „Blödsinn der Transzendenz" am letzten Ende auf einem übersinnlichen Moment, nämlich dem Bedürfnis nach „Einheit und Harmonie unseres ganzen bewußten Lebens". Eine spätere Schrift Czolbes: *Die Grenzen und der Ursprung der menschlichen Erkenntnis* (1865), gesteht zu, daß die Welt nicht aus einem Prinzip allein – sei es nun die Materie Büchners oder der „Geist" der spekulativen Philosophie oder der Gott der Theologen – erklärt werden könne, sondern aus mehreren, nicht weiter abzuleitenden Grundbestandteilen: den materiellen Atomen, den organischen Grundkräften und den psychischen Elementen, deren harmonisches Zusammenwirken in einer Art Weltseele einen zweckmäßigen Naturzusammenhang ermögliche. Der letzte Zweck der Welt besteht in dem „durch die möglichste Vollkommenheit bedingten Glück jedes fühlenden Wesens".

6. *Spätere Anhänger des Materialismus und verwandte Richtungen.* Von dem Materialismus Ueberwegs, der in Königsberg mit Czolbe verkehrte, ist schon S. 551 die Rede gewesen. In populären Schriften ist der reine Materialismus bis heute noch oft verkündet worden; in der philosophischen Literatur erhielt die Bewegung einen gewissen Abschluß durch das allerdings an weiteste Kreise sich wendende Bekenntnis des alten D. Fr. Strauß: *Der alte und der neue Glaube* (1872), das beinahe ebensoviel Aufsehen machte als einst sein *Leben Jesu*, jetzt aber fast vergessen ist (11. Aufl. 1881, 14. und letzte Aufl. 1895, „Volksausgabe" 1904). Übrigens gehört genau genommen nur der dritte Abschnitt: *Wie begreifen wir die Welt?* in diesen Zusammenhang, während die drei übrigen (1. *Sind wir noch Christen?* 2. *Haben wir noch Religion?* 4. *Wie ordnen wir unser Leben?*) im wesentlichen nur religiöse, ethische und soziale Kritik enthalten. Die letztere ist sehr schwach, wie denn überhaupt fast sämtliche bloß naturwissenschaftliche Materialisten für die Bedeutung der sozialen Frage auffallend wenig Verständnis verraten. Seit Strauß hat der entschiedene Materialismus keinen namhaften philosophischen Vertreter mehr gehabt. Denn E. Haeckel, den manche vielleicht als solchen ansehen, gehört, wenn überhaupt zur Philosophie, zur monistischen Entwicklungsphilosophie, die uns weiter unten (§ 67 f.) beschäftigen wird. Der historische und ökonomische Materialismus aber steht auf einem ganz anderen Blatte. Andere neuere Systeme, wie Dührings „Wirklichkeitsphilosophie" oder Avenarius' „Philosophie der reinen Erfahrung", zeigen zwar materialistischen Einschlag, können jedoch nicht ohne weiteres hierher gezogen werden (s. § 77).

Als nächster und heftigster, wenngleich nicht stärkster Gegner der materialistischen Zeitrichtung erhob sich die ihr diametral entgegengesetzte Weltanschauung: der Spiritualismus der spekulativen bezw. theologisierenden Philosophie.

§ 66. Spiritualismus und theologisierende Philosophie.

1. Der spekulative Theismus. Natürlich rief der pantheistische oder atheistische Radikalismus der Junghegelianer und der mit ihm sich verbindende Materialismus der Naturforscher die Verteidiger des Alten in die Schranken. Neben der immer bedeutungsloser werdenden Hegelschen „Rechten" übernahmen den Kampf in erster Linie eine Reihe Männer, sämtlich Professoren der Philosophie oder Theologie, die sich mehr an Schelling als an Hegel anschlossen und von der Annahme eines persönlichen Gottes als Grundvoraussetzung ausgingen. Sie suchten die Philosophie zu christianisieren, die Theologie spekulativ durchzubilden. Ihre Anschauungen bezeichneten sie als spekulativen Theismus. Ihren Sammelpunkt fanden sie in der 1837 von dem jüngeren Fichte gegründeten *Zeitschrift für Philosophie und spekulative Theologie*, die 1847 den Titel *Zeitschrift für Philosophie und philosophische Kritik* annahm, unter dem sie noch gegenwärtig erscheint, bis 1901 unter der Redaktion von R. Falckenberg (Erlangen), 1901-1907 von Busse, seitdem von Herm. Schwarz (Greifswald), nach ihrem heutigen Programm „den idealistischen und metaphysikfreundlichen Bestrebungen jeder Schattierung dienend". Die philosophischen Hauptvertreter der sogenannten „Theistenschule" waren, außer dem eben erwähnten I. H. Fichte (1796-1879) in Tübingen, Christian Hermann Weiße (1801-1866) in Leipzig, Ulrici (1806-1884) in Halle, langjähriger Mitredakteur der Fichteschen *Zeitschrift*, Chalybäus (1796-1862) in Kiel, F. Harms (1819-1880) in Berlin. Auch der Ästhetiker Moritz Carrière (1817-1895) in München stand ihr nahe. Der bedeutendste unter ihnen war wohl Weiße, dessen *System der Ästhetik* besonders gerühmt wird, und der auch Lotzes Denken beeinflußt hat; zu seinen Schülern zählte u. a. der Leipziger Religionsphilosoph R. Seydel (1835-1892).
2. Von katholischer Seite näherten sich dieser Richtung eine Reihe philosophisch gerichteter Geister, wie Bolzano (1781-1848) in Prag, der, 1820 wegen seines Rationalismus von seinen Oberen des Lehramtes entsetzt, die meisten seiner zahlreichen Schriften unter fremdem Namen herausgeben mußte und neuerdings als Mathematiker (*Paradoxien des Unendlichen*, 1850) wie als Logiker (*Wissenschaftslehre*, 1837, neu herausgegeben von A. Höfler, Lpz. 1914/15) wieder mehr zur Geltung kommt,[67] während sein Gesinnungsgenosse Hermes (in Bonn, 1775-1831) mehr der Geschichte der Theologie als der Philosophie angehört; ferner der Münchener Jurist Wilhelm Rosenkrantz (1821-1874, nicht zu verwechseln mit dem S. 567 genannten Hegelianer Karl

Rosenkranz) und der auch als Sozialphilosoph und Führer des Altkatholizismus bekannte Johannes Huber (1830-1879) in München. Der Österreicher Anton Günther (1783-1863) bildete, um seinen Theismus zu begründen, einen eigentümlichen Dualismus zwischen Natur und Geist, Gott und Welt aus. Für die Natur soll das Schelling-Hegelsche Entwicklungsprinzip gelten, nicht aber für den nur zufällig im Menschen mit ihr verbundenen Geist. Die Welt ist die Objektivierung des göttlichen Weltgedankens. Aber dieser Spiritualismus, den Günther in zahlreichen, meist sarkastisch und aphoristisch gehaltenen Schriften darlegte, war der römischen Kirche nicht kirchlich genug. Nach mehrjährigen Verhandlungen mit der Index-Kongregation mußte der 74jährige Greis seiner Lehre als ketzerisch abschwören; er starb in Dürftigkeit als Weltpriester zu Wien. Gleichwohl erwarb er sich eine zahlreiche und begeisterte Anhängerschaft unter den freier denkenden katholischen Gelehrten, die dann 1871 meist in das Lager des Altkatholizismus übergingen: darunter sein Herausgeber und Biograph P. Knoodt (1811-1889 in Bonn) und der altkatholische Bischof Th. Weber (1836-1906), dessen Standpunkt schon durch den Titel seines Hauptwerks *(Metaphysik, eine wissenschaftliche Begründung der Ontologie des positiven Christentums,* Gotha 1888-1891) gekennzeichnet wird.

3. Wir wollen bei dieser Gelegenheit gleich die seitdem eingetretene Rückkehr der katholischen Neuscholastik zu Thomas von Aquino (Neu-Thomismus) mit berücksichtigen. Während bis zum Vatikanischen Konzil die soeben charakterisierte freiere Richtung unter den katholischen Theologen und Philosophen Deutschlands vorherrschte, wurde sie mit dem Altkatholizismus aus der römischen Kirche herausgedrängt. Den Zurückgebliebenen gab eine neue Direktive die Enzyklika Papst Leos XIII., vom 4. August 1879, die zur Wiederbelebung und weitesten Verbreitung der Lehre des Dr. Angelicus aufforderte: sie sei am besten geeignet, die moderne Philosophie mit ihren Irrtümern zu widerlegen; ihr könnten dann die „gesicherten“ Ergebnisse der neueren Wissenschaft eingegliedert werden. Diesem Appell haben denn auch die Dozenten der katholischen Lehranstalten mit löblicher Bereitwilligkeit Folge geleistet. Seit 1887 bezw. 1888 wirken allein drei deutsche Zeitschriften in diesem Sinne: das *Jahrbuch für Philosophie und spekulative Theologie,* herausgegeben von Commer (Wien), der von Papst Pius X. wegen seiner „Widerlegung“ des freier gerichteten Würzburger Professors Schell (1850-1906, *Der Katholizismus als Prinzip des Fortschritts* 7. Aufl. 1899) ein öffentliches Lobschreiben erhielt; das *Philosophische Jahrbuch* von Gutberlet (Fulda), Chr. Schreiber und Pohle; endlich die populären Charakter tragenden *St. Thomas-Blätter* von C. M. Schneider. Von auswärtigen sei als die bedeutendste die seit 1893 in Belgien erscheinende *Revue néoscolastique* (Mitarbeiter u. a. der Mechelner Erzbischof D. Mercier) erwähnt. O. Willmann (Professor in Prag, jetzt a. D. in Salzburg), der greise Führer dieser Richtung, ist schon S. 548 und I. S. 168 genannt worden. Von selbständigem philosophischen Denken kann natürlich,

wo eine kirchliche Autorität die unüberschreitbare Schranke bildet, nur in bedingter Weise die Rede sein. Doch haben mehrere katholische Gelehrte, wie namentlich Clemens Bäumker (geb. 1853) und der schließlich bayrischer Ministerpräsident und deutscher Reichskanzler gewordene G. v. Hertling (1843-1918), tüchtige Arbeiten zur Geschichte der Scholastik geliefert; auf dem Gebiete der Moralphilosophie haben sich die Jesuiten Chr. Pesch (geb. 1853) und V. Cathrein (geb. 1845, *Moralphilosophie,* 2 Bde., 1300 Seiten, 5. Aufl. 1911) außerdem Jos. Mausbach (Münster, *Die katholische Moral und ihre Gegner,* 4. Aufl. 1913) in weiteren Kreisen bekannt gemacht, während J. Geyser (Münster) ein *Lehrbuch der allgemeinen Psychologie* (2. Aufl. 1913) und *Grundlagen der Logik* (1909) schrieb. Gegen das konsequentere System des Jesuitismus vermag der „Reformkatholizismus" oder, wie man gegenwärtig sagt, der „Modernismus" auch heute noch nicht aufzukommen.

4. Zu den Vertretern des Spiritualismus ist schließlich auch Adolf Trendelenburg (1802-1872, von 1833 bis an seinen Tod Professor in Berlin, lange in einflußreicher Stellung) zu zählen, der gegenüber Hegels Dialektik und Herbarts Realismus an Aristoteles' „organische" Weltanschauung wieder anknüpfte. Als organisches Weltprinzip nimmt Trendelenburg eine zweckerfüllte konstruktive „Bewegung" an, von der sowohl die äußere Welt des Seins als ihr Gegenbild, die innere Welt des Denkens, geleitet werde. Außer diesem spekulativen Prinzip, das er namentlich in seinem Hauptwerk: *Logische Untersuchungen* (Berlin 1842, 3. Aufl. 1870) aufstellt, hat er hauptsächlich das *Naturrecht auf dem Grunde der Ethik* (Leipzig 1860) bearbeitet. Wichtiger als durch seine Metaphysik ist Trendelenburg durch Anregung von zahlreichen historischen Untersuchungen, besonders auf dem Gebiete der alten Philosophie, geworden. Sein Schulbuch *Elementa logices Aristoteleae* (1836) war früher ein viel verbreitetes (9. Aufl. 1892) Unterrichtsmittel. – Auch Franz Brentano und seine in Österreich verbreitete Schule (siehe S. 669 f.) ist ihm verwandt.

Es fehlt auch heute nicht an spiritualistischen oder, wie sie sich in der Regel lieber nennen, „idealistischen" Lehren oder gar „Systemen". Doch hat keines von ihnen eine größere Bedeutung erlangt.

Kapitel XXII.
Die moderne Entwicklungsphilosophie: Darwin, Spencer.

§ 67. Der Darwinismus.

1.

Der Entwicklungsgedanke überhaupt hat in der Philosophie von jeher Bürgerrecht besessen. Wir sind ihm schon in so frühen Erscheinungen wie Heraklit und Empedokles bei den Griechen, Lukrez bei den Römern begegnet, von Aristoteles ganz zu schweigen. In der Neuzeit sahen wir ihn zuerst bei Leibniz bedeutsam auftauchen. Indes erst in der zweiten Hälfte des 18. und zu Anfang des 19. Jahrhunderts gelangt er zu größerer Bedeutung. Nach Montesquieu wenden ihn Lessing, Herder und Kant auf die Geschichtsphilosophie, Kant-Laplace auf die Astronomie und Geophysik, Lyell auf die Geologie, die Assoziationspsychologen auf die seelischen Erscheinungen, Kaspar Friedrich Wolff und K. E. v. Bär auf die Zoologie und Embryologie an. Im 19. Jahrhundert wurde er zudem von Schelling und namentlich Hegel auf philosophischem, von Goethe, Oken, Jean Lamarck, Geoffroy St. Hilaire u. a. auf allgemein naturwissenschaftlichem Gebiete vertreten. Aber zum Gemeingut der Wissenschaft wurde er doch erst in den letzten vier Jahrzehnten des 19. Jahrhunderts, und zwar in erster Linie durch das Auftreten des Engländers

2. Charles Darwin (1809-1882).

Nicht ohne Grund schrieb dieser, nachdem während seiner fünfjährigen Forschungsreise auf dem Schiffe Beagle (zu deutsch: „Spürhund“) die erste Idee seiner großen Entdeckung in ihm aufgetaucht war, schon 1837 in sein Tagebuch: „Meine Theorie wird zu einer ganzen Philosophie führen.“ Darwins Hypothese hat uns eine unübersehbare Entwicklungsreihe alles Seienden nach rückwärts wie nach vorwärts ahnen lassen und zugleich in den kleinen Dingen um uns her die Kräfte aufgezeigt, durch deren ununterbrochene stille Tätigkeit die gegenwärtigen Arten ihre jetzige Form erlangt haben. Der in dem Werke seines Landsmannes Malthus (1766-1834): *Über das Bevölkerungsprinzip* (1798) enthaltene Gedanke, daß die lebenden Wesen das Streben haben, sich rascher zu vermehren als die ihnen zu Gebote stehenden Lebensmittel, gab ihm 1838 einen weiteren Anstoß zur Ausbildung seiner Theorie, die er jedoch erst nach langem und sorgfältigem Ausreifen, nach mehr als 20 jähriger Erprobung durch die Tatsachen der Erfahrung, in seinem Werke: *Entstehung der Arten durch natürliche Zuchtwahl* (1859) veröffentlichte. Danach entsteht infolge jener Tatsache ein „Kampf ums

Dasein" (vgl. Hobbes' *bellum omnium contra omnes),* in welchem diejenigen Arten bezw. Individuen den Sieg davontragen, die sich infolge größerer Fähigkeit zur Variation ihren Lebensbedingungen am besten anzupassen wissen: darin besteht das Prinzip der „natürlichen Auslese (Zuchtwahl)", demzufolge „jede wenn auch noch so kleine Variation, die dem Individuum nützt, erhalten wird". In seiner vorsichtigen und kritischen Weise erkannte der gewissenhafte Forscher indes an, daß der erste Ursprung der Variation (Divergenz), wie der erste Ursprung des Lebens überhaupt, ungelöste Rätsel für uns sind. Erst zwölf Jahre später übertrug er in seinem zweiten Hauptwerke: *Die Abstammung des Menschen und die geschlechtliche Zuchtwahl* seine bis dahin nur mit Bezug auf die Pflanzen- und Tierwelt aufgestellte Theorie auch auf das Menschengeschlecht, das sich aus niedrigeren Tierformen vermittelst des natürlichen Prinzips der geschlechtlichen Zuchtwahl entwickelt habe. Zwischen dem Menschen und den höheren Tieren existieren nur Unterschiede des Grades. Die körperliche und geistige Kluft zwischen dem Affen und dem niedrigsten Wirbeltier ist größer als die zwischen Affen und Menschen, so „ungeheuer" die letztere auch bleibt. Auch die höheren Tiere besitzen Erinnerungs- und Vergleichungsvermögen, Schönheitssinn, sympathische und soziale Instinkte. Die natürliche Auslese führt übrigens nicht notwendig zu einer immer größeren Vervollkommnung aller Lebewesen; der Regenwurm z.B. würde gar keinen Nutzen von vollkommeneren Organen als seinen gegenwärtigen haben; darum bildet er sie nicht aus. Ja, es können sogar Rückschritte eintreten, indem gewisse Organe oder Eigenschaften durch Vereinfachung oder Änderung der Lebensverhältnisse überflüssig werden bezw. verkümmern. Die moralischen Gefühle des Menschen haben sich gleichfalls auf natürliche Weise entwickelt. Da die Erhaltung und Stärkung der Gemeinschaft in der Regel nützlich sein wird, so bildet die natürliche Auslese nicht bloß die egoistischen, sondern auch die uneigennützigen (sozialen) Gefühle immer mehr aus. – Über das Verhältnis des Geistigen zu den körperlichen Organen, an die es stets gebunden erscheint, hat Darwin sich nirgends näher ausgesprochen, dagegen in seinem Buche: *Der Ausdruck der Gemütsbewegungen bei den Menschen und den Tieren* (1873) viele interessante, wenngleich jetzt wissenschaftlich teilweise überholte Beiträge zur physiologischen Psychologie geliefert. In metaphysischer Hinsicht erklärte er sich, wenigstens in seinen späteren Jahren, als Agnostiker, der sich in allem, was über die Erfahrung hinausgeht, des Urteils enthält. Er steht sonach philosophisch im wesentlichen auf dem Boden des Positivismus.

3. Anhänger Darwins.

Die Darwinsche Theorie – auf die gleichzeitig mit ihrer ersten Veröffentlichung auch Darwins jüngerer Landsmann Alfred Wallace gekommen war – ist von ihrem Urheber nicht als Dogma, sondern als das, was sie in Wahrheit ist und bleiben wird, als fruchtbare Hypothese aufgestellt worden. Kühner, aber auch unkritischer verfuhren die meisten der begeisterten Anhänger, die sich die neue Lehre bald erwarb: so der Engländer Huxley (1825-1895, *Zeugnisse für die Stellung des Menschen in der Natur* 1864), der seine Weltanschauung zuerst als *Agnostizismus* bezeichnete, K. Vogt (in seinen § 65 zitierten *Vorlesungen* von 1863) und namentlich der Zoologe Ernst Haeckel in Jena (geb. 1834), der weniger durch seine grundlegende *Generelle Morphologie* (2 Bände 1866) und andere wissenschaftliche Arbeiten, als durch die populäre *Natürliche Schöpfungsgeschichte* (1868, 8. Aufl. 1889, 11. Aufl. 1909, in zwölf Sprachen übersetzt) und *Anthropogenie* (1874, 6. Aufl. 1910) weite Kreise für den Darwinismus gewann. So groß auch die Verdienste Haeckels um die Verbreitung des Entwicklungsgedankens in der Naturwissenschaft sind, so berechtigt auch seine Ablehnung des Supranaturalismus vom Standpunkte der Wissenschaft erscheint, so hat er sich doch in der Philosophie, wie namentlich sein in mehr als 200 000 Exemplaren verbreitetes, seit 1904 durch *Die Lebenswunder* ergänztes Buch *Die Welträtsel* (1899, 11. Aufl. 1919) zeigt, starke Blößen gegeben; vgl. *E. Adickes, Kant contra Haeckel, Erkenntnistheorie gegen naturwissenschaftlichen Dogmatismus,* 2. Aufl. 1906. Haeckels „Monismus" ist im Grunde ein dogmatischer, dabei zugleich poetisch und pantheistisch angehauchter, also inkonsequenter Materialismus. Die Atome fühlen Lust bei der Verdichtung, Unlust bei Spannung und Verdünnung der Stoffe. Ihr Fühlen und Streben steigert sich in der organischen Natur zu Empfindung und Wollen, ja auf der höchsten Stufe zum Bewußtsein und zur Gedankenbildung. Haeckel sinkt mit solchen Vorstellungen auf den naiven, halb mythologischen Standpunkt der milesischen Naturphilosophie oder des Empedokles zurück. Philosophisch am wichtigsten und fruchtbarsten ist wohl seine von ihm als „biogenetisches Grundgesetz" bezeichnete Theorie, daß die Entwicklung der Einzelwesen eine abgekürzte Wiederholung der Stammesentwicklung ist.

Die Zahl der für und wider den Darwinismus, insbesondere die Deszendenztheorie, eintretenden Schriften war namentlich in den 70er Jahren Legion; eine eigene „Zeitschrift für einheitliche Weltanschauung", *Kosmos,* redigiert von *O. Caspari, G. Jäger* und *Carus Sterne* (Pseudonym für Ernst Krause) vertrat von 1877-1886 die neuen Grundsätze. Einer der hervorragendsten neueren Vertreter, der jedoch in der Frage der Vererbung von Darwin abwich, war A. Weismann (in Freiburg, 1834-1914, *Vorträge über Deszendenztheorie* 1902, 2. Aufl. 1907). Seitdem der Entwicklungsgedanke mehr oder weniger in sämtliche Wissenschaften eingedrungen ist, ist der spezielle Darwinismus naturgemäß mehr zurückgetreten. Doch wurde noch 1902 eine neue Monatsschrift: *Politisch-anthropologische Revue* begründet, die als ihr Ziel die „folgerichtige Anwendung der natürlichen Entwicklungslehre im weitesten Sinne des Wortes auf die organische, soziale und geistige Entwicklung der Völker" bezeichnet. Ihr Herausgeber L. Woltmann, der bereits früher *Die Darwinsche Theorie und der Sozialismus* (1899) veröffentlicht hatte, ist leider durch einen Unglücksfall (er ertrank beim Baden an der Riviera Januar 1907) der Wissenschaft zu früh entrissen worden. Vgl. über ihn das seinem Andenken gewidmete ausführliche Gedenkheft der *Politisch-anthro-*

pologischen Revue VI, 1 (April 1907). Gegen Darwins Lehre von der natürlichen Auslese (Selektionstheorie) sind neuerdings auch von naturwissenschaftlicher Seite mancherlei sachliche Einwände erhoben worden: von W. Roux (Halle, *Entwicklungsmechanik* s. S. 675 f.) einerseits, andrerseits von O. Hertwig *(Das Werden der Organismen,* Jena 1916). In ihrem vollen Umfange wird sie wohl nur von wenigen Darwinisten mehr aufrecht erhalten. Dagegen ist das philosophisch Wichtigste an ihr, die Deszendenzlehre und vor allem der Entwicklungsgedanke, heute, darf man wohl sagen, Gemeingut der Biologie geworden.

Unabhängig von der darwinistischen Bewegung erfolgte die philosophische Ausbildung der Entwicklungslehre durch den Engländer Herbert Spencer.

§ 68. Die Entwicklungsphilosophie Spencers.

Eine gute Einführung gibt *O. Gaupp, Herbert Spencer*, 1897, 3. Aufl. 1906 (Klass. d. Philos. V); eine kürzere *K. Schwarze* (Teubner A. N. u. G.) 1909. Über Spencers Soziologie vgl. *Tönnies in Philos. Monatsh.* XXV u. XXVIII und *K. Vorländer, Zeitschr. f. Philos.*, 108. Bd. (1896). Eine Übersicht über die sehr ausgebreitete Spencerliteratur s. bei *Ueberweg* IV, § 73.

1. *Schriften.* Bereits sieben Jahre vor dem Auftreten Darwins hatte Herbert Spencer (1820-1903) einen Aufsatz über die Entwicklungshypothese geschrieben und ein Jahr vorher den Plan zu seinem, unter den größten Schwierigkeiten von ihm festgehaltenen, großen Lebenswerk gefaßt: einer umfassenden Darstellung des Entwicklungsprinzips auf den Gebieten der Biologie, Psychologie, Soziologie und Ethik, das er, in späterer Zeit von einem Stabe jüngerer Mitarbeiter unterstützt, erst in seinem letzten Jahrzehnt zu Ende geführt hat. Als einleitender Band erschienen 1860 die *First Principles (Erste Prinzipien);* es folgten die *Prinzipien der Biologie* (Bd. II, III, 1864-1867), *der Psychologie* (Bd. IV, V, 1870-1872), *der Soziologie* Bd. VI-IX, 1876-1896) und *der Ethik* (Bd. X, XI, 1879-1893). Eine deutsche Übersetzung lieferte *B. Vetter* 1875 ff. (Bd. I in 2. Auflage von *V. Carus,* 1901). Daneben hat Spencer seit 1843 noch eine Reihe von Einzelarbeiten geliefert, unter denen wir namentlich seine in England sehr verbreitete (23. Aufl. 1890) Schrift über *Intellektuelle, moralische und physische Erziehung* (deutsch von *F. Schultze* 1874, 5. Aufl. 1905) hervorheben; seine ersten Schriften waren nicht biologischen, sondern ethisch-politischen Inhalts. Die von ihm hinterlassene umfangreiche *Autobiographie* haben L. und H. Stein in deutscher Übersetzung (2 Bde., Stuttgart 1905) herausgegeben.
2. *Grundbegriffe.* Auch Spencers Schreibart besitzt die gewöhnliche englische Breite, sodaß die leitenden Prinzipien seiner *Synthetischen Philosophie* sich verhältnismäßig kurz zusammenfassen lassen. Von den verschiedensten Sei-

ten führt unser Denken uns auf ein letztes Unerkennbares (Absolutes, auch „Kraft" genannt), dessen Anerkennung zugleich die einzige Möglichkeit einer Versöhnung zwischen Religion und Wissenschaft bietet. Das innerste Wesen dieser unerforschlichen Kraft wird sich uns freilich niemals enthüllen. Aber dieser „Agnostizismus" Spencers ist nur ein relativer. Zwar nicht das Sein, wohl aber das Werden ist erkennbar, und Wissenschaft bedeutet die teilweise, Philosophie die vollkommen vereinheitlichte Erkenntnis dieses Werdens. Grundvoraussetzungen alles wissenschaftlichen Denkens, also Wahrheiten a priori sind: die Unzerstörbarkeit des Stoffes, die Fortdauer der Bewegung und die Erhaltung der Kraft. Der gesamte Weltprozeß besteht in einer beständigen Andersverteilung von Stoff und Bewegung, Entwicklung und Auflösung, Leben und Tod. Entwicklung heißt Übergang aus einem zusammenhangloseren in einen zusammenhängenderen Zustand des Ganzen (Integration), verbunden mit dem Übergang von unbestimmter Gleichartigkeit zu bestimmter Ungleichartigkeit seiner Teile (Differenzierung). Eine Erscheinung erklären heißt: sie als Teil dieses Entwicklungsprozesses erkennen.

3. *Anwendungen.* Das Wertvolle der Spencerschen Darlegungen besteht in der Anwendung dieser, induktiv und deduktiv entwickelten, allgemeinen Grundsätze auf das weite Feld des Anorganischen (Astronomie, Geologie) und Organischen (Biologie, Psychologie, Soziologie und Ethik). Dieselbe beginnt bereits in den *First Principles* und erhält ihre Ausführung auf dem Gebiet des Organischen in den oben aufgeführten Werken. Jeder Teil geht zunächst von den wissenschaftlichen Grundtatsachen (Daten) der betreffenden Wissenschaft aus, um daran induktive Verallgemeinerungen zu knüpfen und von diesen schließlich zu zusammenhängenden Synthesen und speziellen Analysen fortzuschreiten. – a) *Biologie.* Leben wird definiert als „die beständige Anpassung innerer an äußere Beziehungen". Die Biologie untersucht demnach die Wechselwirkungen zwischen Individuum und Außenwelt, vom ersten, äußerst unbeständigen und homogenen Protoplasma an bis zur Entstehung des Bewußtseins. Darwins Prinzip der natürlichen Auslese erkennt Spencer im vollsten Maße an, wenngleich er es nicht für ausreichend hält; die Vererbung erworbener Eigenschaften hat er noch in seinen letzten Jahren gegen Weismann (S. 593) verteidigt. – b) *Psychologie.* Die „objektive" Psychologie betrachtet – im Unterschiede von der auf die innere Beobachtung gegründeten „subjektiven" – die Erscheinungen des an sich nicht weiter erklärbaren Bewußtseins ebenfalls als Anpassungen des Inneren an das Äußere. Das Wesen der geistigen Substanz bleibt dem Psychologen ebenso unbegreiflich, wie das der materiellen dem Chemiker. Er hat nur die letzten Elemente zu erforschen, auf deren Kombinationen und Umformungen durch fortschreitende Konzentration, Differenzierung und Bestimmtheit das seelische Leben sich aufbaut, um so eine Entwicklungsgeschichte des Bewußtseins (Instinkt, Gedächtnis, Vernunft, Gefühl, Wille) zu geben. – c) *Soziologie.* Die Ausdehnung auf die geschichtliche Entwicklung der menschlichen Gesellschaft geben die vier Bände

der Soziologie, die uns von dem Leben des primitiven Wilden bis zu dem des modernen Kulturmenschen begleiten. Auch die sozialen Organisationen sind, wie Spencer unter fortwährenden Hinweisen auf biologische Analogien ausführt, organisch geworden, nicht künstlich hervorgebracht. Aller Fortschritt rührt von der beständig besseren Anpassung der Menschen an ihre natürliche und soziale Umgebung her. Der ursprüngliche Gesellschaftstypus ist der kriegerische oder, allgemeiner gefaßt, das zwangsweise Zusammenwirken, gegen den der industrielle Typus oder das freiwillige Zusammenwirken sich nur langsam und unter häufigen Rückschlägen emporzukämpfen vermag. Spencer ist extremer Individualist, er lehnt z.B. alle öffentlichen Wohlfahrtseinrichtungen ab. Die Tendenzen der Gegenwart treiben jedoch, wie er fürchtet, einem Staate zu, in dem „kein Mensch tun kann, was ihm beliebt, sondern jeder tun muß, was ihm geheißen wird". Er hält den Sozialismus für unvermeidlich, aber für „das größte Unglück, das die Welt je erlebt hat", und glaubt, daß er „in einem Militärdespotismus der schärfsten Form enden wird". – d) *Ethik.* Auf die Möglichkeit eines dritten, über den beiden genannten stehenden Typus weist Spencers Ethik hin. In diesem dritten, vollkommensten Typus, der für uns Jetztlebende freilich nur ein fernes Ideal ist, wird die Entwicklung eines jeden Individuums nur durch das gleich große Recht anderer auf ihre Entwicklung beschränkt sein (ähnlich Kants rechts- und geschichtsphilosophischem Prinzip). Das Entwicklungsprinzip verbindet auch in der Ethik die reine oder intuitive und die empirische Betrachtung. Gut ist = Entwicklung fördernd, schlecht = Entwicklung hemmend. Das letztbewegende ethische Motiv erblickt Spencer zwar mit der utilitarischen Schule in den Lust- und Unlustgefühlen, aber er hält doch eine bestimmte Art derselben für notwendig Glück befördernd, eine andere für notwendig Unglück erzeugend.

Eine wahrhaft staunenerregende Fülle von Stoff hat Spencer in den elf stattlichen Bänden seiner *Synthetischen Philosophie* niedergelegt, und bewundernswert ist die Weise, wie er diesen massenhaften Stoff lichtvoll zusammengefaßt hat, wenn auch, wie er selbst gesteht, „aus dem komplizierten und verworrenen Tatsachenmaterial nur die umfassenderen Wahrheiten mit einiger Deutlichkeit herauszuschälen sind". Freilich: so fruchtbar die Anwendung des Entwicklungsgedankens auf die ganze Summe nicht bloß der Natur-, sondern auch der geistigen, geschichtlichen und sozialen Erscheinungen sich erweist, so bleibt doch die genetische Betrachtung der Dinge immer nur eine, wenn auch noch so wichtige, unter den wissenschaftlichen Betrachtungsweisen oder Methoden und bedarf anderer, vor allem der erkenntnistheoretischen, zu ihrer Ergänzung bezw. Beschränkung; das aber fehlt bei unserem Philosophen.

4. *Einfluß Spencers.* Nachdem Spencer lange Jahre unter der Teilnahmlosigkeit des philosophischen Publikums zu leiden gehabt hatte, fanden seine Lehren in den drei letzten Jahrzehnten seines Lebens eine immer wachsende Verbreitung: allerdings wesentlich nur in den Ländern englischer Zunge. Zuerst brach ihm in Nordamerika sein Verehrer Youmans Bahn, das Mutterland folgte; heu-

te wird er auch im fernsten Osten, in Australien sowie auf den Universitäten Japans eifrig studiert. Auch auf das philosophische Denken der Skandinavier, Russen und romanischen Völker ist er nicht ohne Einfluß gewesen, während man sich in Deutschland erst Ende der 80er Jahre stärker mit ihm zu beschäftigen begann.

5. *Sonstiger Evolutionismus.* Auch abgesehen von Spencer, zählt der Evolutionismus in seinen verschiedenen Formen in England und Nordamerika zahlreiche Anhänger: meist Naturforscher, die ihn in der Regel mit dem erkenntnistheoretischen Agnostizismus verbanden, wie der schon § 67 genannte Huxley und der auf deutschen Universitäten gebildete John Tyndall (1820-1893), während Romanes (1848-1894) damit eine pantheistische Weltanschauung vereinte. Daneben hat neuerdings der Einfluß der deutschen idealistischen Philosophie (Neuhegelianismus, Neukantianismus, vgl. § 73) wieder zugenommen. – Der französische Evolutionismus von Durand (1826-1900), Fouillée (1838-1912) und Guyau (1854-1888) verbindet sich mit einer eigenartigen, idealistischen Metaphysik (vgl. *Ueberweg* IV, § 65). Guyau speziell erinnert mit seiner Betonung der Lebensinstinktes und der Freude an Wagnis und Kampf, als bestimmender Triebfedern unserer besten Handlungen, vielfach an Nietzsche, der Guyaus *Esquisse d'une morale sans obligation ni sanction* ein „schwermütig-herzhaftes" Buch nannte. Daneben hat er die „Irreligion der Zukunft", die ästhetischen Probleme der Gegenwart, die Kunst als soziologische Erscheinung, die Fragen der Erziehung und Vererbung und die gegenwärtige englische Ethik behandelt. Eine deutsche Übersetzung dieser Werke hat *E. Bergmann* unter dem Titel *J. M. Guyaus Philosophische Werke* (6 Bde., Lpz. 1912-14) herausgegeben.

Die eigenartige Anwendung des Entwicklungsgedankens auf die Gesellschaftswissenschaft durch Karl Marx und Fr. Engels werden wir später (§ 74) besonders behandeln.

Kapitel XXIII.
Idealistische Systembildungen auf naturwissenschaftlicher Grundlage.

Zur ersten Einführung eignet sich das Buch des amerikanischen Psychologen *Stanley Hall, Die Begründer der modernen Psychologie* (Lotze, Fechner, Helmholtz, Wundt) 1912, deutsch Lpz. 1914.

Während die Entwicklungsphilosophie sich grundsätzlich auf positivistischem Boden bewegt und nur den Entwicklungsgedanken in die Masse der Erfahrungstatsachen hineintragen will, gegenüber dem jenseits der Erfahrung Liegenden aber sich skeptisch verhält, strebten in Deutschland mehrere geistvolle Denker eine Vermittlung zwischen dem Geiste der modernen Naturwissenschaft, dem auch sie sich nicht entziehen konnten und wollten, und der alten spekulativen bezw. idealistischen Gedankenrichtung an. Mit gründlicher naturwissenschaftlicher Bildung ausgerüstet, suchten sie ihrem Bedürfnis nach einheitlicher Weltauffassung durch neue metaphysische, wenn auch auf empirischem Fundamente ruhende, Systembildungen zu genügen. Es sind dies: Fechner (1801-1887, Hauptwerke 1848-1860), Lotze (1817-1881, Hauptwerke 1851-1864), von Hartmann (1842-1906, Hauptwerke 1869 ff.) und Wundt (geb. 1832, Hauptwerke 1873 ff.). Von ihnen behandeln wir zunächst die beiden älteren: Fechner und Lotze. Beiden ist, neben einer gediegenen naturwissenschaftlichen Bildung, ein poetischer und religiöser Sinn gemeinsam. Fechner ist die entschiedenere, feurigere, phantasiereichere, freilich auch phantastischere Natur, während Lotze mehr den Typus des kritischen, bedächtigen und feinsinnigen Gelehrten darstellt.

§ 69. Fechner und Lotze.

1. Fechner.

Kuntze, G. Th. Fechner. Ein deutsches Gelehrtenleben. Leipzig 1892. *K. Laßwitz, G. Th. Fechner.* Klass. d. Philos. I. Stuttgart. 3. Aufl. 1910.

a) *Leben und Schriften.* Gustav Theodor Fechner, geboren 1801, einem alten Pastorengeschlecht der Niederlausitz entstammend, in Leipzig seit 1823 Dozent, seit 1833 Professor der Physik, überwand bald seine Oken-Schellingschen Jugendanschauungen. 1839/40 durch ein schweres Augenleiden zum Aufgeben seiner Professur genötigt, hielt er nunmehr freie Vorlesungen naturphilosophischen, anthropologischen und ästhetischen Inhalts, daneben seinem Hange zur Paradoxie in sarkastisch-humoristischen Schriften (z.B. einer „vergleichenden Anatomie der Engel“) als „Dr. Mises“ nachgebend. Noch in seinem 86. Lebensjahre schrieb er eine psychophysische Abhandlung für eine wissenschaftliche Zeitschrift. Bald darauf starb er in Leipzig, wo er seit 70 Jahren gelebt hatte.

Von seinen Schriften gehören dem wissenschaftlich-philosophischen Gebiete an: *Über die physikalische und philosophische Atomenlehre* 1855 (2. Aufl. 1864), *Die Elemente der Psychophysik* 1860 (3. Aufl. 1907), *Vorschule der Ästhetik* 1876 (2. Aufl. 1897/98); dem persönlich-spekulativen, mit geistreicher Phantastik durchsetzten: *Das Büchlein vom Leben nach dem Tode* 1836 (7. Aufl. 1911), *Nanna oder über das Seelenleben der Pflanzen* 1848 (4.

Aufl. von K. Laßwitz 1908), *Zendavesta oder über die Dinge des Himmels und des Jenseits* 1851 (3. Aufl. 1906), *Über die Seelenfrage* 1861 (2. Aufl. mit Geleitwort von Paulsen 1907), *Die drei Motive des Glaubens* 1863 (2. Aufl. 1910), *Die Tagesansicht gegenüber der Nachtansicht* 1879 (2. Aufl. 1904).

b) *Metaphysik.* Auch Fechner will von der Erfahrung aus- und weder über sie hinweg-, noch hinter sie zurückgehen. Aber es gilt nach seiner Meinung, diese Erfahrung durch Verallgemeinerung, Erweiterung und Steigerung der in ihr schon enthaltenen Gesichtspunkte über das Erfahrbare hinauszuführen, um bis zum Höchsten, Letzten, Allgemeinsten, d.h. zu Gott, vorzudringen. Zwischen Gott und Welt, Unendlichem und Endlichem gibt es keinen Gegensatz; sie gehören zueinander wie Seele und Körper. Das Endliche ist Inhalt des Unendlichen, das in ihm an unzähligen Enden zu erfassen ist. Alles ist beseelt, vor allem auch die Pflanzen. Und warum sollen wir den wissenschaftlich nachgewiesenen stetigen Zusammenhang zwischen Tier- und Pflanzenorganismus nicht auch noch weiter, auf die scheinbar unbeseelte Materie, auf die Erde, auf alle Gestirne ausdehnen? Alle Seelen aber sind Teile einer höchsten, alles umfassenden Seele, des Prinzips aller Ordnung und alles kausalen Zusammenhanges im Weltall. So baut Fechner auf dem höchsten Gesetze (dem Kausalgesetze) die höchste Idee (Gottesidee) auf. In dem höheren Leben, in das unsere Seele nach dem Tode eingehen wird, stehen die Geister, nicht mehr an räumliche Schranken gebunden, in einem freieren und innigeren Verkehr. Freilich sind diese und ähnliche Sätze nur „Glaubenssätze" der „Tagesansicht".

c) *Naturphilosophie (Atomistik).* Wie die letzte und höchste Wirklichkeit des Geistigen in der göttlichen Bewußtseinseinheit beschlossen ist, so liegt das letzte Element der Körperwelt im Atom. Die Naturwissenschaft kann die materiellen Vorgänge nur als Wechselwirkungen kleinster, für uns nicht weiter teilbarer Teilchen, d.h. „relativer" oder „philosophischer" Atome auffassen. Je kleiner sie gedacht werden, um so genauer die wissenschaftlichen Ergebnisse; denn sie sind ja nur angenommen, um Ausgangspunkte der Wirkungen, also Kraftzentren zu gewähren. Ausdehnung besitzen sie nicht mehr, ihre „Materie" ist nicht mehr materialistisch. Das Atom ist vielmehr nur die unterste Grenze unserer Erkenntnis, wie das universale Weltgesetz die oberste. Von der Schelling-Hegelschen Naturphilosophie, die in die Natur hinabsteige „wie der Bär in einen Bienenkorb", wollte Fechner nichts wissen; man müsse vielmehr sorgsam, wie die Bienen, von unten auf arbeiten und sammeln. Das Wertvollste, was er selber für die Wissenschaft geleistet hat, ist die 1850 zuerst in ihm aufgetauchte

d) *Psychophysik oder Lehre vom Zusammenhang zwischen Leib und Seele.* Alles Geistige hat seinen Träger oder Ausdruck in etwas Körperlichem. Die materielle Welt ist die äußere (konvexe), die psychische die innere (konkave) Seite des Universums; der Unterschied liegt nur in dem Standpunkt des Beschauers. Das Gesetz der Erhaltung der Energie gilt für beide Seiten. Aber die psychische Intensität (Empfindung) wächst nicht so schnell wie der entsprechende physische Eindruck (Reiz), sondern nur in dem Verhältnis dieses Reizzuwachses zu der schon vorher vorhandenen Reizstärke (Webersches Gesetz, nach dem Physiologen E. H. Weber, an dessen Untersuchungen Fechner, sein Schüler, anknüpfte). Maßeinheit ist dabei der eben merkliche Unterschied der Empfindung).[68] So legte Fechner den ersten Grund zu einer experimentellen Psychologie, die dann von Wundt (s. § 70) und anderen weiter ausgebaut wurde.

Seine Ethik erblickt den höchsten Zweck in der größtmöglichen Summe von Glück in der Menschheit. „Eine Moralreligion muß einst kommen, welche das Wort Lust wieder zu rechten Ehren bringt. Eine solche wird die Klöster schließen, das Leben öffnen und die Kunst heiligen." – Auch in der Ästhetik ist ihm die Lust höchstes Prinzip. Sie hat von der Fülle der Einzelerlebnisse auszugehen, will eine rein psychologische Ästhetik „von unten", keine spekulative „von oben" sein.

e) *Nachwirkungen.* In den letzten Jahren ist Fechner wieder mehr studiert worden, und zwar – der gegenwärtigen Zeitströmung entsprechend – vor allem gerade seine mehr spekulativen Schriften, wie deren Neuauflagen (S. 597 f.) beweisen. Auch haben sich seit Anfang des neuen Jahrhunderts eine ganze Reihe von Aufsätzen und Dissertationen mit seiner Lehre beschäftigt. Wenn auch seine Weltanschauung als solche zu persönlich war, um unbedingte Anhänger zu gewinnen, so hat sie doch neuerdings manche stark beeinflußt; so die bekannten Schriftsteller P. Moebius (1853-1907), W. Pastor (geb. 1867) und Bruno Wille (geb. 1860, *Das lebendige All,* 1905) und den holländischen Philosophen Heymans. Auch Fr. Paulsen (§ 76) bekannte sich von Fechner angeregt.

2. Lotze und ihm verwandte Philosophen.

R. Falckenberg, H. Lotze. 1. Teil: *Leben und Schriften* (Klass. d. Phil.) Stuttg. 1905. Umfangreicher *M. Wentscher, H. Lotze.* Bd I: *Lotzes Leben u. Werke.* 1913. *Ed. v. Hartmann, Lotzes Philosophie.* Lpz. 1888 (kritisch). Eine Neuausgabe seines ›Systems‹ mit Einleitung usw. hat *Misch* in der Philos. Bibl. Bd. 141/42 (Lpz. 1911 f.) veröffentlicht. 1. Bd.: *Logik. Drei Bücher vom Denken, Untersuchen und Erkennen.* 2. Bd.: *Metaphysik. Drei Bücher der Ontologie, Kosmologie und Psychologie.* Lotzes heute noch wirkungvollstes Werk, die *Geschichte der Ästhetik in Deutschland* ist im Neudruck (Lpz. 1913, F. Meiner) erschienen.

a) *Leben und Schriften Lotzes.* Auch Hermann Lotze war (1817) in der Lausitz geboren; seit 1834 in Leipzig, kam er unter den Einfluß des Ästhetikers und Religionsphilosophen Christian Weiße (S. 588), lernte Medizin und Physik bei E. H. Weber und Fechner, wurde Dozent der Philosophie und Medizin, bereits mit 25 Jahren Professor der Philosophie und 1844 Herbarts Nachfolger in Göttingen, wo er bis 1881 wirkte; in demselben Jahre nach Berlin berufen, starb er dort schon nach wenigen Monaten an einer Lungenentzündung. Seine ersten Schriften: *Allgemeine Pathologie und Therapie als mechanische Naturwissenschaften* (1842), *Allgemeine Physiologie des körperlichen Lebens* (1851) und *Medizinische Psychologie oder Physiologie der Seele* (1852), behaupten den durchaus mechanischen Charakter der Physiologie, wie denn bereits sein Artikel *Leben und Lebenskraft* in *Rudolf Wagners Handwörterbuch der Physiologie* (1843) dem Vitalismus entgegengetreten war. Aber der Verfasser verweist schon hier darauf, daß er damit noch nicht den Abschluß seiner Gedanken gegeben habe. Eine volkstümliche Darstellung seiner gesamten Weltanschauung, eine Art Ergänzung zu A. Humboldts *Kosmos* und Herders *Ideen*, gibt das seinerzeit viel gelesene Hauptwerk *Mikrokosmus, Ideen zur Naturgeschichte und Geschichte der Menschheit*, 3 Bände, 1856-1864 (5. Aufl. 1896-1909). Von seinem „System" hat er, abgesehen von einer schon 1841 veröffentlichten *Metaphysik* nur *Drei Bücher Logik* (1874) und *Drei Bücher Metaphysik* (1879) vollendet, dagegen eine geistvolle *Geschichte der Ästhetik in Deutschland* (1868) geliefert. Nach seinem Tode wurden nach Vorlesungsdiktaten in acht Heften: *Grundzüge der Logik und Enzyklopädie der Philosophie* (wichtig als Überblick über seine Lehre, 5. Aufl. 1912), *Metaphysik, Naturphilosophie, Psychologie* (7. Aufl. 1912), *Praktische Philosophie, Religionsphilosophie* (3. Aufl. 1894), *Ästhetik* (3. Aufl. 1906) und *Geschichte der deutschen Philosophie seit Kant* veröffentlicht.

b) *Teleologische Metaphysik.* Sein heißt: in Beziehungen stehen, Wirkungen austauschen. Das Wesen der Dinge besteht in dem Gesetze ihrer Verbindung und Aufeinanderfolge. Allein wie schon das einzelne „Ding", d.h. das einheitliche, beharrende Subjekt wechselnder Zustände sich nur denken läßt nach der Analogie unseres mit sich selbst einhelligen Bewußtseins, so erhält der Begriff der Wechselwirkung vieler voneinander völlig unabhängiger Dinge (vgl. Herbart) keinen Abschluß ohne die Annahme eines unendlichen, sie alle umfassenden Wesens als substantiellen Weltgrundes (Spinoza, Leibniz). Auf dem Gebiete der äußeren Natur gilt auch Lotze der durchgängige mechanische Kausalzusammenhang als notwendige Voraussetzung. Aber die „innere" Natur der Elemente kann nicht mehr rein logisch, sondern nur gefühlsmäßig, unserem eigenen geistigen Wesen, der einzigen uns unmittelbar bekannten Wirklichkeit, gemäß aufgefaßt werden. Alles Reale ist geistig, der letzte Weltgrund absolute Persönlichkeit (so schon Weiße); er enthält den höchsten Zweck der Dinge. Die Welt der Formen ist nur dazu da, daß in ihr das unbedingt Wertvolle, das was sein soll, verwirklicht wird; Grund und Zweck des Wirklichen ist die ewige Liebe. So geht Lotzes Metaphysik schließlich in Religion und Ethik über. Die mechanische Naturansicht wird seinem „teleologischen Idealismus" durchaus untergeordnet. In der Ethik hängt ihm der Begriff des Guten untrennbar mit dem der Lust zusammen; für soziale Fragen hat er wenig Interesse besessen.

c) *Spiritualistische Psychologie.* Da die bloße Wechselwirkung physischer Kräfte diejenige Einheit nicht zu erklären vermag, welche selbst die einfachsten Äußerungen seelischen Lebens charakterisiert, so nimmt Lotze eine besondere nichtsinnliche Seelensubstanz an. Die physiologischen Vorgänge geben uns Signale, welche die Seele in ihre eigene Sprache übersetzen muß; sie liefern den höheren Geistestätigkeiten (Erinnerung, Denken, moralisches und ästhetisches Gefühl) den Stoff, mit dem diese selbständig arbeiten. Gegenüber Hegel und Herbart wird mit Recht der grundlegende Wert des Gefühls betont. Für die Raumtheorie ist die Lehre von den rein psychisch gedachten Lokalzeichen bedeutsam. Unsterblichkeit kommt der Einzelseele wie allem Geschaffenen nur zu, insoweit sie „um ihres Wertes und Sinnes willen ein beständiges Glied der Weltordnung sein muß". Die Entscheidung darüber müssen wir einer höheren Hand anvertrauen; wir können uns nur „auf den Glauben zurückziehen, daß jedem Wesen geschehen werde nach seinem Recht". Auch die *Metaphysik* schließt in ähnlichem, religiös gefärbtem Skeptizismus mit dem morgenländischen Spruche: „Gott weiß es besser."

d) *Verwandte Denker.* Lotze fehlt das Mannhaft-Kraftvolle. Selbst ein so warmer Verehrer wie R. Falckenberg nennt ihn „mehr fein und anziehend als kräftig und groß". Seine vermittelnde und versöhnende, in manchem an Leibniz, in anderem an Schleiermacher erinnernde Natur hat zwar keine eigentliche Schule gebildet, aber bei verwandten Denkern vielfach Zustimmung und Beifall gefunden. In diesen Kreis gehören Teichmüller (in Dorpat, 1832-1888), E. Pfleiderer (in Tübingen, 1842-1902), Busse (1862-1907), R. Falckenberg (geb. 1851, in Erlangen) und M. Wentscher (geb. 1862, in Bonn). So vertrat Busse in seinem psychologischen Werke *Geist und Körper, Seele und Leib* (1903, 2. Aufl. von E. Dürr, Leipz. 1913) eine „idealistisch-spiritualistische, die Annahme psychologischer Wechselwirkung einschließende Weltanschauung". Auch Baumann (1837-1916, in Göttingen), G. Thiele (1841-1910) und Siebeck (geb. 1842, in Gießen) seien wegen ihrer Verbindung realistischer und idealistischer Motive an dieser Stelle erwähnt. Gleich Fechners Lehre ist auch diejenige Lotzes in den letzten Jahrzehnten Gegenstand zahlreicher, besonders Erlanger, Dissertationen gewesen.

§ 70. Hartmann und Wundt.

1. Eduard von Hartmann.

A. Drews, Ed. v. Hartmanns philosophisches System im Grundriß. 2. Auflage 1906 (900 Seiten). – Kurze populäre Darstellungen: *Th. Kappstein, Ed. von Hartmann, Einführung in seine Gedankenwelt.* 1907, *O.*

Braun, Eduard v. Hartmann (Frommann) 1909. Stark kritisch ist die seines früheren Anhängers *Leopold Ziegler, Das Weltbild Hartmanns.* 1910.

a) *Leben und Schriften.* Als Sohn eines Generals 1842 zu Berlin geboren, widmete sich Hartmann anfangs der militärischen Laufbahn, wurde aber durch ein Knieleiden schon 1865 zum Abschied genötigt und ging zur Philosophie über. Sein ganzes späteres Leben hindurch an die Stube gefesselt, starb er in Großlichterfelde am 5. Juni 1906. 1869 erschien sein Aufsehen erregendes Werk: *Philosophie des Unbewußten* (in elfter, auf 3 Bände angewachsener Auflage 1904, in gekürzter Volksausgabe, Kröner, Lpz. 1913), dem dann bis heute noch über 30 größere und kleinere Schriften nicht bloß über sämtliche Gebiete der Philosophie, sondern auch über zahlreiche literarische, pädagogische und politische Themata gefolgt sind. Als die bedeutendsten von ihnen können die *Phänomenologie des sittlichen Bewußtseins* (1879, 2. Aufl. 1886) und die *Kategorienlehre* (1896) gelten. Eine Übersicht der übrigen siehe bei *Kappstein* oder *Ueberweg* IV, § 28, wo sich auch ausführliche Literaturangaben finden. Außerdem hat er ein *System der Philosophie im Grundriß* in 8 Teilen hinterlassen, das seit 1910 vollständig vorliegt.

b) *Naturphilosophie und Metaphysik (Philosophie des Unbewußten).* Hartmann gehört insofern mit Fechner und Lotze zusammen, als auch er dem Motto seines Hauptwerkes zufolge „spekulative Resultate nach induktiv-naturwissenschaftlicher Methode" zu gewinnen strebt. Im übrigen stellt seine Philosophie, weit mehr denn die jener beiden, eine „neuromantische Reaktion gegen den Realismus der Naturwissenschaft" *(Höffding)* dar. Nimmt er auch mit Fechner Atomkräfte als letzte Elemente der Materie an, so verstehen wir doch diese letzten Kräfte nach seiner Meinung erst dann, wenn wir sie als hervorgegangen aus einem unbewußten Wollen und Vorstellen auffassen. Überall, wo Hartmann eine Lücke in der wissenschaftlichen Erklärung, von der er ausgehen will, zu finden meint, setzt er – zwar nicht die Allmacht des Schöpfers, wohl aber das Zaubermittel des Unbewußten ein. „Die bewußte Vernunft ist nur negierend, kritisierend, kontrollierend, korrigierend, messend, vergleichend, kombinierend, ein- und unterordnend, ... aber niemals schöpferisch produktiv, niemals erfinderisch." Hierin hängt der Mensch vielmehr „ganz vom Unbewußten ab", dem „Quell seines Lebens", und „wehe dem Zeitalter, das es gewaltsam unterdrückt"! Darwins Prinzip der natürlichen Auslese z.B. ist nur ein mechanisches Mittel in der Hand des von dem englischen Gelehrten übersehenen Unbewußten. Das Unbewußte herrscht nicht bloß in der „Leiblichkeit", d.h. im Instinkt, den Reflexwirkungen, der Naturheilkraft, den organischen Gebilden, sondern auch im menschlichen Geiste, in der geschlechtlichen Liebe, dem Gefühle, dem Charakter, dem ästhetischen Urteil und der künstlerischen Produktion, der Sprache, dem Denken, ja auch in der Geschichte, wo es die einzelnen ohne ihr Wissen im Dienste der großen Weltzwecke arbeiten läßt. Und zwar ist das Unbewußte ein einziges, allumfassendes, wenn auch unpersönliches Individuum; den Namen „Gott" vermeidet unser Philosoph, weil er alle anthropomorphen Vorstellungen fernhalten will.

Von diesem Standpunkt des Absoluten aus hat dann Hartmann allmählich alle philosophischen Disziplinen bearbeitet. Wir beschränken uns auf das am meisten charakteristische Gebiet, seine

c) *Ethik des Pessimismus*, die Schopenhauers Pessimismus mit Schelling-Hegels Entwicklungsphilosophie zu verschmelzen sucht, übrigens nach ihres Urhebers Ansicht seiner Philosophie nicht das Hauptgepräge geben, sondern nur eine „theoretische Anschauung" sein soll. Wenn wir das rechnungsmäßig feststellbare Vorherrschen des Übels in der Welt betrachten, so müssen wir sagen: die Welt verdankt ihre Entstehung nicht einem vernünftigen, sondern einem irrationalen Prinzip, das eben in dem blinden, zwecklosen Willen liegt, der sich von der sehenden, zweckmäßig gestaltenden Vorstellung (Idee) losgerissen hat (vgl. Böhme, Schelling, Schopenhauer). Die sehende Idee, d. i. das vernünftige Bewußtsein, sucht dagegen die Welt allmählich zur Harmonie und Versöhnung (Willenlosigkeit) zurückzuführen, indem sie die Menschheit das Elend ihres Lebens erkennen lehrt und von verschiedenen Illusionen befreit. Anfangs nämlich erwartet der Mensch das Glück noch in seinem gegenwärtigen Leben (Kindheit, Griechentum), später in einem besseren Jenseits (Jünglingszeit, Mittelalter), jetzt (Mannesalter, Neuzeit) vielfach in einem dereinstigen Glückszustand der Menschheit. Vergeblich. Der Weise erkennt vielmehr, daß alle Fortschritte der Kultur mit wachsender Unseligkeit verbunden sind. Die höchste Form der Ethik ist daher nicht Menschenliebe und Entwicklungshoffnung, sondern das Mitleid mit dem fleischgewordenen und deshalb leidenden Absoluten, dessen Zwecke man sodann zu den seinigen macht durch – eine völlige Aufhebung des Willens! Und die Welterlösung ist – Ende der Welt. Freilich verschiebt unser Pessimist das Eintreten dieser höchsten Form auf eine unbestimmte Zukunft. Wenn auch im Grunde genommen das Nicht-Sein dem Sein vorzuziehen wäre, so ist doch die gegenwärtige Welt noch immer die beste unter allen möglichen! Hartmann bekennt sich dennoch zu einem „evolutionistischen Optimismus": „Wir glauben an einen endlichen Sieg der heller und heller hervorstrahlenden Vernunft über die zu überwindende Unvernunft des blinden Wollens." Das Prinzip der praktischen Philosophie bestehe darin, „die Zwecke des Unbewußten zu Zwecken seines Bewußtseins zu machen", indem wir uns nicht bloß mit allen übrigen sittlichen Individuen, sondern auch mit dem Allgeistwesen eins fühlen. Dann liege zugleich die wahre Religion des Geistes, die in Zukunft kommen werde, der „konkrete Monismus".

d) *Erkenntnistheoretisches.* Ohne Frage spielt das Unbewußte und Unerklärbare in der mannigfaltigsten Weise in unser Leben hinein; es aber mit Hartmann geradezu zum obersten erklärenden Prinzip zu machen, erscheint uns als eine Umkehrung gesunder wissenschaftlicher Methode. In späterer Zeit hat

Hartmann denn auch, namentlich in seiner *Kategorienlehre* (1896), eine mehr erkenntnistheoretische Begründung seines „transzendentalen Realismus" (Realismus, weil er die „reale" Existenz der „Dinge an sich" außerhalb unserer Vorstellung anerkennt, transzendental, weil er sie gleichwohl den Formen der Erkenntnis unterordnen will) versucht. Freilich sind auch die Kategorien unbewußte Funktionen des Intellekts (metaphysische Betrachtung), aber sie gehen doch auf die reale Erscheinungswelt oder Natur (objektive Betrachtung) und geben sich im subjektiven Bewußtsein durch gewisse formale Bestandteile desselben, die „Kategorialbegriffe", kund. Hartmann unterscheidet die Kategorien des Empfindens (Qualität, intensive und extensive Quantität), des Anschauens (Räumlichkeit) und des Denkens; unter letzteren wieder die „Urkategorie" der Relation, sodann die Kategorien des vergleichenden, trennenden und verbindenden, messenden, schließenden, modalen und spekulativen Denkens. Die Unterkategorien des letztgenannten sind die Kausalität, Finalität und Substantialität; die Geschichte der Philosophie besteht in der Hauptsache in einem Ringen um die Kategorie der Substanz. Hartmann hat selbst später die „Philosophie des Unbewußten" in ihrer ersten, jugendlichen Gestalt (1869) als ein noch außerhalb seines Systems stehendes „Programmwerk" bezeichnet und die Krönung seiner Philosophie erst in der *Kategorienlehre* erblickt, die seiner Erkenntnistheorie den Abschluß gebe, seine Naturphilosophie fortführe und seine Metaphysik auf systematischer Grundlage aufbaue.

Ähnlich Schopenhauer, hat auch Eduard v. Hartmann durch die populäre und klare Schreibweise seiner früheren Schriften wie durch sein Zusammentreffen mit gewissen modernen Zeitströmungen, insbesondere dem in den 70er und 80er Jahren üppig ins Kraut schießenden Pessimismus, zahlreiche Leser gewonnen und eine reiche Literatur für und gegen seine Lehre ins Leben gerufen. Später ist die Bewegung sehr abgeflaut, und bis vor kurzem war fast sein einziger bekannterer Anhänger A. Drews (geb. 1865, in Karlsruhe), dessen Buch *Die deutsche Spekulation seit Kant* (1892) die Lehre des Meisters als die wahre Konsequenz aller vorangegangenen philosophischen Systeme nachzuweisen versucht. Erst in neuester Zeit scheint eine Synthese von Hartmann und Schelling wieder Anhänger zu finden; vgl. das von Drews herausgegebene Sammelwerk *Der Monismus* (Jena 1908). Auch Vitalisten wie Driesch, Reinke u. a. berufen sich auf Hartmanns (im Grunde wissenschaftlich reaktionäres) Prinzip.

2. Wilhelm Wundt.

E. König, W. Wundt als Psychologe und als Philosoph (Klass. d. Philos. XIII), 3. Auflage 1909. *R. Eisler, Wundts Philosophie und Psychologie.* Lpz. 1902.

a) *Leben und Schriften.* Wilhelm Wundt, 1832 im Badischen geboren, 1865-72 Professor der Physiologie in Heidelberg, ging dann wie Fechner und Lotze zur Philosophie über, die er 1874 in Zürich lehrte und seit 1875 an der Leipziger Universität vertritt. Sein philosophischer Entwicklungsgang ergibt sich aus der folgenden chronologischen Übersicht seiner wichtigeren philosophischen Schriften:

Beiträge zur Theorie der Sinneswahrnehmung 1862; *Vorlesungen über die Menschen- und Tierseele* 1863 (6. Aufl. 1919); *Die physikalischen Axiome und ihre Beziehungen zum Kausalprinzip* 1866, 2. Aufl. als *Prinzipien der mechanischen Naturlehre* 1910, *Grundzüge der physiologischen Psychologie* 1873 (6. Aufl. 3 Bde., 1908-11); *Logik* 1880 bis 1883 (3. Aufl. 3 Bde., 1906-08, Bd. I 4. Aufl. 1919); *Ethik* 1886 (4. Aufl. 3 Bde., 1912 f.); *System der Philosophie* 1889 (3. Aufl. 1907); *Grundriß der Psychologie* 1896 (13. Aufl. 1918); *Einleitung in die Philosophie* 1900 (6. Aufl. 1914); *Völkerpsychologie,* Bd. I und II: *Die Sprache* (3. Aufl. 1911 f.), Bd. III: *Die Kunst* (2. Aufl. 1908), Bd. IV bis VI: *Mythus und Religion* (1905-09, 2. Aufl. 1914 f.), Bd. VII: *Die Sitte,* Bd. IX: *Das Recht* (1918). Außerdem *Kleine Schriften* (2 Bde. 1910/11), *Essays* (1885, 4. Aufl. 1912) und *Sinnliche und übersinnliche Welt,* als populäre Wiedergabe seines Systems (1914).

Mit Fechner, Lotze und Hartmann ist Wundt das Streben nach einem Ausgleich zwischen Spekulation und Erfahrung gemein. Noch bestimmter als jene stellt er die Forderung auf, daß die Philosophie den „Tatbestand der empirischen Einzelwissenschaften rückhaltslos als die Basis anerkenne, von der sie auszugehen habe". Freilich soll sie nicht, wie der radikale Positivismus will, bei der bloßen Erfahrung stehen bleiben; das begriffliche Erkennen werde vielmehr durch seine eigene Konsequenz über die Erfahrung hinausgetrieben (s. unten).

Wundts größtes, von allen Seiten anerkanntes Verdienst besteht in seiner Begründung einer physiologischen oder, wie er später deutlicher sich ausgedrückt hat, experimentellen Psychologie. Zu ihrer Förderung rief er Ende der 70er Jahre das erste derartige Laboratorium ins Leben, und gab er von 1883-1902 die Zeitschrift *Philosophische Studien* heraus, an deren Stelle seit 1905 die *Psychologischen Studien* getreten sind. Von 1880 an begann er dann auch die übrigen philosophischen Disziplinen zu bearbeiten.

b) *Die experimentelle Psychologie.* Sobald man die „Seele" als bloße Naturerscheinung, mithin die Psychologie als Naturwissenschaft auffaßt, muß man auch die experimentelle Methode auf sie anwenden können. Wundts allmählich auf drei starke Bände angewachsenes Hauptwerk *(Grundzüge der physiologischen Psychologie)* will vor allen Dingen ein Lehrbuch der Methode sein, will ein neues, erst im Entstehen begriffenes Wissenschaftsgebiet abgrenzen, nämlich die Untersuchung derjenigen Lebensvorgänge, die der äußeren (physiologischen) und der inneren (psychologischen) Beobachtung zugleich zugänglich sind und doch von keiner von beiden allein vollständig erfaßt werden können. Der Name „Seele" ist dabei nur ein Ausdruck für die gesamte, in beständigem Flusse befindliche innere Erfahrung; er bezeichnet nur den stetigen Zusammenhang psychischen Geschehens, nicht ein besonderes Sein oder gar ein besonderes Ding, wie der in Wahrheit materialistische Spiritualismus meint. Psychologie ist diejenige Wissenschaft, welche „über die Wechselbeziehungen der subjektiven und objektiven Faktoren der unmittelbaren Erfahrung und über die Entstehung der einzelnen Inhalte der letzteren und ihres Zusammenhangs Rechenschaft gibt".

Im Interesse der „Geschlossenheit" der Naturkausalität wie auf Grund der völligen Unvergleichbarkeit der physischen und der psychischen Kausalerklärungen nimmt Wundt einen psychophysischen Parallelismus an; aber nur als „empirisches Postulat", das eigentlich nur das Zugleichsein der körperlichen und der seelischen Vorgänge ausspricht. Ein Teil der letzteren ist in erster Linie von den leiblichen, ein anderer vorzugsweise von den „geistigen" Eigenschaften des psychophysischen Individuums abhängig. Die Physiologie kann uns weder über die Art der Verbindung noch über die Wertunterschiede der verschiedenen psychischen Gebilde, z.B. der Vorstellungen, unterrichten. Insofern der Willensvorgang in seiner Zusammengesetztheit aus Gefühlen, Empfindungen und Vorstellungen für alle Bewußtseinsvorgänge typisch ist, will Wundt seine Psychologie als „voluntaristisch" gelten lassen. Nicht bloß die Raumvorstellung, sondern alle psychischen Gebilde sind nach ihm das Produkt einer „schöpferischen Synthese", während die Naturkörper stets nur Summen vorhandener Atome, niemals „Neuschöpfungen" darstellen.

c) *Logik und Ethik.* Schon die Rede Wundts bei Antritt seiner Leipziger Professur (1875) hatte die Psychologie als Vermittlerin zwischen Natur- und Geisteswissenschaften bezeichnet. Seit dem Anfang der 80er Jahre beginnt er auch den letzteren sein Interesse zuzuwenden. Seine *Logik* will nicht sowohl eine formale Schullogik als eine Methodenlehre der Wissenschaften bieten, also sozusagen das Werk John Stuart Mills in zeitgemäßer Form fortsetzen. Das dreibändige Werk enthält in der Wundt eigentümlichen Breite zunächst eine allgemeine Logik und Erkenntnistheorie, dann eine ausführliche enzyklopädische Methodologie der exakten und der Geisteswissenschaften (Mathematik, Naturwissenschaft, Psychologie, Geschichte, Gesellschaftswissenschaft, Philosophie), denen allen er sorgfältig bis in ihre feinsten Verästelungen nachgeht, ohne eigentlich neue, große Grundgedanken zu äußern.

Wie auf den übrigen Gebieten, so will Wundt auch in seiner Ethik zwischen Empirismus und (Kantischem) Apriorismus vermitteln. Die Sittengebote sind weder starr unveränderlich noch zufällige Wirkungen wechselnder Umstände, sondern gesetzmäßige Erzeugnisse der universellen geistigen Entwicklung, von der die menschliche nur einen Teil bildet. Er verfolgt daher 1. die Tatsachen des sittlichen Lebens, 2. die Entwicklung der sittlichen Weltanschauungen, 3. die Prinzipien der Sittlichkeit; eine Würdigung der „sittlichen Lebensgebiete" macht den Beschluß. Als Selbstzweck erscheint ihm allein das universelle geistige Leben in seiner fortschreitenden Entwicklung, das in keine bestimmte Formel zu fassen ist und keinen Abschluß hat. Nicht die Einzel-, sondern die Völkerpsychologie ist die Vorhalle zur Ethik. Eine „Heterogonie der Zwecke" entsteht dadurch, daß die Wirkungen der Willensbetätigungen über die ursprünglichen Willensmotive hinausreichen und so neue Motive mit abermals neuen Wirkungen hervorrufen. Die Beweggründe des sittlichen Handelns entspringen stets aus den Gefühlen, besonders den Ehrfurchts- und Neigungsgefühlen. Das instinktartige Handeln kann sich jedoch zu freiem und bewußtem Handeln nach Vernunftgründen erheben.

d) *Metaphysik.* Bis gegen Ende der 80er Jahre hatten Freunde und Gegner unseren Philosophen als „reinen Empiriker" betrachtet, zumal da doch auch seine Ethik sich im wesentlichen als psychologische Zergliederung der Erscheinungen des sittlichen Lebens gab. Man sah sich daher auf beiden Seiten einigermaßen enttäuscht, als in seinem *System der Philosophie* (1889) eine Metaphysik zum Vorschein kam, die der aufmerksame Beobachter freilich schon in seinen früheren Schriften keimen sah. Die „wissenschaftliche Philosophie", sagt Wundt, hat zwar von den Einzelwissenschaften als ihrer unerschütterlichen Grundlage auszugehen, aber ihre besondere Aufgabe ist es, die durch jene vermittelten „allgemeinen Erkenntnisse zu einem widerspruchslosen System zu vereinigen", ja noch mehr, sie zu einer „die Forderungen des Verstandes und die Bedürfnisse des Gemüts befriedigenden Welt- und Lebensanschauung" zusammenzufassen.[69]

In ähnlicher Weise, wie bei Kant, wird zwischen Verstand und Vernunft unterschieden. Der Verstand will die Welt begreifen, die Vernunft, als dessen „höhere Stufe", sie ergründen, d.h. in ihrer Gesamtheit erfassen. Der Übergang von der einen (Erfahrungs-) zur anderen (metaphysischen) Erkenntnis ist ein unvermeidlicher und stetiger. Der Metaphysik fällt das Gebiet der „bleibenden Hypothesen", d.h. derjenigen Voraussetzungen zu, die sich „als die für unsere jeweilige Erkenntnisstufe angemessenen, dem Einheitsbedürfnis der Vernunft am besten entsprechenden Annahmen erweisen lassen". Diese transzendenten Begriffsbildungen nennt Wundt (mit Kant) Ideen und unterscheidet, ähnlich wie dieser: kosmologische, psychologische und ontologische Ideen. Die kosmologischen Ideen (von der Unbegrenztheit des Raumes, der Zeit, der Materie und der – Kausalität der Erscheinungen) wollen die gesamte äußere Erfahrung zu einer einheitlich zusammenhängenden machen, die psychologischen (Einheit der individuellen Seele und des geistigen „Kosmos") die innere. Der Zusammenhang der letzteren ist ausschließlich bedingt durch unseren Willen, dem schlechterdings einzigen, was der Mensch „voll und ganz sein eigen nennen" kann, zunächst in der Form des Einzelwillens, dann aber immer umfassenderer Willensgemeinschaften, bis wir schließlich zu der Idee eines menschlichen Gesamtwillens gelangen, der „über alle beschränkten Willenssphären hinausreichend, die gesamte Menschheit in der bewußten Vollbringung bestimmter Willenszwecke vereinigt", übrigens nicht Ausgangs-, sondern Zielpunkt (praktisches Ideal) der Gesamtentwicklung ist.

Unsere Zuversicht auf dessen Erfüllung gründet sich auf den bisherigen Verlauf der menschlichen Entwicklung und führt uns zu der übersittlichen, religiösen Idee eines unendlichen vollkommenen Wesens. Die Gottesidee ist nach Wundt weder durch die Offenbarung noch durch sogenannte Vernunftbeweise zu begründen, sondern nur als die Idee eines höchsten Weltwillens, dessen Entfaltung sich in der Entwicklung der Welt, an der auch die Einzelwillen selbständig teilnehmen, darstellt (Pantheismus): eine abstrakt-philosophische Vernunftidee, die sich dem religiösen Gemüt des geistig-sinnlichen Menschen in den konkreten Glaubensvorstellungen der positiven Religionen verkörpert. Diese Vorstellungen und Kultformen können nur die Bedeutung von Symbolen haben, wie auch die Lehre von der persönlichen Fortdauer nach dem Tode nur der Ausfluß eines egoistischen Glücksbedürfnisses ist. Unvergänglich ist unser Geist nur als ein Glied und eine Kraft in dem universellen Werdeprozesse des Geistes überhaupt.

Die Gottesidee ist mit der ontologischen Frage nach dem letzten Einheitsgrunde von äußerer und innerer Erfahrung, Natur und Geist verbunden. Ein weder geistiges noch materielles Sein ist bloße Einbildung. Da aber alles Leben an körperliche Vorgänge gebunden ist und jede Vorstellung von Objekten auf einer Wirkung beruht, die das Wollen erfährt, so entscheidet sich Wundt für die erstere Lösung. Er faßt die Welt als eine geistige Einheit oder vielmehr, seinen „psychologischen Ideen" gemäß, als eine Gesamtheit von Willenseinheiten, d. i. substanzerzeugenden Tätigkeiten auf. Schon die Elementarorganismen sind Träger eines Bewußtseins niederster Form, die sich bei der höheren (tierisch-menschlichen) Entwicklung in stets steigendem Maße einem Zentralbewußtsein unterordnen. So entsteht eine Stufenordnung von Willensindividuen: ein an Leibniz erinnernder Gedanke, der nicht bloß naturphilosophisch und psychologisch fruchtbar ist, sondern auch die Natur mit der Geistes- und geschichtlichen Entwicklung verbindet, die Natur zur „Vorstufe" des Geistes macht.

Von diesem Gesichtspunkt aus stellt sich Wundts Metaphysik als ein eigenartiger, von Leibniz' individuellem, Schelling-Hegels überzeitlich-transzendentem, Spencers naturalistischem unterschiedener voluntaristischer Evolutionismus dar.

Wundts eigentliche Bedeutung für die philosophische Entwicklung beruht gleichwohl in erster Linie auf seinen psychophysiologischen Forschungen. Aus seinem Institut für experimentelle Psychologie sind zahlreiche Schüler hervorgegangen, welche jetzt auf deutschen und ausländischen Kathedern lehrten oder lehren und jene Methode weiter auszubilden bestrebt sind, dabei zum Teil von ihrem Urheber abweichend. Wir nennen Münsterberg (1863-1917, *Grundzüge der Psychologie,* 1. Bd. 1900, *Psychologie des Wirtschaftslebens,* Lpz. 1912, *Grundzüge der Psychotechnik* 1914, 2. Aufl. herausgeg. von Dessoir 1918), Th. Ziehen (geb. 1862, *Leitfaden der physiologischen Psychologie,* 9. Aufl. 1911), O. Külpe (vgl. § 76, *Grundriß der Psychologie* 1893), Störring, Meumann (Herausg. des *Archivs für d. ges. Psychol.*, gest. 1915); W. Hellpach (Karlsruhe), F. Krüger (Halle) und G. F. Lipps (Zürich, *Grundriß der Psychologik* 1914). Außerdem begründeten H. Ebbinghaus und A. König eine *Zeitschrift für Psychologie und Physiologie der Sinnesorgane.*

Kapitel XXIV. Die Erneuerung des Kritizismus.

Eine zusammenfassende, eingehende Darstellung der neukantischen Bewegung fehlt noch. Nur begonnen hat *F. Lindheimer: Beiträge zur Geschichte und Kritik der Neukantischen Philosophie.* Erste Reihe: *Hermann Cohen.* Bern 1900 (Berner Studien XXI). Die methodische Bedeutung faßt knapp zusammen: *Paul Natorp, Kant und die Marburger Schule.* Vortrag 1912.

§ 71. Rückkehr zu Kant. F. A. Lange.

1. Zurück auf Kant.

Der Materialismus der 50er Jahre, der als begreifliche Reaktionserscheinung auf den spekulativen Rausch der romantischen Philosophie gefolgt war, konnte mit den Waffen des theologisierenden „Idealismus", richtiger Spiritualismus (§ 66), welcher der materialistischen Behauptung einfach die spiritualistische Gegenbehauptung entgegensetzte, nicht überwunden werden. Aber auch die metaphysischen Systembildungen auf naturwissenschaftlicher Grundlage, von denen übrigens zunächst bloß die beiden älteren (Fechner und Lotze) in Betracht kamen, krankten an verschiedenen Schwächen. Und die Entwicklungsphilosophie führte doch nur einen, wenn auch noch so wichtigen, philosophischen Gedanken aus. Allen diesen Richtungen aber mangelte – wenn auch in verschieden starkem Maße – die notwendigste methodische Voraussetzung fruchtbaren Philosophierens: die erkenntnistheoretische Besinnung. Der offensichtliche Zusammenbruch der spekulativen Systeme eines Fichte, Schelling, Hegel bewies, daß es an der Zeit war, auf die schlichten Grundsätze ernster Wissenschaft zurückzugehen, die achtzig Jahre zuvor von Immanuel Kant verkündet und zu ihrem eigenen Schaden von der nachfolgenden philosophischen Entwicklung vernachlässigt worden waren. Von den verschiedensten Seiten erhob sich daher Ende der 50er und anfangs der 60er Jahre der Ruf: Zurück auf Kant! Frühere Anhänger Hegels wie Eduard Zeller, Herbartianer wie Drobisch, der scharfe Kritiker Hegels Rudolf Haym (in Halle, 1821-1901), und der Fries nahe stehende Jürgen Bona Meyer (in Bonn, 1829-1897) waren einig in dieser Losung. Naturforscher wie Helmholtz und Zöllner fingen an, sich auf Kant zu berufen. Schopenhauer, der gerade jetzt berühmt zu werden begann, wies auf ihn als den einzig wahren unter den – vorschopenhauerschen Philosophen und auf die *Kritik der reinen Vernunft* als das Werk hin, das man erst gelesen haben müsse, ehe man ihn (Schopenhauer) verstehen könne. Auch die ausführliche Darstellung der Kantischen Lehre in Kuno Fischers *Geschichte der neueren Philosophie* (1860 ff.) mag manchen Leser zu erneutem Kantstudium veranlaßt haben. Otto Liebmann gab dieser philosophischen Tendenz der Zeit besonders energischen Ausdruck, indem er in seinem Buche *Kant und die Epigonen* (1865, im Auftrage der Kantgesellschaft neu herausg. von *Br. Bauch* 1912) jedes Kapitel mit dem Refrain schloß: Also muß auf Kant zurückgegangen werden! Dasjenige Buch jedoch, das den Sieg der neukantischen Bewegung am durchschlagendsten bezeichnet und zugleich den naturwissenschaftlichen Materialismus am erfolgreichsten überwunden hat, war die *Geschichte des Materialismus und Kritik seiner Bedeutung in der Gegenwart* von F. A. Lange (1866, 2. Aufl. 1873/75).

2. Friedrich Albert Lange und Verwandte (H. Vaihinger).

O. A. Ellissen, F. A. Lange, Eine Lebensbeschreibung. 1891.

a) *Leben und Schriften.* Lange, 1828 zu Wald bei Solingen als Sohn des späteren Bonner Theologieprofessors J. P. Lange geboren, 1855 Privatdozent in Bonn, 1858 Gymnasiallehrer in Duisburg, schied 1862 während der preußischen Konfliktsperiode aus diesem Amte aus, wurde Handelskammersekretär und Redakteur, ging 1866 nach Winterthur in der Schweiz, wo er eine reiche pädagogische, philosophische und vor allem politische Tätigkeit (in demokratischem Sinne) entfaltete, wurde 1870 Professor in Zürich und 1872 von Kultusminister Falk als Professor der Philosophie an die Universität Marburg berufen, wo er, ein schweres körperliches Leiden mit stoischer Ruhe ertragend, am 21. November 1875 starb. Außer seinem Hauptwerk, der oben genannten *Geschichte des Materialismus* (in zweiter Auflage vollständig umgearbeitet und stark vermehrt, die neueren Auflagen besorgt und eingeleitet von *H. Cohen,* 9. Aufl. 1915, seit kurzem auch bei Reclam herausgegeben von seinem Biographen *Ellissen),* hat er namentlich sozialwissenschaftliche Schriften veröffentlicht: *Die Arbeiterfrage in ihrer Bedeutung für Gegenwart und Zukunft,* 1866 (5. Aufl. 1894, in ihrer ersten Gestalt neu herausgegeben von *F. Mehring,* 1910); *J. St. Mills Ansichten über die soziale Frage und die angeb-*

liche Umwälzung der Sozialwissenschaft durch Carey 1866; vgl. *H. Braun, F. A. Lange als Sozialökonom,* Diss. Halle 1881. Aus seinem Nachlaß wurde von *H. Cohen* 1877: *Logische Studien, ein Beitrag nur Neubegründung der formalen Logik und der Erkenntnistheorie* herausgegeben.

b) *Theoretische Grundrichtung.* Es war ganz im Sinne des Kantischen Kritizismus, wenn Lange sich einerseits scharf gegen einen spekulativen Dogmatismus wandte, der den schönen Titel des „Idealismus" für sich allein in Anspruch nehmen möchte, während er im Grunde unwissenschaftlicher Spiritualismus ist: und wenn er anderseits den Materialismus insoweit bekämpfte, als dieser sich als allein berechtigtes Prinzip einer systematischen Weltanschauung hinstellt und die letzten Rätsel des Seins zu lösen verspricht, während ihm sein volles Recht als Maxime der naturwissenschaftlichen Einzelforschung nicht verkümmert werden soll. „Der Materialismus ist die erste, die niedrigste, aber auch vergleichsweise festeste Stufe der Philosophie", weil er sich am unmittelbarsten an die Erfahrung, die „Wirklichkeit" anschließt. Er kann und muß deshalb auch der kritischen Gesamtanschauung als wertvoller Bestandteil einverleibt werden. Allein er muß sich seiner Schranken bewußt bleiben. Schon die Physiologie der Sinnesorgane zerstört den naiven Glauben, als ob die Welt schlechthin so wäre, wie wir sie sehen, hören, schmecken und riechen. Als Kants größte Tat betrachtet Lange den Kopernikus-Gedanken, daß „unsere Begriffe sich nicht nach den Gegenständen richten, sondern die Gegenstände nach unseren Begriffen". Die Grundlage der gesamten Erfahrung erblickt er mit ihm in den apriorischen Formen unserer Anschauung (Raum und Zeit) und unseres Verstandes (den Kategorien). Er zeigt, wie Materie, Atom, Kraft, Ding usw. nicht Dinge an sich, sondern nichts anderes als unserem eigenen Geiste entsprossene wissenschaftliche Hilfsbegriffe sind. Freilich faßt er das a priori nicht streng erkenntniskritisch auf. Er findet es in letzter Linie begründet in dem „Wesen des erkennenden Subjekts", in unserer geistig-körperlichen „Organisation", anstatt in dem methodischen Charakter der Allgemeinheit und Notwendigkeit, der in Kants „Grundsätzen", als den Bedingungen und Grundlagen der Wissenschaft, zum Ausdruck kommt. So haftet seinen Ausführungen noch etwas von psychologischer Analyse an, die nicht im Geiste der transzendentalen Methode liegt.

c) *Der Standpunkt des Ideals.* Noch mehr scheint sich Lange von Kants Ethik zu entfernen, wenn er „die ganze praktische Philosophie" für den „wandelbaren und vergänglichen Teil der Kantischen Philosophie" erklärt. Die innere Verwandtschaft unseres Philosophen mit dem kritischen Idealismus zeigt sich jedoch auch hier. Allerdings verzweifelt er, im Unterschied von Kant, an der Möglichkeit einer wissenschaftlichen Begründung der Ethik; er verweist sie vielmehr, zusammen mit Religion und Ästhetik, in das Gebiet der Dichtung. Aber dieser Begriff wird nicht in dem gewöhnlichen, sondern in jenem hohen und umfassenden Sinne genommen, in dem Schiller, dem Lange hier besonders nahe steht, seine philosophischen Gedichte geschrieben hat: als „eine notwendige und aus den innersten Lebenswurzeln der Gattung hervorbrechende Geburt des Geistes", die „auf die Erzeugung der Einheit, der Harmonie, der vollkommenen Form gerichtet" ist. Es ist der „Standpunkt des Ideals", den Lange in dem erhebenden Schlußabschnitt seines Hauptwerkes verkündet, des Ideals, in dem die Welt des Seienden mit der Welt der Werte in Verbindung gebracht erscheint, des Ideals, in dessen Reich wir, die „Angst des Irdischen" von uns werfend, aus den Schranken der Zeitlichkeit und der Bedürftigkeit uns zu erheben vermögen, während hinter uns „des Erdenlebens schweres Traumbild sinkt – und sinkt – und sinkt". Die Ethik verschmilzt auf dieser Höhe des Gedankens mit der Religion und der Ästhetik. Denn der Kern der Religion liegt nicht in gewissen Lehren, sondern in der Erhebung des Gemüts über das Wirkliche, in der Erschaffung einer Heimat der Geister, also eigentlich, wie Lange selbst sagt, in einer – „ästhetischen Erlösung". Die Form des geistigen Lebens ist es, die über das innerste Wesen des Menschen entscheidet. Und in gewissem Sinne sind auch die religiösen Ideen unvergänglich. Denn „wer will eine Messe von Palestrina widerlegen oder die Madonna Rafaels des Irrtums zeihen?"

Langes ethischer Standpunkt hat ihn endlich auch zu seiner sozialen Stellungnahme geführt. Er stellte sich ungescheut unter das „Banner der großen Idee, die den Egoismus hinwegfegt und menschliche Vollkommenheit in menschlicher Genossenschaft als neues Ziel an die Stelle der rastlosen Arbeit setzt, die allein den persönlichen Vorteil ins Auge faßt". Wie er sich die nächsten Schritte auf dem Wege zu diesem fernen Ziele dachte, hat er in seiner auch heute noch beherzigenswerten Schrift über die *Arbeiterfrage* ausgeführt. Seine Grundanschauung ist auch hier eine ethische. Die soziale Frage ist ihm „im wesentlichen eine Frage der geistigen Beschaffenheit der Generation und einer Reform aller Anschauungen und Grundsätze", ihr Ziel daher die „Besiegung einer falschen Willensrichtung" durch einen Kampf, der „zugleich in dem Gemüt jedes einzelnen auszufechten ist". Für die historische Beleuchtung der sozialen Bewegung treten darwinistische Gesichtspunkte („der Kampf ums Dasein", „der Kampf um die bevorzugte Stellung") stark in den Vordergrund.

An den oben erwähnten Satz Langes, daß Materie, Ding an sich, Atom usw. keine wirklichen „Dinge", sondern nur „Hilfsbegriffe" des menschlichen Denkens sind, knüpft

Hans Vaihinger

(geb. 1852, seit 1884 in Halle), der sich schon in seiner Jugendschrift *Hartmann, Dühring und Lange* (1876) von Lange stark berührt zeigte, an: in seiner in der Hauptsache schon vor dreiundeinhalb Jahrzehnten von ihm verfaßten *Philoso-*

phie des Als ob (Berlin 1911, 3. Aufl. 1918), einem „System der theoretischen, praktischen und religiösen Fiktionen der Menschheit". Die Fiktionen haben nach V. eine außerordentlich weittragende Bedeutung als Hilfsbegriffe auf allen Gebieten menschlichen Denkens. Von ihren zwölf Arten seien als die am häufigsten vorkommenden nur die mathematischen, juristischen, ethischen und religiösen genannt. Fiktionen sind z.B. die Begriffe des Atoms, des Unendlichen, der Willensfreiheit, des Dings an sich oder Absoluten; ja auch scheinbar so feststehende wie die der Kategorien, der Kraft, der Materie. Fiktive Methoden sind die der Zerlegung, Zusammenfassung, symbolischen Bezeichnung, abstrakten Verallgemeinerung und unberechtigten Übertragung. Oft kann mit „bewußt falschen" Vorstellungen doch Richtiges erreicht werden, weil die Fiktionen in diesen Fällen nicht bloß nützlich, sondern unentbehrlich sind. Wie in nahezu sämtlichen Wissenschaften, so hat auch in der Geschichte der Philosophie die Fiktion von jeher eine wichtige Rolle gespielt, von Parmenides und Plato bis zu F. A. Lange und Nietzsche; namentlich auch bei Kant, wie Vaihinger durch zahlreiche Beispiele zu beweisen sucht. Weil sich die Fiktion sprachlich besonders häufig in die Form eines „Als ob" kleidet, nennt V. diese Betrachtungsweise, die er als die seine anerkennt, die Philosophie des Als ob. Während man die Fruchtbarkeit dieses Gesichtspunktes von den verschiedensten Standpunkten aus nicht verkennen wird, erhebt V. ihn zu einer besonderen Philosophie, einem idealistischen Positivismus. Positivismus, indem diese Denkweise „entschieden im Gegebenen fußt und entschieden alles leugnet, was darüber hinaus noch etwa auf Grund angeblicher intellektueller oder ethischer Bedürfnisse als real angenommen werden mag"; idealistisch, indem sie die aus jenen intellektuellen und ethischen Bedürfnissen entstandenen Ideen „anerkennt und herübernimmt als nützliche, wertvolle Fiktionen der Menschheit, ohne deren Annahme das menschliche Denken, Fühlen und Handeln verdorren müßte". Vaihingers Philosophie des Als ob berührt sich, wie er selbst in seinem Vorwort ausführt, mit den verschiedensten Richtungen der Gegenwart, wie dem Voluntarismus Wundts, Paulsens und der Neufichteaner, der biologischen Erkenntnistheorie von Mach und Avenarius, mit Nietzsche und mit dem Pragmatismus und hat daher auch vielfache Beachtung gefunden. Mit Langes ethisch-praktischer, z.B. sozialer, Stellungnahme hat Vaihinger dagegen nichts zu tun. Seit Januar 1919 erscheinen *Annalen der Philosophie,* die sich die besondere Rücksicht auf die Probleme der „Als-Ob-Betrachtung" zum Ziele gesetzt haben, herausg. von *H. Vaihinger* und *Raymund Schmidt.*

Langes ganzes Wesen war überhaupt nicht geeignet, eine „Schule" zu bilden. Als Anhänger wäre wohl nur sein Biograph und Herausgeber O. A. Ellissen (geb. 1859, Gymnasialprofessor in Einbeck) zu bezeichnen. Dagegen hat er außerordentlich vielen Anregungen gegeben. In keinem anderen Zusammenhange mit ihm stehen denn auch die im folgenden behandelten Neukantianer (im engeren Sinne), die, gerade was ihren „Kantianismus" angeht, sich wesentlich von ihm unterscheiden.

§ 72. Die Neukantianer im engeren Sinne: Cohen, Natorp, Stammler, Staudinger u. a. Die Marburger Schule.

1. Hermann Cohen.

Über ihn vgl. außer den älteren Schriften von *Lindheimer* (S. 610) und *Tocco, L'idealismo critico del Cohen*, Napoli 1887, jetzt vor allem das Festheft der ›Kantstudien‹ (XVII, 3) zu Cohens 70. Geburtstag (4. Juli 1912), mit wertvollen Beiträgen von P. Natorp, A. Görland, E. Cassirer und W. Kinkel. Von Dissertationen: *R. Odebrecht, Cs. Philos. der Mathematik*. Erlangen 1906. *J. Weise, Die Begründung der Ethik bei E. Cohen*. Erl. 1911. Aus dem Jahre 1918 die *Gedächtnisreden* von *E. Cassirer* und *P. Natorp* (Marb. 1918), ferner *Natorp, Cohens philosoph. Leistung*, Berl. 1918.

a) *Schriftstellerische Entwicklung*. Hermann Cohen, geb. 1842, Herbst 1873 Privatdozent, nach Langes Tode 1876 ordentlicher Professor der Philosophie in Marburg, seit Herbst 1912 in Berlin lebend, wo er am 4. April 1918 starb. Er ist nie, wie man bisweilen liest, ein Anhänger oder gar Schüler Langes gewesen, sondern hat sich vollkommen selbständig zum Neukantianer entwikkelt; im Gegenteil, Lange steht in der zweiten Auflage seines Hauptwerks, wie er selbst ausdrücklich erklärt, hinsichtlich der Auffassung Kants unter dem Einflusse des jüngeren Kollegen. Ebensowenig war Cohen der Kantphilologe, als den man ihn anfangs nahm, weil sein erstes Werk: *Kants Theorie der Erfahrung* (1871) die Forderung aufstellte, daß, wer über Kant urteilen wolle, sich vor allem erst einmal den historischen, urkundlich vorhandenen Kant zu eigen machen müsse, und daß der letztere zu diesem Zwecke „mit philologischer Genauigkeit“ zu behandeln sei. Vielmehr schwebte ihm von Anfang an eine Verbindung der historisch-philologischen Aufgabe mit dem systematischen Gesichtspunkt, eine Weiterbildung von Kants System, eine Neubegründung des Kritizismus vor. Das macht sich bei jedem folgenden Werke in steigendem Maße geltend. Schon das nächste Buch: *Kants Begründung der Ethik* (1877) redet von einer „Auslegung“ der Kantischen Lehre, von einer zwar „gemäß der kritischen Methode und im Anschluß an Kants Worte“ erfolgenden, aber „selbständigen Behandlung der philosophischen Probleme“. Kants Philosophie bedeutet ihm: Philosophie als Wissenschaft, Kants Begründung die erkenntnistheoretische Begründung der Ethik, in die deshalb als erster Teil die bei Kant der theoretischen Philosophie angehörige Ideenlehre einbezogen wird. Die *zweite Auflage* von *Kants Theorie der Erfahrung* (1885) bringt sodann eine einschneidende Neubearbeitung der Kantischen Erfahrungslehre. Vor allem wird noch entschiedener die Einheit des Bewußtseins als die Einheit der Grundsätze geltend gemacht und als Kern der letzteren, im Anschluß an die kurz vorher erschienene kleinere Schrift über *Das Prinzip der Infinitesimalmethode* (1883), der Grundsatz der intensiven Größe hervorgehoben. Nachdem so die beiden ersten Teile des Kantischen Systems, Erfahrungslehre und Ethik, bearbeitet waren, brachte das dritte Werk, *Kants Begründung der Ästhetik* (1889), eine mit reichen eigenen Ausführungen ausgestaltete Begründung der Ästhetik in und aus dem Systeme der kritischen Philosophie, mit klärenden systematischen Rückbeziehungen auf jene beiden ersten Erzeugungsweisen des Bewußtseins. Und ganz „frei von dogmatischer Abhängigkeit" prüfte die *Einleitung mit kritischem Nachtrag zu F. A. Langes Geschichte des Materialismus in fünfter Auflage* (1896) das Verhältnis der Logik zur Physik und das der Ethik zur Religion und Politik; wozu die 1902 erschienene *siebente* Auflage noch zwei Abschnitte über „das Verhältnis der Philosophie zu ihrer Geschichte" und „das Verhältnis der Psychologie zur Metaphysik" fügte. Diejenigen aber, die trotz alledem Cohen noch vorzugsweise als Kant-Interpreten auffaßten, erhielten endgültige Aufklärung durch den ersten Teil seines *Systems der Philosophie* (Berlin 1902), der in seinem Sondertitel *Logik der reinen Erkenntnis* zum erstenmal auch äußerlich den Namen Kants abwarf und, wenngleich unter Anlehnung an die kritische Methode, ein eigenes systematisches Lehrgebäude errichtete.

b) *Das System des methodischen Idealismus.* Entsprechend den drei großen Richtungen der allgemeinen Kultur, in denen sich zugleich die verschiedenen Erzeugungsweisen des menschlichen Bewußtseins darstellen, nämlich: Wissenschaft, Sittlichkeit und Kunst, zerfällt nach Cohen das System der Philosophie in Logik, Ethik und Ästhetik; dazu sollte als viertes Glied die nicht mehr zustande gekommene Psychologie, als die „Lehre vom Menschen in der Einheit seines Kulturbewußtseins" treten.

I. *Die Logik der reinen Erkenntnis.* (2. Aufl. 1914).

Logik bedeutet in dem umfassenden und doch zugleich sehr speziellen Sinn, in dem Cohen das Wort versteht: Logik der Mathematik und, durch sie, der mathematischen Naturwissenschaft (Physik). In der von der *Kritik der reinen Vernunft* vollzogenen Scheidung zwischen Logik und Metaphysik sieht er die weltgeschichtliche Tat Kants, von der alle gesunde philosophische Forschung auszugehen hat. Die mächtigen und schöpferischen Geister in der Philosophie haben zu allen Zeiten nach diesem Kompaß gesteuert: Parmenides, Pythagoras, Demokrit und Plato im Altertum, Galilei, Kepler, Newton als Begründer der modernen Naturwissenschaft, Nikolaus von Kusa, Descartes und Leibniz als Urheber der neueren Philosophie. Freilich nicht ohne Irrungen und Abweichungen von der selbstgesetzten Richtlinie. Selbst der größte unter ihnen, Immanuel Kant, hat die eigene, kritische Methode noch nicht völlig konsequent ausgestaltet. Eine solche Inkonsequenz bezw. Mangelhaftigkeit der systematischen Durchbildung erblickt Cohen namentlich in Kants Ausgehen von der reinen Sinnlichkeit. Wenn nur das reine Denken das Bestimmbare bestimmen, d. i. wahres Sein erzeugen kann, so darf es seinen Ursprung nicht in irgendwelchem „Gegebenen“, d.i. einem Etwas außerhalb seiner selbst haben. Nicht mit der reinen Anschauung, sondern mit dem reinen Denken hat die Philosophie zu beginnen: also mit einer tranzendentalen Logik. Denn das Denken der Logik ist das sich selbst erzeugende Denken der Wissenschaft, die Logik ist Logik des Ursprungs, aus dem sie alle reinen Erkenntnisse ableitet.

Die Grundform des Seins, d. i. Denkens, ist nicht der Begriff, sondern das Urteil, das sich seinerseits in den Kategorien, als seinen Grundrichtungen, vollzieht, die den reinen Erkenntnissen oder Gesetzen der Gegenstände, d. i. der Verwandlungsformen des Seins, entsprechen und aus den Arten und Richtungen dieser reinen Erkenntnisse abzuleiten sind. Cohen unterscheidet:

1. Die Urteile der Denkgesetze: a) des Ursprungs, b) der Identität, c) des Widerspruchs.
2. Die Urteile der Mathematik: a) der Realität, b) der Mehrheit, c) der Allheit.
3. Die Urteile der mathematischen Naturwissenschaft: a) der Substanz, b) des Gesetzes, c) des Begriffs.
4. Die Urteile der Methodik: a) der Möglichkeit, b) der Wirklichkeit, c) der Notwendigkeit.

Auf diese methodische Grundlegung und in dem Rahmen dieser Klassifikation folgen nun die weitverzweigten und tiefgehenden, beständig mit den philosophischen Klassikern wie mit den Grundproblemen und Grundbegriffen der Wissenschaften bis in ihre feinste Verästelung sich auseinandersetzenden Einzelausführungen des Werkes zu dem *A. Görland* einen ausführlichen, sorgfältigen *Index* (Berlin 1906) geliefert hat.

II. *Die Ethik des reinen Willens* (1904, 2. Aufl. 1907).

Der Logik des reinen Denkens entspricht die Ethik des reinen Wollens. Wie jene auf die Mathematik, so wird diese auf die Rechtswissenschaft, als die „Mathematik der Geisteswissenschaften“, begründet. Die Ethik ist die Prinzipienlehre der Philosophie von Recht und Staat. Der reine Wille ist vom Affekt, selbst dem religiösen, loszulösen; aber er darf nicht bloß Gesinnung bleiben wollen, sondern muß sich in Handlung, diesen Grundbegriff des Rechtes, umsetzen. Doch bedeutet die Handlung ebensowenig, wie in der reinen Logik der Begriff, etwas Abgeschlossenes, sondern eine Aufgabe, in der die Bewegung des Affekts mit der Ruhe des Denkens sich verbindet. Der Ursprung des sittlichen Ich liegt in der Idee des Nebenmenschen und damit der Menschheit überhaupt, die wissenschaftlich nicht in Religion und Ästhetik, sondern nur als höchstes Rechtsprinzip durchgeführt werden kann. Der Begriff der juristischen Person, vor allem in der Genossenschaft, ist eine Folgerung aus dem Grundbegriff der einheitlichen moralischen Persönlichkeit; sie erweitert sich schließlich zu dem Inbegriff, zur rechtlichen Verfassung einer Vielheit dieser Persönlichkeiten: dem Staate. Die Ethik ist es, welche die natürliche Gemeinschaft des Volkes zur sittlichen des Staates erhebt. Und da der Wille des Staates sich in Gesetzen bekundet, so muß das ungeschriebene Gesetz des

Selbstbewußtseins der Leitstern der positiven Satzungen werden, muß an die Stelle des auch von Kant noch als obersten Rechtsprinzips festgehaltenen Zwanges die Rechtsnorm treten, die für alle gilt und von der Rücksicht nicht auf die Vergangenheit, sondern auf die Zukunft diktiert ist. In der von Kant formulierten Idee des Menschen als Selbstzweck liegt das sittliche Programm der neuen Zeit, das Ziel der modernen Politik und modernen Ethik. In ihr verbindet sich die antike Staatsidee mit dem christlich-protestantischen Gedanken des freien Individuums zur Idee der Gesellschaft, des Sozialismus. Die Autonomie des sittlichen Selbstbewußtseins beweist sich als Selbstgesetzgebung, d.h. Gesetzgebung des und zum Selbst, als Selbstbestimmung im Vorsatz zur einzelnen Handlung, als Selbstverantwortung bei aller Kausalität der Natur, endlich als Selbsterhaltung in der Idee der Strafe und der ausnahmslosen Durchführung theoretischer wie sittlicher Kultur.

Auf die Grundlegung (Kap. 1-7) folgt die angewandte Ethik (Kap. 8-16). Die Wirklichkeit des Sittlichen besteht in seiner beständigen Verwirklichung, in der Ewigkeit des sittlichen Fortschritts. Der Idee Gottes bedarf die Ethik zwar keineswegs zu ihrer Begründung, wohl aber zu einem befriedigenden Abschluß, weil nur sie die Übereinstimmung von Natur und Sittlichkeit gewährleistet. Grundbegriff der angewandten Ethik ist die Tugend, in der sich Gesinnung mit Betätigung in stetigem Handeln eint. Es werden von Tugenden unterschieden: Wahrhaftigkeit, Bescheidenheit, Tapferkeit, Treue, Gerechtigkeit und Humanität. Die Wahrhaftigkeit ist die eigentliche Tugend der Wissenschaft, der allen ohne Ausnahme zugänglich zu machenden Bildung, der Philosophie und schließlich auch wahrer Politik (allgemeine Staatsschule, allgemeines Wahlrecht); die Bescheidenheit die der Kritik, der Gescheitheit, der Geduld, der Sachlichkeit, des Friedens mit sich und anderen gegenüber aller Sittenrichterei, allem Dünkel, falschem Heroentum und Chauvinismus, allem Neid und Haß. Die Tapferkeit bedeutet nicht bloß Mut, Selbstzucht und Standhaftigkeit im Leiden, sondern auch den Fleiß der Kulturarbeit, insbesondere der politischen, entgegen dem Übermenschentum, der Herrenmoral, der falschen Ritterlichkeit und der Herrschsucht. Die Treue oder Beharrlichkeit bedeutet Stetigkeit der eigenen Entwicklung, zeigt sich gegenüber den anderen in der Freundschaft, Keuschheit und Ehe, arbeitet an der Ethisierung der Religion und bewährt sich in der Hingabe an Familie, Volk und Staat. Die spezifische Tugend des Rechtes und des Staates aber ist die Gerechtigkeit. Recht und Staat können durch Liebe nicht ersetzt werden; die Gerechtigkeit erfordert den Staat und eine methodische Rechtswissenschaft, deren wichtigstes Problem das Verhältnis der Person zur Sache ist. Die Teilung der Arbeit darf nicht so weit gehen, daß die Einheit der Persönlichkeit vernichtet wird; das Verhältnis von Arbeitsprodukt und Arbeitsertrag bildet die Grundfrage der sittlichen Kultur, das Problem des Eigentums die alte *crux* der Ethik. Aus dem empirischen Machtstaat der Stände und herrschenden Klassen muß der Rechtsstaat werden, der das Menschenrecht verwirklicht. So gipfeln in der Gerechtigkeit alle anderen Tugenden; sie ist die Tugend des sittlichen Ideals, im festen Glauben an eine neue Welt. Die notwendige Ergänzung endlich zum strikten Rechte für die Unerschöpflichkeit der Einzelfälle bildet die Billigkeit. Sie vertieft sich, indem ich jeden Menschen nach meinem eigenen Werte zu behandeln lerne, zur letzten Tugend, der Humanität oder Menschlichkeit, dem Zentrum und Richtmaß aller anderen.

III. *Die Ästhetik des reinen Gefühls* (2. Bde. 1911).

Die Ästhetik ist nach C. weder Kunstgeschichte, d. i. Geschichte der Künstler, noch Kunstwissenschaft, d. i. bloße Logik der Kunst, sondern das dritte notwendige Glied des Systems: Philosophie der Kunst als der dritten großen Kulturtatsache der Menschheit, die gegenüber Logik und Ethik eine neue, eigene, von jenen beiden grundsätzlich unterschiedene und ihnen doch gleichwertige Art der Gesetzlichkeit verlangt. Die Gesetzlichkeit besteht hier wie dort in der methodischen Grundlegung durch eine besondere den Gegenstand erst erzeugende Art des Bewußtseins; sie liegt für das ästhetische Bewußtsein im reinen Gefühl. Denn die Urform des Bewußtseins ist das Fühlen, das in dem Bewegungsgefühl der Empfindung seinen ersten Inhalt erzeugt, aber, um ‚rein' zu werden, der methodischen Vorbedingungen des reinen Denkens wie des reinen Willens bedarf. Die Grundform der Bewegung wirkt ebenso in dem Tastsinn der Plastik und in der Erzeugung der menschlichen Gestalt, wie in dem Rhythmus der Musik und der Rührung, die sie erweckt, und in ihrer höchsten Vollendung, der Liebe, der Liebe zu der Natur des Menschen und dem Menschen der Natur. Natur wie Sittlichkeit sind Stoff der Kunst, die sich objektiviert im Kunstwerk. Der Oberbegriff aller Kunst ist die Idee des Schönen, von dem das Erhabene und der Humor nur einzelne Momente darstellen. Und als unendliche Aufgabe gefaßt, führt das Schöne auch zur Entwicklung, zur Geschichte der Kunst, wie anderseits zur subjektiven Erfüllung im reinen Selbst. Dabei bleibt das ästhetische Gefühl doch unabhängig von dem religiösen.

Von diesem systematischen Standpunkt des reinen Gefühls aus werden dann die einzelnen Künste und die Werke des künstlerischen Genius beleuchtet. Die innere Sprachform aller Künste ist die Poesie, während aus der Notenbegriffssprache die Sprache des musikalischen Gefühls herauswächst. Der Oberbegriff der bildenden Künste ist die Baukunst, aus der durch das Hinzukommen der sittlichen Vorbedingung Plastik und Malerei hervorgehen. Auf die reiche Ausführung dieser Grundgedanken, die den Hauptreiz des Werkes bildet, können wir hier nur hinweisen.

Die reine Erkenntnis (Logik), der reine Wille (Ethik), das reine Gefühl (Ästhetik) bilden vereinigt die Einheit des Kulturbewußtseins, welches die Psychologie erforscht und beschreibt. Der vierte Teil von Cohens System des Idealismus oder methodischen Rationalismus, die Psychologie, ist nicht mehr erschienen.

Seine religionsphilosophische Stellung legte eine kleinere Schrift *Religion und Sittlichkeit, eine Betrachtung zur Grundlegung der Religionsphi-*

losophie (1907), dar. *Der Begriff der Religion im System der Philosophie* (Gießen 1915) bestimmt die Religion in ihrem Verhältnis zu Logik, Ethik, Ästhetik und Psychologie, denen sie als wenn auch nicht gleich selbständiges, so doch eigenartiges Glied des Systems zur Seite tritt, indem sie die „Einigkeit" Gottes und der Menschenseele betont. Daneben erfuhr seine frühere Darstellung der Kantischen Ethik eine umfassende Erweiterung, indem sein Buch von 1877 (s. oben) in um mehr als die Hälfte erweitertem Umfang (557 statt 328 Seiten) unter dem Titel *Kants Begründung der Ethik nebst ihren Anwendungen auf Recht, Religion und Geschichte* (Berlin 1910) neu erschien. Cohen behandelt hier zum ersten Male ausführlicher Kants Rechts-, Religions- und Geschichtsphilosophie.

Als echter Jünger Kants hat Cohen in Lehre und Schrift das Hauptgewicht stets mehr auf die Methode des Philosophierens als auf den fertigen Inhalt philosophischer Lehrsätze gelegt. Daher sind denn auch die von ihm beeinflußten Denker, die wir nun (Nr. 2-4) folgen lassen, nicht als Schüler, die auf des Meisters Worte schwören, sondern als Denker aufzufassen, die von ihm nur die methodische Grundrichtung empfangen, sich dann aber selbständig nach verschiedenen Seiten weitergebildet haben. Dahin gehören zunächst sein langjähriger Marburger Kollege Natorp, ferner Stammler, Staudinger, K. Vorländer, A. Stadler, K. Lasswitz. In engerem Anschluß an Cohen und Natorp steht die sogenannte „Marburger Schule" (s. unten).

2. Paul Natorp.

a) *Schriften.* Natorp, geboren 1854, seit 1885 Professor in Marburg, ging ursprünglich von Laas' (vgl. § 77) Positivismus aus. Allein schon seine erste größere Arbeit über *Descartes' Erkenntnistheorie* (1882) ist unter dem Einflusse des (Cohenschen) Kritizismus geschrieben, dessen Methode er dann in eigenartiger Weise weitergebildet und fast auf alle philosophischen Fächer angewandt hat, wie die folgenden Titel seiner wichtigeren Schriften zeigen: *Forschungen zur Geschichte des Erkenntnisproblems im Altertum* (1884); *Einleitung in die Psychologie nach kritischer Methode* (1888), jetzt völlig umgestaltet und bedeutend erweitert zu dem Buch: *Allgemeine Psychologie nach kritischer Methode* (1912); *Religion innerhalb der Grenzen der Humanität* (1894, 2. erweiterte Auflage 1908); *Herbart, Pestalozzi und die heutigen Aufgaben der Erziehungslehre* (1899); *Sozialpädagogik. Theorie der Willenserziehung auf der Grundlage der Gemeinschaft* (1899, 3. Aufl. 1909); *Die logischen Grundlagen der exakten Wissenschaften* (1910). Eine Ergänzung zur Sozialpädagogik bieten die *Gesammelten Abhandlungen zur Sozialpädagogik, I.: Historisches* (Stuttgart 1907), das die Grenzgebiete beider Wissenschaften regelnde Werk *Philosophie und Pädagogik* (Marburg 1909) und die populär gehaltenen Vorträge über *Volkskultur und Persönlichkeitskultur,* Leipz. 1911. Ferner hat Natorp kürzere Hefte über *Philosophische Propädeutik, Logik* (2. Aufl. 1910), *Allgemeine Psychologie, Pädagogische Psychologie* (1901), *Allgemeine Pädagogik in Leitsätzen zu akademischen Vorlesungen* (Marburg 1903 ff.) herausgegeben. Eine knappe Zusammenfassung seiner Ansichten gibt das kleine Buch: *Philosophie, ihr Problem und ihre Probleme, eine Einführung in den kritischen Idealismus* (Göttingen 1911, 2. Aufl. 1918). Auch sein Plato-Werk (Buch I, S. 76) trägt zugleich den systematischen Charakter einer „Einführung in den Idealismus". Zeitgemäße Einzelfragen der Pädagogik, besonders die: Religionsunterricht oder nicht?, hat Natorp häufig behandelt und die Schriften des von ihm an die Spitze der Pädagogen gestellten Pestalozzi, mit einem Einleitungsband über *Pestalozzis Leben und Wirken,* in Greßlers *Klassikern der Pädagogik* Bd. XXIII-XXV (Langensalza 1905) in Auswahl herausgegeben. Am zusammenhängendsten hat er seine Theorie bisher in der *Sozialpädagogik* entwickelt, die in ihrem ersten Teile auch eine erkenntniskritische Grundlegung gibt.

b) *Theoretische Philosophie.* Die Logik (Erkenntniskritik) will nicht, wie die Naturwissenschaft, die zeitliche Ordnung der Erscheinungen unter dem Gesichtspunkte von Ursache und Wirkung erforschen, sondern ist ausschließlich auf die Einheit der Erkenntnis und deren Bedingungen gerichtet; logische und mathematische Gesetze gelten unterschiedslos und zu aller Zeit. Nur auf erkenntniskritischem Wege, nämlich durch Unterordnung unter die „kategorialen Grundbestimmungen": Zahl, Zeit, Ort, Größe, Ding, Ursache usw., entsteht Verknüpfung der sogenannten „Tatsachen", und im weiteren Verlaufe Gesetzlichkeit dieser Verknüpfung, d. i. Naturerkenntnis. Erkenntnis ist dabei zu verstehen als unendlicher Prozeß *(fieri),* logische Aufgabe, denn Tatsachenbestimmung gibt immer nur Näherungswerte; Aufgabe der Naturwissenschaft kann es nur sein, „Unbestimmtheiten immer enger in Grenzen des Denkens einzuschließen". So bleibt auch der „Gegenstand" für die wissenschaftliche Erkenntnis stets unendliche Aufgabe. Letzter Grund und Ausgangspunkt der Logik ist das Prinzip des Ursprungs (vgl. Cohen), das zugleich den systematischen Zusammenhang, d.h. die Möglichkeit des Fortgangs im Denken bedeutet. Der Urakt des logischen Denkens ist eine begriffliche Neuschöpfung. Es folgt der logische Aufbau der exakten Wissenschaften. Zunächst der Mathematik in: Zahl und Rechnung, Unendlichkeit und Stetigkeit, Richtung und Dimension als Bestimmungen der reinen Zahl. Dann der mathematischen Physik: Mathematische Gesetze der Zeit und des Raumes, zeitlich-räumliche Bestimmung des Existierenden, mechanische Prinzipien, Übergang zur Physik, Energie- und Relativitätsprinzip, durch das die Eindeutigkeit der Naturgesetze nicht berührt wird.

Natorps „Allgemeine Psychologie" will die logischen Grundlagen dieser Wissenschaft klären, also eine Art Philosophie der Psychologie sein, indem sie vor allem nach deren Objekt und Methode fragt. Objekt oder Problem der

Psychologie ist die „Totalität alles Erlebten" oder der Gesamtinhalt des Bewußtseins. Die Methode hat davon auszugehen, daß einunddieselbe Erscheinung einerseits Erscheinung für ein Bewußtsein, anderseits Erscheinung eines Gegenstandes ist. Das Physische ist immer auch psychisch, das Psychische zeigt sich stets körperlich; beide bilden eine Einheit in steter Wechselbeziehung aufeinander (korrelativistischer Monismus). Gegenüber der objektiven Erkenntnis der Gesetzeswissenschaften, von denen die Naturwissenschaft auch alle psychischen Erscheinungen uneingeschränkt zu bearbeiten hat, geht die philosophische Psychologie weder in naturwissenschaftlicher Kausalgesetzlichkeit noch in bloßer Beschreibung auf, sondern sucht das Unmittelbare im Bewußtsein zu „rekonstruieren", gedanklich wiederzuerzeugen.

c) *Praktische Philosophie.* Das Gesetz der Einheit, als Grundgesetz des Bewußtseins, ist auch für die Ethik, die Zielsetzung des Willens, gültig. Kants formales Sittengesetz bedeutet nichts anderes als unbedingt einheitliche Ordnung der Zwecke, unter der Leitung des aus dem „Triebe" durch den „Willen im engeren Sinne" zur höchsten möglichen Konzentration sich erhebenden „reinen oder Vernunftwillens". Aus den drei „Grundfaktoren der Aktivität" (Trieb, Wille, Vernunft) leitet Natorp sodann – in freier Anlehnung an Plato – ein „System der individuellen Tugenden" ab: der Wahrheit als Tugend der Vernunft, der Tapferkeit oder sittlichen Tatkraft als Tugend des Willens, der Reinheit oder des Maßes als Tugend des Trieblebens, endlich der Gerechtigkeit als Einheit der übrigen und zugleich individuellen Grundlage der sozialen Tugend. Menschenbildung ist nur in menschlicher Gemeinschaft möglich. Die „Sozialpädagogik" handelt daher ebensowohl von den „sozialen Bedingungen der Bildung" als von den Bildungsbedingungen des sozialen Lebens.

Auf dem Gebiete der Sozialphilosophie ergeben sich als die drei Hauptstufen des sozialen Lebens: Arbeitsgemeinschaft, äußere soziale Willensregelung durch Technik und Recht (vgl. *Stammler* S. 623) und vernünftige Kritik der letzteren unter dem Gesichtspunkte unbedingter Einheit der Zwecke. Ihnen entsprechen, als die drei Grundklassen sozialen Tuns, die wirtschaftliche, regierende und bildende Tätigkeit, die in dem einen letzten Zweck der Menschenbildung zusammenlaufen. Das „Grundgesetz der sozialen Entwicklung" in Natorps Sinn will kein Natur- oder Erfahrungsgesetz, sondern ein regulatives „Gesetz der Idee" sein, das, über die Vorstufen der Naturerkenntnis – Technik – äußeren sozialen Regelung, bis zu dem obersten Ziel- und Leitgedanken einer einheitlichen Ordnung der Zwecke vordringt. Das sittliche Endziel der sozialen Entwicklung erblickt Natorp, an Pestalozzi erinnernd, in der „allseitigen Entfaltung des Menschenwesens im lückenlosen, harmonischen Zusammenhang seiner Grundkräfte".

Den Weg zur Annäherung an dieses soziale Ideal weist die soziale Pädagogik als Organisation und Methode der Willenserziehung; 1. als Organisation in Haus (Familie), Schule und öffentlichem Gemeinleben der Erwachsenen (freier Selbsterziehung); 2. als Methode in Übung und Lehre, enger Gemeinschaft von Lehrenden und Lernenden. Im Gegensatz zu Herbarts vielgepredigter Lehre vom „erziehenden Unterricht“ (vgl. Anm. 61) verficht Natorp auch auf dem Felde der theoretischen Pädagogik Kants reinliche Scheidung der einzelnen Bewußtseinsgebiete (Verstand, Wille, Gefühl), indem er den Anteil des Verstandes, der ästhetischen und der religiösen Bildung an der Willenserziehung untersucht und zugleich in Anlehnung an Pestalozzi die formalen Grundelemente der Vorstellung und die Selbsttätigkeit des Lernenden besonders betont.

Neben Wissenschaft, Sittlichkeit und Kunst besitzt die Religion keine ihr allein eigentümliche Gestaltungsweise, wohl aber einen ihr eigenen Quell im Gefühl: Gefühl, im Sinne Schleiermachers (dem Natorp hier weit näher steht als der Kantischen Religionsphilosophie), als Unmittelbarkeit subjektivsten, innerlichsten Lebens, das alles Denken und Wollen in sich auflöst und sich selbst als unendlich fühlt. Mit diesem Unendlichkeitsgefühl wird der Humane freilich keinen Jenseitsglauben mehr verbinden, sondern den wahren Grund und die reinste Form der Religiosität in echter Menschlichkeit (Humanität) erblicken, unter Wegfall aller Dogmatik und des unwahren Anspruchs auf wissenschaftliche Objektivität, unter Verzicht auf eine andere „Rechtfertigung“ und „Erlösung“ als durch den „Glauben“ an die unendliche Aufgabe des Sittengesetzes.

3. Rudolf Stammler.

J. Breuer, Der Rechtsbegriff auf Grund der Stammlerschen Sozialphilosophie 1912. *P. Natorp, Recht und Sittlichkeit in: Kantstud.* XVIII. Vgl. auch Stammlers eigene kurze Zusammenfassung seiner Lehre in: *Wesen des Rechtes und der Rechtswissenschaft* (Teubners *Kultur der Gegenwart* II, 8), 1906; *Begriff und Bedeutung der Rechtsphilosophie* (*Ztschr. f. Rechtsphilosophie*) 1913.

Stammler (geb. 1856, lange Professor der Rechte in Halle, jetzt Berlin) hat die kritische Methode vor allem auf das sozial- und rechtsphilosophische Gebiet übertragen: auf ersteres in seinem Werke *Wirtschaft und Recht nach der materialistischen Geschichtsauffassung* (1896, 3. Aufl. 1914), auf das letztere in der *Lehre von dem richtigen Rechte* (1902) und *Theorie der Rechtswissenschaft* (1911).

a) *Sozialphilosophie.* Das erste Buch unternimmt eine systematische Begründung des sozialen Idealismus auf dem Grunde Kantischer Erkenntniskritik, die gegenüber Dogmatismus und Skeptizismus, Materialismus und Spiritualismus, psychologischer und genetischer Betrachtungsweise als die richtige Methode erkannt und durchgeführt wird. Zunächst wird der Gegenstand der Sozialwissenschaft, das soziale Leben, begrifflich festgestellt als das „durch äußerlich verbindende Normen geregelte Zusammenleben von Menschen", dessen „Materie" die Wirtschaft, dessen „Form" das Recht bildet. Es gilt weiter, nach einem Worte Natorps „alles Erfahrbare in einer Einheit des gesetzlichen Zusammenhangs zu begreifen", somit das soziale Leben als einen „Monismus" zu verstehen. Zu dessen Begründung hat den wertvollsten Beitrag bis jetzt die sogenannte materialistische Geschichtsauffassung (der Marxismus) geliefert, indem sie auf den Zusammenhang der geistigen mit den zugrunde liegenden ökonomischen Bewegungen hinwies. Alle Wandlungen der Gesellschaft müssen nach einer einheitlichen Methode als Glieder einer und derselben sozialen Erfahrung begriffen werden: es kann auch hier nur eine Kausalität geben. Aber neben der kausalen Erklärung, die nach Ursache und Wirkung forscht, existiert als gleichberechtigter Standpunkt der der teleologischen Beurteilung, die nach Mittel und Zweck bis hinauf zu der obersten Einheit möglicher Zwecksetzung, dem Endzweck fragt. Die konkreten sozialen Bestrebungen erwachsen freilich stets aus gegebenen sozialen Zuständen, aber sie unterliegen der Leitung nach Wünschen und Zielen der Menschen, deren oberster Maßstab nur der formale Gedanke, d. i. richtunggebende einheitliche Gesichtspunkt eines Endzwecks (Endziels) sein kann. Als solches erscheint Stammler die „Gemeinschaft frei wollender Menschen", in der „ein jeder die objektiv berechtigten Zwecke des anderen zu den seinigen macht".

b) *Rechtsphilosophie.* Die rechtsphilosophische Ergänzung dieser Sozialphilosophie brachte Stammler zunächst in der *Lehre vom richtigen Recht.*

Recht und Ethik haben zwar den gleichen Stoff, aber verschiedene Aufgaben. Wenn auch das Recht, d. i. der Zwangsversuch zum Richtigen, zu seiner vollkommenen Erfüllung der sittlichen Lehre bedarf, wie diese des richtigen Rechts zu ihrer Verwirklichung, so ist doch die wissenschaftliche Begründung beider nach kritischer Methode zu scheiden. Wissenschaft geht auf Einheit, reine Wissenschaft auf unbedingte Einheit. Zu dem geschichtlichen (gesetzten, positiven) Recht als Stoff ist im Begriffe des richtigen Rechts die logisch bedingende Form (Kants a priori) zu suchen. Da nun die rechtliche Regelung dazu da ist, ein bestimmtes Verhalten der ihr Unterstellten zu bewirken, so ist eine systematische Gesetzmäßigkeit der Zwecke, d.h. zu bewirkender Gegenstände herzustellen, die nicht den kausalen Verlauf irgendeines zeitlichen Geschehens, sondern die einheitliche Verknüpfung von Bewußtseinsinhalten im Auge hat. Als Norm und Grundgesetz dieser Einheit der Zwecke kann weder Freiheit noch Gleichheit, weder Nutzen und Wohlfahrt, auch wenn sie unter dem schönen Namen „Gemeinwohl" verkappt sind, noch Vollkommenheit in Frage kommen, sondern nur der formale Gedanke der Einheit selber, der in jenem sozialen Ideal der „Gemeinschaft frei wollender Menschen" seinen Ausdruck findet. Er enthält, als die Einheit seiner Bedingungen, die Idee des „richtigen" Rechtes. Aus ihr sind dann die „Grundsätze" des letzteren, insbesondere die der gegenseitigen Achtung und wechselseitigen Teilnahme, und in weiterer Abstufung die „Vorbilder" desselben bis herab zu den „begründeten Urteilen im Einzelfalle" abzuleiten.

In noch umfassenderer Weise sucht Stammlers drittes Werk, die *Theorie der Rechtswissenschaft* (1911), eine reine Rechtslehre nach formal-kritischer Methode zu begründen, wie Kant selbst sie nicht ausgeführt hat, da seine *Rechtslehre* „die kritische Methode fallen ließ und in den Bahnen des damals herrschenden Naturrechts verblieb". Stammlers Theorie dagegen will „die allgemeingültige Art und Weise des juristischen Denkens" feststellen im Sinne der kritischen Methode, die nach unbedingter systematischer Einheit strebt. Zu dem Ende wird zunächst der Begriff des Rechts untersucht und letzteres schließlich als das unverletzbar selbstherrlich verbindende Wollen bestimmt. Geltung des Rechts bedeutet die Möglichkeit seiner Durchsetzung; das geltende Recht bleibt ein Teil des gesetzten Rechts und hängt mit seiner Beziehung auf bestimmte Menschen zusammen. Aus dem obersten Begriffe des Rechts leiten sich dessen Kategorien, d.h. diejenigen Grundbegriffe ab, welche die Jurisprudenz erst zur Wissenschaft machen: z.B. vom Wollen die des Rechtssubjekts und -objekts, vom Verbinden die des Rechtsgrundes und Rechtsverhältnisses usf. Aus diesen einfachen entstehen dann durch ihre Kombination 24 „zusammengezogene" Grundbegriffe, weiter zeitlich und logisch „einreihende". Aus den einfachen rechtlichen Grundbegriffen ergeben sich auch die Grundaufgaben des Rechts. Die Methodik des Rechts besteht in der eigentümlichen juristischen Begriffbildung, der Geschlossenheit der Rechtsbetrachtung und der Darlegung der verschiedenen Arten der Rechtssätze, worauf dann der einheitliche Zusammenschluß in der juristischen ‚Konstruktion' folgt. Das System, d.h. die erschöpfend gegliederte Einheit des Rechts, leitet zunächst aus dem Rechtsgedanken die „reinen" Einteilungen des Rechts ab, behandelt sodann das systematische Einteilen bestimmter Rechtsordnungen und weist schließlich auf die Unbegrenztheit des Rechtsgedankens hin. Damit ist der Übergang zur Rechtsidee gegeben, d. i. dem „Gedanken eines unbedingt gültigen Verfahrens, den Inhalt aller jemals möglichen Zwecke und Mittel einheitlich zu richten", wobei das rechtliche Wollen der Idee des ‚freien' Wollens überhaupt untergeordnet wird. Von diesem obersten Gipfel der Rechtsphilosophie führen dann die letzten Abschnitte des umfassenden Werkes (850 S.) wieder zu den Anwendungen: der Technik, der Praxis und der Geschichte des Rechts zurück, von denen der letzte mit einem Ausblick auf den Endzweck des ganzen menschlichen Getriebes schließt.

4. Weitere Neukantianer. – Die Marburger Schule.

1. Franz Staudinger (geb. 1849, Gymnasialprofessor a. D. in Darmstadt) ist, neben K. Vorländer (s. u.), derjenige unter den Neukantianern, der die Möglichkeit einer Vereinigung von Marxismus und Kritizismus am schärfsten zum

Ausdruck bringt. Er sucht die intellektuellen, ethischen, religiösen und sozialen Fragen methodisch einheitlich, nach ihrer Funktion wie nach ihrer Entstehung, zu verbinden. Seinem methodischen Standpunkte nach steht Staudinger seiner eigenen Angabe zufolge Cohen, Natorp, Stammler und Vorländer am nächsten; doch hält er Kants Lehre, daß Raum, Zeit und Kategorien im Bewußtsein begründet seien, für eine ontologische Behauptung. Die „Einheit des Bewußtseins" ist ihm nur die methodische Form, in der Einheit der Wissenschaft zustande kommt; diese weist aber auf eine Welteinheit, die nicht als Einheit des Bewußtseins zu fassen ist. Hauptschriften außer den *Noumena* (oben S. 430): *Das Sittengesetz, Untersuchungen über die Grundlagen der Freiheit und Sittlichkeit* (Berlin 1887), *Ethik und Politik* (1899), *Die wirtschaftlichen Grundlagen der Moral* (1906). Neuerdings hat er seine sozialphilosophischen Anschauungen zusammengefaßt in *Kulturgrundlagen der Politik* (Jena 1914), die alles Gemeinschaftsleben auf vier sich beständig kreuzende und verflechtende Willensformen: Kampf, Beherrschung, Tausch und Gemeinschaftlichkeit, zurückführen.

Karl Vorländer (geb. 1860, Gymnnasialprofessor in Solingen, Sohn des S. 538 genannten Philosophen Franz Vorländer) hat sich hauptsächlich mit der Anwendung der kritischen Methode auf das Gebiet der praktischen Philosophie beschäftigt. Insbesondere sucht er zu zeigen, wie sehr gerade diese Methode zu einer philosophischen Vertiefung der Sozialwissenschaft geeignet und mit der entwicklungsgeschichtlichen des Marxismus vereinbar ist *(Kant und Marx*, Tüb. 1911). Seine Arbeiten über die Methode der Kantischen Ethik s. S. 457, seine Ausgaben Kantischer Werke und seine Kantbiographie S. 417, 420 f. Seine Untersuchungen über das Verhältnis von Schiller und Goethe zur Philosophie überhaupt, besonders der Kantischen, wurden später zusammengefaßt in dem Buche *Kant-Schiller-Goethe* (Leipzig 1907).

2. Den in erster Linie von H. Cohen beeinflußten Neukantianern ist ferner August Stadler (1850-1910, in Zürich) zuzuzählen, dessen zu § 33 zitierte Kantschriften über den Wert bloßer Interpretationsschriften weit hinausgehen und die Tragweite der Kantischen Methode der Erkenntniskritik für die moderne Wissenschaft nach den verschiedensten Richtungen hin in eigenen Ausführungen darlegen. Nach seinem Tode sind von J. Platter aus seinem Nachlaß seine am Züricher Polytechnikum gehaltenen Vorlesungen über *Philosophische Pädagogik, Logik, Kant, Einleitung in die Psychologie* und *Grundbegriffe der Erkenntnis* (Lpz. 1911-14) veröffentlicht worden.

Nahe stand den Neukantianern weiter Kurd Lasswitz in Gotha (1848-1910), Verfasser der *Geschichte der Atomistik* (Buch I, S. 14), der in seiner Essaisammlung: *Wirklichkeiten* (1900, 3. Aufl. 1908) Kants kritischen Idealismus, wenngleich mit persönlicher Färbung, vertritt. Die Philosophie hat die obersten Bedingungen unseres Denkens, Wollens und Fühlens aufzusuchen, die ihnen entsprechenden Kulturgebiete der Wissenschaft, Ethik, Kunst und Religion sind zunächst reinlich zu scheiden, um sich erst später zur Einheit des Kulturbewußtseins zusammenzuschließen. Kultur ist Selbstbestimmung des Menschen durch Vernunft, Vernunft die Grundgesetzlichkeit des Bewußtseins überhaupt. Ein zweites Buch: *Seelen und Ziele* (1908) dehnt die Erörterung auf die Fragen nach Raum und Zeit, Beseeltheit der Natur und besonders auf biologische Probleme aus. Daneben zeigt Lasswitz sich auch von Fechner beeinflußt, mit dem er sich mehrfach beschäftigt hat (vgl. S. 598 f.).

Verwandt dem Neukantianismus dieser Richtung ist auch A. Liebert: *Das Problem der Geltung* (1914), *Wie ist kritische Philosophie überhaupt möglich?* (1919).

3. In den letzten beiden Jahrzehnten zogen H. Cohen und P. Natorp in ihrem gemeinsamen Wirkungsort Marburg einen engeren Kreis von Anhängern, die sogenannte ‚Marburger Schule', heran, welche Zielrichtung und Methode der philosophischen Arbeit gemein hat und besonders stark den Zusammenhang der Philosophie mit der Mathematik und mathematischen Physik betont. Ihre methodische Weiterbildung Kants und ihren Charakter überhaupt schildert Natorp in seinem Hallenser Vortrag *Kant und die Marburger Schule* (Berlin 1912). Seit 1906 besitzt sie ein eigenes Organ in den *Philosophischen Arbeiten,* herausgegeben von *H. Cohen* und *P. Natorp.* Zu Cohens 70. Geburtstag (4. Juli 1912) haben 20 seiner Anhänger eine Festschrift: *Philosophische Abhandlungen* herausgegeben, die sich auf fast alle Gebiete der Philosophie erstreckt. Systematisch schürfen am tiefsten: Ernst Cassirer (geb. 1874, in Berlin), dessen bedeutende Werke über das *Erkenntnisproblem* und den *Substanz- und Funktionsbegriff* wir an anderer Stelle erwähnt haben; *Form und Freiheit* (Berl. 1914). Ferner Albert Görland (geb. 1869, in Hamburg) mit seinen Werken über Aristoteles (s. I, 102) und Leibniz (II, 326), und besonders seiner *Ethik als Kritik der Weltgeschichte* (Lpz. 1914), die, nach vorausgeschicktem Entwurf einer *Logik,* die Ethik zum ersten Mal aus den drei ‚Gemeinschaftswissenschaften' der Politik, Volkswissenschaft und Erziehungswissenschaft ableitet. Weiter zählen dazu N. Hartmann in Marburg, vgl. sein Plato-Werk I, 80, W. Kinkel (geb. 1871, Prof. in Gießen), Artur Buchenau, der Descartes herausgegeben, an der Leibniz-Ausgabe der *Philos. Bibl.* sowie der Kantausgabe Cassirers beteiligt ist und über Malebranche geschrieben hat, O. Buek (Herausgeber von Kants naturphilos. Schriften in der *Philos. Bibl.),* G. Falter, D. Gawronski, H. Heimsoeth, B. Kellermann, Joh. Paulsen u. a.

§ 73. Weiterer Einfluß Kants.

Der wieder erwachte Kritizismus hat nicht bloß den Neukantianismus im engeren Sinne ins Leben gerufen, sondern seinen Einfluß auch nach anderen Seiten hin erstreckt. Er hat eine Reihe weiterer Denker im In- und Auslande mehr oder weniger stark beeinflußt, er hat zahlreiche mehr philologische Untersuchungen über Kants Leben und Schriften veranlaßt, er hat endlich auch auf Theologie und

Naturwissenschaft bedeutend eingewirkt. Wir geben daher im folgenden eine kurze Übersicht über 1. die Kantphilologie, 2. von Kant beeinflußte Philosophen in Deutschland, 3. den Einfluß des Neukantianismus auf andere Wissenschaften, 4. Kant im Ausland.

1. Kantphilologie.

Zu den „Kantphilologen" zählen wir diejenigen Schriftsteller, die entweder als Herausgeber und Textkritiker einen reineren Kanttext herzustellen sich bemüht, oder Beitrage zur Kenntnis von Kants Leben und Persönlichkeit geliefert, oder sich durch Kommentierung seiner Werke verdient gemacht, oder endlich den Entwicklungsgang des Philosophen und sein historisches Verhältnis zu den Vorgängern, Zeitgenossen und Nachfolgern ohne eigentlich systematische Absicht in den Bereich ihrer Untersuchung gezogen haben. Da wir bereits in der Einleitung zu unserer Darstellung der Kantischen Philosophie (§ 30) auf diese Literatur hingewiesen haben, so begnügen wir uns hier damit, nochmals die verdientesten dieser „Kantphilologen": Benno Erdmann (in Berlin), H. Vaihinger (in Halle). E. Arnoldt (1828-1905) und R. Reicke (†) in Königsberg hervorzuheben, sowie auf die seit 1896 alle kantphilologischen Untersuchungen in ihren Rahmen fassenden *Kantstudien* (begründet von *Vaihinger)* hinzuweisen. Daneben brachte schon seit einer längeren Reihe von Jahren die *Altpreußische Monatsschrift* zahlreiche kantphilologische Beiträge von R. Reicke, Arnoldt, Warda, Schöndörffer und anderen Landsleuten Kants. Von den gesammelten und nachgelassenen Schriften des 1905 verstorbenen Emil Arnoldt sind sieben Bände durch O. Schöndörffer veröffentlicht worden. Endlich seien von den Mitarbeitern an der großen, im Werke begriffenen Akademieausgabe von Kants Werken E. Adickes, M. Heinze († 1909), O. Külpe (†), H. Maier, P. Menzer, P. Natorp, K. Vorländer, W. Windelband (†) und Wobbermin auch hier erwähnt.

2. a) Altkantianer und b) Kant verwandte Philosophen.

a) Um die Wende des Jahrhunderts traten von neuem Denker hervor, die nicht aus philologischem, sondern aus systematischem Interesse auf den urkundlichen Kant zurückgehen und daher wohl als „Altkantianer" bezeichnet werden könnten. So ist L. Goldschmidt (geb. 1853, Gym.-Prof. in Gotha) in einer Reihe von Schriften – zuletzt *Zur Wiedererweckung Kantischer Lehre* (1909) – mit großem Nachdruck für erneuertes, eindringendes Kantstudium gegen die moderne Kantkritik Paulsens u.a. eingetreten. Unabhängig von ihm strebt Ernst Marcus (Amtsgerichtsrat in Essen) in seinem Buche: *Die exakte Aufdeckung des Fundamentes der Sittlichkeit und Religion und die Kon-*

struktion der Welt aus den Elementen des Kant (Leipzig 1899), „die Kritik der reinen und der praktischen Vernunft zum Range der Naturwissenschaft zu erheben", und in *Kants Revolutionsprinzip (Kopernikanisches Prinzip)* (1902), Kants Lehre als eine schlechthin einwandfreie sichere Wissenschaft, ähnlich der Mathematik und Astronomie, „gleichsam einen Euklid der Metaphysik" nachzuweisen. Er bezeichnet sich selbst daher auch als „Präzisionsphilosophen". Populär-polemisch gehalten ist die kleinere Schrift: *Das Erkenntnisproblem oder wie man mit der Radiernadel philosophiert* (1905). In seiner *Elementarlehre zur Logik und die Grundzüge der transzendentalen Logik* (1906) protestiert er übrigens gegen seine Klassifizierung als „orthodoxer", ja auch als „Altkantianer", will vielmehr „ein nahezu vollständiges Parallelsystem zu Kants Kritik der reinen und der praktischen Vernunft" geben. Vgl. ferner: *Das Gesetz der Vernunft und die ethischen Strömungen der Gegenwart* 1907 und: *Kants Weltgebäude. Eine gemeinverständliche Darstellung* 1917.

b) Ferner sind eine ganze Reihe weiterer Philosophen von Kant, dessen Einfluß sich in den letzten Jahrzehnten überhaupt nur wenige unter den kirchlich unabhängigen Denkern ganz entzogen haben, mehr oder weniger stark beeinflußt worden. Ein jeder dieser Denker würde an sich eine eingehendere Würdigung verdienen. Da sie indes keine einheitliche Methode vertreten, sondern jeder sein individuelles Gepräge trägt, so würde eine solche viel zu weit führen. So müssen wir uns mit wenigen Notizen über ihre Grundrichtung und ihre systematischen Schriften begnügen.

1. Dem Neukantianismus steht von ihnen wohl am nächsten Alois Riehl (geb. 1844, lange in Freiburg i. B. und Halle, jetzt in Berlin), dessen Tendenz am kürzesten durch den Titel seines Hauptwerks: *Der philosophische Kritizismus und seine Bedeutung für die positive Wissenschaft* (2 Bände, Leipzig 1876-87, Bd. I in umgearbeiteter 2. Auflage 1908) ausgesprochen wird. Riehl hebt die realistische und erkenntnistheoretische Seite des Kritizismus am stärksten hervor. Nach ihm ist Philosophie nicht Weltanschauungslehre, sondern Kritik der Erkenntnis, die von der Grundtatsache der Empfindung ausgeht. Über die Erfahrungsgrenzen hinausgehende Metaphysik ist als unwissenschaftlich zu verwerfen. Philosophie als Wissenschaft kann nur Philosophie der Wissenschaft sein, d.h. deren Voraussetzungen methodisch ableiten und begründen wollen. Die ethischen und ästhetischen Ideen dagegen wollen Handeln und Leben beurteilen und leiten. Vgl. außerdem die treffliche kleinere Schrift: *Philosophie der Gegenwart,* 4. Aufl. 1913. Als Anhänger Riehls darf R. Hönigswald (geb. 1875, in Breslau) bezeichnet werden; außer dessen Schrift über Hume (S. 367) vgl. auch seine *Beiträge zur Erkenntnistheorie und Methodenlehre,* 1906; *Zum Streit über die Grundlagen der Mathematik,* 1912; *Naturphilosophie,* 1913. Verwandt ist auch der Standpunkt von O. Ewald (geb. 1881, in Wien) in dessen: *Kants kritischer Idealismus als Grundlage von Erkenntnistheorie und Ethik* (Berlin 1908).

2. Wilhelm Windelband (1848-1915, zuletzt in Heidelberg), der bekannte Philosophiehistoriker, der von Lotze und K. Fischer ausging, definiert die Philosophie als „die kritische Wissenschaft von den allgemeingültigen Werten", nämlich: der Wahrheit im Denken, der Gutheit im Wollen und Handeln, der Schönheit im Fühlen. Schon in seinen *Beiträgen zu der Lehre vom negativen Urteil* (1884) bekannte er sich als Anhänger Kants, formulierte aber zugleich den Satz: Kant verstehen heißt über ihn hinausgehen. Später, z.B. in einer Universitätsrede von 1894 (3. Aufl. 1904), betonte er besonders den prinzipiellen Unterschied zwischen *Geschichte und Naturwissenschaft:* der Naturforscher denke in verallgemeinernden Abstraktionen, nur der Historiker habe es mit der vollen, individualisierenden Wirklichkeit zu tun. Vgl. auch seine Vorlesungen *Über Willensfreiheit,* Tübingen, 2. Aufl. 1905, die einführenden *Präludien,* 1884, 6. Aufl. 2 Bde. 1919 und die *Einleitung in die Philosophie* 1914.

   Diese Gedanken Windelbands hat dann weitergebildet Heinrich Rickert (geb. 1863, in Freiburg, seit 1916 Windelbands Nachfolger in Heidelberg) in seinem größeren Werke *Die Grenzen der naturwissenschaftlichen Begriffsbildung* (2 Bde., 1896-1902, 2. Aufl. 1913), das er als „logische Einleitung in die historischen Wissenschaften" bezeichnet: Die Kultur ist ihm ein System allgemeingültiger Werte *(Vom System der Werte* 1912). Seine Grundgedanken sind auch schon aus der kürzeren Schrift *Kulturwissenschaft und Naturwissenschaft* (3. Aufl. 1915) zu entnehmen. Die erkenntnistheoretische Grundlegung seiner Wertphilosophie – er nimmt ein ‚transzendentales' Bewußtsein an, daher der Nebentitel ‚Einführung in die Tranzendentalphilosophie' – erklärt *Der Gegenstand der Erkenntnis* (1892, 3. Aufl. 1915). Rickert nahe steht sein Freiburger Kollege J. Cohn (geb. 1861), dessen Werke in § 78 genannt werden. Auch die von Kroner und Mehlis herausgegebene Zeitschrift *Logos* vertritt die Tendenzen der sogenannten Badischen Schule, der auch Emil Lask (1875-1915), F. Kuntze *(Kritische Lehre von der Objektivität),* Bruno Bauch (s. S. 631) und H. Leser (geb. 1873, Erlangen) angehören oder nahe stehen. Lask fordert in seiner *Logik der Philosophie* (Tüb. 1911) eine Ausdehnung des Herrschaftsbereichs der Logik über die gesamte Wertsphäre oder wie er im Anschluß an Lotze sagt, das „Geltungs"-Gebiet. Vgl. auch den Sammelband (I) *Logik* in Ruge-Windelbands *Enzyklopädie der philosophischen Wissenschaften,* der größere Beiträge von Windelband, Royce und Couturat enthält.

3. Otto Liebmann (in Jena, 1840-1912), der in seiner Jugendschrift (s. oben S. 611) besonders eifrig die Rückkehr zu Kant gefordert hatte, will zwar nicht an den Einzellehren der *Kritik der reinen Vernunft*, wohl aber an dem „Geist der Transzendentalphilosophie" festhalten, aus der jedoch der Begriff des „Dinges an sich" als ein fremder Tropfen Blutes zu entfernen sei; er erstrebt eine „kritische Metaphysik". Seine Hauptwerke sind: *Zur Analysis der Wirklichkeit* (1876, 4. Aufl. 1911) und *Gedanken und Tatsachen* (1899, 3. Aufl. 1904).

Über ihn handelt das umfangreiche, zu seinem 70. Geburtstage herausgegebene Festheft der *Kantstudien* (XV, 1).

4. In der Ethik hat sich Theodor Lipps (1851-1914, zuletzt in München, *Die ethischen Grundfragen,* 1899, 3. Aufl. 1912) dem Kantianismus genähert, während er sonst dem Psychologismus (s. unten) näher stand. – Auch Jürgen Bona Meyer (1829-1897, in Bonn) lehnte sich an den Kritizismus an, den er im Sinne von Fries (§ 45) psychologisch-empirisch weiterzubilden suchte.

Auch Bruno Bauch, Liebmanns Nachfolger in Jena, (geb. 1877, *Studien zur Philosophie der exakten Wissenschaften,* 1911, *I. Kant,* 1917), Edmund König (geb. 1858, in Sonderhausen, *Die Entwicklung des Kausalproblems,* 1888 bis 1890, *Kant und die Naturwissenschaft,* 1907) und Fr. Schultze (in Dresden, 1846-1908) stehen dem Kritizismus nahe.

3. Einfluß des Kritizismus auf andere Wissenschaften, besonders Naturwissenschaft und Theologie.

H. Cohen, Kants Einfluß auf die deutsche Kultur. Marburg 1883. Ders., *Krit. Nachtrag usw.* (S. 616), 487-502. Einiges auch in *Ed. Zeller, Gesch. d. deutschen Philosophie*, S. 417-422. *K. Post, Johannes Müllers philosophische Anschauungen*, Halle 1905. *L. Goldschmidt, Kant und Helmholtz*, 1899 (hebt vor allem die Unterschiede zwischen beiden hervor). Über Wilhelm von Humboldt s. S. 484.

Schon zu Kants Lebzeiten und ebenso in der seinem Wirken unmittelbar folgenden Periode hatte sich der Einfluß des Kritizismus auf die verschiedensten Wissenschaften erstreckt. Männer wie der Sprachphilosoph und Staatsmann Wilhelm von Humboldt, der Philologe Gottfried Hermann, der Historiker Niebuhr, die Rechtsgelehrten Thibaut, Anselm Feuerbach und Hugo, der Oberpräsident von Schön, die Militärs Boyen und Clausewitz und der Begründer der modernen Physiologie, Johannes Müller, haben sich teils geradezu als Kantianer bekannt, teils an Kant angeknüpft. Dazu trat seine breite Einwirkung auf den theologischen Rationalismus, dessen Vertreter freilich, auch in ihren bekannteren Namen wie Stäudlin, Paulus, Gesenius, Wegscheider, „samt und sonders hinter Kants geistreicher Behandlung zurückblieben" *(Zeller),* aber immerhin einen tiefgreifenden Einfluß auf die allgemeine Bildung ausübten. Dieselbe Erscheinung wiederholt sich bei der Wiederbelebung des Kantianismus im letzten Drittel des 19. Jahrhunderts, und zwar zeigt sich die Einwirkung des Neukantianismus am stärksten in a) der Theologie und b) der Naturwissenschaft.

a) In der ersteren hat sich namentlich die sogenannte Ritschlsche Schule auf Kantische Gedankengänge gestützt, weniger A. Ritschl selbst (1822-1889) als dessen Schüler W. Herrmann (in Marburg, *Die Religion im Verhältnis zum Welterkennen und zur Sittlichkeit,* 1879) auch J. Kaftan (Berlin, 1848-1908,

Das Wesen der christlichen Religion, 2. Aufl. 1888) ferner M. Reischle *(Die Frage nach dem Wesen der Religion,* Freib. 1889), neuerdings namentlich E. Troeltsch (Berlin, *Philosophische Erkenntnistheorie in der Religionswissenschaft,* Tüb. 1905). Diese Theologen fordern vor allem, unter Berufung auf Kant, reinliche Scheidung zwischen Wissenschaft und Glauben, Ethik und Religion, Naturerkennen und Werturteilen. Die Religion findet ihre wahre Stütze nicht in dogmatischer Metaphysik, sondern in der inneren Erfahrung, im Erleben der Persönlichkeit. Das Evangelium ist wahr, weil es wert ist, wahr zu sein. Wie die Begründung der Wissenschaft, so hat auch die Begründung der Ethik ohne alle Rücksicht auf die Religion zu erfolgen, rein aus dem formalen Selbstzweck der autonomen Persönlichkeit heraus; zu ihrer Entfaltung und persönlichen Aneignung freilich bedarf sie der Religion, wobei dann, namentlich von Kaftan, Kants Lehre vom höchsten Gut herangezogen wird. „Deshalb hat die Fortbildung der Erkenntnismethode der Ethik durch Kant zugleich die Bedeutung einer praktischen Wiederherstellung des Protestantismus" (A. Ritschl, *Die christliche Lehre von der Rechtfertigung und Versöhnung*, 2. Aufl. I, 431).

Auch R. A. Lipsius (1830-1892) berief sich zur Begründung seines religiösen Standpunktes auf Kant, lehnte jedoch nicht mit derselben Schärfe wie die vom Neukantianismus stärker beeinflußten Ritschlianer die religiöse Metaphysik ab.

b) Unter den Naturforschern hat Helmholtz (1821-1895) schon Mitte der 50er Jahre und seitdem häufig nicht bloß auf Kants Verdienste um die Naturwissenschaften hingewiesen, sondern auch die von Joh. Müller begründete Lehre von den spezifischen Energien der Sinnesorgane ausdrücklich an den Kritizismus angeknüpft. An Kant ist ihm ferner „die fortlaufende Predigt gegen den Gebrauch der Kategorien des Denkens über die Grenzen möglicher Erfahrung hinaus" sympathisch, und mit ihm erkennt er ferner den Apriorismus des Kausalgesetzes an, welches „das Vertrauen auf die vollkommene Begreifbarkeit der Naturerscheinungen ausspricht". Dagegen behauptet er, daß die Axiome der Geometrie nicht, wie bei Kant, transzendentale Sätze a priori, sondern bloß empirische Sätze seien.

Auch der Astronom Zöllner (1834-1882) hat sich in seinem Buche *Über die Natur der Kometen, Beiträge zur Geschichte und Theorie der Erkenntnis,* Leipzig 1872, vielfach auf Kant berufen, ging jedoch später zum Spiritismus über, für den Du Prel seltsamerweise auch Kant in Anspruch genommen hat.

Desgleichen sind von bereits früher erwähnten philosophierenden Naturforschern Apelt (S. 491), Schleiden (S. 584), Elsas (Anm. 68) und F. A. Müller (ebenda), außerdem A. Classen und Ad. Fick (in Würzburg, 1829-1901) vom Kritizismus, die beiden früh verstorbenen mittleren speziell vom Neukantianismus Cohens, beeinflußt. Von denjenigen Naturforschern, die das Bedürfnis einer philosophischen Begründung ihres Standpunktes empfinden, hat besonders klar und entschieden der der Wissenschaft zu früh entrissene Heinrich

Hertz (1857-1894, Schüler von Helmholtz, zuletzt in Bonn) in seinen *Prinzipien der Mechanik* (1894) seinen Anschluß an Kants erkenntniskritische Methode ausgesprochen.

c) Auf die seit etwa 1898 hervorgetretene neukantische Bewegung im Sozialismus werden wir im nächsten Paragraphen zu sprechen kommen.

4. Kant im Ausland.

Wir beschränken uns im folgenden auf eine kurze Übersicht, indem wir bezüglich Spaniens, Nordamerikas, Hollands und Schwedens auf die ausführlichen Berichte in *Kantstudien* I, II, III, VI und VIII, bezüglich der übrigen Länder auf *Ueberweg*, Band IV – besonders § 66 (Frankreich), § 75 (England), § 91 (Italien) – verweisen. In *Kantstudien* II und III finden sich außerdem kurze Notizen über belgische, russische, portugiesische, rumänische und – japanische Kantliteratur.

Die um 1860 in Deutschland einsetzende Kantbewegung hatte Parallelerscheinungen in den außerdeutschen Ländern im Gefolge.

a) In Frankreich lehnte sich an Kant namentlich Renouvier (1818-1903) und seine Schule an, freilich nicht, ohne ihn verschiedentlich umzubilden. Endlichkeit ist ihm der Charakter alles Seins. Das Gesetz der bestimmten Anzahl bestimmt den Begriff des Seins und scheidet ihn von den Willkürlichkeiten der subjektiven Vorstellung. Renouviers Hauptwerk sind die umfangreichen *Essais de critique générale,* 4 Bde. 1854-64, 2. Aufl. 1875-96. Er gab 1872-89 die Zeitschrift *La critique philosophique* heraus, an deren Stelle seit 1890 das Jahrbuch *L'Année philosophique* seines Schülers Pillon getreten ist. Auch der als Lehrer an der Ecole normale besonders einflußreiche Lachelier (1832-1918) ging ursprünglich von Kant aus, später aber zu einer idealistischen Metaphysik über, die sein Schüler Boutroux (1845-1918), Prof. an der Sorbonne, zu einer Philosophie der Freiheit ausgebildet hat. Ins Deutsche übersetzt ist des letzteren Schrift *Über den Begriff des Naturgesetzes.* Neuerdings suchte man den Kantianismus sogar mit „katholischer" Philosophie zu verbinden; vgl. den ausführlichen Bericht von *A. Leclère, Le mouvement catholique Kantien en France à l'heure présente, Kantstudien* VII, 300-363. Zur Einführung in das Studium des kritischen Philosophen ist die Darstellung von Ruyssen *(Kant,* Paris 1900) bestimmt, der auch die neuere französische Philosophie in *Ueberweg* IV übersichtlich dargestellt hat.

b) In England hatte schon Hamiltons (1788-1856) und seines Anhängers Mansel (1820-1871) Lehre von der Relativität der menschlichen Erkenntnis eine gewisse Verwandtschaft mit dem Kritizismus gezeigt. Eingehender hat man sich mit Kant jedoch erst beschäftigt, seit der durch den deutschen Neukantianismus angeregte E. Caird (1835-1908) seine kritische Darstellung der

Kantischen Philosophie (1877, erweitert als: *The Critical Philosophy of Immanuel Kant,* 2 Bde., 1889) erscheinen ließ. Der „kritische Idealismus" von Green und seiner Schule ist mehr ein im Gegensatz zu dem Empirismus und der Assoziationspsychologie entstandener Idealismus schlechtweg.

Auch in Nordamerika wird Kant neuerdings fleißig studiert.

c) In Italien war Kant den in der ersten Hälfte des 19. Jahrhunderts führenden Sensualisten und „Ontologisten" teils kaum bekannt, teils wurde er von ihnen bekämpft. Umsonst versuchte dann Testa (1784-1860) in den letzten beiden Jahrzehnten seines Lebens dem damals übermächtigen Hegelianismus die Kantische Lehre entgegenzustellen. Dagegen begann mit den 70er Jahren, der damaligen politischen Annäherung Italiens an das Deutsche Reich folgend, der Neukantianismus auch in Italien einzudringen. Seine Hauptvertreter waren Cantoni (Pavia, 1840-1906), der eine dreibändige Darstellung der Kantischen Philosophie *(Emanuele Kant,* Milano 1879-1884) veröffentlichte und die in kritizistischem Sinne geleitete *Rivista filosofica* herausgab, und F. Tocco (1845-1911, Florenz), der auch eine Monographie über Cohen (s. oben S. 615) geschrieben hat. Auch in Rom, Mailand, Neapel und Pavia wirken nach dem Berichte Credaros *(Ueberweg* IV, § 91) Lehrer der Philosophie, die dem Neukantianismus nahe stehen.

d) Auch in Rußland wurde Kant der Gegenstand zahlreicher Schriften, über die A. Wwedenskij (in Petersburg), der Hauptvertreter dieser Richtung, in den *Kantstudien* II, 349-352 berichtet hat. Der neukantischen Richtung huldigte der Moskauer Professor Fürst Trubetzkoi († 1905); auch ein Teil der russischen Sozialisten neigte der letzteren zu, während andere sich an Mach anschlossen. – In Polen, wo um die Wende des 19. Jahrhunderts der Altkantianismus verschiedene Vertreter fand, vertreten neuerdings einzelne Gelehrte einen positivistisch angehauchten Kritizismus. Stärker lehnt sich der Böhme F. Mares (geb. 1857, in Prag) in Erfahrungslehre und Ethik an Kantische Prinzipien an. – In Ungarn, wo ebenfalls 1795-1830 Kantische Philosophie, namentlich Ethik und Religionsphilosophie, gelehrt wurde, machte sich seit 1875 aufs neue eine Art Kantbewegung bemerkbar. 1887 sind Kants *Prolegomena*, 1892 die *Kritik der reinen Vernunft* in ungarischer Übersetzung erschienen.

e) Ähnliche Erscheinungen weisen die skandinavischen Länder auf. In Schweden zeigten sich zu Anfang des 19. Jahrhunderts Boëthius (1750-1810) und Höijer (1767-1812) von Kant beeinflußt, während der spätere rationale Idealismus des lange Zeit einflußreichsten schwedischen Philosophen Boström (1797-1866, Upsala) nur gewisse Grundgedanken mit Kant gemein hat. Von neueren stehen dem Kritizismus nahe A. Vannérus (geb. 1862), der eine Erneuerung der schwedischen Philosophie im Sinne Kantischer Erkenntniskritik fordert und meint, daß „auch hier Kant sicherlich die Zukunft für sich habe" (*Kantstudien* VI, 268 f.) und A. Hägerström (geb. 1868, Upsala). – Der verstärkte Einfluß Kants zeigt sich seit Ende der 70er Jahre auch bei verschiedenen Philosophen Dänemarks (Heegaard, Kromann, Wilkens) und Norwegens (Vold).

f) Auch in Holland, das ebenfalls schon zu Anfang des 19. Jahrhunderts mehrere Kantianer zählte, hat der Neukantianismus neuerdings vereinzelte Vertreter, wie den Theologen Groenewegen (Leiden), den Juristen J. A. Levy und vor allem Ovink (Utrecht), gefunden. B. van Loen gab eine holländische Übersetzung der *Kritik der reinen Vernunft* und der *Prolegomena* heraus. Der angesehenste unter den holländischen Philosophen des 19. Jahrhunderts, Opzoomer (1821-1892), war ein geistreicher Eklektiker. In Belgien hielt Dwelshauvers Vorlesungen über Kant an der „freien Universität" zu Brüssel.

g) Selbst auf der Pyrenäischen Halbinsel ist Kant nicht unbekannt. Freilich kann man von einer „Kantbewegung" in Spanien nicht reden. Bis zu der von einem Kubaner Perojo, der 1873-75 in Heidelberg studierte, verfaßten Übersetzung eines Teiles der *Kritik der reinen Vernunft* (der „transzendentalen Analytik") kannte man den deutschen Philosophen überhaupt nur aus französischen Übersetzungen oder Übertragungen aus dem Französischen. Dagegen haben sich neuerdings mehrere jüngere spanische Gelehrte, die in Marburg studierten, wie Professor Ortega, dem Neukantianismus angeschlossen. – In Portugal wurde er (nach *Kantst.* III, 480) um 1900 durch den Rechtsphilosophen Ferreira vertreten, neuerdings ebenfalls durch mehrere Neukantianer.

h) Endlich ist Kant auch in den fernsten Osten gedrungen. In Japan veröffentlichte Professor Kiyono 1896 den ersten Band eines – Kommentars zu Kants *Kritik der reinen Vernunft*, und während des Weltkrieges haben die Professoren Hatano und Miyamoto Kants *Kritik der praktischen Vernunft* herausgegeben!

Kapitel XXV. Sozialismus und Individualismus.

Die Philosophie des Sozialismus dehnt sich fast über das ganze neunzehnte Jahrhundert aus, die des extremen Individualismus bezw. Anarchismus ist bereits im fünften Jahrzehnt dieses Jahrhunderts von Stirner gepredigt worden. Wir behandeln beide gleichwohl erst an dieser Stelle, weil sie erst in den beiden letzten Jahrzehnten erheblicheren Einfluß auf die philosophische Entwicklung gewonnen haben. Unsere knappe Skizze sieht von den nichtphilosophischen, insbesondere den ökonomischen und politischen, Ideen tunlichst ab und hebt wesentlich nur das Philosophische heraus.

§ 74. Die Philosophie des Sozialismus.

Zur Literatur. Die Literatur über den Sozialismus überhaupt ist heute fast unübersehbar geworden. Schon 1893-99 gab Stammhammer eine *Bibliographie des Sozialismus und Kommunismus* in zwei Bänden heraus, dem 1909 ein dritter gefolgt ist. Für die Jahre 1901-1905 findet sich die Literatur sehr reichhaltig verzeichnet und größtenteils besprochen in den von Eduard Bernstein herausgegebenen *Dokumenten des Sozialismus*, die seitdem leider eingegangen sind. Seit 1908 gab die *Neue Zeit* eine Zeitlang ausführliche Übersichten über den Inhalt der sozialistischen Zeitschriften verschiedener Nationen, daneben von Zeit zu Zeit auch eine Bibliographie sozialistischer Schriften. Die meisten werden auch in dem von E. Jaffé geleiteten *Archiv für Sozialwissenschaft und Sozialpolitik* und anderen soziologischen Zeitschriften besprochen.
Für die philosophische Seite kommen vor allem in Betracht: *Fr. Engels, L. Feuerbach und der Ausgang der klassischen deutschen Philosophie*, 1888, und: *Die Entwicklung des Sozialismus von der Utopie zur Wissenschaft*, 6. Aufl. 1918; *Joh. Huber, Die Philosophie in der Sozialdemokratie*, München 1885. *L. Stein, Die soziale Frage im Lichte der Philosophie*, 2. Aufl. 1903 (mehr literar-historisch); *Th. G. Masaryk, Die philosophischen und soziologischen Grundlagen des Marxismus*, 1899; *L. Woltmann, Der historische Materialismus*, 1900. *M. Tugan-Baranowsky, Theoretische Grundlagen des Marxismus*, Lpz. 1905; derselbe, *Der moderne Sozialismus in seiner geschichtlichen Entwicklung*, 1908. *E. Hammacher, Das philosophisch-ökonomische System des Marxismus*, Lpz. 1909. Zur Einführung zu empfehlen: *F. Muckle, Die Geschichte der sozialistischen Ideen im 19. Jahrhundert*, (Teubner) 1909. Die neueren philosophischen Bewegungen innerhalb des Sozialismus behandelt ausführlich K. Vorländer in seinem Buche: *Kant und Marx* (Tübingen 1911). Endlich enthalten die sozialistischen Zeitschriften des In- und Auslandes manche philosophische Artikel, besonders die seit 1883 erscheinende Wochenschrift *Neue Zeit*, sowie, wenn auch in geringerem Maße, die seit 1896 erscheinenden *Sozialistischen Monatshefte*. Vgl. auch die beiden Werke von R. Stammler (S. 623) und dessen Artikel *Materialistische Geschichtsauffassung* im *Handwörterbuch der Staatsw.* V. Bd.

Auf die utopistischen Anfänge des Sozialismus in England und Frankreich haben wir an früherer Stelle (256ff., 394, 400f.) hingewiesen. Erst im 19. Jahrhundert, dem Zeitalter der Dampfmaschine und des Industrialismus, beginnt eine, freilich auch heute noch keineswegs zu voller Ausbildung gekommene, Philosophie des Sozialismus. Auch sie entsteht in Westeuropa, auch sie trägt fast die ganze erste Hälfte des Jahrhunderts hindurch wesentlich utopistischen Charakter. Erst mit dem Auftreten von Karl Marx entwickelt sich aus dem utopistischen der moderne oder wissenschaftliche Sozialismus.

I. Die Utopisten.

F. Muckle, Henri de Saint-Simon, die Persönlichkeit und ihr Werk. Jena 1908. – Über *Fourier* vgl. die gleichnamigen Schriften von *A. Bebel* (1888, 3. Aufl. 1907), *H. Greulich* (1881) und besonders *Bourguin*, Paris 1905. – *Helene Simon, Robert Owen, sein Leben und seine Bedeutung für die Gegenwart.* Jena 1905. – *W. E. Biermann, K. G. Winkelblech (Karl Marlo), sein Leben und sein Werk.* 2 Bde. Lpz. 1909.

Die Utopisten machen, auf dem durch das 18. Jahrhundert entwickelten Gedanken der freien menschlichen Persönlichkeit fußend, von den moralischen Gesichtspunkten der Gerechtigkeit und des Mitleids aus ihre Vorschläge zur Umbildung der bestehenden Gesellschaft. So vor allem die Franzosen Saint-Simon und Fourier und der Engländer Owen.

1. Graf Henri von Saint-Simon (1760-1825), Sprößling einer der ältesten Adelsfamilien Frankreichs, fordert in seinen Schriften: *De l'industrie* (1817), *L'Organisateur* (1819/20), *Catéchisme des Industriels* (1823/24) und *Le nouveau Christianisme* (1825) eine neue Gesellschaft, die allein auf die Organisation der Arbeit gegründet ist. Die politische Regierung über Menschen ist in eine Verwaltung von Dingen, eine Leitung von Produktionsprozessen zu verwandeln. An Stelle des kriegerischen soll der Industriestaat, an Stelle des dogmatischen Buchstabenchristentums ein neues, soziales Christentum treten, mit dem einen Glaubenssatze: Liebe deinen Nächsten wie dich selbst! Allen Menschen soll die freieste Entwicklung ihrer Anlagen gesichert werden. Jedem die Arbeit nach seiner Fähigkeit, jeder Fähigkeit der Lohn nach ihrer Arbeit!

   Mehr unmittelbaren Erfolg als Saint-Simon selbst hatten bald nach seinem Tode seine Schüler Bazard und Enfantin, von denen jener die ökonomische Lehre des Meisters weiter auszubauen strebte, während des letzteren „soziale Religion" die Gedanken der „Heiligung" durch „Freude" und der Emanzipation des Fleisches schließlich in einer Weise betätigte, welche die polizeiliche Auflösung seiner Sekte zur Folge hatte.

2. Unabhängig von Saint-Simon baute Charles Fourier (1772-1837) seine harmonische Regelung der neuen Gesellschaft auf der vernünftigen Befriedigung aller menschlichen Neigungen und Triebe auf. Die Arbeit soll vermöge des Prinzips der „passionellen Attraktion" zum Genuß erhoben werden. Jeder hat das Recht und die Pflicht zu der seiner Eigenart entsprechenden Arbeit, wobei die Gleichgearteten sich schon von selbst assoziieren werden; der Ertrag wird nach dem jeweiligen Aufwande von Kapital, Arbeit und Talent verteilt. Von Fou-

riers geschichtsphilosophischen Gedanken ist der zu erwähnen, daß jede geschichtliche Phase und so auch die ganze Menschheitsentwicklung ihren aufsteigenden und absteigenden Ast habe. Er ist stärker in der Kritik der bestehenden als in dem positiven Aufbau seiner Zukunftsgesellschaft, der sehr viel Phantastisches enthält. Fourier, der sein Leben lang ein armer Kommis blieb, wartete umsonst auf den Millionär, der ihm die Mittel zur Errichtung seines ersten Phalanstère (Riesengebäude für 1800 Personen) bringen sollte. Sein treuester Anhänger, der erst 1893 gestorbene Victor Considérant (geb. 1808), hat die Lehre des Meisters in zahlreichen Schriften vertreten.

Mit Philosophie sehr wenig zu tun hat die Utopie Cabets *Voyage en Icarie* (1840), die ihr Verfasser vergebens in Nordamerika praktisch zu verwirklichen suchte; desgleichen die staatliche „Organisation der Arbeit“, die Louis Blanc (1803-1882) in seiner gleichnamigen Schrift (1840) verfocht und 1848 in den Pariser „Nationalwerkstätten“ für kurze Zeit ins Leben rief.

3. In England hatte schon vor Owen der menschenfreundliche Arzt Charles Hall (um 1745-1825) die aus dem Gegensatz von Arbeit und Kapital entsprungenen Schäden in seiner Schrift *The effects of civilisation on the people in European states* (1805, deutsch G. Adler 1905) rücksichtslos dargelegt, aber seine Besserungsvorschläge wollen das Rad der Entwicklung zurückdrehen (Landwirtschaft als Grundlage, Verbot der Luxusindustrie u. ä.).

Anders der menschenfreundliche Fabrikant Robert Owen (1771-1858), der aus der von ihm geleiteten Baumwollspinnerei zu New Lanark eine Musterkolonie machte. Er kam auf den Gedanken, daß alle Wohlfahrtseinrichtungen nicht ausreichten, um seine Arbeiter aus der Sklaverei zu allseitiger und vernunftgemäßer Entwicklung des Charakters und Verstandes, geschweige denn zu freier Lebenstätigkeit zu führen. Daraus entsprang sein späterer Kampf gegen Privateigentum, Kirche und die kapitalistische Form der Ehe, für Hebung der Volksschule und Arbeiterschutz. Während er in der Hauptschrift der ersten Epoche *A new view of society* (1813) das Hauptheilmittel in einer veränderten Erziehung der Jugend gesehen hatte, geht er in seinem *Book of the New moral world* (7 Teile, 1836-49), dem schon 1834 eine Zeitschrift gleichen Namens vorausging, zu entschiedenem Sozialismus über. Da der Charakter des Menschen ein Produkt seiner Anlagen und der ihn umgebenden Verhältnisse ist, müssen die letzteren so geordnet werden, daß gute Menschen daraus hervorgehen. Da nun aber der Mensch von Natur gut ist, wie Owen mit Rousseau und den meisten anderen Sozialphilosophen des 18. Jahrhunderts annimmt, so braucht man nur die „natürliche Ordnung“ der Dinge herzustellen bezw. den Menschen zu predigen, die sie dann von selbst wollen werden. Diese Ordnung besteht in der genossenschaftlichen Produktion, die an Stelle der einander niederkonkurrierenden Einzelbetriebe tritt und die erzeugten Güter nicht nach der Leistung, sondern nach dem Bedürfnis verteilt. Auf dem Felde der Konsum- und Produktivgenossenschaften hat Owens Beispiel tatsächlich bahnbrechend gewirkt, während seine kommunistische Siedelung

New Harmony in Nordamerika sich nicht halten konnte und weitere Kolonisierungspläne in Mexiko ebenfalls scheiterten.

4. In Deutschland traten, wenn wir von dem vereinzelten eigenartigen Versuche Fichtes (S. 502 f.) absehen, die sozialistischen oder, wie man um 1850 in der Regel noch sagte, „kommunistischen" Ideen weit später hervor als bei den beiden westeuropäischen Nationen. Mit dem Schneidergesellen Weitling, der die Lehren des französischen Utopismus in sich aufnahm und in seinen *Garantien der Harmonie und Freiheit* (1842) – jetzt neu herausgegeben von F. Mehring (1908) – sowie in seinem vielgelesenen *Evangelium des armen Sünders* den Proletariern predigte, tritt der Sozialismus zum erstenmal in Verbindung mit der Arbeiterschaft, die durch raschen Umsturz des Bestehenden zu erreichen hoffte, was die Utopisten durch Erweckung humaner Gesinnung erstrebt hatten.[70] – In den 50er Jahren schrieb ein heute fast verschollener Marburger, dann Kasseler Professor Winkelblech (1810-1865) unter dem Pseudonym Karl Marlo ein halbsozialistisches *System der Weltökonomie* (1850-1869, trotz seiner 4 Bände unvollendet, 2. Aufl. 1884-86). Auch der Staatssozialismus des pommerschen Rittergutsbesitzers Karl Rodbertus (1805-1875) kann hierher gezogen werden, der dem Staate die Aufgabe zuweist, das private Boden- und Kapitaleigentum allmählich – in einem Zeitraum von etwa fünfhundert Jahren! – in kommunistisches Arbeitseigentum überzuführen. Im übrigen gehört Rodbertus' sozialistische Lohn- und Werttheorie in das uns hier nicht interessierende volkswirtschaftliche Gebiet. Auf ihn berief sich vielfach die seit den 70er Jahren dem „Manchestertum" entgegentretende nationalökonomische Schule der sogenannten „Kathedersozialisten" (Held, Schmoller, Adolf Wagner, Joh. Huber, Schäffle, Rudolf Meyer u. a.).

Einen eigenartigen Staats-, man möchte fast sagen juristischen Sozialismus vertrat neuerdings auch Anton Menger (Wien, 1843-1906) in seinen Schriften: *Das Recht auf den vollen Arbeitsertrag* (1886, 3. Aufl. 1904), *Neue Staatslehre* (2. Aufl. 1904), *Neue Sittenlehre* (1905).

II. P. J. Proudhon (1809-1865)

nimmt eine eigentümliche Mittelstellung zwischen Sozialismus und Individualismus ein, die er miteinander zu versöhnen strebt, sodaß wir ihn beinahe ebensogut, wie unter die Sozialisten, unter die „Individualisten" des folgenden Paragraphen einreihen könnten. Die Werke Proudhons sind in 37 Bänden von *Lacroix* (Paris) herausgegeben worden. Über ihn vergleiche das dreibändige Buch des Nationalökonomen *Diehl, Proudhon, sein Leben und seine Lehre* (1888-96) und die zusammenfassende Monographie seines begeisterten deutschen Anhängers, des schwäbischen Arztes *Arthur Mülberger* († 1907), *Proudhon* (Stuttgart 1899).

Proudhon, ein armer Schriftsetzer, später Schriftsteller, als solcher etwas konfus, aber geistreich und ehrlich, faßte in seiner aufsehenerregenden ersten Schrift: *Qu'est-ce que la proprieté?* (1840) seine scharfe Kritik des Eigentumsrechts in die berühmt gewordene, übrigens schon 60 Jahre vor ihm von Brissot de Varville gebrauchte, Formel zusammen: *La proprieté c'est le vol,* die jedoch nur besagen will, daß das auf Ausbeutung fremder Arbeit beruhende Eigentum „Diebstahl" sei. Denn auf der anderen Seite bekämpft er auch den Kommunismus: das System des Privateigentums beutet die Schwachen zugunsten der Starken, das der Gütergemeinschaft die Starken zugunsten der Schwachen aus; beides aber widerspricht dem Prinzip der Gleichheit und Gerechtigkeit. Das von Hegelschen Ideen ausgehende *Système des contradictions économiques* oder *Philosophie de la misère* (1846), das die logische Abfolge der ökonomischen Ideen in der Vernunft entdeckt haben will, richtet sich sogar ziemlich scharf gegen den damaligen kommunistischen Sozialismus, sodaß dessen Hauptvertreter, Karl Marx, mit einer noch schärferen Gegenschrift *Misère de la philosophie* (1847, deutsch von *E. Bernstein* und *E. Kautsky,* 1884) antwortete.

Proudhons Mittelstellung zwischen Sozialismus und Individualismus entsprechen auch seine praktischen Vorschläge. Er will nicht die privatwirtschaftliche Produktionsweise überhaupt, sondern nur ihre beiden Hauptübel, Geld und Zins, abschaffen, an deren Stelle sein auf dem Prinzip der Gegenseitigkeit beruhendes „mutualistisches" Kreditsystem des freien Tauschverkehrs treten soll. Die Staatsgewalt ist hierbei überflüssig: „Freiheit ist die Mutter der Ordnung." Alle Regierung ist tyrannisch, sie wird durch freies Zusammenwirken ersetzt. So ist Proudhon einer der Väter des modernen „Anarchismus" (der „Herrschaftslosigkeit") geworden.

Indem die Utopisten, als echte Kinder des Zeitalters der Aufklärung, das neue Gesellschaftsideal aus ihrem Kopfe herausspannen, verkannten sie die realen Machtfaktoren des sozialen Lebens. Ganz anders

III. Der moderne oder marxistische Sozialismus.

Er entwirft nicht mehr ein fernliegendes Ideal, von dessen Vortrefflichkeit und Zweckmäßigkeit es die Menschen zu überzeugen gilt, sondern studiert die Gesetze der Gesellschaft, um auf dem Grunde einer bestimmt abgegrenzten wissenschaftlichen Geschichtsauffassung seine Lehre von der sozialen Entwicklung aufzubauen. Begründet wurde dieser moderne, sich als wissenschaftlich bezeichnende Sozialismus von dem Freundespaar Karl Marx und Friedrich Engels; so jedoch, daß nach Engels' eigenem Bekenntnis „der größte Teil der leitenden Grundgedanken, besonders auf ökonomischem und geschichtlichem Gebiet, und speziell ihre schließliche scharfe Fassung Marx gehört".

ging ursprünglich vom Junghegelianismus, insbesondere Feuerbachs, aus, aber bald über ihn hinaus. Die Kritik des Himmels, der Religion, der Theologie muß nach ihm zu einer Kritik der Erde, des Rechtes und der Politik werden. Es gilt, die Hegelsche Philosophie, welche die Welt „auf den Kopf gestellt“, nämlich allein aus dem Kopfe (den Ideen) des Philosophen abgeleitet hat, „umzustülpen“, die dialektische Methode auf die geschichtliche Wirklichkeit anzuwenden, um die eigentlich treibenden Mächte zu entdecken, die hinter den Beweggründen der geschichtlich handelnden Menschen stehen. Diese Mächte aber sind im letzten Grunde ökonomische, nicht ideelle. So verkündet die neue, „materialistische“ Geschichtsauffassung, die schon in dem *Elend der Philosophie* gegenüber Proudhon hervortritt, bestimmter in dem in Gemeinschaft mit Engels verfaßten *Kommunistischen Manifest* (1848, 7. deutsche Auflage mit Vorwort von Kautsky 1906) zum Ausdruck kommt und schließlich in der Vorrede zur *Kritik der politischen Ökonomie* (1859, 2. vermehrte Auflage 1907) ihre klassische Formulierung erhält. Die ökonomische Struktur der Gesellschaft, in welche die Menschen ohne ihren Willen hineingeboren werden, bildet hiernach die reale Basis, auf der sich der gesamte Überbau der politischen und juristischen, ja auch der religiösen, künstlerischen oder philosophischen, kurz „ideologischen“ Formen erhebt. „Es ist nicht das Bewußtsein der Menschen, das ihr Sein, sondern ihr gesellschaftliches Sein, das ihr Bewußtsein bestimmt.“ Dies gesellschaftliche Sein aber ist kein starres, sondern, wie schon Hegel gezeigt, in beständigem Flusse begriffen. Seine Entwicklungsgesetze gilt es in naturwissenschaftlicher Methode zu erforschen und so die Geschichte der Menschheit wissenschaftlich zu begreifen. Auf einer gewissen Stufe der sozialen Entwicklung nun gerät jener ökonomische Untergrund, da er inzwischen seine Eigenart wesentlich verändert hat, notwendig in Widerspruch mit dem überlebten juristisch-ideologischen Überbau. Dann tritt eine Epoche sozialer Umwälzungen ein, die je nachdem kürzer oder länger dauert und eine Änderung der bisherigen veralteten Produktionsweise bewirkt. So folgten einander im Laufe der Geschichte die asiatische (Barbarei), antike (Sklaventum), feudale (Leibeigenschaft) und modernbürgerliche (Lohndienst) Produktionsweise: wobei jede frühere Gesellschaftsordnung die Keime der folgenden so lange in ihrem Schoße trug, bis diese zur Sprengung der vorhergehenden fähig war.

Auf diese seine Theorie der sozialen Entwicklung gründet Marx den Sozialismus der Gegenwart. Auch unsere Zeit nämlich befindet sich in einem solchen Konflikt: zwischen der veränderten, sozialisierten Produktionsweise (in Fabriken, Großhandel, Großgrundbesitz usw.), die sich naturgemäß immer weiter ausdehnt, und der veralteten Rechtsordnung des Privateigentums an den Produktionsmitteln. Dieser Konflikt, der namentlich in regelmäßig wiederkehrenden Industrie- und Handelskrisen von Zeit zu Zeit zum Ausbruch kommt, läßt sich nur dadurch endgültig lösen, daß das Überlebte dem Lebendigen, die veraltete Form dem neuen Inhalt weicht. „Das Kapitalmonopol wird“, wie Marx in Band I, S. 793 seines großen nationalökonomischen Werkes *Das Kapital* (1. Band 1867, 4. Aufl. 1892; der 2. Band ist 1885, der 3. 1894 von Engels herausgegeben worden) sagt, „zur Fessel der Produktionsweise, die mit ihm und unter ihm aufgeblüht ist... Die kapistalistische Hülle wird gesprengt. Die Stunde des kapitalistischen Privateigentums schlägt. Die Expropriateure werden expropriiert.“ Die heutige, planlose Produktionsanarchie muß umschlagen in ein planmäßig organisiertes, zentral geleitetes Zusammenwirken, dessen erste Voraussetzung die „Vergesellschaftung“ der Produktionsmittel (Grund und Boden, Rohstoffe, Maschinen, Verkehrsmittel u. a.) ist. Das individuelle Privateigentum wird durch diese „Negation der Negation“ wiederhergestellt, aber jetzt auf Grund der Kooperation freier Arbeiter und ihres Gemeineigentums an den Produktionsmitteln. Aufgabe des modernen Sozialisten ist es nicht, den Organisationsplan eines zu schaffenden „Zukunftsstaates“ auszuarbeiten, sondern sich und seine Mitarbeiter auf die von selbst kommende Umwälzung vorzubereiten, ihr „Geburtshelfer“ zu werden.

Die nationalökonomischen Einzeltheorien des Mehrwerts, der Krisen, des Zusammenbruchs, der Verelendung u. a., die bei Marx mit dieser geschichtsphilosophischen Lehre in Verbindung gesetzt werden, müssen wir übergehen.

2. Friedrich Engels.

Während Marx mit der Fertigstellung seines ökonomischen Systems (im *Kapital*) beschäftigt war, überließ er den philosophischen und naturwissenschaftlichen Ausbau sowie die Popularisierung des „historischen Materialismus“ seinem vertrauten Freunde Friedrich Engels (aus Barmen, 1820-1896), der vorher bereits *Die Lage der arbeitenden Klassen in England* (1843) geschildert und mit Marx zusammen die Streitschrift „gegen Bruno Bauer und Konsorten“: *Die Heilige Familie oder Kritik der kritischen Kritik* (1845)[71], sowie das *Kommunistische Manifest* (s. oben) abgefaßt hatte. Engels' Buch *Der Ursprung der Familie, des Privateigentums und des Staats* (1884, jetzt in 13. Auflage) gibt im Anschluß an die prähistorischen Forschungen des Amerikaners L. H. Morgan eine Ergänzung der sozialen Entwicklungsgeschichte des *Kapital* durch die hinzugefügte Darstellung der vor- oder urgeschichtlichen Periode. Philosophisch wichtiger ist die Streitschrift gegen Dühring (s. § 77): *Herrn Eugen Dührings Umwälzung der Wissenschaft* (1878, jetzt in 7. Auflage), heute gewöhnlich kurz als *Antidühring* bezeichnet, die, obschon zunächst scharfe Polemik, doch eine „mehr oder minder zusammenhängende Darstellung der von Marx und mir vertretenen dialektischen Methode und kommunistischen Weltanschauung, und dies auf einer ziemlich umfassenden Reihe von Gebieten gibt“ (*Vorwort* S. XI f.). Als philosophisch interessant heben wir aus dem – in der 2. Auflage neubearbeiteten – Abschnitt *Theoretisches* folgende, die Selbständigkeit des Menschen gegenüber der Natur besonders deutlich hervorhebende Stelle hervor: „Mit der Besitzergreifung der Produktionsmittel durch die Gesellschaft ist die Warenproduktion beseitigt und damit die Herrschaft des Produkts über die Produzenten..., die nun zum erstenmal bewußte, wirkliche Herren der Natur, weil und indem sie Herren ihrer eigenen Vergesellschaftung werden... Erst von da an werden die Menschen ihre Geschichte mit vollem Bewußtsein selbst machen... Es ist der Sprung der Menschheit aus dem Reich der Notwendigkeit in das Reich der Freiheit" (3. Aufl. S. 305 f.).

Es sei bei dieser Gelegenheit bemerkt, daß die „historischen" Materialisten, obwohl von dem französischen Materialismus des 18. Jahrhunderts beeinflußt, sich doch von dem vulgären naturphilosophischen Materialismus der Büchner, Vogt usw. stets sorgfältig geschieden, vielmehr als „Erben" der „klassischen" Philosophie von Kant, Fichte, Hegel betrachtet haben. Ferner, daß die „materialistische" Geschichtsauffassung nicht als Dogma, sondern als Methode gemeint ist und von Marx ausdrücklich nur als „Leitfaden" für seine Studien bezeichnet wird. Endlich hat Engels im letzten Jahrzehnt seines Lebens – und zwar ausdrücklich auch als die Ansicht seines verstorbenen Freundes Marx von jeher – erklärt, daß das ökonomische Moment nicht das „einzige", sondern nur das „in letzter Instanz" bestimmende Moment der sozialgeschichtlichen Entwicklung sei; je mehr politisch-juristisch-philosophisch-religiöser „Überbau" sich entwickle, desto mehr trete eine Wechselwirkung zwischen allen diesen Momenten ein. Den „ideologischen" Faktoren wird eine relative Selbständigkeit, ein rückwirkender Einfluß auf die ganze gesellschaftliche Entwicklung, selbst auf die ökonomische, zugesprochen.

3. Jüngere Marxisten.

Das wissenschaftliche Organ des Marxismus ist die seit 1883 erscheinende Wochenschrift *Die neue Zeit,* in der seitdem zahlreiche Schriftsteller der verschiedensten Nationen die marxistische Methode verteidigt und weiter auszubilden gesucht haben. Der Herausgeber, Karl Kautsky (geb. 1854), hat seine Stärke auf dem Gebiete der ökonomischen Theorie. Von seinen Hauptschriften nennen wir: *Karl Marx' ökonomische Lehren gemeinverständlich dargestellt und erläutert* (1887, jetzt in 13. Aufl.), *Das Erfurter Programm, in seinem grundsätzlichen Teile erläutert* (1892, jetzt in 10. Aufl.), sowie seine gegen die Kritik Bernsteins (S. 645) gerichtete Antikritik: *Bernstein und das sozialdemokratische Programm* (1899). Eine gute Skizze der mittelalterlichen Geschichtsentwicklung bis in den Anfang der Neuzeit gibt die ausführliche Einleitung seiner Buch I, S. 255 zitierten Schrift über Thomas Morus. Später hat er auch seine prinzipielle Stellung zur Ethik präzisiert in der Schrift *Ethik und materialistische Geschichtsauffassung,* Stuttg. 1906. – Einen bemerkenswerten Versuch der Anwendung der materialistischen Geschichtsauffassung auf das literarisch-historische Gebiet machte *Franz Mehring* (1846-1919), *Die Lessing-Legende* (1893, jetzt in 3. Aufl.), auf das religionsgeschichtliche *K. Kautsky, Der Ursprung des Christentums,* Stuttg. 1908. Das vielgelesene Buch von *A. Bebel* (1840-1913), *Die Frau und der Sozialismus* (1879, 50. Aufl. 1910) erhebt selbst keinen Anspruch auf philosophische Bedeutung. Von weiteren, philosophisch in Betracht kommenden Mitarbeitern der *Neuen Zeit* nennen wir: die Franzosen Bonnier und Lafargue (1842-1911), den Russen Plechanow (1857-1918), den Polen Kasimir von Kelles-Krauz (†), die Deutschen E. Bernstein (s. S. 645), H. Cunow *(Ursprung der Religion,* 1913) und Konrad Schmidt, den Italiener Antonio Labriola (geb. 1843, † als Professor zu Rom 1904, vgl. dessen geistvolle Schriften: *Socialisme et philosophie,* Paris 1899; *Essais sur la conception matérialiste de l'histoire,* 2. Aufl. 1902) nebst seiner Tochter Teresa Labriola (Priv.-Doz. in Rom) und seinen Schüler P. Orano, den Holländer A. Pannekoek, die Österreicher Friedrich Adler, Max Adler und O. Bauer (S. 646). Eine geschlossene philosophische Richtung hat sich innerhalb des modernen Sozialismus noch nicht zu allgemeiner Anerkennung gebracht. Bisher wog der Materialismus vor, vgl. z.B. *Plechanow, Beiträge zur Geschichte des Materialismus;* andere zeigen sich von Kant mehr oder weniger beeinflußt.

IV. Kritische Nebenströmungen in und neben dem Marxismus.

Zwar hat, wenigstens in Deutschland, gegenwärtig die marxistische Lehre alle anderen sozialistischen Theorien in den Hintergrund gedrängt. Dennoch waren neben dem Marxismus von jeher und sind neuerdings auch innerhalb desselben kritische Nebenströmungen vorhanden.

1. So schließt sich der bekannte Ferdinand Lassalle (1825-1864) zwar in seinen ökonomischen Lehren im allgemeinen an Marx an (ohne ihn zu nennen), ist aber mehr Staatssozialist als dieser. Für die Philosophie kommt außer seinem hegelianisierenden Erstlingswerk über Heraklit (s. Buch I, S. 34) vor allem sein Hauptwerk *Das System der erworbenen Rechte* (2 Bände 1861, 2. Aufl. herausg. von *Lothar Bucher* 1880) in Betracht. Es führt den Grundgedanken aus, daß alle juristischen Begriffe (wie Eigentum, Vertrag, Familie, Erbrecht usw.) nicht sowohl logische als historische Kategorien seien; zur wissenschaftlichen Begründung des Sozialismus trägt indes diese Rechtsphilosophie Lassalles wenig bei. In seinem stürmischen ethischen Idealismus Fichte verwandt, bleibt er theoretisch doch im wesentlichen Hegelianer. Von Lassalles *Reden und Schriften* (herausg. von *E. Bernstein,* 3 Bände, 1891-94) heben wir als mehr philosophisch besonders die Gedächtnisrede über *Die Philosophie Fichtes und die Bedeutung des deutschen Volksgeistes* und die *Über den besonderen Zusammenhang der gegenwärtigen Geschichtsperiode mit der Idee des Arbeiterstandes* (1863) hervor.
2. Interessant ist der außerhalb der sozialistischen Kreise wenig bekannte Versuch des philosophischen Gerbers Josef Dietzgen (1828-1888): *Das Wesen der menschlichen Kopfarbeit* (1869, mit Einleitung von A. Pannekoek 1903),

weil er bereits – wenn auch zuweilen unter eigenartiger Terminologie – wesentliche erkenntniskritische Gesichtspunkte bringt. Er hat eingesehen, daß Lehren nur dadurch zu Wissenschaften werden, wenn sie „die Form zu erklären und auf Gesetze zurückzuführen streben", und rühmt Kant, weil er mit der Erkenntniskritik beginne; auch in der Ethik nähert er sich Kants kategorischem Imperativ, dem er freilich eine empiristische Färbung gibt. Erläuterungen der Hauptschrift gaben Dietzgens spätere *Streifzüge eines Sozialisten in das Gebiet der Erkenntnistheorie* (1887); weniger methodisch gehalten sind *Das Acquisit der Philosophie* und die *Briefe über Logik* (1895). Neuerdings sucht sein Sohn Eugen Dietzgen, der auch eine Gesamtausgabe von seines Vaters Schriften (3 Bde., Wiesbaden 1911) herausgegeben hat, in Verbindung mit einigen amerikanischen Parteigenossen den „erkenntnistheoretisch rückständigen" „Engmarxismus" von Kautsky, Plechanow, Mehring u. a. durch dessen Erweiterung in erkenntniskritischer, ethischer, naturwissenschaftlicher und „weltgeschichtlicher" Hinsicht zu korrigieren und ergänzen.

3. Erst gegen Ende des Jahrhunderts entstand innerhalb des wissenschaftlichen Sozialismus eine kritische Richtung, die von einer rein historisch-ökonomischen Begründung des Sozialismus abzulenken suchte. Ihr literarischer Hauptvertreter war Eduard Bernstein (geb. 1850), dessen Buch *Die Voraussetzungen des Sozialismus und die Aufgabe der Sozialdemokratie* (1899, jetzt in 13. Aufl.) nebst seiner Broschüre: *Wie ist wissenschaftlicher Sozialismus möglich?* (1901) lebhafte Diskussionen nicht nur innerhalb seiner Partei, sondern auch in anderen sozialphilosophisch interessierten Kreisen hervorrief. In der richtigen Empfindung, daß dem Marxismus bisher noch die bewußte und methodische Berücksichtigung des ethischen Moments sowie eine tiefere erkenntniskritische Begründung fehle, verlangte der frühere orthodoxe Marxist Bernstein eine stärkere Betonung der „ideologischen" Elemente und faßte seine Tendenz schließlich in dem Ruf: Zurück auf Kant! Zurück auf F. A. Lange! zusammen. Allein dieser „Kritizismus" wurde von ihm nicht, wie von Staudinger (S. Gunter), M. Adler, K. Vorländer und anderen, folgerichtig durchgeführt. Das Organ der „revisionistischen" Richtung in Deutschland sind die *Sozialistischen Monatshefte;* außerdem gab Bernstein mehrere Jahre hindurch eine historisch-bibliographische Monatsschrift *Dokumente des Sozialismus* heraus.

Philosophisch durchgebildeter als Bernstein, vertrat Ludwig Woltmann (1871-1907), den wir bereits (S. 593) als Darwinisten kennen gelernt haben, in seinem *System des moralischen Bewußtseins* 1898, wie in seinem zu Anfang dieses Paragraphen zitierten Buche *Der historische Materialismus, Darstellung und Kritik der marxistischen Weltanschauung,* eine eigenartige Synthese von Kant, Marx und Darwin. Kants Philosophie biete die „logischen Mittel", um eine systematische Kritik des Marxismus herbeizuführen. Ihre kritische Methode ergänze die genetische von Darwin und Marx, in welchem letzteren Woltmann den Kritizismus schon im Keime enthalten sieht. Später wandte sich Woltmann, vom Sozialismus abweichend, mehr anthropologisch-sozialen Problemen, insbesondere der Rassenfrage, zu.

Von ausländischen Sozialisten heben wir als Anhänger einer die ideologischen Momente stärker betonenden, zum Teil ebenfalls dem Kritizismus nahe stehenden Richtung hervor: die Franzosen Jean Jaurès (ermordet 1914) und Chr. Rappoport, die Russen Lawrow (1823-1900) und P. v. Struve (der später zum Liberalismus überging), sowie aus neuerer Zeit besonders den Soziologen M. Tugan-Baranowsky, der auch eine russische Übersetzung meiner sozialphilosophischen Aufsätze (1909) herausgegeben hat (seine Werke s. S. 636). Später traten, namentlich in Österreich, mehrere jüngere Sozialisten energisch für eine philosophische Vertiefung des Marxismus durch Kants erkenntniskritische Methode ein, so Max Adler (geb. 1873, Wien, *Kausalität und Teleologie im Streite um die Wissenschaft* in Bd. I der *Marx-Studien,* Wien 1904, *Marx als Denker,* Berlin 1908, *Marxistische Probleme,* Stuttg. 1913) und Otto Bauer (in mehreren Aufsätzen in der *Neuen Zeit*); während andere (wie Friedrich Adler) in Machs Philosophie eine geeignetere erkenntnistheoretische Unterlage gefunden zu haben meinen.

Infolge des Weltkrieges und der seine Folgeerscheinung bildenden russischen, österreichischen und deutschen Revolution, an denen überall die genannten Denker mehr oder weniger beteiligt sind, sind jedoch alle diese theoretischen Erörterungen vorläufig in den Hintergrund getreten.

§ 75. Die Philosophie des Individualismus. (Stirner und Nietzsche.)

Während die Geschichte der sozialistischen Philosophie eine durch das ganze 19. Jahrhundert sich fortsetzende Kette von wenigstens wesenähnlichen Persönlichkeiten ergibt, finden wir als philosophische Vertreter eines radikalen Individualismus im wesentlichen nur zwei Denker, die in Charakter, Ausgangspunkt und Lehre den größten Gegensatz zueinander bilden: Max Stirner und Friedrich Nietzsche.

1. Stirner.

J. H. Mackay, Max Stirner, sein Leben und sein Werk, 1898, 2. Aufl. 1910. Von Mackay rührt auch eine Ausgabe von Stirners (unbedeutenden) kleineren Schriften her. Das Hauptwerk *Der Einzige und sein Eigentum* (Leipzig 1845, 3. Aufl. 1900) ist seit 1892 auch bei Reclam erschienen.

Max Stirner, eigentlich Kaspar Schmidt, geboren 1806 in Bayreuth, studierte, vorzugsweise in Berlin, Philosophie und Philologie, bewarb sich vergebens um eine staatliche Stellung, war eine Zeitlang Lehrer an einer höheren Privatmädchenschule in Berlin und verkehrte hier mit dem Kreis der „Freien“ (Bruno Bauer u. a.), aus dem sein oben genanntes Hauptwerk (Ende 1844) hervorwuchs. Seitdem hat er nichts von Bedeutung mehr geschrieben. Er starb 1856 verschollen und in größter Dürftigkeit.

Nicht dies unscheinbar verlaufene Leben kennzeichnet Stirner, sondern eine in dieser Kühnheit vor ihm vielleicht nie oder nur von einzelnen griechischen Sophisten verkündete Lehre. Stirner knüpft zwar an die Junghegelianer Bruno Bauer und Feuerbach an, aber nur, um über sie hinauszugehen. Er will nicht die Sache Gottes, nicht die der Menschheit oder des Vaterlandes vertreten, ja nicht einmal die Sache „des“ Menschen, in dem Feuerbach das höchste Wesen erkannt, den Bruno Bauer überhaupt erst gefunden zu haben meinte, sondern lediglich seine eigene: „Mir geht nichts über Mich!“ (NB. Ich, Mir, Mich usw. wird stets mit großen Anfangsbuchstaben geschrieben!) Weder die „Alten“ (das Altertum) noch die „Neuen“ (das Christentum) befriedigen ihn: der sogenannte „Geist“ ist eine Lüge, ein Spuk, ein Sparren, ebenso der Beruf, die Wahrhaftigkeit, die Liebe; Sittlichkeit ist Borniertheit. Er will auch keine Hierarchie des Geistes, kein „Pfaffentum der Idee“. Ja selbst die Freien, die Neuesten unter den Neuen, genügen ihm nicht: weder der politische Liberalismus der Bourgeoisie, der nur die Besitzenden privilegiert, die Nichtbesitzenden dagegen aussaugt, noch der soziale der Kommunisten, der alle zu besitzlosen „Lumpen“ statt, wie es richtig wäre, zu „Egoisten“ macht, noch endlich der humane der neuesten Kritiker, der gänzlich uninteressiertes Handeln des einzelnen verlangt. Sie alle, auch „der Mensch“ Feuerbachs und Bauers, sind Feinde des Egoismus, des vergänglichen, wirklichen, endlichen Einzel-Ich.

Handelte der erste, kritische Teil des Buches vom Menschen, so trägt der zweite die kurze Überschrift: Ich. Nicht bloß das Jenseits außer Uns, sondern auch das Jenseits in Uns muß zerstört werden. Nicht Freiheit ist das erstrebenswerte Ziel – der „Freie“ ist im Grunde nur der Freiheitssüchtige –, sondern Eigenheit; der „Eigene“ ist der geborene Freie. Das Gewissen macht zum Schwächling. Suchet Euch selbst, werdet Egoisten, laßt Euere törichte Sucht, etwas anderes zu sein, als Ihr seid! Nehmt Euch die Freiheit selbst, anstatt sie zu verlangen oder sie Euch schenken zu lassen! Betragt Euch als Mündige, als Freie! Auch das „Recht“ ist nur „ein Sparren, erteilt von einem Spuk“. Ich bin zu allem berechtigt, was Ich vermag. Ich kenne keine Pflicht und kein Gesetz. An die Stelle des Staates muß ein „Verein von Egoisten“ treten, in dem jeder tut, was er will. Daß darum nicht alles drunter und drüber geht, dafür wird jedes einzelne Ich schon sorgen, indem es sich nichts gefallen läßt. Alles „Heilige“ ist ein Band, eine Fessel. Weg mit der Familie, dem Volke, der Partei, der Strafe, weg auch mit dem neuen Ideal des „freien Menschen“! Die „Eigenheit“ kennt kein Gebot der Treue, Anhänglichkeit, Sittlichkeit. – Auch in der Frage des Eigentums geht Stirner über die bisher Radikalsten (Babeuf, Proudhon, Weitling) weit hinaus. Ich bin zu jedem Eigentum berechtigt, zu dem Ich Mich ermächtige. Greife zu und nimm, was Du brauchst; das ist nicht verächtlich, sondern „die reine Tat des mit sich einigen Egoisten"! Dein Vermögen ist, was Du vermagst. Liebe ist gewiß schön, aber sie darf nicht zum Gebot erhoben werden, sondern ist, wie jedes meiner Gefühle, mein Eigentum. Unzähliges, selbst mein Leben und meine Freiheit, will Ich dem Anderen mit Freuden opfern, nur nicht Mich selbst. Ich liebe die Menschen, weil es Mich glücklich macht. Auch vor Lüge und Eidbruch wird der Eigene im gegebenen Falle nicht zurückschrecken. Wie Luther sein Mönchsgelübde um „Gottes", um der „höheren" Wahrheit willen brach, so tue Ich es um „Meinetwillen": was natürlich etwas ganz anderes ist als um des Gewinnes willen; denn der Sklave des Gewinnes, des Geldsacks ist nicht mehr „sein" eigen. [Was bedeutet hier „Ich", „Mein", „eigen"?] Trachten wir nicht nach Gemeinschaft, selbst nicht nach der umfassendsten, der „menschlichen Gesellschaft", sondern nach der „Einseitigkeit"! Nur im losen „Verein" kann sich der Eigene behaupten und seine ganze Kraft geltend machen. Keine Revolution, die auf Änderung der politischen oder sozialen Einrichtungen geht, sondern „Empörung", d.h. Emporrichtung des Individuums, das sich überhaupt nicht mehr „ein"richten lassen will! Cäsar war ein Revolutionär, der noch von der Änderung der Zustände das Heil erwartete, Christus dagegen und seine ältesten Anhänger die wahren „Empörer", die ungestört von der Obrigkeit ihren eigenen Weg wandeln wollten und gerade deshalb, weil sie das Umwerfen des Bestehenden von sich wiesen, seine wirksamsten Vernichter wurden. Mein Verkehr mit der Welt besteht darin, daß Ich sie und in ihr Mich selbst genieße. Nichts von Beruf, Bestimmung, Aufgabe, Ideal! Bange nicht um das Leben, grübele nicht darüber, sondern genieße es! Nicht „der Mensch" ist, sondern Ich bin das Maß aller Dinge, keinem dienstbar als meiner eigenen Kritik. Ja, Ich kann die mir liebsten Gedanken im nächsten Augenblicke von mir werfen und bleibe doch, der Ich bin, schaffe neue Gedanken, denn Ich bin ihr alleiniger Eigner. Wir sind allzumal vollkommen, es gibt keinen Sünder: wie denn die Worte „gut" und „böse" für den Eigner keinen Sinn haben. Alles an Mir ist – einzig, Ich bin – der Einzige. Nur auf Mich selbst, den Einzigen, den sich selbst verzehrenden, vergänglichen Schöpfer seiner selbst, stelle Ich meine Sache, und so lautet Anfang und Schluß Meiner Weisheit (und des Stirnerschen Buches): „Ich hab' Mein' Sach' auf Nichts gestellt."

2. Der moderne Anarchismus.

R. Stammler, Die Theorie des Anarchismus, 1894. Vgl. auch *E. Bernstein, Die soziale Doktrin des Anarchismus* (*Neue Zeit* X, 1). Ein anschauliches Bild der verschiedenen Richtungen gibt in belletristischer Einkleidung *J. H. Mackay, Die Anarchisten, Kulturgemälde aus dem Ende des 19. Jahrhunderts*, Zürich 1891 (Volksausgabe, Berlin 1893). Vgl. ferner *P. Eltzbacher, Der Anarchismus*, Berlin 1900; dazu die namentlich über die Entwicklung des Anarchismus belehrenden Aufsätze des Holländers *Chr. Cornelissen* und des Italieners *L. Fabbri* im *Archiv für Sozialwiss.*, Bd. XXVI (1908.).

Stirners merkwürdiges Buch erregte nur vorübergehend einiges Aufsehen, wurde rasch vergessen und hat erst in neuerer Zeit, seit unter anderen E. von Hartmann von neuem darauf aufmerksam gemacht, wieder Beachtung (2. Aufl. 1882), noch später in Mackay u. a. eifrige Anhänger gefunden. Ebenso hat das andere Haupt der modernen anarchistischen Theorie, der bereits S. 639 f. von uns behandelte Proudhon, keine dauernden Erfolge erzielt. Als in den 60er Jahren des 19. Jahrhunderte das, was man heute meistens unter „Anarchismus" versteht, d.h. die politisch-anarchistische Bewegung, in Fluß kam, hat man im allgemeinen wenig an jene beiden Theoretiker angeknüpft: wie denn überhaupt die uns hier allein interessierende Theorie der „Herrschaftslosigkeit" seitdem systematisch kaum fortgebildet worden ist.

Es lassen sich heute wesentlich zwei, einander entgegengesetzte, Typen derselben unterscheiden:

a) Der kommunistische Anarchismus oder „freiheitliche Kommunismus" (*communisme libertaire*), vertreten durch die Russen Bakunin (1814-1876) und Fürst Peter Krapotkin, den Professor der Geographie Elisée Reclus in Brüssel (†) u. a. Sein Fundament ist das Prinzip der Brüderlichkeit, sein Ziel „die in der vollen Entwicklung aller materiellen, intellektuellen und moralischen Kräfte bestehende" Freiheit, die keine anderen Beschränkungen als die „uns von den Gesetzen unserer eigenen Natur vorgeschriebenen" kennt. „Jedem nach seinen Fähigkeiten, jedem nach seinen Bedürfnissen!" Dies Ziel ist aber nur auf dem Boden völliger ökonomischer und sozialer Gleichheit zu erreichen, daher Verwerfung des Privateigentums: „Alles gehört allen!" Der Weg zu diesem Ideal ist die freie unpolitische Organisation der sozialen Kräfte, in der alle Gewalt aufgehoben ist und jeder dem anderen hilft, wie dies Krapotkin in seinem Werke *Gegenseitige Hilfe in der Entwicklung* (deutsch von *G. Landauer*, 1904) nicht bloß für die Menschen, sondern, Darwin ergänzend, auch für die Tierwelt als wichtigen Entwicklungsfaktor nachweist. Nur gegenüber der Zwangsgewalt des heutigen Staates ist, um sie zu brechen, ebenfalls offene Gewalt erlaubt. Kommunistisch ist dieser Anarchismus, weil er „Einheit als das Ziel" betrachtet, „nach dem die Menschheit strebt" (Bakunin) und „die vollständige Entfaltung der Individualität im Bunde mit der höchsten Entfaltung der Assoziation" (Krapotkin) anstrebt. Diese Richtung des Anarchismus ist gegenwärtig die verbreitetste, wenigstens in den romanischen Ländern und Nordamerika. Nahe steht ihr der französisch-italienische Gewerkschafts-„Syndikalismus" der Franzosen E. Berth, H. Lagardelle, Sorel und des Italieners Arturo Labriola (Neapel).

b) Theoretisch folgerichtiger ist der individualistische Anarchismus J. H. Mackays (Berlin, geb. 1864) und B. Tuckers (Boston), dem der norwegische Dichter H. Ibsen († 1906) in einzelnen seiner Dramen zuneigte, und dem auch Leo Tolstois (S. 654) Auffassung des Christentums verwandt ist. Dieser Anarchismus kennt keine Versöhnung zwischen Freiheit und Autorität, Egoismus und Altruismus, Individualismus (Anarchismus) und Sozialismus, von welcher der kommunistische Anarchismus oder „libertäre Kommunismus“ träumt. Er betrachtet vielmehr den Sozialismus als die „letzte Universaldummheit der Menschheit“. Die durch denselben herbeigeführte Ausbeutung der Starken durch die Schwachen (vgl. Proudhon) wird seine Auflösung zur Folge haben. Privateigentum verbietet der individualistische Anarchismus nicht, im Gegenteil, alle sollen Privateigentümer sein. Alle staatliche und rechtliche Gewalt muß wegfallen; nur so ist ein harmonisches gesellschaftliches Dasein möglich. Aber diese Zukunft ist nicht von den Gewaltakten der „Progaganda der Tat“, sondern allein von dem allmählichen langsamen Fortschritt der Vernunft zu erwarten. Freie Assoziation der einzelnen zu bestimmten, namentlich wirtschaftlichen Zwecken läßt freilich auch Mackay zu, während das äußerste Extrem der Herrschaftslosigkeit, das Stirner vertrat, jede praktische Folgerung ausschloß.

Wieder ganz anders geartet ist der aristokratische Anarchismus oder Individualismus des übrigens von Stirner nicht unbeeinflußt gebliebenen Friedrich Nietzsche.

3. Friedrich Nietzsche.

Aus der von Jahr zu Jahr mehr anschwellenden Nietzsche-Literatur (das meiste bringt *Ueberweg* IV, § 49) seien von zusammenfassenden Gesamtschilderungen hervorgehoben: *A. Riehl, Fr. Nietzsche, der Künstler und der Denker* (Klass. d. Philos. VI) 1897, 5. Aufl. 1909; ferner die einen klaren Überblick über die verschiedenen sich in Nietzsche kreuzenden Tendenzen gebende kleine Schrift von *H. Vaihinger, Nietzsche als Philosoph*, 3. Aufl. 1905; weiter *H. Lichtenberger, La philosophie de Fr. Nietzsche*, 1898, ins Deutsche übersetzt und eingeleitet von Nietzsches Schwester, Frau Elisabeth Förster-Nietzsche, 1899, 3. Aufl. 1905. *Th. Ziegler, F. Nietzsche*, 1899. *R. Richter, F. Nietzsche, sein Leben und sein Werk*, 3. Aufl. 1917. *K. Joël, Nietzsche und die Romantik*, 1903. *Seillière, Apollo oder Dionysos?*, übersetzt, Berlin 1906. *Richard M. Meyer, N., s. Leben u. s. Werke*, 1913. Ein klares Bild seines Wesens und besonders seiner Jugendentwicklung empfängt man aus seines Jugendfreundes *P. Deussen Erinnerungen an F. Nietzsche*, Lpz. 1901. Reiches Material aus bisher ungedruckten Dokumenten bringt das im ganzen gegnerisch gehaltene Werk von *C. A. Bernoulli, Franz Overbeck und Friedrich Nietzsche*. 2 Bde., Jena 1908. Empfehlenswert zur Lektüre des *Zarathustra* wie zum Verständnis Nietzsches überhaupt: *H. Weichelt, Also sprach Zarathustra*, erklärt und gewürdigt, Lpz. 1910.

Die große 19bändige Gesamtausgabe von Nietzsches Werken (1905 ff.) enthält in ihrer 1. Abteilung seine zusammenhängenden Werke (8 Bände), in der 2. (ebenfalls 8 Bände, dann 3 philologischen Inhalts) Schriften,

Fragmente, Entwürfe, Aphorismen u. a. aus dem im Nietzsche-Archiv zu Weimar von seiner Schwester treu aufbewahrten Nachlaß. Die letztere hat ihm eine liebevolle, ins einzelne gehende Biographie gewidmet: *Das Leben Fr. Nietzsches*, 1. Band 1895, 2. Band 1897 ff. Jetzt in kürzerer Bearbeitung: *Der junge Nietzsche*, Lpz. 1912. *Der einsame Nietzsche*, 1914. – *Gesammelte Briefe*, hrsg. von *P. Gast* (Pseudonym für Heinrich Köselitz) und *E. Förster-Nietzsche*, 4 Bände 1900-1905. Die 1. Abteilung der Werke ist auch in kleinerem Format zu billigerem Preise Lpz. 1899 erschienen, daneben neuerdings in einer dritten, noch billigeren, sogenannten „Taschenausgabe", bis 1913 11 Bände. Das Nietzsche-Archiv wurde bis 1908 von seiner Schwester und wird seitdem von einem Kuratorium verwaltet.

Friedrich Nietzsche (1844-1900), thüringischer Pfarrerssohn, früh ohne Vater, in Schulpforta erzogen, in Bonn und Leipzig Schüler des Philologen Ritschl, schon mit 24 Jahren Professor der klassischen Philologie zu Basel, muß 1878 wegen einer beginnenden schweren (Gehirn-?) Krankheit seine Stellung aufgeben und bringt von da an, als „irrender Flüchtling" und einsam Leidender, seine Sommer meist im Engadin, die Winter an der Riviera zu. In den Krankheitspausen erzeugt sein leidenschaftlich bewegter Geist jetzt ein Werk nach dem anderen, fast alle bezeichnenderweise in Aphorismen geschrieben. Seit 1889 in unheilbare Geisteskrankheit verfallen, lebt er bei seiner Mutter in Naumburg, nach deren Tode bei seiner verwitweten Schwester in Weimar, wo ihn am 25. August 1900 der Tod von seinen Leiden erlöst.

Nietzsche spiegelt in seinem ruhelosen Sehnen und Suchen unsere gärende Zeit wider. Von beinahe sämtlichen literarischen, philosophischen und künstlerischen Strömungen der Gegenwart läßt er sich ergreifen, um sich schließlich von allen loszureißen. Es lassen sich drei Stadien seiner Entwicklung unterscheiden:

a) *Schopenhauer-Wagnersche Periode.* Nietzsches erstes bedeutenderes Werk: *Die Geburt der Tragödie aus dem Geiste der Musik* (1872) will Schopenhauer und Richard Wagner mit Äschylus zu einem in Wahrheit „zentaurischen" Ganzen vereinen, das nur durch die gemeinsame ästhetische Weltanschauung zusammengehalten wird: die ganze Welt ist nur um der Kunst willen von dem Ur-Einen geschaffen. Zwei gewaltige Kunsttriebe herrschen in der Natur und den Werken echter Kunst: der dionysisch-orgiastische des Musikers und Tragöden und der apollinisch-heitere, maßvolle des Bildners und epischen Dichters. Der erstere, der „Geist der Musik", aus dem die Tragödie entspringt, ist der dem Verfasser kongenialere: aus ihm sieht er eine neue Kultur entstehen, ruhend auf der „tragischen Erkenntnis" des Lebens, die dem künstlerischen Genius eigen ist.

Aus diesem Standpunkt gehen dann weiter die vier Stücke *Unzeitgemäßer Betrachtungen* (1873-76) hervor: die zwei ersten Streitschriften gegen den „Bildungsphilister" D. Fr. Strauß und gegen das Übermaß des Geschichtlichen in der modernen Erziehung *(Vom Nutzen und Nachteil der Historie für das*

Leben), während die zwei späteren, *Schopenhauer als Erzieher* und *Richard Wagner in Bayreuth*, das neue Ideal im Anschluß an ihre Vorbilder positiv entwickeln. Persönliche Erfahrungen mit R. Wagner sowie dessen mittelalterlich-christlicher *Parsifal* bewirken einen entschiedenen Bruch. Ein völlig anderes Gesicht zeigt Nietzsches

b) *Positivistisch-rationalistische Periode.* Das sie charakterisierende Hauptwerk *Menschliches Allzumenschliches* (3 Bände, 1878-80)[72] bezeichnet sich als ein „Buch für freie Geister" zum Andenken Voltaires an dessen hundertjährigem Todestag. An die Stelle des schönheitstrunkenen Dionysos tritt jetzt die hoheitvolle, ruhig-klare Göttin Athene, ja sogar der vor wenigen Jahren noch aufs schärfste verspottete nüchtern-moralische Sokrates, der Prototyp der Aufklärung. Der künstlerische Mensch heißt nunmehr ein „an sich schon zurückbleibendes Wesen": er muß sich weiter entwickeln zum wissenschaftlichen Menschen. Denn die Künstler sind die Verherrlicher der religiösen und philosophischen Irrtümer der Menschheit. Höchster Kultur- und Lebenszweck ist für Nietzsche jetzt nicht mehr die Kunst, sondern die Erkenntnis. Erhebung, Beruhigung, Aufhellung der Gedanken sind es, welche die „Dreifaltigkeit der Freude" bewirken. Die entwicklungsgeschichtliche Betrachtung des Darwinismus, also die „Historie" zieht ihn an. In der Moral neigt er dem utilitarischen und zugleich dem Vernunftprinzip zu. Ähnlich heißt es noch in der *Morgenröte* (1881): „Nicht dem Gefühl, sondern der Vernunft und Erfahrung vertraue!"

Aber die wissenschaftliche Betrachtungsweise kann seiner leidenschaftlichen Feuernatur auf die Dauer nicht genügen. Ein neuer Nietzsche, der sich in der eben genannten Schrift erst leise ankündigt, kommt zum Durchbruch in *Die fröhliche Wissenschaft* (1882) und tritt voll hervor in seiner dritten, der

c) *Zarathustra-Periode*, die in erster Linie durch sein berühmtestes und eigenartigstes Werk: *Also sprach Zarathustra* (1883-85) gekennzeichnet wird. Daneben stehen: *Jenseits von Gut und Böse* (1886), *Zur Genealogie der Moral* (1887), *Der Fall Wagner* (1888), *Die Götzendämmerung oder wie man mit dem Hammer philosophiert* (1888). Von dem geplanten Hauptwerk: *Der Wille zur Macht, Versuch einer Umwertung aller Werte*, war 1888 nur das erste Buch: *Der Antichrist* vollendet, das übrige ist in der Gestalt, in der es in seinem Nachlaß vorlag – neuerdings (1908 f.) zusammen mit der selbstbiographischen Skizze *Ecce homo* oder: *Wie man wird, was man ist* –, als Band XV und XVI der S. W. erschienen.

In dieser dritten, in der Ausdrucksweise bereits die Zeichen der beginnenden Krankheit verratenden Periode kehrt Nietzsche zu seiner ersten (Schopenhauerschen) Epoche zurück, aber bereichert durch die Ergebnisse der zweiten. Der wahre Mensch ist Freigeist und Künstler zugleich: Freigeist, insofern er – wie die Aufklärung – alle bisherige Geschichte verneint, Künstler (Schaffender, Tatmensch), insofern er einen neuen, erhöhten Typus des Menschen schaffen will: den Übermenschen.[73] Hier erst tritt der Philosoph des Individualismus voll hervor, aber in ganz anderer Weise als bei Stirner, auf den

Nietzsche nirgends hinweist, obwohl er ihn gekannt hat. Das höchste Ziel der Kultur ist die Züchtung großer genialer Menschen. Die Schopenhauersche Willensmetaphysik erscheint wieder, aber unter dem Einflusse der Darwinschen Selektionslehre positiv-optimistisch gewandt. An die Stelle des weltverneinenden „Anachoreten und Heiligen" tritt der „dionysische" Genius und Held, der sich gerade durch die Kämpfe und Widersprüche, das Leid und die Schwere des Lebens zu immer stärkerer Lebens- und Willensenergie, Schaffensfreude und Furchtlosigkeit angestachelt fühlt. Die Lebensbejahung steigert sich bei Nietzsche jetzt zu einem wahren Kultus der Macht, ja des Grausamen, Raubtierhaften im Menschen (der „blonden Bestie"). So trägt sein Individualismus durchaus aristokratische Züge, daneben freilich auch anarchistische Färbung: „Dort, wo der Staat aufhört, da beginnt erst der Mensch. – Die Zeit der Könige ist nicht mehr."

Nietzsche wendet sich jetzt nicht bloß gegen die Mitleids- und Selbstentäußerungsmoral seines früheren „einzigen" Lehrers Schopenhauer, sondern gegen die Moral überhaupt, die ihm ein System von Sklavengeboten scheint. Er will die alten Tafeln zerbrechen, auf neue Tafeln neue Werte schreiben. Ist nicht Gut vielleicht Böse? Sind nicht vielleicht alle Werte umzuwerten, damit die höchste Mächtigkeit und Pracht des Typus Mensch erreicht werde? Nur das Römerideal gefällt ihm; die anderen, zumal das christliche, sind lebensfeindlich. Tapfer sein ist gut, die „moralinfreie" virtù der Renaissance-Menschen die einzige „Tugend". Die Schwachen und Mißratenen sollen zugrunde gehen. Kein Spott dünkt ihm bitter genug gegen die „viel zu Vielen", die Herdenmenschen, die Willensschwachen, die Weichen und Halben; die Gleichheitslehren der Demokratie, des Christentums, des Sozialismus erscheinen ihm als Zeichen des Niedergangs. Ihnen gegenüber preist Nietzsche-Zarathustra den Glauben an sich, den Stolz auf sich, die Ehrfurcht vor sich selbst, die Härte gegen sich und andere, die Tugenden des „vornehmen" Menschen: Hoheit, Willensweite, Selbstgewißheit bis zur Selbstverherrlichung, Kriegsmut, Gewalttätigkeit, ja schließlich den „freien und leichten" Instinkt. Er predigt das „Pathos der Distanz"; die Moral wird ihm zu einem Problem des Ranges, ja der Rasse. In der *Genealogie der Moral*, die eine historische Untersuchung sein will, wird das Schlechte (von „schlicht") schlechtweg mit dem Niedrigen, Gemeinen, Verächtlichen, das Gute mit dem „Bösen" der gewöhnlichen Moral, d. i. dem nackten Machtgefühl identifiziert. Der Sklavenmoral des Christentums steht die Herrenmoral des Übermenschen gegenüber, der weltfrohe „Dionysos" gegen den „Gekreuzigten". Das Extremste dieser Genres findet sich wohl in seiner letzten Schrift, dem *Antichrist*. Hier redet der bloße Haß gegen diese „feige, feministische, zuckersüße Bande" der Christen, während anderwärts die soziale Frage für einen bloßen Ausfluß der Dummheit und Instinktentartung erklärt wird. Cesare Borgia war mehr als Luther! Es ist ein Kultus der Macht lediglich um der Macht willen. Der „Sinn der Erde", das Ziel, auf das alles hinausläuft, ist eben nichts anderes als eine neue, stärkere Spezies

Mensch, der Übermensch. Er vertritt bei Nietzsche die Stelle der Religion, wenn man nicht die alte, ihm zum „Zarathustra-Gedanken" gewordene Pythagoraslehre von der „ewigen Wiederkunft aller Dinge" als solchen Ersatz ansehen will.

An einer weiteren Umbildung seiner Lehre, die wohl nur eine Umkehr hätte sein können, hat ihn der definitive Ausbruch seiner Geisteskrankheit, die Vernichtung seiner „brausenden" Seele gehindert. Wir aber vermögen Nietzsches Philosophie nur als Entwicklungsgeschichte einer genialen Persönlichkeit zu betrachten, wie er auch selber seine Bücher als seine innersten „Erlebnisse", in denen er selbst ganz und gar („ego ipsissimus") enthalten sei, und jede Philosophie als „das Selbstbekenntnis ihres Urhebers und eine Art ungewollter mémoires" bezeichnet. Er ist weit mehr Künstler als wissenschaftlicher Denker. Der ungeheure Einfluß, den dieser „Vogelsteller für unvorsichtige Seelen" längere Zeit hindurch, vor allem auf die gebildete und – halbgebildete Jugend, ausgeübt hat und der erst in der letzten Zeit zu verblassen beginnt, rührt nicht zum wenigsten vom Zauber seines Stiles her. Er ist ein Virtuose der Sprache, musikalisch, malerisch und bildnerisch zugleich, wenn auch in seinen letzten Schriften die Übertreibungen des neuromantischen Symbolismus vielfach barock erscheinen. Daneben wirkte die Loslösung von allen Autoritäten, das leidenschaftliche Herausarbeiten eines extremen, alle Kraftgefühle (Instinkte) reizenden Individualismus, der bei ihm selbst freilich von gemeiner Genußsucht oder Zügellosigkeit weit entfernt bleibt, vielmehr eher große und harte Züge zeigt.

Einen Nachfolger oder Schüler von größerer Bedeutung hat Nietzsche nicht gefunden und konnte eine solche rein persönliche Philosophie auch nicht finden. Von philosophischen Versuchen, die durch ihn beeinflußt oder ihm verwandt sind, nennen wir die *Philosophie der Freiheit* (1894) von Rudolf Steiner, ferner *Das klassische Ideal* (1906) von den Brüdern Ernst und August Horneffer, die sich auch um die Herausgabe seines Nachlasses verdient und durch populäre Schriften und Vorträge über ihn bekannt gemacht haben, und *Die Philosophie der Befreiung durch das reine Mittel* (1894) von Bruno Wille (vgl. *H. Mack, Br. Wille als Philosoph*, Diss. Gießen 1913), der neuerdings gleich anderen Nietzscheanern mehr zu der Neuromantik abgeschwenkt ist. Überhaupt scheint, trotz der noch immer starken Literatur über ihn, der Einfluß Nietzsches, wenigstens an Breite, allmählich abzunehmen.

Einen radikalen christlichen Individualismus vertraten, unter sich wieder ganz verschieden, der schwermütige Däne Sören Kierkegaard (1813-1866) und der Russe Leo Tolstoi (1828-1910). Über Kierkegaard vgl. *E. Höffding (Klass. d. Phil.* II, 2. Aufl. 1902); seine bedeutenderen Werke deutsch herausgeg. von Christoph Schrempf, 1895; eine deutsche Gesamtausgabe (von *Schrempf* und *H. Gottsched)* seit 1909 bei E. Diederichs (Jena).

Kapitel XXVI. Sonstige philosophische Erscheinungen zu Beginn des 20. Jahrhunderts.

Näheres s. bei *Ueberweg* IV, §§ 44-53, über das Ausland §§ 54-104 (die letztgenannten Berichte sind von Philosophen der betr. außerdeutschen Länder verfaßt). Noch genauer unterrichten über die jeweilig neuesten Erscheinungen in den einzelnen Disziplinen sowie über die Philosophie des Auslandes, die Jahresberichte im *Archiv für systematische Philosophie* und das Buch I, S. 15. erwähnte Jahrbuch *Die Philosophie der Gegenwart*. Vgl. auch die Jahresberichte von *O. Ewald* in den *Kantstudien* von 1906 an (Bd. XII ff.), sowie *L. Stein, Philosophische Strömungen der Gegenwart*, 1908. Über die französische Philosophie seit 1867 s. den Vortrag von *E. Boutroux* im *Bericht über den III. internat. Kongreß für Philosophie*. Heidelberg 1909, S. 124-158.

Während Kapitel XX-XXV die philosophischen Hauptrichtungen der letzten sechs Jahrzehnte ausführlicher kennzeichneten, müssen wir uns in bezug auf die noch übrigen philosophischen Erscheinungen der Gegenwart, insbesondere diejenigen Einzelbestrebungen, die sich keiner jener Gruppen einfügen ließen, notgedrungen kürzer fassen. Unsere Übersicht verfährt in der Weise, daß sie zunächst einen Blick auf die wichtigeren systematischen Versuche – sowohl idealistischer als realistischer Richtung – wirft (§ 76 und 77), um mit einem Ausblick auf die philosophischen Einzelwissenschaften und die Leistungen des Auslands (§ 78 und 79) zu schließen.

§ 76. Neuere philosophische Richtungen und systematische Versuche in Deutschland mit idealistischer oder metaphysischer Grundrichtung.

1. Rückkehr zur spekulativen Metaphysik.

Seit dem Anbruch des 20. Jahrhunderts vollzog sich ohne Frage in der philosophischen Gesamtstimmung ein gewisser Rückschlag gegenüber den erkenntniskritischen und positivistischen Richtungen. Wie vor hundert Jahren machte sich eine romantische Richtung nicht bloß in der schönen Literatur, sondern auch in der Philosophie von neuem geltend. Ihren Vertretern mehr oder weniger gemeinsam ist ein Zug zum Pantheismus, der Glaube an eine Einheit von Geist und Materie, Einzel- und Weltseele, sowie verstärkte Betonung des religiösen Empfindens und des Gefühls überhaupt: alles Züge, die wir auch an der Romantik des beginnenden 19. Jahrhunderts wahrnehmen, deren dichterische und philosophische Vertreter, namentlich Schelling und Novalis, denn auch bis vor kurzem eifrig gepriesen und neu herausgegeben wurden. Daneben her gingen Neuausgaben älterer Mystiker und Naturphilosophen wie Plotins, der Gnostiker, Eckharts, Picos, Paracelsus'. Ja Dinge, die man für längst abgetan hielt, wie Spiritismus, Theosophie und Okkultismus, verbreiten sich wieder. Zur Kennzeichnung des Inhaltes genügt es, die Titel einer oder der anderen ihrer, freilich oft sehr kurzlebigen, Zeitschriften und Bücher anzuführen. So erschien seit 1895 in Zehlendorf eine *Neue metaphysische Rundschau* als *Monatsschrift für philosophische, psychologische und okkultistische Forschungen* mit den Unterabteilungen: *Archiv für Biomagnetismus, Rundschau für Astrologie, theosophisches Forum, phrenologische Rundschau, metaphysische Bücherei.* Eine andere nannte sich *Zeitschrift für Xenologie zur exakten Erforschung der sogenannten okkulten Tatsachen und der zurzeit noch fremden Energieformen im Menschen und in der Natur* (Hamburg 1900 f.). Eine dritte, neuere: *Psyche. Zeitschrift für den gesamten Okkultismus und alle Geheimwissenschaften, für wissenschaftliche Erforschung der okkulten Phänomene des Seelenlebens, ferner für Indische Philosophie, Theosophie, Spiritualismus, wahre ethische Kultur- und Sozialreform. Unter Mitwirkung der hervorragendsten Fachgelehrten.* 3. Jahrg. Pankow 1918.[74]

Auch in den wissenschaftlichen Kreisen macht sich eine verstärkte Anlehnung an die älteren spekulativen Systeme von Fichte, Hegel und Schelling, die darum wieder Neuausgaben erfuhren und noch erfahren, bemerkbar. Von den späteren Philosophen werden bezeichnenderweise (vgl. Kap. XXIII) Lotze und namentlich Fechner eifriger studiert als Schopenhauer oder Herbart. In der Naturphilosophie treten energetische und neuvitalistische Richtungen stärker hervor. Seltener tauchen dagegen, wie es scheint, selbständige systematische Versuche metaphysisch-spekulativer Richtung auf. Die meisten der ernst zu nehmenden idealistisch-metaphysisch gerichteten Denker der Gegenwart sind vielmehr entweder von dem Geist des modernen Kritizismus mehr oder weniger berührt worden, oder sie haben das Bedürfnis einer Auseinandersetzung mit dem naturwissenschaftlichen Geiste unserer Zeit empfunden: sodaß man ihre Gesamtrichtung vielleicht am kürzesten als kritische Metaphysik bezeichnen könnte.

2. Kritische Metaphysik.

Mehrere dieser idealistischen Philosophen, die dem Kritizismus nahe stehen, haben wir bereits in § 73, andere unter den Lotze verwandten (§ 69) erwähnt. Hier seien noch hinzugefügt:

1. Johannes Volkelt (geb. 1848, in Leipzig), der zwar von Hegel aus- und durch Schopenhauer und Hartmann hindurchgegangen, aber auch von Hume und Kant beeinflußt worden ist, und jetzt ausdrücklich eine „kritische Metaphysik", d.h. Vereinigung und Durchdringung des idealistisch-metaphysischen mit dem skeptisch-kritischen Geiste, als Aufgabe der Philosophie bezeichnet.

Seine ästhetischen Arbeiten s. § 78. – Franz Erhardt (geboren 1864, in Rostock) führt in seiner *Metaphysik* (1. Band: *Erkenntnistheorie,* 1894) denselben Grundgedanken in anderer Weise aus.

2. Oswald Külpe (1862-1915 in Würzburg, Bonn und München), der mit einem auf experimenteller Grundlage ruhenden *Grundriß der Psychologie* begann, will den modernen Positivismus durch eine auf wissenschaftlichem Fundament ruhende „realistische" Metaphysik überwinden. Seine *Einleitung in die Philosophie* (7. Aufl. 1915), die in klarer und sachlicher Weise in die philosophischen Disziplinen und Richtungen einführt, gab allerdings nur Andeutungen davon, die auf einen dualistischen und zugleich theistischen Standpunkt schließen lassen; Wesensverschiedenheit der körperlichen und geistigen Realität, Beweis Gottes als Weltgeistes durch die Weltzweckmäßigkeit. Von einem geplanten großen Werk: *Die Realisierung. Ein Beitrag zur Grundlegung der Realwissenschaften* hat er nur den ersten Band (1912) vollenden können. Auch sein Schüler E. Dürr (1878-1913) hat *Grundzüge einer realistischen Weltanschauung* (Leipzig 1907) entworfen.
3. Friedrich Paulsen (1846-1908) bezeichnet in dem bei Teubner erschienenen Sammelwerk *Die Kultur der Gegenwart,* Teil I, Abt. VI (1907) als den ihm am nächsten verwandten Standpunkt den eines objektiven Idealismus. In den Naturwissenschaften dürfe nur Erklärung physischer Vorgänge aus physischen Ursachen gelten. Dagegen weise das durch Raum, Zeit und Wechselwirkung einheitlich bestimmte System der Natur auf eine substanzhafte Einheit der Wirklichkeit (Gott-Natur oder All-Eines) hin. Und die Wissenschaft lasse Raum für den „Glauben" an das Gute und seinen notwendigen Sieg. In diesem Sinne sei aller praktische Idealismus auch religiös. Von Paulsens zahlreichen, ihres populären Charakters wegen vielgelesenen Schriften gehören hierher: *System der Ethik* (1889, 8. Aufl. 1906) und *Einleitung in die Philosophie* (1892, 30. Aufl. 1919). Nach seinem Tode sind seine *Pädagogik* (1.-3. Aufl., 1911) von Kabitz, seine *Gesammelten pädagogischen Abhandlungen* von Ed. Spranger (1912) herausgegeben worden.
4. Wilhelm Dilthey (1833-1911) wendet sich in seiner geistreichen, aber ebenso wie seine Schleiermacher-Biographie Torso gebliebenen *Einleitung in die Geisteswissenschaften* (erster und einziger Band 1883) gegen die Übertragung der naturwissenschaftlichen Methoden auf die eines eigenen Fundaments bedürftigen Geisteswissenschaften, insbesondere der Geschichte. Dieses Fundament besteht vor allem in der „Selbstbesinnung", die auf die „Totalität" und den „Strukturzusammenhang", des Seelenlebens als Vorbedingung allgemeingültiger Wirklichkeitserkenntnis, Wertbestimmung und Zwecksetzung zurückgeht. Grundwissenschaft ist demgemäß die Psychologie. Vgl. auch Diltheys Einleitung in den Teubnerschen Sammelband *Systematische Philosophie* (1907) über *Das Wesen der Philosophie,* sowie seine ästhetische Schrift: *Das Erlebnis und die Dichtung,* 2. Aufl. 1907. Dilthey hat in Berlin eine große Schülerschar um sich gesammelt, aus der u. a. M. Frischeisen-Köhler (Hal-

le, *Wissen und Wirklichkeit,* 1912), Misch (Marburg), Nohl (Jena) und Spranger (Leipzig) hervorgegangen sind.

5. Dem Kritizismus steht weiter nahe Rudolf Eisler (Wien), der in seiner *Kritischen Einführung in die Philosophie* (1905) sowie in seinen *Grundlagen der Philosophie des Geisteslebens* (1908) einen voluntaristischen Idealismus sowie eine Verbindung von Kritizismus und „idealistisch-aktivem“ Evolutionismus (Wundt) vertritt und sich in weiteren Kreisen durch sein großes *Wörterbuch der philosophischen Grundbegriffe* (3. Aufl. 1910) und sein *Philosophen-Lexikon* (1912) bekannt gemacht hat. Ferner R. Reininger (Wien) mit seiner *Philosophie des Erkennens* (1911).

   Einem an Kant, Fichte und Hegel gebildeten Idealismus huldigt ferner F. Jak. Schmidt (Berlin) in: *Grundzüge der konstitutiven Erfahrungsphilosophie* (1901), der in seinen Aufsätzen *Zur Wiedergeburt des Idealismus* (1908) gegen Psychologismus, Historismus und Positivismus zu Felde zieht.

6. Endlich seien von dem bereits S. 505 als Geistesverwandten Fichtes charakterisierten Rudolf Eucken noch folgende hierher gehörige systematische Schriften genannt: *Die Einheit des Geisteslebens in Bewußtsein und Tat der Menschheit* (1888), *Der Kampf um einen geistigen Lebensinhalt* (1896, 2. Aufl. 1907), *Der Wahrheitsgehalt der Religion* (1901, 3. Aufl. 1912), *Grundlinien einer neuen Lebensanschauung* (2. Aufl. 1913), *Geistige Strömungen der Gegenwart* (5. Aufl. 1915), *Erkennen und Leben* (1912). Euckens Erkenntnislehre sucht nach seinen eigenen Worten „gegenüber einer konstruierenden Spekulation einer-, gegenüber dem Voluntarismus und Pragmatismus anderseits“, eine selbständige Philosophie des Geistes zu begründen, tritt jedoch in Gegensatz zum Kantischen Kritizismus, in dessen „Dogmatisierung“ er „eine Gefahr für den Fortschritt der geistigen Bewegung erblickt“.

3. Immanente Philosophie (Bewußtseinsmonismus).

Eine eigentümliche Stellung unter den idealistischen Richtungen der Gegenwart nimmt der Bewußtseinsmonismus Schuppes und verwandter Denker ein, insofern er, rein erkenntnistheoretisch interessiert, alle Metaphysik ablehnt. Diese „Immanente Philosophie“, eine Zeitlang (1895-98) auch durch eine eigene *Zeitschrift für immanente Philosophie* vertreten, geht von dem Grundsatze aus, daß die gesamte Erfahrung unserem Bewußtsein immanent, mithin Erfahrung überhaupt = subjektive Erfahrung des eigenen Bewußtseinsinhalts ist. Es existiert kein Ding ohne unser Denken, keine Erfahrung ohne unser Bewußtsein, genauer ohne das Bewußtsein eines Erfahrenden überhaupt; wirklich sein ist = bewußt sein, Objekt = Vorstellung.

Der Hauptvertreter dieser Lehre war Wilhelm Schuppe (1836-1913, lange in Greifswald): *Erkenntnistheoretische Logik* (1878), *Grundzüge der Ethik und Rechtsphilosophie* (1882), *Grundriß der Erkenntnistheorie und Logik* (1894).

Subjekt oder Ich ist ihm nichts anderes als die Einheit der Objekte oder Bewußtseinsinhalte, die in dem Ich- oder Subjektspunkte „koinzidieren". Auch in der Ethik gilt ihm als höchster Wert die Klarheit des Bewußtseins, aus dem die sittlichen Werte und Maßstäbe abzuleiten sind.

Ähnlich wie Schuppe denkt A. v. Leclair (geb. 1848, Wien, *Beiträge zu einer monistischen Erkenntnistheorie,* 1882). Noch weiter bis zu einem erkenntnistheoretischen Solipsismus gehen fort: Richard v. Schubert-Soldern (geb. 1852, in Görz, *Grundlagen einer Erkenntnistheorie,* 1884) und Max Kauffmann († 1896, *Immanente Philosophie,* Band I: *Analyse der Metaphysik,* 1893). Wissenschaftlicher ist der „Psychomonismus" des Bonner Physiologen Max Verworn (geb. 1863), für den „das, was uns als Körperwelt erscheint, in Wirklichkeit unsere eigene Empfindung oder Vorstellung, unsere eigene Psyche ist". Vgl. außer seinem Hauptwerk, der *Allgemeinen Physiologie* (5. Aufl. 1909), seine kurze, aber instruktive Göttinger Rede über *Naturwissenschaft und Weltanschauung* (1904). Verwandt damit ist die *Psycho-physiologische Erkenntnistheorie* (1898, 2. Aufl. 1907) von Th. Ziehen (geb. 1862, Berlin).

Zu nahe mit Schuppe zusammengerückt wird dagegen gewöhnlich der Standpunkt seines langjährigen Greifswalder Kollegen Johannes Rehmke (geb. 1848). Ihm zufolge hat die Philosophie von dem „Gegebenen" auszugehen. „Gegebenes" heißt ihm alles, dessen wir uns bewußt sind und je bewußt werden können, also z.B. auch die Seele. An diesem „Gegebenen" hat die Philosophie die „allgemeinsten Bestimmungen" klarzustellen; urteilen z.B. heißt konkretes Gegebenes durch allgemeines Gegebenes bestimmen. Vgl. sein Hauptwerk *Philosophie als Grundwissenschaft* (1910), nebst *Anmerkungen* dazu (1913). Sein *Lehrbuch der allgemeinen Psychologie* (2. Aufl. 1905) gelangt zur Behauptung einer Vielheit seelischer Einzelwesen. Im Unterschiede von den seelischen Bewußtseinsbestimmtheiten (der gegenständlichen, zuständlichen und denkenden) ist ihm der Wille das ursächliche Bewußtsein. Vgl. *Die Seele des Menschen* (4. Aufl. 1913), *Willensfreiheit* (1911), *Logik oder Philosophie als Willenslehre* (1918).[75]

Überblickt man die neueste Entwicklung der idealistischen Philosophie in Deutschland (und zum Teil gilt es auch von seinen Nachbarländern), so sprechen in der Tat manche Anzeichen für die Richtigkeit von Eduard v. Hartmanns Prophezeiung, daß diese gegenwärtig eine Art „Repetitionskursus" durchmache, nämlich die philosophische Entwicklung von Kant bis Hegel auf neuer Grundlage wiederhole, wie dies *O. Ewald* in seinem interessanten Aufsatze über *Die deutsche Philosophie im Jahre 1906 (Kantstudien* XII, 273-302) näher ausgeführt hat. Wirklich sind neben und nach den Neukantianern (§ 72) seit einigen Jahren Neufichteaner aufgetreten, zu denen man außer Bergmann, Eucken und einem Teil der „immanenten" Philosophen noch Windelband, Rikkert, Medicus und Münsterberg *(Philosophie der Werte* 1908) zählen könnte, desgleichen Neuschellingianer: Hartmann, Drews und des letzteren Karlsruher Schüler Leopold Ziegler mit seinem Buche *Der abendländische Rationalismus und der Eros,* 1905, der jedoch seitdem zum Kritizismus übergegangen ist; und Neuhegelianer, besonders der Holländer Bolland, der Italiener B. Croce und E. Hammacher (1885-1916) in Bonn, während in Cohen, Volkelt, F. J. Schmidt nur einzelne Gedankengänge an Hegel anklingen; ja auch Fries zählt, wie wir S. 490 f. sahen, seit einigen Jahren eifrige Anhänger, die sich unter Nelsons Führung zu einer Art Schule in Göttingen verbunden haben. Aber einmal hinken diese Analogien doch sämtlich mehr oder weniger, zumal da die Entwicklung der Wissenschaft und Gesamtkultur in den letztverflossenen hundert Jahren ganz andere Vorbedingungen geschaffen hat; anderseits stehen den idealistischen heute mehr als damals starke realistische Richtungen gegenüber, von denen wir die wichtigsten noch nicht behandelten im folgenden mustern wollen.

§ 77. Realistische Richtungen: Empiriokritizismus, jüngerer Positivismus, Wirklichkeitsphilosophie.

1. Empiriokritizismus.

W. Wundt im XIII. Bd. der *Philos. Studien* (1898). – *O. Ewald, Avenarius als Begründer des Empiriokritizismus*, 1905. – *Suter, Die Philosophie von R. Aven.*, Zürich 1910. – *F. Raab, Die Philosophie von R. Avenarius*, Lpz. 1912.

Eine gewisse Verwandtschaft mit der „immanenten" Philosophie zeigt der von Avenarius mit großem Scharfsinn und unter Anwendung einer neuen Terminologie begründete Empiriokritizismus oder ‚Philosophie der reinen Erfahrung' insofern, als auch er eine unaufhebbare Korrelation zwischen dem „Aussage-" und dem „Umgebungsbestandteil" unserer Erfahrung, mit anderen Worten zwischen Subjekt und Objekt annimmt. Aber Avenarius geht von der Erfahrung aus. Philosophie ist = Begreifen des Gegebenen in einer widerspruchsfreien einheitlichen Weltansicht. Aller Erfahrungs- oder Aussageinhalt des Menschen (die sogenannten E-Werte) aber ist unmittelbar von seinem Zentralnervensystem (C), mittelbar von den Umgebungsbestandteilen oder Reizen (R) abhängig, wozu noch die Wirkungen des Stoffwechsels (S) treten. Die Schwankungen bezw. die Selbstbehauptung des Systems C bestimmt das gesamte Leben des Individuums, also alle Erkenntnis-, Gefühlswerte usw. Da nun eigene und fremde Erfahrung grundsätzlich gleichberechtigt sind, so ist es die Aufgabe einer „Kritik der reinen Erfahrung", aus der „naiven" durch Ausschaltung aller bloß individuellen, logisch unhaltbaren Elemente die „reine" Erfahrung herzustellen; wobei das „Prinzip des kleinsten Kraftmaßes" auch in der ökonomischen Verwertung der geistigen Kräfte zur Anwendung kommt. So entsteht aus dem „natürlichen" der „reine" Welt- oder Universalbegriff, der das Gemeinsame aller möglichen individuellen und historischen Erfahrungen enthält. Als „reine" Erfahrung gilt nur das Wahrgenommene, „Sachhafte", nach Entfernung aller subjektiven „Introjektionen" und „Beibegriffe".

Die Hauptwerke von Richard Avenarius (1843-1896, zuletzt in Zürich) sind: *Philosophie als Denken der Welt gemäß dem Prinzip des kleinsten Kraftmaßes,* 1877 (2. Aufl. 1903), *Kritik der reinen Erfahrung,* 2 Bde., 1888-90 (2. Aufl. 1907 f.), und *Der menschliche Weltbegriff,* 1891 (3. Aufl. 1912). Seine Lehre wird gegenwärtig eifrig vertreten von Carstanjen (Zürich), Willy (Privatlehrer in der Schweiz) und Petzoldt (Spandau, *Einführung in die Philosophie der reinen Erfahrung,* 1900-04). Vgl. auch eine Reihe von Abhandlungen in der bereits 1877 von Avenarius begründeten *Vierteljahrsschrift für wissenschaftliche Philosophie,* die übrigens nie bloßes Schulorgan war und heute, unter der Redaktion von P. Barth (s. § 78), unter Mitwirkung von Al. Riehl und lange Zeit E. Mach, den Empirismus ohne bestimmte Färbung vertritt. Als Kern der von ihm jetzt als positivistisch bezeichneten Auffassung formuliert Petzoldt in seinem Mach gewidmeten Büchlein *Das Weltproblem vom positivistischen Standpunkte aus* (Teubner, 3. Aufl. 1912) folgende Sätze: Es gibt keine Welt an sich, sondern nur eine Welt für uns. Ihre Elemente sind nicht Atome oder sonstige absolute Substanzen, sondern Farben-, Ton-, Druck-, Raum-, Zeit- und andere Empfindungen. Trotzdem sind die Dinge nicht bloß subjektive Bewußtseinserscheinungen, vielmehr müssen wir die aus jenen Elementen zusammengesetzten Bestandteile unserer Umgebung in derselben Weise wie während der Wahrnehmung fortexistierend denken, auch wenn wir sie nicht mehr wahrnehmen. Petzoldt hat 1912 auch eine besondere *Gesellschaft für positivistische Philosophie* gegründet, die seit 1913 eine *Zeitschrift für positivistische Philosophie* (M. Baege) herausgibt.

2. Ernst Mach.

R. Hönigswald, Zur Kritik der Machschen Philosophie, 1903. – *B. Hell, Machs Philosophie*, 1907. – *Max Adler, Mach und Marx* (in Sombarts Archiv), 1911. H. Henning, Lpz. 1915. *Friedr. Adler, Machs Überwindung des mechan. Materialismus*, Wien 1918.

Ernst Mach (geb. 1838, seit 1867 Professor der Physik, seit 1895 der Philosophie in Wien, seit 1902 a. D., † 1916) legte seine positivistischen Anschauungen zuerst in seinen *Beiträgen zur Analyse der Empfindungen* (1886, 5. Aufl. unter dem Titel: *Die Analyse der Empfindungen und das Verhältnis des Physischen zum Psychischen* 1906, 7. Aufl. 1918) dar. Danach ist alle Wissenschaft eine gedankliche Nachbildung von Tatsachen, diese letzteren aber bestehen nur in Bewußtseinsinhalten oder Empfindungen. Auch die Materie z.B. ist nichts anderes als eine gewisse gesetzmäßige Verbindung von Empfindungen. Aufgabe der Wissenschaft ist es, diese Grundbedingungen der Erfahrung und ihre wechselseitigen Abhängigkeiten voneinander darzustellen, sie durch Beobachtung und Experiment in methodischen Zusammenhang zu bringen und zu wissenschaftlich haltbaren Sätzen zu gestalten. Dies geschieht durch ein subjektives Prinzip unseres Verstandes, die vereinfachende, verallgemeinernde und gedankensparende „Ökonomie des Denkens". Wie die tatsächlichen Vorgänge selbst, so ist auch ihr wissenschaftliche Erkenntnis in unaufhörlichem Wandel, in steter Umbildung begriffen, sodaß der Prozeß des Erkennens nie abgeschlossen ist. Aber je beständiger eine Gedankenverbindung und damit ein Gesetz ist, desto mehr vertrauen wir ihm und passen ihm andere, neue Urteile an. Denn, wie das zweite Hauptwerk Machs, seine Aufsätze über *Erkenntnis und Irrtum* (1905, 3. Aufl. 1918), ergänzend hinzufügen, müssen die Gedanken nicht bloß den Tatsachen, sondern auch einander angepaßt werden, wodurch sich ein dem erkenntniskritischen Monismus der Neukantianer ähnlicher Standpunkt ergibt. Das Ideal einer Wissenschaft ist erreicht, „wenn es gelungen ist, die geringste Zahl einfachster unabhängiger Urteile zu finden, aus welchen sich alle übrigen als logische Folgen ergeben, d.h. ableiten lassen". Die Gesamtheit des für alle im Raum unmittelbar Vorhandenen nennen wir das Physische; das nur einem unmittelbar Gegebene, den übrigen nur durch Analogie Erschließbare das Psychische. Allerdings wird dieser erkenntniskritische Standpunkt vielfach wieder durch psychologische, biologische, historische Gedankengänge überwuchert. Die ganze Welt verwandelt sich für Mach in ein Netz von Elementen, dessen Knotenpunkte die „Ich"-Punkte sind, in denen es zugleich empfunden wird. „Ding" und „Ich", ja selbst die „Kausalität" sind nur provisorische Hilfsbegriffe; auch das „Ding" ist nichts anderes als ein Zusammenhang von Elementen, der empfunden wird. Ein philosophisches System oder gar ein vollständiges Weltbild zu geben, lehnt Mach ausdrücklich ab: er will kein Philosoph, sondern Naturforscher sein. „Es gibt", erklärt er selbst, „keine Machsche Philosophie, sondern höchstens eine naturwissenschaftliche Methodologie und Erkenntnispsychologie, und beide sind, wie alle naturwissenschaftlichen Theorien, vorläufige, unvollkommene Versuche." Aber, wenn auch „die Naturgesetze" zunächst nur „Einschränkungen sind, die wir unter Leitung der Erfahrung unseren Erwartungen vorschreiben", so hat doch die Wissenschaft die Aufgabe übernommen, an die Stelle der tastenden, unbewußten Anpassung die „raschere, klar bewußte, methodische" zu setzen. Und dies muß uns ein Antrieb sein, auch „an der Verwirklichung einer sittlichen Weltordnung mit Hilfe unserer psychologischen und soziologischen Einsichten eifrig und kräftig mitzuarbeiten". „Haben wir aber einmal", so schließt das letzte Werk Machs, „eine solche sittliche Ordnung geschaffen, so wird niemand sagen können, daß sie nicht in der Welt sei, und niemand wird mehr nötig haben, sie in mystischen Höhen oder Tiefen zu suchen."

Obwohl Machs Relativismus im Grunde nicht dazu angetan war, eine „Schule" zu bilden, so hat er doch namentlich in Österreich und neuerdings auch in Rußland, hier besonders unter einem Teil der Sozialisten, zahlreiche eifrige Anhänger gefunden. Von seinen übrigen Werken seien noch die wichtige Geschichte der Mechanik (*Die Mechanik in ihrer Entwicklung historisch-kritisch dargestellt*, 1883, 7. Aufl. 1912) sowie die *Populär-wissenschaftlichen Vorlesungen* (4. Aufl. 1910) erwähnt.

Einen erkenntnistheoretischen Empirismus, der sich an die Arbeiten von Mach, H. Hertz und G. Kirchhoff anlehnt, vertritt Hans Cornelius (Frankfurt) in seiner *Einleitung in die Philosophie* (1901, 2. Aufl. 1911 und *Transzendentale Systematik*, 1916). In anderer Weise ist mit Mach verwandt der Standpunkt von H. Kleinpeter (1869 bis 1916, *Erkenntnistheorie der Naturforschung der Gegenwart*, Lpz. 1905) und von Richard Wahle (geb. 1857, in Czernowitz) in seinem früheren Werke: *Das Ganze der Philosophie und ihr Ende. Ihre Vermächtnisse an die Theologie, Physiologie, Ästhetik und Staatspädagogik* (Wien 1894), während sich *Der Mechanismus des geistigen Lebens* (1906) einem spinozistisch gefärbten Materialismus nähert.

Inzwischen war eine Philosophie der Erfahrung in Deutschland auch von anderer Seite verfochten worden. Wir fassen ihre Vertreter zusammen als

3. Jüngere deutsche Positivisten.

a) Schon des früh verstorbenen C. Göring (1841 bis 1879, in Leipzig) *System der kritischen Philosophie* (unvollendet, 2 Bände, 1874-75), das eine Art Verschmelzung von Kant und Comte versuchte, ging von der Sinneswahrnehmung oder dem unmittelbaren Bewußtsein als der gewissesten Erkenntnis aus und verwarf alle Erkenntnis, die über die Erfahrung hinausgeht.

Seinen Namen erhielt der neuere deutsche Positivismus indes erst von

b) Ernst Laas (1837-1885, in Straßburg) und dessen Hauptwerk *Idealismus und Positivismus* (1879-1884), dem bereits eine „kritische Studie über die Grundlagen der theoretischen Philosophie“, betitelt *Kants Analogien der Erfahrung* (1876), vorausgegangen war. Laas knüpft an Hume, Stuart Mill und den alten Protagoras an. Als „Positivismus“ bezeichnet er diejenige Philosophie, die keine anderen Grundlagen als positive, d. i. auf äußere und innere Wahrnehmungen sich stützende Tatsachen anerkennt. Zwar sind uns Objekte nur als Bewußtseinsinhalte, aber anderseits auch Subjekte nur als Beziehungszentren bekannt. Die äußere Natur ist der Inbegriff gesetzmäßig verknüpfter Wahrnehmungen. Laas bekämpft nachdrücklich den „Platonismus“ in der Philosophie, d.h. 1. die scholastisch-mathematisierende Methode, 2. den Drang zum Absoluten, 3. die normalen Vernunftgesetze, 4. das Spontaneitäts- und Freiheitsmotiv und 5. die Annahme einer transzendenten, übersinnlichen Welt (jenseitiges Leben usw.). Die positivistische Ethik entspringt den menschlichen Interessen und Bedürfnissen. Objektive Güter sind solche, welche bei möglichstem Freisein von augenblicklicher und persönlicher Befangenheit und bei weitem Blick auf das wohlverstandene Gesamtinteresse einer größeren Menge fühlender Wesen als wertvoll erscheinen.

c) Georg von Gižycki (1851-1895, in Berlin) hat seine vielfach dem englischen Empirismus (Humes u. a.) entlehnten positivistischen Grundsätze hauptsächlich auf das ethische Gebiet (*Moralphilosophie,* 1888) angewandt. Er begründete mit dem Berliner Astronomen W. Förster, F. Tönnies, F. Jodl, F. Staudinger u. a. 1892 die *Deutsche Gesellschaft für ethische Kultur* und leitete deren Organ bis zu seinem Tode. In seinen letzten Jahren stand er dem Sozialismus nahe.

d) Für Friedrich Jodl (1849-1914, zuletzt in Wien), der bereits in seiner *Geschichte der neuen Ethik* (s. S. 232) seine grundsätzliche Übereinstimmung mit A. Comte, J. St. Mill und L. Feuerbach bekannte, bedeutet Positivismus nicht ein bestimmtes System, auch nicht bloß die Abwendung von aller konstruierenden Metaphysik, sondern eine durchgreifende methodische Forderung: Scheidung zwischen der theoretischen Erkenntnis gegebener Zusammenhänge und der schaffenden Verwirklichung von Zweckgedanken. Der Weltlauf zeigt nirgends etwas anderes als den Zusammenhang von Ursachen und Wirkungen, aus denen sich das Gute, das Schöne, das Zweckmäßige nur als ein Spezialfall aus besonders günstigen Kombinationen ergibt. Dagegen drücken die Ideen nicht Tatsachen, sondern Aufgaben aus: Gott ist, sofern er irgendwo in reiner Güte wirklich wird; Schönheit ist, sofern wir die Welt mit künstlerischen Augen anschauen. Der praktische Idealismus, mit allen seinen Konsequenzen, ist daher wohl vereinbar mit theoretischem Naturalismus; ein Standpunkt, von dem Jodl auch in den allgemeinen Lehren seines *Lehrbuchs der Psychologie* (S. 669) über das Verhältnis des Bewußtseins zur Welt und das Verhältnis zwischen Physischem und Psychischem Gebrauch macht. Aus Jodls Nachlaß hat sein Schüler W. Börner zahlreiche gesammelte Aufsätze und Vorträge unter dem Titel *Vom Lebenswege* (2 Bde., Stuttg. 1916/17) herausgegeben, desgleichen eine *Allgemeine Ethik* (Stuttg. 1918).

Es zeigen sich bei Jodl deutliche Anklänge an den Neukantianismus, wenn auch nicht so stark wie bei dem häufig ebenfalls zu den Positivisten gerechneten A. Riehl, welch letzteren wir daher bereits oben (S. 629) behandelt haben.

e) Als Positivist im weiteren Sinne läßt sich wohl auch Theobald Ziegler (1846-1918) bezeichnen, obwohl er weder in seiner *Geschichte der Ethik* (vgl. S. 14) noch in seiner psychologischen Untersuchung *Das Gefühl* (1893, 5. Aufl. 1912) seinen systematischen Standpunkt scharf präzisiert hat. Er ist mehr ethisch und religions-philosophisch als erkenntnistheoretisch interessiert; von seinen zahlreichen, populär gehaltenen Schriften seien hier noch erwähnt: *Sittliches Sein und sittliches Werden* 1890, *Religion und Religionen* 1893, *Geschichte der Pädagogik* (1895, 4. Aufl. 1917).

Der von Ueberweg zu den „Positivisten" gerechnete

4. Ferdinand Tönnies

(geb. 1855, Professor an der Universität Kiel) nimmt einen eigenartigen, unter keine bestimmte Rubrik zu bringenden Standpunkt ein. Sein bedeutsames Buch *Gemeinschaft und Gesellschaft* (1887, 2. Aufl. 1912) verbindet empirischen Historismus und psychologischen Rationalismus: eine von großen Gesichtspunkten ausgehende Kulturphilosophie (Soziologie) und eine in ihren Grundbegriffen einigermaßen an Schopenhauer erinnernde Willenspsychologie.[76] „Gemeinschaft" nennt Tönnies den natürlichen, urwüchsigen, organischen Typus des Gemeinlebens, der im einfach-ursprünglichen Familienleben seinen Keim und Ausdruck, in Haus – Dorf – Stadt seine naturgegebene Fortentwicklung findet. „Gesellschaft" dagegen bezeichnet ihm das künstliche, später entstandene, mechanische Gedankending, dessen ursprünglichen Ausdruck Tausch und Vertrag darstellen, und dessen Subjekte als von dem Mutterstock des Gemeinschaftslebens losgelöste, „freie" Individuen in allgemeiner Konkurrenz ihre eigenen Zwecke verfolgen. Die Stadt entwickelt sich zur Großstadt, die Verbindung von Stadt und Land zum Territorium, Staat und Weltmarkt, die ursprüngliche Haus- und Ackerwirtschaft zur Industrie und zum Handel, mit den Kapitalisten als Herren, den arbeitenden „Händen" als Werkzeugen.

Aber diese „organische" Theorie kann nur dann richtig verstanden werden, wenn sie eine psychologische Begründung erhält. Der „Gemeinschaft" entspricht und ihrem Wesen liegt zugrunde der „Wesenwille", der von uns wohl auch als „das Naturell" oder die natürliche Individualität der betr. Person (bezw. des Stammes, Volkes) bezeichnet wird und sich in dem Gefallen (angeborener Neigung), der Gewohnheit (Verstand) und dem Gedächtnis (Ideenverbindung, Vernunft) äußert. Der „Gesellschaft" dagegen entspricht die „Willkür", die sich bestimmte, in Einheit miteinander zu bringende Zwecke setzt und in Bedacht (Wahl zwischen Lust und Schmerz), Belieben (Entschluß zu bestimmter Handlung) und Begriff oder Bewußtheit ihren Ausdruck findet. Dem organischen Wesenwillen entspringt die künstlerische Tätigkeit sowie die Denkungsart der Frauen und der Jüngeren, der mechanischen Willkür dagegen das wissenschaftliche Denken, Messen, Rechnen, die Denkungsart der Männer, der Bejahrteren, der Gebildeten.

Die sozialen Lebens- und die individuellen Willensformen entwickeln sich zu Formen des Rechts. Die ursprüngliche organische Einheit des Selbst wird zur künstlichen der Person, der Besitz zum Vermögen, der Grund und Boden zum Geld, das Familien- zum Obligationenrecht, der Dienst zum Kontrakt usw. Obwohl zum kunsthaften gesteigert, erscheint das Recht gleichwohl als natürliches, weil es die Gleichheit aller Menschen statuiert. Der Begriff der modernen Gesellschaft bezeichnet den zuerst von Marx wissenschaftlich zergliederten Prozeß des Verfalls der „Gemeinschaft". Dennoch erhält sich auch innerhalb des gesellschaftlichen Zeitalters die Kraft der Gemeinschaft in Eintracht, Sitte, Religion gegenüber Konvention, Politik und öffentlicher Meinung. Die ursprüngliche, aber für uns vergangene Verfassung der Kultur ist kommunistisch, die werdende sozialistisch; Individualismus gibt es in Geschichte und Kultur „keinen, außer wie er ausfließt aus Gemeinschaft und dadurch bedingt bleibt, oder wie er Gesellschaft hervorbringt und trägt".

Eine Stellung für sich nimmt auch

5. Eugen Dühring

ein. Dühring (geb. 1833) mußte wegen Erblindung aus dem Justizdienst scheiden, verlor 1877 auch seine Stellung als Privatdozent in Berlin wegen heftiger persönlicher Ausfälle gegen Helmholtz und andere Berliner Professoren und lebte in der Nähe von Potsdam. Er ist ein reichbegabter und scharfsinniger, freilich auch äußerst einseitiger und selbstgefälliger Denker, der die verschiedensten Gebiete (Nationalökonomie, Mechanik, Logik, Ethik, Literatur, Judenfrage u. a.) historisch wie systematisch bearbeitet hat. In seinem *Kursus der Philosophie* (1875, auch in der *Philos. Bibl.*, 4. Aufl. in neuer Gestalt als *Wirklichkeitsphilosophie,* 1895) will er eine „streng wissenschaftliche Weltanschauung und Lebensgestaltung" oder, wie es 1895 heißt, eine „phantasmenfreie Naturergründung und gerecht freiheitliche Lebensgestaltung" liefern.[77] Er definiert die Philosophie als die Entwicklung der höchsten Form des Bewußtseins von Welt und Leben; unser Verstand ist fähig, die ganze Wirklichkeit zu begreifen, seine Gesetze und die der „Wirklichkeit" sind identisch. Aber diese Sätze erfahren, namentlich in seinen späteren Schriften, eine ganz dogmatisch-naturalistische Auslegung. An die Stelle der bisherigen, mystischen Metaphysik will Dühring eine Weltschematik, d.h. ein „natürliches" System setzen, das die allgemeinen Züge des „wirklichen" Daseins in sich abbildet. [Gerade die „Wirklichkeit" enthält, was Dühring nicht sieht, erst das Problem.] Die „Materialität" ist der wahre, Leitfaden auch für das Geistige. Ein Hauptzug der Weltschematik ist der Antagonismus der Kräfte; alle Kraftäußerung und Entwicklung, im Körperlichen wie im Bewußtsein, Gefühl und Handeln, ist durch das „Gesetz der Differenz" bedingt. Dennoch ist der regelmäßige Weg der Natur die Kombination der Kräfte. Dühring ist Optimist.

Das zeigt sich auch in seiner Ethik. Die Philosophie ist für Dühring, wie er gern betont, nicht bloße Theorie, sondern Ausdruck der persönlichen Gesinnung. Die Keime zur Moral liegen in unseren natürlichen sympathischen Instinkten. Individualismus und Sozialismus gehören notwendig zusammen: die volle Entwicklung des einzelnen ist nicht in dem bisherigen Gewalt- und Unterdrückungsstaat, sondern erst in der „freien Gesellschaft" der Zukunft möglich, die das Lohnsystem beseitigen, alle menschlichen Verhältnisse sozialisieren, allen Menschen Gleichberechtigung verleihen wird. Die Einzelheiten seines „sozietären Systems" entwickelt sein *Kursus der National- und Sozialökonomie* (1873, 3. Aufl. 1902).

Der scharfen, aber zum Teil durch Dührings maßlose Selbstüberhebung herausgeforderten Kritik, die F. Engels „Herrn Eugen Dührings Umwälzung der Wissenschaft“ widmete, ist bereits in § 74 gedacht worden.

Zu den „realistischen“ Richtungen kann man endlich seines empiristischen Grundcharakters wegen auch den neuerdings vielgenannten

6. Pragmatismus

rechnen, „ein neuer Name für alte Denkmethoden“, wie ihn sein Begründer, der Professor an der Harvard-Universität (U. S.) William James (1842-1910) selbst bezeichnet hat (*Der Pragmatismus. Volkstümliche philosophische Vorlesungen. Aus dem Englischen übersetzt von W. Jerusalem.* Leipzig 1908). Der Pragmatismus will kein System sein, sondern eine Methode. Seinen zuerst von Peirce 1878 gebrauchten, aber erst seit Anfang des 20. Jahrhunderts in weiteren Kreisen bekannt gewordenen Namen hat er davon, daß er die Wahrheit eines jeden Urteils nach seinen praktischen Konsequenzen bemißt. Wahr ist, was unser inneres Leben fördert, uns zu nützlichem Handeln antreibt und deshalb Befriedigung gewährt. Schon Sokrates und Aristoteles haben die pragmatische Methode geübt, ebenso Locke, Berkeley und Hume. Mit dem Nominalismus teilt sie das Sichhalten an das Einzelne, mit dem Utilitarismus den Nützlichkeitsstandpunkt, mit dem Positivismus die Verachtung der metaphysischen Abstraktionen. Eine unversöhnliche Gegnerin ist sie nur dem Intellektualismus oder Rationalismus; dagegen ist sie an sich sowohl mit idealistischer Metaphysik wie naturwissenschaftlichem Materialismus, mit kühlem Atheismus wie mit inbrünstigem religiösen Glauben vereinbar. Alle „Wahrheiten“ sind subjektiv, sind im Flusse, alles Wissen nur ein Zurechtlegen unserer Erlebnisse gemäß unseren Zwecken, alle Theorien und Anpassungen der Gedanken an die Tatsachen nur Werkzeuge für weitere geistige Tätigkeit. Der Pragmatismus klebt weder am logischen Denken noch an den äußeren Sinnen: er „ist zu allem bereit, er folgt der Logik oder den Sinnen und läßt auch die bescheidenste und persönlichste Erfahrung gelten. Er würde auch mystische Erfahrungen gelten lassen, wenn sie praktische Folgen hätten. Als annehmbare Wahrheit gilt ihm einzig und allein das, was uns am besten leitet, was für jeden Teil des Lebens am besten paßt, was sich mit der Gesamtheit der Erfahrungen am besten vereinigen läßt“ (*James* a. a. O. S. 51). Ob man dem Theismus oder dem Materialismus zustimmen soll, hängt davon ab, welche von beiden Annahmen „Besseres für den Fortgang der Welt“ beweist. James selbst neigt einer „pluralistischen“ und „melioristischen“, also nicht absoluten, sondern relativen Religion zu (*A pluralistic Universe* – 1909, deutsch von *Goldstein,* Lpz. 1912) und nimmt allzu bescheiden an, daß „wir zu dem Ganzen der Welt etwa in derselben Beziehung stehen wie unsere Schoßhunde und Zimmerkatzen zu dem Ganzen des menschlichen Lebens“ (S. 193). Bei solcher Subjektivitäts-Philosophie braucht man sich nicht zu wundern, daß ihm die Geschichte der Philosophie „zum großen Teile die Geschichte des Aufeinanderprallens menschlicher Temperamente“ bedeutet.

Der Pragmatismus hat besonders unter den praktischen Amerikanern und Engländern viele Anhänger gefunden. Der Engländer F. C. S. Schiller (geb. 1864, Oxford) sucht ihn namentlich erkenntnistheoretisch weiterzubilden unter dem Namen „Humanismus“, weil alle unsere „Wahrheiten“ von menschlichen Motiven und Bedürfnissen bestimmt werden, weil die Welt, an sich ungeformter Stoff, dasjenige ist, das wir aus ihr machen, kurz der Mensch nach dem alten Protagoras das Maß aller Dinge ist. Von anderen wird er auch als „Instrumentalismus“ bezeichnet, weil er die Wahrheit nur als Mittel oder Werkzeug zur besseren Verwendbarkeit der Vorstellungen betrachtet; oder als „Konventionalismus“, weil sich die Begriffe als „wahr“ durch ihre Eigenschaft, die relativ beste intellektuelle Vereinbarung zur Ordnung der Vorstellungen zu sein, bewähren. In seiner *Formal Logic* (1912) bekämpft er den in Deutschland wohl nur noch bei einem Teil der katholischen „Philosophie“ sein Leben fristenden dürr-scholastischen Betrieb der Logik. Von weiteren Vertretern der neuen Richtung nennen wir den Amerikaner Dewey (New York) und den Italiener Papini. Auch in Frankreich wurde sie eifrig diskutiert. In Deutschland hat sie bisher am meisten Widerstand gefunden, wie die lebhaften Diskussionen auf den Internationalen Philosophen-Kongressen zu Heidelberg 1908 und Bologna 1911 bewiesen (vgl. den ausführlichen *Bericht* zu ersterem S. 62-93 und S. 711-740). Hier stehen ihr bisher nur W. Jerusalem (Wien), James' Übersetzer, und Günther Jacoby (Greifswald, *Der Pragmatismus,* Leipzig 1909) nahe. Schillers *Humanismus, Beiträge zu einer pragmatischen Philos.* ist von *R. Eisler* (Wien) ins Deutsche übersetzt worden (Lpz. 1911).

§ 78. Die philosophischen Einzelwissenschaften zu Beginn des 20. Jahrhunderts.

Außer den betr. Paragraphen von *Ueberweg* IV vgl. besonders: *Die Philosophie im Beginn des 20. Jahrhunderts*, Festschrift für Kuno Fischer, unter Mitwirkung von Groos, Rickert, Wundt, Lipps u. a. herausgegeben von W. Windelband, 2. Aufl. 1907 (fast nur auf Deutschland bezüglich). Einzelne interessante Beiträge bringt auch der Sammelband *Systematische Philosophie* in Teubners *Kultur der Gegenwart*.

Die anti-metaphysische Stimmung, welche der zweiten Hälfte des 19. Jahrhunderts das Gepräge gab und sie zum Kritizismus, Positivismus und Empirismus hintrieb, hatte noch eine weitere charakteristische Zeiterscheinung im Gefolge. Sie hat in Verbindung mit der, wie auf dem wirtschaftlichen Gebiete, so auch in allen Wissenschaften immer mehr zunehmenden Arbeitsteilung, das Studium der philosophischen Einzelfächer in vorher ungeahnter Weise befördert und entwickelt. So sehen wir denn eigentlich erst in der Philosophie der Gegenwart neben den an Bedeutung und Zahl abnehmenden philosophischen Systematikern eine stets wachsende Anzahl tüchtiger Spezialforscher erstehen: Psychologen, Logiker, Ethiker, Ästhetiker, Soziologen, Natur-, Religions- und Sprachphilosophen.

1. Am frühesten und am deutlichsten trat diese Erscheinung, wie wir an den Beispielen Fechners (§ 69) und besonders Wundts (§ 70) sahen, auf dem Felde der **Psychologie** hervor. Im Gegensatz zu der kritischen Auffassung, die besonders Natorp in seiner *Allgemeinen Psychologie* (s. S. 621 f.) vertritt, ist eine Art Psychologismus entstanden, indem die Psychologie von einer ganzen Reihe von Denkern für die philosophische Haupt- und Grundwissenschaft erklärt wird. Außer den schon an anderer Stelle von uns behandelten Herbartianern, der Wundtschen Schule und Dilthey, gehört hierher namentlich die österreichische oder Brentanosche Schule: Franz Brentano (1838-1917, *Psychologie vom empirischen Standpunkt,* 1874), der, ursprünglich vom Aristotelismus ausgehend, als die drei seelischen Grundfunktionen das Vorstellen, Urteilen und Fühlen (= Wollen) betrachtet und auf ihnen die drei Disziplinen der Ästhetik, Logik und Ethik aufbaut; sowie die von ihm beeinflußten, wenn auch später selbständig vorgegangenen Universitätslehrer Meinong (geb. 1853, in Graz, *Psychologisch-ethische Untersuchungen zur Werttheorie,* 1894), der jedoch in seinen neuesten Schriften mehr Erkenntniskritiker (s. S. 670) geworden ist, von Ehrenfels (geb. 1859, in Prag, *System der Werttheorie,* 2 Bände, 1897 f.), Kreibig (geb. 1863, Wien), der ebenfalls eine *Psychologische Grundlegung eines Systems der Werttheorie* (1902) geschrieben hat, A. Marty (geb. 1847, in Prag) und A. Höfler (geb. 1853, in Wien, *Psychologie,* 1897). Nach Österreich gehören ferner F. Jodl (S. 664), dessen *Lehrbuch der Psychologie* 1908 in 3. Auflage erschien, W. Jerusalem (geb. 1854, *Lehrbuch der Psychologie,* 6. Aufl. 1918) und Meinongs Schüler St. Witasek (1870-1915, *Grundlinien der Psychologie,* Leipzig 1908). Von Reichsdeutschen erwähnen wir, außer den schon früher genannten Ebbinghaus (1850-1909, *Grundzüge der Psychologie,* 1897, 3. Aufl. von E. Dürr 1911, vgl. desselben kurzen *Abriß der Psychologie*, 6. Aufl. 1919), Rehmke, Külpe, Münsterberg, Ziehen, weiter: Horwicz *(Psychologische Analysen auf physiologischer Grundlage,* 1872-78), Karl Stumpf (geb. 1848, in Berlin, *Tonpsychologie,* 2 Bände, 1883-90), H. Cornelius (geb. 1863, *Psychologie als Erfahrungswissenschaft,* 1897, vgl. S. 663), Kraepelin (Psychiater in München, Herausgeber der *Psychologischen Arbeiten,* Leipzig 1896 ff., 5 Bde.), W. Stern (*Differentielle Psychologie,* 2. Aufl. 1911), Th. Elsenhans (1862-1918, *Lehrbuch der Psychologie,* 1912) und Th. Lipps *(Leitfaden der Psychologie,* 3. Aufl. 1909; *Raumästhetik* 1893-96; *Vom Fühlen, Wollen, Denken,* 2. Aufl. 1907), der als Ethiker schon S. 631 genannt worden ist und Logik, Ethik und Ästhetik als ihrer Wurzel nach psychologische Disziplinen betrachtet, da alle wissenschaftliche Philosophie zunächst auf die unmittelbar psychologische Erfahrung (Betrachtung und Analyse der Bewußtseinszustände) gegründet sei. Seinem Lehrer G. Uphues folgend, vertritt eine Art kriti-

schen Realismus Hermann Schwarz (geb. 1867, in Greifswald). Die geschichtliche Entwicklung der Psychologie haben namentlich Siebeck (vgl. I, 14) und Dessoir (geb. 1867, in Berlin) dargestellt. Internationale Kongresse für Psychologie fanden 1889 in Paris, 1892 in London, 1896 in München, 1900 in Paris, 1905 in Rom statt; ein solcher für experimentelle Psychologie in Berlin 1912. Eine ganze Reihe von Zeitschriften widmet sich heute den verschiedenen Zweigen der psychologischen Wissenschaft (vgl. S. 610).

2. Mehr und mehr zieht neuerdings auch die **Logik**, die – außerhalb der Neuscholastik – in der Regel mit Erkenntniskritik und Methodologie der Wissenschaften verbunden wird, die modernen Denker wieder an. Als Hauptvertreter derselben nennen wir, außer den schon behandelten v. Hartmann, Wundt, Schuppe, der *Marburger* (S. 627) und der *Badener Schule* (S. 630), Sigwart (1830 bis 1904, *Logik,* 2 Bde., 1873-78, 4. Aufl. hrsg. von Maier 1911), Benno Erdmann (geb. 1851, in Berlin, *Logik,* 1. Bd.: *Logische Elementarlehre,* 1892, 2. Aufl. 1907); Th. Lipps (*Grundzüge der Logik,* 1893) und Edmund Husserl (geb. 1859, in Göttingen, seit 1916 in Freiburg), der in seinen *Logischen Untersuchungen* (I. Teil: *Prolegomena zur reinen Logik,* II. Teil: *Untersuchungen zur Phänomenologie und Theorie der Erkenntnis,* 1900 f., 2. erweiterte Auflage: *Ideen zu einer reinen Phänomenologie und phänomenologischen Philosophie,* 1913) eine streng apriorische Begründung der Logik fordert, daneben aber auch die Wichtigkeit der Erscheinungen betont und 1913 mit M. Geiger, A. Pfänder u. a. ein *Jahrbuch für Philosophie und phänomenologische Forschung* begründet hat. Husserls „Phänomenologie" fordert eine „Reduktion" der individuell erfahrenen Einzeltatsachen zum notwendig-allgemeinen „Wesen" und der in die Weltkonstruktion eingefügten „Realen" zum reinen Bewußtsein. Die Wesenserkenntnis vollzieht sich durch unmittelbare Intuition und durch Deduktion; der fortlaufende Denkprozeß tritt dabei zurück. Die reinen Phänomene sind gegeben nach Ausschaltung der psychisch-physischen Natur und werden durch Akte der Reflexion aus dem unendlichen Felde absoluter Ergebnisse gewonnen. H. Maier (geb. 1867, in Göttingen, *Psychologie des emotionalen Denkens,* Tüb. 1907) stellt dem urteilenden Denken als zweite Grundform das aus dem Gefühl- und Willensleben hervorgehende „emotionale" zur Seite, das in der ästhetischen Phantasie und Betrachtung, im religiösen Glauben, in Sitte und Recht zum Ausdruck kommt. Vgl. ferner J. Cohn (geb. 1869, in Freiburg, *Voraussetzungen und Ziele des Erkennens,* 1908), Meinong (*Über die Stellung der Gegenstandstheorie im System der Wissenschaften,* 1907, 2. Aufl. 1908, *Über Annahmen,* 2. Aufl. 1911, *Über Möglichkeit und Wahrscheinlichkeit,* Lpz. 1915), Ernst Cassirer (vgl. S. 627, *Substanzbegriff und Funktionsbegriff, Untersuchungen über die Grundfragen der Erkenntniskritik,* Berlin 1910), Störring (*Logik,* 1915).

Husserl hat auch eine *Philosophie der Arithmetik* (1891) geschrieben, während im übrigen die Philosophie der **Mathematik** namentlich von

Gauß, Riemann (1826-1866, in Göttingen), Zöllner, Helmholtz, B. Erdmann (*Die Axiome der Geometrie,* 1877), Cantor, Dedekind, Brunschwig (1831-1916), Kronecker, O. Schmitz-Dumont (*Mathematische Elemente der Erkenntnistheorie,* 1878, *Naturphilosophie als exakte Wissenschaft,* 1895), H. Grassmann (*Ges. mathem. WW.,* Bd. I, 1894-96) und neuerdings von G. Frege (*Grundgesetze der Arithmetik,* 2 Bde., 1893-1901), O. Stolz und J. Gmeiner (*Theoretische Arithmetik,* 1902), Hilbert (*Grundlagen der Geometrie, 3.* Aufl. 1908) und E. Schröder (*Algebra der Logik,* 3 Bde., 1890-1909) behandelt worden ist. Neben den Neukantianern Cohen, Natorp (s. dessen *Logik der exakten Wissenschaften,* 1910) und Cassirer (s. oben), welche die theoretische Philosophie in engste Beziehung zur Mathematik und mathematischen Physik gesetzt wissen wollen, beginnen auch die Mathematiker selbst neuerdings immer mehr auf eine apriorische, den bloßen Empirismus bekämpfende Begründung der Mathematik hinzusteuern: so namentlich der Engländer B. Russell (*The Principles of Mathematics,* Bd. I, 1903), die Franzosen L. Couturat (1868-1914, *Les Principes des Mathématiques,* Paris 1905, deutsch von Siegel, Leipzig 1908) und Poincaré (1857-1912, *Wissenschaft und Hypothese,* deutsch 1904, 2. Aufl. 1906, *Der Wert der Wissenschaft,* deutsch 1906, *Die neue Mechanik,* 1911, *Letzte Gedanken,* deutsch Lpz. 1913). Insbesondere der der Wissenschaft zu früh entrissene Poincaré hat gezeigt, daß die Wissenschaft niemals die Dinge selbst, wie der naive Dogmatismus meint, sondern stets bloß die Beziehungen zwischen den Dingen erkennt; außerhalb dieser Beziehungen gibt es keine erkennbare Wirklichkeit. Letzte unerklärbare, aber für den Bestand der Wissenschaft notwendige Annahmen sind die Sätze des Widerspruchs und der Identität für die Verstandesbegriffe, das Prinzip der vollständigen Induktion für die Begriffe der Sinnlichkeit. Die geometrischen Axiome wie die physikalischen Hypothesen sind konventionelle Festsetzungen, die für die Erklärung der Erscheinungen „bequem" sind; der Forscher selbst schafft die Tatsachen, indem er die Natur in den Rahmen seiner Begriffe spannt.

3. Seltener wurde bis zu Anfang des neuen Jahrhunderts die **Ästhetik** in größeren Einzelwerken behandelt. So von: E. von Hartmann (*Ästhetik,* 2 Bde., 1886-87), Groos (geb. 1861, in Gießen, *Einleitung in die Ästhetik,* 1892, *Die Spiele des Menschen,* 1899; *Die Spiele der Tiere,* 2. Aufl. 1907), Volkelt (*Ästhetische Zeitfragen,* 1894, *Ästhetik des Tragischen,* 1897, 2. Aufl. 1906), H. von Stein (*Vorlesungen über Ästhetik,* 1897), K. Überhorst (in Innsbruck, *Das Komische,* 1896-99). Seitdem ist jedoch auch auf diesem Gebiete ein Umschwung eingetreten. Wir besitzen heute eine ganze Reihe allgemein-ästhetischer Werke, von: Konrad Lange (Tübingen, *Das Wesen der Kunst,* 2. Aufl. 1907), J. Cohn (Freiburg i. Br., *Allgemeine Ästhetik,* 1901), Witasek (*Grundzüge der allgemeinen Ästhetik,* Leipzig 1904), B. Croce (*Ästhetik als Wissenschaft des Ausdrucks* usw., aus dem Italienischen übersetzt 1905), Lipps (*Ästhetik,* 2 Bde., 1903-06), wiederum Volkelt (*System der Ästhetik,*

3 Bde., 1905-1912), Christiansen (*Philosophie der Kunst,* 1909), Dessoir (*Ästhetik und allgemeine Kunstwissenschaft,* 1906) und H. Cohen, *Die Ästhetik des reinen Gefühls,* 1912 (vgl. § 72, 1, III). Seit 1906 besteht eine besondere *Zeitschrift,* 1913 fand ein *Kongreß für Ästhetik und allgemeine Kunstwissenschaft* statt.

4. Besonders zahlreiche Bearbeiter haben in den letzten Jahrzehnten die **Ethik** und die damit verwandten Gebiete (s. unten 5) gefunden. Die meisten derselben sind jedoch von uns schon an früherer Stelle erwähnt, so Cohen, Gižycki, Görland, Jodl, Lipps, Natorp, Paulsen, Schuppe, Staudinger, Weltmann, Wundt und Ziegler. Außerdem seien von neueren Versuchen, deren Grundtendenz meist schon aus ihrem Titel hervorgeht, hervorgehoben: A. Döring (1834-1912, *Philosophische Güterlehre,* 1888), Georg Simmel (1858-1918, *Einleitung in die Moralwissenschaft,* 2 Bände, 1892 f., 3. Aufl. 1910), W. Stern (1844-1918, *Kritische Grundlegung der Ethik als positiver Wissenschaft,* 1897), M. Wentscher (*Ethik,* 2 Bde., 1902-05). Auch die moralpsychologischen Untersuchungen von Th. Elsenhans (*Wesen und Entstehung des Gewissens,* 1894) und P. Rée (*Entstehung des Gewissens,* 1885) sowie die Werttheorien von Meinong und v. Ehrenfels (S. 669) gehören hierher. Mehr anthropologischer Natur ist des Finnen Westermarck *Ursprung und Entwicklung der Moralbegriffe,* 2 Bde., 1907-09.
5. Um die Förderung der **Sozialphilosophie (Soziologie)** haben sich, abgesehen von den schon in § 74 behandelten Sozialisten, von Ferd. Tönnies (§ 77) und den Neukantianern Natorp, Stammler, Staudinger, Vorländer (§ 72), verdient gemacht: die der organisch-biologischen Richtung Spencers nahestehenden P. von Lilienfeld (Deutschrusse, 1829-1903, *Gedanken über die Sozialwissenschaft der Zukunft,* 5 Bände, 1873-81) und A. Schäffle (1830-1908, *Bau und Leben des sozialen Körpers,* 4 Bde. 1875-78, 2. Aufl. 2 Bde. 1896), der den Rassenkampf zur Leitidee machende Ludwig Gumplowicz (in Graz, 1838 bis 1909, *Grundriß der Soziologie,* 2. Aufl. 1905) und der ihnen verwandte, auch als Naturphilosoph zu erwähnende Österreicher G. Ratzenhofer (1842-1904, *Die soziologische Erkenntnis,* 1898), wozu als älterer Versuch noch *E. Kapp, Grundlinien einer Philosophie der Technik* (1877) kommt. Dem Positivismus steht weiter nahe F. C. Müller-Lyer (München, † 1916), der, von der Naturwissenschaft herkommend, ein eigenartiges soziales System unter dem Titel *Phasen der Kultur* und *Richtungslinien des Fortschritts* (1908 ff.) unvollendet hinterließ. Seine philosophische Weltanschauung (*Der Sinn des Lebens,* 1910) nannte er „Euphorismus", eine Philosophie, welche „die vollkommene Persönlichkeit als obersten Zweck und den vollkommenen Staat als letztes Ziel betrachtet und diese beiden höchsten Werte durch Kulturbeherrschung zu verwirklichen strebt". Ferner der soeben als Ethiker genannte G. Simmel (*Die Probleme der Geschichtsphilosophie,* 3. Aufl. 1907, *Philosophie des Geldes,* 2. Aufl. 1908, *Soziologie,* 1908), sowie der sozialistisch gestimmte R. Goldscheid (geb. 1870,

in Wien, *Zur Ethik des Gesamtwillens,* 1902, *Grundlinien zu einer Kritik der Willenskraft,* 1906, *Entwicklungswerttheorie, Entwicklungsökonomie, Menschenökonomie,* 1908, *Höherentwicklung und Menschenökonomie,* Bd. I, 1911), der auch eine „Gesellschaft für Soziologie" gründete; vgl. auch *L. Stein, Die soziale Frage im Lichte der Philosophie,* 2. Aufl. 1903 (mehr literarhistorisch). A. Eleutheropulos (in Zürich, geb. 1870, *Soziologie,* 2. Aufl. 1908, vgl. auch *Philosophie,* 1911) gab seit 1909 eine Zeitlang eine *Monatsschrift für Soziologie* heraus. Werner Sombart will in seinem Werke *Der moderne Kapitalismus,* von dem jedoch erst die beiden ersten wirtschaftsgeschichtlichen Bände (1902, 2. Aufl. 1917) erschienen sind, „das kapitalistische Wirtschaftssystem von seinen Anfängen bis zur Gegenwart verfolgen, seine eigenen Bewegungsgesetze aufdecken und die Gesetzmäßigkeit seines Übergangs in eine zukünftige Wirtschaftsepoche (eine sozialistisch-genossenschaftliche) darstellen, unter kausalem Gesichtspunkt". Auf „der Grundlage der durch diese historisch-theoretischen Betrachtungen gewonnenen Einsicht" soll sich dann später „ein wissenschaftliches System praktischen Handelns, also ein System der Sozialpolitik" aufbauen, „unter teleologischem Gesichtspunkt"; endlich „die Krönung des Gebäudes ein System der Sozialphilosophie bilden, unter kritischem Gesichtspunkt".

Nahe verwandt mit der Soziologie ist die **Geschichtsphilosophie**, die von Paul Barth (geb. 1858, in Leipzig) sogar mit ihr gleichgesetzt wird. Der bisher allein erschienene 1. Band seiner *Philosophie der Geschichte als Soziologie* (1897, 2. stark erweiterte Auflage 1915) gibt eine gut orientierende „kritische Übersicht" seiner sozial- und geschichtsphilosophischen Vorgänger. Von Historikern haben sich neuerdings mit geschichtsphilosophischen Problemen beschäftigt K. Lamprecht (1856-1915, *Alte und neue Richtungen der Geschichtswissenschaft,* 1896, *Moderne Geschichtswissenschaft,* 1904), der in Leipzig auch ein Institut für Kultur- und Universalgeschichte ins Leben rief, und E. Bernheim *(Lehrbuch der historischen Methode,* 5. u. 6. Aufl. 1908), beide im Gegensatz zu der alten „individualistischen" eine mehr oder weniger „kollektivistische" Anschauung vertretend; ferner Th. Lindner (in Halle, *Geschichtsphilosophie, Einleitung zu einer Weltgeschichte seit der Völkerwanderung,* 3. Aufl. 1912) und von Jüngeren Mehlis (*Geschichtsphilosophie,* 1915). Außer dem natürlich auch hierher gehörigen historischen Materialismus (§ 74) vgl. noch Eucken, Simmel (S. 498) und Dilthey, der freilich die Möglichkeit einer wissenschaftlichen Geschichtsphilosophie bestreitet, ferner die völkerpsychologischen Untersuchungen von Wundt, Lazarus und Steinthal, desgleichen die schon S. 630 erwähnten methodologischen Schriften von Windelband und Rickert sowie verschiedene Abhandlungen des ihnen philosophisch verwandten Heidelberger Nationalökonomen Max Weber.

Als Hauptvertreter der der Ethik und Sozialphilosophie gleich nahe stehenden **Rechtsphilosophie** nennen wir außer H. Cohen (S. 615 ff.), W. Schuppe (S. 658 f.) vor allem den schon S. 623 ff. besprochenen Rudolf Stammler (Berlin), den hegelianisierenden Philosophen A. Lasson (1832-1917, in Berlin, *System der Rechtsphilosophie,* 1882), die Juristen R. von Jhering (1818-1892, *Geist des römischen Rechts,* 4 Bde. 1852-65, 6. Aufl. 1894 bis 1907, *Der Zweck im Recht,* 2 Bde. 1877 ff., 4. Aufl. 1904), Bergbohm (in Bonn, *Jurisprudenz und Rechtsphilosophie,* 1892), Bierling (*Juristische Prinzipienlehre,* 4 Bde. 1894 bis 1911), J. Kohler (1849-1919, Berlin, *Lehrbuch der Rechtsphilosophie,* 1909) und Berolzheimer (*System der Rechts- und Wirtschaftsphilosophie,* 5 Bde. 1904-07). Berolzheimer und Kohler haben 1907 ein *Archiv für Rechts- und Wirtschaftsphilosophie,* sowie 1909 eine ‚Internationale Vereinigung für Rechts- und Wirtschaftsphilosophie' begründet, während R. Stammler im Verein mit mehreren anderen seit Juli 1913 eine *Zeitschrift für Rechtsphilosophie* herausgibt.

6. Auch eine metaphysisch gerichtete **Naturphilosophie** ist neuerdings wieder aufgetreten. Nachdem Helmholtz es für das Endziel der Naturwissenschaft erklärt hatte, alle elementaren Naturkräfte in Bewegungskräfte, „also sich selbst in Mechanik aufzulösen", und Du Bois-Reymond (1818-1896) in Übereinstimmung damit in seinen beiden Vorträgen *Über die Grenzen des Naturerkennens* (1872) und *Die sieben Welträtsel* (1882) Naturerkennen als „Zurückführen der Veränderungen in der Körperwelt auf Bewegungen von Atomen" definiert, gegenüber gewissen letzten Problemen aber wie dem Wesen von Materie und Kraft, dem Ursprung der Bewegung, der Entstehung der Sinnesempfindungen sein skeptisches: „Ignorabimus!" ausgesprochen hatte, schien eine Zeitlang der alte Vitalismus endgültig überwunden zu sein. Aber seitdem sind Monismus und Zellentheorie durch Bakteriologie und Elektronenlehre überholt worden, man beginnt der mechanischen Weltanschauung auch in den Kreisen der Naturforscher allmählich untreu zu werden.

So hat zunächst nach dem Vorgang von Bunge (geb. 1844, in Basel, *Vitalismus und Mechanismus,* 1886, *Lehrbuch der Physiologie des Menschen,* 2. Aufl. 1905) ein Neu-Vitalismus wieder sein Haupt erhoben, der zur Erklärung der organischen Natur eine besondere „Lebenskraft" für notwendig hält und überhaupt „von dem Bekannten, von der Innenwelt ausgehen" will, um „das Unbekannte, die Außenwelt" zu erklären. Neuerdings hat sich als Wortführer dieser Richtung namentlich Hans Driesch (Heidelberg, geb. 1867, *Der Vitalismus als Geschichte und als Lehre,* 1905) bekannt gemacht, der mit seiner Annahme einer selbständig wirkenden „Entelechie" nicht bloß dem Namen, sondern auch der Sache nach an Aristoteles erinnert (*Naturbegriffe und Naturuteile,* 1904, *Philosophie des Organischen,* 2 Bde., 1909) und in seiner logisch gerichteten *Ordnungslehre,* 1912, ein „System des nicht-metaphysischen Teiles der Philosophie" entworfen hat. Weiter steht P. N. Cossmann (München, *Elemente der empirischen Teleologie,* Stuttgart 1898) dem Vitalismus nahe. Noch teleologischer als er, nimmt Reinke (geb. 1849, Professor der Botanik in Kiel, *Die Welt als Tat,* 1899, 5. Aufl. 1908, *Theoretische Biologie,* 1911) für die organische Natur neben dem – für die anorganische Natur unbeschränkt geltenden – Kausalgesetze noch zweck- und zielbewußte Energielenker („Dominanten") an, deren letzter Grund eine schöpferische Intelligenz, d.h. Gott, ist. Gegenüber dem von Haeckel († Aug. 1919) und seinen Anhängern mit Begeisterung vertretenen „Monismus", hat sich 1907 unter der Förderung von Reinke u. a. ein „Kepler-Bund" gebildet, der die Vereinbarkeit von Naturwissenschaft und Christentum auf seine Fahne geschrieben hat. Jüngere und moderner denkende Vitalisten scharen sich um die von R. H. Francé, dem bekannten Verfasser des *Leben der Pflanze* (1905-08), geleitete *Zeitschrift für den Ausbau der Entwicklungslehre* und huldigt einem, namentlich von Adolf Wagner (Innsbruck, *Der neue Kurs in der Biologie,* 1907, *Geschichte des Lamarckismus,* 1909) verfochtenen „Neu-Lamarckismus" oder Psycho-Vitalismus, dessen philosophische Gewährsmänner jedoch die im letzten Grunde ja gleichfalls schon ‚vitalistischen' Schopenhauer, Fechner und E. von Hartmann sind. Seit 1919 erscheint eine neue Zeitschrift: *Abhandlungen zur theoretischen Biologie,* hrsg. von *J. Schaxel* (Jena).

Wieder anderer Art ist die Energetik, wie sie W. Ostwald (geb. 1853, bis 1906 Professor der physikalischen Chemie in Leipzig, seitdem in seinem Landhaus *Energie* lebend) in der von ihm begründeten und seit 1913 von R. Goldscheid (S. 672 f.) mitgeleiteten Zeitschrift *Annalen der Naturphilosophie* vertritt. Er glaubt „die alten Schwierigkeiten, welche der Vereinigung der Begriffe Materie und Geist sich entgegenstellen, durch die Unterordnung beider unter den Begriff der Energie aufheben" zu können. Energie bedeutet: „Arbeit und alles, was aus Arbeit entsteht und in sie verwandelt werden kann." Sie tritt in verschiedenen Gestalten, als mechanische, Wärme-, elektrische, chemische, strahlende und magnetische Energie auf. Ihnen entspricht auf dem Gebiet des Bewußtseins die Nervenenergie, die z.B. in der „Aufmerksamkeit" gesammelt, in der „Erschöpfung" zerstreut erscheint, und die Willensenergie, deren Betätigung die Grundlage unseres Glückes bildet. „Vergeude keine Energie, sondern verwerte sie", lautet der energetische Imperativ. Sie entsteht aus anderen Formen, z.B. aus der chemischen, durch Umformung und geht nach dem Ablauf des psychischen Prozesses auch wieder in andere Formen über. Bei allen diesen Umwandlungen erhält sich die Gesamtmenge der Energie in der Welt unverändert (wie das Gesetz der Erhaltung der Kraft von R. Mayer). Vgl. auch den von Ostwald verfaßten Abschnitt *Naturphilosophie* in Teubners *Kultur der Gegenwart,* den populären *Grundriß der Naturphilosophie* (bei Reclam, 1908), sowie sein Buch *Vom energetischen Imperativ* (1912). An Stelle der nach seiner eigenen Erklärung jetzt veralteten *Vorlesungen über Naturphilosophie* (1902) soll jetzt ein neues Werk *Moderne Naturphilosophie* treten, von dem jedoch bisher erst ein erster *Die Ordnungswissenschaften,* d.h. Logik und Mathematik, behandelnder Teil (1914) erschienen ist.

Natürlich stehen dem Vitalismus in seinen verschiedenen Arten unter den exakten Forschern zahlreiche Verteidiger des ‚Mechanismus' gegenüber. Wir nennen nur den Anatomen Wilhelm Roux (geb. 1865, in Halle) mit seiner

Entwicklungsmechanik, 1905, für die auch ein besonderes *Archiv* (40 Bände) existiert. Roux nimmt eine durch mechanische Faktoren, wie Kampf und Anpassung der einzelnen Elemente, bedingte Entwicklung des Organismus an. Vgl. auch *Die Selbstregulation,* Lpz. 1914 und *Terminologie der Entwicklungsmechanik,* ferner *Über kausale und konditionale Weltanschauung,* Lpz. 1913. Uns scheint die philosophische Lösung jener „Schwierigkeiten" in einem allen Dualismus von Psychischem und Physischem endgültig verbannenden erkenntniskritischen Monismus zu liegen, dem von den Naturforschern trotz seines Empirismus E. Mach (S. 661 f.) nahe steht. Verwandt damit sind der „Psychomonismus" Verworns und der ähnliche Standpunkt Ziehens (S. 659), sowie der von H. Kleinpeter († 1916) und H. Cornelius (S. 663). Auch Th. Lipps in seinem zu Anfang dieses Paragraphen erwähnten Beitrag faßt die Naturphilosophie als die zur Selbsterkenntnis gekommene Naturwissenschaft auf. Für die Physik bedeutsam ist A. Einsteins *Formale Grundlage der allgem. Relativitätstheorie,* Lpz. 1914.

7. Als **Religionsphilosophen** haben wir die vom Neukantianismus berührten Theologen Herrmann, Kaftan, Ritschl, Lipsius sowie die Philosophen Cohen, Eucken, Natorp, Seydel, W. Wundt und Th. Ziegler bereits früher namhaft gemacht. Hier seien noch hinzugefügt: die Theologen O. Pfleiderer (1839-1908, *Religionsphilosophie auf geschichtlicher Grundlage,* 1878, 3. Aufl. 1894), A. Harnack *(Das Wesen des Christentums* 1900) und neuerdings E. Troeltsch (geb. 1865, Berlin), die Philosophen Baumann (S. 409, *Die Grundfrage der Religion,* 1895), W. Bender (1845-1901, in Bonn, früher protestantischer Theologe, *Das Wesen der Religion,* 4. Aufl. 1888), Ed. von Hartmann *(Religionsphilosophie,* 1888), Siebeck *(Lehrbuch der Religionsphilosophie,* 1893) und Raoul Richter *(Religionsphilosophie,* 1912). Seit 1914 erscheint in Tübingen ein besonderes *Archiv für Religionspsychologie.* Den deutsch-englischen Sprach- und Religionsphilosophen F. Max Müller s. unter *England* (unten S. 679).

8. Mit **Sprachphilosophie** endlich haben sich unter den Neueren, außer dem soeben erwähnten F. M. Müller und dem S. 549 genannten Steinthal (*Abriß der Sprachwissenschaft,* 1871, 2. Aufl. 1881, *Ursprung der Sprache,* 4. Aufl. 1888), eingehend beschäftigt: H. Paul *(Prinzipien der Sprachgeschichte,* 1880, 4. Aufl. 1909), F. Mauthner *(Beiträge zu einer Kritik der Sprache,* 3 Bde., 1901/02, 2. Aufl. 1906-12, *Philos. Wörterbuch,* 2 Bde. 1910 f.), der eine Art von „linguistischem Skeptizismus" vertritt, indem ihm die „objektive Wahrheit" mit dem „gemeinsamen Sprachgebrauch" zusammenfällt, endlich W. Wundt in Bd. I und II seiner *Völkerpsychologie: Die Sprache,* 3. Aufl. 1911 f.

§ 79. Blick auf die Philosophie des Auslandes. – Schluß.

Literatur s. S. 655.

Infolge der Umwälzung aller Verkehrsverhältnisse, die das 19. Jahrhundert gebracht, waren die europäischen Kulturstaaten auch geistig in so enge Wechselbeziehungen getreten, daß wir nicht nur die ökonomischen, politischen, religiösen und literarischen, sondern auch die philosophischen Bewegungen des einen Landes, wenn auch abgeschwächt oder modifiziert, sich früher oder später in dem anderen wiederholen sahen. Zudem hatten sich mit Beginn des neuen Jahrhunderts diese Beziehungen durch Internationale Philosophen-Kongresse noch enger geknüpft. Dem ersten, der auf Anregung der Leiter der *Revue de Métaphysique et de Morale* gelegentlich der Weltausstellung in Paris, August 1900, abgehalten wurde, folgte vier Jahre später ein solcher in Genf, 1908 der dritte in Heidelberg, über den ein Ende 1909 erschienener, 1138 Seiten starker Bericht ausführliche Auskunft gibt; der vierte fand 1911 in Bologna statt. Nun hatte aber gerade in philosophischer Hinsicht Deutschland die Führung, die es, den übrigen Kulturländern (Italien, Frankreich, Niederlande, England) erst spät nachfolgend, mit dem Auftreten von Kants Kritizismus übernommen, seitdem doch im großen und ganzen bewahrt, wie denn auch die „internationale" Zeitschrift *Logos,* die internationale ‚*Enzyklopädie der philosophischen Wissenschaften*' und ähnliche Unternehmungen in Deutschland erschienen. So haben wir im folgenden nur wenige originale Erscheinungen zu verzeichnen. Außerdem sind die ausländischen Hauptvertreter des Kritizismus und ihm verwandter Richtungen, sowie die der Entwicklungsphilosophie und des Sozialismus, schon an früherer Stelle (§ 67 f., § 73 f.) behandelt worden. Wir haben daher nur einen kurzen Blick auf die hervorragenderen unter den sonstigen Denkern zu werfen.

1. Auch in **Frankreich** gab es, abgesehen von der katholischen Neuscholastik, die sich auch hier seit der päpstlichen Enzyklika von 1889 aufs neue regte und nicht weniger als drei Zeitschriften besaß, bis vor kurzem nur wenige spiritualistische Philosophen von Bedeutung mehr; zumal seitdem Cousins Anhänger P. Janet (1823-1899), der an Schelling erinnernde F. Ravaisson (1813-1900), der protestantische Ch. Secrétan (in Lausanne, 1815-1895) und E. Vacherot (1809-1897) gestorben waren. Die zahlreichen Schüler Cousins sind meist Historiker der Philosophie geworden. Diejenigen, die heute noch eine Metaphysik aufrecht erhalten, waren, wie in Deutschland, bis vor kurzem mehr oder weniger durch den Kritizismus beeinflußt (s. § 73, 4). Dagegen gewann neuerdings der romantische Idealismus von

   Bergson

   auch außerhalb Frankreichs besonders zahlreiche Anhänger. Henri Bergson (geb. 1860, von Boutroux ausgegangen) vertritt eine über das naturwissenschaftliche Denken grundsätzlich hinausstrebende Metaphysik, die neben das kausal bestimmte Ich der Erscheinung das nur durch die unmittelbare ‚Intuition' zu erfassende „wahre" Ich des Erlebnisses setzt. Vgl. seine ins Deutsche übersetzten Schriften *Zeit und Freiheit* (1888, deutsch Jena 1911), *Materie und Gedächtnis* (mit Einführung von *Windelband*, 1908), *Schöpferische Entwicklung* (1914) und die kurze *Einführung in die Metaphysik*, nebst der Schrift von *A. Steenbergen, H. Bergsons Intuitive Philosophie* (ebd. 1909), *W. Meckauer, Der Intuitionismus u. s. Elemente bei Bergson*, Lpz. 1917. Es gibt nach Bergson zwei Methoden, einen Gegenstand zu erkennen: die analytische und die intuitive. Jene ist die Methode der Wissenschaft. Sie sucht den Gegenstand, dem sie sich gegenüberstellt, begrifflich zu erfassen; aber sie bleibt immer außerhalb des Gegenstandes und beim Relativen stehen. Anders die Methode der Metaphysik: die Intuition, durch die ich mich unmittelbar und mit einem Schlage in den Gegenstand hinein versetze und somit ein Absolutes erfasse. Mindestens eine Realität erfaßt jeder Mensch intuitiv: das eigene Ich, in dem er seine Dauer in der Zeit unmittelbar erlebt. Denn, obgleich die Zustände fortwährend wechseln, dauert dennoch die Vergangenheit in der Gegenwart fort. So führt die Intuition zu der „beweglichen Dauer" als dem wahren Wesen der Gegenstände. Im Gegensatz zur begrifflich-kausalen Zergliederung der Wissenschaft, welche die statische Beschaffenheit des räumlichen Nebeneinander untersucht, richtet sich die Intuition auf das lebendige dynamische Werden. Das Psychische hat nichts mit den Raumbegriffen des Physischen zu tun; denn die wahre, innerlich erlebte Dauer kennt weder ein Auseinander noch ein Vor und Nach. Das rein Subjektive ist unausdrückbar. Daher handeln wir auch frei, wenn wir unser ganzes Ich konzentrieren. Meistens freilich leben wir mehr für die äußere, räumliche Welt, lassen uns treiben, anstatt selbst zu treiben. Übrigens führen Wissenschaft und Bewußtsein am letzten Ende doch auf eine durchgängige ursprüngliche Kontinuität alles Seienden zurück.

Der Positivismus

wurde hauptsächlich durch Taine und Ribot nach Frankreich verpflanzt. Die Verdienste von H. Taine (1828-1893) liegen jedoch in erster Linie auf dem Gebiete der von ihm psychologisch vertieften Geschichtschreibung, Literaturgeschichte und Ästhetik. In philosophischer Beziehung ist er Determinist: zur Erklärung eines jeden menschlichen Werkes muß man auf das „Milieu" zurückgehen, aus dem es entstanden ist, wozu auch die Rasse und das „Moment", d. i. die erlangte Bewegungsrichtung im Sinne der Mechanik, gehören. Der bekannte Verfasser des *Leben Jesu* (1863), E. Renan (1823-1892), war philosophisch Eklektiker. In Verbindung mit dem Positivismus ist ferner eine eifrige Pflege der philosophischen Einzeldisziplinen, namentlich der experimentellen Psychologie und der Soziologie, eingetreten. Die wichtigsten der neueren Psychologen, neben Taine *(De l'intelligence*, 1870), sind der soeben erwähnte Th. Ribot (geb. 1839, am Collège de France) mit seinem bedeutenden Werk über die zeitgenössische englische Psychologie (1870), der schon S. 597 genannte A. Fouillée (sein Hauptwerk: *Der Evolutionismus der Kraft-Ideen,* übersetzt von *R. Eisler,* Leipzig 1908) und der Belgier Delbœuf (1831-1896), die ihrerseits wieder eine größere Anzahl Schüler gefunden haben. Den Standpunkt der modernen Psychologie und Psychophysiologie, zu der auch der berühmte Physiologe Claude Bernard (1813-1878) wichtige Beiträge geliefert hat, vertreten eine ganze Reihe psychologischer Zeitschriften, darunter *L'année psychologique* (seit 1895).

Von Soziologen stehen der Comteschen Schule nahe de Roberty (von Geburt Russe), de Greef (Belgier) und Lacombe, der biologischen Richtung Spencers A. Fouillée und R. Worms, der evolutionistischen Letourneau, der ökonomischen Durkheim, dem syndikalistischen Sozialismus G. Sorel u. a. Einer dualistischen, Geist und Natur auseinanderhaltenden Theorie huldigt Hauriou, einer mehr idealistischen G. Tarde (1843-1904), der den historischen „Beweger" im schöpferischen Individuum sieht und die drei Grundgesetze der Wiederholung, des Gegensatzes und der Anpassung unterscheidet (*Die sozialen Gesetze,* deutsch von *Hammer,* Leipzig 1908), während Graf Gobineau (1816-1882) die ganze Weltgeschichte aus Rassemomenten ableiten wollte.

Von der neuesten Philosophie der exakten Wissenschaften (Couturat, Poincaré) ist schon oben (S. 671) die Rede gewesen. Auch der große Chemiker Berthelot (1827-1907) war philosophisch interessiert (vgl. *Science et philosophie* 1886, 2. Aufl. 1905). Übrigens begannen, Boutroux zufolge, seit etwa 1900 Metaphysik und Spezialwissenschaften sich wieder zu nähern. In diesem Zeichen steht u. a. die auf dem Pariser Philos.-Kongreß (1900) von X. Léon gegründete *Société française de philosophie.*

2. **England und Nordamerika**. Da wir die wichtigsten Erscheinungen in England: den Darwinismus, den Evolutionismus Spencers, den Relativismus Hamiltons, den Agnostizismus Huxleys, den Kritizismus Cairds, den Idealismus Greens bereits behandelt haben, ist nur noch weniges nachzutragen. Die wichtigsten Anhänger Hamiltons waren der englische Theologe H. Mansel (1820-1871) und der Amerikaner Mac Cosh (1811-1894) sowie der noch lebende bekannte konservative Politiker A. J. Balfour (geb. 1848), Vertreter einer dualistisch-theistischen Metaphysik J. Martineau (1805-1900). Wegen ihrer hervorragenden Leistungen auf Einzelgebieten seien der Logiker St. Jevons, die Psychologen J. Ward und J. Sully, der Ethiker H. Sidgwick (S. 583), der Geschichtsphilosoph Buckle (1823-1862), die Soziologen H. Maine und B. Kidd erwähnt. Sprach- und Religionsphilosophie beherrschte gleichmäßig der Deutsch-Engländer F. Max Müller (geb. 1823 zu Dessau, gest. 1900 in Oxford, wo er seit 1850 dozierte; *Vorlesungen* über *Natural Religion* 1889, *Physical R.* 1890, *Anthropological R.* 1891, *Theosophy or Psychological R.* 1892, alle ins Deutsche übersetzt von *Winternitz; Science of Thought* 1887).

Die nordamerikanische Philosophie ist anfangs nur eine verspätete Parallelerscheinung der englischen. Berkeleyscher Idealismus und deistische Naturreligion finden zunächst am meisten Boden (dem Deismus stand in seinen jüngeren Jahren auch der bekannte Benjamin Franklin nahe); später die schottische Philosophie des gesunden Menschenverstandes. Im ganzen herrschen neben den praktischen religiöse Interessen vor; der Materialismus fand daher nur vereinzelte Anhänger (vgl. über die Anfänge des amerikanischen Philosophierens das ausführliche Buch von *Riley, American philosophy,* Neuyork 1907). Im 19. Jahrhundert wirkten dann nacheinander der deutsche Idealismus, Cousins Eklektizismus, Spencers Entwicklungslehre auf die amerikanischen Universitäten ein. Wir erwähnen den bekannten Idealisten R. W. Emerson (1803-1882), von älteren Soziologen L. H. Morgan (1818-1881), der auf Marx und Engels Einfluß geübt hat; von neueren: L. F. Ward, Mackenzie, Giddings *(Prinzipien der Soziologie,* deutsch von P. Seliger, Lpz. 1911) und Patten, endlich den theologisierenden Idealisten J. Royce. Neuerdings findet auch die moderne Logik, Psychologie, Ethik und der Positivismus (Carus' *The Monist)* eifrige Pflege. Der philosophische Verkehr mit Deutschland wurde eine Zeitlang durch die sogenannten „Austauschprofessoren" befördert. Das erste eigene Erzeugnis amerikanischer Philosophie ist der von dem Psychologen James begründete, von dort nach England und zuletzt auch auf das europäische Festland verpflanzte Pragmatismus (s. S. 667 f.).

3. In **Italien** war im letzten Viertel des 18. und im ersten des 19. Jahrhunderts der Sensualismus Condillacs (vgl. S. 386 ff.) am einflußreichsten. In die Zeit der beginnenden nationalen Erhebung fallen die Bestrebungen der freisinnigen norditalienischen Geistlichen Rosmini (1797-1855) und Gioberti (1801-1852), die Philosophie und katholisches Dogma zu verbinden suchten und, von der „intellektuellen Intuition" ausgehend, einen Ideal-Realismus bezw. Ontologismus ausbildeten, den dann Mamiani (1799-1885) und dessen Nachfolger Luigi Ferri (1826-1895) einigermaßen modernisiert haben („dynamischer Monismus", im Gegensatz zu der englischen Assoziationspsychologie). In Neapel herrschte um die Mitte des Jahrhunderts noch der Hegelianismus vor.

Wie diesen Richtungen neuerdings der Neukantianismus siegreich entgegentrat, ist in § 73 auseinandergesetzt worden. Daneben hat ein mit dem letzteren verwandter Positivismus auch in Italien zahlreiche Anhänger, als deren wichtigster der Lombarde Ardigò (geb. 1828, in Padua, *Opere filosofiche,* 10 Bde. 1882-1910) anzusehen ist. Ardigòs Grundbegriffe sind die „Distinktion", d. i. Entwicklung vom Unbestimmten zum Bestimmten (ähnlich Spencer), und der „Rhythmus", d. i. die regelmäßige Wiederkehr der gleichen Erscheinungen. Aus dem Rhythmus der Empfindungen entwickeln sich die Denkkategorien, die Willensvorgänge und die moralischen oder sozialen Gefühle. Abzweigungen dieses Positivismus bilden die Sozialpädagogik von Angiulli (1837-1890) und der marxistische Sozialismus von Antonio Labriola (1843-1904, vgl. oben S. 644), Turati, Calojanni, B. Croce und Enrico Ferri, die zum Teil auch mit Lombroso und Garofalo eine neue, soziologisch bedingte Strafrechtstheorie vertreten.[78] B. Croce (geb. 1866) hat sich seitdem zum Idealisten entwickelt und neben einer *Ästhetik* (1901, deutsch Leipzig 1905), die neben der Philosophie (= Wissenschaft) die Kunst als eine zweite Ausdrucksform der Wahrheit betrachtet, 1909 eine groß angelegte *Filosofia dello spirito* („Philosophie des Geistes") vollendet. Natürlich wird die gesamte moderne Philosophie auch dort von dem Neuthomismus aufs heftigste bekämpft. Einer der einflußreichsten Vertreter des letzteren, der Jesuit Cornoldi, fällte das schöne Urteil: „Die Geschichte der modernen Philosophie ist nichts anderes als die Geschichte der intellektuellen Irrungen des dem Schwindel seines Stolzes überlassenen Menschen, so daß diese Geschichte die Pathologie der menschlichen Vernunft heißen könnte."

4. Auch in unserem Nachbarlande **Holland** herrscht, entsprechend dem Aufschwung der schönen Literatur, seit etwa 1880 regeres philosophisches Leben. Neben den zum Teil schon genannten Ganz- bezw. Halbkantianern Levy, Ovink und Spruyt, dem an Fechner erinnernden van der Wyck (Utrecht), Herausgeber der Zeitschrift *Onze Eeuw* (Unsere Zeit), und dem Spinozisten W. Meyer, ragt vor allem der durch seine frühere Bekämpfung des Katholizismus und Sozialismus auch in nicht-philosophischen Kreisen bekannte geniale Autodidakt Bolland (Leiden) hervor, der sich von Hartmann über Kant zu Hegel entwickelt hat und eine ganze Anzahl Jünger zählt, die zu den führenden philosophischen Schriftstellern Hollands gehören. Von Bollands scharfsinnigen Arbeiten nennen wir das *Collegium Logicum* (1906) und *Zuivere Rede* (d.h. Reine Vernunft, 3. Aufl. 1912), in welchen Hegels Logik bezw. verschiedene Teile seiner Enzyklopädie eine selbständige Neubearbeitung und Weiterbildung erfahren haben, sowie die in unserer Sprache geschriebene Streitschrift gegen Hartmann: *Alte Vernunft und neuer Verstand* (1902). In seinen Schriften *Het Evangelie* (2. Aufl. 1910) und *De groote Vraag* (2. Aufl. 1913) zeigt er mit einem gewaltigen Zitatenmaterial, wie sich das Christentum aus der alexandrinischen Theosophie (vgl. Buch I, § 48) entwickelt hat. Seine trefflichen Hegel-Ausgaben s. S. 519. Der holländische Neuhegelianismus hat sogar 1912 eine besondere ‚Gesellschaft zur Pflege der Wissenschaft der Reinen Vernunft in den Niederlanden' gegründet. – Eine andere bekannte Persönlichkeit ist der Herausgeber der 1906 gegründeten, im ganzen hegelianisierenden Zeitschrift für Philosophie *(Tydschrift voor Wysbegeerte)*, der feinsinnige Denker J. D. Bierens de Haan, der einen mehr subjektiv gefärbten Idealismus vertritt. Von seinen Schriften heben wir hervor: *De psychische afkomst van het oorzaakbegrip* (= Der psychische Ursprung des Kausalbegriffs, 1895), ferner *Levensleer naar de grondbeginselen van Spinoza* (1902), welche eine Lebenslehre, d.h. Ethik „nach den Grundsätzen Spinozas" entwirft, aber auf neue er-

kenntnistheoretische Grundlagen stellt; endlich *De weg tot het inzicht* (1909), d.h. eine Einleitung in die Philosophie. – Außerdem sei noch erwähnt der tüchtige Physio-Psychologe G. Heymans (geb. 1857, Groningen) mit seinen Werken: *Die Gesetze und Elemente des wissenschaftlichen Denkens* (1890-94, 2. Aufl. 1905) und *Einführung in die Metaphysik auf Grundlage der Erfahrung* (Leipzig 2. Aufl. 1911), sowie der positivistisch gerichtete Ethiker und Soziologe Wynaendts Francken (*Soziale Ethik* 1897, *Ethische Studien*, 1903).[79]

5. **Polen, Böhmen** und **Ungarn**. In Polen machten sich neben dem Altkantianismus im 1. Viertel des 19. Jahrhunderts besonders Einflüsse der schottischen Philosophie und Schellings geltend. Es folgt von 1830-63 die unter der Einwirkung Hegels einer-, der religiös angehauchten französischen Sozialphilosophie anderseits stehende Epoche der idealistischen, sogen. nationalen Philosophie mit ihren Hauptvertretern Hoene-Wronski, Trentowski, Cieszkowski, Liebelt und Kremer. Der Aufstand von 1863/64 unterbricht für längere Zeit die normale Entwicklung des geistigen Lebens der polnischen Nation. Die Wiedergeburt äußert sich am spärlichsten auf dem philosophischen Gebiete, auf dem, nach einem Aufflackern des Materialismus und Positivismus um 1880-90, erst in den letzten Jahren lebhaftere Bewegung begonnen hat. Alle europäischen Richtungen sind mit gewissen Modifikationen vertreten, zuletzt auch der Pragmatismus. Es wären zu nennen: H. von Struve (Idealrealismus), Straszewski (kritischer Idealismus auf individualistischer Grundlage), Twardowski (Anhänger von Brentano und Uphues, *Idee und Perzeption*, 1892, *Zur Lehre vom Inhalt und Gegenstand der Vorstellungen*, 1894), Heinrich (Psychophysiologe und Empiriokritizist, *Die moderne physiologische Psychologie in Deutschland*, 1899, *Zur Prinzipienfrage der Psychologie*, 1899), Wartenberg (kritischer Metaphysiker, *Kants Theorie der Kausalität*, 1899, *Das Problem des Wirkens*, 1900), Garfein-Garski (kritische Philosophie als Wertlehre mit intuitivem Einschlag, *Ein neuer Versuch über das Wesen der Philosophie*, 1909), Mahrburg (Positivist und Empirist), Rubczynski (Philosophiehistoriker), Koziowski (kritischer Positivist), Lutoslawski (Mystiker, *Seelenmacht*, 1899) und andere. Es bestehen zwei philosophische Gesellschaften in Lemberg und Krakau und eine psychologische in Warschau, wo auch die Vierteljahrsschrift *Przeglad filozoficzny* erscheint. Interessant sind auch die aus derselben psychischen Wurzel wie der Neuslavismus sprießenden Ansätze zur Wiedergeburt der sogen. nationalen Philosophie.[80]

In Böhmen und Ungarn haben ebenfalls im Laufe des 19. Jahrhunderts fast alle hervorragenden deutschen Systeme (Kant, Schelling, Hegel, zum Teil auch Schopenhauer) nachgewirkt. In Böhmen speziell wurde um dessen Mitte von Exner und anderen österreichischen Herbartianern (§ 58) die Lehre ihres Meisters eingeführt. Der auch hier vorhandenen katholisch-scholastischen Philosophie tritt in beiden Ländern am häufigsten der Positivismus entgegen, teils mehr Comte-Spencer verwandt, wie bei dem Tschechen Th. G. Masaryk (geb. 1860), teils mehr erkenntnistheoretisch gewendet, wie bei den Tschechen F. Mares (vgl. S. 634), den Ungarn K. Böhm *(Der Mensch und seine Welt,* 1883 ff.) und M. Palagyi *(Die Logik auf dem Scheidewege,* 1903). In Kroatien verband F. Markovic (geb. 1845, Agram) Hegelsche mit Herbartschen Lehren.

6. **Die übrigen europäischen Länder**. Die wichtigsten Philosophen der skandinavischen Länder sind bereits an anderer Stelle (bes. S. 634f.) genannt worden. Das Charakteristische der Gegenwart zeigt sich auch hier in dem eifrigen Betrieb der philosophischen Einzelwissenschaften, während überragende Persönlichkeiten fast ganz fehlen. H. Höffding (geb. 1843, in Kopenhagen) ist durch seine verdienstlichen Lehrbücher der Psychologie (fünfte deutsche Auflage Leipzig 1914), Ethik (2. Aufl. 1901), Religionsphilosophie (1901) und Geschichte der neueren Philosophie (1895 f.) auch bei uns seit langem bekannt. Vgl. die ausführlichen Berichte bei *Ueberweg* IV § 94-96.

In Spanien stehen der vorherrschenden kirchlichen Scholastik besonders die „Krausistas" (vgl. S. 518), daneben vereinzelte Positivisten, und, wie in Portugal (S. 635), auch Neukantianer der ‚Marburger Schule', z.B. Ortega, gegenüber.

In Serbien huldigt der Belgrader Professor Petroniewicz einer ausgesprochenen Metaphysik *(Prinzipien der Metaphysik,* 2 Bde., Heidelberg 1904-11), die Leibniz und Spinoza zu einem „Monopluralismus" vereinigen will und sich in starken Jenseits-Phantasien ergeht. – Dem gegenüber zeigte sich in Rumänien Conta (1846-1882) im wesentlichen als Materialist, während er die Metaphysik – ähnlich F. A. Lange – als eine Art wissenschaftlicher Dichtung ansah. Seine Schriften wurden ins Französische übersetzt. Xenopol (in Jassy, geb. 1847) ist wesentlich Geschichtsphilosoph *(La Théorie de l'Histoire,* Paris 1908).

In Griechenland sind nur unbedeutende Anfänge selbständiger philosophischer Forschung vorhanden.

Weit reger war dagegen der philosophische Betrieb in Rußland. Die philosophische Entwicklung Osteuropas bietet ein echtes Spiegelbild der westeuropäischen dar.[81] Der Wolfianismus bewahrte seine Herrschaft auf den geistlichen Akademien noch bis ins 19. Jahrhundert hinein. Die weltliche Bildung wandte sich um so begeisterter den neuen Lehren Schellings und Hegels zu, von welchem letzteren die Slawophilen einer-, die Radikalen wie Bakunin (S. 649) und Alexander Herzen andererseits ihren Ausgang nahmen. Dazu trat um die Mitte des Jahrhunderts der Einfluß des deutschen Materialismus (Tschernyschewski), der jedoch bald von dem des Comteschen Positivismus abgelöst wurde. In den 70er Jahren kam dann der Evolutionismus Spencers u. a., endlich eine dem Neukantianismus verwandte Richtung (vgl. u. a. Lawrow, *Historische Briefe,* 1870, 2. Aufl. 1891, deutsch, Berlin 1901) hinzu. Daneben fehlte es nicht an einzelnen selbständigen systematischen Versuchen, an Vertretern des strengen Theismus an den geistlichen Lehranstalten und an regem Betrieb der Psychologie, namentlich aber der Soziologie, zum großen Teil im marxistischen Sinne. Auch der neuromantische Zug des Westens machte sich neuerdings unter der allen Einflüssen der „westlichen" Kultur so zugänglichen „Intellektuellen" unseres östlichen Nachbarlandes stark bemerkbar.

*

Die Philosophie des ganzen Erdenrunds hat durch den unglückseligen, mehr als vierjährigen Weltkrieg und seine Begleiterscheinungen einen nicht bloß quantitativ, sondern auch qualitativ höchst bedauerlichen Rückgang erfahren. Indem sie gegenüber den ungeheuren wirtschaftlich-politischen Machtkämpfen als nahezu ohnmächtig sich erwies, hat sie ihres Anspruchs auf eine führende Stellung in geistigen Dingen vorerst sich begeben. Und auch bei und nach dem Abschluß des blutigen Völkerringens ist ihr Einfluß, trotz alles Aufwandes schöner Worte, bisher kaum zu spüren gewesen. Ob dies in naher oder fernerer Zukunft anders werden, ob die wirtschaftliche Hebung und Befreiung der Massen auch auf dem geistigen Gebiete wohltätige Folgen zeitigen, und in welcher Richtung dann die philosophische Entwickelung gehen wird: alles das steht noch dahin. Des Philosophen Sache ist es nicht, zu prophezeien oder sich in frommen Wünschen zu ergehen. Genug, wenn er seine Aufgabe klar erkannt hat.

Die Aufgabe der Philosophie aber veraltet nie, und so darf ich hier in dieser Hinsicht den nämlichen Gedanken Ausdruck geben, die ich schon vor siebzehn Jahren an dieser Stelle entwickelte. Gegenüber den beiden sie bedrohenden Gefahren einer metaphysischen Spekulation einer-, des Auflösens in eine Reihe empirischer Spezialfächer (wie Psychologie, Logik, Sozialphilosophie, Ästhetik usw.) anderseits, erinnere sich die Philosophie des ihr zukommenden Berufs, Prinzipienlehre der Wissenschaften (I, S. 12) zu sein. Die Marksteine des geistigen Fortschritts der Menschheit haben von jeher – das ist hoffentlich auch aus unserem Buche klar geworden – große, grundlegende Theorien gebildet, um die sich die Tatsachen gruppieren konnten. Das Schöpferische an den Ideen eines Demokrit, Plato und Aristoteles, eines Descartes, Galilei und Newton, eines Leibniz, Kant und Schleiermacher, eines Hegel, Marx und Spencer bleibt unvergänglich. Zwei Gedanken insbesondere sind in der modernen Philosophie und Wissenschaft zu voller Entfaltung und Fruchtbarkeit gediehen: der Entwicklungsgedanke, der allmählich in fast sämtliche Wissenschaftsgebiete seinen Einzug gehalten hat, und der andere, der nicht nur die methodische Grundlage, sondern auch die notwendige Ergänzung zu ihm bildet: die Erkenntniskritik, die von der erklärenden Naturwissenschaft (im weitesten, z.B. auch die Psychologie und beschreibende Moral einschließenden Sinne) die Normdisziplinen der Logik, Ethik und Ästhetik unterscheiden lehrt. Ohne sie, in denen sich die Welten der Erkenntnis, des Sittlichen und der Kunst zu gesetzmäßigem Aufbau gestalten, bleibt die bloße Entwicklungsphilosophie ohne Sinn und Ziel.

Noch brennender aber ist heute eine andere Aufgabe der Philosophie. Wie Kant einmal sagt, der praktische Philosoph ist der „eigentliche" Philosoph. Es gilt heutzutage mehr als je, Philosophie und Leben in tieferen Einklang miteinander zu setzen. Der Philosoph hat nicht bloß die Gesetze einheitlicher Erkenntnis, sondern auch diejenigen einheitlicher Zwecksetzung zu erforschen. Ruhe und Sachlichkeit, Unparteilichkeit und Gerechtigkeit sind sicherlich unumgängliche Eigenschaften eines Philosophen. Das bedeutet aber nicht unmännliche Zurückhaltung von den Kämpfen der Zeit; im Gegenteil. Nicht die Rolle jenes lichtscheuen Tieres soll die Philosophie übernehmen, das erst in der Dämmerung seinen Flug beginnt, sondern die Fackel der Vernunft und der sittlichen Selbstbestimmung soll sie den Einzelnen wie den Völkern vorantragen.

Wirkt der Philosophie Lehrende oder Lernende in diesem Sinne, so darf er sich trösten und erheben durch den Gedanken, daß seine Sache die Sache der Menschheit ist.

Zeittafel zur Geschichte der neueren Philosophie.

1440	Nicolaus Cusanus, *De docta ignorantia.*
1516	Thomas Morus, *Utopia.*
1532	Nicolo Macchiavelli, *Il principe.*
1543	Nicolaus Copernikus, *De revolutionibus orbium coelestium.*
1609	Johannes Kepler, *Astronomia nova.*
1620	Francis Bacon, *Novum organum.*
1637	René Descartes, *Discours de la méthode.*
1638	Galileo Galilei, *Discorsi.*
1641	René Descartes, *Meditationes.*
1642	Thomas Hobbes, *De cive.*
1677	Baruch de Spinoza, *Ethica.*
1687	Isaac Newton, *Philosophiae naturalis principia mathematica.*
1690	John Locke, *An essay concerning human understanding.*
1695	Gottfried Wilhelm Leibniz, *Système nouveau de la nature.*
1697	Pierre Bayle, *Dictionnaire historique et critique.*
1710	George Berkeley, *Treatise concerning the principles of human knowledge.*
1712-25	Christian Wolff, *Vernünftige Gedanken usw.*
1748	David Hume, *Enquiry concerning human understanding.*
1751-72	Denis Diderot, Jean Le Rond d'Alembert u. a., *Encyclopédie.*
1762	Jean Jaques Rousseau, *Emile. Contrat social.*
1765	Gottfried Wilhelm Leibniz, *Nouveaux essais (verfaßt 1704).*
1770	Dietrich von Holbach, *Système de la nature.*
1776	Adam Smith, *Inquiry into the nature and causes of the wealth of nations.*
1781	Immanuel Kant, *Kritik der reinen Vernunft (2. Aufl. 1787).*
1788	Immanuel Kant, *Kritik der praktischen Vernunft.*

1790 Immanuel Kant, *Kritik der Urteilskraft.*

1794 Johann Gottlieb Fichte, *Grundlage der gesamten Wissenschaftslehre.*

1795 Friedrich Schiller, *Briefe über die ästhetische Erziehung des Menschen.*

1798 Johann Gottlieb Fichte, *System der Sittenlehre.*

1799 Friedrich Schleiermacher, *Reden über die Religion.*

1800 Friedrich Wilhelm Joseph Schelling, *System des transzendentalen Idealismus.*

1807 Georg Wilhelm Friedrich Hegel, *Phänomenologie des Geistes.*

1819 Arthur Schopenhauer, *Die Welt als Wille und Vorstellung.*

1824/25 Friedrich Herbart, *Psychologie als Wissenschaft.*

1830-42 Auguste Comte, *Cours de philosophie positive.*

1835/36 David Friedrich Strauß, *Das Leben Jesu.*

1841 Ludwig Feuerbach, *Das Wesen des Christentums.*

1843 John Stuart Mill, *A system of logic ratiocinative and inductive.*

1847 Hermann Ludwig Ferdinand von Helmholtz, *Über die Erhaltung der Kraft.*

1854 Göttinger Naturforscherversammlung (Karl Vogt contra Rudolf Wagner).

1859 Charles Darwin, *On the origin of species.*

1862-96 Herbert Spencer, *A System of synthetic philosophy.*

1866 Friedrich Albert Lange, *Geschichte des Materialismus (2. Aufl. 1873-75).*

1867 Karl Marx, *Das Kapital.*

1868 Ernst Haeckel, *Natürliche Schöpfungsgeschichte.*

1869 Eduard von Hartmann, *Philosophie des Unbewußten.*

1872 David Friedrich Strauß, *Der alte und der neue Glaube.*

1873 Wilhelm Wundt, *Physiologische Psychologie.*

1883/84 Friedrich Nietzsche, *Also sprach Zarathustra.*

1902 ff. Hermann Cohen, *System der Philosophie.*

Anmerkungen

1 Die Notiz des Cicero (Tuscul. V, 3) und Späterer, daß bereits Pythagoras das Wort in diesem Sinne gebraucht habe, stützt sich auf das unzuverlässige Zeugnis des Heraklides Pontikus.

2 Vgl. überhaupt den Artikel *Philosophie* in dem Sachregister zu meiner Ausgabe von *Kants Kritik der reinen Vernunft* (Otto Hendel, Halle) S. 811.

3 Eine Auswahl derselben in vortrefflicher deutscher Übertragung gibt Deussen in seinem Buche: *Die Geheimlehre des Veda.* Leipzig. 2. Auflage. 1907.

4 So wenigstens nach der bisherigen, schon vom Altertum überlieferten Anschauung. Da uns nur wenige Bruchstücke aus ihren Schriften erhalten geblieben sind, ist es freilich ebensogut möglich, daß sich diese „Vorsokratiker" bereits in erheblichem Maße mit den Fragen der Lebensführung und der Politik beschäftigt haben, wie z.B. Eleutheropulos meint. Von Heraklit (§ 5), Empedokles (§ 7) und gar Pythagoras (§ 3) ist es sogar gewiß.

5 Philolaos Fragm. 11 (Diels S. 253). Dagegen scheinen an einer Stelle, wo die Zahlen „Urbilder" und „Muster" genannt werden, durch deren „Nachahmung" die Dinge entstehen, bereits platonische Einflüsse mitgewirkt zu haben.

6 Zur Auslegung dieser Tafel vgl. *Kinkel*, Bd. I, S. 116-127.

7 Gomperz (I, 119-123) sieht den Arzt Alkmaion von Kroton als „Vater der Physiologie" an. Nach ihm ist Gesundheit die Symmetrie von Warm und Kalt, Trocken und Feucht, Süß und Bitter usw.; Krankheit deren Störung.

8 Man erinnere sich an Goethes: „Ist es möglich, Stern der Sterne" im *West-östlichen Divan (Buch Suleika)*.

9 Ganz Goethisch klingt sein Vers: „Eines ist Haar und Laub und dichtes Gefieder der Vögel".

10 *H. Cohen, Platons Ideenlehre und die Mathematik.* Marburg 1879, S. 4.

11 Vgl. den sorgfältig gearbeiteten *Abriß der Geschichte der Mathematik und der Naturwissenschaften im Altertum* von *S. Günther*, der den Anhang zu *Windelbands Gesch. der alten Philos.* (oben S. 14) bildet (eine zweite, erweiterte und selbständige Ausgabe in Vorbereitung).

12 Aus ihr ging auch seine antidemokratische Stellung in der Politik hervor, die nicht am wenigsten zu seiner Verurteilung beigetragen hat. Auch im Staat sollte eine Aristokratie des Wissens herrschen, nicht das Los die Wahl der Beamten bestimmen. Dagegen bekämpft er radikaler als Plato und Aristoteles das griechische Vorurteil gegen die Handarbeit, deren Gebiet er sogar mit Vorliebe seine Vergleiche entnimmt.

13 Pöhlmann a. a. O. S. 294-371 hat im Gegensatz zu der herrschenden Ansicht (insbes. Zellers) nachgewiesen, daß die Beschaffenheit des dritten Standes dem Philosophen keineswegs gleichgültig ist. In den *Gesetzen* (siehe unten S. 96) tritt das noch deutlicher hervor.

14 Eine Darstellung des Inhalts nebst ausführlichem Textkommentar hat Konst. Ritter (Leipzig, Teubner 1896) gegeben, vgl. auch Pöhlmann a. a. O. 477-581.

15 In der letzteren in Neuausgaben *Metaphysik, Poetik, Nikomachische Ethik, Über die Seele, Politik* (2. Aufl. 1912), in älterer das ganze *Organon.*

16 *Kr. d. r. V.* 2. Vorr. VIII (*ed. Vorländer* S. 15).

17 Auf die weitläufige Kontroverse über die Bedeutung dieser von Aristoteles meist im selben Sinne gebrauchten Ausdrücke Energie und Entelechie gehen wir nicht ein. Wahrscheinlich bedeutet Energie die Tätigkeit der Substanz während des Verwirklichungsvorgangs (z.B. das Blühen, das Denken), Entelechie das „zu Ende Kommen" derselben (in der Blüte, im Gedanken). Es wird sogar eine erste und zweite Entelechie unterschieden, nämlich 1. die ausgebildete Fertigkeit und 2. deren wirkliche Ausübung.

18 Die bei einzelnen zu recht bedenklichen Zynismen, namentlich in geschlechtlicher Beziehung, führte (vgl. *Th. Ziegler, Die Ethik der Griechen und Römer*, S. 178).

19 *Wernle* weist freilich auf die Durchdringung des Paulus mit der jüdisch-hellenistischen Spekula-

tion der Alexandriner hin, die sich namentlich in der Lehre vom „letzten" Adam oder „zweiten Menschen vom Himmel" als dem Urbilde des neuen geistigen Menschen, sowie in der asketischen Tendenz seiner Ethik (das „Fleisch" Sitz des Bösen) zeige. Andere wie *Reitzenstein (Die hellenistischen Mysterien-Religionen,* Lpz. 1910) heben die Verwandtschaft paulinischer und johanneischer Mystik mit dem heidnischen Mysterienwesen hervor.

20 = Sohn des Sina. Die jetzt gebräuchlichen Namen der arabisch-jüdischen Philosophen sind schlechte Latinisierungen des Mittelalters.

21 Er wird daher von den Scholastikern oft schlechtweg „der Kommentator" genannt, wie Aristoteles der Philosoph.

22 Die beiden Termini „objektiv" und „subjektiv", die so viel Verwirrung in der Geschichte der Philosophie angerichtet haben, hatten also bei ihrem ersten Gebrauche gerade die umgekehrte Bedeutung wie heute.

23 Aus Gründen der Übersichtlichkeit beginnt das zweite Buch mit einer neuen Zählung der Perioden, Kapitel und Paragraphen.

24 Ihr Bruder Karl Ludwig wollte Spinoza nach Heidelberg ziehen, ihre Schwester Sophie war die Freundin von Leibniz.

25 Vgl. *E Kühnemann, Die Grundlagen der Lehre des Spinoza* in *Philos. Abhandlungen, dem Andenken Rudolf Hayms gewidmet* (Halle 1902); ferner *E. Cassirer,* a. a. O., Bd. II, S. 10-26, dazu die Ausgabe *Gebhardts* (*Philos. Bibl.*, Bd. 95). Die Einleitung des Traktats ist fast die einzige Stelle, wo Spinoza sich über die inneren Triebfedern seiner persönlichen Entwicklung ausgesprochen hat.

26 Vgl. die gut orientierende Einleitung *Gebhardts* in seiner Ausgabe der letztgenannten Schrift (*Philos. Bibl.*, Bd. 95).

27 Leibniz wollte später nicht gern an diesen Besuch und seine Unterhaltungen mit dem gefährlichen Denker erinnert sein und war bestürzt, als er einen seiner Briefe in der Spinoza-Ausgabe von 1677 abgedruckt fand.

28 Vgl. seine in Bd. 161 der *Philos. Bibl.* von *W. Schmied-Kowarzick* neu herausgegebenen *Deutschen Schriften.* Bd. I: *Muttersprache und völkische Gesinnung.* Lpz. 1916. Bd. II: *Vaterland und Reichspolitik* (politische Abhandlungen).

29 Will man eine solche geistige Bewegung überhaupt chronologisch fixieren, so könnte man als Anfangsjahr 1689 *(Lockes Toleranzbriefe)* annehmen; als Endjahr ergibt sich von selbst 1781 *(Kants Kritik der reinen Vernunft).*

30 Die Ausdrücke selbst kommen schon bei den Scholastikern vor und wurden dann von dem Chemiker Boyle wieder aufgenommen, von dem sie wahrscheinlich Locke übernommen hat.

31 Deisten, ursprünglich die Bezeichnung für Gottesgläubige überhaupt (Gegensatz Atheisten), wurde um 1700 zur Bezeichnung für die, welche Gott zwar als Weltschöpfer, aber nicht als Weltregierer (Vorsehung) anerkannten (Gegensatz Theisten).

32 Der Ausdruck *idea* bezieht sich bei Berkeley stets nur auf die sinnlichen Vorstellungen.

33 Näheres berichtet C. Hugo (Lindemann) in *Vorläufer des neueren Sozialismus* (Stuttg. 1895) I, 792-810.

34 Neben dieser Hauptschrift kommt noch der für die Enzyklopädie geschriebene Artikel *Economie politique* in Betracht, in dem eine mehr ethische Auffassung vorherrscht.

35 Rousseau selbst hat zwar in seinem zweiten Diskurs den bekannten Ausspruch getan, der erste Begründer der Ungleichheit sei derjenige gewesen, „der ein Stück Land einzäunte, der dreist genug war zu sagen: Dies gehört mir! und Leute traf, die einfältig genug waren, es ihm zu glauben", und daran den Satz geknüpft, daß die Frucht allen, die Erde niemand gehöre, hat aber für seine Zeit keine Konsequenzen aus diesem Gedanken gezogen.

36 Von der Masse derselben gibt einen ungefähren Begriff die Tatsache, daß in der *German Kantian Bibliography,* die E. Adickes in einer amerikanischen Zeitschrift *(Philosophical Review)* mit

bewundernswertem Fleiße zusammengestellt hat, allein das Verzeichnis der Kantschriften bis zu Kants Tode (1804) nicht weniger als 2832 Nummern zählt!

37 **Vorbemerkung.** Wir wissen dabei sehr wohl und bemerken es daher hier von vornherein ausdrücklich, daß diese neue Methode in Kants Werken nicht überall gleich durchsichtig hervortritt, sondern öfters noch von älteren Gedankengängen durchkreuzt wird, halten es indessen, sowohl im Interesse der Klarheit als auch in Anbetracht der sonst kaum zu bewältigenden Masse des Materials, für geboten, gerade das Neue und Eigenartige, was die Kantische Philosophie vor anderen auszeichnet und auch heute noch fruchtbar macht, mit besonderem Nachdruck hervorzuheben.

38 Kr. d. r. V., 2. Aufl., S. 25. Ähnliche Definitionen siehe in dem Register zu *meiner* Ausgabe der Kr. d. r. V., S. 827. Für alle folgenden t. t. Kants sei gleichfalls auf dies erklärende Sachregister (S. 770-839) verwiesen. Wir zitieren nach den Seitenziffern der 2. Auflage.

39 Der Ausdruck „Möglichkeit der Erfahrung" kommt nicht weniger als 50mal, derjenige „mögliche Erfahrung" sogar nicht weniger als 150mal allein in der Kr. d. r. V. vor.

40 Diesen Namen für seine Philosophie zu gebrauchen, rechtfertigt schon der Titel seiner drei Hauptwerke, der *Kritiken,* wie er denn auch bereits zu Kants Lebzeiten aufgekommen ist. Kant selbst legte keinen Wert auf solche Schulnamen. Er hat in der 1. Auflage seiner *Kr. d. r. V.* überhaupt keinen Gesamtnamen für sein System vorgeschlagen – denn der „transzendentale Idealismus" bezieht sich nur auf einen, wenn auch wichtigen, Teil desselben –, in den *Prolegomenen* aber und der 2. Auflage die Bezeichnung als „formalen" oder „kritischen" Idealismus für die angemessenste erklärt, übrigens auch später wenig Gebrauch davon gemacht. Es blieb seinen Nachfolgern vorbehalten, anspruchsvolle „Systeme" des transzendentalen Idealismus, der Identität, des absoluten Idealismus, des Realismus usw. herauszugeben.

41 Genau genommen, heißt allerdings der „Begriff" bei Kant nur die „Vorstellung der notwendigen synthetischen Einheit".

42 *Kr. = Kritik der reinen Vernunft*; *pr. V. = Kritik der praktischen Vernunft*; *U. = Kritik der Urteilskraft* (Seitenziffern der Originalausgaben).

43 Denn „Verstand" und „Vernunft" sind bei Kant nicht sowohl psychologische Begriffe als erkenntniskritische Sammelnamen für verschiedene Erkenntnisarten, dort der Kategorie – hier der Idee. Die beste und lichtvollste Charakteristik der Ideen als regulativer Prinzipien gibt der *Anhang zur transzendentalen Dialektik.*

44 Über den Als-ob-Gedanken bei Kant vgl. *Vaihinger, D. Philosophie des Als ob* (3. A. 1918), bes. S. 613-733.

45 Womit die betr. Sätze der *Kr. d. r. V.* sowie der anderen S. 448 genannten Kantischen Abhandlungen zu vergleichen sind.

46 Vgl. oben § 32, 5. Näheres in meiner zu Anfang des § 39 angeführten Dissertation.

47 Die häufige Unterscheidung von „Mensch" und „vernünftigem Wesen überhaupt" will natürlich nicht die Existenz einer besonderen Engel- oder Geisterwelt begründen, sondern hat den methodischen Sinn, daß das Sittengesetz nicht auf die menschliche Natur, sondern auf die Vernunft überhaupt sich gründet.

48 *K. Vorländer, Kant – Schiller – Goethe.* Leipzig 1907. Hier ist die ganze Frage im Zusammenhang behandelt und zugleich die wesentliche Übereinstimmung Kants mit Schiller gezeigt.

49 Über Kants persönliche religiöse Stellung und Entwicklung vgl. die Einleitung zu meiner Ausgabe der *Religion innerhalb usw.*, S. V-XXVII.

50 Vgl. *Franz Marschner, Kants Bedeutung für die Musik-Ästhetik der Gegenwart, Kantstudien VI,* 19-40, 206-243.

51 Es kommen namentlich in Betracht die Abhandlungen: *Über Anmut und Würde* (1793), die Briefe *Über die ästhetische Erziehung des Menschen* in ihrer früheren (1793) und späteren (1794) Gestalt, *Vom Erhabenen* (1793 und 1801), *Über die notwendigen Grenzen* usw. (1795),

Über naive und sentimentalische Dichtung (1795/96), sowie die philosophischen Gedichte. Neue Ausgaben der philosophischen Schriften von *E. Kühnemann* in der *Philos. Bibl.* (Auswahl, 2. Aufl. 1910) und von O. *Walzel* in Bd. 11 und 12 der Säkular-Ausgabe von Schillers Werken (16 Bde., Cotta 1905).

52 In der *Philosophischen Bibliothek* (Band 30) erschienen.

53 Vgl. außerdem noch den Aufsatz *Geist und Buchstab in der Philosophie* (1794).

54 Vgl. besonders die in § 46 genannten Schriften von 1798 und 1799. Über seine religionsphilosophische Entwicklung in den 90er Jahren vgl. auch *H. Scholz* in *Kantstudien* 1918, S. 393 ff.

55 Die Idee derselben tritt schon in den 1806-1807 niedergeschriebenen, aber erst in den *Nachgelassenen Werken* (III, 221 bis 274) veröffentlichten drei *Dialogen* über den *Patriotismus und sein Gegenteil* hervor: Nationalerziehung auf dem Grunde der Lehre Pestalozzis.

56 Nach einem neuerdings in Hegels Nachlaß aufgefundenen Blatte hätte er allerdings schon als 21jähriger (1796) sein gesamtes später entwickeltes philosophisches System im Kopfe gehabt; vgl. *Rosenzweig, Das älteste Systemprogramm des deutschen Idealismus.* Heidelberg 1917.

57 *Gesch. der deutschen Philosophie seit Leibniz.* 2. Aufl., S. 561.

58 F. Lederbogen (*Friedrich Schlegels Geschichtsphilosophie*, Lpz. 1908) unterscheidet drei aufeinander folgende Entwicklungsstufen derselben: eine ästhetische, ethische und religiöse.

59 Aus dieser Zeit stammt wohl auch das von Ehrenberg und Link als *Erstes System* veröffentlichte Manuskript, in dem Logik und Metaphysik noch getrennt erscheinen.

60 Einen verwandten Gedanken enthält die bekannte Äußerung über die Aufgabe der Philosophie am Schlusse der Vorrede zur Rechtsphilosophie: „Wenn die Philosophie ihr Grau in Grau malt, dann ist eine Gestalt des Lebens alt geworden, und mit Grau in Grau läßt sie sich nicht verjüngen, sondern nur erkennen; die Eule der Minerva beginnt erst in der eintretenden Dämmerung ihren Flug" (a. a. O. S. 20 f.).

61 Eine zusammenfassende Kritik derselben in allgemeinverständlicher Sprache gibt *P. Natorp: Herbart, Pestalozzi und die heutigen Aufgaben der Erziehungslehre,* Stuttgart 1899, jetzt auch in Natorps *Gesammelten Abhandlungen zur Sozialpädagogik* (1907) Bd. I, 203-343. Weitere Untersuchungen über Herbarts Pädagogik s. ebd., S. 345-510. Die soziale Pädagogik Natorps, der sich an Kant und Pestalozzi anlehnt, hat den Herbartianismus unter unseren Volksschulpädagogen neuerdings stark zurückgedrängt.

62 Obwohl die Beispiele in dem einleitenden § 35 gerade ihr entnommen werden. Während z.B. die Eisblumen an den Fenstern „unwesentlich und nur für uns da" sind, offenbaren die Gesetze der Kristallisation deren Wesen, stellen „die Idee" dar.

63 Daher ist es nicht zu verwundern, daß Schopenhauer auf so musikalische Menschen wie Richard Wagner (S. 564) und Nietzsche (§ 75) besonders stark gewirkt hat.

64 Schopenhauer hebt häufig gerne Übereinstimmung mit dem „eigentlichen" Christentum, das freilich mit seiner heutigen Ausartung in „platten Optimismus" wenig gemein habe, hervor und gebraucht gern und oft christliche Bilder zur Illustration seiner Lehre, so: Hölle, Teufel, Wiedergeburt, Erbsünde, natürlicher Mensch (Adam), Gnade, Erlösung.

65 In seinem kurzen *Lehrbuch* (s. S. 231 f.) hat er einen kurzen (22 S.) Abschnitt über Avenarius, Mach, Nietzsche und eine Reihe anderer neuerer Philosophen hinzugefügt.

66 *John Herschel* (der berühmte Astronom). *On the Study of Natural Philosophy* 1831. – *Whewell, History of the Inductive Sciences* 1837 (deutsch von Littrow 1839-42).

67 Über ihn orientiert eine neuere Schrift von *H. Bergmann, Das philosophische Werk Bernhard Bolzanos,* Halle 1909.

68 Über die Sache vgl. namentlich *F. A. Müller, Das Axiom der Psychophysik,* Marburg 1882 und *A. Elsas, Über die Psychophysik,* Marburg 1886. Gegen Einzelheiten sind von verschiedenen Forschern (u. a. Helmholtz, Hering) Bedenken erhoben worden.

69 Vgl. auch die von Wundt verfaßte, allerdings mehr historisch gehaltene Skizze *Metaphysik* in Teubners *Kultur der Gegenwart* I 6, 103-137.

70 Näheres über Weitling und die Entwicklung des deutschen Sozialismus überhaupt s. bei *F. Mehring, Geschichte der deutschen Sozialdemokratie,* 2 Teile, Stuttgart 1897 f., 4. Aufl. 1909.

71 Diese Abhandlung findet man jetzt mit den übrigen Jugendschriften und -aufsätzen beider Freunde am besten in dem mit ausführlichen, gut orientierenden Einleitungen und Anmerkungen versehenen Sammelwerke von *Franz Mehring, Aus dem literarischen Nachlaß von Karl Marx, Friedrich Engels und Ferd. Lassalle,* 4 Bde., Stuttg. 1902. Der 4. Band enthält Lassalles Briefe an Marx. Dazu ist Herbst 1913 der gesamte *Briefwechsel zwischen F. Engels und K. Marx,* 4 Bde., hrsg. von A. Bebel und E. Bernstein, getreten.

72 Nicht ohne den Einfluß von *P. Rée (Der Ursprung der moralischen Empfindungen,* 1877) geschrieben.

73 Vgl. die Abhandlung von *W. Jesinghaus, Der innere Zusammenhang der Gedanken vom Übermenschen bei Nietzsche.* Bonn 1901; *ders., Nietzsche und Christus.* Berlin 1913.

74 Vgl. die kritische Darstellung von *M. Dessoir, Vom Jenseits der Seele.* Stuttgart 1917.

75 Über Rehmke, Eucken und Vaihinger vgl. *Hegenwald, Gegenwartsphilosophie und christl. Religion.* 1913.

76 Vgl. dazu den kurz zusammenfassenden Artikel von Tönnies: *Zur Einleitung in die Soziologie* (*Ztschr. f. Philos.* 115, 240-251) und seine Schrift: *Philosophische Terminologie in psychologisch-soziologischer Ansicht* (1906, gekrönte Preisschrift von 1898).

77 Von weiteren philosophischen Werken Dührings seien genannt: *Natürliche Dialektik* 1866, *Der Wert des Lebens* 1865, 7. Aufl. 1906, *Kritische Geschichte der allgemeinen Prinzipien der Mechanik* 1873, 3. Aufl. 1887, *Logik und Wissenschaftstheorie* 1878, 2. Aufl. 1905, *Der Ersatz der Religion durch Vollkommneres* 1883, 3. Aufl. 1906. Seine *Kritische Geschichte der Philosophie* (4. Aufl. 1894) ist scharfsinnig, aber auch maßlos einseitig.

78 R. Michels zählt in Sombarts *Archiv* nicht weniger als ca. 160 italienische Arbeiten über marxistische Geschichtsphilosophie, an 100 über Marx' Werttheorie auf.

79 Die Notizen über Holland verdanke ich zum größten Teile meinem Freunde S. A. van Lunteren (Utrecht), die über Polen Herrn Professor Garfein-Garski (Lemberg).

80 Vgl. Anmerkung 79.

81 Vgl. die ausführliche Schilderung von *Th. G. Masaryk, Zur russischen Geschichts- und Religionsphilosophie.* 2 Bde. Jena 1913.

Register.

Die Hauptstellen sind durch **Fettdruck** hervorgehoben.